兴恒久伟业

集团自1983年组建以来，坚持以人为本，依靠科技进步，加强企业管理，取得了辉煌的业绩，历年来获世界华人企业100强、中国优秀企业、中国房地产百强企业、中国最具成长性企业、中国房地产先进单位、全国最佳经济效益乡镇企业、中国房地产企业最具综合开发实力企业、全国第一批国际质量信用AAAAA等级企业、江苏省银行系统信贷诚信企业、江苏省明星企业、常州市五星级企业等荣誉。现为中国民营企业家协会、中国塑料加工工业协会、中国房地产开发商协会、全国纺织品商业协会、江苏省企业家协会、江苏省工商联房地产商会副会长单位。

在经营好企业的同时，百兴集团始终不忘自己肩负的社会责任，多年来，已向社会慈善事业、教育事业累计捐款5000万元以上。

历史赋予重任，事业点燃激情。中国百兴集团在科学发展中将与时俱进，与您真诚携手，同创美好明天。

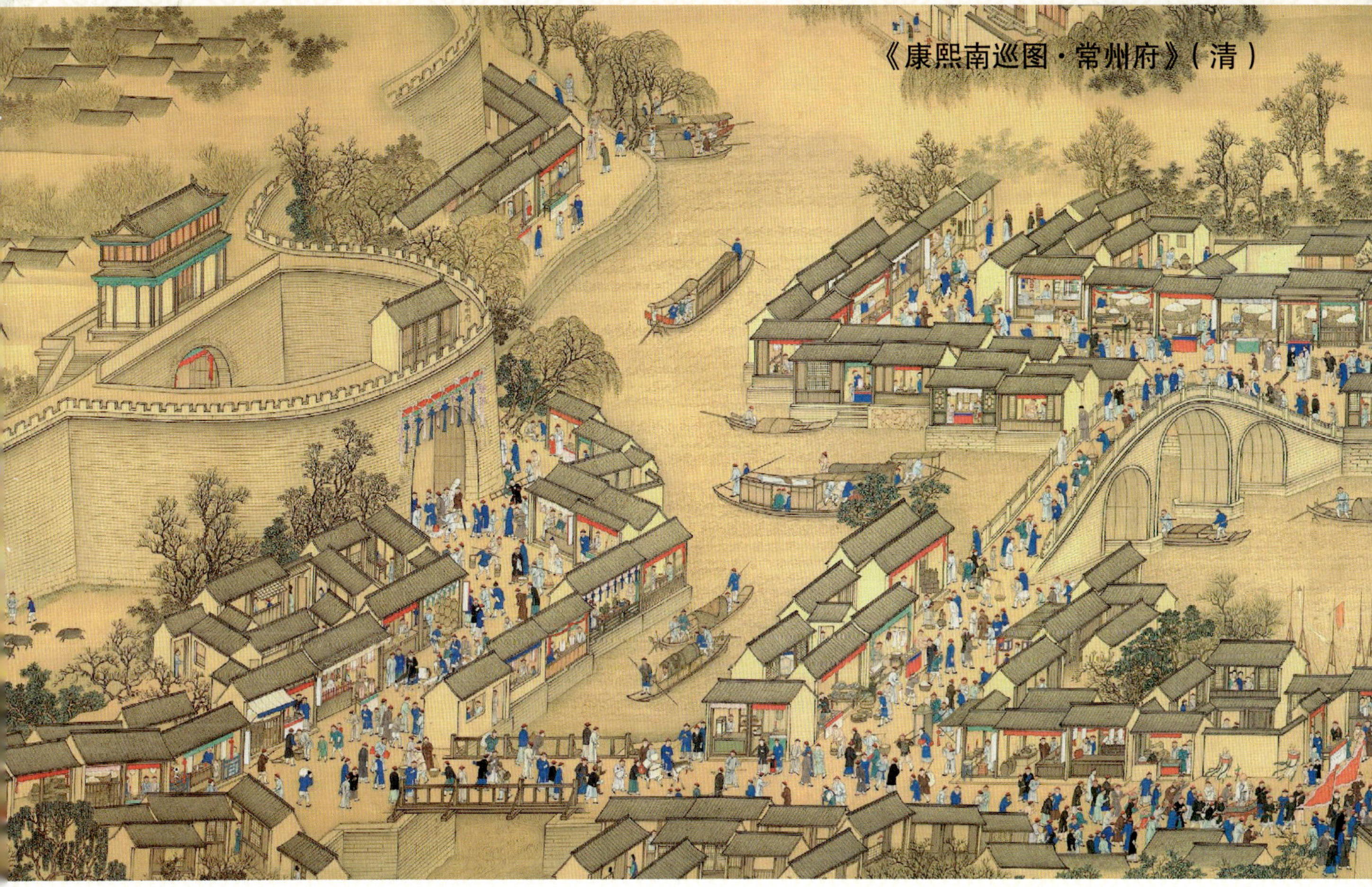

《康熙南巡图·常州府》（清）

常州年鉴

常州市人民政府 主　管
常州市地方志办公室 主　办
常州年鉴社 编辑出版

常州年鉴

版权声明

《常州年鉴》（2016）

主　　管　常州市人民政府

主　　办　常州市地方志办公室

编辑出版　常州年鉴社
（常州市行政中心1号楼A座16楼）
邮编：213022

印　　刷　南京凯德印刷有限公司

版　　次　2016年9月出版

开　　本　889×1194

印　　张　25.25

字　　数　1000千

印　　数　1—3500册

国际标准号　ISSN 1671-363X

国内统一刊号　CN 32-1624/Z

广告经营许可证　320401420030611

定　　价　220元

《常州年鉴》（2016）

主　　审　张云云
主　　编　李亚雄
执行主编　鞠　烨
副 主 编　樊百成　臧秀娟　吴　芳
责任编辑　（按姓氏笔画为序排列）
王　晶　汪旭东　吴　芳　李兆娟　陈东哲
统　　编　吴　芳
英文翻译　宋　赟　汪旭东

常州年鉴社地址　江苏省常州市行政中心1号楼A座16层
邮政编码　213022
电　　话　（0519）85680988　85680978

《常州年鉴》（2016）主审人

（按姓氏笔画为序排列）

丁伟明	于巧锡	王纪良	王定新	王建青	王轶宇
王　辉	计玉根	田日存	田立基	石建春	刘卫国
刘海玲	孙　山	孙丽芳	孙治国	朱　波	朱静雅
朱　瑾	汤礼军	汤建忠	纪唯强	许　方	严旭华
严斌臻	何海平	余　笋	吴志刚	吴志明	宋　平
张东明	张加林	张步东	张凯奇	张珏华	张秦华
张萍霞	张朝晖	李书建	李亚雄	李　浩	杨兴华
杨　军	杨旭伟	杨贵生	杨继洪	汪书明	汪忠泽
芮卫东	苏建康	邹明初	陆志清	陆美琴	陆　强
陈　刚	陈寿根	陈咏升	陈金伟	陈树荣	陈　笃
陈满林	周兰珍	周而立	周建忠	周南平	杭国金
苗　苗	金　曦	段瑞典	胡正伟	荣凯元	赵力子
赵天晟	赵　昆	夏　君	徐　俊	徐　栋	徐嘉南
袁学军	钱　斌	高江荣	高明宇	曹建中	曹根基
曹捷程	梅福贵	章卫忠	黄　正	龚　冰	蒋国瑜
蒋顺青	蒋　超	谢　海	蒯建辉	阙广平	蔡廷伟
谭　震	潘仁贤	潘文卿	薛亚平	薛和明	薛　蓓
戴　欣	魏　平	魏继斌	魏　强		

编辑说明

一、《常州年鉴》是由常州市人民政府主管的大型资料性工具书和政府公报性年刊。1991 年创刊，2001 年 7 月经国家新闻出版总署批准获得国内统一连续出版物号，向国内外公开发行。

二、《常州年鉴》采用分类编辑法，分为类目、分目、条目 3 个层次，部分分目下设副分目。分目、副分目一般设概述、综合记事、专题条目，简要记述一个行业、事业、单位的总体情况、单项工作和大事、要事、新事、特事。类目、分目、副分目、条目的标题用不同字体区别，副分目标题加“·”，条目标题加【 】。

三、《常州年鉴》(2016)全面系统地记载了 2015 年常州市各行业的基本情况和发展状况，设有特载、专记、大事记、常州概况、党政社团、军事、法治、开放型经济、工业、农村工作和农村经济、商贸服务业、旅游、金融、城市建设、建筑与房地产管理、环境保护水利、交通、信息化建设、财政税务审计、综合管理、常州科教城、科学、教育、文化广播电视新闻出版、医疗卫生、体育、社会生活、辖市区概况、人物、统计资料、重要文件选编、附录、索引 33 个类目。随书附光盘。

四、《常州年鉴》(2016)为增加信息量，强化可读性，形象生动地反映常州经济建设、政治建设、文化建设、社会建设、生态建设的新面貌、新成就，在刊载随文图照的同时，组织刊载专题彩页，特别刊载了“十二五”影像常州和数据常州。收录了最新版常州市区和常州市域地图。

五、《常州年鉴》卷首设有详细目录和英文要目，卷末编有主题分析索引、部分组织机构简称全称对照表、部分常用缩略语对照表，书眉标示类目全称。全书资料信息可由目录、书眉、索引等检索渠道获得。

六、《常州年鉴》(2016)资料主要由各部门、单位确定专人负责撰写或提供，经各部门、单位领导审核。常州市统计局提供全市综合性统计数据，各单位提供的数据与常州市统计局的数据不一致的以常州市统计局的数据为准。

七、《常州年鉴》(2016)的编纂出版，是广大撰稿、编辑、审稿人员集体智慧的结晶，也是各级各部门领导重视、支持的结果，常州市地方志办公室谨表示真诚谢意。疏漏欠妥之处，恳请读者批评指正。

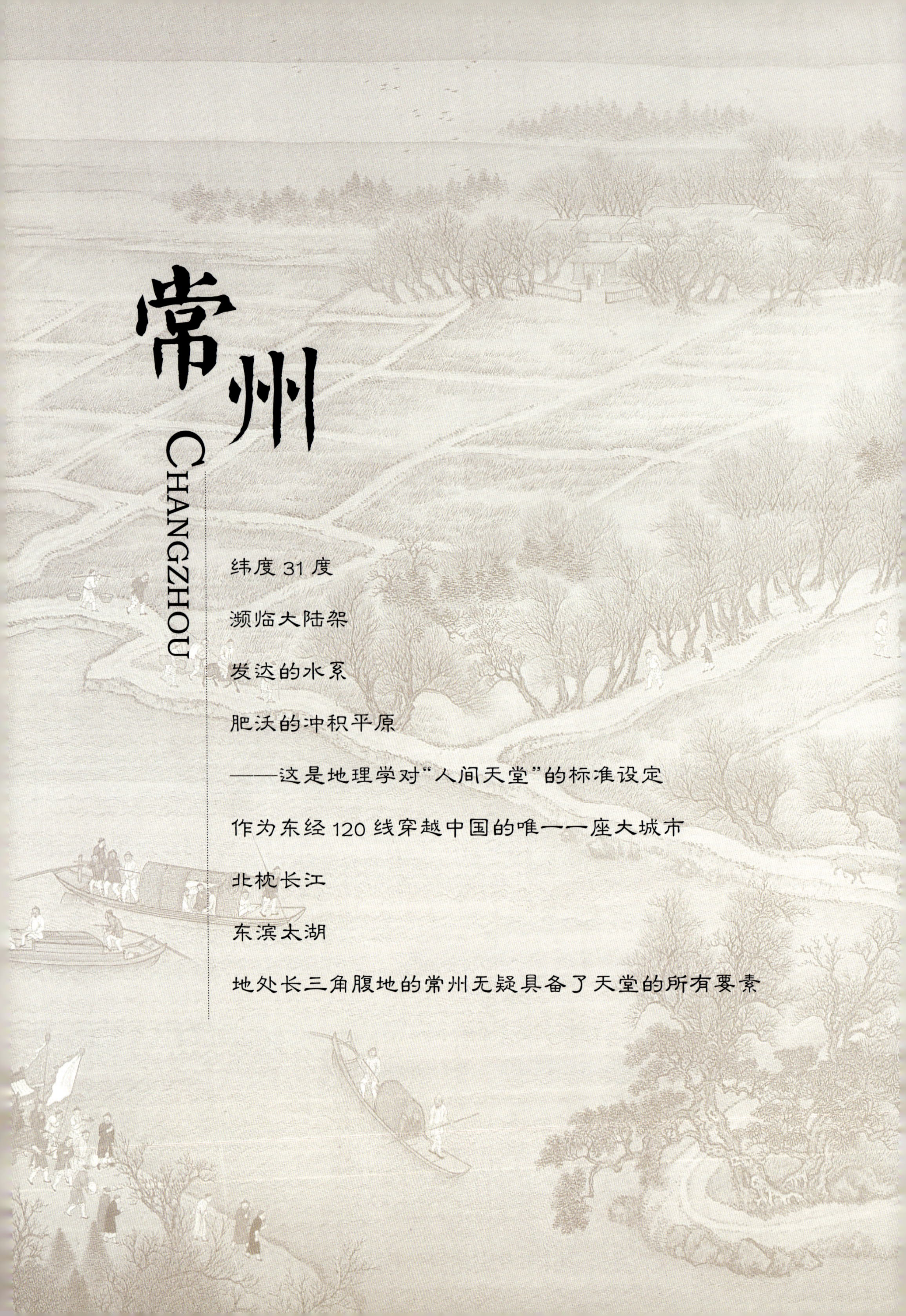

常州

CHANGZHOU

纬度 31 度

濒临大陆架

发达的水系

肥沃的冲积平原

——这是地理学对“人间天堂”的标准设定

作为东经 120 线穿越中国的唯一一座大城市

北枕长江

东滨太湖

地处长三角腹地的常州无疑具备了天堂的所有要素

常州年鉴

城市荣誉

2016 CHENGSHI RONGYU

国家历史文化名城

全国文明城市

国家生态城市

中国最具投资价值十强城市

中国优秀旅游城市

国家卫生城市

国家园林城市

国家环境保护模范城市

全国双拥模范城市

全国科技进步先进市

国家知识产权示范城市

2015 中国人居环境综合奖

最佳商业城市排行榜第十二位(《福布斯》中国大陆)

创新指数排行第十位(《福布斯》中国大陆)

私营经济省活力指数排行第一位(《福布斯》中国大陆)

中共中央政治局委员、国务院副总理马凯在常州调研新能源汽车产业发展　　（常州日报　供稿）

全国政协副主席何厚铧率澳门特别行政区全国政协委员考察团考察常州 （常州日报 供稿）

省委书记罗志军考察纳恩博（常州）科技有限公司 （张海韵 摄）

省长李学勇到常州察看防汛抗灾工作 （常州日报 供稿）

代省长石泰峰在金坛考察　　（魏作洪　摄）

市委书记阎立督查易成环保型电缆和超高压电力铁塔项目（胡平　摄）

市长费高云督查贝内克长顺高性能复合材料项目（魏作洪　摄）

东方盐湖城　（文广新局　供稿）

金坛长荡湖成功创建省级旅游度假区 （旅游局 供稿）

天目湖国家级森林公园　　（常州日报　供稿）

溧阳曹山紫薇花海　　（王德安　陈暐　田韵　摄）

淹城　　　　（文广新局　供稿）

常州市中心城区风貌　（规划局　供稿）

民丰窑

（城管局　供稿）

杨桥古村落 （规划局 供稿）

新区中心公园夜景 （规划局 供稿）

常州国际机场
金坛城市候机楼
金坛⇌常州国际机场

畅通常州

01 常州国际机场金坛候机楼

（常州机场 供稿）

02 新落成的大型公交立体停车场

（常州日报 供稿）

03 新投运的常州汽车客运北站候车室

（交通局 供稿）

04 常溧高速公路

（交通局 供稿）

05 录安洲 4 号泊位 10 万吨级码头

（交通局 供稿）

有中国人寿 踏实
热烈祝贺老挝航空公司

国庆招待会
National Day Reception
1949—2015

HONG FU CHINESE CUISINE
常州老乡相聚美西

01 02 03
04 05
06 07

开放常州

01 加拿大多伦多常州联谊会成立（侨办 供稿）

02 常州国际机场万象航班开通（外办 供稿）

03 常州与俄罗斯斯塔夫罗波尔市缔结友好城市（外办 供稿）

04 常州荣誉市民（外办 供稿）

05 常州市与德国埃森市友好城市纪念碑揭碑（外办 供稿）

06 美国美西常州联谊会成立（侨办 供稿）

07 韩国春川市代表团到常州开展国乐交流（外办 供稿）

赵世俊

世纪华联
青龙 QINGLONG
邻里中心

01 02 03
04 05

和谐常州

01 市妇联、市教育局、市文明办联合在常州四药制药有限公司开展家庭教育进企业活动 （妇联　供稿）

02 市民为参加抗洪救灾的士兵缝补救生衣 （常州日报　供稿）

03 全国十大孝老爱亲家庭余美芳家庭 （妇联　供稿）

04 青龙邻里中心 （天宁区政府办　供稿）

05 治安防范知识进社区 （政法委　供稿）

爱满常州— 常州市道
道德模范候选人、江苏省道德模范及提名奖和
四届常州市道德模范及提名奖名单
道德模

慈善常州

01 市委书记阎立推着全国道德模范提名奖获得者王德林步入常州市道德模范表彰暨“美德之夜”大型公益活动会场（文明办　供稿）

02 市领导在助残日走访自闭症庇护就业工场天禧儿烘焙坊（残联　供稿）

03 残疾人文艺汇演（残联　供稿）

04 第三届“中华女性公益慈善典范”颁奖典礼在常州举行（妇联　供稿）

书香常州 悦读700
全民阅读季
阅读 成就精彩人生

崇德守正

风雅常州

01 全民阅读季启动仪式 （张海韵 摄）

02 民元里舞龙 （文广新局 供稿）

03 武进区“桑榆”艺术团纪念抗日战争胜利 70 周年汇演 （老干部局 供稿）

04 常州原创锡剧《夕照青果巷》 （张海韵 摄）

05 “家园—品味传统文化，涵养核心价值”系列活动总结展演 （常州日报 供稿）

06 “浓情端午，畅游运河”活动在常州古运河上复现端午民俗 （钟楼区 供稿）

金陵体育

01 02 03 04

活力常州

01 江苏中天钢铁女排获全国女排联赛季军 （体育局　供稿）

02 第 7 届 U21 青年女曲亚洲杯赛在武进区曲棍球基地举行 （常州日报　供稿）

03 CBA 联赛 2014—2015 赛季江苏同曦男子篮球队主场比赛在常州奥体中心举行 （魏作洪　摄）

04 著名羽毛球运动员林丹参加在常州举行的波力杯中国羽毛球大师赛 （体育局　供稿）

3

24
CCA
FUSC
CSSF

01 02 04 03 05

活力常州

01 武进西太湖国际半程马拉松赛 （体育局 供稿）

02 武进太湖湾女子龙舟队勇夺 2015 中华龙舟大赛 500 米赛冠军 （高岷 徐敏峰 海韵 晨希 摄）

03 全国啦啦操锦标赛在溧阳举行 （常州日报 供稿）

04 省首届大众广场舞大赛海选赛——常州站决赛 （体育局 供稿）

05 全民健身日启动仪式上的健身气功表演 （体育局 供稿）

淘常州自建小黄蜂物流配送（商务局　供稿）

常州智造－爱尔威平衡车（常州日报　供稿）

“十百千”创新型银企对接会（科技局　供稿）

常州获“中国旅游＋互联网创新示范城市”称号（旅游局　供稿）

水稻丰收（农委　供稿）

01 02 03 04 05 06

创新发展，着力提高发展质效

01 “十二五”期间，全市服务业对 GDP 增长的平均贡献率达 57.2%。一批新型服务业态的涌现，有力推动了全市产业创新和转型升级。

02 “十二五”期间，常州市坚持走工业化道路，重点发展智能装备、新材料、新一代信息技术产业、新能源、生物医药及高性能医疗器械等。至 2014 年，全市规模以上工业产值已超过 1.1 万亿元，其中装备制造业占 41%，智能电网、智能轨道交通、智能农业装备和智能机器人等产业已成为江苏具有区域标志性的高端产业。

03 “十二五”期间，全市以区域金融中心为目标，加快金融商务区建设，大力推动企业上市进程，为企业兼并重组、项目建设提供资金支持，并抓住国家产业基金重大机遇，做好对接，推动全市产业基金进一步发展壮大，为创新型企业培育壮大做出较大贡献。

04 “十二五”期间，全市在城市发展、民生建设、社会管理等各领域还全面植入智慧因子，将产业和城市有机融合，实现产业转型重构和城市价值再造，使全市走上“以产兴城、以城促产、宜居宜业、融合发展”新路。

05 “十二五”期末，全市信息化发展指数达 90.8，两化融合发展水平指数 91.75，均位居全省前列。互联网经济成为全市科学发展、跨越发展的新支点。

06 “十二五”期间，常州被认定为全国首批农业农村信息化整体推进型示范基地、国家现代农业示范区、全国水产养殖综合标准化示范区。全市农业现代化工程水平指数居全省第二。

宜业、宜居、宜文、宜游的生态文化创意产业集聚区——常州创意产业基地（发改委　供稿）

本页文字内容均来自《常州日报》

常州市行政区划调整动员大会（常州日报 供稿）

军民共建道德讲堂（常州日报 供稿）

孟河老街（常州日报 供稿）

青果巷街区（常州日报 供稿）

协调发展，着力形成平衡发展结构

01 常州市通过区域调整，激发中心城区和区域改革发展活力，释放县城发展潜力，提升常州整体竞争力，更好地促进产业集聚发展、城乡一体发展和区域协调发展。

02 常州首创道德讲堂，通过"身边人讲身边事，身边人讲自己事，身边事教身边人"传承崇德、向善、守信等美德，体现常州城市的个性魅力。

03 整体有序推进"美丽乡村"创建工作，促进农村环境、农业发展、人文特色融合发展。

04 "十二五"期间，常州市各中心镇基本总体规划、主镇区和近期建设区控制性详细规划以及主镇区核心区城市设计修编提升；各镇不断加强对产业、文化、生态的特色研究，在产镇融合、村庄环境整治、旅游发展等方面形成了一系列专项规划成果，进一步优化发展模式，不断强化中心镇发展引导，加速中心镇向新型现代小城市转型。

05 2015 年，常州成功申报历史文化名城，一大批名城保护成果正融入市民的日常生活。

武进区雪堰镇回民村绿美村景（农委 供稿）

本页文字内容均来自《常州日报》

安装电动汽车充电桩（供电公司　供稿）

环保粉尘检测（常州日报　供稿）

粤海工业园区的光伏发电站（常州日报　供稿）

美丽钟楼（钟楼区政府办　供稿）

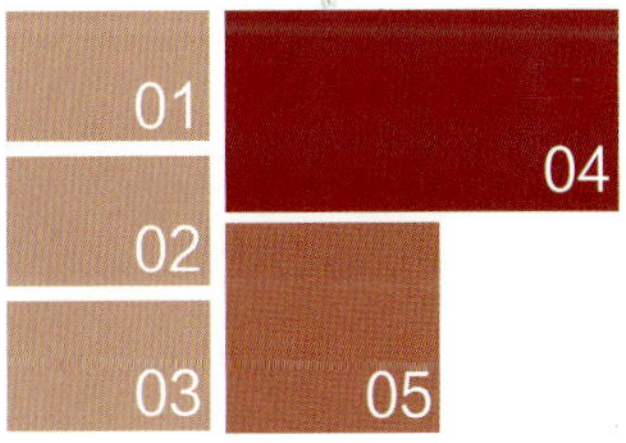

绿色发展，着力改善生态环境

01 "十二五"期间，常州着力构建公共自行车和油电、气电混合动力公交车等低碳交通运输新体系，各种低碳交通设施、科技得到应用，绿色出行成为常州低碳生活的一个亮点。

02 "十二五"期间，全市严格限制新增燃煤项目，控制煤炭消费总量；持续深化禁燃区建设；对重点行业定期开展强制性清洁生产审核，加强重点行业烟气治理提标改造以及扬尘污染控制。

03 "十二五"期间，清洁可持续的太阳能光伏发电产业在常州快速发展。全市光伏发电并网装机容量超过 300 兆瓦，在全省处于领先地位。

04 "十二五"期间，全市申报国家和省化解过剩产能和淘汰落后产能项目 66 项，全部通过省、市验收，共淘汰钢铁、水泥、纺织、印染、化工铅酸蓄电池、铸造等落后产能 15 大类，缓解了过剩产能矛盾，全市单位 GDP 能耗累计下降 17.23%，超过省下达的下降 19% 的目标任务。钟楼经济开发区、常州国家高新区、武进国家高新区建成国家级生态工业示范园区。

05 2010 年，常州市被列为全国第一轮农村环境连片整治示范试点。2013 年起，全市 4 个涉农区域又进行了以农村生活污水、生活垃圾、畜禽粪便治理为主要内容的覆盖拉网式环境综合整治，实现生活污水全封闭排入污水处理设施集中处理，改善了农村环境质量。

武进区雪堰镇绣衣村（常州日报　供稿）

本页文字内容均来自《常州日报》

（科技局　供稿）

蒂森克虏伯智能车间（经信委　供稿）

（常州机场　供稿）

天合光能光伏科学与技术国家重点实验室 （科技局 供稿）

水芹出口（常州日报 供稿）

常州电子商务示范基地（创意产业基地 供稿）

01 02 03 04 05 06

开放发展，着力实现合作共赢

01 “十二五”期间，常州市大力推进国际合作园区建设，学习借鉴国际先进理念，承接先进产业资源，形成中以创新园、中德创新中心、中荷航空产业园、中芬绿色科技产业园等一批国际合作园区。

02 “十二五”期间，全市累计有 53 家世界 500 强企业投资开发区。

03 “十二五”期间，全市境外投资企业达 300 多家，累计新批境外投资项目 282 个，中方协议投资额 21.05 亿美元，分别是“十一五”的 2.17 倍和 3.85 倍。天合光能国际产业园带动常州市光伏企业抱团走出去，打造在海外的工业园区。

04 “十二五”期间，全市外贸进出口企业达到 6200 多家，进出口总额稳定在 280 亿美元以上，其中出口连续 5 年正增长。

05 “十二五”期间，常州市服务外包载体平台日趋完善。围绕动漫制作、嵌入式软件、电子商务等特色领域，形成常州产业基地、科教城、钟楼经济开发区、武进经济开发区 4 个省级服务外包示范区和常州创意人才培训中心、科教城培训管理中心 2 个省级服务外包人才培训基地。

06 “十二五”期间，常州国际机场旅客吞吐量、货邮吞吐量和机场起降架次年均增长 29.7%、28.4%、35%，均高于华东地区和全国平均水平。

本页文字内容均来自《常州日报》

西太湖国际半程马拉松赛（体育局　供稿）

保障房爱心社揭牌（房管局　供稿）

常州市第二人民医院阳湖院区（卫计委　供稿）

2015 年高校毕业生供需洽谈对接会（人社局　供稿）

北京师范大学常州附属学校落户钟楼区（钟楼区政府办　供稿）

红日家园老年公寓（叶之暖　摄）

共享发展，着力增进人民福祉

01 “十二五”期间，全市医疗机构布局得到优化，镇街道均配卫生院或社区卫生服务中心，农村三级医疗服务网络健全，第一、二、四、七人民医院新院区投入使用或已开工建设，县级公立医院改革试点全面推开。

02 “十二五”期间，常州市不断完善公共体育设施，到 2013 年，城市社区全部建成“十分钟体育健身圈”，人均公共体育设施面积达 2.9 平方米；武进、新北区已率先完成 100%、60% 建设任务。2015 年，市和辖市区全部被命名为“江苏省公共体育服务体系示范区”。

03 “十二五”期间，全市实施多种举措，加大城市中低收入困难家庭和外来务工人员住房保障，并成为省住房保障体系建设示范市，基本实现应保尽保；同时，积极推进危旧房、城中村、低洼地改造。

04 “十二五”期间，全市社会养老服务体系进一步健全，医养融合服务模式全面推进，社区居家养老服务中心（站）实现全覆盖，每千名老年人拥有床位 40 张。

05 “十二五”期间，全市就业服务进一步增强，城镇登记失业率控制在 3% 以内。

06 “十二五”期间，全市新建和改扩建中小学、幼儿园 140 所，校舍建筑面积 173 平方米。所有辖市区均创成省教育现代化建设先进市（区）。

本页文字内容均来自《常州日报》

地区生产总值

Gross Domestic Product

单位：亿元(100 million yuan)

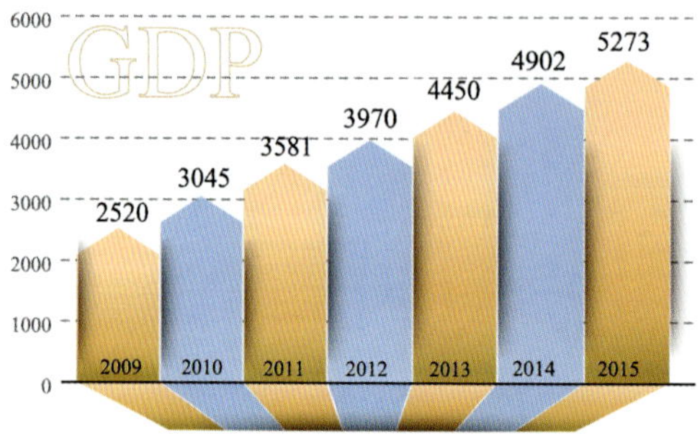

国民经济三次产业结构

Proportions in Gross Domestic Product

单位：%

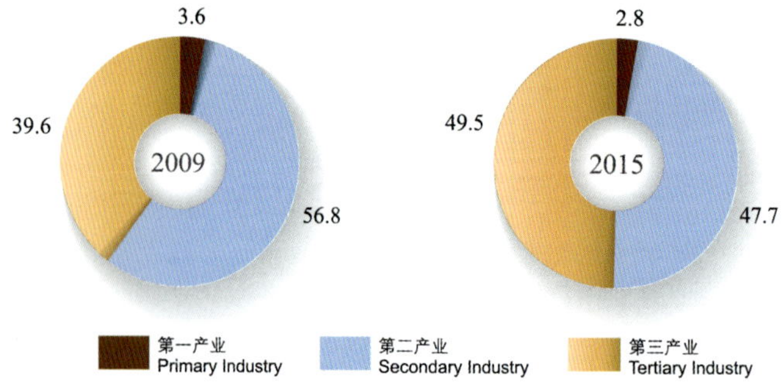

人均地区生产总值

Per Capita of Gross Domestic Product

单位：元(yuan)

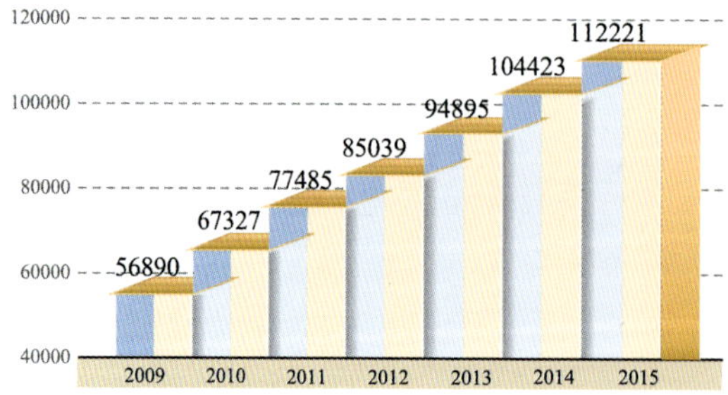

本页图文由统计局提供

固定资产投资完成额
Realized Investment in Fixed Assets

单位：亿元(100 million yuan)

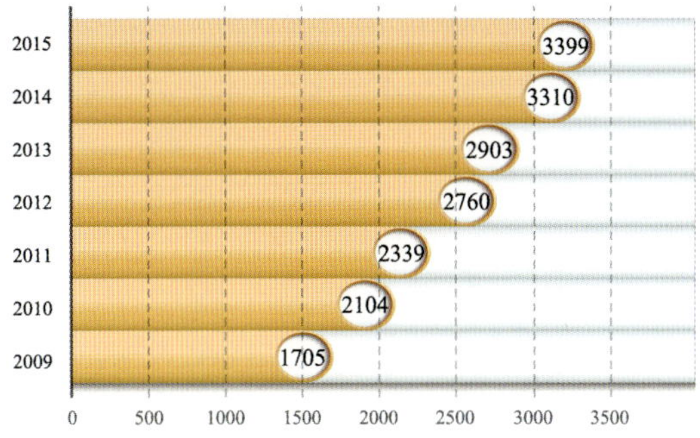

固定资产投资构成
Structure of Fixed Assets Investment

单位：%

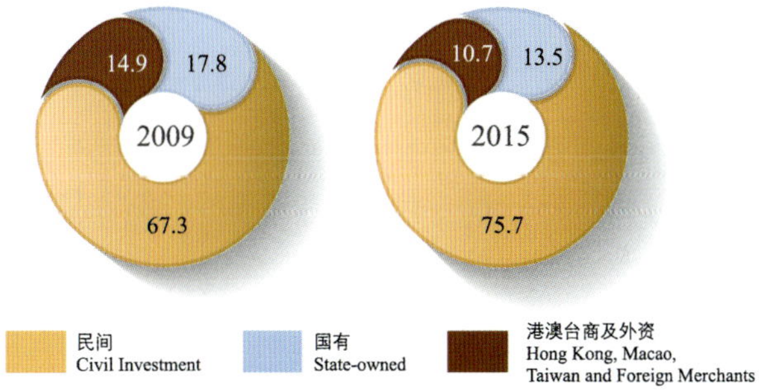

社会消费品零售总额
Total Retail Sales of Consumer Goods

单位：亿元(100 million yuan)

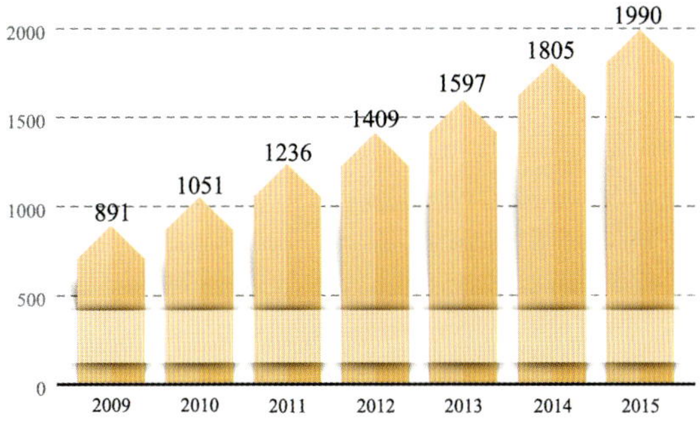

本页图文由统计局提供

农林牧渔业总产值(现价)

Gross Output Value of Farming, Forestry,Animal Husbandry and Fishery (Current)

单位：亿元(100 million yuan)

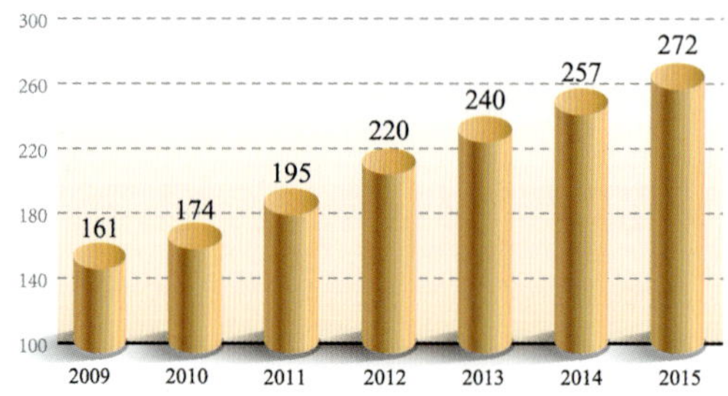

农村三次产业从业人员比重

Proportion of Employment in Tertiary Industry in Rural Area

单位：%

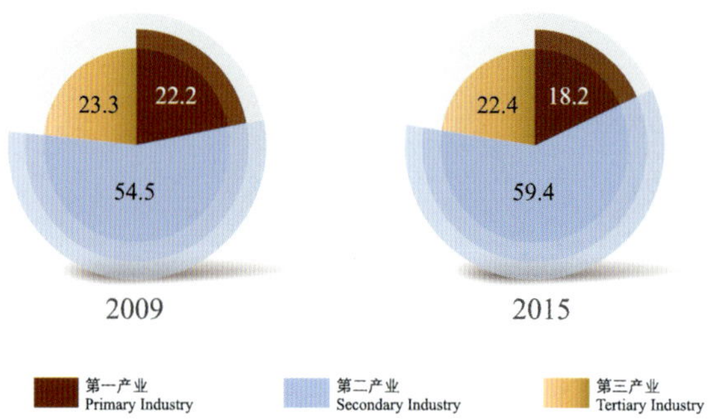

水稻单产

Per Hectare of Paddy Rice

单位：公斤/公顷(kg/hectare)

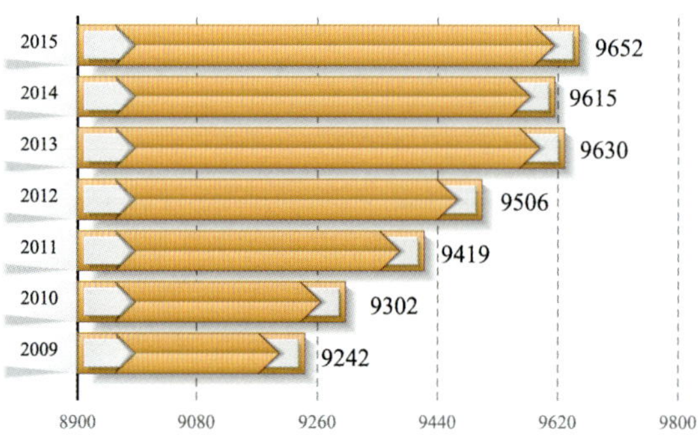

农村经济

本页图文由统计局提供

工业生产发展指数（以2000年为100）

Indices of Gross Industrial Output

(Calculated by Comparable Price:2000=100)

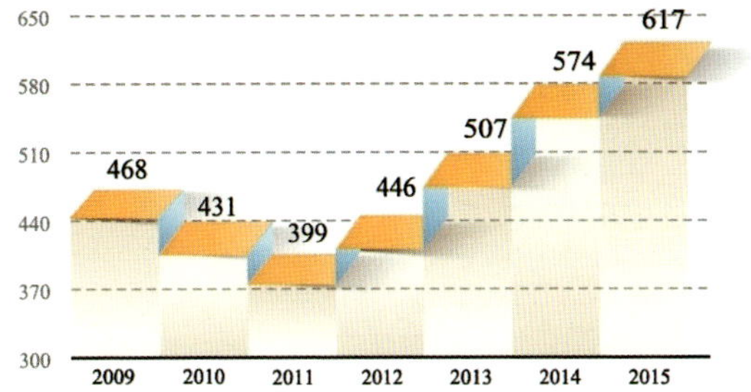

规模以上工业实现利润

Profit of Industries above Dseignated Size

单位：亿元(100 million yuan)

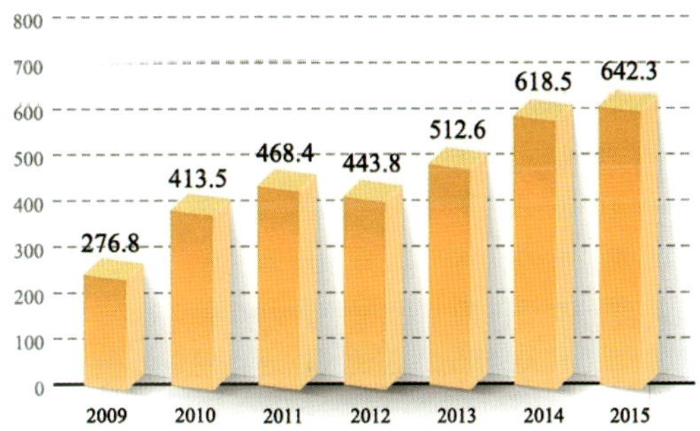

工业主要行业构成

Main Industry Structure

单位：%

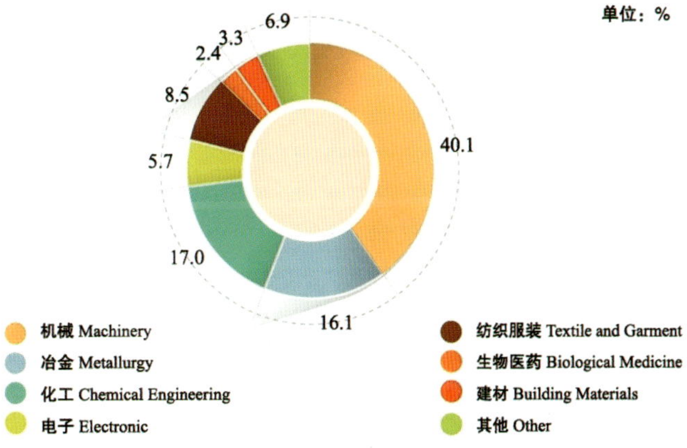

个私经济

私营企业注册资本

Registered Capital of Private Enterprises

单位：亿元(100 million yuan)

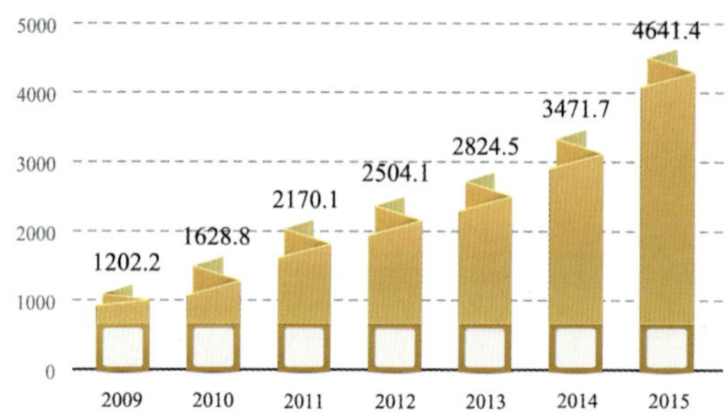

个私企业从业人数

Number of Employees in Individual and Private Enterprises at Year-end

单位：万人(10000 persons)

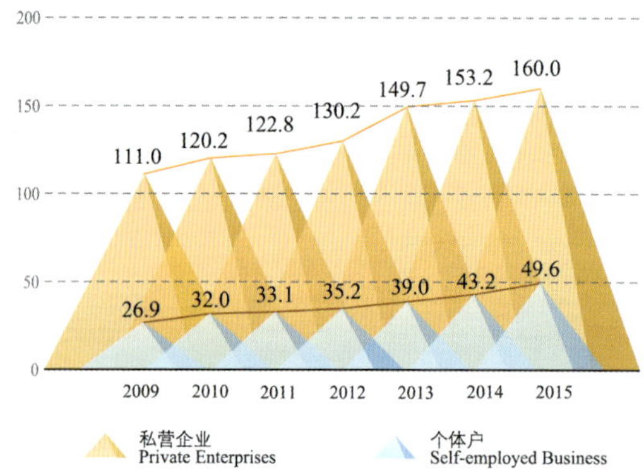

个私企业户数

Number of Individual and Private Economy at Year-end

单位：户(unit)

本页图文由统计局提供

进出口总额

Total Imports and Exports

单位：亿美元(USD 100 million)

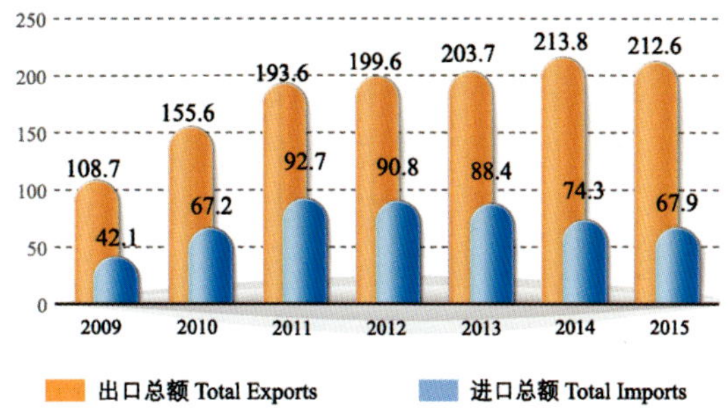

实际利用外资金额

Total Amount of Foreign Investment Actually Utilized

单位：亿美元(USD 100 million)

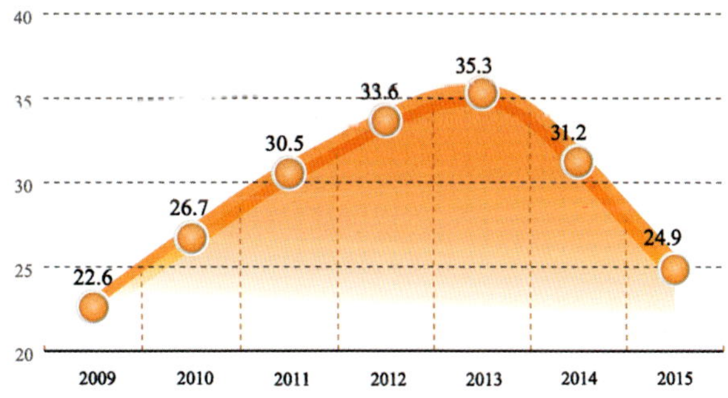

规模以上港澳台及外商投资企业工业总产值

Total Industrial Output of Hong Kong, Macao, Taiwan and Foreign Invested Companies Above the Designated Size

单位：亿元(100 million yuan)

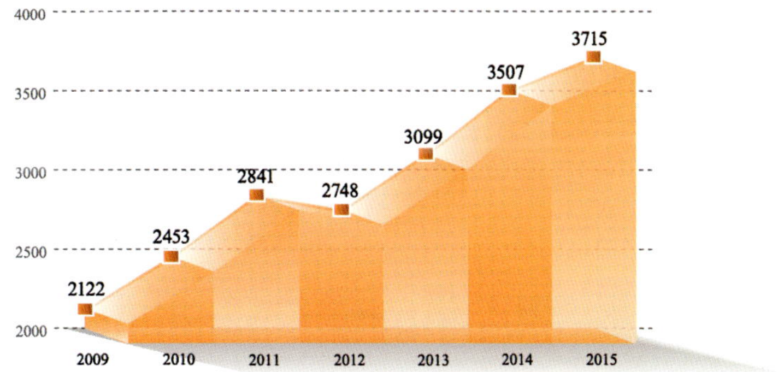

本页图文由统计局提供

一般公共预算收入和支出

General Public Budgetary Revenue & Expenditure

单位：亿元（100 million yuan）

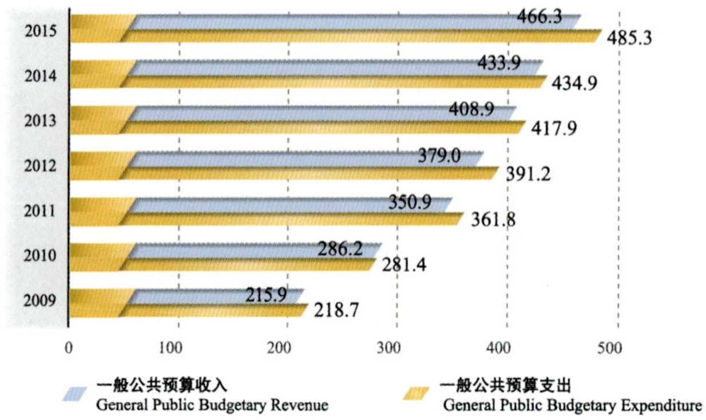

一般公共预算收入占GDP比重

Proportion of General Public Budgetary Revenue to GDP

单位：%

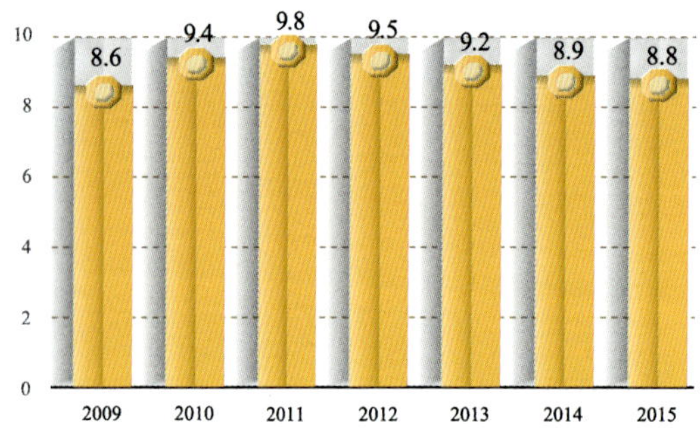

金融机构存贷款余额

Deposit and Loan Balance of National Banking Institutions

单位：亿元（100 million yuan）

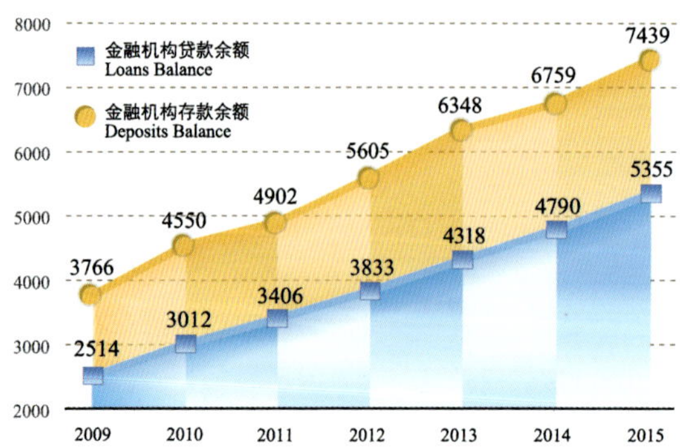

本页图文由统计局提供

城镇常住居民人均可支配收入
Per Capita Disposable Income of Urban Residents

单位：元（yuan）

农村常住居民人均可支配收入
Per Capita Disposable Income of Rural Residents

单位：元(yuan)

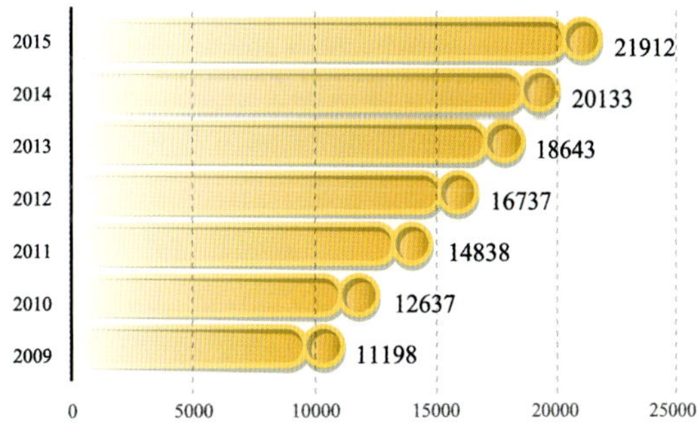

市区居民消费价格总指数（以上年价格为100）
Consumer Price Index of Urban Residents (Preceding Year=100)

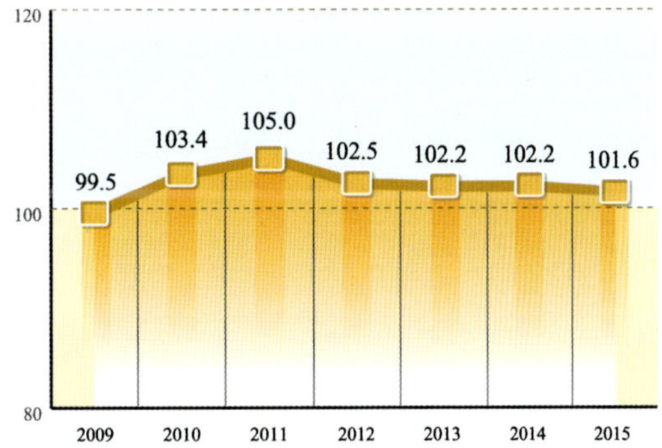

普通高等院校在校学生数

Students Enrollmed of Institutions of Higher Education

单位：人（person）

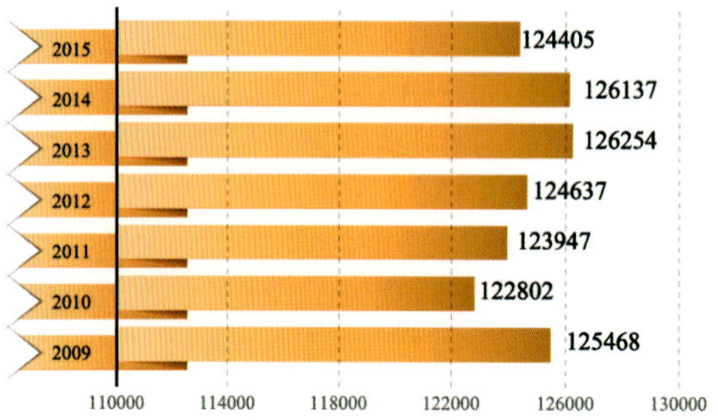

专利申请量、专利授权量

Number of Patent Authorizations Examined and Granted

单位：项（unit）

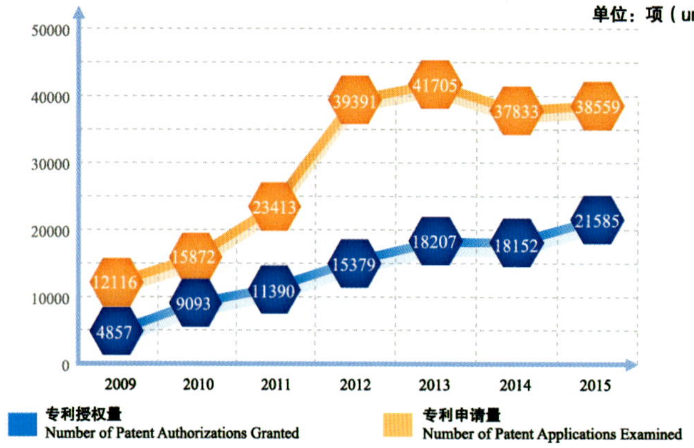

全社会卫生机构床位数

Beds of Health Care Institutions

单位：张（bed）

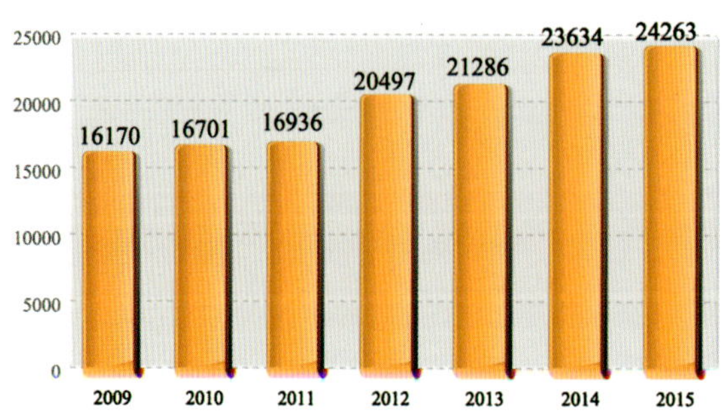

本页图文由统计局提供

人均拥有道路面积

Per Capita Area of Roads

单位：平方米（sq.m）

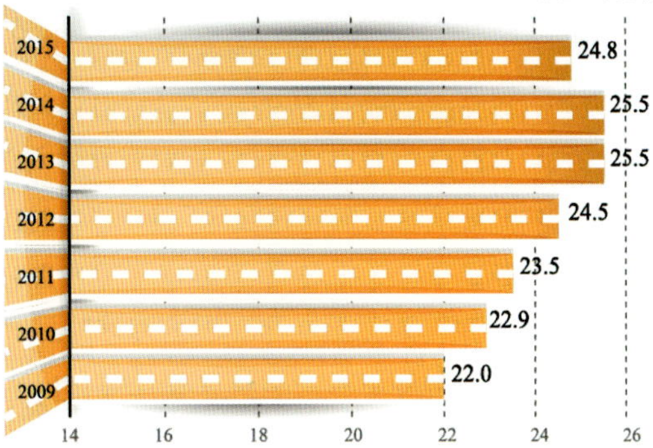

人均公园绿地面积

Per Capita Green Area of Parks

单位：平方米（sq.m）

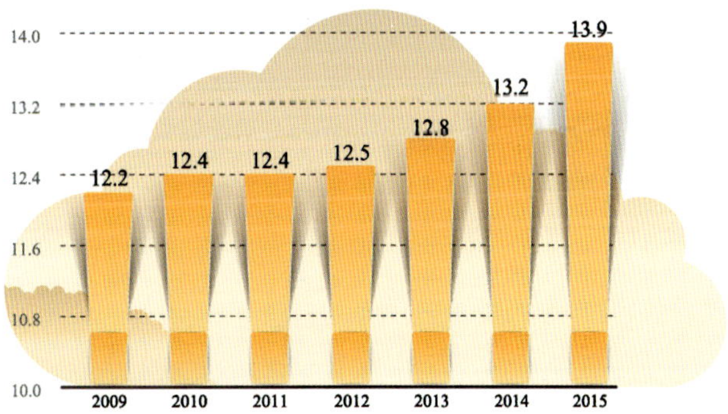

建成区面积

Area of Constructed Regions

单位：平方公里（sq.km）

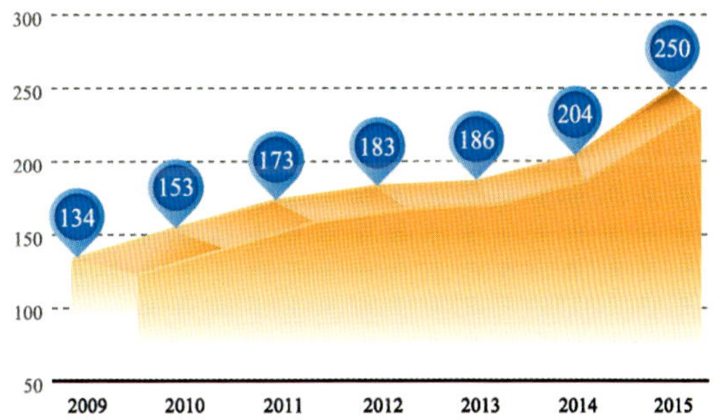

本页图文由统计局提供

江苏金昇集团

金昇集团是一家以高端装备制造为主的多元化产业集团，业务领域涉及机械制造、纺织工程、建筑房产、生物工程等产业。

集团总部位于中国江苏省常州市金坛区，下设卓郎纺机(Saurer)、利泰纺织、金昇置业等主要战略业务单元，以及德国埃马克机床集团(EMAG)、德国科普费尔齿轮集团(KOEPFER)等控股50%的子公司。金昇在全球拥有77处生产工厂和分支机构，业务遍及132个国家和地区，现有员工约有13000人，其中非中国籍员工5000余人。

卓郎纺机(Saurer)源于瑞士，拥有近160年的历史。2013年6月金昇的收购使卓郎重生。卓郎纺机作为全球纺织机械制造行业的领导者，在各个时期持续地提高纺织价值链的生产工艺。卓郎纺机旗下拥有众多世界级品牌，包括Schlafhorst、Zinser、Allma、Volkmann、Embroidery等纺织机械产品品牌以及Accotex、Daytex、Fibrevision、Temco、Texparts等纺织专件产品品牌。

德国埃马克机床集团(EMAG)总部位于德国巴登符腾堡州萨拉赫市，拥有140多年的历史，是全球领先的高端专用数控机床制造商。旗下拥有埃马克倒立式加工中心、埃马克ECM电化学加工中心、莱尼科(Reinecker)精密磨床、卡斯腾思(Karstens)外圆磨床、科普(Kopp)凸轮轴和非圆磨床、纳科索思·尤尼恩(Naxos-Union)曲轴磨床、eldec感应热处理系统、埃马克激光焊接等品牌与产品。

德国科普费尔(KOEPFER)总部位于德国巴登符腾堡州富特旺根，拥有140多年历史，一直为众多工业领域提供高品质的传动系统，包括汽车、机床、起重设备、驱动系统、自行车传动、建筑工程设备、医疗设备生产、机械设备工程、自动化技术等。

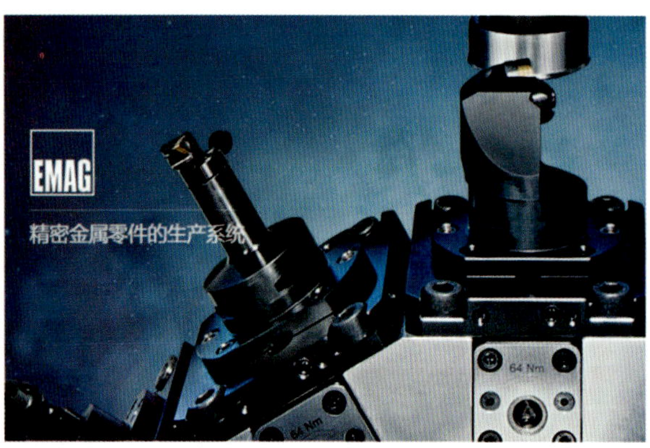

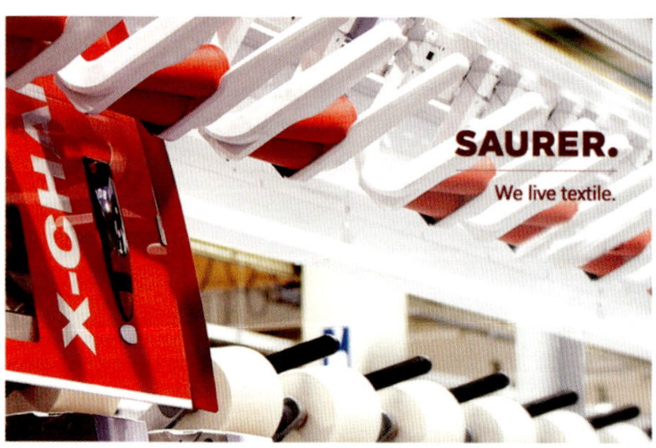

江苏金昇实业股份有限公司
地址：江苏省常州市金坛区华城路98号
电话：86-0519-82119966 传真：86-0519-82116988 www.jinshengroup.com

总部位于瑞士瓦特维尔的赫伯陶瓷建于1835年，是全球领先的工业、医疗和纺织专件供应商。产品包括空气喷嘴、抽吸单元、剪切单元和捻接单元等。180余年对工艺和技术的专注和创新赢得了全球68个国家客户的认可和赞誉。

2008年，金昇集团将利泰纺织纳入麾下，加快了其转型升级和国际化的步伐。受益于国家“一带一路”的发展战略，2015年利泰纺织在新疆库尔勒、奎屯及乌兹别克斯坦建设近1000万锭的纱线生产基地。新的生产基地配备业内最先进的紧密纺、环锭纺、气流纺等纺织机械，形成符合“绿色、智能、定制、共赢、循环”的全新商业模式，打造纺织行业新的业态，引领纺织行业的转型升级。

金昇
JINSHENG

国电常州发电

国电常州发电有限公司位于常州市新北区春江镇，由中国国电集团公司、华润电力(江苏)投资有限公司、江苏省国信资产管理集团有限公司、常州投资集团公司分别按51%、25%、20%、4%的投资比例共同出资组建，于2003年7月在常州正式注册成立，是一家以发电为主、兼及上下游产业的综合性新型电力企业。

公司是江苏省首批安全生产标准化一级企业，先后获得常州市五星企业、常州市重大贡献奖、江苏省文明单位、江苏省五一劳动奖状、全国五一劳动奖状、全国模范职工之家和国电集团绩效贡献优秀奖、国电一级奖状、精神文明建设优秀奖、文明单位标兵、五星级企业、创新型企业、特别贡献奖等荣誉。

安全环保方面，通过大力推进安全文明生产、检修标准化工作，规范外委单位和外委人员安全文明管理，被国电江苏电力有限公司评为检修标准化示范单位，#2机组被国家能源局评为可靠性金牌机组。#2机组实施了脱硫提效改造、湿式除尘器改造、烟囱防腐改造等环保项目，环保指标达到燃机排放水平。公司两台机组均实现超低排放。

2015年公司创七项历史最好成绩。一是利润创历史最好成绩；二是单位容量盈利能力创历史最好成绩；三是供电煤耗创历史最好成绩；四是标煤单价创历史最好成绩；五是对外供热创历史最好成绩；六是大用户直供电量创历史最好成绩；七是安全生产记录创历史最好成绩，至2015年底实现连续安全无事故3486天。

有　限　公　司

办公大楼

常州厂房

常州厂前区

码　头

常州厂房

常州厂前区

常州港华燃气

LNG调峰设施

常州港华燃气有限公司成立于2003年1月30日，由常州市燃气热力总公司与香港中华煤气有限公司合资成立，是一家专业的燃气经营单位。作为常州市公用行业首家引入境外机构的企业，常州港华从成立之日起，就成功移植中华煤气优秀的企业文化和理念，树立了“优质能源服务商”的目标，努力打造“以客为尊”的服务文化，并以“客户满意、员工自豪、股东信任、政府放心” 为企业核心价值观。

“十二五”期间，常州港华主动适应新常态，积极展现新作为，结合精细化管理和卓越绩效管理模式，全力推动公司发展迈上新台阶。目前，公司已发展客户54万余户，管网总长度2700余公里，在公司600多平方公里特许经营区域内完成了乡镇全部覆盖，2015年全年累计供气量近4亿立方米。

客户中心

安全检查

有限公司

常州港华在不断追求卓越，努力打造常州优秀公用事业单位的同时也收获了一份份沉甸甸的硕果。近年来，公司先后获得国家青年文明号、中国最佳营业厅、江苏省服务名牌产品、常州市市长质量奖、常州市工业五星企业、常州市名牌产品等荣誉，公司天然气利用工程项目被中国投资协会评为中国优质投资项目。公司总经理黄澔获“中国最佳客户服务管理人”和常州市“十大改革创新人物”称号，董事长张永哲获“常州市明星企业家”称号。

十余年来，常州港华气暖龙城，改善了常州的空气质量，提升了居民的生活品质。展望未来，常州港华将一如既往地为市民提供安全可靠的清洁能源和亲切优质的服务，为常州市的经济建设和生态文明建设做出贡献。

彩虹桥—万粽同心为公益活动

管网巡检

常州市区地图

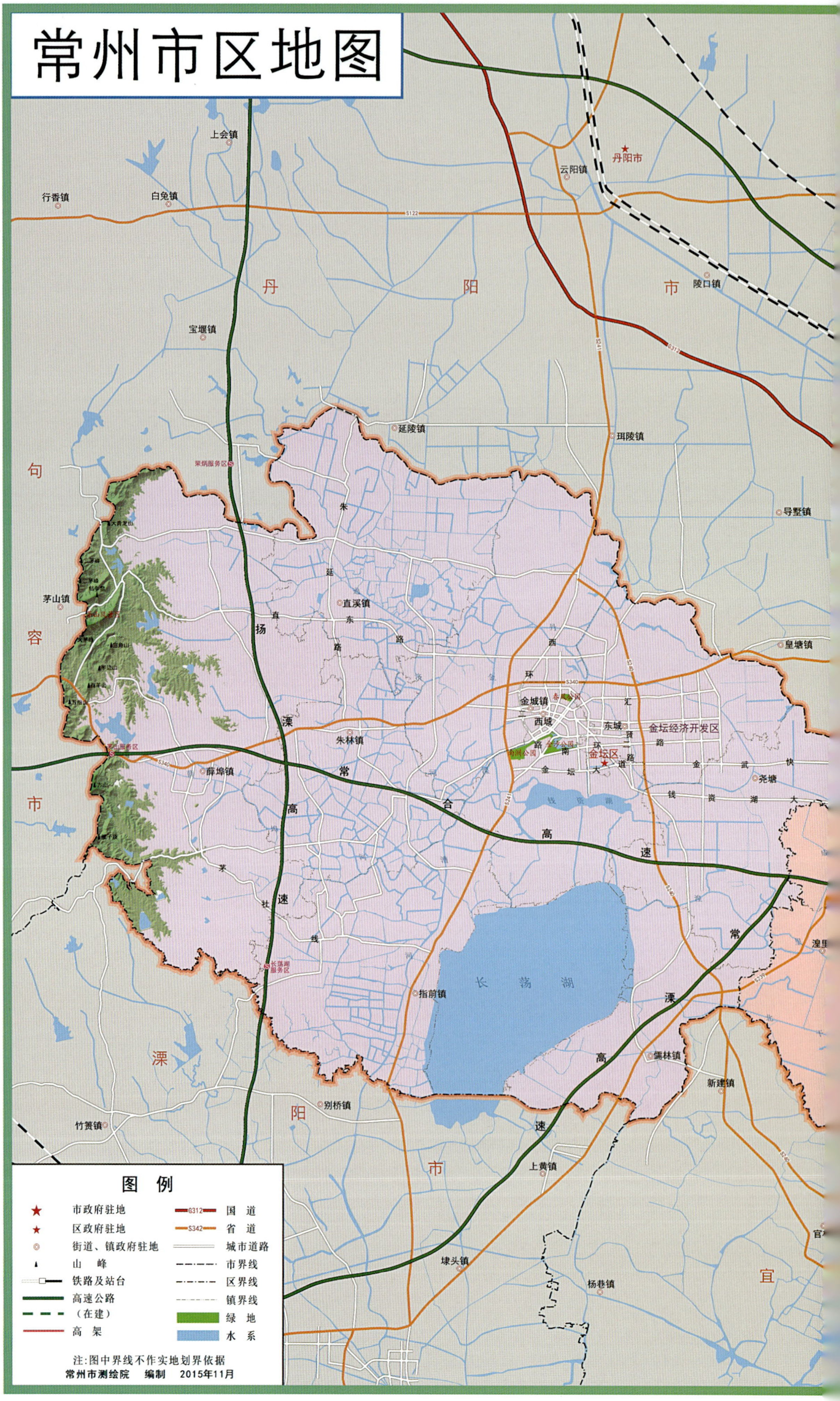

上会镇
行香镇
白兔镇
云阳镇
丹阳市
陵口镇
丹
阳
市
宝堰镇
延陵镇
珥陵镇
导墅镇
荣炳服务区
句
容
市
茅山镇
直溪镇
皇塘镇
金城镇
西城
东城
金坛经济开发区
金坛区
朱林镇
薛埠镇
尧塘
长荡湖服务区
长荡湖
指前镇
儒林镇
新建镇
别桥镇
竹箦镇
上黄镇
埭头镇
杨巷镇
溧
阳
市
宜
扬
溧
高
速
常
合
高
速
常
溧
高
速
S122
G312
S241
S340
S239
图 例
市政府驻地
区政府驻地
街道、镇政府驻地
山 峰
铁路及站台
高速公路
（在建）
高 架
国 道
省 道
城市道路
市界线
区界线
镇界线
绿 地
水 系
注:图中界线不作实地划界依据
常州市测绘院 编制 2015年11月

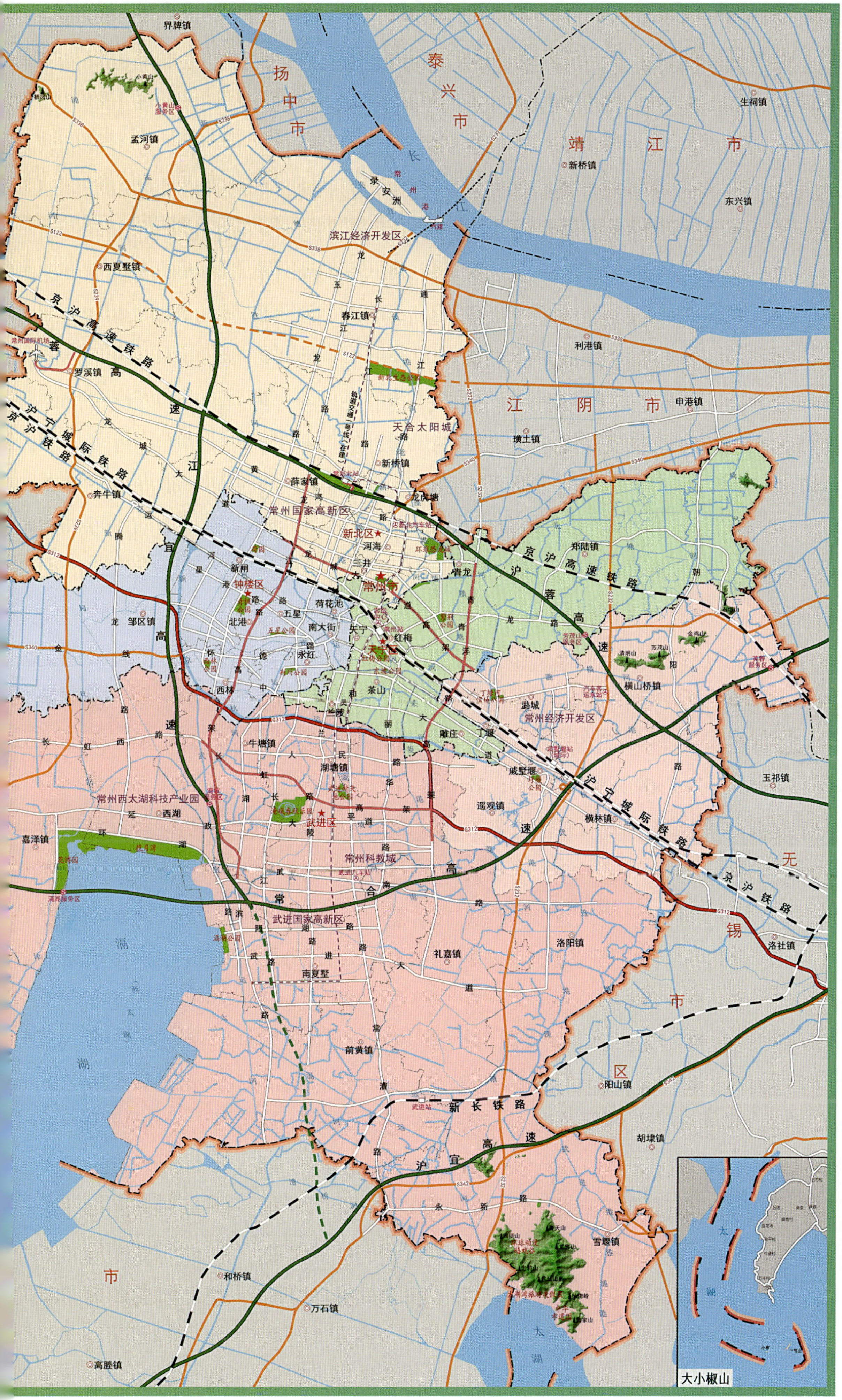

界牌镇
扬中市
泰兴市
靖江市
生祠镇
新桥镇
东兴镇
孟河镇
录安洲
常州港
滨江经济开发区
西夏墅镇
春江镇
利港镇
京沪高速铁路
罗溪镇
江阴市
申港镇
璜土镇
天合太阳城
新桥镇
沪宁城际铁路
京沪铁路
奔牛镇
薛家镇
常州国家高新区
龙虎塘
新北区
河海
郑陆镇
三井
常州市
钟楼区
新闸
五星
荷花池
邹区镇
北港
南大街
红梅
横山桥镇
永红
西林
常州经济开发区
牛塘镇
湖塘镇
雕庄
丁堰
戚墅堰
常州西太湖科技产业园
西湖
遥观镇
武进区
横林镇
嘉泽镇
常州科教城
玉祁镇
武进国家高新区
洛阳镇
无锡市
洛社镇
礼嘉镇
南夏墅
前黄镇
阳山镇
新长铁路
沪宜高速
胡埭镇
雪堰镇
和桥镇
万石镇
高塍镇
太湖
滆湖
大小椒山

常州市域图

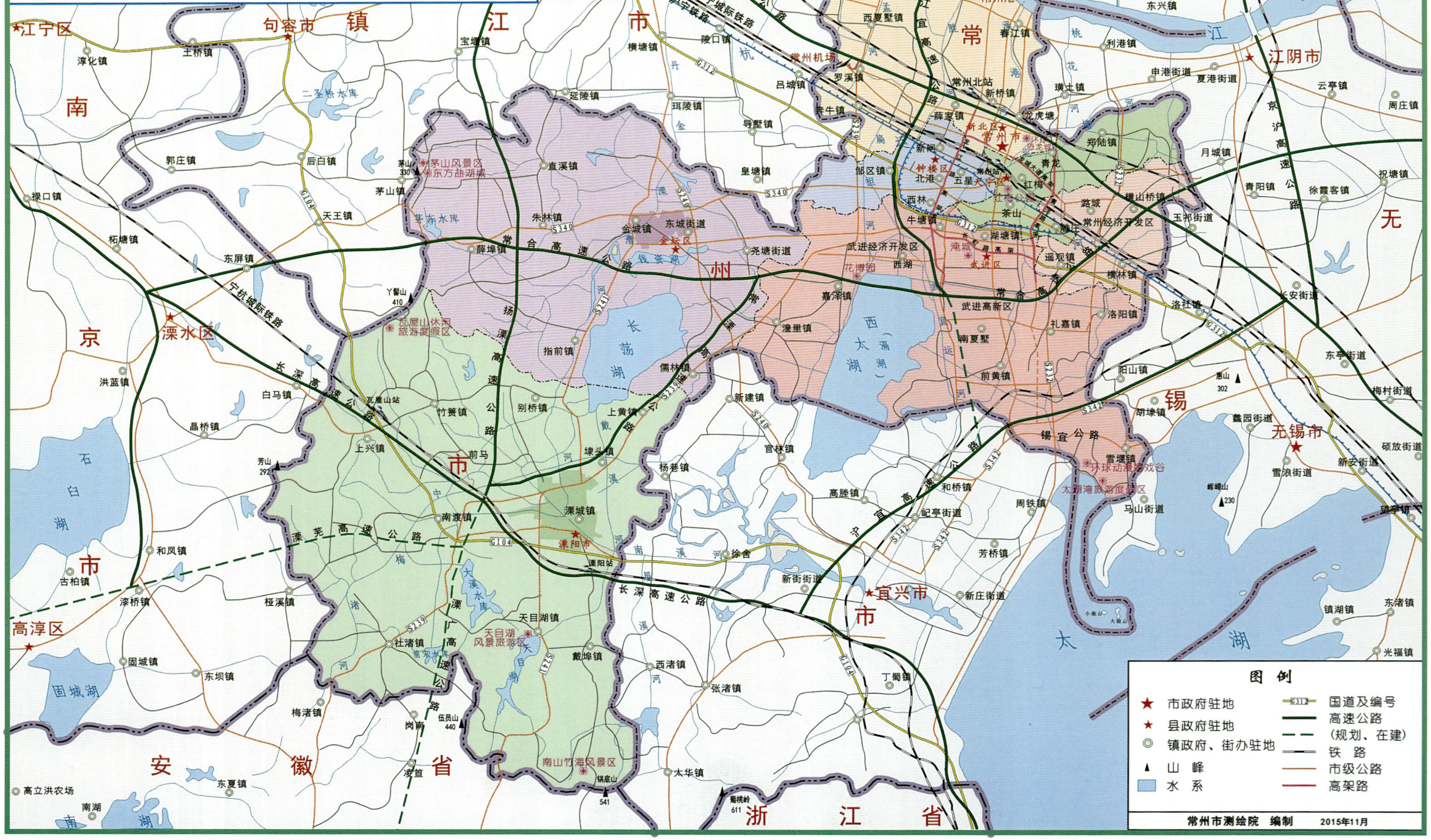

图例
市政府驻地
县政府驻地
镇政府、街办驻地
山峰
水系
国道及编号
高速公路
(规划、在建)
铁路
市级公路
高架路
常州市测绘院 编制 2015年11月

目录

特 载

1 **政府工作报告**——2016 年 1 月 11 日在常州市第十五届人民代表大会第六次会议上

专 记

7 **常州成功创建国家历史文化名城**
7 常州被国务院列为国家历史文化名城
7 常州申报国家历史文化名城工作概述
8 常州历史文化名城保护内容
8 历史文化名城保护规划编制和实施
9 历史文化街区保护整治工程
9 历史文化遗产保护维修工程
9 历史文化研究工程
9 历史文化展示工程
9 名镇名村、古镇古村落、老街的保护
10 历史建筑保护
10 **全面深化改革**
10 常州全面深化改革概述
10 产城融合综合改革
10 省级以上改革试点
10 经济体制和生态文明体制改革
10 城乡发展一体化体制机制改革
11 民主法制领域改革
11 社会体制改革
11 文化体制改革
11 党的建设制度改革
11 纪律检查体制改革
11 辖市区全面深化改革概述
13 **2015 年度常州市重点工程和重点项目**
13 概 述
13 基本现代化建设类
13 转型升级类
14 深化改革类
15 城乡建设类
15 民生幸福类
16 生态文明类
16 党建工作类
17 2015 年度市优秀工程名单
17 2015 年度市优秀项目名单
18 **2015 年为民办实事**
18 优质教育
18 优质医疗
18 优质养老
18 安心饮用水
18 安心食品药品
19 安心社会治安
19 生态绿城建设
19 大气环境质量
19 就业和社会保障
20 交通便民和文体惠民

大事记

21 1 月
21 2 月
21 3 月
22 4 月
22 5 月
22 6 月
23 7 月
23 8 月
23 9 月
24 10 月
24 11 月
24 12 月

常州概况

25 **基本情况**
25 地理交通
25 人 口
25 行政区划
25 土地、矿产资源
25 气 候
26 气 温
26 雨 情
26 2015 年常州市汛期雨量一览表
26 水 情
26 2015 年常州市主要河湖站点汛期最高、最低水位统计表
27 重大灾害性天气
27 历史文化

28 风景名胜
28 文化遗产
28 常州市列入国家级"非遗"名录项目一览表
29 市　标
29 城市荣誉
29 城乡居民收入
29 城乡居民支出
29 全社会固定资产投资
30 "一套表"调查单位统计
30 **2015年常州市国民经济和社会发展统计公报**
33 **组织机构和领导人名单**
33 市领导
34 市级机关
41 市属公司
42 部分部属、省属单位
43 民主党派
43 社会团体
44 高等院校

党政社团

45 **中国共产党常州市委员会**
45 马凯到常州考察
45 何厚铧到常州考察
45 罗志军到常州考察
45 李学勇到常州考察
46 石泰峰到常州考察
46 市委十一届九次全体（扩大）会议
46 市委十一届十次全体（扩大）会议
46 "重大项目深化年"动员大会
46 行政区划调整
46 领导干部警示教育大会
47 党政企代表团考察学习
47 省委巡视工作
47 全市巡察工作
47 中国人民抗日战争暨世界反法西斯战争胜利70周年纪念
47 ·组织工作·
47 概　述
48 "三严三实"专题教育
48 "五纵五横"基层服务型党组织建设
48 龙城英才计划
48 ·宣传工作·
48 思想理论建设
49 新闻宣传
49 网络舆情
49 社会宣传
49 城市外宣
50 ·精神文明建设·
50 概　述
50 文明创建
50 公民道德建设
50 志愿者服务
51 未成年人思想道德建设
51 常州市道德模范表彰暨"美德之夜"大型公益活动
51 ·统战工作·
51 概　述
52 海外联络联谊
52 光彩基金
52 ·台湾工作·
52 对台经济
53 台商台企"360服务"
53 交流交往
53 涉台宣传
53 两岸首次重车摩旅文化交流活动在常州出发
53 在常台资和赴台投资企业会计服务团成立
53 2015海峡两岸（常州）健康产业交流对接会
53 市台湾同胞联谊会概述
54 台湾光复和市台联成立系列纪念活动
54 ·机构编制工作·
54 行政审批制度改革
54 市县政府机构改革全面完成
55 政府职能向社会组织转移
55 不动产统一登记制度改革
55 事业单位分类改革
55 综合行政执法体制改革
55 财政供养人员连续第二年负增长
55 市县机关绩效管理实现全覆盖
55 市级中心镇扩权强镇改革
56 ·党史和地方志工作·
56 概　述
56 抗日战争胜利70周年系列纪念活动
56 纪念恽代英同志诞辰120周年活动
57 《中国共产党常州历史大事记（1919—2012）》出版发行
57 《中国共产党武进历史(1921—2002）》出版
57 常州方志馆拓展服务功能
57 《常州年鉴（2015）》公开发行
57 《口述常州》第4辑出版
57 《常州方志馆读本》出版
57 ·党校工作·
57 概　述
58 教学工作
58 科研工作
58 首届常州改革发展论坛
58 ·机关党建工作·

58 机关党工团组织
58 市级机关“三严三实”专题教育
58 党建工作
58 党风廉政建设
58 作风效能建设
59 文化文明创建
59 ·老干部工作·
59 概 述
60 ·保密工作·
60 保密宣传教育
60 保密监督检查
60 保密服务指导
60 ·信访工作·
60 概 述
61 信访积案化解
61 信访法治建设
61 12345 政府公共服务平台工作
61 ·档案工作·
61 概 述
61 档案现代化建设
61 档案征集接收
61 行政区划调整档案处置
62 档案博览中心
62 首届档案馆公众开放日活动
62 100 个家庭建档示范户征集活动
62 **常州市人民代表大会常务委员会**
62 概 述
62 常州市第十五届人大四次会议
62 常州市第十五届人大五次会议
62 常州市十五届人大常委会会议
63 常州市十五届人大常委会主任会议
64 常州市获地方立法权
64 人大代表议案建议意见办理
64 **常州市人民政府**
64 市政府全体（扩大）会议
64 市政府常务会议
65 政务公开
66 政府网站建设
66 应急管理
66 接待工作
66 ·政务服务工作·
66 概 述
67 ·外事工作·
67 概 述
67 因公出国（境）和外国人来华管理
68 重要来访
68 国际友好城市工作
68 双城记——常州市民走进友城
68 ·政府法制工作·
68 行政执法
68 常州市出台“两法衔接”实施细则
68 政府规章和规范性文件
69 常州市出台第一部政府规章
69 行政复议
69 行政调解
69 领导干部学法
69 ·侨务工作·
69 概 述
69 引智引资
69 为侨服务
69 侨务宣传
70 侨 联
70 ·机关事务管理·
70 机关事务管理
70 机关综合服务保障
71 **中国人民政治协商会议常州市委员会**
71 概 述
71 政协常州市第十三届委员会第四次会议
71 市政协常委会议
72 市政协主席会议
72 提案工作
72 一号提案办理
73 **中国共产党常州市纪律检查委员会（常州市监察局）**
73 党风廉政建设
73 纪律建设
73 作风建设
73 惩防体系建设
74 纪律审查
74 市纪委十一届五次全体（扩大）会议
74 纪律检查体制改革
74 “清风润德”宣传工程
74 **民主党派和工商联**
74 ·中国国民党革命委员会常州市委员会·
74 概 述
75 民革“同心·博爱”法律服务志愿团成立
75 ·中国民主同盟常州市委员会·
75 概 述
76 电视人物传记片《李公朴》开机
76 “追寻公朴足迹”活动
76 ·中国民主建国会常州市委员会·
76 概 述
77 ·中国民主促进会常州市委员会·
77 概 述
77 民进常州市委获评全国社会服务先进集体
77 ·中国农工民主党常州市委员会·
77 概 述
78 ·中国致公党常州市委员会·

78 概　述
78 引凤工程
78 ·九三学社常州市委员会·
78 概　述
79 全国首套祠堂文化纪念封问世
79 ·常州市工商业联合会·
79 概　述
80 **人民团体**
80 ·常州市总工会·
80 概　述
80 和谐劳动关系建设
80 工会劳动保护
80 工会法律工作
80 职工文化建设
80 帮扶服务工作
81 常州在全省率先试点推行工会服务卡普惠制
81 农民工工作
81 ·中国共产主义青年团常州市委员会·
81 概　述
81 青少年思想引导
81 青年社会组织培育
82 青少年维权工作
82 志愿服务
82 青年创新创业
82 ·常州市妇女联合会·
82 概　述
83 妇女创业就业
83 和谐家庭建设
83 妇女儿童发展
83 维护妇女合法权益
84 女大学生创业基地
84 中澳合作反家暴试点项目
84 “向阳花行动”禁毒防艾项目
84 2015 中国女性公益慈善论坛
84 余美芳家庭入选全国十大孝老爱亲最美家庭

军　事

85 **常州军分区**
85 思想政治建设
85 军事斗争准备
85 国防后备力量建设
86 安全管理
86 后勤装备保障
86 国防教育
87 国防动员
87 征兵工作
87 双拥共建
87 抗洪抢险
87 **武警常州市支队**
87 组织建设
88 思想政治建设
88 执勤战备
88 部队管理
88 后勤保障
88 拥政爱民
88 **92138 部队**
88 思想政治建设
89 军事训练
89 部队管理
89 拥政爱民
89 **人民防空**
89 概　述
90 首个“9·18”全省防空警报试鸣日及疏散隐蔽演练
90 国内首部民防动画短剧首发
90 常州建成人防“三位一体”指挥体系平台
90 常州民防网上科普教育馆运行

法　治

91 **综　述**
91 平安常州建设
92 法治常州建设
92 治理进京非访
92 **审　判**
92 概　述
93 常州市十佳法官名单
93 刑事审判
93 民事审判
93 商事审判
94 行政审判
94 执行工作
94 司法为民
94 储卫清等污染环境案入选全国十大环境侵权典型案例
95 市中级法院网上司法拍卖新三板股票高溢价成交
95 **检　察**
95 打击刑事犯罪
95 职务犯罪查办和预防
95 诉讼监督
96 检察改革
96 司法规范化建设
96 全国首例检察机关以公益诉讼人身份提起民事公益诉讼
97 重大职务犯罪案件
97 **公　安**

97 概 述
99 城区犬只规范管理
99 社会面“三查”行动
99 公安行政许可
100 居民身份证异地办理
100 出入境服务
100 道路交通安全管理
101 见义勇为工作
101 互联网寻找尸源快破杀人沉尸案
101 “8·25”非法经营境外电视网络接收设备案
101 消防工作概述
101 火灾防控
102 灭火救援
102 消防监督执法
102 消防宣传教育
102 消防基层基础建设
103 微型消防站建设
103 **司法行政**
103 法制宣传教育
103 “法润常州”系列活动
103 法律援助和法律服务
103 律师工作
104 公证工作
104 司法鉴定工作
104 社会矛盾化解工作
104 《常州老娘舅》
104 司法所建设
104 社区矫正
104 安置帮教工作
104 224人通过国家司法考试
104 **仲 裁**
104 概 述

开放型经济

105 **对外及港澳台经济**
105 利用外资及港澳台资
105 对外及港澳台贸易
106 2015年常州市出口前10位企业名单
106 常州市2015年主要进出口商品一览表
106 常州市2015年对外贸易完成情况表
106 境外投资
107 对外承包工程及劳务合作
107 服务外包
108 2015中国常州科技经贸洽谈会
108 **开放与开发**
108 概 述
108 常州国家高新技术产业开发区
108 武进国家高新技术产业开发区
108 2015年常州市省级以上开发区直接利用外资情况一览表
109 省级开发区
109 常州经济开发区挂牌运行
109 **口岸管理**
109 概 述
110 常州与武进综合保税区获批
110 常州机场设立台湾居民口岸签注点
110 常州海关采用集中汇总征税模式
110 常州港首座十万吨级泊位通过通航安全核查
110 出入境检验检疫概述
111 出入境卫生和动植物检验检疫
111 进出口商品检验与监管
111 常州首次截获赤背寡妇蛛
111 海关概述
111 海关监管
111 通关改革
111 打击走私
112 常州口岸协作执法
112 国际贸易单一窗口建设
112 海事概述
112 海事监管

工 业

113 **综 述**
113 概 述
113 2015年常州市工业总产值前50位工业企业
114 2015年常州市主营业务收入前50位工业企业
114 2015年度常州市实现利税前50位工业企业
115 工业投资
115 工业重点项目
115 固定资产增值税抵扣
115 产业集聚集群
115 2015年常州市重点工业竣工项目表
116 **产业发展**
116 装备制造业
116 中车戚墅堰机车有限公司概述
116 中车戚墅堰机车有限公司公司为泰国定制20台米轨机车
116 中车戚墅堰机车车辆工艺研究所有限公司概述
117 中国标准动车组关键装备实现“常州造”
117 常州兰翔机械有限责任公司概述
117 常柴股份有限公司概述
117 今创轨道交通产业园开工
117 艾雷奥特通用飞机整机制造项目落户常州
118 北京通用航空常州飞机工业项目开工建设
118 输变电设备
118 瑞声金属射频模组项目落户武进区

118 江苏格瑞力德空调生产基地
118 光伏行业
118 电子信息产品制造业概述
118 中国国际传感谷落户常州国家高新区
119 常州国家创业中心新基地暨印刷电子产业园开工
119 汽车工业及新能源汽车推广应用
119 北汽集团 3 项目落户常州
119 常州历史上第 1 辆轿车整车下线
119 生物医药工业
119 健亚产业园一期开工奠基
119 中国科学院遗传资源研发中心（南方）项目开工奠基
119 常州医疗器械产业研究院开园
119 国药集团基因项目落户西太湖
119 冶金工业
120 化学工业
120 纺织服装
120 立达纺纱应用暨研究中心开业
120 建材工业
120 碳材料产业概述
120 中简科技千吨级碳纤维项目开工
120 中国石墨烯展示馆揭牌
120 常州石墨烯科技产业园开园
120 新医药产业
121 江苏华电戚墅堰发电有限公司概述
121 华电戚墅堰公司 F 级燃机二期扩建工程投产
121 江苏省电力公司常州供电公司概述
121 江苏省内首座民营新能源电动汽车充电站建成投运
121 国内首个“茶光互补”光伏电站在溧阳投运
121 分布式光伏规模化并网安全技术的研究与应用获国家奖
122 用电分析
122 **企业发展**
122 常州市与中央企业对接合作
122 企业兼并重组
122 中小企业
122 民营企业
122 **节能与淘汰落后产能**
122 节　能
122 化解过剩产能和淘汰落后产能

农村工作和农村经济

123 **农村工作**
123 概　述
123 农村经营管理
123 农村土地承包经营权确权登记颁证
124 家庭农场
124 政策性农业保险
124 农民负担监管
124 农村合作组织
124 农村实事工程
124 村级“四有一责”建设
125 **农村经济**
125 概　述
125 农业抗灾复产
125 农业物质装备建设
125 现代农业产业园区
125 农业龙头企业
126 农业科技
126 农业安全防控
126 农资监管
126 农业贷款保证保险
126 农业项目管理改革
126 农产品质量建设
126 外向型农业
126 国家森林城市创建
127 休闲观光农业
127 农业会展
127 农业法治
127 种植业
127 夏熟生产
128 秋熟生产
129 农业补贴
129 耕地质量建设
129 大田作物植保
129 重大植物疫情阻截和监测
129 水稻细菌性条斑病检疫与防控
129 加拿大一枝黄花防控
129 园艺及蚕桑生产情况
130 “菜篮子”蔬菜基地建设
130 首届中国家庭花卉园艺展
130 第十届中国花卉产业论坛
130 2015 年中国（夏溪）花木节
130 绿色生态防控标准园创建
130 畜牧生产
130 畜牧生态健康养殖示范场创建
130 畜禽种质资源保护
131 动物疫病监测
131 “放心肉”安全保障工程
131 渔业生产
131 国家水产养殖综合标准化示范区建设
131 渔政管理
131 渔业资源保护
131 生态农业
131 太湖流域农业面源污染防治

132 农村沼气和农业废弃物综合利用服务体系建设
132 农机装备发展
132 农机购置补贴
132 高效农业机械推广
132 农机作业水平
132 农机安全生产
132 农机专业合作社建设
132 农机公共服务能力建设

商贸服务业

133 **综 述**
133 2015年常州市消费品市场运行基本情况
133 成品油管理
133 常州餐饮业参加省市烹饪大赛
134 “唱响常州菜”系列活动
134 常州首批江苏老字号
134 肉菜流通追溯体系运行正常
134 鲜活农产品直供社区示范工程
134 菜市场建设
135 商品交易市场
135 老旧汽车报废更新补贴
135 打击侵权假冒
135 **供销合作商业**
135 概 述
136 乡村年货大街
136 2015海峡两岸农展会
136 灾后复产农资保供
136 **粮油商业**
136 概 述
136 粮食收购
136 粮油价格
136 粮食流通信息系统建设
136 优质粮源基地建设
136 放心粮油工程
137 粮食流通监督检查
137 **专项经营**
137 烟草专营
137 食盐专营
138 盐政管理
138 “雷霆风暴”食盐安全专项行动
138 **邮 政**
138 概 述
138 常州邮政分公司完成区域集散网升级调整工作
138 运行电子商务“落地配”业务
138 集邮展览

旅 游

139 **综 述**
139 概 述
140 2015“激情之夏”常州旅游节
140 2015常州旅游感恩回报月
140 中国环太湖城市旅游推广联盟
140 旅游微电影《没大没小》
140 2015中国旅游+互联网大会
141 12301国家智慧旅游公共服务平台上线
141 **旅游行业**
141 概 述
141 中华恐龙园等三家企业在新三板上市
141 2015年常州市营业收入前10名旅行社一览表
141 2015年常州市国内游客组团人数前10名旅行社一览表
142 2015年常州市四星级以上旅游饭店一览表
142 旅游厕所革命
142 龙城旅游控股集团有限公司概述
143 **旅游资源**
143 概 述
143 天目湖成功创建国家级旅游度假区
143 2015年常州市主要旅游区（点）接待情况一览表
144 金坛长荡湖成功创建省级旅游度假区
144 华夏宝盛园入选江苏省房车露营地
144 新四军江南指挥部纪念馆成为国家4A级旅游景区
144 金鹰国际海洋世界成为国家3A级旅游景区

金 融

145 **金融管理**
145 概 述
146 常州市中小企业低息统借统贷平台建设
146 中科招商新兴产业投资基金设立
146 金融改革
146 货币市场
146 国债市场
146 黄金市场
147 货币信贷
147 金融稳定
147 金融服务
147 外汇管理
147 外汇服务
148 小额贷款公司
148 **银行业**

148 概　述
148 银行业风险监管
149 银担合作
149 重大项目和工程金融服务
149 小微企业金融服务
149 “三农”金融服务
149 银行业消费者权益保护
149 金融秩序维护
150 2015年常州市银行业金融机构主要统计指标一览表（一）
150 2015年常州市银行业金融机构主要统计指标一览表（二）
150 金融机构网点建设
150 地方农村商业银行改革发展
150 中国工商银行股份有限公司常州分行概述
151 全国首笔网银掉期业务
151 中国银行股份有限公司常州分行概述
151 常州首家老年金融服务中心
151 中国建设银行股份有限公司常州分行概述
152 交通银行股份有限公司常州分行概述
152 西太湖电子产业园“电商贷”项目签约
152 中国农业银行股份有限公司常州分行概述
153 全国农行首笔小微企业工商物业贷款
153 常州市首例跨境资金池业务上线
153 中国农业发展银行常州市分行概述
153 中信银行股份有限公司常州分行概述
154 江苏银行常州分行概述
154 首个老年金融服务示范点开业
154 招商银行股份有限公司常州分行概述
154 江苏江南农村商业银行股份有限公司概述
155 江南农商行“周转融”业务
155 全国首笔农房抵押贷款发放
155 江南农商行蛋糕银行开业
155 江南金融租赁有限公司概述
155 上海银行常州分行开业
156 浙商银行常州分行开业
156 **保险业**
156 概　述
156 保险公司
156 保险赔付和给付
156 2015年常州市人身保险业务情况一览表
157 2015年财产保险业务情况一览表
157 保险行业建设
157 中国人民财产保险股份有限公司常州市分公司概述
157 中国人寿保险股份有限公司常州市分公司概述
157 中国太平洋财产保险股份有限公司常州分公司概述
158 中国太平洋人寿保险股份有限公司常州分公司
158 中国平安财产股份有限公司常州中心支公司
158 中国平安人寿保险股份有限公司常州中心支公司
158 **投资证券业**
158 常州投资集团有限公司概述
158 常州产业投资集团有限公司概述
159 证券业概述
159 东海证券股份有限公司概述
159 东海期货有限责任公司概述
159 华泰证券常州分公司概述
159 企业上市
159 上市公司再融资及重大事项
160 2015年度常州市境内上市公司业绩一览表
160 **典当拍卖担保**
160 典当业概述
160 拍卖业概述
160 担保业概述

城市建设

161 **城市规划**
161 概　述
161 规划编研
162 规划管理
162 《常州市南市河历史文化街区保护规划》
162 《常州市区第三批历史建筑本体及保护范围划定规划》
162 常州市区第三批历史建筑名单及保护范围划定
167 《常州市城市排水（雨水）防涝综合规划》
168 《常州市区充电设施布局规划（2015—2020）》
168 智慧常州时空信息云平台项目通过鉴定
168 常州国家高新区空间信息共享服务平台获奖
168 新版《常州市区图》《常州市域图》出版发行
168 市测绘院在省内率先获无人机航摄测绘资质
168 **国土管理**
168 概　述
168 不动产统一登记整合完成
168 批而未供和闲置土地清理
168 武进区宅基地改革试点工作
169 同一乡镇范围内村庄建设用地布局调整试点
169 新北区“多规合一”试点
169 **市政建设**
169 概　述
169 劳动西路西延工程
169 三堡街大修工程
169 飞龙西路大修
169 福阳路
169 朝阳桥东匝道

169 光华路（兰陵北路—晋陵南路）改扩建工程
170 横塘河西路
170 新堂北路（新一路—龙汇路）
170 横塘河湿地公园
170 青果巷历史文化街区修缮保护
170 常州市金融商务区建设
170 路政养护
170 **城市轨道交通**
170 轨道交通 1 号线全面施工
170 轨道交通 2 号线工程获批
170 1 号线盾构始发
171 **园林绿化**
171 概 述
171 园林科研
171 市花月季研究
171 全民义务植树活动
171 古树名木保护
171 第八届常州市梅花节
171 第三届常州荆川文化节暨海棠花会
171 2015 圩墩文化节暨桃花花会
171 第六届常州市牡丹花展
171 第二十届常州市花月季花展
171 第五届常州市菊花节
172 **公共事业**
172 概 述
172 常州获中国人居环境奖
172 应急取水头部及泵站建设一期工程竣工投运
172 郑陆供水联网工程建设
172 自来水用户缴费方式拓展
172 城市排水
172 城市污水管网建设
172 城市雨水能力提升工程
172 戚墅堰污水处理厂三期主体工程完成
172 再生水利用
172 城市照明
172 城市燃气
172 天然气利用三期工程
172 燃气安全管理
173 **城市管理**
173 概 述
173 城市环境综合整治
173 民丰窑整治
173 市民卡停车缴费工作协商机制试点
173 便民服务点规范设置试点
173 空调室外机遮挡维修
174 户外广告管理
174 环境卫生管理
174 餐厨废弃物管理
174 建筑垃圾管理
174 危险废物处理
174 城市长效综合管理
174 城市管理行政执法

建筑与房地产

175 **建筑管理**
175 概 述
175 勘察设计行业管理
175 施工图审查
175 建设工程招标投标管理
176 造价管理
176 工程质量监督管理
176 建筑业安全监督管理
176 建筑行业行政执法
176 建筑扬尘专项整治
177 代建管理
177 建筑行业行政审批
177 征收管理
177 绿色建筑
177 既有建筑节能改造
177 建筑产业现代化
177 **住房和房地产管理**
177 概 述
177 住房保障覆盖面扩大
177 棚户区改造
178 公共租赁住房共有产权制度试点
178 房地产市场
178 物业管理
178 常州市房产登记中心撤销
178 房屋安全鉴定管理
178 白蚁防治
179 **住房公积金管理**
179 概 述
179 住房公积金支持住房消费资金首次超过 100 亿元
179 住房公积金住房贷款发放额、贷款余额居全市第一
179 住房公积金 3 次调整提取、贷款政策
179 住房公积金业务管理服务标准化通过省级验收
179 住房公积金个贷资产证券化业务实施
180 市住房公积金年度报告首次发布
180 新的住房公积金个人缴存管理办法修订实施
180 住房公积金缴存基数调整
180 住房公积金存贷款利率 4 次下调
180 首次住房公积金案件听证会
180 住房公积金业务办理流程对接区划调整
180 市住房公积金中心与 20 多家单位实现数据共享
180 网上服务厅新增房源管理功能

180 住房公积金托收联络员管理制度实行

环境保护　水利

181 **环境保护**
181 概　述
182 空气环境
182 水环境
182 声环境
182 生态绿城建设
182 生态红线保护
182 环保依法行政
183 大气污染防治
183 常州市公布 PM2.5 源解析结果
183 水污染整治
183 土壤污染防治及固废、核与辐射管理
183 **水　利**
183 概　述
183 水利建设
184 防汛防旱
184 水资源管理
184 水利管理
184 常州市、金坛市创建成为国家级节水型城市
184 4.7 万余户家庭完成非节水型器具改造
185 《常州市市区水系规划（2013—2030 年）》通过省专家评审
185 《常州市农村水利工程管理实施细则（试行）》
185 12 个中型灌区全部成立农民用水合作组织
185 全市河湖和水利工程管理范围划定工作启动
185 新孟河延伸拓浚工程先导段开工建设
185 主城区市管泵闸站实现全程信息化调度
185 城市防洪大包围工程经受超设计高水位考验
186 首次开展主城区河道“引清活水”调研方案（优化）试验
186 首获 50 亿银行授信用于地方水利现代化建设
186 首次组织市民代表看水利活动

交　通

187 **综　述**
187 概　述
187 **公　路**
187 概　述
188 公路建设和养护
188 延政路西延工程建成通车
188 金武路快速化改造贯通
188 238 省道常州段改扩建工程通车
188 高速公路
188 常溧高速公路建成通车
189 路政管理
189 常州公路超限率治理
189 交通运政管理
189 危险货物道路运输电子运单管理制度
189 城乡公交客运
189 新北区工业园公交中心立体停车场启用
189 常州“互联网＋道路客运”服务模式
189 常州镇江两市三地开通毗邻公交
190 常州汽车客运北站投运
190 常州至丹阳、镇江定制快车开通
190 出租汽车管理
190 汽车维修
190 驾驶员培训
190 常州首届机动车驾驶培训教练员技能大赛
190 **铁　路**
190 铁路建设
190 火车站一体化改造工程建设协议签订
190 京沪高铁、宁杭客专路线安全保护区划定
191 2015 年上海铁路局常州直属站运输任务、技术指标完成一览表
191 上海铁路局常州站概述
191 上海铁路局南京货运中心常州经营部概述
191 **航　道**
191 概　述
192 丹金溧漕河金坛老城区段禁航
192 丹金溧漕河溧阳段通过验收
192 水上交通安全监管
192 12395 水上智能监管服务平台
192 船舶检验及船员管理
192 金坛海事船检服务中心挂牌
192 常州全面完成内河船舶生活污水防污改造
192 内河船型标准化船舶拆解
193 **港　口**
193 概　述
193 常州港录安洲码头 4 号泊位试运行
193 常州内河港口金坛港工程完成
193 **机　场**
193 概　述
193 常州开通华东地区首条直飞老挝航线
193 省内首条直飞日本低成本国际航线开通
194 常州开通直飞台湾航线
194 **物　流**
194 概　述
194 安邦物流甩挂运输试点项目被认定为交通运输部主题性甩挂运输项目
194 常州 7 家企业获评江苏省货运质量信誉企业

信息化建设

195 **信息化基础建设**
195 概 述
195 基站集约化建设
195 网络与信息安全
196 常州通信行业管理办公室成立
196 校园电信市场秩序规范
196 中国电信股份有限公司常州分公司概述
196 中国移动通信集团江苏有限公司常州分公司概述
196 常州移动率先开通 4G+ 网络
196 中国联合网络通信有限公司常州市分公司概述
197 **智慧城市建设**
197 概 述
197 常州市与腾讯联手推进“互联网 + 智慧城市”建设
197 “常州发布”上线
197 四级联动公共服务平台启用
197 市民卡工程
197 **两化融合**
197 概 述
198 软件产业
198 制造业企业电商拓市
198 “工业 4.0”与“中国制造 2025”（常州）国际论坛
198 **电子商务**
198 概 述
199 2015 年度获省级以上电子商务平台认定单位
199 常州首届移动互联网大会
199 12349 平台牵手淘常州
199 **网络媒介**
199 概 述
199 中国常州网
200 中吴网
200 化龙巷
200 **无线电管理**
200 频率台站管理
200 日常监测检测和干扰查处
200 无线电法制、科普宣传

财政 税务 审计

201 **财 政**
201 概 述
202 财政收支
202 国库集中收付改革
202 公务机票购买管理改革
202 政府购买公共服务改革
202 2015 年常州市分地区财政收入完成情况一览表
202 2015 年常州市分地区财政支出完成情况一览表
203 行政事业性收费管理
203 政府性基金预算编制
203 政府性债务管理
203 财政推进“三位一体”战略
203 竞争性领域扶持方式改革
203 财政应急转贷资金管理
203 教育经费保障
203 城乡社会保障
203 医疗卫生支出保障
204 城乡一体化资金保障
204 支农惠农
204 行政事业单位国有资产管理
204 财政预算绩效管理
204 财政综合检查
204 会计管理
204 产权交易
204 常州创业投资集团有限公司概述
204 **国家税务**
204 概 述
204 税收征管
205 2015 年常州市国税局增值税、消费税分地区完成情况表
205 2015 年常州市国税局税收完成情况表
205 依法治税
205 纳税服务
205 小微企业税收优惠减免
205 “营改增”效应显现
206 税收宣传
206 银税合作
206 **地方税务**
206 概 述
206 纳税服务
206 征收管理
206 2015 年常州市地方税收收入分地区完成情况表
207 2015 年常州市一般公共预算收入分地区完成情况表
207 2015 年常州市省级收入分地区完成情况表
207 依法治税
208 2015 年常州市中央级收入分地区完成情况表
208 2015 年常州市地方税收收入分税种、级次完成情况表
208 税收征管改革
208 “青春启航，税伴同行”系列活动
208 纳税人学堂宣讲

208 税银合作
209 一案双查
209 **审　计**
209 概　述
209 财政审计
209 政府投资项目审计
210 经济责任审计
210 专项审计及审计调查
210 内部审计
210 审计信息化

综合管理

211 **改革与发展**
211 概　述
211 企业星级评比
211 现代化建设
211 产城融合综合改革试点
211 服务业发展
212 服务业综合改革试点工作
212 十大产业链建设
212 能源发展
213 创投与企业债券发展
213 区域合作
213 重点项目建设
214 资源争取
214 改革创新
214 中心镇建设
214 **国有资产管理**
214 国有企业经济运行
214 国有资产产权管理
215 国有企业投融资
215 国有企业改革
215 国有企业党建工作
215 国有企业信访维稳
215 **物价管理**
215 概　述
216 价格收费改革
216 2015年常州市CPI变动情况表
216 收费管理
217 出租汽车燃料价格与运价联动机制
217 市场价格调控
217 成本调查监审
217 价格监督检查
217 价格监测
217 价格认定
218 涉审服务收费清理
218 水价改革
218 气价改革
218 医药价格改革
218 平价商店
218 价格惠民药店
219 常州智慧物价
219 **工商行政管理**
219 企业登记管理
219 2015年常州市新设、实有国有、集体及其控股企业区域分布表
219 2015年常州市新设、实有私营企业区域分布表
219 2015年常州市新设、实有个体商户区域分布表
219 2015年常州市外商投资法人企业行业分布表
220 2015年常州市实有私营企业主要行业分布表
220 2015年常州市实有个体工商户主要行业分布表
220 2015年常州市外资法人企业区域及资本规模构成表
220 股权出质登记
220 外资登记管理
220 年报公示改革
221 私营个体经济协会概述
221 市场监督管理
221 工商涉农管理
221 网络交易平台发展
221 网络交易监管
222 信用信息综合监管
222 广告监督管理
222 常州国家广告产业园建设
222 商标监督管理
222 2015年常州市消费咨询五大热点
222 2015年常州市商品类投诉五大热点
222 2015年常州市服务类投诉五大热点
222 2015年常州市12315受理举报五大热点
222 2015年常州市投诉受理量前五位的商家
222 公平交易执法
222 消费维权救助
222 放心消费创建
222 **食品药品监督管理**
222 概　述
224 食品质量安全监管
224 药械质量安全监管
224 食品药品安全专项整治
225 食品药品稽查执法
225 保健食品化妆品信息平台监管
225 **质量技术监督**
225 概　述
225 质量管理
225 标准化监督管理

226 计量监督管理
226 特种设备安全监管
226 认证认可监督管理
226 产品质量监督抽查
226 气瓶信息化安全监管工程
226 **安全生产监督管理**
226 概 述
226 安全生产长效管理
227 安全生产隐患排查治理
227 职业卫生监管
227 安全生产宣传培训
227 安全生产基层基础建设
228 **统计管理**
228 概 述
228 1%人口抽样调查
228 企业创新调查
228 投资一套表改革试点
228 社情民意调查

常州科教城

229 **综 述**
229 概 述
229 2015第十届中国常州先进制造技术成果展示洽谈会
229 **科技研发**
229 概 述
230 江苏省中国科学院智能科学技术应用研究院概述
230 江苏省机器人及智能装备制造产业知识产权联盟暨常州市智能制造产业协会成立
230 省产业技术研究院驻科教城研究所概述
231 中德创新园区概述
231 江苏省科技服务示范区概述
231 电子科技大学签约科教城
231 **产业孵化**
231 概 述
231 纳恩博（常州）科技有限公司自平衡车生产线投产
232 常州智能数字产业园开工
232 移动通信互联产业园概述
232 科技金融中心建设
232 苏南产业互联网创新中心成立
232 **高职教育园区**
232 概 述
233 现代职业教育体系建设
233 智雅在线教育云平台上线
233 中德职业教育合作
233 大学生创新创业园概述
233 现代学徒制试点
233 全国三维数字化创新设计大赛现场总决赛
234 常州工程职业技术学院概述
234 常州信息职业技术学院概述
235 常州机电职业技术学院概述
235 常州轻工职业技术学院概述
236 常州纺织服装职业技术学院概述
236 江苏省首家3D打印中心落户常州纺院
236 常州纺院建立大学生“创业银行”

科 学

237 **科 技**
237 概 述
237 新型节水灌溉装备关键技术研究与应用获国家科技进步奖
237 2015年度常州市科技进步先进企业名单
237 “十百千”创新型企业培育工程
237 苏南国家自主创新示范区建设启动
238 2015年度江苏省科技进步奖常州获奖项目一览表
238 2015年度常州市科学技术进步奖获奖名单
240 产业链建设
240 六大工程包
240 创新创业平台
240 中国科学院遗传资源研发中心（南方）奠基
241 清华大学两岸发展研究院在常州设立分院
241 众创空间
241 企业研发机构
241 产学研合作
241 国际科技合作
241 中以常州创新园概述
241 创新创业人才
242 科技服务
242 知识产权
243 首家专利电商平台佰腾·专利巴巴上线
243 科技惠民
243 农业科技
243 新农人众创空间揭牌
243 常州市科学技术协会概述
243 海智工作
244 科普工作
244 **社会科学**
244 概 述
244 新型智库建设
244 全国清代常州文化学术大会
244 《常州历史名人大辞典》出版

教　育

245 **综　述**
245 概　述
245 教育基本建设
245 教师队伍
245 高层次教育人才培养和引进工作
246 教育装备
246 教育审计
246 教育督导
246 教育督导评估应用系统建成
246 教育科研
247 学校安全
247 教育信息化
247 青果在线学校
247 教育国际合作交流
248 考试招生
248 招考制度改革
248 首届青少年模拟政协展评活动
248 科技活动与竞赛
248 首届全国中小学生创客邀请赛暨常州市中小学生创客大赛
248 特色学校建设
248 阳光体育运动
248 教育服务
249 学生资助
249 **学前教育**
249 概　述
249 **义务教育**
249 概　述
250 **高中教育**
250 概　述
250 学科竞赛
250 省常中创意坊揭牌
250 **特殊教育**
250 概　述
250 送教上门服务项目
250 **民族教育**
250 概　述
250 **职业技术教育**
250 概　述
251 现代职教体系建设
251 职业技能竞赛
251 创新创业教育
251 职业学校提前自主招生
251 常州艺术高等职业学校概述
252 常州铁道高等职业技术学校概述
252 江苏城乡建设职业学院概述
253 常州卫生高等职业技术学校概述
253 江苏省常州体育运动学校概述
253 中国建设银行常州培训中心概述
253 技工教育
254 企业新型学徒制试点启动
254 **高等教育**
254 概　述
254 常州大学概述
255 常州大学周有光语言文化学院揭牌成立
255 常州大学科技园开园
255 河海大学常州校区概述
256 常州工学院概述
256 江苏理工学院概述
257 常州开放大学概述
257 **终身教育**
257 概　述
258 社区教育信息化
258 非学历教育培训
258 语言文字工作

文化 广播电视 新闻出版

259 **综　述**
259 概　述
260 文化广场开工
261 “江南心”文化品牌
261 **文化遗产保护**
261 概　述
261 常州市2处文化生态保护区规划通过省级评审
261 恽代英纪念馆开馆
261 “非遗”进校园
261 **文学艺术**
261 概　述
262 “品味传统文化、涵养核心价值”系列活动
262 《青果巷记忆》在中央电视台首播
262 《夕照青果巷》获省文华优秀剧目奖
262 3部滑稽剧大戏推出
262 **群众文化**
262 概　述
262 精彩龙城——第二届“文化100”大型惠民行动
263 首届市民摄影节
263 常州·台湾“两岸情”摄影交流25周年
263 影院管理
263 **图书馆**
263 概　述
263 图书馆总分馆体系建设
263 “你选书，我买单”活动
263 **文博事业**
263 概　述
263 丝路瑰宝——敦煌艺术大展

264 《神奇的海贝展》走进外来工子弟学校
264 **广播电视**
264 常州广播电视台概述
264 常州广播电视台影视制作
264 无线常州
264 **新闻出版**
264 概 述
264 公共阅读服务
265 新闻出版行业监管
265 版权保护
265 常州日报社概述
265 《常州杂志》试刊
266 “常州新闻”客户端上线
266 《中国剪报》
266 **创意产业基地**
266 概 述
266 第十二届中国常州国际动漫艺术周

医疗 卫生

267 **综 述**
267 概 述
267 2015年常州市医疗卫生事业情况一览表
267 医疗卫生基础建设
267 综合医改
267 城市公立医院医药价格综合改革
268 **公共卫生**
268 基层卫生
268 儿童疾病预防控制
268 传染病防治
268 慢性病和精神疾病防治
268 突发公共卫生事件应急处置
268 卫生监督执法
269 生活饮用水监管
269 放射卫生监管
269 爱国卫生
269 妇幼保健
269 常州成立妇幼健康服务联合体
269 **医政医疗**
269 医疗救治
270 医政管理
270 医疗科研和人才建设
270 医学教育
270 中医工作
270 市一院2项技术获省卫生计生委医学新技术引进一等奖
271 常州市医院5项技术获国家发明专利
271 常州市医院10个项目获国家自然科学基金资助
271 市一院开展日间病房、日间手术和预住院服务
271 省内第一所黎介寿院士工作站落户市二院
272 市二院率先在省内实现药品可追溯
272 全市首家消化病诊疗中心落户市二院
272 市七院成为省内首家全国远程会诊云医疗集团上线单位

体 育

273 **综 述**
273 概 述
273 《中小型体育设施场地建设奖补办法(试行)》出台
273 常州市多元办队模式
273 **群众体育**
273 概 述
274 2015年全国啦啦操锦标赛
274 2015常宝股份金坛茅山登山健身大会
274 **竞技体育**
274 概 述
274 史婧琳、沈铎获世界游泳锦标赛冠军
274 芮留铭、李铮获第九届亚洲技巧锦标赛冠军
274 常州市运动员参加第一届全国青年运动会
274 中小学生体育比赛
276 2015年常州籍运动员参加全国及以上比赛成绩前三名表
279 **体育赛事**
279 概 述
279 波力杯中国羽毛球大师赛
279 2015常州武进西太湖国际半程马拉松赛
279 2015环太湖国际公路自行车赛(武进赛段)
279 CBA联赛常州赛区江苏同曦男篮常规赛
279 中国女子排球联赛常州赛区比赛
280 2015年常州市承办国家级以上大型体育赛事一览表
280 **体育产业**
280 概 述

社会生活

281 **人口和计划生育**
281 计划生育服务
281 **人力资源**
281 高层次人才引育
282 高技能人才培养
282 事业单位人事工作
282 公务员管理
282 人才市场
282 人事人才公共服务
282 劳动就业

282 高校毕业生就业创业
283 劳动关系
283 **社会保障**
283 社会保险
284 城乡居民医疗保险一体化
284 电子社保
284 **民　政**
284 双拥优抚
284 驻常部队抗洪抢险
284 军属就业就学安置
284 退役士兵安置
285 军队移交离退休干部安置
285 常州舰概况
285 最低生活保障
285 医疗救助
285 元旦、春节补助
285 灾害救助
285 和谐社区创建
285 婚姻登记
285 2015年常州市婚姻登记总体情况统计表
285 收养登记
286 区划地名
286 2015年常州市地名新命名一览表
287 殡葬管理
288 救助管理
288 特困人员保障标准调整
288 慈善事业
288 2015年度常州市慈善救助情况一览表
288 **红十字会工作**
288 概　述
288 低保及低保边缘对象住院期间医疗救助
289 两支民间救援队注册成为民办非企公益组织
289 救助工作
289 救护工作
289 捐献工作
289 志愿服务
290 **民族团结和宗教事务**
290 民族工作
290 宗教工作
290 天宁宝塔文化建设
290 **残疾人事业**
290 概　述
290 康复服务
291 扶贫帮困
291 残疾就业培训
291 助残日活动
291 盲人电影院开放
291 助残公益性社会组织
291 残疾人文化体育
291 **老龄事业**
291 概　述
292 养老服务体系建设
292 居家养老
292 实施老年人养老服务评估制度
292 常州老年大学概述
292 **关心下一代工作**
292 概　述
292 未成年人法治教育与帮教关爱

辖市区概况

293 **溧阳市**
293 概　述
293 农　业
293 工　业
293 建筑业
293 固定资产投资
294 商贸服务
294 开放型经济
294 旅　游
294 交通运输
294 金融保险
294 科技创新
294 教　育
294 卫　生
294 文化体育
295 城市建设
295 环境保护
295 社会保障
295 人民生活
295 组织机构与负责人名单
296 **金坛区**
296 概　述
296 农　业
297 工　业
297 建筑业
297 固定资产投资
297 国内贸易
297 招商引资
297 对外贸易
298 城乡建设和环境保护
298 开发区建设
298 交　通
298 邮电通讯
298 旅游业
298 金融保险
298 科　技
299 教　育

299 文 化
299 卫 生
299 体 育
299 居民收入
299 惠民工程
300 社会保障
300 组织机构与负责人名单
301 **武进区**
301 概 述
301 农 业
301 工 业
302 服务业
302 开放型经济
302 开发区建设
303 金 融
303 城镇建设与管理
304 生态环境保护
304 科技创新
304 社会事业
304 人民生活
304 组织机构与负责人名单
305 **常州国家高新技术产业开发区、新北区**
305 概 述
305 农 业
306 工 业
306 服务业
306 开放型经济
306 城市建设与管理
306 科技创新
306 社会事业
306 人民生活
306 组织机构与负责人名单
308 **天宁区**
308 概 述
308 农 业
308 工 业
308 商贸服务
308 开放型经济
308 科技创新
308 城市建设与管理
308 社会事业
309 人民生活
309 组织机构与负责人名单
310 **钟楼区**
310 概 述
310 工 业
310 商贸服务
310 开放型经济
310 城市建设与管理
310 科技创新
311 社会事业
311 人民生活
311 组织机构与负责人名单
311 **戚墅堰区**
311 概 述
312 经济发展
312 城市建设与管理
312 科技创新
312 社会事业
312 人民生活
312 组织机构与负责人名单

人 物

313 **新闻人物**
313 ·市领导·
313 刘伟 张东海 盛建良
314 常和平 何玉清
314 ·全国劳动模范·
314 乔森
315 张忠 苏华 缪雪元 郑广成
316 黄峰 戈亚琴 荀建华
317 戴锁方
317 ·全国先进工作者·
317 李松 王永清
317 **逝世人物**
317 汤永安
318 刘瑞祥
318 **资料:常州现存最早的年鉴——《武进年鉴》**

统计资料

319 常州市主要年份社会经济主要指标
321 常州市区主要年份社会经济主要指标
324 常州在全省的位置
324 江苏省 2015 年省辖市主要经济指标

重要文件选编

329 常州市人民政府规章制定程序规定
332 关于常州市部分行政区划调整的实施意见
334 深化“三位一体”发展战略落实“中国制造2025”常州行动纲要
342 关于推进产城融合综合改革的实施意见
349 关于加快互联网经济发展的意见
354 关于开展综合行政执法体制改革试点工作的实施意见

356 常州市深入推进简政放权放管结合转变政府职能工作方案

附　录

359 **2015年重要文件目录**
364 **常州市重要电话、部分网站和微信公众号**
364 紧急电话
364 信息服务电话
364 交通旅游电话
364 生活服务电话
364 公共服务电话
365 部分网站
365 部分微信公众号

索　引

367 **主题词索引**
381 **部分组织机构简称全称对照表**
382 **部分常用中英文缩略语对照表**

Content

Special Record

1 Report on the Work of the People's Government of Changzhou

Special Articles

7 Changzhou was Approved Successfully as a National Famous Historic and Cultural City
10 Comprehensively Deepening Reform
13 2015, the Key Projects and Construction Programs of Changzhou
18 2015, Solid Work

Memorabilia

A Survey of Changzhou

25 Fundamental State
30 2015 Statistics Bulletin of the National Economic and Social Development of Changzhou
33 List of the Organizations and Leaders

Political Party, Government & Mass Organizations

45 Changzhou Municipal Party Committee of the Communist Party of China
62 The Standing Committee of Changzhou Municipal People's Congress
64 Changzhou Municipal People's Government
71 Changzhou Municipal Committee of the Chinese People's Political Consultative Conference
73 Changzhou Municipal Discipline Inspection Committee of the Communist Party of China (Changzhou Supervision Bureau)
74 Democratic Party, Association of Industry and Commerce
80 Mass Organizations

Military Affairs

85 Changzhou Military Sub-area
87 Changzhou Armed Police Detachment
88 92138 Army
89 People's Antiaircraft

Rule by Law

91 Summary
92 Justice
95 Procuratorial Work
97 Public Security
103 Judicial Administration
104 Arbitrament

Open Economy

105 Economy of Foreign Countries and Hong Kong, Macao and Taiwan Regions
108 Open and Development
109 Port Management

Industry

113 Summary
116 Industry Development
122 Enterprise Development
122 Energy Conservation and To Eliminate Backward Production Capacity

Rural Work & Rural Economy

123 Rural Work
125 Rural Economy

Commerce, Trade & Service Industry

133 Summary
135 Supply and Marketing Cooperative Trade
136 Cereals and Oil Trade
137 Specialized Operation
138 Postal Service

Tourism

139 Summary
141 Tourist Industry
143 Tourist Resource

Finance

145 Financial Management
148 Banking
156 Insurance
158 Investment Securities
160 Pawn, Auction and Guarantee Business

City Construction

161 City Planning
168 Administration of Territory Resource
169 Municipal Construction
170 Urban Rail Transit
171 Gardening and Greening
172 Public Utilities
173 City Management

Building & Real Estate Management

175 Building Management
177 Real Estate Management
179 Housing Accumulation Fund Management

Environmental Protection & Water Conservancy

181 Environmental Protection
183 Water Conservancy

Traffic

187 Summary
190 Highway
191 Railway
193 Waterway
193 Port
193 Airway
194 Logistics

Construction of Informatization

195 Infrastructure of Informatization
197 Construction of Wisdom City
197 Integration of Informatization and Industrialization
198 Electronic Commerce
199 Internet Media
200 Administration of Radio

Finance, Tax & Audit

201 Finance
204 State Tax
206 Local Tax
209 Audit

Integrated Administration

211 Reform and Development
214 Supervision and Administration of State-Owned Assets
215 Administration of Prices
219 Administration of Industry and Commerce
222 Supervision and Administration of Foods and Medicines
225 Supervision and Administration of Quality and Technic
226 Supervision and Administration of Work Safety
228 Administration of Statistics

Changzhou Science & Education Town

229 Summary
229 S&T Research and Development
231 Industry Incubation
232 Higher Vocational Education Campus

Science

237 Science and Technology
244 Social Science

Education

245 Summary
249 Preschool Education
249 Compulsory Education
250 High School Education
250 Special Education
250 Ethnic Education
250 Vocational and Technical Education
254 Higher Education
257 Life-long Education

Culture, Broadcast & Television, Press & Publication

259 Summary
261 Cultural Inheritage Protection
261 Literature and Art
262 Mass Culture
263 Library
263 Historical Relics and Museum Undertaking
264 Broadcast and Television
264 Press and Publication
266 Creative Industry Base

Medical Treatment & Public Health

267 Summary
268 Public Health
269 Medical Affairs and Medical Treament

Sports

273 Summary
273 Mass Sports
274 Athletic Sports
279 Sports Games
280 Sports Industry

Society & Life

281 Population and Family Planning
281 Human Resources
283 Social Security
284 Civilian Operations
288 Red Cross
290 Nationalities and Religion
290 Work for Handicapped
291 Old People's Affairs
292 Work of Paying Great Attention to the Coming Generation

A Survey of District & City under the Jurisdiction of Changzhou

293 Liyang City
296 Jintan District
301 Wujin District
305 Changzhou Hi-tech Industrial Development Zone, Xinbei District
308 Tianning District
310 Zhonglou District
311 Qishuyan District

Figure

313 News Figures
317 Late Figures

Statistical Data

Selected Important Documents

Appendix

Index

2016

特 载

Special Record

◆责任编辑　王　晶

政府工作报告

——2016年1月11日在常州市第十五届人民代表大会第六次会议上

市长　费高云

各位代表：

现在，我代表常州市人民政府向大会作工作报告，请予审议，并请市政协各位委员和其他列席人员提出意见。

一、“十二五”时期和2015年工作回顾

“十二五”以来，市政府在中共常州市委的正确领导下，在市人大、市政协的监督支持下，紧紧依靠全市人民，主动适应经济发展新常态，解放思想，开拓创新，真抓实干，奋力拼搏，实现了经济社会持续稳定发展。我市获得全国文明城市、国家历史文化名城、国家生态市、中国人居环境奖等荣誉称号。

（一）综合实力明显提升。

“十二五”期间全市地区生产总值先后迈上3000亿元、4000亿元、5000亿元台阶，年均增长10.7%，人均地区生产总值超过11万元。2015年一般公共预算收入比2010年增长62.8%，五年年均增长13%；社会消费品零售总额比2010年增长88.3%，五年年均增长13.5%。五年完成固定资产投资、外贸进出口总额、注册外资实际到账分别达1.5万亿元、1437.4亿美元、150亿美元，分别是“十一五”时期的2倍、1.8倍、1.5倍。

（二）转型升级成效显著。

大力推进“三位一体”工业经济转型升级战略和现代服务业三年行动计划，提高经济发展的质量和效益，三次产业结构由2010年的3.3：55.3：41.4调整到2015年的2.8：48.2：49，重工业比重由2010年的78.8%调整到2015年的76.8%。预计2015年规模以上工业总产值达11450亿元，是2010年的1.5倍；“十大产业链”产值占规模以上工业产值比重达33.3%。重大项目引进取得突破性进展，组织开展“重大项目突破年”、“重大项目深化年”活动，东风、众泰、北汽三个汽车整车项目和斯太尔发动机等一批汽车零部件项目落户我市，北京通航等通用航空项目成功落地。上市企业数量从2010年的21家增加到2015年的38家，新三板挂牌企业达60家。预计2015年国内外旅游总收入达733亿元，是2010年的2.1倍。农业现代化水平指数跃居全省第二，被认定为国家现代农业示范区，水稻单产连续保持全省第一，成功举办第八届中国花卉博览会。

（三）发展活力日益增强。

重要领域改革深入推进，按照“5416”基本框架推进行政审批制度改革，推进企业登记注册“三证合一、一照一码”和建设项目并联审批，市级行政审批事项由2011年的380项减少到2015年的213项，行政审批效率得到提高。产城融合综合改革积极推进，部分区域已形成基本形态。金融改革创新取得积极进展，成功组建运营江南农村商业银行、江南金融租赁公司，创业投资机构达89家。农村改革深入推进，土地承包经营权确权登记完成70%，武进区全国农村改

革试点工作有序推进。大力推进苏南国家自主创新示范区和创新型城市建设，实施“千名海外人才集聚工程”和“龙城英才计划”，企业创新地位更加突出，创新平台功能大幅提升，创新动力进一步增强。预计2015年全市研发经费支出占地区生产总值的比重达2.65%。2015年末，全市孵化器、加速器面积累计超过813万平方米，企业研发机构超过1240家，引进领军型创新创业人才超过1400名，每万名劳动者中高技能人才数居全省第一。连续14年荣获“全国科技进步先进市”称号，成为国家知识产权示范城市。武进高新区升格为国家级高新区。常州科教城创成国家级两化深度融合试验区，成为“全国高职教育综合改革试验区”，并连续三年获评中国最佳创新园区第二名。实施产业、科技、项目、基础设施“四个西进”和区县挂钩合作，县域经济发展的质量和水平明显提升。

（四）城乡环境更加宜居。

推进城市建设由“筑形态”向“优品质”转变，城市功能板块建设步伐加快，新龙国际商务城、钟楼新城、凤凰新城等城市新片区建设成效显著。京沪高铁常州北站、泰州大桥南接线、西绕城高速、青洋路高架北延、城市防洪包围圈、锡溧漕河等一批重大基础设施建成投运。建成新堂北路、永宁路、飞龙西路等一批城市道路。常州机场完成4E级改造并实现一类口岸开放。“9313”综合整治工程稳步推进，成为首批“江苏省优秀管理城市”。五年新增城乡绿地5000公顷以上，建成区绿化覆盖率达43%，生态绿城建设初见成效。村庄环境综合整治深入开展，建成一批美丽乡村示范村。大气环境整治成效明显，2015年全市空气质量优良率达70.7%，市区PM2.5平均浓度较2013年下降18.1%。全市饮用水源地水质达标率稳定保持100%。

（五）人民生活持续改善。

预计2015年城乡居民人均可支配收入分别达42700元、22000元，比2010年分别增长66.5%、78.6%。五年累计新增就业60.1万人，援助困难群体就业5.2万人，城镇登记失业率控制在4%以内，成为全国创业先进城市。养老、医疗、失业三大保险综合覆盖率稳定在98%以上，企业退休人员养老金年均保持10%左右的幅度增长。在全省率先实现中心城区中低收入住房困难家庭应保尽保，成为省住房保障体系建设示范市。全市教育现代化建设监测得分位居全省第三位，江苏工业学院成功更名为常州大学。建成15分钟社区医疗卫生服务体系和省首批公共体育服务体系示范区，社区居家养老服务中心（站）实现全覆盖。中国大运河常州城区段成为世界遗产，文化场馆全部向社会免费开放，“文化100”、“文明社区天天乐”等活动让广大市民享受到高质量的文化服务。城市居民公交出行率达28%以上，连续保持“全国交通畅通工程”A类管理水平。法治建设加快推进，荣获全国社会治安综合治理最高奖“长安杯”。深入推进社会治理创新，城乡社区“减负增效”走在全省前列。妥善化解社会矛盾，社会大局保持和谐稳定。持续办好为民办实事项目，提高了人民群众的幸福感和满意度。

（六）政府建设全面加强。

扎实开展政府系统党的群众路线教育实践活动和“三严三实”专题教育，严格执行中央八项规定和省、市有关精神，“四风”问题得到有效解决。深化政务公开，建立完善行政权力网上公开透明运行系统，市级部门预决算和市级“三公”经费预算全部公开。严格落实党风廉政建设责任制，持之以恒正风肃纪，坚定不移惩治腐败，政府系统反腐倡廉工作取得实效。着力推进依法行政，自觉接受市人大、政协及各民主党派的监督，五年来，共办理人大代表建议、政协提案2577件，妥善解决了一批经济社会发展方面的问题。

与此同时，外事侨务、对台事务、审计统计、人武人防、双拥优抚、海关国检、药监质监、国资国企、粮食物价、边防海事、档案方志、防灾减灾、安全生产、民族宗教、老龄、妇女儿童、残疾人、关心下一代等工作都取得了新成绩。

去年，面对错综复杂的国内外宏观环境和艰巨繁重的改革发展任务，我们不断创新工作举措，转变工作作风，狠抓工作落实，经济社会发展各项工作都取得了新成效。预计实现地区生产总值5300亿元，增长9%左右；一般公共预算收入466.3亿元，增长7.5%；固定资产投资3650亿元，增长10%左右；社会消费品零售总额达1980亿元，增长10%左右；注册外资实际到账24.87亿美元，比上年确认数略有增长；外贸出口1320亿元，同比增长0.6%。一是着力狠抓重大项目。引进了中航锂电、瑞声射频模组等3个投资超100亿元或10亿美元项目，以及北汽集团常州产业基地、中兴能源云计算华东基地、百度大数据产业园等6个超50亿元或5亿美元项目，北汽集团新能源汽车动力电池、艾莱奥特通用飞机整机制造等项目落户我市，众泰汽车、东风整车顺利下线，查特深冷LNG储罐一期、爱科农机等大项目竣工投运。二是加快经济转型升级步伐。十大产业链企业完成产值对全市规模以上工业经济增长的贡献率超过50%，碳材料、太阳能光伏、轨道交通、汽车及零部件等产业链快速发展。固定资产增值税抵扣超过30亿元，增幅列沿江八市之首。金融业增加值、电子商务交易额均实现两位数增长，12301国家智慧旅游公共服务平台基本建成，我市成为全国唯一的“旅游+互联网”创新示范城市，天目湖旅游度假区被评为首批国家级旅游度假区。苏南国家自主创新示范区建设全面推进，预计高新技术产业产值占规模以上工业比重达43.5%左右，高新技术企业达1126家，新增产学研合作项目1000项以上。省智能装备产业技术创新中心落户科教城。三是深入推进改革开放。圆满完成部分行政区划调整，生产力布局进一步优化。在全省率先公布市政府部门责任清单，完成市县两级政府机构改革任务，不动产统一登记制度改革全面实施。深化医药卫生体制改革，所有城市公立医院实施药品零差率销售。常州出口加工区、武进出口加工区获批综合保税区并通过验收。我市成为大陆游客赴台湾自由行城市，常州机场新开通日本、台湾等多条境外航线。西太湖科技产业园获批筹建省级高新区。四是提高城乡建设管理水平。常溧高速、延政西路西延、金武路快速化改造建成通车，地铁1号线等在建工程进展顺利，新孟河工程金坛先导段启动实施。推进生态绿城建设和国家森林城市创建，建成环高架、环湖东路等生态绿道，基本建成横塘河湿地公园、新龙生态林等多个公园绿地，实现扩绿4万亩，连网600公里，全市森林覆盖率提高0.8个百分点。大力开展城市环境综合整治，城市精细化管理水平得到提高。成功创成国家级节水型城市。科学应对、成功抗击百年不遇的洪涝灾害。五是加大社会事业建设力度。实施108个中小学布局调整和校安工程项目，就读四星级高中人数超过高中生总数的70%；高考本二以上达线率达77.46%，比上年提高6个百分点。青果巷历史文化街区保护利用工程顺利推进，恽代英纪念馆建成开放；文化产业增加值占地区生产总值的比重达5.63%，列全省第二。免费提供12类45项基本公共卫生服务，各辖市（区）全面创成全国基层中医药工作先进单位，城乡居民基本医疗保险管理体制实现整合。为民办实事各项任务全面完成。

各位代表！近五年发展取得的成就来之不易，这是全市上下在省委、省政府和市委的正确领导下，团结拼搏、攻坚克难、开拓创新的结果。在此，我代表市人民政府，向辛勤工作在各个领域的全市人民，向市人大代表、政协委员，向市各民主党派、工商联、各人民团体、各界人士和离退休老同志，向驻常人民解放军、武警官兵、公安政法干警和部省驻常单位，向所有关心、支持、参与常州建设和发展的中外投资者、科技工作者、务工人员和海内外朋友们，致以衷心的感谢和崇高的敬意!

在肯定成绩的同时，我们也清醒地看到工作中存在的问题和不足。

二、“十三五”时期的发展构想和2016年主要工作

主要表现在：经济结构依然偏重，调结构、转方式、增效益任务比较艰巨；重点领域和关键环节改革攻坚步伐有待加快，开放型经济发展水平需要进一步提升；基本公共服务与群众期望还有一定差距，生态环境保护力度有待加大；政府职能转变还要加快，作风建设、廉政建设、法治建设需要进一步增强。我们一定高度重视这些问题，采取更加有力的措施，切实加以解决。

从今年开始的“十三五”时期，是常州在全面建成小康社会的基础上，积极探索开启基本现代化建设新征程的重要阶段。我们将围绕“四个全面”战略布局，牢牢把握五大发展理念，坚持发展是第一要务，以提高发展质量和效益为中心，深入实施五大战略，努力打造全国一流的智能制造名城、长三角特色鲜明的产业技术创新中心和国内领先的产城融合示范区，基本建成具有突出竞争力和影响力的区域中心城市，加快建设经济强、百姓富、环境美、社会文明程度高的新常州。

“十三五”期间，全市经济社会发展总的要求是：

——在经济发展上，以重大项目为抓手，以创新驱动为主引擎，深入推进创新驱动发展，加快构建现代产业体系，拓展经济发展新空间，全面提升开放水平，厚植实体经济发展新优势，持续打造“常州智造创新版”和“常州服务升级版”，实现经济保持中高速增长、产业迈上中高端水平，提前实现地区生产总值比2010年翻一番。

——在民生建设上，按照人人参与、人人尽力、人人享有的要求，坚守底线、突出重点、完善制度、引导预期，深入实施民生幸福工程，更实举措增加城乡居民收入，提前实现城乡居民收入比2010年翻一番，更大力度促进就业创业发展，更新起点提升公共服务能力，更高水平完善社会保障制度，扎实办好各项民生实事，提高幸福常州建设水平，使广大市民在共建共享发展中有更多获得感。

——在环境建设上，围绕打造自然环境之美、景观风貌之美、城乡协调之美，深入实施生态文明建设工程，有序完善空间形态，持续加强城乡建设，大力改善环境质量，加快构建生态文明制度体系，推动形成绿色发展方式和生活方式，建设美丽宜居城市。

——在社会文明程度建设上，顺应社会发展进步的需要，围绕建设文化强市，加强精神文明引领，建设江南文化名城，加强社会治理创新，推动物质文明和精神文明协调发展，不断提升市民文明素质和社会文明程度，努力构筑思想文化建设高地和道德风尚建设高地。

——在全面深化改革上，认真贯彻中央、省、市委关于改革的各项部署，坚持社会主义市场经济改革方向，充分发挥市场在资源配置中的决定性作用和更好发挥政府作用，科学把握改革的重点和主攻方向，积极推进改革试点试验，协调推进经济、政治、文化、社会、生态文明体制改革，不断激发体制机制新活力。

——在全面依法治市上，坚持依法治市、依法执政、依法行政共同推进，法治常州、法治政府、法治社会一起建设，加强政府立法工作，全面推动政府工作规范化、程序化、法治化建设，增强全社会特别是政府工作人员尊法学法守法用法观念，在全社会形成良好法治氛围和法治习惯，加快全市经济、政治、文化、社会、生态文明建设的法治化进程。

根据市委十一届十次全体会议的精神，市政府编制了《常州市国民经济和社会发展第十三个五年规划纲要》，现已印发给各位代表，提请大会审议。

今年是“十三五”发展的开局之年，也是践行五大发展理念、建设“强富美高”新常州的重要之年。今年政府工作的总体要求是：全面贯彻党的十八大、十八届三中、四中、五中全会精神，深入贯彻习近平总书记系列重要讲话精神，按照市委十一届十次全会部署，适应经济发展新常态，坚持改革开放，坚持稳中求进工作总基调，坚持稳增长、调结构、惠民生、防风险，落实宏观政策要稳、产业政策要准、微观政策要活、改革政策要实、社会政策要托底的要求，着力加强结构性改革，在适度扩大总需求的同时，去产能、去库存、去杠杆、降成本、补短板，扎实开展“重大项目推进年”活动，更大力度推进转型创新、产城融合、改革开放、生态文明、民生保障等各项工作，促进经济平稳健康发展和社会和谐稳定。

全市主要预期目标是：地区生产总值增长8.5%左右；一般公共预算收入增长6.5%左右；固定资产投资增长10%左右；社会消费品零售总额增长10%左右；外贸进出口总额和

注册外资实际到账保持适度增长；城乡居民收入增长与经济增长同步；居民消费价格总水平涨幅控制在3%左右；城镇登记失业率控制在4%以内；全面完成省下达的节能减排目标任务。

为实现上述目标，我们将重点抓好八个方面工作：

（一）持续推进重大项目，着力强化发展支撑

1、加快建设速度。以更大力度持之以恒推进重大项目，加快重大项目建设进程，不断优化投资结构，为经济增长和转型升级提供强劲动力。积极实施156个省、市重点项目，确保续建项目竣工率60%，新建项目开工率100%。按照产业项目"六个一批"、社会事业和基础设施项目"四个一批"要求，推进重大项目分类管理，推动东风乘用车一期、同方威视等重大项目投产见效，加快中航锂电、百度大数据产业园、新能源汽车充电桩等项目建设进程。

2、创新招引方式。狠抓十大产业链和现代服务业招商，努力实现智能制造、通用航空、金融服务、健康服务、旅游休闲等领域重大项目招引的新突破。加强新技术、新产业、新业态项目招引，形成大数据、碳材料等新兴产业集聚发展态势。发挥产业投资基金在招商引资中的作用，大力吸引境内外投资基金来常投资、开展资本运作，推动重大项目建设。

3、优化服务举措。进一步创新投资管理方式，优化项目审批流程，不断完善投资环境。创新重点领域投融资机制，深入推动银政企合作，运用好债券融资等金融工具，加快建设中小微企业低息统贷平台，着力解决项目建设和企业发展融资难题。大力推进节约集约用地，盘活存量土地，提高项目单位面积投资强度和产出水平，为项目建设拓展空间。

（二）大力促进转型升级，提升经济发展质态

1、推进制造业中高端发展。深入推进"三位一体"工业经济转型升级战略，实施好"中国制造2025"常州行动纲要，不断增强工业经济核心竞争力。加快十大产业链发展，对产业链加强分类指导，细化推进举措，推动产业链向供应链上下游和价值链两端延伸，提升产业层次和附加值，重点是巩固提升太阳能光伏、轨道交通、智能数控和机器人等产业链实力，完善汽车及零部件产业链，拓展碳材料、通用航空等产业链发展空间，力争十大产业链产值占规模以上工业比重达35%左右。更大力度加快传统产业改造升级，引导企业加快技术改造，重视质量品牌，推动兼并重组，盘活存量资产，不断提升传统产业市场占有率。加大"十百千"创新型企业培育力度，加快发展壮大20多家创新型领军企业，推动200多家科技型上市培育企业发展，新增高新技术企业100家以上。

2、全面发展现代服务业。围绕推进100个服务业重点项目、培育100家左右服务业重点企业、建设30家重点服务业集聚区，推动制造业服务化，加大服务业结构优化、规模扩张、业态创新力度，力争服务业增加值占地区生产总值比重提高1个百分点左右。按照建设"金融三中心"的要求，加快金融商务区建设步伐，重点集聚股权投资和产业并购基金等金融业态；做强地方法人金融机构，完成企业股改150家，力争5家企业在主板上市、60家企业在新三板挂牌。深入推进国家电子商务示范城市创建，开展跨境贸易电子商务试点，电子商务交易额增长30%以上。加快东方盐湖城、航天探索中心等旅游项目建设进程，提升城市旅游、乡村旅游、休闲旅游发展水平。发展壮大文化创意产业，加大龙头文化企业和示范园区培育力度，文化产业增加值占地区生产总值比重达6%左右。

3、加快发展现代农业。深入推进国家现代农业示范区建设，加快实施新型经营主体培育、现代农业产业园区建设、农业产业链延伸、农产品质量建设等工程，走产出高效、产品安全、资源节约、环境友好的农业现代化道路，确保农业现代化建设继续走在全省前列。推动落实"1185"农业布局规划，促进农业主导产业集聚集约发展。全年新建高标准农田4万亩，新发展高效设施农业（渔业）2万亩，新认定和提升10个现代农业产业园区，新发展市级农业产业化龙头企业10家左右、市级示范家庭农场40家、星级示范合作社40家。

4、积极发展互联网经济。大力推进"互联网+"行动计划，促进互联网、大数据、云计算等产业发展，催生更多的新产业、新技术、新业态、新模式。大力发展互联网平台经济，抓好国家智慧旅游公共服务平台、华贸通外贸综合服务平台等建设与运营，积极拓展大宗商品现货交易、物流专业服务以及各类细分服务平台，鼓励企业利用互联网平台拓展市场空间、提升竞争能力。推进科教城移动互联产业园、西太湖互联网产业园、中兴能源云计算华东基地等发展载体建设，尽快形成互联网经济集聚发展态势。

（三）深入实施创新驱动，建设区域创新中心

1、建设高水平创新园区。加快苏南国家自主创新示范区建设，围绕"一核两区多园"的布局，提升园区创新能级，努力使园区成为自主创新的战略高地和抢占高技术产业制高点的前沿阵地。大力推进常州国家高新区、武进国家高新区争先进位，集聚更多创新资源。发挥科教城"创新之核"作用，加快建设江苏省智能装备产业技术创新中心、江苏中科院智能科学技术应用研究院、省产研院专业所等平台，争创国家级科技服务示范区，着力在智能、设计、信息三大领域形成完整的产业链和创新链。大力建设中以、中德创新园，努力将园区打造成以科技创新、产业技术创新为驱动的国际合作典范。强化园区服务功能，建设常州科技街，鼓励园区普遍建立"一平台三中心"，不断完善和提升园区的产业和创新服务功能。

2、加快培育创新创业主体。强化企业创新主体地位和主导作用，推动创新要素向企业聚集，形成一批具有较强竞争力的创新型领军企业。大力建设新型企业研发机构，新增市级以上企业研发机构100家，推进"光伏科学与技术国家重点实验室"等企业重点实验室建设，鼓励以产业链为基础、按创新链组建的企业技术创新联盟。深入推进"大众创业、万众创新"，积极发展众创、众包、众扶、众筹空间，累计培育10000家各类初创科技企业。

3、完善创新生态体系。大力推进"龙城英才计划"和"技能龙城"建设行动计划，吸引更多高层次和高技能人才及团队来常发展。建立健全科技金融服务体系，加快发展股权投资、科技贷款和科技保险，促进拨、投、贷、保深度融合，创新支持科技型小微企业的科技金融模式。深入建设国家知识产权示范城市，加大知识产权保护和利用力度，鼓励企业形成更多的核心自主知识产权。

（四）全面深化改革开放，释放体制机制活力

1、推进重点领域改革。推进产城融合综合改革，重点在城镇化投融资创新、城乡公共资源配置等方面探索路径，加快形成符合时代要求、具有常州特色的产城融合改革新路。加强供给侧结构改革，进一步化解过剩产能，加快实体经济发展，提高供给体系质量与效益。深化国有企业改革，稳步推进经营性国有资产集中统一监管。继续深化农村改革，基本完成土地承包经营权确权登记颁证工作，开展深化农村集体产权制度改革试点，全面推进辖市（区）农村产权交易市场建设，有序推进武进区的全国农村宅基地制度改革试点。深化供销合作社综合改革，发挥综合服务优势。

2、推动开发园区提档升级。围绕提升开发区影响力和竞争力，推动开发区转型发展，着力提升投入产出效益。推动开发区产业集聚和特色发展，常州高新区重点发展高端装备、通用航空和生物医药产业，武进高新区重点发展机器人与智能装备、节能环保和电子信息产业，金坛经开区重点发展光伏新能源、整车制造产业，溧阳经开区重点发展输变电、储能装备产业，常州经开区重点发展轨道交通、智能电网、新型特种材料产业，天宁、钟楼等开发区也要加快推动主导特色产业集聚发展，提升开发区竞争力。大力推进常州、金坛、溧阳经开区申报国家级经济开发区，支持金坛金城工业园、常州航空产业园申报省级开发区，建设好中芬绿色科技产业园、海峡两岸健康产业合作示范区等园区平台。推进开发区管理模式创新，进一步理顺各类开发区与行政区管理职能关系，形成权责明确、分工合理、精简高效的管理体制和运行机制。

3、提升经济国际化水平。抢抓国家“一带一路”、长江经济带等重大开放机遇，大力实施全方位开放战略，进一步推进“五个国际化”建设，努力培育开放竞争新优势。加大高端制造业和现代服务业领域外资项目引进力度，着力提高外资质量和效益。推动外贸向“优进优出”转型，加强十大产业链出口品牌培育和出口基地建设，提升机电产品和高新技术产品进出口比重，加快形成以技术、品牌、服务、质量为核心的外贸竞争优势。引导工程机械、轨道交通等行业加快“走出去”，支持龙头企业开展跨国经营和并购重组，建立境外研发机构、生产基地和营销网络。大力发展跨境电商、国际服务外包等新型业态，扩大服务贸易规模。加快完善电子口岸平台功能，积极推动综合保税区建设发展，提升和扩大口岸开放综合效应。

（五）积极推进新型城镇化，提升城市品质

1、优化城市功能布局。开展新一轮城市总体规划修编前期工作。提升中心城区现代化水平，统筹推进城市改造更新，促进现代商贸与文化旅游融合发展。高品质建设新龙国际商务城、钟楼新城、凤凰新城等新板块，加快常州经开区现代化城市建设步伐。推动中心城区与金坛城区融合发展。围绕建设江苏西南门户城市和宁杭发展带副中心城市的定位，加快完善溧阳城市功能。

2、加大城市建设管理力度。加快现代综合交通体系建设，开工建设常宜、溧高、苏锡常南部通道高速公路和沿江城际铁路，加快推进233国道常州段、122省道常州东段等国省干线公路建设，实施312国道快速化改造前期工程。进一步完善城市路网，完成白云路、雕庄路等工程，推进劳动西路、大仓路等道路建设，有序推进地铁一号线建设，启动建设地铁二号线。加快公用事业发展，继续实施自来水深度处理工程及天然气利用三期工程，完成生活垃圾转运站二期、江边污水厂进水管网扩建等工程。加快海绵城市建设，探索建设城市综合管廊。优化提升区域防洪除涝体系，加快实施新沟河、新孟河延伸拓浚工程，推进京杭运河常州经开区段三级航道整治。健全城市长效综合管理考核体系，深入开展城市环境综合整治，对城郊接合部、城中村、棚户区、老旧小区等城市环境薄弱地段开展专项整治，改善城市环境面貌，提高城市管理科学化、标准化、精细化水平。

3、加快城乡一体发展步伐。全面落实强农惠农富农政策，推动城市基础设施、公共服务和社会事业向农村倾斜，促进城乡基本公共服务均等化。加强中心镇和小城镇建设，推进省经济发达镇改革试点和市级中心镇扩权强镇，建设一批功能现代、特色鲜明的现代化小城镇。加大美丽乡村示范村建设力度，推进传统村落民居和历史文化名村保护，不断提高新农村建设水平。

（六）加强生态文明建设，促进绿色低碳发展

1、提高生态文明建设水平。深入推进国家生态文明示范市创建，将绿色发展理念融入经济社会生活各领域全过程。加强主体功能区建设，调整完善全市土地利用总体规划，逐步形成定位更清晰、布局更合理的国土空间开发格局。充分盘活利用存量土地，严格处置闲置土地，提升节地水平和产出效益。更大力度推进绿色清洁生产和循环经济发展，加快低碳经济示范区建设，构建绿色低碳循环发展的产业体系。

2、加快生态绿城建设。围绕创建国家森林城市和国家生态园林城市，开展大规模城乡绿化，提升城乡绿量和绿化养护水平，建设“处处皆绿、人人可享”的宜居宜业宜游城市。按照“增核、扩绿、连网”的要求，持续推进生态源保护与建设、生态廊道等生态绿城六大建设工程，建设横山、环太湖等郊野公园，加快皇粮浜公园、新龙湖湿地公园等城镇公园绿地建设步伐，实施老运河保护及环境整治，打造集人文、自然、旅游于一体的旅游资源。按照项目生态化原则，不断增强城市生态功能，营造更多绿色空间。

3、大力推进环境整治。实行最严格的环境保护制度，进一步提高全市环境质量。加大治水力度，加强太湖流域水环境和城市河道整治，推进工业、农业、生活等污染点源和面源治理，切实改善水环境质量。加大治气力度，严格控制大气污染物排放总量，推进主城区重污染企业关闭搬迁，控制煤炭消费总量，提高钢铁、水泥等企业污染治理水平，加强机动车尾气、扬尘、秸秆焚烧等污染治理，有效改善空气质量。加大治土力度，积极推进土壤污染防治，开展农田土壤环境调查，加强重点区域、重点企业地块土壤监测，对工业企业污染场地土壤实施修复。

（七）注重保障和改善民生，优化提升公共服务

1、持续提升民生质量。深入推进居民收入倍增计划，促进城乡居民收入持续增长。坚持以创业带动就业，新增城镇就业8.5万人，扶持创业6000人。推进全民参保计划，加快主城区社会保险一体化步伐，稳步推进机关事业单位工作人员养老保险制度改革，养老、医疗、失业三大保险综合覆盖率保持在98%以上。落实城乡低保标准自然增长机制，扩大社会救助覆盖面，完成本轮建档立卡低收入农户脱贫工作。加大棚户区改造力度，进一步改善居民住房条件，促进房地产业平稳健康发展，全年住房公积金政策性低息贷款额达60亿元。推行公共租赁住房共有产权制度试点工作，确保中心城区中低收入住房困难家庭应保尽保。加快完善养老服务体系，积极实施医养融合发展，推动健康养老服务业集聚区建设，改造提升城乡养老机构，标准化城乡居家养老服务中心（站）覆盖率分别达50%、30%。

2、协调发展各项事业。加快教育现代化建设，推进教育资源布局调整和现代化学校建设，实施学前教育保障工程，启动和实施义务教育"新优质学校"创建工程，教育发展水平和质量保持全省前列。大力发展文化事业，加强大运河文化走廊建设和文化遗存保护，推进孟河古镇参加中国江南水乡古镇联合申遗，加快青果巷历史文化街区保护利用和市文化广场项目建设，深入推进省级公共文化服务体系示范区创建，进一步加大文化惠民力度，开展好"文化100"、"文明社区天天乐"、"文化点亮生活"等文化活动。加大"健康常州"建设力度，进一步优化卫生计生资源配置，推动公立医院改革，加快建立分级诊疗体系，强化社区卫生服务功能，做好全面二孩政策实施，提升卫生计生服务水平。深入推进公共体育服务示范区建设，启动实施公共体育设施建设提升工程，办好西太湖国际半程马拉松等国内外大型赛事。巩固和深化军地军政共建，广泛开展全民国防教育，进一步提高双拥共建水平。支持工会、共青团、妇联等人民团体工作，进一步加强外事侨务、对台事务、档案方志、民族宗教、防灾减灾、应急管理、气象、残疾人事业和关心下一代等工作。

3、加强和创新社会治理。加强精神文明建设，深入开展道德讲堂活动，完善全国文明城市建设长效机制，不断提升市民文明素质和城市文明程度。深入推进社区减负，建设和谐社区，增强社区服务功能，推动政府治理与社会调节、居民自治良性互动。完善社会矛盾源头预防和调处化解机制，加强改进信访和调解工作，有效预防和化解矛盾纠纷。落实重大决策社会稳定风险评估制度，强化社会治安防控体系建设。加强食品药品监管，健全食品药品追溯、监测和诚信体系。完善和落实安全生产责任和管理制度，加强安全生产基础能力建设和长效管理，加大监管执法力度，及时排查化解安全隐患，坚决遏制重特大安全生产事故发生。

与此同时，今年我们将办好以"三优三安两提升"（优质教育、优质医疗、优质养老、安心食品药品、安心饮用水、安心社会治安、提升生态绿城建设水平、提升大气环境质量）为重点的民生实事，提升民生幸福和社会和谐水平。

（八）突出提升行政效能，切实加强政府自身建设

1、优化政府服务。深化行政审批制度改革，持续推进简政放权、放管结合、优化服务，提高行政效能。创新财政投入方式，加强与金融资本、社会资本的合作，进一步发挥财政服务经济发展的作用。扩大政府购买公共服务，鼓励社会资本参与公益性事业投资运营，提高公共服务供给效率。完善政务服务体系，加快电子政务建设，切实发挥"一办四中心"作用。

2、推进依法行政。坚持法定职责必须为，法无授权不可为，落实政府部门权力清单和责任清单制度，把依法行政贯穿于政府工作的各个层面、各个环节。完善重大行政决策程序，建立重大决策终身责任追究制度及责任倒查机制，积极推行政府法律顾问制度，发挥政府立法的作用。强化行政权力监督，自觉接受人大法律监督、工作监督及政协民主监督，主动接受司法监督、社会监督和舆论监督，加强审计监督。严格规范行政执法行为，开展相对集中行政许可权和综合行政执法体制改革，进一步提高政府执行力和公信力。

3、加强作风建设。深入贯彻中央八项规定和省、市有关精神，持续加大"四风"整治力度，推进作风建设常态化、长效化。加强政风行风建设，提振政府工作人员干事创业的精气神，以"钉钉子"精神全力抓好各项工作落实，形成敢于负责、敢于担当、敢于创新的时代风尚。严格落实党风廉政建设责任制，加强政府系统廉政建设和反腐败工作，坚持有腐必反、有贪必肃、违规必究，始终保持惩治腐败的高压态势。深入贯彻厉行节约、反对浪费各项规定，严控"三公"经费支出，把更多财力用在急需的民生事业上，更好树立为民、务实、清廉的政府形象。

各位代表，新的目标激励人心，新的任务艰巨光荣，新的征程催人奋进，让我们紧密团结在以习近平同志为总书记的党中央周围，在省委、省政府和市委的坚强领导下，紧紧依靠全市人民，坚定信心、鼓足干劲、开拓创新、扎实工作，为顺利完成"十三五"规划确定的各项目标任务，为建设"强富美高"新常州而努力奋斗！

2016

专 记

Special Articles

◆责任编辑 吴 芳

常州成功创建国家历史文化名城

【常州被国务院列为国家历史文化名城】 2月2—4日，住房和城乡建设部与国家文物局组织以汪志明为组长的专家组，通过对大遗址、古城形制、世界遗产——中国大运河常州城区段、历史文化街区、历史地段、文物保护单位和非物质文化遗产7个主题进行现场考察，查阅名城保护相关资料，听取常州市的相关介绍，对常州市申报国家历史文化名城工作进行考察评估。

6月1日，国务院印发《关于同意将江苏省常州市列为国家历史文化名城的批复》（简称“《批复》”），同意将常州市列为国家历史文化名城。《批复》指出，常州市历史悠久，遗存丰富，文化底蕴深厚，街区特色鲜明，城区传统格局和风貌保存完好，具有重要的历史文化价值。《批复》要求，江苏省及常州市人民政府要按照《历史文化名城名镇名村保护条例》的要求，正确处理城市建设与保护历史文化遗产的关系，深入研究发掘历史文化遗产的内涵与价值，明确保护的原则和重点；编制好历史文化名城保护规划，并将其纳入城市总体规划，划定历史文化街区、文物保护单位、历史建筑的保护范围及建设控制地带，制定严格的保护措施；在历史文化名城保护规划的指导下，编制好重要保护地段的详细规划；在规划和建设中，重视保护城市格局，注重城区环境整治和历史建筑修缮，不得进行任何与名城环境和风貌不相协调的建设活动。

6月26日，常州市委、市政府召开国家历史文化名城保护工作推进会议，全面总结申报国家历史文化名城工作。会上下发《关于进一步加强国家历史文化名城保护的意见》，针对全面落实国家历史文化名城保护要求，提出着力推进八个方面的重点工作：一是全面梳理并编制完善历史文化遗产保护规划体系，二是进一步开展常州古城“三河四城”（古运河、明运河、关河，内子城、外子城、罗城、新城）格局考古挖掘与展示，三是进一步加强世界遗产大运河常州段的保护与展示，四是深入探索并稳步推进历史文化街区与历史地段的保护修缮，五是积极推进地下文物埋藏区及大遗址的考古挖掘、保护与展示，六是适时开展名镇名村和传统村落保护、修缮与利用，七是严格规范文物保护单位与历史建筑的修缮保护，八是探索创新工业遗产保护和展示的方法与途径。

【常州申报国家历史文化名城工作概述】 2008年5月19日，常州市政府召开市长办公会议，专题研究历史文化名城保护工作，并成立由分管城建的副市长任主任、相关区和市有关部门领导为成员的历史文化名城保护规划委员会，统一领导全市历史文化名城保护工作。2011年10月，常州市委

2月3日，专家组实地考察历史文化街区青果巷（规划局 供稿）

召开常委（扩大）会议，确定《建设江南文化名城的意见》，年底，政府工作报告正式提出建设、申报国家历史文化名城的工作目标。2012年底，市第十五届人民代表大会常务委员会第四次会议审议通过《关于进一步加强历史文化名城保护的决定》。2013年1月，政府工作报告明确争取在2015年成功申报国家历史文化名城。2013年2月4日，市委、市政府召开建设国家历史文化名城动员大会，成立申报国家历史文化名城工作领导小组和办公室，进一步明确国家历史文化名城申报的推进计划、工作重点和保障措施等，全市形成市区联动、部门协调、保障有力、高效运转的名城申报和保护的新态势。

加强名城保护工作的法制化、规范化建设。2011年前，常州市相继颁布《常州市市区历史文化名城名镇名村保护实施办法》《常州市市区历史文化名城名镇名村保护工作方案》和《常州市市区历史建筑认定办法》，明确历史文化名城名镇名村保护的工作职责、资金保障，明确保护规划编制、保护措施落实、监督管理的要求以及历史建筑的评估标准和认定程序等。2013年，常州市又出台《常州市市区历史文化名城名镇名村保护办法》《常州市市区历史文化街区保护办法》《常州市文物保护办法》《常州市地下文物保护办法》《常州市大运河遗产保护管理办法》《常州市文物认养和利用暂行办法》等地方规章和办法，进一步完善全市历史文化名城名镇名村保护法规和政策体系。

不断加大保护投入，做到资金保障到位。从2008年开始，常州市每年财政预算中投入各级各类文物保护单位的维护保养专项资金为500万元。2012年后，市级财政每年提供600万元专项资金用于文物保护单位的维护保养，700万元专项资金用于名城保护规划编制，500万元专项资金用于历史文化名城申报，8000万元专项资金用于历史文化街区、文物保护单位、历史建筑的修缮保护。仅文物保护单位的修缮资金市级财政支出就已超过5000万元，近年还投入数十亿元用于大遗址的保护和历史文化街区的修缮保护。

建立并完善开放互动、公众参与的名城保护工作机制。通过媒体、门户网站、走访、座谈会等方式广泛开展名城保护宣传活动，通过举办专题讲座、专题摄影展，摄制《延陵季子》《秋之白华》《青果巷》《周有光》等与名城保护相关的电影和电视剧，营造“保护名城、人人有责”的良好社会氛围，激发广大市民对常州名城深厚历史文化底蕴的自豪感。广泛邀请有关专家、市民规划师、市民代表、人大代表、政协委员参与名城保护工作的专题调研、规划编制、政策拟定、管理实施等，先后开展名城申报主题征集活动、市民征集名城老照片、我为名城献计献策论文评选等活动，广开公众参与名城保护的途径。

【常州历史文化名城保护内容】 保护目标。在深入挖掘历史文化名城的价值与特色的基础上，全面保护历史文化遗产及其历史环境，保护和延续名城的传统格局和风貌，继承和弘扬常州的运河文化、春秋吴文化、齐梁文化、名人文化、红色文化和现代工业文明等传统特色文化。通过科学有效的保护，力求形成从市区、历史城区、历史文化街区和历史地段、文物保护单位和历史建筑、工业遗存与非物质文化遗产，到历史文化名镇名村、古镇古村落老街等全覆盖、多层次、多领域、网络化的名城保护体系。着力探索历史文化名城科学保护的模式和保障机制，形成社会经济发展与历史文化名城保护有机融合、相得益彰的良好局面。通过不断的努力和有效的措施，使城市文化与优秀传统文化相承接，与世界文明相贯通，与经济和社会相协调，持续增强常州文化的凝聚力、创造力和影响力，进一步促进常州市文化事业产业跨越发展和城市综合竞争力提升。

主要保护要素。常州历史城区、中国大运河及相关遗产、淹城遗址、阖闾城遗址、武宜运河（南运河）及相关遗产、滆湖及周边相关遗产、太湖周边相关遗产等物质文化遗产，以及优秀传统文化和非物质文化遗产。

保护重点。市区保护重点为中国大运河及相关遗产，淹城、阖闾城等大遗址和历史村镇老街。历史城区保护重点为“三河四城”独特的城垣形制和空间形态。历史文化街区、历史地段的保护重点是青果巷、南市河、前后北岸3片历史文化街区和天宁寺—舣舟亭、锁桥湾、南河沿、三堡街—西直街4片历史地段，保护面积共计为90公顷。

保护工作严格按照相关法律规定，依法编制保护规划，在坚持保护街区原真性、完整性和生活状态延续性的基础上，深入挖掘7片历史文化街区、历史地段各自的历史文化特色，彰显各自主题，还原历史人文环境，植入历史文化元素。与此同时，改善交通市政公用等基础设施，提高生活环境质量，激发和彰显街区活力。

【历史文化名城保护规划编制和实施】 2001年，常州被公布为江苏省历史文化名城后，结合《常州市城市总体规划（1996—2010）》，编制第一版《常州历史文化名城保护规划（2004—2020）》，2005年2月经江苏省人民政府批准实施，成为指导常州市保护名城的重要依据。2011年，市政府邀请清华大学名城研究所对常州市历史文化名城资源和保护情况进行全面调研和评估，在此基础上，结合名城保护的新情况、新形势、新政策、新要求，编制第二版《常州历史文化名城保护规划（2013—2020）》，该保护规划着力解决三方面重大问题：一是对常州市各类历史文化遗产资源进行全面的梳理和系统的保护，进一步挖掘和保护常州历史文化名城的特色；二是贯彻落实国务院《历史文化名城名镇名村保护实施条例》及相关法律、法规、技术规范的最新要求，科学规范名城保护各项工作；三是进一步强化名城保护意识，将名城保护上升为城市的发展战略。2014年2月，《常州历史文化名城保护规划（2013—2020）》经江苏省人民政府批准实施。

陆续开展一系列与名城保护相关的保护规划编制和研究工作。《常州市历史文化名城名镇名村体系研究》《常州市城市紫线规划》《前后北岸历史文化街区保护规划》《青果巷历史文化街区保护规划》《古运河常州城区段（中吴大桥——政成桥）滨水地区详细规划》《石龙嘴传统风貌区概念性规划》《常州市工业遗产保护与利用规划》《各级文物保护单位两线划定规划》《常州市第一、二批历史建筑保护范围划定规划》《全国重点文物保护单位张太雷旧居保护规划及周边环境改造与整治方案》等20多项规划方案编制完成，并按要求进行了论证和审批，为名城各类资源的保护提供科学规范的规划保护依据。

坚持名城保护与城市建设统筹兼顾。通过对历史城区水系两侧建筑格局和风貌的控制、节点空间的控制和引导、水体的环境整治等措施，逐步显现"三河四城"的古城格局。在改造历史城区内道路时，结合原有的街巷系统，尽可能传承原有的沿河长街和伸向水系的短巷走向和肌理，恢复和沿用蕴含历史文化内涵的路名、桥名和地名等，最大限度地传承历史城区街巷"五纵六横"的历史空间特征。按照"小规模、微循环、渐近式"的模式逐步推进历史文化街区的修缮整治工作。着力做好世界遗产—中国大运河常州段的保护工作，从保护规划的编制、保护机构的设置、本体及沿河文物的修缮、河道环境的整治、监测平台的建设、标识系统的构建、档案中心的建立等形成立体的保护管理体系。按照"抢救第一，合理利用，加强管理"的文物保护工作方针，认真做好文物保护的各项工作。围绕"运河文化、工业遗存、创意产业"三大主题，对运河沿线的常州工业遗产进行系统保护和使用，逐步形成常州运河工业遗产长廊。采取"三城融合，南北建新；东西协调，开发东部"的城市发展策略，中心城区保护式发展，南北新城转型提升，东西两翼协调整合，在科学有序推进城市现代化建设的同时，着力改善人居环境。

【历史文化街区保护整治工程】 前后北岸历史文化街区景观提升与业态调整工程。编制《前后北岸历史文化街区景观整治规划》与《前后北岸历史文化街区业态规划》，坚持"修旧如故、去伪存真、五态（文态、形态、业态、生活状态、景态）融合"的原则，一方面进行风貌的协调性整治和环境景观的还真改造，另一方面充分利用街区内文保单位和传统建筑植入苏东坡纪念馆、常州方志馆、状元馆、家谱馆、汤润之书画馆、民间工艺活态展示馆等人文元素，最大程度地恢复前后北岸历史文化街区的历史风貌和人文特色，再塑街区活力。

青果巷历史文化街区保护修缮工程。严格按照审批的《青果巷历史文化街区保护规划》进行保护与修缮，牢固树立"抢救性保护为主，保护街区原有空间格局和风貌，还真历史环境，改善居民生活，复兴和激发街区活力"的理念，坚持原真性、完整性、生活可持续性、可识别性的修缮设计原则。修缮施工中坚持原材料、原工艺、原外形、原结构、原环境。

南市河历史文化街区保护。《南市河历史文化街区保护规划》已经市政府审批，常州市将积极探索政府搭建平台、完善基础设施、制定修缮政策，居民参与的修缮新模式。

【历史文化遗产保护维修工程】 全市修缮文保单位90多处，其中历史城区范围内18处，瞿秋白故居、张太雷旧居、黄仲则故居、太平天国护王府遗址、临清会馆、管干贞故居、杨氏家庭戏楼、万安桥、刘氏宗祠、大陆饭店旧址逐步对社会开放。加强文物及"非遗"的专项普查，普查文物点1677处，新发现文物点1270处，列全省第四位。切实做好各级文物保护单位的扩容、升级，全国重点及省市级文物保护单位数量均有较大规模的扩容。基本落实文保单位"四有"（有保护范围、有保护标志、有记录档案、有管理机构）要求，建立并落实文物巡查制度，进一步加大文物执法力度。加强大遗址保护，先后投入十多亿元，建成淹城公园、圩墩公园等，成为大遗址保护和展示的基地。

【历史文化研究工程】 开展常州季子文化、齐梁文化、运河文化等一系列常州特色文化的研究工作，出版《影响中国的常州人》《延陵季子》《常州辛亥英杰》《齐梁文化研究丛书》《名城常州》《运河常州》《常州街巷》《常州古园林》《常州清代文化研究丛书》《常州历史文献丛书》等一大批研究成果，计划编辑出版《常州通史》《常州文库》《常州地名大辞典》《常州历史名人大辞典》等。依据文化、旅游事业等社会经济发展要求，拟定和落实展示、传承优秀传统文化和"非遗"的固定场所、临时场所、动态场所。

【历史文化展示工程】 名人文化展示。全市有45处名人故居列入文物保护单位。以名人故居为基础，建设瞿秋白、张太雷、苏东坡、洪亮吉等一大批名人纪念馆和陈列室，筹建唐荆川纪念馆和周有光图书馆。

运河文化及工业遗产长廊。通过规划保护关河、市河、锁桥河、大运河古城濠及建设沿水系小广场、绿地、标识系统，勾勒出"三河四城"城垣轮廓形制。在沿水系的历史文化街区及传统街巷等处建设古运河博物馆、常州名人馆系列、常州工业遗产走廊、各类民俗文化场馆等，通过水上游览线路串联，充分彰显运河名城和中国工业明星城市特色。

可移动文物的馆藏保护与展示。建成由常州博物馆和21家各具特色的专业博物馆、展示馆组成的可移动文物保护与展示体系，各博物馆、纪念馆收藏各类文物藏品3.5万余件，并对公众开放。

民俗及"非遗"文化展示。2005年，常州市成立常州市民族民间文化保护工程领导小组，并在常州市文化馆成立常州市民族民间文化遗产保护中心（"非遗"保护中心），负责开展"非遗"日常保护、传承和宣传工作。在前后北岸与青果巷历史文化街区内分别规划常州民俗馆和常州锡剧馆等，在全省率先建成"非遗"展示馆。

【名镇名村、古镇古村落、老街的保护】 2012年，常州市邀请同济大学教授阮仪三领衔开展《常州市名城名镇名村保护体系研究》，形成覆盖常州市区较为科学的名城名镇名村保护体系，常州市以此研究成果为依据，进一步做好名城名镇名村、古镇古村落、老街的保护工作。2013年，新北区孟河镇成为中国历史文化名镇，武进区郑陆镇（2015年6月，行政区划调整后，郑陆镇划归天宁区管辖）焦溪村成为中国历史文化名村，武进区前黄镇杨桥村成为中国传统村落。建立市区范围内古镇、古村落、老街保护体系名录。其中，古镇4个，为武进区雪堰镇、嘉泽镇、奔牛镇、横林镇；古村落5个，为新北区春江镇魏村村和武进区前黄镇寨桥村、横林镇余巷村、遥观镇塘桥村、湖塘镇鸣凰村；老街7条，为武进区湖塘镇老街、横山桥镇老街、湟里镇老街、礼嘉镇老街，新北区春江镇青城老街、西夏墅镇老街，天宁区郑陆镇三河口老街。

【历史建筑保护】 自2008年始，常州市按照历史城区、中心城区、市区由内向外分3次对传统风貌建筑进行全面普查，建立传统风貌建筑普查资料库、历史建筑候选名录和空间数据库，从中逐步筛选出较好的传统风貌建筑，按法定程序先后公布3批226处历史建筑。在此基础上，完成市区第一、第二、第三批历史建筑本体范围线和保护范围线的两线划定规划，完成历史建筑的标志设立、挂牌保护、建档工作，推进历史建筑的测绘及修缮保护。

（陆　晔　汪春义）

全面深化改革

【常州全面深化改革概述】 2015年，常州市统筹推进经济生态、城乡一体、民主法制、社会、文化、党建和纪检等各领域改革，确定推进产城融合试点试验、稳妥推进区域协调发展等46项重点改革任务。全年召开5次市委全面深化改革领导小组会议，审议通过18项重要改革方案和文件，在经济体制改革、医药卫生体制改革、地方立法体系建设、协商民主建设、纪律检查体制创新等领域，加快完善适应发展新常态、推进治理现代化的制度体系，出台改革制度文件148个。

【产城融合综合改革】 2015年，常州市出台产城融合综合改革实施意见、年度推进计划，实施部分行政区划调整，在完善空间规划管理体制、产业发展推进机制、财税金融服务机制、人口流动集聚机制和深化土地制度改革、严格生态保护制度等方面开展探索。加快重点区域建设进度，常州经济开发区总体规划、产业规划、交通、水利专项规划完成中期成果，基础设施、安置房建设、水利防洪、教育、卫生等重点项目前期工作有序开展；西太湖科技产业园完成土地利用规划、城市规划、生态保护规划、农业产业规划“四规合一”和产城融合两项规划；凤凰新城老工业区企业搬迁、基础设施建设、配套功能项目建设等有序推进；钟楼新城推动产业转型升级，加快云计算、大数据等新兴产业布局；溧阳中心城区、天目湖旅游度假区、中关村科技园产城融合发展积极推进；金坛完成薛埠、儒林、尧塘等重点板块产城融合（区镇一体）规划和其他专项规划3类28项。

【省级以上改革试点】 2015年，常州市探索开展18项省级以上改革试点。紧抓被中央机构编制委员会办公室列为综合行政执法体制改革试点的契机，梳理涉改部门行政执法事项2162项，推进工商管理、质量监督管理、食品药品监督管理“三合一”综合执法改革。有序推进公立医院改革试点，实施医药价格零差率，初步破除以药补医机制。稳步推进全市人民法庭审判权改革试点，鼓励各试点法庭及所属基层法院结合自身条件优化改革实施措施。金坛全面展开农村承包地确权登记试点，平均签字率98.1%。武进区作为全国农村改革试验区，进一步推进土地承包经营权流转管理改革试验，细化建立13项子制度，搭建土地承包经营权流转平台，创新土地承包经营权市场价值评估办法；实施农产品目标价格保险改革试验，建立翠冠梨、水稻成本数据观测点18个，委托第三方开发农产品价格保险监测平台，并模拟运行；进一步完善农村土地经营权入股发展农业产业化经营试点方案，并向部省报批；农村宅基地制度改革试点在国土资源部指导下稳健起步，有序开展。新北区开展“多规合一”试点，加快形成人口、经济、资源、环境相协调的节约集约型国土空间开发格局。

【经济体制和生态文明体制改革】 2015年，常州市在全省率先公布部门责任清单，开展相对集中行政许可权试点，深化建设项目审批制度改革。建成涉及建设项目中介服务机构信息服务平台，将30类267家机构纳入管理。全面完成本轮市县政府机构改革，稳妥实施事业单位分类改革。正式实施不动产统一登记制度改革。深化市属国有及国有控股企业改革，国资监管体制、国企负责人履职待遇管理办法得到完善。加快商事制度改革，对12类市场主体全面实施“三证合一、一照一码”（将企业依次申请的工商营业执照、组织机构代码证和税务登记证三证合为一证，由一个部门核发加载统一社会信用代码的营业执照）。完善市场化取向的价格形成机制，严格执行“涉企收费三目录三清单”（《常州市行政事业性收费和政府性基金目录》《常州市涉企行政事业性收费和政府性基金目录》《常州市区实施政府定价或指导价的涉企经营服务性收费目录》和《常州市区建设审批项目收费清单》《常州市区房地产开发项目收费清单》《常州市区建设审批中介服务收费清单》）。实行全预算管理改革，全面公开预决算、“三公”经费等，实施财政跨年度平衡机制。创新融资方式，下发全市PPP工作方案。探索国际科技合作新机制，中以常州创新园被认定为国家级国际创新园，科技项目管理改革得到推进。优化开放型经济体系，推行清单式审批、备案化管理，常州国家高新区被省纳入外资项目并联审批试点单位。编制全市主体功能区实施意见，研究跨区域协调发展、差异化考核办法。深化生态环境源头管控，健全污染综合防治机制、绿色采购制度，完善生态文明监督管理制度。不断深化河湖管理与保护体制创新，金坛区创建成国家级试点。

【城乡发展一体化体制机制改革】 2015年，常州市优化建设用地空间格局，提升镇村布局规划。培育新型农业经营主体，推进农民合作社规范化建设，开展示范社四级联创。规范农村土地经营权有序流转，流转面积119.14万亩，占全市70.8%。深化农村社区股份合作制改革，采取整体发包、分块发包、入股保底分红等市场机制，不断提高资产经营效益。推动农村产权交易市场建设，武进区级和15个镇级平台建成运行，其他地区加快前期准备。探索农村集体土地使用制度改革，规范开展城乡建设用地增减挂钩试点，稳妥试点同一乡镇范围内村庄建设用地布局调整。推动农村金融制度创新，试点农村承包土地经营权抵押贷款，探索宅基地使用权等各类农村产权抵押融资试点。

【民主法制领域改革】 2015年，常州市完善地方立法机构和机制，制定法制委员会议事规则、立法咨询专家工作规定等制度。制定常州市第一部地方性法规《常州市制定地方性法规条例》（草案）。依法设立经济预算委员会，开展对预算编制、执行和决算的全过程审查监督。加强人大组织建设、基层基础建设。贯彻落实宪法宣誓制度。印发加强社会主义民主协商建设的实施办法，形成市委与各民主党派政治协商计划。基层民主自治发展良好，“政社互动”（政府和社区互动）等基层治理方式健康发展，深化“三社联动”（以城乡社区为平台、社会组织为载体、社会工作专业人才为支撑的机制）机制建设，扎实推进溧阳市清溪路社区等7个社区围绕不同主题开展试点。依托常州市城乡社区综合管理和服务信息平台，探索建立市、辖市区、镇街道、村社区“四级联动”公共服务体制机制，推进基层政府与居民之间的良性互动。加大对社会组织孵化基地扶持力度，推出壳内、壳外和云孵化3种创新模式，培育社会组织85家，每万人拥有社会组织数居全省前列。

【社会体制改革】 2015年，常州市深化法治常州建设，加快建设法治政府，行政权力实现网上公开透明运行，行政机关负责人行政诉讼应诉率98.83%。充实政府法律顾问团，推进政府重大项目决策出具法律意见制度。推动司法公开，改革人民陪审员制度，全面实施立案登记制度，落实人权司法保障机制，探索涉案财物规范管理改革。推进诉讼制度改革，探索开展巡回检察工作机制，推进检察大数据建设。创新社会治理体制机制，提高综治法治工作在综合考核中的占比。深化多元调处工作，健全分析研判和月报、零报告等制度。统一常州市城乡户口迁移政策，全面实行市内通迁。加快教育领域改革，推进基础教育优质均衡发展，全市有义务教育阶段教育集团37个。推进医药卫生体制改革，不断优化医疗资源配置，分步推进分级诊疗制度，确定溧阳市、新北区为基层首诊试点。全民医保制度覆盖所有户籍人口，人均筹资水平进一步提高。鼓励和引导社会优质资本举办医疗机构。推进就业和社会保障制度改革，基本建立城乡一体化的就业失业登记制度。做好机关事业单位养老保险改革相关工作。

【文化体制改革】 2015年，常州市开展第五批市属国有转制文化企业认定。构建现代传媒管理体制，施行市级国有文化企业重大事项管理实施暂行办法、资产损失责任追究暂行办法，进一步加强市级文化企业国有资产监管。深入探索常州日报社、广播电视台内部新闻采编、刊播一体化途径，拓展移动终端等领域，建立新媒体中心，形成多元化产业发展模式。设立常州市文化产业引导资金支持媒体融合专项贷款，支持报业集团、广电集团旗下全资或控股子公司开展内容集成、平台建设、技术研发、业态创新等媒体融合项目。取得创建省级公共文化服务体系示范区资格，国家级公共文化服务体系示范项目常州电视图书馆通过文化部验收。

【党的建设制度改革】 2015年，常州市委以“忠诚干净担当”为标尺，建立科学有效的选人用人机制。规范干部选拔任用工作程序，制定县处级干部选任动议工作暂行办法。研究防治为官不为意见，完善干部交流、挂职、平时考察、辞职等制度。制定从严管理干部规定，推进落实个人有关事项报告制度，制定新提任县处级干部有关事项公开办法。推行干部选任工作立卷建档制度，启用全程纪实信息系统，实现对干部选任全程监督和实时纠错。深化基层组织建设制度改革，在全国率先落实市委常委、党员副市长抓党建工作责任制，制定党建责任清单，将辖市区委和部门党委（党组）书记抓党建职责要求细化为日常履职、年度述职2大类20个责任项目。在溧阳市、武进区、新北区分别打造非公党建示范圈、示范区和示范带，实现区域内非公企业党建阵地、党务人才、党建活动的共创共享，连点成线、以线带面，促进全市非公党建工作整体提升、全面进步。出台村党组织书记“5A制”晋档升级管理意见。规范完善党员管理制度，从源头上解决党员空挂、失联等问题。创新人才工作政策和机制，优化调整考核指标，建立领军人才创新创业项目信息管理平台。

【纪律检查体制改革】 2015年，常州市纪委推动党风廉政建设主体责任和监督责任落地生根，建立党风廉政建设责任追究案件情况季度报告制度，出台党风廉政建设党委主体责任和纪委监督责任追究办法。探索“两个为主”（查办腐败案件以上级纪委领导为主，线索处置和案件查办在向同级党委报告的同时必须向上级纪委报告；各级纪委书记、副书记的提名和考察以上级纪委会同组织部门为主）有效举措，实行下级纪委向上级纪委报告工作制度，完善定期报告、专题报告、即时报告、约谈和处置反馈等制度。出台市纪委派驻纪检组组长、副组长和辖市区、市属企事业单位纪委书记、副书记提名考察办法。推进派驻和巡视监督两个全覆盖，制定加强派驻机构建设意见，着力实现市级党和国家机关全面派驻。各辖市区纪委全部实现“机构调整到位、人员调配到位、工作交接到位”。创新巡视组织制度和方式方法，在全市范围内开展巡察工作。加强对领导干部行使权力的监督。建立党委主要负责人向全委会述廉制度，实施党政主要负责人与下级党政主要负责人、领导班子成员与分管联系部门主要负责人廉政谈话制度。

【辖市区全面深化改革概述】 2015年，各辖市区认真贯彻落实中央和省委、市委改革部署，全部高规格成立全面深化改革领导小组及专项小组、改革办公室，严格对照省、市重要决策部署分解改革任务，详细拟定工作计划，明确目标任务、路径措施、责任人员，确保上级部署的各项改革任务落到实处。

省级以上改革试点扎实推进。常州市重大改革试点试验任务大多集中在辖市区，各有关试点地区切实履行改革职责，全力推进改革攻坚。武进区抓住被列为全国农村改革试验区的契机，统筹推进三大试验任务：加快土地承包经营权流转管理改革试验，分解细化建立13项子制度，建好土地承包经营权流转平台，创新土地承包经营权市场价值评估办法；实施农产品目标价格保险改革试验，建立翠冠梨、水稻的成本数据观测点18个，委托第三方开发农产品价格保险监测发布平台；进一步完善农村土地经营权入股发展农业产业化经营试点方案，并向部省报批。另外，武进区根据国土资源部授权，大胆探索农村宅基地制度改革试点，通过精细化梳理改革目标、模块化分解试点任务和菜单式体现农民意愿，初步探索建立起一条以农民利益为归依的宅基地制度改革路径。金坛区作为全省整县推进农村土地承包经营权登记试点，应确权农村承包地完成平均签字率98.1%，率先在常州实现确权颁证到户，农业部在该区举办农村土地承包经营权确权登记颁证培训班。新北区推进“多规合一”试点，加快形成人口、经济、资源、环境相协调的节约集约型国土空间开发格局；稳步推进人民法庭审判权改革试点，鼓励基层试点法院法庭结合自身条件优化改革措施。

产城融合综合改革全面展开。各辖市区围绕落实市委产城融合综合改革的战略部署，结合板块实际，认真探索路子，为全省乃至全国改革积累经验。溧阳市重点推进中心城区、天目湖旅游度假区、江苏中关村科技产业园“三大板块”产城融合，完成江苏中关村和溧城镇行政区划调整，新设昆仑街道，出台8条专项扶持政策，推动园区和行政区融合式发展。金坛区紧抓融入主城区机遇，编制道路设施、区域板块与综合3类28项专项规划，完成薛埠镇、儒林镇、尧塘街道等重点产城融合（区镇一体）规划，推进滨湖新城建设，基础设施水平进入提升阶段，重点道路竣工通车。武进区推进西太湖“四规合一”进程，明确“一轴、一带、两核、三区、三廊”的总体空间结构，完成武进国家高新区武南创智天地建设方案，成功申报江苏省众创集聚区建设试点。新北区深入推进区域协调发展改革实验，加快新龙国际商务城建设，谷歌体验中心落户，新龙湖湿地公园全面施工；全面深化园区（镇街道）管理体制改革，下放76项经济社会执法权限至孟河镇，编制滨江经开区行政审批制度改革方案。天宁区研究不同板块差异考核办法，取消对城区街道工业指标考核，增加新城街道服务业考核内容，使整个考核体系更加完善，产城融合发展的导向性、操作性更强。钟楼区出台加快产城融合、促进转型升级政策意见，推进钟楼新城建设升级，北京师范大学常州附属学校等优质教育资源向新城集聚，城西足球公园等城市功能项目实现运营，中兴云计算、百度大数据等高端产业项目落地。

常州市委部署的改革任务及时跟进。各辖市区按照常州市委改革任务分解表要求，研究谋划具体涉及到的重点改革任务，狠抓落实。在经济与生态体制改革领域，各地区以简政放权为先手棋加快行政管理体制改革，启动责任清单编制，全面推进政府机构改革和职能转变，深入推进商事登记制度改革，加快科技体制改革，深化投融资机制改革，着力构建以市场化为导向的经济发展体制机制。溧阳市开展江苏中关村科技产业园36项下放权限评估工作，加强市级融资平台的国有化、实体化改造；金坛区顺利撤市设区，经济开发区开发“金目标”网上管理平台，压缩审批流程，编制环境风险评估报告、突发环境事件应急预案等，形成系统完善的应急制度体系；武进区公布政府行政权力、专项资金管理等4张清单，审批事项精简率43.7%，中以常州创新园运作机制初步形成；新北区对接上海自由贸易区21项检验检疫监管制度创新，全面深化招商体制改革。在城乡一体发展体制改革领域，各地区推进强镇扩权改革，深化农村社区股份合作制改革，引导土地承包权有序流转，稳妥探索农村集体土地使用制度改革。金坛区推动农村金融制度创新，金坛京东农业发展有限公司在新三板挂牌，成为全市第一家农业挂牌企业；新北区致力建立城乡均等化的社会事业公共服务体系，统筹城乡公共教育、医卫资源配置。在民主法制改革领域，溧阳市、金坛区、新北区等加快发展基层民主，开展社区减负增效和“政社互动”，全面推进依法治市（区）。在社会体制改革领域，溧阳市以天目湖法庭审判权运行机制改革为突破口，推进司法体制改革；金坛区、钟楼区推进省学前教育改革发展示范区创建，深化教育领域综合改革、推进教育现代化建设；天宁区推进就业和社会保障制度改革，加大创业孵化基地、大学生创业园建设；新北区创新社会治理体制机制，创新立体化社会治安防控体系、信息化城乡社区工作平台、多元化社会矛盾纠纷调解机制。在文化体制改革领域，金坛区进一步巩固省级公共文化服务体系示范区创建成果；天宁区创成省公共体育服务体系示范区；钟楼区设立文化产业发展引导资金，实施文化科技融合发展行动计划。在党的建设制度与纪律检查体制改革领域，金坛区完善干部激励保障机制，扎实推进公务员职务与职级并行制度，对机关公务员和参照管理人员晋升职级进行测算，成立区公务员职务与职级并行制度工作领导小组。

自主开展改革探索。各辖市区根据自身实际和发展需要，瞄准制约本地区经济社会发展的深层次障碍以及民生事业、社会治理等群众呼声强烈的领域，开展一系列自主改革探索和体制机制创新。溧阳市深化征地工作体制、城市管理体制、物业管理机制等领域改革，建立健全“属地管理、权责明确、监管有力、执法相对集中”的工作模式，打造“畅、洁、绿、美”的城市环境；首创基层民主协商模式“百姓议事堂”并在该市推广；出台生态红线区域监督管理考核办法和实施细则，实施长荡湖三期湿地保护和恢复等一批生态修复工程；深化文化体制改革，圆满完成江苏省傩文化生态保护试验区创建任务。金坛区进一步完善开放型经济机制，督促参与“一带一路”开发的"走出去"企业建立境外安全管理制度、境外突发事件应急处理机制，落实境外人员和财产安全的防范措施。武进区针对财政资金直接补贴企业效率偏低等问题，探索设立新兴产业发展基金，建立工业企业效益综合评价体系，实施差别化分类管理，倒逼企业集约发展，制定产业投资鼓励清单制度，提高企业投资针对性和有效性。新北区深化土地节约利用改革，结合国土资源节约集约模范区创建活动，研究综合评价考核指标体系，实施对各镇街道综合考评细则；深化动迁工作改革，出台集体土地上房屋拆迁项目安置房指标回购办法等。天宁区探索棚户区改造新机制，率先实施征收市场化安置"房票"办法；创新建立社会治理联动指挥平台，入选全省基层社会治理十大创新成果。钟楼区改革服务型党组织建设，开展特色服务，建立党员志愿服务队138支。 （解 航）

2015年度常州市重点工程和重点项目

【概　述】 2015年，常州市面对复杂的经济形势和繁重的改革任务，紧紧围绕"重大项目深化年"活动，以重点工程为抓手，以重大项目为核心，奋力拼搏，克难求进，重点工程基本实现预定目标任务，重大项目建设取得显著成效。

重点工程。常州市2015年35项重点工程中，有基本现代化建设类4项、转型升级类9项、深化改革类4项、城乡建设类6项、民生幸福类4项、生态文明类3项、党建工作类5项，量化分解成目标任务82项、工作项目189个、工作指标543个、分解指标835个，涉及6个辖市区和72家市级部门。至年末，重点工程指标完成率94.8%。

重点项目。年内，150个市重点项目中148个实施项目累计完成投资634.6亿元，完成年度计划的101.2%，比上年提高0.7个百分点。社会事业、农业产业化、现代服务业和高新技术及工业项目超额完成年度投资计划，分别完成年度计划的109.7%、108.1%、103.1%和102.5%。从地区看，6个辖市区中溧阳市、金坛区、新北区、天宁区和钟楼区超额完成年度投资计划。69个新建项目正式开工66个，开工率95.7%，比上年提高1.9个百分点，累计完成投资230.2亿元，完成年度计划的96.3%，比上年提高10.9个百分点；3个未开工项目为武进区中国香精香料华东总部及生产基地项目、新北区与威翔航空科技股份有限公司的通用飞机制造项目、新北区与天宁区共建的航天科技体验中心；79个续建项目累计完成投资404.4亿元，完成年度计划的104.2%，其中48个项目已竣工，竣工率60.8%，比上年提高20个百分点。19个省重大项目完成投资200亿元，完成年度计划的95.2%，比上年提高1.9个百分点。

重大储备项目。年内，172个重大储备项目列入储备库，计划总投资4759亿元。其中，产业储备项目120个，计划总投资3807亿元；基础设施和社会事业项目52个，计划总投资952亿元。产业储备项目中，100亿元或10亿美元以上项目7个，50亿元或5亿美元以上项目14个，30亿元或3亿美元以上项目16个。

【基本现代化建设类】 苏南现代化建设示范区工程。苏南现代化示范区建设稳步推进，发展难点指标持续提升改善，服务业增加值比重49.5%、水质比例好于Ⅲ类地表水比例为74.3%，市区PM2.5平均浓度比2014年、2013年分别下降11.9%、18.1%。重大事项进展顺利，常州、金坛、溧阳经济开发区升格事项取得进展；常州、武进两个出口加工区提升为综合保税区，争取开展跨境电商试点。

苏南国家自主创新示范区建设工程。研发经费支出占地区生产总值的2.67%，高新技术产业产值占规模以上工业产值超过43.4%，万人发明专利拥有量18.8件；新增企业研发机构198家，其中省级以上73家；新增孵化器、加速器面积110万平方米，累计813万平方米，在孵企业5863家。常州科教城全年完成营业收入80.8亿元；新增申请专利1952件，其中发明专利1197件；新增授权专利1119件，其中发明专利533件；新引进创新创业人才70名，新增入驻机构和孵化企业390家；科技人才1.65万人；深入推进平台和载体建设；优化生态服务体系，构建创新创业全生态体系。

产城融合综合改革试点工程。建设布局合理的空间体系，编制《常州市主体功能区实施意见》，建设空间和生态红线区域得到控制。建设富有活力的现代产业体系，制定《十大产业链建设推进计划》，一批重大产业链项目落户。建设配套强支撑力的基础设施体系，常州北站客运枢纽投运，金武路、常溧高速通车；30个小区光纤到户通过验收。建设宜居幸福服务体系，开展生态绿城和国家森林城市建设，新开工各类保障性住房1.9万套，标准化社区居家养老服务中心（站）197家，全面实施流动人口居住证制度，成为省首批公共体育服务示范区。产城融合各重点区域建设有序推进。

县域经济跨越工程。金坛、溧阳部分主要经济指标增幅高于全市平均水平，两个经济开发区在全省排位分别比上年提升9位和1位。"西进"工程持续推进，积极引导市区制造业向金坛、溧阳转移，两地农业现代化水平居全省县（市、区）第一区间（前20位）；常州科教城辐射带动两地新增产学研合作项目103项；丹金溧漕河溧阳段航道、华城路东延完工；输变电各节点工程投运；两地新设金融分支机构3家，各项贷款余额比年初增长17.9%。

【转型升级类】 重大项目深化工程。全市新增签约重大项目12个。其中，总投资超100亿元或10亿美元项目3个，超50亿元或5亿美元项目5个，超30亿元项目4个。2014年的10个重大项目，9个开工，3个竣工投产。

重点项目建设工程。全市19个重点项目列入省重大项目计划，完成年度投资计划的95.2%。150个市重点建设项目中，新建项目开工率95.7%，全年市重点续建项目竣工率60.8%，148个实施项目累计完成投资634.6亿元，完成年度计划的101.2%。

重大规划编制工程。经全面征求社会各界意见建议，编制完成《常州市国民经济和社会发展第十三个五年规划纲要（草案）》、《常州市主体功能区实施意见》通过市政府常务会议和市深化改革领导小组第八次会议审议。20个重点专项规划陆续报批和发布。加强向上衔接，争取更多事项纳入上级规划。

工业经济转型升级工程。规模以上工业增加值绝对量为2614.73亿元，比上年增8.5%。工业投资1756.1亿元，增6.5%。十大产业链产值3816.8亿元，占规模以上工业产值比重超33.3%；机械、冶金、化工、纺织服装、建材五大传统优势产业实现产值9757亿元。实施百项重点技改投资285亿元。高新技术企业累计1126家，专利超1.5万件；科技型上市培育企业212家。开展招才引智活动140多次，引进支持项目183个。引进各类人才4.15万人，培养高技能人才3万人以上，每万名劳动者中高技能人才数790人，引进国外智力项目135项。

民营经济跃升工程。规模以上民营工业企业实现产值、利税稳步增长。全年新增私营企业17925户、个体工商户40429户。1016户个体工商户转型升级为企业，300家小微企业发展为规模以上企业。自主品牌企业增加值占地区国民生产总值比重19%，列全省第一。全年国内申请注册商标8000余件，通过马德里商标国际注册体系申请商标注册20件；10件商标被国家工商总局认定为中国驰名商标，累计有中国驰名商标99件，列全省第二。

现代服务业突破工程。服务业增加值占地区生产总值比重49.5%、增速10.5%。全年服务业投资增速7.1%。评出服务业类星级企业37家、房地产及建筑业星级及企业35家，确定年度100个服务业重点项目，项目总投资1317亿元，2015年完成250亿元以上。出台《关于加快常州市现代服务业集聚区发展的意见》，确定30家现代服务业集聚区名单。

开放型经济提升工程。全年实际到账外资24.87亿美元，其中制造业和生产性服务业比重超过75%。新增协议注册外资3000万美元以上项目16个，新增总投资超亿、近亿美元项目18个，新增世界500强企业投资项目5个、增资项目2个。外贸总体稳定，出口实现正增长。新兴市场出口比上年提高2.2个百分点，重点企业出口贡献份额增加2.3个百分点。开发区实际到账注册外资、规模以上工业主营业务收入、公共财政预算收入占全市比重分别为80%、70%、50%，新增协议外资3000万美元以上的制造业项目占全市的80%以上，新增基础设施投入297亿元。

农业现代化工程。2015年，全市农业总产值和增加值分别为271.8亿元、156亿元，均比上年增5.8%，粮食、蔬菜总产分别为108.3万吨、88.75万吨，粮食仓储现代化仓型占比55%。新建高标准农田6.26万亩，新增高效设施农业2.66万亩、高效设施渔业面积1.63万亩，农机化水平87%。现代农业产业园区占耕地面积的36%。实施秸秆机械化还田面积105万亩。新增省级农业产业化龙头企业6家，市级“五个一”（创建一个基地、致富一方农民、振兴一个产业、对接一个农民合作组织、打造一个优势品牌）示范创建企业10家，“一村一品”专业示范村10个，地产蔬菜和畜禽产品抽检合格率98.8%和100%。“三资”（民间资本、工商资本、外资）投入农业增10.7%。年内，常州以大市为单位被农业部认定为国家现代农业示范区。

金融服务实体经济建设工程。截至12月底，全市新增社会融资总额1157.8亿元，常州新增贷存比高于苏南平均增幅30.51个百分点，新增股份公司105家，腾龙股份、强力新材分别登陆上海主板和深圳创业板，新增新三板挂牌企业52家，新增上海股交中心等区域性场外市场挂牌企业296家。新增小额贷款公司2家，全市信用担保机构提供融资担保90.05亿元，在保余额96.82亿元。全年“三位一体”（十大产业链、传统优势产业“双百”行动计划、创新型企业“十百千”计划）重点企业获贷款1024.63亿元。12月末，全市重点项目贷款余额270亿元，增23.75%；全市小微企业贷款增加5500户，贷款余额增加211.31亿元，贷款增速11.95%，当年申贷获得率高于上年1.22个百分点。

【深化改革类】 深化政府职能转变工程。公布《常州市政府各部门责任清单》。启动开发区行政审批制度改革试点，探索相对集中行政审批权工作。全面实施“三证合一”登记制度，简化建设项目审批流程。推出涉及建设项目中介服务机构信息服务平台，将全市30类267家中介服务机构纳入管理，动态发布涉及建设项目中介机构信息。梳理行政审批涉及的前置中介服务项目，形成涉审中介服务项目清单并向社会公布。建成常州市社会公共信用基础数据库和服务平台，涉及45部门327类2917种信用数据。制定社会法人失信惩戒实施办法，强化失信惩戒和信用监管。推进检验检测机构整合，溧阳、金坛成立市场综合检验检测中心。开展综合行政执法体制改革试点，在省内率先出台《市政府关于开展综合行政执法体制改革试点工作的实施意见》。扩大事业单位法人治理结构试点，明确在市朝阳中学、体育运动学校、江南石墨烯研究院3家单位开展法人治理试点工作。

深化经济体制改革工程。完善现代市场体系，规范政府服务审批行为，建立全市社会信用信息系统。实现辖市区以上政府预决算、部门预决算、“三公经费”及会议费、培训费预决算全面公开，完善预算管理体系，清理各类税收及非税收入优惠政策。成立常州金融商务区管委会、江南金融租赁公司和江苏省再担保公司新北分公司，设立新阳科技集团化工电子合约交易中心。出台《境外投资事中事后监管工作制度》，组织实施17场次境内外重点产业招商活动。常州机场国际航线达到10条。出台《常州港口岸集装箱运输扶持奖励资金管理办法》。出台《国资委出资企业试行年金指导意见》《市属国有企业资产损失责任追究暂行办法》《市属国有企业负责人履职待遇和业务支出管理办法》和《国有资本经营预算制度》，形成市属企业混合所有制改革的调研报告。

农村改革深化工程。全市37个镇（涉农街道）、515个行政村均部署开展确权登记颁证工作，407个村完成权属调查，占总数的79.03%，239个村完成审核公示，134个村完成承包合同签订。新增39家村级社区股份合作社，总数563家，90%以上符合条件的村完成集体产权制度改革任务。武进区农村产权交易中心和14个镇级交易站建成运行，其他辖市区农村产权交易市场正在筹建。

基层社会治理工程。推进社区"减负增效"工作，社区8大类负担全部清理到位，推动"政社互动"和"三社联动"，加快建设"四级联动"公共服务平台，创新为民服务举措。建成三级社会组织孵化服务基地16个，新增社会组织202家，其中养老便民、公益慈善、社区服务类占60%以上，每万人拥有登记社会组织数14.5个。举办社区需求项目推进会，签约一批政府部门购买社会组织服务进社区项目，资金总额4000万元。

【城乡建设类】 城乡交通建设工程。龙汇路（新堂北路—竹林北路）、新一路（竹林北路—北塘河）、劳动西路（五星路—龙江路）、三堡街（长江路—五星路）具备通车条件；常溧高速公路项目、金武路快速化改造项目完成通车，122省道常州东段、104国道、265省道和一批农路农桥建设均按序推进。完成苏南运河"四改三"（四级航道改三级航道）整治常州东段、芜申运河高淳至溧阳段航道等一批航道整治工作。抓好公交便民工作，礼河公交枢纽中心、飞龙路公交枢纽完成施工，购置更新公交车辆200辆。

城市功能提升工程。应急取水头部及泵站建设建成投运；天然气利用三期工程和一批垃圾转运站有序推进；220千伏顺通、空港和110千伏崔北、德胜等一批输变电工程建成投产。基本完成沿南市河驳岸、栏杆修缮，青果巷主道及沿道路地下综合管线施工基本完成。新开通1000个站点，完成200个扩容站点建设和网络优化调整，4G覆盖率90%，城域网出口带宽1600G；年内，共有90个小区纳入光纤到户共享政府监督执行范围，其中30个小区通过验收。区域两化融合发展水平评估指数98.81，名列全省第四。

轨道交通建设工程。轨道交通1号线进入全面施工阶段，全线29个站点围挡全部围闭，15标段全面开工建设，3台盾构实施推进，2个站点完成主体结构封顶，26个站点实施主体结构施工，2个区间完成盾构始发，11个区间进入盾构始发阶段。征地征收、道路疏解、管线迁改、绿化迁移等配套项目基本完成；轨道交通2号线工程可行性研究报告取得批复，勘察、设计招标及前期配套项目正式启动。

水利现代化建设工程。2015年完成投资5.46亿元。长江堤防一期工程全年完成投资1.1亿元，完成土建施工。全面推进新沟河常州段及影响工程，全年完成投资7288万元。新沟河延伸拓浚工程（武进段）遥观北枢纽工程通过水下阶段验收，遥观南枢纽完成水下主体建设。山东北桥、后渡桥桥梁进场施工灌注桩。

新型城镇化推进工程。全市新型城镇化与城乡发展一体化规划通过专家论证。推进中心镇规划提升，溧阳、金坛镇村布局和原市区形成规划优化成果；金坛社渚镇、儒林镇和天宁郑陆镇等规划编制取得阶段成效。新北区基本完成"多规融合"试点；市级中心镇100个重点项目完成年度投资的91%；中心镇建设被列入全市"三农"考核。扩权强镇工作有序推进，金坛社渚镇内设机构完成调整，溧阳薛埠镇等完成第一批扩权工作。第二批4个镇全面启动，天宁郑陆镇率先完成事项梳理，市级工商登记许可下放实施。

国土资源服务创优工程。全面完成年度耕地保护责任和基本农田保护目标任务。编制年度高标准基本农田建设实施方案，按计划组织项目工程建设，年度项目全部竣工，建成高标准基本农田17.1万亩。加大闲置土地处置和批而未供的处置力度、工矿废弃地复垦利用力度、城镇低效用地再开发力度，完成盘活存量建设用地2.9万亩。新增耕地面积并形成耕地占补指标9821亩。下发《关于印发常州市不动产统一登记工作实施方案的通知》，明确整合登记职责，成立溧阳市、金坛区不动产登记局。

【民生幸福类】 富民强基工程。全市农村居民人均可支配收入21912元，比上年增8.8%；溧阳、金坛和常武地区村级年收入分别为90万元和120万元，组建新型合作组织54家，年收入千万元的村34个。实施新一轮茅山老区帮扶计划；全年新增就业13.31万人，扶持创业1.3万人，援助困难群体就业1.14万人，城镇登记失业率控制在4%以内。全年新增企业职工养老保险11.42万人，城镇职工医疗保险11.82万人。确定年度企业工资增长指导基准线上线10%、下线4%。

为民办实事工程。推进优质教育：义务教育阶段优质学校就读学生人数占比90%，在省四星级以上高中就读学生人数超过高中生总数的70%；2015年高考成绩继续位居全省前列，全市本二以上达线率77.46%，一本进线率24.71%。推进优质医疗：实施基层医疗机构提档升级工程，天宁街道社区卫生服务中心投入使用；8所医院与26家基层医疗机构建立医疗联合体，建设17个专科380多张共建床位；招录优秀人才、紧缺人才和学科带头人222人；完成"常州移动医疗"两期项目建设，通过平台提供预约挂号等功能。推进优质养老：城乡居家养老服务中心（站）覆盖率100%，老年助餐点覆盖44%的城市社区；培育30家社会组织和企业提供居家养老服务；全市养老床位数新增3350张，千名老人拥有床位数44.1张，护理型床位占养老机构床位总数的46%。实施安心饮用水：第一水厂完成工程招投标工作，已进场施工；魏村水厂完成项目立项审批、施工图设计、发布招标公告。实施安心食品药品：全市有65家农产品生产主体纳入农产品质量安全追溯系统，肉菜流通追溯系统覆盖近700家单位，150家药品零售连锁门店实现对特殊管理药品和基本药物的可追溯，常州市第二人民医院实现对特殊管理药品和基本药物的可追溯；建立完善蔬菜流通环节快速检测体系，监督凌家塘市场的蔬菜实行全检全测；组织开展食品安全专项整治行动，检查食品流通经营户13257户次，取缔无照经营户48户，查处"五无"食品（制售无生产厂家、无生产日期、无保质期、无食品生产许可、无食品标签的食品）违法案件23件。实施安心社会治安：建成10个中心巡逻警务站，新增10辆智能化移动卡口巡逻车，配备专职巡防辅警130人，引进警犬20条，在市行政中心等重点区域开展携犬巡逻。完成技防入户10万户，建成技防小区1065个、技防镇20个、技防村429个。提升生态绿城建设水平：开工建设生态源保护、郊野公园、城镇公园绿地、生态绿道、生态廊道等各项工程，完成建设77项。提升大气环境质量：全年空气质量优良天数258天，优良率70.7%，市区PM2.5平均浓度为59微克/立方米，比2013年降18.1%，达到省考核优秀等级。加强就业和社会保障：全市共组织提供各类高校毕业生就业岗位6.1万个，共开展城乡劳动者职业技能培训4.08万人；新农合人均筹资标准603元，住院实际补偿比56%；全市范围实现大病保险制度全覆盖；中心城区中低收入住房困难家庭公共租赁住房、经济适用住房实现应保尽保。实施交通便民、文体惠民：城市公共交通出行分担率28.9%，镇村公交覆盖率、开通率继续保持100%，2600辆公交车免费WIFI全覆盖；文化惠民受益人群超650万人次，建成全民健身示范工程项目32个，为423个自然村（居民小区）新建和更新健身路径。

关爱帮扶工程。全年共举办SYB（START YOUR BUSINESS，创办你的企业）、家政服务员、母婴护理员等妇女劳动力转移和就业培训80期，培训3866余人。发放妇女小额贷款10130万元，296名创业女性受益。建立未成年人社会救助保护工作机制，保障困境儿童权益。实施生育关怀帮扶，全市提供免费孕前优生健康检查16136人次（8068对），为适龄妇女免费筛查宫颈癌和乳腺癌17万人次；积极推进中国计生协会特殊家庭帮扶模式探索项目，建设7家“春晖家园”，10家生育关怀帮扶基地。对低保和低保边缘、因病因灾或遭遇其他意外的特殊困难群众近1000人进行救助和帮扶。对新北区、天宁区、钟楼区和常州经济开发区符合特定条件的困难家庭的白血病等5种大病病人提供医疗救助。

“放心消费”工程。江苏上上电缆集团有限公司、常州恐龙园股份有限公司等5家企业创成全省放心消费诚信品牌企业。南大街等3个街区创成全省诚信经营、放心消费示范街区。江苏天目湖旅游股份有限公司等39家单位创成省级放心消费创建先进（示范）单位。新增市级放心消费创建先进单位408家、市级放心消费创建示范街区58条。新增和改造5家菜市场，设立鲜活农产品智能直供站（点）50个。推进网络市场专项治理，针对网络交易平台、大型购物网站和团购网站等重点监管对象，加强网上监测。对于利用网络从事不正当竞争、侵犯商标专用权等违法行为加大执法力度，查处典型案件5起，处罚、责令整改网站6家。

【生态文明类】 生态文明建设工程。完成155个年度城市环境综合整治项目。建成戚墅堰污水厂三期工程，完成国电2号机组超低排放和金峰水泥7—9号线脱硝改造。建成德胜河取水泵站。对9条市河实施清淤。完成774台燃煤锅炉和27家企业10吨/小时以上锅炉整治。完成83家挥发性有机物治理和61家重点行业清洁生产审核。查处“黄标车”违法行为1.94万起。淘汰报废老旧机动车38426辆，开征扬尘排污费，实施码头堆场整治，市区道路清扫机械化作业覆盖率93%。完成10个美丽乡村示范村创建。

生态绿城建设工程。完成生态源保护与建设工程16项，溧阳燕山公园二期建成开园，宋剑湖湿地郊野公园完成核心区0.3公顷扩容任务。建成城镇公园绿地25处。建成生态绿道30条和生态廊道4条。完成119项生态细胞创建，实施集镇绿化项目169个，新增绿地402公顷，城镇绿化覆盖率38.84%。

国家森林城市创建工程。完成造林3722亩；丘陵岗地森林植被恢复、低产林改造2.07万亩；新建、完善农田林网控制面积10.2万亩，其中高标准农田林网1.32万亩。9个森林建设示范镇完成绿化造林2100亩；建设森林生态示范村37个，建成省级绿化示范村99个。绿色通道建设完成造林11205亩，水岸绿化造林1829亩。10处市级森林公园和10处市级湿地公园建设有序推进。建设并管护市级以上生态公益林42.09万亩；实施森林景观提升6.6万亩；抚育中幼龄林1.82万亩。

【党建工作类】 落实“两个责任”推进工程。出台《中共常州市委关于推动全面从严治党迈上新台阶的实施意见》，督促各级党委明确从严治党职责。深入开展理想信念宗旨和党风廉政教育，摄制警示教育片《不可逾越的红线》，召开领导干部警示教育会议，人员上延伸到村主要干部，实现全覆盖。各级基层单位组织党员干部12万人以上集中开展警示教育，撰写心得体会。制定《关于实施党风廉政建设责任追究的办法（试行）》，实施依规问责。加强党风廉政建设责任制检查考核，对16个重点地区部门进行责任制检查，提出整改意见39条，督促逐一整改落实。

党建工作创新工程。开展“三严三实”专题教育活动，推动作风建设常态长效。创新完善领导干部考核评价机制，周密谋划行政区划调整人事工作。深化“党员义工365”活动，组建2000多个党员志愿服务组织；完善“五纵五横”基层服务型党组织工作格局，出台村党组织书记“5A制”晋档升级管理指导意见。紧盯“四风”，探索监督检查新方法，全年查处违反八项规定精神18起。建立重大项目常态化服务联系机制，保障服务150个重点项目推进。开展机关作风建设“网上民调”活动，民调总体满意率达97%。

文明建设和文化惠民工程。4个村镇被评为全国文明村镇，8人获省“美德少年”称号，在全国首创宗祠道德讲堂，完善龙城志愿者注册管理系统。“三上”（规模以上工业企业、限额以上批发零售住宿餐饮企业、资质以内的建筑业企业和房地产开发企业）文化企业867家，新增新三板文化企业3家、增加值超亿元文化企业11家；市级文化产业引导资金达915万元，争取上级专项资金4210万元；创意产业基地和文科融合发展产业园分别创建成国家电子商务示范区和省文化科技产业园。武进、天宁所属分馆与市图书馆实现通借通还，新北文化馆建成国家一级馆，第二届“文化100”规模档次远超首届，居民综合阅读率89.9%。余美芳家庭入选全国“最美家庭”。新增青年创业贷款2.4973亿、小额担保贷款3800万，建立创业青年信息数据库。

“同心”实践创优工程。完成“同心”服务区域发展重点项目12个，投入资金200万元。举办“民企管理升级”系列公益培训60多场，指导民营企业和谐文化建设。拓展港澳台海外联络资源，成立美西、加拿大多伦多常州联谊会，筹备新加坡常州联谊会和香港金坛同乡会；举办第十二届海外华侨华人常州创新创业洽谈会和海峡两岸（常州）健康产业交流对接会。成立周有光语言文化学院，设立周有光基金，完成人物传记片《李公朴》和统一战线名人系列书籍《国钧传奇——刘国钧人生足迹散记》《李公朴》的拍摄编纂。天宁宝塔品质提升工作有序推进，回民村村庄整治改造基本完成。

社会治理法治化建设工程。完成“六五”普法总结验收，加强法治文化设施建设。出台行政执法与刑事司法衔接实施细则，行政机关负责人出庭应诉率98.83%。建成市行政复议和仲裁为民服务中心，实现村（居）人民调解委员会和500人以上企业调委会全覆盖。全年办理司法救助案件22件，救助资金100多万。加强社会治安防控体系建设，开展网络诈骗综合治理行动。建成常州市现代社会组织发展中心，全市登记社会组织5388家；建成青年社会组织孵化基地和服务中心各8家，构筑青年社会组织“创益圈”，开展服务2000余场次。

2015 年度市优秀工程名单

序 号	名 称	责任单位	配合单位
1	为民办实事工程	市教育局、卫计委、民政局、城乡建设局、食药监局、商务局、公安局、环保局、农委、人社局、房管局、交通局、文广新局、体育局	市各相关部门与单位，各辖市、区
2	重大项目深化工程	市发改委、经信委、商务局，各辖市、区	市科技局、工商局、环保局、规划局、城乡建设局、国土局
3	产城融合综合改革试点工程	市发改委，各辖市、区	产城融合综合改革试点领导小组成员单位
4	生态绿城建设工程	各辖市、区，市环保局、城乡建设局、园林局、农委、绿委办	市规划局、水利局、交通局
5	轨道交通建设工程	市轨道公司	武进区、新北区、天宁区、钟楼区，市各有关部门
6	文明建设和文化惠民工程	市委宣传部，市文明办、科技局、文广新局，团市委、妇联	各辖市、区，市财政局、金融办、统计局等各有关部门
7	苏南国家自主创新示范区建设工程	市科技局、科教城，各辖市、区	市发改委、经信委、财政局、人社局、商务局、统计局、国土局、国税局、地税局
8	党建工作创新工程	市委组织部、市级机关工委	市级机关作风办各成员单位
9	落实“两个责任”推进工程	市纪委、市委办	
10	基层社会治理工程	市民政局	各辖市、区，市财政局等各有关单位

2015 年度市优秀项目名单

序 号	名 称	责任单位
1	众泰整车	金坛区
2	天合光能技术升级和自动化改造	新北区
3	上上年产10万公里特种和超高压电缆	溧阳市
4	常溧高速公路	市交通局
5	四药厂研发中心（二期）	天宁区
6	戚电9F燃机（二期）	武进区
7	国家级两化深度融合试验区（瑞声科技、英诺激光大厦和纳恩博平衡车）	市科教城管委会
8	东风农机现代农业装备扩能（一期）	钟楼区
9	亿晶光电渔光一体光伏电站	金坛区
10	光大生活垃圾焚烧发电（一期）	新北区

（邹 奕）

2015年为民办实事

【优质教育】 工作标准。提升学校办学水平，按照现代化学校标准，全市实施中小学布局调整和校安工程项目42个，新建、续建、改扩建幼儿园12所；殷村职教园区基本建成。扩大优质教育资源辐射面，确保90%以上学生在省级优质中小学就读，70%以上学生在省四星级高中、50%以上学生在全国示范和省高水平现代化职业学校就读，80%以上学生在省级优质幼儿园就读。高位提升教育质量，全市高考成绩和职业技能大赛成绩继续保持全省前列。牵头单位：市教育局。配合单位：市发改委、财政局、建设局。

完成情况。常州市全年实施中小学布局调整和校安工程项目42个，其中交付使用12个、在建28个、启动2个；新建、改扩建幼儿园项目12个，其中交付使用4个、在建6个、启动2个；殷村职教园区基本建成。全市就读省优质幼儿园人数占全市入园幼儿总数的比例超过82%；义务教育阶段优质学校就读学生人数占比90%；高水平现代化职业学校在校生人数占全市初中后职业教育在校生人数的比例超58%。全市学生高考本二以上达线率77.46%，一本进线率24.71%，进线率和录取率均位居全省前列；职业学校对口单招达线率连续16年位居全省第一；学生获职业院校技能大赛一等奖51个，获奖数量、层次均居全省前列。

【优质医疗】 工作标准。构建现代医疗服务体系。实施基层医疗机构提档升级工程，推进钟楼区西林、北港和天宁区兰陵、天宁4个街道社区卫生服务中心的基础设施建设。通过医疗联合体建设，提高基层服务能力，完成医联体共建专科床位300张。采用柔性流动、智力引进、业余兼职等方式引进聘用一批高层次卫生人才，提升为群众解决疑难急危重症和医疗新技术能力。牵头单位：市卫计委。配合单位：各辖市区，市发改委、财政局、人社局。

完成情况。实施基层医疗机构提档升级工程。天宁区天宁街道社区卫生服务中心投入使用，钟楼区西林街道社区卫生服务中心完成主体建设，北港街道社区卫生服务中心开工建设，兰陵街道社区卫生服务中心完成选址及建筑设计。深化医疗联合体建设，8所医院与26家基层医疗机构建立医疗联合体，建设21个专科380张共建床位，选派17名市级医院业务骨干到基层社区挂职帮扶。招录优秀人才、紧缺人才和学科带头人222人，选拔市卫生重点人才100名，成功申报“双创”人才1名、“双创”博士1名，形成省级人才、市领军人才、拔尖人才、后备人才四级人才建设体系，提升为群众解决疑难危重症能力。

工作标准。构建现代公共卫生服务体系。完成妇女乳腺癌、宫颈癌筛查15万人次、儿童口腔筛查4万人次、窝沟封闭2.85万人次、脑卒中筛查0.6万人次。建设常州市第三人民医院公共卫生临床中心，新建450张床位的病房大楼，改善艾滋病、乙肝等传染病患者住院医疗条件。为市民提供健康讲座、健康义诊、健康在线咨询等365场次以上。牵头单位：市卫计委。配合单位：各辖市区，市财政局、妇联。

完成情况。实施提升现代公共卫生服务体系工程。完成妇女乳腺癌、宫颈癌筛查15万人次、儿童口腔筛查4万人次，实施窝沟封闭3万人次、脑卒中筛查0.6万人次。常州市第三人民医院公共卫生临床中心项目开工建设。为市民提供健康讲座、健康义诊、健康在线咨询等575场次。

工作标准。实施智慧健康服务工程。打造常州卫生移动医疗系统，提供手机预约等服务。建设区域影像系统，完成市第七人民医院与常州经济开发区3所社区卫生服务中心的联网运行，让基层百姓在社区卫生服务中心就可享受大医院的优质影像诊断服务。推进建设“健康常州”网站，提供在线健康信息服务。牵头单位：市卫计委。配合单位：各辖市区，市发改委、经信委、财政局。

完成情况。实施智慧健康服务工程。打造常州卫生移动医疗系统，提供医院导航、预约挂号、健康自诊、体检查询等服务。建设区域影像系统，完成市第七人民医院与常州经济开发区3所社区卫生服务中心的联网运行，让基层百姓在社区卫生服务中心就可享受大医院的优质影像诊断服务。建设并推进“健康常州”网站，提供在线健康信息查询服务。

【优质养老】 工作标准。加强居家养老服务网络建设，城乡居家养老服务中心（站）覆盖率达100%，其中标准化社区居家养老服务中心（站）100家；鼓励和发展连锁老年助餐企业，老年助餐点覆盖40%的城市社区。推进“智慧养老”，提升12349平台养老服务功能，培育30家社会组织和企业提供居家养老服务。新增养老床位不少于1500张，每千名老人拥有养老床位数超过40张。鼓励医养融合，优化养老床位结构，全市护理型床位占养老机构床位总数的比重达40%以上。牵头单位：市民政局。配合单位：各辖市区，市财政局。

完成情况。常州市城乡居家养老服务中心（站）覆盖率100%，其中标准化社区居家养老服务中心（站）393家，完成全年目标的393%；鼓励和发展连锁老年助餐企业，老年助餐点覆盖44%的城市社区，完成全年目标任务的110%。虚拟养老12349平台委托常州市“楼口”电子商务有限公司社会化运行，探索“互联网+养老服务”新模式。已培育30家社会组织和企业提供居家养老服务。全市养老床位数新增3350张，千名老人拥有床位数44.1张；护理型床位占养老机构床位总数46%。

【安心饮用水】 工作标准。实施自来水厂深度处理工程，进一步提高自来水出厂水色度、嗅味等感官性指标，提高应对长江突发微污染水质事件的能力，从而增强全市供水安全可靠性。牵头单位：市建设局。配合单位：市财政局。

完成情况。第一水厂完成工程招投标工作，已进场施工；魏村水厂完成项目立项审批、施工图设计、发布招标公告。

【安心食品药品】 工作标准。建立完善食品药品追溯体系。对农产品质量安全追溯系统与肉菜流通追溯系统进行整合，实现资源信息共享和蔬菜、肉类信息可追溯。在150家药品零售连锁企业的门店实现特殊管理药品和基本药物的可追溯。逐步实现医疗机构药品的可追溯。牵头单位：市食药监局、商务局。配合单位：各辖市区，市财政局、农委、卫计委。

完成情况。建立完善食品药品追溯体系。常州市已有65家有一定规模的农产品生产主体纳入农产品质量安全追溯系统，肉菜流通追溯系统覆盖近700家单位，在3家屠宰企业和2家种植基地完成农产品质量安全追溯系统和肉菜流通追溯系统的对接，实现信息共享。150家药品零售连锁门店和市第二人民医院实现对特殊管理药品和基本药物的可追溯，其他8家三级医疗机构向中国药品电子监管网申请入网。

工作标准。建立完善食品药品监测体系。按时序完成省下达的食品检测任务（不低于4批次/千人）；上半年建立完善蔬菜流通环节快速检测体系，对凌家塘市场的蔬菜实行全检全测，对进入城区标准化菜市场的蔬菜进行快速检测，年内实现抽检全覆盖；开展药品不良反应监测（不低于800例/百万人口）。实施鲜活农产品直供社区示范工程，在全市居民集聚区、商务区设立鲜活农产品智能直供站（点）50个。推进农产品冷链工程建设，在凌家塘冷链物流中心一期1.2万吨项目已经建成并运行的基础上，新建1.5万吨冷库二期项目，为大宗耐储蔬菜品种的储备提供条件。牵头单位：市食药监局、商务局。配合单位：各辖市区，市农委、财政局。

完成情况。建立完善食品药品监测体系。按照4批次/千人的目标，完成食品检测19048批次。建立完善蔬菜流通环节快速检测体系，监督凌家塘市场的蔬菜实行全检全测，监督进入城区35家标准化菜市场的自产自销蔬菜进行快速检测。药品不良反应每百万人口报告数912例。建成鲜活农产品智能直供（点）50个。凌家塘冷链物流中心二期1.5万吨冷库二期建成投运。

工作标准。建立完善食品药品诚信体系。开展食品生产、经营、餐饮服务企业示范创建活动，建成食品生产示范企业20家、食品经营示范企业50家、放心餐饮企业300家。开展药品生产、经营企业质量安全诚信评定工作，不发生源头性重大药品质量安全事故。开展春秋季校园食品安全护航行动、大中型企业食堂和餐饮企业厨房达标专项整治。开展农村“五无”食品专项整治行动。进一步规范农村“自办宴席”厨师从业行为。牵头单位：市食药监局。配合单位：各辖市区，市经信委、教育局、公安局、卫计委、工商局。

完成情况。建立完善食品药品诚信体系。评选出食品生产示范企业20家、食品经营示范企业50家、“放心餐饮”示范单位300余家。按标准按程序对药品生产经营企业开展信用等级评定。开展春、秋季学校食堂食品安全专项检查。组织开展专项整治行动，共检查食品流通经营户13257户次，受理和处理消费者投诉和举报385件，取缔无照经营户48户，查处“五无”食品违法案件23件，案值7.21万元。

【安心社会治安】 工作标准。实施巡逻防控建设工程。在治安复杂区域建设10个中心巡逻警务站；布建10辆智能化移动卡口巡逻车，配足专职巡防民警和辅警；组建犬巡大队，携犬巡逻。新建视频探头和智能高清卡口600个（套），提升改造主城区500个模拟视频探头。实施技防村镇建设工程。完成技防入户10万户，全市技防乡镇、技防小区和技防村建设达标率达到60%。实施犬只留检所建设工程，年内建成犬只留检所。牵头单位：市公安局。配合单位：各辖市区，市财政局。

完成情况。建成10个中心巡逻警务站，新增10辆智能化移动卡口巡逻车，配备专职巡防辅警130人，引进警犬20条，在市行政中心等重点区域开展携犬巡逻。提升改造主城区500个模拟视频探头、新建视频探头和智能高清卡口600个（套）两项跨年度项目，已完成立项审批，进入招投标环节。完成技防入户10万户，建成技防小区1065个、技防镇20个、技防村429个。建成犬只留检所和17个“一站式”服务窗口，并配套出台《加强犬只规范化管理工作意见》和《关于加强犬只规范化管理工作的通告》。

【生态绿城建设】 工作标准。实施新孟河清水通道维护区生态保护与整治提升等生态源保护建设工程17项。实施宋剑湖湿地郊野公园、城北郊野公园等3项郊野公园建设工程，增绿200公顷。实施横塘河湿地公园、皇粮浜湿地公园等13项城镇公园绿地建设工程，增绿2300公顷。实施澡港河生态绿道等35项生态绿道建设工程350公里，增绿970公顷。实施新沟河延伸拓浚工程等5项生态廊道建设工程134公里，增绿1340公顷。开展生态系列创建项目119项，其中启动20个国家级生态文明示范镇、5个国家级生态文明示范村建设，创建20个省级生态村、10个绿色机关、20个绿色学校、5个生态文明示范学校、9个森林生态示范镇、30个森林生态示范村。牵头单位：市环保局、农委。配合单位：各辖市区，市园林局、规划局、建设局、水利局、交通局。

完成情况。新增绿地1518.66公顷。开工建设生态源保护与建设工程20项，完成建设16项。开工建设郊野公园4项，完成建设2项。开工建设城镇公园绿地建设工程31项，前期准备4项，完成建设25项。生态绿道建设工程42项，前期准备5项，开工建设37项，其中完成建设30项。生态廊道建设工程7项，前期准备1项，开工建设6项，其中完成建设4项。完成生态系列创建项目。

【大气环境质量】 工作标准。全市大气环境质量进一步改善，确保PM2.5平均浓度较2013年下降7%。牵头单位：市环保局。配合单位：各辖市区，市各相关部门。

完成情况。2015年市区PM2.5平均浓度为59微克/立方米，比2013年下降18.1%，全市空气质量优良天数258天，优良率70.7%。

【就业和社会保障】 工作标准。全市组织提供应届高校毕业生就业岗位5万个。全市开展城乡劳动者职业技能培训3万人。完善医疗保障体系。新农合人均筹资标准达580元，住院实际补偿比提高1个百分点，达56%；建立疾病应急救助制度，设立疾病应急救助基金，对发生急重危伤病、需要急救但身份不明确或无力支付的患者实施应急救助。全市范围实现大病保险制度全覆盖。建储并举加快筹集保障房，新开工各类保障房15740套（户）、基本建成6350套（户）；续建金安家园和青韵雅苑公共租赁住房建设项目；继续抓好保障房社会化收储工作，确保中心城区中低收入住房困难家庭公共租赁住房、经济适用住房应保尽保。落实城乡低保标准自然增长机制，统一发布全市（含金坛、溧阳和武进）城乡最低生活保障标准。建立临时救助专项资金，市、区两级财政各按照户籍人口5元/人的标准，分别建立临时救助专项资金，更好发挥社会救助托底线、救急难的作用。牵头单位：市人社局、卫计委、房管局、民政局。配合单位：各辖市区，市财政局。

完成情况。常州市共组织提供各类高校毕业生就业岗位6.2万个，开展城乡劳动者职业技能培训4.08万人。新农合人均筹资标准603元，住院实际补偿比为56%；正式启动疾病应急救助制度，设立疾病应急救助基金，财政投入专项资金200万元，制定《常州市疾病应急救助基金使用暂行办法》。实现全市范围大病保险制度全覆盖。全市新开工各类保障性住房19065套；基本建成各类保障性住房15847套，完成目标任务的249.6%。金安家园基本具备交付条件；青韵雅苑主体完成，装饰工程完成90%。中心城区中低收入住房困难家庭公共租赁住房、经济适用住房实现应保尽保。出台《关于公布全市城乡低保标准的通知》，落实城乡低保标准自然增长机制。出台《关于全面建立临时救助制度的意见》。

【交通便民和文体惠民】 工作标准。对晋陵路、关河路、局前街、北大街、西横街、小河沿等12条道路设置人行隔离护栏，规范道路交通秩序。对新北区汉江路、河海路、辽河路、太湖路、泰山路、华山路6条道路实施交通信号“绿波”工程，根据轨道交通建设施工实际，进一步调整优化市区16条主干道交通信号“绿波”控制，减少路口交通延误，提升道路通行效率。城市公共交通出行率达28%；镇村公交覆盖率、开通率继续保持100%；市区新辟城市公交线路3条，优化调整10条，延长服务时间6条；更新和新增清洁能源、新能源环保公交车200辆；开通2—3条新能源公交线；开发公交微信平台系统，实现公交车载免费WIFI系统全覆盖；建成金坛薛埠客运站和60个城乡客运一体化候车亭。牵头单位：市公安局、交通局。配合单位：各辖市区，市财政局。

完成情况。晋陵路、关河路、局前街、北大街、西横街、小河沿等12条道路设置人行隔离护栏。新北区汉江路、河海路、辽河路、太湖路、泰山路、华山路6条道路实施交通信号“绿波”工程，调整优化市区16条主干道交通信号“绿波”控制。城市公共交通出行分担率28.9%，镇村公交覆盖率、开通率继续保持100%；新辟公交线路13条，优化调整38条，延长服务时间8条；完成257辆清洁能源、新能源环保公交车辆的更新，B12、B23路等4条公交线路启用新能源；常州公交微信平台正式启用，2600辆公交车实现车载免费WIFI全覆盖。金坛薛埠客运站建成，全市78个候车亭建设全部竣工。

工作标准。建设公共图书馆总分馆制，建成天宁区图书馆，搭建市、区、镇街道图书馆联网平台，首期与22个乡镇实现通借通还。打造“文化100”等具有常州特色的公共文化服务品牌，全年惠民演出超1万场，“文化三送”全年送戏1000场、送电影1万场、送书4万册，总受益人群达650万人次。建设1个区级全民健身中心、4个以室内综合馆为主体的镇街道全民健身活动中心；建设15个以室外灯光篮球场为主体的全民健身示范工程；新建和更新350个自然村（居民小区）健身路径；设立100个科学健身指导示范点；免费开展国民体质测试2万人次。牵头单位：市文广新局、体育局。配合单位：各辖市区，市财政局。

完成情况。大力推进公共图书馆总分馆制建设，武进、天宁区及所属20个镇街道分馆完成与市总馆联网，实现通借通还“一卡通”服务，天宁区图书馆建成。开展为期两个月的第二届“文化100”大型惠民行动，推出敦煌艺术大展及8位艺术大师作品展等10大系列256项高品质免费文化活动，参与市民再超百万。全年送戏1000余场，送电影超1.2万场，送书5.3万册，全市各类公益性惠民演出超1万场。钟楼区全民健身中心开工建设；建成溧阳市上黄镇、埭头镇，武进区湟里镇，天宁区雕庄街道4个全民健身活动中心；建成32个全民健身示范工程；为423个自然村（居民小区）新建和更新健身路径；在全市设立100个科学健身指导示范点；通过政府购买服务方式，开展5大类31个活动和服务项目；国民体质监测超过3万人次。（周锁根）

2016

大事记

Memorabilia

◆责任编辑　汪旭东

1月

6日　6集人物传记电视片《李公朴》在常州恒生科技园开机。

9日　常州市数字化城市管理项目获2014年中国人居环境范例奖。

△　溧阳天目湖森林公园被国家林业局认定为国家级森林公园。

10日　常州市首届移动互联网大会在常州创意产业基地举行，近500名互联网创业者、移动应用开发商和北京、上海等地互联网领域的专家参会。

12—15日　市政协第十三届委员会第四次会议在市行政中心龙城大厅召开，市委书记阎立讲话，市政协主席邹宏国作常委会工作报告，会议增补选举何玉清为市政协十三届委员会副主席。

13—16日　常州市第十五届人民代表大会第四次会议在市行政中心龙城大厅召开，市委书记阎立主持会议，市长费高云作政府工作报告，会议选举张东海、盛建良为常州市第十五届人民代表大会常务委员会副主任。

13日　江苏上上电缆集团有限公司获2014年江苏省质量奖，成为全市首家获此殊荣的企业。常柴股份有限公司和黑牡丹（集团）股份有限公司获江苏省质量管理优秀奖。

22日　常州市入选农业部第三批国家现代农业示范区。

28日　在国家工业和信息化部举行的中国印刷电子产业发展交流会上，工信部信息中心和常州印刷电子产业研究院共同建设的中国印刷电子行业公共服务平台项目签约。

29日　江苏中天钢铁女子排球队击败浙江嘉善农商银行女子排球队，获2014—2015赛季全国女子排球联赛季军。

2月

1日　常州机场开通常州至台北航线。

6日　江苏城乡建设职业学院在常州建设高等职业技术学校和常州市职工大学基础上建立，同时撤销常州建设高等职业技术学校和常州市职工大学建制。

10日　常州市工商管理体制由垂直管理调整为地方管理。

12日　常州市、金坛市入选国家住房和城乡建设部、发展和改革委员会第七批国家节水型城市。

△　金坛茅山乾元观、常州天宁禅寺、常州清真寺入选全省首批18个五星级宗教活动场所。

16日　常州机场开通常州至老挝首都万象的国际航线，成为华东地区首条直飞老挝的航线。

25日　国务院批复同意常州出口加工区、武进出口加工区为综合保税区。

△　常州市委、市政府召开“重大项目深化年”动员大会。

28日　溧阳市埭头镇、武进区郑陆镇牟家村、新北区罗溪镇温寺村3个村镇获“全国文明村镇”称号，南车戚研所公司、龙城旅游控股集团有限公司、江苏双桂坊餐饮管理有限公司、常州国税局、常州移动公司、南车戚机公司6家单位获“全国文明单位”称号。

3月

2—6日　2015常州—上海经贸合作活动周在上海举行。

3日　全省“文明江苏”志愿服务行动启动仪式在常州举行。

20日　常州腾龙汽车零部件股份有限公司A股在上海证券交易所成功上市，股票简称“腾龙股份”，股票代码603158。

24日　常州强力电子新材料股份有限公司A股成功发行，在深交所创业板成功挂牌交易，股票简称“强力新材”，股票代码300429。

26日　省委书记罗志军到常州调研转型升级情况。

△　市长费高云率领常州经贸代表团赴台湾开展经贸洽谈活动。

27日　全国妇女联合会中澳合作家庭暴力危机干预中心试点项目在常州市启动，常州市家庭暴力危机干预中心成立。

30日　常州市被列入中欧低碳生态城市合作项目专项试点城市，是江苏唯一入选城市。

31日　在全省城乡环境整治工作推进会上，常州市被省政府首批授予“江苏省优秀管理城市（一星级）”称号。

4月

2日 同济立交桥在大运河上运行21年后拆除。

5日 常州市创意产业基地管理委员会与韩国江原情报文化振兴院在韩国签订合作备忘录，共建中韩文化创意跨境合作平台。

8日 中兴能源云计算华东基地项目在钟楼区举行签约仪式。

11日 在中国电器工业协会四届六次理事会上，江苏上上电缆集团有限公司董事长、总经理丁山华获“中国电器工业年度人物”称号。

14—19日 2015年波力杯中国羽毛球大师赛在常州奥体中心举行，中国、美国、加拿大等19个国家和地区的156名运动员参赛。

17日 常州市“三证（工商营业执照、税务登记证和组织机构代码证）合一”登记制度施行。

18日 北汽新能源常州高端产业基地项目落户武进国家高新区，总投资100亿元。

21日 全国首家专利电商平台——佰腾·专利巴巴在常州科教城运行。

21—30日 市委书记阎立率领常州市代表团前往美洲开展经贸交流洽谈活动。

27日 常州与巴西巴拉那州首府库里蒂巴签订建立友好城市关系协议。

29日 在北京钓鱼台国宾馆举办的“势在·必行——2015‘互联网+中国’峰会”上，常州市与深圳市腾讯计算机系统有限公司签订“互联网+”战略合作框架协议。

△ 在中国社会科学院财经战略研究院发布的《中国县域经济发展报告（2015）》中，金坛、溧阳分列全国县域经济最具创新力第15位和第20位。

5月

11日 经国务院和江苏省人民政府批准，常州调整部分行政区划，撤销武进区和戚墅堰区，设立新的武进区，并在新的武进区东部设立常州经济开发区；撤销金坛市，设立金坛区；原武进区的奔牛、郑陆、邹区3镇，分别划归新北、天宁、钟楼3区。5月31日，金坛区、新的武进区成立；6月1日，奔牛、郑陆、邹区3镇分别正式归入新北、天宁、钟楼区；6月4日，常州经济开发区成立。7月1日起，按新的区划和机制运作。

15日 中共中央政治局委员、国务院副总理马凯到常州调研新能源汽车产业发展。

16日 由常州科教城管委会、武进国家高新区管委会、常州长江龙城科技有限公司三方发起，面向中小企业提供融资服务的科技金融平台——易融通正式上线。

18日 第10届中国常州先进制造技术成果展洽会在常州科教城开幕。

△ 中国科学院遗传资源研发中心（南方）项目在常州生命健康产业园开工奠基。

19日 德国设计大师路易吉·克拉尼在常州科教城的江南克拉尼设计院推出全球最快的跑车，设计速度600公里/小时。

21日 省委书记罗志军到常州调研产业发展。

26日 由常州市创作的原创现代锡剧《夕照青果巷》在常州现代传媒中心金色大厅首演。

30日 2015年全国啦啦操锦标赛在溧阳体育馆开幕，国内30个城市的53支代表队1566名运动员参赛。

6月

1日 经李克强总理签批，国务院印发《关于同意将江苏省常州市列为国家历史文化名城的批复》，同意将常州市列为国家历史文化名城。

△ 武进延政西路和金坛钱资湖大道工程全线贯通，全长12.6公里。

3日 常州创意产业基地入选第二批国家电子商务示范基地名单，该基地企业常州买东西网络科技有限公司入选2015—2016年度电子商务示范企业。

8—9日 由全国政协副主席何厚铧率领的澳门特别行政区全国政协委员考察团围绕长江经济带建设及国家科技创新实验区、现代化实验区建设到常州进行专题考察。

9日 由市长费高云率领的常州经贸代表团赴北美开展经贸洽谈活动。

10日 中国机械工业联合会、中国汽车工业协会发布中国机械工业百强企业、汽车工业三十强企业，江苏上上电缆集团有限公司名列35位，江苏华朋集团有限公司名列72位。

△ 金坛区西城街道文化社区入选全国科普示范社区名单。

14日 10集大型文献纪录片《青果巷记忆》在中央电视台10套播出。

26日 红星美凯龙家具集团股份有限公司在港交所挂牌上市，发行价为13.28港元，发行量为5.4359亿

常州市和德国埃森市签署建立友好城市关系协议书 （唐新卫 韩晖 摄）

股，股票简称“红星美凯龙”，股票代码01528.HK。

29日 省长李学勇到常州察看防汛抗灾工作。

△ 布鲁塞尔时间6月29日，在比利时首都布鲁塞尔召开的2015年中欧城镇化伙伴关系论坛上，常州与德国埃森市签署全面深化互利合作协议。

下旬 常州遭受严重暴雨，引发洪涝灾害，全市直接经济损失40.78亿元，受灾人口16.41万人。

7月

1日 2015江苏国际生物医药大会常州洽谈会在常州举行，美国、加拿大、西班牙等国家和地区约70名华侨华人生物医药高层次人才与常州市生物医药园区、企业洽谈合作。

3日 238省道常州段改扩建工程通过交工验收并通车，路线全长3441米。

8日 常州市文化广场正式开工建设，总建筑面积49万平方米。

15—18日 首届中国家庭花卉园艺展览会暨第十五届中国花卉零售业交流会、2015中国花木产业金融创新论坛在常州夏溪花木市场举行。

16日 常州市第十五届人民代表大会第五次会议在行政中心龙城大厅召开，会议决定依法设立常州市第十五届人民代表大会财政经济委员会、法制委员会。

17日 中共常州市委十一届九次全体（扩大）会议召开。

21—29日 市委书记阎立率领常州经贸代表团赴台湾、香港开展经贸交流活动。

31日 江苏省十二届人大常委会第十七次会议决定，常州可以行使地方立法权。

8月

3—4日 第三届中国东盟青少年文化交流节在太湖湾旅游度假区举行，中国和东盟国家约170名青少年代表参加。

11日 3集文献片《永远的恽代英》新片发布会在北京人民大会堂举行。

常溧高速公路江苏中关村互通（交通局 供稿）

12日 恽代英同志诞辰120周年纪念座谈会在常州举办，坐落在常州市天宁区晋陵中路500号的恽代英纪念馆开馆。

18日 江苏省政府与中国航空工业集团公司在南京签订《关于共同推进高端制造业发展战略合作框架协议》，在金坛共建锂离子动力电池项目。

20日 作为第三批公立医院改革国家联系试点城市，常州全面开展深化医改试点工作。10月31日，全市公立医院全面启动药价综合改革。

24日 国务院公布第二批100处国家级抗战纪念设施、遗址名录，新四军江南指挥部纪念馆位列其中。

25日 全国工商联在北京揭晓2015中国民营企业500强名录，13家常州企业入围，其中中天钢铁集团有限公司位列全国第15名。

28日 易熙孟、诺伯特·汉斯、哈盖伊·瑞韦德、荒木伸弥、威廉·纽曼、斯蒂芬·威斯汀、吕健、克里斯托弗·劳夫特、迪特马尔·堆登、柯友10位外籍人士获“常州市荣誉市民”称号。

29日 常州市在江苏省常州高级中学举行教育家史绍熙百年诞辰纪念座谈会。

9月

4日 常州纪念中国人民抗日战争暨世界反法西斯战争胜利70周年活动在溧阳新四军江南指挥部纪念馆广场举行。

6日 常州市首届市民摄影节在运河五号创意街区开幕。

9日 《齐梁文化研究丛书》在常州首发。

19—20日 2015中国旅游+互联网大会在常州召开，大会形成《促进“旅游+互联网”融合发展常州共识》。

22日 2015中国常州科技经贸洽谈会开幕，海内外知名企业和机构600余名嘉宾参会。

24日 2015江苏国际医疗器械科技博览会在西太湖国际博览中心开幕。

25日 2015海峡两岸（常州）健康产业交流对接会在西太湖国际博览中心举行。

△ 溧阳市入选全国森林旅游示范县（市）。

26日 常州汽车客运北站正式投用，位于京沪高铁常州站南广场西侧，标志着京沪高铁常州北站综合客运枢纽全面建成。

△ 常溧高速公路全线通车。

27日 常州开通常州—名古屋航线，是省内首条直飞日本的国际低成本航线。

28日 湖南江南汽车制造有限公司金坛分公司汽车项目竣工投产，常州历史上第一辆轿车整车下线。

29日—10月5日 第十二届中国常州国际动漫艺术周在常州国际会展中心举行，近40个国家和地区的代表团、友好城市代表、业界专家以及600多家动漫文化企业代表参展。

10月

9日 常州天目湖旅游度假区入选首批国家级旅游度假区名单。

12—19日 市委书记阎立率领常州经贸代表团，赴新加坡、马来西亚开展经贸洽谈和交流活动。

13日 常州长江龙城科技有限公司和常州三晶世界科技产业发展有限公司被评为A类国家级孵化器。

18日 由常州恐龙园股份有限公司全案参与开发和运营的甘肃省文旅项目丝绸之路西部国际文商旅综合生态产业区一期核心项目“西部恐龙园”在兰州新区奠基开工。

19日 常州市政府与中科招商投资管理集团股份有限公司签订全面战略合作协议和新兴产业投资基金合伙人框架协议。

22日 由常州嬉戏谷有限公司创办的国内首座主题公园大学——嬉戏谷大学暨主题公园研究所成立。

△ 由常州大学、泰国国家发展管理学院联合主办的首届中泰学术研讨会在常州大学举行，泰国国家发展管理学院、泰国大城皇家大学、泰国清莱皇家大学、泰国清迈蒙福学校和北京大学、云南大学、常州大学的近40位专家学者参加会议。

22—23日 第三届国际传感器技术与应用高峰论坛在常州举办，德国、美国、日本等国以及国内传感器领域的专家、学者及企业代表参会。

23日 常州东风汽车产业基地首款运动型多用途汽车——东风风度MX6型汽车量产下线。

25日 中国近代中医教育先驱、孟河医派著名传人丁甘仁诞辰150周年纪念活动在常州市孟河镇举行，美国和中国香港等地的丁甘仁先生后裔、孟河医派后学以及全国10多个省的中医流派代表等200余人参会。

11月

1日 在中国（国际）休闲发展论坛颁奖盛典上，金坛长荡湖旅游度假区被评为2015年中国年度休闲养生度假胜地。

3日 在2015两岸企业家紫金山峰会上，常州市运河五号创意街区被授予“两岸文创产业合作实验示范基地”称号，成为全市第一个国家级两岸文创产业合作平台。

11日 2015中国常州（香港）产城融合发展对接会在香港举行，中央政府驻港机构和香港金融界、工商界、新闻界200多位嘉宾参加。

14日 省委第五巡视组分别对金坛、新北、天宁、钟楼区开展为期一个半月的巡视工作。

15日 2015中国常州（澳门）旅游推介会在澳门举行，常州旅游（东南亚）推广中心在澳门揭牌成立。

23日 2015年度中国中小城市综合实力百强县（区、镇）名单公布，常州市武进区连续第三年获中国市辖区综合实力百强第三位。

24日 常州市与百度股份公司签署战略合作协议，双方在钟楼经济开发区共同建设百度大数据产业园，并在无人车项目和智慧城市项目上展开合作。

26日 环太湖发展研究中心2015年年会暨第7届长三角地区社会现代化高层论坛在常州举行。

△ 中国文化发展指数在武汉发布，常州名列中国文化城市100强第22位，常州中华恐龙园有限公司名列中国文化产业园区100强第29位。

12月

1日 常州市不动产登记交易中心成立。

3日 顺泰融资租赁股份有限公司登陆全国中小企业股份转让系统，成为省内首家挂牌的融资租赁公司，证券简称“顺泰租赁”，证券代码833771。

4日 新城控股集团股份有限公司A股在上海证券交易所挂牌上市，成为国内资本市场首家B股转A股的民营地产企业。

7日 福布斯中文版发布2015年中国大陆最佳商业城市排行榜，常州居第12位，其中私营经济活力指数居全国第1。

11日 经过江苏省旅游资源规划开发质量评定委员会批准，溧阳新四军江南指挥部纪念馆成为国家4A级旅游景区。

10日 常州市第一部政府规章《常州市人民政府规章制定程序规定》出台。

15日 中共常州市委十一届十次全体（扩大）会议召开，市委书记阎立代表市委常委会作工作报告。

16日 省委副书记、代省长石泰峰到常州调研考察。

22日 市政府与省气象局签署合作备忘录，共同推进常州气象现代化建设。

23日 丹金溧漕河溧阳段航道整治工程交工验收，成为常州市境内通航的第3条千吨级航道。

△ 江苏东方环球航空摄影有限公司在溧阳无人机产业园成立，成为省内首家省级航空摄影公司。

24日 常州市创新创业与改革发展智库成立。

28日 2015“质量之光”年度质量盛典在北京人民大会堂举行，常州市获“2015质量之光·质量魅力城市”称号。

△ 常州市拍摄的电视连续剧《青果巷》入围第30届电视剧飞天奖48部优秀电视剧奖作品名单。

（汪旭东）

2016

常州概况

A Survey of Changzhou

◆责任编辑　汪旭东

基本情况

【地理交通】 常州位于北纬31° 09′至32° 04′、东经119° 08′至120° 12′，地处江苏省南部、长江三角洲腹地，东与无锡相邻，西与南京、镇江接壤，南与无锡、安徽宣城交界，与上海、南京两大都市等距相望，区位条件优越。

常州地貌类型属高沙平原，山丘、平圩兼有。境内地势西南略高、东北略低，平原水网地区高差2米左右。西南部为天目山余脉，西部为茅山山脉，北部为宁镇山脉尾部；中部和东部为宽广的平原、圩区。东濒太湖，北襟长江，京杭大运河穿境而过，西太湖、长荡湖镶嵌其间，形成河道纵横、湖泊相连、江河相通的江南水乡特色。

常州水陆空交通条件十分便捷。京沪高铁、沪宁城铁、沪宁高速、宁杭高速、沿江高速、312国道、京杭运河、国家一线口岸长江常州港等基础设施环布城区四周；绕城高速、百里高架连接城区各板块。民航国际机场成为全省第三个国际机场，相继开通韩国、老挝、泰国、日本国际航线航班，有通达北京、香港、台北、广州、深圳、成都、大连等20多个城市的航线。

（常　宣　常　志）

【人　口】 2015年，全市人口保持稳定增长。年末，全市户籍人口370.85万人，比上年末增加2.2万人，增长0.6%。全市人口出生率9.61‰，人口死亡率6.95‰，人口自然增长率2.66‰。年末，全市常住人口470.14万人，比上年末增加0.5万人，继续保持0.1%的低速增长态势。其中居住在城镇的人口为329.1万人，居住在农村的人口为141.04万人；城镇化率（城镇人口占常住人口比重）70%，比上年提高1.3个百分点。

人口老龄化程度继续加重。至年末，全市常住人口中，0—14岁少儿人口52.9万人，占11.26%，比上年提高0.06个百分点；15—64岁劳动年龄人口362.5万人，占77.10%，比上年下降0.55个百分点；65岁及以上老年人口54.7万人，占比11.64%，比上年提高0.5个百分点。老年人口抚养比（每百名劳动年龄人口负担的65岁以上老年人口数）15.1%，比上年提高0.7个百分点。全市少儿人口比重仍呈上升趋势，2015年少儿抚养比为14.6%，比上年提高0.2个百分点。　（常　统）

【行政区划】 2015年5月11日，经国务院批准，省政府下发《关于调整常州市部分行政区划的通知》，撤销常州市武进区和戚墅堰区，设立新的武进区，以原武进区和戚墅堰区行政区域为新设立的武进区的行政区域，同时将原武进区的奔牛镇、郑陆镇、邹区镇分别划归常州市新北区、天宁区、钟楼区管辖；撤销金坛市，设立金坛区。5月28日，中共常州市委、市政府根据《省政府办公厅关于同意江苏常州戚墅堰经济开发区更名为江苏常州经济开发区的函》和省编委《关于设立江苏常州经济开发区管理机构有关事项的批复》，下发《关于常州市部分行政区划调整的实施意见》，设立江苏常州经济开发区，委托武进区管理。常州经济开发区范围包括原戚墅堰区的戚墅堰、丁堰、潞城3个街道和原武进区的横山桥、横林、遥观3个镇。年末，常州市辖武进、新北、天宁、钟楼、金坛5区，代管溧阳市1个县级市，共有36个镇、25个街道。市人民政府驻新北区龙城大道1280号。

【土地、矿产资源】 2015年末，全市土地总面积43.85万公顷，其中陆地面积36.18万公顷、水域面积7.33万公顷、耕地面积14.82万公顷。

全市矿产资源有限，矿种少，总量偏少，且以非金属矿为主，分布不均。已勘探发现可供利用的金属矿产有铁、锰、铜、金，均为小型矿；非金属矿产有岩盐、石灰岩、方解石、硅灰石、膨润土、陶土、玄武岩、石英砂岩、砖瓦黏土、矿泉水等18种。全市有矿产地约35处，其中大型3个、中型6个、小型26个。金坛区盐矿总储量163亿吨，矿层厚，品位高，易开采；溧阳市方解石储量为2700万吨，居江苏省各辖市首位；全市已探明矿泉水储量超过每日2.7万吨。　（常　志）

【气　候】 常州属北亚热带季风区，气候温润，雨量丰沛，日照充足。

2015年，常州市年平均气温正常偏高，日照时数正常偏少，降水量显著偏多。灾害性天气以暴雨、冰雹、连阴雨雪、台风、高温、雾霾、寒潮为主。总体来说，2015年气候为正常略差年景。

全年常州市日照时数1809.8小时，与常年相比偏少。较常年偏少的月份为6月、7月和11月，较常年偏多月份为9月，其余月份均接近常年。

【气　温】 2015年，常州市年平均气温分别为：常州市区（含武进区）16.8℃，金坛区16.5℃，溧阳市16.7℃；与常年相比，常州偏高0.6℃，金坛偏高0.5℃，溧阳偏高0.7℃。全年中，1月气温显著或异常偏高，常州、金坛、溧阳分别比常年偏高1.9℃、1.9℃、2.1℃；2月、3月、12月气温偏高；7月气温显著偏低；其余月份正常，偏值均小于1℃。年极端最高气温为38.6℃，出现在8月5日的常州；年极端最低气温-5.7℃，出现在1月1日的金坛。全年最高气温≥35℃的高温日数为常州12天、金坛12天、溧阳11天。常州市日最低气温≤0℃的日数为17天，其中，1月7天，2月5天，11月2天，12月3天；金坛区日最低气温≤0℃的日数为27天，其中，1月12天，2月7天，11月2天，12月6天；溧阳市日最低气温≤0℃的日数为21天，其中，1月8天，2月5天，3月1天，11月2天，12月5天。（何靖宇）

【雨　情】 2015年，常州市年降水量1573毫米，比常年偏多470毫米，偏多43%，属丰水年。降水季节分布为：春季、夏季偏多，秋季、冬季偏少。月降水分布不均匀，其中，1月、7月、10月降水偏少，分别偏少12.1毫米、36.0毫米、37.1毫米；2月、3月、4月、5月、6月、8月、9月、11月、12月降水偏多，分别偏多1.7毫米、6.8毫米、45.4毫米、2.7毫米、554.7毫米、77.5毫米、39.8毫米、47.9毫米、0.3毫米。年最大降水量站为大运河常州钟楼闸站，降水量1983毫米，年最小降水量站为溧阳后周站，降水量1357.3毫米。全年降水量为：常州市区（除金坛区，下同）1760.8毫米，金坛区1512.8毫米，溧阳1516.8毫米。

梅雨。常州市6月24日入梅，较常年6月19日偏晚5天，入梅时间相对偏晚；7月13日出梅，较常年7月10日偏晚3天，出梅时间正常；梅长21天，雨日16天，梅雨量311.4毫米，为常年的1.3倍。梅雨期降水时空分布不均，主要集中在6月24—30日，占总梅雨量的81%，降水量分布呈由南向北递增态势，其中常州市区442.4毫米、金坛区353.3毫米、溧阳188.6毫米。全市梅雨量最大站点为澡港闸站，梅雨量631.5毫米；最小站点中田舍站，梅雨量151.0毫米。

汛期。全市5月入汛，9月出汛，全市面平均降雨量1073.7毫米，为历年同期值的1.59倍。在时空分布上，5月、6月、7月、8月和9月雨量分别为128毫米、560.1毫米、132.2毫米、130毫米和111.8毫米，分别为历年同期值的132%、319%、75%、105%和127%。汛期降水量的地区分布为：常州市区1317.7毫米，金坛区1039.4毫米，溧阳896.5毫米。

2015年常州市汛期雨量一览表

月份	雨量（毫米）	为历年同期值的（%）
5	128	132
6	560.1	319
7	132.2	75
8	130	105
9	111.8	127

暴雨。主要暴雨雨日有6月2日、6月16日、6月26—27日，均为普降大到暴雨，日降雨量分别为88.9毫米、161.6毫米和173.5毫米。另外，常州市区最大三日（26—28日）、最大七日（24—30日）面雨量分别为303.6毫米、388.7毫米，均列历史第一位。

【水　情】 2015年，河流、湖泊、水库水位普遍接近常年偏高水位，水情变化与降水情况大致相应。1—5月，由于降水偏多，江河湖库水位普遍偏高。6—8月，受降水影响，江河湖库水位均有不同程度抬升，部分骨干河道、湖库水位出现超历史洪水位。9—12月，受降水减少影响，水位回落。

沿江水位。全年沿江水位变化与长江上游来水以及潮汐强弱有密切关系，其变化总趋势与大通水位相似。大通站6月28日出现全年最高水位13.82米，较上年最高水位偏高0.6米；6月24日出现全年最大流量6.01万立方米/秒。小河新闸站7月4日出现最高潮位6.42米，超警戒水位0.42米；1月19日出现最低潮位1.56米。魏村闸站7月4日出现最高潮位6.35米；1月22日出现最低潮位1.26米。

河湖水位。全年河湖水位总体变化平稳。6月17日，大运河常州站和宜溧漕河溧阳站分别出现全年最高水位6.43米、5.14米；6月28日，丹金漕河金坛站出现年最高水位6.53米。均超警戒水位。

水库水位。水库水位变化与降水、雨季、水库调度有密切关系。1—5月，水位接近常年；6月起，降雨较历年同期偏多，各水库水位总体呈上升趋势。根据防洪调度方案，沙河水库站于4月6—8日、5月15—18日、6月3—4日、6月16—19日、6月27—30日、7月6—7日、7月10—12日、7月23—24日共溢洪5291万立方米，大溪水库站于4月13—14日、5月16—18日、6月

2015年常州市主要河湖站点汛期最高、最低水位统计表

基面：吴淞

河名	站名	最高水位（米）	出现时间	最低水位（米）	出现时间	超警戒水位天数
大运河	常州	6.43	6月17日	3.44	5月14日	22
丹金漕河	金坛	6.53	6月28日	3.39	5月15日	10
宜溧漕河	溧阳	5.14	6月17日	3.29	5月12日	2
滆湖	坊前	5.16	6月30日	3.42	5月15日	40
洮湖	王母观	6.07	6月29日	3.35	5月15日	12
太湖	大浦口	4.27	7月15日	2.99	5月11日	36
南河	河口	7.01	6月17日	3.30	5月12日	0
南河	南渡	6.12	6月17日	3.28	5月12日	11

（张　悦）

1—4日、6月16—21日、6月28—30日、7月6—9日共溢洪3262万立方米。

汛期水库水情。汛初，由于降水较往年偏多，全市水库普遍蓄水量较常年偏多。沙河水库5月1日水位21.16米，10月1日水位20.33米；4月6日出现全年最高水位21.65米，超汛控水位114天；11月6日出现最低水位20米；汛末比汛初蓄水量减少861万立方米。大溪水库5月1日水位13.95米，10月1日水位13.1米，6月17日出现最高水位14.39米，11月5日出现最低水位12.91米，汛末比汛初蓄水量减少1017万立方米。

水利工程调度。6月17—22日，魏村闸翻排水量2476万立方米，澡港河翻排水量2634万立方米。6月27日—7月5日，魏村闸翻排水量8752万立方米，澡港河翻排水量6370万立方米。

（张　悦）

【重大灾害性天气】 2015年，常州市重要天气气候事件主要体现在暴雨、冰雹、连阴雨雪、台风、高温、雾霾、寒潮对全市的影响上。

暴雨。全年夏季共出现4次区域性暴雨过程：6月2日、16日，全市普降暴雨，局部大暴雨；6月17日、27日，全市普降大暴雨，局部特大暴雨。6月28日溧阳、6月29日和9月5日常州分别出现3次非区域性暴雨。暴雨频繁造成常州市区出现特大洪涝。汛期内全市强降水天气频发，土壤墒情一直处于饱和状态，受6月16—17日持续暴雨和6月26日夜里至29日持续强降水的影响，主要河、湖、库水位全面超警戒，导致全市大部分地区出现大面积积水、受涝、受淹现象，灾情严重。据不完全统计，洪涝造成受灾人口362402人、因灾死亡1人、因灾伤病36人，49966人紧急转移安置；265间房屋倒塌，667间房屋严重损坏，49085间房屋一般性损坏。农作物受灾面积41029.629公顷，其中农作物绝收面积24407.756公顷，直接经济损失约283379万元。

冰雹。4月28日20时前后，全市自西北向东南先后出现冰雹、雷暴、短时强降水、8—9级雷雨大风等强对流天气，部分地区出现单体直径达20毫米以上罕见大冰雹，最大雨量出现在武进西湖街道，为114.4毫米。4月28日，受冰雹和雷雨大风等强对流天气的影响，全市受灾区域主要集中在武进区和金坛市，据不完全统计，有受灾镇20个、受灾人口39732人，1人因灾死亡，75人紧急转移安置，15间房屋倒塌，21870间房屋一般损坏。农作物受灾面积8034.59公顷，其中农作物绝收面积1100.05公顷，造成直接经济损失30292万元，农业直接经济损失26060万元。

连阴雨雪。全年连阴雨雪天气较多，1月25—30日，2月20—28日出现连续阴雨雪天气，3月13—21日，4月1—8日，11月4—25日出现连续阴雨天气，阴雨天气对秋收秋种的进度造成明显影响。

台风。7月11日，受9号台风“灿鸿”影响，常州市区普降中到大雨，局部暴雨；金坛、溧阳普降小到中雨，并伴有7—8级东北大风；常州、金坛、溧阳三个观测站的最大风速分别为常州前黄渔管会19米/秒（8级）、金坛长荡湖16.7米/秒（7级）、溧阳竹箦永和17.7米/秒（8级）。8月10日，受台风“苏迪罗”外围云系影响，常州和溧阳出现暴雨天气，雨量分别为72.2毫米和51.4毫米；24日受台风“天鹅”外围影响，常州出现暴雨，雨量70.3毫米。

高温。7月27日至8月7日，受副热带高压控制，常州、金坛、溧阳持续出现12天的高温天气，与常年高温日数基本持平，其中8月2—5日持续4天出现37℃以上的高温。常州、金坛、溧阳3个观测站记录的最高气温分别为38.6℃、37.2℃、37.9℃。

雾霾。1月、2月和12月，雾霾天气严重。1月，常州、金坛、溧阳分别出现大雾5天、9天、4天，分别出现霾日29天、28天、26天；2月，常州、金坛、溧阳分别出现大雾2天、6天、4天，分别出现霾日25天、21天、20天；12月，常州、金坛、溧阳分别出现大雾11天、10天、5天，分别出现霾日20天、18天、13天。雾霾对人体健康影响较大，患呼吸道疾病人数明显增多。大雾对交通也造成一定影响，但没有明显灾情。

寒潮。全年共出现3次寒潮过程，分别是2月16—18日、11月23—25日、12月2—4日，没有造成明显灾情。11月27日出现初霜。（何靖宇）

【历史文化】 常州有3000余年文明史，曾名延陵、毗陵、毗坛、晋陵、长春、尝州、武进等。新石器时代的马家浜文化、崧泽文化和良渚文化均在常州留下遗址。春秋末期（公元前547年），吴王寿梦第四子季札封邑延陵。西汉高祖五年（公元前202年），由延陵改称毗陵。西晋武帝太康二年（281年），废屯田典农校尉，改置毗陵郡，辖丹徒、曲阿、武进、延陵、毗陵、暨阳、无锡7县。自此，常州历朝均为郡、州、路、府治所。隋文帝开皇九年（589年）始有常州之名称。清雍正四年（1726年），常州府辖武进、阳湖、无锡、金匮、宜兴、荆溪、江阴、靖江8县，史称“八邑名都”。1912年，废常州府，阳湖县并入武进县，城区一度称武进市，沿称常州，属江苏省管辖。1949年4月23日常州解放后，城乡分设常州市和武进县。1953年，常州市升为省辖市。

常州人文荟萃。季札以善外交、精礼乐、重然诺而见称于各诸侯国。南朝齐高帝、梁武帝生于古武进县城，以主编《昭明文选》的萧统为代表的萧氏家族在文学、史学、音乐上造诣颇深，影响深远。自隋唐开科取士到清末的1300多年间，常州涌现状元15名、榜眼3名、探花7名、进士1947名。明代有“吴士争为弟子，德望重于江南”的教育家谢应芳，有文学家、抗倭英雄唐荆川。清代出现了著名学者洪亮吉、布衣诗人黄仲则、方志学家李兆洛、状元宰相兼《四库全书》总裁于敏中、目录学家孙星衍、训诂学大师段玉裁、谴责小说家李伯元、洋务运动代表人物盛宣怀等各领域人才，常州今文经学派、阳湖文派、常州词派、常州画派和孟河医派“常州五学派”也形成蔚为大观的文化景象。五四运动后，一大批中国近现代史上的文学家、艺术家、史学家、实业家从常州走向全国。外交界有章汉夫、谢启美，医学界有吴阶平、吴蔚然，电影戏剧界有洪深、吴祖光、阿甲、周璇、徐琴芳等，数学界有华罗庚、吴在渊，工商业界有刘国钧、刘靖基，语言学领域有赵元任、吴稚晖、周有光，史学界有谢国祯、吕思勉、吴泽，书画界有刘海粟、谢稚柳、吴青霞，音乐界有吴伯超、瞿维、孟波、吴祖强、陈燮阳，新闻出版界有恽逸群、徐伯昕、史量才，还有大百科全书总编姜椿芳、中国第一个女外交家袁晓园、中国第一个会计师谢霖等等，有常州籍中国科学院院士38名、中国工程院院士24名。

常州是一座具有光荣革命传统的英雄城市，是中国共产党早期重要领导人瞿秋白、张太雷、恽代英和政治活动家董亦湘，以及爱国"七君子"中李公朴、史良等社会活动家的故乡。溧阳市水西村曾经是新四军江南指挥部所在地，陈毅、粟裕率新四军将士浴血抗战，为中国人民的解放事业立下不朽功勋。瞿秋白、张太雷、恽代英、李公朴、罗忠毅入选百位为新中国成立做出突出贡献的英雄模范人物，华罗庚、邓建军入选百位新中国成立以来感动中国人物。

【风景名胜】 常州是中国优秀旅游城市，风景秀丽，名胜古迹众多。

春秋淹城旅游区以淹城遗址为核心，是国家4A级旅游景区，包括遗址保护区、春秋乐园区和野生动物区。春秋淹城遗址已有近3000年的历史，以独特的三城三河城池形制享誉国内外。由于历史久远、形制独特、出土丰富，淹城一直为考古、建筑、历史、旅游等各界所关注，是全国重点文物保护单位。

常州天宁禅寺始建于唐朝贞观年间，是国家4A级旅游景点、全国汉族地区佛教重点寺院、江南佛教四大禅林之一，并以其"殿宇巍峨壮观、佛像高大庄严、历代名僧辈出、法会闻名遐迩"赢得"东南第一丛林"美誉。2007年，发源于天宁禅寺的天宁梵呗入选国家级非物质文化遗产。天宁宝塔共13层，高153.79米，为国内4000多座宝塔之最，并创造多项佛塔全国第一，如第一金顶玉身、第一铭文铜瓦、第一高钟、第一经文碑林等。

茅山主体山脉位于金坛区境内，主峰海拔372.5米，是道教上清派的发源地，自唐宋起即享有道教"第一福地、第八洞天"之美誉。境内峡谷盆地相间，林木葱郁，山势秀丽，九霄万福宫、乾元观等一直都是游人香客必到之处。

溧阳天目湖旅游景区是首批国家5A级旅游景区，面积90万平方公里，拥有天目湖山水园景区、天目湖南山竹海景区、天目湖御水温泉三大核心旅游产品。山水园内，远山含黛，湖水浩渺，与富有历史文化底蕴的湖里山、富含野趣风味的龙兴岛以及别有农家情趣的乡村田园岛共同勾勒出天目湖诗意天成的精华；南山竹海景区则拥有万亩翠竹，气势磅礴；天目湖御水温泉露天泡池依山傍水，错落有致，泉水富含多种矿物质、微量元素和特殊化学成分，属于稀缺的碳酸氢钙型温泉。

环球恐龙城涵盖主题公园、旅游配套、旅游地产等功能业态，是国家5A级旅游景区。其核心区域中华恐龙园是一座以恐龙为主题，融博物、科普、娱乐、休闲、表演于一体的综合性主题公园，其中中华恐龙馆是收藏展示中国系列恐龙化石最为集中的专题博物馆，是国家级科普教育基地。

环球动漫嬉戏谷是全球首座动漫游戏主题公园，它采用最新数字娱乐科技及互动技术，融休闲娱乐、互动体验、展示博览、演艺竞技于一体，打造出国际动漫游戏体验之地。

此外，常州还有始建于唐昭宗年间和北宋年间的红梅阁、文笔塔；有瞿秋白、张太雷、苏东坡、唐荆川、恽南田、刘海粟、黄仲则、赵翼、屠寄、李伯元、李公朴、史良等历史文化名人故居30余处。常州园林历史悠久，多达40余个，明清两代盛极一时，保存较完好的有近园、约园、意园、聊园、暂园、未园等。

【文化遗产】 常州市历史悠久，城区传统格局和风貌保存完好。全市有不可移动文物1677处、历史建筑226处，有青果巷、前后北岸、南市河3片历史文化街区和天宁寺—舣舟亭、锁桥湾、南河沿、三堡街—西直街4片历史地段。新北区孟河镇、武进区郑陆镇焦溪村分别为国家历史文化名镇和国家历史文化名村，大运河常州段成为常州市第一个世界级遗产项目。2015年6月，国务院同意将常州市列为国家历史文化名城。

常州文化昌盛，民间工艺、技艺繁花似锦，拥有丰富的非物质文化遗产。至2015年底，世界级"非遗"项目1项、国家级"非遗"项目13项、省级"非遗"项目53项、市级"非遗"项目128项、区级"非遗"项目286项，形成完备的国家、省、市、县（区）级名录体系。

常州梳篦始自晋代，主要材料为毛竹、木材、兽骨等，选材严格，工艺独特，制作精良，集雕刻、绘画、烫制等多种传统制作技艺于一体。因清代朝廷每年都要在常州定制一批高级梳篦，所以常州梳篦又有"宫梳名篦"的美称。2008年6月，常州梳篦入选国家级"非遗"名录。

乱针绣又名正则绣，为常州人杨守玉于20世纪30年代所发明。乱针绣以针代笔墨、以线为丹青，把西洋画的画理与常州刺绣相融合，是中国刺绣中技术难度最大、表现题材最广的绣种，被誉为中国刺绣中的油画。

金坛刻纸是常州金坛的传统民间工艺，格调清新，刻工精巧，以蕴涵浓郁的江南地方特色而独具艺术魅力，2009年被列入世界"非遗"目录。

留青竹刻是常州地区具有悠久历

常州市列入国家级"非遗"名录项目一览表

类　型	项　目
民间文学	董永传说
传统音乐	常州吟诵、天宁寺梵呗唱诵
传统戏剧	锡剧
传统美术	金坛刻纸、常州留青竹刻、常州梳篦、象牙浅刻
传统技艺	金坛封缸酒酿制技艺
传统体育、游艺与杂技	金坛抬阁
传统曲艺	常州小热昏
传统舞蹈	金坛巨村舞龙、溧阳蒋塘马灯

史的传统手工艺品。竹刻艺人在竹子表面极薄的一层青筠上进行镌刻，巧施全留、多留、少留、微留、不留的技艺，使作品显示出明暗浓淡、翻转掩映的立体感，体现出作品的形象或书法神韵。

【市　标】 市树：广玉兰。

市花：月季花。

城市荣誉

国家历史文化名城

全国文明城市

国家生态城市

中国最具投资价值十强城市

中国优秀旅游城市

国家卫生城市

国家园林城市

国家环境保护模范城市

全国双拥模范城市

全国科技进步先进市

国家知识产权示范城市

2015年中国人居环境奖

最佳商业城市排行榜第十二位（《福布斯》中国大陆）

创新指数排行第十位（《福布斯》中国大陆）

私营经济省活力指数排行第一位（《福布斯》中国大陆）　　（常　志）

【城乡居民收入】 据城乡住户一体化抽样调查资料显示，2015年常州市全体居民人均可支配收入35379元，比上年增8.3%。其中，城镇常住居民人均可支配收入42710元，增8.2%；农村常住居民人均可支配收入21912元，增8.8%。

工资性收入稳步增长。2015年，常州市全体居民人均工资性收入21780元，增8.1%，占人均可支配收入的61.6%。其中城镇常住居民人均工资性收入26394元，增8.1%，占可支配收入的61.8%；农村常住居民人均工资性收入13236元，增8.4%，占可支配收入的60.4%。稳岗补贴政策、完善就业技能培训服务体系、建立合理工资增长机制等稳定就业政策的实施有力保障了工资性收入稳步增长。

经营净收入较快增长。2015年，常州市政府出台《关于进一步做好新形势下就业创业工作的实施意见》，进一步推动大众创业、万众创新，坚持以创业带动就业，努力增加新的就业增长点，带动经营净收入较快增长。全年常州市全体居民人均经营净收入5799元，增9%。其中，城镇常住居民人均经营净收入6124元，增8.3%；农村常住居民人均经营净收入5088元，增9.4%。

财产净收入有所增长。2015年，常州市全体居民人均财产净收入2591元，增7.7%。其中，城镇常住居民人均财产净收入3784元，增7.7%；农村常住居民人均财产净收入409元，增11.2%。随着居民收入的不断提高，居民投资意识也逐渐增强，家庭投资渠道拓宽，利息、红利、土地出让（转租）和其他投资性收益的增长，带动了居民财产净收入的增长。

转移净收入增长明显。2015年，常州市严格落实征地补偿等制度，相继提高新型农村合作医疗标准、失业保险金发放最低标准、工伤保险待遇，同时继续提高市区城乡居民社会养老保险基础养老金，从2015年1月起，市区城乡居民社会养老保险基础养老金标准由2014年每月170元提高至2015年每月190元。这些政策有效推动了居民转移净收入的增长。全年常州市全体居民人均转移净收入5210元，增长8.9%。其中，城镇常住居民人均转移净收入6408元，增8.9%；农村常住居民人均转移净收入3180元，增9.5%。

【城乡居民支出】 2015年，常州市全体居民人均生活消费支出22234元，比上年增7.9%。其中，城镇常住居民人均生活消费支出25358元，增7.5%；农村常住居民人均生活消费支出14764元，增9.1%。衣食住行、文教娱乐、医疗等八大类消费呈现全面增长格局。

食品烟酒、衣着支出平稳增长，恩格尔系数下降。全年常州市全体居民人均食品烟酒支出6410元，增7.4%，恩格尔系数（食品烟酒占生活消费支出的比重）为28.8%，比上年降0.2个百分点。其中，城镇常住居民人均食品烟酒支出7101元，增6.4%；农村常住居民人均食品烟酒支出4678元，增8.8%。在饮食结构上，瓜果、蛋奶制品等副食增幅明显，反映居民注重健康饮食的趋势。衣着消费方面，常州市全体居民人均衣着支出1688元，增8.3%。其中，城镇常住居民人均衣着支出1881元，增7.2%；农村常住居民人均衣着支出1088元，增9.8%。

居住支出、生活用品服务支出有所增长。全年常州市全体居民住房装潢、物业管理费用等支出的增幅有所增长，人均居住支出4617元，增5.6%。其中，城镇常住居民人均居住支出5292元，增4.5%；农村常住居民人均居住支出2891元，增5.9%。同时，生活用品服务支出也保持增长态势，全体居民人均生活用品及服务支出1344元，增8.1%。其中，城镇常住居民人均生活用品及服务支出1537元，增8.6%，农村常住居民人均生活用品及服务支出903元，增8.4%。

教育文化娱乐支出增长较快。2015年，常州市全体居民人均教育文化娱乐支出2875元，增12.5%。其中，城镇常住居民人均教育文化娱乐支出3387元，增11.2%；农村常住居民人均教育文化娱乐支出1623元，增16.6%。

交通通信、医疗保健支出增长明显。交通的便捷和智能手机社交、游戏、购物等功能的热捧，刺激居民通信消费快速增长。全年常州市全体居民人均交通通信支出3153元，增7.6%。其中城镇常住居民人均交通通信支出3848元，增10%；农村常住居民人均交通通信支出1788元，增8.7%。

【全社会固定资产投资】 2015年，常州市继续加快重大项目招引，推动项目建设深入开展，为全市经济增长和转型升级提供了有力支撑。全年完成固定资产投资3399亿元，比上年增6.7%。其中，工业投资1756.1亿元，增6.5%；服务业投资1636.7亿元，增7.1%。投资结构不断优化，全市高新技术产业完成投资794.6亿元，增13.9%，增幅高于全市固定资产投资增幅7.2个百分点；工业投资中技改投入完成投资1160.2亿元，占工业投资比重66.1%，较上年提高6.2个百分点。房地产投资降幅明显，全市房地产开发投资508亿元，下降25.5%，占全市固定资产投资比重由上年的20.6%降至14.9%。房地产开发面积进一步萎缩，全年商品房施工面积3948.2万平方米，比上年下降11.5%，其中新开工面积637.8万平方米，比上年下降

30.4%。

【"一套表"调查单位统计】 2015年，全市有"一套表"调查单位（即规模以上工业企业、限额以上批发零售住宿餐饮企业、资质以内的建筑业企业、房地产开发经营企业、规模以上服务业企业）8766家。分行业看，有规模以上工业4244家、限额以上批发零售业1895家、限额以上住宿餐饮业164家、资质以内建筑业717家、房地产开发经营业451家、规模以上服务业1295家。

全年全市共审批"一套表"调查单位1245家，其中新增646家、退出444家、单位名称和法人码变更155家。分行业看，新增规模以上工业企业300家、限额以上批发零售企业209家、限额以上住宿餐饮企业6家、资质以内的建筑业企业16家、房地产开发经营企业13家和规模以上服务业企业102家。分地区看，新北区新增数量最多，为168家，占全市新增总量的26%，其余依次是武进区150家、天宁区94家、溧阳市87家、金坛区78家、钟楼区69家。

（统计局）

2015年常州市国民经济和社会发展统计公报

2015年，面对错综复杂的宏观经济环境和艰巨繁重的改革发展任务，全市上下在市委、市政府的正确领导下，积极适应经济发展新常态，坚持开拓创新，加快转型发展，扎实做好稳增长、调结构、促改革、惠民生、防风险等各项工作，经济社会运行呈现总体平稳、稳中有优的态势。

一、综合经济

经济运行保持平稳。GDP经初步核算，全年实现地区生产总值5273.2亿元，按可比价计算增长9.2%，其中第一产业增加值146.6亿元，增长3.1%；第二产业增加值2516亿元，增长8.5%；第三产业增加值2610.6亿元，增长10.6%。全年服务业增加值占GDP比重达到49.5%，较上年提高1.5个百分点，服务业占比首次超过第二产业，经济结构实现由"二三一"向"三二一"的新格局转变。全市按常住人口计算的人均生产总值达112221元，按平均汇率折算达18018美元。

财政收入平稳增长。全年实现一般公共预算收入466.3亿元，增长7.5%，其中税收收入373.7亿元，增长7.3%，税收占比达到80.1%。主要税种中，增值税（含"营改增"）完成70.8亿元，增长6.4%；营业税完成113.8亿元，增长19.1%；企业所得税完成42.6亿元，增长1.4%。全年一般公共预算支出485.3亿元，增长11.6%。一般公共预算支出中教育支出79.2亿元，增长16.1%；科学技术支出22.7亿元，增长4.8%；社会保障和就业支出55.3亿元，增长12.4%；医疗卫生与计划生育支出38.5亿元，增长20.1%。

民营经济增幅放缓。2015年末，全市拥有私营企业和个体工商户36.3万户，注册资本4814.7亿元。全年民营经济完成增加值3541.4亿元，按可比价计算增长9.0%，增幅较上年回落1.1个百分点，占地区生产总值的比重为67.2%，较上年降低0.3个百分点。

二、农业与农村经济

农业生产保持稳定。2015年，全市完成农林牧渔业现价总产值271.8亿元，增长5.8%。其中，农业产值147.2亿元，增长6.1%；林业产值1.9亿元，增长4.8%；牧业产值38.8亿元，增长3.5%；渔业产值68.3亿元，增长5.5%；农林牧渔服务业产值15.6亿元，增长10.7%。全年粮食播种面积214.2万亩，粮食总产量108.3万吨，与上年相比分别下降3.2%、3.4%。水稻单产643.5公斤/亩、小麦单产356.3公斤/亩，水稻单产连续13年保持全省第一。

现代农业加快发展。农业物质技术装备水平不断提升。全市新建高标准农田6.26万亩，累计建成134.97万亩；新发展设施农业面积2.7万亩，累计建成46.5万亩；新发展高效设施渔业面积1.63万亩，累计建成19.71万亩，占全市水产养殖面积的比重达到33.58%；2015年全市农业综合机械化水平达到87%，农业信息化覆盖率达到60%，分别较上年提高1个、3个百分点。农业产业化经营稳步推进，全市91家市级以上农业产业化龙头企业实现销售618亿元，增长9.6%。

三、工业和建筑业

工业生产增幅趋缓。2015年，全市规模以上工业企业累计完成总产值11101.6亿元，规模以上工业增加值增长8.5%。全市规模以上重工业完成产值8326.4亿元，轻工业完成产值2775.2亿元。七大行业中，化工、机械、纺织服装、生物医药行业分别完成工业总产值1952.8亿元、4602.7亿元、976亿元、278.8亿元，分别增长14.9%、9.3%、7.2%、7%；电子、建材行业分别完成产值656.1亿元、376.4亿元，增长4.8%、0.3%；冶金行业完成产值1849.8亿元，下降9.5%。

十大产业链贡献提升。2015年，全市十大产业链规模以上工业企业累计完成产值3816.8亿元，增长8.9%，增速高出全市规模以上工业平均增速3.6个百分点，对全市规模以上工业产值的贡献份额达到52.6%。十大产业链中，太阳能光伏、汽车及零部件、轨道交通三大产业分别完成产值633.6亿元、656.2亿元、411.5亿元，分别增长25.6%、15.8%和13.1%。

建筑行业发展平缓。建筑企业全年完成施工产值1288.5亿元，比上年增长0.3%；施工面积10051万平方米，下降6.4%；竣工面积3448.6万平方米，下降9.5%。建筑业按施工产值计算的全员劳动生产率为27.9万元/人，比上年下降0.8%。

四、固定资产投资

投资结构不断优化。2015年全市完成固定资产投资3399亿元，增长6.7%，其中工业投资1756.1亿元，增长6.5%，服务业投资1636.7亿元，增长7.1%。投资结构不断优化，全市高新技术产业投资794.6亿元，增长13.9%，增幅高于全市固定资产投资增幅7.2个百分点；工业投资中技改投入1160.2亿元，占工业投资比重66.1%，较上年提高6.2个百分点。房地产投资持续下滑，2015年全市完成房地产开发投资508亿元，同比下降25.5%。全年商品房开发面积3948.2万平方米，比上年下降11.5%，其中新开工面积637.8万平方米，比上年下降30.4%。

五、国内贸易

消费市场保持稳定。2015年全

市实现社会消费品零售总额1990.5亿元，增长10.3%，增幅与全省平均增幅持平，与上年相比下降2.8个百分点。按消费形态分，批发业实现零售额240.1亿元，增长9.4%；零售业实现零售额1585.7亿元，增长10.1%；餐饮业实现零售额149.9亿元，增长14.2%；住宿业实现零售额14.8亿元，增长4%。按单位经营所在地分，城镇消费品零售额1861.1亿元，增长10.6%，农村消费品零售额129.4亿元，增长5.7%。

六、开放型经济

对外贸易难中求进。2015年，全市完成外贸出口1319.2亿元，比上年增长0.5%。全年对"一带一路"国家和地区出口良好，其中对印度、东盟、中东出口分别增长27.6%、12.3%、5%。全年完成高新技术产品出口217.4亿元，增长9.7%；机电产品出口占全市出口总额的比重达54.1%，较上年提高1.6个百分点。全年完成服务贸易进出口额80亿元，增长5.1%；一般贸易出口979亿元，增长0.5%。

外资项目有所突破。全年全市实际到账注册外资24.9亿美元，新增协议注册外资3000万美元以上项目16个，其中总投资超10亿美元的瑞声金属射频模组项目成功签约，波士顿锂电池、联合光伏、顺风光电科技等3个项目总投资超5亿美元。全年新增世界500强投资项目5个、增资项目2个，数量创近年新高。

对外合作不断加强。全年新备案境外投资项目67个，中方协议投资额7.55亿美元，同比增长61.7%，其中涉及"一带一路"国家和地区项目12个，中方协议投资额3.6亿美元，占比达到47.8%。全年完成服务外包合同额3.8亿美元，增长21.5%；服务外包执行额3.2亿美元，增长17.7%。

开发区建设提档升级。全市开发区实现一般公共预算收入299.7亿元，完成工业投入1323.8亿元，基础设施建设投入297.4亿元，全年实际到账外资22.5亿美元，新批协议注册外资23.6亿美元。西太湖科技产业园获批筹建省级高新区，常州高新区成功创建国家生态示范园区，武进高新区、武进经开区已通过了环保部、商务部、科技部对国家级生态工业示范园区的联合现场验收；中以、中德等国际合作园区加快建设。

对外交流不断深化。全年接待外宾197批1025人次，接待外国驻华使领馆官员28批161人次，外国友好城市团组38批215人次，外国来访记者4批8人次。2015年新缔结友城2个，分别是智利拉塞雷纳市和巴西库里蒂巴市。

七、交通运输、邮政电信业和旅游业

交通运输业平稳发展。年末全市公路总里程9010公里，其中高速公路306公里。全年营业性客运量7673万人，比上年下降9.3%，货运量1.3亿吨，比上年增长0.9%。公路客运量5856万人，比上年下降13.5%，公路旅客周转量40.2亿人公里，下降4.1%；公路货运量1.1亿吨，下降0.5%，公路货物周转量117.3亿吨公里，增长5.5%。全年铁路客运量1369.2万人，增长11%。全年民用航空旅客吞吐量181.1万人次，货物邮吞吐量1.8万吨。全年港口货物吞吐量8984万吨，其中常州长江港货物吞吐量3619万吨。年末全市民用汽车拥有量96.8万辆，其中私人汽车82.1万辆，分别比上年增长10.9%和13.1%。

邮政通信业较快发展。全年邮政业务总量29.3亿元，比上年增长34.3%，全年邮政业务总收入26.0亿元，比上年增长31.6%。邮政业全年发送特快专递1.2亿件，增长46.9%。全市规模以上快递企业主营业务收入17.4亿元，增长40%。全年通信业务收入52.7亿元，比上年下降2.2%。年末全市固定电话用户133万户，移动电话用户514.4万户，其中3G用户132.2万户，4G用户260.4万户。年末互联网用户达199.8万户，增长25.3%，其中宽带网用户190.4万户，增长27.8%。

旅游业稳步发展。2015年全市实现旅游总收入731亿元，比上年增长11.7%，其中国内旅游收入718.4亿元，比上年增长12.3%，旅游外汇收入1.21亿美元，增长18.8%；旅游接待总人数5455.7万人次，比上年增长9.1%，其中接待国内游客5443万人次，增长9.1%，入境过夜旅游者12.7万人次，比上年增长5.4%。截至年底，全市共有省级以上旅游度假区4家，其中国家级旅游度假区1家；国家A级景区33家，其中5A级旅游区2家，4A级旅游区9家；全国工农业旅游示范点17家，江苏省四星级乡村旅游点25家，江苏省工业旅游点3家，江苏省自驾游基地6家；旅行社140家，1家旅行社进入全省旅行社20强；星级酒店56家，其中五星级酒店8家，四星级酒店21家。旅游产品不断丰富和升级，天目湖旅游度假区成功创建为首批国家级旅游度假区，金坛长荡湖成功创建为省级旅游度假区，春秋淹城国家5A级景区景观质量通过国家级评审，华夏宝盛园、江南环球港等新景区建成开放。2015年，常州成为大陆游客赴台湾自由行城市，常州机场新开通日本、台湾等多条境外航线。

八、金融业

金融信贷平稳运行。截至年末，全市金融机构人民币存款余额7438.7亿元，比年初新增512.3亿元，增长7.4%，其中住户存款3193.8亿元，增长4.7%。全市金融机构人民币贷款余额5354.6亿元，比年初新增564.8亿元，增长11.8%，住户贷款余额1233.8亿元，增长15.2%。金融改革创新取得积极进展，成功组建运营江南金融租赁有限公司。

保险业稳步发展。截至年末，全市保险公司共67家，其中产险公司28家，寿险公司39家。全年保费总收入156.6亿元，比上年增长15.6%，其中寿险104.9亿元，增长17.0%，财产险51.7亿元，增长13.2%。全年保险赔（结）款支出55.1亿元，比上年增长12.5%，其中寿险21.7亿元，下降6.5%，财产险33.4亿元，增长29.5%。

证券市场趋于活跃。截至年底，全市证券营业部总数达40个，资金账户总数96万户，持有A股市值1246.5亿元。证券市场全年各类证券交易总额32172.3亿元，比上年增长229%。其中，A股交易额28946.8亿元，增长275.9%；B股交易额35亿元，增长408.4%；基金成交额749.4亿元，增长132.0%；债券成交额2441.1亿元，增长39.6%。截至年末，全市共有上市公司38家，其中境内24家、境外14家，累计募集资金409亿元。年内新增上市企业2家，分别是常州强力电子新材料股份有限公司、常州腾龙汽车零部件股份有限公司，共募集资金7.1亿元。

九、科技创新

创新能力不断提高。全年完成专利申请38559件，其中发明专利13211件；专利授权21585件，其中发明专利授权2664件；万人发明专利拥有量18.78件。全年新增高新技术企业140家，累计1126家；规模以上高新技术产业产值4975.6亿元，占规模以上工业总产值的比重达43.4%。全年争取省级以上科技项目530项，争取经费超过5.3亿元。全年新增产学研合作项目1116项。2015年全社会研究与发展（R&D）活动经费占地区生产总值比重为2.67%。

创新平台加快建设。全年新增省级以上企业研发机构73家，累计建成"两站三中心"1159个，其中省级以上602家。新增孵化器、加速器16家，累计108家；新增孵化、加速面积超100万平方米，累计达800多万平方米。积极推进江苏省智能装备产业技术创新中心及4家省产业研究院预备研究所建设，其中2家正式挂牌；完成20家市级重大公共研发机构的建设和提升。

推进苏南国家自主创新示范区建设。"一核两区多园"的常州苏南国家自主创新示范区建设框架基本形成。"中国以色列常州创新园"建设步伐加快；"常州国家科技领军人才创新驱动中心"成效明显；科教城省科技服务示范区特色鲜明；武进高新区及江南石墨烯研究院被列为科技部科技服务业区域和行业试点。

十、教育、文化、卫生和体育

教育现代化稳步推进。截至年末，全市拥有各级各类学校691所，在校学生79.32万人，教职工5.7万人。大力推进现代化学校建设，全市实施学校建设项目108个，完成投资16亿元。2015年全市教育现代化建设综合得分为88.06。教育教学质量不断提高，全市本二以上达线率达77.46%，职业学校对口单招本科录取率连续16年位居全省第一。在2015年全国职业院校技能大赛中获得一等奖8个、二等奖3个；在全省职业学校技能大赛中获一等奖51个、二等奖120个，获奖数量、层次均居全省前列；五大学科竞赛获省一等奖共335个、二等奖共547个，在全省保持高位。办学品质不断提升，16所高中的17个项目建成省级课程基地，建成职业教育集团10个、义务教育阶段教育集团37个，热点高中统招名额分配比例保持在70%，流动就业人员随迁子女公办学校吸纳比例达90.2%。职业教育全国领航，高标准完成"国家中等职业教育改革发展示范学校"建设工程，全市江苏省品牌和特色专业增至45个，建成并投入使用5个省级高水平示范性实训基地。

文化事业繁荣发展。年末全市共有艺术表演团体11个，群众艺术馆、文化馆8个，博物馆26个；公共图书馆4个，全年总流通217.2万人次；自办广播节目7套、电视台节目7套，有线电视、数字电视用户分别达117.9万户、116.6万户。不断加强历史文化保护与传承，青果巷历史文化街区保护利用工程顺利推进，恽代英纪念馆建成开放。2015年，国务院正式批复常州成为国家历史文化名城。文化精品生产再获丰收，原创大型锡剧《夕照青果巷》成功亮相第二届江苏省艺术展演月，获"省文华优秀剧目奖"，被列为全省重点剧目2016年晋京演出，《龙城谍恋》《幸福的红萝卜》《千古词帝》《帝国的最后一夜》等作品成绩突出。文化惠民活动扎实有效开展，组织全市10多家民办博物馆、100多个社会文化团体、近2000名艺术家和文艺工作者全心参与，惠及市民再超百万。文化产业加快发展，"中华龙城（常州）创意产业基地一期"项目入选文化部2015年文化金融合作项目，常州创意产业基地荣获"国家电子商务示范区"称号。环太湖艺术城、东方盐湖城、华夏宝盛园等重点文化产业项目加快推进。2015年全市文化产业增加值占地区生产总值的比重达5.8%。

卫生事业健康发展。年末全市共有各级各类医疗卫生机构1196个，拥有总床位24263张，卫生技术人员2.96万人，其中执业（助理）医师12009人、注册护士12531人，全市每千人拥有执业（助理）医师2.55人。深入推进综合医改，11家城市公立医院和7家县级公立医院同步实施医药价格综合改革，取消以药补医机制；构建分级诊疗制度，8所二级以上医院与基层医疗机构共建380张床位的21个特色专科；大力发展社会资本办医，全年新增非公立医疗机构72家，床位1200张。稳步夯实基层基础，新农合参合率继续保持100%，人均筹资标准达到603元，住院实际补偿比达56.03%；实施基层医疗机构提档升级工程，新建和改扩建基层医疗机构11家。规范开展公共卫生服务，全市基本公共卫生服务人均补助标准达50元，服务内容扩大到12类45项；传染病发病率低于全省平均水平，数字化预防接种门诊建成率达72.2%，全市居民电子健康档案建档率80.7%。大力提升优质医疗，推进市妇保院、市一院钟楼院区、市三院公卫临床中心等重点建设项目，配合行政区划调整，增设3个急救分站。不断创优计生服务，实施单独两孩政策，受理城镇单独夫妇再生育申请2114对。

体育事业蓬勃发展。全市拥有体育场地12340个，其中体育场26个，体育馆35个。公共体育服务体系建设取得阶段性成果，常州市和辖市区全部创建成为"第一批江苏省公共体育服务体系示范区"。有序推进各级各类体育健身设施建设，年内开工建设1个区级全民健身中心，完成4个乡镇全民健身活动中心建设，建成32个全民健身示范工程，为自然村（居民小区）新建和更新637个健身路径，免费开展国民体质测试超3万人次。实施"提升农民体育工程"，乡镇农村"10分钟体育健身圈"建设逐步推进。全年共成功举办中国羽毛球大师赛、西太湖国际半程马拉松赛、环太湖国际公路自行车赛（武进赛段）、第七届U21青年女曲亚洲杯赛、中塞国际男篮对抗赛等5项次国际性比赛，以及26项次全国比赛（含体育协会赛事）、14项次省级比赛。2015年，常州市共有13名运动员获得国际性比赛前三名，63名运动员获得全国性比赛前三名；其中，2015

年8月俄罗斯喀山游泳世锦赛上，常州籍运动员史婧琳、沈铎和队友夺得女子4×100米混合泳接力赛金牌，全市世界冠军总人数达到20人。全年共组织中小学生田径、游泳、篮球、排球、足球、乒乓球、羽毛球、网球、棋类、射击、举重等20项47次中小学生体育比赛。

十一、人口、民生与社会保障

人口规模逐步扩大。截至年末，全市常住人口470.1万人，比上年末增长0.1%，其中城镇人口329.1万人，城镇化率达到70%。全市户籍总人口370.9万人，增长0.6%。其中，男性183.6万人，增长0.4%；女性187.3万人，增长0.8%。户籍人口出生率9.6‰，人口死亡率7‰，人口自然增长率为2.7‰。

就业工作积极推进。全市城镇新增就业13.3万人，扶持创业12979人，援助困难群体就业11362人，期末城镇登记失业率继续控制4%以内。成功组织"第二届常州市大学生创业大赛"，征集创业项目330个。在全省首推以"招工即招生、入企即入校、企校双师联合培养"为主要内容的企业新型学徒制。大力促进残疾人从业创业，全年新增残疾人就业853人。全年新增高技能人才3.85万人，每万名劳动者中高技能人才824人。

居民收入稳定增长。2015年全市居民人均可支配收入35379元，增长8.3%，其中城镇居民人均可支配收入42710元，增长8.2%，农村居民人均可支配收入21912元，增长8.8%，城乡收入比为1.95∶1。全市居民人均消费支出22234元，增长7.9%，其中城镇居民人均消费支出25358元，增长7.5%，农村居民人均消费支出14764元，增长9.1%。2015年，城镇居民恩格尔系数28%，农村居民恩格尔系数31.7%，分别较上年下降0.3个、0.1个百分点。

居民消费价格温和上涨。全年居民消费价格总指数为101.6，八大类消费品价格中交通和通讯类价格下降4.4%，食品、衣着、家庭设备用品及维修服务、医疗保健和个人用品、居住、烟酒用品、娱乐教育文化用品及服务七大类消费价格指数分别为104、103.1、102.4、101.4、101.2、101.1、100.9。

住房保障工作有序推进。保障性安居工程建设稳步推进，全年新开工保障房19065套，基本建成15847套。全年新增公共租赁住房家庭953户，其中实物配租家庭710户，租金补贴家庭243户。2015年全市城镇住房保障体系健全率93.41%。

社会保障提质增效。截至年末，全市企业职工养老保险参保人数133.8万人，比上年增长2.5%；城镇职工基本医疗保险参保人数188.1万人，增长5.5%；城镇失业保险参保人数108.7万人，增长3.3%。养老、医疗、失业三大保险综合覆盖率达98%。连续第11年调整企业退休人员基本养老金，人均增幅超过10%。

社会福利事业不断提升。全市城乡低保标准实现大幅提高，天宁区、钟楼区、新北区城乡低保标准为670元/月，金坛区、溧阳市城乡低保标准均为590元/月，武进区城乡低保标准为620元/月。2015年 全 市23351户39734人纳入低保范围，其中城镇低保对象7906户13123人，农村低保对象15445户26611人，累计发放保障金1.77亿元。全年医疗直接救助152977人次、医疗直接救助金额5907.5万元。年末全市拥有各类养老机构108个，养老机构床位数21968张，收养人数12274人。全年发行福利彩票11.02亿元。2015年，全市各级慈善会募集到账资金1.18亿元，发放（支出）各类救助金8646万元，惠及困难对象16万人次。

十二、城乡建设和公用事业

路网建设持续推进。常溧高速、延政西路西延、金武路快速化改造建成通车，地铁1号线等在建工程进展顺利。劳动西路（五星路—龙江路）、三堡街（长江路—五星路）、福阳路（青洋路—北塘河西路）和飞龙西路等新建和大修工程建成通车，永宁北路（新一路—横塘河西路）、新堂北路（新一路—龙汇路）、新一路和龙汇路（竹林北路—新堂北路）等新建工程基本具备通车条件。

公共交通服务不断完善。截至年底，全市公交线路306条，公交营运车辆3055辆，营运出租汽车3680辆。城市居民公共交通出行分担率28.9%，镇村公交开通率100%。

公共服务能力提升。全年全社会用电量408亿千瓦时，比上年增长3.3%，其中城乡居民生活用电34.4亿千瓦时，增长6%。城区全年实现公共供水2.5亿立方米、供气7.8亿立方米，污水处理总量2.27亿立方米，新增道路照明灯10316盏。城市公用基础设施不断完善，建成30万立方米/日德胜河应急取水工程，自来水深度处理工艺改造工程西石桥水厂项目、魏村水厂项目顺利开工建设，市区老小区雨污分流改造和污水提升工程基本完成。

十三、生态建设和环境保护

生态绿城建设不断深化。年末建成区绿地面积9782.1公顷，其中公园绿地面积2479.5公顷。市区人均公园绿地13.9平方米，建成区绿化覆盖率达到43.1%。建成环高架及延伸段、丽华路、光华路、大明路生态绿道、横塘河湿地公园和白荡河绿地。扎实推进村庄规划建设示范工作，完成7个美丽乡村示范村检查验收，推进8个美丽乡村示范村建设，农村人居环境持续提升。2015年常州市获得中国人居环境奖。

环境质量持续改善。全市生态文明建设工程综合考核连续4年名列全省第二。2015年，全市完成大气污染防治项目1270项，水环境整治项目356项。全年空气质量优良天数258天，比上年增加22天，优良率70.7%。化学需氧量、氨氮、二氧化硫、氮氧化物排放量比上年分别削减3.44%、3.61%、2.51%、2.74%，超额完成"十二五"总削减任务。

注：公报中各项统计数据除注明按可比价格计算外，均按现行价格计算。（统计局）

组织机构和领导人名单

市领导

中共常州市委

书　　记　阎　立
副 书 记　费高云
　　　　　戴　源
常　　委　沈　斌

张春福
徐　缨※
韩九云
徐光辉
邓志兵（至6月）
蔡　骏
张　跃※
刘　伟（6月任）

常州市人大常委会

主　　任　阎　立
副 主 任　俞志平（正市级）
贾宝中※
孙永明（至1月）
杨　建（至1月）
邵　明
张东海（1月任）
盛建良（1月任）
党组副书记　杭天珑※（正市级）
党 组 成 员　姜洪鲁（副市）

常州市人民政府

市　　长　费高云
副 市 长　韩九云
张耀钢
王成斌
尚建荣（至10月）
张云云※
方国强
史志军
常和平（10月任）

政协常州市委员会

主　　席　邹宏国
副 主 席　居丽琴※
朱晓敏
朱剑伟
蒋必彪
卢明康
杨平平
赵忠齐（至1月）
陈建国
何玉清（1月任）
党 组 成 员　陈俊杰（副市级）

中共常州市纪律检查委员会

书　　记　沈　斌
副 书 记　周效华（至9月）
祁　新
石伟东
常　　委　赵　庆
于　强
纪海平※（至11月）
徐　清※
张　毅

中共常州市委巡视工作联络组办公室

主　　任　石伟东（兼）
副 主 任　王小芳※（兼至10月）
黄玉龙（至5月）
吴洪新（5月任，试用期一年）
洪晓路（10月兼任，试用期一年）

市级机关

市委秘书长　蔡　骏
市委副秘书长
王龙宣（兼至12月）
李　信
胡　竹
蒋伯丹（正处级，3月任）
周家林（兼至12月）
王生大（调研员）
恽淇丞
市人大常委会党组成员
周建伟
徐伟南（10月任）
市人大常委会秘书长
周建伟
市人大常委会副秘书长
顾才兴（正处级）
朱力工（至12月）
张火炫（正处级）
蒋红霞※（至12月）
俞　申（调研员，兼至12月）
市人大常委会机关党组书记
周建伟
市人大常委会机关党组副书记
张火炫
蒋红霞※
市政府党组成员
徐新民
李　林（正处级，5月任）
市政府秘书长
徐新民
市政府副秘书长
杭　勇
庄小涛
李昙云
钱亚明（至6月）
吴小华※（10月任）
彭　峻
梅向东（至10月）
周　庆（6月任）
黄建德
市政协党组成员
何玉清（至1月）
盛克俭
市政协秘书长
盛克俭
市政协副秘书长
戚惠明
林　辉（至12月）
吴惠盐（正处级）
蒋华平（正处级，至10月）
韩红卫※（兼至12月）
谭　震（兼至12月）
黄　勇（兼至12月）
顾征英（兼至12月）
朱静雅※（兼至12月）
谢　海（兼至12月）
徐　红※（7月兼任，至12月）
市政协机关党组书记
盛克俭
市纪委秘书长
祁　新

中共常州市委办公室

主　　任　李　信
副 主 任　李传奇（至4月）
王杰强（至10月）
吉英平
芮卫东（至10月）
徐　蓉※
姜玉涛（10月任，试用期一年）
机要局局长　金云江

中共常州市委研究室

主　　任　胡　竹
副 主 任　吴　煜
尹　涛

中共常州市委组织部

部　　长　张春福
常务副部长　高宏华（10月任）
副 部 长　赵正斌（至10月）
高宏华（至10月）
安春燕※（10月任）
杨　琪

周承涛

中共常州市委党的建设工作领导小组办公室

中共常州市委新经济社会组织工作委员会

主　　任　赵正斌（至10月）
　　　　　安春燕※（10月任）

常州市综合考核委员会办公室

主　　任　高宏华

中共常州市委宣传部

部　　长　徐　缨※
常务副部长　孙春伟（10月任）
副 部 长　丁　一（兼至10月）
　　　　　孙春伟（至10月）
　　　　　梅向东（10月任）
　　　　　朱明辉
　　　　　孙洁茹※

常州市精神文明建设指导委员会办公室

主　　任　丁　一（至10月）
　　　　　梅向东（10月任）
副 主 任　奚炜菁※
　　　　　周　庆（至5月）
　　　　　段瑞典

常州市委对外宣传办公室

常州市政府新闻办公室

主　　任　丁　一（兼至10月）
副 主 任　戴胡爽
　　　　　陈结平（9月任）

中共常州市委统一战线工作部

部　　长　张　跃※
副 部 长　赵世平（兼至10月）
　　　　　徐靖德（10月兼任）
　　　　　章卫忠
　　　　　查　艳※（兼）
　　　　　陆惠林（正处级）
　　　　　顾　琤※

常州市社会主义学院

院　　长　章卫忠
副 院 长　范小平
　　　　　黄克宇（至10月）

中共常州市委政法委员会

常州市社会管理综合治理委员会办公室

书　　记　戴　源（兼）
常务副书记　王龙宣（12月任）
副 书 记　尚建荣（兼至10月）
　　　　　常和平（10月兼任）
　　　　　王龙宣（至12月）
　　　　　张双庆
综治办主任　张双庆
综治办副主任
　　　　　史国瑛（至10月）
　　　　　蒋平方
　　　　　张永忠（10月任，试用期一年）
依法治市领导小组办公室副主任
　　　　　李宗府（正处级）
　　　　　庾爱民
政治部主任　顾　涛※

中共常州市委农村工作办公室

主　　任　蒋伯丹（至5月）
　　　　　陈荣平（5月任）
副 主 任　孙治国（调研员）
　　　　　陶亚仁
　　　　　严国光
　　　　　郭胜忠
　　　　　裴　谨

中共常州市委台湾工作办公室

常州市人民政府台湾事务办公室

主　　任　许春元
副 主 任　徐　栋
　　　　　陈锁祥
　　　　　凌　洁※

常州市机构编制委员会办公室

主　　任　杨　琪（兼）
副 主 任　龚志辉
　　　　　蒋亚农
　　　　　邹明初

中共常州市委市级机关工作委员会

书　　记　赵正斌（至10月）
　　　　　高宏华（10月任）
副 书 记　杨文华
　　　　　易明卿
　　　　　叶将莺※（至1月）
　　　　　刘　兵
纪工委书记　徐慧生（正处级）

中共常州市委老干部局

局　　长　杨　琪（至12月）
　　　　　蒋顺青（12月任）
副 局 长　蒋顺青（至12月）
　　　　　陈　勇
　　　　　钱京华

中共常州市委610办公室

主　　任　谢海明（至6月）
副 主 任　郭继军
　　　　　姚亚军
　　　　　周国正

常州市信访局

局　　长　胡学东
副 局 长　韩志国（正处级）
　　　　　蒋　浩（10月任）
　　　　　张超英（至4月）
　　　　　王纪良
　　　　　倪　宁※

中共常州市委党校

党委书记　阎　立（兼）
校　　长　阎　立（兼）
常务副校长　王定新（10月任）
党委副书记　陈国辅（正处级，至10月）
　　　　　王定新（10月任）
纪委书记　郑海林
副 校 长　陈国辅（正处级，至10月）
　　　　　严瑞忠
　　　　　王其山
　　　　　黄剑明
　　　　　赵志刚
教 育 长　蒋鸣鹏※

常州日报社

党委书记　黄四清
党委副书记　胡国华
　　　　　朱跃峰
纪委书记　朱跃峰
社　　长　黄四清
副 社 长　胡国华
　　　　　李大山（正处级）
　　　　　周海涛（至5月）
　　　　　孙泽新
　　　　　严国荣（5月任）

常州日报

总 编 辑　胡国华
副总编辑　汪利宁
　　　　　张　政
　　　　　严国荣（至5月）

常州晚报

总 编 辑　朱佳伟
副总编辑　黄幼文※
　　　　　刘震宇
　　　　　蒋伟平

常州广播电视台

党委书记　蒋伟平（至10月）
　　　　　汪忠泽（10月任）
党委副书记　汪忠泽（至10月）
　　　　　陈方平※
纪委书记　陈方平※

台　　长　汪忠泽
副 台 长　黄　江
　　　　　黄和明
　　　　　邵宝钢
　　　　　许建俊
　　　　　高　巍

中共常州市委党史工作委员会
常州市地方志办公室

主　　任　李亚雄
副 主 任　柯善学
　　　　　樊百成
　　　　　臧秀娟※
　　　　　鞠　烨（9月任）

常州市档案局
常州市档案馆

局（馆）长　李传奇
副局（馆）长　黄建忠
　　　　　张　敏※
　　　　　甘跃进※（至1月）
　　　　　张步东（5月任）
　　　　　蒋大春
党组书记　李传奇

中共常州市委保密委员会办公室
常州市国家保密工作局
（市委副处级机构）

主任（局长）　胡正伟

常州市人大常委会办公室

主　　任　蒋红霞※
副 主 任　肖　平
　　　　　蒋建文※
　　　　　丁建伟
　　　　　褚文霞※

常州市人大常委会研究室

主　　任　朱力工
副 主 任　恽东玉※（至6月）
　　　　　周梅芳※

常州市人大常委会经济
工作委员会

主　　任　薛建刚（至6月，6月任）
副 主 任　蔡建兴（至6月）
　　　　　何建军（至6月，6月任）
　　　　　恽东玉※（6月任）

注：根据苏编办复〔2015〕83号文，常州市人大常委会财政经济工作委员会更名为常州市人大常委会经济工作委员会。

常州市人大常委会预算
工作委员会

主　　任　蔡建兴（6月任）
副 主 任　倪新芳（10月任）

注：根据苏编办复〔2015〕83号文，设立常州市人大常委会预算工作委员会。

常州市人大常委会农业和农村
工作委员会

主　　任　张克勤
副 主 任　许　玲※（至6月）
　　　　　苏高中（10月任）

常州市人大常委会教科文卫
工作委员会

主　　任　曹建荣
副 主 任　孔庆国（正处级）
　　　　　季春雷
　　　　　郑　辉（10月任）

常州市人大常委会环境资源城乡建设
工作委员会

主　　任　朱维平
副 主 任　王卫东
　　　　　储　玮（10月任）

常州市人大常委会内务司法
工作委员会

主　　任　周　忠
副 主 任　冯连庆（10月任）
　　　　　裘小青（10月任）

常州市人大常委会法制
工作委员会

主　　任　周智夏（6月任）
副 主 任　许　玲※（6月任）

注：根据苏编办复〔2015〕83号文，设立常州市人大常委会法制工作委员会。

常州市人大常委会民族宗教侨务
工作委员会、外事工作委员会

主　　任　成国平
副 主 任　马少华

常州市人大常委会人事代表
工作委员会

主　　任　黄岳汀（至10月）
　　　　　陈国辅（10月任）
副 主 任　刘忠培

常州市人民政府办公室

主　　任　杭　勇
副 主 任　戴旭光
　　　　　严小倩※
　　　　　钱旭健
　　　　　张凯奇
党组书记　徐新民
党组副书记　杭　勇

常州市人民政府研究室

主　　任　高　平
副 主 任　王粉龙
　　　　　黄　澍

常州市金融工作办公室

主　　任　于卓人
副 主 任　赵苏洪（至12月）
　　　　　刘建华
　　　　　喻良骝

常州市应急管理办公室

主　　任　顾　锋
副 主 任　万乃相（正处级）
　　　　　吴建坤
　　　　　骆如华

常州市发展和改革委员会

主　　任　戴士福（至10月）
　　　　　蒋自平（10月任）
副 主 任　张泉明
　　　　　祝正庆
　　　　　刘卫国
　　　　　严永志
　　　　　石江水
　　　　　朱建江
　　　　　刘彤彤
党组书记　戴士福（至10月）
　　　　　蒋自平（10月任）
党组副书记　张泉明
纪检组组长　包章辉（至12月）
　　　　　丁建芳※（12月任）
专职委员　王道成（正处级）

常州市经济和信息化委员会

主　　任　蒋自平（至10月）
　　　　　朱志洪（10月任）
副 主 任　洪　军
　　　　　潘仁贤
　　　　　张志强
　　　　　杨　军
　　　　　刘小平
　　　　　严德群
党组书记　蒋自平（至10月）
　　　　　朱志洪（10月任）
纪检组组长　李旌巍
专职委员　章　礼（正处级）

常州市中小企业局

副 局 长　薛庆林
　　　　　朱　惠（至10月）
　　　　　宋正杰（至12月）

江苏省无线电管理局常州市管理处

主　　任　林型新（至12月）
　　　　　宋正杰（12月任）

中共常州市委教育工作委员会

常州市教育局

党工委书记　陈海军
党工委副书记
　　丁伟明
　　李映哲（至5月）
　　王定新（5月任，至10月）
纪工委书记　戴春华
局　　长　丁伟明
副 局 长　沈　梅※（至10月）
　　郑　辉（至10月）
　　胡　鹏
　　王定新（至10月）
　　常仁飞
　　完利梅※（10月任，试用期一年）
　　纪　忠（10月任，试用期一年）
专职委员　徐小平

常州市科学技术局

局　　长　刘　斌
副 局 长　杨伟红
　　吕卫明（调研员）
　　戴亚东（12月任）
　　张朝晖
　　丁建芳※（至12月）
　　蒋鹏举
党组书记　刘　斌
纪检组组长　蒋苏菁
专职委员　赵　新

常州市知识产权局

局　　长　杨伟红

常州市公安局

党委书记　尚建荣（至10月）
　　常和平（10月任）
党委副书记　黄广余（正处级）
纪委书记　金继英
局　　长　尚建荣（至10月）
　　常和平（10月任）
副 局 长　黄广余（正处级）
　　陈国平（正处级）
　　顾　锋
　　徐卫东（正处级）
　　谢海明（至6月）
　　韩　军
　　朱志星
政治部主任　费中华

常州市维护稳定工作领导小组办公室

主　　任　王　辉
副 主 任　褚国平
　　张培忠
　　潘立新

常州市监察局

局　　长　周效华（至12月）
　　祁　新（12月任）
副 局 长　赵　庆
　　于　强（12月任）
　　芮永全

常州市民政局

党委书记　杭永宝
党委副书记　俞　坚（正处级）
纪委书记　俞　坚
局　　长　许　峥※
副 局 长　杨继洪
　　张　超
　　陈长文
　　潘　奕※
　　杨　铁
专职委员　常远明（正处级）

常州市司法局

局　　长　陈少宝（至10月）
　　张加林（10月任）
副 局 长　金万新（至10月）
　　刘滨江（正处级）
　　高玉华
　　刘　永
　　王　琦
　　滕　晖※
党组书记　陈少宝（至10月）
　　金万新（10月任）
党组副书记　金万新（至10月）
纪检组组长　卞建益（至5月）
　　黄玉龙（5月任）
政治部主任　周云燕※

常州市财政局

局　　长　朱志洪（至10月）
　　周效华（10月任）
副 局 长　刘月冬
　　王美蓉※
　　刘燮华（至3月）
　　管　华（3月任）
　　谭志文（试用期）
党组书记　朱志洪（至10月）
　　周效华（10月任）
纪检组组长　濮尔杰
总会计师　戚小如※
专职委员　周启彪

常州市人力资源和社会保障局

局　　长　吴新法
副 局 长　李　亮（至10月）
　　戴亚东（至12月）
　　苏　叶※
　　任洪兴（10月任）
　　程沫芝
　　许伟树
　　江　天
　　李　庆（12月任，试用期一年）
党组书记　吴新法
纪检组组长　蒋良华

常州市城乡建设局

党委书记　蔡楚秋
党委副书记　史政达
　　吴全清（调研员，至4月）
　　邹云龙（正处级，5月任）
纪委书记　吴全清（兼，至4月）
　　黄建生（5月任）
局　　长　史政达
副 局 长　邹云龙
　　贡浩平
　　徐文时（至3月）
　　赵维忠
　　袁茂新
　　赵洪平
　　陶　伟
总工程师　邹云龙

常州市交通运输局

党委书记　戴明水
党委副书记　沈小勇
　　杨纪平（正处级）
纪委书记　杨纪平（兼）
局　　长　沈小勇
副 局 长　卢明康
　　李建新
　　宋晓云
　　周旭栋
　　曹建中
　　周　洪
　　管　华（至3月）
　　杨　文（兼）
专职委员　黄开军

常州市水利局

局　　长　周良法
副 局 长　秦文秋（调研员）
　　丁光浩
　　张萍霞※（至10月）
　　赵　亮（10月任，试用期一年）

党组书记　周良法
纪检组组长　秦国培
总工程师　计玉根

常州市农业委员会

主　　任　陈志良
副 主 任　郑银法
何尧平
阎晓东※
庄细跃（12月任）
徐祖兴
吴小琴※
党组书记　陈志良
纪检组组长　鄢顺根
总农艺师　庄细跃

常州市商务局

党委书记　陈建新
党委副书记　潘冬铃
夏海平（正处级）
纪委书记　夏海平（兼）
局　　长　潘冬铃
副 局 长　章建跃（调研员，至10月）
李建成（兼）
邹德英
朱　惠（10月任）
张　宇
查亚强（至3月）
韩雪琴※
张黎光
张　圣（10月任，试用期一年）
专职委员　陈庆明（正处级）

常州市口岸办公室

副 主 任　章建跃（至10月）

常州市文化广电新闻出版局（市版权局）

党委书记　王亦农
党委副书记　陈建共
黄娅芬※
纪委书记　黄娅芬※（兼）
局　　长　陈建共
副 局 长　张　献（正处级）
周晓东
石小东
谢春林
严旭华※
专职委员　张印选（正处级）

常州市卫生局

党委书记　王　莉※（至1月）
党委副书记　何小茜※（至1月）
纪委书记　何小茜※（至1月）
局　　长　王　莉※（至2月）
副 局 长　虞国良（调研员，至2月）
刘志洪（至2月）
姚福建（至2月）
专职委员　陶国忠（至2月）

常州市计划生育委员会

副 主 任　杨晓春（至2月）
冯子秋※（至2月）
汪晓东（至2月）
赵兴光（至2月）

常州市卫生和计划生育委员会

党委书记　王　莉※（1月任）
党委副书记　何小茜※（1月任）
纪委书记　邵建明（1月任）
主　　任　王　莉※（2月任）
副 主 任　虞国良（调研员，2月任）
冯子秋※（2月任）
杨晓春（2月任，至10月）
汪晓东（2月任）
刘志洪（2月任）
赵兴光（2月任）
姚福建（2月任）
专职委员　陶国忠（2月任，至6月）

注：根据苏办〔2014〕51号文件，组建常州市卫生和计划生育委员会，不再保留常州市卫生局、常州市人口和计划生育委员会。

常州市工商行政管理局

局　　长　陈国庆（2月任）
副 局 长　何　革（2月任）
丁玉亭（2月任）
周建忠（2月任）
徐　新（2月任）
王俊杰（2月任）
党红旗（2月任）
党组书记　何　革（1月任）
党组副书记　陈国庆（1月任）
丁玉亭（1月任）
纪检组组长　夏全海（1月任）

注：根据苏办〔2014〕51号文件，江苏省常州工商行政管理局由省以下垂直管理改为地方政府管理，更名为常州市工商行政管理局。

常州市质量技术监督局

局　　长　孙如山（2月任）
副 局 长　江　华（2月任）
杨为群（2月任）
纪唯强（2月任）
薛利群（2月任）
金国祥（2月任）
潘立波（10月任）
党组书记　江　华（1月任）
党组副书记　孙如山（1月任）
纪检组组长　薛利群（1月任）

注：根据苏办〔2014〕51号文件，江苏省常州质量技术监督局由省以下垂直管理改为地方政府管理，更名为常州市质量技术监督局。

常州市食品药品监督管理局

局　　长　戴文龙
副 局 长　薛　蓓※
贺东俊
江礼清
沈晓洁※
党组书记　戴文龙
纪检组组长　夏　群（至10月）
黄克宇（10月任）
专职委员　李　会

常州市审计局

局　　长　陈荣平（至6月）
钱亚明（6月任）
副 局 长　吕全斌
崔业富（至12月）
罗志敏
朱亦萍※
党组书记　陈荣平（至5月）
钱亚明（5月任）
纪检组组长　徐　江（至10月）
范荣生（10月任）
总审计师　王祥君
专职委员　邹启堂

常州市环境保护局

局　　长　吴琪明
副 局 长　李金玉（至6月）
周忠华
郁　健
李允建
吴　军（6月任，试用期一年）
党组书记　吴琪明
党组副书记　杨德超（至5月）
纪检组组长　杨德超（兼至5月）
杨晓春（10月任）

常州市太湖水污染防治办公室

主　　任　吴琪明（兼）
副 主 任　王运先

常州市规划局

局　　长　胡　伟
副 局 长　顾春平（至6月）
　　　　　葛志兵
　　　　　侯继功
　　　　　李　青
　　　　　王国荣
　　　　　孙春生
党组书记　金　震（至5月）
　　　　　顾春平（5月任）
纪检组组长　胡晓峰
总工程师　孙秀峰

常州市住房保障和房产管理局

党委书记　戴晓荣（至10月）
　　　　　刘文荣（10月任）
党委副书记　刘文荣（至10月）
纪委书记　赵建生
局　　长　刘文荣
副 局 长　吴玲忠
　　　　　薛　晔
　　　　　赵江兵
　　　　　何沛东
　　　　　陈马良（至3月）

常州市园林绿化管理局

党委书记　陈向群※
党委副书记　陈伟斌
　　　　　陆建军
纪委书记　陆建军（兼）
局　　长　陈伟斌
副 局 长　张延秋（至10月）
　　　　　蒋　杰（10月任）
　　　　　陈　清
　　　　　吴　捷※
　　　　　阙广平
　　　　　廖东初
专职委员　史小平

常州市城市管理局
常州市城市管理行政执法局

局　　长　吴建荣
副 局 长　吴海泳
　　　　　杜　彦
　　　　　张伟峰（兼）
　　　　　王　萍※
　　　　　孙　骏
　　　　　王志忠
党组书记　吴建荣
纪检组组长　翟文毅

常州市城市管理监督指挥中心

主　　任　吴海泳
副 主 任　冯玉明（正处级）
　　　　　项　斌

常州市体育局

局　　长　朱笑冰
副 局 长　李晓华※
　　　　　堵文波
　　　　　魏继斌
　　　　　刘永承（至10月）
　　　　　马锁福（至10月）
党组书记　朱笑冰
纪检组组长　任洪兴（至10月）
　　　　　刘永承（10月任）
专职委员　王钦利

常州市统计局

局　　长　徐华勤（至10月）
　　　　　陈宝兴（10月任）
副 局 长　钱同春（6月任）
　　　　　钱保生
　　　　　余　峰（至6月）
　　　　　陈宝兴（至10月）
　　　　　杨　薇※
党组书记　徐华勤（至10月）
　　　　　陈宝兴（10月任）
总统计师　杨　敏
专职委员　周德军

常州市安全生产监督管理局

局　　长　宋明岗
副 局 长　周南平
　　　　　李士庆
　　　　　于志勇
　　　　　马宏春
　　　　　吕建军（10月任）
党组书记　宋明岗
纪检组组长　蒋庆梅※

常州市旅游局

党委书记　孙　勇
党委副书记　乔俊杰
　　　　　张立新
纪委书记　张立新（至10月）
　　　　　马锁福（10月任）
局　　长　乔俊杰
副 局 长　张立新（10月任）
　　　　　陆宏伟（调研员）
　　　　　蒋　杰（至10月）
　　　　　吴志刚
专职委员　齐勇军（调研员）

常州市物价局

局　　长　李罗保
副 局 长　范　璞
　　　　　杨建新（正处级，至1月）
　　　　　初兆义
　　　　　王世春
　　　　　严斌臻
党组书记　李罗保
党组副书记　范　璞
纪检组组长　张卫星（至10月）
　　　　　孙　惠※（10月任）

常州市粮食局

党委书记　徐元金
党委副书记　周炳荃
　　　　　宁　山（正处级，至10月）
纪委书记　宁　山（正处级，兼至5月）
　　　　　王云虹※（5月任）
局　　长　周炳荃
副 局 长　潘红传（至3月）
　　　　　丁　剑※
　　　　　吕云峰
　　　　　廖梅青

常州市机关事务管理局

局　　长　李沛然（至2月，2月任）
副 局 长　毛建平（正处级，至2月，2月任）
　　　　　邵　玲※（至2月，2月任）
　　　　　芦水忠（至2月，2月任）
　　　　　华　阳（至2月，2月任）
　　　　　杨贵生（至2月，2月任）
　　　　　朱亚南（10月任）
党组书记　李沛然（至1月，1月任）
纪检组组长　陈文峰（至1月，1月任）

注：根据苏办〔2014〕51号文件，常州市市级机关事务管理局更名为常州市机关事务管理局。

常州市民族宗教事务局

局　　长　赵世平（至10月）
　　　　　徐靖德（10月任）
副 局 长　黄飞叶
　　　　　余　笋
　　　　　颜良进
　　　　　徐文河（10月任）
党组书记　赵世平（至10月）
　　　　　徐靖德（10月任）
党组副书记　黄飞叶

常州市民防局
常州市人民防空办公室

党委书记　朱兆丽※
党委副书记　张　俊
纪委书记　张　俊（兼）
局长（主任）　朱兆丽※
副局长（副主任）

刘炳松
陈建鹤
薛亚平
陈　峰（6月任）
总工程师　何　敏

常州市人民政府外事办公室

主　　任　杜吉宾
副 主 任　都文平
恽　爽※
司马双龙
党组书记　杜吉宾
专职委员　于　沛

常州市人民政府法制办公室

主　　任　周智夏（至6月）
张宏伟（6月任）
副 主 任　夏　明※
吴向方（至10月）
陈跃峰
薛和明
党组书记　周智夏（至5月）
张宏伟（5月任）

常州市人民政府侨务办公室

主　　任　张哲浩
副 主 任　高文清（正处级）
孙春武
汤建忠（10月任，试用期一年）
党组书记　张哲浩

常州市人民政府国有资产监督管理委员会

党委书记　屠怀明
党委副书记　周培进（至10月）
闵瑞华（10月任）
纪委书记　肖　宏
主　　任　陆　强
副 主 任　黄战非
袁小冬※
专职委员　邢贺章（正处级）

常州市接待办公室

主　　任　周家林
副 主 任　郭　群
顾　俊
王顺波

中共常州市政务服务管理办公室工作委员会

常州市政务服务管理办公室

党工委书记　惠　方
党工委副书记
黄田明
主　　任　黄田明
副 主 任　施　绮※（至12月）
耿建华
陈国舫
施晓东

中共常州市科教城工作委员会

常州市科教城管理委员会

常州市高等职业教育园区管理委员会

党工委书记　徐光辉（兼）
党工委副书记
许小波（至10月）
陆金林
闵瑞华（至10月）
芮卫东（10月任）
纪工委书记　闵瑞华（兼至10月）
芮卫东（10月兼任）
主　　任　许小波（至10月）
副 主 任　陆金林
路　琦（10月任）
郜　军
黄剑明（至10月）

常州市住房公积金管理中心

主　　任　陈　慧※
副 主 任　魏　平
钱同春（至6月）
方春如※（6月任）
邵　宏
党组书记　陈　慧※
党组副书记　魏　平
纪检组组长　方春如※（至5月）
周海涛（5月任）

常州市地震局

局　　长　贡浩平
副 局 长　张宗烈
张晓曦
陈龙新

常州市行政学院

院　　长　费高云（兼）
副 院 长　陈国辅（兼至10月）
王定新（10月兼任）
吴新法（兼）
严瑞忠（兼）
王其山（兼）

常州市人民政府驻北京联络处

主　　任　周永强
副 主 任　蒋　浩（至10月）
杭宏伟（10月任，试用期一年）

常州市供销合作总社

党委书记　陈立勇（至10月）
刘洪俊（10月任）
纪委书记　陈嫦青※
主　　任　陈立勇（至10月）
刘洪俊（10月任）
副 主 任　张　冶（正处级，至12月）
张庆祥（正处级，至6月）
刘洪俊（至10月）
张萍霞※（10月任）
张云忠

政协常州市委员会办公室

主　　任　蒋鹏飞
副 主 任　张解元（至12月）
蒋建国（12月任）
宣丽静※
曹捷程

政协常州市委员会研究室

主　　任　林　辉
副 主 任　蒋建国（至12月）
孙树龙

政协常州市委员会提案委员会

主　　任　卢联珍※（驻会，至11月）
蒋华平（驻会，11月任）
副 主 任　史佩立※（驻会）
李　信
杭　勇（5月任）
周常青※（驻会，至12月）

政协常州市委员会文史委员会

主　　任　沈建钢（驻会）
副 主 任　叶鹏飞
朱明辉
孙建荣
张晓平
李　浩
陈满林
胡国华
顾卫东
高展飞
潘双林

政协常州市委员会经济科技委员会

主　　任　吴群毓※（驻会）
副 主 任　刘月冬
何尧平
宋　平
应可福
张建新
张泉明
杨伟红
姜兆云（驻会）

陶亚仁

政协常州市委员会文教卫体委员会

主　　任　居松珍※（驻会，至11月）
　　　　　沈　梅※（驻会，11月任）
副 主 任　王定新
　　　　　史建国
　　　　　许　峥※
　　　　　宋　江
　　　　　张泽江（驻会）
　　　　　李晓华※
　　　　　荣凯元
　　　　　秦　佳※
　　　　　谢春林

政协常州市委员会社会法制与民族宗教委员会

主　　任　黄　欣（驻会，至11月）
　　　　　赵世平（驻会，11月任）
副 主 任　冯子秋※（至5月）
　　　　　祁　新
　　　　　吴欲晓
　　　　　张建文
　　　　　狄立新
　　　　　杭　勇（至5月）
　　　　　赵世平（至11月）
　　　　　倪丙忠（驻会）
　　　　　徐靖德
　　　　　蒋忠孝
　　　　　霍荣芬※（驻会）

政协常州市委员会城乡建设与人口资源环境委员会

主　　任　查锡斌（驻会，至8月）
　　　　　李金玉（驻会，8月任）
副 主 任　许焕清
　　　　　孙婉如※（驻会）
　　　　　贡浩平
　　　　　陈　慧※
　　　　　周煜明
　　　　　金　震
　　　　　洪　军（至5月）
　　　　　祝正庆（至5月）
　　　　　贾金庚
　　　　　戴明水
　　　　　戴晓荣

政协常州市委员会港澳台侨与外事委员会

主　　任　王燕萍※（驻会，至11月）
　　　　　戴晓荣（驻会，11月任）
副 主 任　刘晓华※（至5月）
　　　　　许春元
　　　　　孙茂斋（驻会，至8月）
　　　　　孙春武
　　　　　何　琴※
　　　　　陆惠林
　　　　　周登蓉※
　　　　　赵　彤※
　　　　　倪晓谦※
　　　　　高　戈（驻会）
　　　　　韩红卫※（至5月）
　　　　　谭　震

政协常州市委员会委员工作委员会

主　　任　苏　伟（驻会）
副 主 任　江　元
　　　　　张加林
　　　　　张建华
　　　　　李江蛟
　　　　　杜　强
　　　　　杨　光
　　　　　查　艳※（至5月）
　　　　　桑　毅
　　　　　章卫忠
　　　　　程立力
　　　　　葛国林（驻会）

常州市中级人民法院

院　　长　张　屹
副 院 长　张建文（正处级）
　　　　　张宏伟（正处级，至6月）
　　　　　李　浩（正处级，至10月）
　　　　　裴　阳（正处级）
　　　　　吴向方（10月任）
党组书记　张　屹
党组副书记　张建文
纪检组组长　许建军
政治部主任　陈　琪※
专职委员　潘君泽
　　　　　陈陶麟※

常州市人民检察院

检 察 长　葛志军
副检察长　蒋忠孝（正处级，至10月）
　　　　　韩筱筠※（正处级，至10月）
　　　　　张加林（正处级，至10月）
　　　　　查迅宇（正处级，10月任）
　　　　　李　浩（正处级，10月任）
　　　　　黄秋雄（正处级）
　　　　　丁正红
党组书记　葛志军
党组副书记　蒋忠孝（至10月）
　　　　　韩筱筠※（至10月）
纪检组组长　王建国
政治部主任　计　英
专职委员　汪国平
　　　　　周　佩※

市属公司

常州产业投资集团有限公司

董 事 长　周云东
党委书记　周云东
党委副书记　查道寅
　　　　　徐　江（10月任）
总 经 理　周云东
监事会主席　查道寅
副总经理　周小南
　　　　　张　捷
　　　　　吴　彬
纪委书记　徐　江（10月兼任）

常州投资集团有限公司

董事局主席（法定代表人）
　　　　　姜忠泽
党委书记　姜忠泽
党委副书记　陈利民
　　　　　张永贵
纪委书记　张永贵
总　　裁　陈利民
副 总 裁　陈耀庭
　　　　　林　田
　　　　　季国强
　　　　　史新昆

东海证券股份有限公司

党委书记　朱科敏

常州市轨道交通发展有限公司

董 事 长　夏永俊
党委书记　陆　平（10月任）
党委副书记　夏永俊（10月任）
　　　　　王金林（10月任）
纪委书记　王金林（10月任）
总 经 理　夏永俊
副总经理　胡导云
　　　　　周惠兴
　　　　　李立新
　　　　　胡今强

江苏江南农村商业银行股份有限公司

董 事 长　陆向阳
行　　长　蔡　俊（5月任）
代 行 长　蔡　俊（至5月）
监 事 长　王　波
副 行 长　陆诗俊
　　　　　史文雄

周静洁※
上官小天(6月任)
党委书记 陆向阳
纪委书记 王 波

部分部属、省属单位

中国人民银行常州市中心支行

行 长 姚 军
副 行 长 曹小鹏
赵晓春(至9月)
王文卓
党委书记 姚 军
纪委书记 张秋冬

中国银行业监督管理委员会
常州监管分局

局 长 朱广德
副 局 长 孟建树
金 曦
党委书记 朱广德
纪委书记 刘占科(至6月)
曹佩璐※(6月任)

中国工商银行股份有限公司常州分行

行 长 张 彬
副 行 长 刘伟民
汪 超※
杨庆生
陈 杰
党委书记 张 彬
纪委书记 汪 超※

中国农业银行股份有限公司常州分行

行 长 周清清
副 行 长 冯 蕾※(至8月)
赵喜朝(总行挂职交流,1月任,至10月)
吴永东(8月任)
宣红卫
王建胜
丁可人(至9月)
吴忠辉
罗 斌(总行挂职交流,12月任)
党委书记 周清清
党委副书记 冯 蕾※(至8月)
赵喜朝(总行挂职交流,至10月)
纪委书记 冯 蕾※(至8月)
吴永东(8月起)

中国银行股份有限公司常州分行

行 长 程 祥
副 行 长 王轶宇※
张 辉
崔时松
许荣飞
王建明
陆 洋
王 俊(2014年12月任)
纪委书记 张 辉

中国建设银行股份有限公司常州分行

行 长 尹家健
副 行 长 周 韬(5月任)
陆 健
郑继忠
卞长珍※(9月任)
党委书记 尹家健
党委副书记 周 韬(2月任)
纪委书记 陆伟时(至12月)

交通银行股份有限公司常州分行

行 长 李 瑶
副 行 长 杨子江
卜 璟
周毅平
张卫东
王 建
张秦华(2月任)
党委书记 李 瑶
纪委书记 王 建

注:2014年1月,副行长杨子江被选派到辖市、区挂职工作2年。

江苏银行股份有限公司常州分行

行 长 蒋 敏
副 行 长 杨晓雄(至7月)
高明宇
王 峻(至3月)
张泽毅(至1月)
余立新
党委书记 蒋 敏
纪委书记 王 峻(至3月)
余立新(12月任)

常州市国税局

局 长 胡云松
副 局 长 姜立军
张东明
言卫东
荆 玮
党组书记 胡云松
纪检组长 杨 晶
总经济师 崔晓宇
总会计师 杜 军

江苏省常州地方税务局

局 长 钱俊文
副 局 长 宋 伟
曾长胜
刘 超
党组书记 钱俊文
纪检组长 韩 威
总经济师 戚浩东
总会计师 陈咏升(12月任)

常州市国土资源局

局 长 贾金庚(1月任)
副 局 长 贾金庚(至1月)
王建伟
陈树荣
陈 艳※
余立新
党委书记 徐建伟
纪委书记 戴洪华

常州出入境检验检疫局

局 长 朱建明(副厅级)
副 局 长 汤礼军(正处级)
郑安明(正处级)
诸俊峰
岳小平
党组书记 朱建明(副厅级)
纪检组长 蒋国林

常州海关

关 长 王童欣(至12月)
郭炳志(12月任)
副 关 长 张晓东(正处级)
蒋伟国
尹聚技(至12月)
顾泳洪(12月任)
卫 健
党组书记 王童欣(至12月)
郭炳志(12月任)

常州海关缉私分局

局 长 张晓东
副 局 长 程 郁(至5月)
耿 栋(8月任)

江苏省常州市烟草专卖局
江苏省烟草公司常州市公司

局 长 杨增科
副 局 长 吴金鹏(至8月)
黄 东(8月任)
经 理 杨增科
副 经 理 丁建瑾(至11月)
苏建康(11月任)

党组书记　杨增科
纪检组长　徐　韶

常州市盐务管理局

江苏省苏盐连锁有限公司常州分公司

局　　长　罗海虹
副 局 长　赵敏前
　　　　　尹海滨
总 经 理　罗海虹
副总经理　贾永明
　　　　　赵敏前
　　　　　尹海滨
党委书记　贾永明
纪委书记　尹海滨

常州市气象局

局　　长　周霖华（至10月）
　　　　　张耀军（10月任）
副 局 长　吴一鸣
　　　　　臧晓钟
党组书记　周霖华（至10月）
　　　　　张耀军（10月任）
纪检组组长　贺建忠

江苏水文水资源勘测局常州分局

常州市水文局

局　　长　尤迎华
副 局 长　李书建
　　　　　王雪松

江苏省邮政公司常州分公司

党委书记　陈力烈
总 经 理　陈力烈
副总经理　季建华（1月任）
　　　　　褚盘良
　　　　　陈舒冰（至1月）
纪委书记　褚盘良

江苏省电力公司常州供电公司

总 经 理　沈　华（至6月）
　　　　　龚　冰（6月任）
副总经理　韦士明
　　　　　吴宇宙（至6月）
　　　　　张　军（至6月）
　　　　　刘　纲
　　　　　秦勇明
　　　　　许建明（6月任）
党委书记　韦士明
党委副书记　沈　华（至6月）
　　　　　龚　冰（6月任）
纪委书记　陆克奇

中国电信股份有限公司常州分公司

总 经 理　袁黎平
副总经理　乔　梓
　　　　　王洪林
　　　　　苏大勇
　　　　　黄亚君
　　　　　刘中云
党委书记　袁黎平
纪委书记　乔　梓

中车戚墅堰机车有限公司

执行董事　姚国胜
总 经 理　姚国胜
副总经理　邹哲贤（兼）
　　　　　徐　俊
　　　　　罗玉红
　　　　　秦　辉
　　　　　王卫平
　　　　　许人华
　　　　　徐世保
　　　　　沈永平
　　　　　李　扬
党委书记　邹哲贤
党委副书记　姚国胜
　　　　　刘春阳
　　　　　史小余
纪委书记　刘春阳

常州军分区

党委第一书记
　　　　　阎　立（兼）
政治委员　刘　伟
司 令 员　陆　平（至6月）
　　　　　马绪春（6月任）
副司令员　韩　涛
参 谋 长　陈　伟
政治部主任　吴　浩
后勤部长　陆　峰

民主党派

中国国民党革命委员会常州市委员会

主任委员　卢明康（兼）
副主任委员　谭　震
　　　　　邹建源（兼）
　　　　　韩红卫※（兼）
秘 书 长　谭　震（兼）

中国民主同盟常州市委员会

主任委员　赵忠和（兼至12月）
　　　　　许　峥（12月任，兼）
副主任委员　李江蛟（兼）
　　　　　杜跃华（兼）
　　　　　沈惠平（兼）
　　　　　魏继斌（兼）
　　　　　许　峥（至12月）
　　　　　黄　勇
秘 书 长　张翠娥

中国民主建国会常州市委员会

主任委员　邵　明
副主任委员　芮永全（兼）
　　　　　徐　红※
　　　　　雷卫宁（兼）
　　　　　杜爱祥（兼）

中国民主促进会常州市委员会

主任委员　蒋必彪（兼）
副主任委员　张志朝（兼）
　　　　　沈　梅※（兼）
　　　　　顾征英
秘 书 长　顾征英

中国农工民主党常州市委员会

主任委员　陈建国
副主任委员　曹玉屏※
　　　　　马正华
　　　　　杨伊林
　　　　　朱静雅※
秘 书 长　朱静雅※

中国致公党常州市委员会

主任委员　张云云※（兼）
副主任委员　黄富华（兼）
　　　　　赵　彤※（兼）
　　　　　谢　海
秘 书 长　谢　海

九三学社常州市委员会

主任委员　朱晓敏（兼）
副主任委员　杜　强（兼）
　　　　　俞　申
　　　　　江　冰※（兼）
秘 书 长　俞　申（兼）

社会团体

常州市总工会

主　　席　贾宝中※（兼）
副 主 席　徐靖德
　　　　　孙启江（正处级，至1月）
　　　　　于德江
　　　　　蒋　炜※
　　　　　张小军
党组书记　徐靖德（至10月）
　　　　　徐伟南（10月任）
纪检组组长　李　良
专职委员　王俊岚

中国共产主义青年团常州市委员会

书　　记　潘文卿
副 书 记　牟　静（正处级，12月任）
　　　　　潘　儒
　　　　　李　磊※（至10月）
　　　　　苗　润（12月任，试用期一年）
党组书记　潘文卿

常州市妇女联合会

主　　席　周广菊※
副 主 席　于巧锡※
　　　　　孙　惠※（至10月）
　　　　　储　蕾※
　　　　　陈秋霞※（10月任）
党组书记　周广菊※

常州市人民政府妇女儿童工作委员会办公室

主　　任　陈秋霞※（至12月）
　　　　　褚文霞※（12月任）

常州市科学技术协会

主　　席　宋　平
副 主 席　王　彬（正处级）
　　　　　王翼飞
　　　　　张荃兴
　　　　　王广宝
党组书记　宋　平

常州市文学艺术界联合会

主　　席　荣凯元
副 主 席　胡军生
　　　　　池银合※
党组书记　荣凯元
专职委员　周勇刚

常州市归国华侨联合会

主　　席　李音强
副 主 席　赵　彤※

常州市哲学社会科学界联合会

主　　席　陈满林
副 主 席　李映哲（6月任）
　　　　　叶英姿
　　　　　张步东（至6月）
　　　　　罗志平
　　　　　王定新（兼）（10月任）
　　　　　朱志洪（兼）
　　　　　李亚雄（兼）
　　　　　周兰珍（兼）
　　　　　胡　竹（兼）
　　　　　高　平（兼）
　　　　　陈国辅（兼至10月）

常州市残疾人联合会

执行理事会理事长
　　　　　金志达
副理事长　姚军亭
　　　　　王　宏
　　　　　许　方
　　　　　董　明（至10月）

常州市工商业联合会

主　　席　王振华
副 主 席　查　艳※（1月任）
　　　　　江　元
　　　　　韩红卫※
　　　　　袁学军
　　　　　陈　敏
党组书记　查　艳※

常州市红十字会

会　　长　张云云※（兼）
常务副会长　钱　斌
副 会 长　杨跃忠（正处级）
　　　　　朱成凤
党组书记　钱　斌

常州市台湾同胞联谊会

会　　长　胡　静※
副 会 长　朱艳华※（兼）
　　　　　纪　力（兼）

高等院校

常州大学

党委书记　史国栋
党委副书记　浦玉忠
　　　　　孙小强
　　　　　陈奎庆
校　　长　浦玉忠
副 校 长　蒋必彪
　　　　　陈奎庆
　　　　　丁建宁
　　　　　王卫星※
　　　　　陈　群
　　　　　陆锦冲
　　　　　芮国强
　　　　　苏旭平
纪委书记　孙小强

江苏理工学院

党委书记　王建华
党委副书记　曹雨平
　　　　　汤建石
院　　长　曹雨平
副 院 长　董存田
　　　　　周全法
　　　　　崔景贵
　　　　　周兰珍
　　　　　侯文华
　　　　　谢忠秋
纪委书记　汤建石

河海大学常州校区

党委书记　吴继敏
党委副书记　潘洪林
管委会主任　范新南
管委会副主任
　　　　　王建青
　　　　　刘丹平
纪委书记　潘洪林（兼）

常州工学院

党委书记　王建明
党委副书记　李文虎
　　　　　陈志伟
　　　　　汤正华
校　　长　李文虎
副 校 长　汤正华
　　　　　吉　飞
　　　　　李江蛟
　　　　　张　红※
　　　　　朱海山
　　　　　王传金
纪委书记　陈志伟

收录范围：

1.市委、市人大常委会、市政府、市政协、市纪委领导人；

2.市中级法院、市检察院、市级党政群机关和社会团体领导成员；

3.民主党派、市委管理的企事业单位领导成员，部分垂直管理单位和驻常州机构领导成员；

4.常州军分区、副厅级建制以上高等院校领导成员。

说明：

1.姓名右上角有“※”号者为女性；

2.除政协各专门委员会、民主党派、部省属单位、军分区、部分社会团体、高等院校分别由相应部门提供外，所列机构和领导人名单均由市委组织部提供。

2016

党政社团

Political Party, Government & Mass Organizations

◆责任编辑 吴 芳

中国共产党常州市委员会

【马凯到常州考察】 5月15日，中共中央政治局委员、国务院副总理马凯到常州调研新能源汽车产业发展，考察千人计划（常州）新能源汽车研究院，并主持召开新能源汽车推广应用座谈会。马凯强调，地方政府要切实承担主体责任，坚持因地制宜、远近结合，制定完善规划指南和支持政策，为新能源汽车产业发展营造良好环境；要鼓励和支持社会资本进入充电设施建设和运营领域，创新建设运营模式，推进“互联网+充电设施”，实现可持续发展；要加强充电技术攻关，加快修订完善有关标准，推动全国统一实施，切实提高充电便捷性、安全性。

【何厚铧到常州考察】 6月8—9日，全国政协副主席何厚铧率澳门特别行政区全国政协委员考察团到常州，围绕长江经济带建设及国家科技创新实验区、现代化实验区建设进行专题考察，实地视察常州科教城、金东方颐养中心，并察看天宁禅寺、春秋淹城旅游区、花卉博览园、西太湖揽月湾等生态、旅游项目。

【罗志军到常州考察】 3月26日，省委书记罗志军到常州调研转型升级情况，先后走访铭赛机器人科技股份有限公司、纳恩博（常州）科技有限公司、美森环保科技有限公司、江苏维尔利环保科技股份有限公司、常州市润源经编机械有限公司、江苏恒立高压油缸股份有限公司、常州快克锡焊股份有限公司、今创集团股份有限公司等企业，详细了解常州科教城智能数字产业园的规划建设情况。罗志军强调，要认真贯彻中央决策部署和全国“两会”精神，牢牢把握“四个全面”战略布局，坚持把创新驱动作为引领新常态的主引擎，做大做强装备制造业和战略性新兴产业，营造有利于市场活力充分释放的好环境，着力打造经济发展新动能。调研期间，罗志军听取了市委、市政府情况汇报，希望常州紧紧抓住产城融合综合改革试点试验的机遇，积极探索、大胆尝试，加快推动产业向集聚化、高端化、特色化发展，以产业转型驱动城市更新，以城市优化拓展产业空间。

5月21日，省委书记罗志军到常州调研武进国家高新区、西太湖科技产业园建设情况，先后走访江苏龙城精锻有限公司、光宝华东运营中心、创生医疗器械（中国）有限公司、新纶科技（常州）有限公司，并听取市委、市政府相关汇报。罗志军指出，当前正处于转型升级的关键点上，常州要踏准“中国制造2025”节奏，坚持企业为主体、市场为导向，紧紧依靠科技创新，做大做强装备制造业和战略性新兴产业，在转型升级关键点上实现新突破；要把推动转型升级作为治本之策，把政策措施落实到企业和项目上，在发展中升级、在升级中发展，努力实现经济发展调速不减势、量增质更优。

【李学勇到常州考察】 2月10—11日，省长李学勇在常州开展走访慰问并对产城融合进行专题调研。李学勇先后走访慰问金坛市朱林镇的伤残军人丁旺林、残疾贫困户马灯贵和直溪镇敬老院，新北区全国劳模伍贻杰、重点优抚对象周沛英和罗溪镇卫生院，以及驻常州海军航空兵某部。调研了金坛直溪镇工业集中区、金城科技产业园、金坛华润苏果超市，考察了埃马克（中国）机械有限公司、蒂森克虏伯项目，并听取市委、市政府产城融合发展汇报。李学勇强调，常州要追求中高端、有质量、绿色发展的“产”，以人的需求催生产业升级和城市嬗变，以产业升级促进人口集聚和城市转型，以城市更新满足生产需求和生活需要，并加快建立与之相适应的产业升级、生态建设、考核评价等体制机制，使产、城、人三者和谐共进。

6月29日，省长李学勇到常州市防汛抢险一线察看灾情，走访慰问受灾群众。先后到龙虎塘片区的如家快捷酒店看望受灾群众，到武进区牛塘镇丫河村、常州经济开发区运河大坝等地视察灾情，并主持召开座谈会。李学勇指出，常州各级各部门要进一步强化责任落实，查险排险、抢险救险，增强监测预警和分析研判，抓紧修复水毁工程，做好灾后救助，做好应对更大汛情的准备；加强协同力度，强化值守巡查和科学调度，千方百计降低河、库和城市水位，做好城镇防洪排涝和水库度汛，确保人民群众生命财产安全。

【石泰峰到常州考察】12月16日，省委副书记、代省长石泰峰到常州调研考察，先后走访湖南江南汽车制造有限公司金坛分公司、埃马克（中国）机械有限公司和新誉集团有限公司，并听取市委、市政府工作汇报。石泰峰指出，常州要努力做好四方面工作：一要在创新能力上有更大提升，充分发挥常州科教人才和开发开放优势，深入实施创新驱动发展战略，在科技创新重点领域先行先试、积极探索，着力提升自主创新能力；二要在转型升级上有更大突破，以重大项目为抓手，以提质增效为核心，以融合发展为路径，以产业高端化、智能化、服务化、绿色化为方向，加快打造"常州智造""常州服务"品牌；三要在深化改革上有更大进展，按照"近期作示范、长远探路子"要求，大胆试、大胆闯，努力走出一条"以产兴城、以城促产、宜居宜业、融合发展"的改革发展常州之路，为全省提供可复制、可推广的经验；四要在改善民生上有更大作为，加大民生投入，坚持不懈办好民生实事。

【市委十一届九次全体（扩大）会议】7月17日召开。市委书记阎立作《统筹推进产城融合综合改革，走出一条具有常州特色的转型发展之路》的工作报告。报告指出，产城融合是常州市转型发展的重大命题，是重塑优势的重大战略，是改革创新的重大探索。要探索产城融合发展的现实路径：一要完善空间规划，重构产城融合发展新格局；二要提升产业层次，增强产城融合发展新动能；三要强化基础设施，夯实产城融合发展新支撑；四要拓展公共服务，满足产城融合发展新需求；五要推进文化建设，彰显产城融合发展新气象；六要建设生态文明，增添产城融合发展新优势，力争到2020年，基本建成"空间结构协调、产业活力强劲、城市品质高端、服务功能完备、市民安居乐业"的产城融合发展示范区。市长费高云指出，下半年重点要做好六个方面工作：一是坚定不移推动重大项目，加大招引力度，加快项目建设，促进重大项目投产；二是着力稳定经济增长，落实好稳增长政策，挖掘经济增长潜力，培育经济新增长点；三是加大转型创新力度，推进制造业转型升级，提升发展现代服务业，扎实推进现代农业，深入实施创新驱动；四是不断深化改革开放，加快产城融合综合改革，实施重点领域改革，提升对外开放水平；五是大力建设宜居城市，加快推进重点工程，加强生态文明建设，提升城乡一体发展水平；六是切实保障和改善民生，不断优化民生服务，加快发展社会事业，积极创新社会管理。全会审议通过《关于推进产城融合综合改革的实施意见》以及《中共常州市委十一届九次全体会议决议》。

【市委十一届十次全体（扩大）会议】12月15日召开。市委副书记、市长费高云主持会议，市委书记阎立作《以五大发展理念为引领，奋力开创"十三五"改革发展新局面》的工作报告，并就《中共常州市委关于制定常州市国民经济和社会发展第十三个五年规划的建议（讨论稿）》向全会作说明。全会回顾总结常州"十二五"发展取得的成就和经验，深入分析"十三五"发展面临的形势，强调要准确把握战略机遇期内涵的深刻变化，准确把握国际国内发展基本趋势，准确把握常州发展的阶段性特征，增强机遇意识、忧患意识，坚持问题导向、民意导向，以改革的办法解决前进中的新问题，以创新的思路探索发展的新路径。全会指出，2016年重点做好八个方面，以转型升级推动经济稳定增长，以创新驱动提升发展质量效益，以深化改革激活体制机制优势，以扩大开放拓宽内外发展空间，以统筹协调促进城乡品质提升，以先进文化凝聚改革发展力量，以生态建设打造美丽宜居家园，以共建共享保障社会公平正义；要落实全面从严治党要求，为"十三五"良好开局提供坚强保证。全会对2015年度干部选拔任用工作开展"一报告两评议"，并对常州市党政领导班子及成员进行年度考核民主测评。全会审议通过《中共常州市委关于制定常州市国民经济和社会发展第十三个五年规划的建议》和《中共常州市委十一届十次全体会议决议》。

【"重大项目深化年"动员大会】2月25日召开，市长费高云主持会议，市委书记阎立讲话。阎立指出，"重大项目深化年"这一主题，适应经济发展新常态，立足动力转换新要求，契合产城融合新趋势，筑牢常州转型升级的强劲支撑，提升常州协调发展的竞争能级；全市上下要迅速集中精力、立即行动起来，聚焦提质增效，聚力提速见效，强招商、重建设、早竣工、快见效，再次打赢一场重大项目的漂亮仗，加快建设"经济强、百姓富、环境美、社会文明程度高"（简称"强富美高"）的新常州。费高云指出，重大项目事关发展质量和效益，事关常州的可持续发展，全市要以更大的决心、更大的力气、更有效的手段全面聚焦重大项目，全力突破重大项目，全心服务重大项目，努力实现重大项目招引和建设的新突破，力争尽早形成新的经济增长点。会议表彰了获2014年度国家科学技术进步奖项目、"创新争星、做强做优"活动优胜企业和企业家、辖市区现代化建设评价考核优胜地区、"重大项目突破年"活动突出贡献地区和个人、优秀重点工程和优秀项目、综合考核优胜单位和争先进位单位等。市委、市政府出台《关于在全市开展"重大项目深化年"活动的实施方案》，明确2015年全市和各地目标任务。

【行政区划调整】5月30日，市委、市政府召开常州市行政区划调整动员大会。会议要求6月底前基本完成调整任务，7月1日起按新的区划和机制运作。此次行政区划调整方案经国务院、省政府批复、通知，同意：撤销武进区和戚墅堰区，设立新的武进区，并在新的武进区东部设立常州经济开发区；撤销金坛市，设立金坛区；奔牛镇、郑陆镇、邹区镇分别划归新北区、天宁区、钟楼区管辖。

【领导干部警示教育大会】4月3日，市委召开全市领导干部警示教育大会，深入学习贯彻习近平总书记系列重要讲话精神，集体观看常州市近年来查处的5起违纪违法典型案例的警示教育片，通过以案说法、以案明纪，教育引导全市各级党员干部特别是领导干部筑牢廉洁防线，在全市营造出风清气正、干事创业的良好氛围。市委书记阎立发表讲话，市长费高云主持会议，市委常委、纪委书记沈斌通报十八大以来常州市反腐败案件查处情况。

【党政企代表团考察学习】 3月20日，市委书记阎立率常州代表团赴上海浦东新区考察，详细考察学习浦东新一轮开发开放、科技创新、产业升级情况，学习借鉴创新发展理念，深化两地合作交流，推动接轨上海取得新进展。代表团先后考察世博前滩地区项目、张江药谷公共服务平台及上海浦东软件园三期和快钱支付清算信息有限公司、上海河马动画设计股份有限公司等。

7月7—9日，市委书记阎立、市长费高云带领常州市党政企代表团，赴无锡、苏州、徐州、南京学习考察创新驱动、转型升级、增强发展内生动力等方面的经验做法。代表团深入兄弟城市的市政工程、重点项目、重点企业及研发平台，看成果、听创新、谋发展，深入交流产城融合的经验做法。

【省委巡视工作】 11月14日起，省委第五巡视组分别对金坛、新北、天宁、钟楼开展为期一个半月左右的巡视工作。14—15日，巡视组在4个区分别召开工作动员会，省委第五巡视组组长练如俊作动员讲话，市委书记阎立就支持配合巡视工作提出具体要求。

【全市巡察工作】 7月15日，常州市委召开巡察工作动员会议，部署开展常州市2015年首轮巡察工作。巡察以落实党风廉政建设责任制"两个责任"为核心，坚持党委领导、实事求是、客观公正、突出重点、务求实效的原则，聚焦党风廉政建设和反腐败斗争；察问题，形成震慑；察隐患，堵塞漏洞；促整改，解决问题；促规范，健全制度。巡察对象为市各部委办局领导班子及其成员，各市属企事业单位领导班子及其成员，各省级以上开发区、镇街道领导班子及其成员，市委要求巡察的其他单位领导班子及其成员。巡察内容为落实党风廉政建设党委主体责任、纪委监督责任情况；党的纪律执行情况，着力发现是否存在违反党的政治纪律和组织纪律的问题；贯彻执行干部选拔任用条例情况，着力发现是否存在选人用人上的不正之风和腐败问题；领导班子及其成员执行廉洁自律规定情况，着力发现是否存在权钱交易、以权谋私、贪污贿赂、腐化堕落等违法违纪问题；贯彻落实党员干部作风建设相关规定情况，着力发现"四风"等违反中央八项规定精神的问题；源头防腐的情况，着力发现党风廉政教育、反腐倡廉制度、权力监督制约、重点领域改革等方面存在的问题；市委要求巡察的其他事项。2015年首轮被巡察的单位为市房管局、市粮食局。11月6日起，巡察组进驻市城乡建设局（市地震局）、市科技局。

【中国人民抗日战争暨世界反法西斯战争胜利70周年纪念】 9月4日上午，常州市中国人民抗日战争暨世界反法西斯战争胜利70周年纪念活动在溧阳新四军江南指挥部纪念馆广场举行。市委书记阎立、常州军分区司令员马绪春和新四军老战士代表、青少年学生代表一起向陈毅、粟裕雕像敬献花篮。活动现场发布纪念抗战胜利70周年的视频作品，进行"励志青春今天、保卫祖国明天"征文活动颁奖仪式，举办"壮歌·新四军"文艺展演。阎立指出，苦难孕育辉煌，历史刻骨铭心；凤凰涅槃重生，精神永放光芒；和平来之不易，梦想就在前方。他要求，从悲壮的历史中汲取伟大的精神力量，围绕协调推进"四个全面"（全面建成小康社会、全面深化改革、全面推进依法治国、全面从严治党）战略布局，按照经济发展、现代农业建设、文化建设、民生建设、全面从严治党"五个迈上新台阶"的总体要求，致力改革创新，推进产城融合，努力走出一条富有常州特色的转型发展之路，展现"强富美高"新常州的现实图景。（刘　巍）

·组织工作·

【概　述】 2015年，市委组织系统紧紧围绕全面从严治党主线，深入贯彻落实习近平总书记系列重要讲话和全国、全省组织部长会议精神，扎实开展"三严三实"专题教育，统筹推进干部工作、基层党建工作、人才工作和组织部门自身建设，以严实作风主动服务经济社会发展大局。

领导班子和干部队伍建设。围绕"强富美高"新常州建设，优化选人用人机制，选拔信念坚定、为民服务、勤政务实、敢于担当、清正廉洁的好干部。配强党政正职，配优综合部门，重点围绕全市行政区划调整大局做好人事安排工作，区划调整平稳、有序、顺利实施。进一步加强辖市区间，以及辖市区和市级机关间干部交流挂职，推动全市干部资源优化整合。作为中组部确定的全国3个领导干部考核评价专业分析系统试点城市之一，综合运用领导风格、组织氛围等测试测评手段和大数据分析，深入挖掘、动态跟踪干部一贯表现。金坛区推行干部履职情况适岗性排序测评，提升考核评价准确性；市人社局创新公务员"日志式"平时考核模式，得到国家公务员局的肯定。全年组织系统举办各类培训900多个班次，培训干部3.7万人次。钟楼区、常州经济开发区开展产城融合专题培训，引导干部加快观念能力转型；市委党校开发党性教育系列课件，主阵地建设有效加强。深入贯彻落实中央关于推动领导干部能上能下若干规定精神，着力破解"为官不为"问题，制定出台《常州市县处级党政领导干部选拔任用动议工作暂行办法》，严把选人用人关键环节。

干部管理。市委组织部出台《关于从严管理干部的规定》，重点围绕行为目标、严格选任、绩效管理、谈心谈话等环节，构建前后相接、首尾相顾的从严管理干部链。会同市编办严格职数预审，县处级领导干部超职数配备消化工作走在全省前列。印发《全程纪实办法》，构建覆盖全市的全程纪实信息系统。建立干部选任工作立卷建档制度，明确动议、民主推荐、考察、讨论决定和任职5大环节30个立卷节点，实行"一事一记，一批一档，一卷一审"。集中开展干部人事档案专项审核，各级组织部门协同配合，对2万余份干部人事档案中干部出生日期、参加工作时间、入党时间、学历学位、工作经历、干部身份等重要信息进行专项审核。积极稳妥推进拟提任县处级干部人选个人有关事项公开省级试点。下发《乡科级领导干部报告个人有关事项实施办法》，全市5500多名副科职以上干部均按要求报告个人有关事项。市级层面对194名有关干部进行重点核查，对117名县处级干部进行随机抽查，对填报不实的有关干部进行函询式约谈，其中4人被取消或暂缓提拔。

【“三严三实”专题教育】 2015年，常州市委精心组织“三严三实”专题教育，教育引导各级领导干部自觉按照“三严三实”要求修身做人、为官用权、干事创业。全市一级抓一级、层层抓落实。市委常委会以身作则带头讲、带头学、带头查、带头改，树立标杆，放出样子；各地各单位党委（党组）书记对照《“三严三实”专题教育一把手职责任务清单》，切实履行第一责任。坚持以正面典型为镜、反面典型为戒，将学习研讨贯穿始终，持续深化“六进六学”（走进各类课堂学、走进道德讲堂学、走进基层一线学、走进先进典型学、走进革命老区学、走进教育基地学）活动，严明党的政治纪律和政治规矩，拧紧思想和行动的“总开关”。坚持以“六查六看六整治”为抓手，即查修身严不严，看是否做到信念坚定、党性坚强、道德高尚，着力整治理想信念动摇、信仰迷茫、精神迷失，宗旨意识淡薄、借为民办事搞个人政绩、侵害群众利益，党性修养缺失、不讲党的原则，违反社会公德、家庭美德、职业道德等问题；查用权严不严，看是否做到为民用权、秉公用权、依法用权，着力整治权力寻租、权钱交易、以权谋私，侵吞国有资产、插手工程建设和土地出让等问题；查律己严不严，看是否做到心存敬畏、手握戒尺、遵纪守法，着力整治无视党的政治纪律和政治规矩，心中无党纪、眼中无国法，听信和传播甚至制造政治谣言，以人划线，搞亲亲疏疏、团团伙伙，重大问题不请示、不报告，边整边犯、顶风违纪等问题；查谋事实不实，看是否做到尊重规律、尊重科学、尊重实际，着力整治政绩观不正确、拍脑袋决策、搞形象工程，脱离实际、好大喜功、盲目攀比，急功近利、重显绩轻实干等问题；查创业实不实，看是否做到真抓实干、锐意进取、敢于担当，着力整治“乱作为”“慢作为”“不作为”，精气神不振、安于现状、固步自封，见到矛盾推、遇到问题躲、碰到难事拖等问题；查做人实不实，看是否做到忠诚老实、襟怀坦白、公道正派，着力整治执行中央和省、市委决策打折扣、搞变通，阳奉阴违、自行其是，弄虚作假、投机钻营，心浮气躁、贪图虚名，私心严重、处事不公等问题。市委常委带头查摆不严不实问题74条，辖市区委领导班子成员查摆392条。全市普遍召开高质量的专题民主生活会，以整风精神动真碰硬开展批评与自我批评。整改落实和专项治理有力推进，共查处窗口单位和服务行业中“庸懒散、不作为、乱作为”问题95个，查处责任人员39人；对创建达标评比表彰进行严格审核、全面清理，自查上报的639项仅保留35项，撤销率94.5%。

【“五纵五横”基层服务型党组织建设】 2015年，市委组织部坚持重心下移、工作下沉，切实加大基层党建工作力度。分层分类出台制订党委（党组）书记党建工作责任清单，形成一抓到底的党建工作责任格局，探索破解“党建抓什么、责任是什么、方法有什么”等核心问题。探索党员教育管理“互联网+”新模式，承接中组部、省委组织部交办的《党务工作ABC》动漫课件开发任务，建成党员组织关系网上接转平台。深化“五纵五横”基层服务型党组织建设，实行村党组织书记5A制晋档升级管理，市委作为唯一一家省辖市党委在全省农村基层党建工作座谈会上交流经验。出台《常州市城市社区为民服务专项资金使用管理办法》，在城市社区按照每年至少20万元的标准普遍设立为民服务专项资金。溧阳市、武进区、新北区精心打造非公党建示范圈、示范区和示范带，实现区域内党建阵地、党务人才、党建活动的共创共享。市委市级机关工委完善机关党建片会联席、党日联动、支部联创、文体联谊、绩效联评工作机制，市教育局、公安局、卫计委等机关部门党建品牌特色鲜明。天宁区实行党员发展三级联审，钟楼区编印《发展党员和党员管理操作指南》。

【龙城英才计划】 2015年，常州市以“龙城英才计划”为牵引，加快引进培育使用各类领军型人才创新创业，统筹推进党政人才、企业经营管理人才、专业技术人才、高技能人才、农村实用人才、社会工作人才“六支队伍”建设，“党委统一领导、组织部门牵头抓总、职能部门各司其职、社会力量广泛参与”的人才工作格局进一步确立。各辖市区和市人社局、商务局、发改委、科技局、经信委等单位发挥自身优势，利用“5·18”中国常州先进制造技术成果展示洽谈会、创业之桥——海外人才常州创新创业洽谈会、产学研论坛等平台，先后举办“龙城英才计划”政策推介会100多场，招才引智合力持续增强。坚持“大干大支持、快干快支持、不干不支持”，加大人才项目现场考察力度，优选行业地位高、创新能力优、爆发力强的企业给予重点支持。全年引进落户领军人才创业项目179个，拨付项目资助资金1.67亿元，其中创投机构投资500万元以上或市重点企业投资1000万元以上的21个。5个团队入选省“双创”团队，与苏州、无锡并列全省第一；37人入选省“双创”人才，创业类位列全省第三；2人入围国家“千人计划”，位列全省第三，均创历年最好成绩。（陈　悦）

·宣传工作·

【思想理论建设】 2015年，常州市着重围绕党的十八届五中全会精神和习近平总书记系列重要讲话精神开展学习宣传，市委中心组以专题学习报告会、辅导讲座等形式集中学习16次。深化学习型党组织建设，市委宣传部召开现场推进会，出台《常州市学习型党组织建设考核评价指标体系（试行）》，遴选首批学习型党组织建设工作示范点。在县处级领导干部中开展“迈上新台阶，建设新常州”专题读书调研活动。连续9年实施“走进名校，走近名师”工程，知名教授受邀作专题讲座。全市开展学习日活动6次。扎实开展基层党员冬训工作，3个辖市区入选省示范县（市、区），7家镇街道入选省示范乡（镇、街道），2人被评为省先进个人，《互联网思维给力基层党员冬训》获省冬训工作创新项目奖，溧阳市别桥镇成为获省冬训工作创新项目奖的唯一镇。

理论宣讲。继续开展“百场理论宣讲进基层”活动，向广大党员干部推荐《“四个全面”学习读本》《法治热点面对面》等读物。龙城讲坛全年举办各类讲座29场，并成为紫金讲坛联盟（由江苏大讲堂和南京市民学堂发起）首批结盟讲坛之一。发挥主流媒体人文社会科学宣传作用，市社科联与常州广播电视台举办《社科百家谈》54期，举办《社科专家面对面》6期。创新社会科学普及方式，推出《血性常州人》《名师大家眼里的清代常州文化》等微视频。召开全市社会科学科普工作会议，省、市级社会科学科普基地分别新增3家、7家。梳理全市群众宣讲员队伍，对各辖市区群众宣讲员分片培训辅导。组织政工干部网络学习培训、集中学习培训，合格率全省第一。加强意识形态阵地管理，落实全市公开类讲座讲坛备案管理制度，举办常州市首次公开类讲座讲坛举办单位联络员座谈会，共备案各类讲座45场。在全省社科系统率先制定出台《关于进一步加强我市社科类社团监管服务的意见》，强化社科类社团管理。

理论研究。举办省社科新型智库苏南自主创新示范区建设研讨会，召开全市第五届学术大会。完善联合攻关课题研究机制，完成《苏南国家自主创新示范区常州战略研究》等12项重点课题。《常州率先实现基本现代化的探索与实践》等2项课题获省社会科学基金项目立项。出版《奋力迈上强富美高新——常州之路的实践与探索》。在全省社会科学系统率先开发社会科学评奖、课题资助申报系统和社会科学专家库、成果库。创新智库建设和媒体宣传"融"模式，采取媒介联盟、专家点评等形式，对常州产城融合等主题进行深度解析和全媒体宣传。市委主要领导署名文章在《人民日报》《新华社智库》等刊物先后发表；道德讲堂经验在《求是》内参、《红旗文稿》等刊物刊登；《江苏常州成立暖新闻记者联盟》和《江苏常州推出"爱心扶助"公益保障计划》分别在中宣部《每日要情》《宣传工作》等刊物刊登。

【新闻宣传】 2015年，常州市被中央电视台用稿77条，被《人民日报》《光明日报》等用稿100多篇，被中央、省级主流媒体用稿6200多篇，《新华社智库》《内参清样》等媒体对常州科技创新、石墨烯产业发展、许巧珍等先进典型做专题报道。围绕"重大项目深化年"、产城融合、道德建设等重点主题和科技经贸洽谈会、动漫艺术周等重大活动组织重点新闻宣传。组织市内外媒体推出"魅力常州·精彩故事"大型系列采访活动，通过287篇生动报道，讲好常州故事，传播好常州声音。全年重点新闻网站制作推出网络新闻专题50多个，发布、转载、推送相关新闻1万余篇。在新华社政务通开设《常州专栏》，推出专栏报道12期。建立健全信息发布和政策解读机制，全年完成市级新闻发布会69场，市委宣传部被评为全省新闻发布工作先进集体。

【网络舆情】 2015年，常州市成立市委网络安全和信息化领导小组及其办公室，深入开展以净化网络内容为重点的网上舆论引导专项行动，建立网络安全部门联动工作机制，组织开展防黑客攻击专项行动和全市网络安全检查。编发《舆情快报》100余期，通报网络舆情300多条，协调处置市内外各类涉常州舆情500多条。有效引导区划调整、暴雨袭城、医药价格改革等热点话题，通过常态化的网络互动与小水滴网络文明志愿者的日常引导，保障常州网络空间的清朗。出台《常州市网络问政平台管理办法》，进一步规范网络问政工作。常州网络发言人网站在线回复网民问题1.8万多条，回复率99%；《市长与网民》收集、回复网友意见建议100余条。与腾讯签署"互联网+"战略合作协议，开启"常州发布"政务微信，开放13项民生服务接口，通过权威发布和民生信息服务相结合的方式打造智慧政务新媒体龙头产品，用户数1.5万，"常州发布"获江苏最佳创新应用奖。在2015腾讯全球合作伙伴大会上，市委宣传部获"互联网+"智慧城市奖。在"今日头条"开通"常州发布"头条号。常州微信联盟扩大到26个领域。"微常州"政务微博群68个，发布微博6万余条，粉丝200余万，其中"微常州"主微博粉丝超过64万，"微常州"获2015江苏年度最佳互动政务微博奖。组织"创建文明网站、做常州好网民"主题教育活动，举办"点赞常州""创意·未来"嘉壹度SYB青年创新创业训练营暨常州创客空间荟等网络文化活动30多项。开展"你我共享互联网+"网络文化盛宴系列活动，获第三届江苏网络文化季优秀活动项目一等奖。

【社会宣传】 2015年，常州市隆重举办纪念中国人民抗日战争暨世界反法西斯战争胜利70周年系列活动，组织"壮歌·新四军"、"正义的胜利"抗战历史宣传、抗日老战士老同志和抗战故事寻访等活动。运用常州市丰富的党史资源，培育和践行社会主义核心价值观，成功举办恽代英同志诞辰120周年的纪念活动。举办"我们的价值观"公益广告大赛和"微言传大义、影像说价值"常州首届微电影大赛，征集平面广告作品1269幅（组）、视频作品115部、微电影219部作品。3部作品在全省微电影大赛中获奖，获奖数列全省第一。选树先进典型，先后涌现出全国最美基层干部许巧珍、全国岗位学雷锋标兵尤辉、全国节俭养德全民节约行动先进个人周庆明、全国孝老爱亲最美家庭余美芳家庭、江苏最美巾帼人物戈亚琴、最美"双创"之星王晓东等典型人物，许巧珍先进事迹被中央和省级媒体集中宣传报道。组织许巧珍同志先进事迹报告会，精心举办"最美人物"先进事迹发布会，营造学习先进、争当先进的良好氛围。

【城市外宣】 2015年，常州市运用"互联网+"思维，从机制、内容、模式上创新，打造常州外宣官方微信公众号"青果巷部落"。拍摄涵盖常州产业发展、人文环境、城市面貌、民生表达、历史文化等各个方面的综合性城市形象宣传片《你好，常州》。常州广播电视台开辟《双城记》栏目，组建专业摄制团队，带领常州市民赴芬兰和丹麦友城，开展中外交流。成功举办中澳剪纸艺术交流展暨"洋眼看江苏"活动，获2015年江苏对外宣传工作创新奖。举办中国乌克兰油画雕塑展，组织2015国际声乐大师班，促进文化交流交融。组织"常州·台湾'两岸情'摄影艺术交流"25周年纪念活动，推动两岸文化深度合作。举办境外友人沙龙，开展太湖湾毅行、端午传统民俗体验、中式慢生活沙龙和"我爱常州"外国友人欢乐嘉年华活动，来自20多个国家近150名在常州的境外友人参与。借助《欧洲时报》、美国《侨报》、韩国《全北道民日报》、中央电视台国际频道、《中国日报》《中新社》《大公报》等媒体宣传常州。在中央电视台等平台投放城市形象宣传片；常州国家级"非遗"留青竹刻传承人被收入中央电视台中文国际频道大型纪录片《传承》；常州智能制造亮相国务院新闻办公室大型纪录片《对望——丝路新旅程》；常州轨道交通产业入选国务院新闻办公室《乐享中国》宣传片，在纽约时代广场滚动播放，成为"中国智造"的代表。市政府新闻办获"爱@江苏——说出你的理由"活动优秀组织奖。（白赛雪）

·精神文明建设·

【概　述】2015年，常州市在全国文明城市年度测评中位居全省前列。江苏双桂坊餐饮管理有限公司、常州市国家税务局、常州移动、龙城旅游控股集团有限公司、中车戚墅堰所公司、中车戚机公司6个单位和溧阳市埭头镇、金坛区朱林镇黄金村、新北区罗溪镇温寺村、天宁区郑陆镇牟家村4个村镇分别被评为第四届全国文明单位、村镇，常州道德讲堂经验在全国宣传部长培训班上作交流发言。首创"你扶我帮·爱心无忧"公益保障计划，出台《常州市关爱礼遇道德典型实施办法》，明确有关道德典型将获得政治礼遇、奖励慰问、政策扶持、困难帮扶、贵宾服务5个方面20条全方位关爱礼遇；出台《常州市级未成年人社会实践基地管理办法》，命名32个市级实践基地，成立市级基地联盟；推出统一管理、宣传展示和交流互动的手机APP平台"享去"。一加爱心社创始人王德林获全国道德模范提名奖。

【文明创建】2015年，常州市不断完善文明城市建设长效机制，全国文明城市年度测评高水平达标。通过强化分类指导、动态跟踪、季度测评点评、市领导督查和市民文明巡访团日常巡访，推动辖市区、部门巩固发展创建成果，持续提升社会文明程度，促进1万多个关系群众切身利益的民生问题的解决。发放60万份《我们的家园，文明的常州》宣传明信片，借助网络、微信开展文明城市建设应知应会知识有奖问答，激发市民参与文明城市建设热情。印发《农村精神文明建设重点工作安排》，召开全市农村精神文明建设工作现场会，开展以"践行核心价值，建设最美乡村"为主题的18项系列活动。在溧阳市埭头镇史侯祠开展"传承乡贤风范、弘扬核心价值"宗祠道德讲堂，进一步弘扬乡贤文化。深化文明村镇创建和"最美乡村"建设，4个村镇获第四届"全国文明村镇"称号，溧阳市戴埠镇李家园村、天宁区郑陆镇牟家村获"江苏最美乡村"称号，10个村获"常州最美乡村"称号。开展"乐游天下、文明相伴"文明旅游系列宣传活动，举办"邻里守望、情暖万家"第八届社区邻里节。加强基础创建工作，评选全市第三届窗口行业服务品牌，组织2013—2015年度文明单位、文明行业（窗口）总评。

【公民道德建设】2015年，常州市持续推进道德讲堂规范化、生活化、工作化、节庆化，推广"道德讲堂·百姓视角"，结合现实生活中群众关注的问题，用群众喜闻乐见的情景剧形式，按照"送课+种课"的模式，重点创编《人在旅途》等7个"百姓视角"剧目，在各辖市区、行业道德讲堂巡演百场。道德讲堂市总堂共安排课程50期，其中"百姓视角"课程16期。重点打造"道德讲堂之结婚仪式"，编印《道德讲堂之结婚仪式指导手册》。

开展道德典型选树。年内，全市有1人获全国道德模范提名奖、4人获全省道德模范称号或提名奖、27人获全市道德模范称号或提名奖，分别有8人、21人、122人入选中国、江苏、常州好人榜，3人成为中国文明网《好人365》专栏封面人物，各有1人获评为全国最美基层干部、全国岗位学雷锋标兵、全国节俭养德全民节约行动先进个人，1个家庭获"全国孝老爱亲最美家庭"称号，2人获"江苏最美人物"称号，30人获"常州孝子"称号。中央媒体专题报道王德林事迹，改编自王德林故事的微电影《孤伴》在网上被点播500多万次，并获全国邻里守望优秀成果评选活动优秀作品奖。市主要新闻媒体开设《德耀龙城·学习身边的道德模范》《常州好人》《好人365》《常人尚德》《道德正前方》专题专栏，市主要网络媒体和"常人尚德"微博、"文明常州"微信、"常州日报"微信、"无线常州"客户端开设《德耀龙城》专题，《现代快报》开设《寻找龙城孝子》专题，全方位、多角度宣传道德典型事迹。

推进诚信建设制度化。深化诚信主题实践活动，完善"红黑榜"发布制度，持续放大"双桂坊"示范效应，推动30家信用度高、影响力大的企业加入常州市诚信企业公益责任促进会。开展百名诚信之星、十大诚信标兵推选和诚信经营、放心消费示范街区、文明诚信市场集市创建等活动，推出一批诚信人物、诚信企业、诚信群体。

【志愿者服务】2015年，常州市完善各项志愿服务制度，注册志愿者人数49万人，其中在志愿者心网数据库内注册人数413708人，数字化注册率84.4%。全市注册志愿者占城镇人口比例排名全省第三。全市志愿服务总会下属一级分会59个，认证的社会团队21个，心网实名注册团队12970个，其中一加爱心社获中国志愿服务联合会全国优秀志愿服务组织荣誉。全市社区学雷锋志愿服务站建成率100%，建立尤辉学雷锋党员科技服务站、金槐党员工作室等党员志愿服务站612个，各行业窗口单位和重要公共场所建立志愿服务点586个。审批建立覆盖卫生、环保、文化、教育、体育、旅游等行业的市级志愿服务基地50个，志愿服务培训基地11个。开展培训6000多场，培训志愿者15万人次。辖市区、镇街道志愿服务中心基本建设到位。

建立群众需求信息库，发布志愿服务项目6000多个，完成志愿服务活动量70万小时。"党员义工365"活动全面推进，全市实名注册党员志愿者18万人。举办"一袋牛奶的暴走""衣衣不舍——二手衣服回收计划""寻找文明行车的你""万粽一心，共圆中国梦""邻里守望""雷锋广场"等各类志愿服务活动6000多场次，参与志愿者50万人次。其中，常州智慧公益服务云平台3.0项目获民政部中国社会创新奖入围奖，"邻里守望"项目获中国志愿服务联合会全国优秀志愿服务项目，"一袋牛奶的暴走"项目获省民政厅江苏省优秀志愿服务项目奖、团中央第二届中国青年志愿服务项目大赛铜奖，"衣衣不舍"项目获省民政厅、团省委青年公益大赛一等奖。全省"文明江苏"志愿服务行动启动仪式、两省四市（江苏省无锡市、苏州市、常州市以及浙江省湖州市）建立环太湖生态文明志愿服务圈行动在常州举行。

【未成年人思想道德建设】 2015年，常州市贯彻落实《关于建立和完善常州市未成年人思想道德建设工作长效机制的意见》，强化制度保障，拓展提升阵地，选树推广品牌，结合实际创造性地开展工作。组织引导申报年度未成年人思想道德建设项目，首次邀请第三方社会机构对部分项目进行跟踪评估，确保项目内容和效果落到实处。深入推进未成年人文明礼仪养成教育，征集优秀活动案例、教学案例和校本课程，组织举办"八礼四仪"（八礼：仪表、仪式、言谈、待人、行走、观赏、游览、餐饮之礼，四仪：入学、成长、青春、成人仪式）之入学仪式、青春仪式、成人仪式观摩会。新北区泰山小学《创编"道德小人书"践行核心价值观》被评为全国优秀教案。开展第四届美德少年评选表彰活动，获省第三届十大美德少年标兵、百名美德少年评选表彰活动优秀组织奖。广泛开展"我们的节日"主题活动，组织优秀童谣、童诗和少儿歌曲征集推广活动，举办"童心·追梦"常州市未成年人网络春晚活动。江苏省常州未成年人社会实践基地工作扎实推进，举办年度学校少年宫"青苗计划"推进会，持续开展镇街道未成年人成长服务中心试点工作。在全省地市中率先运用市本级彩票公益金扶持学校少年宫建设。不断净化优化社会文化环境，报纸专版、电视电台专栏、网站及手机微信、APP客户端构成有效传播体系，深入开展文化环境治理，"文网卫士"投入试点，致力为青少年创造绿色网络空间。

【常州市道德模范表彰暨"美德之夜"大型公益活动】 9月24日晚，常州市举办"尚德之城·爱满常州"常州市道德模范表彰暨"美德之夜"大型公益活动，致敬道德模范，传颂道德故事，弘扬道德精神。市委书记阎立、市长费高云出席。隆重表彰全市获全国、全省、全市道德模范或提名奖的道德典型，向他们赠送了由市书画名家创作的以梅、兰、竹、菊、松为主题的"道德传家宝"；发布《常州市关爱礼遇道德典型实施办法》；成立常州市美德基金会各辖市区分会；推出"美德光明行"项目，为有条件的有德人士安装光伏发电设备；实施"衣衣不舍——二手衣服回收计划"和"月圆阅行动"两大公益众筹项目；表彰一批优秀公益创投项目；发动引导爱心单位慷慨捐赠，共筹集善款800.29万元。（张永超）

全市"八礼四仪之入学仪式"观摩会（文明办 供稿）

·统战工作·

【概　述】 2015年，市委统战部认真贯彻落实中央、省委统战工作会议精神，围绕"同心"实践创优工程目标任务，强化政治引导，组织统一战线发挥优势，参与和支持全面深化改革。

贯彻落实中央、省委统战工作会议精神。6—12月，市委统战部在市各民主党派、工商联、侨联、台联、无党派代表人士、统战干部等群体中传达学习中央、省委统战工作会议精神，全市培训3000多人次。9—12月，分统战总体工作、民主党派、民族宗教、港澳台海外统战、党外代表人士队伍建设、非公经济、党外知识分子7个专题展开调研，形成7份调研报告，总结8年来统战工作经验做法，分析存在问题，提出对策建议。市委出台《关于加强社会主义协商民主建设的实施办法》《关于开展新媒体从业人员统战工作的实施意见》《关于进一步加强非公有制经济人士教育培训工作的意见》。制定常州市贯彻落实《中共江苏省委关于贯彻〈中国共产党统一战线工作条例（试行）〉的实施办法》责任分工方案。市委主要领导走访市各民主党派和工商联机关，主持召开工作座谈会，听取党外代表人士对全市"十三五"规划和统战工作的意见建议。12月17日，召开市委统战工作会议，提出从战略高度重视和抓好统战工作，为建设"强富美高"新常州提供广泛持久支持。会上表彰溧阳市工商业联合会等10个先进集体和何筛平等41名先进工作者。

支持市各民主党派加强自身建设，协助党派做好届中调整，选优配强领导班子。指导市各民主党派深入开展坚持和发展中国特色社会主义学习实践活动。协助党派制定"同心"实践创优年工作目标，开展"同心"实践综合评价。协助民革市委开展"观故居，走多党合作之路"，协助民盟市委开展"书香支部"建设，协助民建市委开展诚信建设主题活动，协助民进市委围绕纪念徐伯昕诞辰110周年开展会章会史教育系列活动，协助农工党市委建立党史教育基地，协助致公党市委

第二届港澳台海外华裔青少年“同心”文化游学夏令营（统战部 供稿）

开展“重走致公路”党史教育活动，协助九三学社市委开展庆祝成立30周年系列活动。举办2015年度市各民主党派新成员培训班和民主党派参政议政专家咨询团研修班，协助市各民主党派确定年度重点调研课题50余项，完成民主党派参政议政专家咨询团招标课题4个。加强协商民主建设，市委出台《关于加强社会主义协商民主建设的实施办法》，扎实推进人事协商、会议协商、通报协商、约谈协商、书面协商等方面的制度化建设，全年举办重大人事协商、区划调整、苏南国家自主创新示范区建设等民主协商会或情况通报会9场。加强党外代表人士的教育培训，全年举办党外县处级领导干部座谈会暨专题学习、党外中青年干部培训班等各类培训班9个，累计培训各类党外代表人士890人次。推荐5位党外干部选派至辖市区政府部门和基层街道挂职锻炼。开展党外代表人士队伍建设约谈工作，共约谈6个辖市区的党政主要负责同志和14名党外干部，听取有关情况和意见建议，进一步完善同心青年干部学习研究会建设和党外代表人士信息库建设。

推进统一战线服务金坛、溧阳经济跨越发展框架协议落实，完成茅山苍术保护性种植与开发、社渚镇卫生院专家驻院服务、别桥镇电梯产业转型升级、邱庄村党派服务基地建设等重点项目12个，累计协调解决困难和问题20多项，投入帮扶资金约200万元。分别以“适应新常态，共谋新发展”“投身产城融合，加快转型升级”为主题，召开多场政企座谈会，市委市政府主要领导及相关市领导与企业家代表座谈交流，鼓励企业家提振信心、加快发展。在深圳、香港举办2期常州民企资本研修班，40余位有上市意向的民营企业家参加，为民营实体经济与金融资本融合发展搭建国际化专业平台。持续提升商会经济服务平台，全面为中小微企业提供科技、法律、融资、税务、质监等个性化服务。全年举办“民企管理升级”系列公益培训活动18场，1000多人次受益。召开市非公有制经济人士理想信念教育暨企业和谐文化建设提升行动动员大会，发布《守法诚信倡议书》。启动实施以“六好”（即守法诚信好、创新发展好、劳资关系好、组织建设好、人才团队好、企业形象好）为主要内容的企业和谐文化建设新三年提升行动，评选示范企业30家、示范标兵企业10家。

非公有制经济代表人士政治引导。3月，市委统战部启动“同心共建”光彩行动，引导广大企业家为常州市经济社会发展与和谐社会建设做贡献。开展非公有制经济代表人士届中综合评价工作，对全市200余名在市级以上人大、政协、工商联作政治安排的非公有制经济代表人士进行综合评价。7月初，举办常州市新一代非公经济人士政治培训班，组织40余位民营企业家赴深圳、福建学习培训。

【海外联络联谊】 5月初，在美国旧金山、加拿大多伦多分别成立常州联谊会，美国纽约、华盛顿地区常州联谊会同时筹建。市委统战部召开常州海外联谊会常务理事扩大会议和海外社团代表人士座谈会，建立海外联谊会活动基地和海外社团工作站。7月和11月，市领导先后组团赴港举办中国常州（香港）产城融合发展推介会，并拜会唐英年、丁毓珠、赵国雄、刘璧如等重点人士，加强与香港旅港社团和重点人士的交流。6—7月，常州遭受水灾，常州籍旅港人士捐款50万元港币。电视人物传记片《刘国钧》在香港启动拍摄。8月，市委统战部举办第二届港澳台海外华裔青少年同心文化游学夏令营活动，组织40位海外青少年到常州学习；举行唐荆川爱国兴学基金第八期发放暨唐鹤千龙城大学生“同心”实践基金第三期优秀项目发布仪式，常州6所高校的50名学生受到基金奖励，50个大学生优秀公益项目受到表彰。5月底，澳门江苏联谊会会长岑展平一行受邀到常州开展溧阳行活动。

【光彩基金】 2015年，常州市新成立春雨·同心百万光彩基金、常州中进百万光彩基金、天合同心百万光彩基金等19个光彩基金。至年底，全市百万以上光彩基金总数264个，其中千万以上53个，基金总额13.046亿元。

（黄 军）

·台湾工作·

【对台经济】 2015年，全市新批台资企业26家，比上年增4%；总投资1.6亿美元，协议注册台资1.15亿美元，实际利用台资1.84亿美元，增4.08%。至年底，全市累计兴办台资企业1280家，总投资91.13亿美元，其中总投资超千万美元以上项目254个。年内，苏台（常州）健康产业合作示范区获省批准，2015海峡两岸（常州）健康产业交流对接会召开，市台资企业协会举行换届选举，建筑面积380平方米的常州市新台商之家在丁塘河湿地公园揭牌，市委书记阎立和市委副书记、市长费高云先后率团赴台湾开展经贸交流活动，常州运河五号创意街区在2015两岸企业家紫金山峰会上被认定为两岸文创产业合作实验示范基地。

市委台办指导台资企业申请“三位一体”发展战略促进企业转型升级专项资金，常州强声纺织有限公司、常州祥明电机有限公司分别获转型升级专项扶持资金101万元和20万元，江苏瓯堡纺织染整有限公司获淘汰落后产能专项奖励20万元。全年有7家台资企业获批江苏省外资研发中心，4家获批省工程技术研究中心，1家设立省级企业技术中心，12家台资企业品牌分获中国驰名商标、江苏省著名商标和常州市知名商标。

【台商台企“360服务”】 2015年，常州市搭台唱戏，以打造台商台企“360服务”品牌为抓手，致力为台商台企解后顾之忧。6月，市委台办组织7家台资企业在常州科教城举行常州市2016届高职院校毕业生公益需求洽谈暨“十百千”工程对接会。7月，市委台办和市财政局共同筹组的在常台资和赴台投资企业会计服务团成立。全年协调解决台企台商各类纠纷投诉和求助31件，结案率97%。9月29日，常州市创建成为江苏省首批台商服务工作示范点。

【交流交往】 2015年，常州市办结各类赴台团组228批877人次，其中经贸团组33批199人、交流团组42批316人、商务团组172批400人。办理台属亲属证明35批次56人。9月29—30日，海峡两岸关系协会会长陈德铭首次参观访问常州。常州机场相继开通台北、台中、高雄航班。3月18日，常州市位列大陆居民赴台个人游第5批11个试点城市名单，4月15日正式启动赴台个人游。年内，苏台（常州）中华恐龙园青少年科普教育交流基地和苏台（溧阳）天目湖“三农（茶农、果农、渔农）”交流基地落户常州。9月，2015两岸重车车友摩旅文化交流活动在常州市发车。10月，“台湾摄影家看常州”摄影展在台北举办。

【涉台宣传】 2015年，台湾中天电视台、《联合报》记者到常州拍摄旅游专题片，并在中天电视台综合频道等多个栏目滚动播出。围绕常州开通赴台个人游，市委台办与市人大民族宗教侨务工作委员会、市政协港澳台侨与外事委员会等在市人民公园广场等地举行常州居民赴台个人游宣传活动，通过发放《常州居民赴台个人游手册》、现场答疑、展板展示等，引导市民文明安全赴台旅游。11月，江苏省对台研究基地·苏台经贸合作与科技创新研究中心在常州大学成立。

市委台办有300多篇稿件被中央台办网、中国台湾网、新华网、江苏台办网等省级以上网站录用，信息宣传综合得分位居全省前列；6篇文章被中央台办《台湾工作通讯》录用。8月，市委台办被中央台办评为对台宣传工作先进单位。

【两岸首次重车摩旅文化交流活动在常州出发】 9月11日，由台资企业常州光阳摩托车有限公司主办的2015两岸重车（大排量摩托车）车友摩旅文化交流活动，在常州光阳摩托车有限公司出发。大陆和台湾26名车友参加，其中，20人来自台湾中南部地区，6人来自常州、重庆和南京等地。这是大陆首次举办两岸摩旅文化交流活动，两岸车友6天骑行江苏（常州、镇江、南京）、安徽（黄山、宣城）和浙江（杭州、湖州、德安）3省8市，线路总长约1500公里。

【在常台资和赴台投资企业会计服务团成立】 7月31日，由市委台办、市财政局共同筹组的在常台资和赴台投资企业会计服务团获授牌。会计服务团由江苏公证天业会计师事务所常州分所、江苏国瑞会计师事务所有限公司等15家注册会计师事务所组成，着重为台商台企及入岛陆资提供法律咨询、证券期货相关业务执行、审计、税务咨询等服务，提高服务社会化、专业化水平。

【2015海峡两岸（常州）健康产业交流对接会】 9月25日，由市政府和台湾中华两岸医事交流与健康促进发展协会主办，市委台办、常州西太湖科技产业园管委会承办的2015海峡两岸（常州）健康产业交流对接会在西太湖国际博览中心举行。海峡两岸健康产业的企业家、专家学者近160人参加会议，共商常台两地健康产业合作前景，推进共同发展。会上，台湾大健康产业联盟、明基东星医疗科技（江苏）有限公司、常州巴斯特医药科技研究中心有限公司、光宇医疗仪器股份有限公司与常州西太湖科技产业园管委会签约，入驻常州西太湖科技产业园。台湾联阳管理顾问股份有限公司与江苏星空健康咨询管理有限公司签约，成立常州星空医疗与台湾联安健检中心，把台湾高端的体检服务引进常州，共同打造华东地区最大的健检和微诊中心。（陈士行）

【市台湾同胞联谊会概述】 2015年，市台联结合新形势、新特点、新要求，创新开展各项工作。围绕深化共识展

两岸首次重车摩旅文化交流活动 （台办 供稿）

开宣传宣讲。组织台胞学习习近平、马英九在新加坡历史性会面中的讲话及习近平会见中国国民党主席朱立伦的讲话精神；举办纪念中国人民抗日战争胜利暨台湾光复70周年系列活动，邀请省台情研究小组组长、省台联原秘书长王银宝作《有关台湾光复的几个问题及当前岛内的热点话题》讲座；邀请省台情研究小组成员、南京市台联原会长古斌就台湾内政民情变化及2016台湾大选作情况宣讲。围绕参政议政积极建言献策。组织台籍人大代表、政协委员参加全省台联系统参政议政工作会议，提高台胞人大代表、政协委员的履职能力。2015年"两会"期间，台联界别政协委员向市政协提交优秀提案7件。拓展台胞服务。在新春佳节、婚丧嫁娶、生老病死之时，对年老台胞、困难台胞家庭进行慰问帮扶，共计发放慰问款11万元；会同其他相关部门共同为台商牵线搭桥，对接高校人才，搭建合作平台。围绕"凝心聚力"工程推进联谊联动。全年开展联谊活动16场次。举办台联迎新春"围炉"联谊活动；联合常州港澳台海外社团、同乡会等，组织台湾地区10位12—18岁青少年到常州寻找"同根同源"；组织常州小台胞参加第二届港澳台海外华裔青少年"同心文化"游学夏令营；联合举办常州居民赴台个人游广场宣传活动；在苏州西山举办为期两天的"两岸同心，亲子携手"2015台胞学生夏令营活动；组织市部分台胞参加"两岸中秋情"苏州文化产业项目参观考察活动；组织台胞参加江苏省台胞才艺表演活动暨中秋演出，选送参赛节目5个。年内，市台联在《江苏台联》投稿先进单位评比中获一等奖，获省台联系统第十六届世界华人学生作文大赛征文优秀组织奖。

【台湾光复和市台联成立系列纪念活动】 2015年是台湾光复70周年，市台联组织开展多项纪念活动。先后组织常州老台胞赴山东枣庄海峡两岸交流基地台儿庄大战纪念馆参观和赴浙江金华开展交流联谊活动；邀请省台情研究小组的组长、省台联原秘书长王银宝为常州台胞作题为《有关台湾光复的几个问题及当前岛内的热点话题》的讲座；组织爱心捐赠，6月19日，市台联与市女干联六分会、孟河镇政府等部门在新北区孟河镇开展"两岸一家亲，爱心助老行"活动，向老台胞、抗战老兵、孟河镇敬老院、孟河镇17个社区村委赠送电子血压计、血糖测试仪、轮椅、安全拐杖等健康用品，组织老台胞参观国家历史文化名镇孟河老街和九龙禅寺。

为纪念常州市台湾同胞联谊会成立30周年，市台联组织开展"五个一"系列活动。开展一次展板宣传，在常州市行政中心通过展板全面展现常州市台联30年发展历程；出版一本纪念画册《乡亲·乡情·中国心》；制作一部反映常州市台联30年历程的纪录短片；策划一次专版宣传，在《常州广播电视新周刊》《深度常州》栏目，以《乡愁记忆——常州台胞的心头事》为题采访老中青三代定居台胞；举办一场纪念大会，汲取历史经验与启示，获取推动和平统一的精神力量，明确新形势下对台工作的主要任务，并对30年热心台联工作、为台联发展做出积极贡献的台胞进行表彰。（段雅晟）

·机构编制工作·

【行政审批制度改革】 2015年，常州市继续深化简政放权、放管结合、转变政府职能工作。7月，市政府成立推进职能转变协调小组，下设行政审批改革、投资审批改革、职业资格改革、收费清理改革、商事制度改革、教科文卫体改革6个专题组和综合组（协调小组办公室）、督查组、法制组、专家组4个功能组，凝聚改革力量，推动改革加速。11月，市政府、市政府办公室先后印发《常州市深入推进简政放权放管结合转变政府职能工作方案》和《常州市深入推进简政放权放管结合转变政府职能工作任务分工和进度安排表》，确定深化改革的时间表和路线图，对常州市简政放权、放管结合、优化服务、转变职能等方面的工作做出阶段性、系统性设计。

健全清单管理机制。6月24日，常州市在全省地级市中率先完成市政府部门责任清单编制和公布工作，公布47家政府部门主要职责、涉及19家部门的14项职责边界、43家部门143项公共服务事项和37家部门124项加强事中事后监管的制度措施，全面落实"法定职责必须为"要求。专项清理行政审批前置中介服务项目和收费，10月31日，由审批项目、中介服务项目、中介服务类别、设定依据、收费项目、收费依据、收费标准7个栏目构成的《常州市市级行政审批前置中介服务项目及收费清单》向社会公布，明确在技术审查、鉴证认定、检验检测、论证咨询、勘察设计等6大类60项中介服务项目，涉及24个部门的72个行政审批中，所有未纳入清单公布的中介服务事项一律不得作为行政审批的前置条件。

开展开发区行政审批制度改革。6月26日，常州市行政审批制度改革工作领导小组印发《常州市省级以上开发区行政审批制度改革试点意见》，推进向开发区放权，优化审批流程。武进国家高新区、江苏金坛经济开发区、江苏中关村科技产业园、江苏常州滨江经济开发区的行政审批改革工作加快推进落实，促进开发区行政管理和服务创新。

【市县政府机构改革全面完成】 2015年，常州市认真贯彻落实《常州市人民政府职能转变和机构改革方案》，强化机构和职责整合，规范机构设置，理顺权责关系，加快形成精干高效的地方政府组织体系。2月，江苏省常州工商行政管理局、江苏省常州质量技术监督局由省以下垂直管理改为地方政府管理，分别更名为常州市工商行政管理局和常州市质量技术监督局，均为市政府工作部门。3月，整合原市食品药品监管部门、卫生行政部门、工商行政管理部门、质量技术监督部门的食品安全监管和药品管理职能，组建市食品药品监督管理局，为市政府工作部门，对食品药品实行集中统一监管，并挂市食品安全委员会办公室牌子，同时承担市食品安全委员会的具体工作；辖市区原食品安全办公室、工商、质监和食品药品监管部门的职责以及卫生部门承担的食品安全监管责任也相应整合，组建成辖市区市场监督管理局，挂辖市区食品药品监督管理局牌子，为辖市区政府工作部门，统一负责各自行政区域内工商、质监、食品药品监管等市场监管职责，同时承担辖市区政府食品安全委员会的具体工作，7月上旬，6个辖市区市场监管局全部组建到位。4月，整合市政府卫生行政部门、人口和计划生育部门的机构和职责，组建市卫生和计划生育委员会，优化配置各级医疗卫生和计划生育服务资源，不再保留市卫生局、市人口和计划生育委员会。设立市政务服务管理办公室，挂市政务服务中心、市公共资源交易中心牌子，为市政府派出机构；建立中共常州市政务服务管理办公室工作委员会，隶属中共常州市委领导。4月，市政府研究室由单独设置调整为在市政府办公室挂牌，市政府办公室为市政府工作部门，挂市政府研究室、市接待办公室、市政府金融工作办公室、市应急管理办公室牌子。截至6月底，市政府机构改革全面完成，设置工作部门40个。

【政府职能向社会组织转移】 11月30日，《常州市首批政府向社会组织转移职能事项目录》公布，涵盖民政、人社、经信、卫计、园林5个部门，涉及行业协会考核评估、专业资质评审服务、困境未成年人帮扶服务、养老服务、专业医疗鉴定等18个方面的事项。特别规定了转移具体程序，明确转移主体监管职责，强调对社会组织的培育引导，为具体实施职能转移奠定基础。

【不动产统一登记制度改革】 6月4日，市编委印发《关于整合不动产登记职责的通知》，整合土地、房屋、林地、水域滩涂养殖、农村土地承包经营权、宅基地使用权等不动产登记管理职责，交由市国土资源局承担，并将涉及存量房的交易材料审核和涉及土地、房屋等不动产的基础数据测绘职责纳入不动产登记职责整合范围。10月9日，市政府办公室印发《常州市不动产统一登记工作实施方案》，在全国首创不动产“登记+交易”两项工作同属一个机构办理的机制，构建市、区同城通办的一站式登记交易服务机构：撤销市不动产登记中心和市房产登记中心，组建市不动产登记交易中心；设立市不动产登记交易中心金坛分中心和武进分中心；设立溧阳不动产登记交易中心；新北、天宁、钟楼区由市不动产登记交易中心统一派驻若干个固定和流动的办理点，并推进偏远镇便民服务中心设立代办点。10月29日，市政府召开全市不动产统一登记制度改革工作会议，全面启动不动产统一登记制度改革。11月，市不动产登记交易中心职责、机构、人员整合到位，负责实施全市范围内（除溧阳市）的不动产登记和产权产籍的调查，产权产籍资料的收集、整理、建档、保管和利用，涉及房产登记的交易材料审核。12月1日，市不动产登记交易中心挂牌并颁发常州市第一本不动产权证书。

【事业单位分类改革】 12月，市政府办公室印发《关于进一步做好公立医院管理体制改革试点工作的意见》，确定落实政府办医责任、强化外部监督管理、创新内部治理结构“三位一体”改革路径。印发《关于创新公立医院人员编制管理的贯彻意见》，明确采用“标准核定、备案管理、分类聘用”的模式创新公立医院人员编制管理。年内，辖市区妇幼保健和计划生育技术服务资源基本整合到位，统一命名为妇幼保健计划生育服务中心。金坛区探索开展医疗纠纷调解员制度试点，健全医疗纠纷调解制度体系。

扩大法人治理结构试点。总结市奥体中心、第三人民医院、实验中学第一批试点单位经验，把市朝阳中学、体育运动学校、石墨烯研究院3家事业单位纳入第二批试点。11月30日，市编办、财政局、人社局联合出台《关于支持事业单位法人治理结构建设试点工作的若干意见（试行）》，在人事管理、财政保障、机构编制以及绩效考核等方面给予试点单位适度倾斜，有效促进法人治理结构地位明确、运转顺畅，探索管办分离途径。

【综合行政执法体制改革】 4月，常州市被确定为综合行政执法体制改革试点的138座城市之一。6月11日，常州市率先在省内启动综合行政执法体制改革试点。9月14日，经省政府批复，《常州市综合行政执法体制改革试点方案》正式实施，重点在城乡建设、市场监管、交通运输、农林渔业、公共卫生、资源环境、安全生产、劳动保障、城市管理9个领域推行综合行政执法，实行部门内部综合设置、执法层级优化设置、跨部门科学设置和区域内部综合设置。10月30日，全省市场监管、文化领域综合行政执法体制改革现场推进会在常州市召开，推广常州改革经验。至12月底，工商、质监、食药监“三合一”市场监管综合执法整合到位，成立市场监督管理稽查大队；城乡建设、农林渔业、公共卫生等领域综合执法改革方案基本成熟。

【财政供养人员连续第二年负增长】 至12月底，全市机关事业单位在职人员比上年度减少1608人，其中，机关人员减少655人，事业单位人员减少953人。全市机关事业单位在职人员自2014年以来，连续第二年负增长。年内，市编办完成对市发改委、环保局、旅游局、红十字会、国资委、城乡建设局6家单位的“三责联审”和机构编制评估。

【市县机关绩效管理实现全覆盖】 8月，常州市绩效管理和综合考核委员会印发《常州市辖市区推行绩效管理考核实施细则》，将辖市区开展绩效管理工作纳入综合考核指标，对辖市区党政机关全面推行绩效管理制度和工作机制作出具体明确。年内，各辖市区建立健全绩效管理组织架构、指标内容、制度体系，初步形成覆盖全市、具有常州特点的绩效管理制度和工作机制。

【市级中心镇扩权强镇改革】 2015年，市级中心镇扩权强镇改革有序推进。第一批5个镇开展扩权强镇改革，武进孟河镇、溧阳社渚镇、金坛薛埠镇出台实施方案，承接扩权事项441项。孟河镇优化镇行政、事业机构设置，组建“一办六局一中心”（党政办公室、组织人事和社会保障局、经济发展局、财政与资产管理局、城镇建设与管理局、农村工作局、社会管理与社会事业局、便民服务中心），便民服务中心日办件量超150件，实现居民“办事不出镇”；社渚镇、薛埠镇拟订新“三定”方案，便民服务中心新场所建设完成。12月9日，常州市召开市级中心镇扩权强镇工作推进会，溧阳南渡镇、金坛儒林镇、武进湟里镇和天宁郑陆镇第二批4个中心镇扩权强镇改革正式启动。

（姬长春）

·党史和地方志工作·

【概　述】 2015年，常州市委、市政府印发《关于推动文化建设迈上新台阶的实施意见》，将地方重要史志编修、地方珍稀文献资源和珍贵史料抢救性保护、断代史系列研究、历史文化系列读本编纂、口述系列专辑征编、方志馆及地情文献资料收藏阅览中心建设、地方史专题史研究编著、党史及地方文化研究、红色遗址保护利用、志书上网及数字方志馆建设等史志重点工作，作为地方文化建设的重要内容进行部署和推动。全市党史、地方志系统突出党史、地方志征编工作主业，优化史志宣传平台，积极参与重大历史纪念活动，史志工作取得新成绩。

史志编纂。基本著作征编整体推进。《中国共产党常州历史大事记（1919—2012）》《常州年鉴（2015）》出版发行，《常州年鉴（2014）》获第五届全国年鉴编纂出版质量评比综合、框架设计、条目编写、装帧设计4个一等奖和第三届江苏省年鉴评比一等奖；《常州市志（1986—2010）》全面完成总纂，12月22日通过省地方志办公室终审；《常州通史》完成初稿，古代卷定稿，现代卷通过专家审读；《溧阳市志（1986—2007）》通过终审。专题史编纂取得新进展。《常州抗日战争史》自2014年下半年正式启动编纂后，多方征集史料，几易其稿，于2015年10月形成送审稿；《新时期常州城市建设史》编纂工作启动；《武进史话》《金坛人物春秋》《溧阳抗战——档案史料汇编》公开出版。史料征编逐步形成品牌。市委党史工委创新《口述常州》组稿方式，与报社、电视台等媒体合作，拓展组稿渠道，提高稿源质量，更加多元化、多层次抢救挖掘史料，编纂出版《口述常州》第4辑。在首届江苏省优秀乡镇（街道）志、村志评选活动中，常州市参评的多部优秀乡镇（街道）志、村志从全省255种参评志书中脱颖而出，获综合奖11项、单项奖49项。其中，《湖塘镇志》《横山桥镇志》《奔牛镇志》《三勤村志》《九龙村志》5部志书获综合奖二等奖，《奔牛镇志》《湖塘镇志》《礼嘉镇志》《湟里镇志》《董墅村志》《邹区镇志》等志书分获篇目设计、创新突出、记述正确、装帧精美等单项一、二等奖。

史志平台。常州方志馆服务功能不断拓展。2015年，常州方志馆进一步提升服务质量与展示效果，社会反响进一步扩大。至12月底，已累计接待参观者4万余人次、重要团队90批次；《常州方志馆读本》出版。“一报一刊一网”改版升级。对《风采》报办报宗旨、作者队伍、读者群体、栏目内容、版式设计等进行全面梳理和重新定位，《风采》报改版亮相，全年出版6期；对《龙城春秋》杂志栏目名称进行调整，从内容上提升史志刊物的气质和品质，并采用全彩装帧印刷，全年出版4期，其中第一期特稿《风雅江南，知遇常州——常州申报国家历史文化名城汇报片解说词》被《江苏地方志》2015年第3期首篇全文转载；“龙城春秋”网站升级、改版，更名为“常州史志”，初步形成架构清晰科学、版面美观大方、操作方便快捷、内容丰富特色明显的官网新面貌。地情信息中心改造升级，引进图书专业软件对库房资料进行科学编目管理。

史志宣传。市委党史工委利用史志部门的独特优势，与《常州日报》《常州晚报》、常州电视台、常州广播电台、中国常州网等各类媒体保持合作，通过开设专版专栏、制作专题等形式，宣传党史和地方人文历史，探索史志宣传教育工作满足广大市民精神文化需求的新路径，逐步形成史志宣传教育工作新常态。大型地方史实类节目《历史上的今天》3月1日起在常州电视台都市频道《城市日历》栏目开播，至12月30日，累计播出300余期。作为重要历史事件和党史人物纪念活动的主要筹备单位，积极参与抗日战争胜利70周年和恽代英同志诞辰120周年的纪念活动。开展“党史成果进校园”活动。12月2日，向江苏省常州高级中学赠送近年编纂出版的一批优秀党史地情书籍。

史志研究。市地方志年鉴学会和市中共党史学会决定从2015年起每年评选、资助一批重点课题，2015年设重点资助课题28个，其中特别资助课题3个、重点资助课题5个、一般资助课题20个，编印《常州史志论文集》刊载优秀调研成果。组织红色文化资源调研。7月，市委党史工委成立市红色文化资源调研课题组，经实地调研、排查摸底、分析论证，撰写成《担负政治责任，弘扬核心价值——常州红色文化资源保护、利用和开发的专题调研报告》。围绕重大历史事件和重要历史人物的纪念活动，组织参加学术论文研讨。先后参加华中师范大学、共青团湖北省委组织的纪念恽代英同志诞辰120周年学术研讨活动，中宣部宣教局、光明日报社、省委宣传部、省委党史工办、南京市委联合举办的雨花英烈精神研讨会活动，省委党史工办和省党史学会联合举办的纪念中国人民抗日战争胜利70周年学术论文研讨活动等。年内，市委党史工委组织全体人员结合自身专业知识、特长研究和工作实际，开展“史志小讲堂”活动，每月举办一期，全年开讲12场。

【抗日战争胜利70周年系列纪念活动】 2015年，市委党史工委立足部门优势，与市委宣传部、常州日报社等部门联合组织多种形式的抗战胜利70周年纪念活动。与市委宣传部合作，在《常州日报》开设《正义的胜利》专栏，刊发纪念文章58篇约4万余字；与常州日报社共同策划特别报道《抗战8年：铭刻在常州大地上的历史》，共6版，约4万余字20余幅图照。组织参加学术研讨活动。在省委党史工办和省党史学会联合举办的纪念抗战胜利70周年学术论文研讨活动中，上报论文9篇，5篇论文入选大会交流，入选论文数量居省辖市第一；与市委党校共同举办纪念抗战胜利70周年学术研讨活动，组织论文7篇，4篇论文在党校期刊《常州论坛》发表。组织人员参加“抗战中的常州女性”主题沙龙讲座等活动。《龙城春秋》第三期以专刊形式集中反映常州人民抗战历程，系统展示抗战期间常州经济、文化、教育、社会民生的波澜曲折。

【纪念恽代英同志诞辰120周年活

恽代英诞辰120周年纪念活动在恽代英纪念馆举行　（党史工委　供稿）

动】8月12日，由江苏省委宣传部、省委党史工办、常州市委共同主办的纪念恽代英同志诞辰120周年活动在常州举行，中央和省有关部门、恽代英亲属代表、老一辈党和国家领导人亲属代表、恽代英研究专家、常州市各界代表等120余人参加纪念活动。全国政协常委、中央文献研究室原常务副主任杨胜群等专家学者在座谈会上发言，市领导阎立、费高云出席座谈会。活动中，放映了为纪念恽代英同志诞辰120周年摄制的3集文献电视片《永远的恽代英》及文献电影《恽代英》中的片段。坐落在常州市天宁区晋陵中路500号的恽代英纪念馆开馆并展出《青年的楷模恽代英》生平事迹。

【《中国共产党常州历史大事记(1919—2012)》出版发行】 7月，《中国共产党常州历史大事记(1919—2012)》由中共党史出版社出版发行，全书46万字，反映了常州人民在中国共产党领导下进行新民主主义革命、社会主义革命和建设、改革开放和社会主义现代化建设的历程，是常州地方党史第一本从1919年贯穿到2012年的大事记。市委书记阎立作序。

【《中国共产党武进历史(1921—2002)》出版】 2015年，由武进区委党史工委编纂的《中国共产党武进历史(1921—2002)》由中共党史出版社出版。全书体例完备，分3卷11编48章180节248目，约80万字。3卷既相对独立，又相互继承，全面、系统记述了武进各级党组织领导人民从新民主主义革命到社会主义革命以及开展社会主义建设的历史、成就和经验教训。

【常州方志馆拓展服务功能】 2015年，常州方志馆以建设实体方志馆和数字方志馆为抓手，不断丰富陈展内容与手段，拓展服务功能。提升展陈环境，完成灯光亮化工程。启动语音自助讲解系统，方便参观者利用手机完成自助式讲解。推出"寻找第一万名参观者""文史专家坐堂答疑"等面向市民的文史互动活动，汇编出版《常州方志馆读本》，强化方志馆在地方文化建设中的功能定位。建设数字方志馆(www.lccq.gov.cn/class/EQAHODPA)，完成地方职官、历史大事记、历史人物三大专题资料库建设并向社会提供查询服务。年内，常州方志馆被认定为市爱国主义教育基地和市社科普及示范基地。至12月底，已累计接待参观者4万余人次。

【《常州年鉴(2015)》公开发行】 12月，《常州年鉴(2015)》出版发行，全书100万字，设33个类目1438个条目，全面记载了常州加快转型升级、狠抓项目建设、推动生态文明、统筹城乡发展、着力改善民生等中心工作，重点记载了党的群众路线实践活动、全面深化改革、2014年度常州市重点工程和重点项目以及2014年十件为民办实事项目，收录了2015年常州行政区划调整后最新版常州市区和常州市域地图，随书附电子光盘。在全省综合年鉴框架设计和条目质量评比中，《常州年鉴(2015)》获特色栏目一等奖、三等奖各1个，整体框架二等奖1个，综述性条目二等奖、三等奖各1个。

【《口述常州》第4辑出版】 2015年，由常州市地方志办公室编纂的《口述常州》第4辑由凤凰出版社出版。全书登载文章27篇，以众多历史事件的决策人、参与人、经历人的口述笔录，翔实记载了常州经济社会发展中的一些历史片断，以及特定历史背景下普通人的故事，同时设置了纪念中国人民抗日战争胜利暨世界反法西斯战争胜利70周年专篇，共计16万字，图片36张。《口述常州》第4辑首次尝试与报社、电视台等媒体合作，拓展组稿渠道，提高稿源质量，更加多元化、多层次地抢救、挖掘第一手的历史史料。

【《常州方志馆读本》出版】 12月，《常州方志馆读本》由南京大学出版社出版发行，市长费高云作序。全书8编20.1万字，图表102张，从常州历史沿革、建城史、经济、文化、教育、人物、"非遗"等方面系统梳理地方文史资源，对常州经济、社会及人文发展演变轨迹进行全方位、多层次的展示。书后设常州地方官、常州望族、常州方志馆语音讲解等二维查询码为读者提供延伸阅读。　（王　静）

·党校工作·

【概　述】 2015年末，市委党校有教职工90人、专职教师18名(副教授以上职称11名)。累计聘请近800位国内、省内知名专家、学者、企业家和市有关方面领导担任兼职教授。设有马克思主义理论、党史党建、法学、社会学、经济学等重点学科。拥有现代化的干部培训中心(兼会议中心)、理论研究中心、图文信息中心、文体活动中心和培训服务中心。为清华大学继续教育学院常州培训基地、省党风廉政教育示范基地、中国浦东干部学院常州现场教学基地、中国矿业大学公共管理硕士教育实践基地等。学校占地60亩，建筑面积3万平方米，能容纳1000人同时在校培训、600人用餐、

400人住宿。校院图书馆藏书8.2万册，订阅报刊412种，并订有《中国知网》《人大复印资料库》等数据库。

【教学工作】 2015年，市委党校共举办主体班培训29期，培训学员2225人，培训满意度99.34%。拓展市内外委托培训，共举办外培班125期，其中外省市24期，培训学员9653人，培训满意度98%。招录华东师范大学公共管理硕士14名，毕业12名；招录中国矿业大学公共管理双证硕士（同时拥有学历证和硕士学位证）26名。

主动服务中心工作。开展全市性的习近平总书记系列讲话精神、"三严三实"专题教育、十八届五中全会精神等宣讲，组织实施"理论宣讲进基层"活动，送教到基层100多场次；强化与主流媒体的联动，在《常州日报》、电视台、广播电台等推出系列解读20余次，推动马克思主义大众化教育；重视"常州在线学习"课程更新，编转刊播专题课程212个。

适需课程滚动开发。推出"全面建成小康社会、全面深化改革、全面依法治国、全面从严治党"战略布局、十八届五中全会精神解读、苏南现代化示范区建设、常州产城融合等新专题，校内开发新讲题19个，校外引进97个，课程更新率82.27%。继续加大互动教学比重，成功尝试桌面推演式案例教学，创新推出研究式教学，开展现场教学33次、能力训练16次、案例教学15次、体验式教学9次、学员论坛10次、读书交流11次、道德讲堂5次。与市委组织部合作，启动新一轮全市兼职师资库和现场教学基地库建设，评选兼职师资91名、现场教学基地56个。继续拓展高端培训资源，首次与武汉大学、西安交通大学、延安干部学院、遵义干部学院开展合作。发挥省级党风廉政教育示范基地作用，挖掘常州三杰党性教育资源，提升领导干部道德讲堂，党性教育有效性持续增强。全年邀请市领导授课11次，外请专家授课109人。

【科研工作】 2015年，市委党校教师公开发表论文74篇，其中在核心期刊发表6篇；出版编著2部。组织申报各级各类课题39项，立项课题28项，结项课题23项。组织参与各类学术活动14次，组织开题报告会1次、学术讲座3次、调研座谈会4场。完成市委全面深化改革领导小组办公室（简称"改革办"）重大委托课题《常州改革的历史回顾与经验启示》，编撰出版《2015年常州经济社会发展报告（蓝皮书）》和《环太湖经济社会发展研究报告》。

【首届常州改革发展论坛】 11月11日，由市委改革办、市委党校、市发改委主办的首届常州改革发展论坛在市委党校举行。知名经济学家洪银兴在论坛上作《"十三五"发展和改革的理念》的主旨演讲，市委党校、常州大学、市发改委、市文广新局、常州铭赛机器人科技股份有限公司的领导和专家分别就常州改革的历史回顾与经验启示、以深化改革推动常州迈向经济新常态、"十三五"时期常州改革发展重点领域和关键环节、"十三五"时期常州文化建设、优化科技创新创业环境等问题作交流发言，江苏省委党校科研处处长谈镇对交流发言作点评。举办首届常州改革发展论坛，是贯彻常州市委关于加强地方智库建设、汇聚各方面智慧服务改革发展大局，实现专家学者、企业、政府部门间的互动交流，促进理论与实践有效对接的一次尝试。 （李兴勇）

·机关党建工作·

【机关党工团组织】 截至2015年底，市级机关党工委所辖党组织69个，其中机关党委40个、党总支12个、党支部17个，共有党员8991名。市级机关工会所辖总工会61个，工会会员9458名。市级机关团工委所辖团组织27个，其中机关团委13个、团总支6个、团支部8个，共有团员7620名。

【市级机关"三严三实"专题教育】 2015年，市级机关以"三学三讲"方式推动各级领导班子和全体党员干部开展"三严三实"专题教育。学党史，走进井冈山革命老区、中山大学等知名高校，系统接受党的历史和理想信念教育；学原文，研习《习近平谈治国理政》等重点书籍，深入领会习近平总书记系列重要讲话精神；学典型，瞻仰革命先烈，聆听许巧珍同志先进事迹报告，观看《不可逾越的红线》等反面案例，接受廉政和警示教育；讲党课，班子成员按照职责分工，结合教育动员、党员培训、联系片会和离退休干部学习等活动，为党员干部作宣讲；讲体会，党员干部围绕"三严三实"专题，通过工作交流、学习研讨、"上讲台"等，把自己摆进去，直面问题，深挖根源；讲奉献，班子成员以上率下，党员干部全体参与，结合"百千万"帮扶、"党员义工365"、社会公益等活动，察民情、访民意、解民忧。

【党建工作】 2015年，市级机关党工委落实党建工作责任制，推动各级党组织分层分类制定责任清单，组织党工委直属68家党组织书记进行述职评议考核。针对以往部分机关党组织"不隶属、不关联、条块分割"等问题，采取联席会、联系片、"五联"（片会联席、组织联动、活动联创、文体联谊、绩效联评）工作法等措施，实现机关党的工作资源共享、优势互补、协调发展。做好党员组织关系排查、党组织换届选举及机关先进基层党组织、优秀共产党员和优秀党务工作者推荐表彰等基础工作，探索在换届直选中增设议事环节，推动党员知情权、参与权、选举权、监督权有效落实和保证。围绕党员干部思想状况多元多样多变的问题，面向97家单位1000名党员开展调查研究。以机关党组织书记、科级以下党员干部、入党积极分子及群团干部为重点，分类分批抓好学习培训，全年累计培训1015人次。

【党风廉政建设】 2015年，市级机关扎实开展党性党风党纪教育和廉政文化示范点建设，与市纪委、妇联、文广新局联合开展"龙城清韵"勤廉家书活动，共征集家书作品400余篇，获奖65篇，12家市级机关及基层单位被评为市级廉政文化点。采取集体廉政谈话、专题警示教育等方式，引导党员干部廉洁从政。全年市级机关党组织结合重大节日累计开展作风建设督查900余次，提出整改意见130多条，受理核实信访举报4件；纪工委办结上级纪委交办信访件7件，立案查审机关党员违纪案件7起，年内审理办结5起。

【作风效能建设】 2015年，市级机关

党工委发挥监督点和监督员、察访员队伍作用，对182家市级机关执法监管部门、窗口单位和服务行业开展专题察访，对反映的40个问题逐一反馈、限期整改、跟踪问效。开展全市重大项目困难需求函调，公开作风办联系方式，畅通作风办与重大项目联系沟通机制，完善作风建设“三评三提”(网上民评、专项测评、组织考评，工作提质、服务提效、形象提升)长效机制。推进网上民意调查、机关评议等活动。全年调查参与数5422人次，点击量3.24万次，梳理形成有效意见建议116条，评价总体满意率97%，比上年度提升6.5个百分点；机关作风建设综合考评参与数5000人，总体综合满意度95.3%，梳理有效问题和意见建议121条。结合全市“六五”普法终期考核，对81家市级机关单位依法履职情况进行自查验收；结合文明单位创建、中心组学习先进单位推荐、作风建设年度评议等强化督查考核，确保市级机关法治建设工作落到实处。

【文化文明创建】 2015年，市级机关举办“法治·书香”读书文化节，通过名家讲座、读书沙龙、法治宣讲、图书漂流、电子书屋、书法会展等，引导干部职工学法遵法守法用法。市级机关党工委行政中心书屋被全国总工会认定为职工书屋示范点。强化服务功能，结合全国文明城市复检、“百千万”帮扶、“一袋牛奶的暴走”等活动，以供需对接、党日活动、组团服务、结对帮扶、典型示范为基本途径和方式，推动各级机关服务型党组织建设常态长效。市中级法院志愿服务总队等10家义工组织和汪旭东等10名同志被授予市级机关首批党员义工“双十佳”称号。

（高旭斌）

·老干部工作·

【概　述】 至2015年底，全市有离休干部1263人，其中，机关441人、事业单位341人、企业481人，享受副省长级医疗待遇1人、副地（厅）级待遇61人、厅局级医疗乘车待遇88人、副司局级待遇152人、正县（处）级待遇21人、副县（处）级待遇419人、正副科级待遇300人、其他待遇221人，80岁及以上1262人，70—79岁1人。年内去世离休干部131人（系常州市离休人员，不含部省属单位离休干部，下同），其中机关56人、事业单位28人、企业47人。

常州市老干部纪念抗日战争胜利70周年文艺汇演　（老干部局　供稿）

主题活动。市老干部局开展“助力法治进程，展现晚霞风采”主题教育活动，通过巡回展出、牵手结对，发挥老干部在学法用法、帮教矫正人员方面的作用。开展“我看法治常州”老干部书画摄影作品展，展出各类作品193幅。市区联办全市老干部纪念抗日战争胜利70周年文艺汇演，7个老干部文艺活动团队300多名老同志表演合唱、舞蹈等21个节目。以调查研究、著书立说、献计出力为主要内容，以各类志愿组织、宣讲团、文体活动团队为平台，有效发挥老同志政治、经验、威望优势。通过支部学习、事迹宣传、座谈交流等形式，利用刊物、网站等载体，广泛推介常州市全国、全省离退休干部事迹。通过省《银潮》杂志和市、区媒体，推出孙国华、蒋芒生、杨槐青等一批离退休干部典型。

“三大创建”。围绕加强离退休干部党组织建设、拓展社区服务、丰富老干部精神文化生活等新时期老干部工作重点，推动“五好”（支部班子好、党员队伍好、组织设置好、活动开展好、群众反映好）和“五好示范”离退休干部党支部、老干部居家养老服务市级示范点、三星级老干部活动中心（室）“三大创建”齐头并进。开展第三批“五好示范”离退休干部党支部创建，给予“五好”“五好示范”支部书记一定工作补贴，调动支部班子的工作热情；围绕目标导向，完善创建标准，将市管退休干部服务、支部班子满意率98%以上、书记年龄不得超过75周岁等要求纳入标准；注重提档升级，适时开展四星级活动中心（室）标准制订工作；注重考核激励，坚持公平择优和实至名归，给予“三大创建”先进单位一定经费补贴；注重沟通完善，通过走访慰问、局长接待日等，定期与基层单位、老干部沟通交流，虚心听取各类意见建议。2015年，分别评选出“五好示范”党支部20个、居家养老服务市级示范点10个、三星级活动中心（室）28个。

延伸服务。坚持专题报告、学习座谈等制度，举办离退休干部党支部书记培训班和市管退休干部读书班各1期。切实做到重大节日和纪念日必访、老干部生病住院必访、对长期生病不能参加活动的老干部必访、对家庭有特殊情况的必访、老干部去世必访，扎实做好解疑释惑、精神慰藉、特殊关爱等工作。完善结对联系，建立老干部工作部门、主管单位、离退休干部党支部分别与老干部结对联系制度，通过电话联系、上门看望、座谈交流等方式，及时了解离退休干部思想动态、身体状况、家庭情况，对老同志开展相关工作、活动给予支持和协调。继续对因病致贫市直离休干部和市管退休干部予以帮扶，重点对上一年度医药费自费超过2万元的离退休干部给予一定金额的援助。2015年，共对11位老干部进行帮扶，资助金额4.1万元。推广武进区将特殊困难退休干部纳入滚动帮扶、动态化管理的做法，帮助生活有特殊困难老干部克服困难。

“晚霞”品牌。推动“晚霞”系列品牌适应新需求、提升新水平，努力把“晚霞”品牌打造成互动交流的桥梁、排忧解难的平台、愉悦身心的乐园。结合依法治国、深化改革和国内外形势，全年举办2期晚霞讲坛，邀请上海东方大讲坛特聘讲师王连祥教授为全市老干部宣讲。按季出刊《晚霞清影》，每期发行4000多份。全市联动办好晚霞舞台，组织好文艺演出、联谊交流活动，有序开展晚霞合唱团和晚霞画廊等相关活动，努力通过“晚霞”系列满足老干部不同形式、不同情趣的精神文化需求。放大教育引导效应，《晚霞清影》每期推出一位老干部典型，营造学有榜样、比有标杆的氛围，鼓励和支持老干部讲好常州故事、弘扬常州精神、传播常州好声音。

（周红军）

·保密工作·

【保密宣传教育】 2015年，市保密局下发《关于进一步加强全市干部保密教育培训工作的通知》，将保密教育课程纳入各类主体培训教学范畴，推进保密教育培训工作常态化、长效化开展。配发各类教材资料，订购各类保密知识读本和保密宣传资料1万余本（册）发放到市级党政机关。开展保密教育“进机关、进企业、进金融”活动，分类、分片、分批对30个党政机关企事业单位进行保密法规宣讲。在市级党政机关开展“以案说法”警示教育活动，编印《以案自警》，选取近年在定密管理、网络管理和涉密人员管理等方面发生的35个较为典型的案例，对照有关保密法律法规进行点评剖析。推进保密专题业务培训。举办全市机关单位定密责任人培训班，123个市级党政机关126名定密责任人参加培训；组织33个市级重要涉密机关单位的专兼职保密干部和辖市区保密局长，参加在西北工业大学国家保密学院举办的脱产保密业务培训；举办涉密信息系统安全管理员培训班，市级党政机关和武器装备科研生产单位180人参加。

【保密监督检查】 1—6月，市保密局对辖市区保密局2015年保密重点工作开展情况进行督导，着力在抓教育强意识、抓管理夯基础、抓督查促提高、抓队伍明责任四个方面下工夫，杜绝各类失泄密隐患。下发《市级机关单位保密工作规范》，促进机关单位厘清保密工作思路，明确保密工作内容、职责。5—7月，组织开展涉密企事业单位保密管理专项整顿活动，对17家重点涉密企事业单位开展保密技防、物防、人防专项检查；对涉密企事业单位保密管理现状和水平进行逐一评估，建立档案记录并做分类管理。实施互联网失泄密监测平台建设，在行政中心互联网集中接入口部署前端监测设备，跟踪监测涉密信息和可疑木马，实现重要涉密单位涉密信息监测预警；在政务内网涉密计算机部署安装“三合一”防护系统，严防涉密信息载体违规外联，初步形成内外网失泄密双监管体系；11月，对18家重点机关单位网站进行专项检查，强化互联网失泄密保密技术监管。年内，组织开展对国有企业、金融机构的保密专项检查，完成2014年全国保密数据普查和2015年全市高考安全保密检查，对19家军工企业进行保密资质管理复查。

【保密服务指导】 2015年，市保密局依托涉密文件内部资料销毁中心，推进涉密文件资料回收销毁专业化、规范化服务。在全市机关单位定期定点组织涉密文件资料回收销毁，严格登记交接手续，应收尽收、应销尽销；对回收销毁中心人员进行保密教育培训，实施持证上岗，落实回收、运输、销毁、存储、化浆等流程和环节的服务规范，并全程进行监督管理，全年回收销毁总量320余吨。抓好各类涉密电子废物回收销毁工作，全年回收销毁涉密电脑、移动存储介质500余件。常州保密业务综合服务平台上线运行，提供宣传教育、定密工作指导、保密技术服务、涉密载体销毁、资质咨询办理、涉密网络保密测评服务。市保密局成立印制资质工作指导小组，具体承办常州市资质申请企业的组织、指导、服务等工作，全年服务指导保密资质认证企业7家，通过7家，通过率100%。

（李　聪）

·信访工作·

【概　述】 2015年，市和辖市区信访部门受理群众来信来访2.95万件次，比上年上升2.1%。其中，来信4207件，下降5.7%；来访3652批2.53万人次，批数下降32%，人次上升3.5%；集体上访938批2.11万人次，批数上升7.9%，人次上升16.3%。在全市信访总量上升的同时，来市信访量呈下降态势，全年市信访局受理群众来信来访1.54万件次，降18.3%。其中，来信2485件，下降10.8%；来访1716批1.29万人次，批数下降51.2%，人次下降19.6%；集体上访415批1.1万人次，批数下降20.5%，人次下降8.6%。辖市区基层信访部门受理量上升，市级信访部门受理量下降，大量信访矛盾和问题在基层得到有效处置。常州市驻省信访工作小组接待常州市群众去省上访272批1711人次，批数上升5%，人次上升151.6%。

实施来访接待场所改造提升工程，完善功能设施，优化服务环境。溧阳、金坛、新北、天宁等地新建或改建人民来访接待中心。建成阳光信访信息系统，实现中央、省、市、县（区）、镇（街道）信访工作平台的互联互通，所有来信、来访、网上投诉事项全过程、全要素网上流转，实现信访事项办理情况的可查询、可跟踪、可督办、可评价。建设视频接访平台，方便群众及时就地反映诉求。整合服务热线资源，拓展12345政府服务热线功能，减少信访群众来回跑、到处跑，政府部门多头管理、重复受理的现象。对全市150余名基层信访干部进行轮训，进一步增强信访干部的业务能力和综合素质。

提高初信初访办结率，重信重访下降14.7个百分点。加大对热点难点问题的协调会办和跟踪督办力度，推动天宁区陆家村村民要求搬迁、常州市橡胶厂改制职工要求办理退休、溧阳申特钢厂拖欠船运队运输款、钟楼区宝龙城市广场拖欠民工工资等一批信访突出问题的妥善化解。开展“我为法治城市建设献一计”、信访法治建设专题人民建议征集活动，为党委政府科学决策建言献策。加强对信访形势和热点难点问题的调研分析，针对欠薪欠保、房地产市场矛盾和区划调整中引发的一些问题提出建议，推动一批层面性问题的解决。

【信访积案化解】 2015年，常州市开展“去省进京重复访”化解活动，全面排查梳理积案，集中进行交办，明确辖市区党政主要领导对重点积案进行包案，重点督办上级交办的重点积案。综治、信访、公安、维稳等部门定期会商“三跨三分离”（跨地区、跨部门、跨行业，人事分离、人户分离、人事户分离）信访积案，逐案明确化解和稳控工作责任。市信访工作联席会议办公室加大协调会办和指导帮办力度，因案施策、因人施策，协调联动、多措并举，确保合理诉求依法解决到位、无理诉求教育疏导到位、生活困难帮扶救助到位。全年市区两级共化解两年以上信访积案73件，29件省交办的非涉法涉诉信访积案全部办结，70%得到有效化解，没有再次发生进京上访。

【信访法治建设】 2015年，市信访局开展信访法治建设年活动，加大信访法治的宣传力度，引导群众依法逐级走访，理性反映诉求。进一步规范涉法涉诉信访事项的办理，把涉法涉诉信访事项从信访工作中剥离出来，纳入法治轨道解决。加强与公安机关的工作联动，建立完善政治核心区维护信访秩序的体制机制，信访突发事件的应急处置更加规范高效。加大对违法上访行为的处置力度，市委政法委牵头制定《关于依法处理信访活动中违法犯罪行为的指导意见》。省综治办公室等部门在常州市召开现场会，推广新北区依法处置非正常上访的做法和经验。通过依法处置，形成对非正常上访的高压态势，信访秩序明显好转，进京非正常上访比上年下降68.2%，较好实现年初确定的目标任务。

（王　辉）

【12345政府公共服务平台工作】 2015年，12345政府公共服务平台受理群众来电64926个，其中有效诉求44258件，比上年上升8.8%，诉求内容涵盖经济发展、城乡建设、社会管理、人民生活、党风廉政和社会稳定等方面，73.52%的问题通过自办、三方通话方式办结。向网络成员单位派单11719件，反馈率99.58%，群众满意率90%以上。阳光信访系统省级转送电话信访9件，均按时办结。

将文明服务热线、社区服务四级联动网络和政风热线纳入12345平台，拓宽平台服务渠道，提升服务职能。加强业务考核，坚持每月通报各单位的承办情况及满意度考核情况。全年梳理热点、难点问题1326件，并落实部门首接负责制，采取部门联动、媒体推动和加大会办、督办力度等措施，有效解决问题和矛盾。　（吴　娟）

·档案工作·

【概　述】 2015年，全市各级各类档案馆有馆藏档案163万卷、141万件，资料8.3万册。接待查档2.7万人次，查阅案卷4.8万卷（件）次，其中市档案馆和档案博览中心共接待查档利用者1.1万人次，调阅档案3万卷（件）次，复印3.3万张，提供有效证明1.2万份。

年内，市委、市政府出台《关于加强和改进新形势下全市档案工作的实施意见》，对完善档案工作体制机制、健全法规体系、加大支持保障措施等方面提出具体要求。相继出台《关于做好我市部分行政区划调整中档案工作的意见》《关于做好我市机构改革中档案工作的通知》。市档案局制定部门责任清单和行政权力事项清单，依法履行职责。围绕全市重点建设项目、重大活动、重大事件，加强对轨道交通、油气管道项目建设及对口援疆档案管理工作的监督指导，开展国家、省重点建设项目档案管理登记备案工作。成立档案工作检查组，对105个列入《常州市档案馆接收档案单位基本名录（2014版）》单位的档案工作情况进行全面检查。编印60万字的《常用档案工作手册》，对全市机关、团体、街道及企事业单位专兼职档案人员进行继续教育培训；对市教育、交通、工商等系统分类进行专门业务培训。与常州大学围绕加强历史档案资源和档案科研项目开发利用、档案继续教育、爱国主义教育基地建设、实训基地等方面签订全面合作框架协议。组织纪念“6·9”国际档案日系列宣传活动，举办“档案——与你相伴”专题展览，开展首届常州市档案馆公众开放日活动，发起“100个家庭建档示范户”征集活动。在《常州晚报》开设《档案柜》专版，全年刊发35期；在《风采》报设立《档案解密》专栏；《常州档案》季刊顺利创刊。档案宣传工作连续8年获全省先进集体特等奖。

【档案现代化建设】 2015年，常州市建成集宣传展示、监控操作、宣讲报告等功能为一体的常州市数字档案馆控制中心。启动建设基于RFID（Radio Frequency Identification，无线射频识别）的馆藏档案智能化管理工程和具有常州特色的通用电子文件归档和长期保存系统，完成3万余张RFID电子标签的制作和粘贴，并于12月通过省档案局专家组的档案科技成果鉴定。年内，市档案局获评全省档案科技工作先进单位。

【档案征集接收】 2015年，市档案局接收市政府办、市委组织部、市质监局、市食药监局、市中级法院等单位档案共计23955卷、41206件。征集到领导题词、名家书画、羊牧之手稿、宗谱、外交礼品等1010件，其中有刘海粟题词，书法家陆建华的行书《李王州论诗三首》，近现代名家范石甫、国画名家黄中秋的国画名作，诗书画印名家王日曦书法作品，陆小曼宗谱，民国老照片等档案史料。市档案馆与常州市新四军历史研究会联合开展革命老同志档案史料征集活动，已征集到8位老同志在革命活动、重大战役、重大事件中留存下来的各种纪念章、奖章、肩章、立功证书、战利品、朝鲜币、侦察机部件等实物100多件。至年底，市档案馆收藏列入艺术档案管理的作品670余幅，涉及近现代书画名家220余人；全国劳模档案库初具规模，征集到45位全国劳模的档案4460件。

【行政区划调整档案处置】 6月5日，市委、市政府办公室下发《关于做好我市部分行政区划调整中档案工作的通知》,对常州市部分行政区划调整中变动部门和单位(包括各级国家档案馆、党政机构、群团、企事业单位、镇、街道及临时机构等)档案资料的归属和流向做出规范。金坛区档案管理体制保持不变;原武进区奔牛、郑陆、邹区3个镇调整前的全部档案资料原则上向武进区档案馆移交;原戚墅堰区公安、检察、法院、国土、规划、工商、国税、地税等单位,调整前的全部档案资料原则上向原戚墅堰区档案馆移交或向市级主管部门指定的代管部门移交;原戚墅堰区各部门和单位(包括党政机构、群团、企事业单位、镇、街道及临时机构等)的档案资料全部向原戚墅堰区档案馆移交,原戚墅堰区档案馆再将全部档案资料向市档案馆移交;原戚墅堰区档案馆档案暂由江苏常州经济开发区代管。

【档案博览中心】 2015年,市档案博览中心接待参观8876人次,其中学生参观数1747人次。全年整理上架档案16万卷,累计整理破产关闭企业档案25万卷。至年底,保管破产关闭企业档案120家21万卷(件),印章、照片等其他档案3万枚(张、件)。

年内,市档案博览中心被市委组织部、市委党校列为干部教育培训现场教学点,并成为河海大学物联网工程学院志愿者服务基地。为新市民子弟量身定制"档案知识培训进校园""小小义务讲解员"活动;与常州市西仓桥小学合作开展"小小护档志愿者"活动,让小学生参与整理城市工业历史档案;协助举办常州市首届市民摄影节。成立首支劳模档案征集志愿者队伍。

【首届档案馆公众开放日活动】 6月9日,在国际档案日之际,常州市档案馆举办首届开放日活动,机关企事业代表、学生代表以及市民代表70人参加。内容包括:参观市档案馆查档大厅,体验档案查阅服务;参观档案库房,了解档案保管状况;参观业务用房,了解抢救档案过程;参观"档案——与你相伴"专题展览,了解身边的档案;参观档案史料展示中心,欣赏档案文化的独特魅力。

【100个家庭建档示范户征集活动】 6月,市档案局、档案学会在《常州晚报》上刊登"100个家庭建档示范户"征集启事,在全市范围征集家庭照片、视频、书信、日记、证件、票据,入选的100户家庭可参加常州市档案局免费组织的家庭建档培训、观摩学习和宣传展览,也可在相关报纸媒体展示自己的特色档案。8月7日,常州市档案局、常州市妇联联合印发《关于倡导和推进全市家庭档案建设的意见》,创导家庭建档,提高全社会档案意识;开展家庭档案代保管服务,鼓励将家庭拥有的对国家和社会有保存价值的档案向档案馆捐赠。 (黄铭洁)

常州市人民代表大会常务委员会

【概　述】 2015年,常州市委先后召开全市人大工作和加强县乡人大建设的工作会议,对做好新形势下人大工作作出全面部署。市十五届人大五次会议决定设立财政经济、法制两个专门委员会,为人大及其常委会依法行使职权注入新的动力。根据省人大常委会的决定,常州市正式获得地方立法权,开启常州市民主法治建设新的一页。年内,市人大常委会围绕全市工作大局,依靠全体代表认真履行宪法和法律赋予的职责,共召开常委会会议7次、主任会议13次,听取和审议"一府两院"专项工作报告、计划预算和审计报告20项,审议法规草案1件,审查规范性文件5件,依法作出决议决定7项,任免国家机关工作人员84人次,开展执法检查2次、专题调研23次、专项视察督查15次、重点督办代表议案建议活动17次,组织专题培训7次,受理群众来信来访来电1327件次。

3月29日,全国人大常委会副委员长艾力更·依明巴海带领执法检查组到常州开展《职业教育法》执法检查。6月4—5日,全国人大调研组到常州市专题调研节能环保科技及产业发展情况。

【常州市第十五届人大四次会议】 1月13—16日,常州市第十五届人民代表大会第四次会议在市行政中心龙城大厅举行。市十五届人大代表共400名,出席会议380名。会议听取和审议市长费高云所作的《政府工作报告》、市人大常委会副主任俞志平所作的《常州市人民代表大会常务委员会工作报告》、市中级法院院长张屹所作的《常州市中级人民法院工作报告》、市检察院检察长葛志军所作的《常州市人民检察院工作报告》,表决通过关于各项工作报告的决议。大会补选张东海、盛建良为市十五届人大常委会副主任,杭天珑、潘文卿为市十五届人大常委会委员,作出关于接受孙永明、杨建辞去市十五届人大常委会副主任职务的请求的决定。大会期间,共收到10名以上代表联名提出的议案35件,建议、批评和意见135件。经大会主席团审议,决定所有议案均不列入此次大会议程,授权市人大常委会在闭会期间审议处理周忠等10名代表联名提出的《关于提升我市居家养老服务水平》议案,其他议案转为代表建议处理。大会共举行三次全体会议,阎立、俞志平、贾宝中分别主持会议。

【常州市第十五届人大五次会议】 7月16日,常州市第十五届人民代表大会第五次会议在市行政中心龙城大厅召开。会议应到代表402人,实到343人,符合法定人数。会议表决通过《关于设立常州市第十五届人民代表大会财政经济委员会、法制委员会的决定》和《关于常州市第十五届人民代表大会专门委员会组成人员人选的通过办法》,表决通过常州市第十五届人民代表大会财政经济委员会、法制委员会主任委员、副主任委员、委员人选。

【常州市十五届人大常委会会议】 2015年,市十五届人大常委会共召开7次会议。

第22次会议。2月12日召开。会议听取和审议市政府关于2015年度重点城建工程项目和资金安排情况的报告、人事任免案、市人大常委会2015年工作要点草案。

第23次会议。4月28日召开。会议听取和审议市政府关于常州市住房公积金管理工作、社区卫生服务事业发展、居家养老建设等情况及《关于提升我市居家养老水平》议案处理意见的报告；审议关于调整市十五届人大常委会代表资格审查委员会个别组成人员、个别代表的代表资格的报告，通过《常州市第十五届人民代表大会常务委员会代表资格审查委员会组成人员增补名单（草案）》，增补张东海为副主任委员、周广菊为委员；审议通过市中级法院、市检察院相关人事任免案。

第24次会议。6月16日召开。会议听取和审议市政府关于常州市2014年本级财政决算草案、预算执行及其他财政收支情况的审计工作报告，审查和批准2014年市本级决算，审议通过《常州市人大常委会关于本级预算审查监督的规定》；审议市政府关于《出境入境管理法》贯彻实施情况的报告；听取关于筹备召开市十五届人大五次会议有关事宜、主席团和秘书长等各类建议名单草案及说明的情况报告，并作出相应决定；审议关于市十五届人大专门委员会组成人员人选安排和通过办法的说明，审议通过市十五届人大常委会代表资格审查委员会关于个别代表的代表资格的报告；审议通过相关人事任免案；审议通过市十五届人大常委会经济、预算、内务司法、法制工作委员会组成人员名单。会议决定，2015年7月16日召开市十五届人大第五次会议，会期1天。

第25次会议。8月27—28日召开。会议听取和审议市政府上半年工作情况的报告，书面审议2015年上半年全市国民经济和社会发展计划、全市财政预算执行情况的报告，审议市人大常委会执法检查组关于检查《安全生产法》贯彻实施情况的报告，听取和审议市政府关于常州市荣誉市民评选工作情况的报告，作出《常州市人民代表大会常务委员会关于授予易熙孟等10人“常州市荣誉市民”称号的决定》。

第26次会议。9月29日召开。会议听取和审议市检察院副检察长韩筱筠受检察长葛志军委托所作的《关于报请许可对市十五届人大代表夏伟忠采取强制措施的报告》，决定许可市检察院对市人大代表夏伟忠采取刑事强制措施。

第27次会议。10月26—27日召开。会议听取和审议市政府关于常州市2015年1—9月份预算执行及市本级预算调整情况的报告，审查批准市本级预算调整方案；听取和审议市政府关于市十五届人大四次会议代表建议、批评、意见办理及《关于提升我市居家养老服务水平》议案办理情况的报告；听取和审议市中级法院关于常州市职务犯罪审判工作情况的报告；听取和审议市人大常委会执法检查组关于常州市生态红线区域保护执法检查的报告，并作出相应决定；听取和审议常州市十五届人大常委会代表资格审查委员会关于个别代表的代表资格的报告；审议并通过人事任免案；审议市人大常委会主任会议关于提请审议《常州市制定地方性法规条例（草案）》的议案。

第28次会议。12月10日召开。会议首次听取和审议市政府关于2014年本级预算执行和其他财政收支审计查出问题整改的情况报告；审议通过设立常州经济开发区人民法院、人民检察院的决定，并对有关事项作出规定；听取筹备召开市十五届人大六次会议有关事宜的情况报告，并作出相应决定；审议常州市第十五届人民代表大会第六次会议主席团、秘书长等各类建议名单草案；听取和审议《常州市制定地方性法规条例（草案修改稿）》，表决通过市人大常委会关于提请市十五届人大六次会议审议《常州市制定地方性法规条例（草案）》的议案；首次听取部分省人大代表履职情况的报告；审议市十五届人大常委会代表资格审查委员会关于个别代表的代表资格的报告；审议并通过人事任免案；审议市人大常委会工作报告讨论稿；对市人大常委会审议意见处理情况的报告进行评议。

【常州市十五届人大常委会主任会议】 2015年，市十五届人大常委会共召开13次主任会议。

第35次会议。1月19日召开，会议听取市长费高云所作的关于常州市行政区划调整情况的通报。

第36次会议。2月5日召开。会议传达省十二届人大三次会议精神，听取市委组织部有关人事任免事项的通报，讨论《市委关于进一步加强人大工作的意见（代拟稿）》和市人大常委会2015年工作要点草案，商定市十五届人大常委会第22次会议日期及建议议程草案。

第37次会议。3月20日召开，会议听取《河道管理条例》贯彻实施情况报告。

第38次会议。4月20日召开。会议听取有关人事任免、代表资格审查委员会个别组成人员调整、个别代表补选情况的报告。

第39次会议。5月27日召开。会议听取市人大机关党的群众路线教育实践活动后续整改落实情况的汇报，传达学习全市“三严三实”专题党课暨专题教育部署会议主要精神，部署市人大常委会机关“三严三实”专题教育工作。

第40次会议。6月9日召开。会议听取市委组织部有关人事任免事项的通报，听取筹备召开市十五届人大五次会议有关事项的情况汇报，听取市十五届人大五次会议主席团、秘书长等各类建议名单草案及说明和修订《关于加强本级预算审查监督的规定》的说明，商定市十五届人大常委会第24次会议日期及建议议程草案。

第41次会议。7月24日召开。会议听取市政府关于《归侨侨眷权益保护法》贯彻实施情况的报告，讨论并原则通过《常州市人大代表向原选举单位报告履职情况办法》。

第42次会议。8月21日召开。会议商定市十五届人大常委会第25次会议建议议程草案、日程安排；市人大常委会副主任盛建良汇报参加全国人大常委会、省人大常委会法制工作委员会立法工作培训情况及当前立法准备工作主要打算。

第43次会议。9月29日召开。会议听取财政经济委员会近期工作情况汇报及关于计划审查工作规程、市人大2016年预算草案审查工作方案的说明，讨论通过《常州市人大计划监督审查工作规程》和《市人大2016年预算草案审查工作方案》；听取法制委员会近期工作情况汇报及《常州市地方性法规制定条例（草案）》的起草说明；讨论通过《常州市人民代表大会常务委员会立法咨询专家工作规定》和《常州市人民代表大会专家咨询费用支付办法》，确定15个立法联系点，初步商议第二年的立法项目；听取市检察院副检察长韩筱筠受检察长葛志军委托所作的《关于报请许可对市十五届人大代表夏伟忠采取强制措施的报告》，决定召开市十五届人大常委会第26次会议，提请审议市人民检察院有关报请许可事项。

第44次会议。10月19日召开。会议听取市委组织部所作的有关人事任免事项的情况通报；听取关于外来务工人员随迁子女就学情况的报告；听取《常州市地方性法规制定条例（草案）》《市人大常委会关于加强生态红线区域保护的决定（草案）》的起草说明，决定提请市十五届人大常委会第27次会议审议；研究确定市十五届人大常委会第27次会议建议议程草案、日程安排。

第45次会议。11月23日召开。会议听取市政府关于常州市国民经济和社会发展第十三个五年规划纲要草案编制和2016年城市基础设施与交通建设重点项目计划安排情况的报告；讨论通过关于补选市人大代表的方案和组织市人大代表集中视察活动方案；传达学习党的十八届五中全会精神并对人大机关学习贯彻进行部署。

第46次会议。12月4日召开。会议听取市委组织部有关人事任免事项的情况通报；听取关于设立常州经济技术开发区人民法院、人民检察院，召开市十五届人大六次会议的有关事项和筹备工作及会议主席团、秘书长等各项建议名单草案的情况报告和说明，听取《常州市制定地方性法规条例（草案）》审议结果的报告，讨论市人大常委会工作报告讨论稿，同意上述报告和说明提请市十五届人大常委会第28次会议审议；听取关于市十五届人大四次会议以来代表优秀议案、建议评选工作情况的汇报，同意对16件优秀议案、建议给予通报表扬；讨论常委会会议首次专门听取和审议市本级预算执行和其他财政收支审计查出问题整改情况报告的有关事项；讨论通过市人大常委会2016年度立法计划和市人大常委会立法咨询专家组成员名单。

第47次会议。12月10日召开。会议听取市人大常委会第28次会议期间，市人大法制委员会关于《常州市制定地方性法规条例（草案修改稿）》修改意见的汇报。

【常州市获地方立法权】 7月31日，江苏省十二届人大常委会第十七次会议决定，常州、南通、盐城、扬州、镇江、泰州6个城市可以行使地方立法权，常州市由此成为2015年《立法法》修改后江苏首批获得地方立法权的城市。自党的十八届四中全会和修改后的《立法法》确定依法赋予设区的市地方立法权始，常州市全力做好行使地方立法权的各项准备工作，相继完成立法机构设置、人员编制报批、专业人员配备、省人大调研评估等前期工作，市十五届人大五次会议依法设立专门负责统一审议地方性法规案的市人大法制委员会。获得立法权后，市人大常委会立即制定市人大法制委员会议事规则、常委会立法咨询专家工作规定等相关制度；组建市人大常委会立法咨询专家组，遴选35位具有较深专业基础和实践经验的人员担任立法咨询专家；组织立法调研，向全市各地、各部门和市人大代表发出立法项目征求意见函，收到立法建议项目93件，经调研论证，形成2016年度立法计划并向社会公布；在全市范围确定首批15个镇、街道、村和企事业单位作为常委会立法基层联系点，以畅通基层群众有序参与地方立法的渠道。12月10日，常州市政府第一部政府规章《常州市人民政府规章制定程序规定》出台。

【人大代表议案建议意见办理】 市十五届人大四次会议期间，代表共提出议案建议171件，涉及综合经济类23件、城建城管类90件、科教文卫体类23件、社会保障类17件、民主法制类17件，其他1件。其中，10人以上联名提出议事原案35件，会后建议1件。35件议事原案中，经大会议案审查委员会审查并经大会主席团批准，周忠等10位代表联名提出的《关于提升我市居家养老服务水平的议案》被授权给市人大常委会在大会闭会后进行审议，其他均转为建议处理。在实际办理的169件议案建议中，市党群部门主办14件，市中级法院主办1件，市政府及其部门主办154件。所有议案建议均已答复代表，代表对办理工作的满意和基本满意率为100%。

市人大常委会专门制定《常州市人大代表建议处理流程》，刚性规范代表建议办理程序。各代表小组引导代表广泛联系群众，深入开展调查研究，积极提出议案建议；各辖市区人大做好代表议案建议收集汇总和质量把关工作；常委会有关工作机构根据代表初步酝酿提出的意见建议，就涉及的政策法规、相关信息等，提前与“一府两院”（市政府、市中级法院、市检察院）进行对接沟通，以提高代表议案建议的可操作性。人民代表大会期间，专门安排市政府组成部门接受代表现场询问，交流意见，增进理解，形成共识。常委会对市十五届人大四次会议以来代表提出的171件建议，在及时交办的基础上，选择“加强空气质量监管”“城市应急管理”等7件建议，由常委会领导牵头进行重点督办。8月，集中开展代表建议督办月活动，推动建议办理和问题解决。为激励代表依法履职，常委会专门开展优秀议案建议评选活动。市政府高度重视代表建议办理工作，要求各有关部门把办理工作作为接受监督、改进工作的重要举措，推动一批问题的解决。（张经武）

常州市人民政府

【市政府全体（扩大）会议】 2015年，市政府共召开2次全体（扩大）会议。

第一次全体（扩大）会议。10月16日上午召开，总结回顾前三季度工作，部署第四季度工作。

第二次全体（扩大）会议。12月24日召开，贯彻落实市委十一届十次全会精神，研究讨论即将提交市十五届人大六次会议审议的《政府工作报告》，并对做好“十三五”时期工作和加强政府机关作风建设作出部署。

【市政府常务会议】 2015年，市政府共召开12次常务会议。

第31次常务会议。1月17日召开。听取关于《政府工作报告》目标任务分解落实及推进计划有关情况的汇报，听取关于常州市2015年重点工程情况和妥善解决国有企业职教幼教退休教师待遇问题的汇报。审议通过《关于进一步规范党政机关举办大型活动安全管理工作的意见》。

第32次常务会议。2月10日召开。审议2014年度常州市企业星级评定、辖市区主要经济指标和现代化建设评价考核、常州市加大有效投入推进重点项目建设和"重大项目突破年"考评结果，听取关于2014年度辖市区、市级机关部门综合考核有关情况和2015年主要经济指标目标分解有关情况的汇报。审议通过《2015年"重大项目深化年"工作方案》《常州市政府核准投资项目目录（2015年本）》《关于深入推进"民生幸福工程"的实施意见》《2015年常州市行政审批制度改革工作要点》和《机关事业单位落实带薪年休假制度的方案》。

第33次常务会议。4月10日召开。审议《常州市加强立体化现代化治安防控体系建设三年规划（2015—2017）》《常州市社会救助实施办法》《常州建设苏南国家自主创新示范区实施意见》《常州市推广中国（上海）自由贸易试验区可复制改革试点经验实施方案》和《市政府关于深入推进依法行政加快建设法治政府的实施意见》。听取关于2015年"两会"期间人大代表建议和政协委员提案、给参加江苏省第十八届运动会取得优异成绩的集体和个人记功、全市第一季度安全生产工作、市文化广场项目规划条件调整有关情况的汇报。

第34次常务会议。6月2日召开。审议通过《关于开展综合行政执法体制改革试点工作实施意见》《关于加强机构编制部门参与社会事业发展规划布局的意见》《关于进一步加强涉企收费管理减轻企业负担的通知》《常州市公共机构节能管理办法》《常州市市属国有企业负责人履职待遇、业务支出管理暂行办法》《常州市关于贯彻〈江苏省大气污染防治条例〉的实施意见》。

第35次常务会议。6月24日召开。审议《关于推进产城融合综合改革实施意见》《深化"三位一体"发展战略、落实"中国制造2025"常州行动纲要》《常州市发展众创空间推进大众创新创业实施方案（2015—2020年）》，审议通过《常州市政府各部门责任清单》。听取关于推进城乡居民医疗保险融合、制定调整管理体制的意见及工作方案、常州市国民经济和社会发展第十三个五年规划基本思路、统一公布常州市城乡低保标准等情况的汇报。

第36次常务会议。7月24日召开。审议通过《关于进一步规范行政审批中介服务的实施意见》《常州市市区公共租赁住房共有产权试点方案》《常州市市级国有资本经营预算管理办法》《关于加强犬只规范化管理的工作意见》，审议《关于加快互联网经济发展的意见》。听取关于新一轮常州市城市总体规划修编、2015年度市区第一批地方政府债券发行、授予常州市见义勇为先进分子和先进集体荣誉称号、给江苏省第25期援桑给巴尔医疗队集体和个人记功等情况的汇报，书面通报2015年1—6月份全市安全生产事故情况。

第37次常务会议。8月10日召开。审议《常州市深化医药卫生体制改革试点工作实施方案》《常州市市区棚户区（危旧房）改造工作实施方案》《常州市建设项目主要污染物排放总量指标审核及管理实施细则》，听取关于第15批常州市荣誉市民评选情况的汇报。

第38次常务会议。9月30日召开。审议《常州市市区餐厨废弃物管理办法》《关于加快经济开发区建设发展的意见》《常州市区自来水价格调整方案》《常州市不动产统一登记工作实施方案》，对做好2015年国庆期间有关工作提出要求。

第39次常务会议。10月30日召开。审议《常州市深入推进简政放权放管结合转变政府职能工作方案》《关于取消行政审批项目和承接国务院、省政府下放行政审批项目的通知》和《常州市市级行政审批前置中介服务项目及收费清单》《常州市城市公立医院医药价格综合改革实施方案》《常州市市级政府购买云服务暂行办法》《常州市人民政府规章制定程序规定》，组织学习新《行政诉讼法》。

第40次常务会议。12月2日召开。审议《京杭运河常州经开区（原戚区）段三级航道整治工程实施方案》《关于加快推进建筑产业现代化发展的实施意见》《常州市主体功能区实施意见》《常州市机关事务管理办法》《常州市市级党政机关办公用房管理暂行办法》《关于进一步加强高层次教育人才培养和引进工作的意见》，听取关于市政府规范性文件和政策措施类文件评估清理工作的情况汇报。

第41次常务会议。12月16日召开。审议《2016年中心城区城市建设项目计划》《2016年常州交通建设项目计划》《常州市公务用车制度改革总体方案》《常州市2015年国民经济和社会发展计划执行情况与2016年计划安排意见的报告》《2016年市本级预算草案》和《政府工作报告》。

第42次常务会议。12月27日召开。审议《常州市国民经济和社会发展第十三个五年规划纲要》《关于创新重点领域投融资机制鼓励社会投资的实施意见》《关于加快综合保税区发展的若干意见》《常州市社会法人失信惩戒实施办法（试行）》和《市政府2016年立法计划》。

【政务公开】 2015年，常州市进一步推进行政权力网上公开透明运行，着力提升政府网站服务能力，促进政务公开体系日益完善。市政府被评为全省政府信息公开工作先进单位、全省优秀政府网站建设单位。

政府信息公开。全年市级机关通过市政府门户网站，利用图片、视频等多样化形式累计发布各类政府信息4600余条、政务活动信息3500余条、重点工作专题28个。办理政府信息依申请公开1350余件并全部按规定办结。深入推进行政权力、财政资金、公共资源、重大项目建设、公共服务等重点领域信息公开，公布部门责任、行政审批前置中介服务项目及收费、行政审批事项、行政权力、行政事业性收费、政府部门专项资金管理、政府核准的投资项目7张目录清单，实现全市政府部门财政预决算信息全公开。进一步完善"政府信息公开重点工作"专题建设，全年累计发布涉及征地拆迁补偿、保障性住房、价格收费等方面的信息100余条，市级公共企事业单位信息公开数13435条。

行政权力网上公开透明运行。做好"三合一"阳光政务平台的动态调整和下放行政权力事项的承接工作，修订出台《常州市"三合一"阳光政务平台行政权力数据库维护管理办法》，推进行政权力网上透明运行向镇街道、村社区延伸，基本形成覆盖市、辖市区、镇街道、村社区的四级电子政务服务网络体系。全市推送省平台数据688万条，其中市平台431万余条。联合发改、国土、建设、规划等部门通过"互联网+"再造业务流程，建成常州市建设项目信息共享、网上审批系统，真正实现一个窗口受理、一个平台办理等审批方式的创新，变"群众跑腿"为"数据跑腿"，实现群众办事"零距离"，材料申报次数和数量大幅减少，办理时限从原来的100多天缩短至70多天。

【政府网站建设】 2015年，常州市继续推进政府门户网站群三年改造计划，整合政府部门子站33家，累计整合57家。开展政府网站普查工作，对全市292家政府网站进行检查督改，解决部分政府网站存在的"信息更新不及时、信息发布不准确、交流互动不回应、服务内容不实用"等群众反映强烈的问题，永久关停网站19家，保留273家，网站精简率9.4%。全年市政府门户网站访问总量2388万人次。在第十四届（2015年度）中国政府网站绩效评估中，常州市在301个参评地级市中排名第31位。

【应急管理】 2015年，由于遭受特大洪涝灾害，常州市自然灾害灾情较往年偏重，灾害损失比较大；安全生产形势总体稳定，事故总量和死亡人数继续下降；公共卫生形势保持平稳，未发生较大以上突发公共卫生事件；社会安全形势总体良好，群体性事件稳中有降。全年全市发生各类突发事件736起（不含刑事案件），比上年下降12.69%，死亡124人，下降0.8%。除6月特大洪涝灾害外，其他领域没有发生重大、特别重大突发事件。全市各级应急管理部门全力实施应急管理基础年工作，着力抓好构建体制、健全机制、完善预案、强化保障等重点工作，有力有序处置了"东方之星"号客轮翻沉事件、6月中下旬特大洪涝灾害、"7·31"卡特新能源公司和"8·5"新东化工有限公司爆燃事故等社会影响面广、情况复杂、处置难度大的突发事件。

深化预案体系建设。编制完成2015年版市应急预案总目录，进一步厘清和界定总体预案和专项预案、部门预案的不同定位。在预案目录的指导下，加大市级专项应急预案修订工作力度，先后修订完成《常州市生产安全事故应急预案》等8个市级专项应急预案并经市政府同意印发实施，完成《常州市辐射事故应急预案》等9个市级专项应急预案的修订初稿。抓好应急预案常态化演练。先后举办常州市轨道交通工程突发事故及灾害应急演练、常州国际机场航空器飞行事故应急处置综合演练、长江常州段水上搜救综合演习、消防救援综合应急演练等综合演练。

规范预警信息发布机制。市应急办、气象局协调广播电视台、电信公司、移动公司、联通公司和市民防局、城管局等部门，加快建设以手机短信、广播、电视、网络、户外显示屏等平台为主体的预警信息全网发布平台，提高预警信息发布的及时性和有效性。

完善应急指挥决策支持系统。根据应急信息化发展要求，将应急地理平台后续建设纳入"十三五"信息化规划和智慧城市总体框架。启动应急地理信息平台二期建设，整合汇聚各类应急资源近400万条，开通应急地图、专业数据和应用服务接口，为安监、粮食等部门的业务系统开放数据接口。充分利用数据资源，围绕应急和处置突发性事件实战需求，开发雨雪冰冻、防汛、决策指挥等应用模块，可视化展现预案、装备、队伍、专家等资源信息。

健全培训宣教体系和动员机制。针对不同对象、不同需求组织开展应急教育培训，将应急管理纳入年度领导干部主体班次培训轮训内容。举办全市应急管理专题研修班，辖市区应急办负责人和市各有关部门职能处室负责人80余名参加培训。借助"110""119"宣传日以及"5·12"防灾减灾日、科普宣传月、安全生产月等，举办应急公益行宣传活动，组织开展应急知识进广场、进企业、进机关、进医院、进学校、进社区"六进"活动，发放《应急小常识》《应急指南》5000份和应急包800个。举办应急管理有奖知识竞赛，收到答题1.2万余份。开通常州市应急办微信公众号，加强应急网站、微博信息更新维护，及时发布预警信息、应急管理工作动态，介绍应急避险知识。修订出版5000册《常州市公众应急手册》。创新社会应急动员机制。组织开展突发事件应急征用物资、场所调查工作，指导征用实施单位与被征用单位签订意向协议，搭建长期合作关系。

【接待工作】 2015年，常州市接待办接待宾客578批31491人次。其中，接待党和国家领导人16批14人，部省级领导99批198人次，各类城市代表团组121批次，各类检查组、调研组93批次，重要经贸（团组）人士65余人次。

（李志刚）

·政务服务工作·

【概　述】 2015年，市政务服务中心办理市本级各类事项879726件，比上年增25%，群众满意率100%。

推动改革成果转化运用。强化事项监管。根据前期审批事项"承、接、转"情况，全面梳理市级保留事项，指导规范辖市区审批事项，编印事项目录指南，协调辖市区同步展开事项清理汇总，初步形成市级审批事项目录化管理模式。推进并联审批。贯彻落实《常州市建设项目审批全流程再造工作方案》和《关于进一步提升建设项目审批效能的意见》，建立健全涉建审批部门联席协作制度，出台《常州市重点建设项目竣工验收阶段并联服务实施细则（试行）》，集中展开部分项目试点。规范中介管理。严格落实《关于加强建设项目审批中介服务管理的工作意见》，明确细化"两类对象、三张清单、四项措施"（中介机构、服务单位两个管理对象，中介机构、服务单位、行业协会三张名录及信息公开清单，登记管理、规范行为、黑名单制、信息公开标准四项措施），编制全市涉建中介机构目录，配套出台《中介机构不良记录和黑名单制度操作细则》，集中公布30个类别共257家中介服务机构（单位）的基础信息。

加快体系平台建设。有序推进“一办四中心”（政管办、政务服务中心、便民服务中心、公共资源交易中心、电子政务中心）建设。明确“一办四中心”机构“三定”（定机构、定编制、定人员）方案，组建项目领导小组，加强工作协调和监督指导，主楼工程如期推进。组织公共资源交易管理体制专项调研，完成分中心挂牌和虚拟大厅的前期开发筹备。加快推进“一办四中心”信息化建设，有序组织虚拟平台设计和信息系统并网。组织12345公共服务热线建设模式专项调研，完成初步整合方案和管理办法。稳步推进四级政务服务体系构建。按照机构先行到位、业务逐步整合、网点有序设立、功能衔接完善的工作思路，指导推进辖市区政务服务机构的调整更名和功能整合工作，扎实开展镇、社区服务网点综合考评，初步形成上下联动、有序衔接的系统架构。同步完善信息系统。加快全市建设项目信息共享、网上审批系统的设计研发，有序推进应用程序和辅助系统开发、业务数据录入以及辖市区平台筹建等相关工作，如期完成6个涉审部门的系统对接，辖市区分平台自建工作全面启动。

提升综合服务保障水平。全面聚焦“重大项目深化年”，巩固完善跟踪代办、部门联办和市区协办等模式，充分发挥重点建设项目代办中心的功能作用，建立健全进度研究、情况通报、难题会商等相关制度，落实执行分类指导、分组服务、分段考核、分项跟踪等措施办法，完善科教城主题服务日和园区政务服务。上下衔接、部门协调、稳定有序的重点项目代办服务体系日益成熟。着力推进改革试点。组织区域评价模式的基础调研，形成以空港产业园、滨江经济开发区为模板的试点方案。加快工程、地籍、房产“三测合一”改革试点，各项工作有序推进。主动创新服务举措。协同推进企业登记注册制度改革，协调工商、国税、地税、质监部门实现工商登记注册“三证合一、一照一码”（工商营业执照、组织机构代码证、税务登记证合为加载统一社会信用代码的新营业执照）新模式。会同民政、质监等部门联合设计出台社会团体登记注册“两证合一”（社会组织登记证和组织机构代码证合一）新举措，推出“一窗办理，一表填报，一套材料，一证两号”服务办法。

（陈小鹏）

·外事工作·

【概　述】 2015年，常州外事工作坚持“服务国家总体外交、服务地方经济社会发展”的总方针，积极参与国家“一带一路”建设和全市“重大项目深化年”活动，着力为常州企业、产业、园区、城市、人才“五个国际化”建设发挥作用。常州市先后在法国巴黎举办“龙城英才计划”推介会、德国明登举办常州引资环境推介会、荷兰蒂尔堡举办常州—蒂尔堡航空产业交流会、英国索利哈尔举办常州国家高新区产业推介会、香港举办2015中国常州（香港）产城融合发展对接会等活动；推进中德创新园区、中以国际科技合作基地、中芬绿色科技产业园、中荷航空产业发展合作园区等中外合作示范平台建设，签署《芬兰萨塔昆塔应用技术大学与西太湖产业园合作框架协议》等3项合作协议。易熙孟、诺伯特·汉斯、哈盖伊·瑞韦德、荒木伸弥、威廉·纽曼、斯蒂芬·威斯汀、吕健、克里斯托弗·劳夫特、迪特马尔·堆登、柯友10位外籍人士被授予“常州市荣誉市民”称号。

市外办全年组织“三进三送三提高”（进企业、进基层、进社区；送政策为企业谋发展，送信息为企业觅商机，送服务为企业、为市民解难题；提高外事服务中心工作的有效性，提高外事为民的可及性以及提高城市功能的国际性）活动6场次，为全市基层、企业等120多家单位提供信息服务。组织80多名企业代表分别参加印度驻沪总领事馆与安德拉邦举办的商务推介会、中英携手共建英国光伏市场推介会、澳大利亚维多利亚州食品饮料贸易周等活动。参与第三届中国东盟青少年文化交流节、第十届中国常州先进制造技术成果展示洽谈会、科技经贸洽谈会、国际动漫艺术周等在常州举办的重大涉外活动。12月8日，由南京港澳仲裁院、江苏省涉港澳法律专家服务团主办的江苏省港澳同胞投资企业法律服务月在常州举办专场活动。

【因公出国（境）和外国人来华管理】 2015年，常州市严格执行中央和省关于因公出国（境）管理的相关规

市长费高云向常州市荣誉市民颁发荣誉证书　（外办　供稿）

定，控制总量，确保党政人员和经费不越指标。市外办发挥市因公出国（境）任务会审小组作用，完善审批管理实施细则，组织开展全市外事专办员培训，定期宣传相关政策，加强对出访团组事前、事中、事后的监督。对全市6个地区、部门和单位开展专项抽查，并提出整改意见。全年批准因公出国（境）团组393批1299人；办理因公护照、港澳通行证1092人次，办理签证787人次。全年办理APEC商务旅行卡134批309人次，办理外国人来华邀请函1989批3034人次，代办领事认证853件。

【重要来访】 2015年，全市外办系统接待邀请外宾197批1025人次，其中省部级以上党政代表团4批46人次、外国驻华使领馆官员28批161人次、友城团组38批215人次、经贸团组69批249人次。马来西亚全国民政党副主席、丹斯里拿督刘荣华准将，澳门特首崔世安，老挝国家工商管理委员会主席、老挝国家电力公司总裁西沙瓦，英国埃塞克斯郡副郡长凯文·本特雷应邀到常州访问。

【国际友好城市工作】 2015年，常州市与巴西库里蒂巴市、智利拉塞雷纳市缔结友好城市关系，全市累计缔结国际友好城市40个，其中市本级25个、辖市区15个。4月22日，在江苏省省长李学勇与德国北威州州长克拉夫特的见证下，市长费高云与德国埃森市市长莱哈德·帕斯在南京签署《常州市与埃森市关于正式建立友好城市关系的协议书》，与德国明登市市长米夏埃尔·布赫签署《常州市与明登市关于正式建立友好城市关系的意向书》。4月27日，市委书记阎立在巴西库里蒂巴市与古斯塔沃·弗莱特签署《常州市与库里蒂巴市关于正式建立友好城市关系的协议书》。（王耀峰）

【双城记——常州市民走进友城】 2015年，常州广播电视台和市外办联合推出"双城记——常州市民走进友城"活动，旨在通过市民友好交流活动，加强常州与国际、国内友好城市间的沟通交流，提升常州城市形象，扩展常州城市影响，促进科技、文化、经贸交流。常州广播电视台发布招募广告后，市民广泛关注、踊跃报名。根据节目摄制需要，栏目主创团队认真遴选，使最终确定的市民代表团成员具备广泛的行业代表性。6月11日，"双城记——常州市民交流团走进芬兰、丹麦友城"首发团出发仪式在常州市民广场举行。首发团共28人，成员年龄在5岁到65岁之间，有"吉尼斯"纪录保持者汤友常，有乱针绣第四代传人吴澄，也有企业家、媒体记者、医生、自由职业人和普通市民，他们在芬兰萨塔昆塔地区、丹麦兰讷斯市开展为期12天的市民友好交流活动。11月10日，第二批5位市民出发，他们在香港开展为期4天的友好交流活动。常州广播电视台《双城记》栏目摄制组全程跟随，摄制完成9集近120分钟的《双城记·北欧行》和8集约100分钟的《双城记·非常香港》，常州电视台新闻频道晚间十点档《新闻夜班车》先后于8月10日、12月14日起进行了连播。

（王耀峰　黄爱民）

·政府法制工作·

【行政执法】 2015年，常州市被确定为国家级综合行政执法体制改革试点城市。6月，《市政府关于开展综合行政执法体制改革试点工作的实施意见》出台，明确综合行政执法体制改革的总体方案、路线图和时间表。常州市坚持放管并重、宽进严管的原则，按照进一步转变政府职能、理顺管理体制、优化资源配置、强化监管职责、完善监督机制的要求，至12月底，完成市、辖市区两级政府同一部门设有工商、质监和食药监等多支执法队伍的整合工作，成立各辖市区市场监管局。市政府法制办加强对辖市区市场监管局有关行政执法工作的指导，联合工商、质监、食品药品监管等部门出台相关措施，统一规范执法标识、制服和证件，制定市场监督管理行政处罚程序规定，着重解决多头执法、多层执法、重复执法和推诿扯皮等问题。

完善行政执法监督机制，市政府设立市行政执法与刑事司法衔接工作领导小组并出台《常州市行政执法与刑事司法衔接工作实施细则》。市政府法制办坚持每季度对行政机关负责人出庭应诉情况进行统计和通报，严格行政机关负责人出庭后反馈的督促机制，全年法院审理行政案件727件，行政机关负责人出庭应诉率98.76%。对27家重点行政执法单位提交的77份行政处罚案卷开展评查，评选出年度优秀行政执法案卷制作单位13家。全面清理行政执法证件，严格落实行政执法人员持证上岗、亮证执法制度，至年底，全市市级部门共有2167人持有行政执法证，233人持有行政执法监督证。

【常州市出台"两法衔接"实施细则】 5月26日，常州市出台《行政执法与刑事司法衔接工作实施细则》，从职责、程序、监督、机制、保障等方面对"两法衔接"工作作出明确规定。细化行政执法与刑事司法之间的衔接程序及联席会议、联络员会议、个案咨询、季度通报等制度，并将"两法衔接"工作纳入年度依法行政考核；强化责任追究机制，明确行政执法机关对应当向公安机关移送的案件不移送或者以行政处罚代替移送的、公安机关不接受行政执法机关移送的涉嫌犯罪案件或者逾期不作出立案或者不予立案的决定的，一律追究相关人员的责任。

【政府规章和规范性文件】 12月10日，常州市出台第一部政府规章《常州市人民政府规章制定程序规定》。全年市政府法制办共审查辖市区政府和市级部门报备的规范性文件40件，向上级报备政府规章1件，上报省政府备案规范性文件4件，向市人大常委会备案规范性文件4件，报备率、及时率、规范率均100%。

市政府法制办围绕历史文化保护、生态文明建设、社会治理和民生改善等重点领域，健全合法性审查机制，增强规范性文件和政策措施的针对性和有效性。拓展公众有序参与政府立法途径，确定金坛区金城镇方边村、钟楼区永红街道清潭三社区、常州天合光能有限公司和常州大学史良法学院等15家单位为市政府立法联系点；发挥政府法律顾问团作用，在出台公共政策过程中邀请法律顾问团成员参与文稿的合法性审查，召开规范性文件备案审查专家点评会，提高重大行政决

常州市行政执法与刑事司法衔接工作推进会 （法制办 供稿）

策的科学性、民主性和合法性。全年共办理国家、省及市有关部门法律、法规、规章和规范性文件及其他政策措施征求意见稿135件次，配合国家和省有关部门开展立法调研5次。

继续加强规范性文件的清理，对2015年1月1日前以市政府、市政府办公室名义发布的规范性文件和政策措施类文件进行评估清理，共梳理汇总877件，其中有效537件、拟修改71件、失效119件、废止150件。报市政府批准后，印发《关于公布失效或废止市政府规范性文件和政策措施类文件的通知》向社会公布。

【常州市出台第一部政府规章】 12月10日，市政府出台第一部政府规章《常州市人民政府规章制定程序规定》（简称"《规定》"）。《规定》共七章五十五条，对市政府规章制定权限和范围、制定原则、立项、起草、审查、决定、公布、解释、备案、修改、废止、立法后评估等作出全面、具体的规定。《规定》明确市政府规章的立法范围限于城乡建设与管理、环境保护、历史文化保护等方面的事项；细化市政府规章的立法程序，注重各个程序之间的相互衔接以及可行性、操作性。《规定》强调遵循科学民主的立法原则。在规章起草环节确立风险评估制度；在立项、起草、审查环节中坚持立法公开，广泛吸收公众参与，充分听取社会各方面的意见；存在重大意见分歧或者涉及利益关系重大调整需要进行听证的，由起草单位会同市政府法制部门召开听证会。《规章》于2016年2月1日开始施行。

【行政复议】 2015年，市政府法制办共收到行政复议申请199件，受理168件，不予受理23件，告知向其他机关申请复议8件。受理的案件年内办结143件。产生行政应诉案件88件，被复议案件29件。

【行政调解】 2015年，市政府法制办在办结的行政复议案件中，组织调解97件，调解113次，涉及136人次，调解成功50件，调解成功率51.5%。1至12月，全市共办理行政调解案件6.2余万件，成功办结5.7万件，调解成功率93%。

【领导干部学法】 2015年，市政府结合审议《关于深入推进依法行政加快建设法治政府的实施意见》和贯彻落实新修订的《行政诉讼法》，先后组织集体学习会，并在市政府常务会议和市全面推进依法行政工作领导小组成员单位中组织学习《推进依法行政建设法治政府》等。市政府法制办、市委组织部联合举办领导干部依法行政专题辅导班，对市级新任执法人员开展岗前法律知识培训和考核。年内，相继开展市级机关工作人员法制专题讲座、常州法治大讲堂"以案释法"讲座和"我心中的法治城市"征文活动。

（黄赤辉）

·侨务工作·

【概　述】 2015年，全市侨办系统接待到常州华侨华人868人次，组织参加科技交流286人次。5月，由市委统战部、市侨办、市侨联牵头，分别成立美国美西常州联谊会和加拿大多伦多常州联谊会。武进区湖塘镇永定社区、新北区三井街道府成社区分别被评为全国社区侨务工作示范单位和江苏省社区侨务工作示范单位。

【引智引资】 2015年，全市侨办系统接待高层次人才和投资考察团组人员272名。举办第十二届创业之桥和江苏国际生物医药大会常州洽谈会活动，邀请美国、加拿大、英国等10多个国家的123名海外高层次专业人才携带129个高新技术项目到常州对接洽谈，达成意向项目21个，年内多个项目落户。围绕常州市十大产业链建设，邀请澳门江苏联谊会、香港中国夏威夷商会、泰国华商团、日本国际协力银行等海外社团协会的58名侨商友人到常州考察项目、洽谈合作。

【为侨服务】 2015年，全市侨办系统受理华侨华人、归侨侨眷来信来访39件次，认定"三侨生"（在校学习的归侨学生、归侨子女、华侨在国内的子女）身份5件，办理华侨回国定居5人，认定华侨身份2人。会同市教育局继续做好沈有国助学基金发放工作，资助学生98名，发放助学金34.9万元。该基金累计发放助学款183.8万元，资助学生605人次。向48名企业退休归侨发放补助金12万元。

【侨务宣传】 2015年，市侨办通过组织策划、专题报道等形式，大力宣传各级侨务部门在招才引智、"关爱工程"、为侨服务等方面的新举措、新成效及华侨华人、海外人才在常州的创业新收获、新体会，编辑《龙城侨刊》4期。在《欧洲时报》《大洋时报》等海外华文媒体上刊发常州专版，宣传推荐常州城市形象，提升国际知名度。推荐江苏省常州高级中学和江苏省前黄高级中学2名教师参加省侨办组织的2015中华文化大乐园——赴法兰克福

2015年沈有国助学基金发放仪式 （侨办　供稿）

教授中华舞蹈的教师外派活动。

（李浩杰）

【侨　联】 2015年，全市各级侨联组织接待海外侨胞、客商60批400人次；走访慰问归侨侨眷485人次，发放慰问金22.25万元；成功引进项目3个，达成初步合作意向10个。全市各级人大代表、政协委员提出提案和社情民意86件、调研报告3篇。武进区委出台《关于进一步加强和改进新形势下侨联工作的实施意见》，洛阳、湟里、牛塘等9个镇成立侨联组织；溧阳市侨联和武进区侨联先后成立归国留学人员联谊会和高新区留学人员联谊会。

服务发展。市侨联组织侨商企业参加"新常态下经济发展战略态势"、常州民企实业与资本战略等研讨会，组团参加第九届中部投资贸易博览会、第十三届世界华商大会和第十二届世界华商高峰会。福隆控股集团有限公司、江苏国联薄板有限公司、江苏维尔利环保科技股份有限公司、常州新奥燃气工程有限公司、常州中进医疗器材有限公司、江苏华冠电器集团有限公司6家侨资企业被评为第三届江苏省优秀侨资企业。全年侨商通过各种方式捐资助学30.17万元，资助学生、残疾人、癌症病人101人。市侨联引进澳大利亚侨胞魏基成的"天籁列车"项目，向全市133位青少年捐赠助听器，向市聋哑学校、武进特殊学校捐赠13台语言教学机。市侨联与市人大民族宗教侨务工作委员会、市政协港澳台侨与外事委员会、市侨办、致公党常州市委联合向地处大别山的安徽省金寨县天堂寨镇新月侨心小学捐赠电风扇、口风琴、照相机、电脑等物品。

服务侨胞。市侨联继续实施以"为企业退休老归侨订一份报纸、送一份年货、组织一次体检、举办一次聚会、为年满75周岁的老归侨过一个生日"为内容的"五个一"关爱工程，落实有特殊困难必访、有重大疾病必访、家遇丧事必访制度，做好空巢家庭的结对帮扶工作。市侨联、钟楼区永红街道侨联被江苏省侨联表彰为全省侨界空巢老人关爱行动优秀单位。组织举办侨界群众太极拳兴趣班，先后开展侨界新春团拜会、"老归侨回娘家"元宵节欢聚、"天涯海角常州人"——常州侨界金秋文艺演出、十八届五中全会精神学习辅导会、参观现代传媒中心和捐书等活动，满足侨界群众精神文化需求。全年各级侨联接待来电来信来访75件，100%办结。（滕　波）

·机关事务管理·

【机关事务管理】 12月，市政府出台《常州市机关事务管理办法》和《常州市市级党政机关办公用房管理暂行办法》，对机关经费管理、资产管理、办公用房建设管理、服务管理和法律责任等进行规范，提升全市机关事务管理科学化、规范化和法治化水平。12月28日，市公车改革领导小组召开全市公务用车制度改革会议，全面部署全市公车改革工作。

2015年，市机关事务管理局强化机关国有资产管理。录入新增资产数据2000余条；妥善处理原机关房产公司改制剥离资产的划转及往来款项；完成22家单位的办公设备、车辆、周转房及房屋租赁等资产处置59批，资产原值约4000万元。严格规范机关财务管理。完成39个预算单位2016年度部门预算和运行经费专项预算编制工作，公开部门因公出国（境）、公务用车购置、公务接待及会议费用决算情况，全年完成各类资金核算5.2亿元。做好机关办公用房管理。推进办公用房集中统一管理，做好办公用房权属登记、资料归档等工作，逐步完善长效管理机制；顺利完成老年大学竣工验收和交付，做好周转住房的出售清理、吴青霞艺术馆改造、常州市高等技术学院重建等工作。推进公共机构节能。推动常州艺术高职校、常州创意产业基地等单位开展能源合同管理试点，组织用能大户能源审计、执法专项检查等20批次；常州市第四人民医院等7家单位成为2015年江苏省公共机构节能示范单位，常州市水文局等15家单位通过市级节水型单位验收，超额完成人均综合能耗、单位建筑面积能源和人均水资源消耗同比下降1.2%的节能目标；结合世界水日、全国低碳日，开展能源紧缺体验和节能公益活动，组织专题业务培训300人次，发放LED灯、各类宣传资料6000余份，发送公益短信5000多人次。

【机关综合服务保障】 2015年，市机关事务管理局保障各类会议1.5万场38.5万人次，会务满意率100%；保障公务用车约1200台次，安全行车20万公里；完成来访人员登记约25万人次，处理各类应急报警、上访事件近380起12万人次。全年行政中心内部未发现重大刑事治安案件及火警火灾事故。机关幼儿园成为常州市未成年人文化活动基地，东方名园创建成常州市优质幼儿园。福隆汽车修理厂全年

修理汽车近5000台次，发生维修费用约650万元，连续8年获江苏省机动车维修质量3A信誉等级。（薛卫平）

中国人民政治协商会议常州市委员会

【概　述】2015年，市政协坚持围绕中心，聚焦履行职能主线，结合全面深化改革、推进依法治市和“重大项目深化年”活动部署，广泛调研，深入协商，形成一批有见地、有分量的调研报告。全年完成调研课题16个，2个课题被列为2015年度市级重点调研课题。市委书记阎立、市长费高云等党政领导对政协调研报告、提案和社情民意信息等作出批示81件次，促进了政协履职成果的转化和运用。

丰富民主协商的形式和内涵。年内，在组织2次议政性常委会议、8次主席专题协商会议的基础上，市政协开展6次专委会对口协商和界别协商，推动协商活动的常态化和多层化。依托专委会，以界别组为单位，深入开展界别活动月活动，19个界别组以“深化协商民主、推进法治建设”为主题，主动联系界别群众、倾听群众意见，并在此基础上开展一系列界别协商活动，形成58条协商建议。用好“委员之家”平台，制定《政协“委员之家”工作制度》，引导各承办单位在优化服务、完善功能、拓展内涵上下功夫；突出界别和“委员之家”的特点，组织开展“走近最美基层干部”“走进新龙生态林”“聚焦城市公交可持续发展”等活动，使“委员之家”的活动更加贴近委员、贴近政协工作实际。加强提案办理协商工作。制订《常州市政协重点提案遴选与督办办法（试行）》，就重点提案遴选的范围、标准、程序及重点提案的督办、评价等进行明确规定，推进提案办理协商制度建设。《关于建立完善食品追溯、监测、诚信三大体系的建议》成为市政协2015年一号提案，由主席会议集体督办，以多层次的协商活动推进提案的办理落实。全年立案并办结提案324件，其中93%已解决或列入解决计划。推进社情民意充分表达。通过走访约谈、公布电话号码和电子邮箱、参与委员联系群众“接待日”活动等途径，增加委员联系群众的纽带，累计联系听取500余名界别群众的建议意见；新开通网上公共邮箱；全年编发《社情民意》80期。

坚持中国共产党领导的多党合作和政治协商制度。支持各民主党派、工商联和无党派人士履行职能、协商议政、发挥作用，各民主党派、工商联和无党派人士以集体和委员个人名义提交的协商会议发言、提案和社情民意信息分别占总量的59%、62%和61%。开展宗教建筑设施规划与建设情况专题调研，走访慰问民族、宗教界代表人士，努力促进民族团结、宗教和睦。加强与港澳台同胞及海外侨胞的联系，做好驻澳门全国政协委员在常州考察工作，扩大常州知名度；邀请港澳政协委员和海外顾问视察常州市创意产业，组织赴台湾进行经贸、文化、教育考察交流活动，进一步推介常州；参与承办中国·乌克兰油画雕塑展，联合市侨联就“发挥涉侨组织在对外文化交流中的作用”课题进行调研，提出激活各种要素资源的支撑作用、全方位开展对外文化交流等建议，着力推动对外联络联谊工作。

发挥文史资料“存史、资政、团结、育人”作用。筹建市政协文史研究中心，在全省地级市中率先建成政协文史馆。编辑出版《季札评传》，填补季札研究传记方面的空白；参与组织“品味传统文化、涵养核心价值”暨纪念季札逝世2500周年活动，进一步弘扬诚信、友善等优良传统。参与发起成立常州市名人研究院，组织中山纪念堂、恽代英纪念馆等名人故居、纪念馆的调研考察，开展“常州府学与文庙传承”专题调研，会同新北区政协开展孟河历史文化名镇建设视察调研，提出保护利用的意见建议，助推历史文化名城建设工作。支持唐荆川研究会、炎黄文化研究会等社会团体开展活动，举办唐荆川思想研究学术研讨会，邀请多位全国知名学者参与唐荆川史学成果研究，凝聚社会各界力量，推动常州市优秀传统文化的传承和弘扬。

【政协常州市第十三届委员会第四次会议】1月12—15日召开。到会委员397人，收到提案374件，立案324件。中共常州市委书记阎立在开幕时作《展现新作为，建设新常州》的重要讲话，市政协主席邹宏国作政协常州市第十三届委员会常务委员会工作报告，市政协副主席赵忠齐作提案工作情况报告。会议期间，全体政协委员列席市十五届人大四次会议。会议增补选举何玉清为政协常州市第十三届委员会副主席，增补选举于巧锡、杭勇、蒋华平、蒋鹏举、潘儒为政协常州市第十三届委员会常务委员。

【市政协常委会议】2015年，市十三届政协共召开6次常委会议。

第十三次常委会议。1月14日，在市政协十三届四次全体会议期间召开，主要审议和协商市政协十三届四次会议有关事项。会议听取中共常州市委书记阎立代表市委所作的关于市政协十三届委员会人事安排的情况通报并进行协商，决定提名何玉清为市政协十三届委员会副主席候选人，提名于巧锡、杭勇、蒋华平、蒋鹏举、潘儒为市政协十三届委员会常务委员候选人。听取大会秘书长盛克俭关于各界别小组讨论综合情况汇报。听取各界别小组关于选举办法草案，增选十三届市政协副主席、常务委员的候选人建议名单及总监票人、监票人建议名单讨论情况的汇报，经审议，同意将选举办法草案及总监票人、监票人建议名单在选举前提请大会通过，确定增选的十三届市政协副主席、常委候选人名单并提请大会选举。审议大会决议草案，并提请大会通过。

第十四次常委会议。5月15日召开。专题协商“加强城郊结合部、城中村、老旧小区综合整治的对策建议”课题，副市长尚建荣到会听取委员们的意见和建议。审议有关人事事项。

第十五次常委会议。7月31日召开。专题协商加快推进常州市新型城镇化与城乡一体化课题，市委副书记戴源到会听取委员们的意见和建议。审议有关人事事项。

第十六次常委会议。9月28日召开。听取常州市“十三五”规划编制情况通报。

第十七次常委会议。10月29日召开。审议有关人事事项。

第十八次常委会议。12月25日召开。听取市政府提案办理工作情况通报。审议市政协十三届常委会工作报告送审稿和市政协十三届常委会关于四次会议以来提案工作情况报告送审稿，审议市政协十三届五次会议有关会务事项。审议有关人事事项。

【市政协主席会议】 2015年，市十三届政协共召开14次主席会议。

第26次主席会议。1月8日召开。会议协商中共常州市委提名何玉清为十三届市政协副主席候选人事宜，会议同意何玉清为十三届市政协副主席候选人，决定将提名事宜提请市政协十三届十三次常委会议协商后，提交大会选举。审议关于召开市政协十三届四次会议的有关事项，通报市政协离退休老同志社会兼职清理及关于召开常州市各界人士迎新会方案等有关事宜。

第27次主席会议。2月5日召开。会议传达省政协十一届三次会议精神，审议市政协2015年工作要点、主要活动（工作）安排及各专门委员会2015年活动计划，审议市政协驻会主席、副主席、秘书长分工调整建议方案，商定市政协走访慰问离退休老同志方案，审议市政协十三届四次会议重点提案督办方案，商讨一号提案《关于建立完善食品追溯、监测、诚信“三大体系”的建议》的督办事项。

第28次主席会议。3月19日召开。会议传达全国政协十二届三次会议精神，审议市政协专委会成员调整方案。

第29次主席会议。4月21日在常州旭荣针织印染有限公司会议室召开。市政协主席会议成员先后深入南车戚研所公司、江苏上能新特变压器有限公司、常州旭荣针织印染有限公司等企业的厂区、车间及后勤相关场所，视察企业协商民主工作，并听取市总工会相关情况汇报。审议关于召开市政协十三届十四次常委会议的有关事项。

第30次主席会议。5月11日召开。会议审议市政协社会法制与民族宗教委员会关于《加强城郊结合部、城中村、老旧小区综合整治的对策建议》的调研报告送审稿和《市政协开展“深化协商民主、推进法治建设”委员界别活动月方案》。

第31次主席会议。6月18日召开。会议审议市政协文史委员会关于《中国大运河常州段申遗成功后的保护管理研究》的调研报告送审稿和市政协“委员企业家沙龙”活动建议方案。

第32次主席会议。7月14日召开。会议审议市政协城乡建设与人口资源环境委员会关于《城乡统筹一体化，以人为本谋幸福——新常态下加快推进我市新型城镇化的建议》的调研报告送审稿，审议关于召开市政协十三届十五次常委会议的有关事项，审议并通过《政协常州市委员会重点提案遴选与督办办法（试行）》。

第33次主席会议。8月24日召开。会议审议市政协文教卫体委员会关于《加快发展常州体育产业，促进城市经济转型升级》的调研报告送审稿。

第34次主席会议。9月24日召开。会议审议市政协经济科技委员会关于《十年磨一剑，剑指中高端——关于创新发展常州制造业的建议》的调研报告送审稿，通报关于召开市政协十三届十六次常委会议的有关事项。

第35次主席会议。10月26日召开。会议协商通报有关人事事项，审议关于市政协十三届五次全体会议筹备事项若干建议，审议关于召开市政协十三届十七次常委会议的有关事项。

第36次主席会议。11月9日召开。会议学习贯彻中共十八届五中全会精神，审议市政协港澳台侨与外事委员会关于《推进科教国际化，融入经济全球化》的调研报告送审稿。

第37次主席会议。11月30日召开。会议审议市政协委员工作委员会关于《加快推进医养融合，提升优质养老水平》的调研报告送审稿，审议市政协委员集中视察和市政府工作情况通报会建议方案，专题听取市政府及有关部门的情况通报，听取市委统战部副部长顾琤关于十三届市政协委员、常委调整事宜的情况说明并进行协商。

第38次主席会议。12月14日召开。会议审议市政协十三届常务委员会工作报告送审稿和十三届常务委员会关于四次会议以来提案工作情况报告送审稿，审议召开市政协十三届五次会议的有关事项。

第39次主席会议。12月25日召开。会议协商有关人事事项，审议市政协2015年调研成果评选情况。

【提案工作】 市政协十三届四次会议以来，共收到提案374件，立案324件，其中各民主党派、工商联、有关人民团体、政协专门委员会提案50件，委员联名提案114件，委员个人提案160件。提案中有关综合经济类52件、城建城管类102件、科教文卫体类89件、社会保障类33件、民主法制类43件，其他5件。市政协文教卫体委、中共界别、农工党市委、医卫体界别、市政协提案委联合提出的《关于建立完善食品追溯、监测、诚信“三大体系”的建议》成为一号提案，民盟市委《加快工业机器人及智能装备业发展》、民建市委《提升农机装备制造产业发展水平》、农工党市委《深入开展村庄环境整治》、无党派知识分子联谊会《加强生态湿地保护修复利用》等35件集体提案、界别提案成为重点督办提案。

立案提案分送60多个承办单位办理，办结答复率100%。当年采纳解决的占38.6%；正在实施或已列入计划准备解决的占54.3%；一时难以解决或因政策原因需向上反映的占7.1%，承办单位均及时向提案人作了说明。市政协收到的提案人问卷反馈意见表显示，提案办理满意和基本满意率100%。404名委员中，参与提案341人次，参与率84.41%，委员参与度提高；集体提案、界别提案由上年的39件增至50件；提案办理质量明显提高，当年采纳解决的和正在实施或已列入计划解决的提案占93%。

【一号提案办理】 市政协文教卫体委、中共界别、农工党市委、医卫体界别、市政协提案委在市政协十三届四次会议上联合提出的《关于建立完善食品追溯、监测、诚信“三大体系”的建议》，被市政协主席会议确定为2015年一号提案，受到市委、市政府的高度重视。市委书记阎立、市长费高云均作出重要批示，市政府多次召集市食药、商务、农委等部门召开专题会议，研究重点措施，解决难点问题。市政协主席邹宏国等多次赴市、辖市区农副产品市场、监测检验中心及农庄、粮库走访调研，实地了解全市食品安全监管状况，展开专题协商，监督重点项目，督促和帮助政府扎实有力地推进食品安全民生工程。2015年，常州市食品药品监管体制调整完善，涵盖农副产品生产流通和餐饮企业食品溯源的两级监管系统初步形成，食品质量稳步提升，全年1.9万批次抽检合格率98.22%，食品安全监管长效机制逐步完善，食品安全总体形势保持稳定。

（曹捷程　蒋华东）

中国共产党常州市纪律检查委员会（常州市监察局）

【党风廉政建设】 2015年，市纪检监察机关紧抓党风廉政建设主体责任，盯住领导干部这个“关键少数”，通过强化意识、刚性考核、责任追究，确保党风廉政建设主体责任和监督责任（简称“两个责任”）落到实处。

强化责任意识。市委在制定落实“两个责任”意见基础上，出台推动全面从严治党迈上新台阶等文件，实施落实“两个责任”推进工程，进一步增强履职尽责的意识。各地各部门相继制定具体贯彻办法，对主体责任实施项目化推进。

落实刚性考核。市委常委会专题听取各辖市区主体责任落实情况汇报，指出存在问题，明确整改要求。市委常委和党员副市长带队对16个地区和部门进行责任制检查考核，明确30多项整改任务。市纪委认真履行监督责任，组织开展下级党委向市委和市纪委述责述廉，督促各级党委（党组）认真落实主体责任双报告、约谈提醒等制度。

严肃责任追究。把落实“两个责任”作为全面从严治党的重要举措，把责任追究作为落实“两个责任”的重要手段，市委出台党风廉政建设主体责任和监督责任追究办法，市纪委出台“一案双查”（指查处违纪违法案件中，各级纪检监察机关在查清当事人违规违纪事实的同时，要查清相关主体责任和监督责任履行情况，提出是否进行责任追究的意见建议），强化责任追究办法，建立完善责任追究典型问题通报制度，层层传导压力，以问责倒逼责任落实。全年实施责任追究33起，问责领导班子4个，追究领导责任59人，其中追究主体责任42人、监督责任17人。

【纪律建设】 2015年，全市各级党组织和纪检监察机关坚持以纪律思维分析问题、按纪律要求处置线索、用纪律标准规范行为，使党的纪律成为不可逾越的底线。

强化党章党规党纪意识。市委及时组织新修订的《中国共产党廉洁自律准则》和《中国共产党纪律处分条例》专题学习，各级党组织把两部法规纳入中心组学习和党课、党校教育内容，不断强化广大党员干部言行的底线和纪律的红线意识。通过召开全市党员领导干部警示教育大会、编写贪腐官员忏悔录、制作警示教育片《不可逾越的红线》、拍摄廉政微电影《以爱之名》等形式加强宣传教育。

转变监督执纪理念。克服以法代纪的思维定势，纠正以大案要案论英雄的政绩观，在线索处置、执纪审查各个环节，用党纪的尺子衡量，用纪律的语言描述，改进完善审理报告，体现执纪的政治性、严肃性。坚持鼓励干事创业的监督执纪导向，围绕影响改革发展、“重大项目深化年”、产城融合等工作落实中的纪律作风问题加强监督，及时纠正存在问题。把握运用“四种形态”（党内关系要正常化，批评和自我批评要经常开展，让咬耳扯袖、红脸出汗成为常态；党纪轻处分和组织处理要成为大多数；对严重违纪的重处分、作出重大职务调整应当是少数；而严重违纪涉嫌违法立案审查的只能是极极少数）。突出纪在法前、纪严于法，注重抓早抓小，动辄则咎。出台《市管干部谈话函询的暂行办法》，规范谈话函询办理工作，全年共谈话函询市管干部30人，让有反映的干部讲清问题、认识错误、及时改正，对反映失实的予以澄清了结，对问题较严重的作出党纪处分和组织处理。全年党纪轻处分435人、重处分208人，党纪轻处分占比67.65%。

【作风建设】 2015年，全市各级纪检监察机关扭住“四风”（形式主义、官僚主义、享乐主义、奢靡之风）不放，抓住重要节点，紧盯享乐奢靡，言出纪随。

常态监督。落实市委作风建设监督检查办法，进一步完善联动督查机制，通过组织开展公车使用和工作纪律执行情况暗访等活动，深挖隐藏的“四风”问题。紧盯元旦春节、中秋国庆等“四风”问题易发多发的关键节点，拉起高压线，打好预防针，净化节日风气。从严执纪。及时组织核查群众信访举报、职能部门移送、媒体曝光反映的问题线索，严肃查处违规公款吃喝、公款旅游、公款购买赠送年货节礼等违纪违规问题。全年共查处违反中央八项规定精神问题35起，处理党员干部59人，给予党纪政纪处分37人。点名道姓公开曝光成为常态，市本级公开通报曝光案例13起，辖市区通报11起，持续释放越往后执纪越严的信号。

专项整治。把群众关注的热点、难点问题作为纪律审查工作的重要内容，严肃查处发生在群众身边的不正之风和腐败案件。全年查处“三资”（资金、资产、资源）管理、涉农补贴、扶贫救济等方面的侵害群众利益案件60件。按照省纪委要求，综合协调查处了2批7件省纪委挂牌督办的发生在群众身边的“四风”和腐败问题。

【惩防体系建设】 2015年，全市各级纪检监察机关注重标本兼治，逐步铲除腐败滋生蔓延的土壤。加强反腐倡廉制度建设。坚持问题导向，围绕管住权力，用改革思路和法治思维，对照新修订的两部《中国共产党廉洁自律准则》《中国共产党纪律处分条例》，集中清理反腐倡廉法规制度，对规范性文件进行备案审查。对照政府部门责任清单要求，加强监督检查，强化制度的刚性执行，让党员干部习惯在制度规范中阳光用权，在制度监督下依法依纪履行职责。深化反腐倡廉宣传教育。把党风廉政建设宣传教育融入党的宣传工作大格局，强化职能部门廉政教育的主体责任，形成共同参与、各负其责的良好局面。组织开展100多场“走基层”宣讲活动，受教育党员干部5万人次左右。开通“龙城清韵”手机APP和微信公众号，受众10余万人次。完善“龙城清韵”廉政文化导航路线，创建4家省级廉政文化示范点、1条省级廉政文化旅游专线。开展“清风润德”廉政文化月活动，先后举办廉政摄影展、廉政文化进社区巡演30余场，营造崇廉尚洁的社会氛围。

【纪律审查】 2015年，全市各级纪检监察机关坚持无禁区、全覆盖、零容忍，持续保持遏制腐败的高压态势，进一步减少存量、遏制增量。持续加大纪律审查力度。全年各级纪检监察机关共接收信访举报2130件次，立案770件，增40%，其中查处县处级干部16人、乡科级干部55人，给予党政纪处分721人，将21名涉嫌犯罪的移送司法机关，挽回经济损失4055.32万元。严肃查处一批有影响的严重违纪违法案件，形成有力震慑。不断提高纪律审查质效。进一步完善纪委组织协调，法院、检察院、公安等部门共同参与的反腐败协调机制，深度整合反腐败资源，形成各方联动、共同发力的工作格局。坚持快查快结，集中精力查清主要违纪问题，对涉嫌违法犯罪的及时移送司法机关。推进审理业务改革，深化“三审一评”（联合审理、交叉审理、简易程序审理和案件质量检查考评）机制，全市案件质量明显提升。完善办案流程，加强安全监督，强化办案保障，严格依纪依法安全文明办案。充分发挥巡视巡察作用。进一步加强和改进巡视联络工作，跟踪督办省委第七巡视组交办常州市的242件信访件并全部办结，立案查处11件11人。全力保障省委第五巡视组在金坛、新北、天宁、钟楼等地开展巡视，各项巡视联络任务得到落实。盯住重点人、重点事和重点问题，探索开展巡察工作。对4家市级机关部门先后开展两轮巡察，梳理问题线索16条，反映存在问题34个，提出整改建议18条。部分辖市区和市级机关部门也探索开展巡察工作，全市共有12个单位对281个下属单位开展巡察，发现问题1825个。

【市纪委十一届五次全体（扩大）会议】 2月6日召开。市委常委、市纪委书记沈斌代表市纪委常委会作《强化责任担当，依规从严治党，坚决打好党风廉政建设和反腐败斗争攻坚战》的工作报告。市委书记阎立在全会上讲话。他强调，要学深悟透，清醒认识当前党风廉政建设和反腐败斗争面临的形势；突出重点，深入推进党风廉政建设和反腐败斗争；忠诚担当，自觉把守纪律讲规矩落实到行动中；以破促立，强化体制机制创新和制度保障。全会审议通过工作报告和全会决议。

【纪律检查体制改革】 2015年，市纪检监察机关稳步推进纪检体制改革。出台2015年纪律检查体制改革工作要点，明确7个方面39项改革内容，按计划有序推进各项改革举措落实。制定出台辖市区纪委书记及副书记、市纪委派驻纪检组组长及副组长、市属企业纪委书记及副书记、市属事业单位纪委书记及副书记4个提名考察办法，规范纪委书记、副书记提名考察工作。出台《市管干部选拔任用工作全程纪实办法》和《县处级党政领导干部选拔任用动议工作暂行办法》，加强对选人用人的监督。规范纪委书记、纪检组长分工和兼职，建立季度重点监督工作立项报告制度，督促派驻机构更好履行职责。加强对辖市区纪委转职能、转方式、转作风的指导，完成6个辖市区纪委内设机构调整，监督执纪机构占总机构的73%，人员编制占总编制的82%，主责主业更加聚焦。

【“清风润德”宣传工程】 2015年，市纪委在全市开展“清风润德”宣传工程。

文化弘廉。完善“龙城清韵”廉政文化工作体系，建成常州三杰纪念地廉政教育馆、武进清廉馆；创建成功4家省级廉政文化示范点、1家廉政文化旅游专线及53家市级廉政文化示范点；深化党风廉政辅导员、反腐倡廉宣传员、廉洁文化导航员3支反腐倡廉队伍建设，组织廉政专场讲课100多场次；确定10月为“清风润德”廉政文化月，40场廉政文化活动列入全市“文化100”项目，会同有关部门先后举办“龙城清韵”廉政摄影展、“清风润德”廉政文化进社区巡演30余场。

家庭助廉。在全市开展勤廉家训征集活动，并在《龙城清韵》杂志刊出；组织编创家庭题材的廉政小品、戏曲10多部，在全省清风扬帆廉政文化周9个演出节目中参演2部；全市征集廉政微电影50多部，以家庭为题材的廉政微电影《以爱之名》、武进的《红泥》均获省二等奖，《以爱之名》首映当日被10多家媒体聚焦报道，并被中组部官方微信推广。

案件警廉。龙城清韵网站第一时间向社会发布领导干部涉嫌违纪案件信息65件次；精心拍摄警示教育专题片《不可逾越的红线》，举办全市领导干部警示教育大会，集中组织观看警示教育片；在全市推进典型案件警示教育观摩活动，组织全市70多个部门200多家单位近10万名党员干部集中学习观摩；通过常州广播电视台《廉政聚焦》节目和《新生活周刊》《龙城清韵》杂志刊发《每期说案》栏目，开展面向社会的反腐倡廉警示教育活动。

媒体督廉。综合利用各类媒体宣传阵地；健全舆情监测报告体系，完善新闻发布制度，举办2015年度市纪委新闻发布会；探索利用微信、微博、手机客户端，联合中吴网、广播电视报等媒体开展各类宣传，市纪委宣传部与常州电视台官方微信公众号“无线常州”合作开设“龙城清韵”手机宣传平台及微信，开通反腐倡廉重大信息发布、廉政课堂、廉政案件、廉政法规检索等功能。加大纪律宣传力度，将两项法规学习纳入党校公务员、县处级干部培训课程。在“无线常州”“龙城清韵”微信举办“一战到底”党纪党规有奖知识竞赛，引导各级党员干部弘扬勤廉风尚。（叶百泉）

民主党派和工商联

·中国国民党革命委员会常州市委员会·

【概　述】 2015年，民革常州市委新发展党员21名，党员总数315名。6月，民革常州市委监督委员会成立，制订《民革常州市委员会关于加强党内监督的试行条例》。9月，顺应常州区划调整需求，撤销戚墅堰基层委员会，原戚墅堰一支部、二支部分别更名为经济开发区一支部、二支部，并成建制划入武进区。9月29日，成立武进区基层委员会；11月，成立钟楼区四支部。11月，高玉华被增补为民革江苏省监督委员会副主任。年内，民革常州市委被评为民革全国宣传思想理论工作先进集体、民革全省社会服务工作先进集体和为民革省委提案工作作出贡献的先进集体。

思想建设。强化政治交接。深入开展坚持和发展中国特色社会主义学习实践活动。尹亭斌、王唱东被评为民革江苏省委学习实践活动先进个人。组织党员赴台儿庄大战纪念馆、李宗仁纪念馆、朱蕴山纪念馆等红色革命根据地和民革党史基地参观学习，提升党员政治素养。

参政议政。民革常州市委在市政协十三届四次会议上作《关于进一步推动我市县域经济发展的对策和建议》的联组发言。"两会"期间，民革各级人大代表、政协委员共提交集体提案7件、个人提案议案43件。其中，3件被列为市政府重点督办件，2件被列为市政协主席督办件，另有1件集体提案、2件个人提案被评为优秀提案。全年针对智能数控机器人、健康常州、电子商务、提高社会救助等专题开展调研，完成调研文章7篇。注重社情民意和建议献策等信息的撰写和报送，全年上报各类信息87条，录用61条，其中省民革、省政协分别录用25条、2条，1篇获全市"信访法治建设"人民建议征集一等奖。

社会服务。继续深化"同心·博爱"社会服务品牌创建，全年民革"同心·博爱"百万光彩助学基金筹集资金56.5万元，拨付资金59.5万元，分别向甘肃舟曲共青团捐献50万元建立幼儿园、向舟曲大峪乡得力小学捐献4.5万元设立奖学基金，连续3年向江苏理工学院10名学生捐献学费5万元；专程赴舟曲大峪乡得力小学进行助学慰问，捐赠价值6000余元的书包、篮球、微波炉等学习用品和生活用品。发挥法律界别党员作用，成立民革"同心·博爱"法律服务志愿团，在常州市法律援助中心设立民革"同心·博爱"法律服务工作站和民革"同心·博爱"法律书屋。组织党员赴"博爱亲情林"开展义务劳动，捐赠价值4000余元的劳动用品。年内相继与市相关部门联合开展常州居民赴台个人游广场宣传活动和"争做护渔使者，共建生态文明"、全市"12·4"国家宪法日广场法治宣传等各类社会服务活动。

民革宣传。发挥宣传阵地作用，提升《常州民革》办刊质量，全年出版2期，累计印刷及赠阅交流1000余册。强化网站建设，累计浏览量突破20万人次。强化优秀党员宣传，完成江苏民革《群英风采·人物篇》10余篇人物报道和小传。及时总结基层组织的特色活动，全年累计投稿100余篇次，其中被《中央统一战线》《挚友》《团结》分别录用1篇、1篇、2篇。

【民革"同心·博爱"法律服务志愿团成立】 2015年，民革常州市委成立民革同心博爱法律服务志愿团，在常州市法律援助中心设立民革"同心·博爱"法律服务工作站和民革"同心·博爱"法律书屋，在12348法律服务热线开通专线，每月第一个星期二定期开展义务法律服务。首批志愿团成员35名，其中三分之二是民革法律界别的党员，其余为常州市法律界人士。民革"同心·博爱"法律书屋约30余平方米，设有书桌、座椅和电脑，供市民免费查阅法律书籍，致力成为宣传统战、宣传民革的平台和常州民革服务社会、展示作为的基地。

（殷晓芸）

·中国民主同盟常州市委员会·

【概　述】 2015年，民盟常州市委新发展盟员95人，平均年龄36.8岁，其中硕士以上学历15人、高级职称6人。民盟常州市委有民盟金坛区委1个区级地方组织，溧阳、武进、钟楼、天宁、新北、常州工学院6个基层委员会，机关、经济开发区、河海大学常州校区、经济科技、医卫、文化6个总支，常州大学等89个支部，盟员1600人。教育、文化、医药界别人数占比54.8%，经济界别占比33.7%，司法、党政机关界别占比11.6%。在民盟常州市十二届七次全委会上，许峥当选为民盟常州市委主委。全年民盟常州市委在中央、省、市各级媒体发表文章100余篇；编纂《常州民盟》4期，共20余万字。

思想建设。民盟常州市委继续以开展坚持和发展中国特色社会主义学习实践活动为主线，进一步巩固多党合作的思想政治基础，全市各级盟组织共举办报告会、培训班、座谈会等50多场次。举办庆祝抗战胜利70周年纪念活动，组织盟员参观南京大屠杀纪念馆，各级领导班子成员撰写相关论文30余篇，近1000人参加文艺汇演。加大对李公朴生平事迹馆、史良故居、史良法学院、华罗庚纪念馆的建设和宣传，电视片《李公朴》投入拍摄。开展"书香民盟、书香支部"建设暨读书周、"读书与人生"演讲和征文、公益文化巡展等活动，收到征文40篇；提升常州民盟北门书屋内涵，北门书屋获市内外民盟组织和个人捐书7000余册，接待现场阅读5000人次，举办企业管理、健康保健等讲座10多次。

组织建设。32个基层组织完成换届工作。举办由市委委员、专委会主任、各支部主委和骨干盟员及部分新盟员参加的骨干培训班，并组织专家进行盟务和时政讲座。开展基层组织测评，至年底，民盟常州市委优秀基层占比57%，特色基层占比46%，达标基层占比94%。继续推进基层组织基本概况梳理，所有基层组织概况全部上网，并与省盟网站链接。

参政议政。在市政协十二届四次会议上，民盟常州市委作《关于加强我市高技能人才培养，促进企业转型升级的建议》大会发言，提交个人提案28件、集体提案5件，其中《关于加快我市工业机器人及智能装备发展的建议》被市政协评为优秀提案。在市人大十五届四次会议上，民盟常州市委代表提交议案6件。民盟常州市委向盟省委、市委统战部、市政协、市政府人民建议办公室上报各类信息建议280余条，被录用80条，《关于尽快出台儿童用药国家标准的建议》作为民盟中央提案提交全国政协十二届三次会议并被评为重点提案。完成《利用苏南自主创新示范区建设契机，推动常州

传记片《李公朴》开机 （民盟 供稿）

制造业转型升级的建议》《关于进一步推进常州大学生创业的建议》《关于常州生态休闲观光农业的建议》《关于进一步完善常州公共自行车系统的建议》《关于尽快启动“常州大学医学院”建设的建议》5个调研课题。

社会服务。组织人大代表、政协委员、教育法律专业人员组成志愿团与市看守所在押人员一对一谈心，邀请专家为在押人员作“心随梦想去旅行”心理辅导，并赠送生活用品。接待淮安市淮阴区2批次80多位校长专题考察常州“小学校长治校”和初中“翻转教学”。常州民盟清凉社区服务站建成开放，志愿者每月到社区孤老、空巢老人家中“一助一”服务；开展法律、健康知识讲座及义诊活动，举办敬老节联谊会；聘请20多名盟员教师开设导学班，免费辅导社区40多名贫困学生；民盟常州市委老领导周源捐赠300多册图书建成常州地方文化图书角。全年民盟常州市委、各基层组织和广大盟员向社会各界捐款520余万元，其中盟员王光生捐资数百万元支持2015中国女性公益慈善论坛和中华女性公益慈善典范颁奖大会在常州举办。

【电视人物传记片《李公朴》开机】 1月6日，电视人物传记片《李公朴》在常州民盟北门书屋开机。全片共6集，分别为《家世和青少年时代》《留学美国》《为抗日救亡贡献力量》《爱国入狱——“七君子”之一》《为实现全民抗战而奋斗》《为民主和平而献身》，以李公朴的人生经历为脉络，在时代大背景下挖掘他的人生故事，展现他的人格魅力，展示他波澜壮阔的一生。

【“追寻公朴足迹”活动】 2014年12月至2015年8月，民盟常州市委李公朴支部与综合支部、天宁综合支部的部分盟员开展“追寻公朴足迹”活动，先后去李公朴出生、成长、生活、战斗、遇难的地方——江苏武进和淮安、上海、山西临汾、陕西延安、云南昆明寻访李公朴事迹。盟员们拍摄照片千余幅，并与5省市的民盟组织开展交流、访谈，撰写有关李公朴的文章36篇，组织500名盟员在“中国民主同盟常州李公朴支部”旗帜上签名。 （王 勤）

·中国民主建国会常州市委员会·

【概 述】 2015年，民建常州市委发展会员51人，会员总数1050人。民建常州商业支部撤销，民建金坛市支部和民建戚墅堰区支部更名为民建金坛区支部和民建常州经济开发区支部。在中国民主建国会成立70周年纪念大会上，徐红、周国平、陈康义被评为全国优秀会员，钟楼基层委员会被评为全国先进集体。天合光能集团董事长兼首席执行官高纪凡当选2015江苏十大年度经济人物，同时入选常州智库专家。

思想建设。民建常州市委以学习实践、会史传统教育、作风改进、同心文化建设四大专题为载体，不断加大学习教育力度。抓好学习实践活动。利用每月学习日活动，系统学习中共十八届四中全会精神以及习近平总书记讲话精神；组织机关及各基层组织认真学习领会中央统战工作会议精神。抓好会史传统教育。整理收集民建历史以及常州民建历史，举办民建会史教育讲座15场，举办纪念中国民主建国会成立70周年征文活动，推进会史馆建设。抓好工作作风改进。梳理各项工作制度，细化工作流程，进一步明确工作职责，将服务型机关建设规范化、制度化。抓好“同心”文化建设。民建社会主义核心价值观教育基地和常州市委统战部“同心”文化示范基地在天宁区红梅街道锦绣社区挂牌成立，与致公党常州市委在双桂坊共同发起成立以诚信为主题的教育实践基地，联合中共金坛区委统战部在金坛茅山老区西旸村举办“同心文化茅山老区行”专场文艺演出。

参政议政。2015年，民建常州市委共收集各类议案、提案60余件，《关于加大刘国钧遗迹遗存保护力度》成为集体提案。关于扶持民办博物馆和艺术馆、制定文化遗产保护法规、挖掘历史文化资源、彰显国家历史文化名城价值、互联网经济、传统商品交易市场的电商化转型、加强河道生态修复等提案受到办理部门的重视。3篇信息被民建中央采用，各有2篇信息被省政协和省委统战部采用。

社会服务。民建常州市委引导会员关爱社会、热心参与公益事业，会员累计捐赠爱心善款37.3万元。会员企业天合光能集团捐资1000万元，在中华思源工程扶贫基金会设立阳光创业基金。组织7名会员参加2015年中国风投论坛，促成有电商发展意向的会员企业与专家、技术人才进行对接合作；协调组织一批熟悉金融业务、助推会员企业上市的会员骨干团队，为会员企业解决融资难问题；举办建华课

堂常州分课堂——政银企对接沙龙活动，银行及相关机构的负责人到建华课堂与企业家会员对接。（刘金成）

·中国民主促进会常州市委员会·

【概　述】 2015年，民进常州市委发展新会员34名。全市有民进基层组织34个，会员744名。武进区基层委员会、经济科技总支部被评为民进全国先进集体，会员赵国琴被评为民进全国先进个人。民进常州市委被民进中央表彰为全国社会服务先进集体，会员钱爱芙被评为民进全国社会服务先进个人。

参政议政。年内，民进常州市委对常州市生物医药产业、金融租赁业、循环经济发展的财税政策支持体系研究、轨道交通建设初期环保问题、常州新型职业农民的培育、"新常态"下如何调动乡镇干部积极履职、进一步推广常州市住宅产业化技术和产品等开展调研。"两会"期间，提交政协集体提案4件、个人及联名提案54件，提交人大个人建议13件。集体提案《关于将完善居民小区物业管理作为加强和创新社会管理重要内容之一的建议》被评为市政协十三届三次会议以来的优秀集体提案，副主委顾征英撰写的《建议查一查报摊报亭的非法印刷品》被评为优秀社情民意信息。开展纪念中国民主促进会成立70周年系列活动。举办徐伯昕诞辰110周年纪念座谈会和纪念活动，邀请民进中央副主席朱永新出席民进钟楼区基层委员会"讲会史，话传统，学先进，迎会庆"主题座谈会，组织会内优秀书法家参加"盛世辉煌——庆祝民进成立70周年江苏民进书画精品展"。撰写宣传稿件100余篇，提交叶圣陶理论研究征文19篇、江海论坛征文6篇、政协各类征文10篇。全年被中央统战部以及省、市各级组织或部门采用信息195篇。

社会服务。继续开展"春风行动"。31个支部深入基层，主动联系一个社区、结对一户困难居民、帮助解决一个困难、反映一条以上社情民意。4年里，"春风行动"累计惠及群众上万人，资金投入超过40万元。开展"爱心助农"，帮助武进焦溪缺少销路的贫困梨农及时销出4万多元梨子。连续第五年实施"同心·彩虹行动"，为贵州省毕节地区金沙县沙土镇培训20位骨干教师，并接待金沙县特色教育考察团到常州考察调研中小学特色教育。深化民进省委"阳光助学宿迁行动"，4月，组织6位音乐、体育、美术老师和2位口腔医生到江苏省宿迁市泗洪县四河实验学校，举办音乐、体育、美术讲座4次，上公开课6节，并为该校学生进行口腔义诊。连续第九年向钟楼区五星街道勤业新村一社区帮困助学基金捐款2万元。继续营建涓香书屋。为贵州省毕节地区金沙县沙土镇中小学校捐赠图书6610本和价值1000元的羽毛球拍10付；为武进区湖塘镇晓柳社区徐伯昕图书室捐赠图书600本；戚墅堰区支部为丁堰街道水族孩子捐书800本；机关支部为贵州黔东南州从江县加榜乡党扭小学的涓香书屋捐赠书籍价值6000多元。（金玉兰）

【民进常州市委获评全国社会服务先进集体】 6月，民进常州市委被评为民进全国社会服务先进集体。民进常州市委发挥会内教育资源优势，积极组织会员参与民进中央"彩虹行动"和民进省委"宿迁阳光助学"活动，先后为贵州毕节地区金沙县、江苏宿迁市四河乡中小学培训教学、管理骨干超500人，受惠学生2000余人次；每年在市内开展师徒结对、名师大讲堂等活动，促进城乡教育均衡化获常州教育界一致好评。此外，民进常州市委勤昊助学基金累计捐赠12万元，帮助社区贫困学生超过220人次；涓香书屋累计捐书超过2万册；会内牙科医生为常州聋人学校等200多名学生口腔义诊；开展"光明进校园"公益活动，为600多名师生检测视力、建立视力档案，并为贫困生赠送价值500元眼镜超50副。

（缪冬至）

·中国农工民主党常州市委员会·

【概　述】 2015年，农工党常州市委发展新党员36名，共有农工党党员964人。成立换届工作领导小组，制定《关于基层组织换届改选工作的意见》；根据常州市行政区划调整，对原戚墅堰区基层组织进行重新整合，成立第七人民医院支委会。市委会继续推进"六有"(有人物、有制度、有阵地、有计划、有经费、有活动)基层组织创建，确定三年完成所有支部"六有"建设的目标。截至2015年底，共有18个基层组织达标。4月，全国政协副主席、农工党中央常务副主席刘晓峰专程到常州调研"人才强党"工作，实地考察农工党党员创办的企业江苏艾信兰生物医药科技有限公司和南宅实验学校农工党党史基地，并就农工党市委会基层组织建设情况举行座谈。

思想建设。继续深入开展坚持和发展中国特色社会主义学习实践活动，组织市委委员、基层组织负责人等骨干党员赴广东惠州邓演达、黄琪翔故居及纪念馆开展党史教育和学习实践活动。开展农工党常州市委成立60周年系列纪念活动。组织党员300多人次参观武进南宅实验学校常州农工党史教育基地，编撰内容跨度20年、附录涵盖61年的《常州农工党志（1992—2011）》，编印《同心前行》画册，举办"同心前行共铸辉煌"为主题的市委会成立60周年纪念大会和成员才艺展演。

参政议政。农工党常州市委领导参加6次中共常州市委召开的民主协商会、通报会、座谈会。在常州市政协十三届四次会议期间，农工党常州市委作题为《加快发展我市现代物流业的建议》的大会发言，向政协大会提交《完善监管体系保障药品安全》等党派集体提案4件，与市政协文教卫体委员会等单位共同提交的《关于建立完善食品安全三大体系建设》的提案被列为2015年市政协一号提案；农工党界别委员提交个人提案41件。《借鉴国际先进经验，推动苏南国家自主创新示范区建设》被农工党江苏省委选为省政协主席会议发言材料。连续第三年开展重点调研课题招投标，14个课题中标；《提升基层医疗卫生服务体系的服务能力研究》中标市委统战部民主党派参政议政专家咨询团2015年度课题招标。被上级部门采用信息93条。

社会服务。春节前，组织党内医卫专家、书法家到溧阳别桥镇小石桥村，为老区群众义诊、赠送春联、发放药品和冬季防护用品。在市图书馆举办“春雨行动·农工党大讲堂”讲座3次。法律援助站完成法律援助案件15件，开展法律知识讲座3场，接待电话法律咨询40余次、咨询群众80余人。4月初，设立农工党“春雨·同心”百万光彩基金，向武进南宅实验学校捐赠首批资金5万元，创建农工党“春雨·同心”书屋，资助15名品学兼优但家庭经济较为困难的学生和6名教学成果突出的优秀教师。向武进区雪堰镇、新北区罗溪镇邱庄村、溧阳市上黄镇65户经济困难家庭发放慰问金5万元。继续对接溧阳社渚镇卫生院专家驻院项目，在武进区雪堰镇设立“同心惠农”工作站，在金坛儒林卫生院设立“同心帮扶”医卫专家工作站。

（邵 帆）

·中国致公党常州市委员会·

【概 述】2015年，全市有致公党基层委员会4个、直属支部1个、基层支部14个；发展新党员26人，党员总数274人。致公党常州市委会被致公党中央评为扶贫开发工作先进集体。

参政议政。年内，致公党常州市委提出提案、议案29条，其中党派提案2条、个人提案8条、委员联名提案19条。《关于苏南现代化国家示范区跨国技术转移的对策建议》和《我省健康产业和发展路径研究》被选为省政协书面大会发言和省政协提案，前者被列为主席督办提案。《搭建四大平台，促进文化和科技不断深入的建议》被评为市政协优秀提案。确定年度7个重点调研课题，其中《关于加强苏南自主创新示范区的国际知识产权保护的建议》《关于加强我省职业教育体系的建议》课题被列为省委招标课题，《仿制药物可持续发展路径研究》《关于学习借鉴上海自贸区改革的建议》《社区老年人医养结合的照护需求及对策》3个课题成为致公党省委资助课题。全年信息被中央统战部采用1条、致公党中央采用2条、省委统战部采用2条、致公党江苏省委采用51条。

社会服务。为安徽省六安市金寨县天堂寨镇中心小学校报《摇篮报》捐赠价值近3000元的硒鼓、油墨等物资。组织党员志愿者开展“爱心妈妈”活动，在周末、节假日将就读于常州正衡中学的贵州省毕节地区两名贫困优秀学生接至家中，给予家庭关爱。3月8日，为进一步规范爱心助养行为，明确市委会与助养人之间的权利义务，致公党常州市委与“爱心妈妈”们举行签约仪式，规范爱心接力，年内有40余名党员参与爱心接力。参与武进区孟河镇邱庄村“同心”实践基地建设，捐资5000元帮助建设便民服务中心等，解决村民实际困难。5月，“同心·致愿社团”成果展示暨捐赠仪式在武进区孟河中学举行，天宁、钟楼、新北、戚墅堰4个基层组织向结对的兰陵、花园、孟河、潞城中学共捐资5万元。武进区基层委员会连续两年联合民革、九三区级组织开展“同心助残驿站”活动，对区域内残疾人家庭予以结对关爱扶助，募集善款和物资总价30余万元，对接帮扶22户困难家庭。继续发动全市党员缴纳特殊党费壮大关爱基金规模，全年收到特殊党费9.8万元，关爱基金达42.8万元，余额23.3万元。

【引凤工程】9月，“引凤工程”第六届活动在南京举行，致公党常州市委组织常州大学、江苏省中国科学院智能科学技术应用研究院、市第一人民医院等8家合作用人单位，与海外人才先后进行20多场对接洽谈，有28名博士以上留学人员与用人单位签订引才意向协议。

（高 俊）

·九三学社常州市委员会·

【概 述】2015年，九三常州市委有社员485人。年内发展新成员26人，平均年龄38岁，其中高级以上职称16人。九三常州市委被九三中央评为2011—2015年度社会服务先进集体，社员江冰、王荣林分别被评为九三中央参政议政工作先进个人、九三中央社会服务先进个人，社员俞申被九三中央评为建社70周年先进社务工作者，4名社员被九三中央评为建社70周年先进个人。河海大学常州校区、文教、综合四、武进区支社分别被九三江苏省委评为组织工作、宣传工作、参政议政、社会服务先进集体，9名社员分别被九三江苏省委评为组织工作、宣传工作、参政议政、社会服务先进个人。

思想建设。围绕“同心”实践活动目标及坚持和发展中国特色社会主义学习实践活动要求，坚持“三个结合”开展学习教育活动。集中学习与个人自学结合，召开骨干成员培训班、企业和谐文化研讨会等学教活动，发放《九三学社史话》等读物；讲座与研讨相结合，邀请统战理论、参政议政专家进行讲座式授课，以座谈会、信息沙龙等形式进行互动式学习培训；思考与实践相结合，将学习和思考转化为实践成果。利用纪念九三学社建社70周年、九三常州市委成立30周年契机，开展“传承民主与科学，凝聚智慧和共识”主题征文、30周年书画摄影展等系列主题活动，编撰纪念专刊《风雨同舟三十载，一脉相承谱新篇》。

参政议政。在市政协十三届四次会议上，九三常州市委作《开放政务数据，助力常州发展》的大会发言，提交《关于常州特色镇、专业镇建设的若干建议》《推进垃圾分类管理的建议》2篇集体提案，《开放政务数据，助力常州发展》被评为优秀集体提案。市社人大代表、政协委员提交个人提案、议案23件，其中《关于进一步促进我市残疾人事业的建议》得到市残联等相关部门重视，促成《常州市残疾人自主创业经营场地租金补贴办法》等3份政策性文件出台。开展《新常态下中小企业转型升级的对策研究》等4个课题调研，其中《推进公共文化服务体系标准化建设的研究》等2个课题入选九三江苏省委课题，《关于溧阳上黄国家湿地公园的发展思考》课题中标市民主党派参政议政专家咨询团招标课题。《关于江苏省实现农业现代化的几点思考》等9篇论文入选江苏九三论坛《科技创新与促进江苏农业现代化建设》论文集。社员石小平的《现代政治共同体建设和实践的思考》被九三学社中央出版的《全面深化改革和共同体意识专题论文集》收录。在《人民政协报》《团结报》《挚友》《扬子晚报》《常州日报》等中央、省、市媒体发表文章42篇。122条信息被市以上各级采用。

社会服务。年内，九三常州市委向贵州威宁学校赠送毛毯600条；开展义诊和送健康进乡村4次、大型科普讲座1次，"百名专家进乡村"咨询、科技对接服务活动6次，惠及群众近千人。引荐中国科学院南京土壤研究所专家与江苏科力农业资源开发利用有限公司进行科技对接，为公司开发水溶肥料新产品提供技术指导。开展"关爱抗战老兵，赞歌献给英雄"慈善拍卖会，募集书画、留青竹刻、紫砂等拍卖品41件，拍卖所得善款4.62万元全部捐赠给20名在常州的抗战老兵。11月15日，在第27届国际科学与和平周期间，常州红房子医院九三学社专家工作站挂牌成立，这是全市第5家九三学社专家工作站。武进区支社联合民革、致公党武进区支部成立的常州市武进区"同心助残驿站"筹集善款近30万元，结对帮扶残疾困难家庭22户；市社综合一支社与卫计委等单位联合举办常州市"春晖行动"爱心义诊5次，为1000余名失独父母、空巢老人等免费义诊。

【全国首套祠堂文化纪念封问世】5月，九三学社常州书画文化研究院和常州邮政局发行全国首套祠堂文化纪念封。九三学社常州书画文化研究院成立后，深入研究常州市独特的祠堂文化，选取有代表性的15个姓氏的18家祠堂，创制成18枚一套的纪念封，宣传推介常州祠堂文化。 （陈　晨）

·常州市工商业联合会·

【概　述】2015年，市工商联围绕促进非公有制经济健康发展和非公有制经济人士健康成长工作主题，深入开展"走基层、强服务、促发展"主题活动，全面推进综合服务平台建设、代表人士队伍建设、商会组织建设和工商联自身建设。常州市工商联被评为全省工商联系统重点工作先进单位。

参政议政。市工商联在市政协十三届四次会议上作《进一步激发民间投资活力》大会发言。年内组织界别政协委员活动10次，提交各类提案9件、社情民意6条。《关于加快推进我市产业园区建设》《关于加快推动我市纺织业向"特、终、专"转型升级》《关于促进我市旅游饭店行业转型升级发展》3件提案被评为常州市政协优秀提案。协助全国工商联调研组在常州开展"全面支持小微企业发展政策措施落实情况"第三方评估调研，并深入开展上规模民营企业、民营企业"走出去"、创新金融服务、民营企业法治建设、非公有制经济领域统战工作等10多项专题调研。根据全国工商联对上规模民营企业调研结果排序，中天钢铁集团等13家企业进入2015中国民营企业500强。《影响常州市实体经济发展的非市场因素调查及建议》等4篇调研文章获全省工商联系统优秀调研成果奖。

组织建设。根据常州市部分行政区划调整的总体部署，年内注销商会1家，新增商会11家。至年末，全市有工商联系统会员18097个，各级各类商会223家，其中行业商会111家。加强执委队伍建设，先后召开市工商联十四届四次执委会议、十四届五次主席（扩大）会议，期间分别以"适应新常态，共谋新发展""投身产城融合，加快转型升级"为主题，举办两场政企座谈会，党政主要领导面对面听意见、解难题，增强民营企业发展信心。深化星级商会认定工作，全市有星级商会126家，其中五星级商会36家、四星级商会43家，常州市福建商会等10家商协会被评为全省工商联商会组织先进集体。稳步推进商会党建，全市已有常州市安徽、福建、江西、河南、河北、四川、盐城商会和青年企业家联合会8个直属商会党支部，以及浙江、温州商会2个流动党员活动中心。通过开展理想信念教育、纪念建党94周年主题教育、建设支部读书室、送书到基层等活动，拓展商会党员教育管理新途径。6个辖市区工商联全部被省工商联认定为江苏省"五好"县级工商联，溧阳市工商联、武进区工商联被评为全省县（市、区）工商联先进集体。商会组织活力释放，组织召开"互联网+商会"研讨会，组团参加厦门"商人节"活动，促进商会组织服务理念创新、服务模式转型。探索商会合作联盟机制，举办可投资项目发布会，组织互联网营销、创新发展战略、金融讲座等主题沙龙活动，为跨行业、跨地区交流合作架起桥梁。坚持开展商会企业家健身运动，举办商会杯徒步行活动，为商会团队建设增添活力。

政治引导。深入开展以守法诚信为重点的理想信念教育实践活动。召开全市非公有制经济人士理想信念教育暨企业和谐文化建设提升行动动员大会，向全市民营企业发出《守法诚信倡议》；在《中华工商时报》刊发《文化力量推动企业长远发展——记常州市"六个一"企业和谐文化建设》的专题报道，编印发放《文化·企业发展之魂》一书，提升理想信念教育实践活动的覆盖面和影响力。与市委统战部联合实施以"六好"（守法诚信好、创新发展好、劳资关系好、组织建设好、人才团队好、企业形象好）企业和谐文化建设提升行动。加强新一代企业家教育培养，在清华大学深圳研究生院举办常州市新一代企业家政治培训班，与新加坡管理大学家族企业学院开展互访交流活动，以20家青年企业家商会为主阵地，常态化开展学习交流、传承对话、主题沙龙等活动。引导民营企业履行社会责任，聚焦文化共建、爱心共建、城乡共建、教育共建、社区共建等五大领域，启动全市"同心共建"光彩行动。截至2015年底，全市累计建立百万元以上光彩基金264个，其中千万元以上53个，协议资金超过13亿元，形成"千企联百村、共建新农村""光彩新疆行"以及光彩帮困、助学、助残等一批品牌活动。

经济服务。市工商联先后组织赴厦门、上海、苏州等地的学习考察活动，与香港、深圳等地商协会、专业机构加强对接交流、开展深度合作，着力搭建市工商联（总商会）综合服务平台，为基层商会和会员企业提供多方位、一站式服务。助力民企对接资本市场，在第十届中国常州先进制造技术成果展示洽谈会期间，与市金融办、发改委、创业投资协会联合举办常州民企实业与资本战略研讨会；与香港中国商会合作，在深圳、香港先后举办2期40多位民营企业家参加的常州民企资本研修班；与深圳前海股权交易中心加强合作，牵线平安银行总部到常州对接洽谈，多渠道为实体经济与金融资本融合发展搭建平台。推动民企"走出去"发展，与香港中国商会签订战略合作框架协议，与台北市商业总会建立友好商会，推动常港、常台在金融、科技、资源、人才等多领域深度合作。专门设立常州海外社团工作站，加强与全市10多个海外社团的联络联谊。邀请海内外重要客商参加全市重大招商活动，组织民营企业家参加厦门国际贸易投资洽谈会、跨国采购论坛等10余场跨境商务交流活动，推动民营企业积极参与国际竞争与合作。推进德国高级专家技术援助项目，累计为11家民营企业成功引进德国专家18人次，帮助企业实施技改项目700多项、申请技术专利40余项，在全省工商联系统名列前茅。举办"民企管理升级"系列公益培训，围绕企业关注的"走出去"发展、工业4.0、"互联网+"、金融与资本创新等热点专题，全市工商联系统举办各类公益培训近60场，5000余位民营企业家和企业中高层管理人员受益。（荆建霞）

人民团体

·常州市总工会·

【概　述】 2015年，全市新组建工会组织3116家，其中独立工会695家、联合工会覆盖法人小单位2421家，新发展会员89120人，全市建会率和职工入会率动态保持90%以上。至年底，全市有基层工会15658个，其中独立基层工会14547个、联合基层工会1111个，会员180万人。组织开展"争创模范职工之家、争做职工信赖娘家人"评选表彰活动，获评省级以上模范职工之家33个、模范职工小家34个、优秀工会工作者32名。市总工会举办新任工会干部培训班3期，各级工会培训新任工会干部1000多名。

年内，市总工会围绕常州市"重大项目深化年"要求，组织动员职工积极投身产业升级、城乡建设主战场，在高端装备制造产业、生产性服务业、现代服务业等领域开展以"六比一创"（比工程质量、比工程进度、比资源节约、比科技创新、比安全生产、比廉洁廉政、创和谐团队）为主要内容的劳动竞赛活动。开展第十三届职工职业技能竞赛，设置竞赛工种14个，直接参与职工近5万名，产生技术状元14名、技术能手95名，3名动漫绘制员代表江苏参加第五届全国职工职业技能大赛并取得优异成绩。各级工会开展劳模技术状元"走进企业、走进社区、走进学校"活动300余场，举办劳模宣讲团宣讲近100场，累计创建劳模创新工作室70家。开展"小核算、小建议、小改进、小革新、小节约、小经验"创新竞赛活动，基层职工全年取得国家级成果131项、省部级成果256项。全年全市获评全国劳模11人、全国五一巾帼标兵5人、全国五一巾帼标兵岗3家，获省五一劳动奖状7家、五一劳动奖章15名、工人先锋号33家，获市五一劳动奖状50家、五一劳动奖章100名、工人先锋号200家。

【和谐劳动关系建设】 2015年，市总工会组织动员130家企业参与和谐企业创建，评选和谐劳动关系星级企业11家，培训职工代表2000人。开展"适应新常态、民主促发展"主题活动，近千家企业围绕企业改制、技术改造、工资保障等议题，开展专题协商和民主建议活动。广泛开展工资集体协商扩面增效活动，评选工资集体协商星级企业100家，促进企业协商民主和政协协商民主的对接和联系，打造企业协商民主"常州模式"，并在全省交流推广。

【工会劳动保护】 2015年，市总工会深入开展安康杯竞赛活动，评选优胜单位58家、优胜班组77个、优秀个人21名，市总工会连续5年被全国总工会评为全国安康杯竞赛优秀组织单位。全年举办"安全教育春风行动"讲座3场，宣传贯彻新修订的《安全生产法》，受惠职工超1000人。广泛开展以"清凉一夏、幸福安康"为主题、以农民工为主要走访慰问对象的夏季安康"送清凉、送安全、送法律"活动，筹集慰问资金1365.5万元，走访企业和工地2186家，发放宣传学习资料3.4万份，慰问职工29.2万人次。推动300家企业为职工进行职业健康检查，为400名困难女职工进行宫颈癌和乳腺癌免费筛查，全市爱心母婴室超过50家。

【工会法律工作】 2015年，全市新建工会劳动法律监督组织232家，建立劳动关系隐患排查预警信息网格点2500个，发现并指导帮助525家企业消除劳动关系隐患。组织1000余名法律监督员深入企业1200家，帮助调解劳动争议805起，纠正违法用工580件次，帮助职工追回欠薪525万元。开展"中国梦·劳动美"学法用法知识竞赛活动，组织10万名职工积极参与网络和微信答题竞赛，开展"法制邮路""律师进社区"等普法宣传活动150余场次，印发普法宣传资料、法律读本1万余份，受众超过2万人。全市各级工会组织举办法律知识业务培训班15期，培训工会法律人才2036人次，完成"六五"普法"百期千企万人"的培训目标任务。

【职工文化建设】 5月，江苏省第六届职工读书月活动启动仪式在常州举行，市总工会以此为契机推动开展"书香企业"建设和职工读书活动。推进职工书屋数字化建设，与常州图书馆达成资源共享协议，定期开展流动图书馆服务活动，全市4家单位被评为全国职工书屋示范点，9家单位被评为省级示范点，市总工会被评为江苏省全民阅读促进工作先进集体。开展企业道德讲堂、百场电影送映等文化活动，选树职工典型，弘扬文明新风，乔森被评为第十四届全国职工职业道德建设先进个人，毛海鹰被评为江苏省十佳文明职工，张忠被评为江苏省道德模范。在全省纪念抗战胜利暨世界反法西斯战争胜利70周年职工歌手大赛、职工摄影大赛等文体竞赛中，常州市职工选手获奖数量均名列全省前茅。

【帮扶服务工作】 2015年，市总工会推进规模以上企业全面建立帮扶服务点，建立县、区级以上帮扶中心7个，镇街道和开发区工会帮扶站62个，村社区和企业帮扶点2524个，环卫职工休息点184家（个），基本实现帮扶服务网络全覆盖。开展"工会常伴，贴心送暖"送温暖走访慰问活动，各级工会筹集资金2637万元，慰问企业1256

家，慰问困难职工（含农民工）家庭21039户。推进“三员”意外伤害专项保障行动，为全市1.5万名邮递员、报业投递员和环卫人员免费赠送意外伤害保障，最高可获2万元的意外伤害补助金。深化“金秋助学”行动，发放助学金691.75万元，资助困难职工和困难农民工子女2077人次，为14名劳动模范子女发放劳动模范基金奖学金。发挥创业指导团和技术服务队作用，为107家企业提供创业扶持资金超过700万元。以常州市劳动模范创业基金为主要资金来源，与常州纺织服装职业技术学院联合成立“创业银行”，鼓励大学生创业就业。依托职工技能培训基地，发挥帮扶中心、文化宫科技学校阵地作用，投入60余万元为86名创业者和8000余名农民工提供创业管理、职业技能培训。

【常州在全省率先试点推行工会服务卡普惠制】 2015年，常州市总工会为全市工会会员免费发放基于会员身份识别的工会服务卡，将会员免费专享保障、工会服务设施优惠、工会免费帮扶服务、职工日常消费补贴、金融专属特惠服务集于一卡，在全省率先试点推行普惠制，方便会员享受各类服务和优惠。年内完成4371家基层工会和70.5万名职工的信息采集工作，办卡64.5万张，发展特约商户600多家、门店1300余个，开展“春节特惠”“五一抢红包”“1元系列”等特惠活动，931名职工获会员免费专享保障补助金。

【农民工工作】 2015年，市总工会对农民工较多的重点领域进行二次排查，在建筑行业、新型农业产业、宾馆餐饮等服务行业开展农民工入会集中行动，规范会籍管理，积极稳妥推进会员实名制和普惠制服务，全年农民工入会增长15%。会同人社、建设、公安等部门开展农民工工资支付情况专项检查，重点对工程建设、船舶修造、加工制造、餐饮服务及其他中小型劳动密集型企业和劳务派遣进行督查，杜绝随意解聘农民工、拖欠工资现象；组建由社会执业律师、法律援助律师、高校法学专家学者等参加的律师团，为农民工提供法律咨询援助服务。开展农民工就业援助月活动，举办专场招聘会18场，发放宣传资料2.9万份，成功介绍就业2100人，为7000余人提供免费就业服务。组织农民工元旦、春节平安返乡，各级工会共包专车2011辆，代购车票83743张，帮助18.13万名农民工平安返乡；对元旦、春节期间坚守工作岗位的一线农民工进行慰问，赠送春节慰问礼包和免费观影券，让广大农民工均等享受工会组织的服务和温暖。

（毛人杰）

阎立启动常州青年“创新创业季”（团市委　供稿）

·中国共产主义青年团常州市委员会·

【概　述】 2015年，常州团市委有直属共青团组织65家、基层团委和团工委411个、团总支467个、团支部10668个，共青团员263999人。金融、旅游、物业管理、会计、律师和安保领域分别成立行业团工委，全市21个街道均建立区域青年工作共建委员会，在新经济组织和新社会组织新建团组织200家，联系青年社会组织600家。规范基础团务，推出常州版“入团第一课”。推进青少年服务平台建设，建成辖市区级平台6个、镇街道级平台24个，覆盖率超40%，其中11个平台被确定为省级示范性平台，“嘉壹度”“益立方”等享誉全国，“凤凰谷”获团中央重点扶持。大力推进“走基层、听心声、转作风、办实事”活动，165名专兼职团干部深入企业、学校、社会组织等基层团组织开展活动537场，每人联系10名以上团员青年，累计收集各类微心愿5529个，实现微心愿3319个。常州科教城被团中央命名为首批“全国青年创业示范园区”。

【青少年思想引导】 2015年，团市委围绕“共筑中国梦”主题，推进“我的中国梦”主题教育实践活动，开展“红领巾相约中国梦”“与人生对话”“与信仰对话”等活动，举办百万青少年走进爱国主义教育基地活动，组织数千名青少年代表到恽代英、张太雷、瞿秋白纪念馆等爱国主义教育基地接受洗礼。打造“青年思想汇”连锁文化平台，在青果书房设立24小时“共青团书柜”，在书式生活、嘉壹度青年创新工场、欣创咖等青少年集聚地建立6家“共青团在你身边”思想文化平台。实施“龙城团扬声器计划”，完善《常州青年》杂志、网络、微博、微信四位一体的全媒体工作体系，《常州青年》年发行量3万册，微博、微信粉丝超26万人，组建网络文明志愿者队伍2万余人。开展十大科技新锐、“我们身边的好青年”评选活动，举办杰出青年事迹报告会50场、青年道德讲堂185场，推送11位好青年登上“江苏好青年百人榜”，入选人数位居全省第一。

【青年社会组织培育】 2015年，团市委深化青年社会组织“发现联系、吸引凝聚、培育服务、推动落地”四步培育法，直接联系服务600余家青年社会组织，凝聚青年社会组织骨干人才50名，培育形成尚德社会工作服务中心、糖糖网等一批有效服务社会、有知名度的社会组织，常青藤服务队、天爱服务社的2个项目获全国青年志愿服务项目大赛银奖。打造“旗舰店+格子铺”连锁平台，先后建成益立方、青武家园、红铃铛等7家社会组织孵化基地作为区域旗舰店，提供能力培养、项目研发、资源对接、财务托管等一站式服务；围绕旗舰店，在街道、社区配套建设首批青年社会组织“格子铺”20家，接纳在旗舰店中完成孵化的青年社会组织；每家“格子铺”聘用1名“铺掌柜”，引导入驻“格子铺”的青年社会组织向街道、社区提供标准化服务，年内已推动110家青年社会组织承接社区服务。在全省制定出台《常州青年社会组织发展指南》，推动社会组织规范化发展；发布《常州市青少年公益项目》，统筹财政资金和社会资本25万元，实施青年志愿服务提升、重点青少年群体帮扶等5大计划12个项目。建立“辛巴达”公益众筹平台，定期发布各类公益项目，吸引青年社会组织参与。

【青少年维权工作】2015年，团市委深化“队伍+组织+阵地+机制”的“四维矩阵”法，推动青少年事务社工走进社区，为青少年提供专业化、标准化、落地化的服务。成立市级“阳光伙伴”青少年事务服务中心，建立阳光天地、青武家园、七彩天地、红铃铛等6家区级服务平台。启动“阳光伙伴”关爱计划，配套专项经费15万元，发布8类菜单化公益项目，14家青年社会组织成功承接服务。联合常州大学成立青少年事务社工实训基地，培养专业社工人才，全市已有专职社工72人、兼职社工1200人。组织专兼职社工队伍走进70余个村社区，开展心理行为、失学失业、网络成瘾等个案服务工作，帮扶教育重点青少年群体1万余人次。推进重点青少年群体信息化平台建设，建立重点青少年档案12.2万条。制定出台《常州市青少年事务社工服务指南》，明确社工的服务范围、类别、流程和技巧。深化青少年维权岗创建工作，分别创建国家级、省级、市级青少年维权岗15家、60家、201家。联合法院、检察院建设12家帮教管护基地，累计帮扶542人，无一人重新犯罪。

【志愿服务】2015年，团市委开展志愿助残“阳光行动”，全市各组织结对青年残疾人8770人，结对比例90%。持续开展“快乐大篷车”活动，围绕国学诵读、心理辅导、常州民俗等方面提供服务，开展活动100场次，惠及农民工子女8万余人。持续开展“青苗音乐教室”慈善公益行动，面向农民工子女，组织音乐义教团志愿者提供声乐、器乐等培训教学，全年开展活动20场次。推进“希望来吧”的“七彩课堂”精品课程建设，23个“七彩课堂”各开设一个精品课程，面向全市发布课表，供全市农民工子女就近选择、上课体验。推出荧光书包筹集计划，吸引普通市民、青年社会组织和爱心企业参与，募集项目资金23万余元，提供志愿服务1000余人次。组织“一袋牛奶的暴走”“湿身跑”等品牌活动，累计筹得善款100余万元。希望工程累计发放250余万元，帮助贫困学子缓解生活困难；发放圆梦行动助学金48万元，资助110余名大学新生入学深造。

【青年创新创业】2015年，团市委初步建成“能力培养—孵化培育—金融支持—跟踪服务”青年创业链式服务体系。建成嘉壹度二期、青武创客、新动力、恒创空间等9家团属青年众创空间，其中省级众创空间4家，在孵青年创业项目600余个，直接带动创业青年8000余人。举办第二届创研港杯智能创造创业大赛、“迭变常州——苏南企业的转型升级之路”高峰论坛和2015中国·常州长三角互联网大会等重大活动。开发江南恒生贷、草根贷、投贷通、青年创业信用卡等10款深受创业青年欢迎的金融产品；出台小额贷款贴息政策，10万元以下青年创业贷款可享受基准利率贴息，10—50万元贷款可享受贴半息，累计发放56笔，总额3800万元；全年新增青年创业贷款2.21亿元，累计发放青年创业贷款7.13亿元，直接扶持1000余名青年成功创业。推动投资基金对接创业项目，微易付、比由网络等50多个初创项目获5000万元投资；组织海沐森软件科技公司等20家青年创业企业在Q板挂牌，推动朗恩斯科技股份公司等青年创业企业在新三板上市。打造网络版众创空间“众创邦”微信平台，开辟“聚资源”“聚划算”“聚人气”三大板块，凝聚粉丝1000余名。创设“周二下午茶”“大咖秀”等创业者交流平台，定期邀请创业者、政府职能部门负责人分享创业故事、解读创业政策，举办活动42期，吸引各类创业青年5000余名；举办嘉壹度“SYB创新训练营”，推出“创业学院”“创业门诊”，邀请北京小米科技有限责任公司、创业邦的创业人物及本土创业先锋开展“深度对话”活动30期，吸引3000余名创业青年现场参与，1万余人次网络互动。

（薛　寒）

·常州市妇女联合会·

【概　述】2015年，常州市有直属妇委会56个、团体会员19个，已建各级妇女儿童活动中心40个、妇女儿童之家1072个，有巾帼志愿服务队2000支、巾帼志愿者14万人。市妇联以妇女儿童关爱项目、“智慧女性·和美家庭”项目为抓手，推进各项工作。新型女农民培养工程选树巾帼科技创新典型人物近百位，“丁香苗圃·创客空间”助力女大学生创新创业；“勤廉家庭”建设致力倡导勤廉家风，弘扬正能量，打造家庭廉政“微文化”；开展中澳合作反家庭暴力（简称“家暴”）试点项目和“向阳花行动”禁毒防艾滋病（简称“禁毒防艾”）项目，维护妇女儿童权益。

围绕枢纽型妇联建设，打造“女性社会组织成长快车”党建品牌，新建女性社会组织服务基地，有27家女性社会组织入驻；推动妇联组织向网络虚拟社会渗透，新建常州网妇联；在妇联常委、执委中开展“四个一”活动，即每个妇联常委和执委结对1个女性社会组织、每半年走访1次、每年办1件实事、参与1次公益活动。举办市第十一期中青年女干部培训班和市直属妇委会主任专题培训班。

【妇女创业就业】 2015年，市妇联深化新型女农民培养工程，举办农村妇女实用新技术、SYB（创办你的企业）等各类培训185期，培训13.5万人次；组织巾帼合作组织负责人、女经纪人40余人赴南京高淳和淮安洪泽等实地学习电子商务；培育全国、省级、市级各类巾帼示范基地71个，发放扶持金120万元；召开新型女农民产品展销会，组织女企业家、女性社会组织负责人80余人赴女能手基地观摩学习；命名表彰36位优秀女农民。举办家政服务员、母婴护理员、育婴师、手工编织、虎头鞋制作等妇女劳动力转移和就业培训80期，培训3866人次；先后组织举办养老护理员职业技能大赛、测绘地理信息行业职业技能竞赛、第三届市家庭服务业职业技能大赛等。扶持女大学生创业就业，在市妇女儿童中心建立女大学生创业基地，培育"丁香苗圃·创客空间"。建立王艳华月嫂名师工作室，探索月嫂服务规范。优化贷款政策，全年发放贷款10130万元，296名创业女性受益。

【和谐家庭建设】 2015年，常州市妇联实施"智慧女性·和美家庭"项目，举办12场"智慧女性·和美家庭"女性沙龙，2000人受益。开展"为最美女性点赞"、"孝行天下"平面公益广告大赛等线上线下互动活动，单个活动浏览量最高91万人次。深化"健康、仁孝、勤廉、书香、环保"五型特色家庭创建活动，新增巾帼使者700名。举办全市健美操大赛、"十佳母亲、十佳好儿女"先进事迹征集、勤廉家书征集、幸福种子亲子阅读推广、环保公益行动等家庭文化活动30多场。建立倡导家庭闲置物品互换的"爱心角"29个、家庭图书室2个。开展寻找"最美家庭"活动，涌现出全国、省、市级"最美家庭"，余美芳家庭入选全国十大孝老爱亲"最美家庭"；建立"和美林"，邀请家庭认养梅树，市民可以通过扫描梅树认养牌上的二维码，浏览"最美家庭"故事，为他们点赞。推进"科学家教进万家"活动，建立送教制度，为基层举办各类家教讲座200场；开展家庭教育研究，联合江苏理工学院实施"守望相助——关爱流动儿童家庭教育"项目；举办家教骨干培训，培训43人；选取常州四药制药有限公司、常州恒基纺织有限公司2家企业开展家教进企业试点，每月安排老师到企业开展1—2次教学活动，1000多人次参加培训。开展"德润我家，快乐成长"庆"六一"系列活动，先后组织举办美德少年评选表彰、"好孩子、好习惯、好家风"家庭微视频征集、"小书虫的幸福剧场"亲子绘本剧大赛等，吸引500多个家庭参加。推动巾帼志愿服务工作制度化建设，全市组建各类巾帼志愿服务队伍2000多支，有巾帼志愿者14万余人，评选出一批优秀巾帼志愿服务基地、项目、团队，表彰优秀巾帼志愿者60人。

【妇女儿童发展】 2015年，市妇联以妇女儿童"十二五"两个规划的全面达标为目标，积极推进妇女儿童民生实事。召开"十二五"妇女儿童规划重点指标推进会、规划终期评估培训会和妇女儿童工作会，签订责任书。组织成员赴长沙等地学习考察，组建"十三五"编制专家组，开展编制调研和思路征集等工作。推动"两癌"（宫颈癌和乳腺癌）筛查，着力解决检查经费，牵头召开协调会，形成对生育保险计提资金使用的办法，全年完成"两癌"筛查16.7万人；走访"两癌"贫困妇女100人，发放救助金44万，其中，上级下拨20万元，自筹24万元。推进流动儿童信息登记项目，全市流动儿童登记人数33.1万人；与常州大学开展流动儿童家庭抗逆力提升社会服务项目，与市教育局开展当代中国青少年思想品德和健康人格培育的社会责任课题研究，探索流动儿童服务新途径；与公安、卫生等单位开展卫生、急救、安防、心理咨询等现场咨询演示活动，提高流动儿童自我保护能力。开展困境儿童排查摸底工作，各级妇联排查出特殊困境儿童529人，并建立一人一档关爱袋，全年全市共救助困境儿童4026人。搭建"类孤儿"信息帮扶平台，对存在监护困难的百余名儿童进行一对一帮扶。开展助贫圆梦行动，继续与"楼口"电商平台、《常州晚报》合作，动员爱心人士为千名贫困儿童实现微心愿。继续开展白血病儿童救助行动，通过阳光基金为9名患儿发放善款2.7万元。

【维护妇女合法权益】 2015年，市妇联完善维权机制，强化维权服务，着力推进维护妇女合法权益从活动型向项目型转变。开展中澳合作反家暴试点、"向阳花行动"禁毒防艾、"和谐婚姻·幸福家庭"引导三大重点项目，探索维权经验。进一步完善法官、检察官、律师等信访接待制度和市妇联领导信访接待制度，全年接访915件，出具家暴伤情委托鉴定书5件，法律援助转办10件，临时庇护5件。全年受理调解19件。其中，当事人申请调解3件，书面受理法院委托调解的案件10

市妇联与常州大学合作推进的流动儿童家庭抗逆力项目在武进区南湖家苑小区开展活动 （妇联 供稿）

件，常州电视台老娘舅节目调解6件；当事人同意调解14件，调成9件，成功率64.3%。开展“三八”维权周活动，组织市心理志愿者赴社区讲课，组织法律志愿者赴女子监狱和监管大队帮教；组织团体会员开展大型咨询活动，发放各类宣传资料1000余份。在常州电视台新闻综合频道推出反家暴专题，在全市公交车载电视及公共电子屏上播放反家暴动漫，在社区送演《一个男人的忏悔》等维权情景剧，在常州女性网和微信群、常州女性杂志开辟维权驿站栏目等，在《常州日报》《三人谈》栏目组织专家讨论婚姻家庭热点话题。

【女大学生创业基地】 4月，市妇联在市妇女儿童活动中心建立女大学生创业基地，打造低成本、便利化、全要素、开放式的众创空间“丁香苗圃·创客空间”，通过《常州日报》、常州女性网、中国常州网等媒体征集并请专家评审优选，15个项目入驻基地。与常州创客天使投资有限公司合作设立500万元创业基金，对优秀入驻项目进行资金扶持。邀请市创业指导服务中心、市科技局到基地指导，并向市科技局成功申报常州市女大学生众创空间。创业基地有针对性地设计系列培训和沙龙课程，每月举办一次专题讲座和一次创业沙龙，请优秀女企业家为女大学生介绍创业经验。组织17名女企业家与创业女大学生签订结对帮扶协议，协议突出“三个一”：跟进一个创业项目，提供信息、技术、资金等一个方面的支持，一个季度至少开展一次指导交流。

【中澳合作反家暴试点项目】 3月，市妇联启动中澳合作反家暴试点项目。该项目建立在中澳两国政府间的人权对话基础上，全称是“全国妇联中澳合作家庭暴力危机干预中心试点项目”，属澳大利亚国际技术开发署和中国外交部所负责的妇女问题法律培训子项目，执行单位是澳大利亚人权委员会和中华全国妇联，时间为2013—2016年。作为地市级试点项目，常州市妇联的主要任务是探索建立本级家暴危机干预有效模式，增强妇联组织干预家暴和服务受害妇女的能力。年内，市妇联成立常州市家庭暴力危机干预中心，组建由公安局、检察院、法院、教育局、卫计委、司法局、民政局等职能部门及心理、律师、社工等专业机构组成的反家暴专业团队，编制《家暴危机干预中心建设手册》，举办台湾反家暴工作经验交流等专题讲座，形成访谈记录7万多字，完成访谈报告10份。飞龙社区初步建立社区家暴网格化信息平台，强化社区工作人员报告义务，健全社区与全市家暴危机中心的联动机制。

【“向阳花行动”禁毒防艾项目】 2015年，市妇联启动“向阳花行动”禁毒防艾项目。该项目引入专业社会工作机构南京同仁社工事务所，运用专业社工理念与方法策划活动，市妇联、公安禁毒部门、基层妇联组织 、社会组织和禁毒志愿者组成禁毒防艾等宣传防护体系，共同参与。项目以吸毒人群、社区居民和中小学、技校在校学生及企业职工为目标人群，通过个案辅导、小组支持和宣传倡导等方式，协助社区康复矫治工作，并提高学校、家庭和社区的预防教育工作和全社会对毒品、艾滋病的认识水平。在天虹纺织有限公司开展“抗击艾滋，拒绝毒品，关爱未来”禁毒防艾宣传，在东方社区开展禁毒防艾知识竞赛和趣味运动会，在经济开发区中小学开展手抄报评比和禁毒防艾演讲比赛。针对社区吸毒者，5名高校社会工作者每两周开展一次个案辅导，协助戚墅堰社区的5名吸毒人员康复。天虹纺织有限公司8—16位女工组成向阳花健康教育小组，每月组织一次活动，帮助小组成员建立对毒品和艾滋病的正确认识，并带动身边人参与“向阳花行动”。铁道高职校6名有影响力和号召力的同伴教育者（学生）每月开展一次同伴教育小组活动，并协助志愿者进行活动宣传、组织、组员招募等，共开展活动3期。

【2015中国女性公益慈善论坛】 7月23日，由中国妇女发展基金会、全国妇联发展部、民盟江苏省委、江苏省妇联、中共常州市委和中国公益研究院联合主办的“2015中国女性公益慈善·新常态下女性扶贫创业论坛”在常州举行。会上，联合国有关机构代表、国内知名学者、公益机构代表和爱心企业代表从不同角度阐述当前女性扶贫创业的重大意义，分享女性扶贫创业的实践经验，在实施以人为本的帮扶、创业、创新等方面达成共识：不断开拓对话交流平台，建立互动互赢机制，实现资源整合有序高效，形成上下齐动、多方参与的社会大扶贫格局。知名学者专家、企业代表、省市区妇女代表等300余人出席论坛。期间，中华女性公益慈善典范评选活动举行颁奖仪式，表彰获第三届中华女性公益慈善典范奖的十大女性公益人物及女性公益志愿者团队，十届全国人大常委会副委员长顾秀莲，十一届全国政协副主席、民盟中央第一副主席张梅颖，中国妇女发展基金会理事长黄晴宜，香港特区临时立法会主席范徐丽泰，全国人大常委会澳门基本法委员会副主任、澳门同济慈善会会长曹其真，江苏省副省长曹卫星和常州市市长费高云出席颁奖仪式。

【余美芳家庭入选全国十大孝老爱亲最美家庭】 5月，常州余美芳家庭入选全国十大孝老爱亲最美家庭。自1978年起，余美芳的公公曹景飞先后无偿赡养5位无血缘关系的老人，并为其中的3位老人养老送终。2007年，余美芳和丈夫刘伟从曹景飞手里接过赡养包括曹景飞在内的3位老人的接力棒，其中2位外姓老人党文礼、党松喜分别为81岁、60岁。夫妇俩任劳任怨，对外姓老人像对自己的亲人一样，从不嫌弃老人脏、烦，宁可自己苦点、累点，也不委屈老人，坚持精神上关怀、生活上照料，始终保持敬重之心，倾注关怀之情。（周文娟）

军　事

Military Affairs

◆责任编辑　汪旭东

常州军分区

【思想政治建设】 2015年，常州军分区抓好创新理论建设。组织团以上领导和机关干部学习理解党的十八届五中全会和习近平主席系列讲话精神。开展党委中心组理论学习4次，选派20余名师团职干部参加军区、省军区理论集训，安排300多人次参加地方高端讲座，召开理论学习情况汇报会3次，投入10万余元为机关干部购置理论书籍和经典著作。开展机关公勤人员作风纪律整顿、专职武装干部和民兵骨干集训等活动，安排理论学习内容，采取配发必读书目、编印要点口袋书、开辟网上学习专栏等办法，普及党的理论思想。抓好思想政治教育。开展“学习践行强军目标、做新一代革命军人”主题教育活动，常州军分区党委开展专题议教议学3次，6名常委带头作动员、上党课，组织全员参加军区、省军区辅导讲座，收看军地专家学者授课录像。培育当代革命军人核心价值观，开展“学雷锋”系列活动，举办军民共建道德讲堂20余场，组织部队和民兵预备役1100多人次进行植树造林、义务献血、定点帮扶。关注意识形态领域斗争，结合党内腐败案件、国内外暴恐事件和周边安全态势，开展形势政策教育。对全区56名重要岗位人员进行政治考核，召开军地隐蔽斗争协作会议2次，组织对驻地周边企业进行摸排，及时了解处置涉军社情舆情。针对部队福利取消、改革日益临近带来的个别同志事业心责任感下降、思退想转人数增多等问题，及时召开现实思想情况分析会，开展“正确面对得与失、凝心聚力抓准备”专题教育，引导官兵校正价值观，树立简单生活、靠工资生活的理念。抓好民兵预备役政治工作。加强民兵预备役党组织建设，落实党课教育、党员汇报、书记述职制度，提高党管武装工作科学化水平。协调做好转业干部安置工作，安置质量、速度继续位于全省前列。

【军事斗争准备】 2015年，常州军分区围绕战斗力标准统筹部队各项建设，把主要精力放在练兵上。推进作战准备。专题召开党委常委军事斗争准备会议和年度军事斗争准备任务推进会，对年度军事斗争准备工作进行筹划。制定下发军分区党委1号文件和《贯彻落实“一个总目标、十个硬指标”措施》，明确时间节点、落实具体责任。组织军分区小型作战会议，针对作战任务变化，细化作战构想，修订方案计划。召开军分区日常战备规范化建设现场观摩会，部署展开新一轮战备规范化建设，区、团两级投入千余万元建设值班体系、指挥手段和战备库室。建立军地联合应急处突机制，构建由民兵信息员组成的情报信息网，落实应急值班机制；建强5支合成化民兵应急连，定期组织集训培训和检验拉动。提高训练质量。投入20万余元购置军事书籍和参谋作业工具，组织《军事工作应知应会手册》《军分区应知应会600问》全员常学常考。严格体能训练，定期组织参谋业务集训和全区干部军事技能考核。持续开展“岗位练精兵、质量排座次”活动，加大“考、比、拉”（对每月训练课目进行考核，建立绩效档案；组织一次考核过关课目的群众性比武竞赛；月底进行全要素、全员额、全装备的实战化战备拉练）力度，民兵和预备役年度训练人数分别超任务数3%和11%，完成现役官兵和预备役新入队干部、专职武装干部轻武器射击、手榴弹投掷训练考核。11月，组织各辖市区6支民兵应急连270名骨干进行以战斗体能和实战技能为主的实战化课目比武。开展各类实战化训练演练，民兵高炮分队参加省军区实弹战术考核连续三年命中靶标，预备役通信团通信综合演练通过军区检验性考核。周密组织抢险救灾行动，在抗击特大洪涝灾害过程中，先后出动民兵预备役人员7440人，协调现役部队1280人投入抗洪救灾行动。

【国防后备力量建设】 2015年，常州市成立常州市军民融合发展领导小组，出台《常州市关于加快推进军民融合深度发展的实施意见》和《常州市军民融合式发展三年实施计划》，积极借助地方资源，着力解决发展中的瓶颈问题。构建市本级横向至各级动员办公室、纵向到各辖市区的国防动员指挥应用网络体系，依托军事综合信息网完成国防动员潜力管理系统布设，全面展开国防动员潜力核查录入。深化后备力量建设调整改革，加强向高校、科研院所和高新企业基干民兵拓展编组，全市成立的新型民兵分队占支援队伍的20.6%。规范预任干部和民兵队伍建设，制定下发《常州市民兵预备役部队整组点验实施细则》，指导各人民武装部制作发放参加基干民兵通知书，规范点验流程，明晰职务职责。军分区党委常委带队组织拉动抽点，促进整组工作落实。

【安全管理】 2015年，常州军分区坚持用条令条例管理教育部队，开展“学、明、严、正”（学条令、明职责、严纪律、正秩序）活动，组织两级机关作风纪律整顿和条令知识考试，强化纪律观念和作风养成。严格落实请销假制度，军分区常委和团单位主官带头落实离开辖区和参加地方活动报告制度，敏感期、重大节假日、纪念抗战胜利阅兵和十八届五中全会召开期间，始终保持区、团两级主官在职在位，抓好部队管控。突出行车安全重点，安装行车记录仪，抓好行车手续、驾驶员和安全技术检测环节，邀请市车辆管理所领导进行交通安全法规授课辅导，组织驾驶员作风纪律整顿，人人签订安全行车承诺书，严格落实出辖区或单程超过100公里报批制度。加强警备工作落实，召开驻军警备工作联席会议，参加常州市军警联合稽查行动，整顿军车军容，加大纠察力度，协调交巡警支队每月抄告军车运行情况。年内，全区军车没有发生一起违法违章行为。严密组织拉网式安全排查、安全大检查、暑期安全竞赛、隐患大排查等活动，整治隐患问题，先后召开常委会专题分析安全形势5次。把安全常识、避险技能纳入年度教育训练计划，组织观看警示教育片，开展消防器材操作使用、防煤气中毒、防触电教育训练3次。整顿公勤人员作风纪律，落实早操、晚点名、查铺查哨、请销假等基本制度，对值班点位、公勤队人员在位情况进行不打招呼检查40多次。加强安全保密检查，对涉密文件、存储介质实施全程全时监管。加大防范暴恐袭击投入和训练，修订完善《营院防范暴恐袭击应急处置预案》，区、团两级拿出20万余元，完善“110联动”系统，补充防暴装具30余套，更换消防器材400余具。加强库室管理，严格双人入库、钥匙互控、领导查库、夜间巡更等制度落实，组织看管人员业务培训2次，投入30万元升级改造营院和武器库安防设施。

【后勤装备保障】 2015年，常州军分区修订完善作战保障方案和配套方案，按照新的《部队后勤物资携运行标准》完成后勤机关战备设施配套建设。加强区域综合保障群（队）建设，投入30余万元调整补充各类应急物资器材。强化后勤针对性实战化训练，加大后勤岗位人员训练管理力度，选派骨干参加省军区各类专业培训和比武竞赛。以组织军分区指挥所演习为契机，深入开展后勤动员支前保障能力建设问题研究，结合上级认定的预案计划，与常州市经济动员、交通战备办公室对接，组织保障需求动员，促进保障需求与预案计划紧密衔接。深化武器装备管理，落实装备日常管理制度，排查民兵装备仓库安全隐患。统筹安排财力，优先保障战备训练、信息化建设、军民融合发展等重大项目经费需求。调剂经费解决官兵家庭困难、家属就业、子女就学和老干部移交安置等实际问题；组织“部所挂钩”帮建签约仪式，军分区和各人民武装部出资50万余元用于改善老干部休养条件。按照现代营房建设及保障要求，加强基础设施建设，军分区本级自筹经费120万余元，完成常州国防园军械修理所、军训宿舍和食堂维修改造等急需营房建设项目。改善医疗保障条件，落实卫生防病和计划生育工作，全区官兵、职工健康体检率100%。抓好资金安全管理，严格落实现金日月“双限额”制度，从严从紧编制年度预算，实行消耗性开支预算单列、限额管控。开展财务厉行节约活动，搞好旧品被装回收和公用被装循环利用。抓好军车及牌证使用管理，加大路检力度，杜绝套牌和易车挂牌。

【国防教育】 2015年，常州军分区组织“弘扬抗战精神，建设强大国防”第十五个全民国防教育日活动，在民兵预备役部队中开展“弘扬伟大抗战精神，同心共筑强大国防”主题宣传教育，举办国防知识讲座30多场，编印赠

7月4日，常州军分区与第一集团军电子对抗旅官兵在牛塘丫河村抗洪（军分区 供稿）

9月2日，抗战胜利70周年表彰大会召开 （军分区 供稿）

送国防宣传资料1.1万余份，组织观看国防宣教片7000多人次。发挥国防科普教育馆和国防教育基地作用，先后组织1200多名领导干部参加军事日活动，对2万多名学生进行军训。9月，常州军分区与市委宣传部共同筹划开展"正义的胜利"常州市纪念抗战胜利70周年系列活动，包括组织观看"9·3"阅兵、参加"壮歌·新四军"纪念活动和纪念抗战70周年座谈会等活动。

【国防动员】 2015年，常州军分区组织开展国防动员潜力数据核查。市国防动员委员会各办公室分别对全市主要经济状况、交通基础设施、信息资源、物资油料储备等国防动员潜力进行调查，对口汇总上报数据4万余条。人民武装部办公室组织对全市人民武装动员潜力数据进行会审，采集基干民兵、退伍军人、地专对口人员、预编预备役人员信息。成立市、辖市区两级国防动员委员会装备动员办公室，规范人员编制、职责、办公场所、工作制度等内容；规范市、辖市区两级战时国防动员指挥机构编成。推进装备动员中心建设，溧阳市、武进区分别在104国道、312国道沿线建立车辆装备维修保障点。

【征兵工作】 2015年，常州军分区加强征兵组织领导，广泛开展宣传发动，抓好兵役登记，严格兵员初选预征。做好以高学历青年为重点的预征登记、初检初审工作。在普通高校校园网开设征兵宣传专栏，将征兵工作纳入毕业生就业指导宣传活动。探索高校征兵新模式，新北区、天宁区试点将征兵任务直接分配到辖区内的河海大学、常州工学院。全年全市进行兵役登记19888人，其中应征报名8289人，上站体检3828人，体检合格率65.2%。全市完成征集男兵1547人、女兵34人。其中，高中以上文化青年占98.8%，大学生占50.1%，市征兵工作办公室被南京军区评为征兵工作先进单位。全市接收退兵23人，其中思想原因10人、身体原因11人、精神原因2人。

【双拥共建】 2015年，常州军分区开展"爱心献功臣"行动，组织市、区两级走访慰问驻常州部队，设立现役军人立功奖励基金，深入街道、企业调研随军家属就业、子女入学、复转退伍军人安置等具体问题。发动部队和民兵预备役参与争创双拥模范城活动。推进茅山老区"百千万"帮扶工程，走访慰问贫困户22户，资助贫困学生45名；组织军分区团以上干部与苏北革命老区38名贫困学生结对助学。先后组织基干民兵5000多人次参与重大活动的治安巡防任务。组织驻常州部队180人参加无偿献血，完成年度献血任务。

【抗洪抢险】 6月，常州突遭特大洪涝灾害。灾情发生后，军分区在市防汛抗旱指挥部部署下，启动防汛Ⅰ级响应，出动民兵预备役官兵7440人，协调第1集团军官兵1280人，动用各类装备器材1611件（台、套），协助地方政府转移群众9000余人，加固堤坝6125米，封堵决口102米，搬运土石近1万方。 （周 军）

常州军分区官兵在征兵现场答疑 （军分区 供稿）

武警常州市支队

【组织建设】 2015年，武警常州市支队加强理论武装，深入学习贯彻党的十八届四中、五中全会精神和习近平主席系列重要论述，不断理清工作思路。开展"三严三实"专题教育整顿，组织专题民主生活会和肃清郭伯雄、徐才厚案件影响组织生活会。整改任职命令和实际职位不相匹配干部4人，调整补缺基层排长8人，清理分流机关干部1人，调整涉及任职回避干部2人；清查整治违规租赁项目7个并报总队备案；整改总部巡视组反馈问题，收缴违规接待经费42151.8元。坚持重心下移打基础，帮助基层解决实际困难60余件。年内，协调驻常州、溧阳、新康监狱9个中队和十一、十二中队营房建设。

【思想政治建设】 2015年，武警常州市支队着眼培育“有灵魂、有本事、有血性、有品德”革命军人，开展“学习践行强军目标，做新一代革命军人”主题教育，采取常委大课辅导、基层小课串讲、机关推门听课、群众打分评课等办法，做好理论灌输，激发官兵弘扬传统、传承基因的政治自觉。依托驻地丰厚的红色资源、教育资源和文化资源，建好用好21个教育基地，组织参观常州科教城、新四军江南指挥部，祭扫烈士陵园等活动。开展尚武影视评论、军民共建道德讲堂等强军风采系列活动。

【执勤战备】 2015年，武警常州市支队调整优化组勤模式和勤务部署，推进看守所内钢网墙建设和网络查勤系统改造，持续开展执勤隐患排查整治，4个中队先后成功处置执勤目标突发险情，保证支队固定勤务连续24年安全无事故。3月，支队承办武警江苏省总队作训科（股）长、执勤参谋正规化执勤业务培训会。开展全方位岗位大练兵活动，整肃训风、演风、考风。组织特勤排应急班比武竞赛、教练员集训、体能运动会、战训法集训、“卫士—15”演习和警官全员额考核等大项军事活动。年内，武警常州市支队取得武警江苏省总队信息化知识竞赛团体第一的成绩。健全各要素备勤和战备值班检查机制，配强装备器材，落实反恐力量AB队备勤制度。全年累计出动官兵985人次，完成临时勤务183起，完成全市“两会”、春运执勤、全国会计专业考试、高考试卷押运看管、城市武装巡逻等临时备勤任务。

【部队管理】 2015年，武警常州市支队开展“学法规、用法规、守法规”和“严制度、守纪律、强责任、除隐患”教育整顿活动，逐级逐人逐岗建立落实权力责任清单，厘清权责界限，明确权责奖惩，进一步增强各级依法履职的自觉性。研究制定支队正规化建设五年规划。落实突击检查、现地督查、责任倒查机制，重点解决部队条令素养不够高、遵章守纪不严格、规章制度不落实、内部秩序不正规、安全防范不托底等问题。开展内部关系集中整治、百日安全竞赛、车辆管理秩序整顿、安全大检查、反恐大排查和重点问题治理整顿活动，通过领导包干分片查、自下而上逐级查、全员参与广泛查相结合的方法，排查整改各类隐患438处。

武警常州支队开展战训法集训 （武警支队 供稿）

做好担负重大勤务和核心涉密人员政治考核、新兵“三查一除”（政治复查、体格复查、心理测查，排除退兵可能）工作，清退不合格新兵7名。

【后勤保障】 2015年，武警常州市支队采取一点一策、一情多案，修订完善2大类12种保障综合预案。探索基于驾驶技能的“一专多能、一兵多用”组训模式，开展专业兵基础性拓展性训练，在武警江苏省总队比武竞赛中取得专业第一和团体第四的成绩。探索推进副食品集中采购和伙食组餐新模式。深入基层医疗巡诊4次，预防接种400余人次，接种率98.5%。与市交警支队协调，建立违章车辆抄告机制，定期开展警示教育，提高驾乘人员的安全行车意识。全年累计出车1500余台次，行车35万余公里，无一例责任事故发生。

【拥政爱民】 2015年，武警常州市支队参与6月抗洪防汛救灾，协助驻地政府、街道、社区开展自救互救。8月，出动数十名兵力完成市博物馆“丝路瑰宝——敦煌艺术展”开幕式安保勤务。各中队先后开展向学校“送益书、献爱心”、深入社区开展义诊并送医送药、为百姓义务理发和修车、到敬老院慰问孤寡老人等活动；组织开展国防教育日活动，组织驻地师生到部队参观见学。一大队常州市中队政治指导员吴廷进被评为第三季度“最美常州人”。全年武警常州市支队与地方单位先后开办军民共建道德讲堂9场，在各类捐款活动中为地方捐款10万余元，清理垃圾200余吨，义务献血2万余毫升。

（李海港　任　敏）

92138部队

【思想政治建设】 2015年，92138部队通过专题授课、录像辅导、主题征文、召开学习交流大会形式，学习贯彻习近平主席系列重要讲话精神和全军政治工作会议精神。开展“学习践行强军目标，做新一代革命军人”主题教育活动，组织“新一代革命军人好样子”大讨论、“我的强军故事”先进事迹报告会。开展光荣部队史教育，用部队的历程感召官兵。开展抗日战争胜利70周年纪念活动，通过组织官兵观看红色电影、收看阅兵仪式等方式，激发官兵自豪感使命感。抓好“三严三实”专题教育整顿和肃清郭伯雄、徐才厚案件影响工作。

【军事训练】2015年，92138部队经常性组织实兵拉动演练，科学优化兵力出动流程，确保能够快速反应、随时出动。提高训练质量，按照“一主多备、昼夜分班、常年保持跨昼夜”的训练思路，科学制定训练计划。落实指挥工作、教学法研究、飞行人员技术分析等制度，推动训练质量提高。充分运用飞行参数、指挥仪和摄像机等设备，坚持逐人、逐架次、逐岗位进行飞行训练质量评定，帮助飞行人员对照标准找差距、针对问题抓整改。抓好部队实战化训练，在课目设置、特情预想、战术研究上坚持紧贴实战标准，在指挥引导、机组协同、机群协同上坚持围绕实战要求，在超低空突防、远程奔袭、实际使用武器上坚持追求实战效果，提高部队实战能力。开展异地装备保障，以执行转场驻训任务为契机，探索保障方法，细致规范保障程序，总结保障经验。不断提升装备维修水平，开展导弹装挂、主轮拆装、机件校修、零备件制作等群众性岗位练兵活动，开展法规理论学习和故障研讨交流，推动技术创新。

【部队管理】2015年，92138部队通过经常性开展夜查，每月开展军容风纪大检查、内务卫生流动红旗评比等形式，引导官兵自觉养成遵章守纪的良好习惯。提升官兵安全防范能力素质，定期组织防火、防电、防淹亡、防交通肇事等安全常识教育，组织应急小分队开展突发情况拉动演练，不断强化官兵抵御风险和化解危机的能力。组织开展安全工作大检查，重点对安全隐患排查整治情况、基层整改措施落实情况进行“拉网式”“过筛式”排查，发现问题当场纠正、严肃处理、限期整改。开展系列安全教育警示日活动和“我的岗位请放心，我的工作无差错”活动，严格按照标准赏优罚劣。

【拥政爱民】2015年，92138部队参与驻地建设，开展形式多样的活动。开展“军营一日游”活动，接待驻地企事业单位和学校等400多人参观部队营区、内务建设和军事文化广场，听取国防教育课；以国际形势、周边安全环境以及新时期海军担负的使命为主题给1300余人进行国防教育。筹办军地联欢、军民共建道德讲堂，在节假日走访慰问孤寡老人，成立学习雷锋小组为驻地群众开展便民服务，对院校学生进行军训，组织官兵为驻地医院血库献血。参加军地联席会议，定期组织军地座谈会。与驻地公安、国家安全部门定期举行安全交流沟通，维护军地安全稳定。针对国内暴力恐怖袭击问题，组织应急分队开展针对性演练，增强应对突发事件的应急处置能力。

（魏　玮）

人民防空

【概　述】2015年，常州市民防局以军事斗争人防准备为主线，立足人防主业，主动服务经济社会和民生工作，被省民防局表彰为全省民防行政执法案卷评查内容优秀单位和人民防空先进单位。

人防指挥通信建设。按照“战时防空、平时防灾，应急支援”的总要求，完善人防指挥体系建设，建成溧阳市和金坛、武进、新北区4个人防机动指挥通信系统。加强警报设施和布局的完善，完成“9·18”全省防空警报试鸣活动，并同步组织社区居民、学校学生、企业职工开展紧急疏散隐蔽演练。抓好人防专业队伍整组、训练，定期组织开展全市应急机动通信车、市机动指挥所野外训练，与镇江市民防机动指挥所联合进行野外拉练活动。组织开展首届民防杯无线电应急通信竞赛，比赛分为台站开设、组网通话、表报登记3个项目，全市业余无线电爱好者组成6支代表队参加比赛。举行天宁区、溧阳市和武进区人口疏散与接收安置演练。启动常州市人防疏散体系建设规划编制，完成常州民防疏散基地（武进紫薇园）提升改造。

人防工程建设。围绕城市建设目标，强化依法行政，推动人防工程依法配建，人防工程总量持续增长。6月，编制完成《常州市城市人防工程规划（2014—2020）》。结合城市发展积极参与轨道交通建设，主动做好轨道交通建设人防设计和轨道交通站点周边地下空间开发利用的规划和人防专项设计工作，为轨道交通建设做好人防各项服务。兰陵地下过街道人防综合工程通过综合验收并投入使用。继续抓好西林梅庄路人防综合工程建设，为服务社会和民生发挥作用。加强全市人防工程巡查，抓好重点维修项目，不断完善和提升人防工程维护管理信息化系统，促进人防工程完好率和使用率提升。10月，组织完成《江苏省人

常州市首届民防杯无线电应急通信竞赛（民防局　供稿）

防工程维护管理技术规范与质量评定标准》编撰工作，并通过省民防局专家评审。

民防机关效能和廉政建设。按照"准军事化"建设要求，坚持组织干部职工开展"军事日"及野外训练活动，强化思想业务素质，转变工作作风，不断提升机关工作效能。建立市区两级民防局协调联动机制，进一步优化人防工程审批和竣工验收流程，人防工程竣工验收备案由8个工作日压缩至5个工作日。推进重点建设项目信息共享和网上审批系统的应用，为市重点建设项目开辟"绿色通道"，实行全程跟踪服务。启动人防工程质量监督项目网上管理系统的二期升级改造工作，进一步完善和提升网上人防工程质量监督功能。完成内控机制网上运行平台的升级改造，制定《常州市民防局民防权力内控机制网上运行管理办法（试行）》，针对民防系统自建工程和行政权力两大廉政风险防控重点领域，将民防行政许可项目或一次性投资30万元以上的自建工程项目的每一环节实时输入平台系统，接受省民防局全过程监审。

【首个"9·18"全省防空警报试鸣日及疏散隐蔽演练】 9月18日，按照江苏省民防局统一部署，市民防局在全市组织防空警报试鸣，并同步开展部分社区居民紧急疏散隐蔽演练和人防（民防）知识宣传、法律法规咨询、战时心理疏导、人防应急救援器材展示以及演练等系列活动。活动期间，共出动车辆装备28台次，悬挂横幅标语30余幅，展示防空防灾知识宣传展板50余张，接受市民咨询300余人次。发放人防工程维护管理手册和市民防空防灾知识手册等民防宣传资料1万余册。

【国内首部民防动画短剧首发】 11月，由常州市民防局和武进区民防局联合制作的首部民防动画短剧《旻旻宝典》在武进区星河小学苹果剧场首发。该短剧由《空袭比萨城》《纵火喜来楼》《暴雨淹不掉》《真假小乐乐》《牛阿姨触电》《憨小猪游泳》《撞了汪点点》《不倒的城堡》8个单集构成。在故事情节的展开过程中，蕴含多个防空、防灾救护知识点，让观众在饶有趣味的故事中学到民防知识，观众可以在常州民防网上科普教育馆观看。

【常州建成人防"三位一体"指挥体系平台】 11月，市民防局按照统一设计、统一招标、统一组织、统一实施的办法，建成溧阳市、金坛区、武进区、新北区四个人防机动指挥通信系统。该系统与已有的人防地下指挥所、机动指挥所和城市应急救援指挥中心相互补充、互连互通，构成以卫星、短波、超短波光缆和计算机为主要通信手段的地下、地面、机动"三位一体"的指挥通信保障系统。该系统作为常州市城市防空、城市应急救援的机动指挥通信平台，战时可用于城市防空指挥，平时用于防灾救灾和处置突发事件。可实施现场情况采集、信息传输、指挥保障任务，当城市出现重大突发事件时，该系统可以在最短的时间内机动到达突发事件现场，实时为指挥员提供现场图像、图形、数据、语音信息传输，为救援指挥工作提供保障。

【常州民防网上科普教育馆运行】 12月，由常州市民防局与中国常州网联合制作的常州民防网上科普教育馆在中国常州网和常州民防局网上开通运行。网站展厅以常州民防科普教育馆为基础，分为序厅、人民防空厅、防灾减灾厅、发展与未来厅和在线影院厅，介绍了民防的由来、空袭兵器发展史、民防工程及城市防空措施等知识，并针对常州特点介绍了地震、台风、火灾、水灾和交通事故等灾害事故的成因、特点及防护措施。（林庆强）

常州市首个"9·18"全省防空警报试鸣日疏散隐蔽演练 （民防局 供稿）

民防动画短剧《旻旻宝典》在武进区星河小学苹果剧场首发 （民防局 供稿）

2016

法　治

Rule by Law

◆责任编辑　吴　芳

综　述

【平安常州建设】 2015年，常州市委、市政府全面部署第四轮平安常州建设，扎实推进社会治理法治化建设工程，提升平安建设现代化水平。

维护大局稳定。严密防范敌对势力渗透、颠覆、破坏活动，深入开展反邪教斗争，开展暴力恐怖活动严打年活动，确保国家安全和政治稳定。始终保持对严重暴力犯罪的高压态势，年内34起现行命案全破，八类（故意杀人、故意伤害致人重伤或死亡、强奸、抢劫、贩卖毒品、放火、爆炸、投放危险物品）案件、抢劫抢夺案件分别比上年下降5.5%、5.6%。全面落实维稳措施和责任，圆满完成“两会”、抗日战争胜利70周年纪念活动等重大安保维稳任务，成功处置重大涉稳事件70余起，“泛亚投资”专项维稳工作受到公安部肯定。健全稳评工作机制，完成区域稳评项目58个，开展事项稳评215次，暂缓实施重大项目1个。组建情报信息合成研判专门班子，每日滚动排查突出不稳定因素，处置重大敏感涉警舆情270余起，清理网上违法信息1500余条。

化解矛盾纠纷。运用公证、仲裁方式预防化解各类纠纷，全年累计办结公证事项4.9万件、民商事仲裁案件379件。深化大调解机制，全市两级调处中心和各类调解组织排查调处纠纷近2万件。进一步推进公调、检调、诉调对接，建成“派驻式”人民调解室93个，依法确认人民调解协议1497份，法院民事案件调解、撤诉结案17884件，钟楼法院被确定为全国多元化纠纷解决机制改革示范法院。发挥司法定分止争功能，审判机关审结一审民商事案件4.3万余件，执结各类案件2.3万余件，执结标的额78.7亿元，有效维护当事人合法权益。

保障公共安全。持续加大对各类违法犯罪行为的打击惩处力度。公安机关开展社会面大清查、大巡查、大排查等打击整治专项行动，禁毒会战获公安部表彰；检察机关批准逮捕各类犯罪嫌疑人2663人，提起公诉7163人；审判机关审结一审刑事案件5296件，判处罪犯6819人，分别比上年上升5.1%和1.4%。制定社会治安防控体系建设三年规划，实施安心社会治安工程等为民办实事项目，新增高清视频探头近1万个，完成技防入户10万户，整合相关部门视频点位6800余个，全市治安防范科技化、智能化水平明显提升。开展通讯网络诈骗犯罪综合治理行动，建立反信息诈骗中心，成功堵截通讯网络诈骗190起。电梯三位一体监管和三级递进应急救援模式、液化石油气瓶信息化监管经验被国家法规吸收，成为全国模板。维护生态环境安全，积极培育环保公益诉讼社会组织，组建全省首家环保公益诉讼律师队伍，市检察院以公益诉讼人身

小学生们在入学礼上学习《德法同行》口袋书　（司法局 供稿）

份提起全国首例民事公益诉讼案件并入选全国十大法律监督案例，市中级法院一案件入选全国十大环境侵权典型案例。严管消防安全，火灾数、亡人数、伤人数、直接财产损失数分别下降5%、64%、65%和23%。加强生产、交通、食品药品安全监管，集中开展危爆物品、寄递物流清理整顿和矛盾纠纷排查化解专项行动，全面整改亚邦物流园区火灾隐患，全市生产安全、交通事故死亡人数分别下降7.1%、5.48%。

推进社会治理。开展流动人口服务管理工作会战，基础信息化做法被公安部推广。加强特殊人群服务管理工作，开展易肇事肇祸精神障碍患者、吸毒人员核查管控专项行动，社区服刑人员安置率、帮教率均为99%以上。创新青少年事务社会工作，"阳光伙伴计划"被团中央、民政部列为全国首批示范项目，新北区"小橘灯"未成年人检察工作品牌被评为全省十佳青少年志愿服务项目。全面实施社会组织直接登记工作，全市每万人拥有社会组织数居全省前列。加强辖市区社管中心、社区矫正中心规范化建设，改造提升11家镇街道政法综治中心。深化基层系列平安创建，加强社区犬患、网吧、文化市场、校园周边、铁路沿线和网络治安综合整治。开展平安法治宣传月、平安法治随手拍等活动，印制宣传品进家入户，提升平安建设知晓率、参与率。

【法治常州建设】 2015年，常州市全面推进依法治市实施意见，切实加强组织领导、统筹协调和责任落实，完善机制，落实举措，推动区域法治化进程，溧阳市、武进区被评为第三批全国法治县（市、区）创建活动先进单位。

组织推进。法治建设被纳入市委、市政府重点工作计划、市委常委会和全面深化改革领导小组工作要点，加强统一领导、统一部署、统筹协调，在目标管理综合考核中将平安法治绩效占比提升到12%。召开深化法治常州建设大会，层层签订责任书，细化、落实重点任务。市委对各地依法治市进展情况进行专项督查、专题通报，并听取整改情况专题报告。邀请省市人大代表、政协委员专题视察，开展法治城市创建十大活动，动员社会各界支持、参与法治建设。

依法办事。有序推进地方立法，制定《常州市制定地方性法规条例》和《常州市政府规章制定程序规定》，出台系列科学民主立法制度，确定15个立法联系点，组建立法咨询专家组。推行重大决策规范化管理、合法性审查法律意见书、规范性文件后评估等制度，市、辖市区政府均建立法律顾问团，不断提升依法科学民主决策水平。紧抓领导干部和市委中心组、政府常务会议学法常态化，领导干部任前法律知识考试全覆盖，邀请全国著名法学家作专题辅导，把法治能力建设列入轮训核心课程。委托知名智库研究制定领导班子法治建设绩效与领导干部法治规范能力考核评估办法。

行政权力运行。制订法治政府建设实施意见和任务分解方案，对各项工作进行细化、量化、具体化。推进简政放权，编制政府部门责任清单，市级行政审批事项减少到212项，非行政许可审批全面取消。审查报备规范性文件40件，评估清理规范性文件和政策措施类文件877件。落实全国综合行政执法体制改革试点任务，制定行政执法和刑事司法衔接机制实施细则，行政权力实现网上公开透明运行。强化司法监督，倒逼依法行政，行政机关负责人行政诉讼出庭应诉率98.76%。

公正司法。贯彻落实领导干部干预司法活动、插手具体案件处理的记录、通报和责任追究制度，探索试行主审法官、合议庭和主任检察官、主办侦查员办案责任制，建立完善办案质量终身负责制和错案责任倒查问责制。深化执法规范化建设，建设规范有序的执法办案中心，实现讯问、询问和重要取证活动全程同步录音录像。严格定案把关，依法规范自首、立功等量刑情节认定，出台民间借贷夫妻共同债务界定等指导意见，统一执法尺度。开展虚假诉讼监督专项行动，强化减刑、假释、暂予监外执行专项监督。构建开放、动态、透明、便民的阳光司法新机制，审判流程、裁判文书、执行信息"三大公开"得到全面落实。落实司法为民措施，全面实施立案登记制度，加强诉讼服务中心、检察为民服务中心、公共法律服务中心建设，推行网上司法公开拍卖，创造全国司法网络拍卖单笔成交额4.25亿元的最高纪录。适应区划调整需要，明确经济开发区政法机关相关运行事项。加强党委、政法委执法监督，促进公正廉洁司法。

法治宣传教育。组织"六五"普法考核验收，开展"法律六进""法润常州"等系列宣传活动，《阿汤哥说防范》普法视频点击量突破17亿。落实"谁主管谁普法、谁执法谁普法"普法责任制，建立法官、检察官、行政执法人员、律师等以案释法制度，举办法治大讲堂185场。法治文化载体不断拓展，提升法治文化主题公园功能。"法治遥观幸福天地"广场、彩虹城社区法治驿站等5个法治文化建设阵地被命名为第三批省级示范点。民主法治村（社区）创建深入推进，金坛区方边村、新北区河海社区获评第六批全国民主法治示范村（社区），30个村、21个社区获评第十批省级民主法治示范村（社区）。年底，据全省社情民意调查通报，常州市政法队伍建设群众满意度89.98%，排名全省第四，比上年提升2位。

【治理进京非访】 2015年，常州市坚持化解稳控和规范秩序"两手抓、两手硬"方针，开展信访法治建设年活动和进京去省重复访集中化解专项行动，强化领导包案、地方稳控和部门化解责任，成功化解一批重点信访积案，力保重点人员在重要敏感时节不脱控、不漏管。出台《关于依法处理涉法涉诉信访问题的工作意见》《关于依法处理信访活动中违法犯罪行为的指导意见》，统一执法思想，规范执法程序，凝聚打击合力，通过典型案件的依法侦查、起诉和审判活动，收到打击处理极少数、教育震慑大多数的效果。全市信访秩序明显好转，进京非访人次比上年下降68.2%，在全省排位由上年的第二位退至第九位。 （朱　帅）

审　判

【概　述】 2015年，全市法院共受理案件102629件，审执结86019件，分别比上年增12.3%、9.6%，其中市中级法院受理案件14295件，审执结12585件，分别增6.3%、13.1%。市中级法院依法审结二审案件4470件，其中改判、发回重审386件，全市基层法院审结案件服判息诉率91.7%。全市法院审结减刑、假释案件4853件，开庭提审率17%，对229件案件依法裁定不予减刑、假释或调整减刑幅度。实施人民陪审员倍增计划，邀请人民陪审员820人，陪审率91.7%。通过互联网公布裁判文书29609份。推行院、庭长直接办案机制，全市法院院、庭长共审结案件30982件。武进横林、新北孟河和金坛水北、溧阳天目湖4家试点法庭均建立以主审法官办案责任制为核心、以审判团队管理为架构的审判权运行新模式。

年内，两级法院在机关、社区、乡村、企业等各类场所举办常州法治大讲堂185场，现场听众3.1万人次；在电台举办36期。举办全市十佳法官评选表彰活动。

常州市十佳法官名单

阮留生　溧阳市人民法院埭头人民法庭副庭长

杨丽莉　金坛市人民法院水北人民法庭副庭长

吴旭东　常州市武进区人民法院刑事审判庭审判员

赵鸿生　常州市天宁区人民法院民事审判第一庭审判员

郑　仪　常州市中级人民法院民事审判第二庭助理审判员

郝　立　常州市钟楼区人民法院民事审判第一庭副庭长

高淑琴　常州市中级人民法院行政审判庭副庭长

黄文娣　常州市武进区人民法院横山桥人民法庭副庭长

黄冬梅　常州市戚墅堰区人民法院民事审判庭第一庭副庭长

蒋少伟　常州市天宁区人民法院立案庭副庭长

【刑事审判】 2015年，全市法院受理一审刑事案件5634件，审结5296件，判处罪犯6819人，分别比上年增8.2%、5.1%和1.4%，其中判处10年以上有期徒刑、无期徒刑直至死刑152人。依法对2022人适用缓刑和免予刑事处罚。

依法严惩影响公众安全感的犯罪，促进社会治安持续稳定。审结杀人、抢劫、强奸等严重刑事犯罪案件236件，对王俊人闹市区毒驾案、刘琪入室杀人案等案件依法从严惩处。审结毒品犯罪案件756件，组织国际禁毒日集中宣判活动。审结盗窃、诈骗等多发性侵财案件1793件，妥善审结黄秋庄等6名越南籍被告人团伙盗窃案、张建华等8人冒充社保中心工作人员电信诈骗案等案件。审结经济犯罪案件119件，稳妥审结全省首例利用P2P网贷（个人通过网络平台相互借贷）平台非法吸收公众存款案。审结危害食品安全犯罪案件11件。

围绕经济社会发展的重点领域和群众反映强烈的热点问题，依法严惩各类职务犯罪，保持惩治腐败的高压态势。审结职务犯罪案件61件73人，其中县处级干部4人。市中级法院无一件职务犯罪案件被省法院改判或发回重审。加强与纪检、检察机关的沟通联系，促进执法尺度统一。

强化人权司法保障，着力推进以审判为中心的诉讼制度改革，突出庭审的中心地位，全面贯彻证据裁判规则，充分保障被告人的诉讼权利。落实最高法院要求，刑事被告人或上诉人一律不着识别服、马甲、囚服等具有监管机构标识的服装出庭受审。体现司法人道主义原则，审理特赦案件46件，对16名符合暂予监外执行条件的罪犯依法出具诊断意见书。成立全国法院系统首家公益性青少年维权帮教机构，促进罪错未成年人回归社会。

【民事审判】 2015年，全市法院受理一审民事案件38141件，审结32676件，分别比上年增11.3%、6.2%。

加强涉诉民生权益保护，审结婚姻家庭、劳动争议、民间借贷、土地承包等案件26844件。加强对婚姻家庭生活中弱势群体利益的保护，推行少年综合审判和家事案件审判“二合一”新模式，研究制定依法处置家庭暴力行为的规定，审结全市首起申请撤销监护人资格案件。全面推进道路交通事故损害赔偿联动处理机制建设。对民间借贷夫妻共同债务的界定出台指导意见，统一裁判尺度。深入推进资源环境案件集中审判工作，探索资源环境恢复性司法机制，强化与环保、公安和检察机关的执法联动，促进生态环境改善，审结资源环境案件41件，其中常州市环境公益协会诉储卫清、常州博世尔物资再生利用有限公司等土壤污染民事公益诉讼案入选全国十大环境侵权典型案例。加强环境民事公益诉讼的探索实践，市中级法院依法受理全国首例由检察机关提起的环境民事公益诉讼案件。

坚持调判结合，力促案结事了，全市法院民事案件通过调解或撤诉方式结案17884件，调解撤诉率57.9%。深化多元化纠纷解决机制建设，进一步完善人民调解、行政调解和司法调解联动机制，钟楼区法院被最高法院确定为多元化纠纷解决机制改革示范法院。加强对人民调解工作的指导和支持，通过出具调解书或司法确认书的方式确认人民调解协议1497份。

制定指导意见，对规制虚假陈述及当事人、证人签署保证书等问题进行规范。对在民事诉讼中伪造、变造证据，打击报复证人，制造虚假诉讼等违法行为进行严厉惩处，共对10名有此类行为的当事人、代理人做出责令具结悔过、罚款等决定，对2人依法追究刑事责任。

【商事审判】 2015年，全市法院受理一审商事案件14837件，审结10862件，分别比上年增18.8%、13.8%。

及时开展经济新常态司法应对专题调研活动，司法研判银行不良贷款纠纷的调研报告受到省、市委重视。完善司法审判与金融监管良性互动机制，维护金融市场秩序，审结银行、小额贷款公司等借款合同纠纷案件2691件。高度关注房地产市场持续调整下少数开发商资金链断裂引发的风险，针对性化解矛盾，防止引发连锁反应，审结房地产开发、建设工程等案件1306件。

坚持平等保护，强化契约精神，通过商事裁判引领社会诚信，促进市场在资源配置中更好地发挥决定性作用，打造法治化营商环境。审结买卖、租赁等合同纠纷案件6612件，维护公平交易的市场秩序。审结公司诉讼案件197件，规范公司治理结构，保护投资人合法权益。加强经济新常态下破产案件审判工作，积极稳妥审理常州华光房地产开发有限公司、常州泰和置业发展有限公司等企业破产案件17件，努力实现企业破产的“软着陆”和“零震荡”。

回应常州经济创新发展的司法需求，不断完善知识产权行政、民事、刑事“三合一”审判工作机制，审结知识产权案件677件，比上年增13.8%。针对知识产权纠纷特点，强化证据保全措施，促进专利技术事实查明，保护权利人合法权益。健全司法保护与行政保护的衔接机制，形成知识产权保护合力，促进苏南国家自主创新示范区建设。

【行政审判】 2015年，全市法院受理一审行政案件720件，审结596件，分别比上年增63.3%、45.1%。

开展行政案件“不立不裁”专项清理工作，畅通行政案件入口渠道，保障行政相对人诉权。加强对行政行为合法性、合理性的审查，审结撤销判决、变更行政行为或确认行政行为违法、无效的行政案件29件。针对常州行政案件矛盾主要集中于征地搬迁领域的实际，稳妥审理相关案件，既支持重大项目建设，又依法保护行政相对人合法权益。健全重大行政争议综合调处机制，促成行政机关主动改变不当具体行政行为，弥补执法瑕疵，取得相对人谅解，一审行政案件撤诉209件，撤诉率35.1%。

推行行政机关负责人出庭应诉制度。全市各级行政机关负责人出庭应诉意识普遍增强，一审行政机关负责人出庭应诉率98.7%。坚持发送行政审判年度报告、与行政机关召开联席会议、开展专题培训等做法，为行政机关讲解新行政诉讼法的重大影响，对行政机关败诉原因和行政执法中存在的问题进行剖析，并提出对策建议，促进行政机关完善执法程序、规范执法行为。

【执行工作】 2015年，全市法院执结各类案件23145件，比上年增7.3%，执结标的额78.7亿元。

加大对恶意逃债行为的制裁力度，对拒不履行义务的被执行人罚款18人次、拘留391人次、移送追究刑事责任13人。实现对失信被执行人“黑名单”的常态化管理，对失信被执行人原则上均纳入“黑名单”，通过全国信用惩戒系统，限制15614名被执行人信誉评定、招投标、银行贷款、购买机（车）票等，并向社会公布，最大限度压缩恶意逃债者的生存空间，让失信行为无处藏身。开展“转变执行作风，规范执行行为”专项活动，清理执行积案1989件，执行到位标的额5.1亿元。制定执行权力清单，明晰流程节点，落实办案责任，规范权力运行。

深化执行指挥中心建设，全面建成集司法查控、案件信息管理以及远程指挥系统等为一体的执行指挥中心平台，推进全市法院执行工作的统一管理和协调联动。其中，司法查控系统已与最高法院对接，实现对被执行人在全国各大商业银行账户信息的省外查控；实现与土地、房产、工商等部门信息系统的对接；与市公安局交巡警支队实现车辆查控对接，扣押车辆49辆。

推进网上司法拍卖，全市法院通过网络拍卖成交标的物616件，成交价23亿元，分别增96.2%、176.8%，为当事人节省佣金5805.8万元。其中，单笔拍出4.3亿元的成交价，创造全国司法网络拍卖单笔最高纪录，并对网络拍卖新三板股票进行成功探索。完善网络拍卖工作机制，推行“E拍贷”项目，提升拍品成交率，协调金融机构在75件标的物拍卖中提供贷款服务。

【司法为民】 2015年，全市法院深化立案诉讼服务，有序推进立案登记制改革，完善立案登记工作流程、标准、文书样式等，两级法院立案窗口当场登记立案率98%以上。全面推进诉讼服务大厅、网站、热线“三位一体”的诉讼服务体系建设，完善诉讼服务大厅功能布局，加强诉讼服务网的宣传推广，开通12368诉讼服务热线，提供各类诉讼服务1.27万余次。建立公益律师进驻诉讼服务中心工作机制，协调司法行政机关选拔230位律师为群众提供法律咨询、第三方矛盾化解等无偿法律服务。

畅通申诉信访渠道，依法保障当事人申诉、申请再审权利，受理申诉、申请再审案件414件。发挥审判监督功能，坚持维护当事人合法权益与维护生效裁判既判力并重，审结申诉、申请再审案件343件，审结的再审案件中改判27件。健全“信、访、网、视、电”一体化接访网络，为群众反映信访问题提供便捷渠道。推进涉诉信访工作法治化进程，实现涉诉信访的依法处理、分类化解，妥善办理中央巡视组、省处理信访突出问题及群体性事件联席会议办公室等交办的重点信访案件207件。

强化便民审判措施，合理调整法庭布局，充分发挥人民法庭便利群众诉讼的功能。武进区法院新设的高新区法庭、嘉泽法庭已投入运行，金坛区法院新设薛埠法庭，钟楼区法院新设邹区法庭，天宁区法院新设兰陵法庭、开发区法庭。大力开展巡回审判，深入农村、基层、群众，巡回审理案件5068件。推进案件繁简分流，通过简易程序、小额诉讼程序高效审理案件37147件。开展长期未结案件清理活动，切实加快在手案件审理进程，减轻群众诉累。

【储卫清等污染环境案入选全国十大环境侵权典型案例】 12月，最高法院发布2015年十大环境侵权典型案例，常州市中级法院资源环境审判庭审理的常州市环境公益协会诉储卫清、常州博世尔物资再生利用有限公司等土壤污染民事公益诉讼案入选。

2014年7月，市中级法院资源环境审判庭受理此案后，组成由环境保护专家担任人民陪审员的合议庭进行审理，依照法定程序就环境污染损害情况委托鉴定，并出具三套生态环境修复方案在受污染场地周边公示，以现场问卷形式收集公众意见，结合案情确定生态环境修复方案。最终判令5名被告向常州市生态环境法律保护公益金专用账户支付环境修复赔偿金283万余元。一审判决送达后，各方当事人均未上诉。判决生效后，一审法院组织检察机关、环境保护行政主管部门、鉴定机构以及案件当事人共同商定第三方托管方案，由第三方具体实施污染造成的生态环境治理和修复。

最高法院点评认为："环境侵权案件具有很强的专业性、技术性，对于污染物认定、损失评估、因果关系认定、环境生态修复方案等问题，通常需要从专业技术的角度做出评判。受案法院在审理过程中，邀请环境保护专家担任人民陪审员，委托专业机构进行鉴定评估，制作生态环境修复方案，很好地发挥了技术专家和专业机构的辅助与支持作用。此外，受案法院将土壤修复方案向社会公布，听取公众意见，保障了公众对环境修复工作的有效参与；引入第三方治理模式，通过市场化运作，将环境修复交由专业公司实施，既有利于解决判决执行的监管，也有利于提高污染治理效率。"

（蒋继业 朱少尉）

【市中级法院网上司法拍卖新三板股票高溢价成交】 3月31日，市中级法院执行一局在淘宝网、诉讼资产网、《中国证券报》、新浪网财经板块，对涉案被执行人所有的新三板股票北京联飞翔科技股份有限公司214.5万股股权、中海阳能源集团股份有限公司240万股股权及济南大陆机电股份有限公司210万股股权发布司法拍卖公告。鉴于新三板股票价格浮动大，评估无法确定其准确价值，承办人以实时价格为参考，以向案件双方当事人询价的方式确定双方最终认可的起拍价和保留价，并以谈话笔录固定。为能在股市牛市时及时处置资产，承办人综合市场规律，将拍卖时间定为4月13日10时起至次日10时止。

公告期内，3只股票受到广泛关注，咨询电话络绎不绝。因开拍前出现同一报名竞买人报名参与3只股票拍卖的情况，拍卖时间调整为相互间隔1小时，以确保竞买人充分参与竞价。拍卖过程中，中海阳能源集团股份有限公司240万股股权于4月14日11时39分率先结束，报名13人，经过30次延时135次出价以2176万元成交，溢价1266万元，溢价率139.12%；北京联飞翔科技股份有限公司214.5万股股权于同日13时41分结束，报名17人，经过46次延时165次出价以2016.1万元成交，溢价1542万元，溢价率325.25%。由于上述2只股票竞买人所出价格总价已达到执行标的，承办人第一时间中止济南大陆机电股份有限公司210万股股权的拍卖，保障了被执行人的合法权益。所涉案件全额执行到位。网络竞价结束后，承办人在买受人支付尾款后，及时送达裁定，并协助买受人办理过户事宜。此次新三板股票的网上司法拍卖创淘宝网司法拍卖平台的先河。（李 峰）

检 察

【打击刑事犯罪】 2015年，常州市检察机关依法批准逮捕各类犯罪嫌疑人2663人，起诉7163人。其中，加大对危害公共安全、严重暴力、多发性侵财、"黄赌毒"等犯罪的打击力度，批准逮捕犯罪嫌疑人1717人，提起公诉5280人。对田青松故意杀人分尸焚烧、岩旺保等8人跨省特大贩卖毒品、章亮等23人非法拘禁等重大敏感案件，检察机关迅速介入，引导侦查取证，依法快捕快诉。对涉嫌犯罪但社会危害性较小的，决定不批捕183人；对犯罪情节轻微、依法不需要判处刑罚的，决定不起诉38人；对不需要继续羁押的52名犯罪嫌疑人，建议释放或变更强制措施。

【职务犯罪查办和预防】 2015年，常州市检察机关立案侦查贪污贿赂、渎职侵权犯罪案件131件145人。其中，立案侦查贪污、贿赂、挪用公款100万元以上的案件21件，县处级以上干部要案10人。依法查办市民防局原局长张曾鸣滥用职权案、市房管局副局长陈马良受贿案、武进区雪堰镇党委书记胡忠明等7人贪污受贿案等。在国企领域开展专项查办行动，立案侦查发生在工程建设、融资等环节的受贿犯罪22件25人。加大行贿犯罪查办力度，立案侦查行贿犯罪28人。在市委和上级检察院的领导下，选派50名办案骨干参与山西系列腐败案件的办理，取得阶段性成果。

坚持惩防并举，加强预防职务犯罪工作。在职务犯罪多发、易发部门召开重大典型案例剖析会17次，通过预防调查、类案分析，向涉案单位及其行业主管部门提出检察建议27件。在全省率先建成网上网下行贿犯罪档案查询系统，共提供查询25145次，促进社会诚信体系建设。积极构建预防职务犯罪人民防线，与海关、国税、地税等19家单位建立预防共建机制，通过沟通协调、合作交流，共同谋划和落实预防职务犯罪措施，打造基础扎实、措施严密、惩防并举的反腐败系统工程；与常州邮政分公司共同启动"预防邮路"，将预防职务犯罪工作与邮政通讯服务有机融合，利用广大邮政员工"走千家、进万户"的优势，开展多种形式的预防职务犯罪宣传，形成覆盖城乡的职务犯罪预防宣传网络。

【诉讼监督】 2015年，全市两级检察机关坚持监督制约与协调配合并重，创新监督形式，提升监督实效。强化刑事侦查监督，建立驻派出所检察官联络员制度，在全市77个派出所、6个办案中心建立检察官联络员办公室，与公安机关会签各类规范性文件18份，对应当立案而未立案的监督立案6件，纠正漏捕6人，纠正漏诉17人，对侦查活动违法情形提出纠正意见67件。

强化刑事审判监督，提出抗诉8件，法院采纳抗诉意见5件，监督纠正刑事审判活动中的违法情形25件。强化民事行政审判监督，受理当事人申请监督案件364件，提出抗诉3件，提请省检察院抗诉13件，法院改判10件，对民事执行活动中的违法情形提出检察建议95件。开展虚假诉讼监督专项行动，查办虚假诉讼案件85件。

强化刑事执行监督，开展社区服刑人员脱管、漏管专项检察活动。监督纠正不当减刑、假释、暂予监外执行4人，纠正刑罚执行和监管活动中的违法情况290件次，查办监管活动中的职务犯罪2件。做好特赦检察工作，排摸出拟符合特赦服刑人员46人。在加大司法监督的同时，积极探索对行政执法活动的监督，与市人大、市政府联合召开"两法衔接"工作联席会、推进会，出台《常州市行政执法与刑事司法衔接工作实施细则》，依法督促行政机关移送犯罪线索9件。

【检察改革】 2015年，常州市检察机关贯彻全面深化司法体制改革要求，狠抓检察改革和工作机制创新，着力破解制约检察权公正行使的深层次问题。

推进改革试点。推进司法责任制改革，探索建立符合司法职业特点的检察官管理制度，指导新北区检察院率先试点检察人员分类管理、主任检察官选任，建立办案责任制，设置权力清单，促进办案质量和效率的提升。推进涉法涉诉信访制度改革，坚持诉访分离原则，实行控告申诉依法导入法律程序、律师代理、第三方参与矛盾化解等机制，有效促进社会矛盾的化解。与公安机关、人民法院合力打击信访活动中的违法犯罪行为，积极引导信访问题在法治轨道内解决。深化检务公开改革，依托常州检察微信、微博、客户端等互联网信息平台发布案件程序性信息10196条、生效法律文书4212份、重大案件信息122条。深化人民监督员制度改革，加强对检察机关职务犯罪侦查活动的监督，拓宽监督范围，人民监督员共监督案件136件。每月组织一次“检察开放日”活动，每两个月举行一次新闻发布会，主动接受社会各界的监督。

深化工作机制创新。围绕以审判为中心的诉讼制度改革新构造，建立完善非法证据排除、重大疑难案件引导协作等机制，实现对刑事案件侦查活动监督的关口前移，从源头上防范冤假错案的发生。全面建立轻微刑事案件快速办理机制，在确保办案质量的前提下提升办案效率，轻微刑事案件的办理周期明显缩短。有效应对庭审实质化发展趋势，出台暗访听庭评议、重大案件模拟庭审等八项出庭机制，全面提升公诉质量。围绕公益诉讼试点新要求，市检察院出台《关于开展公益诉讼试点工作的实施意见》，并以公益诉讼人身份提起全国首例民事公益诉讼案件。打造环保公益诉讼主体培育工程，在市民政局登记成立两家环境公益维权组织，成立全省首家环境公益律师队伍，着力解决环境民事公益维权主体缺乏的现实问题。进一步完善市环保联动执法机制，把解决环境问题的行政手段和法律手段有机结合起来，实现环保行政执法与司法的有效衔接，通过联席会商和联合查办，加大对环境违法案件的惩处力度，彰显司法保障对生态文明建设的能动作用，该机制被评为全国生态环境法治保障制度创新提名事例。围绕“互联网+”检察工作新形势，加大科技强检步伐，建成“常检云”数据中心和应用系统平台，实现检察业务和检察技术的有效融合。

【司法规范化建设】 2015年，常州市检察机关开展为期一年的规范司法行为专项整治，坚持问题导向，深入排查司法理念不端正和司法行为不文明、不规范、不廉洁等5大类20项问题。开门听取意见，征求党委政府、代表委员以及律师、案发单位等社会各界的意见建议212条。坚持边查边改，针对律师执业权利保障不到位、适用强制措施和侦查措施不慎重、扣押冻结涉案款物不规范等问题进行严肃整改，制定《适用指定居所监视居住强制措施备案审查及审批工作规定》《关于进一步规范涉案财物管理工作的若干意见》等8个规范性文件。严格执行讯问职务犯罪嫌疑人全程同步录音录像制度，坚决杜绝刑讯逼供、非法取证、超期羁押等现象的发生。建立健全律师执业保障机制，专门设置律师预约会见阅卷系统及场所。强化内部监督，依托统一业务应用系统，实行所有案件网上流转、审批和监控，落实重点案件回访、防止说情干扰司法办案等规定，切实把最高人民检察院职务犯罪侦查工作八项禁令等要求落实到检察权运行全过程。 （钟慧文）

【全国首例检察机关以公益诉讼人身份提起民事公益诉讼】 2010年上半年至2014年9月，武进区遥观镇建农村村民许建惠、许玉仙租用遥观镇东方村委空闲厂房，在未申领工商营业执照和危险废物经营许可证的情况下，擅自从事废树脂桶和废油桶的清洗业务，并非法排放和处置清洗后产生的废水、废渣。被公安民警现场查获后，许建惠、许玉仙因污染环境罪被依法追究刑事责任，但环境损害未得到修复。2015年9月18日，市检察机关在履行职责中发现该案线索，遂对该案进行立案审查。经委托常州环境科技有限公司鉴定评估，污染修复费用达356.2万元。为依法追究污染者的民事责任，让“谁污染、谁治理”能够真正落到实处，在常州市范围内无提起公益诉讼适格主体的情况下，常州市检察院根据《中华人民共和国民事诉讼法》第五十五条、《全国人民代表大会常务委员会关于授权最高人民检察院在部分地区开展公益诉讼试点工作的决定》和《检察机关提起公益诉讼试点方案》的相关规定，于12月22日，向

最高人民检察院检察长曹建明视察常州市检察为民服务中心（检察院 供稿）

市中级法院提起民事公益诉讼。这是全国人大常委会授权检察机关提起公益诉讼试点后，检察机关以公益诉讼人身份提起的首例民事公益诉讼案件。

（吴 芳）

【重大职务犯罪案件】 1. 1998—2013年，胡忠明（副处级）在担任武进区原漕桥镇镇长、武进区雪堰镇党委书记、副调研员期间，利用职务便利，在房地产开发、政府工程发包、企业用地等方面为他人谋取利益，非法收受常州振兴房地产开发有限公司负责人龚某某，雪堰建筑工程有限公司负责人孟某某、张某某，江苏东厦建筑工程有限公司副总经理吴某等25人赠送的财物，合计价值人民币246.83万元、美金4.9万元、港币4.4万元。法院以受贿罪判处胡忠明有期徒刑7年。

2. 2008—2009年，汪殊（正科级）在担任江苏银行常州钟楼支行行长期间，利用其全面负责江苏银行常州钟楼支行贷款审核、批准的职务之便，伙同自然人陈某某多次收受常州市虎神钼业有限公司总经理黄某某赠送的现金，共计人民币375万元，汪殊实得130万元，陈某某实得245万元，上述款项均被汪殊、陈某某用于个人开销。此外，2006—2011年，汪殊单独利用职务之便，收受陈某某、江苏汇富投资发展有限公司总经理刘某某赠送的现金人民币9万元用于个人开销。法院以受贿罪判处汪殊有期徒刑10年，并没收个人部分财产。

3. 1996—2015年，张传兴（副处级）在担任红梅乡乡长及党委书记、红梅街道党工委书记、天宁区政协副主席、天宁区政协督导员期间，利用职务便利，在工程项目发包、厂房及土地出让、企业改制及搬迁、人事安排等过程中，为他人谋取利益，收受他人赠送的财物20次，共计人民币155.8万元，鉴于张传兴主动投案自首，积极退还赃款，法院以受贿罪判处其有期徒刑7年，并处没收财产人民币10万元。

4. 2002—2014年间，张兵（正处级）利用担任常州广电董事长、总经理，江苏有线常州分公司党委书记、总经理等职务的便利，收受多名请托人赠送的各类财物价值人民币共计694118.37元，为请托人在业务拓展、人事调整、工作安排等方面谋取利益。法院以受贿罪判处张兵有期徒刑5年，并没收个人部分财产。

5. 2006—2014年，孟建国(副处级)在担任常州市财政局农业处处长、副局长期间，利用其在推荐、安排、分配、发放、监管各类农业项目财政补贴、补助资金等职务上的便利，收受多名请托人赠送的各类财物，合计价值人民币67.36万元。法院以受贿罪判处孟建国有期徒刑6年，并没收个人部分财产。

6. 2011—2014年，杨亚芬在担任常州市武进区前黄镇水利站会计期间，利用负责财务管理工作的职务便利，多次挪用常州市武进区前黄水利基层电灌站、常州市武进区前黄镇防洪工程管理领导小组和常州市武进区前黄镇供水管理站3个账户中的公款共计人民币4505.58万元，用于其家庭的营利活动或借给他人用于营利活动。法院以挪用公款罪判处杨亚芬有期徒刑6年。

7. 2002—2013年，黄强在任金坛市原白塔镇副镇长、金城镇副镇长期间，利用其分管农业、水利设施工程建设的职务便利，在桑园示范方、小葱方、培丰千亿斤项目、金城镇水利重点县等相关工程建设上及相关农业项目工程建设上为他人谋取利益，多次收受他人赠送的现金、超市购物卡等，合计价值人民币286033元。2011—2013年，黄强在担任金城镇副镇长，分管金城镇农业技术服务站工作期间，在对太湖水环境综合治理五期项目的监管过程中，同意金城镇农业技术服务站副站长谢义俊等人以金城镇白塔村水产养殖户冷国芳的名义成立金坛市金城前庄水产养殖场，并以该养殖场的名义申报五期循环水项目。黄强在明知该项目在申报、实施、验收过程中存在弄虚作假，仍违反相关规定，帮助该项目立项并通过验收，获得财政补贴资金合计48万元。2010—2013年7月，黄强通过编造虚假项目验收资料、虚开发票、编制虚假自筹资金财务凭证等方式骗取五期循环水项目财政补贴资金38万元。2010—2011年，黄强通过签订虚假合同、虚开发票等方式骗取水利建设项目补助资金10万元。法院以受贿罪判处黄强有期徒刑5年6个月，并处没收个人财产2万元；以滥用职权罪判处其有期徒刑6个月；以诈骗罪判处其有期徒刑5年，并处罚金人民币20万元。决定执行有期徒刑7年，并处罚金人民币20万元，没收财产人民币2万元。

8. 2012年5月，蒋夕芳在担任溧阳市公安局治安警察大队副大队长，负责民用爆炸物品审批发证工作期间，在审查三联水库改建工程爆破项目过程中，不认真履行职责，在该改建水库工程未获批准、爆破作业单位不具备相应资质、申报材料不符合规定等情况下，未严格执行工程爆破审批相关规定，违规签署了同意审批的意见，导致溧阳上将采石矿于2012年5—12月期间采用爆破方式开采并私自处理矿产资源216940吨，造成国家矿产资源损失合计人民币216.94万元。鉴于蒋夕芳有自首情节，悔罪态度较好，此案造成的国家损失已获弥补，法院以玩忽职守罪判处蒋夕芳有期徒刑6个月，与其此前因犯受贿罪所判刑罚合并执行，决定执行有期徒刑6年4个月，并处没收财产人民币15万元。（钟慧文）

公 安

【概 述】 2015年，常州市公安机关围绕深化公安改革，推进基础信息化、警务实战化、执法规范化、队伍正规化“四项建设”，服务“重大项目深化年”，致力创造平安和谐稳定的社会环境。常州市公安局被评为全省公安机关“四项建设”考核竞赛优胜公安局并立集体二等功，市公安局禁毒支队缉毒大队获评全国禁毒工作先进集体，全市公安机关涌现出全国先进工作者李松、“江苏最美警察”唐国民等一批新典型。

平安建设。圆满完成十八届五中全会、抗日战争胜利70周年纪念活动等重大安保维稳任务，稳妥处置“e租宝”群体、银河湾业主集访等重大涉稳事件和长江沉船、特大洪涝等突发事件，“泛亚投资”专项维稳工作得到公安部肯定。深入开展命案侦破、打黑除恶、整治侵财犯罪等行动。年内34起现行命案全破；摧毁黑社会团伙1个，抓获涉黑涉恶人员1494名；破获串案件256串1313起，其中破获省公安厅挂牌系列案件2串；抓获历年逃犯105名、命案逃犯10名，在全省在逃人员集中研判追捕行动中夺冠；打掉侵财犯罪团伙264个，抓获刑事作案成员、破获刑事案件、查处违法人员分别比上年上升11.7%、18%和11.4%；八类案件下降5.5%；盗窃机动车电动车案件、抢劫抢夺案件、扒窃案件分别下降2.2%、5.6%和13.6%，破案率分别增长4.2、16.9、2.7个百分点。开展“飓风”“利剑”“断链”“猎狐”等专项行动。侦办娼赌案件3332起，抓获违法犯罪嫌疑人14119人；查处食品药品环境案件98起，抓获犯罪嫌疑人347人；侦办涉众型经济案件18起，挽回群众经济损失3.6亿元。重拳打击涉毒违法犯罪活动，破获毒品犯罪案件762起，其中侦破公安部、省公安厅毒品目标案件27起；抓获毒品犯罪嫌疑人891名，查获吸毒人员3155人，缴获各类毒品27.7千克；摧毁多条到常州贩毒通道。在全国百城禁毒会战中，常州市综合绩效在全国109个参战城市中排名第15位，侦破部省毒品目标案件数列全国第9位。成立网络与信息安全通报中心，推出“常州网警”公开巡查执法账号，侦破各类涉网案件472起，抓获898人，违法网站处置率、打击黑客专项行动绩效均列全省第一。推进立体化、现代化社会治安防控体系建设。开展社会面大清查、大巡查、大排查行动，组织全局性集中清查行动4次、区域性清查行动20次，累计出动警力4.8万人次，清查出租房、公共娱乐场所等重点部位3.5万处，盘查重点人员、车辆13.8万次；发起“织网行动”，物建治安信息员9300名，在典当业、二手物品交易、废旧金属回收等易销赃行业研发推广智能终端系统；牵头制定《常州市公共安全视频图像信息系统管理办法》，优化完善城市综合治理工作机制；依托安心社会治安工程，6个中心巡逻警务站全部建成运行，在重点区域开展携犬巡逻和机动武装巡逻；新增高清视频探头1665个，推出小区出入口车辆智能抓拍、智能车库等5种技防入户新模式，完成技防入户10万户，全市技防入户覆盖率37.6%；开展社区防范会战，依托防范指导中心推送防范预警2万余条；在全省率先试点成立反信息诈骗中心，建立通讯网络诈骗犯罪涉案银行账户管控和应急处置工作机制，成功堵截电信诈骗193起，为群众避免损失1004万元；组建医院安保联勤队，6月，在天宁区试点组建“平时执勤，战时联勤”为宗旨的医院安保联勤队，实现医院治安防范力量与公安机关专职巡防队伍的联防联勤，医患纠纷警情下降80%，处置规模性医患纠纷13起，破获涉医案件47起，医院发案明显下降，其中故意伤害案、扒窃案、盗窃摩托车案同比上年下降75%、9.1%、22.2%；升级校园安防体系，实现全市在册中小学和幼儿园紧急报警按钮安装率、专职保安配备率、执勤装备配备率、视频监控安装率4个100%，市公安局内保支队被公安部评为“护校安园”行动成绩突出集体，护学岗建设获第三届中国警察公共关系最佳案例大赛铜奖。

平安法治教育活动（政法委 供稿）

改革创新。推进基础信息化。按照市与区共同承担办法，落实社区和农村中心警务工作室项目资金保障；推动信息资源整合，开展流动人口服务管理工作会战，采集流动人口信息133.5万条，市区重点人员、重点房屋上图标注率100%；与城管、民政等部门建立信息协作机制，新接入视频点位6800个；推动平台研发应用，开展数据标准化应用实践，建成标准数据库、猎鹰大数据实战应用平台、移动警务开放服务平台，被公安部确定为公安数据标准化地市级试点单位。基础信息化做法被公安部推广，PGIS派出所综合应用平台获中国地理信息科技进步一等奖；市公安局被公安部确定为全国公安机关领导干部现场教学基地，7个项目获省公安厅科技强警奖，并连续七年获省公安厅科技强警组织奖，为全省唯一。推进警务实战化。建立由指挥（情报）中心牵头、专业警种常驻的合成研判办公室，梳理全市高风险群体7个和重大涉众型矛盾60件，上报研判信息4100条，发布预警指令700条；联合指挥，设立常态化联合指挥部，实行总指挥长负责制和常态“1+5”（指挥中心+治安支队、交警支队、巡特警支队、消防支队、新闻中心）、战时“1+8+N”（指挥中心+治安支队、交警支队、巡特警支队、消防支队、新闻中心、刑警支队、技侦支队、网安支队+机动警种）运转模式；健全案件串并、现场勘查、同步上案等机制，刑事案件现场勘查率、破案率均比上年上升。推进执法规范化。完善执法机制建设，制定10个主要执法部门规范执法办案、规范执法监督、规范执法管理“三项制度”，建立执法责任清单制度，推行主办民警办案负责制、执法办案积分制、轻刑快办制，保持所队长办案、坐堂值班、出庭应诉率3个

100%；完善执法管理，开展立案突出问题专项治理，建立执法管理、行政复议、法律专家咨询3个委员会；推进案件管理中心建设，设立执法管理室，年内无法院判决无罪和检察机关绝对不诉案件，被检察机关增捕、增诉及纠正违法比上年减少11%、47.8%、6.1%，无复议撤销和行政败诉，执法质量考评居全省第一；完善执法服务，警情受理、案件办理告知率和非涉密行政处罚、行政复议法律文书网上公开率均100%；全面公开20个公安行政审批前置性收费，实现公安行政审批、行政权力、行政事业性收费和中介机构目录4项清单全面公开。省公安厅在常州召开现场会推广轻刑快办做法，市公安局连续第四轮被省政府评为全省依法行政示范点。推进队伍正规化。建立完善入警入党、立功授奖、退休离职等荣誉仪式制度，健全民警职业精神培育熏陶；落实全警轮训，每月举办知识更新讲座，开办警务实战、警衔晋升、能力提升等各类培训班340场次；完善培训体系，建立课题制，定期开展精品课程课件评选；推行教官制，调整充实教官71名；推进警师制，2015年新招录民警全部落实警师结对。

服务发展。市公安局成立服务保障工作领导小组和重大项目会办室，制定出台《"聚焦重大项目、聚力优质服务"行动计划》，全力保障重大项目建设。落实200家星级企业、153个重大项目挂钩联系责任，走访企业5300余次；对重大项目提供专属服务、跟踪服务、并联审批和一窗受理，将全市773名国家"千人计划"、省市"双创计划"高层次人才纳入出入境服务对象库；主动对接工商联等部门，推出关爱小微企业服务措施，召开警企座谈会160场，解决难题140件。高效服务。在政务服务中心增设自助设备，办理时限压缩50.8%；居民身份证领证周期缩短至20个工作日；简化手续，实行出入境证件审批员制度，在全市两级车管部门建成检验远程监控中心，推行6年内新机动车免检与环保标志一站式发放；改革审批，将公安行政许可事项全部纳入市政府阳光政务平台运行，建立行政审批事项定期清理、动态调整制度，减少市级公安行政许可事项32个，精简62.8%，审批事项集中度、承诺件提前办结率100%。创新服务。升级"平安常州网"网上服务窗口，完善行政审批和公共服务事项信息，建成集"在线办事、网上支付、快递服务"为一体的网上车管所服务平台，"常州交警""常州车管所"微信平台均获评2015年度江苏十大最具影响力政务微信，新推出入境办证进度手机查询、身份证专递、小型客车带牌销售等服务措施。规范服务。制定窗口服务工作规范实施细则，推进窗口服务标准化；强化窗口礼仪培训，在全省率先实施公安服务岗位准入制，700余名窗口服务工作人员全部通过考试上岗。完成民生实事，牵头的安心社会治安、交通便民两项民生实事满意率、满意度、知晓率居全市前列。

（龚寅虎　张永根　张晓虹　石明勇）

【城区犬只规范管理】 2015年，犬只管理列入市政府为民办实事"安心社会治安"工程。8月10日，市政府出台《关于加强犬只规范化管理的工作意见》，确立公安部门牵头、农业和城管等12个部门携手共管的犬只管理体制，对犬只免疫登记、饲养管理、诊疗经营、救助处置等进行规范。其中，规定城区每户限养一条狗，并对狗实行强制免疫制度。10月15日，市政府发布《关于加强犬只规范化管理工作的通告》，召开新闻发布会，启动城区犬只规范化管理工作。依托具有正规资质的宠（动）物医院，设立常州市犬只免疫办证一站式服务窗口，方便市民就近免疫登记和办理全部手续，市民可以通过登录常州犬只规范化管理服务信息网（qzgl.czsga.gov.cn）或关注"常州文明养犬"官方微信，查询一站式服务窗口详细地址及联系电话；鼓励为狗植入电子身份标识；以政府购买服务方式，设置犬只留检所，遵循动物保护主义原则，留置、救助、处理流浪犬、弃养犬、危险犬等，并设置宣教区，普及文明养犬知识。城区发放文明养犬手册4万余份，张贴政府通告3860份；在化龙巷论坛开展常州十佳上镜萌犬竞赛活动，网晒佩戴犬证犬牌犬只照片；在中天体育馆、欧尚超市五星店、新北区万达广场、红梅公园城区居民密集区域举办8场文明养犬广场宣传，开展万人签名活动；与小学生开展"小手拉大手"活动，分批组织300余名小记者走进犬只留检所；与小动物保护组织合作，邀请150名动物爱好者参观犬只留检所。至年底，共登记办证犬只5825只，收容救助流浪犬351只，城区犬伤人、犬扰民警情下降10%。

（卞　斌　吴　芳）

【社会面"三查"行动】 12月2—31日，全市公安机关组织开展社会面大清查、大巡查、大排查行动，全力维护年终岁末社会大局持续稳定。组织全局性集中清查行动4次、区域性清查行动20次，累计出动警力4.8万人次，清查出租房、公共娱乐场所等重点部位3.5万处，盘查重点人员、车辆13.8万次。

提升反恐维稳水平，全市共排摸重大涉众型矛盾59起，妥善处置涉稳事件74起，预警稳控重点人员60人次，落地核查重点人员650名；核查反恐重点部位230家次，采集登记关注对象信息209人。提升犯罪打击质态，全市共侦破刑事案件1427起，其中侵财类案件1104起，抓获刑事作案人员1050名，同比分别上升35.9%、92.3%和2.9%；对群众关注的娼赌毒、"两抢一盗"（抢劫抢夺、盗抢机动车）等违法犯罪保持严打态势，全市涉娼涉赌、侵财类案件人员抓获数同比分别上升35%和28.6%。提升治安防控能力，全市违法犯罪警情数从11月的9651起降到9336起，命案发案数从8起降到1起，"八类案件"从月均39起降到28起，同比分别降6.2%、66.7 %和3.4%。全市街面违法犯罪尤其是抢劫抢夺、盗窃电动车、扒窃警情同比降7.1%、10.3%和12.6%。提升安全监管效力，全市亡人道路交通事故数、死亡人数、火灾数同比分别降31.3%、28.1%和11.2%，危险品单位安防达标率从90.6%上升到96.4%，全年未发生重特大安全责任事故和火灾事故，未发生危险品被盗、被抢及丢失等案事件。

（卞　斌）

【公安行政许可】 2015年，公安行政许可服务以精简事项、压缩时限、优化流程、规范收费、清单管理为目标，深化审批制度改革，实现公安行政审批、行政权力、行政事业性收费和中介机构目录清单管理。市级公安行政许可事项从2009年的51项减少至19项，精简62.8%；保留的19个许可事项中17个归口市政务服务中心集中办理，承诺时限比法定时限压缩50.8%；取消全部非行政许可事项。制定实施《常州市公安机关窗口服务工作规范》和《常州市公安机关窗口服务工作规范实施细则》，进一步规范服务，提升满意度。以打造民本窗口、高效窗口、信息窗口、规范窗口和美丽窗口"五型窗口"为抓手，推进全市公安机关窗口服务标准化、规范化、信息化建设，推出自助填表、网上预约、驾照委托年审、出入境办证点进驻派出所等新举措，着力做优公安行政服务"最后一公里"。通过向社会公开承诺首接负责制、一窗受理制、一次告知制、服务承诺制、限时办结制、延时工作制、网上服务制、目录管理制和实时评价制9项制度，实行权力清单、服务承诺、环境设施、内务管理、服务形象、服务评价、监管职责、培训上岗"八个统一"，建立窗口规范管理标准体系。2015年，通过公安网阳光政务"三合一"平台办理行政审批、服务事项152.2万件，承诺件提前办结率100%，全局窗口服务评价满意率近100%。市公安局行政许可服务支队被省公安厅记集体二等功。

（吴卫平）

【居民身份证异地办理】 7月1日，常州市公安局启动居民身份证丢失补领和有效期满换领省内异地办理，全年办理省内异地身份证3566张。11月11日，试点启动苏皖两省居民身份证异地办理，全市共设置6个受理点，换领补领身份证320张。推行居民身份证邮政专递服务举措，全年快递身份证15.2万张。（张芦燕）

【出入境服务】 2015年，常州市公安局累计办理居民因私出国出境证件28.2万人次，办理境外人员签证（注）3955人次；中国公民因私出国境证件审批权限下放至县级公安出入境部门，武进获外国人、台湾居民出入境证件审批等权限下放。1月1日起，实行省内异地居民凭居民身份证办理因私出国出境；3月底，推出出入境证件办理进度手机查询服务。4月15日台湾自由行开通后，全年累计签发1.2万人次；6月15日，在常州国际机场设立台湾居民口岸办证点，累计提供航班保障110班次，为5名台湾居民办理一次有效台胞证。继续推进重点人才"绿卡"服务工作，年内6人申报"绿卡"，获批发证4人。组织开展清理打击"三非"（外国人非法入境、非法就业、非法居留）专项行动、劳动密集型企业涉外用工情况专项排查行动，排摸劳动密集型企业和公共娱乐服务场所2521家，核查外来务工人员1.5万人次，破获"三非"案件12起，查获"三非"外国人28人。全年查处违反出入境管理法律案件62起，查处常州市首起非法聘用"洋保姆"、威图酒吧非法聘用外籍人员等一批案件，妥善处置江苏省首起外国籍精神病人滋事事件。

（夏　宁）

副市长、市公安局长常和平为加拿大庞巴迪公司（集团）副总裁、庞巴迪中国总裁张剑炜及其夫人郭颖颁发永久居留证（公安局　供稿）

【道路交通安全管理】 2015年，全市新增机动车13.4万辆，保有量110.8万辆；新增机动车驾驶人员17.9万人，总计159.4万人。市公安交警部门围绕降事故、保安全、保畅通工作中心，组织开展重点交通安全隐患专项排查和5个重点公路集镇专项治理，推动辖区安监部门、镇政府整改重大安全隐患3处。开展"打非治违"、交通安全百日整治、老旧车淘汰报废等10余项专项工作，淘汰报废老旧车3.9万辆，清理"营转非"（营业性质公路客运、旅游客运大客车转为非营业性质）车辆221辆，封存、报废公路客运车、旅游客运大客车和危化品运输车374辆。实施"1+X"（以查禁酒驾为主线，从严查处重点交通违法行为）警务机制，每月10日、20日为全市统一集中行动日，建立交警与巡特警、驻地解放军、武警等长效协作机制，依法查处无证驾驶、酒后驾驶、"三超一疲劳"（超速、超员、超载和疲劳驾驶）等各类交通违法行为380.7万起。全市道路交通安全形势保持平稳，亡人道路交通事故起数、死亡人数分别比上年降5.48%、4.97%，市区重大交通肇事逃逸案侦破率100%。

成功应对地铁时代的挑战。轨道交通1号线29个工点全线施工，交警支队根据交通影响等级分别制定"一路一站一点一方案"，对市区12条道路实施人行道护栏隔离，减少行人随意横穿，相关路段行人过街守法率提升20%以上。新建新北区6条道路交通信号"绿波"带，车辆红灯等待次数、行车时间分别减60%、40%，道路综合通行能力提升50%。优化16条主干道交通信号"绿波"控制，车辆红灯等待次数、行车时间均减2%，道路综合通行能力提升3%。在机动车保有量超过110万、轨道交通全线开工、建成区交通承载能力下降的严峻挑战下，依靠"党政推动、部门联动、社会互动和交警主动"，实现工程施工序时推进和市区道路交通有序可达的既定目标。交通便民工程以93.5%的满意率、84.2%的满意度和87.5%的知晓率，综合排名位列全市10件民生实事首位，满意率、满意度单项均排名第一。（姜剑峰）

【见义勇为工作】2015年，常州市全面落实见义勇为人员权益保护，推行见义勇为表彰常态化，深化见义勇为人员"一对一"服务。全年表彰奖励、慰问见义勇为人员3215次，发放奖金、慰问金533.5万元，常州见义勇为志愿者合唱艺术团在全市义演12场。加强全市见义勇为工作站建设，把见义勇为基础性工作作为绩效考核的重点内容，对群众见义勇为行为和在维护社会治安中做出显著成绩的公安辅警予以及时表彰奖励。9月1日，常州市举行见义勇为先进分子表彰大会，对53名先进个人和7个先进集体给予表彰奖励。抓好《常州市见义勇为牺牲、伤残人员困难家庭救济补助实施办法》的贯彻实施，全年对困难家庭发放慰问金、抚恤金、补助金90余万元。至年底，全市见义勇为基金达5.7亿元。全国见义勇为长效机制建设现场会在常州召开；省见义勇为基金会先后两次在常州市召开全省见义勇为人员权益保护工作现场推进会，推广常州市对见义勇为牺牲伤残人员困难家庭开展救济补助的经验做法。（张永根）

【互联网寻找尸源快破杀人沉尸案】8月20日8时许，新北区春江路小桥头桥下河道水内发现一具身上被捆石块女尸。市公安局成立专案组，依据尸体手臂上文身的特征，及时在化龙巷网站发布寻尸公告，发动网民提供线索。案情一经发布，五分钟内便得到网民回复，尸源获快速锁定。24小时后，专案组民警擒获作案犯罪嫌疑人孙彬（男，24岁，武进区南夏墅人）。经审查，犯罪嫌疑人交代了8月11日晚网上聊天搭识被害人马小闵（女，23岁），见面后与被害人发生矛盾，并将其迷奸杀害的犯罪事实。（石明勇）

【"8·25"非法经营境外电视网络接收设备案】8月中旬，市公安局获取一淘宝网店涉嫌非法销售境外电视网络接收设备的重要线索，抽调精干警力专案攻坚。经过历时两个月的奋战，成功查获以葛俊杰为首的犯罪团伙，抓获4名犯罪嫌疑人。经审查，该犯罪团伙销售的"新蕾IPTV"软件可收看未经许可的境内外电视台频道285个，其销售网络遍及全国各省市和台湾、香港、澳门地区及马来西亚、新加坡等地，总案值600余万元。（卞 斌）

【消防工作概述】2015年，常州市发生火灾2419起，死亡10人，受伤7人，直接财产损失1908.48万元，连续17年未发生群死群伤恶性火灾事故。全市消防部队接警出动10430次，出动人员95133人次、车辆17877车次，扑救各类火灾2419起；参加灾害事故抢险救援2679起，社会救助、公务执勤及巡防等其他出动5332次，抢救被困人员2118人次，疏散被困人员1148人次，抢救财产价值1.74亿元。

年内，市消防支队以推动落实消防安全责任和常态化消防治理为载体，以杜绝重特大火灾为目标，先后开展石油化工和易燃易爆企业专项整治、劳动密集型企业专项治理、社会福利机构消防安全治理、夏季消防检查等各类消防安全专项活动。深入排查人员密集场所，高层、地下建筑，建设工程施工工地，"三合一""多合一"（住宿与生产、仓储、经营一种或一种以上使用功能违章混合设置在同一空间内的建筑）场所和易燃易爆危险品生产、经营、储存单位。全面落实基本理论、体能、技能、战术"四过关"和调度指挥、力量集结、快速响应、数据传输"四提速"，强化整建制实战化训练，完善专业化、实战化、科学化学习培训，灭火救援实战能力明显提升。全力服务地方经济社会发展，推行消防行政窗口服务承诺制、首问负责制和限时办结制，在重点企业和重大项目服务中开展"点对点"服务，大幅缩短审批时限。深化消防安全宣传教育，挂牌成立全市首个消防安全教育基地，依托电视、电台、报刊和微博、微信等媒介，曝光一批严重火灾隐患，广泛宣传普及《消防安全常识二十条》等消防知识。

常州市表彰见义勇为先进分子 （公安局 供稿）

常州市公安消防支队
中国人民武装警察部队
常州市消防支队

支 队 长 王 军（上校）
政治委员 孙 山（上校）
副支队长 徐建峰（中校）
　　　　 许 丹（中校）
副政治委员 徐菲菲（中校）

【火灾防控】2015年，常州市县（区）两级政府逐级签订消防工作责任状，完善考评机制和评价标准，层层落实消防工作责任。市政府先后两次召开常务会议，听取消防安全形势分析汇报，研究解决消防安全重点问题。市消防安全委员会部署开展石油化工、易燃易爆企业专项整治、劳动密集型企业专项治理、社会福利机构消防安全治理、夏季消防检查、群租房摸底调查等专项检查整治活动。集中排查石油化工企业、易燃易爆企业594家，排查劳动密集型企业1028家和劳动密集型企业集中区域35处，督改火灾隐患1373处。实施重大火灾隐患集中攻坚督改，对尚未整改的逐家过堂，制定整改目标，量化整改任务，27家重大火灾隐患单位、7处区域性火灾隐患整改销案，武进亚邦物流市场区域性火灾隐患整治有序推进。全年全市消防机构共检查单位21725家次，发现火灾隐患和违法行为40183处，督促整改火灾隐患或违法行为39974处，下发责令改正通知书17940份，下发行政处罚决定书1026份，下发临时查封决定书267份，“三停”（停止施工、停止使用、停产停业）单位227家。全市连续17年未发生群死群伤恶性火灾事故。

【灭火救援】 2015年，市消防支队创新开展业务需求、数据需求和大数据技术等调查研究，研究制定消防大数据综合业务平台建设实施计划。进一步健全完善119指挥调度体系，推进灭火救援资源信息“一屏化”查询平台建设。推行全员参训、全员普训，制定支队、大队、中队三级练兵方案，落实机关“周练兵日”、基层“周演练日”制度，扎实推进全员岗位练兵活动。改进战例研讨模式，规范战评总结样式，不定期开展典型火灾战例研讨会。分期组织中队干部、攻坚组、预提班长和中队长助理进行轮训集训。组织开展迎春长跑、业务理论、体能对抗、实战化练兵及执勤岗位练兵等多种形式比武竞赛。在省公安厅“四项建设”比武竞赛中获第三名。修订完善灭火救援作战信息卡，编写道路水源手册，审订2721家重点单位资料卡，开展“六熟悉”（熟悉消防队责任区交通道路、水源情况；熟悉责任区内重点单位的分类、数量及分布情况；熟悉责任区内主要灾害事故处置的对策及基本程序；熟悉责任区内重点单位建筑物使用及重点部位情况；熟悉重点单位内部的消防设施情况；熟悉重点单位的消防组织及其灭火救援任务分工情况）2040次、想定作业130余次、无预案实战演练700余次。紧贴实战需求，研发电子化官兵训练档案系统，加强练兵活动动态管理，实行分级训练和考核达标制度。依托市灭火救援应急中心，开展实战化、基地化、模拟化训练。制定着装登车、车辆行驶、车辆停靠、个人防护、火情侦察、阵地设置、灭火进攻、抢救人员、火场清理、服从命令10项灭火救援作战行动安全硬性规定，常态化开展内攻和紧急避险专项训练。深化现役、专职力量联勤、联训、联战机制，探索适合专职队伍实际的作战模式，开展联合演练12次，有效推动多种形式消防队伍战斗力提升。成功处置新东化工有限公司火灾爆炸等灾害事故，圆满完成抗洪救灾、抗日战争胜利70周年纪念活动安全保卫等重大任务。

常州消防在抗洪救灾中接送被困学生上学 （常州日报 供稿）

【消防监督执法】 2015年，市消防支队在全省率先推行行政审批制度改革，推行消防行政窗口服务承诺制、首问负责制和限时办结制，开展建设工程多图联审工作。围绕市委、市政府“重大项目深化年”活动，加大对全市35个重点工程、79个重大项目和170余家星级企业服务指导力度，开辟重大项目绿色通道，建立跟踪服务制度。严格落实重大项目、重大问题集体议案制度，完善内部执法问责机制，制定监督执法人员质效实绩评估计分办法，改革季度执法考评模式，全面应用执法记录仪和移动执法终端。建立市县（区）两级派出所消防工作指导办公室，将派出所消防工作纳入市县（区）两级法制、督查、人口、治安部门综合绩效和通报范畴。深化“诚信平台”建设，运用失信行为公示等手段，推动建设工程从业相关单位的行业自律和自我管理。

【消防宣传教育】 2015年，市消防支队严格贯彻落实《全民消防安全宣传教育纲要》，培训社会单位消防安全责任人、管理人、专兼职消防人员、消防控制室操作人员和保安5类人员近4万人次。深化消防宣传进社区、家庭、学校、企业、农村、机关、网站工作，开展“参与社区消防，建设平安家园”为主题的119消防安全宣传月活动。在户外显示屏和公交车、出租车车载电视屏上滚动播放消防公益广告、宣传提示40余万条次。利用微博、微信、微视、手机短信等新型传播平台，开展系列消防“微互动”活动，发布微信、微博500余条，消防宣传受众面有效延伸。

【消防基层基础建设】 2015年，市消防支队全面推进落实“十二五”消防事业发展规划及年度实施计划，完成金坛儒林镇等3个镇消防专篇编制任务。推进公共消防设施建设，协调建设、自来水等部门增建市政消火栓699个。组建飞龙路中队，建成武进国家高新区中队及金坛直溪镇、溧阳天目湖镇政府专职队。市灭火救援应急中心顺利投勤。投入近3000万元采购远程供水泵组1套、曼底盘消防车5辆、斯堪尼亚底盘消防车5辆及一批灭火救援特种装备器材。原装进口及进口底盘消防车比例由3年前的近10%提升到近40%，全市消防部队装备结构进一步改善。

【微型消防站建设】 2015年，市消防支队严格按照公安部《消防安全重点单位微型消防站建设标准（试行）》《社区微型消防站建设标准（试行）》，以“救早、灭小和3分钟到场”扑救初起火灾为目标，划定最小灭火单元，依托消防安全网格化管理平台和体系，发挥治安联防、保安巡防等群防群治队伍作用，建设“有人员、有器材、有战斗力”的社区微型消防站。年内，全市共成立社区及重点单位微型消防站737个；开展网格员业务培训3687人次，网格员共开展消防检查7030次、消防宣传5252次。 （邵　悦）

司法行政

【法制宣传教育】 2015年，常州市通过“六五”普法考核验收，省法制宣传教育领导小组评价为：“组织有力，普法机制健全；服务大局，普法措施扎实；注重创新，普法特色鲜明；普治并举，普法成效明显”。充分利用“三八”妇女维权周、“3·15”消费者权益保护日、民族宗教法制宣传日、“6·26”国际禁毒日、春节后农民工返城等重要法制宣传节点和各类法律颁布实施纪念日，集中开展法制宣传教育活动。市领导戴源等参加国家宪法日大型广场宣传咨询活动，并带头宣誓签名。征集《梦》《桥》等优秀法治动漫作品30余部并在全市展播。开展法治文化建设示范点创建，建成省级示范点14个、市级示范点35个。加强基层民主法治建设，建成全国民主法治示范村（社区）7个、省级示范村（社区）376个，37.4%的创建率高于全省平均水平。

国家宪法日法治宣传活动 （司法局　供稿）

“法润常州·春风行动”大型法治宣传活动 （司法局　供稿）

【“法润常州”系列活动】 3—5月，常州市开展“法润常州·春风行动”，针对社会弱势群体，全市司法行政系统开展高密度、广覆盖、多形式的法治宣传教育活动，开展送法进社区36场次、困难群众维权法制宣传56场次，为进城务工人员举办法制讲座58场，为农民举办法律法规宣讲49场次。下半年，开展“法润常州·德法同行”活动，将法治教育与道德教育、中华传统文化教育有机融合，分别开展德法同行进监区、德法同行迎重阳、德法同行进道德讲堂等主题活动60余场次，编印发放《德法同行》口袋书1万余册。

【法律援助和法律服务】 2015年，常州市进一步完善法律援助组织体系，理顺各级工作机构关系，强化援助案件质量管理，完善援助站点规范化建设，增强援助队伍整体素质，提升服务困难群众、弱势群体能力，《常州市法律援助案件质量评估标准及评估细则》出台。全年累计开展各类广场、下乡、进驻部队宣传68次，接待解答咨询4560人次，赠与法律书籍、发放宣传单等各类资料超过2万余份。两级法律援助机构共办理法律援助案件3675件，累计接待来访来电咨询5752人次。市法律援助中心办理法律援助案件264件，其中民事法律援助案件122件、刑事案件140件，接待来访来电咨询2288人次。7月22日，全市驻军法律援助工作站集体签约授牌。

至年底，全市注册基层法律服务所46家，有基层法律服务工作者249名。

【律师工作】 2015年，市律师协会开展服务法治政府建设等五大行动，开展“一带一路”法律服务需求等调研，完善法企对接机制。常州市在全省率先成立环境公益律师团，组建“同心博爱”法律服务志愿团、劳动维权法律服务站、《常州老娘舅》调解节目律师团等专业服务团10个。建立由21名律师组成的市中级法院诉讼服务中心志愿律师库，全市232名律师在两级法院诉讼服务中心开展志愿服务。研发公共法律服务产品156项，推动普遍建立法律顾问制度，调整充实两级政府法律顾问团，推进政府重大项目决策出具法律意见制度。组织开展星级律师事务所评定，3家律师事务所评定为三星级律师事务所。推进政府购买公共法律服务，村社区法律顾问覆盖率95%以上。为37名律师颁发执业30年银质荣誉勋章。全市律师全年共自办法律援助案件1250件。23名律师担任各级人大代表和政协委员，就法律职业共同体建设、打击虚假诉讼等方面提出建议、提案10余件。两名律师被评为优秀政协委员，两件提案被评为优秀提案。1名律师担任市政协常委委员，1名律师兼任区政协副主席。江苏常强律师事务所律师吴娜被推荐为第九次全国律师代表大会代表。至年末，全市有律师事务所110家、执业律师1299人、实习律师166人，其中公职律师36人、公司律师8人；全市律师共办理诉讼案件2.4万余件、非诉讼法律事务2506件，解答法律咨询4.3万余人次，担任企事业单位法律顾问5633家。

【公证工作】 2015年，全市公证机构共办理公证事项49411件，其中国内公证32606件、涉外公证16430件、涉港澳台375件。5月，常州公证处搬迁到尚郡公寓9号，办公场所总面积约3000平方米。年内，为"东方之星"沉船事故善后处理及时提供公证服务，办理公证9件，减免公证费用17839元。

【司法鉴定工作】 2015年，全市共完成司法鉴定案件4156件，比上年增10.5%；业务收费960.225万元，增3.3%，采信率100%。新成立第四人民医院司法鉴定所。德安医院司法鉴定所第一时间派出法医精神病鉴定专家参与"东方之星"沉船事故的心理应急援助工作。9月24—26日，全省交通事故致颅脑损伤相关法医学评定继续教育培训班在常州举行，180余名司法鉴定人员参加培训。

【社会矛盾化解工作】 2015年，全市人民调解工作以构建矛盾纠纷排查调处全覆盖体系为目标，创新社会矛盾化解体制机制，重点推进派驻式公调对接、《常州老娘舅》人民调解、"全覆盖、重攻坚"专项活动及人民调解个案补贴制度的全面落实，不断提高矛盾纠纷排查调处质效。

至年末，全市92家公安派出所全部建成派驻式调解工作室，镇街道公共法律服务中心建成率100%，司法行政服务站建成率97.6%。全市两级调处中心和各类人民调解组织共组织排查纠纷18159次，调解纠纷17247件，调解成功17155件，调处成功率99.47%，在全省社会矛盾纠纷调处成功率监测考评中位列第二。全市未发生影响政治稳定的热点问题和影响全市、波及面广的群体性事件。

【《常州老娘舅》】 1月，常州人民广播电视台推出《常州老娘舅》节目，接受市民调解纠纷求助，在节目现场调解百姓纠纷。2月，《常州老娘舅》人民调解委员会成立，遴选出104名经验丰富的人民调解员（含志愿者）参与节目制作。节目每天在常州电视台生活频道黄金时段播出，全年播出300余期，调处纠纷441余起，收视率稳定在4%左右，成为常州电视台金牌栏目。

【司法所建设】 2015年，常州市58个镇街道全部建立司法所，实现组织机构全覆盖。省级规范化司法所达标率100%，有18家司法所评为省级优秀司法所，创建率位列全省前三。新北区薛家镇司法所和钟楼区北港镇司法所被评为全国模范司法所，金坛区朱林镇司法所被评为全国优秀司法所，金坛区薛埠镇司法所所长仇书洪被评为全国模范司法所所长，溧阳市南渡镇司法所所长甘春英、武进区遥观镇司法所所长周彩芳被评为全国优秀司法所所长。

【社区矫正】 2015年，常州市接收社区服刑人员1542名，解除矫正1758名，至年底全市有社区服刑人员2067名，其中缓刑1913名、假释116名、暂予监外执行38名；特赦社区服刑人员21名，撤销假释3人，撤销缓刑9人，治安处罚8人。常州市推进特殊人群服务管理全覆盖工作体系建设，进一步提升社区矫正工作质量。1673名社区服刑人员被纳入手机定位管理，定位率80.9%，其中重点对象全部纳入移动定位管理。社区工作人员"矫务通"配备使用率60%以上，"矫务通"系统用户登录率100%。武进、钟楼、戚墅堰区开展社区矫正网格化管理系统和声纹、人脸识别系统试点。社区服刑人员中未发生重特大刑事案件，无恶性暴力行为、无社会影响大的群体性事件。

【安置帮教工作】 2015年，常州市共接收安置帮教对象2948人，安置2944人，安置率99.8%；帮教2948人，帮教率100%。没有出现因帮教措施不到位，刑释解矫人员发生严重危害社会稳定和造成恶劣影响的重大刑事案件。

【224人通过国家司法考试】 2015年，国家司法考试继续实施报名网络化，即报名、交费、打印准考证全由考生自行在网上操作。常州地区报名参考人数为1539人，224人达到合格分数线，其中在读本科生28人、放宽地区1人。正常申请法律职业资格证书224人，申请成功223人。

（上官正国　李士军）

仲　裁

【概　述】 2015年，常州仲裁委受理案件487件，标的35.43亿元，标的额比上年增152%；受理民商事调解案件71件，涉案标的46万元；审结案件332件，案件和解、调解率均超50%。全年无案件被法院撤销或不予执行，实现零错案率。10月22日，在长三角仲裁会议暨长三角仲裁论坛上，常州仲裁委在推动仲裁机构规范化建设方面位居长三角地区同类城市前列，获长三角仲裁机构规范奖。

年内，加快落实土地专项审计整改工作，充分发挥仲裁在解决土地使用权出让合同纠纷中的作用，预防和降低土地使用权出让合同风险，受理涉及国有土地使有权合同纠纷案件的标的超过12亿元。以小额贷款公司为主突破口，在银行金融机构和小额贷款公司中推广仲裁法律制度，受理涉及银行和小额贷款公司案件标的额超过10亿元，是上年的5倍。全年金融借贷案件和国有土地使用权合同纠纷案件标的额合计占比超过60%。（李　宇）

2016

开放型经济

Open Economy

◆责任编辑　陈东哲

对外及港澳台经济

【利用外资及港澳台资】2015年，常州市实际到账外资24.87亿美元，比上年降20.3%。新增外资项目255个，其中新设项目146个、增资项目109个，累计新增协议注册外资27.69亿美元，比上年降19.7%。

从重大项目看，超亿美元和世界500强项目、地区总部认定等取得新突破。全年新增总投资超亿、近亿美元项目18个，其中总投资超5亿美元大项目3个。新增重点项目有总投资6.37亿美元的江苏顺风光电科技有限公司增资项目、总投资5亿美元的波士顿电池（江苏）有限公司增资项目、协议外资3.85亿美元的联合光伏（常州）投资有限公司增资项目、总投资1.47亿美元的常州协鑫光伏科技有限公司增资项目以及总投资1亿美元的康保安全防范技术（常州）有限公司安全防范技术项目。新增世界500强企业投资项目5个，蒂森克虏伯公司、阿克苏诺贝尔公司两家世界500强实现增资，数量创3年内新高。江苏天合太阳能电力投资发展有限公司被认定为第四批江苏省跨国公司地区总部，截至年底，全市共有省级跨国公司地区总部4家、功能性机构2家。

从投资产业看，新能源、汽车等产业链项目成投资新热点。2015年，全市紧扣十大产业链和现代服务业开展定向招商，制造业和生产性服务业利用外资占比超过80%。全市新设和增资的新能源产业链项目24个，新增总投资29.16亿美元，比上年增252.6%。世界500强企业积极布局全市汽车产业链，全市新设和增资的汽车产业链项目24个，新增总投资4.87亿美元，增91.7%。

从引资路径看，以外引外、以民引外和现代服务业实现新拓展。增资、并购等投资方式增多，2015年，109家企业实现增资扩股，新增协议外资18.58亿美元，比上年增24.7%。外资并购项目新增协议外资2亿美元，增31.6%，其中美国艺康集团全资收购江海环保股份有限公司，新增协议外资1.88亿美元。服务业引资领域取得突破，美国哥伦比亚医院在天宁区设立常州凯宜医院管理有限公司；常州宝通融资租赁有限公司新增协议外资3070万美元，到账外资3901万美元。

从国别地区看，欧美地区和投资性公司投资成新亮点。2015年，欧洲、北美新签协议外资分别为1.8亿美元和2.49亿美元。其中，德国投资新签协议外资1.42亿美元，比上年增317.6%；美国投资新签协议外资2.2亿美元，增1130%；加拿大投资新签协议外资2590万美元，增1832%。投资性公司在常州市新增投资项目19个，比上年增加6个，新增协议外资5.2亿美元，增205.9%，其中常州光昱新能源有限公司新能源项目、常州鼎晖新能源有限公司新能源项目、丝绸之路新能源（常州）有限公司项目和常州天合光能有限公司电力项目新增协议外资分别为1.18亿美元、8179万美元、4907万美元和4000万美元。

【对外及港澳台贸易】2015年，常州市实现外贸进出口总值1740.2亿元人民币，比上年降1.7%。其中，出口1319.2亿元，增0.5%；进口421.1亿元，降8%；贸易顺差898.1亿元，扩大5.1%。全市进出口、出口增幅分别高于全国平均5.3和2.3个百分点，高于全省平均0.5和0.4个百分点。全市外贸进出口总值位于全省第五位。

全市外贸队伍不断壮大，规模继续扩大。年内新增对外贸易经营备案登记企业1126家，截至年底，全市有进出口实绩企业6024家，其中机电行业3542家、纺织服装行业1388家、生物化工行业887家。全市年进出口规模在1000万美元以上、3000万美元以上、5000万美元以上企业分别有454家、161家、91家。外贸公司、生产企业和外资企业并驾齐驱的主体格局形成，分别占全市进出口总量9.2%、38.9%和51.9%。

一般贸易比重逐年攀升，贸易结构不断优化。全年全市一般贸易累计进出口203.4亿美元，降1.3%，占全市比重的72.5%，比上年上升1个百分点。

机电、高新技术产品出口稳步增长，"优进优出"格局初步显现。年内全市机电产品、高新技术产品累计出口分别为114.9亿美元、35亿美元，比上年增2.4%、9.7%，占全市出口比重均较上年上升1.6个百分点。"十二五"期间，全市机电产品累计进出口704.1亿美元，年均增长4.2%；高新技术产品累计进出口258.2亿美元，年均增长8.3%。

传统市场保持稳定，市场多元化战略持续推进。全年全市对美日欧传统市场出口额总量68.3亿美元，占全市比重32.1%。其中，对美国出口47.6亿美元，比上年增3.5%；对欧盟、日本累计出口分别为34.2亿美元、20.7亿美元。对"一带一路"（丝绸之路经济带和21世纪海上丝绸之路）国家和地区出口65.7亿美元，增5.3%。其中，对"一带一路"国家和地区机电产品出口增势强劲，全年累计出口33.6亿美元，增14.2%，占全市机电产品出口的29.2%，拉动全市外贸出口增长2个百分点。对东盟、中东出口分别增12.3%、5%；对越南、印度出口分别增39.3%、27.6%。全市外贸企业立足深度开拓欧、美、日等优势传统市场，大力拓展东欧、中东、非洲等新兴市场，积极开发发展中国家潜在市场，力求与世界各地的贸易商建立良好的合作关系。常州制造产品已出口到224个国家和地区。

部分大宗商品进口量保持增长，贸易条件进一步改善。其中进口铁矿砂1255.9万吨，比上年增55.3%。大宗商品的国际市场价格持续大幅下跌，全市进口量较大的能源、资源产品普遍呈量增价跌态势，拉低了进口的总体增速。但大宗商品价格的下跌也有利于国际贸易价格条件的改善，大幅降低常州市企业生产成本，提高效益。

新型贸易方式加快发展。常州市启动申报跨境电子商务试点，新阳化工进口交易平台被认定为省级进口商品交易中心，华贸通外贸综合服务平台入驻企业超过200家，实现进出口额5902万美元，位居全省同类平台前列。

2015年常州市出口前10位企业名单

常州天合光能有限公司
常州大华进出口（集团）有限公司
常州华润包装材料有限公司
常州华利达服装集团有限公司
森萨塔科技（常州）有限公司
常州格力博有限公司
常州对外贸易有限公司
天合光能（常州）科技有限公司
常州机械设备进出口有限公司
常州大亚进出口（集团）有限公司

常州市2015年主要进出口商品一览表

商品大类	出口		进口		进出口	
	金额（万美元）	比上年（%）	金额（万美元）	比上年（%）	金额（万美元）	比上年（%）
高新技术	349464.4	9.7	85903.4	-14.9	435367.7	3.8
机电	1149328.6	2.4	268276.2	-14.1	1417604.9	-1.2
纺织	172950.5	1.7	31439.0	-12.9	204389.5	-0.8
服装	179578.0	-7.0	488.5	90.8	180066.5	-6.9
化工	149790.4	-4.0	117571.1	3.2	267361.5	-1.0
塑料橡胶制品	109215.1	-6.3	57293.2	8.3	166508.3	-1.8
皮革制品及箱包	16617.6	-13.1	780.9	-0.6	17398.5	-12.6
贱金属及其制品	122930.0	-3.1	38131.0	-34.9	161061.0	-13.2
光学、医疗等仪器	72923.9	11.1	28311.3	10.8	101235.2	11.0

常州市2015年对外贸易完成情况表

单位名称	进出口		出口		进口	
	金额（万美元）	比上年（%）	金额（万美元）	比上年（%）	金额（万美元）	比上年（%）
全市合计	2804590.5	-2.7	2125770.0	-0.5	678820.6	-8.9
溧阳市	83503.5	-17.1	74603.2	1.9	8900.3	-67.7
金坛区	155610.1	1.4	114564.8	-5.5	41045.3	32.7
武进区	942593.4	-3.0	680729.3	1.1	261864.1	-12.2
其中：常州经济开发区	231331.3	-12.0	220077.1	-11.5	11254.1	-21.1
新北区	1065331.3	-3.6	759713.4	-1.3	305617.9	-8.1
天宁区	315604.5	2.7	274821.9	0.4	40782.6	22.1
钟楼区	240575.4	0.6	219476.7	0.8	21098.7	-1.7

【境外投资】 2015年，常州市新增境外投资项目67个，中方协议投资额7.55亿美元，分别比上年增4.69%和61.74%。境外投资项目数量和质量明显提升，平均规模1127万美元，比上年的729万美元提升398万美元。中

常州市组织企业参加2015年广州交易会 （商务局 供稿）

方协议投资额1000万美元以上的项目15个，增长25%，中方协议投资额6.57亿美元，增长87.37%，占比87%。中方协议投资额超5000万美元的大项目4个，增加2个。天合光能（常州）科技有限公司投资设立天合光能（新加坡）科技有限公司，中方协议投资额9085万美元，与马来西亚公司合作生产500兆瓦太阳能组件；投资2.25亿美元，在泰国设立天合光能科技（泰国）有限公司，生产700兆瓦电池和500兆瓦组件。常州市博美玻璃有限公司投资9800万美元设立博美科技（香港）有限公司，从事进出口贸易和项目投资。江苏恒立高压油缸股份有限公司并购德国哈威茵莱有限公司，投资金额6000万美元。

境外投资国别和地区进一步拓展。全市企业投资的国别和地区累计66个，涉及52个行业。新增境外投资国家保加利亚和芬兰，新增水生产和供应业以及居民服务业。

"一带一路"国家成为企业投资关注点。新增"一带一路"国家投资项目12个，比上年增9.09%，中方协议投资额3.61亿美元，增499.19%，占比47.81%。其中在"一带"国家保加利亚、匈牙利、俄罗斯和哈萨克斯坦投资4个项目，中方协议投资额2201.93万美元，其中江苏铭瑞光电科技有限公司在哈萨克斯坦合资成立哈萨克斯坦M.R工业有限公司，中方投资额1862万美元，从事LED路灯、LED室内外灯具等的制作加工。在"一路"国家投资8个项目，中方协议投资额3.39亿美元，分别是印度、泰国各2个项目，新加坡、柬埔寨、越南、以色列各1个项目。

境外投资项目向制造业集中。全市企业投资境外制造业项目23个，中方协议投资额4.69亿美元，分别比上年增43.75%和169.45%，项目主要集中在常州市优势的纺织服装、光伏、机械制造、环保等产业。江苏正昌粮机股份有限公司出资2000万美元，在巴西库里提巴市设立正昌巴西有限公司，生产组装销售饲料机械工程设备、粮食仓储设备等；武进长虹结晶器有限公司出资1000万美元在印度查蒂斯加尔邦赖布尔市设立CCM金属科技有限公司，从事有色金属冶炼及压延加工。

境外企业并购项目成为新亮点。2015年新增并购类项目15个，中方协议投资额1.11亿美元，分别比上年增66.67%和555.83%。常州企业通过参股并购，充分利用原有企业的技术、品牌和销售网络，迅速占领国际市场，优化资源配置，实现低成本扩张、高增值回报，在产业链高端环节开拓发展空间，提升企业的核心竞争力和跨国经营能力。江苏恒立高压油缸股份有限公司并购的德国哈威茵莱有限公司位于柏林，有员工1800余名，在全球有30多家销售代理、13家全资子公司，产品广泛应用于工程机械、机床、船舶、冶金、液压工具等行业。常州远东文化产业有限公司投资1230万美元并购香港亿迅集团，开展信息系统集成服务等，该公司还出资806万美元收购美国500PX有限公司14%的股权，开展互联网信息技术、计算机软件技术开发业务。常州四药制药有限公司出资33万美元在以色列耶路撒冷收购PRC生物医学有限公司10%股份，从事生物医药研发和制造，这是常州市医药企业第一个境外并购项目。

【对外承包工程及劳务合作】 2015年，常州市对外承包工程和对外劳务合作保持稳定，新签对外承包工程和对外劳务合作合同额6.32亿美元，比上年降9%；完成对外承包工程和对外劳务合作营业额4.65亿美元，降21.1%。全年新派劳务人员3900人，年末在外人数5971人。

合作国别进一步拓展，大项目实现新突破。对外承包工程业务方面，江苏华大集成房屋有限公司新签马来西亚沙巴州房屋保障房项目，合同额2亿美元。阿尔及利亚是常州合作重点国家，全市多家企业在该国开展业务，主要涉及房屋和基础设施建设。其中，江苏溧阳城建集团有限公司新签阿尔及利亚奥兰省住房项目，合同额3000万美元；金坛建工集团新签奥兰省2000户公共承租住宅，合同额3117万美元；金坛天地建筑有限公司新签阿尔及利亚奥兰省屠宰场项目，合同额3000万美元。 （罗庆彦）

【服务外包】 2015年，常州市完成服务外包合同额3.82亿美元、执行额3.16亿美元，分别比上年增21.5%和17.7%。服务外包离岸业务遍及日本、荷兰、德国、美国、澳大利亚、韩国等国家和香港、台湾地区。全市拥有服务外包企业473家，从业人员4万余人。

示范区集聚效应显现，产业竞争力大幅提升。年内，常州科教城、武进经济开发区、常州市创意产业基地、钟楼经济开发区4个省级国际服务外包示范区服务外包企业数和从业人数占全市服务外包企业数和从业人员的80%以上，服务外包合同额、执行额占全市总额的近90%。冲电气软件技术

（江苏）有限公司被评为2014年全国软件出口与服务外包10强企业。10月，视觉（中国）文化发展股份有限公司通过PPP模式与国家旅游局合作共建的国家智慧旅游公共服务平台项目全面运营。通过园区的集聚效应，全市软件开发、呼叫中心、电子商务、工业设计、数据处理等优势领域初步成型，实现ITO（技术领域的外包）、BPO、KPO（高端研发活动外包）全领域覆盖。

【2015中国常州科技经贸洽谈会】 9月22日在常州开幕。海内外知名企业和机构的600余名嘉宾参会。洽谈会期间，举办2015中国（常州）电子商务应用年会等主题活动，和首届中国"互联网+"旅游大会、2015常州机器人及智能制造国际技术交流会等20场专题活动。开幕式上新签约的20个项目，均为总投资超1亿美元或10亿人民币的制造业或现代服务业项目，涉及新能源、新材料、新医药、生产性服务业、电子商务、文化产业等领域。（徐　丽）

开放与开发

【概　述】 2015年，常州市2个国家级和8个省级开发区主要经济指标平稳运行，规模实力日益增长。全年完成地区生产总值3375.2亿元，比上年增5.5%；工业产品销售收入10410.7亿元，增4.4%；公共财政预算收入299.7亿元，增7.1%；全社会固定资产投资2215.7亿元，增4.5%，其中工业和基础设施分别投入1323.8亿元、297.4亿元，增5.7%和11.6%。

全市开发区继续发挥利用外资主阵地作用。开发区实际到账外资22.5亿美元，新签协议注册外资23.6亿美元，新增协议注册外资3000万美元以上项目15个，分别占全市的90.7%和85.4%。全市16个新增协议注册外资3000万美元以上的大项目有15个落户在开发区，占93.8%。截至年底，累计吸引54家世界500强企业投资常州的开发区。

全市开发区提档升级加速。戚墅堰经济开发区正式更名常州经济开发区。常州出口加工区、武进出口加工区均成功升级为综合保税区。西太湖科技产业园获批筹建省级高新区。常州国家高新区成功创建国家生态示范园区。中以、中德等国际合作园区加快建设。

重大项目实现突破。金坛经济开发区成功引进总投资125亿元的中国航空工业集团公司锂离子动力电池项目。钟楼经济开发区签约总投资50亿元的中兴能源有限公司云计算华东基地项目。武进国家高新区新增总投资6.37亿美元的江苏顺风光电科技有限公司科技增资项目，新增协议外资3.85亿美元的联合光伏集团有限公司增资项目以及总投资1亿美元的康保安防系统（中国）有限公司安全防范技术项目。溧阳经济开发区新增总投资5亿美元的波士顿电池（江苏）有限公司项目。常州国家高新区新增总投资1.47亿美元的协鑫（集团）控股有限公司光伏增资项目。

【常州国家高新技术产业开发区】 2015年，常州国家高新区实现地区生产总值1050.12亿元，比上年增10.7%；实现公共财政预算收入98.16亿元，增8.12%；完成全社会固定资产投资783.34亿元，其中工业投入482.26亿元。

制造业与服务业稳步提升。工业总产值、工业产品销售总收入双双突破3000亿元大关，分别达到3306亿元和3240亿元，比上年增9.5%和9.6%。实现服务业增加值467.78亿元，增12.5%，占地区生产总值比重44.5%，提高2.9个百分点。全区272家规模以上服务业企业实现营业收入182亿元，增26.5%。

科技创新富有实效。新增市级以上工程技术研究中心35家，新认定高新技术企业30家，19家企业在新三板挂牌上市。签约引进清华大学两岸发展研究院常州分院、南京师范大学创新发展研究院、中国科学院遗传资源研发中心（南方）项目，引进创新创业人才57名，其中欧洲科学院院士1名、"千人计划"专家4名。新认定省级新型孵化器（众创空间）10家，新增孵化面积25万平方米，培育销售收入超5000万元人才企业3家。积极发展科技金融、小微金融，贷款保证险项目等助企融资超3.6亿元，常州小微金融中心新入驻类金融机构26家；和省再担保公司合作设立常州高新信用担保有限公司。探索发展天使基金、产业基金，成功设立苏南国家自主创新示范区（常州）产业发展基金、千年健康产业基金，促进资本、信息、技术、人才等创新要素加速集聚、深度融合。

（史一欢）

【武进国家高新技术产业开发区】 2015年，武进国家高新区地区实现生产总值比上年增11.3%，其中规模以上工业增加值和服务业增加值分别增12.7%和10.6%。公共财政预算收入

2015年常州市省级以上开发区直接利用外资情况一览表

单　位	实际到账外资（万美元）	新增协议注册外资（万美元）	本年累计新批项目（个）	新增协议注册外资3000万美元以上项目数（个）
合　计	225453	236326	101	15
常州国家高新区（含滨江经济开发区）	37073	27482	31	2
武进国家高新区	51692	83303	20	7
武进经济开发区	2616	9247	19	1
金坛经济开发区	4827	5656	13	0
溧阳经济开发区	2738	17550	1	1
天宁经济开发区	2315	6513	3	1
钟楼经济开发区	7230	14125	9	1
常州经济开发区	1363	9158	5	1
天目湖旅游度假区	6169	3144	0	1

增8%。完成协议注册外资8.4亿美元，实际到账外资5.7亿美元，利用外资水平列全省国家级开发区第三。完成规模以上高新技术产业产值621.7亿元，占规模工业产值的74.2%；规模以上企业研发经费投入13.71亿元。新获高新技术企业认定21家，累计123家。专利申请6505件，其中有效发明专利拥有量573件，专利授权3051件。建成青武·创客空间、蓝光空间、N立方创意工坊、信息产业园4家众创空间，在孵企业、项目75个。新增新三板挂牌企业5家，累计拥有上市公司12家。

截至2015年底，武进国家高新区共引进20多个国家和地区的6000多家企业，有世界500强投资项目19个、上市企业12家、年产销超百亿企业2家。有各级各类科技企业孵化器15家，其中国家级4家、省级4家；有企业院士工作站5家、企业博士后科研工作站4家、市级以上工程技术研究中心80家、省级以上科技公共服务平台14家。累计引进“国家千人计划”领军人才68名、省“双创计划”人才62名、“龙城英才”项目519个。 （万向阳）

【省级开发区】 2015年，常州市省级开发区实现地区生产总值2269.4亿元，占全市的43%；公共财政预算收入158.4亿元，占全市的34%；实际到账外资3.6亿美元，占全市的25.8%；新增协议注册外资7.3亿美元，占全市的33.5%。工业产品销售收入6931亿元，全社会固定资产投资1464.2亿元，其中基础设施投入187.1亿元。天宁经济开发区常州新能源（材料）产业园成为省级特色产业园区。武进经济开发区、常州科教城正式通过省级知识产权试点园区现场验收，常州经济开发区、溧阳经济开发区、滨江经济开发区获批省级知识产权试点园区。金坛经济开发区与黑龙江省科学院共建其江苏技术转移中心。武进经济开发区中以常州创新园管理办公室挂牌运作。钟楼经济开发区与中国科学院北京国家技术转移中心签约共建中国科学院北京国家技术转移中心（常州）中心。 （史一欢）

【常州经济开发区挂牌运行】 6月4日，江苏常州经济开发区正式挂牌运行，由常州市委、市政府委托行政区划调整后的新武进区管理；新组建的中共江苏常州经济开发区工作委员会和江苏常州经济开发区管理委员会分别为常州市委、市政府的派出机构，规格为正处级；新的武进区所属戚墅堰、丁堰、潞城街道和横山桥、横林、遥观镇，由武进区委托江苏常州经济开发区管理。年内，常州经济开发区完成开发区发展战略规划和产业发展、城市综合交通发展、防洪除涝及水系等专项规划评审；建立投融资运作机制，成立市级政府投资市场化运作主体江苏常州东方投资控股有限公司；获批各类融资项目7个，总额超百亿元。

（史一欢　吴　芳）

常州经济开发区成立大会 （商务局 供稿）

口岸管理

【概　述】 2015年，常州国际机场先后开通至泰国、老挝、日本3个国家和台湾的航线8条，出入境人员总数10.69万人次；国际起降861架次，取得开放首年就超过国家规定的新开航空口岸第三年应不低于5万人的达标要求。

全年水港口岸外贸货运量409.3万吨，比上年降26.46%；到港国际航行船舶527艘次，降16.08%；出入境人员5071人次，降21.47%。

全年铁路外贸运量3.86万吨，外

常州至日本名古屋航线开通 （常州机场 供稿）

贸集装箱量767标箱；直通点进出口货运量累计4.64万吨，进出口集装箱累计2039标箱；综合保税区进出口货运量累计4.65万吨，进出口集装箱5512标箱。

【常州与武进综合保税区获批】 1月31日，国务院批复同意常州出口加工区和武进出口加工区整合优化为综合保税区。12月10日，常州、武进综合保税区通过由南京海关等10部门组成的江苏省联合验收组验收。综合保税区是设立在内陆地区的具有口岸、物流、加工等功能的海关特殊监管区域，执行保税港区的税收和外汇政策，集保税区、出口加工区、保税物流区、港口的功能于一身，可以发展国际中转、配送、采购、转口贸易、商品展示以及出口加工、研发制造、检测和售后服务维修等业务，是除自由贸易区外开放层次最高、优惠政策最多、功能最齐全、手续最简化的特殊开放区域。常州两个出口加工区获批为综合保税区，实现了从加工贸易向货物贸易、服务贸易转型和从依靠单一的国际市场向依靠国际、国内两个市场的转变。

常州出口加工区2007年1月封关运作，规划面积1.66平方公里，已经引进11家外资制造企业和13家贸易物流企业。武进出口加工区2010年3月封关运作，总面积1.15平方公里，拥有加工制造型企业9家、物流企业10家。2013年起，常州国家高新区、武进国家高新区启动两个出口加工区升格为综合保税区的申报工作。

2015年，常州综合保税区实现工业销售17.1亿元，比上年增21%；实现进出口额3.3亿美元，增32%；实现进出区货值30亿美元，增17%。武进综合保税区完成工业产值112.3亿元，增33.9%；实现进出区货值51.8亿美元，增12.1%。

【常州机场设立台湾居民口岸签注点】 6月15日起，由江苏省公安厅授权常州市公安局在常州奔牛国际机场设立台湾居民口岸签注点，为事先未办妥入境手续直抵口岸的台湾居民办理入境证件、签注。台湾居民可买张机票直飞常州，下飞机再办签注。

（谢　静　董子文）

【常州海关采用集中汇总征税模式】 11月10日，由瑞声光电科技（常州）有限公司申报进口的一台价值2.85万美元的单柱形材料试验机，涉及应缴税款30752.66元，常州海关凭中国银行常州分行开出的汇总征税担保保函，首次通过集中汇总征税卡口模式予以当场放行。汇总征税是海关深化税收征管改革、促进外贸稳增长的创新之举。信誉良好的进出口企业凭借商业银行出具的保函或提交保证金向注册地海关办理汇总征税备案，企业在办理货物通关时，海关暂不打印税单征税，在扣除与应缴税款相应金额的担保额度后，即办理货物放行手续，所有税款于下月前5个工作日内集中缴纳，无须在货物进口时逐票办理缴税手续，一份总担保就能在全国通用，减轻进出口企业资金周转压力，缩短通关时间，提高通关效率。

（汤锦凤）

【常州港首座十万吨级泊位通过通航安全核查】 12月11日，常州港录安洲港区4号泊位通过江苏海事局通航安全核查。常州港录安洲港区4号泊位工程位于长江泰兴水道右岸录安洲港区3号泊位下游侧，建设规模10万吨级，是常州辖区靠泊能力最大的通用泊位。

（顾　罡）

【出入境检验检疫概述】 2015年，常

常州综合保税区　（商务局　供稿）

武进综合保税区　（商务局　供稿）

州检验检疫局围绕江苏检验检疫局改革深化年和常州市“重大项目改革年”的总体部署，以业务改革创新为主题，以转化职能为主线，主动适应新常态，积极展现新作为，第三次获“全国文明单位”称号。

持续深化改革创新。有效利用进口工业产品质量风险监管系统，年内，该监管系统覆盖常州地区80%的进口业务量。围绕进口汽车从准入、口岸管理到后续监管的全闭环监管模式展开工作，完成召回调查20余起并完成消费者投诉汽车品牌的现场调查。开展江苏检验检疫局风险管理1.0版和实验室智能化系统建设两个创新样板示范点。深化宏观质量管理转型，着力构建政府监管、市场调节、企业主体和行业自律、社会参与的质量工作格局，在全省系统创新开展信用约谈活动。助推常州出口地板质量安全示范区成为全国34个国家级示范区之一。实施商务部援外培训项目14项，覆盖57个国家348名检验检疫官员，办班数量和人数均创历史新高。

推动区域转型发展。复制推广上海自贸区制度，在常州、武进综合保税区全面实施“集中检验、分批核销”便利化放行措施，在特殊监管区内建立和完善商品风险评估制度、企业信用管理制度，对商品和企业实行差别化分类管理，帮助常州斯通伍德辊子技术有限公司获得压榨辊入境维修资质。扶持新兴业态发展，加强常州发展跨境电子商务路径研究，及时跟进出台扶持跨境电子商务发展针对性举措，做好外贸经济新形态的引导、扶持和监管工作，探索研究跨境电子商务检验检疫监管系统。支持口岸扩大开放，推进常州港申报进口粮谷指定口岸，助推常州机场通过空港口岸卫生检疫核心能力建设验收和货运开放。

服务地方经济发展。对133家企业的21398批货物实施出境无纸化报检，常州口岸报关的货物实现100%无纸化通关；对19家企业的139批货物实施省内检验检疫一体化；对72家企业的8050批货物实施沪苏出口直放新模式，全年为常州企业减免成本数百万元。帮扶常州壹号农场供港保鲜蔬菜基地通过江苏出入境检验检疫局总局备案并在江苏首批通过香港食物环境卫生署现场考核；帮扶金坛牛蛙实行深加工出口，并通过备案考核；助推常州花木企业获得出境苗木花卉生产经营企业注册登记证书。

【出入境卫生和动植物检验检疫】 2015年，常州检验检疫局截获各类动植物有害生物218种763种次，其中检出输入性医学媒介生物6种12批645只，分别比上年减少60%、86%、94%。实施出入境人员健康体检和传染病监测3247人次，降23.3%；检出各类传染病85例，检出率增33.7%。截获各类疫病疫情223种878种次，分别减少15.53%和12.64%；累计处理各类动植物产品及木质包装944批12.2万件，其中植物产品483批、木质包装461批，批次和件数分别减少82.92%和47.19%。

【进出口商品检验与监管】 2015年，常州检验检疫局检验出口批次1675批，金额14115.24万美元；发现不合格32批，价值212.27万美元。检验进口批次9517批，金额77880.58万美元；发现不合格336批，价值10333.09万美元。检出不合格进口棉花71批，对外索赔318万元。

【常州首次截获赤背寡妇蛛】 11月15日，常州检验检疫局武进综合保税区检疫人员在对一批装载美国进境棉花的集装箱开箱查验时，发现该批货物部分集装箱箱体内存在大量蛛网及活体蜘蛛。蜘蛛整体为黑色，身体呈球形，背部有警示性的红色斑纹，经专家鉴定为毒性极大的赤背寡妇蛛。这是该局首次截获此类生物，在全国口岸极为罕见。 （鲁亚萍）

【海关概述】 2015年，常州海关征收税款41.24亿元，比上年增34.2%；审核进出口报关单124912份，增12.8%；监管进出境货物473.68万吨，降21.5%；监管进出境集装箱10.47万箱次，增28.5%；审批加工贸易备案合同3254份，降13.7%，备案金额27.35亿美元，增13.0%；办理减免税货物审批734笔，总值2.23亿美元，减免税款1.63亿元，分别降8.5%、120%、3.6%。年内，新增安费诺（常州）连接系统有限公司、江苏华贸通进出口服务有限公司等一般认证企业7家。

【海关监管】 2015年，常州海关优化查验工作机制，支持企业扩大出口，整体查验率进一步下调0.5个百分点。推进三级指挥中心建设，加大移动查验和远程查验的技术开发与运用，建设南京关区首个移动查验和巡查作业平台。开展“清风”行动和“眼镜蛇”行动等专项工作，加强对濒危动植物及其制品、知识产权保护等的风险防控。推动常州机场物流有限公司空运货栈类海关监管场所通过南京海关验收。指导支持朗盛（常州）有限公司液/气体专用储罐堆场类海关监管场所通过验收。开展汇总征税改革试点，通过政策宣讲会、重点企业送政策上门等多种方式加强宣传推广。7家企业获批开展汇总征税业务，11月10日，首票采用集中汇总征税模式进口货物快速放行。深入推进关库联网工作，开展税费电子支付的企业比例达95%。

【通关改革】 2015年，常州海关积极参与全国通关一体化改革，将区域通关一体化覆盖至特殊监管区域、保税监管场所。取消与省内其他海关的转关手续。从2015年底开始允许报关企业“一地注册、全国报关”，助推全市报关企业拓展市场。推进通关无纸化，及时跟进简化报关随附单证试点工作，协助做好大宗散货监管场所企业资源计划系统改造，开展与海关物流监控系统的数据对接沟通工作，加快推进常州港进出口货物通关全程无纸化。8月，推行出口转关作业无纸化，成为南京关区第三批实现该模式的海关，每票出口转关货物的办理时间从半小时降至1分钟以内。12月，通关作业无纸化率达到98.06%，高于全国平均水平。

【打击走私】 2015年，常州海关强化全员打私，发挥业务现场在发现、查缉和打击走私中的基础性作用。全年对奢侈品走私立案4起，涉案税款625万余元，在扣手表264块，采取强制措施17人；立案侦查涉嫌通过邮递渠道走私气枪案1起；立案侦查走私毒品大案，查获毒品甲基苯丙胺（冰毒）3954.37克、易制毒化学品麻黄碱5109.78克。推广业务现场办理行政简易程序案件，试点业务部门现场办理简单案件，上述“两简”案件占行政案件总数65%以上。

【常州口岸协作执法】2015年，常州海关、海事、出入境检验检疫、边防部门建立四方合作机制，开展常州电子口岸建设。深入开展关检合作试点，6月起，试点范围扩大至常州口岸全部进出口货物，年内集装箱货物的查验检验已在关检共同查验平台上实施。10月，启动进出境国际航行船舶一次申报试点工作。常州海关与海事部门建立进出境运输工具申报单证互认、AIS船舶自动识别系统信息共享、锚地联合监管和登轮联合检查的工作机制。

【国际贸易单一窗口建设】2015年，常州海关加强与口岸管理部门的联系配合，简化和统一单证格式与数据标准，按照先国际航行船舶试点、后一般贸易进出口货物试点的思路开展常州口岸国际贸易单一窗口建设。10月，启动进出境国际航行船舶一次申报试点工作。至12月底，共196票运输工具申报在单一窗口客户端完成申报。

（刘 燕）

常州长江段水上搜救演习 （海事局 供稿）

辖区渔船检查行动 （海事局 供稿）

【海事概述】2015年，常州海事局共办理船舶进出港签证（不含定期签证）21637艘次，比上年减少13.59%，国际航行船舶进出口岸查验493艘次，减少19.44%；辖区进出港货物吞吐量（不含定期签证）5112万吨，下降7.9%；办理危险品船舶申报审核2970艘次、防污染作业审批141件；进出港危险货物吞吐量151.94万吨，降5.48%；进出港集装箱装卸量20.71万标准箱，增8.15%。

2015年，常州海事局完成录安洲码头二期工程4号泊位及夹江7号—9号泊位通航安全评估、长江常州段-12.5米深水航道二期工程走航式测量、常州德胜河口东侧段堤防防护应急处理工程维护工作。推动录安洲夹江专用航道建设并取得初步进展。着力推进常州港岸电应用可行性研究课题，开展“船舶岸电，让港口回归碧水蓝天”主题宣传和实地调研，初步完成常州港岸电课题报告。11月26日下午，2015常州长江段水上搜救综合演习在常州录安洲港区上游举行，参演单位10家，参演船艇13艘，参演及后勤保障人员近百人。

【海事监管】2015年，常州海事局加强多边合作，进一步深化与地方部门的联动机制，构筑水上安全网，严厉打击各类违法生产经营行为。联合市公安局、长江航运公安局、地方海事等相关部门召开“三无”（无有效渔业船舶检验证书、无渔业船舶登记证书和无渔业捕捞许可证书）船舶整治工作座谈会，并联合相关部门清理饮用水源地违章停靠船舶，共开展联合执法5次，检查登记“三无”船舶45艘，发放《关于开展魏村水厂取水口环境安全联合整治通告》80余份，整治“三无”船舶53艘次。联合边防、公安开展辖区载运危险品船舶隐患排查行动，严格查处危化品船舶存在的消防、救生设备缺陷；联合交通、安监、公安部门开展水上交通安全生产大检查行动；联合水利、公安部门打击长江非法采砂，集中清理非法采砂船舶。（汤仁慧）

2016

工 业

Industry

◆责任编辑 王 晶

综 述

【概 述】2015年，面对复杂多变的经济形势和下行压力不断加大的严峻挑战，全市工业经济运行总体平稳，主要指标保持在合理区间。

主要指标缓中趋稳。2015年，全市规模以上工业完成工业增加值2614.7亿元，比上年增8.5%，增幅列全省第十、苏南第二；规模以上工业完成工业总产值11454.3亿元，增5.3%。工业企业产品产销率98.2%，增0.1个百分点。实现出口交货值1205.5亿元，降0.5%。全市工业用电量325亿千瓦时，增3%，总量位居全省第三，增幅位居全省第五、苏南第二。

经济效益增速回落。2015年，全市规模以上工业实现主营业务收入11555亿元，增4.9%；实现利税1058.2亿元，增10.1%；实现利润647.4亿元，增9.8%。从行业看，冶金和电子行业利润下降，其余五大行业利润保持增长，其中化工和机械行业利润分别增22.4%和12.4%。光伏产业利润增32.3%。虽然利润、利税增幅高于产销增长速度，但增速比上年同期分别回落8.1和6.8个百分点，企业经营压力依然较大。在4093家规模以上企业中，有646家企业亏损，增16.8%，亏损总额55.5亿元，增62%。企业应收账款增速依然较高，增长6.2%，企业经营面临的风险和不确定性有所增加。

新增长点支撑有力。2015年，全市200个5000万元以上工业经济新增长点新增产值559.2亿元，占全市新增产值的96.7%。工业经济新增长点项目仍然是全市工业经济平稳运行的有力支撑。200个市级工业经济新增长点新增产值为全年目标的101.7%，实现预期产出目标，新增产值超亿元的企业84家，常州天合光能有限公司、亚邦投资控股集团有限公司、东方润安集团有限公司、今创集团股份有限公司、新誉集团有限公司等14家企业新增产值超10亿元。全年产值规模超亿元企业1376家；规模超10亿元企业188家，增加16家；产值超50亿元、超100亿元企业分别为26家和14家，分别增加3家和2家。

行业发展差异明显。2015年，从工业产值增速看，化工行业增速较快，保持两位数增长；机械、生物医药和纺织服装行业增速高于全市平均，电子行业和建材行业保持低位增长；冶金行业呈负增长态势，生产形势严峻，下降幅度较大。机械行业运行态势良好，生产增势基本平稳，完成工业产值4602.7亿元，增9.3%，占全市工业比重40.2%，其中轨道交通行业得益于城际铁路和城市地铁投资加大，产值增18.4%。电子行业产品生命周期越来越短，更新换代加快，依靠一批重点企业的支撑，发展较为平稳，完成产值656.1亿元，增4.8%。冶金行业受矿价下跌、需求低迷、资金紧张等因素影响，钢材价格呈大幅下探后低位波动态势，企业普遍控制生产负荷以规避经营风险，完成产值1849.8亿元，降9.5%。化工行业产品结构调整加快，产业呈现集聚发展态势，区域布局趋于合理，技术装备水平进一步提升，完成产值1952.8亿元，增14.9%，高于规模以上工业增幅9.6个百分点，占全市工业的比重升至17%。纺织服装行业生产经营基本稳定，完成产值976亿元，增7.2%。生物医药行业形成一定规模，发展比较稳定,完成产值278.8亿元，增7%。建材行业受房地产市场投资增速下降和基础设施建设放缓影响，总体需求不旺，完成产值376.4亿元，增0.3%。光伏产业延续2014年以来的回暖态势，产能利用率有效提高，产业规模稳步增长，企业利润率提升，完成工业产值652.4亿元，增24.3%。

（陈 申）

2015年常州市工业总产值前50位工业企业

1 中天钢铁集团有限公司
2 亚邦投资控股集团有限公司
3 江苏申特钢铁有限公司
4 常州东方特钢有限公司
5 常州天合光能有限公司
6 新阳科技集团有限公司
7 常州南海铜业有限公司
8 常州金源铜业有限公司
9 新誉集团有限公司
10 江苏上上电缆集团有限公司
11 江苏鸿开有色金属有限公司
12 国茂减速机集团有限公司
13 常州亚邦化学有限公司

14 江苏江南实业集团有限公司
15 常州东昊化工有限公司
16 华润包装材料有限公司
17 江苏今创投资经营有限公司
18 江苏诚达石化工业有限公司
19 江苏科茵格特种沥青有限公司
20 瑞声声学科技（常州）有限公司
21 莱尼电气线缆（常州）有限公司
22 光宝科技（常州）有限公司
23 新华昌集团有限公司
24 江苏旷达汽车织物集团股份有限公司
25 常州亿晶光电科技有限公司
26 江苏振达钢铁有限公司
27 溧阳市光明金属有限责任公司
28 天合光能（常州）科技有限公司
29 江苏国强镀锌实业有限公司
30 江苏金昇实业股份有限公司
31 江苏富开铜业有限公司
32 常州神力电机股份有限公司
33 常州同泰高导铜线有限公司
34 百兴集团有限公司
35 现代（江苏）工程机械有限公司
36 常州华利达服装集团有限公司
37 常州安凯特电缆有限公司
38 常州亿禾铝业有限公司
39 江苏中再生投资开发有限公司
40 常州旷达织物整理有限公司
41 江苏华鹏变压器有限公司
42 盘固水泥集团有限公司
43 江苏雷利电机股份有限公司
44 中车戚墅堰机车有限公司
45 常州华盛恒能光电有限公司
46 常州市英中电气有限公司
47 常州格力博工具有限公司
48 常州常松金属复合材料有限公司
49 常州东风农机集团有限公司
50 常州西电变压器有限责任公司

2015年常州市主营业务收入前50位工业企业

1 中天钢铁集团有限公司
2 亚邦投资控股集团有限公司
3 江苏申特钢铁有限公司
4 常州东方特钢有限公司
5 常州天合光能有限公司
6 新阳科技集团有限公司
7 常州南海铜业有限公司
8 常州金源铜业有限公司
9 江苏上上电缆集团有限公司
10 江苏鸿开有色金属有限公司
11 国茂减速机集团有限公司
12 江苏江南实业集团有限公司
13 常州亚邦化学有限公司
14 常州东昊化工有限公司
15 新誉集团有限公司
16 华润包装材料有限公司
17 江苏今创投资经营有限公司
18 江苏科茵格特种沥青有限公司
19 江苏诚达石化工业有限公司
20 莱尼电气线缆（常州）有限公司
21 瑞声声学科技（常州）有限公司
22 新华昌集团有限公司
23 江苏旷达汽车织物集团股份有限公司
24 江苏振达钢铁有限公司
25 光宝科技（常州）有限公司
26 天合光能（常州）科技有限公司
27 常州亿晶光电科技有限公司
28 溧阳市光明金属有限责任公司
29 江苏富开铜业有限公司
30 常州神力电机股份有限公司
31 常州同泰高导铜线有限公司
32 江苏金昇实业股份有限公司
33 常州安凯特电缆有限公司
34 百兴集团有限公司
35 常州华利达服装集团有限公司
36 江苏国强镀锌实业有限公司
37 江苏华鹏变压器有限公司
38 江苏中再生投资开发有限公司
39 常州亿禾铝业有限公司
40 中车戚墅堰机车有限公司
41 常州旷达织物整理有限公司
42 常州华盛恒能光电有限公司
43 常州市英中电气有限公司
44 常州格力博工具有限公司
45 常州常松金属复合材料有限公司
46 现代（江苏）工程机械有限公司
47 常州东风农机集团有限公司
48 盘固水泥集团有限公司
49 江苏雷利电机股份有限公司
50 森萨塔科技（常州）有限公司

2015年度常州市实现利税前50位工业企业

1 江苏申特钢铁有限公司
2 常州天合光能有限公司
3 亚邦投资控股集团有限公司
4 常州南海铜业有限公司
5 新誉集团有限公司
6 常州东方特钢有限公司
7 瑞声声学科技（常州）有限公司
8 国茂减速机集团有限公司
9 今创集团股份有限公司
10 中天钢铁集团有限公司
11 江苏江南实业集团有限公司
12 新华昌集团有限公司
13 国电常州发电有限公司
14 江苏金峰水泥集团有限公司
15 天合光能（常州）科技有限公司
16 莱尼电气线缆（常州）有限公司
17 今创集团股份有限公司
18 常州亿禾铝业有限公司
19 常州常发动力机械有限公司
20 江苏诚达石化工业有限公司
21 江苏易成电力器材有限公司
22 江苏华电戚墅堰发电有限公司
23 常州华盛恒能光电有限公司
24 常州四药制药有限公司
25 江苏振达钢铁有限公司
26 常州安凯特电缆有限公司
27 溧阳市宏峰水泥有限公司
28 江苏鸿开有色金属有限公司
29 江苏华鹏变压器有限公司
30 盘固水泥集团有限公司
31 江苏上上电缆集团有限公司
32 常州同泰高导铜线有限公司
33 中盐金坛盐化有限责任公司
34 溧阳市新金峰水泥有限公司
35 常州首创服饰有限公司
36 常州旷达织物整理有限公司
37 溧阳市光明金属有限责任公司
38 常州润源电力建设有限公司
39 江苏旷达汽车织物集团股份有限公司
40 常州市环银物资有限公司
41 森萨塔科技（常州）有限公司
42 江苏科茵格特种沥青有限公司
43 常州神力电机有限公司
44 江苏国强镀锌实业有限公司
45 常州久日化学有限公司
46 百兴集团有限公司
47 江苏常发农业装备股份有限公司
48 常州星宇车灯股份有限公司

49 江苏金昇实业股份有限公司
50 常州市嘉业铸造有限公司

（陈爱萍）

【工业投资】 2015年，全市完成工业投资1756.1亿元，比上年增6.5%，占全社会固定资产投资比重51.7%。其中，工业技改投入1160.2亿元，占工业投资比重66.1%，提高6.2个百分点。从行业情况来看，工业投资结构更趋合理，机械行业作为支柱行业，完成投资966.51亿元，增9.2%，保持较快的增长速度；电子行业和生物医药行业分别增6.9%和3.8%；而化工、轻工、建材等传统行业分别下降17.2%、5.5%、3.9%。

【工业重点项目】 2015年，常州市确定144项工业重点项目，计划总投资1509.3亿元，当年计划完成投资414.7亿元，实际完成投资445.9亿元，超额完成年度目标，时序进度107.5%。其中，新开工项目59个，竣工投产43个。

【固定资产增值税抵扣】 2015年，全市累计抵扣固定资产增值税34.6亿元，合设备投资238亿元，比上年增11.8%，高于全省12.4个百分点，增幅全省第四。设备投资超亿元企业37家，比上年增加18家。抵扣额占全省比重由上年的8.01%上升为9.04%，占全市工业投资比重由上年的12.66%上升为13.55%。（周忆峥）

【产业集聚集群】 2015年末，常州市有8个省特色产业集群，分别为常州轨道交通产业集群、横林强化木地板产业集群、西夏墅刀具产业集群、新北区工程机械产业集群、溧阳输变电设备产业集群、光伏产业集群、武进功能新材料产业集群和金坛服装产业集群。全市30个市级以上产业集群，有企业9119家，其中规模以上企业1720家。市级产业集群完成营业收入5518亿元、利润276亿元，分别增15.7%和15.5%。经济增速高于全市规模以上企业总体水平。（贺旭光）

2015年常州市重点工业竣工项目表

序号	企 业	项 目	总投资（亿元）	所在地区
1	江苏恒立液压有限公司	恒立精密液压泵阀一期项目	15.00	武进区
2	瑞声科技控股有限公司	瑞声声学器件扩能项目	15.00	武进区
3	常州回天新材料有限公司	太阳能电池功能膜项目	11.80	武进区
4	爱科（常州）农业机械有限公司	爱科农业机械、发电机组项目	11.52	武进区
5	常州千红生化股份有限公司	千红生化研究院和制剂项目	11.43	新北区
6	江苏华大集成房屋有限公司	国际住宅产业园一期项目	10.00	武进区
7	常州普利司通自行车有限公司	普利司通自行车制造项目	9.30	新北区
8	常州亿晶光电科技有限公司	渔光互补电站项目	8.60	金坛区
9	江苏上上电缆集团有限公司	中压电缆、特控缆扩能项目	6.00	溧阳市
10	查特深冷工程系统（常州）有限公司	查特深冷一期项目	6.00	新北区
11	常州天合光能有限公司	天合光能高效光伏电池组件项目	5.37	新北区
12	常州博瑞电力自动化设备有限公司	博瑞柔性输变电装备产业化项目	5.00	武进区
13	江苏富春江环保热电有限公司	供热站及配套热网工程项目	4.50	溧阳市
14	常州畅韵工程材料有限公司	高铁声屏障和防水材料项目	4.50	钟楼区
15	灵通展览系统股份有限公司	展览展示用品项目	3.80	武进区
16	江苏恒鑫正宏科技有限公司	年产200万套制动器、零部件项目	3.20	武进区
17	常州富士电梯有限公司	电梯整机及配件制造项目	3.00	溧阳市
18	江苏中东化肥股份有限公司	年产60万吨复合肥生产项目	3.00	金坛区
19	江苏龙城精锻有限公司	高压共轨喷射系统精锻件项目	3.00	武进区
20	江苏河马井股份有限公司	环保型塑料检查井项目	3.00	武进区
21	常州剑湖金城车辆设备有限公司	轨道交通内饰产品项目	3.00	武进区
22	博纳高性能材料（常州）有限公司	博纳无纺布一期项目	3.00	新北区
23	常州凯翔医用不锈钢有限公司	凯翔医用不锈钢项目	3.00	新北区
24	常州常松金属复合材料有限公司	LED照明项目	3.00	钟楼区
25	金坛瑞欣光电有限公司	新建500兆瓦电池组件生产线项目	2.80	金坛区
26	常州市宏寰机械有限公司	生物肥料生产线制造项目	2.50	溧阳市
27	常州中微光电子有限公司	LED照明产品项目	2.50	武进区
28	常州超人精密液压设备有限公司	高性能液压件配套用关键零部件项目	2.30	武进区
29	鲁尔泵（中国）有限公司	鲁尔离心泵项目	2.30	新北区
30	常州瑞悦车业有限公司	涂装和总装项目	2.28	新北区

序号	企　业	项　目	总投资（亿元）	所在地区
31	晶品光电（常州）有限公司	LED产品扩能项目	2.00	武进区
32	常州市科能电器有限公司	智能电网监控设备项目	2.00	武进区
33	常州君合科技环保有限公司	化学品助剂、水处理剂及涂料项目	2.00	新北区
34	常州市金牛研磨有限公司	金牛研磨布基砂带、纸基砂带项目	1.65	新北区
35	江苏金梧工业材料有限公司	生物质和饲料机械设备生产项目	1.50	溧阳市
36	大族精工半导体科技（常州）有限公司	激光半导体材料加工项目	1.50	武进区
37	斯泰必鲁斯（江苏）有限公司	气弹簧（五期）项目	1.50	武进区
38	江苏华利沃车辆部件有限公司	华利沃车辆配件项目	1.50	新北区
39	常州市正阳焊接材料有限公司	药芯焊丝项目	1.40	新北区
40	江苏诚功阀门科技有限公司	超低温阀门项目	1.20	新北区
41	常州商隆产业纺织品有限公司	商隆新建厂房及PET生产线技改项目	1.10	钟楼区
42	常州市恒晁工具制造有限公司	硬质合金刀具项目	1.00	新北区
43	常州市市政建设工程有限公司	年产80万吨混凝土沥青项目	1.00	新北区

（周忆峥）

产业发展

【装备制造业】 2015年，全市规模以上装备制造业完成工业总产值4602.7亿元，占全市规模工业产值的40.18%。规模以上工程机械企业完成工业总产值489.8亿元，比上年增8.22%。规模以上轨道交通制造企业完成工业总产值351.2亿元，增18.37%。有农机零部件专业生产企业300多家。东风农机在2015中国农机行业年度大奖颁奖典礼上获产品金奖、产品创新奖、技术进步奖和市场表现力奖。

（朱　岩　钱旭光　于　波）

【中车戚墅堰机车有限公司概述】 9月28日，中国南车集团公司和中国北车集团公司重组合并为中国中车集团公司（简称“中车”）。中车戚墅堰机车有限公司公司完成营业收入33.65亿元，实现净利润-4.97亿元；全年累计新造机车139台，修理机车201台。

公司时速160公里交流传动客运内燃机车设计方案在北京通过评审；DF11Z机车设计改进方案、阿根廷三种内燃机车简统方案通过中车评审。公司获取NDJ3内燃机车型号合格证，首次参加并完成的国际标准ISO17599：2015《机械产品数字样机通用要求》正式颁布实施。优化试验工艺和过程质量控制，R12V280ZJ柴油机台架试验时间缩短近五成。2个QC小组（质量管理小组）成果分别获2015年常州市优秀QC小组成果特等奖和一等奖，配件三公司车一班QC小组成果降低止推挡圈不合格品率获江苏省质量管理小组成果特等奖。全年申请专利172件，其中发明专利86件。

公司先后中标中国铁路总公司4400马力交流传动调车内燃机车采购项目100台机车订单和青海地方铁路建设投资有限公司锡北铁路2台高原内燃机车项目；首次获得成套柴油发电机组订单，中标山东黄金归来庄矿业有限公司3000千瓦发电机组采购项目。第二批出口泰国的机车按照计划发运客户。

年内，公司参加中国中车第一届职业技能竞赛暨中国中车第一届青年职业技能竞赛，6名参赛选手全部获奖。其中，1人获车辆机械制修工第一名，3人被授予“全国技术能手”称号。公司获技能竞赛团体一等奖。

【中车戚墅堰机车有限公司公司为泰国定制20台米轨机车】 1月23日，由中车戚墅堰机车有限公司研发出口的SDA3型米轨机车在泰国西拉差火车站举行交接仪式。此次交付的内燃机车是泰国皇家铁路局向公司订购的总价5300万美元共20台内燃级车中的首批2台，也是泰国近30年来首次从中国采购内燃机车，更是常州生产的内燃机车第一次出口到泰国。此次出口的是世界上单机功率最大的米轨交流传动内燃机车，根据泰国铁路特点量身定做、研发。米轨是指1000毫米以及大于1000毫米小于1435毫米的轨距，中国只有云南省尚存几条米轨在运行，世界上仍采用米轨的国家包括日本、西班牙、菲律宾、南非、泰国、阿根廷等。

（邵　云）

【中车戚墅堰机车车辆工艺研究所有限公司概述】 2015年，中车戚研所公司营业收入超52亿元，比上年增5%，净利润增20%，获“全国文明单位”称号。

年内，中车戚研所公司积极拓展国内国外市场，CRH380B动车组齿轮传动系统首次实现批量销售，CRH6城际动车组齿轮传动系统、中间车钩、踏面清扫器同步实现批量销售，城轨齿轮传动系统继续保持市场领先，100%低地板齿轮传动系统获得批量订单。标准动车组齿轮传动系统、基础制动装置、车钩缓冲装置产品完成开发，其中齿轮传动系统、中间车钩实现首列车装车运营考核，标准动车组关键零部件、锻钢制动盘、船用低速机活塞环等项目获产业化能力提升、强基工程、高技术船舶专项等国家级项目立项。300千米/小时以上高速列车用高性能合金钢制动盘工程方案中标2015年国家工业转型升级强基工程项目，获1658万元专项支持。高速动车组齿轮传动系统智能装配车间项目获国家智能制造专项项目立项，获中央财政专项补助2700万元，成为国家首批智能制造专项资助的企业。

全年获科技成果认定21项；获专利授权161项，其中获发明授权70项，比上年增204%；制定标准40余项，实现1项国际标准申请突破并取得制定主导权。开展全员初次认定与首次选拔，优化专业资格评审机制，94人获评高级（技师）及以上专业（职业）资格。年内35人获评集团公司核心人才，其中首席技术专家1人、首席技能专家1人。

【中国标准动车组关键装备实现“常州造”】 11月18日，由中国中车集团公司设计制造的时速350公里中国标准动车组，在大西客运专线（大同—西安）顺利通过高速试验，其齿轮传动装置、车钩缓冲装置等关键零部件均出自中车戚研所公司。中车戚研所公司采用专利技术对该齿轮箱传动装置的箱体和齿轮材料、轴承配置和选型、润滑密封等进行设计优化和仿真分析，使之能适应于大功率电机，传动效率超过99%，实现在±40℃的极端天气下“全天候”工作；半永久车钩缓冲装置集大容量可恢复式缓冲器和压溃管于一身，列车能承受100吨重的冲击力；在冲击力大于150吨时，压溃管主动吸收冲击力保护列车安全，提高了动车组的安全性和舒适性。（李银娟）

【常州兰翔机械有限责任公司概述】 2015年，中航工业常州兰翔机械有限责任公司实现营业收入4.38亿元、科研收入1.4亿元、利润1410万元。被上级授予2015年度经济规模贡献奖银奖，某项目团队被授予航空报国动力先锋奖先进集体荣誉。

开发982HD新型巡逻艇、150客位钢玻复合客船、11米高速巡逻艇、20米液化汽船等一批新型船艇，在国家海关总署海关艇的招标中，获9849万元的单笔订单。完成一批航空产品的生产与修理，交付量创历史新纪录；交付各类玻璃钢船艇210艘。

按照中航工业“专业化整合”的战略要求，推进南京轻型航空发动机基地建设，落实股东出资，加快基础设施与配套工程建设，厂房建设基本完毕，完成3个试车台建设，开工建设职工宿舍等配套基础设施。新建20号精密加工车间，新增一批加工和检测等设备；开展信息化基础设施、安全防范体系、基础应用建设，有序推进园区网络优化升级、业务基础平台完善等工作，生产经营效率加快提高。（赵宇志）

【常柴股份有限公司概述】 2015年，常柴公司生产柴油机及机组82.26万台，销售柴油机及机组90.77万台，实现产品销售收入25.2亿元、出口创汇3648万美元、净利润7110.28万元。至年末，公司有职工2956人，总资产31.22亿元，净资产19.75亿元，资产负债率36.73%。年内，常柴公司单缸柴油机国内市场占有率行业第一，被认定为省级高新技术企业和工业企业质量信用AAA级企业，成为首批中国出口质量安全示范企业，获精耕杯全国农机行业评选售后服务、心仪品牌、匠心产品等奖项，入选江苏省自主工业品牌五十强和2015富有国际影响力的江苏品牌，连续12年入选中国最具价值品牌500强。根据世界品牌实验室（World Brand Lab）发布的2015中国500最具价值品牌排行榜，“常柴”品牌价值为43.72亿元。

新品研发及商业化步伐加快。2015年，常柴公司组织专利申报25项，4G33TC系列柴油机分别获中国农机行业年度产品金奖和精耕杯全国农机行业评选20佳匠心产品奖，3M78系列柴油机分别获中国农业机械零部件金奖和中国国际农业机械展览会金奖，4H11获中国农业机械零部件创新奖，4G33V16、HS400柴油机获省、市“高新技术产品”称号。在非道路国Ⅲ电控机型的开发上，常柴公司在同行业领先，开发了多款单缸、多缸柴油机全系列新品。公司利用非道路领域的产品优势，不断加快多缸机在收割机、轮拖配套领域的推广，积极开拓植保机械、工程机械等新领域，非道路多缸机销量比上年增长30%。在道路领域，公司加强国Ⅳ多缸机与东风汽车公司等企业的配套销售。在单缸机销售方面，在传统农机下滑严重的前提下，不断加大大缸径单缸机销售力度，提升了市场份额。（袁 勋）

【今创轨道交通产业园开工】 5月18日，总投资50亿元的今创轨道交通产业园在武进国家高新区开工奠基。一期用地530亩，建筑面积40万平方米，具备年产500辆整车车辆产品集成、2500辆车配套关键零部件及配套装备制造、600台4000马力以下内燃机车/双能蓄电池车的生产能力。项目达产后，可新增年产值近百亿元。

【艾雷奥特通用飞机整机制造项目落户常州】 10月30日，总投资1.5亿美元的艾雷奥特通用飞机整机制造项目签约落户常州航空产业园，主要生产波兰M-20海鸥6座轻型公务机，总投资1.5亿美元，一期注册资本6000万美元。该项目计划2016年2月完成相关生产设备和部分部件原材料的到场调试安装，并开展样机生产。M-20海鸥飞机属于轻型公务机，双发动机，6座，

常柴股份有限公司智能车间加工工位 （经信委 供稿）

是同类飞机中唯一全金属飞机。它采用波兰220马力发动机，巡航速度311公里/时，失速速度112公里/时（机翼放下状态），航程1240公里，巡航高度7620米，主要用于私人公务飞行、空中救护、短途货邮运输、双发仪表培训飞行和军队特殊任务飞行等。

【北京通用航空常州飞机工业项目开工建设】 2月26日，常州国家高新区与北京通用航空有限公司签署合作投资协议，注册成立北京通用航空常州飞机工业有限公司，共同建设P750飞机及后续机型生产制造和综合运营服务基地。10月28日，北京通用航空常州飞机工业有限公司项目开工建设。该项目是北京通航通用飞机制造、试飞、交付和维修服务华东基地一期工程，位于沪蓉高速公路以南、常州机场跑道以北，预计5年内总投资达50亿至100亿元。P750是世界上第一款超短距离起降的多用途飞机，可在各种恶劣条件下完成作业任务，广泛用于跳伞、客货运、航拍航测、物探、农林喷洒、飞播等。 （王　晶）

【输变电设备】 2015年，常州市有规模以上输变电制造企业207家，实现工业产值953亿元，增4.51%；完成主营业务收入950.1亿元，增4.4%；实现利税82.2亿元、利润53.3亿元，分别增8.6%、8%。有智能电网企业202家，完成工业产值727.8亿元，降0.29%；完成主营业务收入721.4亿元，降0.8%；实现利税77.6亿元、利润52.5亿元，分别增11.2%、100%。（朱　岩　于　波）

【瑞声金属射频模组项目落户武进区】 12月19日，总投资10亿美元的瑞声金属射频模组项目正式签约落户武进国家高新区。该项目注册资本3.5亿美元，主要研发制造手机用金属外壳模组、天线开关模组、新型电子元器件、微型声学器件等，达产后年销售预计50亿元。

【江苏格瑞力德空调生产基地】 1月，江苏格瑞力德空调制冷设备有限公司在武进绿色建筑产业集聚示范区揭牌，成为格瑞集团南方生产基地。11月2日，总投资4.5亿元的江苏格瑞力德空调生产基地奠基开工。该基地总占地约100亩，一期新建1.2万平方米的生产车间和4000余平方米的科研办公大楼，形成年产2000台大型商用溶液调湿机组、3000台户式家用溶液调湿机组的生产能力，年产值6亿元。格瑞集团总部位于北京，是全球最大的温湿度空调行业设备与服务供应商。2014年，该集团战略南移，将研发和生产重心从大连转移到常州市武进区。 （王　晶）

【光伏行业】 2015年，全市规模以上光伏企业完成主营业务收入631亿元，比上年增24.3%；实现利税72.2亿元，增46.8%；实现利润37.6亿元，增32.3%；完成工业产值652亿元，增24.32%，贡献份额21.4%，占全市规模以上工业产值5.7%。硅锭产能21223吨，产量19416吨；硅棒产能6196吨，产量719吨；硅片产能108664万片，产量73646.12万片；电池片产能5097兆瓦，产量4426兆瓦；组件产能6875兆瓦，产量8005兆瓦；逆变器产能500兆瓦，产量329.5兆瓦。主营业务收入和产值位居江苏省前列。 （周建荣）

【电子信息产品制造业概述】 2015年，常州市电子信息产品制造业主营业务收入2100亿元，比上年增9.8%，占全省比重6.6%。常州天合光能有限公司、江苏上上电缆集团有限公司、瑞声科技控股有限公司主营业务收入均超100亿元。瑞声科技控股有限公司、江苏华威世纪电子集团有限公司、常州祥明电机有限公司在第28届中国电子元件百强企业排名中分列第5位、第36位、第88位。常州市物联网产业完成主营业务收入220亿元，增29.4%。汉得利（常州）电子股份有限公司的新型高灵敏度压电陶瓷传感器的研发及产业化项目获省物联网和新一代信息技术项目资金扶持。举办第三届国际（常州）传感器技术与应用高峰论坛，中国国际传感谷启动建设。常州国家高新区成为江苏省传感器产业基地。 （余亮明）

【中国国际传感谷落户常州国家高新区】 10月22日，第三届国际传感器技术与应用高峰论坛在常州开幕，依托常州国家高新区传感器产业基础而建设的中国国际传感谷正式启动建设。中国国际传感谷布局有产业创新核心区、产业聚集重点区和产业发展协同区，其中规划总面积11.24平方公里的产业聚集重点区将分为制造企业集聚区、新北区龙虎塘生活配套区和新北区三江口综合商务区，已集聚美国森萨塔科技有限公司等国际知名传感器企业和常州市莱赛光电技术有限公司等细分行业知名企业。德国、美国、日本等国以及国内传感器领域的专家、学者及企业代表在论坛上交流研讨并展望未来发展趋势，常州国家高新区管委会与日本国内行业团体移动计算机推进协会签订战略合作框架协议，森萨塔科技（常州）有限公司等3家企业与中国国际传感谷（常州）管委会及相关行业机构达成合作意向并签约。 （王　晶）

江苏上上电缆集团有限公司 CIMS 集控中心 （经信委　供稿）

【常州国家创业中心新基地暨印刷电子产业园开工】 5月19日，常州国家创业中心新基地暨常州印刷电子产业园举行开工仪式。该基地和产业园坐落于常州国家高新区智慧科创园，主要包括印刷电子产业研究院及生产基地、国家级孵化器创业服务中心新基地和科技服务联盟集聚基地，计划总投资8亿元，总占地6.67万平方米，一期工程占地2万平方米，地上建筑4万平方米。印刷电子产业是采用印刷工艺制造电子产品的战略新型产业，将电子材料配成流动性的"油墨"，采用印刷方式制备成电子器件与系统，在可穿戴电子设备、柔性显示及照明、柔性健康医疗、柔性薄膜太阳能电池等领域已显现巨大的发展潜力和广阔的市场前景。 （王 晶）

【汽车工业及新能源汽车推广应用】 2015年，全市汽车及零部件产业拥有规模以上工业企业162家，完成工业产值656.2亿元，增15.8%，占全市规模工业比重5.7%。省经信委认定常州市为江苏省新能源汽车产业基地、新北区和溧阳市为江苏省汽车零部件产业基地。9月，常州东风汽车产业基地首款SUV（运动型多用途汽车）量产下线，湖南江南汽车制造有限公司金坛分公司竣工投产，北京汽车集团有限公司（简称"北汽集团"）新能源常州高端产业基地项目开工建设。常州市有整车生产资质企业4家，主要产品有城市SUV、新能源乘用车、公路客车、城市公交客车等，专用车生产资质企业5家，主要产品有军用和民用方舱、道路清障车、低温液化气体运输车、运马拖车、厢货车、旅居车、高空作业车等。全年新增各类新能源车辆777辆。至年末，全市建成充电站1座、充电桩2208个。 （石建中）

【北汽集团3项目落户常州】 4月18日，总投资100亿元的北汽集团新能源常州高端产业基地项目正式落户武进国家高新区，项目总投资100亿元，其中一期投资15亿元，将利用常州英田汽车工厂及新增的153亩扩建厂房进行生产，计划年产5万台新能源汽车。

12月28日，常州市与北汽集团就北汽新能源汽车动力电池、北汽集团常州产业基地2个项目进行签约。动力电池项目总计划投资约30亿元，致力新体系电池基础研究和关键技术开发，推进新一代锂离子电池的工程化和产业化，实现对动力电池产业链核心环节资源掌控，以支撑北汽集团新能源业务需求，带动全市新能源汽车动力电池产业发展；同时将以常州西太湖低碳湿地公园培训中心为主体，打造北汽新能源绿色商学院。北汽集团常州产业基地项目总投资50亿元，规划年产30万辆整车及配套零部件、物流项目。

【常州历史上第1辆轿车整车下线】 9月28日，湖南江南汽车制造有限公司金坛分公司竣工投产，常州历史上第1辆轿车整车下线。该项目总投资85亿元，占地1225亩，总建筑面积34万平方米，拥有冲压、焊装、涂装和总装4大工艺生产线，是集整车、新能源汽车、发动机及新能源核心零部件生产于一体的综合型制造基地。 （王 晶）

【生物医药工业】 2015年，全市135家规模以上生物医药企业完成产值278.81亿元，增7%，占全市规模以上工业2.43%；完成主营业务收入270.16亿元，增7.5%；实现利税39.96亿元，增1.1%；实现利润27.01亿元，增6.1%；完成工业投资88.14亿元，增3.8%；实现出口交货值65.17亿元，降7.72%。规模以上生物医药企业单位产值能耗0.06吨标准煤/万元，降12.3%；生产化学药品原药9039吨，降41.4%，全行业产销率98.01%。 （蓝天柱）

【健亚产业园一期开工奠基】 9月22日，健亚生物·胰岛素生态产业园一期在常州国家高新区常州生命健康产业园开工奠基。首期注册资本1.2亿美元，计划总投资10亿美元，总规划占地800亩，实施"一次性规划设计、分三期投资发展"的策略。项目一期产业化基地建设用地100亩，总投资3.5亿元人民币，建造吨级发酵罐生产线。健亚（常州）生物技术有限公司由国家"千人计划"特聘专家沈纯博士团队创建，由百奥财富（BVCF）及常州生命健康建设发展有限公司共同投资设立，该公司独家掌握世界首创的胰岛素生态工业化生产技术。

【中国科学院遗传资源研发中心（南方）项目开工奠基】 5月18日，中国科学院遗传资源研发中心（南方）项目在常州生命健康产业园开工奠基。项目占地366亩，计划总投资20亿元。项目分两期建设，其中2015年项目一期建设现代农业实验楼、再生医学实验楼、成果转化与科技交流楼、专家公寓等，建筑总面积约4万平方米。项目建成后，将成为中国科学院遗传与发育生物学研究所在常州的研发及产业化基地，包括现代农业基地和再生医学基地，以及神农装置、临床级干细胞库、高等模式动物、种子库、教育培训等平台建设。

【常州医疗器械产业研究院开园】 5月20日，常州医疗器械产业研究院开园。研究院成立于2014年5月，依托上海理工大学、常州大学等院校在医疗器械领域的专业优势和技术团队，联合医疗器械生产企业等组建而成，拥有建筑面积1.3万平方米的办公和实验大楼。

【国药集团基因项目落户西太湖】 2月11日，由中国医药集团与广州市达瑞生物技术股份有限公司联合投资的国药集团基因科技有限公司项目落户西太湖科技产业园。项目一期投资3亿元，租用西太湖医疗产业孵化园厂房5000平方米。公司将建立基因检测试剂研发中心、全国基因检测试剂盒配送中心、出生缺陷和遗传病临床应用基因数据库、标准化基因检测实验室等，开展涵盖遗传病诊断、产前诊断、单基因遗传病、肿瘤检测等项目在内的基因检测服务。 （王 晶）

【冶金工业】 2015年，常州市规模以上冶金工业企业完成现价工业总产值1849.8亿元，比上年降9.5%，占全市规模以上工业16.1%；实现主营业务收入2153.8亿元，降5.7%；实现利税131亿元，降2%，其中利润总额69.3亿元，降3.7%。全年生产粗钢1292.7万吨、钢材1676.2万吨。中天钢铁集团有限公司位列2015中国民营500强榜单第十三位、民营钢企第二位。常州东方特钢有限公司获轴承钢材产品生产许可证。 （张丽娟）

【化学工业】 2015年，全市规模以上化工企业完成产值1952.76亿元，比上年增14.9%，占全市规模以上工业总产值的17.05%；完成主营业务收入1910.47亿元，增13.6%；实现利税144.56亿元，增24.2%；实现利润87.21亿元，增22.4%。产值首次超过冶金行业，位居全市第二。 （张 羽）

【纺织服装】 2015年，全市536家规模以上纺织服装企业完成产值976.03亿元，增7.2%，占全市规模以上工业总产值的8.52%；完成主营业务收入975.75亿元，增7%；实现利税96.61亿元，增11.7%；实现利润58.15亿元，增13.7%；完成工业投资97.76亿元，增3.8%；实现出口交货值171.91亿元，降3.29%。生产牛仔布5650.1万米，增35.6%；服装44211万件，增2.5%；全行业产销率98.82%。全市规模以上纺织服装企业单位产值能耗0.03吨标准煤/万元，降3%。 （蓝天柱）

【立达纺纱应用暨研究中心开业】 4月28日，由立达集团建设的立达纺纱应用研究中心开业，可以提供从纤维到纺纱准备的全流程设备，以及开展从棉包到纱线的试验。立达集团是全球唯一能够提供所有4种纺纱技术的全流程纺纱机械制造商，总部位于瑞士温特图尔。2001年，立达集团收购爱希博特（常州）纺织机械有限公司，成立立达（常州）纺织仪器有限公司，2012年更名为立达（中国）纺织仪器有限公司并成为立达集团中国总部。

（王 晶）

【建材工业】 2015年，全市规模以上建材企业完成产值376.42亿元，比上年增0.3%，占全市规模以上工业总产值的3.29%；完成主营业务收入365.47亿元，降2.4%；实现利税54.6亿元，增6.3%；实现利润36.64亿元，增11.9%。江苏华大集成房屋有限公司国际住宅产业园一期项目竣工投产。 （张 羽）

【碳材料产业概述】 2015年，全市碳材料产业完成投资48亿元，总投资超3亿元的中简科技发展有限公司1000吨T700/T800级碳纤维项目开工建设，预计2017年建成投产。江南石墨烯研究院孵育常州碳元科技发展有限公司、常州二维碳素科技股份有限公司、常州第六元素材料科技股份有限公司等行业先导企业20家，累计销售超5亿元；与南京工业大学材料化学工程国家重点实验室签约共建省产业技术研究院石墨烯材料研究所；与上海交通大学、复旦大学等11所高校共建应用联盟；发起成立江苏省石墨烯产业知识产权联盟。10吨/年石墨烯微片工业化制备及其在海工装备重防腐涂料中的应用通过成果鉴定。5月，中国石墨烯科技产业展示馆揭牌。 （许红梅）

常州石墨烯科技产业园 （商务局 供稿）

【中简科技千吨级碳纤维项目开工】 5月13日，中简科技发展有限公司T700/T800级碳纤维千吨级项目在常州国家高新区开工建设，总投资超3亿元。

为承担国家863项目国产T700级碳纤维工程化技术，中简科技发展有限公司在常州国家高新区建有两条800吨级的原丝生产线和国内首条百吨规模国产化高强型碳纤维生产线，实现稳定批量生产。其中碳纤维生产线的关键设备全部实现国产化。T700/T800级碳纤维主要应用于航空航天、能源建筑、海洋钻探等领域。

【中国石墨烯展示馆揭牌】 5月18日，中国石墨烯科技产业展示馆在常州西太湖科技产业园揭牌，总面积约1000平方米。展馆分为仰望、阶梯、上升、绽放、云霄、穿越等展区，围绕"科技+人才+产业"，重点展示石墨烯的发展历史、石墨烯科普知识和国际国内发展动态，常州石墨烯发展概况、重点平台、政策支持、产业规划、发展成效、未来愿景，以及石墨烯产品、领军人才团队、未来产品体验等。

【常州石墨烯科技产业园开园】 5月18日，常州石墨烯科技产业园举行开园仪式，江南石墨烯研究院与上海交通大学、复旦大学、同济大学、西安交通大学等11所高校院所签订石墨烯运营技术推广合作协议。常州乾元碳素科技有限公司、常州烯源纳米科技有限公司等11家企业正式入驻园区。

常州石墨烯科技产业园位于常州西太湖科技产业园内，总投资25亿元，重点发展纳米碳材料（碳纳米管、石墨烯、富勒烯）、碳纤维及复合材料等先进碳材料产业。园区规划总用地面积约480亩，总建筑面积89万平方米，呈"一核三区"总体布局。项目一期投入使用，总投资10亿元，主要为核心区、孵化加速区和综合配套区。 （王 晶）

【新医药产业】 2015年，全市新医药产业完成投资17亿元。常州方圆制药有限公司与中国药科大学合作的氨基糖苷类药物的细胞药代动力学研究项目，常州寅盛药业有限公司与四川大学、药明康德新药开发有限公司合作的抗耐药结核病一类新药研发项目2个重大项目签约落地，合作总金额3450万元。上海合全药业有限公司常州分公司获批江苏省化学原料药合成工艺开发工程中心，江苏紫龙药业有限公司和江苏太平洋美诺克生物药业有限公司分别获省战略新兴产业项目支持1000万元。国产医疗器械示范工程示范产品应用总量达到150余台套，总价值300万元，通过评价系统采集完成200余例产品临床应用数据。认定第二批示范医疗机构3家、示范医疗器械企业10家。（许红梅）

【江苏华电戚墅堰发电有限公司概述】 2015年，戚电公司完成发电量54.8亿千瓦时，供热80.5万吉焦，缴税1.5亿元。至年末，累计实现安全生产4158天。全力维护发电生产安全稳定，建立完善电子巡检、消缺管理、生产任务督管、燃机监控等信息化生产平台，加强生产现场巡检和设备隐患排查，及时消除设备缺陷，保障机组安全稳定运行。加大对天然气支管线、调压站等重大危险源的管理力度，组织开展防汛抗台、反恐演练等各类应急演练25项。制作的安全生产宣教视频片《燃气区域安全应急管理》由中国电力出版社向全社会公开出版发行。公司获中国华电集团公司“五星级发电企业”称号。

打造震华工程技术品牌，积极拓展电力技术工程市场，精心承接好3家长期燃机维护工程。电网业务有序展开，完成220千伏及以下变电站扩建、安装项目4项，完成居配变工程（小区居住配电、变电工程）10余项。开展劳模创新工作室攻关活动，全年签订立项攻关项目35项，18项获公司劳模创新工作奖，公司劳模工作室获“江苏省示范性劳模创新工作室”称号。加强知识产权保护，4项目获国家知识产权局授予专利。公司燃机技术培训中心成为国内机型最全、规模最大的燃机技术培训基地，培训业务不断扩大。年内，F级2×475兆瓦燃机二期扩建工程竣工投产。

【华电戚墅堰公司F级燃机二期扩建工程投产】 9月25日，戚电公司F级燃机二期扩建工程首台机组投产。该工程2014年9月28日开工，是江苏省“十二五”重点规划的天然气发电项目，已纳入省“十二五”末电力供需平衡，并列入省20项能源重点项目和常州市重点项目。工程采用天然气为燃料，硫分较低，不含尘。（秦玲琳）

【江苏省电力公司常州供电公司概述】 2015年，常州供电公司完成电网固定资产及各类投资36亿元；35千伏及其以上线路开工137.43公里，变电容量176.3万千伏安；35千伏及其以上线路投产109.77公里，变电容量139.45万千伏安。至年末，全市有35千伏及其以上变电所207座，主变容量3846万千伏安，35千伏及其以上输电线路5976公里。受理常州地区分布式光伏发电并网申请项目50个，在途项目总容量17.162兆瓦；成功并网295个用户，累计367个并网点，并网容量207.612兆瓦，累计发电量25476.2695万千瓦时，上网电量5265.6021万千瓦时。

全力推进各电压等级电网的建设与改造。编制完成《常州市“十三五”电网规划》《“‘互联网+’智慧能源示范区”智能电网建设方案》。对接常州行政区划调整，确保电网规划与区域经济发展同步规划。政企协同推进重大电网建设项目，500千伏廻峰山—武南线路单改双工程前期工作取得重大突破，顺利完成220千伏东郊输变电等10项工程，建成投运110千伏景区等输变电工程8项，扩建完成单主变变电站22座，110千伏德胜变电站工程获江苏省电力公司安全质量管理流动红旗，并作为全省唯一110千伏工程项目参加国家电网公司优质示范工程评选。配电网“卡脖子”（电网联结最弱的那一段造成输电受阻的情况）专项整治取得显著成效。落实国家发改委、能源局东部6省农网、城镇配电网改造升级新增投资计划工作部署，强化对1529项升级改造专项工程的安全管控、计划管理和过程控制，进一步提升常州地区农网、城镇配电网供电可靠性。

开展“智能互动心服务，省心省钱绿色电”优质服务主题活动，制定95598工单“体检”制度，工单回访满意率99.8%。优化业扩流程，取消315千伏安容量以下客户受电工程设计审查和中间检查环节，完成1320项高压业扩工程、12个保障性住房供配电工程送电。圆满完成天宁禅寺第九届除夕听钟声祈福、2015年中华龙舟大赛等112项保电任务。首创基于大数据分析的SCCSCC反窃电分析工作法，精准查处12起高压工业用户窃电案，累计挽回电量损失517万千瓦时以上，追补电费及违约使用电费1365万元。推动中天钢铁集团有限公司余热回收项目投运，完成录安洲等码头低压岸电设计，实现省内首户居民新能源充电桩投运送电。年内，供电公司获“全国实施用户满意工程标杆企业”称号。

【江苏省内首座民营新能源电动汽车充电站建成投运】 4月17日，坐落于常州市钟楼区五星街道工业园旁的江苏龙途新能源电动汽车充电站建成投运，占地面积20亩，可供140多辆汽车停放，为江苏省内首个民营资本投入、面向社会的新能源电动汽车充电站，也是常州供电公司首次为用户提供充电站建设服务。

【国内首个“茶光互补”光伏电站在溧阳投运】 11月30日，江苏溧阳市埭头镇余家坝村的20兆瓦“农光互补”光伏电站正式并网发电。该项目由中利腾晖光伏科技有限公司子公司溧阳新晖光伏发电有限公司投资1.6亿元建设，占地面积668亩，建成后每年可发电2100万千瓦时，每年预计可少用标准煤6455吨，减少排放氮氧化物65吨、二氧化碳16783吨、二氧化硫142吨。该光伏电站在国内首次采用“茶光互补”的综合开发模式，通过35千伏线路接入电网，所发电量全部上网，是苏南地区首座大型地面光伏电站。“茶光互补”是通过在茶树上架设太阳能板，高效利用空间立体，大大提高土地和光能利用率，实现农业与光伏产业的互补。

【分布式光伏规模化并网安全技术的研究与应用获国家奖】 9月21日，在2015年度国家电网经济研究体系科学技术进步奖获奖项目中，常州供电公司经济研究所申报项目分布式光伏规模化并网安全技术的研究与应用获先进技术推广类一等奖。该项目通过研制应用电网故障切除光伏电站的自动装置、光伏联切策略装置内部逻辑等专利技术，解决分布式光伏发电规模化接入电网的安全性技术问题，有利于建立科学的分布式光伏并网项目的准入机制，超前防控分布式光伏接入对电网安全的不利影响，为光伏发电规模化并网提供安全保障，共获8项国家专利认证和1项国际专利认证。该项目于2014年研制成功，为常州地区创造直接经济效益6100万元，全省推广应用累计创造直接经济效益1亿元。

（冯　迪）

【用电分析】 2015年，全市全社会用电量408亿千瓦时，比上年增3.29%；最高负荷661万千瓦，最高网供负荷646万千瓦，与上年最高值相比分别增1.85%、2.37%。用电总量居全省第四，占全省总量的8%；增幅位列全省第九，高于全省1.25个百分点，较苏南五市平均增幅3.08%高0.21个百分点。地方发热电厂、企业自备机组、光伏电站等发电量44亿千瓦时，增11%，占全社会用电总量的10.8%，提升0.8个百分点。

产业用电。2015年，全市第一产业用电量3亿千瓦时，增14.53%；第二产业用电量328.3亿千瓦时，占全社会用电的80.46%，增2.79%；第三产业用电量42.4亿千瓦时，占全社会用电的10.38%，增4.26%。

工业用电。2015年，全市工业用电量325亿千瓦时，增2.97%，占全社会用电总量的79.77%。其中全年轻工业用电量72.6亿千瓦时，增7.67%，占全市工业用电量的22.3%；全年重工业用电量252.9亿千瓦时，增1.7%，占全市工业用电量的77.7%。全市工业用电总量居全省第三。

城乡居民生活用电。2015年，全市城乡居民生活用电34.4亿千瓦时，增6.05%，占全社会用电总量8.43%。其中，城镇居民生活用电15.1亿千瓦时，增7.91%；乡村居民生活用电19.3亿千瓦时，增4.63%。

各地区用电。2015年，常武地区全社会用电量291.1亿千瓦时，增3.78%；工业用电量227.2亿千瓦时，增3.8%。金坛区全社会用电量48.8亿千瓦时，增6.68%；工业用电量40.9亿千瓦时，增5.96%。溧阳市全社会用电量68.1亿千瓦时，降1%；工业用电量57.4亿千瓦时，降2.06%。（陈丽娟）

企业发展

【常州市与中央企业对接合作】 2015年，中央企业在常州市有各类投资合作项目52项，总投资额787亿元，其中10亿元以上重大投资项目18项，总投资713.8亿元。市委、市政府领导多次带队拜访北京汽车集团有限公司、东风汽车集团股份有限公司、中国航空工业集团公司等集团总部，协调推进重大合作项目。北汽新能源常州高端产业基地、中航锂离子动力电池、招商局联合光伏电站、国药集团健康产业基金、中建国际华东中心等项目签约落户，西电常变特高压变压器及电抗器技术改造、国药集团新型药物制剂生产、国信溧阳抽水蓄能电站、宝钢工程宝鹏建筑工业化材料产业园、中石油西气东输天然气储备库等项目开工建设。常州东风汽车产业基地首款SUV量产下线、湖南江南汽车制造有限公司金坛分公司竣工投产、华电常州F级燃机二期扩建机组顺利投产、大唐国际金坛燃机热电联产项目正式获批。常州市和国务院国有资产监督管理委员会管理的106家中央企业中的60余家大型企业建立对接合作。

【企业兼并重组】 2015年，全市企业兼并重组案例36件，涉及金额73.6亿元，其中并购金额超过1亿元的案例13件。企业兼并重组步伐加快，产业链资源的整合正在成为调整优化产业结构、提升发展质量效益的重要途径。处于规模扩张和转型升级发展阶段的中小企业仍是兼并重组的最活跃群体。

（何　强）

【中小企业】 2015年，常州市有规模以上中小微工业企业3999家，占全市规模以上工业企业数97.7%；实现总产值7424亿元、主营业务收入7263亿元、利税697亿元，分别增7.4%、6%和10.3%，占全市规模以上工业的64.8%、62.9%、65.8%。

全市有中小企业公共服务平台48家，其中五星1家、四星3家、三星16家。新增省重点培育小企业创业基地3家，累计30家，其中新增省示范小企业创业基地4家，累计21家。

【民营企业】 2015年，常州市民营经济完成增加值3541亿元，占全市地区生产总值的67.2%。规模以上民营工业企业3218家，占全市规模以上工业企业总数的78.6%，完成产值7253亿元，增4.5%；实现主营业务收入7436亿元，增4.2%；实现利税679亿元，增11.4%。规模以上民营工业企业完成产值、销售收入和利税分别占全市总量的63.3%、64.4%和65.9%。（陈荣平）

节能与淘汰落后产能

【节　能】 2015年，全市围绕“稳增长、调结构、促转型”和“十二五”节能减排目标总体要求，抓住“改善存量，优化增量”主线，多措并举，取得实效。重点跟踪的节能改造项目83个，总投资额近18亿元，改造完成后可节约能耗30万吨标准煤。推进62家“万家企业”（年综合能源消费量1万吨标准煤以上以及有关部门指定的年综合能源消费量5000吨标准煤以上的重点用能单位）按照国家及省要求建立能源管理体系并通过认证或评价，完成省进度要求。完成重点用能企业的能源审计46家，完成自愿性清洁生产50家。

（赵　捷）

【化解过剩产能和淘汰落后产能】 2015年，常州市承担省级及以上化解过剩产能和淘汰落后产能项目15项，其中国家化解过剩产能企业1项、省淘汰落后产能项目14项。淘汰水泥310万吨、铁合金4.1万吨、印染1.65万吨1.05亿米、铅蓄电池21万千伏安时、纺织0.7万吨、铸造8.5万吨，以上项目由15家企业承担，15个项目全部通过省、市联合验收组组织的验收。

（欧阳军）

2016

农村工作和农村经济

Rural Work & Rural Economy

◆责任编辑　汪旭东

农村工作

【概　述】 2015年，常州市加快苏南现代化示范区建设，实施城乡发展一体化三年行动计划，农业农村发展延续良好态势。

推进富民强村工程。把促进农民增收作为中心任务，通过促进农民创业就业、推进农村产权制度改革、提升社会保障水平，落实农民收入倍增计划。年内全市农民人均可支配收入21913元，比上年增8.8%。实施村级增收三年行动计划，推进经济薄弱村转化，注重对年收入千万村的培育，促进全市村级集体经济发展的转型升级。

培育新型农业经营主体。引导农村土地有序流转，发展多种形式的适度规模经营。培育家庭农场、农民合作社等新型农业经营主体，推进家庭经营、合作经营、企业经营、集体经营共同发展。

深化农村改革创新。全面推进农村土地承包经营权确权登记颁证，对全市有确权任务的38个镇、街道开展逐村督查。推进农村集体产权制度改革，武进区农村产权交易所和全部14个镇级交易站建成运行，年内成交项目111宗，成交金额3475.75万元，平均溢价15.8%。开展土地经营权抵押贷款试点，累计发放贷款19笔，贷款金额1857.7万元。武进区开展全国农村改革试验，农村土地承包经营权流转管理试验已完成10项制度设计，推进农产品目标价格保险改革，建立农产品成本和价格信息采集点，价格监测发布平台运行。

建设城乡一体化。推进美丽乡村示范村创建，年内确定常州市美丽乡村示范创建村10个，并开展规划编制和项目建设。加强农村村庄环境长效管理，实行季度督查和年度考核。推进村级“四有一责”建设，成功创建常州市村级“四有一责”建设示范镇8个。

改善农村民生。以辖市区为单位，实现城乡居民社会养老保险、城乡低保制度全面接轨，并提高保障标准。完成2012—2014年度的茅山老区“百千万”帮扶工程，三年实施帮扶项目509个，帮扶资金4566万元。

【农村经营管理】 2015年，常州市发挥各地土地流转服务平台和农村产权交易市场作用，引导农村土地向专业大户、家庭农场、合作组织等新型农业经营主体规范流转，促进农业适度规模经营水平稳步提高。全市处在流转状态的耕地面积118.9万亩，占全市家庭承包经营耕地面积的70.9%；新型农业经营主体规模经营面积128万亩，比上年提高5.05个百分点。

【农村土地承包经营权确权登记颁证】 2015年，常州市全面推进农村土地承包经营权确权登记颁证工作，金坛区作为省确权登记颁证整体推进县，基本完成权属调查、地块审核公示、承包合同签订工作，合同签订率97.15%。至年底，全市515个应确权的行政村

10月30日，金坛区进行农村土地承包经营权确权登记颁证（农工办　供稿）

已全面启动确权登记颁证工作，406个村完成权属调查，247个村完成审核公示，133个完成签订承包合同，分别占应确权村数的78.83%、47.96%、25.82%；签订承包合同12.49万份，确认家庭承包面积37.41万亩、地块21.98万块，颁发土地承包经营权证书2030份。（冯科伟）

【家庭农场】2015年，常州市按照创新农业经营体制、激发农村发展活力的要求，坚持农民自愿、家庭自营、适度规模、因地制宜的原则，加快农业生产经营方式转变，鼓励家庭农场发展。强化专业大户、家庭农场分类统计、建档立卡和家庭农场运行监测动态管理工作，建立示范家庭农场名录制度，设立财政专项扶持资金，重点扶持100—300亩的种植业家庭农场，尤其是粮食类家庭农场，强化家庭农场的指导、扶持和服务工作。按照常州市示范家庭农场认定管理暂行办法，通过宣传引导、认定登记、规范提升和典型带动，培育一批产业特色鲜明、运作管理规范、社会效益好、示范带动强的家庭农场。2015年，全市经农经部门认定的家庭农场2349家，其中县级以上示范家庭农场277家。（徐德岭）

【政策性农业保险】2015年，常州市巩固水稻、小麦、油菜等主要种植业的承保面，能繁母猪和奶牛应保尽保，积极推进高效农业保险发展，不断拓展政策性农业保险覆盖广度。全年各险种保费收入1.27亿元，为农业生产经营提供风险保障34.24亿元，其中高效农业保险保费（含能繁母猪和奶牛）8132.55万元，高效保险覆盖面64.14%。4月28日雹灾和6月16日、6月26日两次强降雨，造成较大损失。全年种植业各险种涉险23.69万亩，养殖业涉险155.04万头（羽、只），涉险农户5.18万户，理赔金额9292.61万元，均及时足额赔付到位，减少农业生产经营者损失。年内，武进区保费收入出现超赔，首次启动市级巨灾风险准备金拨付程序，动用市级巨灾风险准备金169.6万元。（冯科伟）

【农民负担监管】2015年，常州市落实涉农负担责任追究制等农民负担监管制度，调整农民负担监管工作重点，依照村民一事一议筹资筹劳管理办法的规定，加强对一事一议筹资筹劳的监管力度，规范一事一议民主议事程序，确保农民负担不反弹。年内，全市有128个村实施一事一议筹资，筹资数额825万元，与上年基本持平。全市统一制发14.6万份农民负担监督卡，于5月底发放到村民手中。全年全市实施村级公益事业一事一议财政奖补项目280个，财政奖补资金5151.5万元，其中市级财政资金1026.5万元。

【农村合作组织】2015年，常州市加大农民合作社规范化建设力度，出台《关于开展农民合作社规范化建设活动的意见》，提出全市合作社规范化建设的目标和工作思路、措施。3月，开展农民合作社名录建设工作，全市有583家合作社被列入政府优先扶持的农民专业合作社名录，其中农民专业合作社545家、农地股份合作社32家、其他6家。继续做好合作社示范社创建工作，建立部、省、市以及县（区）级示范社四级联创制度，分别创建成省级和市级“三好三强”（组织建设好、制度执行好、社员口碑好，服务能力强、竞争能力强、增收能力强）示范社30家、50家，46家合作社监测点运行良好。推广集合作社财务管理、社务管理、成员管理、购销管理为一体的征东合作社管理软件，首批282家合作社入网，完成辖市区、乡镇征东合作社管理软件平台组建。年内，全市新增农民合作社227家、合作社成员1.2万户，新增农民、富民、劳务等新型合作经济组织54家。至年底，全市有农民合作社总数2678家、合作社成员73.2万户。农村集体经济股份合作改革有序推进，股份合作社总数527家，其中村级459家，股东116万人。

【农村实事工程】2013—2015年，常州围绕农民教育培训、农民卫生健康、农民交通出行、农村文化建设、农村社会保障和农村环境整治工作，实施新一轮农村实事工程。

农民教育培训工程。2013—2015年，全市完成农业专项技术培训64834人、农业实用技术培训22.3万人次、农民创业培训3493人、持证农业劳动力培训8.9万人、新型职业农民培训11883人。全市开展农村劳动力转移培训2.97万人，其中有1.8万余名农村劳动者享受获证奖补政策，金额1600万元。

农民卫生健康工程。2015年，全市有167.53万参加新型农村合作医疗保险，参保率100%，新型农村合作医疗筹资标准达到603元/人。住院实际补偿比56.03%，累计19.32万人次获住院补偿，住院补偿7.54亿元，政策范围内住院补偿比81.28%。农村20种重大疾病医疗保障大病保险全面实施。

农民交通出行工程。2013—2015年，全市累计建设农路800公里，建设桥梁200座。全面完成农村公路的安全隐患排查，排查农村公路隐患路段4541个，合计1383公里。

农村文化建设工程。2013—2015年，全市累计完成送书下乡360万元、送戏下乡3693场、送电影40730场。

农村社会保障工程。2014年，最低生活保障和农村居民养老保险以辖市区为单位实现城乡并轨。2015年7月1日起，天宁、钟楼、新北3城区城乡低保标准为670元/月，金坛区、溧阳市城乡最低生活保障标准均为590元/月，武进区城乡最低生活保障标准为620元/月。至2015年底，保障农村居民15286户26361人。2015年市区城乡居民基本养老保险基础养老金标准每月提高至190元，老年居民养老补贴同步提高至330元；参保缴费人员养老金最低每人每月提高至368元。

农村环境整治工程。2013—2015年，全市累计疏浚县、乡河道613.19公里，土方1177.06万立方米；疏浚729个行政村的村庄河塘5666座、村组河道421条，土方2576.86万立方米。

（王苗苗）

【村级“四有一责”建设】2015年，常州市推进村级“四有一责”建设，全市村级经济稳步发展，村集体年收入全面达到80万元以上，村均集体年收入达369万元；所有行政村综合服务中心全部超过400平方米以上，基本做到整洁美观、功能完善、服务高效；先进适用的信息网络全部到村，已建成网上村委会、村居廉线、城乡社区信息平台等综合信息平台；全市“双强”（思想政治素质强、科学发展能力强）村党组织带头人比例95%以上，“双强”带头人对稳定农村、促进村级增收的作用越来越明显。全市村级“四有一责”建设以镇为单位整体推进，全年创建市村级“四有一责”示范镇8个。

（徐朝宁）

农村经济

【概　述】2015年，常州市农业系统应对各种自然灾害，加快推进农业现代化建设，农业实现持续发展。常州以大市为单位被农业部认定为第三批国家现代农业示范区。2014年全市农业基本现代化进程监测得分为83.8分，较上年提高4分，全省排名第四，溧阳市、金坛区、武进区和新北区全部进入全省第一区间。

全市完成农林牧渔业总产值271.8亿元，实现农林牧渔业增加值156亿元，分别比上年增5.83%、5.87%。其中，农业产值147.24亿元，占54.2%，增6.1%；林业产值1.90亿元，占0.7%，增5%；牧业产值38.75亿元，占14.3%，增3.5%；渔业产值68.27亿元，占25.1%，增5.5%；农林牧渔业服务业产值15.6亿元，占5.7%，增10.6%。全市农业、林业、牧业、渔业和农林牧渔服务业分别完成国内生产总值（增加值）95.1亿元、0.96亿元、14.03亿元、36.46亿元和9.42亿元，分别占农林牧渔业增加值总量的61%、0.62%、9%、23.4%、6%。粮食产量108.3万吨，降3.5%；蔬菜产量88.75万吨，降3.5%；肉类（猪牛羊）产量14.39万吨，降1.6%；禽肉产量6.89万吨，降2.54%；水产品产量17.79万吨，降4.7%；禽蛋产量3.37万吨，增1.7%；茶叶产量2819吨，与上年持平；水果产量12.90万吨，降5.60%；牛奶产量1.77万吨，降14.3%。

【农业抗灾复产】2015年，全市农业生产接连遭遇重大雹灾和洪涝灾害侵袭，损失惨重。4月28日20时前后常州市出现雷暴、短时强降水、8—9级雷雨大风等强对流天气，部分地区出现单体直径达20毫米以上罕见大冰雹，最大直径超过50毫米，对农作物和农业生产设施造成严重破坏，导致全市农业总损失逾7.45亿元。其中，小麦受灾面积8.43万亩，绝收面积1.3万亩；蔬菜受灾面积2.73万亩，花木受灾面积2.38万亩，果品受灾面积6万亩，损坏智能温室9万余平方米、钢架大棚1.27万亩；畜禽栏舍受损面积超过60万平方米；水产养殖受灾面积1.58万亩。进入汛期后，全市先后遭遇三次强降雨水袭击，导致全市农业大面积受涝，总面积达84.19万亩，其中水稻32.03万亩、蔬菜10.93万亩、果树6.98万亩、花木15万亩、水产19.25万亩。畜牧业受涝面积181.2万平方米，死亡大牲畜3365头、家禽181.78万羽。农业经济总损失达15.15亿元。市农委及时出台农业救灾复产技术指导意见，调度下拨农业救灾复产资金686万元，积极协调农业生产物资，组织农民开展生产自救，发动农户补栽补种水稻近5万亩；切实加强灾后田间管理的服务指导，抓好重点病虫害防治和高产创建，实现大灾之年未出大乱，农业生产保持稳定发展。

（陈　娟）

【农业物质装备建设】2015年，全市新建高标准农田6.1万亩，新发展设施农业（渔业）面积2.85万亩，建设物联网智能农业示范点13个，农业机械化水平87%。

（姜德兴）

【现代农业产业园区】2015年，全市新认定市级农业产业园区10家，累计建成市级以上农业产业园区56家，其中省级6家，农业园区总面积32.6万亩。

【农业龙头企业】2015年，全市新增省级农业产业化龙头企业6家。市级以上农业产业化龙头企业总数91家，其中国家级3家、省级37家、市级51家。91家市级以上龙头企业实现销售（交易额）618亿元、利税10.9亿元、出口创汇8000余万美元，分别比上年增9.6%、5.3%和6.5%。全市销售（交易额）过亿元的龙头企业32家，72家市级以上加工型为主的农业龙头企业实现销售125亿元，较上年增加6亿元；市场型龙头企业发展继续保持“领头羊”地位，凌家塘农副产品批发市场、夏溪花木市场分别实现交易额302.7亿元、164.3亿元。有57家农业产业化龙头企业达到“五个一”（创建一个基地、致富一方农民、振兴一个产业、对接一个农民合作组织、打造一个优势品牌）示范标准，其中跻身全省示范创建先进企业8家。市级以上农业龙头企业中有3家企业获中国驰名商标，29家企业产品获评江苏名牌或江苏名牌农产品，59家企业获“三品”（无公害农产品、绿色食品、有机农产品）认证，69家企业通过产品质量体系认证和设立专门质检机构。市级以上龙头企业的带农惠农能力进一步提升，带动农户144万户，增6%，其中通过合作合股方式带动农户数38.6万户，增加1.6万户；67家市级以上龙头企业拥有自建基地，占市级以上龙头企业的73.6%，

江南花都产业园家绿园艺有限公司植物工厂　（农委　供稿）

自建种植基地面积16.2万亩，比上年增加0.4万亩。

【农业科技】2015年，市农委会同科技部门开展农业企业科技需求调查。9月，市农委组织一批农业企业赴武汉、长沙，与中国水产科学研究院长江水产研究所、中国科学院水生生物研究所、隆平高科股份有限公司、湖南省农业科学院农业科研单位进行对接、洽谈合作。11月，组织60多名农业企业家赴山东大学进行培训。年内，全市依托农业科技入户工程培育农业科技示范户3950户、农业科技核心示范户650户，组织实施农业新品种、新技术、新模式科技创新项目140个以上。农业科技进步贡献率66%。（陈文洁）

【农业安全防控】2015年，全市抓好春季防疫、夏季消毒灭源和秋冬防疫三大防疫行动和H7N9禽流感、小反刍兽疫防控工作，累计免疫生猪口蹄疫155.27万头份，牛、羊口蹄疫14.39万头份、家禽5080.6万羽份，实现应免尽免，记录着生长性能、免疫情况、养殖场地信息的存栏猪、牛、羊新型二维码标识的挂标率100%，免疫档案配套使用率100%。全年检测牲畜口蹄疫、高致病性禽流感样品4.05万份，抗体合格率分别为88.6%和94.7%，分别高出农业部畜禽抗体合格率标准18.6和24.7个百分点。落实森林防火工作措施，实现全年无重特大森林火灾发生、无人员伤亡事故。加强农机安全监理，开展农机“打非治违”、安全生产大检查、“平安农机”创建活动，全年检验拖拉机、收割机8837台，备案登记2222台，注销两年未检变型拖拉机牌证241台，组织安全检查140组次，检查机械2698台次，排查隐患37起。全市新创建平安农机合作社16个，累计创建平安农机示范县区3个、示范乡镇33个、示范农机合作社107个。（姜德兴）

【农资监管】2015年，市农委贯彻落实重事前规范和监管与建设并重的农资监管新理念，组织推行乡镇农资经销网点“六个一”（一套农资进销台账、一份农资经营质量承诺书、一份禁<限>用农药告知书、一个高毒<限用>农药销售专柜、一本农资经营<使用>者法律手册、一份农资购买须知告知书）规范化建设，全年全市建成“六个一”规范化农资经销网点640余个，实现全覆盖。市农林行政执法支队开展农药、肥料、兽药、饲料等各类专项执法检查和质量抽检15次，出动执法人员3059人次，检查农资生产经营单位1490个次；查获假劣农资产品1.52万公斤，价值7.23万元。（王　程）

【农业贷款保证保险】针对农业龙头企业“融资难、融资贵”的问题，市农委会同财政部门出台《常州市农业企业贷款保证保险专项资金管理暂行办法》，设立专项资金400万元，联合中国银行、长安保险等机构试水农业企业贷款保证保险，全年放贷3300万元。（陈　娟）

【农业项目管理改革】2015年，市农委针对“项目上不来，资金下不去，基层盼支持”的实际，实行中间突破，坚持“稳步推进、平稳过渡”原则，在全省率先实施农业项目管理改革，对高效设施农业、休闲观光农业、智慧农业3类项目进行先建后补，对生态农业建设、外向型农业、农业产业化龙头企业培育、现代农业产业园区、农产品电子商务5类项目实行以奖代补，探索建立“外三内四一座桥”的农业项目管理新模式，即一个项目指南发布、全媒体公开、第三方审计，农业部门科教统筹、业务条线归口管理、计财绩效评估、纪检监察跟踪监督，农业部门与财政部门政策协调、沟通协作。全市下达市级奖补资金5584万元，支持农业项目161个。其中，高效设施农业项目60个，奖补资金2886.55万元；休闲观光农业12个，奖补资金369.12万元；智慧农业（物联网+农产品电子商务）项目18个，奖补资金329万元；生态农业项目19个，奖补资金335.29万元；外向型农业项目19个，奖补资金315.68万元；龙头企业培育项目23个，奖补资金848.65万元；现代农业产业园区项目10个，奖补资金500万元。（陈文洁）

【农产品质量建设】2015年，常州市在全省率先探索运行“互联网+”农产品质量监管新模式，开发运行全市农产品质量安全网格化监管平台，实现各层级各检测点的联网运行和监管动态的实时上传；构建起市、辖市区、镇、村四级网络监管体系，整合各层级农技人员资源，建立责任到村的监管员队伍，将农业生产主体全部纳入监管范围。全市有20个镇构建形成“纵向分层监管到底、横向分块监管到边、纵横无缝对接”的立体型网格化监管机制，溧阳社渚镇农产品质量网格化管理试点成为全省典型。全市新增“三品”144只，全年农产品抽检合格率98.8%，实现重大农产品质量安全事故零发生。（晋朝柱）

【外向型农业】2015年，常州市吸纳工商资本、民间资本、外商资本47.6亿元投入农业。全市农业行业协议利用外资1.74亿美元，实际利用外资1386万美元。全市农产品出口8873万美元，比上年增26%，出口总量居全省第9位，增幅居全省第1位。（谢鋆韬）

【国家森林城市创建】1月23日，市委、市政府召开创建国家森林城市（以下简称“创森”）现场推进会，对2015年度创森工作进行部署，下达年度目标任务书。3月12日，市委书记阎立在全民义务植树节上向全市发出“创建森林城市，建设美好家园”的动员令。年内，全市重点组织实施森林生态屏障、城乡绿色家园、生态景观廊道、生物多样性保护、森林质量提升5大工程建设，完成造林5.51万亩。其中，成片造林3.96万亩，建设环湖健康绿道3900亩，实施丘陵岗地森林植被恢复、低产林改造2.07万亩，新建、完善高标准农田林网1.32万亩，建设绿色通道、水岸生态廊道1.3万亩，建成省级绿化示范村99个。江苏天目湖国家森林公园获正式授牌，西太湖湿地公园获批建省级湿地公园，完成对9处市级森林公园和9处市级湿地公园的授牌。9月25日，溧阳市被评为全国森林旅游示范县，为江苏省唯一。全市初步形成“一核、双心、九极、七板块、多廊、多点”（“一核”是指常州市建成区城市森林建设，“双心”是指金城镇和溧城镇两个二级中心城市的城市森林建设，“九极”是指九个中心镇绿地建设，“七板块”是指城市内以滆湖和钱资湖为中心的以及城市周边的七块大型生态绿地，“多廊”是指主要交通干道、骨干

河流两侧的生态廊道，“多点”是指重点村庄人居生态环境建设）的森林城市建设格局。（佘广美）

【休闲观光农业】2015年，全市建成各类休闲农业场所100多家，全市农业旅游景点接待游客655万人次，实现农业旅游收入20.5亿元，分别比“十一五”末增长26.5%和170%。（蒋洪国）

【农业会展】2015年，市农委组织农业企业参加第十三届江苏名特优（上海）农产品交易会暨常州名特优农产品专场推介会、第十七届（2015）江苏农业国际合作洽谈会、第十三届中国国际农产品交易会、第七届“阳湖”果品节、第三届“常州乡村年货大街”、2015中国南通江海国际博览会农产品展示展销会、2015第十届无锡现代农业博览会等会展活动。全年累计组织各类农产品企业281家次进场销售，展销面积1万平方米，参展农产品逾千种，实现现场销售600万余元。通过会展招商活动，全市与外商达成投资协议项目2个，总投资额3298万美元；达成贸易合作项目4个，贸易额达3422万美元；达成技术合作项目1个，投资额350万元人民币。第十三届江苏名特优（上海）农产品交易会常州专场推介会在上海举行，160余名客商参加，现场签约项目14个，签约项目合同金额9.5亿元。其中，项目投资7亿元，协议到常州进行农业旅游人数5万人，主要涉及现代农业产业园区建设、农产品精深加工、生态休闲基地建设、高效设施农业发展等领域。（谢鋆韬）

【农业法治】2015年，市农委举办农业依法行政能力培训班3期，累计培训农业管理、执法等相关人员200余人次。开展以“法律护农进万家——普法惠农、服务三农”为主题的现场宣传活动。推进行政处罚案件信息公示工作，修订《常州市农业行政处罚案件信息公开办法》，市农林行政执法支队创成省农业综合执法标准化单位，全市未发生一起涉农行政诉讼及行政复议案件。（王珊珊）

【种植业】2015年，全市粮食播种面积214.1万亩，亩产505.8千克，总产108.3万吨，面积比上年减少7.2万亩，亩产增加1.1千克，总产减少3.9万吨。全市小麦单产356.3千克，为历史第二高；水稻单产643.5千克，创历史新高，蝉联全省“十三连冠”。全市稻麦周年亩产999.8千克，基本实现“吨粮市”目标。分辖市区看，溧阳市全年粮食播种面积102.8万亩，亩产524.2千克，总产53.9万吨；金坛区全年粮食播种面积53.4万亩，亩产502.9千克，总产26.9万吨；武进区全年粮食播种面积21.3万亩，亩产474.9千克，总产10.1万吨；新北区全年粮食播种面积32.7万亩，亩产478.5千克，总产15.6万吨；天宁区、钟楼区全年粮食播种面积3.9万亩，亩产450.5千克，总产1.8万吨。（金 军）

【夏熟生产】2015年，全市夏粮播种面积88.1万亩，其中小麦85.3万亩，均比上年下降1.3万亩；大麦和蚕豌豆分别为0.4和2.4万亩。油菜播种面积20.2万亩，减少3.8万亩。夏粮单产351.3千克，小麦单产356.9千克，分别减少0.5、0.4千克；油菜单产163千克，增加2.1千克。夏粮总产30.9万吨，小麦总产30.4万吨，油菜总产3.3万吨，分别减少0.5、0.04和0.6万吨。从产量构成看，小麦每亩穗数30.2万穗，每穗粒数37.5粒，平均千粒重40.3克，分别减少476穗、减少0.7粒、增加1.1克，理论单产457.3千克；油菜每亩株数0.5万，每株角果数576.1个，每角粒数19.6粒，平均千粒重3.8克，分别减少297株、减少15个角果、减少0.1粒、增加0.2克，理论单产213千克。

受国家油菜籽临时托市收储政策变化影响，菜籽单价由2014年的每千克5.2元下降至3.46元，降33%。典型农户效益调查显示（效益不含各类现金补贴），油菜亩总产值591.1元，比上年减少240.1元；亩成本682.1元，增加14.4元；亩效益负91元，减少254.5元；成本构成中，种子15.4元，化肥155元，农药21.1元，机械作业22元，亩均用工468.6元，除用工费增25.4元外其余成本费用同比持平。小麦方面，继续启动最低收购保护价，每千克平均售价2.35元，与上年相同，亩产值889.2元，亩成本517.7元，亩纯收益371.5元，分别增加3.8元、减少31.1元、增加34.9元。亩成本构成中，种子56.3元，化肥138.2元，农药28.4元，机械作业121元，亩均用工173.8元，机械作业费用减少19.7元，减幅最大。

金坛水稻高产示范片粮食收割（农委 供稿）

2015年，全市开展夏熟粮油高产创建，建设部省级麦油万亩示范片16个，比上年减少2个；高产创建总面积17.84万亩，覆盖农户5.47万户。市级组织开展麦油作物的品种、技术、配方肥、农药推广技术展示，建成小麦新品种展示基地4个、麦油新技术展示基地6个和小麦病虫草防控技术研究基地3个。经过县级自测和市级复测，部省级小麦万亩片平均亩产476千克，油菜万亩片平均亩产257.2千克。省高产创建专家组对金坛指前镇的稻茬机条播小麦万亩片进行实割测产，产量幅度466—518千克，平均亩产492.5千克，为苏南抽测示范片第一名。市级复测情况显示，地区间高产创建水平差异较大，在6个万亩片中，穗数变幅28—37万，穗粒数变幅33—53粒，千粒重变幅37—43克，理论产量变幅404—635千克。

夏熟粮油依靠科技进步稳定提升产能。茬口方面，小麦中稻茬麦占99.6%；稻茬麦中，免少耕播种占75.8%，深耕播种占24.2%。播种方面，全市小麦人工撒播占89.2%，机械化麦播技术覆盖面有所扩大，机条播、机摆播总面积9.25万亩。在免少耕人工撒播田中，稻田套播和板茬直播分别占36.8%和63.2%。油菜大田和十边种植分别占比58%和42%，种植方式主要以育苗移栽为主，占90.8%。在移栽油菜中，稻茬免耕摆栽占58%，成为主导油菜播栽方式，稻板茬移栽占36%。金坛区继续示范油菜机械移栽面积500亩。良种推广方面，小麦以中筋品种扬辐麦4号（36.5万亩）和扬麦16号（29.2万亩）为主，扬麦20号（8.2万亩）种植面积扩大，3个品种总面积占小麦总面积的86.5%，其中建成统一化、规模化生产基地13万亩，订单种植1万亩；油菜以宁油18号（5.1万亩）、宁杂1818（4.8万亩）和油研10号（3.4万亩）等“双低”（低芥酸、低硫甙油菜）品种为主，面积占比68.6%，麦油良种覆盖率99%。栽培技术配套方面，小麦精量半精量播种面积52.2万亩，沟系配套84.3万亩（机开沟81.9万亩），机械匀条播高产栽培技术9.3万亩，小麦精确定量栽培技术43.3万亩，秸秆还田小麦全苗壮苗技术59.4万亩，套播麦高产栽培技术16万亩，晚播独杆小麦栽培技术6.2万亩；油菜适期移栽面积15.1万亩，沟系配套18万亩（机开沟13.6万亩），秋发冬壮高产栽培技术15.9万亩。农药投入方面，小麦药剂拌种32.9万亩，油菜苗床化控比例75%，开展麦油病虫草防控累计269.7万亩次；肥料投入上，小麦亩均投肥折纯量分别为16.9千克氮、4.6千克磷和4.5千克钾，油菜亩均投肥折纯量分别为18.9千克氮、6.5千克磷和6.5千克钾，麦油氮肥投入均有所下降，磷肥、钾肥用量有所增加。（金　军　李伟海）

【秋熟生产】 2015年，全市秋粮种植面积126.1万亩，比上年减2.5%；实种水稻114.4万亩，减少5.1万亩，减2.3%。秋粮总产77.4万吨，减4.1%，其中稻谷总产73.6万吨，减少3万吨，减3.9%。分品种类型来看，全市粳稻面积104.9万亩，占比91.7%；糯稻6.3万亩，籼稻3.1万亩。全市秋粮单产613.9千克，增0.4%，其中水稻单产643.5千克，增加2.5千克，增幅0.4%。从辖市区水稻单产水平来看，武进区648.7千克，金坛区645千克，溧阳市643.5千克，新北区641千克，是历史上辖市区水稻单产水平最为平衡的一年。从产量构成来看，全市水稻亩均有效穗数21.5万，减0.9万，基本达到足穗目标；总粒数130.3粒，增加5.8粒；结实率93.3%，减0.5个百分点；平均千粒重27.2克，增加0.1克；理论亩产703.1千克，增加2.3千克。从全市苗情哨不同稻作方式的数据来看，机插粳稻每亩穗数平均21.6万，减少0.8万；每穗总粒数131粒，增加5粒，结实率93.7%，略减0.1个百分点；千粒重27.3克，增加0.14克；理论单产723.2千克，增加5.9千克。直播粳稻每亩穗数22.9万，减少1万；每穗总粒数110.8粒，增加3.2粒；结实率93.6%，减1个百分点；千粒重26.5克，增加0.1克；理论单产636.7千克，减少9千克。

2015年，每百斤稻谷收购价140元，比上年减少15元；机插水稻亩均产值1796.5元，减少189.8元，减9.6%。同时，受人工、机械等环节成本继续上涨的影响，机插水稻亩均成本较上年继续上涨58.6元，涨6%，亩成本总计1022元（不含土地租赁成本），其中，种子30元，肥料173.8元，农药83.6元，机械成本412.6元，亩均用人工3.3个折322元。机插水稻亩均纯收益（不含各类种粮补贴117.8元）774.4元，比上年减少248.3元，减24.3%。直播稻亩生产成本1110.5元（不含土地租赁成本），增27元；亩产值1692.2元，减少178.5元，亩均纯收益（不含各类种粮补贴）581.7元，减少205.4元，减26.1%。

从水稻良种应用来看，全市主体品种武运粳23号65.9万亩，占比57.6%；武运粳30号18.4万亩，占比16%；南粳46、南粳5055、长粒香、软玉、镇糯19等一批吃口性好的优质稻米品种得到示范种植。从水稻主推技术示范推广应用来看，全市麦秸全量还田面积61.8万亩，占比53.9%；示范推广机插稻高产栽培技术面积93.7万亩，占比81.9%。从水稻商品化集中育供秧基地建设来看，全年全市建设规模化水稻商品化集中育供秧基地184个，育秧面积2795.3亩，供秧大田面积37.7万亩，占机插面积的40.5%，其中市级财政补助微喷灌建设集中育秧基地45个，育秧面积541.1亩，新增硬盘58.4万张、基质料6022.5吨、机械化播种流水线10台套，形成以溧阳为代表的硬地硬盘微喷灌集中育秧模式、以武进为代表的葡萄架下微喷灌立体育秧模式、以金坛为代表的田间集中微喷灌半旱育秧模式。研究制订机插水稻微喷灌硬盘基质集中育秧技术规程，全面提高水稻秧苗素质、育秧效率和水平。

从水稻高产增效创建看，年内全市建成水稻高产增效万亩示范片33个、省级水稻商品化集中育供秧试点县1个和市级水稻商品化集中育供秧项目45个，投入部、省、市三级财政资金1790万元。全市建设各类示范方（田、片）353个，溧阳市、金坛区实现整县制推进，县内每个镇至少有一个万亩示范片；溧阳市上黄、埭头、南渡、社渚、溧城、上兴镇，金坛区指前、直溪、朱林镇，武进区前黄镇10个镇实现整镇制推进，每个镇至少有2个万亩示范片。全市创建面积45.7万亩，占水稻种植面积的39.9%。经省、市、县三级测产，33个万亩片平均亩产723.2千克，其中，亩产大于750千克的有10个片，亩产700至750千克的有11个片，亩产在650千克至700千克的有12个片，金坛区指前镇和武进区前黄镇分别申请省级专家组实割实收，亩产分别为779.5千克和763.2千克。

从秋熟水稻抗灾救灾应变来看，6月中下旬两次强降水造成全市30余万亩水稻受到洪涝灾害影响，补种重栽稻田面积近5万亩。市农委成立农业灾后恢复生产工作指导组，农业技术专家深入灾区定点调查灾情，会商制订《全市农业救灾复产工作指导意见》，市级财政拨付50万元农作物救灾种子补助资金。辖市区印发《水稻涝灾后管理和生产恢复技术意见》《水稻水直播补种及管理技术要点》以及《受淹秧苗死活简易鉴定方法》应变技术意见。重灾区金坛区累计调度救灾种子98512斤，组织5个镇17家合作社应用硬盘13万张，补育秧苗16.73万盘，全区未出现一块抛荒田。（金　军）

【农业补贴】 2015年，常州市累计落实水稻、小麦和油菜三大作物良种补贴、水稻直补、农资增支综合补贴等中央扶持粮油生产的普惠政策补贴资金19375.1万元，惠及489万亩次粮田，种粮农户每亩累计受益127.8元。其中水稻良种补贴面积102万亩，每亩补贴15元，补贴资金1529.7万元；小麦良种补贴面积92.3万亩，每亩补贴10元，补贴资金923.4万元；油菜良种补贴面积7.4万亩，每亩补贴10元，补贴资金73.9万元。水稻直补面积109万亩，每亩补贴20元，补贴资金2180万元。玉米良种补贴面积1.14万亩，每亩补贴10元，补贴资金11.4万元；棉花良种补贴面积2250亩，每亩补贴15元，补贴资金3.38万元。农资增支综合补贴177万亩，每亩补贴82.8元，补贴资金14653.57万元。全市下达水稻田生态补偿市级财政资金2003.1万元，涉及全市229个行政村种粮农户，受补贴行政村水稻面积累计86.1万亩，覆盖率75.3%。全市发放小麦"一喷三防"（在小麦生长期使用杀虫剂、杀菌剂、植物生长调节剂、叶面肥、微肥等混配剂喷雾，达到防病虫害、防干热风、防倒伏目的）中央补贴资金270万元，覆盖区平均每亩补贴5元。全市下发江苏省绿肥种植补贴资金75万元、商品有机肥推广应用补贴169.5万元、绿肥种植补贴每亩60元、商品有机肥推广应用补贴每吨150元，全市累计推广商品有机肥1.13万吨，绿肥种植1.25万亩。（金　军　李伟海）

【耕地质量建设】 2015年，全市采集检测土样863个、植株样72个，完成肥料利用率、配方校正等试验21个，制定水稻配方7个、小麦配方8个、油菜配方3个，总计推广配方肥3.1万吨。全市大田作物测土配方施肥技术推广面积约196万亩次，包括小麦77.5万亩、油菜14.7万亩、水稻103.5万亩，测土配方施肥在稻麦油上的推广率分别为93%、88%、80%。全市向上争取部省级财政资金295万元，建成耕地质量提升综合示范区3个，集成推广商品有机肥、绿肥翻压还田及水肥一体化等培肥改土技术，探索性开展水肥一体化试验2个，建成市级耕地质量监测点28个、县级新建耕地质量监测点6个，全市累计建成13个省级、28个市级、21个县级耕地质量监测点，初步形成层次分明、管理规范、与高产优质生态安全的现代农业发展相适应的耕地质量监测体系。全年全市完成128个补充耕地质量项目现场勘查工作，涉及地块395宗，累计面积1.11万亩。

（金　军　董园园）

【大田作物植保】 2015年，常州市适期防治小麦101万亩次，占应防面积的126.2%，其中专业化防治比例67.8%，全市小麦防治成效显著，夏熟小麦赤霉病平均病穗率1.9%。水稻病虫害总体属中等偏重发生，其中稻纵卷叶螟后期中等偏重发生，褐飞虱、稻瘟病大面积中等至偏重发生，局部地区或个别品种大发生，纹枯病中等发生，白背飞虱中等偏轻发生，稻曲病、恶苗病、大螟、二化螟、灰飞虱、条纹叶枯病轻发生。重点针对纹枯病，三代灰飞虱，二代白背飞虱，三、四代纵卷叶螟，三、四代褐飞虱，稻瘟病，稻曲病等病虫，开展大面积水稻大田期病虫防治5次，亩均累计防治4.1次，其中防治纵卷叶螟323.3万亩次、灰飞虱271.2万亩次、白背飞虱255.4万亩次、褐飞虱309万亩次、纹枯病246万亩次、稻瘟病202.2万亩次、稻曲病161.5万亩次。通过加强重大病虫害预测预报和采取综合绿色防控措施，市水稻生产实际损失5312.4吨，面积114.4万亩，按照亩产643.5公斤折算，水稻病虫害危害损失率为0.7%。

全市累计拥有电动喷雾机6874台、担架式植保器械7380台、自走式植保器械118台、大型喷杆式植保器械31台、飞行器6台，其中新增自走式植保器械20台、大型喷杆式植保器械17台、多翼飞行器4台。至年底，全市拥有植保专业合作社318家、从业人员14481人，其中在工商行政管理部门登记注册的植保专业合作社285家，全市粮油作物统防统治覆盖率57%。全年进行产地检疫15122亩，签发产地检疫证书94份，未发现检疫对象。签发植物调运检疫证书38份，保证农作物调运检疫安全。

【重大植物疫情阻截和监测】 4—11月，常州农业部门在14个监测点开展桔小实蝇、三叶斑潜蝇、梨枯梢病等15种对象的监测，完成上报汇总表格和监测总结30期，被监测的15种对象中发现桔小实蝇、黄瓜绿斑驳花叶病毒病。从桔小实蝇防控效果看，全年全市信息素诱捕器于5月上旬见成虫，见虫时间较常年早了近一个月，属偏早发生年份。武进区诱虫量在7种果树上均有不同程度发生。溧阳市累计诱获量3头，为近年最少年份。2013—2015年3年诱获桔小实蝇成虫的量越来越少，且幼虫危害程度较轻。

【水稻细菌性条斑病检疫与防控】 3月25日，溧阳市植保站在对溧阳市种子有限公司、溧阳红太阳农资连锁有限公司上兴中心店、溧阳市上兴供销社等水稻种子经销单位经销的水稻种子抽检中发现，淮香粳15、两优3905、丰两优一号、深两优5814都带菌。溧阳植保站采购4万包强氯精分发到上兴、社渚两个杂交稻种植重点镇，对杂交稻种子进行浸种处理，并在杂交稻生长期间喷药防治。在上兴镇和社渚镇设立两个观察点，进行定期观察，在水稻整个生育期内未发现该病的发生。

【加拿大一枝黄花防控】 2015年，常州市有55个镇街道发现加拿大一枝黄花。春季发生面积20550亩，折算实际面积1455亩；秋季发生面积17120亩，折算实际面积1224亩。全市春季防除面积10215亩次，其中人工防除面积1400亩、化除面积8735亩，复耕复种面积80亩；秋季防除面积7145亩次，其中人工防除面积6635亩、化除面积330亩，复耕复种面积180亩。总铲除面积963亩。（金　军　沈　剑）

【园艺及蚕桑生产情况】 2015年，常州市园艺业总面积108.5万亩，与上年持平；总产值69.89亿元，增1.5%。其中，花卉苗木面积40万亩，产值30亿元，分别增1.3%、4.2%；新增设施花卉面积5000亩、盆栽花卉产能3400万盆。果树面积18.4万亩；产量12.9万吨，减少0.76万吨，减5.55%；产值9.26亿元，比上年减少0.21亿元，减2.26%。茶叶面积11.64万亩，减0.17%；茶叶产量2819吨，与上年持平；茶叶产值5.97亿元，增0.75%。蔬菜播种面积39.7万亩，产量88.75万吨，产值27.12亿元，分别比上年增2.3%、减3.5%、增10.5%。桑田面积0.6万亩，全年发种4365张，产茧187.15吨，产值618.59万元，分别减25%、46.3%、42.69%、48.32%，全年平均茧价1652.65元/担。

【"菜篮子"蔬菜基地建设】 2015年，全市继续推进7个规模化、永久性蔬菜基地建设，投入资金总额3260万元，蔬菜总产量88.75万吨，比上年减3.4万吨，减3.6%。全市地产蔬菜质量安全抽检合格率98.4%。（詹国勤）

【首届中国家庭花卉园艺展】 7月16—18日，首届中国家庭花卉园艺展暨第十五届中国花卉零售业交流会在武进区夏溪花木市场举行，活动主题为"互联网+"和"产融结合"（产业与金融业在经济运行中为了共同的发展目标和整体效益通过参股、持股、控股和人事参与等方式而进行的内在结合）。展会吸引全国16个省市300多家知名花卉企业参展，国内外专业人士3000人、群众8万人观展，成交金额近2亿。江苏幸福兰园艺有限公司、常州家绿林果园艺有限公司、常州绿杨花卉有限公司等10多家重点花卉盆景企业、花店参加展览。

【第十届中国花卉产业论坛】 10月22日，第十届中国花卉产业论坛在武进假日酒店召开，是常州第四次承办。中国花卉协会各分支机构、各省市花卉协会、大型花卉企业、相关院校及科研单位的300多位嘉宾受邀参加会议。论坛围绕"运用互联网思维，推动花卉产业转型升级"的主题开展交流和探讨，旨在促进"互联网+"思维和技术在花卉领域的应用，改造传统花卉产业，推进花卉信息化、网络化，促进花卉产业业态、产业集群、产业链条和产业资源要素与互联网深度融合，丰富和发展"互联网+"花卉产业的形式和内容，推动花卉产业转型升级。论坛期间，举行"盆栽植物产业如何转型升级""绿化观赏苗木产业如何转型升级"等5场专题研讨。

【2015年中国（夏溪）花木节】 10月23日，2015年中国（夏溪）花木节在武进区夏溪花木市场举行。花木节以花木会展、产业论坛、立体绿化、新品发布、产销对接、电子商务服务、互联网、金融等为主要内容，开展丰富多彩的花卉苗木专业活动。开辟展区逾2万平方米，设立展位450多个，全国各地2000多家花木企业参加活动，展会期间观展客商超过5万人，其中专业观众逾3万多人。活动期间，组委会策划举办中国立体绿化高峰论坛暨2015中国立体绿化展览会、2015中国夏溪花木大讲堂等活动，开展专题研讨交流活动30多场。年内，武进区夏溪花木市场被中国花卉协会认定为国家花卉信息平台建设示范单位。

钟楼区邹区文昌蔬菜园生产基地　（农委　供稿）

【绿色生态防控标准园创建】 2015年，常州市开展以应用害虫性诱剂、防虫网、黄板等为主的12个园艺业绿色生态防控标准园建设，其中蔬菜6个、果树4个、茶叶2个；示范防控面积1924亩，其中桃310亩、梨410亩、茶叶270亩、蔬菜934亩，下达补助资金100万元，投入迷向管（迷向丝）2.6万根、色板（黄板、蓝板）7.78万张、诱捕器3968套、诱蕊1.36万条、太阳能杀虫灯58盏和苦参碱、核型多角体病毒、苏云金杆菌、蛇床子素、短稳杆菌等生物农药4500余箱。（李美娣）

【畜牧生产】 2015年，常州市出栏家禽5307.1万羽，比上年减少8.2%；出栏生猪71.02万头，减少4.3%；出栏羊5.13万只，增加8.4%。全市200户年出栏500头以上的生猪养殖场（户）共出栏生猪44万头，生猪大中型规模养殖比例62%，提高4个百分点。至年底，全市家禽存栏1254.06万羽，减8.3%；生猪存栏46.24万头，增1.6%；能繁母猪存栏3.0万头，减13%；奶牛存栏2874头，减25%；羊存栏3.67万只，增6.3%。

至年底，常州市累计建设镇畜牧兽医标准站35个，发放补贴资金265万元。武进区南夏墅镇畜牧兽医站和金坛区尧塘镇畜牧兽医站成功创建省镇畜牧兽医"五有"（有独立建制机构、有固定工作场所、有基本服务手段、有定编专业队伍、有稳定财政保障）站。

【畜牧生态健康养殖示范场创建】 2015年，常州加大畜禽标准化养殖示范场的创建力度，举办专题培训，加大以奖代补，推动畜禽养殖场改善养殖设施条件、提升饲养管理水平。年内，全市下达示范创建奖补资金125万元。全市新创建省级畜牧生态健康养殖示范场8家，通过省级畜牧生态健康养殖示范场、部级畜禽标准化养殖示范场复验9家，累计创成省级畜牧生态健康养殖示范场、部级畜禽标准化养殖示范场91家。

【畜禽种质资源保护】 2015年，市农委整合专项扶持资金，制定出台《常州市畜禽良种补贴专项资金管理办法》，对全市范围内取得种畜禽生产经营许可证的种猪场、祖代以上种禽场以及二花脸猪、红灯笼猪、米猪、溧阳鸡等地方种质资源保种单位安排专项资金予以扶持，补助畜禽遗传资源保护、开发和利用。具体标准为：二花脸猪、红灯笼猪、米猪按能繁母猪200元/头、公猪1000元/头补助，溧阳鸡原种按20元/套补助。全年发放补助资金119.85万元。

【动物疫病监测】 2015年，市动物疫病预防控制中心投资150万元采购全自动细菌鉴定和药敏分析系统、离心机、移液器等一批实验设备，改善检测设备条件，提升细菌学检测水平，拓展实验室监测范围。将重大疫病抗体监测由每半年度进行集中监测，调整为月度常态监测和免疫效果跟踪监测有机结合的监测方式，并将检测结果及时反馈各辖市区，增强动物疫情预警能力，提高动物免疫的针对性。在此基础上，市动物疫病预防控制中心发挥兽医实验室监测功能，帮助江苏立华牧业股份有限公司禽白血病以及常州市枫华牧业有限公司猪伪狂犬病得到有效净化。

【"放心肉"安全保障工程】 2015年，市畜牧兽医条线通过强化源头管理和监督管理、加强关键环节管控，建设政府"放心肉"民生工程。加大畜禽标准化养殖示范场的建设力度，新建省级以上畜牧生态健康养殖示范场17家；检测牲畜口蹄疫、高致病性禽流感等样品4.05万份，抗体合格率分别为88.6%和94.7%；监测畜禽"瘦肉精"和药残样品79998份，结果全部合格。强化执法监管，整顿关闭14家不合格生猪屠宰场点，查处调运未经检疫的动物、经营未经检疫的动物产品等违法案件13起。强化关键环节管控，有效处置动物疫情3起；处理养殖环节正常死亡生猪8.69万头、禽6.96万羽；屠宰检疫生猪127.87万头、牛羊1436头、家禽56.1万羽，检出并无害化处理病害生猪1192头、不合格动物产品163.8吨。年内，"放心肉"工程被市综治委评为2015年度全市创新社会治理重点项目一等奖。（严宏祥）

【渔业生产】 2015年，由于长荡湖退渔还湖、滆湖退渔还耕，常州市水产养殖面积减少3.1万亩至55.8万亩。全市水产品总产量17.79万吨，比上年降4.75%；渔业产值58.42亿元，降4.81%；淡水养殖产量16.7万吨，淡水捕捞产量1.09万吨，其中特种水产养殖产量5.04万吨。年内，全市新增高效设施渔业面积1万亩，累计面积19.18万亩，占养殖面积的34.4%；新建和改造标准化池塘4.3万亩，新装备微孔增氧面积3.2万亩，累计面积分别为42.9万亩和22.8万亩；新建工厂化养殖面积3.2万多平方米，其中新建金坛区中鑫水产养殖专业合作社南美白对虾工厂化养殖大棚2.3万平方米。常州市天水特种渔业有限公司致力于淡水鱼深加工产品的研究和开发，与美方合资共同开发美国亚洲鲤鱼的深加工项目。年内，全市开展蟹虾池种植高秆稻技术的试验示范点3个。全市成功申报省级良种场2家，其中溧阳市前马塘陈强特种水产养殖有限公司投入800余万元，新建工厂化黄颡鱼苗种繁育设施3000平方米，全年生产黄颡鱼卵黄苗8.12亿尾，包括全雄性黄颡鱼卵黄苗7.16亿尾，繁育设施和繁苗能力全国领先。金坛区建昌水产养殖场引进新技术，新建孵化环道2组，具有载苗容量大、孵化率高、节省劳力、起苗便捷等特点，全年繁育各类水花鱼苗12亿尾。

武进区雪堰镇被中国水产流通与加工协会评为中国银鱼之乡，江苏太湖雪堰水产科技有限公司被农业部评为全国休闲渔业示范基地，金坛区朱林镇泽轩水产养殖家庭农场等4家单位被江苏省海洋与渔业局认定为第一批江苏省省级示范家庭渔场。

【国家水产养殖综合标准化示范区建设】 2015年，市农委以常州渔业特色产业为重点，以生产优质安全无公害水产品为目标，采用国家标准、行业标准、地方标准相配套，编印《常州市渔业标准化生产实用手册》1.2万册，分发到养殖户手中。9月，启动全市"送标准、送技术下乡进村"渔业宣传、贯彻标准活动。全年邀请部省级水产专家作专题知识讲座和相关培训9场次，培训人员1060人次。利用报纸、电视、网络以及常州"农务通"短信服务平台等载体，开展渔业标准化的相关宣传，在《常州晚报》刊发渔业标准化专版1期，相关信息报道40余条。全市新创建市级渔业标准化生产示范基地13家，累计创建常州市渔业标准化生产示范基地30家。（冯　军）

【渔政管理】 2015年，市渔政支队强化渔船渔港管理、渔业资源养护和水产养殖监管，推进渔政依法履职能力建设，保障全市渔业安全和稳定。保障渔业生产安全，规范渔船管理。开展渔港监督、渔政检查、渔业安全隐患排查等活动，重点整治渔业安全非法行为。保障渔业生态安全，联合推进行政执法与刑事司法衔接机制，全年立案查处88起，清理整治违规渔具1640件，向公安机关移交涉刑案件15起，行政处罚10.8万元，办结投诉举报24起。保障水产品质量安全，出动水产品质量安全执法检查404人次，检查各类企业245家，其中苗种生产单位20家，12家被责令改正违法行为并通过整改验收；编发宣传资料10188份，媒体宣传报道38次，组织培训8485人次。

【渔业资源保护】 2015年，常州市建立水生野生动物救助机制，救助大鲵16条；建立渔业资源增殖放流种源基地5家，形成年供苗30亿尾的生产能力。组织开展以"争做护渔使者，共建生态文明"为主题的放鱼活动，全年放流苗种2622万尾，市公证处现场公证。开通常州市渔政监督支队微信公众号"czyzjdzd"，举行"2015年'争做护渔使者，共建生态文明'随手拍"活动，评选优秀摄影作品74组。（刘维杨）

【生态农业】 2015年，常州市继续推进秸秆综合利用，实施化肥农药减施，全市农业生态环境持续改善。市农委、市财政局调整秸秆考核奖补政策，对年利用秸秆达5000吨的企业每吨奖励50元，引导规模化利用龙头企业参与秸秆利用。全市综合利用秸秆量98.53万吨，综合利用率95.85%。其中，机械还田面积105.05万亩，还田率56.44%。全年粮油作物使用化学农药3158.5吨，比上年减少农药用量131吨；使用化学氮肥3.65万吨，减少1116吨。全市补贴商品有机肥1.13万吨，推广绿肥种植补贴面积1.25万亩。

【太湖流域农业面源污染防治】 2015年，常州通过实施畜禽养殖场废弃物处理工程、环湖有机农业循环农业工程等措施，加大太湖流域农业面源污染防治力度。建成畜禽养殖场综合整治工程6处、畜禽粪便处理中心2处，全市大中型畜禽养殖场粪便无害化处理与资源化利用率90%以上。建设环湖有机农业圈工程7处，完成8千亩生态防护林工程，开工建设池塘循环水工程2628亩。 （陈　瑾）

【农村沼气和农业废弃物综合利用服务体系建设】 2015年，常州市发挥市级生态农业建设项目支持功能，重点支持农村沼气服务、农作物秸秆收贮以及区域性畜禽养殖粪污资源化利用三大体系建设。

沼气服务体系建设重点支持专业服务组织设施设备配套、沼气工程长效管护、沼气设施安全运行的维护与检测、沼气安全使用培训等。全市各地先后开展清洁能源沼气工程长效管护工作，通过加强沼气专业服务组织建设，建立健全项目绩效评价指标体系，为区域内近300家各类沼气用户提供管护和维修，实现沼气服务体系建设与沼气发展同步推进。

农作物秸秆收贮体系建设围绕解决秸秆从农田到利用企业的收、贮、运等难点，突出村级秸秆堆放点建设，全市已建成秸秆堆放点190多处，其中新建17处，保障了秸秆利用企业的原料供应，提升了全市秸秆的资源化利用率和水平。

区域性畜禽养殖粪污资源化利用体系建设主要围绕解决散小畜禽养殖场污染减排，通过建设区域性畜禽粪污的集中处理与资源化利用体系，统一收集区域内年总出栏1万头猪以上的分散小型养殖场产生的粪便、粪污，集中进行能源化、肥料化等资源化利用，提升畜禽粪便无害化与资源化利用能力和水平。 （陈　瑾）

【农机装备发展】 2015年，常州市农业机械总动力142.86万千瓦，其中柴油机动力73.08万千瓦、汽油机动力8.61万千瓦、电动机动力61万千瓦。农机经营服务总收入9.14亿元，农机化总投入约1.92亿元，其中市级农机化投入2051.5万元。农业机械原值11.97亿元，农业机械净值8.72亿元。拖拉机保有量为：大中型拖拉机3796台，比上年增加323台，增9.3%，中型以上拖拉配套农具10867部，配套比1∶2.86；小型拖拉机15209台，减少743台，降4.66%，小型拖拉机配套农具33682部，配套比1∶2.21。各类联合收割机保有量1940台，减少21台，降1.07%，其中半喂入自走式联合收割机保有量1117台，增加31台，增2.85%。水稻插秧机保有量6230台，减少227台，降3.52%。其中，乘座式插秧机保有量1495台，增加246台，增19.70%；谷物烘干机保有量1026台，增加454台，增79.37%；机动喷雾（粉）机保有量17428台，增加92台，增0.53%。新增与大中拖拉机配套的秸秆还田机276台、旋耕机531台，保有量分别为3215台和16013台。全市高性能、大马力机具稳步发展，配套机具向多功能复式方向发展。

【农机购置补贴】 2015年，常州市争取省级及以上农机购置补贴资金4683.267万元，直接受益农户1929户。全市新增机具3423台套。其中，烘干机457台，补贴资金1645.2万元，占总资金的35.13%；水稻插秧机235台，补贴资金678.5万元，占总资金的14.48%；轮式拖拉机389台，补贴资金1153.79万元，占总资金的24.64%；联合收割机149台，补贴资金564万元，占总资金的12.04%；秸秆还田机276台套，育秧流水线29台。

【高效农业机械推广】 2015年，常州市级财政安排219.5万元专项资金重点扶持建设13个市级高效设施农业农机化示范园区，开展高效设施农业新机具、新装备、新技术的引进试验示范，推进技术创新、机制创新和服务创新。至年底，全市畜牧养殖机械保有量5684台（套），节水灌溉类机械保有量1117套，茶叶修剪机保有量632台，茶叶采摘机保有量43台，果树修剪机142台；保鲜储藏设备保有量428座，比上年增加26座，增6.48%；增氧机保有量29925台，比上年增加266台，增0.9%。果蔬、茶叶、畜牧、渔业等高效设施农业机械化生产水平持续提升。

【农机作业水平】 2015年，常州市农业综合机械化水平87%，稻麦等主要粮食作物生产实现全程机械化。小麦、大麦、元麦机械化播种面积727155亩，机播率84.02%；三麦机械化收获面积865470亩，机收率99.8%。水稻机械化种植面积1059360亩，其中机插面积1006170亩，机插率90.2%；水稻机械化收获面积1080120亩，机收率96.83%；秸秆机械化还田面积105万亩左右，其中麦秸秆还田面积568950亩，还田率71.6%。机械耕作、机电排灌、机械植保率均为100%。

【农机安全生产】 2015年，常州市新发农机牌证711副，其中大中型拖拉机424副、收割机171副；检验拖拉机、收割机8837台，备案登记2222台，注销逾期未检变型拖拉机牌证241台。办理农机政策性保险4668份，新创平安农机示范合作社16个。全市发生道路外农机事故4起，死3人，占市安全委员会下达农机事故死亡指标的75%。全市签订农机安全生产责任状8752份，组织安全检查140组次，检查机械2698台次，排查隐患37起，有效防范农机事故的发生。督促处理1456起有道路交通违法记录的拖拉机，违法记分考试35人次。

【农机专业合作社建设】 2015年，常州市经工商部门注册登记的农机服务组织408个，比上年增加24个，增6.25%，其中农机专业合作社397个，增加26个。至年底，农机服务组织拥有办公室、培训教室、机库、维修车间等建筑面积25万平方米，拥有中型拖拉机、插秧机、收割机等各类机械1.6万台套，全年吸纳农机从业人员1.5万个；完成耕翻、机插、植保、收割等农田作业面积250万亩，服务农户35万户，年经济服务总收入约4亿元。全市开展“有规范管理、有服务规模、有良好信誉、有综合效益”的“四有”农机专业合作社考核，考核合格的农机专业合作社166家，核发考核奖补资金326万元。

【农机公共服务能力建设】 2015年，常州市举办农机职业技能鉴定培训班8期，培训鉴定546人，其中中级工107人、初级工439人。举办基层农机人员培训班2期，培训基层农机人员216人，其中农机专业合作社理事长147人、镇农机人员69人。 （张　薇）

2016

商贸服务业

Commerce, Trade & Service Industry

◆责任编辑　陈东哲

综　述

【2015年常州市消费品市场运行基本情况】 2015年，常州市消费品市场呈现运行温和、消费总量稳定、增长速度放缓的发展态势。全市实现社会消费品零售总额1990.5亿元，比上年增10.3%，增速与全省平均保持一致，高于苏南平均0.6个百分点，位居全省第八、苏南第二。

全年市场呈现稳步上升趋势。1—4季度，全市消费品市场分别实现社会消费品零售总额490.59亿元、474.39亿元、483.13亿元、542.4亿元，同比增9.2%、10.3%、10.2%、11.2%，整体呈现单边上扬走势。按销售单位所在地分，城镇市场实现零售额1861.1亿元，比上年增10.6%；乡村市场实现零售额129.4亿元，增5.7%。按行业分，批发业实现零售额240.1亿元，增9.4%；零售业实现零售额1585.7亿元，增10.1%；批发零售业占全市社会消费品零售总额的91.7%，占据商品消费市场的主导地位；住宿业实现零售额14.8亿元，增4%；餐饮业实现零售额149.9亿元，增14.2%。按规模分，限额以上单位实现零售额1145.5亿元，增10%；限额以下单位实现零售额844.9亿元，增10.6%。

2015年常州市消费品市场运行呈现六大特点。一是吃、穿、用等刚性消费稳定增长。全市生活必需品市场整体运行平稳，吃、穿、日用销售平稳。全年全市限额以上批发零售业粮油、食品类实现零售额64.2亿元，比上年增10.5%；服装、鞋帽、针纺织品类实现零售额69.6亿元，增12.8%；日用品类实现零售额32.9亿元，增1.6%。其中水产品类、干鲜果品类、针纺织品类、烟酒类涨幅居前，分别增30.2%、28.4%、26.3%、21.4%。二是餐饮行业逐步转型。餐饮业经过几年的努力，已经进入大众转型、结构优化、动力转换的新阶段。全年全市餐饮业实现营业收入190亿元，增长13.1%，其中实现零售额149.9亿元，增长14.2%，自中央八项规定实施以来首次摆脱个位数增长，比上年提高8.3个百分点。同时国内主流外卖O2O平台与本地餐饮商家的广泛合作和深度推广助推全市餐饮业发展缓中向好。三是楼市回暖带动相关商品消费。公积金贷款利率下调、首付比例降低、2年以上普通住房销售免征营业税等一系列楼市新政的实施，促使全市楼市库存去化周期创新低，楼市的逐步回暖带动建筑及装潢材料类、五金电料类、家具类等相关商品销售上扬，分别比上年增长28.4%、21.2%、18.5%。四是重要商品支撑作用减弱。占整个限额以上社会消费品零售额43%的汽车、石油及制品类商品增速进一步回落。虽然国家实行减半征收车辆购置税政策，但在常州市汽车高保有量和较高更新水平的情况下，车市低迷的状态并未得到有效改善,汽车零售对社会消费品零售额整体的支撑作用正在减弱。同时汽油、柴油价格自2014年6月达到最高点后连续下跌处于低位，全市石油及制品类零售额连续12个月负增长。2015年，汽车、石油及制品类商品对限额以上社会消费品零售额的贡献率由上年的39.7%下降为31.2%，拉动限额以上社会消费品零售额增长3.25个百分点，比上年低2.9个百分点。五是居民消费价格指数保持低位运行。2015年，常州市居民消费价格指数全年保持低位运行态势，平均上涨1.6%，比上年涨幅低0.6个白分点，比全省低0.1个百分点，其中9、10月连续“破1”，是2009年12月以来的最低涨幅。物价水平的持续走低，减少了社会消费品零售总额的名义增长。

（汤玉萍）

【成品油管理】 2015年，全市成品油市场供需平稳，市场监管依法有序，全年成品油销售量159.9万吨，与上年销量基本持平。其中，汽油销售79.8万吨，比上年增5%；柴油销售80.1万吨，降7%。中国石油化工股份有限公司、中国石油天然气股份有限公司两大公司实现销售122.87万吨，占全市成品油销售总量的76.8%。12月1日起，全市范围内全面供应国V标准柴油。

（王孝忠）

【常州餐饮业参加省市烹饪大赛】 5月26日，宝龙杯首届“江河湖三鲜”烹饪技能大赛暨鱼文化交流活动在钟楼区宝龙城市广场拉开帷幕，全市94家餐饮企业130名选手参赛，评出特色江河湖鲜奖和招牌江河湖鲜奖。活动作品食材均源自常州，有长江"三鲜"鲥鱼、刀鱼、鮰鱼，西太湖"三白"银鱼、白鱼、白虾，及天目湖、长荡湖、生态河出产的鲢鱼、青鱼、螃蟹。

10月23—24日，2015江苏国际餐饮博览会在南京国际展览中心举行。常州13家企业21名选手分别参加江苏省青年名厨技能大赛、乡土风味烹饪大赛，共推出作品25道，获5枚特金奖、6枚金奖、3枚银奖，7人获评2015江苏省十佳冷菜食艺大师。常州市天成餐饮管理有限公司的长荡湖八鲜宴被授予"江苏名宴"称号。

11月10—11日，在江苏省烹饪协会举办的第二届厨师节暨第二届江苏省当家菜大赛上，常州陈正贵、周文荣、朱顺才、龚剑锋被授予江苏烹饪事业发展功勋奖，凌来法被授予江苏烹饪事业特殊奉献奖，蒋楠被授予"江苏省十大青年名厨"称号；江苏天目湖宾馆被评为江苏省十佳特色餐饮名店。常州参赛的9道热菜、4道面点作品中，红香芋泥拌蟹粉、喜气洋洋、金钱饼、网油卷、青枫皇品肉、马蹄鮰鱼狮子头、养生羊蝎子7道菜被评为江苏省当家菜。常州萝卜干炒饭被评为江苏省当家点心。

【"唱响常州菜"系列活动】 9月17日，2015"唱响常州菜"活动授牌仪式暨常州菜研究院成果展在常州旅游商贸高职校举行。活动中展出天目湖牌砂锅鱼头、鲜鱼饼等30道常州经典名菜、名点名小吃和听松楼、广缘等酒店涵盖状元宴、喜庆宴、福寿宴、生日宴等的13个主题名宴，田君、宋小康等10位青年名厨现场表演了雕工、刀工、冷拼、摆盘等技艺。（蒋立平）

"唱响常州菜"活动授牌暨常州菜研究成果展（商务局 供稿）

鲜活农产品直供智能柜（商务局 供稿）

【常州首批江苏老字号】 3月，常州17家老字号参与省商务厅启动的首批江苏老字号认定，12家入选，位居全省第二。12家企业为江苏双桂坊餐饮管理有限公司、常州府前楼餐饮有限公司、常州茶叶有限公司、常州市玉蝶特产食品厂、常州市西林康王食品厂、金坛丰登酒业有限公司、常州市迎桂餐饮有限公司、常州市三鲜美食城、常州银丝面馆有限公司、常州马复兴餐饮管理有限公司、常州蔡氏天香斋梨膏糖厂、金坛市饮食服务有限公司开一天酒家。另有4家中华老字号直接成为江苏老字号企业，分别是江苏仙鹤食品酿造有限公司、常州糖烟酒股份有限公司瑞和泰副食品商场、常州市义隆素菜馆有限公司、常州市梳篦厂有限公司。（胡 娜）

【肉菜流通追溯体系运行正常】 2015年，常州市肉菜流通追溯体系运行基本正常，设备使用安全，上线节点稳中有增，体系取得初步成效。截至12月31日，共收集各种数据信息102.25万条，其中进场信息72.73万条，检测信息13.93万条，交易信息15.59万条。年内，全市围绕市政府民生工程，积极推进肉菜流通追溯系统与农产品质量追溯系统对接，3家屠宰场和2家蔬菜基地进行试点，探索从农产品生产加工到流通销售的可追溯。（莫宏强）

【鲜活农产品直供社区示范工程】 2015年，常州市继续实施鲜活农产品进社区示范工程。通过政府引导、市场运作的模式，在全市居民集聚区、商务区以智能柜的形式设立终端，以电子商务O2O的模式进行运作，为居民提供更加新鲜安全实惠的农产品。这是对以农贸市场为主的菜篮子工程的补充，以解决新建小区或是小区周边配套不完善的居民买菜难的问题。年内，江苏凌家塘市场发展有限公司商贸公司共建设直供点50个。此示范工程和凌家塘冷链物流中心新建1.5万吨冷库二期项目，被列为2015年常州市十件为民办实事之一实施安心食品药品的内容。（周振新）

【菜市场建设】 2015年，常州市完成武进区为民消费品综合市场、新北区绿都万和菜市场的建设以及戚墅堰区五益综合市场的内部提升工作。作为省消防重点整治单位，五益综合市场通过优化市场内部布局，彻底消除以往消防通道不畅通、室内喷淋设置缺损等安全隐患，有效提升了菜市场内部功能和环境。新建项目新北区罗溪菜市场、天宁区金新御园菜市场均按计划完成建设。（王　越）

【商品交易市场】 2015年，全市有成交额超亿元的商品交易市场56家，其中年成交额超10亿元、超50亿元的市场分别为28家、11家。武进汽车城、武进夏溪花木市场、常州钢材现货交易市场、常州淮都金属城、江苏长江塑料化工交易市场等8家年成交额超100亿元。江苏凌家塘农副产品批发市场、中国湖塘纺织城2家年成交额超200亿元。江苏湖塘纺织城投资发展有限公司、夏溪花木市场控股有限公司被省商务厅确定为2015年江苏省转型升级示范市场。

【老旧汽车报废更新补贴】 9月21日起，常州正式启动全市老旧汽车报废更新补贴资金审核发放工作。为方便车主申请资金，按区域专门设立4个老旧汽车报废更新补贴联合服务窗口，同时在市商务局网站上设立老旧汽车报废更新补贴资金申请表下载专区，方便广大车主办理补贴资金申领手续。2015年常州市符合国家老旧汽车报废更新补贴的汽车1107辆，发放补贴1929.1万元。（周振新）

【打击侵权假冒】 2015年，全市各部门协同作战，突出重点，切实加大知识产权保护力度，不断整治与规范市场环境，集中深入开展各类专项行动。市工商部门查处侵犯商标权案件29件，办结案件29件，涉案金额67万元；查处销售假冒伪劣案件43件，办结案件43件，涉案金额83万元。质监部门立案119件，办结案件98件，涉案金额479万元，其中移送司法机关5件，金额20万元；捣毁窝点59个，案件信息公开73件。农业部门立案18件，办结案件18件，涉案金额6.5万元，案件信息公开18件。公安部门破获案件64件，抓获犯罪嫌疑人158人，涉案金额860多万元。市两级检察院共批准逮捕各类侵犯知识产权犯罪和制售假冒伪劣商品犯罪案件5件8人，审查起诉18件29人。市中级法院受理知识产权刑事案件2件，已结2件；受理制售假冒伪劣商品类刑事案件8件，已结6件。侵权假冒刑事案件的法定审限内结案率均为100%。其中，1人被判处拘役，9人被判有期徒刑，8人被判缓刑；罚金总额212.4万元，最低2000元，最高30万元。（杨丽英）

供销合作商业

【概　述】 2015年，全市供销社系统实现商品销售213亿元、消费品零售146亿元、农产品收购37亿元、报表利润1.03亿元，供销合作社经济发展稳中有升。

农资服务助农。强化公益性服务。市供销总社联合市农委、市工商等部门深入推进“放心农资下乡进村”，将农资连锁网络布局延伸到农业产业园区和农业龙头企业生产基地，升级改造农资连锁网点55个。常州农资协会实施购买政府部门公共服务项目，强化农资行业自律，保持农资市场价格稳定和经营秩序规范。深化“物技结合”服务。农资企业利用店堂地头、庄稼医院、网络平台等多个服务阵地，开展“庄稼医生”巡诊170余次，发放各类农资、农技资料16万份，利用微信公众号、短信平台发送病虫害、肥水管理等农情信息23万条，指导农民科学施肥用药、降本增效。推进专业化服务。主动对接农业新型经营主体，提供针对性的农资服务。苏南农资配送有限公司建设标准化测土配方实验室免费为农民合作社和种植大户开展测土配方、定制配方肥料服务。金坛区农业生产资料有限公司联接39家农机专业合作社，供应基质肥料3300多吨、育秧秧盘20余万张。年内，全系统组织供应各类农资17万吨，未发生损害农民利益事件，农民粮食生产的农资成本基本与上年持平。特别是在常州市连续遭遇强降雨后，迅速启动应急预案，全力帮助农民灾后复产。

农产品流通惠农。推进产销对接。市供销社总社与市农委联办“乡村年货大街”，并组织参加每年一届的海峡两岸农展会；金坛区供销社以“茅山竹海”冠名联办、参办4场特色农产品展销活动。组织农民合作社与明都、信特、东方华盛等大型连锁超市开展合作，新增农产品直销专柜12个；发展农产品电子商务，着力推动农产品销售模式创新。溧阳市供销社牵头成立农产品电子商务协会；金坛区供销社、常州市供销合作经济投资管理中心组建电子商务公司，采取自建平台和借助淘宝、京东等第三方平台共同打造网上供销社，推动本地品牌农产品加入市外供销社农产品电子商务平台；溧阳市供销社搭建溧阳买和淘溧阳农产品电商平台、新合作农用油网上商城和苏南农资庄稼医院O2O服务平台等，实现农产品网上销售321万元。着力提升流通能力。金坛区供销社大力推进农产品公共服务品牌建设，在镇上新建“茅山竹海”农产品展示展销中心4个，并进军北京新发地农产品批发市场设立销售窗口；推进蔬菜速冻项目与农产品冷链物流配送中心建设，2015年全系统争取中央农业综合开发、省“新网工程”项目专项资金补助701万元。

基层组织联农。恢复重建基层社。2015年在薛家、新桥、春江、郑陆4镇以联接农民合作社为主要方式，依托市合作经济组织联合会和区域农产品销售合作联社，与农民合作社结成产销合作联盟，构建新型合作经济组织体系，在基层供销社空白镇因地制宜增强供销社的基层组织基础。规范建设农民合作社，坚持发展与规范并举、数量与质量并重。溧阳市供销社、金坛区供销社创办、领办、参办各类农民专业合作社30家，其中秸秆综合利用、农技服务等新型专业合作社4家；溧阳上兴供销社领办系统第一家草绳编织合作联社，金坛晶泉果品合作社产品成为上海特许经销农产品，江苏茅山竹海农产品专业合作联社被评为金坛区十佳新型农业经营主体。增强联合组织服务功能，着重打造县级联合社综合服务平台，进一步深化服务和联合发展。溧阳市、金坛区农民合

2015 乡村年货大街活动　（供销社　供稿）

作经济组织联合会设立指导服务中心，开展会计核算、项目申报、贷款推荐、技能培训等方面服务。年内，市供销总社为新型农业经营主体推荐优惠贷款3830万元，组织农民职业技能培训1837人次。

【乡村年货大街】 2月5—9日，市供销总社与市农委、《常州晚报》共同在常州市国际会展中心举办乡村年货大街，是近年来全市规模最大、品种最多、价格最优的一次农产品展示展销活动。市供销总社充分发挥农民专业合作社联合社的独特优势，组织金坛江苏茅山竹海农产品专业合作联社、溧阳农民合作经济组织联合会等供销社系统农产品销售合作联社，组成联合销售舰队，设立单独销售专区进行集中展示。“年货大街”期间，供销社展区现场销售额达52.8万元。

【2015海峡两岸农展会】 10月23—25日，2015海峡两岸（江苏）名优农产品展销会在镇江举办。常州供销社系统以“知味常州”为主题，组织22家新型农业经营主体100多种名特优新农产品参展。农展会首次设置电子商务展区，常州供销社系统的常供农产品、溧阳买、茅山竹海等农产品电子商务平台集体亮相，通过现场网络购物体验、手机扫二维码等方式推广宣传常州农家游、溧阳天目湖茶叶、金坛特色农产品。3天展会期间，线上线下实现销售58.8万元。

【灾后复产农资保供】 6月，常州市连续遭受强降雨袭击，市供销总社全力以赴保障全市农业灾后复产。各辖市区供销社组织基层社和农资企业连锁网点人员深入受灾地区，排查摸底农作物受灾情况，对接农民恢复生产的农资需求。供销社农资企业及时在信息平台上发布灾后农作物病虫害防治及补救措施，调运水稻育秧基质肥，组织农技服务人员指导农民开展生产自救。截至7月1日，全市供销社系统调拨储备农资29029吨，为灾后恢复农业生产提供充足保障。（金　霏）

粮油商业

【概　述】 2015年，常州市完成粮食购销376万吨，有效保证全市粮食市场供应。全面完成“十二五”期间粮食扩储计划，全市地方储备粮总规模达到23万吨。全市粮食仓储基础设施建设进一步优化，“1323”（1个市级现代粮食物流中心、3个辖市区粮食中心储备库、23个主要收储库）国有粮食仓储总体建设规划中的17个重点项目纳入常州市“十三五”建设发展总体规划。加强粮食流通市场监管，市场秩序得到有效规范。

【粮食收购】 2015年，粮食收购形势特别复杂，全市粮食部门面对粮多仓紧、粮价下行的形势，腾并仓容，加大监管力度，确保国家强农惠农政策的落实。粮食收购平稳有序。全年累计收购粮食78.16万吨、入库小麦35.47万吨，其中国有及国有控股企业收购入库16.09万吨；累计收购入库稻谷41.04万吨，其中国有及国有控股企业收购13.26万吨。

【粮油价格】 2015年，全市粮食市场主要粮食品种价格表现出很强的政策市特征。早籼稻（三等，下同）、中晚籼稻、粳稻最低收购价分别为每千克2.7元、2.76元、3.1元，与2014年持平；2015年产的中等质量标准红小麦和混合麦最低收购价格每千克2.36元。为保证种粮农民积极性，保障农民收入，年内小麦和稻谷均启动托市收购。全年国内油脂价格下滑明显，四级菜籽油年初出厂价格在每千克9.8元左右，年末下滑至每千克7.6元左右。

【粮食流通信息系统建设】 2014年，常州市粮食流通信息系统建设启动。2015年2月10日，系统通过市信息化项目专家组评审。11月，系统顺利通过项目组初验。该系统有效整合粮食收储、加工、流通、销售等环节的各种资源，并实现信息共享，为全市粮食流通管理、储备粮远程监管、城市应急保供、市场价格监测、企业廉政监察等提供决策和技术支持。12月18日，全省粮库智能化升级项目建设现场推进会在常州召开。

【优质粮源基地建设】 8月，常州市政府与黑龙江省佳木斯市政府签订粮食产销战略合作备忘录。这是常州与其他城市之间建立的第一个粮食产销合作机制，为保障全市日益增长的粮食需求和粮食安全，奠定两地间粮食产销衔接基础。年内，江苏城北国家粮食储备库在苏北滨海等地建立万亩优质粮源基地，进一步加强省内粮食产销衔接。

【放心粮油工程】 2015年，常州市粮食部门积极探索“互联网+”与放心粮油工程建设的有机结合，利用电子商务企业的网格化管理，市区新增放心粮油示范销售门店35个，全市放心粮油企业达130家，超额完成100家年度目标。继武进区2014年实现放心粮油镇、街道全覆盖，2015年，溧阳市、金坛区也实现全覆盖。粮油电子商务业务得到快速发展，全市一些骨干粮油企业与苏宁易购省农产品平台、阿里巴巴常州馆、京东互联网交易平台等

常州市与佳木斯市签订粮食产销合作战略备忘录 （粮食局　供稿）

放心粮油优秀示范企业单位授牌 （粮食局　供稿）

常州市烟草专卖局开展“12·4“普法宣传活动 （蔡瑜　摄）

电商的合作进入实质操作阶段，起步良好。

【粮食流通监督检查】 2015年，全市粮食部门依托市粮油质检机构技术支撑，突出政策性粮食的重点，兼顾市场流通和放心粮油企业的监管工作。全年组织开展各类粮食流通监督检查45次431户次，受理举报2例，向市食药监部门移交3例质量不合格行政处罚。开展粮食质量监管检测274批，质量卫生合格率98.86%，对检测结果异常的抽检样品，进行溯源、下架和跟踪复查。继续从物质、人才、制度工作入手，探索建立粮食流通市场信息员机制。12月，常州粮食局被国家粮食局评为全国粮食流通监督检查示范单位。

（王芃佳）

专项经营

【烟草专营】 2015年，常州市烟草专卖局（公司）实现烟草销售收入63.56亿元，实现税利17.44亿元。全年查获涉烟违法案件1504起，其中5万元以上案件189起，破获符合国标网络案件6起。深入推进“法治常烟”建设，广泛开展普法宣传活动。抓好教育培训，全年有针对性培训1915人次。向在夏季洪水中受灾的客户免费赠送27节柜台，免费维修483名客户的1274节柜台。践行社会责任，全年公益捐赠158万元。常州市烟草专卖局（公司）获市现代服务业“五星企业”称号，被国家烟草专卖局认定为行业首批标准化建设示范企业。 （甘季超）

【食盐专营】 2015年，常州盐业实现营业收入1.83亿元，其中盐产品营业收入1.22亿元；销售盐产品总量54979吨，其中小包装食盐23310吨、工业盐19676吨。常州盐业公司推进转型发展，深化提高渠道建设，强化对市场走访率、商品铺货率、商品上架率的管理和考核，加强客户终端梳理与开拓。规范小包装食盐销售行为，完善信息化体系建设，完成集团应用信息化管理系统上线运行。坚持食盐安全宣传教育，全面开展减盐行动，通过“3·15”“5·15”宣传日以及开展食品安全宣传周和“食盐安全访万家”等活动，广泛宣传“坚持食用碘盐，享受健康生活”理念。

【盐政管理】2015年，常州市盐务部门出动执法人员2360人次，走访超市、餐饮食堂、农贸市场等1.75万余家，查处涉盐违法案件536起，查没违法盐产品13.37吨。印发防治碘缺乏病、减盐防控高血压等宣传材料1万份，出具常州市食盐安全行政提示书1200余份。涉盐刑事打击取得重大突破，移送公安部门立案2起，4人被武进区人民法院依法判刑。全面净化食盐市场、维护百姓饮食安全。建立完善顺畅的联合执法协作机制，市盐务局与市公安、食药监、卫计委等食品安全委员会成员部门开展联合执法25次。

9月21日，天宁区康乐颐养园发生亚硝酸盐食物中毒事件，市盐务局与民政局对分布城乡的96家养老福利单位开展养老福利单位的食盐安全专项检查行动。

【“雷霆风暴”食盐安全专项行动】8月10日至9月30日，市盐务局、公安局联合开展“雷霆风暴”食盐安全专项行动，共检查农贸市场、商场超市、餐饮业以及食品加工企业2446家；查处涉盐案件88起，其中立案1起，捣毁窝点1个，取保候审2人，依法判刑4人。

（胡海群）

邮　政

【概　述】2015年，江苏省邮政公司常州分公司（简称“常州邮政分公司”）提质增效，企业经营发展持续向好。全邮区邮政实现业务收入8.32亿元，比上年增长17.27%，排全省第四，总收入规模保持全省第五。其中，金融业务新增资金总量90.31亿，收入占业务总收入的65.97%，提升3.48%。快递包裹业务日均件数由上年的0.74万件提升至1.47万件，增100.2%，列全省第四；市场占有率由上年的3.37%提高至6.7%，列宁苏锡常之首。常州邮政分公司整合集邮、函件文化资源和营销力量，成立文化传媒中心，推进封片产品与集邮票品的综合开发，专业联动互补，提升营销的文化内涵。充分利用新媒体、新技术、新平台等线上载体，加快健全完善网上服务功能，并结合线下渠道优势，推进邮政业务电子商务化。微信订阅号“邮常州”、公众服务号“常州邮政”的关注者已过万余人数，“优乐生活”积分兑换商城改版上线，进一步拓展电商网销及积分兑换模式。

年内，完成金融网点改造15处，完成兰陵集邮电商综合营业厅建设。完成35处农村投递室改造，对全邮区农村投递段道配备287台智能手机，对已配备投递掌上电脑或智能手机的投递段道上线应用投递外勤监控系统。加快邮政综合服务平台建设，全年累计建设村邮站300个，建成人工自提点313个。完成4个社会零售点、1个市级仓储中心、13个邮政网点体验区建设。组建常州区域集散中心，承担沿江省内9个地市间互寄和江苏、上海互发快递包裹的集散任务。6月30日起，常州邮政分公司开通上海—常州（沪3）汽车邮路，实现常州与上海互发国内快递包裹、普包邮件的“次日递”。强化科技对业务的支撑，围绕业务发展、创新，深化数据分析应用，自主开发运用多项省、市级科技项目，常州邮政分公司全年邮政信息网安全稳定运行，取得全省邮政运维竞赛第一名的好成绩。

推进劳务承揽和外包，推进用工结构优化，至年末，劳务工占比降至11.1%。依托企业资源计划系统，进一步规范财务流程管理。合法、依规、稳定、有序地完成多种经济成分并存企业关停、注销工作。提升窗口规范化服务水平，在江苏省邮政公司组织的邮政代理金融神秘人检查中，常州邮政分公司持续排名全省前四位，客户满意度综合得分96.94分，客户投诉率保持全省最低。年内，常州邮政分公司被评为全国模范职工之家、全国邮政用户满意企业。

【常州邮政分公司完成区域集散网升级调整工作】2015年，为缩短国内小包业务处理时限，省邮政公司对省内商务网进行升级，原由常州集散网处理所有省内互寄国内小包，升级后拆分为由南京集散网和常州集散网分别处理。拆分后的常州集散网负责处理苏州、无锡、常州、镇江、扬州、泰州、南通、南京、盐城9个城市的省内互寄国内小包，实现省内互寄的国内小包在地市局范围内的次晨达和县局范围内的次日递。

【运行电子商务“落地配”业务】4月，常州邮政分公司顺利运行南京晟邦物流有限公司（简称“南京晟邦物流”）在常州市区的“落地配”业务。南京晟邦物流是当当网、天猫超市、1号店、聚美优品等主流电子商务企业在江苏的独家物流代理商，电子商务企业货物进入常州地区后，采用“落地配”模式，即由常州本地物流公司落实最后的配送到户工作。常州邮政分公司取得南京晟邦物流在常州市区约30平方公里服务范围的一个段道投递业务，并待流程运作全面顺畅、熟练后，将该项业务扩展到3个段道，服务范围覆盖市区100平方公里，达到南京晟邦物流在常州市区“落地配”业务量的三分之一，约300件/天的投递量。

【集邮展览】9月19日，江苏省第十届集邮展览在常州开幕，展品包括抗日战争暨反法西斯战争、革命红色题材等11个类别360余部邮集。在香港举行的2015第31届亚洲国际邮票展览中，溧阳市集邮协会理事邹文的五框邮政用品邮集《天安门图普通邮资信封1956—1982》获大银奖，这是溧阳市邮集首次在国际集邮展览舞台上获奖。

（周示行）

2016

旅 游

Tourism

◆责任编辑　汪旭东

综　述

【概　述】2015年，常州市旅游业落实“畅游江苏”要求，以旅游公共服务提升年、旅游厕所革命等重点工作为抓手，推进“畅游江苏，乐在常州”旅游目的地品牌建设，主动适应经济发展新常态。年内，全市旅游接待总人数5455万人次，实现旅游总收入731亿元，分别比上年增9%和12%。

规划编制成果显著，项目建设稳步推进。2015年，常州东方盐湖城文化旅游休闲区、金坛长荡湖湿地公园生态修复开发、长荡湖水城、中华孝道园二期、雪堰凤凰山马鞍岭四季滑雪场一期、常州江南环球港商务旅游区、横塘河湿地公园等20个全市旅游重点项目完成投资47.01亿元，超过年度计划的7.56%。东方盐湖城茅山盐泉小镇—道天下项目入选国家旅游局发布的《2015全国优选旅游项目名录》；常州东方盐湖城文化旅游休闲度假区、国家智慧旅游公共服务平台项目一期、中国·常州航天探索体验中心3个项目被列入2015年度省级重点旅游项目名单。国家智慧旅游公共服务平台、华夏宝盛园、长荡湖水城、常州江南环球港商务旅游区4个项目建成投运。22个项目获各级旅游专项资金1605万元。其中，东方盐湖城茅山盐泉小镇——道天下项目等11个项目获省旅游业发展专项引导资金890万元；国家智慧旅游公共服务平台等17个项目获市旅游发展专项引导资金715万元。

营销手段不断丰富，影响力继续扩大。在扩大传统媒体传播的基础上，强化网络营销，通过话题炒作、事件营销等方式，充分发挥新媒体、自媒体的宣传营销作用，宣传推广常州旅游。常州旅游微电影《没大没小》拍摄完成并在全国推广。组织全国百名旅游体验师参加“i游常州”旅游体验活动，活动产生的多篇游记登上新浪网、搜狐网、凤凰网等门户网站首页，多家国家级、省级媒体对活动进行报道。继续推进与蚂蜂窝网站的常州旅游目的地宣传推广合作，常州旅游攻略下载量突破30万。与常州市委宣传部联合举办常州文化旅游系列活动，以“寻城记——品味传统文化，涵养核心价值”大型图片展为主要活动内容，通过线上、线下互动方式推广常州城市旅游经典文化线路。与视觉（中国）文化发展股份有限公司合作开展“心中有爱，感恩常在”宣传推广活动，在15个微信公众账号、17个朋友圈、8个微信社群发布，公众平台阅读量32万余人次，覆盖人数3000万余人次。

旅游活动丰富多彩，节庆活动品牌不断提升。常州市先后举办2015“乐在常州”文明旅游启动日、“5·19”中国旅游日纪念系列活动、“激情之夏”常州旅游节、常州旅游感恩回报月活动。乡村旅游不断升温，以活动集聚人气，打响常州乡村旅游品牌，先后举办常州乡村过大年、常州乡村旅游节、2015年太湖湾杯常州乡村美食大赛。开发常州冬季旅游产品，举办2015江苏北欧冰雪文化嘉年华、“常州天宁禅寺·第一高钟”第九届除夕祈福听钟声等活动。

推介活动方式多样，市场拓展成效显著。5月，借常州获批赴台个人游试点城市契机，市旅游局和市委台办联合在台湾开展旅游宣传推广活动，于22日和25日分别在台北和高雄举办“畅游江苏，乐在常州”常州旅游推介会，介绍常州概况，展示常州旅游。继续加强与港澳地区对接合作，参加2015中国常州（香港）产城融合发展对接会，开展常州旅游休闲产业推介和项目对接。11月15日，2015中国常州（澳门）旅游推介会在澳门特别行政区举行，常州旅游（东南亚）推广中心成立。参与组建中国环太湖城市旅游推广联盟，并共同赴广东开展太湖品牌专题推介，举办环太湖旅游（惠州）推介会，推出“中国太湖”精品旅游产品。年内，常州市旅游业先后参加中国（厦门）国际休闲旅游博览会、2015南京国际度假旅游展览会、2015上海世界旅游博览会、第十届海峡两岸台北旅展、第十二届东亚（辽宁）国际旅游博览会暨丹东鸭绿江国际旅游节、2015中国国际旅游交易会，推广常州旅游。

智慧旅游加速发展，旅游公共服务不断完善。常州“旅游+互联网”建设在公共服务和企业应用两个层面上取得较大进展，具备全国影响力。常州智慧旅游公共服务平台建设有序推进，旗下的资讯营销服务系统、产业管理服务系统、常州旅游服务中心建设完成，旅游服务、旅游营销和旅游管理实现网络化。9月20日，2015中国旅游+互联网大会在常州召开，形成《促进"旅游+互联网"融合发展常州共识》。开展旅游厕所革命专项行动，进一步优化提升旅游停车场。加快建设景区道路交通指引标识系统，金坛区新增旅游交通指引标识牌43组，新北区编制《新北区乡村旅游交通指引标识设置实施方案》。南京禄口机场常州城市候机楼在常州旅游集散中心开业，旅游集散中心便民服务功能进一步提升。

市场管理持续强化，游客满意程度不断提升。2015年，常州市把旅游环境整治与文明旅游管理相结合，建立完善旅游环境综合治理的长效管理机制，加强对景区内部环境和外部环境整治。做好游客信访，全年受理旅游投诉84起，其中投诉景区25起、旅行社53起、酒店6起，办结84起，为游客挽回经济损失2.4万元。结合文明城市建设，做好文明旅游引导，与市委宣传部和市文明办联合开展"乐游天下、文明相伴"为主题的健康骑行、"文明旅游"快板书征集大赛等系列活动。全年游客满意度指数82.90，居全省第四位。坚持"安全第一，预防为主，综合治理"方针，贯彻落实《江苏省安全生产"党政同责、一岗双责"暂行规定》，层层签订综合治理平安建设和安全生产工作责任书。依据《常州市旅行社安全生产标准化三级企业创建工作方案》，对旅行社安全管理标准化进行考评；加强春节、清明节、五一节、端午节等重要时间段的安全督查；组织开展安全生产月活动；举办旅游行业安全管理培训班，武进、天宁、钟楼、新北区旅游景区和旅行社、星级宾馆饭店、旅游客运企业350多人参加培训和考试。

【2015"激情之夏"常州旅游节】 7月18日，"激情之夏"常州旅游节在武进太湖湾旅游度假区开幕。旅游节以"激情之夏"为主题，重点推出暑期"水世界""夜公园"和城市夜游旅游产品。"激情之夏"旅游节期间，常州市主要旅游景区接待游客、门票收入和营业收入不断创新高，其中环球恐龙城、常州天目湖旅游景区、春秋淹城旅游区、环球动漫嬉戏谷4大景区接待游客累计477.87万人次，比上年增31.02%，实现营业收入60772.64万元，增7.78%。

【2015常州旅游感恩回报月】 11月22日至12月21日举办，是常州市连续第九年举办感恩回报活动，有8家单位14个景区或项目参加。活动期间，针对常州新老市民，大部分景区采用分时段优惠的办法，提供半价优惠，其中，环球动漫嬉戏谷、运河五号水上游等景区或项目实行全时段优惠。11月22日，开展向金坛区环卫工人和全市争创志愿者献爱心活动，组织金坛区环卫一线的工作人员和常州市部分志愿者免费游览一个市旅游景区。11月23日至12月8日期间，天涯社区网站推出"今年感恩不玩虚的，万元现金红包狂送15天"主题活动，常州旅游网和"游常州"常州旅游局官方微信服务号也在该社区推出常州热门景点套餐福利。

【中国环太湖城市旅游推广联盟】 7月18日，由常州市倡导，常州、苏州、无锡和湖州四个环太湖城市旅游部门共同组建中国环太湖城市旅游推广联盟，致力于实现苏州、无锡、湖州和常州四地旅游资源、信息和市场等方面的共享，促进环太湖四个城市旅游业的共同发展。12月17日，中国环太湖城市旅游推广联盟城市共同在广东惠州举行环太湖旅游（惠州）推介会，介绍环太湖旅游资源。

【旅游微电影《没大没小》】 2014年，旅游微电影《没大没小》开拍，2015年全面推广。影片中，一对父子的身份发生魔幻性置换，一起完成了一段充满梦幻与童心的"乐在常州"之旅，并打破了父子之间的代沟和隔阂。影片展现了中华恐龙园、天目湖、南山竹海、天宁寺、天宁宝塔、春秋淹城、环球动漫嬉戏谷等常州重要景区（点），融合了常州的城市风光以及美食、休闲等旅游元素。导演李爽，主要演员张亮、邹秋积，编剧马芳屏，摄制单位北京文传世纪国际广告有限公司。

【2015中国旅游+互联网大会】 9月20日，2015中国旅游+互联网大会在常州召开。国家旅游局、江苏省政府、中国互联网发展基金会、省旅游局等有关负责人参加会议。大会主要议题是：深刻认识"旅游+互联网"的时代背景和战略意义，共同谋划未来旅游业与互联网融合发展的方向趋势和工作重点，共同迎接旅游与互联网融合发展的新潮流。会上，常州市被国家旅游局授予"中国'旅游+互联网'创新示范城市"称号，是国内首个获此

"激情之夏"常州旅游节在武进太湖湾旅游度假区开幕（旅游局 供稿）

称号的城市。国家旅游局与中国电信、中国移动、中国联通三大电信运营商和阿里巴巴、腾讯、百度三大互联网企业分别签订战略合作协议，发布《“旅游+互联网”行动计划》。会议形成《促进“旅游+互联网”融合发展常州共识》。

【12301国家智慧旅游公共服务平台上线】 9月20日，12301国家智慧旅游公共服务平台揭牌上线。国家智慧旅游公共服务平台是国家旅游局首次采取PPP（Public-Private-Partnership，即公私合作模式，是公共基础设施中的一种项目融资模式）模式建设运营的大型旅游公共服务示范项目，以旅游公共服务热线网络（域名：12301.cn）及12301号码为载体，具备旅游公共信息发布与资讯、旅游产业运行监管、全国景区门票预约与客流预警、多语种旅游形象推广、国家旅游大数据集成5大战略功能，建成后将极大提升国家公共旅游服务水平，推动中国旅游业真正进入大数据时代。该项目由常州西太湖科技产业园重点企业——视觉（中国）文化发展股份有限公司承接运营。

（马　君）

旅游行业

【概　述】 至2015年底，常州市共有星级饭店56家，其中五星级7家、四星级19家；旅行社139家，其中江苏省四星级、五星级旅行社分别为4家、3家。新增导游240人，年末总数3757人。常州恐龙园股份有限公司、江苏京东农业股份有限公司和江苏上游文化旅游股份有限公司登陆新三板，全市已有4家旅游企业在新三板上市。常州富都盛贸饭店和常州万达喜来登酒店获猫途鹰2015年度全球旅行者口碑卓越奖；在第四届中国旅游投资艾蒂亚奖颁奖典礼上，中华恐龙园获最佳主题公园奖，龙城旅游控股集团有限公司董事长沈波获中国旅游投资十大先锋人物奖；华夏艺博园在第十一届中国（深圳）国际文化产业博览交易会上获中国工艺美术文化创意奖2金3银，其中新疆青玉作品《父子情深》和留青竹刻《梅花则》获金奖，乱针绣作品《江畔渡口》、留青竹刻作品《竹韵飘香》和留青竹刻作品《静聆》获银奖；常州华健生态科技有限公司研制的生态厕所在第七届中国国际旅游商品博览会上得到高度关注。市旅游局举办常州市旅游饭店行业服务技能大赛，选拔出4位选手参加江苏省旅游饭店服务技能大赛，获金奖、银奖和三等奖各1个，市旅游局获团体二等奖；常州万达喜来登酒店陶鑫波代表江苏省参加全国服务技能大赛中式铺床比赛，获二等奖。

【中华恐龙园等三家企业在新三板上市】 2015年，江苏京东农业股份有限公司、常州恐龙园股份有限公司、江苏上游文化旅游股份有限公司分别于6月29日、10月15日和12月2日在新三板挂牌。

江苏京东农业股份有限公司成立于2009年，位于茅山旅游度假区上阮农业公园，是一家以经营旅游观光农业为主的现代农业示范产业园区。园区餐饮及住宿设施已对外试营业，游客服务中心、茶文化交流中心、旅游厕所、停车场等基础设施及园区景观在建设完善中。

常州恐龙园股份有限公司成立于1997年5月，注册资本1.65亿元。公司依托“恐龙”这一文化主题，致力于“文化、科技、创意”的相互融合，是一家专业从事文化旅游产业投资运营和整体解决方案供应的综合性文化企业，也是中国模块娱乐产业的倡导者和开拓者。

江苏上游文化旅游股份有限公司成立于2003年1月1日，是常州唯一的中国一级广告企业、智慧旅游专业营运机构。公司以“互联网+N”为理念，以“策划+传播+转化”为抓手，专注于旅游、汽车、农业等领域的整合，开展传播营销和会展服务。

2015年常州市营业收入前10名旅行社一览表

位　次	单位名称	营业收入（万元）
1	常州春秋国际旅行社有限公司	55774.4
2	常州一块去旅行社有限公司	22365.7
3	常州恐龙园旅行社有限公司	15823.4
4	溧阳市天目湖旅行社有限公司	13548.7
5	常州青年国际旅行社有限公司	9947.4
6	常州光大国际旅行社有限公司	8316.6
7	常州广电大陆国际旅行社有限公司	6165.1
8	常州快点国际旅行社有限公司	4643.9
9	常州旅游发展有限公司	4333.7
10	常州易旅游国际旅行社有限公司	4256.7

2015年常州市国内游客组团人数前10名旅行社一览表

位　次	单位名称	国内游客组团数（人次）
1	常州国旅国内旅游有限公司	212540
2	溧阳市天目湖旅行社有限公司	148829
3	常州恐龙园旅行社有限公司	134236
4	常州国旅旅行社有限公司	99465
5	江苏建邦旅游集团有限公司	99465
6	常州春秋国际旅行社有限公司	58129
7	常州景尚国际旅行社有限公司	40813
8	常州教育旅行社有限公司	18149
9	常州青年国际旅行社有限公司	17436
10	常州长城国际旅行社有限公司	13249

（薛晓鹏）

2015年常州市四星级以上旅游饭店一览表

单位名称	地　址	星　级	客房数	床位数
常州大酒店	常州市延陵西路53号	5	216	515
溧阳天目湖宾馆	溧阳市天目湖度假区	5	171	298
常州富都盛贸饭店	常州新北区通江大道398号	5	378	511
金陵溧阳宾馆	溧阳市西大街118号	5	267	395
溧阳天目湖国际饭店	溧阳市天目湖中心大道8号	5	297	508
常州环球恐龙城维景国际大酒店	常州市新北区河海东路56号	5	266	486
溧阳御水温泉度假酒店	溧阳南山竹海景区御水温泉酒店内	5	240	415
常州武进九洲喜来登酒店	武进区延政西大道1号	5	317	470
常州金陵明都大饭店	常州市和平北路258号	4	236	331
常州阳光国际大酒店	常州市怀德北路35号	4	333	514
常州和平假日大饭店	常州市和平北路132号	4	172	269
常州中天凤凰大酒店	常州市新北区通江大道555号	4	211	316
溧阳市天目湖静泊山庄	溧阳市天目湖旅游度假区	4	160	280
金坛樱花大酒店	金坛区西门大街88号	4	123	142
溧阳假日酒店	溧阳市罗湾路99号	4	146	220
常州锦江国际大酒店	常州市新北区通江中路599号	4	261	361
常州万豪花都国际大酒店	常州市晋陵中路580号	4	184	293
金坛颐丰大酒店	金坛区丹阳门中路188号	4	66	100
常州海阳大酒店	常州市新北区通江中路207号	4	118	170
常州九洲环宇大酒店	常州市关河东路38号	4	110	185
常州香树湾花园酒店	常州市新北区汉江路2号	4	121	204
常州金色南都国际大酒店	常州市武进区湖塘环府路58号	4	70	110
常州金鼎明都国际大酒店	常州市武进区湟里镇金鼎路8号	4	147	220
溧阳皇廷国际大酒店	溧阳市燕山中路9号	4	145	232
常州德泰恒大酒店	常州市小河沿1号	4	116	169
溧阳扬子国际大酒店	溧阳市安顺路9号	4	118	208
常州西太湖明都国际会议中心有限公司	常州市武进区经济开发区凤苑北路18号	4	104	175
溧阳天目湖涵田度假村酒店	江苏省常州溧阳市天目湖镇东园路88号	4	386	594
常州奥体明都国际饭店	常州市新北区龙锦路1261号	4	202	300
总　计			5681	8991

（戴光宇）

【旅游厕所革命】 2015年，国家旅游局针对旅游景区厕所脏乱差的现象，发起清理整治活动。至年底，常州市旅游局按照“数量充足、干净无味、实用免费、管理有效”要求，在全市新建旅游厕所50座，改扩建旅游厕所7座，总面积3603平方米，完成投资1717万元。全省旅游厕所工作现场推进会在常州溧阳召开，溧阳市南山竹海景区古街厕所和天目湖游客服务中心厕所分获江苏省旅游厕所优秀实例奖一、二等奖。（马　君）

【龙城旅游控股集团有限公司概述】 龙城旅游控股集团有限公司（简称“龙控集团”）成立于1994年，是一家专注于文化旅游产业投资运营和整体解决方案供应的综合性文化企业集团。集团旗下拥有常州恐龙园股份有限公司、常州文化科技创意发展有限公司、常州软件园发展有限公司、东方盐湖城旅游发展有限公司、常州航天探索中心投资有限公司、江苏旅通商务有限公司等17家子公司，业务涵盖主题公园、水公园、特色古镇、生态康养项目开发，文化演艺、动漫和影视创作，旅业景区、温泉、酒店、商业综合体和科技园区运营及第三方支付业务等领域，分别与宁波、盐城、长沙、襄阳等地综合性文化旅游项目实施深度合作。至2015年年底，龙控集团总资产逾100亿元。

旅游经营持续升温。2015年，龙控集团旗下环球恐龙城景区深化一体化经营，在品牌推广、活动策划、渠道嫁接、异业合作等方面强化联动整合，一站式旅游目的地的品牌效应和经济效益得以进一步提升，其中恐龙园入园人次、整体营业收入和品牌效应三大指数列同类全国景区前茅，被评为中国最受欢迎主题乐园。

创新业务持续发力。10月18日，联合陕西旅游集团有限公司，总投资

30亿元建设的甘肃兰州西部恐龙园项目开工奠基，是龙控集团首单全案服务业务。数字互娱、文化演艺等各类专项服务同步拓展，迪诺水镇景区以打造创新型"旅游配套小镇+城市休闲小镇"为目标，推进业态布局调整、商街品质改善和一体化运作推广。恐龙谷温泉景区拓展电子商务及周边酒店等渠道，《温泉服务规范》国家标准编制已进入全国温泉企业征求意见阶段，国家及省级温泉旅游服务标准化试点示范项目顺利完成中期评估。年内，《疯狂恐龙人》在恐龙城大剧场及外部演出场所完成驻场演出81场，并成功登陆新西兰、泰国等海外舞台及国内热门综艺节目。

项目稳步推进。东方盐湖城一期道天下景区雏形初现；新龙生态林一期工程基本竣工，东区于11月1日正式开放。（蔡卫成）

旅游资源

【概 述】 2015年，溧阳天目湖旅游度假区晋级国家级旅游度假区，金坛长荡湖旅游度假区成功创建为省级旅游度假区。春秋淹城旅游区国家5A级景区创建通过资源与景观质量评估，新四军江南指挥部纪念馆和金鹰国际海洋世界分别创建成为4A级景区和3A级景区。常州华夏宝盛园房车露营地入选首批江苏省房车露营地。至年底，常州市有国家级旅游度假区1家，省级旅游度假区3家；有A级旅游景区33家，其中国家5A级、4A级景区分别为2家、9家；有江苏省星级乡村旅游点43家，其中省四星级乡村旅游点25家。

【天目湖成功创建国家级旅游度假区】 10月9日，溧阳天目湖旅游度假区获批成为国家级旅游度假区，成为全国首批17个国家级旅游度假区之一。天目湖旅游度假区位于溧阳市南部，总规划面积320平方公里，自然山水资源丰富，坐拥沙河、大溪两座国家级大（二）型水库，有适宜度假的气候环境，空气质量达国家一级标准，水资源一直保持国家饮用水Ⅱ级标准，被

2015年常州市主要旅游区（点）接待情况一览表

单位名称	营业收入（万元）	接待人数（人次）
中国常州南大街休闲旅游区	140272.61	20720855
常州市环球恐龙城休闲旅游区	63113.07	7830600
江苏华夏工美产业博览园	53940.00	1024785
常州运河五号创意街区	5574.30	456690
常州市红梅公园	2916.68	10270000
金鹰国际海洋世界（常州）有限公司	2094.01	344111
常州天宁禅寺	3408.00	507200
常州牟家农业旅游观光园	1768.00	118300
常州新北中心公园	372.60	4370148
常州市锦涛农业科技有限公司	390.13	216366
常州梳篦博物馆	799.86	42455
常州市青枫公园	180.27	5875000
常州市兰园人民公园	24.10	10116180
中国灯具城	0.00	2935022
常州市新北区新华村	0.00	3885
常州市瞿秋白纪念馆	0.00	1069710
常州市张太雷纪念馆	0.00	328688
常州荆川公园	11.25	6183611
常州博物馆	0.00	798828
常州东坡公园	0.00	579691
常州市戈小兴中外烟标烟具博物馆	0.00	93000
常州江南美术馆	0.00	76204
常州市亚细亚影视城	785.63	576600
市区小计	**227104.51**	**74537929**
常州市武进中国春秋淹城旅游区	35865.09	3499008
江苏省武进区太湖湾旅游度假区	52400.28	4000000
常州武进横山旅游风景区有限公司	86.28	753442
常州武进新天地	0.00	736500
环球动漫嬉戏谷	29661.25	2207724
武进区雪堰南山寺	0.00	413000
常州宋剑湖生态旅游发展有限公司	694.00	359000
江苏艺林园花木有限公司	1094.00	363860
常州市圩墩遗址公园	0.00	677000
常州市武进区嘉泽镇	0.00	298392
常州三勤生态农业园	0.00	140429
中华孝道园	4795.70	599780
江苏龙潭湖农业生态园有限公司	1828.23	133000
常州花卉博览园	513.17	428940
常州舍园盆景园艺有限公司	328.84	25090
常州小成塘农业生态观光有限公司	79.03	13043
武进区小计	**127345.87**	**14648208**
常州天目湖旅游景区	108623.37	7351900
曹山慢城	35746.00	3316000
溧阳市燕山公园	100.00	2082500
溧阳市天目湖蓓茗休闲山庄	2908.65	682394
溧阳市瓦屋山休闲旅游区	898.00	915480

单位名称	营业收入(万元)	接待人数(人次)
常州溧阳市江苏天目湖生态农业有限公司	10770.00	1173200
溧阳南山花园旅游发展有限公司	1948.03	323326
溧阳市溧城天目铭汤孝子温泉度假村	4417.00	499300
溧阳市高静园	0.00	691500
史侯祠	0.00	262300
常州溧阳市吴楚农耕文化园	903.62	412124
常州溧阳市天目湖玉枝农庄	3715.00	425100
溧阳市和平生态园有限公司	2159.00	462850
常州市长荡湖旅游开发有限公司	2255.00	488700
溧阳市凤凰公园	0.00	934000
溧阳市天目湖苏园茶文化活动主题会所	1067.20	332800
溧阳市新四军江南指挥部纪念馆	0.00	664734
溧阳市天淼山庄宾馆有限公司	564.44	587000
常州溧阳市大石山旅游农庄	1747.00	348606
溧阳市深山水寨旅游农庄	2451.20	345200
常州溧阳市花果山果园	1640.00	569200
溧阳市欣龙生态农业发展有限公司	933.00	279435
溧阳市翠谷庄园农业生态休闲有限公司	554.00	448200
溧阳市小计	**183400.51**	**23595849**
常州金坛区华罗庚公园	0.00	2165200
金坛区长荡湖旅游度假区管理委员会	37253.62	1191710
常州金坛区江南农耕园	2178.00	330700
江苏省金坛茅山旅游度假区	5621.79	2312167
常州金坛区愚池公园风景旅游区	0.00	1759800
金坛区顾龙山公园	0.00	906280
常州久红农业生态观光园	186.60	267454
华夏宝盛园	139.52	31037
金坛区薛埠保朴园山庄	297.90	71700
常州江南孔雀园旅游发展有限公司	34.27	39909
金坛区小计	**45711.70**	**9075957**
全市合计	**583562.59**	**121857943**

注:常州市亚细亚影视城数据计时间范围为1-4月。 (闻国平)

人赞誉为“江南明珠、绿色仙境”。天目湖水甜、茶香、鱼头鲜“三绝”更是远近闻名。区内有山水园、南山竹海和御水温泉三大景区为主体的国家5A级旅游景区,以及太公山、报恩禅寺、水电科普园、半山温泉等景点,拥有户外拓展基地5家、乡村旅游点30多家,其中全国农业旅游示范点5家、全国休闲农业与乡村旅游示范点1家、江苏省四星级乡村旅游点5家。2011年,天目湖旅游度假区成为全国首批4家国家级旅游度假区试评单位之一。

【金坛长荡湖成功创建省级旅游度假区】 3月21日,金坛长荡湖旅游度假区被省政府批准为省级旅游度假区,是常州市获批的第四家省级旅游度假区。江苏省金坛长荡湖旅游度假区规划面积19.76平方公里,东至常溧高速公路,南至239省道、大涪山,西至金坛区儒林镇界,北至常合高速公路,具有优越的地理位置和便捷的交通条件。度假区资源类型丰富,形成以金坛名人华罗庚、金坛刻纸等5级人文资源为亮点,长荡湖水资源、中国长荡湖湖鲜美食节等4级人文自然资源为核心,长荡湖水街、长荡湖八鲜、文博园、长荡湖水庄、金坛长荡湖现代高效河蟹产业园、大涪山等数10种3级人文自然资源为辅助的资源带状分布。年内,度假区规划建设水乡风情体验区、渔家休闲度假区、佛禅文化养生区和乐活水上游览区四大功能区,长荡湖文博园、长荡湖水城、长荡湖水庄、长荡湖水街等已有旅游项目得到完善,长荡湖水上八卦阵、水上丛林等项目加快推进。

【华夏宝盛园入选江苏省房车露营地】 12月9日,在金坛茅山旅游度假区召开的江苏省房车露营地建设试点工作推进会上,江苏省旅游局发布江苏省首批4家房车露营地名单,茅山华夏宝盛园成功入选。华夏宝盛园坐落于省级金坛茅山旅游度假区内,总占地面积30亩,总投资2500万元,2014年10月开工建设,2015年5月建成。基地引进国产及进口房车60余辆,并设置游客服务中心、停车场、水上乐园、篝火广场等配套设施。

【新四军江南指挥部纪念馆成为国家4A级旅游景区】 12月21日,溧阳新四军江南指挥部纪念馆被批准为国家4A级旅游景区。该景区位于溧阳市竹箦镇水西村,是国家级抗战纪念设施遗址名录成员之一,由新四军江南指挥部司令部旧址、新四军江南指挥部史料展览馆、新四军廉洁思想教育馆、毛泽东像章陈列馆、陈毅元帅诗词将军书法碑廊和纪念广场等游览点组成。

【金鹰国际海洋世界成为国家3A级旅游景区】 12月7日,金鹰国际海洋世界被评为国家3A级旅游景区。该景区由金鹰国际集团投资,经韩国COEX和金鹰工程建设团队设计规划,于2014年1月24日正式对外营业。游览动线长度800米,净养殖及观赏面积5400平方米,分为东南亚风情区、中国江河区、澳洲活力馆、亚马逊热带区、儿童互动区、古代鱼展区、钓鱼岛、海底花园、海豹之家、企鹅帝国、浪漫珊瑚礁、大洋生物、海底洞穴、七彩水族馆、梦幻水族馆、特展区16个主题展示区,有独立展示水体105个,总水量2500立方米,养殖展示各类动植物300余种,展示动物囊括鱼类、两栖类、鸟类、爬行类、哺乳类各种生物。景区采用先进的3D声光影像技术,造景工艺逼真。

(马 君)

2016

金　融

Finance

◆责任编辑　汪旭东

金融管理

【概　述】2015年，常州市坚持以“服务实体经济、发展金融产业”为主线，加大信贷投放，健全金融主体，扩大社会融资，防范金融风险，为全市经济发展提供金融保障。

金融主体不断完善。至年底，全市有银行业金融机构27家、科技支行7家、文化支行1家。6月，江南金融租赁公司开业；江南农商行与方向信托有限公司签约30亿元合作项目落地执行；上海银行常州分行、浙商银行常州分行开业运营。新设立保险分支机构2家，保险业机构数67家，其中产险公司28家、寿险公司39家，至12月底，全市保费收入共计156.56亿，比上年增15.74%。全市有证券公司分支机构32家、农村及科技小贷公司43家、融资性担保企业22家、典当42家、融资租赁企业12家、创业和股权投资机构84家，资本规模134亿元。

信贷总量稳步增长。12月末，全市本外币各项存款余额7664.98亿元，比年初增加516.24亿元，增7.2%，其中人民币各项存款余额7438.68亿元，比年初增加512.3亿元，增7.4%；全市本外币各项贷款余额5418.85亿元，比年初增加521.46亿元，增10.6%，其中人民币各项贷款余额5354.58亿元，比年初增长564.84亿元，增11.8%。“三农”、小微金融支持保持稳定。12月末全市小微企业贷款余额1979.54亿元，增11.95%；涉农贷款余额1290.71亿元，增12.07%。至12月末，新增社会融资总量1157.78亿元。重点投放坚实有力。市金融办、发改委、经信委、科技局、人民银行、银监部门对省市重点项目、十大产业链、“双百”行动计划、创新型企业培育计划开展银企对接活动，助力金融支持实体经济。四季度末，全市重点项目、“三位一体”企业贷款余额分别为270.01亿和630.18亿元，比年初分别增加51.82亿元、减少43.91亿元，分别增23.75%、降6.51%。小贷公司稳健发展。年内，新增小额贷款公司2家，全市小贷公司43家，注册资本83.62亿元，实收资本80.47亿元，累计投放贷款1522.28亿元、服务客户16621户、上缴税金近10亿元。全市3家小贷公司通过江苏省金融办备案，其中常州市武进区通利农村小额贷款股份有限公司在新三板挂牌并完成两轮定向增发。常州创业投资集团有限公司（原常州市产权交易所，简称“创投集团”）推广与江南农商行转贷合作机制，已与13家银行、2家担保公司达成合作，为891家企业发放市场化转贷资金1394笔234.36亿元。

风险防范稳准有力。按照常州市《关于防范逃废金融债务风险，维护良好金融生态环境的实施意见》，常州金融系统及时防范和打击各种逃废金融债务行为，优化区域金融生态环

人行常州市中心支行举办“重大项目深化年”银企对接会　（人行　供稿）

境。针对企业资金链、担保链矛盾和风险，市金融办、人行、银监等部门共同实施协商救助制度，针对大额授信、平台贷款、行业性风险等实施监管监测、及时预警，指导全市银行业金融机构实施破圈解链（对担保圈〈链〉内信誉良好、生产经营较为正常的企业降解联保互保关系及风险，以维护稳定发展），促进银行存量贷款有序进退、担保圈从大化小，强化借款企业自身现金流覆盖。开展企业授信总额联合管理、银担合作长效管理、五级分类差异化监测等工作，引导金融机构强化内控机制。多次召集相关债权协调会议，对常州方圆制药有限公司、常州长青投资集团有限公司符合帮扶条件的风险企业，加快推进企业重组、联合、债务平移，维护银行债权。市区应急转贷专项资金共为70家企业实施转贷168笔25.71亿元，累计完成转贷1011笔143.98亿元。全市企业资金链风险得到有效遏制，金融秩序和生态环境总体稳定。在全国首创企业转续贷方式。制定实施《关于加快推进银行业金融机构企业转续贷方式创新的实施意见》，按照“市场主导、主动创新、风险可控、灵活便利”原则，鼓励银行机构参与、自主决策，开发符合企业资金需求特点的流动资金贷款产品，根据企业生产经营特点、规模、周期和风险状况等因素合理设定贷款期限。推广江南农商行“周转融”产品模式，缓解企业还贷压力，降低融资成本，进一步改善企业金融服务，优化区域金融环境。鼓励银行机构积极创新转续贷模式，创新开发限额循环贷模式、宽限期贷款模式、年审制贷款模式、中长期流贷模式、分期偿还贷款本金模式。

（袁　忠）

【常州市中小企业低息统借统贷平台建设】 2015年，常州市与中国进出口银行江苏省分行合作建立中小微企业低息统贷平台，由中国进出口银行江苏省分行提供政策性低息资金，对于符合国家产业政策、转型升级“三位一体”和科技型、外向型企业等常州特色产业和优质企业，由代理银行和担保机构发放资金。其中，由常州产业投资集团设立常州中小微企业金融服务有限公司作为平台主体，承接与中国进出口银行江苏省分行的合作；由江南农商行作为代理银行，承担贷前审查、事中监督、贷后管理、本金收回、利息收付职责；由常州产业投资集团有限公司作为统贷平台的担保公司，按照企业申请、辖市区政府推荐、承办行审核的流程进行贷款审核、发放，采用担保加风险资金池方式作为风险金。平台贷款利率一般执行基准利率，不收取额外费用。12月，常州中小微企业金融服务有限公司成立，注册资本2000万元。

【中科招商新兴产业投资基金设立】 10月，常州市与中科招商投资管理集团股份有限公司（简称“中科招商”）签订全面战略合作协议和新兴产业投资基金合伙人框架协议。设立新兴产业投资基金，首期规模50亿元，由中科招商出资5亿元、常州市政府出资15亿元、其他有限合伙人出资30亿元，通过导入外部新兴技术和新兴产业资源，帮助全市现有上市公司和新三板企业成为产业孵化、培育、整合、并购和投资平台。同时，常州市将借助中科招商全资本链体系优势，强化对各层次创新创业企业的支持，促进企业主动对接资本市场，实现合作共赢。中科招商是国内管理人民币股权基金规模最大的投资机构，受托管理基金超过100只，基金规模超过600亿元，是国内资本市场、上市公司和新兴产业与金融资本融合发展的重要代表。

（袁　忠　汪旭东）

【金融改革】 2015年，人行常州市中心支行创新住房保障金融服务，成功发行住房公积金贷款资产支持证券6.19亿元。推动地方法人金融机构拓展融资渠道，指导江南农商行成功发行27亿元二级资本债券，在银行间债券市场发行居融2015年第一期个人住房抵押贷款资产支持证券，募集资金8.48亿元。推进农村土地承包经营权抵押贷款试点工作，武进区成为全国农村承包土地经营权和农民住房财产权抵押贷款试点地区。强化与市、县（区）两级金融办、农工办、农委、国土等部门的沟通，跟进农村土地承包经营权确权登记、农村集体产权交易平台建设试点进展。制定《关于金融支持服务“三农”发展的实施意见》，完善涉农信贷管理机制。辖内农业银行、华夏银行、江南农商行、武进建信村镇银行4家试点银行共发放农村土地承包经营权抵押贷款35笔3115万元。抓住武进区被确定为全国首批、省内唯一的农村宅基地制度改革试点地区的机遇，调查摸底农村改革试验区、现代农业示范区和农地流转状况，落实农民住房财产权抵押贷款试点各项前期准备工作。开发江苏省企业综合信息管理系统，推进社会信用体系建设，提升中小企业信用意识，缓解中小企业融资难题。落实利率市场化改革要求，指导建立常州市市场利率定价自律机制，出台《常州市市场利率定价自律机制工作指引》《常州市市场利率定价自律机制公约》，强化辖内利率定价的金融同业自律协调，维护公平的利率定价秩序。做好存款保险制度工作，完成辖区法人投保机构投保、保费征收、信息收集、评价试打分工作。建立法人投保机构月度经营情况定期报告和季度分析制度，认真落实舆情监测、流动性监测和现金供应各项要求。

【货币市场】 2015年，全市法人金融机构累计发生债券正回购业务3098笔，金额16568.65亿元；累计发生债券逆回购业务2743笔，金额4270.44亿元。完善直接债务融资长效工作机制，全市累计发行债务融资工具156亿元，余额373亿元，比上年增26.87%。加大商业承兑汇票推广力度，累计投入商票再贴现资金15.44亿元，撬动全市试点企业签发商票351.67亿元，其中349.67亿元获商业银行贴现支持。

【国债市场】 2015年，全市各承销机构发行凭证式国债65533.83万元，发行储蓄国债（电子式）101425.77万元。继续深入开展凭证式国债到期委托兑付约定转存业务试点工作，2015年签约金额2164.88万元。

【黄金市场】 2015年，受国际金价大幅波动影响，上海黄金交易所会员单位代理业务回落。上海黄金交易所会员单位常州瑞银汇鑫公司和江苏恒生联合投资公司实盘交易累计代理买入黄金3362.57千克，交易金额8亿元；

人行常州市中心支行赴交通银行开展存款保险制度宣传现场巡视 （人行 供稿）

代理卖出黄金3932.25千克，交易金额9.24亿元。法人金融机构实物贵金属销售总额8723.87万元，较上年增加4345.11万元，增99.23%。银银合作业务（延期T+D）累计交易量2265.2万元，其中黄金交易量847.98万元、白银交易量1417.22万元，交易量比上年增加205.07万元。

【货币信贷】 2015年，人行常州市中心支行制定并实施金融支持实体经济5项计划，加强区域金融调控和服务的总体规划。围绕常州市"三位一体"企业，实施精准对接，全年全市重点项目实施单位、"三位一体"重点企业分别获贷款273.82亿元和1024.63亿元，其中重点项目贷款余额270.02亿元，比年初增加51.82亿元，增23.75%。发挥再贴现、支持小微企业再贷款引导效应，累计投放支持小微企业再贷款4亿元、再贴现35.5亿元。发展超短期融资券、非公开定向债务等新型融资工具，全市累计发行各类直接债务融资工具156亿元，年末余额373亿元，比年初增29.07%。做好存款准备金率动态调整及考核改革工作，核定合意贷款规模，加强法人金融机构合格审慎管理，全年辖内法人金融机构新增各项贷款129.26亿元。

【金融稳定】 2015年，常州市实施《关于防范逃废金融债务风险、维护良好金融生态环境的实施意见》，完善银企协商救助机制，妥善处置江苏新时代铜业有限公司、常州方圆制药有限公司、江苏中铜铜业有限公司等企业信贷风险事件，防范区域金融环境恶化。人行常州市中心支行探索编制常州辖区金融风险分布图，全面动态反映辖区金融风险演变情况。落实小微企业转贷方式创新政策，缓解小微企业转贷难题，人行、市金融办、财政局等部门加强应急专项资金管理运用，全年累计办理应急转贷资金215笔，涉及企业42户，金额43.04亿元，有效防范企业资金链风险的扩散。将证券期货、保险机构纳入金融机构重大事项报告范围，规范电子化报告流程，实现重大事项报告信息化管理。全年收到重大事项报告692项，比上年增220.37%。健全金融稳定协调保障机制，推动天宁区成立金融稳定工作领导小组，实现辖市区金融稳定协调机制的全覆盖。深入推进县域金融生态创建，武进区通过省金融生态优秀县"三年回头看"重新认定。

【金融服务】 2015年，人行常州市中心支行优化账户开销户办理流程，实现开户资料受理、审核、审批在人行业务办理窗口的一站式服务。加强同城票据清算系统服务，全年当日票据抵用率97.8%，转账支票一小时回执率平均达98.52%。深化农村金融综合服务站建设，拓展服务种类，年末全市已建成并投入运营的农村金融综合服务站为587家，全年完成转账及取现业务45.68万笔5.05亿元。稳步推进二代货币发行库管理系统试点工作，完善商业银行冠字号码查询管理工作框架，指导江南农商行推进人民币冠字号码查询"蓝标工程"，实现对外支付现钞记录冠字号码与客户信息的完全匹配和可追溯。做好新版人民币发行配套工作，全面完成4564台点钞机和2163台"一体机"的升级验证。稳妥做好行政区划调整前后财政衔接工作，确保国库资金安全运行。推动天宁区财政直接支付业务，完善拨款和出口退税业务无纸化系统功能，全市累计办理无纸化拨款1375笔312.95亿元，办理无纸化出口退税34459笔134.96亿元。强化国库监督职能，纠正财税部门不合规业务1143笔3.16亿元。加强金融消费权益保护，开展金融消费权益保护非现场评估和现场检查，全年处理消费者投诉52起，满意率连续四年实现100%。

【外汇管理】 2015年，人行常州市中心支行全面开展资本项目、货物贸易、服务贸易、个人外汇和跨境人民币5个项目的购付汇专项核查，扩大外汇非现场检查系统指标筛选范围，提高敏感主体和行业专项检查精准度，构建异常跨境资金流动屏障，全年处罚违规银行8家、企业6家。创新建立房地产企业和外资融资租赁企业历史数据库，通过计量手段监测资金异动。深入开展"新政银企行"活动，加强新政执行效果监测。落实货物贸易和服务贸易便利化政策，使98%以上的守法合规企业充分享受政策便利。稳步推进资本项目简政放权，建立"热线+问题单+回函"机制，人行常州市中心支行通过热线电话、向银行发放问题单并及时收回银行回函进行解答的方式，解决银行和企业的外汇问题，了解银行和企业对人行服务的满意程度。

【外汇服务】 2015年，人行常州市中心支行深入挖潜扩需，成功推动常州天合光能有限公司、常州华利达服装集团有限公司完成外汇资金集中运营业务初始备案和变更备案工作，业务辐射面进一步扩张。开展跨国公司外汇资金集中运营管理系统数据监测分析，引导已获批企业及其开户银行合规高效开展业务。简化跨境贸易和投资人民币结算业务流程，提升业务规模及结算占比，全年全市累计办理跨境人民币结算业务436.52亿元，比上年增26.35%，占本外币跨境收支的18.83%，占比提高4.39个百分点。完成新城控股集团股份有限公司换股、吸收、合并江苏新城地产股份有限公司相关事宜，开创国内民营企业获批办理此项外汇业务的先例。为华贸通电子商务平台发展提供全面外汇政策辅导，全年平台贸易收付汇规模比上年增长30余倍。与市商务局签订2015版合作备忘录，推进信息共享进程。支持辖区银行分支机构完善服务功能，全年办理银行分支机构即期结售汇市场准入和外币代兑点备案12家、人民币对外汇期权1家、人民币对外汇掉期2家。积极向国家和省外汇管理局争取，获批短债额度是2014年的6倍，有效满足地方法人银行短债需求，支持其合规拓展境外融资业务。

（邓军珏）

【小额贷款公司】 2015年，全市新增小额贷款公司2家，其中农村小额贷款公司1家、科技小额贷款公司1家。至年末，常州市已有小额贷款公司43家，注册资本累计83.62亿元，投放贷款累计1522.28亿元；当年累放贷款382.75亿元，贷款余额97.29亿元，主要投向中小微企业和“三农”企业。

（刘常庚）

银行业

【概　述】 2015年，常州银监分局推进大额授信风险的化解，前瞻性推动担保圈破圈解链，严密监测房地产和平台贷款风险，高度重视法人机构监管，狠抓案件防控，严格规范市场秩序，继续实现银行业零案件及不良贷款余额和不良贷款率双控管理。

银行业支持实体经济成效明显。按照常州市“重大项目深化年”战略要求，加大对重点项目、十大产业链、小微企业、现代农业和绿色信贷领域的融资支持力度；继续推进“金融西进”，不断提升普惠金融覆盖面。银行业各项贷款增加509.4亿元，比上年多增100.49亿元；年末余额5407.81亿元，比年初增10.4%，增幅比上年提高1.29个百分点，贷款增量在省内排第四位；小微企业全面实现“三个不低于”（年末辖内银行业小微企业贷款户数、申贷获得率不低于上年，贷款余额增幅不低于各项贷款同期增速）目标；金坛区、溧阳市银行各项贷款增幅高于全市贷款平均增幅7.53个百分点。年内，江南金融租赁有限公司正式开业，实现常州非银行金融机构零突破；上海银行、浙商银行落户常州，金融资源供给侧进一步增强。

加大市十大产业链重点项目融资支持力度，支持产业转型升级。辖内银行业金融机构对100个十大产业链重点项目贷款余额为80.54亿元，比年初增加8.43亿元，增11.69%，高于同期各项贷款增速2.23个百分点。加大对制造业转型升级、节能减排项目融资支持，共计对38户企业该类项目发放贷款39.17亿元，余额59.42亿元，比年初增加26.62亿元，增81.12%。增强绿色效能信贷投放，建立绿色信贷统计制度，与市环保局建立绿色信贷信息共享机制，发出《银行业践行绿色信贷理念，促进环境保护倡议书》，推动银行开展绿色信贷实施情况自评价，环保信用优秀（绿色）、良好（蓝色）的企业信贷客户合计2285户，比年初增加145户，增6.78%，贷款余额588.66亿元，比年初增加78.86亿元，增15.47%。

强化依法行政、依法监管理念，严格规范行政许可工作，深入开展现场检查和非现场监管，保障银行业消费者权益保护，对日常监管中发现问题严格监管措施、加大行政处罚力度，推动银行业稳健运行和规范管理。全年受理银行业金融机构行政许可事项155项，完成现场检查项目14个，检查业务金额1883.59亿元，发现问题183项，涉及业务金额119.57亿元，提出整改意见64项。实施行政处罚6项，合计处罚金额165万元。

【银行业风险监管】 2015年，常州银监分局强化大额授信风险、担保圈风险、房地产风险化解，通过案件防控、平台债务风险监测、法人机构和信息科技风险监管等方式，保持银行业稳定发展。

大额授信风险防范化解。落实银行业金融机构和风险企业主体责任，以联合授信为重要手段，推进江苏新时代控股集团有限公司、江苏中铜铜业有限公司、凯悦房地产开发集团及江苏金牛线缆集团有限公司等资金链风险处置。全年完成31户企业43亿元联合授信框架协议签订，推进银行探索僵尸企业信贷资源出清盘活，推动债权银行主动向地方法院申请对2家长期停产、无力偿还债务的企业执行破产。至年末，辖内银行业不良贷款余额74.43亿元，比年初增加9.56亿元，同比少增0.33亿元；不良贷款率1.38%，比年初上升0.05个百分点，同比少升0.05个百分点，低于全省平均水平0.11个百分点。

担保圈风险化解。继续推进辖内担保圈风险防范和化解工作，找准风险关键节点，千方百计破圈解链。辖内1145个担保圈涉及企业总户数7689户、借款企业5498户、保证企业4611户，均较上年下降10%左右；总保证关系对数8842对，减少1716对，下降16.25%。20户企业以上大圈比上年减少1个，10户企业以上担保圈占比由2.12%降至1.92%。

房地产风险处置。推进银行业充分满足刚需住房需求，扩大改善性需求，帮助房地产企业消除商品房库存、缩短去化周期；开展重点风险房地产企业信贷风险现场检查，加强房屋预售资金监管；督促银行对12户中小风险房地产企业实施一户一策，通过贷款重组、追加授信、保全诉讼等措施有效处置风险。

平台债务风险监测。督促银行全面梳理甄别，持续全口径监测，加强债券置换监测，全年累计置换19.41亿元。指导相关银行妥善做好政府融资平台在建项目后续融资，对27个项目后续贷款44.98亿元。

法人机构监管。推进法人治理机制的完善，加强新业务风险评估，对市场风险与流动性风险防范措施、投资方向、系统建设等方面加强监管，支持完善流动性互助机制，加大不良贷款核销和清收处置力度，确保实现不良贷款余额、不良贷款率双控和监管指标全面达标。江南农商行加入全省农商行流动性互助机制，4家村镇银行由发起行提供资金兜底承诺。强化监管指标达标，指导应用新资本管理联建项目成果，提高精细化管理能力，运用法人机构监管指标分层预警体系定期监测分析、通报提示，促进各法人机构监管指标全面达标。年内，江南农商行成为中国银监会标杆银行。

案件防控工作。全面开展“加强银行业监管和内部管理，遏制违规经营和违法犯罪”专项检查及回头看，建立长效管理机制；持续开展案防工作评价，深入开展柜面操作风险及住房按揭、代理保险、同业、理财、委托和衍生类等业务风险排查，坚持问题导向，查找案防体系的薄弱环节，落实各项案防举措，确保零案件。全年辖内银行业金融机构开展各类风险排查496次，涉及近3.5万人次，累计排查金额超过4.5万亿元，发现问题严格问责处理，责成银行内部行政处分、经济处罚共计2109人次。建立健全银行从业人员处罚信息报送和共享制度，严防从业人员带问题流动。

银行业声誉风险防范。完善突发事件报告机制，建立群访应急机制，妥善处理凯悦中心开发商一房二卖造成购房人群访事件；加强负面舆情监测应对，指导银行妥善处理突发舆情多起，防止事态蔓延。

信息科技风险监管。积极引导银行机构加强信息科技风险防范建设，加强信息科技风险提示，强化法人机构防控，加强非现场监管评级，加快灾备系统建设，强化网银、自助终端等电子渠道科技风险防范及外包业务风险管理。

【银担合作】 2015年，常州银监分局联合辖内各银行业金融机构通过建立完善融资性担保业务管理卡系统，对所有融资性担保机构进行“一户一卡”管理，实现担保余额动态反映、保证金统一监测、资本金透明化管理以及合并放大杠杆倍数实时监控，为银行及时掌握银担业务合作情况、加强前瞻性风险防控提供信息平台。紧盯银担合作现场检查、查实问题和风险情况的整改，督促银行逐步建立融资性担保业务风险长效管控机制。全年通过担保代偿2.17亿元，比上年减少0.69亿元，年末，融资性担保贷款不良率1.11%，维持在较低水平。

【重大项目和工程金融服务】 2015年，常州市银行业金融机构围绕常州“重大项目深化年”部署和行政区划调整，组织政银企对接全市重点工程、项目，支持湖南江南汽车制造有限公司金坛分公司、轨道交通1号线、国信溧阳抽水蓄能发电、金坛棚户区改造项目等一批省、市级重大项目、重点工程顺利开工实施。全市150项年度重点项目贷款余额140.79亿元，比年初增加28.14亿元，增24.87%，高于全市贷款平均增幅15.41个百分点；3个项目受惠于项目建设资本金比例下调新政，贷款14.2亿元，1个2亿元授信项目采取PPP项目融资方式。

【小微企业金融服务】 2015年，常州市小微贷款完成“三个不低于”目标任务，小微企业贷款户数4.07万户，比上年增加0.55万户。申请贷款获得率90.34%，提高1.22个百分点；贷款余额1979.54亿元，比年初增11.95%，高于各项贷款增速1.55个百分点。

【“三农”金融服务】 2015年，常州市支持县域经济、“三农”服务的“金融西进”战略进展顺利。全年金坛、溧阳新设分支机构3家，两地机构数分别达到16家、19家，网点总数283家。至年底，金坛、溧阳两辖市区各项贷款余额1224.34亿元，比年初增加186.13亿元，增17.93%，高于全市7.53个百分点，占全市贷款的22.64%，比年初提高2.89个百分点；各项存款余额1559.22亿元，比年初增加141.15亿元，增9.95%，高于全市各项存款平均增速2.73个百分点，占全市存款余额的20.34%，比年初提高0.5个百分点。

常州市银行业积极通过创新金融产品服务，探索林权和农村土地两权质押贷款，延长贷款期限，创新分期还款方式和家庭信用担保方式，支持现代农业发展。全市涉农贷款余额1295.89亿元，比年初增加144.16亿元，增12.52%；现代农业组织贷款余额87.83亿元，比年初增加11.11亿元，增14.49%，分别比各项贷款增速高3.06和5.03个百分点。江南农商行在武进区发放全国第一单农房宅基地抵押贷款。

【银行业消费者权益保护】 2015年，常州市加强社会公众金融知识宣传。强化“全媒体、常态化”持续、多轮次公众教育，先后组织金融知识进万家、打击银行卡非法买卖、防范通讯网络诈骗等一系列宣传，联合银行业协会开展“普及金融知识万里行”“金融青年助残‘五个一’”活动。在市级媒体开设系列专栏20多期，录制播出公益广告2个，推出金融知识电视小课堂21档，在“银协在线”微信平台开展金融知识有奖问答。全年累计集中宣传100多次，发布宣传文章150多篇，惠及约50万人次。重视银行业消费者投诉，打造阳光信访、法治信访、责任信访，坚持“疏、导、查、督”相结合，引入第三方调解机制，化解各类矛盾纠纷近400起。对个别投诉问题集中的银行下发监管意见书，责成派员联合接访。推进银行风险产品销售录音录像工作，规范销售宣传行为。进一步规范银行服务收费，专门成立银行不规范服务收费清理专项工作组，严把银行机构自查关，对11家银行开展暗访，对部分银行开展重点督查，联合市物价局发文细化落实银行提供一个免费账户事项。年内辖内银行业金融机构共取消收费项目384项，整合精简收费项目2650项，降低收费标准68项。

【金融秩序维护】 2015年，常州市全辖银行业先后组织防范非法集资集中宣传月活动、专项风险排查、问题专项整治、涉非法集资广告资讯清理等工作。及时取缔2家名称含有“BANK”字样的山寨银行。加大违规金融宣传打击力度，针对财富管理机构虚假宣传在全省率先推动辖内银行共同发布《银行业联合声明》，深入开展财富管理机构专题调研。在全省率先开通市检察院、公安局、国家安全局和银行业金

2015 年常州市银行业金融机构主要统计指标一览表（一）

项　目	机构网点数		总资产		总负债		所有者权益	
	年　末（家）	比年初增（家）	余　额（亿元）	比年初增（%）	余　额（亿元）	比年初增（%）	余　额（亿元）	比年初增（%）
银行机构合计	990	25	8954.51	8.75	8713.37	8.55	241.15	16.64
其中：大型银行	464	-4	3834.12	-2.35	3799.06	-2.28	35.06	-9.55
股份制商业银行	98	25	1675.01	8.26	1649.88	8.27	25.13	7.62
农村中小金融机构	228	0	2314.16	17.50	2161.14	17.72	153.02	14.51

2015 年常州市银行业金融机构主要统计指标一览表（二）

项　目	税后利润		中间业务收入		不良贷款	
	余　额（亿元）	比上年增（%）	累　计（亿元）	比上年增（%）	余　额（亿元）	比　例（%）
银行机构合计	105.31	3.35	50.08	9.29	74.43	1.38
其中：大型银行	54.03	-9.02	33.69	-0.67	38.88	1.47
股份制商业银行	20.58	7.02	6.62	-8.40	12.57	1.19
农村中小金融机构	19.30	8.75	5.97	143.42	12.55	1.22

融机构间的账户信息电子查询通道，联合公安部门建立省内首家反信息诈骗中心，全年辖内银行业金融机构成功堵截通讯网络诈骗案件268起，避免客户经济损失约2350万元。在为期2个月的防范通讯网络诈骗犯罪集中宣传专项行动中，1133个银行网点参与宣传，开展“进社区、进乡村、进学校、进企业”宣传活动545场。

【金融机构网点建设】 2015年，常州多家金融机构开业。6月9日，由江南农商行发起设立、多家地方民营企业投资入股的江南金融租赁有限公司开业，实现辖内非银行金融机构零突破，年末各项贷款余额44.62亿元。上海银行常州分行、浙商银行常州分行分别于6月16日、7月15日获批开业，辖内全国性股份制商业银行达到10家，城市商业银行达到4家。武汉农村商业银行发起设立的钟楼长江村镇银行获批筹建，向实现村镇银行辖市区全覆盖目标迈出重要一步。

普惠金融加快建设。年内，全市商业银行设立社区支行17家，累计36家，惠及全市各板块多个社区。批准筹建1家城市商业银行小微支行，为苏州银行化龙巷小微支行。支持村镇银行向乡镇增设经营网点，加强乡镇薄弱领域金融服务，金坛村镇银行设立第二家乡镇网点。主要依托电子银行和网络银行的智能网点不断兴起，江南农商行加快推进网点转型工作，至年底已建成39家智能型网点，便民服务点实现所有自然村全覆盖。

【地方农村商业银行改革发展】 2015年，江南农商行在监管部门指导下进一步提高资产分类准确性，加快建立完善内部资本充足评估程序，提高信息披露的完整性和及时性，推进新资本协议实施；信贷和运营管理改革稳步推进，流程银行建设迈上新的台阶；获银监会批准后成功发行27亿元二期二级资本债券，使资本充足率提高2.04个百分点至14.23%，为各类资产业务发展提供更充足的资本支撑；业务创新步伐加快，按揭贷款证券化业务顺利完成，大额存单成功发行，外汇买卖业务经监管审核批准后迅速发展；多元化、跨区域发展顺利推进，牵头组建江南金融租赁有限公司，在市外设立7家异地支行，并以战略投资者形式再次投资入股苏北县域农业商业银行。年内该行被银监会确定为标杆银行，成为江苏省首家贷款超千亿的农村中小金融机构。（顾　锦）

【中国工商银行股份有限公司常州分行概述】 2015年，工行常州分行本外币各项存款余额861.15亿元，其中对公存款416.44亿元、储蓄存款426.21亿元、保证金存款18.5亿元。本外币各项贷款余额699.09亿元，新增7.47亿元。其中公司贷款554.84亿元，比年初减少5.92亿元；个人贷款125.36亿元，比年初增加17.11亿元；票据贴现18.8亿元，比年初减少3.65亿元。全年实现拨备前利润26.18亿元，比上年减少0.55亿元；净利润15.02亿元，减少3.37亿元；完成中间业务收入12.51亿元，增加0.91亿元。不良贷款余额6.87亿元，比年初增加3.09亿元；不良贷款率0.98%，比上年提高0.43个百分点。全年新增离行式自助银行9个、离行式自助服务点6个，迁建网点2个，原址改造网点4个，局部改造网点3个，完成“自助+理财”网点建设7个。

零售转型取得初步成果。加快推进零售业务先行先试的步伐，从考核机制的创新管理、客户服务的细心经营、零售队伍的大力培育3个方面着手实施零售业务转型。客户总量和结构不断优化，个人有效客户总数194.3万户，较年初增14万户，其中通过名单制的营销和非金融服务的双管齐下，私人银行客户达到727户，比年初增加373户。个人资产业务取得快速发展，从自主和现金分期、质押贷款入手，全年信用卡分期付款交易量10.8亿元。抓好政策机遇，个人住房贷款止跌回升，余额达到94亿元，比上年增加8.4亿。在考核上推行业绩认领和直通式考核，在队伍建设上把握内部资源、调整人员配备、提高综合素质，零售业务内生动力得到提升。

信贷投放支持实体经济。继续推进支持实体经济的措施和工作。落实常州市“重大项目深化年”工作要求，围绕全市十大产业链，重点关注轨道交通、智能互联、新材料等领域的项目，通过多样性的产品组合进行金融支持。审批完成项目贷款48单150.18亿元，创历史新高。加大对上市公司支持力度，通过实行上市公司的行长挂牌制度，对上市公司、拟上市公司以及新三板企业进行定期走访，累计核定增量授信11.67亿元。加大投行并购业务的拓展与探索，完成省内首单上市公司定向增发结构化证券投资项目和市分行首单非金融企业债务融资工具的发行，审批重组、并购、发债、直投、租赁等创新型投行项目12单，合计39.32亿元。深度挖掘“走出去”客户群，通过跨境并购融资、境外项目融资、跨境人民币融资等产品，成功联动泰国、巴西、东京等境外分行支持企业走出去。

推进“互联网+金融”发展。把握总行互联网金融品牌“e-icbc”发布的机遇，成立互联网工作团队，深入报业集团、网络媒体、电视媒体、社区和企事业单位，大力宣传融e购、融e联、融e行3大互联网金融平台，提高平台利用率和品牌知名度。至年末，新增融e购商户26户，新增交易额19.7亿元，手机银行客户净增10.7万户。

【全国首笔网银掉期业务】 4月14日，工行常州分行通过网银系统办理全国首笔网银掉期业务，这是继网银及远期结售汇、网银单证业务之后在网银系统中上线的又一国际业务产品。网银掉期业务通过客户网上银行自主进行掉期业务操作，拓宽客户提高资金收益和规避风险的渠道，节省客户的财务成本和时间成本，是对传统掉期业务的良好补充和完善。（陈 博）

【中国银行股份有限公司常州分行概述】 2015年，中行常州分行主要业务得到提升，经营效益稳步增长。年末，本外币各项存款余额506.2亿元，比年初增加23.82亿元；本外币各项贷款余额406.8亿元，增加19.91亿元。全年实现拨备前利润10.28亿元。

对接重大项目。有序开展2015年市重点投资计划、科技型上市培育企业、上市后备企业等融资对接活动，至12月末，实现贷款投放29.71亿元，成功组建4个银团贷款，助力新城控股有限公司成为国内资本市场首家B股转A股的民营企业。发挥海外优势，提升跨境金融服务能力，成功叙做常州地区首笔跨境双向人民币资金池业务、海关集中汇总征税保函业务。

扶持小微企业。先后与产业园、商会开展多场批量化营销活动，创新推出满足中小企业固定资产购置需求的中长期“置业贷”、针对供应链融资的“商票贷”等新产品。推出中小企业“跨境撮合”服务，为中外中小企业提供双边了解、实地考察等机会并提供金融服务，先后组织10户常州企业赴意大利、美国、英国参与跨境撮合论坛，组织4户常州企业参与跨境撮合线上视频交流，助推中小企业走出国门并取得较好效果。至年底，中行常州分行小微企业贷款余额97.68亿元，较年初增加7.18亿元；小微企业贷款户数3220户，较年初增加1673户。

关注民生金融。人民币个人贷款较年初增加23.08亿元。关注老年金融服务，率先成立常州首家老年金融服务中心。先后推出天宁寺祈福存单、“中银—婚嫁宝”联名卡、老年客户专属常青树卡，举办贵金属展销、中银财富大讲堂、大型投资策略报告会。

创新渠道建设。率先将低产网点改造成驻人式增强型自助银行和微型网点，有2家增强型自助银行、2家微型网点试运行。推进消费金融中心和智能网点的建设，已建成省行级消费金融中心3家、市行级消费金融中心3家，完成智能网点升级改造10家。

年内，中行常州分行营业部被中国银监会授予全国银行业“雷锋岗”称号，被中华全国妇女联合会授予全国“巾帼文明岗”称号，分行工会委员会被中华全国总工会授予“全国模范职工之家”荣誉。

【常州首家老年金融服务中心】 9月10日，中行常州分行开设常州首家老年金融服务中心——九洲新世界老年活动中心，并发放第一批会员卡。老年金融服务中心位于中行九洲新世界支行二楼，占地160多平方米，设有影视区、健身区、阅读区、休闲区、理财区。其中，理财区位于进门吧台处，配有一名专业理财经理，为中老年客户提供专属金融服务。年内，老年金融服务中心先后举办象棋大赛和广场舞大赛，联合安信颐和颐养中心为中老年客户提供义诊服务，与“陶醉”红酒酒庄联合举办红酒品鉴。（王文婷）

【中国建设银行股份有限公司常州分行概述】 2015年末，建行常州分行下辖武进、金坛、溧阳三个市（区）支行和营业部、化龙巷、怀德路、延陵路、清凉路、常州经济开发区、新北区7家城区全功能支行。辖有员工2100名，拥有营业网点121家、自助设备540多台、自助银行152家，远程集中授权系统在所有营业网点上线，日均授权量2000多笔，柜面服务效率得到进一步提高。至年底，建行常州分行存款余额978.55亿元，比年初增加47.62亿元；各项贷款余额679.18亿元。全年各项业务发展继续在当地银行业保持领先优势。

支持地方经济建设。不断优化信贷资产结构，围绕重点基础设施、保障性住房建设等民生领域进一步加大投入，累计投入各项贷款136亿元。在城市供水、供气、污水和垃圾处理、保障性安居工程、地下综合管廊、轨道交通、医疗和养老服务设施等具有一定经营权与收益权的领域，主动对接研究PPP项目融资方式，形成可复制、推广的PPP项目融资经验，并开展常州市快速公交一号线、二号线项目等9个PPP项目的运作。

推动业务稳健发展。国际业务稳步发展，创新推出汇贷宝、存汇盈等产品，全年完成国际结算量49亿美元，办理跨境人民币业务34亿元，实现网上银行结汇8.67亿美元，网上银行替代率48%以上。应对政策调整和市场形势变化，加快个人住房贷款发展，开拓个人类贷款新兴业务，加大风险化解和不良处置，推进住房金融与个人信贷业务平稳发展。全年个人类贷款余额超225亿元，持续稳居当地同业第一。推进二手房贷款成效显著。利用常州市区存量房交易资金监管系统率先在建行上线试运行的机会，加强与优质中介、评估、代理等机构的筛选和合作，优化存量房资金监管办理流程，为客户提供一站式优质服务。至年底，累计发放二手房贷款超15亿元，较年初新增8.84亿元。推广“龙卡分期付”品牌，推出龙卡购车分期、安居分期、车位分期、商场分期、账单分期、消费分期、现金分期业务，全年实现分期交易总额超15亿元。布局移动金融，开展走进高校、医院等活动，持续拓展电子银行客户，重点推广手机银行、短信银行、微信银行等移动金融产品，持续提升客户活跃度和移动交易量，至年底，新增手机银行、网上银行活跃客户19万户。开拓善融商务业务，重点发展涉农善融商户。新增善融商务活跃客户108户，完成交易额约8亿元。协助客户搭建网络销售平台，成功营销组建各类网络交易平台数量28个，较年初新增5个，线上资金归集能力进一步增强。

扶持小微企业成长。坚持小企业业务小额化、标准化、综合化和集约化转型，根据小微企业“短、小、频、急”的资金需求特点，创新推出小微企业续贷业务，将原来先还款、后审批、再放款的操作模式改为在业务到期前先审批、后还款、再放款，缩短企业流动资金的占用时间。成功搭建银科合作、银税合作、银保合作及银担合作等平台，推出“苏科贷”“税易贷”等小微企业融资产品，全年支持小微企业超2000户，投放贷款124亿元。

全面引入智慧银行元素。在网点推广使用新型智能设备，切实分流客户，缓解网点压力。全年布放视频银行前台设备21套、后台设备3套，设有坐席2人，人均交易65笔。有90家网点上线智能填单机、25家网点上线自动发卡机、1家网点上线VTM（Video Teller Machine，远程视频柜员机，是一种通过远程视频方式来办理一些柜台业务的机电一体化设备）。（吕学铭）

【交通银行股份有限公司常州分行概述】 2015年末，交行常州分行本外币资产总额时点余额386.48亿元，列交行系统全国省辖分行第二位。人民币各项存款时点余额347.27亿元，比年初增长6.74亿元；人民币各项贷款余额257.1亿元，比年初增长8.34亿元。年内，交行常州分行被评为交通银行首届企业文化建设示范基地，分行营业部被评为2015年度中国银行业文明规范服务百佳示范网点，溧阳支行获评2015年度中国银行业协会“四星级”网点。

主动对接行政区划调整，加大对经济开发区信贷支持力度。调整设置经济开发区范围内的分支机构，将原交通银行常州戚墅堰支行更名为交通银行常州经济开发区支行，负责与经济开发区各项业务的具体对接和服务，主动进行政银企对接，寻找业务合作机会，在贷款利率、审批时限等方面配合经济开发区发展需求。11月30日，成功为常州东方投资控股有限公司发放固定资产贷款10亿元，用于支持经济开发区城镇化改造二期项目。加强实体经济支持力度，满足重点企业资金需求。围绕十大产业链，发挥融资主渠道作用，通过强化金融服务措施，支持和服务地方实体经济。成功营销北京汽车股份有限公司新能源项目落户交行常州分行，并为常州市轨道交通发展有限公司、常州天合光能有限公司、江苏新时代控股集团有限公司、常州南海铜业有限公司、中关村科技产业园等企业新增贷款投放27.4亿元。

开展业务创新服务企业。完成投行业务6单，累计投放总金额约20.6亿元，主要包括续发龙城旅游控股有限公司短融1亿元、常州交通产业集团有限公司和黑牡丹（集团）股份有限公司债券过桥业务总金额10亿元、九洲房地产有限公司信托3.6亿元、常州龙城生态建设有限公司信托3亿元。完成常州天合光能有限公司外币资金集中运营系统上线，为该公司提供跨境外币和人民币的现金池归集和统一支付，便于企业贸易化。

支持小微企业发展。年内新设天宁、钟楼、常州经济开发区3家小企业中心团队，专注小微企业。年末，3家小企业中心服务小微客户近150户，贷款规模近6亿，人均管户超15户，人均贷款余额近6000万元。发挥文化支行、科技支行的专营作用，积极做好小企业金融服务。其中，文化支行打造的专属产品“文创贷”，累计投放贷款6.7亿余元，扶持各类文化小微企业近50家。年末，交行常州分行实现小微企业贷款余额104.35亿元，贷款增速高于全部贷款增速3.14%；小微企业贷款户数1083户，较上年新增233户；年内向768户小微企业户发放贷款，申贷率90.14%，高于上年25.01%。

【西太湖电子产业园“电商贷”项目签约】 4月24日，交行常州分行与江苏西太湖互联网产业发展有限公司、长安责任保险股份有限公司常州市中心支公司签订三方协议。协议规定江苏西太湖互联网产业发展有限公司在交通银行开立专户，存入风险补偿基金，交行常州分行按风险补偿专项资金的10倍提供授信。在贷款过程中，政府引荐江苏西太湖电子产业园中的企业，由保险公司为贷款企业提供贷款保险，银行与保险公司独立审核审批，三方均认可的企业可获得贷款资金。

（潘静婷）

【中国农业银行股份有限公司常州分行概述】 2015年末，农行常州分行各项存款余额937.8亿元,比年初增加32.8亿元，日均存款余额增量33.3亿元，存款时点、日均增量均居工行、中行、建行、农行四大行首位；存款总量占四大行份额的28.87%，比上年提升1.7个百分点，总量位次由上年第三升至第二位。各项贷款余额600.09亿元，比年初增加45.05亿元。信用风险经受了经济下行的考验，累计退出省行潜在风险客户贷款8.79亿元，任务完成率146.5%；化解担保圈风险7.4亿元，任务完成率123.3%；累计清收处置不良贷款本金7.91亿元，其中自主清收不良本金2.92亿元，计划完成率102.3%。全员合规意识进一步增强，成功堵截各类诈骗案件204起。全行内部运营总体安全平稳，没有发生案件和重大责任事故，没有发生重大负面舆情，内控评价保持一类行，监管评级保持AA级。

信贷投放。细分常州区域重点项

目，加强对优质大客户、大项目的支持。东风汽车股份有限公司、斯太尔动力（常州）发动机有限公司等常州地区重大项目落户农行，光大常高新环保能源（常州）有限公司生活垃圾焚烧发电、常州天合光能有限公司技术改造、武进国家高新区棚户区改造、常高新集团有限公司3亿元并购贷款等项目顺利实施，永安河拓浚整治工程、太湖流域长荡湖河道综合治理（环湖东片）项目等重点水利工程银团贷款成功获批。至年末，在房地产业贷款比年初下降12.69亿元的情况下，全行项目贷款余额196.11亿元，比年初增加18.77亿元，其中基础设施和城镇化贷款增加22.3亿元。发挥农行点多面广的传统优势，以二级支行为主，推进小微信贷业务。至年末，授信3000万元以下小微客户483户，比年初增加221户，贷款余额28.39亿元，比年初增加8.03亿元，户数增量和贷款增量均列全省农行系统第一。坚持个贷投放优先级，做优"保捷贷""随薪贷"等非住房贷款。至年末，全行个人住房贷款余额151.12亿元，比年初增加21.53亿元。创新支持方式，通过顺泰融资租赁股份有限公司，为郑州日产汽车有限公司常州分公司生产设备售后回租项目提供银赁通保理业务6亿元，期限8年，是江苏农行迄今最大的一笔银赁通保理业务。

金融服务"三农"。优化"三农"金融服务发展机制。制定"三农"金融事业部改革方案，通过建立行领导挂钩帮扶、月例会等工作机制，助推"三农"业务发展。扩大"三农"领域有效信贷投放。加大对县域的资源倾斜，服务新型城镇化建设、县域重点工程、骨干企业和农业现代化建设。至年底，金坛、溧阳支行贷款增量占全行的49.46%，均列当地四大行首位。加大"三农"特色产品推广。推出"金农贷"信贷产品，支持新型农业经营主体发展。至年底，新型农业经营主体贷款客户352户，贷款余额2.97亿元，分别比年初增加225户和1.53亿元。其中，"金农贷"产品客户83户，比年初增加70户；贷款余额8399万元，比年初增加6089万元。"惠农通"工程提质增效。年末"惠农通"服务点总数1016个，比年初增加217个，实现全市573个行政村全覆盖，机具有效率97.3%。探索农村金融服务新模式，加大惠农服务网络建设，全省农行系统首批3家惠农金融服务站分别在金坛经济开发区、新北区圩塘镇、武进区横山桥镇挂牌运营，服务站涵盖自助银行功能，同时具备自助发卡、WIFI环境和网上银行、手机银行体验，满足农村客户办卡、领取新农保、存取款、汇款和代缴费等日常金融需求。探索农村综合产权制度改革下支农新途径，以流转取得的农村土地经营权作为抵押担保，为江苏菌皇菇业有限公司发放生产经营贷款170万元，是江苏农行系统首例农地产权抵押贷款业务。

渠道建设。加快农村和社区渠道建设。完成溧阳市上黄支行、金坛区薛埠支行网点迁设和金坛区金沙支行规模缩减；强化金融便利店建设，年末总数41家。以社保卡和信用卡为重点，加快渠道建设向产品渠道转移。机关事业单位社保卡营销取得历史性突破，新增社保卡38万张，总量65.77万张；全年发放贷记卡4.7万张，总量35万张。加快渠道建设向移动终端转移，掌上银行用户数量突破百万，电子渠道金融性交易占比92.98%，较年初提高2.47个百分点。

【全国农行首笔小微企业工商物业贷款】 2015年，农行常州分行为江苏双桂坊餐饮管理有限公司改扩建项目量身定制贷款方案，发放全国农行首笔工商物业经营贷款，金额1800万元，期限8年，分期还款。小微企业工商物业贷款是根据小微企业所提供的工商物业抵押价值，向小微客户发放的用于其经营中涉及的物业装修、维护、改造等用途的融资产品，具有贷款期限长、贷款用途多、还款压力小的特点。

【常州市首例跨境资金池业务上线】 2015年，农行常州分行对接常州天合光能有限公司全球化资金管理需求，提供跨境资金池业务，便于企业统筹调配境内外资金。同时，资金集中到集团总部，提高了企业资金使用效率，解决了集团部分成员企业融资难问题。该业务于12月获国家外汇管理局批准，并于当月成功上线，是全年常州地区唯一获批项目。该跨国资金池正式上线后，首批集中运营成员企业共8家，归集外债额度9.23亿美元、境外放款额度4.97亿美元。（孔文军）

【中国农业发展银行常州市分行概述】 2015年，农发行常州市分行支农总量逆势攀升。全年累计投放各项贷款56.72亿元，比上年多投24.04亿元；贷款余额101.06亿元，比年初增加26.07亿元，增幅35%，创历史新高。

筹资盈利稳步增长。年末，各项存款余额21.84亿元，比年初增加4.98亿元，增29.54%；存款日均余额22.49亿元，比上年增加4.74亿元，增26.7%；账面利润15915万元。业务创新取得突破。营销和获批的贷款项目涵盖棚户区改造、整区域城镇化建设、人均环境建设、农民集中居住、水利、路网等多个品种。

支持粮棉油购销储工作，保障常州区域粮食稳价保供。足额发放铺底资金，做到"钱等粮"，未发生一起"打白条"现象。全年累计投放各类粮油收储贷款8.39亿元，支持企业收储粮油28.98万吨。累计投放近1.1亿元自营性收购贷款支持7家企业理性入市收购，增强常州区域市场性收购的调节作用。

重点推进农业农村基础设施建设中长期信贷业务，与5家市区级政府、3家市区级政府部门签订合作协议，促成常州市政府与农发行省分行签署总额超300亿元的金融合作备忘录。至年底，成功获批中长期项目5个，金额46.5亿元，其中金坛岸头佳园棚户区改造项目为农发行全省系统内第一个棚户区改造项目。年内，获批农发基金重点建设项目4个，金额3.7亿元。

（张 灵）

【中信银行股份有限公司常州分行概述】 2015年末，中信银行常州分行一般性存款余额235.14亿元，各项贷款余额189.81亿元，比上年增加15.21亿元，增幅8.7%；票据业务继续保持领先，全年票据业务直贴额193.86亿元，再贴现额17亿元，其中票据再贴现额在常州市排名第一。

加大信贷投入，全力支持地方经

济建设。应对宏观经济增速放缓、企业不良预警信号频发的不利局面，参与对接十大产业链、传统优势产业转型升级“双百”行动计划和“十百千”工程。全年新增投行融资规模41.62亿元，其中直接融资新增10亿元，结构化融资新增6.62亿元。非牌照业务取得显著成效，联合券商共计发行25亿新公司债。参与地方融资平台的市场化转型，以PPP模式创新方案设计，通过内部资源整合，为常州金融商务区、常州海绵城市示范区、武进经济开发区、常州市市区棚户区改造、常州天合光能有限公司等全市各市区级重大建设项目出谋划策，提供一揽子融资解决方案，方案金额150亿元。

深化体制改革。启动“集中化、专业化、集约化”改革，形成专业化的公司、零售信贷业务营销体制和零售客户服务体系。将全行能够承担公司信贷第一责任人的人员集中起来，成立若干一级、二级部门，以经营公司信贷业务为主，并承担综合营销，实现一专多能。各支行专业服务零售及对公客户实现高柜、低柜以及大众体系、贵宾体系的区分；个人资产业务由分行小企业及个人信贷部专营，并在支行派驻个人贷款客户经理。（王　宇）

【江苏银行常州分行概述】2015年末，江苏银行常州分行下辖11家管辖支行，有营业网点32家。各项存款余额311.58亿元，比年初增加32.15亿元，增11.51%；各项贷款余额269.72亿元，较年初增加24.94亿元，增10.25%。其中，公司类非贴现贷款余额200.08亿元，较年初增加30.75亿元；资本节约口径小微企业贷款余额21.89亿元，较年初增加1.36亿元；绿色信贷金额6.96亿元，较年初新增5.77亿元。

年内，江苏银行常州分行促成常州市政府与江苏银行总行签署常州校舍安全工程战略合作协议，随后与大部分区、县完成合作签约，提供87.5亿元贷款用于常州校舍安全改造，至12月末，已投放3.75亿元。依托城市发展基金业务，参与区域重点项目和市政民生工程，通过资产负债表外以结构化融资、创新投行业务、城市发展基金等方式，支持辖内地方政府和实体经济发展。推进网点转型，不断创新产品，优化业务流程，网点环境、服务水平、市民满意度大幅度提升。分行营业部智能厅堂项目——VTM系统上线，该系统具备自助发卡、网上银行、手机银行、短信通知、理财宝签约、借记卡密码修改及借记卡激活等功能。辖内实现理财室和理财中心全覆盖，通过聚宝财富、电子银行、卡易贷等产品，满足城乡居民融资、理财需求。将分行票据中心调整为同业票据中心，以同业资金融通为核心，深化与其他业务的联动，成功办理全行首笔同业代付业务。开办票据托管融资业务，利用江苏银行直销银行的跨行结算以及其不受时间、空间、网点限制的特点，解决中小企业小金额散票融资难以及在特定时期银票流通性差的问题。

【首个老年金融服务示范点开业】9月22日，常州首个老年金融服务示范点在江苏银行常州朝阳支行开业。该示范点以“放心理财、称心收益、爱心服务”为理念，对江苏银行朝阳支行进行亲老适老化的改造，铺设防滑地砖、配置爱心专椅、为老人提供专门的卫生间。设立老年客户服务专区，提供按摩椅、急救药箱等。开辟照片墙，用于展览老年摄影比赛的作品，为老年客户提供学习、交流、沟通、保健的场所。（龚亚红）

【招商银行股份有限公司常州分行概述】至2015年底，招行常州分行总资产（表内）余额149.72亿元，比年初增加19.59亿元，其中自营贷款余额107.28亿元，占总资产的71.65%。总负债（表内）余额146.38亿元，比年初增加16.25亿元，其中自营存款余额132.97亿元，占总负债的90.84%。年内，招行常州分行运用金融产品，保持货币总量的充足供给，稳定市场预期，加大对小微企业、“三农”、全市重点企业及项目的信贷支持。发挥资金价格差异动态管理机制的作用，对全市重点企业、项目的贷款价格放至基准或适当上浮，对银行承兑汇票、信用证等表外业务的保证金按定期存款计息，减轻企业融资成本。全年新增非标投放2.7亿元，银票敞口增加7.75亿元，受规模限制、压退计划等影响，贷款总额下降2.22亿元，资金投放总体增加1.25亿元。通过境外联动，合计投放3339万美元的贸易融资，满足常州贸易型企业的经营需求。2月11日，招商银行兰陵支行正式营业，招商银行常州分行下属综合型支行总数达9家。（赵　蕾）

【江苏江南农村商业银行股份有限公司概述】2015年末，江南农商行资产总额2292.94亿元，较年初增加356.02亿元，增18.38%；各项存款余额1535.96亿元，增加180.34亿元，增13.3%；各项贷款余额1022.97亿元，增加117.75亿元，增13.01%。在常州28家银行类金融机构中，江南农商行存贷款余额占比分别为20.05%、18.44%，存贷款增量占比分别为29.22%和18.68%，均稳居全市首位。至年末，全行四级不良贷款余额12.04亿元，增加2.62亿元，四级不良率1.18%，较年初上升0.14个百分点；五级不良贷款余额12.42亿元，增加2.93亿元，五级不良率1.23%，较年初上升0.18个百分点；发行二级资本债27亿元，资本充足率12.95%；拨备覆盖率257.91%。全年实现各项收入123.17亿元，增加10.9亿元，增幅9.71%。其中，资金市场实现营业收入44.63亿元，增加2.49亿元，占全行各项收入的36.23%；中间业务收入5.98亿元，增加3.54亿元；实现税后净利润18.63亿元，增加1.5亿元，增幅8.79%。非传统业务对经营效益的贡献度逐步扩大，盈利结构日趋优化。

开拓市场，优化业务结构。实施网点转型，加快业务功能由交易结算向服务营销的转变，通过对41家试点支行的驻点培训，支行的基金、保险、中间收入等零售业务重点指标比上年增50%。创新产品，推出添利存、步步唯盈2号等产品，提升存款业务市场竞争力；推出黄金结构性产品“聚宝盆”，实现实物金“生息”功能；推出专属货币基金产品“江南盈”，年末余额2.86亿元；成立微贷金融事业部，年内完成授信714户金额1.62亿元，用信583户金额1.18亿元。发展结构化融资业务，全年业务发生额87.08亿元，创利3565

万元；成功发行住房抵押贷款证券化项目8.48亿元，成为全国首家发行的农商行；应对利率市场化，发行8期单位大额存单18.1亿元；创新推出掉存盈业务，全年掉存盈业务累计签约额4.77亿美元；创新推出风险参贷业务，为客户节省财务成本，全年累计发生风险参贷业务5.4亿元。提升金融市场发展活力。从资产持有型向交易型转变，交易对手达300余家，债券、票据、同业投资、同业理财、联合投资等业务发展迅速，线上业务交易量累计3万亿元；发行同业存单93期，募集资金271.6亿元；完成现券交易3975.1亿元，承销债券156.8亿元；发行各类理财产品1698只，发行量1252.88亿元，理财产品余额625.72亿元。推进电子银行渠道建设。网上银行、手机银行、自助银行、直销银行等各类线上渠道和线下商圈配套建设不断推进。至年末，借记卡新增有效卡113.76万张，贷记卡新增有效卡24401张；企业网银新增有效户6617户，个人网银（含手机银行）新增有效户69871户，金融POS机新增有效户3283户；"两通"（便民通、商务通）有效率66.14%，其中便民通有效户1152户，商务通有效户21256户；自助设备新增343台；电子银行替代率77%，较年初上升9个百分点；直销银行注册用户4051户；加快手机银行商圈建设，拓展商户1030家。

抓管理提质效，加强风险防控。全面预算管理系统上线，形成涵盖事前预测、事中控制、事后分析、业绩激励等的一体化、综合性管控机制；存款定价系统上线，完善存款差异化定价机制；大额存单管理系统上线，推出大额存单业务，进一步丰富资产负债管理工具；完成流动性暨资产负债项目建设，实现流动性风险、银行账户利率风险管理各类指标动态监测。强化风险防控。制定操作风险管理全行推广实施方案，梳理流程77个，识别评估风险点492个、控制点1063个，更新关键风险指标70个；坚持"盘活存量、用好增量、区别对待、有进有退"的信贷管理策略，三类退出客户共计压降24.41亿元，完成压降目标的220.76%；全年认定有责任贷款405笔13.02亿元，经济处罚103人，罚款22.9万元，缓发绩效103.5万元。稳固案防基础。开展非法集资风险排查、关键环节操作风险专项治理等多项案件风险排查活动；实施各类审计项目507项，完成审计咨询项目4项、专项调查项目1项以及经济责任认定17项；加大违规违纪问题的查处力度，全年查处违纪违规事件48件，处理违纪违规人员101人。

提升支撑保障能力。推进商务转型。规划实施各类转型项目89个，已完成的重点转型项目包括组织架构调整、流程改造、非零售内评、利率市场化、智能网点转型、人力资源配置，直销银行系统、押品管理系统、资产负债管理系统、数据决策分析平台等一批重要系统上线。加强机构管理。启动以机构设置扁平化为导向的组织架构优化，总行部室积极引入事业部制、专营部门制，基层支行按照综合型、基本型、智能型、自助型进行调整；分批次完成对25家一级支行的智能化升级改造，提升服务体验，增强网点核心竞争力；深入推进智能网点建设，完成39家智能网点的物理改造；创新智能网点经营模式，11月20日全市首家蛋糕银行——兰陵支行开业。（任克南）

【江南农商行"周转融"业务】 2015年，为解决企业"长融短贷"难题，常州创业投资集团有限公司与江南农商行合作，推出"周转融"业务，为中小微企业转贷减负。"周转融"业务由常州创业投资集团有限公司提供专项资金，江南农商行为指定受托人，以委托贷款的形式，为该行符合转贷条件的贷款企业提供贷款转贷资金支持。"周转融"办理快捷，费用低廉，日息万分之三，使中小微企业借新资金还旧贷款，提高了贷款资金的利用效率，减少了转贷过程中的不必要成本。至年底，江南农商行"周转融"产品为616家企业转贷925笔155.97亿元，累计为687家企业转贷1193笔203.46亿元。

（袁　忠　汪旭东）

【全国首笔农房抵押贷款发放】 4月和12月，江南农商行在武进先后发放土地承包经营权和农民住房财产权抵押贷款，金额均为50万元。其中农民住房财产权抵押贷款的发放，成为全国第一笔农民住房财产权抵押贷款业务。农房（含宅基地）抵押贷款是地方政府、银行、农民多方合作的结果。其中，地方政府完善农房（含宅基地）确权登记制度，颁发不动产权证书；银行通过推出农房（含宅基地）抵押贷款产品为农户提供贷款。在严格管控风险的基础上引入风险共担机制，建起区、镇两级农村产权交易平台，农房所在的镇、村集体经济组织建立回购机制，为贷款双方设立退出渠道，从而解决农户创业中的融资难问题。

【江南农商行蛋糕银行开业】 11月20日，常州市首家混业经营银行——江南农商行兰陵支行开业。该支行由江南农商行与大喜来蛋糕店合作混业经营，被称为蛋糕银行，市民可以在买蛋糕的间隙，顺便办理银行业务。

【江南金融租赁有限公司概述】 6月9日，江南金融租赁有限公司开业，是国内首家由地市级农业商业银行控股的全国性非银行金融机构，也是国内第四家由农业商业银行发起设立的金融租赁公司。公司注册资本10亿元，由江南农商行牵头出资并控股，常州产投集团、金坛金沙湾乡村农业发展有限公司、新誉集团有限公司、江苏金昇实业股份有限公司、常州华威模具有限公司、常州武进长虹结晶器有限公司共同发起设立，各股东出资比例分别为60%、15%、5%、5%、5%、5%、5%。公司依托江南农商行，在资金筹集、客户资源、网络渠道方面稳步拓展基础设施建设、医疗卫生、金融服务等行业，资产业务规模稳步增长。至12月底，公司业务累计投放33家41笔，总金额47亿元，总资产46.29亿元。公司应收融资租赁款净额43.86亿元，营业收入1.09亿元，净利润1413.07万元，应收融资租赁款不良余额为零，租金回收率100%，资产质量良好。通过与国内知名金融公司合作，开拓国内市场，提升业务竞争力和市场渗透率。年内公司投放异地项目16个，金额28.05亿元。（任克南）

【上海银行常州分行开业】 6月27日，上海银行常州分行开业。地址为常武北路270号。开业式上，上海银行常州分行与常州科教城、江苏旷达汽车织物集团股份有限公司、武进国经投资有限公司、江苏省信用再担保有限公司常州分公司签署银政企战略合作协议。年内，该行优化信贷投向，创新金融服务，持续探索现代金融服务的新方式，为常武一体化建设提供资金支持，并提供中小企业综合金融服务、居民财富管理、投资管理和跨境业务服务。上海银行成立于1995年，是一家由国有股份、中资法人股份、外资股份等共同组成的新型股份制商业银行。

【浙商银行常州分行开业】 9月15日，浙商银行常州分行开业，地址为通江南路18号。开业式上，浙商银行常州分行分别与常州市晋陵投资建设有限公司、江苏伟驰建设发展有限公司、常州创业投资集团有限公司、常州钟楼新城投资建设有限公司、江苏新阳科技集团有限公司、东方润安集团有限公司签署合作协议，并向常州市慈善总会捐赠20万元。浙商银行是经中国银监会批准设立的全国性股份制商业银行，总行设在杭州市。 （汪旭东）

保险业

【概　述】 2015年，常州保险业完成保费收入156.56亿元，比上年增15.74%，保费规模居全省第五。其中，财产险保费51.7亿元，增13.23%；人身险保费104.86亿元，增17.02%。全市保险深度2.95%，较上年增0.1个百分点；保险密度3330元，增加450元。

【保险公司】 2015年底，全市保险主体增加至67家，其中产险公司28家、寿险公司39家，(县)市、区基层机构进一步增设，服务网络不断完善，管理水平逐步提高。有专业保险中介机构23家，其中法人机构5家、市级分支机构18家。保险从业队伍不断发展壮大，从业人员2.1万人。

【保险赔付和给付】 2015年，财产保险业承担风险保障金额2.97万亿元，赔付和给付合计55.11亿元，增12.47%，其中各财产保险公司支付赔款33.43亿元，增29.51%；各人寿保险公司支付赔款4.52亿元，给付满期保险金17.16亿元。全年赔案和给付件数92.41万件，工作日平均每天处理约3711.43件，理赔结案时间平均为15天，理赔结案率超过95%。

保险业的社会管理功能进一步加强。全市农业保险覆盖面不断扩大，为全市403.85万亩农作物和8635.52万头（只）家畜提供保险保障。城乡居民大病保险机制试点运行情况良好，保费标准平均为47.44元/人，受惠民众307.47万人，保费规模1.46亿元，补偿总人数10.32万人次，补偿总金额1.26亿元,平均1218元/人次。道路救助基金制度全面运行，至2015年底，累计垫付1281件，总金额3638.85万

2015年常州市人身保险业务情况一览表

业务渠道	业务类别	保费收入（万元）	比上年增（%）	赔付金额（万元）	满期给付(万元）
营销业务	短期健康险	5506	18.39	2246	0
	意外险	7074	43.09	1636	0
	一般寿险	164530	54.18	10447	32348
	分红类保险	335280	11.87	1705	36578
	万能寿险	15174	216.17	359	815
	投连险	161	-11.39	24	10
	小　计	527725	25.35	16417	69751
团险业务	短期健康险	20335	24.23	19684	0
	意外险	12229	2.27	3281	0
	一般寿险	14370	20.35	3727	13761
	分红类保险	5006	19.16	10	1422
	万能寿险	0		0	1
	投连险	0		0	0
	小　计	51940	16.80	26702	15184
银邮业务	短期健康险	264	81.65	28	0
	意外险	1531	38.76	207	0
	一般寿险	362159	19.96	341	1029
	分红类保险	100134	-19.48	1409	85520
	万能寿险	83	-38.52	15	47
	投连险	64	-7.15	67	3
	小　计	464235	8.54	2067	86599
其他业务	经代业务	1448	418.00	5	6
	电销业务	3222	22.02	6	24
合　计		1048570	17.02	45197	171564

2015 年财产保险业务情况一览表

险 种	承保数量（件）	承保金额（亿元）	保费收入（万元）	比上年增（%）	赔付金额（万元）	比上年增（%）
机动车辆险	1816619	6901	417591	13.22	265499	18.35
企业财产险	17084	4519	32429	3.76	30779	219.72
责任险	38133	6985	22553	20.20	15581	52.01
人身意外伤害险	7198130	5935	17727	11.90	8453	36.82
农业保险	3520	21	6399	7.72	4548	233.82
运输险	61424	1118	5557	-3.55	2647	3.53
工程险	181	241	4907	130.39	361	-50.04
健康险	15310732	1976	2854	11.59	2083	29.10
保证险	824	9	2334	113.39	771	85.96
家庭财产险	53800	1300	2007	17.68	2716	585.00
船舶险	1774	25	1809	11.28	806	30.12
其他险	610	47	870	-20.12	45	-25.78
合 计	24502831	29077	517037	13.23	334289	29.51

元，其中2015年垫付356件，垫付金额1135.82万元，增24.08%。不断完善重大自然灾害、安全事故的快速反应机制和协同工作机制，较好完成1次雹灾、3次暴雨洪灾和“东方之星”游轮翻沉事件的理赔工作，帮助受灾企业恢复生产和群众生活。

【保险行业建设】 2015年，常州市交通事故保险理赔服务中心在全省保险系统率先全面引入保险公估机制，解决客户等待和部分保险公司查勘人员不足带来的矛盾纠纷。经过保险公司自主选择，确定南京阳光智恒保险公估有限公司和江苏方正保险公估有限公司为25家保险公司进行交通事故车辆查勘定损，年内2家公估公司在理赔服务中心处理案件5596件，事故当事人满意率95%。深化保险放心消费的创建工作，至年底，全市保险业获省级放心消费创建先进行业、先进（示范）单位称号26个，市级放心消费创建先进单位40个。启用“常州保险”微信公众号，每周推送保险业发展政策和内容。推进保险知识普及，在常州大学举办《保险社会管理功能的理论与实践》学术报告并向常州大学图书馆捐赠保险著作。开展“一键保险，呵护无限”保险公众宣传日活动，通过常州广播电台宣传保险知识。面向中小学和企业，开展风险评估和保险知识讲座，普及保险知识。开展保险展业技能和客户服务培训，提升保险从业人员综合素质和保险展业技能。市保险学会参与民生与保险苏南论坛组织委员会组建工作，民生与保险苏南论坛组织委员会每年选择一个民生与保险方面的重点课题并联合地方政府、大专院校和保险业开展深入研究，向政府提供决策建议。年内，常州市民政局、18家保险机构和养老机构的23位负责人参加在无锡举办的首届民生与保险苏南论坛活动。（郭文昌）

【中国人民财产保险股份有限公司常州市分公司概述】 2015年，人保财险常州市分公司实现保费收入18.29亿元，比上年增15.22%，其中车险保费收入13.90亿元、非车非农保费收入3.89亿元、农险保费收入5093万元，全险种市场份额34.4%。受4月28日冰雹、6月16日和26日暴雨大灾影响，全年处理赔案18.31万件，比上年增加3.09万件；赔款支出12.57亿元，增加3.76亿元。

公司全年承保水稻、小麦、能繁母猪、果品、林木等农业险种20个，为全市55万农户提供农业保险服务，处理农险案件3903件，支付赔款4039万元，5.14万农户得到赔偿。参与市民生保险项目，全年为全市（不含金坛、溧阳）82.6万户家庭、234万居民提供安居乐业的自然灾害商业保险；为全市98家养老（福利）机构的孤老提供养老福利机构综合保险；为全市78家医疗机构提供医疗责任保险。各类民生类保险年度累计保障金额超过7500亿元。（马 晔）

【中国人寿保险股份有限公司常州市分公司概述】 2015年，中国人寿常州市分公司实现总保费21.6亿元，占常州市寿险市场份额21.2%。实现寿险新单保费9.6亿元，其中首年期交4亿元，比上年增32.82%；实现10年期及以上首年期交保费2.12亿元，增58.99%；实现短期险保费1.4亿元，增18.8%；实现长期险首年标准保费1.98亿元，增44.07%。强化专业服务，培养一批医疗保险专业管理人才，为参保人员提供专业、便捷服务；与全市多家二级以上医院签订定点医院协议，并派驻院代表协助客户进行体检、治疗和探视等附加服务。（董 晔）

【中国太平洋财产保险股份有限公司常州分公司概述】 2015年，太平洋产险常州分公司完成保费收入11.56亿元，比上年增长7.13%，其中车险保费收入9.5亿元、非车险保费收入2.06亿元，全险种赔款支出8.17亿元，全险种赔付率70.73%，基层营业网点覆盖率100%。年内，参与常州市政府惠民工程，成功中标常州市地铁一号线建筑工程保险项目，保额22.69亿元。商业车险电子保单顺利上线，进一步完善车险续保系统，方便联系客户进行车辆续保工作，并实现个人客户微信支付功能，为客户提供更专业、便捷、高效的服务。实施车险理赔3221工程，建立总公司、区域中心、分公司3级管理架构，提升修理厂管理、数据公司管理2项管理水平，强化队伍建设、制度建设2大管理支撑，搭建供应商管理平台1个。受冰雹暴雨灾害性天气影响，常州地区受灾严重，公司及时启动应急预案，利用短信平台、官方微信等新信息技术开通绿色理赔通道，为客户提供及时的救援和理赔服务。（朱　珠）

【中国太平洋人寿保险股份有限公司常州分公司概述】 2015年，太平洋寿险常州分公司实现保费收入18.32亿元，比上年增21.28%。其中，个人业务提质增效，达成新保保费5.24亿元，比上年增60.86%，连续三年位居常州寿险业第一；法人渠道提速创新，实现非健康险4552.2万元，期缴保费1789.01万元。提升精细化管理能力，办理各类给付和理赔案件13.8万件，累计支付金额3.49亿元。继续做好武进区城乡居民大病保险的承保和各项服务工作，独家承保常州市轨道交通施工人员意外伤害保险、中国羽毛球大师赛、西太湖国际马拉松赛等一批具有社会影响力的重大项目。党委书记、总经理陆美琴获“中国保险年度人物”称号。

（沈　毅）

【中国平安财产股份有限公司常州中心支公司概述】 2015年，平安产险常州中心支公司实现保费收入6.4亿，比上年增22.47%。其中车险5.8亿元、其他财产险0.4亿元、意外险和短期健康险0.2亿元。全年累计赔付3.4亿元，其中车险3.1亿元、其他财产险0.19亿元、意外险和短期健康险0.04亿元。加大对现场赔付案件的推行力度，加快案件在各环节的流转速度，提高保险理赔服务的质量。（付　琍）

【中国平安人寿股份有限公司常州中心支公司概述】 2015年，平安寿险常州中心支公司实现保费收入10.21亿元，其中新单保费收入2.41亿元，年底营销人员达3583人，年内为35万客户提供保险服务，完成各类给付11024万元，受理理赔案件7292件，赔付金额4439万元，使超过4万名客户受益，客户满意度93.6%。推广“平安人寿”手机客户端，为客户提供方便、快捷、优质的保险服务体验。通过“平安人寿”手机客户端推出“平安有约健康行”等多项活动，向客户输送“快乐运动，健康生活”的健康理念。（王泽琪）

投资证券业

【常州投资集团有限公司概述】 2015年，常州投资集团有限公司（简称“投资集团”）实现净利润10亿元，完成年度考核指标以及投资集团“十二五”发展目标。

投资单位运行。2015年，投资集团各实体企业面对国内经济下行压力，根据各自实际情况，围绕年度经营目标，稳步有序开展经营工作。常州常信鑫源房地产开发有限公司完成天润国际花园、天润园、惠民大厦的开发建设，启动“新名园”项目，全年实现利润2000万元，回笼资金1.5亿元。江苏安瑞达新材料有限公司通过TS16949体系认证，取得各类专利20余项，产品获高新技术产品认证，不断开拓市场，形成多家稳定合作供货关系。常州机动车驾驶员培训中心依托主业，实施精益管理，优化业务流程，提升培训品质，树立品牌形象，全年实现净利润750万元。常州宝祥典当行围绕处理历史遗留问题开展工作，关闭两家分公司，增设公司业务部，集中力量部署催收业务款项事宜。常州投资集团担保有限公司以“规范管理、严控风险、稳健经营”为目标，继续压缩业务，控制风险，积极追偿。三亚海天大酒店面对旅游市场变化调整酒店定位，以服务为基础、营销为龙头，强化内部管理，严格控制费用支出，利用各种资源，确保酒店经营稳定发展。常州金莎混凝土有限公司通过内部改革，优化人员结构，强化经营管理开展各项工作，全年实现利润150万元，应收款回笼率95%，未发生较大的安全、质量事故。常州基础通信管道建设有限公司继续做好传统通信管道工程建设和维护，申领新资质，不断开拓新业务，为企业长远发展拓展空间。常州中标机动车检测技术有限公司以做检测服务最好的机动车检测站点为目标，深化质量管理体系建设，提高公司应对经营风险的能力，年内通过省计量鉴定认证和省尾气检测机构年度检查。

资本运作。2015年，面对跌宕起伏的股市行情，投资集团及时调整投资策略，把握好二级市场机会，合理配置资金的短、中、长期投入，全年参与定向增发项目和二级市场项目实现投资浮盈8亿余元。

国际创新基地建设。全年完成建设投资4.1亿元，累计完成投资44.5亿元，累计建设面积85万平方米。长江龙城科技有限公司按照“以精益管理带动精神提振、精准招商、精耕园区”的工作主线，把握国际创新基地由形态建设转向内涵发展的新常态，全面提升招商引智、载体建设、创新服务、廉政建设等各项工作。全年引进企业146家，实现租售面积8.2万平方米，常州科教城国际创新基地创研港销售5180万元，510生活广场已有20家商户进场营业。（冯　琰）

【常州产业投资集团有限公司概述】 2015年，常州产业投资集团有限公司（简称“产投集团”）围绕“调整、投入、提升”的年度工作主线和“深化细化目标、强化规范管理”的总体要求，在团队建设、强化管理、资产整合、投资发展、维稳协调和文创提升等方面取得成效。

产业投资发展有新突破。2015年产投集团进一步明确市级产业投资平台定位，推进政府重大项目落地，以直接出资、参与定增、组建基金等运作方式，活化资本存量、优化资本增量，全年完成对外投资2.8亿元。为解决本地小微企业融资难问题，参与出资组建江南金融租赁公司，间接享有全省唯一一张金融租赁牌照；出资设立常州中小微企业金融服务有限公司，承接中国进出口银行江苏分行50亿元的统贷；出资完成对国内领先的数字图片版权提供商——视觉中国（000681）的定向增发；出资完成对城市固液废弃物污染处理的龙头企业维尔利（300190）的定向增发。组建产业投资基金，参与设立平盛股权投资基金，推动互联网行业与医疗健康行业相结合。围绕全市十大产业链，针对市战略性新兴产业中的新能源、新材料、新医药、智能数控和机器人等领域，筛选并调研数十家优质企业，建立详尽的项目信息库。承办2015年常州企业成长与创新资本合作洽谈会暨黑马大赛系列活动，为投资工作打下了良好的基础。

文化创意产业出亮点。2015年运河五号新引进商家14家，涉及青年艺术家工作室、创意产品和设计策划等业态。全年街区接待参观团体90多批次，接待人数35万人次，举办自主品牌活动22场，承办活动40场。街区被授予"两岸文创产业合作实验示范基地""常州市诚信经营放心消费示范街区""常州市未成年人社会实践基地"等荣誉称号。前后北岸项目部丰富"文商旅"内涵，为常州市申报国家历史文化名城工作综合考核加分，组建商家联盟，圆满完成多次省、市级重要接待参观任务。

妥善处理历史遗留问题。年内，产投集团共接待各类来信、来访3041批4131人次，其中集访事件35批407人次。各项诉求都得到妥善处置。落实市属国企教师待遇政策，全年共接待教师414批671人次，59人通过评审。对堆放在市区多处的2140袋历史遗留国企档案进行整理、搬迁、存放。

（樊　柳）

【证券业概述】 2015年，全市证券交易发展迅猛。全市证券营业部全年证券交易总额32172.3亿元，比上年增229%。其中，A股交易额28946.8亿元，增276%；B股交易额35亿元，增407%；国债成交额2441.1亿元，增40%；基金成交额749.4亿元，增132%。

（汪旭东）

【东海证券股份有限公司概述】 2015年，东海证券股份有限公司（简称"东海证券"）以"打造理财型券商"为战略目标，把握"互联网+理财"发展方向，深入推动业务转型，开展国际业务，加强风险控制及杠杆管理，社会效益、经济效益实现双丰收。东海证券母公司累计营业收入45.26亿元，比上年增77.31%；累计净利润17.58亿元，增108.37%；净资产收益率24.71%；除新设部门外，首次实现所有业务盈利。7月，东海证券在全国中小企业股份转让系统成功挂牌。

不断优化合规经营环境，持续做好合规风控，全年未发生一起违法、违规事件，未受到处罚，在证券公司分类评价中重新获得A类A级资格。开拓国际业务，成立国际业务部，继续推进国际业务及国际化全球网络布局的建立与维护，深入对国际宏观经济、全球重点行业的研究，指导东海证券及客户进行全球资产配置。年内，东海证券作为中德经济顾问委员会成员，出席中德两国总理及两国企业家座谈会，与德国高科技风投基金签署战略合作备忘录。东海证券成立全资子公司东海国际金融控股有限公司，注册地香港，筹备海外业务发展，开展项目和客户储备工作。为适应金融改革和业务扩张，推出手机证券软件"东海通"，该软件被评为2015年度中国最受欢迎互联网金融产品。

（黄　河）

【东海期货有限责任公司概述】 2015年，东海期货有限责任公司（简称"东海期货"）商品期货成交额41590.7亿元，比上年增长62.63%，占全国市场份额的1.52%；金融期货成交额41822.39亿元，增109.15%，占全国市场份额的0.5%。全年实现营业收入19066万元，税前利润总额3706.04万元。东海期货杭州营业部、苏南分公司和厦门分公司相继开业，全国营业网点数增至30家。

公司不断推进各项业务的发展，取得"一对多"资产管理业务资格，投资以商品期货、金融期货为主，适当兼顾证券市场、债券市场等场内金融市场。基金销售业务打破传统销售模式，东海期货公司网站基金商城上线，正式代销各公募基金公司的公募基金产品，至年底，与易方达、广发、富安达、东海等多家基金公司开展合作，代销的基金涵盖股票、债券、货币、指数、混合等各类产品。7月，东海期货与东海证券相关研发人员合作，在东海动态商品指数的基础上，研发推出东海"梦想中国"股票指数，围绕国内股市中最能体现"中国梦"的医疗健康、节能环保、国防军工、"互联网+"、"一带一路"五大主题，精选个股，构建主题投资指数，投资者可以通过东海期货公司网站"东海指数"专栏进行实时查看。对子公司东海资本管理有限公司以货币形式增资5000万元，增资后的东海资本管理有限公司资本金为1亿元，注册地为上海自由贸易区，可开展基差交易、仓单服务、合作套保等备案业务。12月，东海期货互联网开户云平台移动端手机开户功能正式上线。在2015年全国期货公司分类评价结果中，东海期货被评为A类A级，综合排名在江苏位居第一名。

（杨月琴）

【华泰证券常州分公司概述】 2015年，华泰证券常州分公司以传统经纪业务为中心，不断开拓新业务，市场份额和客户规模不断提升，客户结构进一步优化，并在新三板、企业债、产品创设、股权质押、银证定向等创新业务上取得突破。全年新增客户数6.53万户，时点流通资产52亿元；开通华泰证券"天天发"业务的客户数21436户，时点余额28亿元；常州分公司"涨乐财富通"APP累计登录数109094户。加快财富管理转型，秉持"以客户服务为中心、以客户需求为导向、以客户满意为目的"的服务理念，致力于服务广大投资者。全年理财产品销售数额41.45亿元；与近10家企业签订新三板项目保密协议，正在股改和完成股改的企业有6家；签下8亿规模的政府平台债项目；新增托管限售股总市值73.56亿元，在常州地区的股基市场份额保有率继续维持在60%以上。

（杨　梅）

【企业上市】 2015年，全市新增股份公司105家，其中整体变更设立股份公司87家，新设18家；全年新增区域性股权交易市场挂牌企业296家，总数426家。3月，常州腾龙汽车零部件股份有限公司在上海主板上市，股票代码603158，股票简称"腾龙股份"，募资3.9亿元；3月，常州强力电子新材料股份有限公司在深圳创业板上市，股票代码为300429，股票简称"强力新材"，募资3.2亿元。52家企业在新三板挂牌，在新三板挂牌企业总数60家。

【上市公司再融资及重大事项】 2015

2015年度常州市境内上市公司业绩一览表

序号	公司名称	股票代码	总股本（万股）	流通股本（万股）	总资产（万元）	净资产（万元）	营业业务收入（万元）	净利润（万元）	每股收益（元）	每股净资产（元）
1	苏常柴A	000570	56137.43	56137.43	323240.61	202050.08	251979.95	7248.43	0.13	3.57
2	*ST常林	600710	64028.40	64028.40	190034.08	119673.45	88396.45	-52914.16	-0.82	1.82
3	视觉中国	000681	70057.74	19667.55	277012.48	211185.00	54290.25	17104.94	0.23	2.97
4	黑牡丹	600510	104709.50	79552.27	1839209.33	697896.58	432347.77	28167.35	0.34	6.33
5	亿晶光电	600537	58817.96	48587.13	672541.00	275091.18	491887.64	23163.67	0.40	4.68
6	天龙光电	300029	20000.00	19345.67	60878.27	25235.15	13014.31	-39976.16	-1.79	1.19
7	雷科防务	002413	31739.96	22050.00	234361.08	212636.64	202854.29	14055.32	0.52	6.70
8	常宝股份	002478	40010.00	29495.49	394836.83	310007.38	292308.06	22576.03	0.52	7.41
9	旷达科技	002516	66217.50	27224.46	654564.41	218757.55	186045.51	25254.41	0.40	3.21
10	天晟新材	300169	32598.43	19946.82	182086.51	123832.03	76118.61	2344.87	0.07	3.80
11	星宇股份	601799	23965.00	23965.00	340680.26	210555.12	246751.83	29375.05	1.22	8.74
12	千红制药	002550	64000.00	40628.74	283313.77	229446.76	75705.11	26229.20	0.42	3.55
13	南方轴承	002553	34800.00	21924.02	70976.77	65540.09	30215.68	6522.22	0.19	1.88
14	维尔利	300190	34812.09	32553.93	277756.54	161033.60	96090.90	12709.87	0.35	4.55
15	长海股份	300196	19200.00	10995.43	226749.49	151285.94	151606.43	22470.32	1.11	6.73
16	亚玛顿	002623	16000.00	15943.15	266891.40	215701.97	109213.44	5455.27	0.34	13.48
17	恒立液压	601100	63000.00	63000.00	470071.61	350551.10	108758.84	6063.19	0.10	5.51
18	裕兴股份	300305	14525.50	6296.49	139962.45	133160.45	52113.35	8204.37	0.57	9.17
19	光洋股份	002708	40899.32	13170.51	111559.79	91075.90	54392.86	3650.38	0.09	2.23
20	亚邦股份	603188	57600.00	37900.80	408225.52	314226.25	229031.43	66532.53	1.16	5.37
21	腾龙股份	603158	10667.00	2667.00	95125.46	78972.77	62452.58	9471.05	0.93	7.29
22	强力新材	300429	7980.00	2000.00	65501.03	60256.83	33443.86	8627.86	1.16	7.54
23	新城控股	601155	170806.48	53158.50	6780211.56	1387152.94	2356879.31	239960.47	1.51	7.10

（姚桃桃）

年，常发股份、视觉中国、黑牡丹3家上市公司完成定向增发，分别募集资金1.96亿元、5.8亿元、16亿元，合计29.66亿元。瑞杰塑料等16家新三板挂牌企业完成股票发行22次18875万股，融资9.9亿。新城控股吸收合并新城B股并在上海证券交易所上市。亿晶光电、旷达股份等12家上市公司公告了相关定向增发或并购重组方案，均在推进之中。（袁 忠）

典当拍卖担保

【典当业概述】 2015年，由于政策以及经营环境影响，常州市典当企业经营形势不容乐观，典当总额、余额双双出现下滑。至年底，全市共有典当企业42家、分支机构7家，实收注册资本129745万元；典当余额96637.34万元，比上年降14.38%；实现典当总额281364.48万元，降31.95%。其中动产典当业务占全部业务22.99%，升4.18个百分点；房地产典当业务占34.96%，升1.43个百分点；财产权利典当业务占42.05%，降5.61个百分点。业务笔数23007笔，升13.96%；利息收入5798.21万元，降10.11%；上缴税金601.6万元，降6.32%；全行业从业人员261人，降14.98%。税后利润-1783.95万元。全市共有15家企业出现亏损，较上年新增4家，亏损总额3102.7万元，比上年增亏620.42万元，增亏幅度24.99%。个别典当企业经营停滞。

【拍卖业概述】 2015年，全市拍卖企业面临经营困难，经营业绩进一步下滑，只有三分之一企业正常开展业务，拍卖场次大幅缩减。全年新设拍卖企业2家，完成拍卖企业各类变更5项。全市共有拍卖企业33家，累计注册资本10295万元；全年拍卖行业累计成交额126688万元，比上年下降7.09%。

（张文彪）

【担保业概述】 2015年，全市新设立融资性担保机构2家，增资担保机构1家，累计新增注册资本3.5亿元。4家融资性担保机构未通过2014年度融资性担保机构经营许可证年检被取消经营资质。至年末，全市有融资性担保机构22家（含2家分公司），注册资本28.788亿元，户均注册资本1.44亿元。全市担保机构共为1390户企业提供融资担保90.05亿元。年末在保户数1607户，在保责任余额96.81亿元，全年担保代偿2.85亿元。在2015年信用担保机构信用等级评定的担保机构中，AA-级担保机构2家，占9.52%；A-至A+级10家，占47.62%；BB+至BBB+级9家，占42.86%。（何 敏）

2016

城市建设

City Construction

◆责任编辑　李兆娟

城市规划

【概　述】2015年，常州市城乡规划工作突出“重大项目深化年”主题，统筹推进“抓改革、谋发展、惠民生、强法治、优效能”等重点任务，科学开展规划编研，高效实施规划管理，全面夯实基础支撑。市规划院成功入选江苏省2015年第二批国家高新技术企业。新北规划与测绘信息中心成为常州市第二家拥有甲级测绘资质的单位。

组织开展常州沿江地区重大基础设施布局研究，指导推进辖市区“多规融合”规划编制和全市镇村布局规划、重点中心镇规划、美丽乡村规划的优化提升工作。结合国家新型城镇化和城乡一体化、生态文明、“一带一路”、长江经济带等一系列战略布局，切合常州区划调整和创新转型实际，超前做好常州市新一轮城市总体规划修编的相关准备工作。全面启动《常州市城市总体规划（2011—2020）实施评估》和《常州市城市空间发展战略规划》编制，开展重点地区空间发展战略规划，进一步统一思想，构筑一张蓝图，着力解决重大战略问题，提出未来城市发展方向，对城市总体规划修编形成有力支撑。完成清凉地区旧城更新规划（试点）初步方案，组织开展新北、武进工业用地转型规划研究，抓好金融商务区、西太湖科技产业园、新龙国际商务城等城市新片区的规划深化和管理服务工作，指导和配合推进产城融合示范试点建设。组织开展城市绿线规划、大运河风景路规划、生态绿道规划、绿地建设标准及造价研究（含导则）等一系列编制工作，积极推进研究成果转化和项目实践，促进生态绿城建设向纵深开展。

深入开展智慧常州空间地理信息工程建设，空间地理信息数据标准得到有效统一，智慧常州空间地理信息共享平台数据有序更新，城市三维模型数据的拓展和应用推广水平日益提升，地下空间数据普查力度不断加大，智慧常州空间地理信息共享平台日趋成熟。智慧常州基础地理信息工程、轨道交通1号线工程控制测量分获全国优秀测绘工程银奖和铜奖，常州国家高新区空间信息共享服务平台获2015中国地理信息科技进步二等奖和2015年度江苏省测绘地理信息科技进步一等奖，数字管线三维质检系统获2015中国地理信息科技进步三等奖，常州国家高新区（新北区）年度重点项目推进展示系统获2015中国地理信息产业优秀工程银奖，武进地下管线综合管理信息系统获中国地理信息科技进步三等奖和华夏科学技术奖三等奖。

2015年，常州市规划审议鉴定委员会分别于1月5日、5月12日、12月10日召开三次鉴定会。第一次会议审议鉴定《常州市第三批历史建筑本体及保护范围划定规划》《常州市焦溪历史文化名村保护规划》《常州市城市街道家具设施专项规划》《常州主城区教育设施布局规划（2013—2020）》《常州市城市排水（雨水）防涝综合规划（2014—2020）》《常州市城市照明专项规划（2013—2020）》《红星分区HX06编制单元控制性详细规划（修改）》《常州市新港分区XG0801基本控制单元控制性详细规划》等8项议题。第二次会议审议鉴定《常州市城市人防工程规划（2014—2020）》《常州市孟河镇总体规划（2014—2030）》《常州市孟河历史文化名镇保护规划（2014—2030）》《常州市南市河历史文化街区保护规划》《常州市红星分区HX07编制单元控制性详细规划（修改）》5项议题。第三次会议审议鉴定《新北区镇村布局规划》《武进区（含经济开发区）镇村布局规划》《天宁区镇村布局规划》《钟楼区镇村布局规划》《常州市公共体育服务体系建设规划（2015—2020）》《常州市区充电设施布局规划》《常州市“十三五”电网规划》《常州市市区水系规划（2013—2030）》《常州城市紫线规划》《常州市区绿线规划（2014—2020）》10项议题。

【规划编研】2015年，市规划局全面开展《常州市城市总体规划（2011—2020）实施评估》《常州市城市空间发展战略规划》以及10多项专题规划和研究。编制完成城乡发展报告、常州沿江地区重大基础设施布局研究，指导开展辖市区“多规融合”规划编制和重点中心镇规划、镇村布局规划、美丽乡村规划的优化提升工作。

促进城市建设转型。完成清凉地

区旧城更新规划试点；开展新北、武进工业用地转型规划研究，抓好城市新片区的规划深化和实施服务，参与产城融合发展规划编制。保障重点工程。全面跟进轨道交通1号线规划服务，优化场站设计方案，推进规划许可证办理；及时做好轨道交通2号线配套规划储备，配合做好2号线选址、工程可行性研究评估及相关配套规划的编制工作；编制完成城市绿线规划，强化城市绿线的刚性控制和实施管理；编制完成大运河风景路规划；完成常州市绿地建设标准及造价研究（含导则），组织开展低冲击开发模式研究等工作。引导绿色交通发展。编制完成2014年常州市区交通综合发展报告和有轨电车线路、充电设施布局和中心城区公共停车设施、武进城区公共停车设施等相关规划。推进市区地下管线普查，编制地下管线综合规划；升级城市地下管线综合管理信息系统，加快建立完整、准确、现势的地下管线数据库。

【规划管理】 2015年，常州市核发建设项目选址意见书总用地面积470.67公顷、建设用地规划许可证总用地面积1106.61公顷、建设工程规划许可证总建筑面积1381.82万平方米（不含市政），完成规划核实面积1835.2万平方米。

市规划部门规划管理综合平台日臻完善。面向规划管理全流程、各环节，完成各类管理制度、控制要素、工作流程、管理标准的系统梳理，优化平台软件及电子报批功能，强化管理程序、办理时效及各节点刚性要求的过程性监控。规划管理体制基本理顺。结合区划调整和市委、市政府的统一部署，理顺市区村镇管理体制，实现城乡一体化统一管理；完善各分局管理架构，健全分局管理制度，优化全局人力资源配置。行政效能和服务环境提质增效。深化建设项目集中报建，全面实施建设项目网上申报和电子化报建、智能化审查、信息化审批。深化落实提前介入、首问负责、一次告知、两案同审、并联审批、限时办结和多方会谈、上门走访、专人联络、开门纳谏等沟通服务机制，加大重大项目推进的组织领导和督查落实力度，完善落实容缺受理、并联审批、绿色通道和跟踪督办、月报分析、会商会办等重大项目服务机制。

【《常州市南市河历史文化街区保护规划》】 3月25日，《常州市南市河历史文化街区保护规划》通过江苏省住房和城乡建设厅组织的技术审查和专家论证，8月17日获常州市政府批准。该规划科学评估总结了南市河历史文化街区的特色价值，划定了保护范围，明确了历史文化遗存保护对象，提出了相应的保护和使用要求，重点保护沿中国大运河常州城区段展开的“一河两轴、水陆并行”的空间格局和传统民居风貌，彰显“小桥流水、枕河人家”的江南水乡特色。规划的编制旨在保护南市河历史文化街区的历史文化遗存，统筹安排各项工程，改善居民的生活环境和居住条件，促进街区的可持续发展。规划范围东至晋陵中路，南至东下塘路道路红线南边界和杨氏家庭戏楼，西至公园路（大马元巷），北至青果巷道路红线南边界（包含戴家弄西侧停车场），用地面积约2.5公顷。

【《常州市区第三批历史建筑本体及保护范围划定规划》】 2月9日，《常州市区第三批历史建筑本体及保护范围划定规划》获市政府批准，对常州市区用地面积1862平方千米中178处历史建筑进行逐一的本体及保护范围划定。

常州市区第三批历史建筑名单及保护范围划定

序号	名称	坐落位置	建造年代	保护范围
1	青果巷高宅	古村社区青果巷59、61号	清	本体范围
2	古村5弄2号民宅	古村社区古村5弄2号	清	本体范围
3	青果巷谈宅	古村社区青果巷149—155号	民国	本体范围
4	钱庄旧址	古村社区青果巷17号	民国	本体范围
5	头条弄13、14号前圆井	古村社区头条弄13、14号前	清	本体范围
6	古村35弄4号前圆井	古村社区古村35弄4号前	清	本体范围
7	天井巷12弄12号前圆井	古村社区天井巷12弄12号前	清	本体范围
8	青果巷52弄10号南圆井	古村社区青果巷52弄10号南	清	本体范围
9	六角井	古村社区青果巷52弄27号	清	本体范围
10	康宅	红梅林园村委康家塘59号	民国	本体范围
11	六角井栏圈	红梅林园村委康家塘	清嘉庆	本体范围
12	龟趺	杨柳巷社区西瀛里明城墙城门南侧	不详	本体范围
13	奔牛东街王宅	奔牛东街1号	民国	本体范围
14	奔牛东街蒋宅	奔牛东街2号	民国	本体范围
15	夏溪西街民宅	夏溪西街12号	清	本体范围
16	夏溪南街民宅	夏溪南街16号对面	清	本体范围
17	吴氏宗祠	嘉泽老街路33号	民国	本体范围
18	塘口西枉街孙宅	牛塘镇塘口西枉街17、18号	清	本体范围
19	牛塘老街许宅	牛塘老街62号	清	本体范围

序号	名称	坐落位置	建造年代	保护范围
20	牛塘南街民宅	牛塘南街119号	民国	本体范围
21	石佛雕像	邹区前巷村	清	本体范围
22	粮库	牛塘武进江南鞋业公司内	解放初	本体范围
23	鸣凰南街张宅	湖塘鸣凰南街132号北20米	清	本体范围
24	鸣凰兴隆街陆宅	湖塘鸣凰兴隆街43号	民国	本体范围
25	鸣凰兴隆街民宅	湖塘鸣凰兴隆街53号	清	为东至本体建筑东边界及现状建筑西边界，南至本体建筑南边界，西至本体建筑西边界，北至门楼
26	鸣凰西街民宅	湖塘鸣凰西街43号	清末民初	本体范围
27	容天乐老厂房	湖塘鸣凰容天乐医务所内	解放初	本体范围
28	湖塘老街秦宅	湖塘街557、559、561、563号	清	本体范围
29	湖塘北街民宅	湖塘桥北街49、51、53、55、57、59、61、63、65号	清	本体范围
30	湖塘北街刘宅	湖塘桥北街33、35、37、39、41号	清	本体范围
31	湖塘横街弄邱宅	湖塘横街弄1号，东方路26号	清	本体范围
32	大钱村民宅	湖塘夏雷村委大钱村13—15号	清	本体范围
33	康乐茶店	湖塘下塘街19号	清	本体范围
34	徐伯昕宅	湖塘镇下塘街15—17号	民国	本体范围
35	湖塘沈家弄秦宅	湖塘沈家弄17号	民国	本体范围
36	民国小洋房	湖塘镇南街社区内	民国	本体范围
37	礼嘉乐安东街民宅	礼嘉乐安东街58—60号	清	本体范围
38	礼嘉沿河蒋宅	礼嘉沿河25号	清	本体范围
39	礼嘉乐安东街办公楼	礼嘉乐安东街60号西侧	解放初	本体范围
40	礼嘉石河上何宅	礼嘉何墅村委石河上21号	清	东至本体建筑东边界，南至院落围墙线，西至本体建筑西边界，北至本体建筑北边界
41	陶冶亭	南夏墅庙桥行政村陶冶自然村	清	本体范围
42	太平桥	南夏墅庙桥行政村陶冶村	清	本体范围
43	东富春桥	南夏墅胜西村顺龙河支流胜西浜东首	民国	保护范围另行划定
44	杨桥粮站	前黄杨桥村堵家塘	民国	本体范围
45	堵家塘28号民宅	前黄杨桥村堵家塘28号	清	本体范围
46	堵家塘61号民宅	前黄杨桥村堵家塘61号	清	本体范围
47	堵家塘69—74号民宅	前黄杨桥村堵家塘69—74号	清	本体范围
48	杨桥老街华宅	前黄杨桥老街6—7号	清	本体范围
49	杨桥老街胥宅	前黄杨桥老街12号北临	清	本体范围
50	洪家大院	前黄杨桥村杨桥雷锋纪念馆	明	东至本体建筑东边界及现状建筑西边界，南至现状建筑南边界，西至本体建筑西边界，北至本体建筑北边界
51	洪家大院古井	前黄杨桥村虹家大院西侧	清	本体范围
52	杨桥老街2号西堵宅	前黄杨桥村杨桥老街2号西侧	清	本体范围
53	杨桥老街8号西民宅	前黄杨桥村杨桥老街8号西侧	清	本体范围
54	杨桥老街12号民宅	前黄杨桥村杨桥老街12号	清	本体范围
55	杨桥老街19-22号朱宅	前黄杨桥老街19—22号	清	本体范围
56	杨桥老街25号南侧民宅	前黄杨桥村杨桥老街25号南侧	清	本体范围
57	杨桥老街26-28号民宅	前黄杨桥老街26—28号	清	本体范围

序号	名称	坐落位置	建造年代	保护范围
58	杨桥老街27号对面朱宅	前黄杨桥老街27号对面	清	本体范围
59	杨桥老街39号旁朱宅	前黄杨桥老街39号旁	清	本体范围
60	杨桥老街39号朱宅	前黄杨桥老街39号	清	本体范围
61	杨桥关圣阁	南杨桥东北侧	清	本体范围
62	杨桥戏楼	南杨桥北侧10米	清	本体范围
63	南杨桥码头	新四军地下通讯旧址北侧	清	本体范围
64	南杨桥西南侧民宅	前黄杨桥村南杨桥西南侧	清	本体范围
65	杨桥桥南新村谢宅	前黄杨桥桥南新村1号	清	本体范围
66	杨桥桥南新村朱宅	前黄杨桥桥南新村21号	清	本体范围
67	杨桥桥南新村25—26号民宅	前黄杨桥桥南新村25号和26号	清	本体范围
68	杨桥桥南新村28号民宅	前黄杨桥村桥南新村28号	清	本体范围
69	前朱家场7—8号朱宅	前黄杨桥村前朱家场7—8号	清	本体范围
70	杨桥后朱家场朱宅	前黄杨桥后朱家场4—6号	清	本体范围
71	西虹桥	前黄杨桥村西侧	解放后	本体范围
72	庄基桥	前黄杨桥村丁家塘10号北5米	清	本体范围
73	前黄寨桥民宅	前黄寨桥武宜运河西侧	清末民初	本体范围
74	小钱垛桥	前黄何家村	民国	本体范围
75	董墅楠木厅	郑陆董墅村后董墅48号南5米	清	本体范围
76	郑陆后董墅民宅	郑陆董墅村后董墅129号后15米	民国	本体范围
77	强家弄15—17号民宅	焦溪强家弄15—17号	清	本体范围
78	强家弄19—21号民宅	焦溪强家弄19—21号	清	本体范围
79	南街民宅	焦溪南街36、40、41、42、43、45、46、52号	清	本体范围
80	南街31—33号民宅	焦溪南街31—33号	清	本体范围
81	南下塘113号民宅	焦溪南下塘113号	民国	本体范围
82	红星路梁宅	焦溪红星路82号	民国	本体范围
83	红星弄3、9—19号民宅	焦溪红星弄3、9—19号	清	本体范围
84	仲明中学旧址（现耶稣堂）	焦溪红星弄13号	民国	本体范围
85	美新照相馆旧址	焦溪仇家弄8、10、12号	清	本体范围
86	东街37号民宅	焦溪东街37号	民国	本体范围
87	西河头路民宅	焦溪西河头10、12、14号	解放初	本体范围
88	老新街9号民宅	焦溪老新街9号	民国	本体范围
89	老新街25号民宅	焦溪老新街25号	民国	本体范围
90	老新街27号民宅	焦溪老新街27号	民国	本体范围
91	老新街47号民宅	焦溪老新街47号	民国	本体范围
92	老新街49号民宅	焦溪老新街49号	民国	本体范围
93	老新街59号民宅	焦溪老新街59号	民国	本体范围
94	老新街61号民宅	焦溪老新街61号	民国	本体范围
95	老新街63号民宅	焦溪老新街63号	民国	本体范围
96	老新街2号民宅	焦溪老新街2号	民国	本体范围
97	老新街2号西民宅	焦溪老新街2号西	民国	本体范围
98	老新街4、6号民宅	焦溪老新街4、6号	民国	本体范围
99	老新街10号民宅	焦溪老新街10号	民国	本体范围
100	老新街12号民宅	焦溪老新街12号	民国	本体范围
101	老新街14号民宅	焦溪老新街14号	民国	本体范围
102	老新街24、26号民宅	焦溪老新街24、26号	民国	本体范围
103	六角井	焦溪老新街67号内	不详	本体范围
104	龙缸	焦溪老新街67号内	不详	本体范围

序　号	名　称	坐落位置	建造年代	保护范围
105	老新街石板路	焦溪老新街	清	本体范围
106	中街石板路	焦溪中街	清	本体范围
107	南街石板路	焦溪南街	清	本体范围
108	陆家桥	焦溪村后塘河上陆家桥27号南20米	清	本体范围
109	横山桥西外街民宅	横山桥老街西外街130号北	清	本体范围
110	横山桥西街包宅	横山桥西街76号	清	本体范围
111	横山桥南降村汤宅	横山桥老街南降村52—2号	清	本体范围
112	横山桥西外街杨宅	横山桥老街西外街115—3号	民国	本体范围
113	横山桥牛洛里民宅	横山桥牛洛里39—1号	民国	本体范围
114	横山桥许家村许宅	横山桥夏墅村委许家村30号	清	东至本体建筑东边界，南至院落围墙线，西至本体建筑西边界，北至本体建筑北边界
115	省庄韩氏宗祠	横山桥省庄村东方大道北10米	清	东至本体建筑东边界及现状建筑东边界，南至门楼，西至本体建筑西边界及现状建筑西边界，北至本体建筑北边界
116	小山城隍庙	横山桥东城湾村委城湾村	清	本体范围
117	周氏宗祠	横山桥芙蓉东周村委东周村	民国	东至现状建筑东边界，南至现状建筑南边界，西至现状建筑西边界，北至本体建筑北边界及现状建筑北边界，
118	谢氏宗祠	横林河南村	清	本体范围
119	三官堂旧址	横林青司塘村委青司塘53号	清	本体范围
120	冯元桢宅	横林余巷村委西街19号	清	本体范围
121	横林薛家前薛宅	横林余巷村委薛家前22号	清	本体范围
122	横林赵家塘270、271号赵宅	横林红联村委赵家塘270、271号	清	本体范围
123	横林赵家塘195号、196号赵宅	横林红联村委赵家塘195、196号	民国	本体范围
124	蚕种培育室	横林红联村委赵家塘赵氏宗祠东	解放初	本体范围
125	崔桥刘家塘刘宅	横林崔桥刘家塘41、42号	民国	东至本体建筑东边界及现状建筑东边界，南至现状建筑南边界，西至本体建筑西边界现状建筑西边界，北至本体建筑北边界
126	崔桥	横林崔桥村委戴家场西平河上	民国	本体范围
127	邓宅	洛阳马鞍村朱家头113、114号	民国	本体范围
128	江南抗日义勇军总指挥部旧址	洛阳瞿家村高家13号	民国	本体范围
129	吴铁桥	洛阳戴溪马驰村吴铁桥村民小组	清	本体范围
130	雅浦陆氏祠堂	雪堰雅浦村委西5米	清	本体范围
131	雪堰雪西街民宅	雪堰雪西街198号南邻	清	本体范围
132	雪堰东街民宅	雪堰东街203号	清	本体范围
133	雪堰西房里民宅	雪堰西房里6、8号	民国	东至本体建筑边界及现状建筑东边界，南至现状建筑北边界，西至现状建筑东边界，
134	雪堰漕桥三角弄民宅	雪堰漕桥三角弄18号	民国	本体范围
135	雪堰漕桥复兴西路民宅	雪堰漕桥复兴西路1、3号、南街弄54号	民国	本体范围

序号	名称	坐落位置	建造年代	保护范围
136	漕桥老街235号对面民宅	雪堰漕桥老街西路156、158号、北园路3号	民国	东至本体建筑东边界，南至本体建筑南边界，西至本体建筑西边界及现状建筑西边界，北至现状建筑北边界
137	雪堰漕桥老街西路民宅	雪堰漕桥老街西路170、172、174、176、178、180、182、184号	民国	本体范围
138	漕桥老街241号对面民宅	雪堰漕桥老街西路168号	民国	本体范围
139	漕桥北园南弄民宅	雪堰漕桥北园南弄37、38号	民国	本体范围
140	表台	雪南街雪堰大桥东北20米	民国	东至本体建筑东边界及现状建筑东边界，南至本体建筑南边界及现状建筑南边界，西至现状建筑西边界，北至现状建筑北边界
141	河庄路马宅	孟河镇新西门	清	本体范围
142	万绥图公所旧址	孟河镇万绥村委新街里7号西	清	东至本体建筑东边界及现状建筑东边界，南至现状院落南围墙线，西至本体建筑西边界及现状建筑西边界，北至现状院落北围墙线
143	孟城北街石行旧址	孟河镇城北村二组原马桥口	民国	本体范围
144	孟城北街竹行旧址	城北村二组行场上	清	本体范围
145	孟城北街175号曹博寿民宅	孟城北街175号	清	东至本体建筑东边界，南至本体建筑南边界及现状院落南围墙线，西至现状院落西围墙线，北至本体建筑北边界及现状院落北围墙线
146	孟城北街174号严生良民宅	孟城北街174号	清	本体范围
147	孟城北街172号曹小法民宅	孟城北街172号	清	本体范围
148	孟城北街169号张德柱民宅	孟城北街169号	清	东至现状建筑东边界及现状院落东围墙线，南至本体建筑南边界及现状院落南围墙线，西至本体建筑西边界，北至本体建筑北边界及现状建筑北边界
149	益生堂药店旧址	孟城北街138号	清	本体范围
150	荣生客栈旧址	孟城北街137号	清	本体范围
151	孟城北街56号孙左清民宅	孟城北街56号	清	东至本体建筑东边界，南至本体建筑南边界，西至本体建筑西边界，北至本体建筑北边界及现状建筑南边界
152	孟城北街52号严龙顺民宅	城北村六组	明末	本体范围
153	孟城北街36号林培福民宅	城北村六组北街东侧	清	本体范围
154	孟城北街邱国川民宅	城北村三组北街东侧	清	本体范围
155	孟城都司府旧址	孟河镇城北村四组	清	本体范围
156	孟城伍丰粮行旧址	城北村四组北街西王家大院第五进北侧	清	本体范围
157	孟城北街陈家大院	城北村五组北街西侧	清	本体范围

序号	名称	坐落位置	建造年代	保护范围
158	孟城北街费家老宅	城北村七组街东	清	东至本体建筑东边界，南至本体建筑南边界及现状建筑南边界，西至现状院落西围墙线，北至本体建筑北边界及现状建筑北边界
159	孟城南街费守寺民宅	孟城村大南门	清	东至现状院落东围墙线，南至现状建筑北边界，西至现状院落西围墙线，北至本体建筑北边界及现状院落北围墙线，
160	孟城南街40、42号巢宝良民宅群	孟城南街40、42号	清	本体范围
161	孟城南街孙氏民宅	孟城村戏院路双子井西侧	清	本体范围
162	杀坊（屠宰场）	孟城村十组北城墙脚下	清	本体范围
163	孟城南街小南门东27号民宅	孟城南街小南门东27号	清	本体范围
164	春泉井	孟城村委新西门17号前	不详	本体范围
165	万绥戏楼路15号民宅群	孟河镇万绥村委戏楼路15号	清	本体范围
166	万绥戏楼路35号民宅群	孟河镇万绥村委戏楼路35号	清	本体范围
167	万绥郑氏宗祠（兰陵郑氏西老四房）敦睦堂	孟河镇蔡家村委礼巷里村71号	清	本体范围
168	小河马丰成杂货店旧址	孟河镇小河街北村委凤凰弄16号	民国	本体范围
169	小河后街王宅	孟河小河后街15号	民国	本体范围
170	南街头圆井	孟河小河街北村委南街头109号前	清	本体范围
171	张氏宗祠建筑群	罗溪窖井村委仁庄村55号东	清	为东至本体建筑东边界及现状院落东围墙线，南至现状院落南围墙线，西至本体建筑西边界及现状院落西围墙线，北至本体建筑北边界
172	双坝念佛堂	春江镇百丈双坝	清	本体范围
173	洪福寺旧址	春江青城村38号东侧	清	东至本体建筑东边界及现状建筑东边界，南至现状院落南围墙线，西至本体建筑西边界及现状建筑西边界，北至本体建筑北边界，
174	曹氏宗祠	春江魏村老街19号西	清	本体范围
175	张宅	春江圩塘村委圩塘街中243号	民国	本体范围
176	修善寺	新桥原马鞍桥小学校内	清	东至本体建筑东边界及现状道路，南至现状道路，西至本体建筑西边界及现状建筑西边界，北至本体建筑北边界及现状院落北围墙线
177	西庄桥	薛家公园内	清	本体范围
178	真武帝石造像及三井亭	三井街道龙泉寺内	明	本体范围

【《常州市城市排水（雨水）防涝综合规划》】 1月，《常州市城市排水（雨水）防涝综合规划》通过专家评审，规划范围为常州市中心城区，规划年限为2014—2030年。该规划全面摸清家底，科学评估城区内涝风险，合理确定建设目标和标准，从雨水径流控制、城市防涝和排水管网系统、管理与信息化建设等方面提出符合常州实际、具有可操作性的规划措施。通过规划措施的落实，近期（2017年）实现河网畅通、调蓄较为充分、水位调度改善效果明显、基本完成主城区排水管网雨污分流和高效截流、雨水顺畅排放、出行道路地面无明显积水；远期（2030年）构筑起与常州市经济社会发展相适应的现代化城市排水防涝综合体系，雨水径流控制措施广泛普及，“渗、蓄、

滞、排”统筹有序，城市排水防涝系统高度信息化，“控、建、管、养”体制和机制协调完善，应急手段充分，城市运转基本正常。

【《常州市区充电设施布局规划（2015—2020）》】 6月，《常州市区充电设施布局规划（2015—2020）》通过专家评审。该规划结合常州市新能源汽车发展需求，提出“三头并进、共同发展”的建设模式，以工作地、目的地、居住地充电桩为主体的目标，逐步形成以城市充电站为补充的智能充电服务网络。

【智慧常州时空信息云平台项目通过鉴定】 6月29日，由市规划局组织完成的智慧城市时空信息云平台通过科技鉴定，参加鉴定会的有中国科学院地理科学与资源研究所、省住房和建设（简称“住建”）主管部门以及测绘行业主管部门、国内知名高校、常州相关部门和各有关测绘单位的领导和专家。该项目通过研究时空数据体系和数据标准，在对常州不同时间刻度的基础地形图、遥感影像图、城市三维图、地下管线图、全景影像、专题地图扫描、整理和入库的基础上，建立统一、多维、多源、异构的时空数据库，包括常州不同时期的古地图、卫星遥感影像、大比例尺地形图数据、栅格地形数据等记忆常州历史变迁和发展脉络的珍贵资料。

【常州国家高新区空间信息共享服务平台获奖】 9月，由新北规划与测绘信息中心和武汉大学合作完成的常州国家高新区空间信息共享服务平台项目获2015中国地理信息科技进步二等奖和2015年度江苏省测绘地理信息科技进步一等奖。该项目建设完成共享服务平台开发、地理信息服务生产、已有信息系统改造和应用子系统开发4部分工作，发布影像图、地形图、管线图、城市三维模型等基础地理信息服务和专题地理信息服务20余个，内容涵盖城市建设、经济管理、市政设施养护等多个领域。

【新版《常州市区图》《常州市域图》出版发行】 11月，由市规划局测绘院编制的新版《常州市区图》《常州市域图》出版发行。新版《常州市区图》以常州市天宁、钟楼、武进、新北、金坛新的5区2837平方千米为制图范围，新版《常州市域图》以全常州市域4375平方千米为制图范围，及时反映了新的区划调整及地名、道路的更新，信息量丰富，现势性较强，各专题要素层次分明，清晰地展示了常州城市的区位优势、投资环境和旅游资源。

【市测绘院在省内率先获无人机航摄测绘资质】 10月，常州市测绘院获无人机航空摄影乙级测绘资质，成为江苏省首批申领无人机航空摄影的专业单位。市测绘院在四川汶川地震灾后重建、常溧高速公路建设中就开始租用无人机进行航空测绘，形成较为完备的无人机航摄体系。2015年，市测绘院加大先进装备引进和自主飞行员培训，购买了一套无人机固定翼飞行系统和一套无人机多旋翼飞行系统，派多名技术员参加无人机飞行专业培训，并取得中国民航的AOPA无人驾驶航空器系统机长驾驶员合格证。（陆　晔）

国土管理

【概　述】 2015年，全市国土资源系统践行“保护资源，节约集约、维护权益，改革创新”的工作要求，全力推动全市国土资源工作迈上新台阶。

耕地保护得到加强。2015年，常州耕地保有量不少于246.74万亩，基本农田保护面积不少于222.31万亩。建成高标准基本农田17.1504万亩，耕地占补平衡完成新耕地面积9821亩，均超过目标任务。城市周边永久基本农田划定初步任务为14.48万亩，已核实举证12.64万亩，占比89.9%，完成核实举证的预期目标。实施土地整治项目197个，建设规模4.74万亩，确认新增耕地面积1.43万亩。

法治国土建设初见成效。完善国土资源法治体系，出台《常州市违法用地上建筑物处置暂行办法》和《常州市耕地破坏程度鉴定暂行办法》。办理行政复议案件65起，维持率95.4%；办理行政诉讼案件40起，胜诉率100%。大力查处重大违法案件及违法重点地区，对违法用地性质比较严重的两个镇，暂停农用地转用和土地征收审批报批工作。开展卫片执法监督检查，违法用地面积占比3.6%，违法用地耕地面积占比1.9%，连续5年低于5%。

率先在全省完成全市域的数字城市建设工作。“天地图·金坛”“天地图·溧阳”成功接入国家主节点，“天地图·常州”建设实现国家、省、市、县四级节点融合。常州市二等水准网设测工程项目获2015年度江苏省优秀测绘地理信息一等奖。

【不动产统一登记整合完成】 2015年，常州市整合不动产登记职责，将土地、房屋、林地、水域滩涂养殖、农村土地承包经营权、宅基地使用权等的登记职责统一交由市国土资源局承担。成立常州市不动产登记交易中心（设武进、金坛两个分中心）和溧阳市不动产登记交易中心，具体负责不动产登记工作。12月1日，市不动产登记交易中心正式挂牌成立，常州市土地登记中心同日撤销，成建制划转至常州市不动产登记交易中心。

1月1日至11月30日，市区共核发国有土地使用证63758本，其中初始登记700本、变更登记781本、成套房登记60877本；核发土地他项权利证书1580本，抵押登记土地面积2076平方米，抵押金额233亿元；完成开发地块分割登记62022宗，分割面积366万平方米；完成查封登记1024宗，解封登记273宗；完成土地注销登记1477宗。12月1日至12月31日，共发放不动产登记证书9445本，出具不动产登记证明2643份。

【批而未供和闲置土地清理】 2015年，2008—2013年批而未征的22790亩土地全部实施征收。清理批而未供土地2338宗47286亩，整改到位1035宗27631亩；清理闲置土地81宗3993亩，处置到位59宗2085亩。

【武进区宅基地改革试点工作】 武进区是15个全国农村宅基地制度改革试点地区之一，也是全国农房抵押贷款试点县（市、区）。2015年，武进区摸清农村村庄（不含集镇区）用地面积为11.1万亩，已确权登记的农村宅基地20.75万宗，登记房屋建筑占地发证面积3.94万亩，发证率94%。已建公寓房用地总面积814公顷，建筑面积超1000万平方米；货币补贴22.41亿元，涉及农民6627户。研究出台《农村宅基地保障对象认定试行办法》《村级土地利用规划编制管理试行办法》《集体建设用地规划管理试行办法》《农村宅基地审批管理试行办法》《农村宅基地有偿使用和有偿退出指导意见（试行）》《农村集体建设用地指标交易细则（试行）》6项制度。基本建成“户有所居”保障数据库、农村土地产权交易平台、农村不动产统一登记信息管理系统、农村宅基地动态监管平台4大信息管理系统。武进区嘉泽镇满墩村农民吕伟斌用自家的农房（宅基地）不动产权作抵押，在全国第一个申请办理农房（宅基地）抵押登记，取得全国第一份农房（宅基地）抵押不动产登记证明，获江南农商行50万元贷款，用于花卉苗木的产业结构调整。

【同一乡镇范围内村庄建设用地布局调整试点】 2015年，常州在新北区孟河镇、金坛区薛埠镇、溧阳市社渚镇开展试点工作，按照“建新地块新增建设用地面积应当低于复垦形式的农用地面积的90%，建新地块占用的耕地面积应当低于复垦形式的耕地面积的90%”的要求编制试点实施方案。实施方案明确，通过试点工作，拟拆旧复垦新增农用地2288亩，新增耕地2146亩；拟建新占用农用地2012亩，占用耕地1173亩。实施方案获市政府批准，在省国土资源厅备案。

【新北区“多规合一”试点】 2015年，新北区被省国土资源厅列为节约集约用地“双提升”（实现节地水平和产出效益双提升）试点地区，通过土地利用总体规划的统筹管束和刚性约束，推进国土资源的集聚开发，形成人口、经济、资源、环境相协调的节约集约型国土空间开发格局。试点中，新北区通过“多规合一”优化建设用地空间格局和资源配置，划定城镇开发边界、耕地和基本农田保护红线、生态红线，创新性提出生态新增流量区，实行“先归还后使用”“先拆旧后建新”“有限使用”的原则。（李　波）

市政建设

【概　述】 2015年，市城乡建设部门认真贯彻市委、市政府决策部署，主动适应经济发展新常态，坚持稳中求进的工作总基调，立足全市经济社会发展大局，积极组织实施市级重点项目，努力打造精品宜居城市，着力提升建设服务管理效能，城乡建设工作总体呈现“稳中有进、进中提质”的发展态势，一大批交通路网完善、城市环境提升和民生保障发展工程得到深入推进，完成投资超过30亿元。福阳路（青洋路—北塘河西路）和飞龙西路等新建、大修工程已建成通车，永宁北路（新一路—横塘河西路）、新堂北路（新一路—龙汇路）、劳动西路（五星路—龙江路）、三堡街（长江路—五星路）、新一路和龙汇路（竹林北路—新堂北路）等新建工程已基本具备通车条件，光华东路（丽华北路—凤凰路）开工建设。青果巷历史文化街区保护修缮有序推进，主道综合管线施工和南市河驳岸修缮整治工程基本完成；文化广场项目一期工程开工建设；金融商务区建设启动；环高架及延伸段、丽华路、光华路、大明路生态绿道及横塘河湿地公园、白荡河绿地基本建成；7个美丽乡村示范村建设通过检查验收。

【劳动西路西延工程】 5月25日施工，12月31日完工通车。工程西起龙江路，东至五星路，直接连通勤业路与劳动西路，工程总长850米，无老路，新建道路一般路段实施宽度36米，交叉口渠化段实施宽度39米。新建道路西段与勤业路并线，并线段一般路段道路拓宽至40米，龙江路交叉口入口路段拓宽至43米。该工程的完工，大大缓解勤业路严重饱和的交通压力，道路及地下管线工程的实施为道路两侧区域提供了良好的基础设施配套服务条件，同时，使钟楼经济开发区与常州中心城区的连接更为快捷畅通。

【三堡街大修工程】 8月中旬进场施工，12月31日完工通车。项目位于常州市西部城区御水华庭小区的北侧，老运河南岸，西起五星路，东至长江中路。工程全长1232米，道路红线宽16米，具体横断面形式为3米人行道+10米车行道+3米人行道。三堡街跨越十字河处原有跨径5米、宽度5.3米的老桥，大修工程拆除原有老桥，并在原桥位新建桥梁。新建桥梁采用单跨16米的预应力混凝土简支板梁桥，桥梁总长21米，总宽16.6米，基础采用双排钻孔灌注桩，总计20根。整个工程包括道路、桥梁、管线、交通设施以及配套地下管线、绿地工程，完善了该区域内的路网，改善了周边区域的交通出行条件。

【飞龙西路大修】 6月中旬进场施工，10月底通车。飞龙西路位于常州市钟楼区新闸镇，龙城大道南侧，城际铁路北侧，是一条与龙城大道平行的城市支路，东起龙江路，西至玉龙路，全线总长度1995米，是连通新闸镇与市区主干道的重要通道。该道路老路为普通道路，等级低，周边有40余家企事业单位及多个大型居民小区，使道路使用过度，路况较差。同时，新康路至龙江路段排水管线堵塞严重，雨后大量积水，对过往交通形成安全隐患。飞龙西路大修工程设计总宽16米，一块板断面，具体为2米人行道+12米车行道+2米人行道，交叉口拓宽段宽19米。部分路段（新康路—龙江路）增设雨水管，解决排水问题。

【福阳路】 6月进场施工，12月通车。该工程西起青洋北路，东至北塘河西，主要联通天宁区郑陆镇和主城区，长1495米，一般路段道路红线宽30米，为城市次干路。

【朝阳桥东匝道】 4月21日开工建设，11月14日正式通车。朝阳桥东匝道位于常州市天宁区，丽华北路与延陵东路分离式立交东北角，为丽华北路和延陵东路半苜蓿叶形立交的匝道连接线，道路全长265米，一般路段道路标准横断面为16米车行道，平曲线范围总宽18米，与延陵东路交叉口总宽19米。朝阳桥东匝道作为丽华北路与延陵东路连接的重要支线，其顺利完工通车进一步完善了丽华北路和延陵东路半苜蓿叶形立交的功能，将大大缓解周边包括丽华北路、延陵东路、朝阳桥、劳动中路、武青路等道路交通压力。

【光华路（兰陵北路—晋陵南路）改扩

光华路改扩建工程完工通车 （城乡建设局 供稿）

建工程】 7月12日施工，12月24日通车。该路段位于市区南部，呈东西走向，与中吴大道、劳动中路平行，是市区南部的一条东西向的重要通道。工程西起兰陵北路，东至晋陵南路，全长519.05米，一般路段道路总宽30米。同步改造雨水、污水、给水、燃气、通讯、供电以及路灯等管道设施。

【横塘河西路】 2014年7月进场施工，2015年年底基本完成并具备通车条件。该工程北起北塘河东路，南至至竹林北路段，长1579米，一般路段道路红线宽为30米，为城市次干道。

【新堂北路（新一路—龙汇路）】 9月进场施工，2015年年底基本完工，具备通车条件。该工程西起新一路，东至龙汇路，长743米，一般路段道路红线宽为42米，跨东经120东侧景观河处新建单跨20米简支板梁桥一座，为城市主干路。

【横塘河湿地公园】 横塘河湿地公园位于横塘河西路以东、横塘河东路以西、北塘河以南、青龙西路以北，规划用地面积53公顷，其中主河道面积18.7244公顷、河道两岸面积34.2756公顷。工程主要建设内容包括湿地改造、水利设施改造、园林、绿化、土方、建筑等。2014年10月进场施工，横塘河西岸、北塘河路至竹林北路段及横塘河东岸、新堂北路至青龙西路段于2015年底基本建成，2015年底部分区域具备开园条件。

【青果巷历史文化街区修缮保护】 青果巷历史文化街区位于常州老城区中部偏南地段，东起正素巷，南至南市河，西至晋陵中路，北临古村巷。东西长约400米，南北长约200米，用地面积约8.7公顷。青果巷东侧历史风貌区东至和平中路，南至青果巷，西至正素巷，北临古村巷，用地面积约1.2公顷。常州市按照“小规模、渐进式、微循环”的思路和“不改变文物原状”原则，精心开展修缮设计和保护工作，2015年完成7个组团修缮方案设计和8个组团施工图设计，青果巷主道南侧的组团设计工作全部完成。启动贞和堂、筠星堂2个文保单位及5个民居组团修缮保护，其中2个民居组团主体结构修缮完成施工。基本完成青果巷主道综合管线敷设、道路铺装及南市河北侧栏杆驳岸修缮。

【常州市金融商务区建设】 常州市金融商务区规划范围东至横塘河，南至竹林北路，西至新一路，北至北塘河，总用地面积204公顷，规划总建筑规模约300万平方米。已建恒生科技园以及龙洲伊都居住小区，规划中的地铁5号线和6号线从中穿越。2015年，金融商务区投资有限公司完成金融广场一期地块建筑概念方案征集和概念设计方案招标。年内实现土地出让。

【路政养护】 2015年，常州市市政养护处新接收道路8条，长2.8千米，面积130.2万平方米；新接收桥梁15座，面积3.2万平方米。至年末，常州市政管养的市区道路共211条，长291.2千米，面积1114.27万平方米；高架桥47.2千米，面积148.6万平方米；桥梁242座，面积51.7万平方米。全年市区维修沥青路面12.04万平方米，更换各类道板2.85万平方米，更换侧平石4306米，维修检查井584座，实施固体密封胶灌缝4.73万米、石油沥青灌缝6325米，完成175条道路1.35万处约2.2万平方米无障碍设施的整改工作，采取加强基础、更换人行道样式等方式改造人行道5000余平方米，发生维修资金近3000万元。 （孙伯琦）

城市轨道交通

【轨道交通1号线全面施工】 2015年，常州市轨道交通建设工作全面展开。4月2日，1号线进入全面施工阶段。全线29个站点围挡全部围闭，4个站点以及敞开段主体结构封顶，其余25个站点进行主体结构施工。第一台盾构机于9月22日在新桥站—常州旅游高职校站区间左线始发，该区间隧道已贯通，沿江城际站—科教城南站区间左线盾构正常推进。

【轨道交通2号线工程获批】 12月，轨道交通2号线一期工程可行性研究报告获省发改委批复通过。2号线一期工程贯穿常州市区东西，线路全长19.7千米，共设车站15座，其中地下站14座、高架车站1座（一期终点站五一路站）。平均站间距1.37千米，地下线（青枫公园站—潞城站）长度18.17千米，高架线（潞城站—五一路站）长度1.225千米。全线有5座换乘站与线网其他5条线形成换乘，设1处车辆基地。于城东车辆段新建1座主变电所，和1号线共享同济桥主变电所。建成后将与1号线形成“十”字形的轨道交通基本骨架，成为城市中心区、西南门户区、东部片区、沿江片区等重要的骨干公共交通线。整个工期预计从2016年至2020年。

【1号线盾构始发】 9月22日，第一台盾构机于新桥站—常州旅游高职校站区间左线始发。轨道公司组织开展

"百姓地铁·百年地铁"市民开放日活动，50位市民代表参观常州地铁新桥站施工现场，一起见证1号线首台盾构机始发仪式。从新桥站至旅游学校站掘进施工大约需要4个月，9位市民代表受邀担任地铁文明施工巡防员。

（刘　舒）

园林绿化

【概　述】2015年，常州市生态绿城扩绿8700亩，连网210千米；市区横塘河湿地公园、皇粮浜公园等小游园绿地，淹城路、澡港河等23项绿道全面开工，其中常州经济开发区幼儿园南侧绿地、革新河绿地等16个小游园、11条绿道建设完成。沪宁城际铁路和京沪高铁绿色通道绿化整治工程补植苗木71公顷。全年新增集镇绿化项目100余个，其中溧阳市南渡镇春晖公园、戴埠镇野猫墩生产基地和武进区革新路道路绿化全面完工，新增绿地300多公顷。开展市区绿地突秃、缺株补植整治，补种大规格苗木4436株，补种和提升改造绿地面积8.23公顷。完成延陵路、通江路、晋陵路、机场路绿化修剪、疏解，苗木整形476株，移植3202株，种植地被4832平方米。至2015年底，城市绿地总面积9782.11公顷以上，建成区绿地率39.08%、绿化覆盖率43.08%（城镇绿化覆盖率38.82%），城区人均公园绿地面积13.85平方米。新增绿地500多公顷。

年内，市园林部门完成《常州市区绿线规划（2014—2020）》《城镇园林绿化发展"十三五"规划》《立体绿化建设导则》《常州市重点公园园艺发展规划》等专项规划编制。累计办理开发建设项目绿化工程竣工验收备案37件，办理各类企业资质证明1178件，办理各类行政许可202件，办结率100%。

【园林科研】2015年，市园林部门推动绿地节水及数字化养护等节约型技术在园林绿化养护中的应用，举办四季城市绿化养护、植物修剪、病虫害防治、无公害技术等专题培训，有效提高一线人员的操作技能。借助微信、APP优化市管绿地管养中标企业管理，通过互联网实现巡查考核信息快速反馈、管养问题实时互传、现场管理人员点名定位、工作布置、工作汇报、标段内违章情况现场取证等功能整合。结合北斗导航定位技术及手机APP程序，实时监控绿化浇灌情况，合理安排自来水取水点及洒水车调度等，以零成本实现绿化管养水平升级，达到规范考核管理、节约人力成本、提高管养效率、提升管养品质的效果。

【市花月季研究】2015年，市园林部门开展月季生物学特性及品种抗性研究，编写《月季全年养护月历》；繁殖珍品月季1.5万株，进行品种杂交培育722组。在武进区礼嘉镇建设月季母本保护基地。送展的盆栽月季在南阳月季文化节获特等奖、金奖和银奖。12月20日，紫荆公园与美国月季中心正式结为国际姐妹月季园。

【全民义务植树活动】2015年，常州在全省率先完成《市民义务植树基地规划》，全年组织爱绿护绿广场宣传19次，组织义务植树活动167次，直接参加人数8633人。植树节期间在《常州日报》刊登《绿染龙城，花悦百姓》专版，发起短信植绿公益活动。植树节期间，市委书记阎立、市长费高云等四套班子领导带领机关工作人员、15家企事业单位、100户家庭等1000余人，前往童子河湿地公园和鸡笼山市民植树基地，参加"创建森林城市，建设美好家园"义务植树活动，共栽种树苗1600余株。

【古树名木保护】2015年，市园林部门加强宣传，落实巡查机制，强化移植回访监管，不断完善古树名木保护责任制。组织开展濒危古树名木抢救复壮工作，及时采取保护措施。全面启动常州市古树名木资源普查工作，首次通过各类新闻媒体在全市开展常州市古树名木资源线索征集活动，征集线索67条。

【第八届常州市梅花节】2月14日开幕，3月15日闭幕。梅花节以"春天—从红梅开始"为主题，以"时尚、节俭、创新"为办展理念，展出宫粉、江梅、玉蝶、杏梅、绿萼、朱砂、美人梅7大系列近800株梅树。举办文艺演出、春花展暨水仙雕刻展、"花与生活"专题报告会等13个系列的文化活动，通过"舌尖上的梅花"美食展示、"耳畔的梅花"背景音乐推送、"眼中的梅花"景墙布置多角度全方位地向市民展示梅花的文化内涵，吸引26万游客进园赏梅踏青。

【第三届常州荆川文化节暨海棠花会】3月29日开幕，4月7日闭幕，展出垂丝海棠、西府海棠、贴梗海棠、湖北海棠、日本海棠等20多个品种1600余株海棠，推出海棠盆景展、海棠摄影作品展、海棠征文比赛、海棠科普知识文化展、历届海棠节活动图片展、吴春法书法篆刻艺术展、多肉植物展、南大街双桂坊美食节等活动，接待游客18万人次。

【2015圩墩文化节暨桃花花会】3月28日开幕，4月6日闭幕。花会以"寻找心中的桃花源"为主题，以《大林寺桃花》《题都城南庄》等桃花诗词为布景主题，打造"春归""觅春"等园艺景点，展出5大系列40个品种千余株观赏桃花。推出文艺演出、主题摄影大赛、花神送吉祥、桃花运公益相亲会、古装秀、桃花妆、祈福许愿、手绘桃花扇、亲子游乐会等13项活动，接待游客20万人次。

【第六届常州市牡丹花展】4月6日开幕，5月3日闭幕，主题为"花开盛世，东坡雅韵"。花展以精致为特色、以传播牡丹文化为主旨，将传承与推广、延续与创新相结合，布置富贵平安、牡丹和韵、国色天香、除夕夜宿常州城外、常州情缘五组植物艺术造景，展出9大色系60个品种5600余株牡丹，并推出日暮、芳纪、金色爱丽丝、新七福神、岛大臣、花兢、皇嘉门、大藤锦等13个近百株新品。花展期间举办开幕演出、市民赏牡丹、市民品雅韵、洛阳牡丹展示、咏牡丹诗词鉴赏、市民拍牡丹、市民认养牡丹、花展互动参与、牡丹文化及科普知识展9大系列活动，接待游客约30万人次。

【第二十届常州市花月季花展】4月25日开幕，5月24日闭幕，主题为"浪漫月季，锦绣天宁"，主会场在紫荆公园。展出近1300个品种5万余株月季，推出市花赠好人、名园月季秀等4大类10余项活动，接待游客30万人次。

【第五届常州市菊花节】10月31日

在青枫公园开幕，11月8日闭幕，主题为“菊韵钟楼，美丽常州”。全园布置“中国梦”“三阳开泰”等造型菊花景点，共展出“绿牡丹”“墨萍”“叶公好龙”“血莲”“紫光阁”等精品菊花400余种，举办文艺汇演、菊花知识科普、美食嘉年华、多肉植物展览等活动，共接待游客20余万人次。（朱春晖）

公共事业

【概　述】 2015年，常州城市公共事业以创建中国人居环境奖为核心，重点确保城市运行安全。城市供水应急取水头部和泵站工程一期顺利完工，饮用水深度处理工程开工建设，戚墅堰污水处理厂三期工程主体完工，天然气利用三期工程超额完成年度计划，全年各项城市公用事业运行情况健康、安全，实现城市供水2.5亿立方米、供气3.9亿立方米，安装照明设施8307套9338盏，污水处理总量1.72亿立方米，保障了城市运行安全和市民生活稳定。

【常州获中国人居环境奖】 中国人居环境奖是国家人居领域的最高奖项，其基本考核指标体系包括居住环境、生态环境、社会和谐、公共安全、经济发展、资源节约6大类63项指标。2015年，常州重点提高资源集约利用水平，大力推进节能减排，深入实施“清水蓝天”工程，深化城市长效管理，全面推进公共服务设施建设，积极构建绿色交通体系，大力提升城市绿化品质，强力整治市容环境，扎实推动产业升级、科技创新、城乡统筹、生态文明、社会和谐、民生幸福六大战略工程，努力打造蓝天碧水、环境优美、功能齐全、人与自然和谐发展的现代化长三角区域中心城市和全国著名的生态宜居城市。11月，创建工作顺利通过国家验收，同年底，常州获中国人居环境奖。

【应急取水头部及泵站建设一期工程竣工投运】 2014年，为确保城市饮用水安全，解决市区应急水源不足问题，常州市应急取水头部及泵站工程建设启动，工程包括建设30万立方米/日德胜河取水泵站、50万立方米/日新孟河取水泵站和10.3千米（DN1800）输水管道，项目总投资近3亿元，分近期和远期两个阶段实施。2015年9月，项目一期德胜河应急取水头部及泵站建设工程DN1800配套管线和泵站土建全部完工。

【郑陆供水联网工程建设】 2013年，武进区郑陆镇开始进行联网供水改造建设，对郑陆中心区、东青社区和5个中心村、7个基层村区域内的管网进行改造，并对东青、郑陆片区自来水用户进行户表改造。至2015年底，该工程总计投资7467万元，建成并投运日供水能力3万立方米郑陆增压站一座，敷设管线48个，敷设管道（口径DN100—DN1000）总长度超过100千米，户表改造用户14198户。

【自来水用户缴费方式拓展】 2015年，市通用自来水公司在原来银行代扣、柜台收费等方式的基础上，开辟支付宝、翼支付等网络缴费，使用户足不出户即可缴纳水费。同时在全市8个自来水公司营业厅安放12台自助终端缴费机，提供24小时缴费服务。全年自助缴费39883笔，缴费金额455.2万元，成为自来水缴费量最多的第三方收费方式。

【城市排水】 2015年，常州市区共有清潭、城北、江边、戚墅堰4座城市污水处理厂，城市污水处理能力为51.5万吨/日，已建成投用污水提升泵站60座、雨水立交泵站27座、水环境截留泵站57座。全年共处理生活污水1.72亿立方米，达标处理率100%，市区生活污水集中处理率超过95%，污染物去除总量在省内名列前茅。按照全量化、无害化、资源化处置污水处理厂脱水污泥的目标，依托广源热电厂焚烧污泥12.06万吨。

【城市污水管网建设】 2015年，常州市区建成市政雨污水管道53千米。开工建设江边污水厂进水管网完善工程，全线深埋顶管，施工难度大，其中重点建设的长11千米、直径2.2米—2.6米的长江路污水干管工程，创下全市大口径长距离单项工程建设之最；新建污水管道8千米，新建泵站主体砼部分完成施工。

【城市雨水能力提升工程】 2014年，雨水能力提升一期工程全面开工。2015年，先后实施健身路立交泵站、竹林路立交泵站等7座泵站和劳动东路、和平路等8项雨水管改造工程，有效提高了城市雨水排水能力。2015年6月26—27日常州遭遇特大暴雨，单日降水量超历史记录，但市区主干道、铁路立交泵站无一受淹。

【戚墅堰污水处理厂三期主体工程完成】 2013年，戚墅堰污水处理厂三期工程启动，新增污水日处理能力4.5万吨，厂区投资1.1亿元。2015年年底，厂区主体工程完成并进水调试运行。

【再生水利用】 2015年，全市销售再生水2088.6万吨。由于城北污水厂再生水管道被施工破坏，总体再生水供应量有所下降。再生水二期工程滨江水厂、新龙生态林再生水利用顺利通水投入试运行，再生水利用率比例约35%。

【城市照明】 2015年，常州新增照明设施10920盏，设施总量389694盏，完成工程量1.08亿元。亮灯率99.24%，节电率18.16%，落实热线电话5195个，第三方评价满意率97.2%。

【城市燃气】 2015年，常州市供气总量39066万立方米，比上年增长10.3%，其中压缩天然气2331万立方米。常州港华燃气公司全年发展工商客户307户，累计工商客户数2673户；发展民用客户42282户，累计民用客户数521048户。

【天然气利用三期工程】 2015年，常州市新建金融商务区配套道路、北海路、兴东路等燃气中压管线40千米，完成投资1343.28万元。完成飞龙东路、竹林南路、延陵中路、通江南路、泰山路、汉江路、和平路、局前街等28个道路，通济新村、北新巷、西新桥二村、客车厂宿舍、荆川里等39个老小区的铸铁管改造约45千米，完成投资3162.87万元。

【燃气安全管理】 2015年，市燃气安全管理部门先后开展供应站点规范化管理、夏季高温安全专项检查、冬季安全隐患联合大排查等一系列专项活动，对全市燃气行业安全生产中存在的薄弱环节和突出问题开展多层次、全方位、拉网式的燃气事故安全隐患排查整改。共巡查站点56家，要求停业整

改11家、现场整改16家。（孙伯琦）

城市管理

【概　述】 2015年，市城管局以打造整洁、优美、有序的城市环境为目标，提升数字化手段，落实长效化措施，推进精细化管理，狠抓环境整治和工程推进。夯实城市管理基础建设，完成“9313”城市环境综合整治（即“九整治、三规范、一提升、三创建”整治，对城郊接合部、城中村、棚户区、老旧小区、背街小巷、城市河道环境、低洼易淹易涝片区、建设工地、农贸市场进行整治，规范占道经营、车辆停放、户外广告设置，提升城市基础设施承载能力、城市环境和管理水平，创建国家生态文明示范市、国家生态园林城市、国家历史文化名城）、生活废弃物处理中心续建二期、餐厨废弃物综合处置一期三项工程，启动生活垃圾转运站二期建设。着力从市容管理、环卫管理、户外广告管理、行政许可等方面，对已有的规章制度和管理办法进行完善和提升，解决城市管理难点问题。继续对数字城管信息系统进行提升，结合实际，完善考评办法，扩大考核内容，强化问题处置，全面提升城市长效综合管理水平。规范案件办理程序，强化法制审查，建立市、区、街道（镇）三级并覆盖全市每一位执法人员的科学考评体系，着力提升执法效能。智慧城管工程视频和噪音智能管控系统项目通过竣工验收。3月31日，常州市被省政府首批授予“江苏省优秀管理城市（一星级）”称号。

【城市环境综合整治】 2015年，市城管部门开展整治项目155个，除常州经济开发区1个城中村整治项目进入拆迁程序外，其余全面完成。

整治城郊结合部、城中村、老旧小区和背街小巷，清理违章搭建。改造老旧管线，修整破损道路，补建绿化植被，增添停车、路灯、社区管理等设施；加快实施老旧小区房屋修缮工作；整治违法违规加工作坊；推行专业化物业服务。整治城市河道，注重控源、截污、清淤、活水，实施生态修复。丁塘港沿河洼地、鱼塘保留地块原生芦苇地，建成生态湿地公园；南童子河水下坡岸获塑型改造，水上坡岸种植护坡植物，岸边铺设慢行系统，打造生态绿道。整治易淹易涝片区。市、区两级政府各筹资一半，市级累计下达经费1888.5万元，实施完成30个项目，在6月特大降雨过程中，中心城区改造后的项目均未发生受淹涝情况。开展建设工地扬尘整治专项执法行动，建立督查检察制度及最严厉的处罚和扬尘防控逐级问责制。整治农贸市场，省级消防重点整治单位五益农贸市场通过优化市场内部布局，彻底消除以往消防通道不畅通、室内喷淋设置缺损等安全隐患。规范车辆停放，新建机动车、非机动车停车泊位，启动中心城区市民卡停车缴费试点。巩固整治成果。将2013—2014年已整治完成的项目加入城市长效综合管理考评点样本库，由专业考评人员随机抽取样本进行日常考评；对2014年完成的高架路沿线环境开展跟踪督查，对不符合规范的，及时予以更新、修复或拆除。

【民丰窑整治】 民丰窑地区位于钟楼区南大街街道，地处老运河与白荡河交汇处的西北侧，总占地面积2.34公顷，有居民250余户，常住人口600多人。

2015年，民丰窑地区综合整治被纳入全市重点工程和生态绿城建设。整治以改善该地区的居民生活和提升运河沿线生态景观、促进人与自然共生共融为出发点，重点对建筑、景观、市政、交通4个方面进行整治提升，总投资1600余万元。年内，民丰窑地区综合改造工程完工，完成墙面弹性涂料3.6万平方米、彩钢瓦喷涂工程1200平方米、店招店牌改造8块，清理乱搭乱建320平方米，清除菜地352平方米、庭院87平方米，新建栏杆407米，完成铺装工程2500平方米、栈道工程100米、路口集中节点绿化1000平方米，建设排污管道及附属和截污泵站1座，铺设天然气和自来水管线250户，铺设下水管道1300米，设置机动车停车位1处15个、非机动车停车位1处50个，完成街巷道路硬化工程5000平方米，运河沿岸慢行道全面贯通，区域内道路全面整修平整。

【市民卡停车缴费工作协商机制试点】 2015年，常州试点建立市民卡停车缴费协商机制。开展公共停车场刷市民卡停车缴费试点，试点区域内所有权单位可根据需要向市民卡管理服务中心申请，进行出入场闸机及收费系统改造，以便支持市民卡停车缴费。开展道边临时停车位刷市民卡停车缴费试点，车主占用试点区域道边临时停车位停车时，通过收费员所持POS机刷市民卡支付停车费；收费员手持POS机完成停车车辆、车位信息录入、停车费用计算、车位使用监控等工作，并向车主提供收费单据。

【便民服务点规范设置试点】 2015年，市城管局会同各区对市区现有的便民服务点开展调研，登记点位481个。向社会征集便民服务推车设计样稿，通过功能、材质、款式、价格几方面的综合评价，订制10台全不锈钢材质的便民服务推车。9月，在综合省内外先进城市管理经验基础上，按照“主干道严禁、次干道严控、小街巷规范”的原则，在天宁区、钟楼区不影响市容环境和道路通行的居民区周边、背街小巷选择10个经营中的便民服务点开展便民服务点规范设置试点。试点要求，便民点的具体位置经城管部门确定后不得擅自移动，不得擅自扩大经营范围、转包或挪作他用；由城管部门订制统一的便民服务车和遮阳伞发放给便民点，便民点不得在现场放置多个箱、柜或其他经营工具；经营者应保持服务点周边环境卫生整洁有序；对便民服务车定期进行清洗和维护保养，经营装具表面除设置统一的标识外，严禁乱涂写、乱张贴；在规定位置插放服务证，诚信服务，无欺诈哄骗行为。属地街道与试点点位经营者签订使用经营承诺书。

【空调室外机遮挡维修】 2008年，常州市开始实施主要道路市容环境整治中的街景美化工程，在市区主要道路两侧临街建筑统一安装空调室外机遮挡。由于资金保障方面的困难，相关设施的后期维护管养一直未得到落实，空调室外机遮挡的墙体连接件均产生锈蚀，严重影响设施安全。2015年，经过全面排查，中心城区主要街道两侧安装的空调室外机遮挡共约17461米，其中安全隐患较大、建议拆除的490米，无维修价值、急需拆除的550米。9月，市城管局通过政府采购招标程序实施维修管养，年内，中心城区主要街道两侧安装的空调室外机遮挡维修管养全部完成。

【户外广告管理】 2015年，常州在全省率先出台《常州市店招店牌规范化设置导引》，完成飞龙路、东方路、中吴大道3条主干道25千米范围的详规编制。建立户外广告资料库，实行市区主要道路大型LED显示屏"户籍制"管理，稳步推进户外广告拍卖工作，共组织15场拍卖会，成交总额2148.6万元。加大公益广告宣传力度，更换各类公益画面430块4.5万平方米，在全市大型户外LED显示屏播放公益广告累计2.5万小时。建立户外广告设施"检测、维护、保险"三位一体的安全监督管理体系，对中心城区政府投资的14条主要道路店招店牌进行维修出新，排除安全隐患。

【环境卫生管理】 2015年，市城管部门根据两电厂垃圾焚烧炉停炉检修申请，遵循统筹兼顾、等量置换的原则，6次向相关单位印发《生活垃圾临时调度方案》，确保电厂的正常检修和生活垃圾全量无害化处理。全年处理市区生活垃圾120.92万吨，其中焚烧83.25万吨、填埋37.67万吨；处理废渣8.25万吨、飞灰8487吨。生活废弃物处理中心续建二期工程于10月底竣工，完成库区边坡封场和沼气收集与倒排系统、渗滤液收集系统的建设改造。新增填埋库容117.2万立方米，其中生活垃圾填埋库容93.2万立方米、飞灰填埋库容24万立方米。完善优化道路清扫作业智能监管，将高架道路中龙城大道地道及青洋高架北延段、大气污染应急作业、13个市场化机械化作业标段纳入智能监管系统，监管类型从机扫扩展到洒水、冲洗和保洁。建成环卫人员信息管理系统，完成全市56个环卫管理、作业单位3677名人员信息的录入。在武进、天宁、钟楼、戚墅堰4区选定11个转运站进行视频监管试点。7月1日起，中心城区602条近1300万平方米的道路实现市场化、机械化、标准化洒水、机扫、清洗环卫作业，机械化作业综合覆盖率由原来的60%提升至93%。开展环卫职工技能大赛，提高一线职工技术水平。新增爱心环卫驿站213个。

【餐厨废弃物管理】 2015年，市城管部门全面完成餐厨废弃物综合处置一期工程，12月21日，正式启动餐厨废弃物收集、运输、处置一体化工作。完成137家餐饮单位信息的调查、核实、录入，完成1288个餐厨垃圾收集桶射频标签的安装和21辆餐厨垃圾收运车车载称重、GPS及读卡集成系统的安装，其中5辆安装实时视频监控，初步建成集餐饮单位监管、收集监管、转运监管于一体的餐厨垃圾监管信息系统。加强执法，全年巡查及整治96次，出动执法人员900余人次，突击检查2次，检查签约单位315家，开出行政指导建议书2份、执法事项提示书1份，教育整改113家，立案1起。

【建筑垃圾管理】 2015年，市城管部门严格按照建设工地至处置终端"两点一线"的要求实施建筑垃圾运输行政许可。完成市区188个各类工地的信息普查，形成"一工地一档案"，全市659辆运输车密闭改装通过验收。会同公安、交通、建设部门开展联合整治，共出动1.98万人次、7千余车次，检查工地1.1万次，整改265起，立案查处416起。

【危险废物处理】 2015年，市城管部门加强对危险废物产生单位的源头管理，特别是合同的执行、进场时间的衔接、包装要求的落实等。做好危险废物的暂存管理、合理堆放，提高库存效率，减少填埋次数。加强填埋后的巡视检查，确保覆盖完好、雨水合理导排、现场环境管理到位。并对固化预处理设备进行升级改造，减少扬尘，提高效率。全年市工业固体废弃物安全填埋场共接收危险废物1183.24吨，其中焚烧处置残渣（HW18）1179.44吨（底渣1025.4吨，飞灰154.04吨）、感光材料废物（HW16）3.8吨。1月、7月两次将危险废弃物入库填埋，填埋总量2225吨。这种"分批接收，集中填埋"的运行模式实现了渗滤液零产生的目标。

【城市长效综合管理】 10月，市城管局将金坛、溧阳、武进、新北各镇纳入长效管理考评。增加生态绿道、轨道交通等项目和考评区域范围外问题处置情况的考核，突出考核违法建设查处、大气污染防治等。

完善考评办法，根据地域差异，调整区域考核系数，对管理难点项目进行分类考核，突出区域明查及重点问题专项考评，推动重点区域、重难点问题、历史遗留问题的解决；突出公众参与（满意度）考评，考评工作更加公开公正。全年现场考评样本点5194个，考评社区网格176个，巡查网格1359个，专项检查15次，组织志愿者150人参与考评29次，共发现问题24033个。针对上述问题核查7937个，未整改220个，未整改率为2.8%。督查重点问题605个，未整改问题89个。

全年市、区12319平台接听市民来电12.7万个，立案派遣各类城市管理问题11.4万件。其中，市级平台接听市民来电7.1万个，立案派遣各类城市管理问题9.2万件，并成功创建全国青年文明号。数字化城管项目获中国人居环境范例奖。

【城市管理行政执法】 2015年，市城管局通过专项整治、规范建设、督查考评，推进行政执法。实施项目化管理，建立电子台账，开展落地式标示牌、广告牌等整治，共出动执法人员3152人次，车辆1156车次，开出核查通知书14份；责令广告产权单位修复破损广告5698平方米，拆除广告77处7536平方米。与国土、规划、建设等部门及街道、村委等基层组织完善违法建设联动查控机制，全年出动执法人员530人次、车辆237车次，查处超过批准使用期限且未自行拆除的临时建设29起。规范案件办理程序，强化法制审查，增加案件调查终结审批表、陈述申辩笔录等文书，提高案件办理的规范性和透明度，全年办理案件61件，结案29件；出动警力880余次，累计巡查工地550余个；配合查看施工现场22处，调查取证6次，开展集中整治190余次；配合强制拆除违章15处，计500余平方米；配合处理纠纷60余次；发放各类法律文书47份，进行说理式执法7次。（施宏伟）

2016

建筑与房地产

Building & Real Estate Management

◆责任编辑　李兆娟

建筑管理

【概　述】 2015年，常州市建筑业总产值1452亿元，比上年增0.97%。其中，在省外完成的建筑业总产值498亿元，占全市建筑业总产值34%，增15.27%；在省内市外完成的建筑业总产值404亿元，占全市建筑业总产值28%，降0.1%；在市内（常州市行政区域内，下同）完成的建筑业总产值550亿元，占全市建筑业总产值38%，降8%。房屋建筑、设备安装、建筑装饰等建筑企业完成的建筑业总产值1091亿元，占全市建筑业总产值的75%；市政、交通、水利等建筑企业完成的建筑业总产值237亿元，占全市建筑业总产值的16%。建筑业总产值超1亿元的建筑企业212个，亿元产值以上企业的总产值之和占全市建筑业总产值的84.77%。

全年房屋建筑施工面积10299万平方米，降6.63%，其中，在省外的房屋建筑施工面积3139万平方米，增4.63%；在省内市外的房屋建筑施工面积2921万平方米，降14.42%；在市内的房屋建筑施工面积4239万平方米，降8.19%。累计房屋建筑施工面积超过30万平方米的建筑企业有65个，其施工面积之和占全市建筑企业房屋建筑施工面积总和的83%。全年房屋建筑竣工面积3540万平方米，降4.74%，其中，在省外的房屋建筑竣工面积1029万平方米，增13%；在省内市外的房屋建筑竣工面积1067万平方米，降13.4%；在市内的房屋建筑竣工面积1444万平方米，降8.26%。累计房屋建筑竣工面积超过15万平方米的建筑企业46个，其竣工面积之和占全市建筑业企业房屋建筑竣工面积总和的75%。全市建筑业从业人数53万人，增15%。其中，在省外施工的建筑业从业人数14.6万人，增46%；在省内市外施工的建筑业从业人数12.1万人，降3.44%；在市内施工的建筑业从业人数27.1万人，增17%。

年内，常州智慧城市测绘数据智能采集平台等7个项目被列为住房和城乡建设部科技示范项目，BIM（建筑信息模型）技术在机电安装深化设计中的应用研究等8个项目被列为省建设科技计划项目。

【勘察设计行业管理】 2015年，常州市有勘察设计单位220家，其中包含设计与施工一体化单位79家；完成勘察设计项目3213个1866.57万平方米。年内，市城乡建设局配合江苏省住房和城乡建设厅开展全市工程勘察设计质量及市场行为抽查，抽查在建住宅、公共建筑工程类项目10个，涉及16家勘察设计单位的勘察设计质量、市场行为及施工图审查质量情况。针对抽查中发现的问题，监督勘察设计单位进行整改。全年完成52项勘察设计资质新申请、延续、升级、增项工作，完成34家单位44项勘察设计资质变更工作，完成16项资质的业绩核查工作。配合省住房和城乡建设厅完成建设工程抗震审查，并完成常州文化广场等超限高层抗震审查项目。

【施工图审查】 2015年，常州市施工图联合审查中心联合审查办件1386件，完成施工图审查项目3213个，报审面积1866.57万平方米，其中市区1031个536.37万平方米、新北区529个244.027万平方米、武进区830个532.14万平方米、金坛区525个255.13万平方米、溧阳市298个298.9万平方米。8月13日，省编办组织相关省级机关部门和13个省辖市的编办和政务办有关负责人，在常州市召开全省建设项目施工图联合审查现场会，全面推广施工图联合审查模式。

【建设工程招标投标管理】 7月，市城乡建设局调整完善建设工程评标办法：在房屋建筑工程施工招标中全面推广ABC合成评标基准价方法；对ABC合成法中B值和C值的确定设定了在“规定范围内”的限制；ABC合成法中的下浮系数、下浮率和投标报价不合理性扣分值有所调整，其中投标报价不合理性扣分值由原先的10—15分，调整为50—100分；对“三合一”（经济、技术和信用三方面因素综合打分）综合评估法投标项目经理信用分使用比值的业绩奖项、时效和信用分系数进行细化；对有关参数的抽取办法做出详细具体的规定。

全面规范房屋建筑工程施工承发包管理行为。10月1日起，正式施行《关于进一步规范房屋建筑工程施工承发包行为的若干意见》，从发包、总承包、施工分包和劳务分包4个方面进一步明确承发包各方主体权利和责任，同时对二次招标的条件、具体内容、施工管理责任、项目经理责任、总承包发包行为、劳务分包企业管理等做出具体规定。

强化培训力度，全面推进电子化招投标工作。相继举办专家评委业务培训班、建筑工程施工企业网上电子化管理业务操作培训班、监理项目电子化招投标培训班、招投标项目填写和审核培训班，全市专家评委、施工企业业务人员、监理企业投标人员及辖市区招标办人员、(公共资源）交易中心有关管理人员、招标代理机构业务人员近900人参加培训。

建立建设工程招标投标督查制度。成立督查组，对重点工作完成情况、开评标现场、工作人员服务态度、网站信息发布、招投标档案清理及单位内部制度执行情况等进行督查，每月发布督查通报。

【造价管理】 2015年，市城乡建设局以深化工程造价体制机制改革为重点，完善造价计价依据、提升造价公共服务水平、加强工程造价计价行为和造价咨询市场监管，积极稳妥推进各项造价管理工作。继续深入贯彻2013版建设工程工程量清单计价规范、各专业工程计算规范和省2014版各专业工程计价定额。为解决绿色建筑增量成本和计价定额匮乏的难题，承担省住房和城乡建设厅绿色建筑造价与定额研究科研课题，通过大量经济成本数据分析测算，形成课题成果并通过省级鉴定。继续分上下半年发布人工工资指导价，维护建设主体特别是民工队伍的合法权益。本着可行并富有操作性的原则，以闭合管理为目标，开展国有资金投资项目竣工结算备案工作。在造价从业人员中开展诚信建设；组织咨询企业和造价员工程造价基础技能竞赛，不断提高工程造价咨询企业和专业技术人员的知识水准和业务技能。继续调整、充实材料价格测报布点；刊发《常州工程造价信息》12期，信息总量超过220万字，周期性发布各类建设工程材料指导价格近万种，调整各类材料价格约2.5万种次。

【工程质量监督管理】 2015年，常州市报建建筑工程受监率100%，受监工程共计2487项，监督面积2652.02万平方米。其中，新受监工程240项，监督面积322.67万平方米；竣工253项，面积587.99万平方米；出具监督报告253份。监督市政基础设施和轨道交通项目109项，涉及工程总投资109.47亿元。其中，2015年新受监市政基础设施和轨道交通项目73项，涉及投资76.76亿元。共有69项工程被评为金龙杯常州市级优质工程，其中市区23项；12个项目通过江苏省建筑业新技术示范工程评审。华润国际花园3.2期获2015中国土木工程詹天佑奖优秀住宅小区金奖，常州传媒大厦获国家优质工程奖。

全面深入开展工程质量治理两年行动。落实《建筑施工项目经理质量安全责任十项规定（试行）》和《建筑工程五方责任主体项目负责人质量终身责任追究暂行办法》；将日常巡查、每周稽查和建筑市场综合大检查结合进行，进一步充实专项和综合检查相结合、飞行和定向检查相结合、定期和不定期检查相结合的工程质量监管工作机制；持续对住宅工程质量常见问题实施专项治理，8月1日起，全面实施住宅工程交付标准样板房制度；9月，组织进行以“深入开展‘两年专项行动’，全面提升工程质量水平”为主题的质量月活动。

强化轨道交通工程质量监督，全面提高轨道交通工程质量风险源和质量通病的防控能力。市城乡建设局将涉及轨道交通工程结构安全和主要使用功能的原材料、设备、构配件和实体关键部位等明确为质量监督抽检的重点，在道路整体功能性检测的同时，对全线通病防治及外观品质进行认真抽查，对发现的问题明确要求责任单位必须在验收前高标准完成整改，进一步强化现场实物质量的预查机制。

实施墙体材料抽检合格产品目录公告制。对抽检合格的产品名录予以公告；对不合格的产品进行暂停或取消登记资格，并由市城乡建设局对相关责任单位进行行政处罚。推广使用常州市预拌混凝土和预拌砂浆质量信息管理系统，实时、动态掌握预拌混凝土质量信息，对施工现场基桩质量实施常态化巡查，根据现场情况，随机抽取基桩进行破损检测。开展预拌混凝土堆场扬尘专项整治工作。成立专门的组织机构，制定扬尘控制实施细则、专项执法行动方案等，每天落实专人巡查，加强日常监管；根据空气质量状况，及时启动应急预案；市区42家预拌混凝土企业已有26家基本完成封闭改造，12家正在进行封闭施工。创新培训方式，对质量监督人员分专题进行现场实训，先后举办预应力砼管桩和桩基工程专题现场实训。

【建筑业安全监督管理】 2015年，市城乡建设安全监督管理部门相继开展“春风行动”、深基坑和建筑起重机械整治专项整治、大气污染防治攻坚月、高支模和脚手架整治、“暖冬行动”等专项活动。全年执法督查房屋、市政在建项目1377项次，网上曝光各类安全隐患4648条，签发抽查记录520份、整改通知书564份、停工通知书33份；开展诫勉约谈23次，涉及15个项目、23家企业、58人次；网上曝光5家企业；立案查处19件；20家施工企业、2家监理单位被扣信用分，进一步强化施工现场安全管理，有效遏制建筑事故高发、频发事态。针对市轨道交通1号线一期工程全面开建，通过制订制度、安全告知、规范各方行为等，细化责任落实，强化全程监督，确保过程受控，不断夯实安全生产法制建设的基础。

【建筑行业行政执法】 2015年，市建筑行业执法部门共受理来电、来信、来访、举报、案件移送等95件，回复率100%。对涉嫌发生违法违规行为的当事人发出核查通知书47份，立案查处违规项目52件，发出处罚决定书35件，处罚金额438万元，没收违法所得30万元。

【建筑扬尘专项整治】 7—9月，市城乡建设、城管、交通、公安等部门联合开展扬尘专项整治行动。行动中，市城乡建设局对市区在建工地和预拌混凝土企业开展拉网式检查，对存在扬尘问题的在建工地，责令相关单位立即整改，对违规单位立案从重处罚。共查处扬尘案件15起，处罚金额110

万元，工地扬尘对大气污染情况得到有效遏制。

【代建管理】 2015年，常州市组织实施清潭中学、丽华中学、同济中学、田家炳中学、市反恐维稳综合训练基地、江苏省工人疗养院常州市康复医院、市社会福利院等政府投资代建项目9项，建筑总面积37.4万平方米，造价20.1亿元，比上年增长15%。代建单位为市工务工程管理有限公司和市市政工程管理处。

【建筑行业行政审批】 2015年，市城乡建设局继续深化推进资质资格一站式服务，结合承接省住房和城乡建设厅下放的资质资格审批服务，进一步简化服务环节、优化服务流程、细化服务承诺，确保审批服务事项规范高效运行。出台《常州市建筑业企业资质管理规定实施意见》《常州市城乡建设局关于做好换发新版建筑业企业资质证书工作的通知》，调整建筑业企业资质申报、换证相关政策，简化建筑业企业资质换证程序。全年受理企业换证申请275家，完成首批企业换证申请审核工作。

落实创新审改工作，在前期优化再造建设项目审批流程工作的基础上，进一步推进竣工验收阶段并联服务工作，参与制定《常州市重点建设项目竣工验收阶段并联服务实施细则（试行）》，与市重点工程项目建设单位逐一对接，深入宣传竣工验收并联服务新流程。按照市政府《关于加快推进"常州市建设项目信息共享网上审批系统"应用工作的通知》要求，推进建筑市场监督管理信息系统与市并联审批系统对接项目建设，创新实施施工许可网上并联审批、二级建造师变更注册无纸化申报等改革措施，完善数据推送，及时准确传送项目信息。常州市信息共享、网上审批系统和市城乡建设局自建系统于2015年上半年成功对接，实现建设工程施工许可证和建设工程竣工验收备案信息的交换互通、多方共享。

【征收管理】 2015年，常州市区计划实施国有土地上房屋征收项目45个，其中天宁区19个、钟楼区19个、新北区1个、武进区4个、戚墅堰区2个，涉及5489户208.6万平方米，实际发放征收决定11个，涉及998户37.47万，完成征收664户22.34万平方米，完成率66%。

【绿色建筑】 2015年初，常州市有90个项目获绿色建筑设计、运营标识，总面积734.42万平方米，位居全省前列，其中绿色建筑运行标识7项，数量位居全省第一。武进凤凰谷影艺宫和江苏城乡建设职业学院新校区项目获2014—2015年江苏省绿色建筑创新奖一等奖。11月，江苏省第八届绿色建筑大会和全省建筑产业现代化现场推进会相继在常州召开。

【既有建筑节能改造】 2014年，常州市被列为首批省既有建筑节能改造示范城市，获得1500万元资金补助。2015年，组织19个项目约53万平方米项目进行节能改造，共节能5752吨标煤。

【建筑产业现代化】 12月，常州下发《关于加快推进建筑产业现代化发展的实施意见》。要求加快制定建筑产业现代化发展规划，通过试点示范、推广发展和普及应用3个实施阶段，到2025年使建筑产业现代化建造方式成为主要建造方式；以推广混凝土预制叠合楼板、预制楼梯板、预制内外墙板为抓手，推广先进适用技术，以绿色产业为导向，创新建筑垃圾资源化利用技术，开发应用高性能再生建材与技术。组织申报全省建筑产业现代化试点，成功申报1个建筑产业现代化示范城市（武进区）、2个设计研发基地、3个部品制造基地，以及2个示范项目，共获取补助资金3770万元。 （孙伯琦）

武进区绿色建筑博览园 （发改委 供稿）

住房和房地产管理

【概　述】 2015年，常州市计划新开工各类保障房15740套（户），基本建成6350套（户）。采取建储并举的方式，截至12月底，全市新开工各类保障性住房19065套（户），基本建成各类保障性住房15847套（户），继续在全省率先做到中心城区中低收入住房困难家庭应保尽保。

房地产市场总体保持稳定。2015年，中央提出支持居民自住和改善型住房需求，国家货币、信贷、税收等涉房政策不断放宽，房地产市场预期有所改善，常州的房地产市场逐步回暖，商品房成交量比上年增长，商品房成交均价稳步回升，商品房可售余量持续减少。

【住房保障覆盖面扩大】 2015年，常州及时调整市区住房保障政策，继续放宽收入门槛，公共租赁住房和经济适用住房的收入线标准由3080元调整为3290元。全年中心城区新增公共租赁住房家庭755户，其中实物配租家庭573户、租金补贴家庭182户；新增经济适用住房家庭258户。

【棚户区改造】 2015年初，经市政府批准，常州安居投资发展有限公司成立，作为市级棚户区改造投融资平台，负责对接国家开发银行棚户区改造贷款相关工作。年内有二五三厂片区、南广场片区等10个棚户区改造项目获国家开发银行江苏省分行的贷款授信，项目征收面积50.8万平方米，征收民房7004户，项目总投资42.62亿元，获国家开发银行授信32.815亿元。

【公共租赁住房共有产权制度试点】 2015年，常州市在常州金润家园试点开展公共租赁住房共有产权制度改革，保障对象可按出资金额不低于50%的比例与政府按份拥有公共租赁住房的产权，以后也可购买政府产权，逐步实现房屋产权全部自有。首批推出390套试点房源，年底开始受理购买申请。

【房地产市场】 2015年，常州楼市去库存成效明显，至年末，市区商品住房可售余量去化周期11.79个月，跨入6—12个月的合理区间，去化周期较上年末下降4.68个月。

商品房成交量稳中有升。常州市区商品房销售备案面积696.68万平方米（67551套），其中商品住宅销售备案面积564.83万平方米（46626套），比上年分别增长4.81%、2.44%。

商品住房成交均价企稳回升。市区商品房成交均价6711元/平方米，其中商品住宅成交均价6736元/平方米，比上年分别上涨3.42%、6.1%。

商品房新增供应大幅减少。2015年，市区基本无全新盘上市，开发企业也一再放缓开发节奏，商品房新增供应大幅减少。市区商品房批准预售面积498.52万平方米，其中商品住宅批准预售面积321.68万平方米，比上年分别减少36.89%、42.42%。

二手住房市场大幅增长。2015年，市区二手住房登记销售面积223.25万平方米（21968套），增长51.07%。

【物业管理】 2015年，市房管局加快推进和谐物管建设。

加强辖市区物业管理工作考核。与市城管局合作，把原来由市房管局单独组织的物业管理考评与城市长效管理考评结合起来，将物业管理考评纳入城市长效管理考评之中，进一步提高考评工作的权威性和广泛性。全年检查住宅小区260个，对发现的问题及时反馈给属地物业行业主管部门，督促物业服务企业限期整改，着力提升物业服务水平，加快物业管理属地化步伐。

加强行业基础管理。开展物业管理小区设施设备运行情况摸底调查。组织专家全面调查全市394个有消防设施的物业管理小区，对小区消防设施中的16项内容进行分类调查。指导各区物业行政主管部门开展老小区转入物业管理工作，全年全市有40家老小区转入物业管理。

加强房屋维修资金使用管理。按照《关于规范市区住宅专项维修资金应急使用管理的通知》有关要求，针对屋面及外墙防水损坏造成渗漏、电梯故障、消防设施存在重大火灾隐患等7类危及房屋及人身安全的情形，启动应急维修。全年按应急程序现场认定5057个，按应急程序申请受理2983个，有效破解房屋维修资金使用难问题。

加强物业管理行业自律。完善市物业管理协会功能，充分发挥协会在服务企业和服务政府中的“双向服务”功能，先后组织物业管理项目经理岗位技能、设施设备管理、业主委员会主任等多个培训班，累计培训近800人次。开展物业服务企业基本情况调查和业主委员会全面调查工作；完成物业管理招投标平台的移交、建设工作；加强行业宣传，通过报纸、网络、物业管理活动进小区等多种形式提高业主对物业管理的认知水平，提升物业管理行业的社会形象。（徐超怡）

【常州市房产登记中心撤销】 1月1日至11月30日，市区（不含武进区）发放各类权证8.67万本，涉及面积1044.19万平方米。市区（含武进区）办理房产登记27.89万套，其中初始登记8.02万套、变更登记8315套、转移登记5.85万套、抵押登记9.95万套、其他登记3.24万套，涉及面积739.16万平方米。市区（不含武进区）完成测绘面积1467.49万平方米，其中商品房实测867.88万平方米、厂房实测331.83万平方米、自建房实测5.81万平方米、分户变更测绘19.13万平方米、商品房预测绘242.84万平方米。完成归档13.65万卷，协助司法、住房保障、民政等部门核查房产档案91880件，接待档案信息查询、利用11.46万人次，受理其他房屋信息查询2.3万件。为行动不便的老、弱、病、残群众上门办理权属登记服务102次。

12月1日，常州市房产登记中心撤销，成建制划转至常州市不动产登记交易中心。（张亚维）

【房屋安全鉴定管理】 2015年，常州市房屋安全管理鉴定中心完成全市非住宅安全鉴定、审定239户，建筑面积63.6万平方米。完成住宅装饰装修结构安全审定10216户、住宅安全鉴定33户，配合常州市住房公积金管理中心完成房屋技术状态评定17户。加大行政执法巡查力度，及时制止纠正违规拆改房屋主体结构的不当行为，对95户房屋结构违改责任人实施处罚前的行政指导并整改到位。与市铁路建设处协调，先后对同济桥、新丰桥拆除改造工程周边40多幢房屋进行保全鉴定，保障地铁施工顺利进行。对遭受水灾的丁堰镇卫生院、武警水电支队宿舍楼等出具鉴定报告。

【白蚁防治】 2015年，常州市白蚁防治中心与相关建设单位签订新建房屋白蚁预防合同219项，面积631万平方米，发放竣工报告264项，建筑面积1170万平方米。统筹安排灭治工作，坚持“当日报、当日治”，消除白蚁危害775项。扎实开展白蚁预防工程质量回访，共计1240项。严格按照世界银行氯丹灭蚁灵替代示范项目江苏省项目办公室部署，组织人员对地下型饵站系统进行检查维护工作，累计检查维护15325个饵站，确保项目持续发挥作用。老住宅区公共绿地白蚁治理工程于5月22日完成竣工验收，工程质量达到项目设计要求，白蚁控制方法合理有效，顺利通过专家验收委员会竣工验收，达到市政协提案和市政府专题会议要求的任务和目标。推进住房和城乡建设部科研项目中国散白蚁危害区饵剂系统诱食物质的适用性和优化研究，完成2015年度科研计划，成功筛选出白蚁诱食物质、诱食物质添加剂及诱食物质处理方式。对青果巷、西瀛里、恽代英纪念馆和未园等建筑开展白蚁危害现场勘查，根据实际危害情况，合理制定施工方案，因地制宜实施全面防控，保护历史建筑及其附带的历史文化价值不受白蚁侵害。

（徐超怡）

住房公积金管理

【概　述】2015年，常州市加快推进住房公积金制度，建缴人数保持稳定增长。住房公积金在支持住房消费、去化房地产市场库存方面投入金额创历年新高。提供的廉租房建设补充资金首次突破5亿元。当年住房公积金贷款发放额、住房公积金贷款余额都超过各商业银行居全市第一。

制度覆盖面不断扩大。年度新增开户职工连续第五年超过10万人，达11.14万人，完成全年计划的139.31%，比上年增9.43%；新增开户单位2961家，完成全年计划的197.4%，增12.93%。至年底，全市已有2.63万家单位101.74万名职工开户建缴住房公积金。全年归集住房公积金78.05亿元（含结息），完成全年计划的100.06%，增10.63%；全年提取住房公积金50.98亿元，增19.87%，提取率65.32%，累计提取274.39亿元；年末归集余额突破200亿元大关，达213.26亿元，增14.53%，累计归集资金487.65亿元。落实市政府工作报告分解任务，住房公积金贷款发放任务提前超额完成，当年发放个人住房贷款1.77万户57.27亿元，放贷金额完成全年计划的127.27%，增17.09%；当年回收个人住房贷款27.25亿元，增18.02%；个贷余额突破200亿元大关，达209.09亿元，增16.76%，累计发放个人住房贷款387.82亿元；发放公转商贷款8471户28.34亿元，放贷金额增172.64%；公转商贷款余额44.6亿元，累计发放53.79亿元；通过住房公积金贷款（含公转商）带动全市住房销售面积298万平方米，占全市住房销售面积的32%。上缴廉租房建设补充资金5.37亿元，累计16.24亿元；发放保障房项目贷款5580万元，保障房项目贷款余额1.38亿元。资金运营安全。全年实现增值收益5.93亿元，完成全年计划的152.84%，增65.64%；年末资产优质率100%，居全省第一，个贷率98.04%。

年内，市住房公积金管理中心（简称“市住房公积金中心”）落实住房和城乡建设部等3部委关于用足用好住房公积金的文件要求，从降首付、提额度、延期限、扩大提取对象等方面，先后3次对贷款、使用政策进行调整，2700多户家庭享受到新政实惠。在省内第二个开展个贷资产证券化业务，6.19亿元的发行量是年内省内单笔最大的融资额，快速消化轮候未放贷款，使1800多户家庭实现安居梦。依法申请执行常州远方电气有限公司欠缴住房公积金一案，在经天宁区人民法院受理结案后，帮助15名职工追缴住房公积金175170元。提升信息化服务水平，拓宽网上服务厅功能，新增房源管理功能，方便开发商进行房源登记、查询等，至年底，网上业务量已占柜面服务量的70%；年内，先后与房管、房产登记等部门实现数据信息共享，至2015年底，住房公积金实现部门信息共享的签约单位达到22家。

自1月28日起，市住房公积金中心门户网站全面改版，并纳入市政府网站群，新网址为gjj.changzhou.gov.cn。

【住房公积金支持住房消费资金首次超过100亿元】2015年，全市住房公积金用于支持职工购建房屋、偿还贷款，以及支持保障房建设等涉房消费资金超过100亿元，达到133.81亿元，由此拉动住房销售298万平方米，约占全市住房销售面积的32%。其中，向2.6万户家庭发放个人住房贷款85.57亿元（含公转商贷款）；职工提取住房公积金用于支付购房款或偿还放贷资金42.31亿元；上缴廉租房建设补充资金5.37亿元；发放保障房建设项目贷款0.56亿元。全市通过住房公积金贷款购房的家庭中，平均购房面积为109平方米，首次购房的家庭占90%，非本市户籍的新市民家庭占48%。

【住房公积金住房贷款发放额、贷款余额居全市第一】根据市人行常州市金融统计月报，在2015年住房贷款发放方面，市住房公积金中心发放住房公积金政策性住房低息贷款85.61亿元，比上年增42.85%，超越全市19家商业银行居第一。年末住房公积金个人住房贷款余额209.09亿元，增16.76%，超越各商业银行居第一。

【住房公积金3次调整提取、贷款政策】4月、9月和12月，常州市3次对住房公积金提取、贷款使用相关政策进行调整，全年有5028户家庭享受到新政实惠。在贷款政策方面，最高贷款额度从50万元提高至60万元，1375户家庭从中受益，由此多增加贷款支持1.1亿元；首付比例统一降至不低于20%，777户家庭受益；贷款偿还期限可延至主借款人65周岁，最长不超过30年且不得超过所购房屋土地使用年限。在提取政策方面，放宽购房提取对象，全市有553户家庭购房提取直系亲属住房公积金4946.92万元；12月1日起，新的租房提取政策实施，职工仅凭一张身份证就可办理，新政实施一个月就为2323户家庭办理租房提取2017.85万元。

【住房公积金业务管理服务标准化通过省级验收】1月20日，由市住房公积金中心承担的住房公积金业务管理服务标准化试点通过江苏省质监局的考核评估。从2012年8月起，市住房公积金中心被省质监局确认为省内首家住房公积金业务管理服务标准化试点单位，开展住房公积金管理服务省级标准化创建工作，中心先后制定149个业务管理服务标准，形成完整的标准化体系。

【住房公积金个贷资产证券化业务实施】针对市住房公积金个贷率始终保持在98%以上、职工贷款资金供应紧张的情况，常州市于8月7日起实施住房公积金个贷资产证券化业务。以住房公积金个人住房贷款为基础资产支持的证券平安汇通公积金1号专项资产管理计划成功发行，市住房公积金中心为原始权益人，招商银行南京分行为托管银行，上海陆家嘴国际金融资产交易市场股份公司为财务顾问，平安大华汇通财富管理有限公司为计划管理人和主承销商，北京大成律师事务所提供法律服务。产品在上海证券交易所挂牌交易，期限为6个月。融资总额6.19亿元，于当日进入市住房公积金中心专户。在此后半个月内，证券化融入资金全部用于住房公积金个人住房贷款发放，受惠家庭1800多户，有效缓解住房公积金流动性紧张。8月末，轮候未放贷款降至3.54亿元，较高峰期减少52%，贷款发放轮候周期进一步缩短，当月实现二手房抵押办妥即可放款。

【市住房公积金年度报告首次发布】 4月1日，市住房公积金2014年度报告在市政府门户网站和市住房公积金门户网站发布。报告共分为机构概况、业务运行情况、主要财务数据、资产风险状况、社会经济效益、其他重要事项6大类，首次向社会披露全市住房公积金管理与政策业务信息的30个基础指标和24个分析指标的143项数据。

【新的住房公积金个人缴存管理办法修订实施】 7月1日起，新修订的《常州市住房公积金个人缴存管理办法》（简称"《办法》"）实施。新《办法》有两特点：一是便民，在业务申请上，职工只需凭本人身份证原件即可办理，简单快捷，同时，市住房公积金中心将个人缴存户的登记、汇缴、转移等业务都转由受托银行办理，既提高工作效率，又方便职工业务办理；二是规范，进一步明确个人缴存户的权利和义务，一方面通过增加罚则部分防止个人缴存户贷后不缴的问题，另一方面将原来的个人缴存户银行扣缴申请表和个人缴存户账户设立申请表合二为一，增加个人缴存户协议，强化新《办法》对职工义务的约束。截至12月底，全市已有个人缴存户2.3万户，累计缴存资金2.69亿元，缴存余额2.02亿元。

【住房公积金缴存基数调整】 截至8月31日，全市共有1.7万家单位59.33万人参加住房公积金基数调整，参调单位数和人数分别比上年增长9.77%和5.93%，参调率分别达到90.86%和97.86%，其中，共有1.1万家单位44.4万人调高了基数，分别占参调单位和职工的68.6%和74.84%。在本次调整中，市区（含武进）的缴存基数下限调整为1830元，金坛和溧阳为1590元，比上年分别增长10.24%和10.42%；全市缴存基数上限统一为17180元，比上年增长9.99%。缴存比例仍为10%—12%。基数调整后，全市住房公积金月应缴额达到5.47亿元，比调整前增加4392.84万元，增长8.73%，其中市区月应缴额达3.17亿元，比调整前增加2679.89万元，增长9.23%。全市人均住房公积金月应缴额达到943元，比调整前增长5.57%。

与往年相比，2015年基数调整后，网上办理更加便捷。此次基数调整共有4477家单位在网上直接办理完毕，占参调单位的26.97%；网上办理基数调整的职工有33.11万人，占参调人数的55.81%。在基数调整期间，市住房公积金中心先后对5848家单位进行住房公积金缴存专项检查，在核对企业基本信息的同时，对单位是否全员建缴公积金情况进行检查，推动公积金扩面。

【住房公积金存贷款利率4次下调】 2015年，市住房公积金中心先后4次下调住房公积金存贷利率。调整后，上年结转的个人住房公积金存款利率为1.35%，比年初下调1个百分点；当年归集的个人住房公积金存款利率保持不变，仍为0.35%。个人住房贷款利率5年（含）以下为2.75%，5年以上为3.25%，比年初均下调1个百分点。

【首次住房公积金案件听证会】 7月21日，市住房公积金中心应常州蕴尔芬服饰有限公司要求，就职工投诉该企业欠缴住房公积金一案，依法召集企业和职工双方代表举行听证会，推进对职工和企业矛盾的行政调解，推进住房公积金的行政执法。听证会上，双方详细阐述各自诉求，对欠缴住房公积金事实以及计算欠缴住房公积金所依据的缴存基数、缴存比例等方面达成一致意见，但对具体欠缴人数和补缴期限存在异议。通过听证会，双方明确待市有关部门明确具体职工劳动关系以及劳动关系存续时间后再对存在异议的内容进行进一步确定。

【住房公积金业务办理流程对接区划调整】 2015年，市住房公积金中心根据全市区划调整的有关情况，通过短信、电话等方式，通知缴存单位确认新的汇缴受理点，及时调整资金汇缴、托收等业务。至8月11日，住房公积金缴存单位属地化管理工作全部调整到位，共涉及1737家单位4.53万名职工的归集业务变更，调整缴存金额12亿元。其中，原武进区郑陆、奔牛、邹区镇1205家单位1.77万名职工转入市住房公积金中心，缴存余额3.5亿元；原戚墅堰区532家单位2.76名职工划入武进分中心，缴存余额约8.5亿元。

【市住房公积金中心与20多家单位实现数据共享】 2015年，市公积金中心信息系统与市房管信息系统、市房产登记系统实现双向数据交换，与市住房公积金中心实现数据共享的单位增至22家。其中，与市民政局、财政局、审计局等政府部门的数据分享主要用于核实职工个人相关信息的准确性，确保市住房公积金中心业务受理的合规性和安全性，并协助合作单位开展相关工作；与人民银行征信系统和各受托银行的数据分享主要用于市住房公积金中心归集、贷款等业务的开展，并为职工办理住房公积金业务提供便利；与中国移动、中国电信等电信运营商的数据分享主要用于职工个人住房公积金信息查询，丰富查询渠道，提升信息化服务水平。

【网上服务厅新增房源管理功能】 从12月起，市住房公积金网上服务厅新增房源管理功能，房地产开发企业可以直接在网上办理房源申报、房源信息查询、住房公积金贷款（含公转商）放款进度查询、房源查勘预约等。各单位通过住房公积金网上服务厅可以实现职工账户设立、封存、启封、转移、基数调整、单位基本信息变更、住房公积金账户信息查询、房源管理等功能。至年底，全市有1.15万家单位开通网上服务，占全部缴存单位的52.75%，惠及职工55.79万名，分流柜面单位业务量超过70%。

【住房公积金托收联络员管理制度实行】 从11月1日起，住房公积金托收联络员管理制度实行。全市11家住房公积金受托银行全部指定一名以上联络员，负责在该行开户的住房公积金汇缴单位发生托收业务异常的处理，以及与市住房公积金中心的日常联络工作，提高托收效率。至12月底，全市托收单位1.73万家，比上年增15.25%，托收签约率79.59%。 （朱启文）

2016

环境保护　水利

Environmental Protection & Water Conservancy

◆责任编辑　李兆娟

环境保护

【概　述】2015年，常州市市区细颗粒物（PM2.5）平均浓度59微克/立方米，比2013年下降18.1%，全市空气质量优良天数258天，比上年增加22天。饮用水源地水质达标率稳定保持在100%，3条入湖河道水质均达到四类标准；竺山湖水质稳中有降，未出现蓝藻大规模聚集现象。全年市环保局产生自动监测数据226.3万个、手工监测数据27.4万个。在全省生态文明建设工程综合考核中，常州市生态文明建设工作连续3年排名第二。常州市环境科学研究院全资公司江苏常环环境科技有限公司按期完成环境影响评价脱钩工作，实现业务、人员的平稳过渡。

年内，市环保局围绕“6·5”世界环境日开展广场宣传、现场体验、环保时装秀等宣传活动，营造齐抓共管、全民参与的环保工作氛围；联合常州市电视台拍摄“绿色常州，你我共建——生态文明建设环保在行动”宣传片；联合团市委、新北区政府在新龙生态林举办“2015生态绿城彩虹跑”活动，宣传环保低碳理念，展示生态绿城建设成果。加强领导干部生态文明建设和环境保护政策学习宣传，11月18日，市委召开生态文明建设和环境保护政策文件学习会，随后在武进、天宁、金坛、溧阳、钟楼等地区科级以上干部中作专题报告，解读最新生态文明建设

志愿者在世界环境日宣传环境保护知识 （环保局　供稿）

“2015 生态绿城彩虹跑”活动在新北区新龙生态林举办 （环保局　供稿）

和环境保护政策要求。（孙雪云）

【空气环境】2015年，市区环境空气中二氧化硫、二氧化氮、可吸入颗粒物（PM10）、细颗粒物（PM2.5）年平均浓度分别为30微克/立方米、45微克/立方米、102微克/立方米和59微克/立方米，一氧化碳24小时平均第95百分位数和臭氧日最大8小时滑动平均值的第90百分位数分别为1.8毫克/立方米和165微克/立方米。其中，二氧化硫年平均浓度和一氧化碳24小时平均第95百分位数均符合《环境空气质量标准》（GB3095/2012）二级标准，超标污染物为细颗粒物（PM2.5）、可吸入颗粒物（PM10）、二氧化氮和臭氧，超标倍数分别为0.69倍、0.46倍、0.125倍和0.03倍。与上年比较，二氧化硫年平均浓度下降16.7%，可吸入颗粒物（PM10）年平均浓度下降1.9%，臭氧日最大8小时滑动平均值的第90百分位数下降3.5%，细颗粒物（PM2.5）年平均浓度下降11.9%。二氧化氮年平均浓度上升12.5%，一氧化碳24小时平均第95百分位数上升5.9%。空气质量达到二级标准（空气污染指数小于或等于100）的天数为245天，占全年有效监测天数的67.3%，首要污染物为细颗粒物。根据全年降水监测结果分析，降水pH值范围为4.2—7.27；pH值年平均值为5.51，较上年（平均值4.93）酸性减弱；酸雨出现频率44.1%，比上年上升1.7个百分点。（夏　京）

【水环境】2015年，市环保部门对市区26条河流47个断面的pH值、溶解氧、高锰酸盐指数、五日生化需氧量、氨氮、石油类、挥发酚、汞、铅9项指标进行监测统计，15个断面符合Ⅲ及以上水体要求，占31.9%，与上年持平；28个断面符合Ⅳ类水体要求，占59.6%，比上年上升14.9个百分点；4个断面符合Ⅴ类水体要求，占8.5%，比上年下降14.9个百分点；没有断面劣于Ⅴ类水体要求，与上年持平。符合相应水域功能区划要求的有36个断面，占76.6%，比上年上升21.3个百分点。2015年总体水质较上年显著改善。（张　皓）

【声环境】2015年，市区区域环境噪声昼间平均值为52.4dB（A），符合标准要求，比上年稍好。从声源情况来看，主要噪声源为生活噪声，占总数的68.9%，其次为交通噪声，占总数的13.9%，其余占17.2%。

市区交通干线噪声昼间平均值为68.2dB（A），车流量平均值为1422辆/小时，平均路宽37.3米，与上年相比，交通干线噪声昼间平均值67.8dB（A）、车流量平均值1371辆/小时均变化不大。城市外环高架的贯通有效分流了主城区交通车辆，主城区大型车辆明显减少；市民公交出行率有所增加、城市道路总长逐年增加，均逐步改善了城市交通状况。除晚高峰时段少数路口出现轻微拥堵外，全市总体交通环境良好，位于全国同等规模城市前列，交通干线噪声持续保持较好。

居民文教混合区（1类）、商业中心工业居民混合区（2类）、工业区（3类）、交通干线两侧区（4类）昼、夜间噪声均达标，达标率100%，继续保持良好。（杨卫芬）

环境监测人员现场采样（环保局　供稿）

【生态绿城建设】2015年，常州市重点实施生态源保护、郊野公园、城镇公园绿地、生态细胞、生态廊道和生态绿道6大类224个项目，完成195项，完成率87.1%。实现增绿22780亩，连网215公里。建成淹城路、横塘浜等生态绿道和澡港河、嫩江河等生态廊道，溧阳燕山公园二期建成开园，宋剑湖湿地郊野公园核心区扩能建设完成，绿化覆盖率进一步提高，城市生态功能得到增强。（刘智强）

【生态红线保护】2015年，市环保局制定《常州市生态绿城建设引导》，进一步明确生态红线区域一级、二级管控区的保护要求，针对生态红线区域保护和建设，从景观层次多样性、土壤性质、物种多样性、地形地貌、水质因素等方面提出量化的提升要求。对金坛茅东山地水源涵养区、长荡湖重要渔业水域、四阴洼生态公益林、天荒湖重要渔业水域、沙河水库饮用水源保护区、大溪水库饮用水源保护区6片生态红线区域制定“一区一策”的保护方案，并开展生态资源调查。市人大常委会审议通过《关于加强生态红线区域保护的决定》，对严格生态红线区域保护责任、构建生态红线区域保障体系、落实生态红线区域保护措施、建立生态红线区域保护监督机制做出决定。（倪小明）

【环保依法行政】2015年，常州市委常委会、市委中心学习组专题召开学习报告会，解读新《环境保护法》，强化各级领导“法治环保”的理念。市环保局召开环保警示教育会议，与全市150多家重点排污企业签订《常州市企业环境守法承诺书》，警醒企业做到环境自律、诚信守法。按照“属地管理、条线负责”原则，厘清依法行政与行政推动的关系，重点突出环保主业。建立健全空间准入、总量准入和项目准入“三位一体”的环境准入制度，通过严格环境准入，扎紧污染物管控的"篱笆"。全年全市环保系统立案查处环境违法行为851起，比上年增长36%，处罚金额6061.95万元，增长121%。其中，查封扣押40起，按日计罚11起，限产停产30起，行政拘留7起，移送司法16起。落实国务院办公室《关于进一步加强环境监管执法的通知》要求，开展环境保护大检查，排查发现违法问题2097起，对存在的环境违法问题明确整改要求及时限。（李达 王恺）

【大气污染防治】 2015年，《常州市关于贯彻〈江苏省大气污染防治条例〉的实施意见》出台，进一步明确地方政府及各部门的职责。市环保部门实施大气污染防治项目1294项，完成1270项，完成率98.2%。继续完善重污染天气预警应急体系，组织修编应急预案，强化应急响应措施。推进重点区域污染综合整治，年初对市区6个自动站1公里范围排定188项具体工程，7月起将整治范围扩大至2公里，排定项目均按要求完成整治。完善推进机制，印发大气污染防治目标任务书，建立"日发布、月通报、季点评制度"，每月通报工作任务完成情况及存在问题，每季度在"生态文明在行动"点评会上对大气污染防治方面的问题进行重点点评。7月1日起，以1元/平方米·月标准对全市行政区域内所有产生扬尘污染的施工工地征收扬尘排污费。8月，《常州市建设项目主要污染物排放总量指标审核及管理暂行办法》出台，严格落实污染物排放总量控制制度，规定排放主要污染物的建设项目在环境影响评价文件审批前须取得主要污染物排放总量指标，并规定了审核程序、指标来源和核定标准。（于乐）

【常州市公布PM2.5源解析结果】 12月14日，常州市召开发布会，向公众公布空气质量管理评估报告及PM2.5源解析结果。常州市是第一批实施空气质量管理评估的城市之一。常州市大气PM2.5源解析研究课题在2012年启动，由市环保局组织市环境监测中心和市环境科学研究院科研人员，在南开大学和上海环境科学学院技术支持下历经3年完成，形成了阶段性研究成果。此次解析结果显示，在常州市PM2.5来源中，外来源输送贡献全年平均值在21%—33%之间，其余约7成来自本地污染排放。工业生产过程占比最高，为25%，其中钢铁行业占16.9%；燃煤源占23%，其中电力行业12.2%、工业锅炉及窑炉8.8%；扬尘占22%，其中道路扬尘15%、建筑工地扬尘5.3%；汽柴油车尾气、非道路机械等移动源排放占22%；生物质燃烧、餐饮、农业生产等其他污染源占8%。（徐圃青）

【水污染整治】 2015年，全市开展水环境整治项目378项，完成356项，完成率94.2%。加强饮用水安全保障，德胜河应急取水头部及泵站建设工程建成，金坛区长荡湖水厂20万吨/日深度处理工程开工。加快环境基础设施建设，金坛区第二污水处理厂扩建工程完成，戚墅堰污水处理厂三期工程开始安装设备，全市新增污水管网166公里。完善生活垃圾收集处理体系，常州市餐厨废弃物综合处置一期工程建成。加强面源污染防治，推广商品有机肥1.13万吨，种植绿肥1.25万亩，建成循环农业工程5个、畜禽粪便集中处理中心2个和畜禽养殖场整治工程5个。加强小流域整治，新沟河按国家进度要求完成年度任务。落实治理太湖措施，4月1日起正式启动太湖应急度夏工作，打捞处置蓝藻14万吨，全面完成年度安全度夏任务。（高亚峰）

【土壤污染防治及固废、核与辐射管理】 2015年，常州市积极推进土壤污染调查与修复工作，完成10块农用地2万亩的调查任务。完成18家关停污染企业18块场地的土壤污染调查任务。加强危险废物处置能力建设，溧阳中材危险废物水泥窑协同处置项目基本建成，常州润克环保科技有限公司开工建设，光大升达固废处置（常州）有限公司和北控安耐得环保科技发展常州有限公司完成项目报批等前期手续。核与辐射安全可控。（孙雪云）

水 利

【概　述】 2015年，全市紧扣水利中心工作，以重大水利工程为龙头和抓手，突出目标导向，提升管理水平。向上争取资金落实有力。全年向上争取资金9.168亿元，其中中央资金5.142亿元、省级条线资金4.026亿元，均创新高。流域、区域、城市、农村水利建设保持齐头并进。新孟河工程金坛先导段启动建设，永安河拓浚启动征地拆迁，农田水利配套、圩堤达标持续推进；首轮中央财政小型农田水利重点县项目全面收官，二轮建设整体推进；区域供水、污水管网延伸等县域水务展开建设，城乡水生态环境获新改善。全市水利发展"十三五"规划初步形成，常州市水资源综合规划、常州市城市防洪规划修编通过专家审查。出台最严格水资源管理制度市级部门职责分工，开展最严格水资源管理制度年度考核和监督检查，水资源开发利用控制红线、用水效率控制红线、水功能区限制纳污红线"三条红线"得到系统贯彻，常州市、金坛区国家节水型城市正式获授牌命名。面对降雨强度超历史、洪峰水位超历史、灾害损失超历史的严峻形势，全市强化监测预警、值守响应、转移避险、工程调度、协同配合，连续奋战半个月，减轻了洪涝灾害对经济社会发展的影响。水管服务能力稳步提升。河道轮浚探索实施"1+N"模式，水利工程长效管护体制、机制进一步确立，溧阳大溪水库管理处通过江苏省一级水管单位验收，9座小型水库通过全省小型水库规范化管理单位验收，武进宋剑湖、溧阳长荡湖成功创建省级水利风景区。小型水利工程管理体制改革取得突破。共登记注册农民用水合作组织15家，溧阳镇水利（务）站体制得到理顺。河湖和水利工程管理范围划定工作开局良好。涉水建设项目行政许可进入程序标准化、过程透明化轨道，开展防汛清障专项行动、地下水资源管理专项执法检查活动，全年查处各类违法案件151起，立案20起。

【水利建设】 2015年，市水利局首次与金融部门签订全面战略合作协议，争取50亿元意向性信用额度用于水利基础设施建设。水利各项建设保持高强度、大投入态势。新沟河工程持续有序推进，遥观北枢纽工程即将竣工验收，遥观南枢纽完成水下主体建设。新孟河工程金坛先导段启动实施，永安河拓浚整治工程征地拆迁全面展开，积极争取省治理太湖资金用于河道整治。对丘陵山区528座塘坝进行改造，330座2万—5万立方米塘坝实施达标建设。疏浚县乡河道93条205.8公里，整治村庄河塘1445个，村组河道36条39公里，加固圩堤133.6公里，新建改造泵站186座，治理水土流失面积25平方公里。湖泊治理不断加强，钱资荡清淤一期、二期工程完成，启动长荡湖退田还湖前期工作。中央小型农田水利重点县、千亿斤粮食、高标准农田、小流域治理、圩堤达标建设、水库移民后扶项目有力展开。中央财政小型农田水利重点县工程在完成第一轮三年任务的基础上，第二轮三年项目全面实施。主城区易淹易涝地区排水设施改造年度项目实施到位，并在汛期发挥效益。丁塘港、新建河、北塘河、浦河等骨干河道和中小河流治理项目达到进度要求。县域区域供水及污水治理强势推进，有力支撑全市生态文明创建和人居环境建设。

【防汛防旱】 2015年，全市防汛工作经受严峻考验。汛期，常州先后遭受三轮强降雨袭击，多项气象和水文数据超历史。常州站最大12小时、24小时降雨分别为158毫米、245毫米，均超1974年历史记录；常州市区最大1日、3日、7日面平均雨量分别为169.7毫米，303.6毫米、388.7毫米，汛期总降水量1341.2毫米，比常年异常偏多98%，破1991年历史记录（1195.9毫米）。6月17日和6月27日，大运河常州站水位分别为6.43米和6.08米，两次刷新历史记录；大运河九里站来量达到499立方米/秒，创历史新高。6月28日，丹金溧漕河金坛站水位也出现超历史的6.53米。原戚墅堰区及武进东南片区全线告急，5个辖区均有重大灾情发生。据测算，该次洪水等级达4级。

面对超历史特大洪涝灾害，江苏省省长李学勇和常州市委书记阎立、市长费高云亲临一线调度指挥，军队全力支援，全市累计投入抢险队伍18.13万人次，创下多个常州历史的首次和新纪录。市气象局首次发布暴雨红色预警；市防汛防旱指挥部首次启动防汛Ⅰ级应急响应；经省防汛防旱指挥部同意，首次启用钟楼防洪控制工程和丹金闸。各类水利工程持续运行时长、排涝总量创纪录。6月26日至7月2日，排江1.85亿立方米；雅浦港、武进港闸泄洪2.273亿立方米；沙河、塘马、茅东等大中型水库溢洪2300多万立方米；常州城市防洪工程（包括二级泵站）排水6000余万立方米，经受住了特大洪涝灾害的考验。

【水资源管理】 2015年，常州最严格水资源管理考核机制基本确立。辖市区全部出台最严格水资源管理制度实施意见和考核办法，印发《常州市最严格水资源管理制度目标考核部门职责》，建立例会制度，开展最严格水资源管理督查。落实节水优先的治水方针，大力推进节水型社会建设，完成16家省节水型载体创建申报，创建市级节水型学校34所。实施市级节水补助32项，投入建设资金5343万元。完成节水“三同时”（节水设施与主体工程同时设计、同时施工、同时投产）项目审批12个。对取水量2万立方米以上的用水大户下达用水计划，运用节水管理信息系统对超计划企业进行加价结算。完成城区节水器具改造项目验收。大力推进农业节水工程设施，农田水利重点县项目推行用水计量设施，大中型灌区和样点灌区全部建立用水组织，金坛区开展农业综合水价改革试点。水源地达标建设和湖泊保护不断深化。金坛成立长荡湖管理所，溧阳市出台进一步加强全市饮用水源地保护治理工作意见，在水利部门增设正科级的水源地保护办公室，投入资金超过1亿元。实施集中式饮用水源地达标和长荡湖生态清淤工程，其中吕庄水库水源地达标建设报省验收。水功能区管理有新突破，编制全市水质提升专项行动方案。提前半年完成省下达的高铁沿线封井任务。落实省水资源费调价政策。加强河湖健康评估和监测工作，完成澡港河、扁担河、武南河健康评估。

【水利管理】 2015年，市水利局完成由《常州市市区水系规划》《金坛市水系规划》《溧阳市水系规划》3个规划组成的常州市水系规划。配合省水利厅进行长江治理保护规划和基础研究工作，做好区域水利规划编制工作。抓好国家节水供水重大水利工程以及区域骨干水利工程项目前期管理，强化工程建设管理。严格基建程序，加强水利工程质量和安全生产监督管理，构建建设管理标准体系。开展“引清活水”试验。成功创建1家省一级水管单位、2家省级水利风景区和9座省规范化管理小型水库；小型水利工程管理体制改革进一步深化，新北区试点基本完成。骨干河道“河长制”管理扎实推进，组织实施金坛河湖体制机制创新试点。河湖和水利工程管理范围划定，“幸福库区、美丽家园”持续展开。在建立联动执法基础上，推进水政监察中队正规化达标建设和水行政执法与刑事司法衔接，形成打击水事违法行为的合力。

【常州市、金坛市创建成为国家级节水型城市】 3月3日，国家住房和城乡建设部命名第七批（2014年度）国家级节水城市，常州市、金坛市同时上榜。2011年，常州市、金坛市先后启动江苏省和国家节水型城市建设工作，2012年同时成功创建省级节水型城市，2014年11月17—20日又同时通过国家住房和城乡建设部、发改委组织的专家预审、现场考核、综合评审。通过大力实施企业节水技改项目，常州市形成2亿立方米的年节水能力，万元工业增加值用水量9.9立方米，工业用水重复利用率90.3%，市区供水管网漏损率下降至11.5%。全市成功创建省级节水型企业93家，覆盖率32.1%，创建省级节水型小区23个，常州高校全部创建为省级节水型高校。

【4.7万余户家庭完成非节水型器具改造】 6月底，第二批由新北、天宁、钟楼、原戚墅堰区组织实施的非节水型器具改造项目全部完工，通过水利、建设、财政部门组织的联合验收。首批单独实施的武进区，已于2014年率先完成湖塘镇城市建成区非节水型器具更新改造工作。主城区（含武进区）累计更新节水型器具89991个，其中更换水龙头67359个，更新改造坐便器

节水宝22632个，总投资605.15万元，惠及4.7万户居民家庭。此次家庭非节水型器具改造由市政府牵头，各区政府负责实施，改造费用均由市、区财政承担，项目完成通过水利、建设、财政部门联合验收后，按审计情况拨付。整体工作启动于2014年初，结束于2015年上半年。经测算，通过改造可为一个三口之家年节约自来水近50立方米，4.7万户家庭由此节水总量将达235万立方米。在随机回访调查中，居民对改造工程的满意度100%。

【《常州市市区水系规划（2013—2030年）》通过省专家评审】 3月31日，《常州市市区水系规划（2013—2030年）》在南京通过评审。该规划是为适应城市规模的发展、进一步畅通水系、修复市区水生态系统、提升城市品位而依据最新的城市总规和城市建设的实际情况组织编制的。规划以改善人文居住环境为出发点，以保护河道、加强水安全和提升水环境为目的，意图通过水系规划和管理控制、水利现代化与信息化建设，把常州市建设成为“水清、岸绿、堤固、景美”、江河湖泊水景观交相辉映、古今文化与生态文明交融、人水和谐的滨水生态城市。具体目标为：中心城区水面率5%以上，主城区水面率5.6%以上，其他地区不低于现状；水系连通率75%以上，生态岸坡率70%以上；主城区河网间距一般不超过1.2—2公里。

【《常州市农村水利工程管理实施细则（试行）》】 7月6日，《常州市农村水利工程管理实施细则（试行）》出台。该实施细则适用于全市境内农村区域所有农村河道（包括县乡河道及村庄河塘）、圩堤（含穿堤建筑物）、涵闸泵站、田间工程（含10万方以下塘坝、渠系及配套建筑物）4类工程管理和长效管护考核（不包括专职工程管理机构管理的水利工程），首次对全市农村水利工程管理范围、责任主体、管理主体、经费来源、考核办法、管理标准等进行系统明确和统一规范。考核结果公开通报，市级财政“以奖代补”资金与考核结果挂钩。该细则出台为推进常州市农村水利工程管理工作全覆盖，建成功能齐备、长效管护的农村水利工程体系提供了基础保障。

【12个中型灌区全部成立农民用水合作组织】 截至12月31日，常州12个灌区的农民用水合作组织全部成立到位。此举是水利行业为健全基层水利服务体系，创新运行管护机制工作所进行的一项重大改革。依照江苏省全面深化水利改革工作部署，2015年年底，江苏所有大中型灌区都要依法登记、注册农民用水合作组织，其中省水利厅核定常州中型灌区为12个。经过1年努力，12个灌区共组建农民用水合作组织15个，其中溧阳市4个、金坛区3个、武进区3个、新北区5个，管理灌区面积20.65万亩。上述农民用水合作组织原则上以水利工程所服务的区域或乡、村、组的行政区域来划分业务范围，或者结合水文边界，以斗渠水文边界组建，由农户自愿参加，按照合作互助、民主管理和自我服务原则建立，主要从事水费收取、水量分配、水事纠纷调解等工作，为非营利性的经济组织和自治组织。

【全市河湖和水利工程管理范围划定工作启动】 11月19日，常州部署开展全市河湖和水利工程管理范围划定工作，对河湖等自然生态空间进行统一确权登记，形成归属清晰、权责明确、监管有效的自然资源资产产权制度，重点是50条（段）省骨干河道和第一次水利普查公布的流域面积水域面50平方公里及以上河流、4个列入省保护名录的湖泊、国有水管单位管理的闸站及在册水库。此后，新建、改建和扩建的水利工程，应在工程可行性研究报告和初步设计中明确其管理范围，并在竣工验收前由县级以上人民政府划定，完成征供土地确权工作。全部工作于2018年完成验收。2015年，《金坛区河湖管理范围和水利工程管理与保护范围划定实施方案》通过省符合性审查，并于2015年10月底获金坛区政府批复，简渎河、通济河2条试点河道完成土地流转。

【新孟河延伸拓浚工程先导段开工建设】 11月23日，新孟河延伸拓浚工程先导段开工。新孟河延伸拓浚工程是《太湖流域水环境综合治理总体方案》《太湖流域防洪规划》和《水资源综合规划》等规划的流域骨干工程，也是2015年国务院明确的172项重大节水供水工程之一。工程任务为改善太湖和湖西地区的水环境、提高流域和区域的防洪排涝标准、增强流域和区域的水资源配置能力，同时兼顾地区航运。工程北起长江右岸的大夹江，在引（入）江口处新建界牌水利枢纽，沿老新孟河拓浚至京杭运河，在新孟河与京杭运河交汇处新建奔牛水利枢纽，过运河后新开河道南延至北干河，拓浚北干河连接洮湖、滆湖，拓浚太滆运河和漕桥河入太湖，工程总长116.69公里。工程沿线经过镇江、常州、无锡3市，可行性研究报告批复估算总投资120.03亿元，建设工期48个月。其中常州境内涉及新北、钟楼、金坛、武进4个区，拓浚延伸河道90公里，占需整治河道总长的77%左右，可行性研究估算投资约85亿元，占项目总投资的70%以上。为尽早启动并加快推进新孟河延伸拓浚工程建设，根据省政府统一部署，先期实施2015年度工程。启动的先导段包括金坛区境内金武路至夏溪河2.1公里新开河段工程、新建大前巷桥1座及尧塘街道境内项目相关征迁安置工作，概算投资4.92亿元。

【主城区市管泵闸站实现全程信息化调度】 2014年，常州市主城区市管泵闸站信息管理系统启动建设，2015年汛前完成并投运。项目总投资400万余元，涵盖常州市河道湖泊管理处所管的市区22座泵站及9座节制闸，包括实时数据库与管理业务数据库、泵闸站远程自动化监控系统、泵闸站视频监控子系统、信息化管理业务系统四大系统。市水利局和管理处工作人员只需通过移动终端，即能即时查看31处泵闸站、48台套排涝机组及各类水利工程的运行技术参数、图像和水文资料，点击鼠标即可实现闸门、泵站的开关，调度决策即时化、智能化水准明显提高。2015年，在全市抗击“6·17”“6·27”洪涝灾害期间，城市排涝闸站开机1951工时，排涝1465万立方米，在开机时长，排涝总量均创历史新高情况下，各个闸站总体保持正常稳定运行，信息化系统发挥显著作用。

【城市防洪大包围工程经受超设计高

水位考验】 2015年，常州中心城区防洪大包围工程在特大洪涝灾害中，两度经受高水位考验。6月17日上午8时，大运河常州站水位达到5.02米，超警戒水位0.72米，大运河钟楼闸水位达5.65米，超警戒水位1.35米，创历史新高。6月25—29日，全市再次遭受强降雨袭击。6月27日下午3时45分，大运河钟楼闸站下游出现最高水位6.08米，超警戒1.78米，超1991年最高0.56米；19时15分，大运河钟楼闸站上游出现最高水位6.43米。面对多年未遇的特大洪涝灾害，常州城市防洪工程管理处依照运北片城市防洪大包围应急联合调度规程，做好直管枢纽调度，与辖区、交通海事等参与联合调度单位加强联系，保障城市防洪大包围节点工程在规定时间全面封闭，内河水位有效预降。两次洪涝期间，常州城市防洪大包围工程开机2820.29台时，排泄洪6316.45万立方米，相当中型规模水库蓄水量，有效保护了主城区的安全。

【首次开展主城区河道“引清活水”调研方案（优化）试验】 3月1日，常州市水利局会同市水文局启动主城区河道“引清活水”调研方案（优化）试验。试验采用河海大学研发的太湖流域数学模型，在分析测算老运河、关河等7条主要河道及城区河网东、南、西、北市河等20余条重要支河的水文特征变化现状，权衡工程措施运行成本及保障等因素基础上，依托相应模型计算，比选出2个较优的工程控制措施及调度运行方案，分别为沿江口门利用长江高潮位开闸自流引水，大运河东枢纽、采菱港等两大城市防洪工程机排方案，和沿江澡港枢纽以及大运河东枢纽同时开机引水、排水方案。清水水源以澡港河引长江水为主，德胜河、新孟河引长江水、京杭大运河上游来水为辅。此次试验布设水位流量同步监测站点41处、水体表观监测站点15处、水质同步监测43处，为期4天。该试验和研究，旨在通过工程措施推动河网主要水体有序流动，最终实现“清水引进来、水体动起来、指标降下来、应急有办法”的工作成效。通过进驻测验断面现场查勘和测量，经过换水，部分河道水质较以往有明显改善。

【首获50亿银行授信用于地方水利现代化建设】 3月26日，农业银行江苏分行与江苏省水利厅在南京举行全面合作协议暨国家重大水利项目和省级重点水利项目合作协议签约仪式。作为全省三个重点扶持的地区之一，常州市水利局、农行常州分行一并签订合作协议，建立起全面战略合作伙伴关系。双方在省对省战略协议下，积极落实加强水利基础设施建设、率先基本实现水利现代化的总体部署，共同推动水利项目融资方式创新，并加强以水利水务建设项目为基础的多方位金融合作。农行常州分行将根据水利发展的需要和自身的风险控制要求，在此后5年内提供一揽子50亿元意向性信用额度，用于包括但不仅限于流域区域骨干河流、中小河流、湖泊河流治理，病险水库水闸除险加固和泵站改造，城市防洪设施建设，水资源配置和开发利用，水土保持和水生态保护，农田水利建设、农村饮水和灌区节水改选工程，自来水供应和污水处理等水利、水务项目建设。

【首次组织市民代表看水利活动】 9月20日，市水利局会同中吴网共同举办“城市防洪大包围，感受最先进的水文化”市民看水利活动，有35名市民代表参与。此次活动是市水利局首次特别面向基层，为与市民、网民加强互动交流而组织的专题活动。常州城市防洪工程整体布局是以改线南移的新运河为界，划分为运北片、潞横革新片、采菱东南片、湖塘片4个片区，实行运北、运南分治，其中运北片即常州中心城区实施防洪大包围。防洪节点工程的兴建，使市区历史上首次具备防洪综合调度手段。在2015年6月防御特大洪涝灾害中，常州城市防洪大包围枢纽闸站开机时长、排水总量、新闸防洪控制工程关闸时间均创出工程建成以来的最高纪录，有力保护了主城区的安全。 （张　勇）

市民看水利 （水利局　供稿）

2016

交 通

Traffic

◆责任编辑　汪旭东

综　　述

【概　述】2015年，常州市完成交通建设投资37.5亿元，为年计划的112%。道路货运量及周转量比上年分别增长4%、4.7%，水路货运量及周转量分别增长3.1%和3.2%；完成公交客运量3.27亿人次，降8.4%；完成机场旅客吞吐量182万人次，降2.2%；实现港口货物吞吐量8984万吨，其中长江港实现货物吞吐量3619万吨、集装箱吞吐量21.7万标箱，分别增9.2%、12.4%。

设施建设。常溧高速公路、238省道常州段、延政路西延、金武路快速化改造工程建成通车。122省道常州东段、104国道溧阳城区改线段、265省道常州段工程加快推进。建成农路116公里，改造农危桥78座。苏南运河横林段、丹金溧漕河溧阳段、芜申运河溧阳段航道工程交工验收，桥梁工程加快实施。常州港录安洲4号泊位建成投用，是常州首个10万吨级泊位；内河港金坛港区金城作业区码头工程完成水工结构并交工验收。常州高铁北站公路客运枢纽建成运营。

运输服务。经中国民航总局批复，常州机场成为全省第三个国际机场，先后开通日本、泰国、台湾、老挝等航线航班，建成常州高铁站北广场、江阴、溧阳、金坛城市候机楼，中国东方航空江苏有限公司常州基地开工建设。礼河公交枢纽、新北立体公交停车场建成投用，公交无人售票实现全覆盖。溧阳市镇公交实现公车公营，全市城乡道路客运一体化发展水平达到5A级。实施“互联网+道路客运”战略，常州公路运输集团有限公司“巴士管家”服务平台（www.chebada.com）在全省推广应用。安邦物流甩挂联盟入选交通运输部甩挂运输试点项目。

行业治理。完成交通运输部干线公路养护管理大检查各项迎检工作，全市干线公路路况条件和综合环境进一步提升。完成干线公路大中修47公里，建成市级文明乡村道251公里，104国道国家级“畅安舒美”示范路通过省级验收。加强运输市场监管，对道路危险货物运输实施电子运单管理。应对互联网专车对出租车行业的影响，严打非法营运车辆，加强出租车运价联动机制调整、企业成本监审、运营数据监测工作，出租车行业保持总体稳定。深入开展行政执法工作教育整顿专项活动，提升执法人员素质。严格落实大气污染防治各项工作措施，开展港口堆场专项整治，督促企业在装卸、运输、贮存过程中采取污染防治措施，防止扬尘污染。

科技信息化。年内，3个新申报科研项目通过省、市科研立项，4个项目通过验收鉴定，1个项目获市科技进步奖，25个质量控制小组获全省交通运输行业质量控制优秀成果。交通运输动态信息管理平台、海事12395监管服务平台先后上线运行，可视、可测、可控的行业监管体系基本建成。实现全省公交一卡通互联互通，开通常金便捷巴士刷卡乘车服务，做好出租车刷卡前期调研工作。打造智慧公交，在全国发布首个公交信息安全管理体系，公交车实现WIFI全覆盖和车上空调智能远程控制，公交微信服务平台开通。完成驾驶培训智能化服务系统改造，实现学时查询、预约培训，探索试点先培训后付费的服务模式。

节能减排。全面贯彻落实交通部低碳交通示范城市、能耗监测平台建设任务，工程建设领域新材料、新工艺进一步有效应用，运输组织模式不断创新和优化。全市新增新能源和清洁能源公交车257辆、客运车辆268辆，分别占比42.5%、29.3%。开通全省首条纯电动客运班线。完成“十二五”内河船型标准化工作，累计拆解老旧船舶66艘，船舶生活污水防污改造288艘。

（葛振庆）

公　　路

【概　述】2015年末，全市公路里程9009.74公里。按行政等级分，国道208.985公里，其中国家级高速公路123.741公里；省道594.387公里，其中省级高速公路220.584公里；县道1315.332里；乡道2464.591公里；村道4426.445公里。按技术等级分，等级公路里程8960.044公里，其中高速公路305.925公里、一级公路1043.032公里、二级公路1249.988公里、三级公路1292.539公里、四级公路5068.56公里、等外公路里程49.696公里。按路面类型分，沥青混凝土路面2874.907公里，水泥混凝土路面6055.418公里，简易铺装路面29.719公里，未铺装路面49.696公里。公路密度为206.08公里／百平方公里。

全市有桥梁2859座195.07公里。按跨径分，特大桥17座，大桥282座，中桥963座，小桥1597座。按使用年限分，永久性桥梁2858座，其中危桥126座，均为农村公路桥梁。

【公路建设和养护】 2015年，全市公路建设完成投资12.02亿元。其中，常溧高速公路于9月26日顺利建成投运，完成投资7.06亿元；干线公路完成投资3亿元，238省道建成通车，122省道完成路基土方、桥涵和路面基层施工。策应美丽乡村建设，扎实提高农村公路通达水平和服务能力，新改建农村公路116公里，改造农村危桥48座，完成投资1.96亿元。全年累计完成大中修及抢修工程1.3亿元，总投入1.8亿，完成路面养护工程3个，改造危桥1座。干线公路综合技术状况指数95.48，继续保持全省领先水平。104国道溧阳段"畅安舒美"示范路通过省公路局验收。农村公路公里技术状况指数（MQI）评定值为91，县道优良路率90.8%，乡村道好路率77.6%。全市共创建"三类三型"（惠民客运类、安保达标类、提档升级类，红色文化型、农家风情型、绿化提升型）乡村道文明样板路251.4公里。市公路管理处被评为全国农村公路管理养护年活动先进单位，溧阳南渡镇创建成江苏省2015年乡村公路管养及安保工程示范镇。

【延政路西延工程建成通车】 6月1日，延政路西延工程顺利完工。延政路西延工程起自239省道交界处，终于240省道交界处。全长12.586公里，其中金坛段、武进段分别长11.538公里、1.048公里；断面宽32.5米；采用双向六车道一级公路标准。全线总投资6.38亿元。

【金武路快速化改造贯通】 7月31日，常金一体化交通工程的第二个项目——金武路快速化改造工程全线贯通。金武路改扩建工程起于金武路与240省道交叉口，终于239省道，全长18.8公里，设置主线上跨桥，不设红绿灯，主线设计车速100公里/小时，总投资16.8亿元。

【238省道常州段改扩建工程通车】 6月30日，238省道常州段改扩建工程通过交工验收并通车。238省道常州段位于新北区，起于镇江扬中与常州交界的小夹江大桥南端，向南跨越剩银河与308省道连接，按一级公路标准实施。路线全长3.441公里，有中小桥梁3座，完成投资1.398亿。

【高速公路】 至2015年底，常州完成常州西绕城高速公路、泰州大桥接线常州段、常溧高速公路和沪宁高速公路青龙互通、养排基地项目建设，建成通车85.2公里。常州市域高速公路通车里程累计306公里，密度6.9公里/百平方公里，比"十一五"末增长38%。已建成的高速公路形成"三纵三横"高速公路主骨架网，并在常州市主城区外围形成城市高速公路环，与市区高架无缝对接，城区任意地点15分钟内即可到达高速公路通道。

【常溧高速公路建成通车】 9月26日，常溧高速公路建成投运，总投资28.14亿元，全长38.4公里，其中金坛段16.6公里、溧阳段21.8公里。按双向四车道标准建设，设计车速每小时120公里。

常溧高速北起沿江高速公路嘉泽互通西侧2.55公里处，南至扬溧高速公路新昌枢纽以北1.53公里处，路线整体在239省道和长荡湖之间穿越，串

延政路西延工程通车　（交通局　供稿）

金武快速路贯通　（交通局　供稿）

起嘉泽、尧塘、儒林、上黄、埭头、溧城、竹箦、南渡8个镇。全线共设互通式立交5处，分别为儒林互通、长荡湖互通、上黄互通、溧阳北互通、江苏中关村互通；枢纽2处，即金坛经济开发区枢纽和前马枢纽。

【路政管理】 2015年，常州公路部门以"畅安舒美"示范路建设为抓手，全面开展路域环境"八无"（交通标志前后500米基本无广告、基本无违法建筑物、无穿越公路的设施、基本无违法非公路标志、路基路肩边坡基本无非植物、基本无摆摊设点、无打谷晒粮现象、公路用地范围内基本无堆积物）整治。全年累计清除障碍物5903.9平方米，清除不按标准制作的活动指示牌1617块、摊点3647个，国道、省道路域环境质量大幅提升。实施国省道干线公路安保工程改造，整治道路通行安全隐患，全面完成96公里安保工程建设任务，稳步开展公路标志标线维护管理工作。

【常州公路超限率治理】 2015年，常州市交通部门投入路政执法人员10808人次、公安交警1780人次，检查各类涉嫌超限车辆72692辆，查处超限车辆2893辆，卸货45606吨。推进科技治理，全年利用快速动态称重管理系统、收费治超卡口系统查处违法超限车辆638辆；探索开展超限非现场处罚工作，共函告涉嫌违法超限车辆75辆，其中主动接受处理14辆，核实超限违法行为后行政处罚12辆；继续深化源头治理，公路部门全年共向相关部门抄告违法超限运输车辆2875辆次、驾驶员2875人次、企业2589家次，及时向社会公示重点超限源头企业，联合运管部门加强货运装载源头监管并开展6起超限关联处罚，对部分违法超限运输企业给予停业整顿的行政处罚。全市干线公路车辆超限率控制在1.68%，低于省控目标1.7%。

【交通运政管理】 2015年，常州市运输管理处全面开展打击非法违法生产经营活动专项整治行动。全市累计查处道路运输违法、违章案件4227起，其中市区查处2244起。通过运输管理投诉举报月度分析制度，对群众反映的难点焦点问题有针对性地予以解决。推进科技执法，开发"运政通"移动执法APP项目。利用公安探头实施远程执法，全年查处违章162起。加强场站重点区域的现场管理，协调公安部门整合外聘保安力量，重点对常州客运中心区域现场秩序进行整治。深入开展行政执法工作教育整顿专项活动，探索建立规范执法长效机制。举办运输管理模拟法庭，以案说法，增强运管执法人员正当程序意识和法律业务素质。市交通运输行业节能减排成效显著，注销780辆2005年底前注册营运黄标车道路运输证；发展节能环保运输工具，全市新增LNG（液化天然气）客货运输车辆136辆、纯电动大客车237辆。

【危险货物道路运输电子运单管理制度】 10月1日起，常州市对危险货物道路运输全面实施电子运单管理。危险货物道路运输企业在电子运单管理系统中填写上传车辆、人员、货物及流向等信息，并生成纸质运单，危险化学品生产、经营、储存、使用企业及危险废物产生、经营企业根据危险货物道路运输企业上传或随车携带的电子运单，对执行装载货物的运输车辆、从业人员等进行比对，如有不符，不安排发货、装载，危险废物经营企业也不予接收。

【城乡公交客运】 2015年，常州市做好轨道交通施工期间公交保障工作，累计新辟公交线路13条，优化调整线路38条，新增城市公交车257辆，新增2条定制公交线路。实施全省公共交通一卡通互联互通，全市所有辖市区城市公交均纳入一卡通范围；市区公交站点300米和500米覆盖率在全国319个主要城市中位居第四，日均公交客运量105万人次，公交分担率28.9%；市区2600余辆公交车实现车载WIFI免费全覆盖；对66、68、70、308路4条有人售票线路进行票制改革，实现市区公交无人售票全覆盖，历经55年的公交车有人售票时代就此结束。

开展常金公交一体化和镇村公交可持续发展政策研究。新建城乡客运一体化候车亭78个，新辟镇村公交线路2条，开通金坛至丹阳、丹徒2条毗邻镇村公交线路；全市650个行政村实现村村通公交，镇村公交开通率、覆盖率保持100%。全市城乡道路客运一体化发展水平达交通运输部5A级标准。

启动公交都市和省公交优先示范城市创建工作，进行常州市公共交通发展规划及公交线网专项规划编制，为公交跨越式发展做好顶层设计。发布首个公交信息安全管理体系文件。该体系文件包含信息安全管理手册、适用性声明和18个体系程序文件，有效管理和保护公司信息数据资产，使信息数据资产在严格的操作规程下安全地进行运作和使用。

年内，乘客对常州公交整体服务水平满意度91.9，比上年提升0.9%，实现有连续调查以来的八连升。除整体服务水平满意度提升外，票价、站点、驾驶员、车容车貌、线网、运营6个分指标都比上年有所提升，得分最好的指标为票价，为99.4%。

【新北区工业园公交中心立体停车场启用】 7月1日，常州市首个大型立体公交停车保养场——新北区工业园公交中心立体停车场正式启用，这是常州公交有史以来面积最大、功能最全的单体建筑。该立体停车场位于新北区华山路223号常州市公共交通集团公司第三汽车公司内，总建筑面积22616平方米，共三层：一层是保养和维修车间，能满足600辆公交车保养维修需求；二至三层是停车场，可停放12米长的公交车208辆。

【常州"互联网＋道路客运"服务模式】 7月1日，常州市所有汽车站均接入全省联网售票系统，旅客在常州就能购买全省汽车站发出的汽车票，便于旅客购买返程票。9月28日，手机APP"巴士管家"正式上线，旅客可以通过智能手机购买全国280个城市的汽车票，并直接刷手机上车。"巴士管家"还具有在线退票功能。

12月28日，常州市第一条"互联网+道路客运"定制班线常州—镇江线准时起运，乘客可以用手机APP"巴士管家"或到汽车站窗口购买定制客运车票。

【常州镇江两市三地开通毗邻公交】 11月27日上午，金坛西阳—丹徒荣炳、金坛登冠—丹阳延陵2条毗邻镇村公交正式开通，这是常州金坛、镇江

常州汽车客运北站投运　（交通局　供稿）

丹徒、镇江丹阳两市三地首次开通毗邻公交。2条线路每天各发8个班次，首班7：00，末班返程17：00，全程票价1元。

【常州汽车客运北站投运】 9月26日，常州汽车客运北站正式投运。常州汽车客运北站位于新北区京沪高铁常州站南广场西侧，为一级客运站，占地约4.5万平方米，建筑面积约2.8万平方米，站内有客车停车位132个、发车位21个、检票窗口19个、售票窗口13个，可满足日发旅客1.2万人次的需求。投运后，共有52条班线184个班次进客运北站配载。常州市以客运中心为主、东南西北客运站为辅的"一主四辅"站场格局进一步完善。

【常州至丹阳、镇江定制快车开通】 12月18日，常州至丹阳、镇江定制快车正式开通。常州至镇江定制快车日发12班，发车时间为7：00—18：00；常州至丹阳定制快车日发18班，常州始发时间为7：00—18：20。两条线路均由常州汽车总站始发，全程直达，出站后在确保安全的前提下，停靠公交站台就近下客。旅客可通过常州汽车站售票窗口、"巴士管家"移动客户端购买车票。

【出租汽车管理】 2015年，市交通局会同物价部门制定全省首个出租汽车燃料价格与运价联动机制。会同公安部门对专车市场进行调研，对107起私家车接入专车平台从事非法营运的行为予以查处，确保专车对常州市出租汽车行业的冲击保持在可控范围。实行出租汽车营运数据日报机制和半月情况分析机制，定期召开出租汽车企业和驾驶员代表座谈会，及时掌握出租汽车行业动态，妥善处理4起出租汽车驾驶员赴京去省信访案件和1起专车群体性聚集事件，提前控制出租汽车罢运苗头。继续推进的士节和行业道德讲堂建设，继续深化出租汽车爱心接力服务和"文化的士"等品牌建设，树立出租汽车行业良好形象。

【汽车维修】 2015年，全市机动车维修总量355.7万辆次，比上年增长9.2%；维修总产值250634万元，增11.3%。建立常州运管微信公众平台"常州运管处"。继续打造汽车维修专家团服务品牌，新增5名维修专家。全面加强维修从业人员考核培训，举办全市维修技能竞赛。进一步推行24小时维修救援服务，通过96196热线累计为车主提供维修救援服务165次。新增"江苏快修"品牌企业3家，其中"1+N"型连锁品牌数量1家，全市获"江苏快修"品牌称号的企业累计45家，在全省名列前茅。完善维修企业质量信誉考评机制，全市评选出信誉企业110家，其中3A级30家、2A级43家、A级37家。全年完成综合性能检测17.6万辆次。

【驾驶员培训】 2015年，全市完成机动车驾驶培训18.1万人，比上年增6%。升级驾驶员培训智能化系统，组建常州驾培网（www.czjpw.net），试点预约培训和先培训、后付费模式。联合公安部门建立驾校质量信誉管理机制，出台《常州市驾培机构培训服务质量考核方案（试行）》，根据月度考核排名结果分别核增、核减驾校相应的培训名额。考核方案实施后，驾校各科目平均合格率提升6.8个百分点。加强从业人员管理，举办各类从业人员考试91期，考试合格5074人，合格率94%；继续推进从业资格证换证工作，完成从业资格证换证3337人、诚信考核27987人、从业人员继续教育5858人；举办首届机动车驾驶培训教练员技能大赛。驾驶模拟器数量增至209台。新增牵引车培训项目，常州永泰驾校新建半挂牵引车驾驶培训训练场地，填补常州市A2车型培训项目空白。随着该训练场地的建成和投入使用，常州市驾驶培训项目涵盖A1、A2、A3、B1、B2、C1、C2、C5，基本满足各种车型的驾驶培训需求。

【常州首届机动车驾驶培训教练员技能大赛】 10月15—16日在武进交通干部学校举行。竞赛内容包括理论和操作两部分，理论占30%，操作占70%。其中操作考试又分为示范讲解和驾驶操作，分别占30%和40%。大赛决出优胜奖20名，冠军被授予"常州市技术状元"称号并获常州市五一劳动奖章。获竞赛前6名的选手获"常州市技术能手"称号。（葛振庆）

铁　路

【铁路建设】 2015年，常州市沿江城际铁路、连淮扬镇铁路南延段、盐泰锡常宜城际铁路等铁路规划前期项目加快推进。委托设计单位开展市域规划铁路线站位方案研究。京沪铁路常州站一体化改造工程协议签订。

【火车站一体化改造工程建设协议签订】 11月，常州市与上海铁路局签订《京沪铁路既有常州站一体化改造》协议，明确由上海铁路局负责在常州站内新建一个沟通南北站房的"一"字形非付费通道，土建工程费用由常州市与上海铁路局各自承担一半；同时明确火车站普速场进站天桥两侧约95米范围内站场雨棚由小雨棚改为大雨棚，风格和城际场保持一致。

【京沪高铁、宁杭客专路线安全保护区

2015年上海铁路局常州直属站运输任务、技术指标完成一览表

	运输收入（万元）	客 发（万人）	装 车（辆）	卸 车（辆）	中 时（小时）	停 时（小时）	保有量（辆）
年度计划	144500	1396	—	—	5.4	17.0	450
2015年实绩	144886.46	1369.20	28201	115480	3.5	16.7	392
2014年实绩	133357.66	1307.59	29734	120113	5.7	17.6	401
增减数	11528.8	61.62	-1533	-4633	2.2	0.9	9
增减(%)	8.65	4.71	-5.1	-3.9	38.6	5.1	2.2
完成年计划进度数	386.46	-26.8	—	—	-1.9	-0.3	-58
完成年计划进度(%)	100.3	98.08	—	—	154.3	101.8	114.8

注：因统计口径变更，2014年运输收入、客发、保有量实绩与上年统计有所不同。

划定】 根据国务院《铁路安全管理条例》的规定，11月24日、26日，宁杭铁路和京沪高铁分别由溧阳市政府和常州市政府根据保障铁路运输安全和节约用地的原则，划定路线安全保护区并予以公告。其中，宁杭铁路上兴至中河段划定15米，中河至南河段划定12米，南河至溧戴河段划定10米，溧戴河以东段划定15米；京沪高铁新北区西夏墅镇、罗溪镇段划定15米，新北区薛家镇段划定10米，新北区新桥镇段划定10米，新北区龙虎塘街道段划定10米，天宁区青龙街道段划定10米，天宁区郑陆镇段划定12米，常州经济开发区横山桥镇（K1171+751.5—K1174+881.5）划定12米，常州经济开发区横山桥镇（K1174+881.5—K1180+521.5）划定15米。（葛振庆）

【上海铁路局常州站概述】 2015年，上海铁路局常州站（简称“常州火车站”）完成运输收入144886.46万元，为年度计划的100.3%，比上年增长11528.8万元，增8.65%;完成客运发送1369.2万人，为年度计划的98.08%，增长61.62万人，增4.71%。常州火车站认真抓好以春运、清明、“五一”、端午、暑运、中秋、国庆等节假日为重点的客运运输组织，开展“堵漏保收”工作，加强行包运输和长三角货物快运工作，努力增运增收。强化客运基础管理，不断提高服务质量，组织运输调查和能力分析，不断优化旅客运输方案，顺利实现旅客运输工作安全平稳有序、经营业绩持续增长的目标。常州火车站被评为上海铁路局先进职工之家和上海铁路局厂务公开民主管理示范单位，常州北站综合班组获“全国质量信得过班组”称号。

运输安全持续稳定。落实“安全管理规范化、现场作业标准化、检查整治常态化”要求，推进运输安全风险管理。规范安全管理新机制的运行，细化11项安全工作制度，不断提高安全管理规范化水平。推进“6S（清理SORT、整理STRAIGHTEN、清洁SWEEP、保持STANDARDIZE、素养SHITSUKE、安全SAFETY）”现场管理，强化现场作业纪律，开展岗位陋习排查整治，狠抓现场作业标准。开展劳动安全、接发列车防错办、营业线施工安全等专项整治活动，整改存在问题，不断补强安全薄弱环节。至2015年12月31日18点，车站实现安全生产2032天。

班组建设逐步提升。推动班组建设工作，完善班组建设制度办法，按照逐级负责、量化考核的原则，深化班组管理机制，规范班组管理工作。以岗位作业指导书为抓手，明确各岗位工作要求，加大指导力度。本着“用什么、学什么”的原则，开展标准化专项培训，完善模块化考试题库，通过多种形式组织职工学技练功，不断提高职工业务技能水平。

上海铁路局常州直属站领导人

站　　长　施善新

党委书记　宫　辉

（杨叶青）

【上海铁路局南京货运中心常州经营部概述】 2015年，上海铁路局南京货运中心常州经营部面对实体经济下滑态势，加强运输经营管理，强化营销服务工作。在传统业务维护的基础上，对零散货物敞开受理，严格装车兑现及落空原因分析。健全营销管理机制，建立营销分析、报告制度，建立健全客户信息档案，及时掌握企业货主动态，年内共维护客户信息35家。加强物流项目管理，对每一个新增物流项目实现闭环管理。落实客户经理岗位职责，加强与客户的日常联系，做好物流项目跟踪管理。做好接取送达业务，联系衔接中天钢铁集团有限公司、武进区邹区国豪灯饰经营部、常州武进港务有限公司奔牛分公司，顺利开展站到门接取业务工作，提高站到门接取送达收入。开展安全生产大检查活动，认真排查、整治安全风险隐患，强化货运安全、劳动安全、设备安全、作业安全等安全风险关键控制，实现全年安全生产。

2015年，经营部完成运输总收入42355.95万元，完成年度计划的73.41%，比上年减23.2%。完成货物发送104.3万吨，完成年度计划的80.23%，比上年减19.4%。完成集装箱发送34.7万吨，完成年度计划的53.38%。（刘海玲）

航　道

【概　述】 2015年，常州市三级航道网建设项目完成投资10.82亿元，占年度计划的122.9%。按计划推进年度1个养护专项和7个疏浚及驳岸修复养护工程，完成航道养护投资815万元，全面完成年度计划目标。

航道建设。苏南运河三级航道整治工程常州段计划完成投资3亿，实际完成投资3.015亿元，横林段航道和横林东桥、横林新桥工程完成施工。芜申运河计划投资2.2亿元，实际完成投资4亿元，为计划的181%，蒋店至南渡段、下坝至南渡段航道工程分别完成新建驳岸21.955公里、13.533公里，中环园西路大桥和淦西桥主桥建成。根据省交通厅安排，芜申运河溧阳段航道工程年内交工验收，其中先导段6.084公里航道10月通过交工验收。丹金溧漕河溧阳段全长15.27公里，全年计划投资3.8亿元，实际完成投资3.8亿元，完成新建驳岸19.746公里，姚家桥、金家桥、新基桥完成交工验收，道成桥、董家舍大桥、别桥主体建成。德胜河三级航道整治工程完成可行性研究报告编制。

航道养护。修复通尧线通济桥段倒塌驳岸并新建驳岸100米，抢修芜申运河南渡集镇、堑口桥段两处驳岸。对苏南运河市区护岸设施、绿化设施进行维护。完成苏南运河汛期应急抢险，采菱港筑拆袋装土围堰305米；戚墅堰二次抢险筑拆单排圆木桩围堰235米，砌筑砖砌防洪墙356.5米。完成常宜线疏浚工程5万立方米、锡溧漕河—太滆运河3号航标交汇段疏浚工程1万立方米、溧阳市戴埠河田舍桥—长木桥段疏浚工程5万立方米，完成溧阳中河、上沛河、北河疏浚工程23.08万立方米。丹金船闸上游河口疏浚土方1.9万立方米，丹金溧漕河白龙桥口门应急疏浚土方2万立方米。

减轻航运企业负担。10月起，停止船舶港务费、特种船舶和水上水下工程护航费（省名称“水上特种秩序维护费”）以及船舶登记费中的船舶临时登记费、船舶烟囱标志或公司旗注册费、船舶更名或船籍港变更费、船舶国籍证书费7项行政事业性收费，每年可以为企业和船民减负3500万余元。

【丹金溧漕河金坛老城区段禁航】 11月1日起，丹金溧漕河老城区段（良常大桥至白龙大桥）全面禁航，管理职能移交至水利部门。由于老城区段的禁航，2015年丹金船闸过闸费征收增长，全年过闸船舶22909艘，征收过闸费399.69万元，比上年增298.58%。

【丹金溧漕河溧阳段通过验收】 12月21日，丹金溧漕河溧阳段航道整治工程通过省交通运输厅组织的交工验收，丹金溧漕河常州段全部按三级航道标准建成通航。这是继京杭大运河、锡溧漕河常州段后，常州境内建成的第三条千吨级航道。丹金溧漕河溧阳段航道整治工程全长15.266公里，起于溧阳与金坛交界处，终于丹金溧漕河和芜申线交界口，全程按三级航道标准设计，口宽不小于70米，水深3.2米，桥梁净空7米，可通行1000吨级船舶。工程于2013年10月开工建设，新建驳岸25.6公里，改建桥梁7座，概算投资7.26亿元。

【水上交通安全监管】 2015年，常州市地方海事局完成船舶安检3045艘，检查船舶13.8万艘，处理违章船舶1.4万艘，违章率10.2%，比上年下降1.4个百分点，其中超载船舶302艘次。审批水工作业10起，发布航行通告19次，为重点涉水作业施工提供保障。全辖区无人员伤亡和上报等级事故，仅发生小事故51起，直接经济损失75万元，未发生辖区干线航道8小时以上责任堵航事件，无重特大船舶污染水域责任事故。水上搜救接警341起，救助船舶27艘、人员6人，挽回经济损失375万元，水上搜救成功率100%。

【12395水上智能监管服务平台】 12月1日，常州市地方海事局12395水上智能监管服务平台正式投入使用。该平台在电子海图平台基础上，整合融入信息系统领域学术专业组织船舶自动识别系统、中央电视台视频信号、VHF（Very High Frequency的缩写，即甚高频）通信数据及船舶、通航环境等综合信息要素，实现京杭运河常州改线段26.1公里水域范围内船舶动态监控、危险化学品船舶智能监管、电子巡航、违章报警、联动跟踪、远程搜救指挥等11项功能，初步达到“看得见、叫的通、管得到”的水上智能交通管理目标。

【船舶检验及船员管理】 2015年，常州市地方海事局加快玻璃钢船检客户端试点运用，开展船舶修造企业适检条件评估，21家玻璃钢造船企业申请评估，16家钢质造船企业通过江苏省地方海事局评估。助推企业船用产品研发，完成1750台常发动力CF1115M型柴油机产品出厂检验。推广试点船舶建造工程监理机制，提高船检规范化管理水平，完成钢质船建造检验155艘5万总吨2.8万千瓦、营运船舶检验2416艘80.8万总吨34.7万千瓦、玻璃钢船建造检验519艘，检验船用产品2341件，审查图纸239套，未发生因船舶检验质量而引发的责任事故。登记船舶2127艘次，核发船舶最低安全配员证书1929本，整理归档船舶档案416份，5688艘船舶获交通运输部授予船舶识别号。组织辖区航运公司和船舶进行安全管理体系审核，累计审核公司2次，审核船舶33艘次。完成船员基本安全培训考试205人次、适任考试325人次，适任考试发证291人；整理船员技术档案358份。辖区持证船员总数4802人，其中二类以上船员2963人，高等级船员占比提高至62%。

【金坛海事船检服务中心挂牌】 4月15日，金坛海事船检服务中心挂牌。该中心在原金坛（溧阳）船舶检验工作站的基础上，整合营运检验、签证簿换发业务，主要负责办理金坛（溧阳）地区船舶建造检验和金坛地区船舶营运检验、船舶签证簿换发等业务。金坛地区建造的公务艇、散装水泥罐船等船舶约占全市钢质船份额的60%。

【常州全面完成内河船舶生活污水防污改造】 按照国家“十二五”期间内河船型标准化工作要求，自2016年1月1日起，生活污水排放达不到现行规范要求的内河运输船舶，将被禁止进入“两横一纵两网十八线”等水域的主要干支流高等级航道航行，涉及江苏地区的主要是长江干线、京杭运河和长三角高等级航道网。经调查，常州市符合生活污水防污改造条件的内河船舶共288艘，其中市区16艘、武进32艘、金坛163艘、溧阳77艘，均为2011年9月1日前安放龙骨、400总吨及以上、有营运证的内河运输机动船。年内，常州市加强政策宣传，落实目标责任，倒排进度计划，全面完成内河船舶生活污水防污改造任务，财政补贴全部发放到位。

【内河船型标准化船舶拆解】 2015年，常州市推进内河船型标准化工作，提前百日完成船舶拆改工作任务。至

9月15日，全市完成船舶拆改50艘，其中市区16艘、金坛25艘、溧阳9艘，实际发放补贴资金955.6万元。（葛振庆）

港　口

【概　述】2015年，常州港完成货物吞吐量8984万吨，比上年减少3.2%。其中内河港口完成货物吞吐量5365万吨，减少10%；沿江口完成货物吞吐量3619万吨，增9.2%。完成集装箱吞吐量21.7万标准箱，增12.4%。年内，常州市换发港口经营许可证22份，沿江港口经营企业持证率100%，内河港口企业持证率85%。港口安全生产形势平稳，未发生重大安全事故。金坛港区金城作业区水工结构物、部分道路堆场和装卸设备定制安装完成；常州港录安洲港区4号泊位暨夹江码头二期工程码头水工结构物和部分道路堆场完成建设，开始廊道桥施工。深入开展港口企业安全生产标准化建设，逐步规范港口企业安全生产行为。

【常州港录安洲码头4号泊位试运行】12月28日上午，全长190米、8万吨级的帝坤号顺利停靠录安洲4号泊位，常州首个十万吨码头迎来第一艘巨轮，这也是常州港开港以来停泊的最大载重吨船舶。工程项目联机联动试运行的成功，标志着录安洲码头4号泊位工程建设完成。常州港录安洲港区4号泊位工程于2014年3月开工建设，工程包括在录安洲外侧主江建设1个10万吨级泊位、录安洲夹江北岸建设3个3000吨级泊位，配套建设430亩堆场以及装卸设备和皮带输送系统等，总投资约7.2亿元。

【常州内河港口金坛港工程完成】12月11日，全市最大内河港口金坛港主体工程及设备安装基本结束，4台龙门吊、5台固定吊完成验收，仓储钢结构主体工程施工结束，办公用房主体工程封顶。

金坛港位于金坛城区丹金溧漕河改线段，2013年12月开工建设，建有102米宽港池2个、泊位15个，年设计通过能力562万吨，为常州产业西进重点基础项目之一，是水陆联运枢纽。工程投资4.6亿元，至年底完成投资3亿元，完成先期投资目标。年内，金坛港正式供水、供电。（葛振庆）

录安洲4号泊位十万吨级码头试运行（交通局　供稿）

机　场

【概　述】4月20日，经中国民航局同意，常州奔牛机场正式更名为"常州奔牛国际机场"。7月，常州机场集团有限公司更名为"常州国际机场集团有限公司"。2015年，常州奔牛国际机场以优化航班结构为重点，相继开通韩国（济州、襄阳）、老挝（万象）、泰国（曼谷）、日本（名古屋）等国际航线及台湾（台北、高雄、台中）地区航线，航线网络覆盖东南亚和东北亚，与国内主要枢纽机场的连通率达到63%，与省会城市直辖市的连通率达到52%。年内，常州奔牛国际机场共起降航班26347架次（含训练飞行），实现旅客吞吐量181.08万人次、货邮吞吐量1.76万吨，在全省9个机场中分列第三、第四位。

机场硬件设施不断完善。年内，常州国际机场推进中国东方航空江苏有限公司常州基地建设，完成土地挂牌、项目招投标等前期准备。继续开展城市候机楼建设，开设江阴和金坛城市候机楼，累计开设城市候机楼5座。引入民航华东地区空中交通管理局江苏分局尹山雷达信号作为机场二次雷达，实现机场两路雷达信号的接入。在机场设立并正式启用台湾居民口岸签注点，台湾居民购买机票后可直飞常州，下机后再办签注。机场免税店投入运营。常州国际机场获老挝民用航空局维修许可认证，成为省内第一家获境外维修资格的机场。机场国际空港物流中心通过国家出入境检验检疫局验收，并取得海关场地代码，开展境外航班腹舱带货业务。

机场服务质量不断优化。常州国际机场以"全程无忧"服务品牌建设为抓手，通过2015年度全国民用机场服务质量评价考核。进一步规范管理流程，提升管理水平，质量、环境、职业健康安全管理体系认证通过验收。举行航空器飞行事故应急处置综合演练，出动各类救援设备和车辆50余台次，参加人员200余人。全年未发生重大安全事故，实现第30个安全生产年。

【常州开通华东地区首条直飞老挝航线】2月16日，老挝航空公司空客A320航班降落常州机场，华东地区首条直飞老挝航线首航圆满成功。8月，常州国际机场维修工程部收到老挝民航局的维修许可证，机场的维修设施、人员配置和维修技术均满足老挝民航局要求，可以为老挝航空提供航线短停维修及放行业务。常州国际机场成为省内第一家获境外维修资格的机场。

【省内首条直飞日本低成本国际航线开通】9月27日，春秋航空空客A320飞

常州国际机场航空器飞行事故应急处置综合演练（常州机场　供稿）

常州至台湾航线首航（常州机场　供稿）

机降落在常州奔牛国际机场，此次首航的常州—名古屋航线是江苏省内首条直飞日本的国际低成本航线。

【常州开通直飞台湾航线】 2月1日，常州国际机场开通直飞台北桃园机场航线，首航航班由东航江苏公司空客A320执飞，航班号为MU2909/10。这是常州历史上首条直飞台湾的航线。9月16日13点20分，台湾中华航空B737—800飞机降落在常州奔牛国际机场，并举行首航仪式，高雄航班开通。年内，常州还开通台中航线，实现常州至台湾北部、中部、南部三地的互通，三条航线共同构成每周6班往返的格局。（吕　翠）

物　　流

【概　述】 2015年，常州市完成公路货运量11070万吨、公路货物周转量1164174万吨公里，比上年分别增长3.4%和4.7%。全市货运物流发展不断提速。加快推进物流园区、中心规划建设，申报常州港现代国际物流园一期、常州航空物流园区一期、亚邦公路港、中国物流公路港甩挂联运枢纽中心一期4个交通运输部货运枢纽“十三五”规划建设项目和常州联运有限公司、江苏亚邦日用品物流中心有限公司2个江苏省农村物流示范点项目。江苏安邦物流有限公司（简称“安邦物流”）和江苏政成物流股份有限公司2家企业被纳入省级甩挂运输项目库，其中安邦物流和常州融达现代物流股份有限公司（简称“融达现代物流”）组成甩挂运输联盟，被交通运输部确定为部级甩挂运输试点项目。7家企业入选江苏省交通物流协会组织的2014年度道路货运50佳质量信誉企业、国内水路货运20佳质量信誉企业及道路货运10佳质量信誉站场。

【安邦物流甩挂运输试点项目被认定为交通运输部主题性甩挂运输项目】 10月9日，江苏安邦物流甩挂运输试点项目作为江苏省公路网络型甩挂运输试点项目入选交通运输部公路甩挂运输第四批试点项目，这是常州市物流企业首次被认定为部级甩挂运输试点项目。该项目由安邦物流和融达现代物流联合报送，包括安邦物流和融达现代物流2个甩挂货运站场，均于2014年初开工建设，2015年初完成建设任务投入运营。该试点项目由安邦物流提供信息平台、车辆，融达现代物流提供货源，整合丹阳飓风物流股份有限公司和南通铭源物流有限公司的信息、货源、甩挂站场，实现资源共享、联合甩挂。该项目的实施有效提高了车辆使用效率和实载率，既节约公司运输成本，又减少能源消耗和碳排放。

【常州7家企业获评江苏省货运质量信誉企业】 12月25日，江苏盐道物流股份有限公司、中国物流有限公司常州分公司和江苏政成物流有限公司被评为全省道路货运50佳质量信誉企业；江苏盐道物流股份有限公司、江苏鑫泓船务有限公司被评为国内水路货运20佳质量信誉企业；江苏亚邦医药物流中心有限公司和凌家塘市场发展有限公司被评为道路货运10佳质量信誉站场。（葛振庆）

2016

信息化建设

Construction of Informatization

◆责任编辑　王　晶

信息化基础建设

【概　述】 至2015年年底，常州市城乡宽带接入能力、智能终端普及率及三网（电信、互联网、广电网）融合业务发展水平大幅提升，信息基础设施总体达到国家一类地区水平。全市4G覆盖率90%，城域网出口带宽1600G。按照《〈住宅区和住宅建筑内光纤到户通信设施工程设计规范〉常州市实施细则》开展光纤到户、共建共享的新建住宅小区项目总数90个，竣工交付项目30个。实现城市、镇光纤到户，农村光缆覆盖到自然村，全市城镇楼宇光纤通达率100%，城市、农村家庭宽带接入能力均为100兆，数字电视双向覆盖98%以上，互联网电视总用户近60万户。

无线城市建设。各运营商加快建设新一代移动通信网络，实现3G/LTE移动通信网的全覆盖。全市基站全网物理站点约有6156个。2014—2015年，常州电信和常州移动分别在全市开展免费WIFI建设，覆盖文化场馆、交通枢纽、体育中心、政务服务大厅、大型商圈、医疗机构、金融机构、星级酒店和星级景区9类公共区域。至年底，无线局域网接入AP（无线交换机）数近3万个，其中向公众免费开放的WIFI热点1200多个，AP数超过1.32万个，全市无线综合覆盖率98%。

信息管道建设。基本解决信息管道重复建设和无序发展的问题，各需求方采用购买、租赁的方式共享管道资源。全市完成基础信息管道集约化建设里程累计3560孔·公里，其中政府战略储备730孔·公里。

【基站集约化建设】 2014年11月27日，中国铁塔股份有限公司常州市分公司（简称“常州铁塔公司”）成立，全市通信市场实现无线网络资源统一规划布局。2015年8月31日始，常州铁塔公司全量接收常州电信、移动、联通3大运营商约5000座基站铁塔资产的管理和运营工作，同时根据3大运营商4G组网计划，在2015年完成5亿元投资计划及新建1115座基站、优化改造174座基站铁塔资源的工作。至年底，全市铁塔基站总数6156个，其中3500个为多制式网络共用基站。

【网络与信息安全】 7月起，常州市政府通过采购服务的方式，启动覆盖全境近800个政务和公共服务网站的安全监测预警通报工作。8月，市委网络安全和信息化领导小组成立。9月，市网络与信息安全协调小组组织开展为期一个月的网络安全检查，范围包括党政机关、人民团体及其直属单位，医疗卫生、教育、交通等重点行业的重要网络与信息系统，同时对社保业务系统、基层社区医疗系统、数字房产、港华燃气、安全生产监控预警5家关系国计民生的重要信息系统开展信息安全风险检查评估。市经信委面向全市开展使用WIFI、微信、手机支付等信息安全保障的宣教活动；连续3年开展全市信息安全员岗位专业培训，推动全市信息安

常州市信息安全员培训　（经信委　供稿）

市经信委开展个人信息安全保障宣传（经信委　供稿）

全员持证上岗制度的落实。（苏　英）

【常州通信行业管理办公室成立】 2月4日，常州通信行业管理办公室成立大会在常州市行政中心举行。常州通信行业管理办公室与江苏省常州专用通信局合署办公，一个机构2块牌子，编制归属省专用通信局，业务归属常州市委，专用通信局为省属事业单位。

常州通信行业管理办公室主要职责为，组织全市通信业贯彻落实通信业法律规范和有关政策，根据省通信管理局的授权履行监督管理职能，监测分析通信业运行态势，协调解决通信发展中的有关问题，促进当地行业发展；统筹行业资源，组织参与地方重要活动、重大事件的通信保障及防灾救灾活动；加强与地方职能部门的对接、协调和服务工作，统筹开展通信行业发展规划、信息通信基础设施建设规划，推进信息通信基础设施建设和共建共享工作；协调落实网络与信息安全、互联网行业属地化管理工作；加强电信市场监管，强化行风建设，保障用户权益；指导当地通信行业协会、互联网协会开展工作、促进行业自律；承办省通信管理局和地方党委、政府交办的其他事项。

【校园电信市场秩序规范】 6—12月，常州通信行业管理办公室组织开展校园电信市场秩序规范整治工作。与常州电信、移动、联通公司签订《常州市通信行业规范校园电信市场秩序责任承诺书》，要求各公司不邮寄“夹寄卡”（夹在大学新生录取通知书里的手机卡）、不送实物礼品、不诋毁竞争对手、不安排新生接站。对常州8所高校开学期间各大运营商的摊点进行巡查，重点查看业务流程、电话实名登记及二代身份证识别仪和实名制公告配备情况，及时纠正不规范行为。与行业协会合作，选择常州工学院新校区信息化建设项目作为试点，由各基础电信企业总经理以书面委托书形式授权常州通信行业协会，围绕“校建共享、共进共退”原则，统一协调接洽处置常州工学院新校区信息化建设合作项目有关工作，各公司不单独与校方接洽、建设。（吴亦斌）

【中国电信股份有限公司常州分公司概述】 2015年，常州电信下辖金坛、溧阳2个分公司以及武进区、常州经济开发区、新北区、天宁区、钟楼区5个营销中心，向客户同时提供各类基于有线和无线网络应用的业务和服务。全年实现运营收入21.5亿元，总用户规模突破400万户。新增FTTH用户18.9万户，新装宽带H用户占比97%。年内投资2.43亿元，常州电信4G网络覆盖面积2280平方公里，面积覆盖率60%，人口覆盖率92%。开展民政信息化专网改造项目，对全区所有镇街道和村社区实施改造，常武地区622个社区光纤改造覆盖率94%。（吴　波）

【中国移动通信集团江苏有限公司常州分公司概述】 2015年，常州移动下辖金坛、溧阳2个分公司及城区、武进、新北3个营销中心，为客户提供语音、增值及互联网、集团数据等各类通信业务服务，实现运营收入33亿元；有移动用户400万户，其中4G用户超200万户。建设4G宏站1400余个、室分1700余个，实现常武城区和金坛、溧阳城区及京沪、沪宁、宁杭高铁4G信号全覆盖。依托先进的第四代移动通信技术，助力常州整体信息化水平的提升，开发4G视频监控、4G应急指挥、4G新闻采编等一批信息化应用，广泛应用于企事业单位及市民工作、生活。年内，常州移动获“全国文明单位”称号。

【常州移动率先开通4G+网络】 9月1日，常州移动召开新闻发布会，正式宣布在常州率先开通4G+网络。4G+利用无线载波聚合技术，是4G向5G演进的重要技术，又被称为4.5G，网速最高能达到每秒200—300MB，是4G网速的2—3倍。至年末，常州移动4G+网络已覆盖全市各大高校校园、南大街公共广场和万达广场等公共区域。

（柏　桦　钱立成）

【中国联合网络通信有限公司常州市分公司概述】 2015年，常州联通完成主营收入4.9亿元，实现利润806万元。投资4.3亿元将核心路由器出口带宽提升至80G，新增基站1255个、室外直放站88个，新建大学校园WIFI热点4个、AP无线访问接入点设备450台，FTTH新增二级分光器端口4.5万个。推进“宽带中国·光网城市”建设，FTTH覆盖新老小区和楼盘120个，联通4G网络覆盖全市所有镇以及境内高速公路、国道和省道，基本建成融合有线宽带、4G、WIFI等多种接入方式，实现宽带天地一体化的新一代通信网络。

年内，常州联通整合利用云计算、物联网、大数据技术为企业、工业园区搭建工业化信息化共享平台，先后在4个园区23个企业间建立“企企通”平台，实现各类信息快速传递、数据资源交互共享、人工智能技术辅助决策，推动企业管理向信息化管理转变。常州掌上公交系统使用人数突破100万人，位列常州市互联网APP应用第二名。宽带用户装移机履约准时率95%，宽带用户障碍修复及时率95%，装机满意度96%。至年末，常州联通IP城域网网络丢包率为零，3G网络掉话率0.2%。（刘　坚）

智慧城市建设

【概　述】2015年，常州市智慧城市建设稳步推进，政府服务协同化、城市管理智能化、公共服务网络化、新兴产业融合化等取得明显进展。8月18日，市委、市政府出台《关于加快互联网经济发展的意见》，明确到2017年全面提升常州互联网经济发展整体水平的目标，提出重点发展“互联网+”工业、农业、商贸、金融、文化、旅游、交通、教育、卫生健康、公共服务十大领域。年内，出台政府购买政务云服务暂行办法，规范市级政府购买政务云服务的管理流程，有效保障政府投资信息化工程项目落地的信息基础资源需求，提高财政资金效益。26个政府部门85个信息化工程项目通过审核，总投资2.8亿元，比上年增长141%。常州市区域影像平台一期、常州市智慧城乡规划综合服务平台、常州市申请救助家庭金融资产信息专项核对系统、常州市社会视频图像信息共享平台、常州市食品药品监督管理综合服务平台、常州市四级联动公共服务平台等重大民生服务项目建成，医疗卫生、社区民生、公共安全等领域的信息化、智能化水平显著提升。（舒　克　仲雅芬）

【常州市与腾讯联手推进“互联网+智慧城市”建设】4月29日，在2015“互联网+中国”峰会上，常州市政府与深圳市腾讯计算机系统有限公司签署战略框架合作协议，联手开展“互联网+产业”“互联网+政务”和“互联网+民生”等多方面合作，建设普惠全民的“互联网+智慧城市”。“互联网+产业”包括在文化、医疗、金融、汽车等众多领域深入融合，促进产业转型升级；共同营造互联网创新创业环境。在“互联网+政务”方案中，政府主动开放窗口，成为信息提供者；腾讯连接政府信息开放平台与市民用户，让用户通过移动终端快速获取信息，享受各种便利。“互联网+民生”则通过微信提供的城市服务入口，将分散的城市生活服务功能集合到一起，成为手机一站式、全天候的民生服务大厅，市民只需动动手指，就能随时随地完成户政、签证、交通、医疗、水电煤缴费等十几项民生服务的办理。（吴　芳　舒　克）

【“常州发布”上线】10月，政府微信“常州发布”（微信号：changzhoufabu2015）上线试运行，并在“常州发布”上开通“常州政务”微信矩阵。“常州发布”整合市民日常需求较大的、分散在全市多个民生服务部门的热门业务应用，其中电力查询、电费缴纳、公交查询、学区查询、物价查询、航班查询、交通违章查询等12项功能均开通。“常州政务”微信矩阵则包括“中国溧阳”“金坛发布”“今日武进”“平安常州”等10个政府微信公众号。年内，“常州发布”政务微信吸引关注者近3万人。在2015腾讯全球合作伙伴大会“新局·新变—2015‘互联网+智慧城市’”论坛上“常州发布”获“互联网+智慧城市”奖。（舒　克　杨　谦）

【四级联动公共服务平台启用】12月30日，常州市四级联动公共服务平台启用。该平台依托常州市城乡社区综合管理和服务信息化系统，新增相关功能模块，并借助电子政务服务网络和系统大数据库，高效受理和处置社区居民提出的公共服务诉求。市、辖市区、镇街道、村社区设立本级派单中心，各级业务部门明确具体责任人员。城乡居民可通过网上社区、电话、社工走访现场反映等渠道提出公共服务诉求，其中网上社区提出诉求由居民自己操作，电话或现场提出诉求由社工通过手机APP、系统后台等方式录入信息。信息进入平台后，由各级派单中心按照权限进行派单操作，各职能部门接单处理并反馈结果。平台制定完整的接收、流转和办理流程，实现纵向到底、横向到边全覆盖。（王　晶）

【市民卡工程】2015年，常州市稳步推进市民卡一卡通和支付等工作，推出在线充付系统、手机龙城通APP和微信客服等服务，实现市民卡、龙城通卡在线充值、交易查询和业务咨询等功能。手机龙城通业务累计开通近5万户，在市区114个自助银行开通市民卡ATM自动充值、圈存等服务。12月31日，省交通一卡通发行，实现省内公交互联互通。（舒　克）

两化融合

【概　述】2015年，常州市规模以上企业利用信息技术开展设计、生产、管理、创新和电子商务活动的比例为65%，企业成套设备和整机产品信息化率45%；区域两化融合发展水平指数98.81，位列全省第四，信息化和工业化融合正向深层次发展。

深入开展智慧企业培育工作，新增常州市智慧企业12家、常州市初级智慧企业38家。鼓励和引导企业走内涵式发展道路，推动制造业数字化、智能化、网络化发展，认定常州市首批智能工厂（车间）33个，12个常州企业车间成为第一批江苏省示范智能车间。全市新增工业和信息化部两化融合管理体系贯标试点企业7家、市级贯标试点企业5家，438家规模以上企业开展两化融合评估诊断和对标引导工作。新增两化融合省级示范企业7家、试点企业30家，江苏昊邦科技有限公司、常州红梅乳业有限公司分别被列为江苏省两化深度融合创新示范企业和试点企业。武进国家高新区、常州信息产业园通过省两化融合示范区复核，常州西太湖电子商务产业园和常州科教城成为首批省市共建江苏省互联网产业园，常州信息职业技术学院成为首批省市共建江苏省互联网众创园。至年末，常州有国家级两化深度融合试验区1个，省级两化融合服务产业示范园3个，省级两化融合示范区5个、试验区2个。市经信委围绕智能制造、互联网经济以及特色产业发展等组织申报省工业和信息产业转型升级专项资金，全年有17个项目获省级专项资金总计1000万元。举办20场专题培训，

“工业4.0”与“中国制造2025”(常州)国际论坛 (经信委 供稿)

受众1000余家企业5000余人。深入推进大中型企业首席信息官制度普及工作，广泛开展首席信息官职业培训和交流，针对企业普遍存在的信息化瓶颈问题开展研讨，总结经验，互通成果，共同提高。江苏雷利电机股份有限公司的袁卫军、常州宝捷电机制造有限公司的任和中被评为江苏省优秀CIO(首席信息官)，任和中还获工业和信息化部优秀CIO表彰。

【软件产业】 2015年，常州市软件产业继续保持快速增长态势，完成软件业务收入501.6亿元，增25.3%。西太湖电子商务产业园和常州科教城成为首批省市共建江苏省互联网产业园，常州信息职业技术学院成为首批省市共建江苏省互联网众创园。常州创意产业基地电子商务特色产业方向获省认定和支持，常州信息产业园嵌入式软件特色产业方向获省鼓励发展。江苏国光信息产业股份有限公司再次入选中国软件业务收入百强。常州市翔云测控软件有限公司、江苏唐恩科技有限公司获第十三届省优秀软件产品奖金慧奖。江苏国光信息产业股份有限公司、江苏振邦智慧城市信息系统有限公司、江苏启航开创软件有限公司、江苏鑫亿软件有限公司、江苏同步信息技术有限公司、常州安易软件有限公司6家企业通过工业和信息化部ITSS(信息技术服务标准)认证。常州买东西网络科技有限公司(淘常州)被评为2015年度江苏省互联网十大风云企业。全市10家企业进入首届i创杯江苏省互联网创新创业大赛决赛，江苏鑫软图无线技术有限公司、常州天正工业发展有限公司获二等奖，复材(江苏)电子商务有限公司、江苏海之客农业发展有限公司、常州果联科技有限公司、常州星云网链信息技术有限公司4家企业获三等奖。常州爱尔威智能科技有限公司的C2C、B2C电商应用等7个项目获省软件和云计算项目资金扶持。 (余亮明)

【制造业企业电商拓市】 2015年，常州市把电子商务作为推动企业两化融合的重要抓手，围绕传统制造业电子商务转型这一示范工程，全面推进企业自建平台或依托第三方平台开展电子商务活动，7家企业电商平台建设项目获省工业和信息产业转型升级专项资金扶持。培育重点电子商务平台发展，服务制造业生产要素配置、供应链管理和模式业态创新。常州香传电子商务有限公司开发的江苏省电子商务移动应用公共服务平台被评为2015年度省级重点电子商务平台。支持新阳科技集团化工电子合约交易中心、润源经编世界网行业平台等有线上规模、有发展潜力的重点行业龙头型特色B2B(Business To Business，指进行电子商务交易的供需双方都是商家)电子交易平台和其他创新服务平台建设。 (王瑞恒)

【“工业4.0”与“中国制造2025”(常州)国际论坛】 9月23日，“工业4.0”与“中国制造2025”(常州)国际论坛在常州举行。工业和信息化部规划司发展处处长姚珺、德国弗劳恩霍夫应用研究促进协会资深专业研究员和资深咨询专家斯蒂芬·威勒、香港大学教授黄国全、沈阳新松机器人股份有限公司总裁助理刘长勇分别就《中国制造2025》纲要内涵、德国“工业4.0”、物联网发展和智能制造进行主题演讲。全市相关部门、企业代表等近500人参加论坛。 (吴 芳)

电子商务

【概 述】 2015年，全市电子商务交易额1700亿元，比上年增47.8%，其中，B2B交易额1450亿元，网络零售额250亿元。全市电子商务服务企业超过200家，电子商务服务业业务收入46亿元，比上年增41.5%。全市规模以上快递服务企业业务收入累计完成17.4亿元，增40%，业务量累计完成11709.6万件，增46.9%。

新阳化工电子合约交易平台(www.newsolarcce.com)、红眼兔复合材料垂直电子商务交易平台(www.hongyantu.com)等一批平台型电子商务企业扎根本土，服务全国。其中，新阳化工电子合约交易平台2月上线，年内实现交易额343亿元；红眼兔复合材料垂直电子商务交易平台7月上线，年内实现交易额21.3亿元。电子商务代运营服务商江苏蓝火翼网络科技有限公司、技术服务商常州香传电子商务股份有限公司、跨境电商服务商江苏嗨购网络科技股份有限公司、网络营销服务商四海商舟电子商务有限公司和常州市中环互联网信息技术有限公司、电子商务培训服务商常州品诚网络科技有限公司以及创意美工服务商常州云图网络科技有限公司等一批电商服务外包企业，基本形成较为完整的电子商务服务产业链。

年内，市商务局先后举办中国(常

2015 年度获省级以上电子商务平台认定单位

平台名称	获评单位
2015—2016年度国家级电子商务示范基地	常州创意产业基地
2015—2016年度国家级电子商务示范企业	常州买东西网络科技有限公司
2015—2016年度省级电子商务示范基地	常州创意产业基地 常州西太湖电子商务产业园
2015—2016年度省级电子商务示范企业	常州买东西网络科技有限公司 江苏蓝火翼网络科技有限公司 江苏贝尔装饰材料有限公司 常州易呼通物流科技有限公司 常州天仁文化传媒有限公司
省级农村电子商务示范县	武进区
省级农村电子商务示范村	武进区雪堰镇太滆村、横林镇庆丰村 溧阳市戴埠镇李家园村 金坛区朱林镇朱林村
首批省级电子商务人才培训基地	常州市西太湖电子商务职业培训学校 常州品诚网络科技有限公司 常州信息职业技术学院

（徐　丽）

州）电子商务应用发展年会、2015中国（常州）跨境电商全球峰会，在杭州举办2015常州电子商务产业招商引智推介会。

【常州首届移动互联网大会】 1月10日，为推动全市互联网行业协作发展，促进传统企业互联网化、电子商务化，吸引北京、上海、广州、深圳常州籍人才回流，激发大众创业万众创新，由常州市电子商务协会主办的常州首届移动互联网大会在常州创意产业基地召开。大会主题为"互联互通，跨界融合"，国内知名互联网专家、学者和常州互联网创业者、企业家围绕自媒体、社交平台、本地O2O、移动电商、P2P金融、智能硬件、互联网人才、创业孵化等话题展开探讨。（王瑞恒）

【12349平台牵手淘常州】 4月8日，市民政局、钟楼区政府与常州买东西网络科技有限公司（淘常州）正式签约，开展三方合作，12349平台将由市民政局和钟楼区监管，淘常州负责运营。三方合作后，12349预约服务的方式将从1部电话拓展到金坛、溧阳、武进、新北、钟楼、天宁6个虚拟养老平台分中心，市民不仅可以通过12349热线，还可以利用楼口实体店、淘常州网站、楼口手机APP、微信、微博的渠道，预约12349平台和淘常州的服务。全新的12349平台实施分类合理化、资源信息化、服务标准化、时间定量化、价格透明化的"五化战略"，推行网上支付和结算系统，同时在高额的领域（如月嫂）尝试和银行合作，让市民可以采取分期付款的方式购买服务。

（王　晶）

2015 常州电子商务产业招商引智推介会在杭州举办（经信委　供稿）

网络媒介

【概　述】 2015年，市委宣传部围绕市委、市政府中心工作，向重点网站推送常州报道1万余条，围绕纪念抗日战争胜利70周年、"文化100"等重大活动和"魅力常州精彩故事"，制作网络新闻专题近50个；推出"常州发布"政务微信和头条号。版主沙龙、网络问政常态开展，有效加强政民沟通。组织常州网友参与"2015中国好网民"流行语与故事征集活动，获全国一等奖。"你我共享，互联网+"系列活动获第三届省网络文化季优秀项目一等奖。

【中国常州网】 2015年，中国常州网（www.changzhou.gov.cn）围绕中心工作，先后推出40余个专题报道。举办伟群杯首届网络诗歌大赛；组织常州网友参与"2015中国好网民"流行语与故事征集活动，获全国一等奖。将线上读书活动延伸至线下，在红梅公园设立龙博悦读小屋，被市委宣传部、市文广新局评为"常州最美书屋"。推出常州新闻和龙眼TV客户端，至年末，新闻客户端用户数超20万；新浪微博常州网关注者数突破50万。将发展重心由传统的电脑终端初步转到移动互联网终端，移动互联网主产品完成初步开发。常州网微信公众平台关注者数超20万；17家单位成为常州微信联盟新成员，常州微信联盟关注者140

多万。首次推出手机客户端专题，尝试新媒体可视化报道；开发面向未成年人的手机客户端"享去"。策划开发《常州地铁盾构侠》微信小游戏，2.7万人次参与。

年内，中国常州网先后被评为省优秀科普示范基地、2014—2015中国最具品牌唱响力传媒网站，获全国地方网站最具影响力品牌奖、中国最具人气的本地新闻手机客户端等荣誉。

【中吴网】 2015年，中吴网（www.zhong5.cn）日均访问量超120万人次，会员人数超86万人，实名认证会员约20万人；中吴网官方微信关注者数突破28万，"中吴论坛"手机客户端2015年改版升级，"无线常州"手机客户端更新至3.0版本。

年内，中吴网在网页客户端和手机客户端共推出45个专题。围绕全市各项重点工作，先后推出2015第十届中国常州先进制造技术成果展示洽谈会、"魅力常州"、2015中国常州科技经贸洽谈会、2015中国（常州）国际动漫艺术周、"产城融合进行时"等新闻专题；突出全市重点工作的中心地位，围绕发生在常州身边的热点事件，制作包括《"小巷总理"许巧珍》《我们的节日》《直击2015常州特大暴雨》等民生类专题；推出"2015常州两会"专题，网络直播"两会"开闭幕式。创作视频节目《@中吴》60期和《小菊花课堂》16期。配合常州广播电视台，开展"一袋牛奶的暴走""荧光跑"等公益活动。小记者团规模突破2000人。

【化龙巷】 至2015年末，常州化龙网络科技股份有限公司旗下化龙巷网站（www.hualongxiang.com）有注册用户350万，日均访问用户近40万，全面覆盖常州主流人群。网站旗下APP下载量突破50万，公众号关注者数量突破55万。6月，创办常州千帆网络科技有限公司（简称"千帆科技"）、常州航加网络科技有限公司（简称"航加科技"）2家子公司。千帆科技定位于移动开放平台，致力于传统媒体的移动互联网化转型，帮助其打造属于自己的移动端，客户遍布全国近100个城市；航加科技定位于商业化服务平台，通过整合大行业O2O（Online To Offline，指将线下的商务机会与互联网结合，让互联网成为线下交易的平台）导购、本地生活服务、场景化分类信息服务、互动营销等解决方案，与千帆科技共建移动生态体系，致力打造成熟、完善的服务体系。年内，常州化龙网络科技股份有限公司入选江苏省重点文化科技企业。12月，在新三板挂牌，成为常州第一家在新三板上市的互联网企业，证券简称"化龙网络"，证券代码835034。（杨　谦）

无线电管理

【频率台站管理】 2015年，江苏省无线电管理局常州市管理处（简称"无管处"）加强频率资源的科学配置和台站规范管理，根据新频率规划要求，制定常州市频率资源统计表，严格执行12.5K频率城市复用的指配方式，利用新规划的30个单频组网无主台专向对讲共同频率。年内，市无管处完成行政许可10件，指配频率21个，收回频率22个，新设台站73个，撤销台站162个；举行业余无线电操作证A类和B类考试3次；完成32名业余爱好者换证工作。联合市公安局等职能部门，查处伪基站案件2起；取缔非法调频广播电台8处，查处"黑广播"（即未经无线电管理部门批准、私自架设的广播电台，属于非法广播）案件2起。

【日常监测检测和干扰查处】 2015年，市无管处认真执行无线电监测制度和规范，按时完成月度监测任务，累计监测时间13195小时。其中，频段占用度监测7827小时；重点频率保护性监测5368小时；预指配频率监测30组，累计监测时间351小时，新设台（站）预指配频率监测率100%。贯彻落实台（站）设施检测制度，对157台新设台（站）设备进行检测，新设台（站）检测率100%。受理无线电干扰申诉11起，解决11起，排除率100%。全年保障各类考试19次，未发现利用无线电进行作弊行为；圆满完成春运、"两会"、环太湖国际公路自行车赛、京沪高铁、沪宁城际高铁和宁杭高铁常州段无线电安全保障任务。

【无线电法制、科普宣传】 2015年，市无管处巩固完善网络、电视、广播、报纸、杂志、户外、社区以及科普基地8大宣传载体。利用市医院、商场等公共区域296处液晶电视播放专题宣传片，受众量10万多人次；9月无线电管理宣传月期间，每天24小时在全市3000多辆出租车的LED屏上滚动播放宣传标语；开展无线电管理进校园、进社区等活动，张贴宣传海报40余幅，发放各类宣传品300余件。（张世欣）

高考无线电安全保障（无管处　供稿）

2016

财政 税务 审计

Finance, Tax & Audit

◆责任编辑　汪旭东

财　政

【概　述】 2015年，常州市一般公共预算收入466.28亿元，较上年增7.5%；一般公共预算支出485.33亿元，增支50.4亿元，较上年增长11.59%。

促进经济平稳发展，推动产业转型升级。全年落实各类税费优惠298.61亿元，累计取消、停征和调整行政事业性收费项目166项，减轻企业和社会负担7.68亿元。市级财政共投入专项资金6.36亿元，推进工业经济"三位一体"发展战略和支持战略性新兴产业、现代服务业发展提速及新能源汽车推广。投入资金3.8亿元支持人才创新创业和科技创新，推进"龙城英才计划"和常州科教城建设、产学研合作等科技项目实施。清理整合目标、用途相同或相近的专项资金，减少无偿支持政策，通过拨款改投资、拨款改保险等方式扩大专项资金的有偿使用规模。加强对龙城英才创业引导基金等创投基金的管理，撬动社会资本12.09亿元支持初创期科技型企业和小微企业发展。运用创投引导资金、科技贷款风险池、应急专项资金、"文创贷"(通过"政府+金融机构"的合作模式，为常州地区中小微文化企业融资提供支撑)、"周转贷"(新型金融服务产品，为符合转贷条件的贷款企业提供贷款转贷资金支持)等财政金融工具，引导金融机构增加企业信贷投放158.09亿元，缓解企业资金链风险。

着力保障民生改善，推进和谐社会建设。全市民生支出占一般公共预算支出的77.1%。全市各级财政筹集支农资金37.83亿元，其中市级6.12亿元；进一步整合"三农"专项资金，市级财政安排1.89亿元支持农村基础设施、重点水利工程和城市防洪建设，安排1.01亿元推进国家农业现代化示范区建设。全市教育支出76.82亿元，其中市级财政支出19.95亿元。全市就业、社会保障和医疗卫生支出86.53亿元，其中市级财政支出22.67亿元。投入资金15.37亿元用于住房保障、交通便民、历史文化名城创建、大型体育场馆和文化场馆实施低收费及免费开放、公共卫生应急中心建设、工人疗养院异地新建、动物无害化处理、治安防控体系建设等社会事业基础设施项目实施，安排住房保障资金2.27亿元对列入政府改造计划的危旧房、城中村和低洼地进行改造。安排市级城市长效综合管理专项资金8.75亿元。安排生态城市涉及项目建设专项资金5.13亿元，配合相关部门积极向上争取部、省节能减排、环境保护资金4.95亿元。

深化财税体制改革，构建现代财政制度。除涉密内容、涉密部门外，辖市区以上政府预决算、部门预决算及"三公经费"预决算全面公开并细化公开内容，部门支出按"功能分类"反映到项级科目、按"经济分类"明细反映经济性质和具体用途，部门收入来源、收入预计、支出用途等收支预算整体情况由各部门用文字进行解释说明。编制由一般公共预算、政府性基金预算、国有资本经营预算和社会保险基金预算构成的全口径预算，将所有政府收支纳入预算编制范围。建立国有资本经营预算管理制度，加强政府性基金预算与一般公共预算衔接的力度。对同一项目，优先通过政府性基金和国有资本经营预算安排，不足部分由一般公共预算安排。加大政府性基金调入一般公共预算统筹使用的力度，将地方教育附加费、文化事业建设费、残疾人就业保障金、地方水利建设基金、政府住房基金、无线电频率占用费等政府性基金转列一般公共预算。进一步细化、完善国有资本经营预算，扩大编制范围，逐步提高国有资本收益上缴比例，按规定安排相关支出。设立预算稳定调节基金，构建财政跨年度平衡机制。将一般公共预算"超收"、净结余按规定补充至预算稳定调节基金，用于年度预算追加调整及弥补以后年度收支赤字。盘活财政存量资金，加强对一般公共预算、政府性基金预算、上级专项转移支付、部门预算结余结转资金和财政专户结余资金管理，按照年限分类界定后收回预算统筹用于急需项目。清理压缩单位暂存款规模，将暂存款清理后历年结余作为来源编入下年部门预算。按照一般债务和专项债务对政府性债务实行分类，对省政府下达的转贷地方政府新增及置换的一般债券、专项债券分别纳入一般公共预算及政府性基金预算管理，妥善安排好还本付息来源。根据行政区划调整的总体部署，做好纳税征管、国库调整以及预算、结算和决算的衔接工作，确保行政区划调整前后财税工作有序衔接、国库资金安全运行。推进政府与社会资本合作（PPP）模式，常州市财政部门开展项目筛选、专题培训、宣传指导、项目推介等一系列工作，建立市级PPP管理中心，有序推进PPP工作。引进社会资本47亿元，推进天宁养老服务中心、常溧高速公路、常宜高速公路、金坛供水及管网改造4个省级PPP项目库项目建设。其中，天宁养老服务中心和金坛供水及管网改造项目已落地。2015年常州市新入选省级PPP项目库试点项目8个。强化财政监督管理。推进财政预算安排总额在100万元以上的项目的专项支出绩效管理，加强政府专项资金监督管理，提升政府采购、行政事业性资产、法治建设等各项财政管理工作水平。

【财政收支】 2015年，常州市完成一般公共预算收入466.28亿元，比上年增收32.4亿元，增7.5%，呈平稳增长态势。其中，税收收入373.7亿元，增收25.33亿元，增7.27%；非税收入92.58亿元，增收7.07亿元，增8.27%；税收比重80.14%。增值税、企业所得税、营业税、个人所得税、契税五大主体税种支撑作用明显，完成286.06亿元，增9.84%。

全年全市一般公共预算支出485.33亿元，增支50.4亿元，比上年增11.59%。

【国库集中收付改革】 2015年，常州市进一步扩大财政直接支付范围，完善直接支付无纸化，推进地税、工商、质监、药监等部门的国库集中支付工作，市级预算安排的财政资金通过国库集中支付系统进行拨付。加强公务卡管理，继续推广公务卡结算方式。2015年市本级共有383个预算单位采用公务卡结算方式，新增公务卡3467张；累计21180张，比上年增19.57%；累计刷卡17235笔，增5.45%；预算单位现金支出26550万元，降25.74%。市财政部门积极开展市本级行政事业单位暂存款清理工作，相继出台《关于开展市级行政事业单位暂存款清理工作的通知》《关于进一步规范市级行政事业单位财政非税专户资金管理的通知》等配套文件，将实行市级财政专户收支两条线管理的377家行政事业单位全部纳入清理范围。通过全面清理暂存款存量沉淀资金，摸清市本级行政事业单位暂存款存量规模，建立起全市行政事业单位暂存款管理的预算安排约束机制和长效管理机制。

【公务机票购买管理改革】 3月，市财政局出台《关于市公务机票购买管理改革有关事项的通知》，12月30日起正式实施公务机票购买管理改革，范围包括全市各级机关、事业单位和团体组织工作人员，以及使用财政性资金购买公务机票的其他人员。改革后，国内、国际机票全部纳入政府采购范围，机关、事业单位人员可优先购买政府采购方式确定的国内航空公司航班优惠机票，购票渠道有三种：购票人用公务卡在政府采购机票管理网站（www.gpticket.org）直接购买；在公务机票直销机构（代理机构）购买；在上述两种渠道以外购买更低市场价的机票。

【政府购买公共服务改革】 2015年，常州市财政部门进一步完善政府购买公共服务制度，拓展政府购买公共服务的范围和项目，采购规模迅速扩大。教育、科技、农业、旅游、经济建设、工贸、社保等领域在养老、信息化、规划、教育、物业、环保、科研、市政绿化、设备租赁、水利、工程建设等方面开展政府购买公共服务，实施了新孟河延伸拓浚、常州市区环卫作业、常州市社会保障等大型服务项目。全年市级政府

2015年常州市分地区财政收入完成情况一览表

地区	年度预算（亿元）	全年实绩（亿元）	占年预算（%）	比上年	
				增减额（亿元）	增减率（%）
全市	462.00	466.28	100.93	32.40	7.47
其中：市本级	55.30	55.22	99.85	-1.04	-1.85
金坛区	34.90	36.15	103.58	6.03	20.03
武进区	139.00	140.38	100.99	10.41	8.01
新北区	97.10	97.59	100.51	6.81	7.50
天宁区	44.40	44.79	100.87	2.56	6.05
钟楼区	35.60	35.97	101.03	2.07	6.09
溧阳市	55.70	56.19	100.87	5.57	11.00

注：统计表所有数字均根据行政区划调整后的归属进行统计，并对同比数字进行了修正。

2015年常州市分地区财政支出完成情况一览表

地区	年度预算（亿元）	全年实绩（亿元）	占年预算（%）	比上年	
				增减额（亿元）	增减率（%）
全市	526.32	485.33	92.21	50.40	11.59
其中：市本级	142.10	124.18	87.39	8.76	7.59
金坛区	48.09	46.59	96.88	9.13	24.37
武进区	150.65	141.72	94.07	10.55	8.05
新北区	66.44	63.02	94.85	8.42	15.43
天宁区	25.67	24.60	95.83	4.20	20.58
钟楼区	26.54	23.84	89.84	4.96	26.28
溧阳市	66.83	61.38	91.85	4.38	7.68

注：统计表所有数字均根据行政区划调整后的归属进行统计，并对同比数字进行了修正。

采购公共服务项目涉及预算28.75亿元，实际完成采购金额26.47亿元，节约资金2.28亿元，节约率7.91%。

【行政事业性收费管理】 2015年，常州市取消行政事业性收费43项，停征行政事业性收费15项，减轻企业和社会负担4020.86万元，其中市本级减少行政事业性收费1242.65万元。至年底全市累计取消、停征及降低行政事业性收费（包括政府性基金）166项，减轻企业和社会负担7.68亿元，其中市本级1.09亿元。

【政府性基金预算编制】 2015年，按照《国务院关于印发推进财政资金统筹使用方案的通知》，常州市加大政府性基金调入一般公共预算统筹使用的力度，在将地方教育附加费、文化事业建设费、残疾人就业保障金、防洪保安资金等政府性基金列入一般公共预算统筹使用的基础上，将政府住房基金、无线电频率占用费等政府性基金也列入一般公共预算。2016年市级政府性基金预算收入108.51亿元，加上预计上级补助及下级上解收入、上年结转等，预计政府性基金总收入112.45亿元，除上解上级支出0.02亿元外，其余112.43亿元全部安排支出，其中国有土地使用权出让支出预算97.65亿元。

【政府性债务管理】 2015年，常州市加强政府性债务管理工作，推动债务管理网络建设。完善政府债务数据统计，做好债券发行基础工作，稳步推进存量债务置换，争取新增政府债券额度。完善全市政府性债务报表体系，加强债务风险分析预警，形成债务报告制度。加强政府融资规范性审核，创新融资方式，设立城市产业发展基金。加大政府回购力度，提高直接融资比重，降低融资成本。加强土地储备融资规模控制卡管理，合理确定土地储备融资规模。

【财政推进"三位一体"战略】 2015年，市区两级财政安排"三位一体"发展战略促进工业企业转型升级专项资金6亿元，其中市级财政安排3亿元。全年市区两级财政部门实际下达"三位一体"专项资金4.42亿元，推进全市的工业转型升级和创新发展，主要是兑现2014年第二批"三位一体"专项资金项目519个，其中分别向450个设备购置补助项目、22个"机器换人"示范项目、47个首台(套)重大装备及关键部件项目下达资金3.16亿元、0.26亿元、0.1亿元。

【竞争性领域扶持方式改革】 2015年，按照国家逐步取消竞争性领域专项资金扶持的要求，常州市财政部门继续加大改革力度，对投向竞争性领域的专项资金进行整合，转变财政支持企业发展的方式。相继设立创业投资引导基金、龙城英才创业投资引导基金、江苏新材料产业创业投资基金、常州麒耀创业投资基金，总规模5.25亿元。通过阶段参股、跟进投资等方式运作，与社会资本合作成立创投基金（企业），撬动社会资本12.09亿元，围绕常州市十大产业链，累计直接和间接投资创业企业153家，投资金额11.06亿元。设立新兴产业科技担保引导资金，通过招标向2家民营担保公司注资5000万元，引导民营担保公司累计为803户科技型中小企业提供融资担保,担保金额31.05亿元。设立委托借款专项资金，实施"拨改贷"，变无偿资助为有偿扶持，首期资金规模7500万元，用于支持科技型中小企业研发、产品中试和市场推广，累计发放借款18820万元。与银行合作设立风险池，按一定比例共同投入资金作为风险补偿的来源，引导金融机构加大科技型中小企业信贷投放,如果出现企业无法偿还贷款的情况，则由风险池资金承担该部分损失，首期资金规模9000万元。

【财政应急转贷资金管理】 2015年，市财政部门以政府应急专项资金为70户企业转贷168笔，金额25.71亿元，累计转贷1013笔，金额142.9亿元，有效缓解了企业资金紧张的矛盾，稳定了企业生产经营，阻止了担保链风险范围扩散。2012年，常州市财政部门设立政府应急专项资金3.5亿元，专门用于为市区高新技术企业、星级以上工业企业等转贷，对企业实行优惠利率。

【教育经费保障】 2015年，常州市继续设立学前教育专项经费1500万元，用于引导和扶持优质幼儿园创建、新建和改扩建幼儿园奖补等。完善帮困助学体系，普通高中国家助学金从每生每年1500元提高到2000元，中等职业学校国家助学金从每生每年1500元提高到2000元，小学生活费补助从每生每年1000元提高到1500元，初中生活费补助从每生每年1250元提高到2000元。落实免学费政策。继续对义务教育阶段学生免收学杂费，并免费提供教科书、作业本；继续实施普通高中残疾学生和中等职业学校学生免学费，安排中等职业学校免学费资金4700万元。推动教育布局调整和现代化学校建设，根据《常州市加快市属学校建设三年行动计划（2015—2017年）》要求，加快市属学校建设改造步伐，多渠道筹措学校建设专项资金，共安排资金6亿元。全面化解教育部门高中阶段债务，化解市级教育部门高中阶段债务2.72亿元。

【城乡社会保障】 2015年，常州市社会保障和就业支出55.26亿元，其中市本级支出13.26亿元。全年安排创业就业资金1.6亿元；发放小额贷款177笔共计6323万元，比上年增长122%，团市委的青年创业贷款也纳入小贷范围。居民医保财政补助从350元/人提高到400元/人，城区31.47万人受益。低保标准从每人每月620元提高到670元，城区约1.1万人受益。城区287个"三无"（由民政部门收养的无生活来源、无劳动能力、无法定抚养义务人的公民）人员、175个孤儿全部由政府供养，每月的供养标准在上年基础上又提高10%，分别达到每月1230元、1540元。

【医疗卫生支出保障】 2015年，常州市医疗卫生与计划生育支出38.51亿元，其中市本级支出12.51亿元。市级公立医院正式实行零差率销售，市财政追加预算安排零差率销售专项补贴资金1000万元，并联合市卫计委、市人社局联合出台《关于完善政府卫生投入政策的指导意见》，划定对医疗卫生财政投入的范围边界，明确投入方向、补助内容、补助责任。统筹安排高层次卫生人才引导和培养专项资金1500万元，整合设立传染病防治专项资金1360万元。

【城乡一体化资金保障】2015年，市级财政部门安排资金3550万元，支持开展茅山老区“百千万”帮扶工作，推进9个中心镇基础设施和公益事业项目建设，开展10个美丽乡村示范村建设，扶持镇、村物业和村级增收项目34个、创千万元村项目2个，全市村级集体经营性收入25.69亿元，村均326.8万元，年收入千万元的村40个。下达专项资金230万元推进实施8个“四有一责”示范村、10个农村公共就业服务示范村建设和全市农村村庄环境长效管理。全年全市实施道路、小型水利设施、环境整治、农村文化体育设施、路灯、农桥等村级公益事业建设项目367个，总投资1.47亿元，其中各级财政奖补6919.5万元，占总投资的47%，全市44个镇239个村73.47万人受益。

【支农惠农】2015年，市级财政部门促进农业转型升级，整合资金5925万元，支持高效设施农业生产基地、市级现代农业产业园区、外向型农业和休闲观光等农业项目建设。加强农业基础建设，投入资金6245万元，支持农村水利建设、高标准农田建设和农村小型公益设施建设。推进水利现代化建设，安排1.27亿元，建设一批重点水利工程。深化农村改革，安排资金1550万元扶持农民专业合作组织，引导农村土地有序流转，全面推进农村土地承包经营权确权登记颁证。构建农业防灾减灾体系，安排资金3210万元支持森林防火防虫、动物防疫体系建设、农业保险和农业抗灾救灾，积极预防和减少农业灾害造成的损失。提升农村生态文明建设，安排专项资金2413万元，对全市水稻种植面积超过2000亩的行政村实施生态补偿86.11万元，对16.4万亩市级生态公益林按每亩25元予以补偿。

【行政事业单位国有资产管理】2015年，常州市财政部门出台《关于印发常州市市级行政事业单位国有资产处置收入内部操作规程的通知》，规范行政事业单位资产处置收入和支出管理。完成对全市174家单位的3263项国有资产公开招租审批事项，实现租金年收入10481万元，总收入20394万元，分别比上年增长12.54%、37.93%。对1131家市区独立编制的行政事业单位开展资产数据统计分析工作，做好88家行政事业单位所属企业和38家文化企业年度财务报表统计分析和重大事项审批工作。

【财政预算绩效管理】2015年，常州市级财政部门全面完成19个全过程绩效管理及3个后评价标准管理模式的绩效评价工作，其中对“三位一体”产业扶持、人才专项、基本公共卫生专项等9个重点项目实施重点评价，完成经济发展类及重点民生类项目服务对象满意度调查34个。

【财政综合检查】2015年，市财政部门开展各项财政检查30次，参检单位32户，查出违规资金合计1.02亿元，对16家单位下达处理意见，下发行政建议书23份，追回财政资金222万元，清理补缴财政专户资金3891万元。

【会计管理】2015年，常州市会计考试中心建成投用，并采用桌面虚拟化技术用于会计考试。发布《关于加强代理记账机构管理工作的通知》，严格规范设立审批、信息变更和年度报备等管理流程，对加强执业质量监督和业务培训提出要求。组织开展2014年度代理记账机构报备工作，15家代理记账机构未按时完成报备。对代理记账机构进行监督检查，重点抽查代理记账机构17家，对检查中发现的问题提出整改要求。年内，常州市101人获高级会计师资格。

【产权交易】2015年，常州产权交易所累计完成交易项目888项，成交金额9.2亿元。其中，完成行政事业单位资产处置项目162项，成交金额560万元，平均增值率8.5%；完成行政事业单位房屋租赁项目482项，成交金额2.21亿元，平均增值率19.34%；完成国有股权交易7项，成交金额5278万元；完成国有企业资产处置、出租140项，成交金额3.34亿元。为配合常州市夏粮轮换入库工作，举办首场红小麦网络采购竞价会，完成1.5万吨红小麦的采购任务。全年完成粮食交易5.65万吨，成交金额2.99亿元。

【常州创业投资集团有限公司概述】2015年，常州创业投资集团有限公司完成融资、交易项目3140项，融资、交易额298.9亿元，分别较上年增40.33%和56.06%。全面推广市场化普惠转贷服务模式，全年办理各类转贷业务1408笔，为899家企业提供资金支持238.19亿元，增265.94%。创新开展应收账款质押贷款服务，针对拥有优质应收账款且有融资需求的中小企业，开发信贷产品“E信融”。稳步推进知识产权质押融资服务，帮助11家企业利用184项知识产权成功融资1.65亿元。布局互联网金融，联合江苏省海外企业集团有限公司、常州投资集团有限公司等大型国企、上市公司共同建立互联网金融平台。履行引导基金管理职责，向市引导基金管理委员会上报评审项目23个，拨付投资款项目13个，投资金额2150万元。集电子交易、电子招标采购、综合信息发布、资金结算、金融支持于一体的互联网交易平台E交易（www.e-jy.com.cn）上线，已有内蒙古、黑龙江、青海等地多家省级产权机构签约使用。区域性“四板”（区域性非上市企业股权托管交易市场）市场作用发挥较好，全年完成江南农商行等非上市企业股权交易14.64亿元。获工程招投标代理乙级资质，形成集工程、货物及服务三大类招投标服务于一体的综合平台。

（范一宁）

国家税务

【概　述】2015年，常州市国税系统组织收入397.34亿元，增8.82%。其中，海关代征进口环节增值税、消费税36.97亿元，增33.27%；国税部门直接组织税收收入360.07亿元，增收23.05亿元，增6.84%。国税部门直接组织税收收入中，含免抵调库增值税255.15亿元，增5.63%；不含免抵调库增值税194.65亿元，增4.62%；企业所得税80.17亿元，增10.92%；消费税5.98亿元，增53.59%；车辆购置税18.77亿元，下降2.78%。全年全市国税系统完成市级公共财政预算收入97.48亿元，增5.88%。

【税收征管】2015年，常州市国税系统以争创风险应对示范单位为抓手，以推广应用风险应对模板和法律指引为重点，全面落实省国税局税收管理改革。探索实施“集中选案、会审预案、团队查案、沟通办案、集体定案”的“五案”机制，落实集体决策、团队运作的要求，防范廉政、执法、税收流失三大风险。启动提升税收治理能力三年行动计划，分解落实目标任务，成立市县两级风险管理委员会，全年风险应对直接入库6.11亿元，抵减留抵1.88亿元，弥补亏损13.75亿元，风险应对户均成效增长16.15%，综合成果相对成效率13.32%。

【依法治税】 2015年，常州市国税系统推进税务行政审批制度改革，保留税务行政审批事项7项。制定税收法制清单，对重大行政决策、重要管理规定、重大执法事项进行合法性、合理性审查。严格规范权力运行，探索公职律师制度，完善和组建市国税局法律人才库，外聘法律顾问团队。以税收执法管理信息系统、综合监督考评信息平台为依托，构筑全过程、广覆盖、立体化、信息化的流程监控体系。推进稽查法制化建设，构建稽查质量控制体系，防范稽查干部执法风险，全面提升稽查干部依法行政能力。推进税务稽查专业化管理和现代化建设，规范稽查行为，增强稽查威慑力，以打击出口骗税和虚开等发票违法犯罪活动为重点，狠抓涉税案件的查处，至12月20日，全市稽查系统查结案件366户，累计查补入库12250万元，查处大要案40件，其中百万元以上大要案23件。

2015 年常州市国税局增值税、消费税分地区完成情况表

项　目	2015年实绩（万元）	2014年实绩（万元）	2015年比2014年	
			增减额（万元）	增减率（%）
全市合计	2611314	2454430	156884	6.39
市区小计（不含武进区）	1247814	1169179	78635	6.73
溧阳市	227098	247574	-20476	-8.27
金坛区	200484	179291	21193	11.82
武进区	935918	858386	77532	9.03

注：统计表所有数字都根据行政区划调整后的归属进行统计，并对同比数字进行了修正。

2015 年常州市国税局税收完成情况表

项　目	2015年实绩（万元）	2014年实绩（万元）	2015年比2014年	
			增减额（万元）	增减率（%）
税收收入合计	3,973,368	3,651,242	322,126	8.82
一、考核口径收入合计	3,600,672	3,370,216	230,456	6.84
（一）国内“两税”合计	2,611,314	2,454,430	156,884	6.39
1、国内“两税”	2,006,314	1,899,430	106,884	5.63
国内增值税	1,946,540	1,860,511	86,029	4.62
其中：改征增值税	97,555	88,774	8,781	9.89
国内消费税	59,774	38,919	20,855	53.59
2、出口免抵调库数	605,000	555,000	50,000	9.01
（二）企业所得税合计	801,693	722,743	78,950	10.92
（三）个人利息所得税	8	14	-6	-42.86
（四）车辆购置税	187,657	193,029	-5,372	-2.78
二、税务部门其他罚没收入	267	122	145	118.85
三、废弃电器处理基金	225	350	-125	-35.71
四、文化事业建设费	2,515	3,157	-642	-20.34
五、海关代征收入	369,689	277,397	92,292	33.27
附：出口退税	1,346,900	1,072,000	274,900	25.64
公共财政预算收入	974,841	920,732	54,109	5.88

【纳税服务】 2015年，常州市国税系统巩固纳税服务一体化格局，规范纳税服务机构职能配置，打破区域设置，实现集中化管理，将办税厅全部设在政府各级政务中心，清理延伸点。力推多元化办税方式，打破办税属地疆界，将原有10个通办事项扩充至6类17个事项，拓展非接触办税渠道，引导纳税人网上代开、网上发票交旧验旧申请，实施涉税文书邮政专递。全年配置自助办税终端187台，增加92台；发送短信352.15万余条，增54.45%；发送邮政专递8906件；单位纳税人网上办税注册用户98%以上，各类非接触式业务办理量占总业务量80%以上。搭建规范化体系支撑，规范纳税服务平台管理，规范到户调查，统一咨询服务热线，接听特服电话43026个，处理投诉转办事项52条。提供优质服务体验，施行导税服务、免填单服务、限时服务、延时服务和容缺后补、节假日急件加班服务等。建立健全对纳税人投诉和举报的处理机制，及时处理纳税人投诉。

【小微企业税收优惠减免】 2015年，常州市国税局落实小微企业增值税、所得税优惠政策，101183户小微企业增值税优惠实际减免增值税额3.18亿元，政策实际受惠面100%。其中，减免月销售额2万元以下、季度销售额6万元以下小规模纳税人增值税额2.26亿元，减免月销售额2至3万元、季度销售额6至9万元的小规模纳税人增值税额0.92亿元。至年底，有2.73万户企业申报享受小微企业所得税优惠，政策实际受惠面100%，累计减免所得税2.17亿元，户均减免所得税0.79万元，其中扩围涉及小微企业0.57万户，涉及减免所得税1.2亿元，户均减免所得税2.1万元。

【“营改增”效应显现】 至2015年底，全市有“营改增”试点纳税人2.85万户，2015年（财政年度）入库改征增

常州大学生创业税收服务中心揭牌成立（地税局　供稿）

值税9.75亿元。“营改增”减税效应8.86亿元，其中试点纳税人累计减税3.2亿元，试点纳税人对外提供应税服务开具增值税专用发票为接受服务一般纳税人减税5.66亿元。年内，企业更新设备和扩大投资的积极性大幅提升，全市0.94万户试点一般纳税人申报固定资产抵扣进项税额9.57亿元，折算新增固定资产投资56.29亿元，增1.33%。仅占全市一般纳税人12.22%比重的试点纳税人，其固定资产采购额占全市一般纳税人设备采购总额的31.48%。

【税收宣传】 4月，常州市国税局、常州地税局联合开展主题为“适应新常态，树立新税风”暨第24个税收宣传月活动，介绍便民办税系列服务措施。4—10月，常州市国税局、常州地税局联合举办大学生税收志愿者活动，与常州10所高校对接，为大学生配备大学生创业税务导师，并成立大学生税收服务中心。9月14日，“常州国税”微信公众号开通。

【银税合作】 2015年，常州市国税局建立银税合作机制，将纳税信用等级评价结果引入融资领域，开展“银税互动”，为守信纳税人提供信用贷款。推广省国税局与江苏银行联合推出的信贷产品“税e融”，纳税信用等级为B级以上符合条件的纳税人可以直接向江苏银行申请信贷。至年底，有704户企业成功申请发放授信金额3.3亿元，缓解小微企业的融资困难。（吴昀炜）

地方税务

【概　述】 2015年，常州地税局组织收入561.79亿元，增6.8%。其中地方税收收入358.91亿元，增长5.48%；非税收入202.88亿元，增9.21%。各项收入中，社保费入库175.05亿元，增12.57%，征缴率99.98%；公共财政预算收入297.53亿元，增长7.68%。

【纳税服务】 2015年，常州地税局以便民办税春风行动为工作主线，贯彻落实《全国税务机关纳税服务规范》，在编印《纳税服务规范操作指引》的基础上进一步统一服务规范。积极开展经济税收调研，围绕房地产业、建筑业、制造业等行业以及欠税管理、税收政策效应、重点税源态势开展专题税收分析，撰写完成各类分析材料100余篇，其中30余篇调研信息及稿件被中共中央办公厅、国务院办公厅和新华社内参及动态清样刊载。主动服务地方经济发展，扶持大众创业、万众创新，认真落实各类优惠政策，全年累计办理各类减免税51.89亿元，增24.53%。其中，高新技术企业减免12.54亿元，增51.82%；小微企业减免1.51亿元，增118.84%；改善民生减免8.99亿元，增43.84%。开展“互联网+”办税行动，加强多平台融合，实现常州地税官网和常州地税微信公众号的“纳税人学堂”同步更新，利用微信平台创新推出“微课堂”。完善纳税人办税能力评价体系，在房地产业、建筑业、中介机构、A级纳税企业4个类别中进行运用。深化纳税信用体系建设，搭建“税银互动”平台，助力小微企业发展。推进营业执照、组织机构代码证和税务登记证“三证合一”，全年4880户新办企业办理了登记有社会信用代码的营业执照，5174户企业变更登记。

【征收管理】 2015年，常州地税系统强化税源风险监控，构建以风险监控部门为责任主体，税政、征管科技等

2015年常州市地方税收收入分地区完成情况表

项　目	2015年实绩（万元）	2014年实绩（万元）	2015年比2014年 增减额（万元）	2015年比2014年 增减率（%）
全市合计	3589119	3402501	186618	5.48
一、市区合计	1792328	1731682	60646	3.50
1、市本级	470531	500138	-29607	-5.92
2、新北区	653922	623242	30680	4.92
3、钟楼区	291225	261519	29706	11.36
4、天宁区	376650	346783	29867	8.61
二、一市二区合计	1796791	1670819	125972	7.54
1、溧阳市	484943	456107	28836	6.32
2、金坛区	296543	257150	39393	15.32
3、武进区	1015305	957562	57743	6.03
其中：常州经济开发区	155856	155366	490	0.32

注：统计表所有数字都根据行政区划调整后的归属进行统计，并对同比数字进行了修正。

2015 年常州市一般公共预算收入分地区完成情况表

项　目	2015年实绩（万元）	2014年实绩（万元）	2015年比2014年	
			增减额（万元）	增减率（%）
全市合计	2766433	2566228	200205	7.80
一、市区合计	1348616	1296237	52379	4.04
1、市本级	310747	331740	-20993	-6.33
2、新北区	530535	496856	33679	6.78
3、钟楼区	226809	206173	20636	10.01
4、天宁区	280525	261468	19057	7.29
二、一市二区合计	1417817	1269991	147826	11.64
1、溧阳市	382347	344094	38253	11.12
2、金坛区	240907	200750	40157	20.00
3、武进区	794563	725147	69416	9.57
其中：常州经济开发区	120994	114484	6510	5.69

注：统计表所有数字都根据行政区划调整后的归属进行统计，并对同比数字进行了修正。

2015 年常州市省级收入分地区完成情况表

项　目	2015年实绩（万元）	2014年实绩（万元）	2015年比2014年	
			增减额（万元）	增减率（%）
全市合计	229145	219224	9921	4.53
一、市区合计	137880	135167	2713	2.01
1、市本级	114237	114481	-244	-0.21
2、新北区	7424	7674	-250	-3.26
3、钟楼区	1901	2153	-252	-11.70
4、天宁区	14318	10859	3459	31.85
二、一市二区合计	91265	84057	7208	8.58
1、溧阳市	26234	23745	2489	10.48
2、金坛区	17914	14491	3423	23.62
3、武进区	47117	45821	1296	2.83
其中：常州经济开发区	412	540	-128	-23.70

注：统计表所有数字都根据行政区划调整后的归属进行统计，并对同比数字进行了修正。

大学生税收志愿者选拔赛 （地税局　供稿）

部门为业务支撑，市县局（含市区分局）两级联动的风险监控体系，按照定人、定户、定责、定期、定绩的原则，加强对全市863户重点税源企业的风险监控。全年风险应对入库税款19.71亿元，其中中等风险应对税收贡献率4.86%，位列全省前三。强化税种和行业管理，全面开展营业税专项清理，入库税款16.92亿元；探索进行建筑业项目清算，补征入库1.8亿元；加大自然人股权转让征管力度，全年调整股权转让价格762户，股权转让个人所得税入库4.86亿元，增32.36%。开展反避税探索和实践，上报反避税案件3起，其中1件境内案件已审核结案，补税44.35万元。加强欠税管理，充分运用征信公告和强制执行手段，清理陈欠税款9462万元，并在全省首次开展以退抵欠（欠税企业提出退税申请的，审批通过后，以退税款抵缴欠税），常州地税局与国库部门合作，退税款打到纳税人账户后及时进行划转，清理欠税1608万元。

【依法治税】 2015年，常州地税局完善执法规范，规范行政处罚管理，制定税务行政强制暂行办法和操作规程。开发常州地税知识管理系统，联合江苏地税局稽查局、武汉大学编撰《税务稽查典型案例评析》，为干部执法提供参考。推行法律顾问制度，参与规范性文件制定过程中的合法性审查、重大税务案件审议、行政案件咨询建议，协同处理涉税复议、诉讼事件。强化执法监管，全面加强日常督察和专项检查，将执法督察整改落实和执法责任追究情况纳入绩效考核。改革和完善重大案件审理，开展行政执法案卷质量评查活动。落实《常州市行政机关负责人行政诉讼出庭应诉规定》，5起行政诉讼中行政首长出庭率100%。加大稽查力度，深入推进一级稽查，认真抓好专项检查、交叉检查、区域检查。设立办案中心，在全系统范围内统一管理案源，统一调度使用全市稽查人力资源，集中管理、检查和审理案件。年内累计完成稽查收入5.43亿元，增33.42%。稽查贡献率1.51%，位列苏南第一。查处大要案31件，其中千万元以上案件2件。

2015 年常州市中央级收入分地区完成情况表

项　目	2015年实绩（万元）	2014年实绩（万元）	2015年比2014年	
			增减额（万元）	增减率（%）
全市合计	593541	617049	−23508	−3.81
一、市区合计	305832	300278	5554	1.85
1、市本级	45547	53917	−8370	−15.52
2、新北区	115963	118712	−2749	−2.32
3、钟楼区	62515	53193	9322	17.52
4、天宁区	81807	74456	7351	9.87
二、一市二区合计	287709	316771	−29062	−9.17
1、溧阳市	76362	88268	−11906	−13.49
2、金坛区	37722	41909	−4187	−9.99
3、武进区	173625	186594	−12969	−6.95
其中：常州经济开发区	34450	40342	−5892	−14.61

注：统计表所有数字都根据行政区划调整后的归属进行统计，并对同比数字进行了修正。

2015 年常州市地方税收收入分税种、级次完成情况表

项　目		2015年实绩（万元）	2014年实绩（万元）	2015年比2014年增减率（%）	占税收收入比重（%）
各项收入合计		5617882	5260246	6.80	
一、地方税收合计		3589119	3402501	5.48	
分级次	中央级	593541	617049	−3.81	16.54
	省　级	229145	219224	4.53	6.38
	一般公共预算收入	2766433	2566228	7.80	77.08
分税种	营业税	1367552	1174721	16.42	38.10
	企业所得税	408805	421357	−2.98	11.39
	个人所得税	579836	606291	−4.36	16.16
	资源税	6655	11558	−42.42	0.19
	城市维护建设税	260866	235585	10.73	7.27
	房产税	178874	157452	13.61	4.98
	印花税	59507	59639	−0.22	1.66
	土地使用税	161044	175164	−8.06	4.49
	土地增值税	152660	185426	−17.67	4.25
	车船税	33035	29199	13.14	0.92
	耕地占用税	23788	25481	−6.64	0.66
	契　税	356497	320628	11.19	9.93
二、非税收入		2028763	1857745	9.21	
教育费附加		116782	107168	8.97	
文化事业建设费		661	889	−25.65	
社会保险基金		1750474	1555058	12.57	
附：全口径一般公共预算收入		2975320	2763076	7.68	

注：全口径一般公共预算收入按照财政局口径，含教育费附加、地方教育费附加、文化事业建设费，以及残疾人就业保障金的95%。

【税收征管改革】 1月，常州地税局出台《关于完善和深化征管改革的实施意见》，全面深化税收征管改革。进一步优化纳税服务、风险管理、基础管理和机关处室等部门的职能设置，结合常州市区划调整，重新配置市区各派出分局的职能和管辖范围，制定《税源管理事项清单》《税收征管规范》，建立税收联席会议制度，及时处置改革中出现的各类问题。构建集约化税收征管体系，理顺工作岗位和业务流程，围绕优化纳税服务、提高征管质效、降低征纳成本、规范执法权力四大目标，实现从“管户制”向“管事制”、从经验管理向风险管理、从手工作业向信息管税、从单兵作战向团队协作、从自我约束向全程监控的五大转变。

【“青春启航，税伴同行”系列活动】 2015年，常州地税局、常州市国税局、团市委联合启动“青春启航，税伴同行”系列活动。组织大学生税收志愿者选拔赛，共有1095名大学生报名参赛，经过初赛、复赛、决赛，10所高校的10名大学生胜出，成为大学生税收志愿者，开展税收宣传、为大学生创业者群体提供税收政策咨询等服务。常州地税局、常州市国税局联合发起成立大学生税收服务中心，为大学生创业提供专业咨询、配备税收顾问、开办税收讲堂、编印服务手册、开辟绿色通道、“创业与税收”经验交流等个性化服务。

【纳税人学堂宣讲】 2015年，常州地税局提升纳税人学堂师资力量，建立由注册税务师、注册会计师、律师组成的专家团队，对税收热点问题全面解读，深度分析；不断拓展纳税人学堂覆盖面，在市地税局一楼纳税人学堂专用报告厅、各办税服务厅和微信公众号中分别建立实体学堂、大厅学堂和掌上学堂。强化因材施教，推出涉税全程订单式培训服务，通过纳税人之家和行业协会了解纳税人个性化需求信息，为某一行业和对象定制培训课程。

【税银合作】 2015年，常州地税局与江苏、民生、建设等银行全面深化合作，探索“税银互信”“税银互助”“税银互动”的新模式。常州地税局向合作银行的征信体系和风控制度导入税务机关诚信纳税相关指标，并提供A级纳税人名单、欠税欠费清单等资信数据；和合作银行合作开发“税添富”“税

常州地方税务局和民生银行签约税银合作项目 （地税局 供稿）

源通"系列信贷产品以及其他增值金融服务，合作银行以缴税为依据进行贷款，方便诚信纳税人获得金融支持；对合作银行员工进行税收知识培训，并配发小微企业税收优惠等税收宣传资料，使银行在办理业务时同步宣传税收优惠政策。通过税银合作，既为诚信经营、诚信纳税的企业提供融资便利，扶持中小微企业发展，又拓展深化了纳税服务的内涵，全年"税添富""税源通"等产品共为300多户企业定向提供贷款1.38亿元。

【一案双查】 2015年，常州地税局将"深化一案双查，强化监督问责"列为重点工作，对税务机关在查处税收违法案件和查纠违规执法行为时，对相关税务机关或税务人员的执法行为规范性或履职行为廉洁性进行检查，并依照有关规定追究责任、堵塞漏洞、完善管理。组建项目团队，实施项目化管理。制定完善一案双查负面事项清单和部门责任清单，科学选案，分类立案，加强部门协同，强化绩效考评，量化考核指标。对各单位自办双查案件开展的数量、质量，提出监察建议的有效性、针对性及问责力度等进行日常考核，开展优秀案例评比，推动一案双查工作质效的提升。全年全系统开展一案双查35件，有问题的案件26件，查实率75%，调查处理28人，提出监察建议17件。6月，省地税系统在常州召开全省"一案双查"工作推进会。

（谢筱舒）

审　计

【概　述】 2015年，常州市审计机关完成审计项目160个，查出问题金额369.67亿元，其中违规金额9.48亿元、损失浪费金额1.01亿元、管理不规范金额359.17亿元。审计期间，促进整改涉及金额2.01亿元，审计处理处罚21.93亿元，审计后促进增收节支6.5亿元；审计移送处理事项19项，提出审计建议526条，督促被审计单位建章立制65项。

年内，常州市出台《常州市管经济责任审计对象分类和计划管理办法》，将经济责任审计对象划分为ABCDE5类，做到3至5年轮审一遍。重点领域、重要部门、关键岗位以任中审计为主，3年必审；业务量小、资金量少、管理比较规范的单位坚持离任必审。严格依法执审，市审计局对原有的59项行政处罚和1项行政强制进行清理合并，完成市审计局责任清单；拟定实施《重大审计事项集体审议制度》，对审计中发现的有关重大问题和线索，明确不同层级和形式进行审议确认，有效约束审计人员的自由裁量权。市审计局被评为全省审计系统先进集体。

【财政审计】 2015年，常州审计系统贯彻全口径预算监督和审计全覆盖要求，深化公共财政审计、部门预算执行审计和有关的专项审计，对政府基金、社保基金、国有资本收益的收支情况进行审计分析。推动市政府完善"同级审"（指国家审计机关对本级政府预算执行情况的真实性、合法性和效益性实施的审计监督）整改机制，年内审计工作报告反映的本级预算执行、部门预算执行、专项审计及专项审计调查3方面32项问题均已落实相关整改措施，财政收缴入库资金1257.15万元，相关单位上缴及财政收回预算资金2932.97万元，制定和完善管理制度7项。各地审计机关同时对财政、地税、一二级预算单位开展审计，分别向各地政府和人大提交了审计结果报告和工作报告。

【政府投资项目审计】 2015年，全市审计机关共审计政府投资项目42个。市审计局继续对现代传媒中心、常溧高速公路等11个重点项目开展跟踪审

市审计局对轨道交通工程开展审计 （审计局 供稿）

计;组织近60人的审计队伍,对轨道交通一号线一期工程实施全过程跟踪审计,至年底已审计工程各类结算及计量75份,出具书面跟踪审计意见书8份,提出各类审计意见建议20条,核减和节约投资1.17亿元。对2010—2014年市本级政府重点工程项目建设管理情况进行专项审计调查,涉及27家单位41个重点工程,概算总投资116亿元。市审计局和武进区审计局分别按照上级部署,到新疆实地开展两轮援疆审计。

【经济责任审计】 2015年,全市审计机关对70个单位的81名领导干部开展经济责任审计,审计对象包括地方党政领导、部门领导和在常州高校领导,查出问题资金51.55亿元,提出审计建议254条,移送案件1件、涉案人员8名。其中,市审计局对15个单位20位党政主要领导实施经济责任审计,对其中5个单位7位领导进行"三责联审"。在市民防局经济责任审计项目中,审计组依托天誉花园项目审计发现的疑点线索,通过两轮进驻成功掌握有关情况并移送处理,涉及金额过亿元,至年底已有8名涉案人员被纪委、检察院审查并进入司法程序。年内,市审计局联合市农工办组织召开全市镇街道审计工作推进会,围绕建设和完善组织体系、制度体系和工作协调体系,强调指导、服务、合作的审计工作要求。

【专项审计及审计调查】 2015年,常州市审计机关开展专项资金审计和专项审计调查项目18个。市审计局先后组织开展市级国有资本经营及收益、市本级直管公房经营管理、环境保护专项资金等情况的审计调查,涉及市国资委监管的一、二级企业和其他市属企业192家,涵盖直管公房2667户,关联工业和环保企业76家。

【内部审计】 2015年,全市审计机构完成市本级审计项目2876个,其中财务收支审计457个、效益审计16个、经济责任审计183个、内部控制评审14个、信息系统审计6个、基本建设投资审计846个、其他审计1354个;审计总金额5891765.56万元,其中经济责任审计金额283600.24万元,增加效益20748.79万元,提出建议意见被采纳1563条。完成辖市区审计项目607个,其中财务收支审计135个、效益审计11个、经济责任审计97个、内部控制评审29个、基本建设投资审计228个、其他审计107个;审计总金额276724.3万元,其中经济责任审计金额59077.89万元,增加效益6475.76万元,提出建议意见被采纳173条。向司法机关移送案件1起。

完成乡镇单位及民营企业审计项目4164个,其中财务收支审计432个、效益审计12个、经济责任审计384个、内部控制评审13个、信息系统审计1个、基本建设投资审计3221个、其他审计101个;审计总金额6011980.21万元,其中经济责任审计金额112373.8万元,增加效益508701.52万元,提出建议意见被采纳954条,建议给予行政处分1人,实际给予行政处分1人。

【审计信息化】 2015年,市审计局举办国际注册信息系统审计师(CISA)培训班,全市审计系统有28人取得CISA资格和证书。研究制作AO(Auditor Office,现场审计实施系统)数据采集模板,解决市教育局、民防局和在常州高校等多家单位数据采集难题,并成功实现对环保、工商、地税、社保等数据的关联、比对和分析。政府投资建设项目审计管理系统建成并通过专家组验收,在常州轨道交通一号线一期工程中投入使用,对投资审计实施全过程监督。配套开发"三公经费"及会议费网上申报系统、环保在线监测数据采集等APP系统。 (陆华东)

轨道交通建设项目审计 (审计局 供稿)

2016

综合管理

Integrated Administration

◆责任编辑　汪旭东

改革与发展

【概　述】2015年，常州市开展“重大项目深化年”活动，成功引进一批重大项目，全市经济社会保持稳定发展。制定出台民生幸福、军民融合深度发展、现代服务业集聚区、互联网平台经济发展、投融资机制改革、规范行政审批中介服务方面政策意见。继续开展常州市“十三五”规划编制工作，形成26项对国民经济和社会发展具有重大影响的课题成果；确定重点专项规划20个，形成规划主要体系，并实现总体规划纲要和专项规划的统一；坚持开门编规划，通过微信平台、专家研讨等方式广泛征集各方意见，不断提高规划编制的科学性和开放性。

加快转型升级，完善产业体系。全市150个重点项目全面完成各项工作目标，争取中央、省各类资金近40亿元。发布实施《常州市2015年十大产业链建设推进计划》《2015年十大产业链重点建设项目计划》和《2015年常州市现代服务业发展工作要点》，一批重大产业链项目落户常州，十大产业链发展速度快于全市平均水平。首次开展市级服务业综合改革试点工作，实施企业主辅分离。调整优化能源结构，开展2015年度光伏电站项目优选，做好煤电节能减排升级改造。循环经济发展提速，常州国家高新区、钟楼经济开发区和滨江经济开发区进行省级循环化改造示范点园区进度情况良好，全市100%国家级和57%省级园区完成了园区循环化改造任务；举办江苏省循环经济论坛。

不断深化改革，增强发展活力。实施全市产城融合综合改革，抓好重大事项、典型试点和综合协调工作；稳步开展PPP模式探索实践。加强区域合作，统筹协调各项事业。加快苏南现代化建设示范区建设；推进实施县域经济跨越工程；加快市级中心镇建设，全面落实常州市中心镇扩权强镇政策意见；实施“民生幸福工程”；做好援助新疆干部人才和援助青海、甘肃干部后方服务工作。

【企业星级评比】2015年，常州市评出2015年度星级企业206家。其中，工业星级企业130家，含五星企业37家、四星企业34家、三星企业59家；现代服务业星级企业47家，含五星企业29家、四星企业8家、三星企业10家；房地产和建筑业星级企业29家，含五星企业7家、四星企业13家、三星企业9家。与上年相比，星级企业总数增加6家，入库税收总额207.15亿元，比上年增加21.74亿元。

【现代化建设】2015年，常州市积极推进苏南现代化示范区建设。制定《常州市实现现代化指标体系2015年度分解方案》，分解下达《2015年各辖市、区主要预期目标》，确定年度现代化奋斗目标。常州申报国家历史文化名城获国务院批准，溧阳市获评全省唯一国家森林旅游示范县。协调推进县域经济发展。编制《2015年促进金坛、溧阳跨越发展，加快推进实施西进工作目标任务》，在产业西进、科技西进、项目西进、基础设施西进的基础上增加社会事业西进，重点在卫生、教育领域加大对金坛区、溧阳市发展的支持，金坛区发展势头进一步加快，各主要经济指标增速水平大大优于全市平均水平。

【产城融合综合改革试点】2015年，《常州市产城融合综合改革试点总体方案》正式印发。成立全市产城融合综合改革领导小组，编制《关于推进产城融合综合改革的实施意见》及《2015年常州产城融合综合改革推进计划》。推动常州经济开发区、西太湖科技产业园、钟楼新城、新龙国际商务城重点示范地区建设。协调落实各类扶持政策。安排支持市级挂钩帮扶老区经济薄弱村发展资金500万元；西太湖科技产业园通过省级高新技术开发区审批，通过争取重大产业项目用地计划新增建设用地1476亩，通过省级独立选址计划新增建设用地3867亩。

【服务业发展】2015年，常州市全力推动金融服务、现代物流、科技服务、软件和信息服务、商务服务、旅游休闲、文化创意、电子商务、健康服务、养老服务十大重点服务业发展。建立金融办、发改委、经信委、科技局、旅游局、宣传部、商务局、卫生局、民政局服务业牵头部门联席会议制度，推进服务业十大产业牵头部门制定并印发各自产业的2015工作推进方案及推进计划，十大产业中金融服务、旅游休闲、文化创意、电子商务、养老服务产业已出台相关的产业政策意见。编制《常州市现代服务业“十三五”发展规划》《常州市现代物流“十三五”发展规划》（征求意见稿），推进亚邦物流园区发展规划和常州综合物流园、临江物流园园区规划的编制。推进服务业载体建设。筛选确定市级服务业重点项目100个，项目总投资1317亿元，全年完成投资252亿元，完成年度计划的96%。推进集聚区工作。出台《关于加快常州市现代服务业集聚区发展的意见》，推进常州市健康养老服务业集聚区建设，协助并指导天宁区申报省级服务业集聚区。首次开展市级服务业综合改革试点工作，确定常州市创意产业基地、西太湖电子商务产业园等为首批市级服务业综合改革试点区；加快培育互联网新兴业态，出台《关于加快互联网平台经济发展的实施意见》。加快推进主辅分离（企业将生产经营过程中的原材料采购、产品运输、安装、包装、营销等非核心辅助性的业务从其主营业务中分离出来，集中力量发展主业的做法和模式）工作，全年新分离企业84家，214家分离企业共缴纳税收4180万元。江苏筑森建筑设计有限公司等15家企业入选第三批省级“十百千”行动计划重点培育企业库，常州录安洲长江码头有限公司等8家企业获第三批省级服务业创新示范企业，近三年入库培育企业和创新示范企业数量均名列全省第三。搭建常州市服务业重点企业对接平台，组织全市服务业重点企业与制造业重点企业的对接会5次，共计600余家企业参加。组织第三期分离发展服务企业重点企业负责人培训，召开主辅分离政策解读会，全面启动实施服务业高技能人才、工商企业研发设计人才和企业经营管理者中长期培训计划（2015—2020）。

【服务业综合改革试点工作】 2015年，常州市开展市级服务业综合改革试点，围绕金融商务、现代物流、科技服务、商务服务、文化创意、电子商务与软件信息、旅游休闲、健康养老、互联网平台经济、交易市场10个服务业集聚区，进行规划编制、公共服务平台建设、管理机构设立、统计监测、政策扶持、项目推进、招商引资、招才引智、人才培训、产业对接10个方面推进工作，积极探索推进服务业发展新机制。结合试点单位自身的实际和特点，着力发展特色主导产业，延伸产业链条，不断扩大服务业发展新空间。力争2020年建成市级服务业集聚区35家左右，其中省级服务业集聚区15家左右；市级服务业发展示范区3—5家，其中省级服务业发展示范区1—2家。

埃马克（中国）机械有限公司制造中心　（发改委 供稿）

【十大产业链建设】 2015年，常州市轨道交通、汽车及零部件、太阳能光伏、碳材料、通用航空、农机和工程机械、新医药、新光源、智能电网、智能数控和机器人十大产业链稳步发展，产业总量不断扩大，逐步迈入良性发展轨道。年内，全市十大产业链规模以上企业完成产值3816.81亿元，比上年增长8.9%，高于全市规模以上工业3.6个百分点，汽车及零部件、农机和工程机械和智能电网4大产业的产值均超500亿元；十大产业链规模以上企业产值占全市规模以上工业产值的比重为33.3%，完成十大产业链建设三年目标任务。至2015年底，十大产业链企业累计获得中国名牌26家、中国驰名商标99件、省著名商标356件、江苏名牌产品220个，基本形成比较完善、具有区域特色的产业业态，部分行业在全国处于领先地位。

平台有序建设，产业加快集聚。新誉宇航股份有限公司、台湾光宝科技股份有限公司智能照明、常州西电变压器有限责任公司特高压变压器以及电抗器扩能、中国医药集团总公司基因科技等近百个十大产业链重点项目相继开工建设；常州科教城、常州国家高新区、武进国家高新区、西太湖科技产业园、江苏中关村科技产业园、金坛华罗庚科技产业园等各类重点开发园区、科技园区等创新创业平台加快形成，初步构建起“一核两区三园多基地”的特色鲜明、协作配套的战略性新兴产业布局体系。科技资源丰富，创新能力提升。围绕十大产业链发展，常州市企业采取技术引进、消化吸收、产学研合作等形式，加大研发投入，自主创新体系建设取得明显成效。全市十大产业链100家重点企业中有72家企业建有各级研发机构172个，其中工程技术研究中心81家、企业技术中心43家、工程中心12家、院士工作站16家、博士后工作站20家、国家级创新平台22家、省级创新平台86家。

【能源发展】 2015年，《常州市“十三五”能源发展规划》通过专家评审，《新北区热电联产规划》完成编制。戚电公司F级二期扩建项目主体工程及配套送出工程3号、4号机组分别于9月25日、11月16日顺利投产并网发电，中国大唐集团公司金坛燃机热电联产项目通过省能源局核准，华润（集团）有限公司在其钟楼天然气分布式能源项目通过专家评审后与港华燃气签订管道代输协议。优化全市能源结构。一批市区加气站项目推进实施，部分符合省水上加气站规划、条件较好的水上加气站项目启动前期工作；常州市获2015年度国家新增光伏电站建设50兆瓦装机规模指标并于12月底全部并网发电。做好能源和煤炭总量双控工作，《常州市控制能源消费总量工作方案》和《常州市煤炭消费总量控制和目标责任管理实施方案》出台。开展煤电节能减排升级改造，2014年度国家煤电综合升级改造节煤量认定工作完成，中国国电集团公司常州2号机组综合升级改造项目获煤炭替代量21545吨标准煤。开展2015年煤电节能减排升级改造工作，每个季度对列入年度改造计划的项目进行进度跟踪和督查。

【创投与企业债券发展】 至2015年底，常州市有创业投资和股权投资机构84家，资本规模134亿元。重点推动新材料产业基金开展创投业务，完成投资项目7个，合计投资额16076.2万元。组织多种形式的创投对接活动。4月27日，新三板企业与创投机构对接活动在常州科教城举办；5月12日，南北聚合共建创业生态圈——常州主题开放日活动在北京中关村创业大街组织举办；11月18日，举办2015常州市"龙城英才计划"深圳推介会暨创新资本项目对接交流会；开展"天使下午茶"创投项目路演；成功举办2015常州企业成长与创新资本合作洽谈会暨黑马大赛常州赛。推动设立市新兴产业股权投资母基金，形成初步方案。做好创业投资企业备案管理和年检相关工作，在省发改委备案的创投企业有30家，资本规模53亿元，另外有10家基金管理企业附带备案。常州天宁建设发展有限公司12亿元企业债券发行成功，至年底，常州市累计发行债券21只，募集资金299.08亿元。持续加强债券存续期风险监管，指导并帮助市本级及辖区发行人落实偿债保障措施，确保按时足额偿还债券本息，年内兑付本息47.2亿元，其中本金30.6亿元。常州市企业债券还本付息工作有序推进，未出现违约事件，年末债券余额240.5亿元。

【区域合作】 5月22—26日，常州市组团参加在西安举行的第十九届中国东西部合作与投资贸易洽谈会暨丝绸之路国际博览会，9个项目签约，其中江苏陕西挂钩协作项目3个、投资（经济协作）项目5个、商品贸易项目1个，总投资31.28亿元。做好三峡对口支援工作。6月中旬，常州市举办生态文明与现代农业发展专题培训班，重庆市云阳县50名乡镇、部门领导干部参加。在重庆市万州区举行的第十届全国对口支援三峡库区经贸洽谈会上，常州中旖新能源投资有限公司与湖北省秭归县政府就液化天然气（LNG）综合利用项目进行签约；市发改委跟进秭归县项目，协调推进金坛露源秭归公司在秭归县茅坪镇建东村的白茶基地项目和常州中旖新能源投资有限公司在秭归县归州镇开发的液化天然气综合利用项目。

常州市援助新疆、青海、甘肃工作进展顺利，为青海省海南州举办对口支援培训班一期。参加长三角城市经济协调会第十五次市长联席会议暨市长高峰论坛，制定《常州市人民政府—盐城市人民政府2015年度挂钩合作计划》。在省南北挂钩共建园区考核评价核查中，常州国家高新区大丰工业园、武进国家高新区阜宁工业园、武进经济开发区射阳工业园评价结果综合排名分列第2名、第18名和第31名。

【重点项目建设】 2015年，常州市完成重大项目签约15个。其中，超100亿元或10亿美元项目3个，分别为金坛区中航工业集团公司锂电池项目、武进区瑞声科技控股有限公司射频金属结构模组项目和武进区北京汽车股份有限公司新能源汽车项目；超50亿元或5亿美元项目6个；超30亿元或3亿美元项目6个。年内，湖南江南汽车制造有限公司金坛分公司竣工投产，大迈X5汽车顺利下线；常州东风汽车产业基地首款SUV（运动型多用汽车）东风风度MX6顺利量产下线；新誉宇航股份有限公司、北京通用航空有限公司、威翔航空科技股份有限公司、美国T.埃利奥特有限公司等飞机制造、改装项目以及配套运营服务项目落户常州；中兴能源有限公司能源云计算华东基地、百度股份公司大数据产业园等新一代信息技术产业项目相继落户集聚；今创集团有限公司轨道交通装备、中国中车股份有限公司低地板车辆重大新兴产业项目落地。全面完成省、市重点项目建设目标。19个省重大项目完成投资超200亿元，完成年度投资计划的95.2%；常州市150个重点项目中148个实施项目累计完成投资634.6亿元，完成年度计划的101.2%，比上年提高0.7个百分点；69个新建项目中有66个项目正式开工建设，开工率95.7%，提高1.9个百分点，累计完成投资230.2亿

北京汽车股份有限公司新能源汽车项目签约 （发改委 供稿）

元，完成年度计划的96.3%，提高10.9个百分点；79个续建项目有48个项目竣工投运，续建项目的竣工率为60.8%，累计完成投资404.2亿元，完成年度计划的104.2%。

【资源争取】 2015年，常州市争取各类资金近40亿元，其中争取到保障性安居工程配套基础设施、重点流域水污染治理、重点水利工程、太湖流域水环境综合治理、国家产业扶持专项、省级战略性新兴产业发展专项、军民融合发展引导资金、循环经济、社会发展方面资金14亿元；根据国家稳增长调结构政策，申报4批专项建设基金项目，获专项基金25.92亿元。申报创建各类平台，常州市进入省级服务业创新百企示范培育库企业达15家，总数增至40家；6家企业获批省级工程中心和工程实验室，武进区成为省内唯一的国家新兴产业"双创"（即大众创业、万众创新）基地。争取进口配额，11家纺织企业获棉花进口配额16114吨，2家企业获玉米进口配额24461吨。

【改革创新】 2015年，常州市加大简政放权力度，制定《常州市政府核准的投资项目目录（2015年本）》，最大限度缩小核准范围，与2014年本目录相比，2015年本目录取消比例为14%。制定《常州市投资审批改革方案》，开展市投资项目在线审批平台建设。修订《常州市政府投资社会事业建设项目管理办法》，调整市和辖市区社会事业项目审批权限，在市权限范围内按照"能放则放"的原则赋予辖市区相应审批权。

稳步开展PPP模式探索实践。制定下发《关于推进实施政府和企业合作项目及建立储备库的通知》，建立PPP项目储备库工作联络员制度，定期报送经调查研究可实施的PPP项目；牵头协调江苏维尔利环保科技股份有限公司拟采用PPP模式建设和运营的部分市政环保项目；推动社会事业领域的PPP项目库建设，在卫生、教育等领域挖掘一批具有代表性的政府和社会资本合作的典型项目。

【中心镇建设】 2015年，常州市全面完善市级中心镇规划体系。市发改委对新增补市级中心镇总体规划、控制性详细规划和核心区城市设计三大类规划修编工作进行督查；会同规划局开展常州新型城镇化导向下的乡村地区与中心镇发展模式课题研究，指导中心镇进行相关的区域协调、产业布局、空间特色的研究。金坛区出台扩权强镇实施方案，印发薛埠镇机构改革实施细则，并完成第一批125项县级事权的扩权工作；溧阳市出台实施意见，社渚镇第一批278项扩权事项已获政府常务会议审议通过；武进区拟定横山桥、雪堰2镇的扩权实施办法；新北区出台孟河镇实施方案，将311项拟扩权事项分3年实施，其中2015年171项，同时将原有内设机构和事业单位整合为"一办六局一中心"（党政办公室、人事和社会保障局、经济发展局、财政与资产管理局、城镇建设与管理局、农村工作局、社会管理与社会事业局、便民服务中心）。第二批试点镇中郑陆镇启动扩权强镇工作，天宁区率先将市级工商登记许可权限下放至郑陆镇实施。《常州市级中心镇2015年重点建设项目计划》编制完成，确定中心镇重点建设项目100项，总投资142亿元，年内计划投资69亿元，项目涉及城镇基础设施、社会事业、产业发展、园区建设、生态建设方面，完成年度投资90%。 （张晓翔）

国有资产管理

【国有企业经济运行】 2015年，全市国有企业生产经营总体平稳，国有资产总量进一步增加，国有资本实现保值增值。年末，纳入全市国有资产统计范围的市级国有及国有控股企业（合称"国有企业"）为144户，比上年净增加14户。其中，新增15户，分别为新投资设立5户、划转4户、收购1户、其他5户；减少1户。

年末，全市144家国有企业资产总额3605亿元、净资产1232.6亿元，较年初分别增长20.2%、26.9%，其中国有资本及权益总额为1220.4亿元。年内，实现营业收入262.7亿元，增45%，实现利润26.6亿元，增1.5%，实际上缴税金15.7亿元。

全市144户单个企业有84户盈利，占全部企业户数的58.3%，实现利润36.2亿元，54户企业亏损，占全部企业户数的37.5%，亏损9.6亿元。

84户盈利企业中常州投资集团有限公司、常州市城市建设（集团）有限公司、常州市交通产业集团有限公司、常州港华燃气有限公司、龙城旅游控股集团有限公司、黑牡丹（集团）股份有限公司、常州新港经济发展有限公司分别盈利11亿元、3.8亿元、3亿元、2.6亿元、2.1亿元、2亿元、1.3亿元，合计25.8亿元，占盈利企业利润总额的71.3%。54户亏损企业中常州城铁铁路建设发展有限公司、常州市高速公路管理有限公司、常州环球恐龙城实业有限公司、常州市公共交通集团公司、常州软件园发展有限公司分别亏损2.9亿元、1.3亿元、1亿元、0.9亿元、0.6亿元，合计亏损6.7亿元，占总亏损额的69.8%。71户利润比上年增加，累计增加利润8.88亿元。67户利润减少，共计减少利润9.51亿元。

2015年，常州市国有及国有控股企业在岗职工平均工资为73909元，高于当年全市城镇非私营单位在岗职工平均工资水平，企业职工的收入水平逐年提高。 （江 艳）

【国有资产产权管理】 2015年，市国资委强化基础管理，做好产权登记管理工作。全市在国家出资企业产权登记管理信息系统登记的各类企业454户。其中，公司制企业405户，非公司制企业49户。公司制企业中，包括有限责任公司373户、一人有限责任公司18户、股份有限公司7户（含上市股份有限公司2户）、中外合资企业7户；非公司制企业中，包括全民所有制企业36户、集体企业4户、有限合伙企业9户。全市454户企业实收资本678.86亿元，其中，国家出资292.44亿元，国有法人出资296.45亿元，国有绝对控股法人出资25.76亿元，国有实际控制法人出资9.5亿元，其他出资54.72亿元。

优化国有资本布局结构。年内，常州热电有限公司（常州第一热电厂）从市经信委无偿划转到常州产业投资集团有限公司。以2014年12月31日为基准日，常州市保安公司按账面净资产无偿划转到常州产业投资集团有限公司。为解决常州燃气热力集团有限公司与常州市天宇智能系统集成有限公司的法律纠纷，常州燃气热力集团有限公司以8391.8万元价格收购常州市天宇智能系统集成有限公司持有的常州市澜天资产管理有限公司45%的股权，股权收购完成后常州市澜天资产管理有限公司成为常州燃气热力集团有限公司全资子公司。常州空港航空服务有限公司持有的常州金鹰航空服务有限公司20%国有股权公开挂牌转让。常州高速公路投资发展有限公司持有的常州高速公路管理有限公司5.59%股权无偿划转至常州市交通产业集团有限公司，股权转让完成后，常州市交通产业集团有限公司持有常州高速公路管理有限公司75.59%的股权。常州产业投资集团有限公司收购常州恒隆特种线材有限公司26.42%股权，收购完成后，常州市电子器材有限公司成为常州产业投资集团有限公司的全资子公司。常州市公共交通集团公司所持常州众华运输有限公司51%股权完成转让。江苏国光信息产业股份有限公司增资扩股，增资价格为3.526元/股，增资数量为1807万股，增资扩股完成后，公司注册资本为8607万元，其中常州产业投资集团有限公司占调整后注册资本的33.52%。

妥善解决历史遗留问题。至2014年底，常州市交通产业集团有限公司被政府收回注销34宗地块，共2576.92亩，账面价值24.56亿元。常州市城市建设集团有限公司价值20.43亿元的35宗地块无偿划拨市国土资源局，冲减公司资本公积。继续加大对改制企业不良资产的清理，全年对180户企业清理收缴约2500万元。

【国有企业投融资】 2015年，市国资委进一步发挥国有资本引领作用，通过优化产业结构，加快市场化进程，促进企业加快发展。常州产业投资集团有限公司与江南农商行等单位共同组建江南金融租赁有限公司，首期注册资本10亿元，其中常州产业投资集团以现金人民币出资1.5亿元，占江南金融租赁有限公司15%的股份。常州华庭投资管理有限公司更名为常州安居投资发展有限公司，公司的性质由原有限责任公司变更为国有独资公司，注册资本由1.02亿元调增至10亿元，进一步推进全市棚户区改造工作。

增强企业可持续发展能力。常州市城市建设集团有限公司对全资子公司常州市城建产业发展有限公司增资2.8亿元，此次增资额全部作为资本溢价计入资本公积。为进一步增强常州市城市照明工程有限公司的综合实力，将该公司未分配利润中的2.06亿元转增为实收资本，转增后该公司的实收资本由1000万元增加到2.16亿元。常州市交通产业集团有限公司与中天钢铁集团有限公司在常州录安洲长江码头有限公司总投资4.7亿元的基础上，双方各增加投资6500万元，加快录安洲港区4号泊位暨夹江码头二期工程的建设。支持常州产业投资集团有限公司优化产业结构，参与江苏维尔利环保科技股份有限公司非公开发行股份，认购数量1000万股。为支持股市的健康发展，维护常柴股份的稳定，自2015年7月10日起，完成增持“苏常柴A”股票2000万元。

【国有企业改革】 2015年，市国资委继续全面深化国有企业和国有资产管理体制改革，推动国资国企实现健康平稳发展。制定《常州市国资委深化国企国资改革任务分解表》，进一步明确改革内容、改革途径、改革措施、分管领导、责任部门和完成时间。梳理市国资委的职责，制订市国资委责任清单，确定9大类主要职责56项工作事项，并向社会公布。制订出台适用常州市市属国有企业（独资企业、控股企业）的《常州市国有企业资产损失责任追究暂行办法》，对因企业经营管理人员和其他有关人员违反国家、省、市有关规定或企业规章制度，或者未履行、未正确履行职责造成的企业资产损失，进行责任追究。先后制订出台《常州市市属国有企业负责人履职待遇、业务支出管理暂行办法》《常州市市级国有资本经营预算管理办法》《常州市国资委出资企业试行企业年金制度的指导意见》和《常州市市属国有企业外部董事管理试行办法》。

【国有企业党建工作】 至2015年末，市国资委党委下属企业有党组织（含党委、总支、支部）37家、党员3385名。

加强基层党组织建设。制定下发《市国资委党委及所属各党委（总支、支部）书记基层党建工作责任清单》，落实所属企业党组织负责人履行党建工作第一责任人的职责，加强国有企业党组织管党治党的责任。邀请专家、学者分别赴常柴股份有限公司、江苏国光信息产业股份有限公司、常州市服装一厂有限公司、常州西电变压器有限责任公司等企业进行十八届四中全会精神宣讲。在市委党校举办基层党支部书记专题培训班，所属企业的92名党支部书记参加集中轮训。举办入党积极分子培训班，17家企业的87名入党积极分子参加培训。完成华迪特种变压器有限公司、常州冶金技师学院2家单位39名党员的党组织关系成建制转出。

加强干部队伍建设。制定（修订）下发《常州市国资委党委领导班子贯彻落实“三重一大”事项集体决策制度实施办法》等36项内部管理制度，进一步强化内部管理。对常柴股份有限公司和常州民防建设投资有限公司领导班子进行调整。组织58名企业中高级管理人员参加武汉大学企业管理高级研修班。

【国有企业信访维稳】 2015年，市国资委积极做好国有企业信访维稳工作。全年处理人民来信29件，接待上访职工40余次，召开协调会议34次，处理信访复查事项7件、信访复核事项8件。妥善解决原常州橡胶厂、原微特电机公司、原金属材料公司、原服装一厂等企业改制遗留问题。继续做好国企职教幼教退休教师待遇落实问题，经联审确认的第一批369人的生活补贴已发放到位；对第二批184人的申报材料进行联审，通过73人，其中属市属国企的61人、属在常州的部省属企业的12人。（季龙琪）

物价管理

【概　述】 2015年，常州市居民消费价格指数（CPI）累计涨幅1.6%，比上年低0.6个百分点。先后分三批取消和暂停134项行政事业性收费，降低17项行政事业性收费标准，年内减轻企业和社会负担超8000万元。通过成本监审核减调价申请中的不合理成本列支10.57亿元。农产品平价商店让利惠民约3000万元，价格惠民药店让利优惠1000多万元。全市查处各类价格违法案件89件，经济制裁总额1231.985万元，罚款225.897万元，其中市级查处价格违法案件48件，经济制裁823.115万元；受理价格举报投诉案件2955件，其中市级2791件，办结2937件，办结率99.39%。全市完成各类价格认定业务8074起，认定总金额298723万元，其中市级完成2623起，认定总金额235021万元。

年内，全市物价系统不断深化价格改革，切实加强价格监管，努力提升价格服务。完善价格调控机制，充分发挥价格调控联席会议、价格调控目标责任制的作用，为经济发展和民生改善营造平稳的价格环境。围绕政府关注和企业诉求，深入推进"减负助企110"专项行动，全力助推经济转型和结构调整，价格杠杆的积极作用不断显现。以监管服务职能为依托，规范市场价格秩序，扎实办好平价商店、价格惠民药店等民生实事，完善常州价格通公共服务平台和常州智价汇综合监管平台建设。开展价格行政效能提升年、文明创建、物价讲堂等主题活动，为依法、勤廉、高效行政提供有效保障。

【价格收费改革】 2015年，全市物价系统发挥价格杠杆作用，不断深化价格改革，为科学发展和转型升级提供政策支持。

完善资源和环境价费体系，促进资源节约，服务生态文明建设。7月1日起，常州市以1元/平方米·月标准开征扬尘排污费，至年底，征收扬尘排污费300多万元。市物价局与市环保、财政、法制等部门开展常州市排污权有偿使用和交易工作，12月底，出台常州市排污权有偿使用和交易管理暂行办法。

推进能源价格改革，促进企业降本增效，服务企业转型发展。全面落实国家和省电价调整政策，4月20日起，除居民生活用电和农业用电销售价格不作调整外，工商业用电平均价格每千瓦时降低0.69元，同时分两步取消化肥电价优惠，该次降价每年可减轻企业负担2.26亿元。做好煤炭价格与供热价格联动，合理制定蒸汽销售价格，市区蒸汽准销售价格由2015年第一季度的每吨172元，降至2016年第一季度的每吨159元。根据非居民用天然气门站价格变动情况，降低燃气供热价格，由248元/吨调整为200元/吨，2016年1月1日起执行。

深化收费管理体系改革，实施收费年度报告制度，取消收费许可证制度。2014年度，全市共有1498家单位参与收费年报，年报率100%，其中市本级269家；全市收费总额114.27亿元，比上年增加1.58亿元，增幅1.4%。卫生、教育及住房和城乡建设三个系统收费继续居前三位，占全市收费总额的76.78%。常州市分三批取消和暂停134项行政事业性收费，降低17项行政事业性收费标准，涉及教育、交通运输、财政、住房和城乡建设、公安、质量技术监督等多个部门，年内减轻企业和社会负担超8000万元。根据促进市场竞争原则，先后放开土地价格评估、房地产价格评估、建设项目前期工作咨询、招标代理、工程监理、工程勘察设计、铁路延伸服务等一批实行政府价格管理的经营服务性收费。

2015年常州市CPI变动情况表

月　份	1月	2月	3月	4月	5月	6月	7月	8月	9月	10月	11月	12月	平均
CPI	102.0	102.4	101.8	102.1	101.6	101.3	101.6	101.0	100.5	100.4	101.6	102.6	101.6

【收费管理】 2015年，全市物价系统加强价格和收费监督管理，开展减负助企110专项行动，以30个重点项目、30个收费单位、50个重点企业组成的110家收费观察点为载体，展开挂钩服务、调研走访等工作，并首次将部分重点收费单位纳入挂钩服务观察范围，寓监管于服务之中，促进传统监管模式更好地向新型监管模式的良性过渡。

疏导园林绿化收费矛盾。利用园林绿化损坏赔偿费项目的内涵空间，调整树木砍伐等损伤赔偿费标准，增加"改变绿化规划、改变绿化用地使用性质"等变更绿地赔偿费的分类标准，进一步明确临时占用绿地赔偿费标准。

从严审批培训收费标准。全年对56个培训单位、295期次的培训收费进行审批管理。对其中的125个期次培训收费进行核减，核减总额12万元。

规范停车收费行为。针对市区停车收费混乱和投诉上升问题，开发停车收费监管服务系统，整理归集190多家公共停车场信息。通过绿色、蓝色公示牌将政府定价与市场调节价进行区分。制定差别化停车收费标准，分别核定红梅公园、报业传媒大厦、环球恐龙城等停车场的收费标准。

规范教育收费。开展教育收费专项督查，对全市学校以抽查的方式进行督查，督促学校落实相关收费优惠政策。从严核定民办中学学费标准，加强代收费、服务收费管理，对幼儿园调价申请严格把关。

推行商品房价格备案网上申报，巩固物业收费公示成效。全年69家开发企业完成价格备案91批次，核定鼎泰家园、大明蓝山湖苑等定销商品房价格，以及金润家园公共租赁住房共有产权的销售价格。按照统一格式、统一内容、统一摆放位置的要求，完成92个小区的物业服务公示工作，部分实行业主委员会自治的小区也主动要求做好公示工作。

调整公交客运价格，完成16条公交线路的票制票价核价工作。年内，4个批次326条线路的公路客运受燃油价格波动影响调整票价，其中一次上升、三次下降。

规范医药价格行为。加强药品价格督查，重点检查实施改革的县级医院和基层医疗卫生机构药品零差率执行情况。4月15日起，常州市在全省率先实施救护收费的管理新规，市区救护均次费用由原来176元/人降为140元/次。加强医疗机构收费行为规范。4月，针对百姓反映强烈的伽马刀、细胞因子活化杀伤（CIK）细胞输注治疗收费不规范、偏高的问题，规范医疗机构治疗行为，减控治疗费用，年内，两项收费调整共减轻患者费用近2000万元。

（曾庆利）

【出租汽车燃料价格与运价联动机制】 8月19日，常州市出台《常州市区客运出租汽车运价与燃料价格联动机制》，明确设立基准点、首次启动点、再次启动点。其中，联动基准点与常州市区出租车司机月度平均收入和成本、政府燃料补贴、市区在岗职工月度平均工资水平挂钩。燃料价格在上升阶段时，当燃料价格高于联动基准点、低于首次启动点时，燃料提价因素由出租车司机自我消化；当燃料价格高于或等于联动首次启动点，每车次一次性向乘客收取1元燃料附加费；以联动首次启动点为基础，当燃料价格高于1元燃料附加费（或其倍数）可抵消的燃料提价额，每车次向乘客加收1元（或其倍数）的燃料附加费。而在燃料价格下降趋势中，下降至低于联动启动点，则减收1元（或其倍数）的燃料附加费，直至取消燃料附加费。

（葛振庆）

【市场价格调控】 2015年，全市CPI累计涨幅1.6%，比上年低0.6个百分点。

发挥价格监测预警作用。市物价部门通过对凌家塘市场批发价格指数和辖市区菜篮子零售价格指数的编制和剖析，为基层政府和职能部门增强调控的针对性提供指导支持；通过广建网络、聘请专家、部门联合和选题调查，实现测报密度和深度的有机结合；完善常规菜价周报、突发情况日报制度，及时反映市场菜价波动。

健全完善价格调节基金制度。市本级年度价格调节基金预算规模500万元。溧阳市、金坛区分别安排50万元，为扶持生产储备、稳定市场价格提供经济手段支持。根据省级价格调节基金使用和管理办法的调整，进一步加强价格调节基金使用情况监督检查，充分发挥财政资金的引导作用。

【成本调查监审】 2015年，市物价部门加强成本工作，做好农产品成本（简称“农本”）调查，服务“三农”发展和政府决策；扎实做好成本监审，服务价格管理和价格改革。

农本调查工作。探索农本发布机制，借助价格形势通气会的平台，对一季度小麦、二季度油菜籽、三季度秋粮、四季度生猪的生产成本和收益情况进行综合发布。强化调查网络建设，制定并逐步实施优化调查网络的长期规划。制定《常州市农产品成本调查补助经费管理办法》，为调动农本调查户的积极性、规范经费使用提供保障。全年完成100个农本调查户、12个调查品种、近500份报表的调查汇总填报工作。3月，市物价局被国家发改委评为2012—2014年度全国农产品成本调查工作优秀集体。

成本监审工作。全年完成成本调查监审项目20个，成本监审金额38.24亿元，核减金额10.57亿元，核减率27.64%。拓展监审服务领域，开展中华恐龙园、嬉戏谷景区门票价格的成本调查，服务和指导企业定价。尝试成本监审公开，先后开展自来水、污水处理和管道天然气成本监审，主动公开全部成本监审报告。

【价格监督检查】 2015年，全市查处各类价格违法案件89件，经济制裁总额1231.99万元，比上年升285.08%，罚款225.9万元，升143.95%，其中市级查处价格违法案件48件，实现经济制裁823.12万元，升166.6%。全年受理价格举报案件2955件，其中市级2791件，办结2937件，升116.59%，办结率99.39%。年内先后出动3000多人次，重点检查农贸市场、超市、液化气站、停车场、药品零售和旅游餐饮业等与群众密切相关的行业，累计检查各类经营单位2000余家。

全市物价部门紧扣热点和突发情况，多举措维护公众权益。汛期暴雨期间，强化对生活必需品和农副产品、抗洪抢险救灾物资等价格监管，发放价格政策提醒函500余份，预防价格异动。推进价格信用体系建设，开展价格诚信有序年活动。深入推进明码实价和菜市场明码标价工作，南大街双桂坊美食街、万都集团国际家居广场创建江苏省价格诚信区域，万都集团国际家具广场成为全省家居行业首家明码实价店。与省、市级信用平台对接，做好价格信用信息归集与报送工作，不断更新完善市级价格诚信红、黑名单（红名单指诚信模范单位，黑名单指失信单位），提高价格信用管理的威慑力和影响力。

【价格监测】 2015年，全市物价部门做好常规价格监测，及时规范上报省监测中心上千张报表、4万余条监测数据。坚持监测点动态管理，新增农产品目标价格保险、大型超市、重点工业行业等监测点，255个各类价格监测点覆盖全市13大类39张报表。加强指数分析研判，探索菜篮子指数与CPI运行情况、市场价格走势相互验证的工作机制。

全年开展专题价格监测20余次。分别对年夜饭市场价格、二手房租赁市场价格上涨、市农资价格变动、秋粮种植和收购、汽车购置税减半进行专项调查，并及时发布价格异动预警信号。增加主副食品价格监测频率，快速反映主副食品价格变动。

【价格认定】 2015年，常州市价格认证中心正式更名为常州市价格认定局。全年全市价格认定系统完成各类业务8074起，认定总金额298723万元，其中市级完成2623起，认定总金额235021万元。

涉案、涉纪财产价格认定。全市物价系统完成涉刑价格鉴证2278起，涉案金额2983万元；完成涉纪价格鉴证3起，涉案金额8.06万元。涉税财产价格认定稳步推进，年度完成非住宅类存量房评估结果确认事项2140起，涉及金额273624万元；成功调解存量房交易窗口的价格争议64起，涉及金额6646万元；其他应税财物价格认定1起，涉及标的523万元。

非涉案类价格认定工作。全市物价系统完成100余起各类非涉案价格认定项目，涉及金额约1400万元。受市财政局委托，完成市区64家社区医疗服务机构用房的租金水平调查，为常州市机动车、电动车报废回收价格标准进行价格认定，为首批50辆待拍卖公车开展价格评估。

价格争议调解。选择天宁区兰陵街道的两个社区，开展"价格争议进社区"活动，和社区基层、社区警务、小区物业形成联动机制，为发生在坊间邻里争议中涉及的价格纠纷提供价格认定服务。

【涉审服务收费清理】 2015年，全市物价系统开展行政审批前置服务收费清理，重点调查作为审批依据的各类设计、论证、评估等实施市场调节价的中介服务收费。11月，通过市政府、市编办、市物价局等门户网站向社会公布《常州市市级行政审批前置中介服务项目及收费清单》，没有纳入目录的中介服务项目，不得作为行政审批的前置条件。清单涉及34个审批部门的212个行政审批事项，包括50个中介服务收费项目，其中有16个项目实施政府价格管理。深化收费目录清单应用，基于环卫收费与成本的倒挂现状，主动做好部分企事业单位相关投诉的调解工作。

【水价改革】 2015年，常州市自来水和污水处理费价格改革完成。调整基本水价和污水处理费，民用和一般工商企业用水基本水价上调0.35元/立方米，特种行业用水基本水价上调1.00元/立方米；民用水污水处理费上调0.35元/立方米，一般工商企业污水处理费上调0.40元/立方米，六大重污染行业污水处理费上调0.70元/立方米。完善民用水阶梯式水价制度，一、二、三阶梯每户月用水量分别为用水量≤15立方米、15＜用水量≤22立方米、用水量＞22立方米，一阶梯、二阶梯分别覆盖85%和95%的用户，基本水价各阶梯比价为1∶1.5∶3。8月26日，市物价局组织召开常州市市区（不含金坛区、武进区）居民生活用水价格调整听证会。11月1日起，新的水费价格标准执行。

【气价改革】 2015年，常州市民用天然气阶梯价格改革完成。基本气价不变，调整梯次划分和级差、价差，由现行的二个阶梯调整为三个阶梯，一阶梯、二阶梯分别覆盖80%和95%的用户，各阶梯比价按1∶1.2∶1.5的比例安排；同时建立上下游价格联动机制，居民生活用管道天然气销售价格与上游天然气门站价格变动幅度实行联动调整，联动周期一般不低于半年。11月26日，常州市组织召开常州市民用管道天然气价格改革听证会，2016年1月1日起，新的民用天然气价格标准执行。

非民用天然气价格得到及时疏导。4月，落实国家对上游天然气门站价格改革政策，主要是将西气中的存量气（含城市公用燃气）和增量气实行价格并轨、将川气中的天然气和页岩气价格并轨，放开直供用户（化肥企业除外）用气门站价格，调低中准销售价格0.11元/立方米。11月20日起，再次降低非居民用天然气销售价格，中准销售价格平均下调0.61元/立方米。

【医药价格改革】 2015年，常州市推进城市公立医院医药价格综合改革。常州市对市区11家参改医院2014年药品销售量、医疗服务工作量等进行测算，核定各医院2014年药品差价额和调整医疗服务后的补偿率，合理制定常州市城市公立医院医药价格综合改革方案，10月31日零时起实施。

全面落实国家药品价格改革政策。6月1日起，取消常州市2700多种政府定价目录药品和900多种中药饮片的政府定价，充分发挥市场竞争机制。8月1日起，对市医疗机构院内制剂不再制定政府指导价。调整部分医疗服务价格。为保持县级公立医院与市级医院合理比价关系，同步调整县级公立医院部分医疗服务价格，降低40多种检验项目价格，取消彩色多普勒15%上浮和螺旋CT超层费等，减轻患者负担。

【平价商店】 2015年，常州市发挥平价商店保供稳价、利农惠民、应急调控的作用，开展春节、国庆和暴雨期间再让利活动，平价品种由原来的15种增加为25种，优惠幅度由原来的15%提高到20%。提升平价商店品牌形象，开展"五统一"（统一门头装饰、统一明码标价形式、统一对外承诺、统一内部宣传、统一建立台帐）行动。年内，市物价局开展十次明查暗访或抽查，当场发现问题、当场提出整改意见、当场与店方见面，确保平价商店运行质量。严格考核，有进有退，对照省、市平价商店考核奖励办法，分别对全市平价商店履职情况进行考核，对连续考核不合格的，严格按要求责令退出平价商店行列，并及时补建11家平价商店。全年全市正常运行的平价商店120家，其中溧阳8家、金坛6家、市区106家，平价商店惠民让利约3000万元。

【价格惠民药店】 2015年，常州市新增价格惠民药店20家，总计70家；新

市物价、药监、人社等部门开展"价格惠民药店进社区"志愿服务活动

（物价局 供稿）

增惠民药品品规20个。全市价格惠民药店每天按物价部门公布的常用药品目录提供价格惠民药品不少于280个品规，并以不低于市场平均价格10%优惠幅度供消费者选购，通过销售惠民药品优惠让利总金额超过1000万元。统一设置惠民药店简介宣传板和惠民药品目录公示牌，统一使用价格惠民药店标价签，提升品牌形象。定期深入居民社区开展惠民公益活动和爱心捐赠活动，全年累计捐赠药品近15万元，惠及困难家庭450余户。

【常州智慧物价】 2015年，常州市推进智慧物价建设，对内加强综合监管，对外提升公共服务，为价格工作的有效推进提供支持。继续巩固和扩大“常州价格通”公共服务平台建设成果，联动6大媒介14种载体做好信息发布。与宣传部“微常州”微信平台合作发布物价信息，在“无线常州”手机客户端设立物价栏目。6月1日，“常州价格通”政务微信平台开通，订阅用户超过2千，年内发布与群众生活密切相关的商品价格信息和价费政策信息300多篇。 （曾庆利）

工商行政管理

【企业登记管理】 2015年，全市新设内资市场主体（含分支机构）60075户，比上年降2.75%；注册资本（金）突破千亿，达1076.33亿元，增56.19%。其中，国有、集体及其控股企业1424户，注册资本（金）340.81亿元，分别增39.88%、67.21%；私营企业17925户，注册资本（金）682.02亿元，分别增13.41%、56.63%；新设个体工商户40429户，降9.4%，资本金47.58亿元，增12.39%；新增个体工商户和私营企业从业人员19.09万人，增4.55%；新设农民专业合作社297户，出资总额5.91亿元，分别降9.73%、21.35%。

至12月末，全市实有各类内资市场主体（含分支机构）户数37.46万户，注册资本（金）7638.39亿元，分别增14.42%、34.39%。其中，国有、集体及其控股企业9059户，注册资本（金）2742.40亿元，分别增16.69%、36.67%；私营企业11.43万户，注册资本（金）4641.43亿元，分别增16.7%、33.69%；个体工商户24.82万户，资

2015年常州市新设、实有国有、集体及其控股企业区域分布表

地区	新设企业		实有企业	
	数量（户）	注册资本（金）（亿元）	数量（户）	注册资本（金）（亿元）
溧阳市	153	48.54	1020	232.41
金坛区	72	83.21	1098	499.63
武进区	425	105.89	2398	934.11
新北区	342	63.17	1686	466.61
天宁区	189	17.79	1445	335.62
钟楼区	243	22.21	1412	274.02
合计	1424	340.81	9059	2742.40

2015年常州市新设、实有私营企业区域分布表

区域	新设数			实有数		
	数量（户）	从业人员（万人）	注册资本（金）（亿元）	数量（户）	从业人员（万人）	注册资本（金）（亿元）
溧阳市	1435	1.27	70.52	8985	21.43	704.97
金坛区	1332	0.86	91.21	8242	17.51	469.00
武进区	5736	3.47	688.09	36006	59.65	1502.95
新北区	4750	2.54	178.65	27044	29.47	1058.85
天宁区	2279	0.74	59.48	18144	16.87	488.42
钟楼区	2393	0.96	63.53	15835	15.11	417.24
合计	17925	9.83	682.02	114256	160.04	4641.43

2015年常州市新设、实有个体工商户区域分布表

区域	新设企业			实有企业		
	数量（户）	从业人员（万人）	资金数额（亿元）	数量（户）	从业人员（万人）	资金数额（亿元）
溧阳市	4879	1.11	9.02	33371	6.88	35.82
金坛区	2905	0.81	6.75	22735	5.3	26.03
武进区	12211	2.66	12.89	68837	13.55	40.42
新北区	7776	1.81	9.38	41352	8.53	30.49
天宁区	6449	1.39	3.91	42408	7.78	18.03
钟楼区	6209	1.48	5.63	39493	7.59	22.49
合计	40429	9.26	47.58	248196	49.63	173.28

2015年常州市外商投资法人企业行业分布表 单位：户

行业	制造业	科学技术服务业	批发零售业	房地产业	租赁和商业服务业	住宿餐饮业	农林渔业	软件业	仓储业	电力热力供应	水利环境公共管理	建筑业	其他行业	合计
新设企业	37	40	28	0	16	3	0	5	2	1	2	0	0	137
实有企业	1791	380	193	134	97	27	30	41	16	21	5	12	19	2766

2015年常州市实有私营企业主要行业分布表

行　业	数　量（户）	从业人员（万人）	注册资本（金）（亿元）
农、林、牧、渔业	1207	1.28	53.35
制造业	40882	82.21	1493.88
建筑业	6211	22.32	473.89
批发和零售业	35118	22.55	668.80
交通运输、仓储和邮政业	2222	2.11	89.51
住宿和餐饮业	820	2.09	16.95
信息传输、计算机服务和软件业	2496	1.69	51.50
金融业	254	0.25	101.24
房地产业	2116	3.35	267.54
租赁和商务服务业	10087	8.20	848.24
科学研究、技术服务和地质勘查业	9277	8.87	475.83
居民服务和其他服务业	2061	3.44	34.36

2015年常州市实有个体工商户主要行业分布表

行　业	个体工商户（户）	从业人员（人）	资金数额（亿元）
农、林、牧、渔业	3406	9095	14.00
制造业	27269	86227	27.73
建筑业	603	2072	1.10
批发和零售业	148152	239779	80.54
交通运输、仓储和邮政业	2705	5469	3.03
住宿和餐饮业	26241	73263	22.66
信息传输、计算机服务和软件业	872	1345	0.37
房地产业	210	435	0.12
租赁和商务服务业	4879	8245	2.94
科学研究、技术服务和地质勘查业	823	1933	0.71
居民服务和其他服务业	30784	61938	16.61
文化、体育和娱乐业	1645	4716	2.66

2015年常州市外资法人企业区域及资本规模构成表

辖市区	新设企业		实有企业	
	数　量（户）	注册资本（亿美元）	数　量（户）	注册资本（亿美元）
溧阳市	6	0.44	240	29.99
金坛区	16	0.48	305	22.78
武进区	58	4.11	842	99.23
新北区	29	0.67	857	112.84
天宁区	13	1.55	272	26.48
钟楼区	15	1.40	250	24.17
累　计	137	8.65	2766	315.49

金数额173.28亿元，分别增13.36%、27.56%；个体工商户和私营企业从业人员209.66万人，增6.78%；农民专业合作社3101户，出资总额81.28亿元，分别增11.63%、16.65%。

【股权出质登记】 2015年，全市办理股权出质登记306件，出质股权78亿元，担保主债298.29亿元，分别比上年增4.08%、降1.44%和降4.74%。

【外资登记管理】 2015年，常州市新设外商投资法人企业137户，注册资本8.65亿美元，投资总额15.65亿美元，外方认缴额7.6亿美元，分别比上年降23.88%、51.99%、41.27%、55.34%。新设外商投资企业分支机构119户，增25.26%。

年内，全市注销外资法人企业69户，其中企业直接申请注销65户，吊销企业法人营业执照后注销4户；注销外资分支机构33户。吊销企业注册资本7.04亿美元，外方认缴6.71亿美元，分别减60.04%、60.13%。退市企业中有20家为注册资本超千万美元的大项目，减少68.25%。

至年末，全市实有外商投资法人企业2766户，投资总额535.15亿美元，注册资本315.49亿美元，外方认缴额275.99亿美元，分别增0.25%、6.01%、5.77%、8.96%。另有外商投资合伙企业1户、外商投资企业分支机构828户、中外合作非法人企业1户、外国企业常驻代表机构44户、外国（地区）企业来华从事生产经营活动机构6户、外国（地区）企业分支机构2户、外商投资办事机构39户。

【年报公示改革】 2015年，常州市推动年报公示改革，提升市场主体年报公示参与度，2013、2014年度年报公示率均居全省前列。至6月30日，全市有26.8万户市场主体完成两个年度年报公示，年报率分别为87.7%、82.6%。其中，企业的年报率分别为94.5%、90.1%，分居全省第一和第二。完成《常州市市场主体年报分析报告》。

严格落实异常名录管理。至8月31日，全市有1.08万户企业、4.5万户个体工商户、632户农民专业合作社因未按规定报年报被列入经营异常名录，分别产生经营异常名录纪录1.58万条、7.2万条、632条（含部分同一市场主体两次列入）并向社会公示。因抽查被发现弄虚作假、隐瞒真实情况而被列入的有29户，占异常名录总数的0.03%，其中7户改正后申请移除；因住所失联原因列入的有321户，占0.36%，其中12户重新取得联系或改正后申请移除。被列入异常名录的市场主体在办理银行融资信贷、招投标等业务时受到约束。至2015年底，有1122户次企业申请移出经营异常名录，其中1093户次企业补报年报后移除，占97.4%。

完成多次公示信息抽查任务。全年共组织开展不定向抽查4次。有5811户企业被随机抽查，占年报企业总数的5.94%；有350户企业因未按时公示即时信息，公示信息隐瞒真实情况、弄虚作假，通过登记的住所无法联系等原因被依法列入经营异常名录并公示，占抽查企业总数的6%。

【私营个体经济协会概述】 2015年，常州市私营个体经济协会（简称“私个协会”）完善联动机制，加强与常州科教城、市人社局、市经信委、市文明办、市关工委、市工商联的联动，召开5次联席会议，联合开展信息提供、招聘用工等服务10多场。

完善激励机制，开展评先评优。年内评选出首届常州市“百名诚信之星”“十大诚信标兵”。走访14家省级诚信企业，收集121家企业的诚信经营事迹广为宣传，建立企业诚信档案，为诚信企业优先提供服务。与企业生产经营相结合，引导企业对接科研机构，组织企业到江西、四川等地寻找商机，组织8名企业家到清华大学培训。

与企业承担社会责任相结合，引导企业与街道、学校等单位开展共建，指导422家企业创建“五有五好”（有班子、有队伍、有阵地、有经费、有制度；领导班子建设好、“五老”〈老党员、老专家、老教师、老战士、老模范〉作用发挥好、制度健全执行好、积极探索创新好、活动经常效果好）关工委；在四川省绵竹市遵道镇发放教育基金7万元，慰问财物合计10万多元；与企业文化建设相结合，积极开展道德讲堂进市场、进行业活动12场。以“关心关爱”活动为载体，走访慰问困难经营户300多户，捐助外来工子女600多名。

以“就业创业援助工程”为载体，组织全市民营企业大型招聘会和常州科教城高职院校应届毕业生洽谈会，302家企业进场招聘，提供岗位6000多个，网上发布招聘岗位信息1万余条；以“助商讲堂”为载体，组织创业培训、经营培训，开展创业就业咨询服务，2160人参加相关创业方面的培训。

以“风险防控，安全金融”为载体，协助银行防控风险，组织融资、科技对接活动52场次，为1000家企业缓解资金难题，为60多家企业提供转型升级支持；以“促进民企转型提升”为载体，组织开展科技成果转化、融资服务现场对接活动，召集70余家企业与常州科教城内科研机构现场对接、分类洽谈，与合作银行现场沟通，8家企业与研发机构达成合作意向，2家企业与银行达成融资意向。

【市场监督管理】 2015年，全市新建市场13个，至12月末，全市有市场303个，其中消费品市场272个、生产资料市场24个、生产要素市场7个。

开展文明诚信市场创建，年内新增3个省级、8个市级文明诚信市场，累计有11个省级、86个市级文明诚信市场，常州月星国际家居广场、夏溪花木市场和江苏凌家塘市场3个市场被国家工商总局评为全国2014—2015年度诚信示范市场，市工商局被国家工商总局评为全国工商系统2014—2015年度诚信市场创建工作突出单位。继续推进平安市场创建活动，全市有241家市场创建达标，5家市场为平安市场示范点。实施信用助贷工程，12个市场获各级金融机构授信额度11.16亿元，市场内3362户经营户获贷款2.67亿元。开展汽车市场专项整治行动，对全市15家经营规模较大的汽车经销商召开行政约谈会，对汽车市场中存在的典型违法行为进行告诫提醒；对投诉集中的汽车4S店加强检查督查，通过媒体宣传加强舆论监督，引导消费者保护自身合法权益。

【工商涉农管理】 2015年，常州市工商系统抽检农资商品质量200批次，合格168批次，不合格32批次。首次开展农资经营主体抽查工作，把30家农资经营主体列为抽查对象。对农资商品质量开展专项整治，全年立案14起，案值9.3万元，罚没金额11.01万元。

【网络交易平台发展】 2015年，全市重点网络交易平台交易额7.07亿元，比上年增长36.22%。其中B2C（直接面向消费者销售产品和服务）交易额5.15亿元，占比72.84%，增36%；B2B（企业对企业之间的营销）交易额1.92亿元，占比27.16%，增35.21%。全市自建网站开展网上经营活动的市场主体共16337家，占全市市场主体总数的4.36%。

【网络交易监管】 2015年，常州网络交易监督管理分局（简称“网络交易监管分局”）正式成立，主要负责网络商品交易及相关服务的监督管理工作，开展网络交易商品定向监测，建立常州市电子商务企业信用信息服务等涉及相关政府部门、企业、消费者、社会监督群体等各层面的社会共治机制，推动常州市网络商品交易健康有序发展，为常州市电子商务企业的竞争发展以及电子商务消费创造公平健康的环境。

助推大众创业、万众创新。全市工商系统加强电子商务业态专题研究，形成《网络交易发展与监管对策》《O2O电子商务模式发展状况研究》等研究成果，为政府和企业提供有说服力和决策价值的引导信息。通过“触网”行动，强化对电子商务产业的培育支持，探寻传统产业与电子商务融合发展前景。深化红盾网剑行动，建设电子商务可信交易环境，全年查处网络违法案件9件，罚没款26万元。开展网络商品质量监测工作，对常州地区网络交易平台、网店商品类目共计45个批次进行质量检测。参与全省“一中心一平台”（江苏省网络交易监测中心和电子商务企业信用信息公示服务平台）建设，与电子商务主体基础信息管理与服务系统、网络经营者电子标识业务与服务系统、网络交易商品基础信息管理与服务系统、网络交易电子合同信息管理与服务系统、网络交易者信用信息管理与服务系统、网络交易纠纷非诉讼处理服务系统做好对接工作，为电子商务信用体系保障工程打好数据基础。打造“互联网+”监管队伍，理清部门职能，完善内外协作，建立畅通、高效的共享机制；培养专业人才，提升基层监管干部网上巡查技术、电子取证技术，提高网络案件查办效能，全市工商系统有5名业务骨干获人社部认证的电子数据调查分析师资质。

【信用信息综合监管】2015年，全市办理动产抵押登记793件，担保主债权312.39亿元，其中全市办理融资租赁抵押登记38件，融资金额7.45亿元。拍卖备案登记318起，成交金额约2.7亿元。至年底，全市有国家级守合同重信用企业71家，省级以上守合同重信用企业236家，市级以上守合同重信用公示企业1554家。年内，全市有87家守合同重信用企业办理动产抵押登记155件，实现融资161.68亿元，信用助企融资成效显著，调解合同争议235件，解决金额265万元。

【广告监督管理】2015年，常州市广告企业数量规模实现多个历史性突破。全市新增广告经营企业775户，注册资本新增24.19亿元，分别比上年增长159.19%和222.96%。全市实有广告经营企业2823家，广告经营额89.51亿元，分别增37.84%和33.64%。加强对新《广告法》的培训，开展大型培训10场次，参训人员600余人，赠书800余册。加强执法监管，创新监管方式，促进广告业健康发展，监管媒体广告成效显著，常州市各主流媒体广告违法率呈大幅下降趋势。常州电视台的公益广告《斑马线的爱情宣言》获2015第二届紫金奖文化创意设计大赛公益广告创意设计金奖，江苏迪诺文化传媒有限公司、壹山藏整合营销（江苏）有限公司、江苏超凡标识标牌股份有限公司获第二届江苏品牌紫金奖品牌服务类金奖。

【常州国家广告产业园建设】2015年，常州国家广告产业园经营额占全市广告经营额的比重增大，对全市广告业的拉动作用明显。至年底，常州国家广告产业园区已集聚广告企业449家，广告经营额62.36亿元，占全市广告经营额的69.67%，分别比上年增32.84%和23.98%。新引进市级以上高层次人才3名，引进风险投资2000万元、外资项目2500万美元。完善园区公益广告平台建设，开展意工厂杯、“微言传大义”等公益广告创意设计专项赛作品征集活动。

【商标监督管理】2015年，常州市申请注册商标8000余件，成功注册商标7000余件。全市累计有效注册商标5.2万余件，居全省第四。新申报中国驰名商标6件，获认定10件，累计有中国驰名商标99件；124件商标被认定为江苏省著名商标，其中新认定51件、再认定73件，累计有江苏省著名商标393件；272件商标被认定为市知名商标，其中新认定105件、再认定167件，累计有市知名商标779件。全年全市自主品牌企业增加值占地区生产总值19%，列全省第一。

2015年常州市消费咨询五大热点

消费类型	数　量（件）
通讯产品	1794
销售服务	1785
交通工具	1578
服装鞋帽	1127
食　品	1013

2015年常州市商品类投诉五大热点

项　目	数量（件）	比上年增（%）
交通工具	554	31.28
家用电器	398	-7.87
通讯产品	381	-8.85
家居用品	265	-17.96
服装鞋帽	261	-33.08

2015年常州市服务类投诉五大热点

项　目	数量（件）	比上年增（%）
销售服务	335	148.15
美容、美发、洗浴服务	320	10.34
电信服务	243	11.47
餐饮和住宿服务	242	-12.95
文化、娱乐、体育服务	234	-4.49

2015年常州市12315受理举报五大热点

项　目	数量（件）
质　量	206
无照经营	104
商　标	95
广　告	91
计　量	15

2015年常州市投诉受理量前五位的商家

商家名称	数量（件）
苏宁电器	88
移动公司	72
中国电信	71
欧尚超市	69
乐购超市	66

【公平交易执法】2015年，常州市查处各类违法违章案件935件，案值7224.05万元，罚没2031.25万元。其中质量检验类案件199件、食品药品类案件210件、工商类案件526件，案值6222.88万元，罚没1297.47万元，分别比上年降33.26%、53.23%。案件数量前三位的分别是：违反产品质量法规案件144件，占案件总数的27.37%；违反商标法规案件92件，占查处案件总数的17.49%；违反反不正当竞争法规案件43件，占案件总数的8.17%。从违法行为看，制售假冒伪劣违法行为仍是扰乱市场秩序的突出问题。

【消费维权救助】2015年，常州市12315消费者申诉举报中心接听来电41564件，受理投诉5478件。市12315电话接通率保持在95%以上，平台投诉办结率100%。至年底，常州市争创省级消费维权示范服务站14家。

【放心消费创建】2015年，常州市放心消费创建活动领导小组办公室在全市范围内开展2015年度市级放心消费示范街区申报与考核工作。9月，授予溧阳市上河城购物中心商业街等58条街区为市级放心消费创建先进街区。12月，表彰408家市级放心消费创建先进企业、行业和区域。全年全市创省级诚信品牌企业4家、省级示范街区4个、省级先进（示范）单位39家。　（章炜婕）

食品药品监督管理

【概　述】2015年，常州市启动食品药品监管体制改革，组建新的常州市食品药品监督管理局，加挂常州市食品安全委员会办公室牌子，至年底，全市系统基本实现市、辖市区、镇街道监

市食药监局在溧阳南渡镇东湖村宣传用药安全常识 （食药监局　供稿）

管机构组建和人员配备到位，全市6个辖市区全部组建市场监管局，并加挂食品药品监管局牌子，具体承担食品安全委员会办公室的日常工作。

安心食品药品工程和建立完善食品"追溯、监测、诚信"三大体系分别被列为2015年为民办实事项目和市政协1号提案。市食药监局将安心食品药品工程实施和三大体系建设有机结合，加快推进食品药品追溯体系建设，在3家屠宰企业和2家种植基地完成农产品质量安全追溯系统和肉菜流通追溯系统的对接，实现信息共享。150家药品零售连锁门店实现对特殊管理药品和基本药物的可追溯。常州市第二人民医院作为医疗机构药品可追溯试点单位，实现对特殊管理药品和基本药物的可追溯。市其他的8家三级医疗机构已向中国药品电子监管网申请入网。市食药监局推进食品生产企业电子追溯系统建设工作，至年底，全市16家食品生产企业完成电子追溯系统建设，基本实现正向追踪、反向溯源等功能。其中，乳制品生产企业实现100%全覆盖，白酒和食品添加剂生产企业各实现30%覆盖，肉制品和儿童食品生产企业各完成2家。稳步推进食品药品监测体系建设，按照4批次/千人的目标，完成食品检测19048批次。建立完善蔬菜流通环节快速检测体系，监督凌家塘市场的蔬菜实行全检全测，监督进入城区35家标准化菜市场的自产自销蔬菜进行快速检测。药品不良反应每百万人口报告数912例。扎实推进食品药品诚信体系建设，评选出食品生产示范企业20家、"放心餐饮"示范单位300余家、食品经营示范企业50家。按标准按程序对药品生产经营企业开展信用等级评定。开展专项整治行动，检查食品流通经营户13257户次，受理和处理消费者投诉和举报385件，取缔无照经营户48户，查处"五无"（无生产厂家、无生产日期、无保质期、无食品生产许可、无食品标签）食品违法案件23件，案值7.21万元。对民间厨师进行食品安全知识及业务培训，开展健康体检。

强化监管技术支撑，推进信息化建设。市食药监局升级"四品一械"（指食品、药品、保健食品、化妆品、医疗器械）监管信息平台中的药品流通、保健食品、化妆品、医疗器械监管信息系统，启动医疗器械非行政许可网上备案。提升药品检验检测能力，市药品检验所持续改进质量体系，通过中国合格评定国家认可委员会（China National Accreditation Service for Conformity Assessment，英文缩写为CNAS）监督评审暨亚太实验室认可合作组织（Asia Pacific Laboratory Accreditation Cooperation，英文缩写为APLAC）同行评审，完成22次内部质量监控，完成中国食品药品检定研究院部分对照品7批次的标定工作；为中国药科大学、南京中医药大学提供带教，在检验检测、药品医疗器械不良反应监测方面提供技术支撑和信息交流。强化化妆品卫生规范监督检查，做好国产非特化妆品网上备案初审工作，探索开展化妆品不良反应监测工作。

构建医药产业发展服务机制。进一步优化审批流程，核实清理所有行政审批事项，承担餐饮服务许可事项并启用餐饮许可审批平台，承接省食品药品监督局下放的食品生产许可事项，至年底，在市政务服务中心办理的行政许可事项7项，其他行政权力事项15项，完成各类办件4865件。围绕全市重点推进的18个新生物医药产业重点项目，制定挂钩联系工作方案，开展结对服务，在项目建设初期即主动介入，对接省食品药品监督局职能部门，加快产品审评审批进程，为光宝科技（常州）股份有限公司、常州华威集团有限公司、福隆控股集团有限公司等重点企业建立专人服务机制。

营造社会共治氛围。加强与主流媒体的沟通合作，宣传贯彻新修订的《食品安全法》。通过召开新闻发布会、食品安全宣传周、"党员义工365"活动，在各级媒体报道75篇次，悬挂宣传横幅、电子显示屏280余条，发放宣传资料9.23万余份，及时公开监管信息，保障公众知情权，主动引导食品药品企业及从业人员学法、知法、守法，服务群众及培训食品从业人员近1.8万人。筹建食品药品安全专家委员会，发挥专家的智库和参谋作用；修订《常州市食品安全事故应急预案》，将应急工作纳入常州市"十三五"突发事件应急体系建设规划，进一步规范突发事件监测预警、重大信息报送等工作，监测博客、微博、新闻、论坛等舆情3208条。强化社会监督，主动搭建交流平台，鼓励群众通过省12331平台及常州市电话0519—85112331进行投诉、举报、咨询，建立24小时不间断值班制度，健全投诉举报件受理、转办、跟踪、督办、调查及反馈的工作流程，对

常州百名药师在江苏省执业药师安全合理用药服务周中集体宣誓

（食药监局 供稿）

1627件投诉举报和3677件咨询建议及时查处、督办、反馈。

【食品质量安全监管】 2015年，市食品药品监管部门牢牢抓住食品生产、流通、餐饮各环节安全监管，提高食品质量安全监管成效。在食品生产环节，深化食品生产“三分监管”（食品分类、企业分级、监管分等），严格执行食品、食品添加剂生产监管相关要求，部署开展白酒小作坊、蜂蜜、海米等干制水产品、凉皮等9个专项监督检查。全年全市共检查食品及食品添加剂生产企业1019家次。在食品流通环节，推进质量安全信用分级分类管理，规范经营行为；以超市商场、批发市场、交通枢纽、旅游景点等为重点区域，加强节假日、“两会”期间等重点时段的检查，落实基层食品安全日常检查制度，全市共检查食品经营户43826户次。在食品餐饮环节，深入推进量化分级管理工作，加强对集体用餐配送、大型餐饮单位的日常巡查和执法检查力度。清理餐饮监管相关法规规章，建立、完善餐饮监管相关制度，落实食物中毒防控工作，保障用餐安全。建立健全保健食品企业一企一档，对保健食品生产质量受权人试点企业开展评估。

【药械质量安全监管】 2015年，市食品药品监管部门加强对药品生产、流通环节和医疗器械全链条监管。年内15家企业的45个非无菌剂型和原料药通过新版《药品生产质量管理规范》（GMP）认证，至年底，全市按照新版GMP认证企业25家163个，通过率93.7%。完成对14家在产基本药物生产企业的检查，对67个在产品种全覆盖检查116个次，基本药物生产质量秩序正常。在日常监管检查中发现存在风险隐患的产品，督促企业及时进行全部召回。督促常州市银杏叶药品制剂生产企业做好自检和召回工作，对企业自检和召回情况进行督促、核实。未发现特殊药品流弊现象。

在药品流通环节，采取飞行检查（即事先不通知被查企业而对其实施快速的现场检查）方式，强化对全市新版《药品经营质量管理规范》（GSP）实施工作的督查与指导。开展中药饮片专项整治，检查企业315家次。与卫生计生部门联合开展医疗机构及疫苗接种单位监督检查。联合市教育、卫生计生部门强化对中小学、幼儿园的药品安全管理。加强互联网药品持证网站监管，注销10家证书过期未及时换证的网站服务资格。对基本药物配送企业检查全覆盖，对麻醉精神类药品经营企业监督抽查全覆盖。

在医疗器械全链条监管中，制定《医疗器械日常监管指导意见》，指导基层单位有效实施监管，督促生产企业推行《医疗器械生产质量管理规范》，完善质量管理体系，督促企业贯彻执行4项强制性、31项推荐性医疗器械行业标准。按照风险管理的原则，在医疗器械生产、经营企业中着手开展分级分类监管，检查医疗器械生产企业388家次，全市生产企业日常监管检查覆盖率88%。对全市98家重点监管医疗器械生产企业检查199家次，覆盖率100%，其中无菌医疗器械生产企业年均检查4次以上；监督检查医疗器械经营（批发）企业441家，监督检查医疗机构340家。

【食品药品安全专项整治】 2015年，市食品药品监管部门按照“五个不放过”（不合格产品来源去向不查清不放过、涉嫌单位责任不查清不放过、问题产生原因不分析透彻不放过、对相关责任单位查处不到位不放过、整改措施不落实不放过）标准，强化食品药品安全专项整治，对食品药品安全违法行为依法从严、从重查处。年内，联合市卫生计生、教育部门组织开展春秋季学校食品专项检查和校园周边食品安全专项整治，推动学校食堂量化分级提档升级，出动检查人员3123人次，对全市769个学校食堂检查1527家次。开展白酒小作坊和散装白酒市场、农村食品流通领域、食用明胶和含明胶食品、以会议讲座方式宣传销售保健食品等专项治理，打击制售假冒伪劣散装白酒行为，严格检查农贸市场、批发市场、超市经营者履行进货检查验收索证索票情况，并对整治情况或阶段性工作进展进行通报。开展药械安全专项整治，继续开展制售假劣药品、互联网制售假药、医疗器械整治回头看、体外诊断试剂质量评估、打击避孕套和装饰性彩色平光隐性眼镜非法经营等专项整治行动。开展中药饮片生产流通领域专项整治，重点对容易发生染色、人工增重、硫磺熏蒸、掺杂掺假等的中药饮片开展有针对性地检查。开展属地广告监测工作，对监测到的违法广告及时移送工商部门查处。全年完成药品抽样2331批次，不合格24批次，不合格率1.02%；医疗器械抽样97批次；保健食品抽样52批次；化妆品抽样33批次。

【食品药品稽查执法】 2015年，市食品药品监管部门进一步理顺案件办理体制，制定下发《重大食品药品违法案件上报、督办办法》，明确重要案件线索、重大案件、跨区域案件等办理流程，为辖市区的案件查办工作提供指导性意见。建立联动执法机制，完善和落实案源线索管理制度，与司法部门建立联席会议、执法协作、行政执法和刑事司法衔接等工作机制，进一步明确双方在工作运行、执法办案等方面的职责分工，加强对全市食品药品安全风险的联防联控。全年立案262件，其中食品案件194件、药品案件56件、医疗器械案件9件、保健食品案件3件、化妆品案件1件，涉案货值金额135.72万元，罚没金额324.3万元，当场处罚29件，取缔无证经营窝点9个，移交公安机关11件，其中协同公安部门集中力量办理蒋某非法生产销售原料药西地那非案、潘某销售假药胎盘多肽注射液案；监测违法违规广告1928条，暂停销售药品1种，发布暂停销售或解除暂停销售公告10期。

【保健食品化妆品信息平台监管】 2015年，市在全省率先实施保健食品化妆品电子监管信息平台建设，建立全面的保健食品化妆品企业动态基础信息库，实现对企业生产经营全品种、全流程、全时段的监管，加强企业诚信经营的评估。至年底，纳入平台监管的生产企业21家、经营企业716家、批文持有单位9家，共计746家。

（蒋华东）

质量技术监督

【概　述】 2015年，江苏省常州质量技术监督局由省以下垂直管理改为地方政府管理，更名为常州市质量技术监督局，为市政府工作部门。将原属于市质量技术监督局的食品、食品添加剂、化妆品生产加工环节的质量安全监督管理职责和相关许可管理职责以及所属食品检验检测职能划归市食药监局。

年内，常州市申报创建全国质量强市示范城市获国家质检总局批准。经向社会公开征集，确定“品质生活源于常州智造”为常州市城市质量精神。实施企业工商营业执照、组织机构代码证、税务登记证“三证合一”和社会组织登记证和组织机构代码证“两证合一”登记制度，不再办理组织机构代码证书。开展企业标准备案制度改革，207家企业的596只企业产品标准完成自我声明公开。推进综合执法体制改革，将388项质量技术监督行政执法权力事项全部交由辖市区市场监管部门承办，市质监局原则上不再直接实施具体检查和现场执法。常州入选全国质量之光·年度质量魅力城市，并连续两年在省级政府质量工作考核中位列A级（优秀）等次。

全年常州市质监部门出动执法人员7665人次，检查生产销售单位2794家，受理举报投诉887件，立案查处案件340起，捣毁制假售假窝点59个，查获假冒伪劣产品货值金额1193万元，移送司法机关案件7起。

【质量管理】 2015年，常州四药制药有限公司、江苏洛基木业有限公司、常州光洋轴承股份有限公司、灵通展览系统股份有限公司、常州港华燃气有限公司获常州市市长质量奖；今创集团股份有限公司、常州船用电缆有限责任公司、江苏常宝钢管股份有限公司、中盐金坛盐化有限责任公司、中铁建电气化局集团轨道交通器材有限公司、常嘉建设集团有限公司、常州市公共交通集团公司、常州西电变压器有限责任公司、常州吉恩药业有限公司、常州市宏发纵横新材料科技股份有限公司被评为常州市质量管理先进单位；黑牡丹集团股份有限公司、常州天合光能有限公司进入2015年江苏省质量奖公示名单。开展2014年度辖市区质量工作考核，新北区、溧阳市、天宁区、钟楼区、武进区考核结果为优秀，戚墅堰区和金坛区考核结果为完成。落实工业产品生产许可证获证企业后续监管要求，注重事中事后监管，受理企业申请239份，发放许可证书累计210份。加大质量信用评价力度，组织开展2015年江苏省工业企业质量信用评价申报，8家企业获3A级，17家企业获2A级。

【标准化监督管理】 2015年，常州市继续推进技术标准战略，完成制（修）订国际标准4项、国家标准39项、行业标准48项、江苏省农业地方标准研制项目3项、江苏省服务业地方标准研制项目3项。至年底，参与标准制定企业累计超过200家，涉及标准近800项；建成标准联盟3个，覆盖刀具、LED照明系统等特色产业，实施企业达100余家；新增国家级循环经济、省级自主创新、战略性新兴产业等标准化试点示范项目7项；完成采用国际标准和国外先进标准36项。试点推进企业标准备

市长费高云为第三届市长质量奖获奖企业代表颁奖（质监局　供稿）

案制度改革，全市有282家企业完成849项产品标准自我声明公开。加强标准化专业技术机构建设，新增全国人造板标准化技术委员会浸渍纸层压木质地板分技术委员会、全国钢标准化技术委员会炭素材料分技术委员会薄层石墨材料工作组2个全国性标准化组织机构。

【计量监督管理】 2015年，全市有法定计量检定机构4个，建有10大类305项社会公用计量标准，拥有各类计量检测设备2566台件，可开展计量检定项目509个。全年开展计量校准项目563个、检测项目114个，其中通过实验室认可的校准项目533项、检测项目112项。加强强制检定工作，对81种407980台件工作计量器具进行强制检定，受检率96.4%。完善计量确认工作，新增计量确认企业115家，其中计量合格确认71家、计量保证确认44家。深化民生计量，为201家集贸市场17902台件在用衡器、621家医疗卫生机构2330医用计量器具实施免费检定。抽查169家企业717批次定量包装商品，净含量标注平均合格率99.72%，净含量检验平均合格率97.76%；对80家企业381批次商品包装进行抽查，抽查商品整体合格率97.38%。

【特种设备安全监管】 至2015年底，常州市拥有持证特种设备制造单位256家、特种设备安装改造修理单位297家、气瓶充装单位（站点）112家、登记在册的特种设备140064台。年内，特种设备万台事故率和万台死亡率均为0.28，未发生较大及以上特种设备事故。全市质监部门开展特种设备安全隐患排查，出动检查人员2467人次，下达监察指令书263份，发现一般隐患449家618条、严重隐患81家84条，督促企业做好隐患整改。开展电梯安全监管大会战，发现隐患电梯316台，其中存在严重事故隐患82台、“三无”（无物业管理、无维保单位、无维修资金）电梯18台，依法封停5台，报辖市区政府挂牌督办32台，消除事故隐患61起。119电梯应急救援平台接警1478起，累计处置困人故障1299起，解困人员1430人次，平均救援时间19分钟。

【认证认可监督管理】 2015年，常州市累计有各类管理体系获证企业10104家，其中质量管理体系证书7160张、环境管理体系证书1840张、职业健康安全管理体系证书958张，其他能源管理体系认证、节能节水认证、可再生能源认证、节材产品认证等各类体系证书146张。年内，全市质监部门检查获证企业91家，督促企业整改存在问题。强化强制性产品认证工作，全市企业获3C（China Compulsory Certification，中国强制性产品认证）产品强制性认证证书6945张，比上年增加619张，其中机动车辆及安全附件证书3660张、低压电器证书1292张、小功率电动机证书344张、安全玻璃证书231张、电线电缆证书215张、其他各类证书1203张；检查重点获证企业62家，立案2起。加强食品农产品认证工作，有食品农产品获证企业135家、证书352张，其中有机产品获证企业41家、证书84张。提升资质认定检验检测工作，全市有节能、环保、建筑、建材、食品、药品、轨道交通、光伏、日用消费品等各类资质认定检验检测机构128家、检验检测项目600余项，获中国合格评定国家认可委员会认可实验室56家；对34家资质认定实验室进行监督评审，严格实行获证实验室年度报告制度。

【产品质量监督抽查】 2015年，国家质检总局、省质监局、市质监局联合对全市生产领域工业生产资料、农业生产资料、建筑和装饰装修材料、日用消费品4大类产品实施产品质量监督抽查，抽查产品1698批次，合格1611批次，平均抽样合格率为94.88%，低于上年1.54个百分点。其中，国家监督抽查201批次，合格187批次，平均抽样合格率93.03%，高于上年3.22个百分点；江苏省监督抽查产品546批次，合格531批次，平均抽样合格率97.25%，高于上年0.97个百分点；市级监督抽查（风险监测）13类产品951批次，合格893批次，平均抽样合格率93.9%。抽查结果显示，全市多个产业的产品质量具有相当的竞争优势。其中，传统的纺织服装产品监督抽查273批次，合格266批次，平均抽样合格率97.44%；电子电器产品监督抽查180批次，合格173批次，平均抽样合格率96.11%；地板产品监督抽查168批次，合格165批次，平均抽样合格率98.21%；汽车及零部件产品监督抽查83批次，合格81批次，平均抽样合格率97.59%；农机和工程机械产品监督抽查64批次，合格64批次，平均抽样合格率100%；智能电网相关产品监督抽查27批次，合格27批次，平均抽样合格率100%；新材料、新能源产品监督抽查27批次，合格26批次，平均抽样合格率96.3%。

【气瓶信息化安全监管工程】 2015年，常州市出台《关于合力推进液化石油气气瓶信息化安全监管工程，努力提升社会共治水平的实施意见》，推进液化石油气气瓶信息化安全监管工程。意见规定，在常州地区销售、使用的气瓶必须安装新式条码（一维码+二维码）。一维码主要记录该气瓶的制造厂家、出厂编号、末次充装单位、末次充装时间、充装介质、实际充装量、检验日期、报废日期、配送时间；二维码对公众开放，便于查询追溯气瓶信息。全市已有10余万只气瓶完成新式条码安装，数据库中新增液化石油气气瓶条码7.9万条。（张海涛）

安全生产监督管理

【概　述】 2015年，常州市落实《常州市安全生产“党政同责、一岗双责”实施办法》，完善隐患排查治理和安全预防控制体系，健全安全生产依法治理机制，安全生产保持平稳发展。

年内，全市共发生各类生产经营性事故227起，比上年下降3.4%；死亡122人，下降2.4%。全市各类生产经营性事故死亡人数占省安全生产年度控制指标的99.19%，发生较大事故4起，其中道路交通事故3起、火灾事故1起。

【安全生产长效管理】 2015年，常州市推进安全生产由党政主要领导亲自抓、分管领导具体抓、主管部门各负其责的安全生产责任制，细化对各级政府和各部门安全生产履职情况进行考核的内容和要求，并与各地区各部门签订安全生产目标责任书。市安全生产委员会办公室每季度对全市事故指标控制情况进行通报，对事故控制超标地区或行业及时发出预警。完善安全生产长效管理机制，深入开展对辖市区、镇街道的巡查考评，年内将开发区能力建设、镇街道、村社区“党政同责、一岗双责、齐抓共管”安全生产责任体系建设和企业安全生产责任体系“五个全覆盖”（即明确企业董事长、党委书记、总经理的安全生产职责；总经理担任企业安委会主任；所有企业领导负责分管领域的安全生产工作；企业安全生产情况定期向董事会、业绩考核部门报告，定期向社会公示；企业建立或明确专门的安全生产机构和人员）情况列入巡查考评内容。

年内，全市重点行业领域的规模以上企业完成安全生产“五落实五到位”（落实“党政同责”要求，董事长、党组织书记、总经理对本企业安全生产工作共同承担领导责任；落实安全生产“一岗双责”，所有领导班子成员对分管范围内安全生产工作承担相应职责；落实安全生产组织领导机构，成立安全生产委员会，由董事长或总经理担任主任；落实安全管理力量，依法设置安全生产管理机构，配齐配强注册安全工程师等专业安全管理人员；落实安全生产报告制度，定期向董事会、业绩考核部门报告安全生产情况，并向社会公示。安全责任到位，安全投入到位，安全培训到位，安全管理到位，应急救援到位）。全市质监部门建立非煤矿山、危险化学品等重点行业企业负责人约谈制度，督促企业自觉落实安全生产主体责任。

【安全生产隐患排查治理】 2015年，常州市深入开展隐患排查治理，在日常隐患排查和整治中邀请化工、冶金等方面的专家开展服务性检查，并不断完善专家检查和企业自查的月查、月改、月报制度。建立隐患排查治理信息系统，主要功能包括企业安全信息采集、分级分类监察、隐患排查、数据汇总报送、重大事故监察、分析预警、监督检查、绩效考核和实时信息发布。年内，全市排查企业26837家，查出隐患47198处，整改44968处，整改率95.3%。

开展安全生产联合执法，按照“全覆盖、零容忍、严执法、重实效”的总要求，深入重点企业、重点工程、重点场所、重点部位及重点行业领域生产一线，按照“不发通知、不打招呼、不听汇报、不用陪同接待、直奔基层、直插现场”要求，深入检查隐患、“三违”（违章指挥、违章操作、违反劳动纪律）存在情况及制度和措施落实情况。天津“8·12”事故后，常州市部署开展安全生产大检查，以拉网式方式，排查整改事故隐患，确保人民群众生命财产安全。大检查期间，全市各级、各部门组织督查检查组1586个，检查各类生产经营单位18223家，排查出一般事故隐患32537条，整改29781条，排查出重大安全隐患23条，停产停业整顿企业128家，关闭取缔企业和场所31家，查处罚款1190万元，重大安全隐患和关闭企业名单登记备案。12月，开展安全生产大检查回头看，对前期查出的重大隐患进行复查。

深化“六打六治”（打击矿山企业无证开采、超越批准的矿区范围采矿行为，整治图纸造假、图实不符问题；打击破坏损害油气管道行为，整治管道周边乱建乱挖乱钻问题；打击危险化学品非法运输行为，整治无证经营、充装、运输，非法改装、认证，违法挂靠、外包，违规装载等问题；打击无资质施工行为，整治层层转包、违法分包问题；打击客车客船非法营运行为，整治无证经营、超范围经营、挂靠经营及超速、超员、疲劳驾驶和长途客车夜间违规行驶等问题；打击“三合一”“多合一”场所违法生产经营行为，整治违规住人、消防设施缺失损坏、安全出口疏散通道堵塞封闭等问题）打非治违专项行动。在非煤矿山、危险化学品、道路运输、建筑施工、特种设备、油气管道、消防等重点行业领域，打击非法违法生产经营建设行为。开展涉氨、粉尘燃爆、危险化学品、烟花爆竹、非煤矿山、油气储罐等专项整治，通过实施联席会议、集中检查、综合督查、暗查暗访等机制，对违法违规企业采取停产整顿、从重处罚、关闭取缔、严格问责等整治措施。

【职业卫生监管】 2015年，常州市以木质家具制造、电子产品制造、皮革箱包及制鞋、水泥生产、铅酸蓄电池生产和石英砂制品等职业病危害重点行业的企业全部达到职业卫生基础建设要求为目标，继续推进职业卫生基础建设活动，对已达到基础建设要求的244家企业开展重点行业基础建设达标企业回头看，对其他88家尚未达到基础建设要求的企业进行排查整改。继续开展作业场所职业病危害项目申报、职业卫生现状普查工作。开展职业病危害专项治理工作，各级安监部门检查抽查320家次，发现职业病隐患1253个。4—6月，开展用人单位职业卫生基本情况摸底调查工作，涉及用人单位27493家。5月，联合市卫计委、人社局、总工会，在企业众多、人员密集的市人力资源市场开展《职业病防治法》宣传周现场宣传活动。

【安全生产宣传培训】 2015年，市安监部门通过安全生产月、事故警示教育、宣传咨询、应急预案演练周等活动，利用电视、广播、网络、报刊、户外广告屏等媒体，深入开展安全生产宣传；邀请国家安全监管总局新闻发言人黄毅作《强化红线意识，推进依法治理》专题报告，强化领导干部的安全生产责任意识。9月20日，《中国安全生产报》整版报道了常州市加强安全生产责任体系建设的做法和经验。规范安全培训考核管理工作，推进企业负责人、安全管理人员、特种作业人员安全培训，加大安全培训专项执法检查力度。常州市安全生产教育培训考核系统建立并投入使用。在市安全生产宣传教育中心建设实际操作考核装置，采用智能化、高仿真的考核装置设备开展实操实训，其中中央空调、小型冷库和智能化高压电工特种作业安全培训实际操作考核装置建设项目通过省安监局验收。年内，全市参加安全生产培训考核52713人次，其中参加特种作业培训考核19403人次；参加主要负责人和安全管理人员培训33310人次。

【安全生产基层基础建设】 2015年，常州市强化省级以上开发区安监机构建设，明确人员、机构、装备配置到位。

加强应急救援能力建设，进一步建立完善安全生产应急预案与应急资源数据库，修订《常州市生产安全事故应急预案》，在中车戚机公司组织开展防止硫化氢中毒应急救援演练活动。加强中介服务机构的建设、考核和管理工作，不断提高中介服务机构为企业安全服务的能力和水平。组织开展全市安全生产综合执法技能比赛，并列入全市劳动竞赛项目。强化企业主体责任的落实，推进企业诚信体系建设，在危险化学品等高危行业试行安全总监制度，安全总监直接对企业主要负责人负责，落实有关安全生产法律法规，履行企业安全生产主体责任。

（张国建）

统计管理

【概　述】 2015年，常州市统计系统强化八项工程（转型升级工程、科技创新工程、农业现代化工程、文化建设工程、民生幸福工程、社会管理创新工程、生态文明建设工程、党建工作创新工程）、基本现代化、民生幸福3大重点监测，搭建部门监测业务人员沟通平台，主动对接部门监测统计工作进展，帮助部门完善方法制度、夯实统计基础。加强经济运行监测预警，继续开展250家重点企业监测，创新发布《全市镇（街道）经济发展监测评价报告》和工业十大产业链、重点产业集聚区等特色产业集群年度发展报告，全年编发统计信息100余篇，统计分析、内参55篇。《常州市巩固提升统计基层基础建设水平三年行动纲要》出台，金坛区、武进区、新北区、钟楼区4个县级统计部门被列为全省规范化建设示范单位，常州市统计联网直报单位规范化建设达标比例列全省第一。开展“统计开放日—统计进校园”活动，与江苏理工学院联合成立常州市统计科研教育基地，全年出版《龙城数据驿站》4期。

【1%人口抽样调查】 2015年，常州市开展1%人口抽样调查，以了解2010年以来常州市人口在数量、素质、结构、分布和居住等方面的变化情况，为制定国民经济和社会发展规划提供科学准确的统计信息支持。在全市抽取约205个调查小区，以小区内的全部人口（不包括港澳台居民和外国人）为调查对象，调查人口和住户的基本情况，主要包括姓名、性别、年龄、民族、受教育程度、行业、职业、迁移流动、社会保障、婚姻、生育、死亡、住房情况等，调查时点为2015年11月1日零时。

8—9月，常州市在武进湖塘镇和新北罗溪镇开展1%人口抽样试点调查，并组织业务培训和现场观摩。10月，抽样调查宣传工作启动。11月1日零时起，正式登记工作全面展开，全市496名调查员和195名调查指导员深入社区开展人口信息登记。至年底，登记与质量抽查工作结束，进入数据汇总、编码、审核、数据发布与应用阶段。

【企业创新调查】 3—8月，市统计局、科技局联合开展常州市企业创新调查。调查范围为7151家规模以上工业企业，特、一级建筑业企业，以及部分行业重点服务业企业；调查内容为企业开展产品创新、工艺创新、组织创新和营销创新情况。9月，常州市创新调查数据发布。数据显示：2014年，全市参与创新调查的企业中，有3151家企业成功实现产品创新、工艺创新、组织创新、营销创新之一，占参与调查企业总数的44.1%；4350家规模以上工业企业中，有2439家企业成功开展创新活动，占规模以上工业企业总数的56.1%；规模以上工业企业创新费用投入强度（创新费用占主营业务收入之比）2.6%。

【投资一套表改革试点】 3月1日，国家一套表平台投资改革试点报表正式开网，开展以财务支出法核定投资额的投资改革试点，与现行固定投资统计制度双轨运行。3月2日，市统计局下发《关于建立投资新制度一套表平台上报进度通报制度的通知》，明确投资试点平台权责的划分、平台报表的催报及新增其他法人的申报等工作。4—6月，对投资统计改革试点数据进行审核，建立各县区数据台账，按月跟踪总量、结构、速度变化情况。至年底，试点工作圆满完成。

【社情民意调查】 2015年，常州市统计部门以《常州统计信息手册》《龙城数据驿站》杂志宣传民意调查工作，与《常州晚报》合作推出专栏，邀请市无党派知识分子联谊会会员赴民意调查电话访问中心参观交流，营造广大市民知晓民意调查、参与民意调查、支持民意调查的社会氛围。围绕市委市政府工作重点、社会关注焦点、百姓关注热点等问题，相继开展常州市级机关深化改革转变职能社会公众满意度、常州非工企业景气、政府为民办实事项目满意度、常州市工业企业新年开工情况调查等一系列调查，全年完成调查项目26个，撰写调查报告和工作信息30余篇，累计完成调查样本4.6万个。

（陈邦辉）

常州市统计科研教育基地成立 （统计局　供稿）

2016

常州科教城

Changzhou Science & Education Town

◆责任编辑　王　晶

综　述

【概　述】2015年，常州科教城抢抓苏南国家自主创新示范区建设机遇，深入实施创新驱动发展战略。坚持应用开发与市场集成为基点，围绕“智能、设计、信息”三大先导产业，大力实施“333”工程（从2014到2016年，建成3个高端研发平台，引育30个规模以上高科技企业，孵化300个创新型企业）和“358”计划（以单位面积产出密度为标尺，对3万元/平方米、5万元/平方米、8万元/平方米年度产出的初创期、成长期、加速期企业进行分类扶持和考核激励），着力构建创新创业服务体系，努力打造研发创新、人才集聚、成果转化和新兴产业基地。年内，科教城新入驻科研机构及科技企业371家，总数1272家；实现营业收入80.8亿元，比上年增30.1%；实现税收3.2亿元，增96.1%。新申请专利1952件，完成全年目标的122%，其中发明专利1197件，完成全年目标的109%；获专利授权1119件，完成全年目标的187%，其中获发明专利授权533件，完成全年目标的205%。新增重点产学研合作项目360项，合同金额2.5亿元；申报各类项目506个，争取资金2.5亿元。全年产学研合同经费和纵向项目经费超5亿元。科技人才累计达1.65万人。在权威杂志《创业邦》2015年中国最佳创业园区评选中，常州科教城蝉联第二名。

推进国家级两化深度融合试验区建设。全年完成项目投资8亿元，完成年度计划的130%。英诺激光科技大厦、瑞声科技大厦主体完工；滨水服务区510生活广场竣工投用，18个项目入驻；常州智能数字产业园开工建设；纳恩博（常州）科技有限公司厂房竣工投用，8条生产线达产；江苏好收成科技公司生物技术研发及电商交易平台建成；江苏中国科学院智能科学技术研究院（简称“江苏中科院智能研究院”）、北京化工大学常州研究院、常州先进制造技术研究所、东北大学中天钢铁研究院等平台研发投入均完成计划进度。

【2015第十届中国常州先进制造技术成果展示洽谈会】5月16—19日举办，5月18日在常州科教城举行开幕式。展洽会重点聚焦十大产业链建设、传统优势产业转型升级“双百”行动计划、“十百千”创新型企业培育计划，重点突出创新载体、企业主体、资源集聚、环境建设四大主题，举办中简科技发展有限公司碳纤维千吨线开工、常州绿色镀膜研究院揭牌、今创轨道交通产业园奠基、常州石墨烯科技产业园开园、中国科学院遗传资源研发中心（南方）项目奠基、常州国家创业中心新基地及印刷电子产业园奠基、常州医疗器械产业研究院开园、“常州金融港”平台上线、中芬绿色科技产业园开工等各类活动41场次。其中，科教城组织开展活动10场次，承办智能数字产业园—众创空间开工、纳恩博机器人项目竣工投产、长三角互联网大会、“新三板·新机遇”投资推介会暨科技金融综合服务平台上线、对接工业4.0的先进技术在工业节能领域的应用交流会、江苏省产业技术创新中心创新发展战略研讨会、江苏省机器人及智能装备制造产业知识产权联盟暨常州市智能制造产业协会成立大会、常州智能焊接技术大会、江南克拉尼设计院“创意—创新—创造”主题展示、科教学堂等活动。期间，15个研究所、45所国内高校、中央企业及常州市的1300余企业家参加对接洽谈。累计签约重点项目28个，其中产学研合作项目18个、国际科技合作项目4个、创新平台共建项目6个，合作总金额超过34亿元。　（刘浦信）

科技研发

【概　述】2015年，常州科教城以改革深化和创新集成为主动力，推进江苏中科院智能研究院、省产业技术研究院专业研究所、省智能装备产业技术创新中心、省协同创新中心等重点平台内涵建设，加快构建中德创新园区、国家级两化深度融合试验区、省科技服务业示范区、国家大学科技园和国家产学研协同创新基地五大载体，不断完善科技成果转化体系、大众创新创业体系、科技金融创新体系、区域协同创新体系和现代治理体系，加快建设成为苏南国家自主创新示范区创新核心区。

公共平台建设。江苏中科院智能研究院建成视觉实验室一期，与企业联合建成2个实验室；省智能装备产业技术创新中心首批项目正式启动；中国科学院常州先进制造技术研究所和南京大学常州高新技术研究院成为江苏省产业技术研究院（简称“省产研院”）正式研究所——省产研院机器人与智能装备技术研究所和省产研院医药生物技术研究所。瑞声科技大厦、英诺激光科技大厦、美森环保科技大厦、联泓（江苏）新材料研究院有限公司等企业研发总部建设进展顺利。湖南大学常州研究院成功申报省产学研联合重大创新载体；与成都电子科技大学共建人才培养和成果转化基地。

创新人才引育。科教城全年引进第七批“龙城英才计划”优先支持项目25个，其中20个完成签约落户。组织申报国家“千人计划”7名；推荐省人才项目19项，10个项目入选省“双创”（高层次创新创业人才引进）项目，其中北京化工大学常州研究院的甄崇礼院士团队入选江苏省“双创”团队；常州大学澳大利亚籍教授吉姆·哈迪成功入选中组部第十一批“外专千人”计划（“千人计划”中的高层次外国专家项目，面向非华裔外国专家，重点引进长期项目专家，即至少连续在华工作3年，每年不少于9个月）。

纵向项目争取。科教城全年组织申报各类项目506项，向上争取各类经费超2.5亿元。江苏博力电气科技有限公司获批省科技成果转化，湖南大学常州研究院获批省重大创新载体；机械总院江苏分院牵头申报的碳纤维车身成形全流程关键技术及智能装备开发项目获批省重点研发计划（产业前瞻与共性关键技术）重点项目。

产学研合作。充分利用“天天518”线上线下科技成果转化平台开展对接，13个研究院所的65项科研成果在平台上发布。推进“三走进”（走进创新园区的8个专题园区，走进中关村科技园、华罗庚科技园，走进重点骨干企业）工作，在与金坛区政府、溧阳市政府和戚墅堰区政府开展全面合作的基础上，与天宁区政府签订全面合作协议。组织研发机构走进西太湖科技产业园以及洛阳、嘉泽两镇与企业对接，组织东南大学专家与金坛区、溧阳市企业对接，组织北京化工大学常州研究院、南京大学专家进行成果发布。围绕智能装备和机器人、新材料等产业，组织相关研发机构走进常州市奥伦自动化设备有限公司、光宝光电（常州）有限公司、江苏佳华新材料科技有限公司、江苏鑫田电子科技有限公司等重点企业，深化公共研发机构与重点企业对接。

【**江苏省中国科学院智能科学技术应用研究院概述**】 2015年，江苏省中科院智能研究院机器视觉实验室一期投入使用，二期启动建设；智能院—纳恩博联合实验室完成一期建设任务；与常州天晟新材料股份有限公司联合共建的智能制造材料联合实验室挂牌。以日本千叶大学野波健藏团队为核心的自主控制机器人实验室和以GE中国研发中心现代加工技术实验室彭志学创业团队为核心的3D金属打印工艺与质量控制实验室建设加快推进。争取省、市科研项目，其中省战略性新兴产业项目智能制造协同创新公共技术研发服务平台获立项，获资助金额1000万元；与常州市汉迪机器人公司合作的新型高精度高力矩密度六轴机械臂内设项目和与中国科学院常州光电技术研究所合作开展的基于紫外超光谱探测技术的机器视觉系统优化研究内设项目结题验收。

年内，研究院与中科零壹自动化设备（常州）有限公司共建智能SIP企业焦点中心，与常州中科楚越申驱动科技有限公司共建智能伺服驱动焦点中心，与常州鼎博信息科技有限公司共建移动警务技术焦点中心，与中科傲翼无人机科技（常州）有限公司共建飞行控制技术焦点中心。中科零壹自动化设备（常州）有限公司成功研发五轴立体视觉自动激光雕刻机，全年完成产值300万元；常州中科楚越申驱动科技有限公司完成注册，电机驱动产品进入小批量推广阶段。（刘湔信）

【**江苏省机器人及智能装备制造产业知识产权联盟暨常州市智能制造产业协会成立**】 5月18日成立。联盟依托江苏中科院智能研究院和江苏省机器人与智能装备产业技术创新联盟，由常州市生产力促进中心、金石机器人常州有限公司、深圳中科院知识产权投资有限公司、常州市知识产权维权援助中心等单位发起。联盟集聚江苏省机器人及智能制造产业所涉及的计算机、人工智能、自动控制、传感和无线通讯、精密机械、光机电一体化领域和中国科学院的创新资源，充分发挥知识产权优势，同时重视知识产权高端人才引进和培养，优化知识产权管理，加强专利价值分析，加快高价值专利培育，加大知识产权创造和运用，促进江苏省机器人及智能装备制造产业发展。协会以智能制造产业政策为导向，通过资源整合、产学研合作、技术创新，集成机器人产业研发机构、高等院校、金融机构、服务机构等产业链相关资源，推动常州市智能制造产业技术创新。联盟、协会通过成立产业创新基金、建立知识产权数据库和交易平台、创新科技项目管理机制、成立众创空间等，推进大型关键设备、检测平台共建共享和共性技术联合攻关。中国工程院院士蔡鹤皋，常州市委常委、科教城党工委书记徐光辉任协会名誉理事长，江苏中科院智能研究院常务副院长马炘任联盟及协会第一届理事长。年内，有联盟会员单位88家、协会会员单位77家。（吴芳）

【**省产业技术研究院驻科教城研究所概述**】 5月，中国科学院常州先进制造技术研究所（省产研院机器人与智能装备研究所）和南京大学常州高新技术研究院（省产研院医药生物技术研究所）转为省产研院的正式专业研究所，分别获省产研院1245万元和1214万元资助经费。

年内，中国科学院常州先进制造技术研究所聘请中国工程院院士、中国科学院安徽光学精密机械研究所所长刘文清为所长顾问，引进长江学者、合肥工业大学教授何怡刚为特聘研究员。国家重点基础研究发展计划（973计划）爬行机器人微纳系统的设计与制造项目顺利结题，获专家优秀评议；“钢铁战士”项目获中国人民解放军总装备部举办的首届全国穿戴式外骨骼助力装备挑战赛托举类第一名；观能多能源（江苏）有限公司委托开发的年产30万套新能源内胆自动化生产线项目，突破残次工件自动识别、多模态故障诊断等技术，实现热水器内胆冲压、焊接、装配、清洗和搪瓷生产全自动化。

南京大学常州高新技术研究院年内获专利12项，孵化企业16家。12月，与常州四药制药有限公司的2个合作项目醋酸阿托西班注射液和卡贝缩宫素注射液的研制签约，合同总金额300万元。

北京化工大学先进材料研究院年内以第一申请人申请国家发明专利72项、实用新型专利2项，其中获发明专利、实用新型专利授权分别为16项、12项。投资1900万元与国家电网公司、江苏恒神股份有限公司共建干湿法碳纤维T700中试试验线。承担江苏省科技支撑（工业）省产业技术研究院集成创新项目1项，获支持经费1000万元；外籍兼职教授Jimmy Yun带领的团队获江苏省重大创新团队项目支持，获支持经费500万元。

【中德创新园区概述】 2015年，江苏维尔利环保科技有限公司、常州高尔登科技有限公司入驻德国埃森常州科技经济发展中心。常州医生赴德国进行合作交流的中医客座医生项目正式启动。6月29日，中国常州与德国埃森市进一步深化全面合作的战略协议在比利时布鲁塞尔的欧盟总部签订，未来五年，双方围绕创新、教育、智慧、绿色、人文与宜居城市主题，在工业4.0、工业设计、城市智慧交通、“双元制”职业教育、城市可持续发展、旅游开发、养老医疗、商务往来等领域深化全面合作。10月30日，在安徽省合肥市举行的中德经济顾问委员会座谈会上，江苏中设设计集团（江苏省交通规划设计院股份有限公司）与德国KZA建筑设计事务所签约相关项目落户科教城。

【江苏省科技服务示范区概述】 2015年，示范区引进科技服务机构20家，行政服务中心和科技成果转化服务、研发设计服务、金融服务、知识产权服务、苗圃孵化加速国际科技交流合作与技术转移六大平台功能持续增强。通过省科技厅组织的中期检查，后续1500万元专项资金到位。依托博尔捷人力资源有限公司建立人力资源服务平台，依托常州联纵智达商贸有限公司建立营销服务平台，依托江苏佰腾科技有限公司建立知识产权电商平台。建立高新技术企业培育库，组织国家和省高新技术企业辅导、高新技术产品申报培训等6场。全年分别获国家、省级高新技术企业认定8家、14家。通过由省商务厅、省知识产权局组织的知识产权试点园区验收。

【电子科技大学签约科教城】 11月11日，成都电子科技大学与常州科教城管委会签署深入合作协议，以通信抗干扰技术国家重点实验室为载体，围绕5G无线宽带专网及宽带通信技术，在科教城建设研究生人才培养和成果转化基地，共同推进新一代无线通信技术在常州产业化。双方共建电子科技大学常州通信技术研究院，致力建成科教城“333”工程信息领域的骨干平台。

（刘满信）

德国埃森市市长哈森访问科教城 （科教城　供稿）

产业孵化

【概　述】 2015年，科教城按照市《关于实施“三位一体”发展战略促进工业企业转型升级专项资金管理办法》和《关于促进我市小微企业转型升级为规模以上企业的实施意见》精神，针对培育期、成长期、加速期企业的特点和需求，定制培育方案，提升服务精度和服务水准。大力拓宽招科引智路径，完善创新创业体系，推动高科技和创新型企业集群发展。园区年营业收入亿元以上企业20家，比上年增加3家；2000万元以上企业55家，比上年增加14家；500万元以上企业113家，比上年增加25家。

年内，组织园区企业申报市“三位一体”项目，江苏法华纺织机械有限公司、江苏博力电气科技有限公司、常州中科友特机器人科技有限公司、机械科学研究总院江苏分院和常州市新墅机床数控设备有限公司5家企业成功获批首台套项目，并分别获20万元的资金支持。3家企业获省级服务外包扶持资金80万元，2家企业获省工业和信息产业转型升级专项资金75万元。组织常州科教城企业参加江苏科技型中小企业创新创业200强评选活动，6家企业获选，占常州市获选企业的50%，其中常州中机天正激光装备有限公司入选创新创业200强前20名。

【纳恩博（常州）科技有限公司自平衡车生产线投产】 5月18日，纳恩博（常州）科技有限公司自平衡车生产线在常州科教城正式投产。该项目是常州市十大产业链重点建设项目，包括建设生产基地和研发中心。纳恩

纳恩博（常州）科技有限公司投产 （科教城 供稿）

苏南产业互联网创新中心成立 （科教城 供稿）

博（常州）科技有限公司推出的平衡车为智能短途代步产品，时速可达20公里，续航里程30公里，一次性充电时间1—2个小时，并能实现与手机的智能连接，被中国权威IT门户网站赛迪网评为2015年最火科技单品。

【常州智能数字产业园开工】 5月18日，常州智能数字产业园在常州科教城开工建设。产业园总建筑面积15万平方米，计划总投资15亿元。先期开工建设5幢厂房，预计2017年5月18日竣工投入使用。项目将借鉴德国工业4.0模式，在制造能力上突出“机床+3D打印+机器人”的产业集聚，打造高端装备制造业品牌。

【移动通信互联产业园概述】 2015年，移动通信互联产业园累计集聚企业36家，实现总营业收入0.83亿元，新增注册资本1.08亿元，有3家企业销售超过1000万元。申报各类专利、软件著作权27件，4家企业申报“龙城英才计划”成功获批。相继成为国家火炬计划软件产业基地和省级互联网产业园。在首届i创杯江苏省互联网创新创业大赛中获2个二等奖。产业园内的鑫软图无线技术股份有限公司抓住4G专网市场启动的机遇，2015年完成销售额1165万元，成为国内首批专注于专业市场的4G通信系统供应商。

【科技金融中心建设】 2015年，科技金融中心有注册创投机构104家，管理资本规模80亿元，其中新增创投机构24家，新增资本规模6.5亿元。中心创投机构投资的科教城企业，2家登陆新三板，10家与券商签约新三板挂牌推荐协议，1家登陆Q板。华霆（常州）动力技术有限公司、常州龙俊天纯环保科技有限公司、江苏佰腾科技有限公司等企业获中心股权投资共计1.88亿元。11家科教城企业获“苏科贷”授信，授信金额2850万元。与武进国家高新区、长江龙城科技有限公司共建“易融通”科技金融服务平台。发挥“天使下午茶”品牌效应，开展专场活动，举办“天使下午茶”8场。

【苏南产业互联网创新中心成立】 12月23日，常州科教城管委会与亚信集团股份有限公司签署战略合作协议，采用“基地+基金”运作模式，联合亚信集团股份有限公司、宽带资本等国内产业互联网巨头，在科教城建设苏南产业互联网创新中心。该中心依托亚信数据有限公司在政府大数据平台建设、城市数据共享交换平台、数据资源整合、公共服务应用、产业大数据应用创新等方面优势，以及常州发达的工业制造基础，推进常州制造业与互联网深度融合，助推常州制造向“常州智造”加速转型。 （刘浦信）

高职教育园区

【概 述】 2015年，常州科教城5所高职院校及常州大学有专任教师3224人，其中教授340人、副教授1069人、博士546人。面向全国招生，有全日制在籍学生8.1万余人，其中高职学生6万余人、本科生2万人、研究生1600余人。应届毕业生初次就业率98%，全年有6000多名科教城高校毕业生落户常州。5所高职院校开设专业涵盖教育部高职高专专业目录19个大类中的12个大类133个专业（含专业方向）。新增城市轨道交通运营管理、老年服务与管理、新型纺织机电技术等7个高职专业；常州大学新增金融工程与音乐学2个本科专业，本科专业总数65个。5所高职院校获2015年全国职业院校技能大赛一等奖6个、二等奖16个、三等奖2个，4所高职院校获评2015年江苏省职业院校技能大赛先进单位。

【现代职业教育体系建设】 2015年，园区高校获批现代职教体系建设试点项目44项，招收学生2125人。6所高校与省内23所中职校开展"3+3"中职与高职或"3+4"中职与本科分段培养试点项目34项。与省内7所本科院校开展高职与本科"3+2"分段或高职与本科联合培养项目10项，与园区高职院校合作开展人才培养的本科高校扩大至9所。

【智雅在线教育云平台上线】 9月，常州科教城与江苏南大苏富特智能交通科技有限公司签约共建"智雅在线教育"项目，围绕在线教育、高校云管理服务等方面展开全方位、深层次的战略合作，共同搭建推动高等职业教育发展、促进学生成长和企业发展的开放式教育平台。年内，常州科教城教育云网站建成投运。网站包括教育新闻、通知公告两个板块以及在线学习、实训基地、园区公选课、应用系统四大平台。至12月末，有74门网络课程供园区师生选择。

【中德职业教育合作】 10月22日，在江苏省省长李学勇和德国巴登符腾堡州州长克莱驰曼的共同见证下，《中国江苏省—德国巴登符腾堡州经济与技术合作混合工作小组特别会议纪要》在南京签署。该纪要明确，以常州科教城为平台，保持和深化江苏省和巴登符腾堡州在职业教育领域的交流，加强在师资培训、教学改革等方面的合作；巴登符腾堡州方面推荐和引导德资企业加盟参与，帮助和引荐德国职业教育专家到常州科教城指导工作。年内，常州科教城先后与德国AHK机电一体化专业能力建设小组、巴登符腾堡州州立教师进修学院在科教城联合举办"双元制"（接受在华德资企业订单、工学交替培养）师资跨专业能力培训班和行动导向教学法师资培训班各1期，中德合作机械制造专业教学改革试验班举办专业教师培训12期。中德合作"双元制"学徒培养项目认证试点学生144人；园区高职学院与卡尔迈耶（中国）有限公司等在华德资企业开展订单合作，订单班学生195人；开展德资企业认证课程培训，接受课程认证学生521人。6月，首批24名机电一体化试点学生全部通过AHK中期考试。

【大学生创新创业园概述】 2015年，科教城大学生创新创业园新增企业32家，大学生创新创业企业总数60家；营业收入3042万元，其中销售收入超100万元6家，创业带动就业人数450人；成功晋级江苏省大学生创业园，获资助资金80万元。在2015年江苏省大学生优秀创业项目评选中，常州科教城15个项目入选，入选项目数占全市1/3。由常州九号创客商务服务有限公司运营的科技创业公会、常州常大科技园运营的常青藤创客园、常州市国家大学科技园管理中心运营的N维度众创空间入围省级众创空间。

【现代学徒制试点】 8月，常州科教城被教育部明确为全国首批现代学徒制试点地区（城市）。9月，科教城5所高职院校共同编制完成试点项目任务书并上报教育部。试点项目的开展，对园区深化职业教育改革，推动产教融合、校企合作，创新技术技能人才培养模式，持续提高职业教育服务地方经济社会发展水平，具有重要的推动作用。现代学徒制是通过学校、企业的深度合作与教师、师傅的联合传授，对学生以技能培养为主的现代人才培养模式。

【全国三维数字化创新设计大赛现场总决赛】 12月5—6日，以"互联网+中国制造2025——众创、众包、众扶、众筹"为主题、以"创意、创造、创业"为核心的3D圈圈杯第8届全国3D大赛暨3D大会在常州科教城举行，全国800多所院校、培训机构及企业的563支参赛团队晋级现场总决赛。西南科技大学同路人团队、黄河科技学院夺宝大作战团队、成都东软学院Fightting Zore团队分获工业与工程设计大赛、数字表现（新媒体艺术）设计大赛、数字化建筑设计大赛特等奖。常州大学的三板书面避粉尘自动擦黑板项目、常州工程职业技术学院的健身单车型节能洗衣机项目、常州轻工职业技术学院的"高飞"多功能牙刷架产品动画展示项目、常州机电职业技术学院的手压充电手电筒项目和倍多汁原汁机项目获一等奖。

此次赛会推出3D技术能力（测评）认证体系（简称"3D四六级"）和3D圈圈网。3D四六级首次为全3D人才的技术能力测评与认证设置行业标准；3D圈圈网为3D技术垂直领域人才职业发展与招聘服务网站，融合了全国1500多所高校、3万多家企业产教合作培养经验，为实现3D人才价值、解决产业3D人才紧缺问题提供双向服务平台。大赛通过3D打擂、3D会展、3D峰会、3D颁奖、3D签约等活动，成为企业和地方发掘3D人才和优秀项目的平台，多家企业与参赛团队签订合作意向。

（刘浦信）

智雅在线云教育平台上线　（科教城　供稿）

常州高职教育园区 （科教城 供稿）

【常州工程职业技术学院概述】 2015年，常州工程职业技术学院有全日制在校生10329人，招收全日制新生3800人。有教职工597人，其中专任教师400人、副高级以上职称者195人。毕业学生3367人，年终就业率98.51%。中德诺浩汽车学院有汽车检测与维修、汽车服务与营销2个专业82名学生。学院被江苏省教育厅指定为5所接收缅甸留学生的高职院校之一，10月招收13名缅甸留学生入学，为首次招录国际留学生。录取各类成人教育学生1563人，举办各类培训班90期，培训职业技能16106人次，开展鉴定考证101次5897人次。全年接待国（境）外交流访问团5批76人次。学院获江苏省教育宣传工作先进单位、江苏省高校节能工作先进院校、江苏省高校毕业生就业工作先进集体等荣誉，成为全国首家进行发展能力诊断的高职院校。

专业与课程建设。学院设有化学与材料工程学院、制药与环境工程学院、建筑工程学院、建筑装饰与艺术设计学院、智能装备与信息工程学院、机电与汽车工程学院、经贸与体育管理学院7个二级学院和基础科学部、社会科学部、体育部、实验实训教学部、继续教育学院5个教学部门；开设专业44个，其中国家级重点专业2个、省级重点专业20个、省级特色专业3个，应用化工技术、焊接及自动化技术专业在年内被评为江苏省品牌专业。入选焊接技术及自动化国家专业教学资源库，承担国家专业教学资源库课程建设任务1门。与12所中职学校在11个专业合作“3+3”中高职衔接项目，与常州工学院、江苏理工学院合作“3+2”高职本科衔接项目3个。全年开发教材数（种）127本（种）。

产学研工作。全年新增产学研合作基地12家。学院与哈尔滨焊接研究所联合共建的常州工程职业技术学院技术转移中心获省科技厅立项建设，与常州佳德医药科技有限公司联合共建新药质量研究中心，与上海城建市政工程（集团）有限公司签约共建地下工程实训中心，与常州中天汽车有限公司签约共建中天汽车学院，在江苏威尔曼公司设立校外就业和实习基地。开设校企合作订单班，培养人数902人，占全日制在校生人数比例8.98%；与江苏华怡明都酒店管理有限公司开展酒店管理专业现代学徒制试点工作，首届学徒班开班。

教科研工作。学院获中国石油和化学工业联合会技术发明二等奖、中国纺织工业联合会科技进步二等奖各1项。获江苏省科技厅产学研前瞻项目2项、省社科联项目1项、省高校哲社课题14项、省教育科学“十二五”规划项目立项9项，获常州市科技计划项目6项、市社科联项目7项。全院在核心期刊发表论文70篇，其中SCI收录11篇。申请专利86件，获专利授权39件，其中获发明专利授权6件，专利申请量、授权量分别比上年增186%和34%。

竞赛获奖。学院举办第四届院级技能月活动，设置38个竞赛项目，参与13533人次；承办第一届高职高专院校建筑设备类专业技能竞赛（水暖系统安装）大赛。学院教师在2015年江苏省信息化教学大赛中获二等奖2项、三等奖4项，在2015年江苏省高校微课教学比赛中获一等奖1项、二等奖3项、三等奖3项。学生在国家级、省级技能大赛中获一等奖3项、二等奖2项、三等奖5项，获奖学生27人次；获江苏省高校龙舟比赛第1名、江苏省高校棒垒球比赛第5名、常州市排球比赛第1名。走进水族实践团被评为全省大学生暑期社会实践优秀团队。

（袁洪志 魏 娜）

【常州信息职业技术学院概述】 2015年，常州信息职业技术学院有在校学生11554人，招收全日制新生4200人，毕业学生3678人，毕业生年终就业率99.59%。学院有教职工674人，其中专任教师476人、副高级以上职称者252人（含柔性引进5人），“双师型”（同时具备教师资格和职业资格）教师占比80%。学院被评为全国高职院校创新创业教育先进单位，入选教育部首批职业院校数字化校园建设实验校。信息产业园成为国家火炬计划软件产业基地。

专业与课程建设。学院设有软件学院、网络与通信工程学院、电子与电气工程学院、经贸管理学院、机电工程学院、海外教育与社会发展学院（外国语学院）、艺术设计学院、继续教育学院8个二级学院及基础、社会科学、体育3个部，共有37个专业47个方向。软件技术专业与电气自动化专业分别入选省级品牌专业A类与C类项目。完成4个省级重点专业群、3个院级重点专业群的验收工作。推进课程教学模式改革，实施翻转课堂教学。在网络学习平台进行“虚拟学期”网络课程学习，搭建网上预科平台，推出5门课程供新生网上提前学习。完成10门院级精品资源共享课程、10个课程教学团队建设项目和2013年立项的6个院级专业教学资源库的期满验收工作。深化杰出人才培养，探索建立“分类培养、实践育人”的杰出人才培养模式。13个名师工作室通过期满验收。

科研工作。分别获省部级、市厅级项目立项15项、14项，科研经费到账1246.53万元(纵向到账276.24万元)。获专利授权272项,其中发明专利10项;以第一作者在中文核心期刊发表论文76篇,被"三大检索"收录14篇,科技成果转化4项。制定和完善学生参与科技创新相关政策,培养学生创新能力,10名学生获软件著作权,学生获实用新型专利授权30项。启动2个协同创新中心建设。

校企合作。完善校企合作制度,细化考核指标,推动校企合作深入开展。建设以专业群为纽带的校企合作联盟,新成立激光科技企业联盟和电子商务企业CIO联盟。进一步探索建立"校中厂"实习实训新模式,建成教育部—中兴通讯ICT行业创新基地、校企共建大学生健身运动中心,启动产品开发与研究中心建设。加强"双主体"学院建设,建立惠龙学院、安卓学院。与4家国内大型企业建立紧密合作关系,开展订单培养,建成订单班35个,订单学生数600人。

竞赛获奖与技能认证。学院成功承办2015年江苏省高等职业院校技能大赛动漫设计比赛、中国软件产教联盟成立大会暨"十三五"软件产业发展与人才培养高层论坛。全年学生参加省级以上职业技能大赛获奖61项,其中国家级一等奖2项、二等奖4项、三等奖3项,省级一等奖15项。22人获H3C网络排错专家证书,30人获H3C通信高级工程师认证,157人获华为网络工程师证书。（陶大伟 唐 凯）

【常州机电职业技术学院概述】2015年,常州机电职业技术学院有全日制在校生10078人,招收全日制新生3609人,毕业学生3235人,初次就业率98.51%,年终就业率98.38%。学院有专兼职教师978人。其中,校内专任教师481人、兼课教师36人;校外兼职教师497人(外籍教师2人),校外兼课教师33人。专任教师中,具有副高级以上职称人员171人,80.67%的专任教师具有"双师"资格。电气工程系自动化技术专业教学团队获江苏省"工人先锋号"称号。学院通过第二轮高职院校人才培养工作评估。

专业与课程建设。学院设机械工程、模具技术、车辆工程、电气工程、信息工程、经济管理、艺术设计7个系和基础部、社会科学教研部、体育部3个部及继续教育学院,设置9个专业群46个专业,其中有省级重点建设专业群4个、品牌专业2个、特色专业3个。年内,12部"十二五"职业教育国家规划教材出版。

教学工作。学院构建学生员工身份合一、学做合一、课堂车间合一的"三合一、全过程"工学结合人才培养模式。探索校企双主体合作办学,与知名企业合作开设订单班70个,培养订单学生1314人。与常州大学、常州工学院、苏州科技学院开展计算机科学与技术专业、电气工程及自动化专业、机械设计制造及其自动化专业"3+2"分段培养项目试点,与宿迁市宿城中等专业学校、江苏省启东中等专业学校开展农业机械应用技术专业、计算机网络技术专业、供用电技术专业中高等职业教育"3+3"分段培养项目试点。拓展中外合作办学项目,开设AHK德国"双元"制机电一体化班和胡格模式机械制造专业教学改革实验班。

科研工作。申报市级以上科技类项目19项、社科类项目119项,获省级立项36项、市级立项24项,纵向到账经费179.4万元;完成横向项目101项,到账经费907.36万元。实施知识产权工程,申报知识产权163件,授权128件,2件发明专利获许可实施。低温等离子体种子处理机研制及其应用项目获江苏省机械工业科技进步奖等奖。中国(常州)智能制造装备工业设计中心落户学院。全年教职工公开发表论文249篇,其中在中文核心期刊发表50篇,被SCI收录1篇、EI期刊收录2篇、EI会议收录3篇。

社会服务。学院发挥国家骨干高职院校示范辐射作用,围绕人才培养、专业建设、师资培训等内容,开展西部学校对口支援工作。参与江苏省成人高等教育招生改革,成人高等教育招生规模扩大。学院成人高等教育总人数4139人,其中联合办学2496人、独立办学(独立开展教学)1643人。面向行业、企业和社区广泛开展社会培训,全年社会培训22202人次,其中面向星级校企合作企业培训23260人日,社会培训到账经费767.6万元;开展中高职师资培训304人,职业技能鉴定4973人次,职业资格认证3423人次,高技能人才培养990人次。学院被评为江苏省高技能人才培养示范基地。

校企合作。举办全国农机维修技能师资培训班、全国跨境电子商务师培训班,推动产教深度融合、协同发展,助力区域装备制造业转型升级。稳步推进立体化校企合作基地建设。建有优质校企合作基地300家,其中五星级校企合作基地20家;建有校中厂6个、厂中校8个,兼职教师储备基地和"双师"素质培养基地65个。

竞赛获奖。学院获2015年全国职业院校技能大赛一等奖2项、二等奖4项,在全国职业院校现代制造及自动化技术教师大赛中获一等奖2项、二等奖1项、三等奖2项,在ABB杯全国高职院校工业机器人虚拟仿真大赛中获一等奖、三等奖,在OMRON杯Sysmac自动化控制应用设计大赛中获一等奖。"智能工厂"沙盘在2015年全国职业院校学生技能作品展洽会上获一等奖。

（蔡 慧）

【常州轻工职业技术学院概述】2015年,常州轻工职业技术学院有在校学生10205人,其中高中后普通专科生8340人、对口单招1865人;有成人函授学生1050人;学院录取学生3717人,录取率99.12%;年终就业率98%。学院有教职工589人,其中专职教师443人;"双师型"教师占比83.5%。

专业与课程建设。设有机械工程、模具、电子电气工程、信息工程、轻工工程、艺术设计、经贸管理、旅游8个系和基础部、思想政治部、体育部、继续教育学院4个部,共有专业40个。数控技术和机电一体化两个专业获江苏省高校品牌专业建设工程一期项目建设立项,新增生物制药技术、汽车检测与维修技术、城市轨道交通运营管理3个专业。立项建设自动机调试与维护、塑料注塑成型、光伏电站运行与维护等5个国家级职业教育教学资源库子项目和可视化柔性制造系统的装调与维护、电力电子与运动控制系统2本省教育厅高等学校重点教材,首批立项的19部“十二五”规划教材全部投入使用；建设2015年学院现代职教体系试点项目8项，其中中职与高职“3+3”分段培养试点项目6项、高职与本科分段培养试点项目2项；与南京信息工程大学合作开办软件技术和电气自动化技术2个专业。2015年，学院被评为江苏省职业教育先进集体、江苏省创新创业实践基地。

教学科研。全年完成国家科技部、江苏省、常州市及各辖市区科研项目申报52项；为企业开展技术服务、项目开发28项，合同金额81.3万元。获江苏省轻工业科学技术进步二等奖1项、三等奖2项。在中文核心期刊发表论文68篇，被EI、SCI收录19篇。获专利授权86项，其中发明专利8项。

校企合作。新增无锡菲尼萨光电通讯有限公司、常州瑞声集团有限公司、常柴集团有限公司等订单及冠名班4个。协议引进上海杰傲湃思医疗科技有限公司、常州众研科技发展有限公司等多个企业，推进校企合作园区建设。推进适合专业教学与学生社会实践、顶岗实习相适应的校企合作实训基地建设，新增校外实训基地127家，总数511家，实现顶岗实习全覆盖。

社会服务。全年组织加工中心操作工、维修电工等13个工种46场次2878人的技能鉴定，再一次被省职业技能鉴定中心评为江苏省省属优秀职业技能鉴定所。全年开展“四技”（技术开发、技术转让、技术咨询、技术服务）服务56次，为社会培训各类技术工种10387人次，收入562万元。

竞赛获奖。学院在2015年全国职业院校技能大赛中获一等奖2项、二等奖1项，在江苏省职业技能大赛中获二等奖3项、三等奖6项，在其他各级各类比赛中获得省级以上特等奖1项、一等奖17项、二等奖34项、三等奖43项，被评为2015年江苏省职业院校技能大赛先进单位，5名学生被评为江苏省职业院校学生技能标兵。（王迎春）

【常州纺织服装职业技术学院概述】 2015年，常州纺织服装职业技术学院（简称“常州纺院”）有在校生9600余人，招收全日制新生3047人。学生初次就业率97.79%，年终就业率98.15%，其中协议就业率83.84%，升学出国率14.28%。有副高级职称以上教师169人，其中正高级职称24人。获全国高职院校创新创业教育工作先进单位、中国纺织人才队伍建设先进单位、江苏省红十字示范学校、江苏省青年志愿服务事业贡献奖、江苏省高校校园文化建设成果奖等多项荣誉。

专业与课程建设。设有创意与艺术设计学院、纺织化学工程系、服装系、经济贸易系、人文社科系、机电工程系、国际教育交流学院和常纺—莱佛士国际学院；开设专业48个，其中中央财政支持资助发展专业3个、省级特色专业8个，服装设计专业立项为2015年省级品牌专业建设项目。开展国家现代职业教育体系试点项目建设，与南京艺术学院、江苏理工学院、常州大学开展高职与本科分段培养“3+2”项目3个，与江苏省金坛中等专业学校、江苏省苏州丝绸中等专业学校、常熟高新园中等专业学校开展“3+3”中高职衔接项目4个。有留学生教育项目1个，全日制留学生16人。

校企合作。新签订校企合作协议10余项，全年校企合作收入1200多万元。与可口可乐公司、常州富都商贸饭店等一批知名企业开展全方位合作，与校外300多个企事业单位建立长期稳固的合作关系。江苏省首家3D打印中心落户学院东实训区国家影视动漫实训基地。与常州盛唐企业形象创意策划有限公司共建明清服饰艺术馆和现代学徒制纺织服装人才培养试点基地。实施教育部工业机器人常州科教城现代学徒制项目等产学深度融合人才培养模式改革。《建构“对接服装智造岗位”的现代学徒制人才培养范式实践》获2015年中国纺织服装产业校企合作专业优秀案例。

教学与科研。获国家专项科学基金1项、省级科研项目2项、省工程技术中心项目1项。新增横向课题9项。申报纵向课题20项，其中省科技厅7项、省教育厅1项、常州市12项。新获专利授权34项，1项实用新型专利获江苏省轻工业科学技术奖励技术发明三等奖，2项实用新型专利成功转让。在省级以上期刊发表论文363篇。其中，“三大检索”收录6篇，中文核心期刊发表59篇。

竞赛获奖。学院学生获全国高校职业技能大赛二等奖7项、三等奖1项，获江苏省高等职业院校技能大赛一等奖2项、二等奖1项、三等奖4项，获其他各类省级奖项20余项。1名学生在大学生国际海报双年展中获铜奖，1名学生在中国国际家用纺织品创意设计大赛中获最佳手绘技法奖。教师参加省级以上竞赛，获三等奖以上奖项20余项，其中获中国工艺美术百花奖银奖、中国服装立体裁剪创意设计大赛银奖各1人。（陈雪华）

【江苏省首家3D打印中心落户常州纺院】 5月12日，由常州奇点电子科技有限公司创办的江苏省首家3D打印中心——奇点3D打印创新体验中心落户常州纺院东实训区国家影视动漫实训基地。该中心占地面积400多平方米，总投资500多万元，拥有陶瓷材料和3D打印生产流水型两项核心技术以及16台套国际先进3D打印设备，其中最新采购的工业级FDM（Fused Deposition Modeling，熔融沉积快速成型）属国际3D公司新产品3510系列，可打印ABS等多种材料。3D打印创新体验中心还与世界3D打印龙头企业3D System公司达成战略合作协议，成为3D System公司在中国地区唯一的3D打印培训认证中心。

【常州纺院建立大学生“创业银行”】 9月10日，由常州纺院、常州市劳模创业者协会、常州市纺织行业工会联合会共同建立的常州纺院大学生“创业银行”正式启用。“创业银行”与常州纺院“创业诊所”“众客联盟”共同构成该院创业扶持系统，为纺院在校的青年创业学子提供资金扶持、智力支持和交流平台，帮助创业项目落地生根。常州市劳模创业基金每年提供100万元创业贷款作为“创业银行”的主要资金来源；“创业银行”对具有社会效应和市场前景的创新型创业项目提供2年无息贷款，帮助解决创业初期融资难的问题，加快创业项目的孵化；成立专门的管委会全程监督贷款的审批、发放和使用。（王　晶）

2016

科　学

Science

◆责任编辑　王　晶

科　技

【概　述】 2015年，常州市深入实施创新驱动发展战略，加快推进科技体制改革，全面完成省"八项工程"（转型升级、科技创新、农业现代化、文化建设、民生幸福、社会管理创新、生态文明建设、党建工作创新）、市基本实现现代化指标以及市重点工程、市政府工作报告中确定的年度目标任务。2014年研发经费支出占地区生产总值2.67%；新认定高新技术企业139家，累计1050家；新增企业研发机构198家，累计1154家，其中新增省级以上企业研发机构数73家，累计585家；科技进步贡献率60.8%；万人发明专利拥有量18.8件；完成高新技术产业产值4975.62亿元，占规模以上工业产值比重43.4%。1个项目获国家科技进步二等奖，4个项目获第七届中国专利奖优秀奖；5人入选江苏省"双创之星"，天合光能光伏科学与技术国家重点实验室主任冯志强获中国太阳能光伏成就奖；江苏上上电缆集团有限公司三代核电AP1000壳内电缆技术获装备中国创新先锋榜技术创新奖。

年内，列入协同推进的100个重大科技项目中，持续推进项目37个，新增推进项目63个，年末有97个项目达到时序进度，完成率97%。

【新型节水灌溉装备关键技术研究与应用获国家科技进步奖】 6月24日，江苏旺达喷灌机有限公司与江苏大学联合研发的新型低能耗多功能节水灌溉装备关键技术研究与应用项目获2015年度国家科技进步奖二等奖。该项目能根据作物不同的生长周期，实现喷灌和滴灌的自由切换，做到精准灌溉，可在增加一倍灌溉面积的前提下节水50%。该项目是中国"863"计划中精确灌溉技术与产品的科技攻关项目，历经5年研发，已在黑龙江、吉林、安徽省等缺水地区试点并取得良好的节水效果。

2015年度常州市科技进步先进企业名单

常州新誉集团有限公司
中车戚墅堰机车车辆工艺研究所有限公司
常州星宇车灯股份有限公司
江苏国光信息产业股份有限公司
江苏长海复合材料股份有限公司
常州四药制药有限公司
常州天合光能有限公司
江苏亚邦染料股份有限公司
江苏华鹏变压器有限公司
江苏武进不锈股份有限公司

【"十百千"创新型企业培育工程】 2015年，常州市筛选确定新一轮"十百千"培育企业库，市科技局围绕重点产业创新需求，组织"十百千"创新型企业承担省级以上项目532项，争取经费5.42亿元。23个项目获省重大成果转化项目支持，获经费支持1.94亿元。年内，80家科技型上市培育企业与券商签约并完成股改，35家科技型企业先后上市，累计有科技型上市培育企业212家、科技型上市公司37家，其中在新三板挂牌36家，比年初增加35家。"十百千"创新型企业专利授权量超8300件，占全市40%以上。江苏上上电缆集团有限公司、今创集团股份有限公司、江苏润源控股集团有限公司、常州千红生化制药股份有限公司、常州星宇车灯股份有限公司、常州东风农机集团有限公司6家企业被认定为省首批创新示范企业。加强政策服务，全年企业享受科技减免税超23亿元。

【苏南国家自主创新示范区建设启动】 2015年，常州市启动建设苏南国家自主创新示范区。制定出台《关于建设常州苏南国家自主创新示范区的实施意见》，编制上报常州、武进2个国家高新区建设方案和常州空间规划，梳理排定近三年重点推进实施的"六大工程包"，对521个项目实行动态管理、分类指导、分期实施。不断优化"一核两区多园"（一核指常州科教城，两区指常州国家高新区、武进国家高新区，多园指江苏中关村科技产业园、西太湖科技产业园、华罗庚科技产业园等18个特色产业园区）园区产业布局，坚持错位发展、彰显特色。常州国家高新区管委会与清华大学两岸发展研究院签订协议，联合建设清华大学两岸发展研究院常州分院。武进国家高新区深入推进国家创新型特色园区建设，全力打造以智能装备、节能环

2015年度江苏省科技进步奖常州获奖项目一览表

项目名称	完成单位	主要参加人员	获奖等级
凹凸棒石棒晶束解离关键技术创新及其产业化应用	常州大学、中国科学院兰州化学物理研究所、中国科学院盱眙凹土应用技术研发与产业化中心、江苏省华源矿业有限公司、常州光辉化工有限公司	王爱勤、姚超、王文波、康玉茹、郑茂松、刘文杰、赵绍洪、夏建文、孔泳、汪琴、左士祥	一等奖
氧化石墨的杂化及其在能源中的应用	南京理工大学、常州大学	汪信、朱俊武、郝青丽、付永胜、徐超、陈胜、王华兰、黄华杰、陈海群、孙小强、夏锡锋	一等奖
生物法生产万吨四碳系列食用有机酸	常茂生物化学工程股份有限公司、南京工业大学	姜岷、芮新生、万屹东、潘春、马江锋、高有军、张琴英、朱建国、白羽	二等奖
废弃油脂清洁化生产生物柴油和生物增塑剂关键技术及产业化应用	江苏悦达卡特新能源有限公司	张伟明、杨锦梁、肖达明、牟胜学、许梅芳、吴杰、杨伯文、陆小林、陆小青	二等奖
新型微通道反应器系统设计及在硝化反应中的规模化应用	常州大学、盐城工学院、南通龙翔化工有限公司	张跃、严生虎、刘建武、陈代祥、许琦、倪伟、辜顺林、马晓明、沈介发	二等奖
拉舍尔花边生产的关键技术研究与应用	江南大学、江苏润源控股集团有限公司、常州申达经编有限公司	蒋高明、丛洪莲、夏风林、缪旭红、张琦、张爱军、吴志明、王占洪、刘莉萍	二等奖
高效清洁非道路柴油机关键技术	江苏大学、常柴股份有限公司、常州常发动力机械有限公司	尹必峰、刘胜吉、符永宏、董非、王建、贾和坤、孙平、徐毅、程铁仕	二等奖
公路改扩建废弃物高效循环利用关键技术与应用	苏交科集团股份有限公司、东南大学、江苏省南京市公路管理处、江苏省常州市公路管理处、徐州徐工施维英机械有限公司、江苏现代路桥有限责任公司、苏州中恒通路桥建设有限公司	马涛、黄晓明、叶勤、赵永利、严金海、郑永生、薛海、顾小安、江瑞龄	二等奖
500千伏交联聚乙烯绝缘电力电缆连接件	江苏安靠智能输电工程科技股份有限公司	陈晓鸣、陈晓凌、杭裕保、管小松、晏雷、姜全放、狄东平	三等奖
高散热人工合成网状石墨导热膜的研发与产业化	碳元科技股份有限公司	徐世中、马宇尘、田晓林、冯宁、范东立、朱勤旺、李志文	三等奖
20000吨/年高性能水性环保涂料技术产业化	中海油常州涂料化工研究院有限公司	胡中、王留方、孔志元、张俊智、张保利、杨乃力、王竹	三等奖
双绳牵引无极绳连续牵引系统技术研究及应用	常州科研试制中心有限公司	姜世文、陈兴江、王眉林、史发慧、李进喜、高建荣、冯维钧	三等奖
大型多级液压往复翻动式生活垃圾焚烧炉系统的研发应用	光大环保技术装备（常州）有限公司、光大环保技术研究院（深圳）有限公司	邵哲如、陈涛、胡建民、徐东、张宾、王健生、罗智宇	三等奖
河湖相联水系污染控制成套技术	环境保护部南京环境科学研究所、中国科学院南京地理与湖泊研究所、河海大学、常州市环境监测中心、环境保护部华南环境科学研究所	张毅敏、朱亮、高月香、刘剑彤、徐东炯、潘继征、魏东洋	三等奖
高性能淀粉基材料多尺度结构设计与应用	江南大学、常州龙骏天纯环保科技有限公司、江苏隆力奇生物科技股份有限公司	缪铭、李玥、张根义、江波、钟芳、张涛、支朝晖	三等奖

2015年度常州市科学技术进步奖获奖名单

项目名称	完成单位	主要参加人员	获奖等级
R12V280ZJ柴油机的研制	中车戚墅堰机车有限公司	王敏鸿、薛良君、仲怀清、李友峰、潘翼龙、张洪磊、廖玉辉、许人华、郑永强	一等奖
大型多级液压往复翻动式生活垃圾焚烧炉系统的研发应用	光大环保技术装备（常州）有限公司、光大环保技术研究院（深圳有限公司）	邵哲如、陈涛、胡建民、张宾、王健生、罗智宇、韩乃卿、付志臣、徐辰阳	一等奖
高性能环保型水性树脂及涂料的研制、产业化及应用研究	中海油常州涂料化工研究院有限公司、中海油常州环保涂料有限公司	张汉青、胡中、许飞、祝宝英、庄振宇、朱柯、王李军、王竹、周丽	一等奖

项目名称	完成单位	主要参加人员	获奖等级
人工合成高导热石墨膜	碳元科技股份有限公司	徐世中、冯宁、田晓林、范东立、朱勤旺、李志文、林剑锋、朱秀娟、侯玉婷	一等奖
三代核电AP1000壳内电缆	江苏上上电缆集团有限公司、上海核工程研究设计院、国核工程有限公司、环境保护部核与辐射安全中心	李斌、梁福才、凌国桢、朱冬杰、曾庆涛、金华东、王丽萍、谈建伟、刘雄军	一等奖
生物法生产万吨四碳系列食用有机酸	常茂生物化学工程股份有限公司（江苏省生化手性工程技术研究中心）、南京工业大学	芮新生、姜岷、潘春、万屹东、高有军、朱建国、马江锋、张琴英、白羽	一等奖
用于防治小菜蛾、斜纹夜蛾和甜菜夜蛾的信息素技术及示范应用	常州大学、常州宁录生物科技有限公司、常州市园艺技术推广站	陈新、徐加宽、詹国勤、吕高强、谢文龙、张洪海、季美娣、陈伟、蒋红国	一等奖
心血管保护因子载脂蛋白M的调控因素及机制	常州市第一人民医院	张晓膺、罗光华、郑璐、张俊、施媛萍、杨玲、魏江、狄冬梅、冯悦华	一等奖
500千伏交联聚乙烯绝缘电力电缆连接件	江苏安靠智能输电工程科技股份有限公司	陈晓鸣、陈晓凌、杭裕保、管小松、晏 雷、姜全放、狄东平	二等奖
公用电网故障切除光伏电站的自动装置开发与应用	江苏省电力公司常州供电公司、国电南京自动化股份有限公司	曹良、何晓明、陈曙、施剑平、许箴、奚汉江、杨正平	二等奖
新型平面显示用关键超大型高纯靶材的研发与产业化	常州苏晶电子材料有限公司	胡清熊、张浩、吴荣祯、张慧娟、黄榕旭、詹定勳、朱郭麟	二等奖
模块化集成智能中压固体绝缘开关设备	江苏德春电力科技有限公司	成月、王雯斐、戚启忠、顾青海、李惠蓬、王国根、黄佳乐	二等奖
TH2826系列高频LCR数字电桥	常州同惠电子股份有限公司	赵浩华、高志齐、王志平、王恒斌、刘瑜、陈娟瑜、许海平	二等奖
基于无线射频识别技术的混凝土质量智能监控系统	江苏理工学院、常州市德明自控系统工程有限公司	汤嘉立、张杰、范洪辉、韩红章、黄海军、陈海忠、刘晓杰	二等奖
压电贾卡	常州市斯威芙特制针科技有限公司	王占洪、夏晓华、吴俊、蒋高明、隆正祥、陈贤娟、高杰	二等奖
GE2296高速双针床经编机	常州市武进五洋纺织机械有限公司	王敏其、赵志初、王水、赵启、王菡珠、程凌	二等奖
用于柔性生产线的重型桁架式机器人	金石机器人常州有限公司	张有斌、司文凯、刘刚、刘金石、张晓龙、王飞、柴赟	二等奖
用于超超临界发电机组的新型绝缘材料的研发	金坛华荣绝缘材料有限公司	陆帮荣、戴阿富、王燕、邵孟巍、陆小粽、邓卫城、王金林	二等奖
双闭环控制的电机节电及软启动综合保护控制器	河海大学常州校区	张金波、范新南、宋佳佳、江琴、李威	二等奖
危废资源处置与低碳综合利用工程	江苏永葆环保科技股份有限公司	蒋银峰、郑晓冬、李光辉、屠银栋、王柱玉、张康明、朱芬	二等奖
汽车高性能耐热涡轮增压器壳体开发及产业化	常州中车汽车零部件有限公司、中车戚墅堰机车车辆工艺研究所有限公司	程凤军、张占信、莫俊超、姜炳生、汪向众、鲍国栋、曾定文	二等奖
基于传感网的太湖流域水体监测及分析系统应用技术研究	江苏美淼环保科技有限公司、常州大学	沈敏、张亦含、刘芬芬、郑晓、颜晓飞、陈浙墩、谢雨濛	二等奖
制备来氟米特的绿色新工艺	常州亚邦制药有限公司	王思清、陈再新、毛白杨、陶锋、马绍明、夏正君、王勇军	二等奖
无铆钉超滑型一次性活检钳的研发	常州市久虹医疗器械有限公司	缪东林、庄小金、李峰、庄亮、陈劼	二等奖
ⅢROWS系列一次性使用三排钉吻合器	常州华森医疗器械有限公司、常州市武进人民医院	胡仁民、吴伟敏、周建良、戴明凯、袁栋坤、柏娟娜、罗亚平	二等奖
丘陵山区松材线虫病防控与健康森林培育技术研究与示范	溧阳市森林植物检疫站、天目湖镇农业服务中心、江苏省林业科学研究院	王爱忠、王坚强、刘云鹏、许建忠、冯菊芳、李家平、李旭	二等奖
太湖流域农产品监管信息化体系开发与应用	常州市农畜水产品质量监督检验测试中心、常州大学、常州市荣瑞信息自动化有限公司、中国电信股份有限公司常州分公司	翟云忠、王洁琼、朱轮、堵燕钰、魏继燕、蒋治国、费新东	二等奖

项目名称	完成单位	主要参加人员	获奖等级
树突状细胞及其相关免疫分子在抗肿瘤免疫应答中的作用	常州市第二人民医院	戚春建、钱科卿、宁永玲、冯同保、丁骏、岑岭、闵海燕	二等奖
颈动脉支架植入术后持续低血流动力学状态的并发症、相关因素及预防研究	常州市第一人民医院、南京军区南京总医院	练学淦、李敏、何小舟、吴坚、刘猛、林敏、黄金忠	二等奖
自身免疫性疾病发病机制的系列研究	常州市第一人民医院、常州市疾病预防控制中心	陆亚华、王凤鸣、陈陆俊、丁文鸽、周萌	二等奖
双源CT一站式、低剂量冠心病综合诊断	常州市第二人民医院	潘昌杰、王涛、王小琴、许轶群、徐烈富、金莲、赵绮	二等奖
桡骨远端可调式锁定接骨板的研制及临床应用	常州市中医医院	瞿玉兴、徐建达、高益、赵洪、彭立波、郑冲、王斌	二等奖

保、电子信息及清洁汽车、轨道交通、通用航空为代表的“3+3”产业体系。西太湖科技产业园获批为省级高新技术开发区，已经成为国内石墨烯企业集聚度最高的地区和全国石墨烯原材料的制备高地，集聚石墨烯企业52家，其中上市公司2家、上市公司投资企业3家。

【产业链建设】 2015年，市科技局牵头抓好碳材料和新医药两大产业链，分别完成投资48亿元和17亿元。总投资超3亿元的中简科技发展有限公司1000吨T700/T800级碳纤维项目开工建设。碳材料产业方面，江南石墨烯研究院与南京工业大学材料化学工程国家重点实验室签约共建江苏省产业技术研究院石墨烯材料研究所；与上海交通大学、复旦大学等11所高校共建应用联盟；发起成立江苏省石墨烯产业知识产权联盟。10吨/年石墨烯微片工业化制备及其在海工装备重防腐涂料中的应用项目通过成果鉴定。江南石墨烯研究院孵育行业先导企业20家，累计销售超5亿元，常州第六元素材料科技股份有限公司、常州二维碳素科技股份有限公司两家孵化企业在新三板挂牌上市。新医药产业方面，常州方圆制药有限公司与中国药科大学合作的氨基糖苷类药物的细胞药代动力学研究项目和常州寅盛药业有限公司与四川大学、药明康德新药开发有限公司合作的抗耐药结核病一类新药研发项目2个重大项目签约落地，合作总金额3450万元。常州合全药业有限公司获批成为省化学原料药合成工艺开发工程中心，江苏紫龙药业有限公司和江苏太平洋美诺克生物药业有限公司分别获省战略新兴产业项目支持1000万元。国产医疗器械示范工程示范产品应用总量150余台套，总价300万元。

【六大工程包】 2015年，为加快打造全国一流、全球有竞争力的高端装备、新能源、新材料、新医药等领域的创新高地和产业化基地，常州市按照示范区建设“三区一高地”（创新驱动发展引领区、深化科技体制改革试验区、区域创新一体化先行区和具有国际竞争力的创新型经济发展高地）的要求，梳理排定三年重点推进实施的“六大工程包”：100项新兴产业的高技术项目，在石墨烯、新材料（碳纤维）、轨道交通等领域抢占国际制高点；100个传统产业的高端产品，结合企业技术改造，培育一批“专、精、特、新”的行业冠军；100项产学研协同创新的科技项目，推进一批重大科技成果在常州产业化；100家重点研发机构，全面提升企业的核心竞争力；100名科技创业企业家，培养一批具有全球战略眼光、市场开拓精神和持续创新能力的企业家队伍；100家海外研发中心，统筹利用好国际国内两种创新资源，大力推进企业的国际化。

【创新创业平台】 2015年，常州市新增市级孵化器、加速器16家，累计108家，其中国家级14家、省级25家、市级69家，场地面积累计813万平方米，孵育企业5890家。江南石墨烯研究院、北京化工大学碳纤维应用研究院、常州机器人与智能装备研究院及南京大学医药与生物技术研究院4家入选江苏省产业技术研究院专业所序列，数量列全省第一，获省经费支持5459万元。江苏中国科学院智能科学技术应用研究院机器视觉实验室建成；浙江大学常州工业技术研究院孵化企业23家，累计注册资金1.05亿元。常州印刷电子产业研究院于5月开工建设常州印刷电子产业园，完成中国印刷电子行业公共服务平台的国家级行业门户网站和温度标签应用系统开发，12月举行全国印刷电子产业技术创新联盟2015年会和国际学术研讨会，取得2016年第六届全国柔性与印刷电子研讨会主办权。湖南大学常州研究院依托汽车车身先进设计制造国家重点实验室，获省级创新能力建设专项资金500万元支持。江苏省智能装备产业技术创新中心落户科教城，省下拨经费5000万元，常州市首期配套经费1500万元。中国科学院遗传资源研发中心（南方）在新北区启动。清华大学两岸发展研究院常州分院、南京师范大学—常州创新发展研究院、西安交通大学（常州）技术转移中心、常州城市轨道交通研究所等一批机构签约成立。

【中国科学院遗传资源研发中心（南方）奠基】 5月18日，中国科学院遗传资源研发中心（南方）项目常州国家高新区生命健康产业园奠基，项目由中国科学院遗传与发育生物学研究所与常州市政府及常州国家高新区管委会合作共建，占地面积366亩，总投资约20亿元。中国科学院遗传资源研发中心（南方）项目计划分两期建设，其中2015年一期建设现代农业实验楼、再生医学实验楼、成果转化与科技交流楼专家公寓等，建筑总面积约4万平方米，总投入约4亿元；2017年二期建设分析测试平台、动物实验中心、神农大装置、遗传咨询与诊疗楼，建筑总面积约3万平方米，总投入约3亿元。该项目包括现代农业和再生医学2大基地，神农装置、临床级干细胞库、高等模式动物、种子库、教育培训5大平台，将利用中国科学院的科技研发优势，带动区域经济发展，形成再生医学和现代农业的产业链，推动一批技术公司上市。

【清华大学两岸发展研究院在常州设立分院】 10月27日，常州国家高新区管委会与清华大学两岸发展研究院签订协议，在常州国家高新区联合建设清华大学两岸发展研究院常州分院，并共同设立两亿元种子基金，围绕生命健康等课题，打造教育、科技与产业的高端平台。常州分院成立后，清华大学两岸发展研究院将优选具有良好产业化前景的应用技术成果到常州进行转化，并吸引更多的国际和国内先进技术成果、创业团队、产业化项目落户。

【众创空间】 7月6日，市委办公室、市政府办公室制定出台《常州市关于发展众创空间推进大众创新创业的实施方案（2015—2020年）》，实施众创空间建设、创业主体培育、创业企业孵育、投融资体系建设、创业服务提升、创业文化营造六大行动，引导和支持科教城、高新区、科技园区、孵化器等创新创业载体建设众创空间，为大众提供低成本、便利化、全要素、开放式的创新创业生态。至年末，有ASK众创部落、常州龙琥众创空间2家国家级众创空间，常州国家高新区众创集聚区、武南创智天地2个省级众创集聚区和常州海博医疗器械科技园等21家市级众创空间，嘉壹度青年创新工场等24家众创空间被列入省级科技企业孵化器的管理服务体系。全市省、市级众创空间累计有创业面积7.28万平方米、创业项目及创业企业540余个。

【企业研发机构】 2015年，常州市565家大中型工业企业中，有495家企业建有研发机构，研发机构建有率87.6%；有高新技术企业1126家，其中727家规模以上高新技术企业中建有企业研发机构651家，建有率89.5%。全市累计85家企业被认定为江苏省重点企业研发机构，占全省15%。16家省工程技术研究中心、8家省重点企业研发机构获省绩效评估优秀奖励。围绕建设100家高水平企业研发机构，省市联动免费发放价值30万元的科技文献数据资源，推进全市重点企业研发机构研发创新能力提升。

【产学研合作】 2015年，市科技局面向80多家高校院所，围绕光伏、医疗器械、碳材料等产业领域征集精品成果，引进高校院所最新技术成果超3000项，引进建设公共研发机构、技术转移中心5家，转移转化技术成果100项，组织各类专题产学研活动100多场，新增产学研合作项目1000项以上。组织198家企业参加两年一度的第五届中国江苏产学研合作成果展示洽谈会，发布企业需求163项，达成合作意向78项。常州大学、江苏理工学院、常州科教城湖南大学常州研究院等单位48个项目获省产学研前瞻性联合研究项目立项支持，争取省级项目经费1140万元。深化产学研合作长效机制，推进“天天5·18”线上线下科技服务平台建设，累计服务企业900家次以上，提供技术需求492条，发布成果992条，达成合作意向220多项；平台还重点与科技部人才交流开发服务中心、美中创新技术合作协会、江苏省产业技术国际研究院等知名机构形成战略合作，吸收先进服务模式，共享信息资源。

【国际科技合作】 2015年，常州市重点开展与以色列、英国、德国、俄罗斯等国家的科技合作交流，大力推进中以常州创新园、中德创新园、中芬绿色科技产业园等一批国际科技合作平台载体建设。常州市与澳大利亚新南威尔士大学签署合作备忘录，重点围绕新材料、生物医药、化学工程等领域组织进行技术研发、企业孵化、产业转移和人才培养。常州市武进绿色建筑产业集聚示范区与省跨国技术转移中心共建中芬绿色创新中心，集聚培育绿色建筑材料制造、创意设计、高端低碳及绿色制造等重点产业。举办以色列节能环保技术中国巡回展、中英国际技术对接交流会、中芬绿色建筑技术交流会、美国麻省理工学院材料技术交流对接会等一系列活动，全年引进国外技术126项，争取省级以上国际科技合作项目9项，争取经费762万元。常州制药厂有限公司承担的超临界流体药物结晶技术的联合研发和常州容大结构减振股份有限公司承担的建筑抗震消能阻尼器技术引进项目顺利通过科技部验收。

【中以常州创新园概述】 2015年，中以常州创新园集聚以色列创新企业38家，建有高端医疗项目孵化平台和现代农业技术展示、转移及交易平台等一批创新载体，引进以色列Cukierman基金、以色列Pitango基金、平安基金、国药资本、山蓝资本等国内外知名基金，以色列生-BDO国际技术转移机构落户西太湖。中以双方在常州共建Convex Design工业设计创新中心达成签约。园区知识产权体系建设获江苏省知识产权局中以技术与知识产权转移平台项目95万元经费支持，园区建设获国家发改委8亿元贷款支持。

【创新创业人才】 2015年，市科技局通过实施第七批“龙城英才计划”，评定A级项目53个、B级项目130个、C级项目55个。会同市人才办、人社局制定领军人才创业项目后续发展支持奖励政策，鼓励和支持领军人才创业企业发展壮大。加强人才培育和向上争取，5个团队入围省“双创团队”企业类；37人入围省“双创人才”，其中创业类25人、企业创新类10人、卫生创新类1人、高技能创新类1人；争取省“双创计划”资金2690万元，比上年增189%，其中争取创新类人才资金790万元、“双创团队”人才资金1900万元。石墨烯众创团队冯冠平、中简科技发展有限公司杨永岗、凡登（常州）新型金属材料技术有限公司钱海鹏、万邦新能源投资集团有限公司邵丹薇、常州铭赛机器人科技股份有限公司曲东升5名人才入选江苏省“双创之星”。江南石墨烯研究院和北京化工大学常州先进材料研究院外国院士类“双创人才”项目分别获资金支持500万元。加快推进科技部领军人才创新驱动中心常州基地建设，对接国家级科技领

9位科技领军人才加盟常州智库 （科技局 供稿）

军人才，首批9位科技领军人才专家加盟常州智库。全年累计培训科技企业家488名。

【科技服务】 2015年，常州市出台《常州市科技服务业发展专项行动计划》，鼓励在常州高校与科技产业园区共建重点实验室，加强在常州科研机构与常州市企业项目合作和技术转移，鼓励高水平企业研发机构建设，对列入省重点研发机构的企业开展绩效评估。引导科技服务业集聚区建设，武进国家高新区、江南石墨烯研究院分别列入国家科技部科技服务业集聚区发展试点和行业试点。落实上级科技计划和经费管理改革要求，修订专项资金管理、经费投入方式、立项操作流程、项目实施验收等政策文件，完善市科技项目评估系统和信息平台，建立无偿与有偿并行、事前与事后相结合的财政、科技多元化投入机制。

推进常州科教城科技服务示范区建设。建立行政服务中心和科技成果转化、研发设计、金融、知识产权、苗圃孵化加速、国际科技交流合作与技术转移"一中心六平台"。开展全产业链科技服务机构的引进和培育，累计拥有重点公共研发平台13家，科技人才超过1.65万人，入驻机构和孵化企业超1000家。与沈阳机床股份有限公司、上海联纵智达咨询集团三方签约，共同在常州科教城建设全国第一家i5智能工场，打造基于互联网、物联网、智能终端等技术集成的"工业阿里巴巴"，2015年获省科技厅支持1500万元。与科教城内15家服务机构签署共建协议，年内示范区科技服务收入3亿元，比上年增35%。

提升科技中介服务能力。推进专业科技中介机构建设，常州西夏墅工具产业创业服务中心、江苏佰腾科技有限公司和常州电子基础材料检测中心3家省级科技服务机构获省绩效评估经费支持180万元。常州西夏墅工具产业创业服务中心、常州市国家大学科技园、常州高新技术创业服务中心、常州市地板创业服务中心、千人计划（常州）新能源汽车研究院科技企业孵化器、江南石墨烯高新技术创业服务中心、常州生物医药孵化器7家机构列入省一站式检测公共服务平台专业服务站。加强科技金融服务。市科技局帮助59家企业达成融资对接45.56亿元；全市新增"苏科贷"放贷企业5家，放贷金额1300万元；常州市生产力促进中心与江苏银行、工商银行等7家银行签订"苏科贷"合作项目，风险补偿资金5300万元，累计为360家企业贷款9.11亿元，资金放大效应超过17倍；江苏九洲创业投资管理公司和常州高新创业投资公司2家创投公司获国家科技部科技型中小企业创新基金阶段参股项目经费支持1.1亿元。

【知识产权】 2015年，常州市制订实施《常州市国家知识产权示范城市建设工作方案》和《常州市专利战略专项资金管理办法》，通过激励政策保证专利创造量质并举。武进国家高新区获批国家知识产权试点园区，溧阳、常州和滨江三个经济开发区获批省知识产权试点园区，常州科教城和武进经济开发区通过省知识产权试点园区考核验收，中以常州创新园获批省知识产权合作与保护试验区，江苏省机器人及智能装备制造产业知识产权联盟成立。常州市完成专利申请超3.3万件，其中发明专利超1.3万件；专利授权超1.8万件，其中发明专利授权2000件；万人发明专利拥有量超17.7件。江苏福昌环保科技集团有限公司的发明专利危险废物焚烧处理成套装置、常州制药厂有限公司的发明专利一种3,5-二羟基庚-6-烯酸衍生物的制备方法、江苏上上电缆集团有限公司的实用新型专利核电站用仪表电缆和常州华达科捷光电仪器有限公司的外观设计激光点线仪（PL25）4个项目获第七届中国专利奖优秀奖，常州天合光能有限公司的发明专利全背电极太阳能电池的生产方法获第九届江苏省专利奖金奖，常州市宏发纵横新材料科技股份有限公司的发明专利多轴向经编织物生产工艺和常州吉恩药业有限公司的发明专利颗粒状叔丁醇钠的制造方法获第九届江苏省专利奖优秀奖。全年处理专利侵权案件85件，查处假冒专利316件，诉调对接结案58件；处理知识产权案件547件。新增省企业知识产权管理标准化示范创建单位75家，累计示范创建452家。举办知识产权人才培训16场，1900多人次参加。2月28日，国家知识产权局正式确认常州市为国家知识产权示范城市。常州四药制药有限公司、常州市第八纺织机械有限公司、常州市范群干燥设备有限公司、常州华达科捷光电仪器有限公司4家企业获2015年度"国家知识产权优势企业"称号，这是常州市企业首次获此称号。中车戚研所公司获批承担省首批高价值专利培育示范中心项目。加强知识产权服务机构引进和业务拓展工作，引进成立1家知识产权高端咨询服务机构，新获批2家专利代理机构分支机构。国内首家专利电商平台“专利巴巴”上线运行。全市有知识产权中介服务机构90家，其中专利服务机构23家。

【首家专利电商平台佰腾·专利巴巴上线】 4月20日，佰腾·专利巴巴电商平台（www.zlbaba.com）正式上线。专利巴巴是江苏佰腾科技有限公司按照“互联网+知识产权”模式自行开发的国内首家专利电子商务平台，通过互联网技术，整合1万名专利工程师、1000家知识产权服务机构，实现专利申请的全流程透明管理。6月7日，江苏佰腾科技有限公司获江苏正昌集团有限公司战略投资，并与申万宏源（香港）有限公司、亚太（集团）会计师事务所有限公司、中银（深圳）律师事务所分别签约，启动股改和登陆新三板工作。至年末，注册用户4.2万多个，发展全国合作伙伴22家，网上订单总计3502件，实现线上流水近1000万元。

【科技惠民】 2015年，市科技局着力在安全、健康、环境、生态四大民生领域下功夫，以科技为先导，组织开展科技攻关，加强技术集成，组织示范工程。江苏武进绿和环保建材科技有限公司的建筑垃圾资源化利用关键技术研发与应用研究，常州翔宇资源再生科技有限公司的废弃电器电子产品无害化、资源化处置处理关键技术应用研究，常州市武进人民医院的武进农村卫生应急救援快速移动医疗云平台创建和关键技术应用等项目成为2015年新上社会发展科技示范项目。积极推进国产创新医疗器械产品评价应用与示范工程，第二批3家示范医疗机构和10家示范医疗器械企业获认定，遴选出35种创新医疗器械示范产品在全市5个辖市区、10家示范医疗机构应用推广，产品应用总量330台（套），其中康复设备类产品、材料及耗材类产品分别为45台（套）、285个（套），总价值500万元。建设科技和谐社区，围绕“智慧、平安、低碳、健康”生活目标，选择钟楼区、天宁区开展智慧养老关键技术应用研究等群众关注的科技项目，大力推广科普知识，集中推进一批先进适用技术的集成示范，推广应用一批公共事业新产品，在钟楼区五星街道和永红街道建设2个“新知识普及、新技术示范、新产品应用”的“三新”科技社区。

【农业科技】 2015年，市科技局进一步加强农业科技载体建设，加强与南京农业大学、扬州大学的农业科技合作，建设2家农业技术转移苏南分中心，培育省农业科技型企业36家。组织农业科技沙龙4场，组织第五届全国茶产业经济年会、市政企代表团农业产学研出访等大型产学研活动5场。农业科技进步率66.6%，继续位列全省第三。

【新农人众创空间揭牌】 12月17日，常州首家以现代农业技术为专业方向的新农人众创空间揭牌，总体面积3700平方米，设有公共实验室、公共会议室、创业公寓等设施，主要用于培育和孵化涉农创业项目。该众创空间的依托主体常州市现代农业科学院与全国20多家高校院所建有合作关系，入驻企业可享受到常州市现代农业科学院提供的细致而周到的农业科技服务。

（许红梅）

【常州市科学技术协会概述】 2015年末，常州市有基层科协64个，市级学会（协会、研究会）59个，高校、企业科协36个，各级科普教育基地170个，科学教育特色学校135所，农业专业技术协会152个。

年内，市科协出台《关于推进落实大众创业、万众创新实施意见》，10月29日，常州创客空间联盟成立。吸纳创客教育中心和创客空间2大组织加入科协团体，直接联系创客（特指具有创新理念、自主创业的人）1000名。创办创业服务品牌“科创沙龙”，全年举办活动近70场，为创客6000多人次提供创业经验分享。加大项目资金支持，资助众创学院、资本大讲堂、淘宝大学等5个创客空间和创客品牌。在全市遴选80多名高层次科技人才、海归和企业家成立创业导师队伍，举办1次创客大赛和3次项目路演，推动5家创客空间与高校建立战略合作联盟，引进项目60多个。市科协和中国科学院常州先进制造技术研发与产业化中心分别被评为江苏省科技工作者调查站点工作优秀区域责任部门、优秀站点。

继续推进学会服务科技创新能力提升计划，以活动为引导，拨付项目经费60余万元，资助学会服务能力项目20余个。生物化学学会、地学与人居环境学会进入综合示范性学会培育计划；土地学会、护理学会成为综合示范学会，总数3家。组织学会广泛参与民政系统等级评估，推动学会向现代化科技团体转型发展，7个学会获评3A以上等级。学会承接政府职能取得新突破，地学与人居环境学会承接2项政府职能。

以“创新驱动与转型升级”为主题举办学术活动月，围绕常州自主创新、转型升级、生态文明、大众创业等方面的重大问题，举办学术讲座、技术研讨会、科研成果发布会、科技沙龙等80多场。开展常州市自然科学优秀科技论文评选，征集论文695篇。打造学术品牌“科技咖啡馆”，全年举办活动17场。开展常州市自然科学软课题研究资助，立项和资助课题50项。编印《常州自然科学》杂志4期。建立常州市科协科技智库，全市80余名理工农医各学科门类专家进入决策咨询智囊组织。

举办“龙城英才计划”成都推介会，面向成都高校和科研单位提供技术合作需求425项，45项达成合作意向，4个项目现场签约。各级科协组织举办产学研对接活动30余场，促成产学研合作项目100余项。推动省科协学会服务能力提升项目落户常州，促进常州企业与省级学会对接，引入科技服务站项目5个、首席专家（科学家）项目4个。开展专利信息推广，新增注册企业20家。

【海智工作】 2015年，市科协举办2015年常州市智能装备制造海智洽谈对接分会，组织海智专家和欧洲企业代表对武进、新北、钟楼区智能装备制造、新能源汽车、航空航天等产业进行考察对接。与武进区联办2015绿色智能制造海智对接大会，德国、英国、日本等国的专家与武进区80多位企业代表进行交流。与旅美科技协会3家海外科技社团签订合作协议，签约的海外科技社团总数达14个。全年向9家海智工作站推荐各级海智项目40余项。

【科普工作】 2015年，常州市居民科学素质达标率约8.8%。组织开展科普宣传周和全国科普日活动，举办各类学术报告、科普巡展、科普大讲堂、青少年创客、校园科技节等活动600余项。以人口日、气象日等纪念日为契机，联合其他部门做好"一月一主题"科普宣传。扎实开展2016—2020年全国、省科普示范县（市、区）创建，6个辖市区全部创建成省级科普示范区。建成省级、市级科普惠农服务站6家、10家，创建省、市级科学教育特色学校10所、20所，创建省青少年科学工作室11个。常州市农村专业技术协会成立。投入40多万元作为青少年科技竞赛资助奖励基金。举办青少年科技创新、创客、机器人等竞赛8场，7件作品和7支机器人队伍在全国青少年科技创新大赛中获奖。举办第七届良春杯科普创作大赛，征集小说报告文学、诗歌散文、科技人物特写、童话科普小品等科普作品586件，12个科普作品在2015年江苏省优秀科普作品评选中获一、二、三等奖。开展专业技术培训400余次，编印《龙城科普系列丛书》4本6000册，向全市236个社区发放科普挂图约8500份。开通科普旅游班车和12条科普旅游线路，组织科普游43批4300人次。全市3个集体、3名个人被评为国家或省级科普惠农兴村计划先进集体和先进个人，4个社区获评国家级、省级科普益民计划先进单位。

（荆志刚）

社会科学

【概　述】 2015年，常州市有社科学会91个，会员6000人。市社科联出台《常州市哲学社会科学界联合会所属社团管理办法（试行）》，实施年度社科优秀成果及重大活动奖励评选办法；举办常州市第二期社科领军人才培训班。7月28日，由省社科联主办，市社科联、市科教城管委会承办的省社科新型智库苏南自主创新示范区建设研讨会在常州科教城管委会举行，是国务院确定苏南5市建设国家级自主创新示范区后省级层面首次组织的专题研讨会。

社科应用研究。《新常态下高新区转型升级的对策研究》《苏南国家自主创新示范区常州战略研究》等报告获省社科界苏南片区学术大会一、二等奖。开展第十一届社科课题研究资助，以回答和解决常州改革发展最新实践中遇到的热点难点为导向，鼓励说"常州话"，致力出实招和高招，收到申请结项课题490项，15项成果获重点资助，45项成果获一般资助。

社科普及宣传。举办"社科联专家面对面"讲座6期、"社科百家谈"广播节目54期。各学会以及科普基地结合自身实际，通过举办广场咨询、社科普及讲座、主题报告会、专题系列教育、征文大赛等形式开展人文社科普及宣传活动。常州市图书馆、新四军江南指挥部纪念馆、常州市圩墩遗址公园3家科普基地晋升为省级科普示范基地。常州市青少年心理研究与指导中心、荆川公园、钱币博物馆、常州方志馆、家谱馆、费伯雄故居、张太雷纪念馆7家单位新增为市级科普基地。微电影《血性常州人》在全市纪念中国人民抗日战争暨世界反法西斯战争胜利70周年活动上首映，并上传至优酷、土豆、腾讯等国内知名网络媒体，点击量十万余次，在全市首届微电影大赛中获三等奖。

【新型智库建设】 11月27日，在武汉市召开的常州市文化人才引进暨文化产业项目推介会上，常州市社科联（院）与上海市社会科学院科研处就合作建设新型智库签署协议。双方将按照"资源共享、优势互补、深化研究、共同发展"的原则，以课题研究、咨询服务、人才培养和学术交流为重点，开展宽领域、多层次、长期性战略合作。通过双方的战略合作，使上海社科院的人才优势与常州市富集的经济社会文化研究资源相结合，为建设"富强美高"的新常州提供智力支持。以柔性引才方式，聘请上海社会科学院、上海市社科联、江苏省社会科学院、武汉市社会科学院等单位的7名专家担任市社会科学院兼职研究员。推动在常州的4所本科高校成立校级社科联。

【全国清代常州文化学术大会】 1月20日，市社科联（院）联合常州大学、上海市社会科学院历史研究所举办全国清代常州文化学术大会，全国各地30余名研究清文化知名专家及常州60多名研究人士参加研讨会。会上提交论文90余篇，8位专家围绕清代学术与常州经学的形成、晚清中西交往与常州文化等主题做主旨发言，与会者共同观看了市社科联（院）制作的微视频《名家大师眼中的清代常州文化》专题片。

【《常州历史名人大辞典》出版】 12月，由常州社科联（院）编撰的《常州历史名人大辞典》由上海辞书出版社出版。该辞典于2013年2月启动编纂，是常州市第一本系统全面梳理常州历史名人的大型工具书，收录了上起先秦、下迄2014年，在常州出生或虽不在常州出生但在常州有重要活动、产生重要影响、具有公认地位和社会知名度的历史名人，共计词条1957条、主人公图照400余幅，并收录《常州历代进士名录》和《常州两院院士名录》。

（李　军）

2016

教 育

Education

◆责任编辑　王　晶

综　述

【概　述】2015年末，常州市有全日制普通本科院校4所、专科院校7所、成人高校2所、初中后五年制高等职业技术学校5所、中等专业学校6所、技工学校（技师学院）9所、普通高中34所（包括国际学校1所）、普通初中126所、普通小学201所、幼儿园296所、特殊教育学校（机构）6所。有江苏省优质幼儿园182所，占幼儿园总数的61.49%；有市优质小学（不含九年一贯制小学部）167所，占小学总数的83.08%；有市优质初中109所，占初中总数的86.51%；公办高中全部为省三星级以上高中，其中四星级高中22所，占比64.71%；公办高等职业院校全部达教育部高等职业、高等专科学校教学水平优秀等级。完成全市3—16岁流动儿童登记工作，登记总数3万人；流动人员随迁子女接受义务教育普及率100%，公办学校吸纳率90.18%。全市教育现代化建设综合得分87.4，位列全省第三。在江苏省优质课大赛、江苏省青年教师教学基本功比赛中获特等奖、一等奖、二等奖、三等奖的常州教师分别为4名、27名、22名、17名，成绩位居全省前列。全市高考二本以上达线率比上年提高6个百分点，达77.46%；一本进线率24.71%，提高3个百分点，位居全省前列。　（刘高平）

【教育基本建设】2015年，市教育局编制完成《常州市全面改善义务教育薄弱学校基本办学条件项目规划（2014—2018年）》。全市实施中小学、幼儿园建设项目108个，完成投资16亿元。其中，江苏省常州高级中学新北校区、常州市朝阳中学和常州市青少年活动中心三期工程等32个项目竣工交付使用，竣工面积59.49万平方米；常州市第五中学、江苏省常州高级中学戚墅堰分校等49个项目顺利推进，在建校舍面积50.02万平方米。创新学校基本建设模式，市属学校由常州晋陵投资有限公司全资子公司常州市工务工程管理有限公司负责代建，确保教育基本建设按时、保质、高效推进。殷村职教园区基本建成，江苏城乡建设职业学院全面投入使用，常州市维稳反恐处突训练中心、常州市交通技师学院大部分建筑主体完工。

（耿一波　刘高平）

【教师队伍】2015年，全市有1716人获教师资格证书，其中幼儿园教师733人、小学教师378人、初中教师187人、高中教师315人、中等职业学校教师90人、中等职业学校实习指导教师3人、特殊教育教师1人。628名教师定期注册，1人注册复核不合格。开展常州市第七批中小学教坛新秀和教学能手、第五批中小学特级教师后备人才评选，评选出教坛新秀250名、教学能手150名、特级教师后备人才25名。对第三批常州市名教师工作室进行终结性评估，评出优秀名教师工作室16个、工作室优秀成员117个、工作室优秀成果27个。2015年职称评审采用按区域空岗总量控制的方式开展申报，通过率由2014年65％提高到82％。取得中级、副高级职称的中小学教师分别为243名、328名，取得中级、副高级职称的幼儿教师分别为19名、20名，79名职业学校教师取得中级职称。全年有110名优秀教师赴海外参加高端培训，202名中小学教师及35名中职校教师参加国家级培训，参加省级培训的教师6500名，参加市名师大学堂培训人数2万名以上，全市参加培训教师人数为专任教师数的78%。全市有54599人次参加江苏省教育厅举办的中小学班主任知识和融合教育知识网络竞赛，52867人次合格，8331人次优秀，各项指标均居全省前列，市教育局被省教育厅评为先进组织奖。

2015年，首次尝试对原城区（含局属、天宁区、钟楼区、新北区、戚墅堰区）学校招聘新教师统一进行笔试，5090人参加统一笔试。38个特聘研究生岗位签约31个。首届培养的10名报考师范的优秀高中毕业生全部落实到局属单位就业。局属学校合计流动教师78人，其中专任教师61人、骨干教师17人、集团内流动41人，完成按照平均每年交流不低于总数15%的任务。

年内，开展局属单位首次专业技术岗位周期竞聘工作，推出专业技术岗位1300余个，7位正高级教师获专业技术三级岗位的聘任资格。

（陆虹伊　刘高平）

【高层次教育人才培养和引进工作】12

月，常州市出台《关于进一步加强高层次教育人才培养和引进工作的意见》，重点实施“1661”工程：到2020年，培养和引进10个以上教育创新项目团队、60名教育领军人才（包括10名以上国家级、省级领军人才，50名以上市级领军人才）、60名以上市级教育管理拔尖人才、10名以上优秀教育博士。从2016年起，常州市财政局连续5年每年安排150万元，用于高层次教育人才的培养引进、教育培训、教育科研、成果奖励。对引进的省级以上教育创新项目团队，给予50万元—100万元的项目经费资助；对引进的国家级教育领军人才，每人给予50万元的项目经费资助；对选拔的市级教育管理拔尖人才培养对象，5年内给予每人每年5000元的培养经费资助；对引进的博士，给予5万元的一次性奖励。

（刘高平）

【教育装备】 2015年，常州市教育基本建设与装备管理中心完成采购171批次4682.39万元，节约资金437.29万元。组织学生参加江苏省初中生物技能大赛，获一等奖2个、二等奖2个，并获团体二等奖；参加江苏省第七届网络读书活动，获金奖24名、银奖33名、铜奖18名、优秀奖23名。常州市教育基本建设与装备管理中心获省优秀管理奖。（曲晓红　刘高平）

【教育审计】 2015年，市教育局出台《常州市教育局局属单位领导干部经济责任告知暂行规定》《常州市教育局内部审计整改暂行办法》，建立内部审计整改情况报告制度。组织全市高中（含中职）2011—2014年债务情况审计调查，审计32所高中、7所中等职业学校，金额10.4亿元。市区债务在省市两级教育、财政部门的努力下化解完毕。围绕市教育局直属学校建设三年行动计划，市教育局内审部门全年参加基建各类招投标、内部定价会商107人次，提出规范代建公司合同文本、加强基本建设管理人员专业培训等建议12条。（梁晔辉）

【教育督导】 2015年，全市开展辖市区人民政府2014年度教育工作市级综合督导考核，迎接并通过国家义务教育发展基本均衡督导检查工作。6月，武进区完成2015年国家义务教育质量监测。10月，武进区、金坛区全国中小学校责任督学挂牌督导创新县（市、区）通过省级评估验收。市教育局对30个学前教育现代化乡镇（街道）建设进行市级现场评估；出台《常州市责任督学考核办法》，对局属学校37名责任督学2014年度挂牌督导工作进行绩效考核。全市教育督导评估应用系统（含责任督学信息化管理系统）建成。

【教育督导评估应用系统建成】 2015年，全市教育督导评估应用系统（含责任督学信息化管理系统）建成，初步形成“一体四翼”（以该系统为主体，以督政、督教、督学和质量监测为“四翼”）的教育督导信息化应用体系。8月，全市600多所学校700余人参加教育督导信息化平台应用培训。9月，首次依托教育督导评估应用系统，对全市600多所中小学校（幼儿园）进行秋季开学工作专项督导，并在溧阳市平桥小学召开全市中小学素质教育督导评估现场会，对6个辖市区的5所小学、2所初中、7所高中开展市级学校素质教育督导评估工作。（孔　建）

【教育科研】 2015年，全市新增江苏

教育部专家组对钟楼区创建全国义务教育发展基本均衡区进行“回头看”督导（教育局　供稿）

武进区进行全国义务教育质量监测（教育局　供稿）

省教育科学"十二五"规划课题116项、江苏省中小学教学研究项目28项。组织专题性研讨、沙龙式研讨、诊断性研讨、单元教学研究、课例研究、同题异构联校教学研讨、教研观摩研讨、优质课评比、青年教师基本功比赛、教科研基地、学科基地、市"十二五"规划备案课题结题、学科带头人高级研修、教学开放周等活动500余场,完成基础教育各年段210节精品课拍摄任务。

年内,常州市教师在第六届全国小学语文教师素养大赛中获特等奖,在全国第九届初中英语教学基本功大赛中获一等奖和最佳语音语调奖,在中国教育学会中学物理教学改革创新大赛中获全国一等奖;在江苏省优质课大赛、江苏省青年教师教学基本功比赛中获特等奖4名、一等奖27名、二等奖22名、三等奖17名。系列电视访谈节目《常州名师教育思想访谈录》在中国教研网首页推出,并集结连播。《常州市教育科学研究院教研新探索·新实践》11个系列专题在中国教研网上连续刊登。 (王 俊)

【学校安全】 2015年,常州市启动平安校园建设示范区(市)创建,5所学校获省级平安校园建设优秀成果奖。在全市中小学开展电梯安全管理及安全乘电梯教育。指导各辖市区做好安全教育基地建设,争取省补资金30万元。制定《常州市中小学幼儿园消防安全管理和教育指导意见》,为每一所中小学、幼儿园聘请校外消防教育辅导员。常州市北郊初级中学获省级消防安全示范课奖项。 (徐鸿冰)

【教育信息化】 2015年,常州市数字化学习实验平台、常州市基于教育质量综合评价的教育云平台试运行,常州市教师专业发展平台建设启动。新增56所学校为常州市数字化学习试点学校。"智慧课堂"全年举办讲座6次,近2000人次参加。在教育部组织开展的全国中小学教师"一师一优课,一课一名师"晒课活动中,常州教师共晒课7556节,其中91节课获部级"优课"、265节课获省级"优课"。在江苏省领航杯信息技术能力大赛中,常州教师和学生共获信息技术教学能手项目一等奖2个、网络教研团队项目一等奖1个、多媒体教育软件项目一等奖3个、中学生英语口语项目特等奖和一等奖各1个、中小学生电脑制作项目一等奖10个。获2015年江苏省中小学校优秀校园网站评比活动一等奖4个。5篇论文获江苏省数字化学习论文评比一等奖。 (熊青云)

【青果在线学校】 2013年9月28日,常州市青果在线学校网站开始试运行。该网站由常州市教育局开发和管理,学生在家就可以在该网站上自主学习,观看课程微视频,并与优秀教师进行线上交流。2015年2月,青果在线学校二期上线,新增青果虚拟实验室平台、青果英语学习平台、青果语文学习平台、青果化学学习平台等。7月,"暑假作业""学霸导学""名师学校"等栏目上线,线上线下活动同步开展。全年发布线上活动35个,参与人数12万人次;组织青果分享汇、青果征文、青果物理竞赛等线下活动8次,参与人数20万人次;新增微视频资源1086个,其中自建670个、引进416个;新增小学资源137个、初中资源1674个、高中资源1745个,其中微课程1681个、虚拟实验318个、配套反馈练习986个、学霸微课196个、暑假作业171套、寒假作业204套。至年末,网站访问量突破630万,访客数近45万。开展国家级课题《青果在线学校促进教与学方式的转变》的立项及子课题申报,50多所学校或团队报名参加子课题研究。 (李 兵)

【教育国际合作交流】 2015年,市教育系统接待境外来访30余批400余人;与德国明登市、美国加利福尼亚州门洛帕克市签署教育合作备忘录。常州市第二中学承办江苏省"少年之翼"中日青少年交流活动,常州市田家炳高级中学15名师生随教育部团组出访日本,常州旅游商贸高职校代表团赴意大利参加米兰世界博览会中国美食节活动。全年新增国际友好学校7所,达成结对意向学校8所。常州市第三中学与德国明登市瑞茨文理高中、常州市田家炳高级中学与荷兰蒂尔堡欧杜夫斯中学、常州市新桥中学与德国罗特中学、江苏省武进高级中学与美国宾夕法尼亚州大约翰城高级中学、武进清英外国语学校与丹麦尼堡市丹尼霍夫学校和爱沙尼亚塔图国际学校缔结友好学校,常州旅游商贸高职校与韩国东首尔大学签约合作,常州市清潭中学与美国托马斯初级中学、常州市教育局直属7所高中与俄罗斯斯塔夫罗波尔市7所中学达成结对意向。

国际理解教育深入推进。46所试点学校同题异构,扎实开展"一校一品一网站"活动,举行全市国际理解教育现场推进活动和国际理解教育示范学校评选活动。10月,在中国国际教育年会"国际理解教育:未来公民素质培养"分论坛上,常州市应邀作主题发言。

汉语国际推广扎实开展。相继举办2015汉语桥—汉风龙韵英国中学生夏令营、第二届常州市港澳台海外华裔青少年"同心文化"游学夏令营,3名教师通过国家汉语国际推广领导小组办公室选拔赴英国和阿尔巴尼亚孔子课堂任教,1名教师参加国家侨办组织的"2015中华文化大乐园——法兰克福营"活动。

深化国际文化交流项目。34名中学生参加2015—2016年度中学生国际文化交流活动,包括AFS(American Field Service美国战地服务团)国际文化交流组织中学生交流项目、ISE(International Students Exchange)国际中学生学年交换项目、YFU(Youth for Understanding)国际学生交流项目和AYP(Academic Year Program)中学生学术年交流项目。常州教育国际交流协会承办中国教育国际交流协会CEAIE—AFS项目华东片出国前培训、来华学生抵达培训和选拔营活动,接待AFS年度国际交流学生32人、YFU国际交流学生2人。江苏省常州高级中学升格为AFS项目金牌学校。1月,常州教育国际交流协会开通"常州教育国际交流"微信公众号,新增会员单位9个。11月,常州教育国际交流协会成为中国教育国际交流协会国际文化教育交流志愿者工作委员会理事单位。

2015年暑期,全市有562名中小学生参加境外修学旅行。新增聘外教教育机构5所,总数101所;全市大中小学、幼儿园、培训机构聘请外籍教师

200余人次，其中聘用安生美国青年教学使者24名。江苏省常州高级中学、常州市第一中学、常州市北郊高级中学3名学生入选高二学生赴新加坡学习项目，常州市第二十四中学2名学生入选初三学生赴新加坡学习项目。江苏省常州高级中学1名学生被评为第五届江苏青年友好使者。（杨　振）

【考试招生】 2015年，全市有19051人报名参加高考，比上年减少1469人，实考16786人，本科录取率88.11%，有8所高中本科达线率超90%。部队在常州市录取空军飞行学员4人。17898人参加普通高中学业水平必修科目测试，16208人参加信息技术考试。

全市有15689人参加成人高考，比上年增加41人，被各级各类专、本科学校录取14275人，录取率90.99%，提高0.25%。

全市有248902人参加自学考试。其中，39732人参加学历考试，获本科学历3954人、专科学历244人；97193人参加大学四、六级英语考试；111977人参加其他各类非学历证书考试。自学考试人数减少1296人。

全市有33962人参加初中毕业升学考试，增加550人，录取高一级学校新生33669人，总录取率99.14%，其中录取普通高中新生16341人、职业类学校新生17328人，普职比为1∶1.06。空军面向初中应届毕业男生招收航空少年班学员，录取11人。

【招考制度改革】 2015年，常州刘国钧高职校、常州旅游商贸高职校、武进中等专业学校、江苏省城乡建设职业学院、常州技师学院（常州高级技工学校）5所高职校首次尝试自主招生，录取383人。高中录取在招生总计划不减少的前提下，全面取消择校计划，热点高中招生计划的70%继续分配到初中学校。外来务工人员随迁子女同等享受优质普通高中和优质中等职业学校的分配名额。（倪浩博　刘高平）

【首届青少年模拟政协展评活动】 7—8月，常州市教育局在全市部分普通高中试点，举办常州市首届青少年模拟政协展评活动。局属普通高中，金坛区、溧阳市、新北区各1所普通高中，武进区2所普通高中参加比赛。经视频展示、汇报展示、答辩和专家组评审，评出杰出团队、最佳提案、最佳展示、最佳创意、最佳风采和优秀指导教师等奖项。8月8日，江苏省常州高级中学、江苏省华罗庚中学学生团队代表常州赴北京参加第二届全国青少年模拟政协活动，江苏省常州高级中学获杰出调研报告奖，江苏省华罗庚中学获最佳创意奖、优秀展示奖，两校还同获最佳人气提案奖并被评为优秀团队；2名学生获最佳风采奖，5名学生被评为最佳模拟政协委员，2名老师被评为优秀指导老师。青少年模拟政协活动是一项以高中学生为主体，通过模拟人民政协提案形成全过程并结合社会实践等活动，着重培养和提高青少年学生公民意识、制度自信和社会实践能力的青少年教育实践活动。

【科技活动与竞赛】 8月，在全国第30届青少年科技创新大赛中，常州市第一中学和常州市北郊高级中学学生作品分别获创意类项目一等奖和二等奖，常州市田家炳高级中学学生作品获创新类项目二等奖。常州市第一中学学生参加第15届能力风暴杯中国教育机器人大赛，获机器人灭火高中组一等奖；常州市第二十四中学学生代表队参加第36届世界头脑奥林匹克决赛，获团体二等奖；新北区薛家中心小学、常州市丽华新村第二小学、新北区百丈中心小学、常州市东方小学学生参加小贝尔杯第8届全国青少年国际数棋技能展示活动，均获团体一等奖。全年青少年科技竞赛资助奖励专项金额20万元。

【首届全国中小学生创客邀请赛暨常州市中小学生创客大赛】 1月，由常州市教育局、科协主办的首届全国中小学生创客邀请赛暨常州市中小学生创客大赛在常州市虹景小学举行，设置Scratch应用创作、Autosen大师赛以及TED项目展示演讲三大项目的比赛，上海、浙江以及江苏南京、无锡、常州等地的180多支队伍400多名选手参加比赛。创客教育旨在培养青少年运用先进的信息科技进行创意、设计、制作、分享，提升学生创造性地解决综合问题的能力。（姚文华）

【特色学校建设】 2015年，全市创建省、市级绿色学校7所、27所，总数分别为160所、441所；创建省级防震减灾科普示范学校1所，省、市级总数分别为18所、15所；创建省、市级青少年科学教育特色学校11所、20所，总数分别为42所、102所；新创省健康促进金牌、银牌、铜牌学校12所、15所、57所；创建省、市级节水型学校6所、34所，总数分别为26所、172所；6所学校被评为常州市第三批生态文明教育示范学校，总数17所。开展艺术特色学校创建回头看和体育项目特色学校循环评价机制，重点推进校园足球、校园篮球特色项目建设，创建省级篮球特色学校9所、国家级校园足球特色学校41所。（姚文华　耿一波　华汉林）

【阳光体育运动】 7—8月，常州市举办2015开心暑假青少年阳光体育夏令营，全市有7个板块39个体育、艺术营地同时向中小学生免费开放，吸引广大青少年学生参加锻炼、增强体魄，近8万人次受益。

校园体育吉尼斯挑战活动持续深入开展，逐渐构建起学校、社区、家庭三位一体的活动网格，形成广场体育、公园体育、家庭体育和节假日体育多种模式。举办校园体育吉尼斯亲情专版“爸爸妈妈，跟我去运动”分区赛16场、总决赛1场；推出校园体育吉尼斯家庭专版“运动在我家”预赛8场、总决赛1场。

10月，常州市教育局、体育局承办江苏省第五届学生阳光体育节，常州市教育局获优秀组织奖，常州代表队获大课间活动展示评比、体育项目竞赛两项第一，并获团体总分第一名（一等奖）。年内，在全市中小学中评选出常州市十佳校园体育之星和20名常州市优秀校园体育之星，20名同学获评常州市阳光校园体育之星。

（华汉林　刘高平）

【教育服务】 2015年，常州公开课开设“职业”系列课程12讲，直接受益人数近2万人次。市教育局举办以亲子、职业、创客为主题的营地教育活动，面向家庭推出烘焙工作坊、绘本工作坊2个课程；举办第四、五期“父母学堂”，参加学习家庭180个540人次；开展家庭教育进企业、社区活动，提供社区培

市教育局第四期“父母学堂”亲子体验活动 （教育局 供稿）

训71场17666人次。继续做好各类心理咨询工作，接待来电来访2289人次、面询2122人次；新成立心理成长工作室5个。举办优秀教师免费导学活动2期，开展导学20次，近800余名教师参加，1万多人次学生直接受益。“常老师在线”网络论坛发帖271个，编辑《智慧锦囊》23篇，获化龙巷网站“五星级版主”称号。全年组织2场大型教育现场咨询活动，接待市民咨询2.3万余人次。 （李 兵）

【学生资助】 2015年，全市着力完善覆盖高等教育、中等职业教育、普通高中、义务教育和学前教育的学生资助体系。分别投入9338.95万元、6014.39万元、1093.29万元用于免除义务教育阶段学生学杂费、向义务教育阶段学生免费提供教科书和作业本；向10202人次义务教育阶段困难家庭学生发放补助资金697.58万元，向3792人次普通高中学生发放国家助学金393.61万元，为72名普通高中残疾学生免除学费6.13万元，向2170人次职业学校中职阶段涉农专业和困难家庭学生发放国家助学金217.38万元，为近2.5万名职业学校中职阶段学生免除学费5078.85万元。吸纳筹措社会爱心人士、企业各类助学金1000余万元，资助学生7000余人次。对全市学前教育阶段困难家庭学生免除保育教育费3300元。 （恽 霞）

学前教育

【概 述】 2015年末，全市有幼儿园296所，其中公办220所、民办76所，在园幼儿12.53万人。11所幼儿园被确认为江苏省优质幼儿园，省优质幼儿园累计182所，占幼儿园总数的61.49%，就读人数占全市入园幼儿总数的76.75%。年内，市教育局确认常州市优质幼儿园57所、市级合格幼儿园4所，3所幼儿园成功创建课程游戏化项目。制定出台第二个《常州市学前教育五年行动计划（2016—2020年）》，举办提升园长领导力专题报告、主题沙龙、课堂评优活动，组织开展大数据背景下第三方学前教育质量评估。对20所幼儿园1500名幼儿抽样进行PCDP（Psylife Children Development Profile，思来氏幼儿发展测试）幼儿发展评估和学前教育质量调研，形成《2015年常州市PCDP幼儿发展评估报告》和《2015年常州市学前教育评估调研报告》。6月，常州市开展常州市幼儿园班级环境创设（微视频）评比，18个单位参加，评选出一等奖微视频8个、二等奖10个。10月，常州市幼儿园参加江苏省学前教育青年教师教学基本功大赛，获一等奖3个、二等奖2个。 （吴琴芳）

义务教育

【概 述】 2015年末，全市有普通小学201所、在校学生27.37万人，年内毕业学生3.71万人，招收新生4.76万人；全市有初中学校126所、在校学生11.09万人，年内毕业学生3.42万人，招收新生3.81万人。全市小学适龄儿童入学率和年巩固率分别为100%、99.93%，小学毕业生升学率102.71%，初中生年巩固率和毕业生升学率分别为99.69%、99.95%。在义务教育阶段

常州市第二实验小学课堂 （常州日报 供稿）

优质小学复评中，优秀、良好、合格学校分别为6所、15所、4所；初中复评中，优秀、良好、合格学校分别为3所、11所、3所。累计有常州市优质小学（不含九年一贯制小学部）167所，占小学总数的83.08%，小学生在优质学校的就读率87.87%；累计有常州市优质初中105所，占初中总数的83.33%，中学生在优质学校就读率87.52%。义务教育阶段优质学校比例超过85%，就读学生比例超过90%。

5月，青少年活动中心开设小学、初中和高中19个专业的动手操作课程，设立设计工作室26个。年内，开展第三轮学校主动发展总结性评估暨第四轮主动发展规划论证工作，6所高中、14所初中、1所特殊学校完成第三轮主动发展总结性评估暨第四轮规划论证工作，7所初中完成新一轮规划论证工作；开展基础教育前瞻性教学改革实验项目申报，评选出常州市级前瞻性教学改革实验项目10个，其中4项成为江苏省首批基础教育前瞻性教学改革实验项目；举办首届基础教育国家级教学成果奖推广会暨全国"新基础教育"研究成果推介会。

（陆余平　潘　莉）

高中教育

【概　述】 2015年末，全市有普通高中34所，其中公办高中29所、民办高中5所，在校学生5.16万人，年内招收新生1.68万人。全市有省四星级高中22所、三星级高中9所，公办高中全部建成省三星级及以上高中。全市高中阶段教育毛入学率100%。

【学科竞赛】 2015年，常州市在江苏省第十三届"中学生与社会"作文大赛中，获省初中组一等奖14人次、二等奖21人次。在领航杯2015年江苏省第十四届中学生英语口语电视比赛中获特等奖1人次、一等奖1人次、二等奖4人次。在2015年金钥匙科技竞赛初三学生CESL活动中，获省特等奖19人次、一等奖60人次、二等奖78人次。在第二十一届全国青少年信息学奥林匹克联赛（NOIP2015）江苏赛区比赛中，获省初中组特等奖39人次、一等奖34人次，高中组特等奖31人次、一等奖42人次，常州外国语学校、江苏省常州高级中学分获省初中、高中团体第一名，常州市为省团体第二名，9人进入江苏省队，2人进入国家集训队；在2015年全国高中数学联赛上获国家级一等奖6人次、省一等奖73人次、二等奖60人次、三等奖77人次；在第三十二届全国中学生物理竞赛中获国家级一等奖10人次、省一等奖80人次、二等奖83人次、三等奖53人次，其中江苏省常州高级中学获一等奖42名（含国家一等奖8名），总成绩位列全省第二，1人进入前8名并参加全国比赛；在全国高中化学奥林匹克竞赛江苏赛区中获一等奖77人次、二等奖286人次、三等奖154人次，一等奖数列全省第四，其中江苏省常州高级中学获一等奖42人，列全省第一；在2015年高中生物奥林匹克竞赛中获一等奖74人、二等奖76人、三等奖90人。

【省常中创意坊揭牌】 12月28日，中国FabLab校际联盟"省常中创意坊"揭牌仪式在江苏省常州高级中学太雷厅举行。FabLab是一个拥有几乎可以制造任何产品和工具的小型工厂，是美国麻省理工学院比特与原子研究中心发起的旨在培养学生创新意识以及创新能力的一种新颖实验室。鉴于中国创新技术比较薄弱，FabLab可以为全国青少年提供一个体验科技创新的平台，为培养动手能力提供有效路径。江苏省常州高级中学是全国第三家、江苏省第一家正式加入中国FabLab校际联盟的学校。（戚宝华）

特殊教育

【概　述】 2015年，全市有特殊教育机构6个，其中公办5个；有听障残疾学生106人、智障残疾学生436人；教职工201人，其中专任教师175人。全市盲聋哑及智障儿童少年义务教育入学率99.8%，其中市区100%，全部实行免费教育。7月，常州市聋哑学校举行省级立项课题《聋校语文课程的校本化实践研究》结题论证会。10月，金坛区启智学校承办的常州市第八届特殊教育学校运动会召开。11月，常州市光华学校举办江苏省第四届纸张教育发展研讨活动。

【送教上门服务项目】 2015年，常州市光华学校为中度残障儿童开展"送教上门服务项目"活动，教师定期送教给智障孩子家长，让这些极重度的智障孩子享受到教育的权利。学校7位优秀青年教师分别与7位极重度智障孩子结成送教对象，每周上门送教一次，每次两课时。学校加强送教过程管理，做到四个"一"：一份个别化教育方案，一份送教训练纪录，一张辅导照片，一段三分钟教学录像，使接受送教上门服务的学生在语言、感知、运动、心理等方面的障碍得到补偿。

（陆余平）

民族教育

【概　述】 2015年末，全市有初中、高中和中等职业技术3种学制的西藏校（班），在校西藏学生813人，其中常州西藏民族中学、江苏省奔牛高级中学、常州旅游商贸高职校、常州幼儿师范学校分别有在校西藏学生322人、292人、55人、30人。12月，常州西藏民族中学举行建校三十周年"和美教育"系列展示活动。（陆余平）

职业技术教育

【概　述】 2015年，全市有高等职业技术学院7所（其中民办1所）、初中后五年制高等职业技术学校5所、中等专业学校6所、技工学校（技师学院）9所（其中武进、金坛、溧阳技工学校与武进、金坛、溧阳中等专业学校合署办学）。有初中后职业教育在校生7.4万人，招收新生2.29万人，毕业学生1.85万人。其中，江苏联合职业技术学院、江苏教育学院、江苏城市职业学院的五年制高职教育有在校生29481人，招收新生6483人，毕业学生6270人；技工学校技师班有在校生949人，招收新生451人，毕业学生251人；技工学校高技班有在校生7817人，招收新生3894人，毕业学生3840人；技工学校中技班有在校生18349人，招收新生6666人，毕业学生2188人；普通中专有在校生17452人，招收新生5441人，毕业学生5960人。

2月，经江苏省人民政府批复同意，江苏城乡建设职业学院建院，4月，顺利通过教育部备案，正式跨入专科（高职）层次普通高等学校序列。4月，常州旅游商贸高职校、江苏省武进中等专业学校通过国家中等职业教育改革发展示范学校省级验收；金坛、溧阳中等专业学校和常州卫生高职校首批江苏省高水平现代化职业学校建设通过省级验收。6月，常州刘国钧高职校国际贸易实务、常州旅游商贸高职校商务英语、常州幼儿师范学校学前教育3个专业被省教育厅评定为江苏省五年制高等职业教育品牌专业，常州艺术高职校艺术设计专业被省教育厅评定为江苏省五年制高等职业教育特色专业，江苏省武进中等专业学校汽车运用与维修和江苏省溧阳中等专业学校机电技术应用、会计3个专业被省教育厅评定为江苏省中等职业教育品牌专业；常州铁道高职校城市轨道交通车辆运用与检修专业被省教育厅评定为江苏省中等职业教育特色专业。12月，常州刘国钧高职校的机电技术、江苏省溧阳中等专业学校的电子与信息技术通过江苏省职业教育高水平示范性实训基地省级验收。全市江苏省品牌和特色专业增至45个。

【现代职教体系建设】 2015年，常州市继续深化中高职衔接项目试点改革，进一步优化调整“3+4”（中职+本科）试点项目，8个专业招生347人。在全省率先出台《关于进一步加强中职与本科衔接试点班中职教学及管理工作的意见》，形成“教育部门统筹协调、牵头高校主导引领、中职学校主动作为”的试点运行体制。2012级“3+4”（中职+本科）试点班级62位学生顺利转入本科段学习。年内，常州市1148名职业学校考生报名参加对口单招考试，592人被本科录取，本科录取率52%，连续16年名列全省第一。

【职业技能竞赛】 2015年，常州市职业学校469名师生在全省职业学校技能大赛中获一等奖51个、二等奖120个、三等奖131个，总分位居全省第三。在全国职业院校技能大赛中，全市中等职业学校25名学生选手参加14个项目的比赛，获一等奖8个、二等奖3个、三等奖3个。常州市教育局被省教育厅等单位表彰为2015年全国职业院校技能大赛江苏分赛区优秀组织奖和2015年江苏省职业院校技能大赛先进单位。

【创新创业教育】 2015年，常州市开展第六届全市高等教育和职业教育创新大赛，全市19所大中专院校（含技工学校）的82件作品参加现场展评，评出一等奖10个、二等奖19个、三等奖26个，奖励扶持资金2万元；常州刘国钧高职校承办江苏省首届创业能力大赛，全省283名选手参加，常州市获一等奖2个、二等奖3个、三等奖3个，常州市教育局获团体优胜奖。开展常州市首届职业学校创业能力大赛，9所职业学校51个项目参赛，评选出一、二、三等奖各9个。遴选18个优秀创新创业项目作为常州市职业学校学生创新创业实践立项项目，这些项目除获1.8万元扶持资金外，还获市教育局、学校在政策、技术、场地等方面的跟踪式扶持。2014年度常州市职业学校学生创新创业实践立项项目结题，20个创新创业立项项目接受验收，其中17个项目顺利通过。

【职业学校提前自主招生】 2015年，常州市首次实施职业学校提前自主招生，常州刘国钧高职校、常州旅游商贸高职校、江苏省武进中等专业学校、江苏城乡建设职业学院、江苏省常州技师学院的11个热门专业纳入试点范围。通过初中校长实名推荐、初中学校推荐、学生个人自荐和试点学校严格考核，并经过首次引入的职业倾向测试，383人获录取提前进入职业学校学习。 （林 春）

【常州艺术高等职业学校概述】 2015年末，常州艺术高职校有在校生1365人，年内实际招生317人，录取人数、录取分数均列全省艺术类学校第一。2015年最终就业率98.58%，其中对口就业率超80%，在全省近200所职业学校中名列前茅。学校有教职工147人，其中硕士研究生55人，占专任教师的60%；副高以上职称教师22人，占专任教师的25%。10月，江苏联合职业技术学院艺术专业协作委员会成立大会在学校召开，常州艺术高职校被推举为理事长单位，校长高慰被推举为理事长。

专业设置。学校设有艺术设计系、艺术表演系和公共基础部。艺术设计系包括影视动画、艺术设计2个五年

市技能大赛——中餐烹饪项目 （教育局 供稿）

制高职专业，其中艺术设计专业含广告媒体策划、服装设计与营销、环境设计、民间工艺4个方向。艺术表演系包括表演艺术、主持与播音2个专业，其中表演艺术专业含声乐、器乐（江南丝竹）、舞蹈3个方向。6月，艺术设计专业成功申报江苏省品牌示范专业；江南丝竹工作室挂牌成立，聘请国家级江南丝竹传承人陆春玲为师，成为国家级民族文化传承与创新示范专业点。

教学科研。全年开展课题研究9个，其中在研国家级课题1个，省级课题获批准立项1个。教师在国家、省专业期刊上发表论文12篇；2位教师获国家级论文奖，其中1人获一等奖、1人获三等奖2个。

校企合作。学校除继续与中华恐龙园、东方盐湖城、江南大学、南京艺术学院等一批企业和学校联合办学外，积极拓展渠道，汇集资源，通过“学校+企业”“学校+社区”“学校+学校”的模式，全面打造全链式、平台型、国际化合作办学新模式。先后与荷兰圣卢卡斯设计学院、新加坡南洋艺术学院、俄罗斯斯塔夫罗波尔地区艺术学校、新加坡莱佛士音乐学院、韩国庆熙大学音乐学院等签订合作办学协议。9月，又与钟楼区南大街街道办事处、江苏书式文化发展有限公司签署战略合作协议，共同打造文化南大街，促进百年南大街文化、商业、旅游融合发展。12月，学校与北京保利剧院管理有限公司华东分公司签订《建立战略合作关系的框架性协议》，首个合作项目《我爱童话》儿童多媒体音乐游戏剧由学校表演系29位学生表演，计划于2016年7月在全国各地巡演。

技能大赛。2015年，学校在江苏省职业院校技能大赛中获金牌5枚、银牌13枚、铜牌11枚。在第五届江苏省艺术职业学校专业教师技能比赛中获金牌3枚、银牌7枚、铜牌4枚。1名学生获2015年全国职业院校技能大赛拉弦中职组铜奖。（张经亮）

【常州铁道高等职业技术学校概述】 2015年，常州铁道高职校有全日制在校生3000余人，年内录取新生963人，毕业学生800人，一次性毕业率98.22%。有教职工175人，其中教师151人，具有高级以上职业资格证书的“双师型”（同时具备教师资格和职业资格）教师占专业教师的75%。实施校园二期改造，完成固定资产投入2000余万元，校容校貌、办学条件得到显著改善。启动焊接技术及自动化和城市轨道交通车辆实训基地两个省高水平示范性实训基地、信息化二期工程及9号老宿舍楼重建等项目建设。参与中车大学、中车职教集团的组建，拓展学校发展空间。

学校设机电工程系、轨道交通系和成人教育部，开设城市轨道交通运营管理、城市轨道交通车辆、机电一体化技术、机械制造与自动化、数控设备应用与维护、焊接技术及自动化、电子商务等10余个高、中职专业。其中，城市轨道交通车辆应用与检修、焊接技术及自动化为江苏省五年制高职特色专业，数控设备应用与维护为江苏省五年制高职品牌专业。学校1项成果获中国职教学会第三届教育科研成果三等奖。

学校开展中车国际化人才、班组长、管理和技能等项目培训1016人次；承接上海铁路局华铁旅服公司客运服务培训1138人次；面向地方企业和社会培训办班88期，培训4829人次。学生在全国职业院校技能大赛中获金奖；在省职业学校技能大赛焊接技术项目比赛中获金牌1枚、银牌1枚、铜牌2枚，在城市轨道交通车辆项目比赛中获银牌1枚、铜牌1枚。（杜　芬）

【江苏城乡建设职业学院概述】 2月6日，省政府批复同意在江苏省常州建设高职校和常州市职工大学基础上正式建立江苏城乡建设职业学院，同时，撤销原江苏省常州建设高职校和常州市职工大学两校建制。新建立的江苏城乡建设职业学院为专科层次的普通高等学校，专业设置紧扣城乡建设行业发展，同时招收高中起点3年制高职和初中起点5年制高职；行政隶属仍为省住房和城乡建设厅，教学业务接受省教育厅管理。学院位于常州殷村职教园，占地810亩，一期建设项目由20栋单体组成，建筑面积28万平方米。至2015年末，全校有在册学生6032人。年内，录取五年制高职学生910人、首批三年制高中后大学生189人；毕业学生1493人，就业率94.7%，协议率51%，专业对口率93.3%。学校有教职工396人，其中专任教师345人。

专业建设。新增环境艺术设计、物业管理、物联网应用技术、建筑设备工程技术、给排水工程技术、道路桥梁工程技术6个三年制高职专业。“智慧城建”在线学习测试平台开通。学校成为江苏省高等学校英语应用能力B级考试考点。

教学科研。年内获省级课题立项2项，省级课题顺利结题2项。获江苏省住房和城乡建设厅住宅与房地产业促进中心委托项目经费资助9万元，获横向课题经费12.1万元。申报专利1项。发表论文135篇，其中在中文核心期刊发表14篇、国际会议交流3篇，2篇论文被EI收录。1人入选江苏省第四期“333”高层次人才培养工程。

实训基地。进一步加大实训基地建设的投入，完成设备采购135万元（上一年度列入计划未完成项目转入本年度）、实验材料和低值易耗品采购94万元。完成省人事和社会保障厅技能鉴定中心手工木工、江苏省住房和城乡建设厅组织的全国建设领域专业人员2个题库建设工作。争取到省财政600万元实训基地建设项目资金。建筑工程展示中心全面启动设计与施工。下属江苏城建校建筑规划设计院、常州诚建规划设计院有限公司、常州市城建校工程咨询有限公司3个科技服务实体完成产值2700余万元。全年组织大型（省级）考试8次，2.6万余人参加；举办各级各类培训班135期，参加培训23250人次。

校企合作。与9家单位签订全面战略合作、校企合作协议，其中新增单位6家，有订单培养专业1个（建筑装饰工程技术）。举办省特级建筑企业、省大型物业管理企业校企合作交流会，全面推动校企合作的开展，并持续启动全面回访工作，寻求深度合作。有校外实习实训基地129家。常州绿能环保木屋有限公司捐建价值120万元的木结构别墅全部完工。11月，与深圳建筑科学研究院共建的常州市城建艾科绿色技术有限公司正式运营。

竞赛成绩。学院获国家级A类技能大赛金牌1枚、银牌2枚、铜牌1枚，获国家级B类技能大赛金牌2枚、银牌6枚、铜牌4枚，获省级A类技能大赛金牌6枚、银牌10枚、铜牌8枚。

国际交流。积极开拓与英国索伦特大学、美国艾德荷州立大学、加拿大菲沙河谷大学的交流与合作，拓展相关培训项目和课程。学院首批赴英留学生汤嘉芸通过中外办学专升本项目完成学业，获英国南安普顿索伦特大学荣誉学士学位，并被英国名校萨塞克斯大学研究生院管理学专业录取，正式入读该校攻读硕士学位。

（尚阳阳）

【常州卫生高等职业技术学校概述】 2015年末，常州卫生高职校有全日制在校生3924人，其中五年制高职生3516人。年内，录取新生808人，其中高职生718人；毕业学生806人，其中高职毕业生701人，毕业生就业率98%。年内有537人参加执业护士资格考试。其中，高职学生433人，通过率99.8%；中职学生104人，通过率99.0%。学校有专任教师144名，其中68名教师具有研究生学历（学位），占专任教师的47.2%；拥有中高级职称教师比例79.2%；“双师型”教师比例达专任专业教师总数的82.2%。学校被认定为首批江苏省高水平现代化职业学校。

实训基地建设。护理实训中心所有实训室实现可录制、可直播；改造眼视光实训中心，调整优化布局；改造药学实训中心，中药传统技能实训室、模拟药房、虚拟仿真实验实训中心全面投入运营。学校成为常州市红十字应急救护培训基地，并与瑞典医疗保健和老人照顾技能培训中心首次开展交换生项目。

教学科研。教师发表论文110篇。10项课题获省级立项，其中重点课题1项；3项省卫生职教课题顺利结题，1项课题获优秀课题。2项成果分别获2015年江苏联合职业技术学院教学成果二等奖、三等奖。“博爱青春·与常州蓝天救援队同行”被评为江苏省红十字会博爱青春暑期志愿活动立项项目。

社会培训服务。完成各类培训4687人次，其中医疗卫生培训项目参加省统考合格率100%。发挥国家职业技能鉴定所功能，全年完成7个工种的初级、中级、高级、技师、高级技师鉴定1374人次。新开发社区课程7门，开设讲座68次，听众2454余人次。夜大学员毕业415人，注册夜大新生249人；远程教育在籍学员436人，注册新生109人。

竞赛获奖。学校在江苏省职业学校技能大赛中获金牌8枚、银牌9枚、铜牌27枚，在江苏省高职类院校工业分析检验项目比赛中获金牌1枚。

（陈　玲）

【江苏省常州体育运动学校概述】 2015年，江苏省常州体育运动学校招生74人，中专毕业学生115人；学生参加高考，本科文化课达线率94%，最终录取率80%；注册运动员301人，骨龄拍摄253人（免拍人员不计在内）。年内，组建江苏省第十九届运动会参赛队伍，已有运动员377人，其中大年龄组基本组建完成，小年龄组完成70%。

年内，组织253名运动员参加举重、摔跤、自行车、柔道、拳击、田径、赛艇、篮球、棒垒球9个项目的比赛，获金牌35枚、银牌33枚、铜牌32枚。学校在国际性比赛中获第一名2人次、第三名2人次、第四名1人次；在全国性各类比赛中获第一名17人次、第二名12人次、第三名5人次。（李　蕴）

【中国建设银行常州培训中心概述】 2015年，中国建设银行常州培训中心（简称“建培中心”）举办现场培训班512期21.27万人天，提供上门培训7039人天；远程培训覆盖建设银行多家一级分行,培训规模7.05万人次；组织全行开展考试考务项目99个13.61万人次，开展人才测评项目33个4032人次。

项目研发。及时更新改进项目课程内容，新开发现场培训课程38门，更新维护老课程30门，项目课程体系更加完善。进一步深化精品项目建设，重点对领导力项目、基层机构负责人项目、模拟银行项目、员工心理援助项目、行动学习项目进行深化开发。创新培训形式，引入体验式训练形式，优化创新“世界咖啡”、开放空间技术（OST）、结构化研讨模式及“新闻发布会”及“记者招待会”等培训形式；继续实施好培训教学标准化模式，有效提升培训质量，培训师教学平均满意度98.45%。

远程培训。配合建设银行总行完成全行网络学习系统运行维护和新一代项目开发支持工作，完成网络课程学习675万人次，完成中国建设银行总、分行现场班信息维护3.7万期，注册学员167万人次。精准把握网络培训要义，启动移动学习探索项目和新一代模拟训练系统项目。完成建设银行总行定制课件492个、建智堂微课47个，完成建设银行各分行标准课件24个。

考试测评。利用试题库系统，全面提升命题效率，顺利完成总行信贷项目考试题库建设工作。根据不同测评需求精心设计，完成建行分行校园招聘、培训发展、岗位匹配、员工盘点等测评工作。推进考试测评技术创新，自主研发和外部引进相结合，完成五大人格测验工具开发、情景判断测评定制化开发、MAP胜任力词典电子化文本建设、试题库和案例素材库建设、常培测评系统和远程考试系统优化等工作。（田　艳）

【技工教育】 2015年，全市有技工院校8所，在校生27842人，其中高技班及以上学生8766人。有教职工2082人，其中专职教师1915人。毕业学生9069人，其中中技班4781人、高技班及以上4288人，就业率98%。录取新生11004人，其中高技班及以上4340人，占招生总数的39%。

年内，常州市有524名高技能人才享受省政府补助资金128.856万元，其中技师444人、高级技师80人；有9473名高技能人才享受市政府补助资金456.78万元，全市参加各类职业技能考核鉴定108477人次，鉴定取证96811人次，其中高级技师141人次、技师1468人次、高级工36908人次、中级工44852人次、初级工13442人次。

江苏省常州技师学院的楼宇自动控制设备安装与维护专业被评为江苏省技工院校示范专业，江苏省常州技师学院的药物制剂、汽车电器维修2个专业被评为江苏省技工院校重点专业，江苏省常州技师学院的单片机控制技术、数控加工（数控铣）和武进技师学院的机械制图与CAD、常州交通技师学院的汽车电气一体化4门课程被评为江苏省技工院校精品课程。2名教师被评为江苏省技工院校教学名师，12名教师被评为江苏省技工院校专业带头人。常州市技工院校创建市级示范专业2个、市级重点专业5个、市级精品课程10个，有市级教学名师6名、市级教学带头人15名。江苏省常州技师学院与德国埃尔福特培训中心签署电气自动化专业合作办学协议。

常州市技工院校10个中心教研组上报省人社厅教师优秀教研成果252个，其中158个获奖；教学研究课题被省人社厅评为优秀1个、良好2个。江苏省常州技师学院被共青团江苏省委授予“2014年度江苏省十佳中职学校共青团组织”荣誉称号，在第十四届全国技工院校实验实训设备科研成果评审会中获二等奖1项、三等奖2项、优秀奖3项，教师莫玉华获2015年中国技能大赛松大杯智能楼宇职业技能竞赛全国总决赛职工组一等奖并获“全国技术能手”称号；11月，机械工程系完成首批10名焊接技师国际焊工培训，学员取得德国国际焊接研究院认证的国际焊工证书。武进技师学院在江苏省人社厅的教学管理规范评估中获评优秀院校。

【企业新型学徒制试点启动】 9月28日，常州交通技师学院与常州市公交集团公司联合举办的汽车维修与公交驾驶新型学徒制试点班在常州市公交集团公司开班，这是全省首次在公交驾驶这一领域探索以新型学徒制人才培养模式培养高素质公交驾驶员。试点班采取“招工即招生、入企即入校、企校双师联合培养”的模式，招收的32名学员必须符合公交公司列出的相关条件，学习过程根据企业提出的岗位人才需求和培养目标量身定制，基本学制2年，学员毕业时获得汽车维修中级工职业资格证书、汽车驾驶初级工职业资格证书和中技毕业证书，直接进公交集团公司上岗实习。（陈　俊）

高等教育

【概　述】 2015年末，常州市有常州大学、江苏理工学院、常州工学院和河海大学常州校区（非独立建制）4所全日制普通本科院校，常州信息职业技术学院、常州纺织服装职业技术学院、常州工程职业技术学院、常州轻工职业技术学院、常州机电职业技术学院、江苏城乡建设职业学院和建东职业技术学院7所专科院校，常州市开放大学、常州市职工大学（常州市建筑职工大学）2所成人高校。在常州的高校有本科专业（方向）60多个、专科专业（方向）50多个，涉及工学、理学、管理学、经济学、文学、法学、艺术学、医学、农学以及教育学10大学科门类。

年内，全市在籍统招全日制研究生和普通本科、专科大学生12.44万人，其中博士研究生17人、硕士研究生2215人、本科生5.27万人、专科生6.95万人，专科生中五年制高职后两年学生1.18万人，在籍成人学历教育学生4.33万人。招收新生3.91万人，向社会输送本科、专科毕业生3.88万人。全市大学毕业生平均当年就业率95%，高于全省平均水平。年末，全市高校有教职工8506人。其中，专任教师6027人，专任教师中正高级职称教师515人、副高级职称教师1911人、中级职称教师2988人，分别占全市专任教师总数的8.54%、31.71%和49.58%；有博士971人、硕士3181人。

成人高等学历教育主要有函授教育、现代远程教育、开放教育、自学考试等形式。有高等学校成人教育校外教学点79个，其中函授站（点）48个、远程教育学习中心（点）29个、中央电大奥鹏远程教育学习中心1个、弘成数字化学习中心远程教育学习中心1个。48个函授站点为26所高校所设，在籍人数20993人；25所高校在常州设立远程教育学习中心29个，在籍人数7539人，其中本科5818人、专科1721人；中央电大奥鹏远程教育学习中心在籍人数71人；弘成数字化学习中心远程教育学习中心在籍人数957人。各校外教学点开设专业涉及管理、经贸、建筑、教育、卫生、司法、外语、计算机、机械、农业、纺织11大类近40个专业。

全市高校有省优势学科2个、部级重点学科2个、一级学科省重点（培育）学科8个，省级重点实验室7个，一级学科博士学位授权点1个、二级学科博士学位授权点2个、一级学科硕士学位授权点10个、工程硕士专业学位和艺术领域硕士专业学位授权点16个。有国家级卓越工程师教育培养计划试点专业5个、国家级重点专业15个、国家级特色专业9个，省级重点、品牌（特色）专业178个，国家级精品课程23门、省级精品课程100余门。有135个省“十二五”高等学校重点专业，其中，本科18个专业类别涵盖48个专业，高职19个专业群涵盖87个专业。

10—12月，市教育局先后举办常州市大学生创新创业训练计划项目认定、常州市大学生外语演讲比赛、常州市大学生创业设计与企业经营管理沙盘大赛。（王瑞琛）

【常州大学概述】 2015年，常州大学有全日制在校生2万余人，其中研究生1600多人、成人教育学生8000多人；设二级学院14个以及继续教育学院、怀德学院。学校有教职工1500多人，其中专任教师近1000人。专任教师中有高级专业技术职务教师546人，其中教授185人；硕士及以上学位比例91.6%，其中博士学位47.3%。

学科建设。学校有一级学科博士学位授权点1个、一级学科硕士学位授权点10个、工程领域硕士专业学位授予点7个和艺术领域硕士专业学位授予点1个。开设本科专业67个，涵盖工学、理学、管理学、经济学、文学、法学、艺术学、医学、农学以及教育学10大学科门类。新增金融工程、音乐学2个本科专业和法学、电子科学与工程、工商管理3个硕士点一级学科，高分子材料与工程、化学工程与工艺、过程装备与控制工程、安全工程、会计学5个专业入选江苏高校品牌专业建设工程一期项目，重点建设化学工程与工艺等3个申报博士点的学位点，环境科学与工程等3个博士点申报支撑学科。材料科学与工程实验教学中心获批为国家级实验教学示范中心，中软国际实践教育中心、现代制造工程综合训练中心被遴选为省级实验教学与实践教育中心。

科研工作。全年获国家自然科学基金40项，其中重点项目1项；获国家社科基金8项，其中重点项目1项。被"三大检索"收录论文592篇。获省部级科技进步奖7项、市级科技进步奖2项。获发明专利授权374件，申请发明专利1234件，申请PCT（Patent Cooperation Treaty的英文缩写，指《专利合作条约》）1件，通过省部级鉴定项目5项。获批新建江苏高校重点实验室2项。2015年经费到款超1.6亿元。教授苏旭平课题组获2014年度APDIC（国际合金相图委员会）工业奖；教授陈群主持完成的20万吨/年双酚A–环氧树脂绿色制造关键技术与应用项目、教授张跃主持完成的新型微通道硝化反应器系统设计及其规模化应用项目、教授钟璟主持完成的聚氨酯合成革行业DMF废水浓缩用渗透汽化膜的制备和中水回用工艺开发项目，分获2015年度中国石油和化学工业联合会科学技术奖科技进步一等奖、技术发明二等奖和科技进步三等奖，教师徐英作品《观音土》获中国陶瓷艺术大展暨第十届陶瓷艺术创新评比金奖；研究员芮国强撰写的《江苏省"两新"组织思想政治工作实践探索、问题及改进策略研究》获中国思想政治工作研究会研究成果一等奖。

产学研合作。常州大学西太湖科技园、海安产业研究院成立并运行。常州大学技术转移中心入选科技部国家级技术转移示范机构，成为学校首个国家级平台。12月18日，西太湖校区、测试实验楼正式开工建设；怀德学院在靖江的二期建设项目基本完成；5月8日，园林专业智能温室验收完毕并交付使用。

国际合作办学。年内，30个国家的200余名留学生到常州大学接受各类长短期交流项目及学历教育。开办宋卡王子大学汉语班，在泰国清迈设立常州大学泰国研究中心海外分中心，举办泰国文化日、中泰学术论坛、中俄青年论坛、国际文化节等系列活动。8月，与美国新泽西城市大学合作举办的应用化学本科项目获教育部批准。10月，首个全英语授课本科专业国际贸易正式开班。12月，正式获国家汉语国际推广领导小组办公室批准筹建孔子学院，并受省教育厅委托承办西班牙8所学校的孔子课堂。

参赛获奖情况。全年学生参加创新创业竞赛获省级以上奖励198项，其中国家级奖励72项。在第十四届挑战杯全国大学生课外学术科技作品竞赛中获一等奖、二等奖、三等奖各2项，在全国大学生数学建模竞赛中获一等奖1项、二等奖5项，获全国大学生化工设计竞赛特等奖、全国3D动力大赛一等奖各1项。

【常州大学周有光语言文化学院揭牌成立】 1月6日，常州大学周有光语言文化学院揭牌成立。周有光先生任终身名誉院长。

常州大学周有光语言文化学院，是以原外国语学院各学科为基础，整合中文类相关专业成立的实体性、综合性的语言类教学科研单位，设有英语、日语、西班牙语、汉语言文学4个本科专业，以及外语培训中心、语言学习训练中心和11个相关研究团队。

【常州大学科技园开园】 7月18日，常州大学科技园在武进经济开发区兰香路8号开园。园区规划面积4万平方米，一期使用2万平方米。科技园由常州大学和常州西太湖科技产业园管委会共同合作建设，设有公共服务平台、产学研服务中心、科技金融服务中心和创新创业人才服务中心，其中公共服务平台主要为园区企业提供知识产权、法律事务咨询和项目申报等服务。科技园通过常州大学科技园、大学生创新创业基地、常州大学科技园企业孵化器开展科技企业和科技项目孵化服务，为大学生、教师、社会各界创业者搭建创业实践和企业成长的平台。入驻企业可享受场地租金减免、科技、金融、财务、创投等方面的服务，已有10家企业入驻。（秦 能）

【河海大学常州校区概述】 2015年末，河海大学常州校区有各类学生近万名，其中博士生10名、硕士生788名、本科生5539余名、外国留学生18名。有教职工600余名，其中专任教师311名，专任教师中有高级职称者166名。年内，招收博士生4名、硕士生210名；录取本科新生1399人，其中国防生15人。本科学生毕业1383人，硕士研究生毕业153人，本科生就业率97.11%，硕士研究生就业率98.69%。

学科专业建设。设机电工程学院、物联网工程学院、企业管理学院3个学院和1个基础学部（分设人文社科部、外语教学部、数理教学部、体育教学部4个教学部）。有水利机械、物联网技术与应用二级学科博士点2个，机械工程一级学科硕士点1个，材料加工工程、通信与信息系统、检测技术与自动化装置、水利机械、物联网技术与应用、社会经济统计学、低碳经济学二级学科硕士点7个；有机械工程、材料工程、电子与通信工程、计算机技术、项目管理、物流工程、工业工程等工程硕士授权领域7个和机械工程及自动化、物联网工程、会计学等本科专业15个。年内，物联网工程专业成功获批江苏省品牌专业建设工程一期项目，机械工程、通信工程和计算机科学与技术3个国家级"卓越工程师计划"试点专业开展工程教育专业认证。

科研工作。新增国家自然科学基金14项、国家社科基金重点项目子课题1项、教育部人文社科研究项目1项、江苏省自然科学基金3项、江苏省社科基金1项。受理发明专利311项，授权发明专利110项，授权实用新型75项，登记软件著作权65项，出版专著5部。发表高水平论文201篇，分别被SSCI、SCI、EI收录3篇、69篇、109篇，被CSSCI及人大复印报刊资料全文数据库收录19篇。新增科技合同经费2582万元，到账1801万元。获省部级以上科技奖励13项，江苏省科技成果转化项目2项，向企业转让专利8项。新增省企业研究生工作站11个，获评省优秀研究生工作站1个。新增常州市图形图像与骨科植入物数字化技术重点实验室、常州市创新创业与改革发展研究中心2个市级平台，常州市光伏系统集成与生产装备技术重点实验室通过常州市科技局验收，水下构筑物智能检测与修复工程技术研究中心申报省级工程技术研究中心。常州校区哲学社会科学联合会成立。

对外合作交流。招收留学硕士研究生12名。与美国密苏里科技大学、德国比勒菲尔德应用科学大学明登校区签订合作协议。3名教师获国家留学基金委全额资助，7名教师出国研修。接待国外高校教授20多人次到学校交流；21批次40多名教师出国（境）参加国际会议或比赛，出国交流学生137人。

参赛获奖情况。全年获省部级以上学科竞赛奖项227项，其中国家级79项。获第十七届全国机器人锦标赛冠军、2015中国机器人大赛冠军各3项，第四届中国软件杯大学生软件设计大赛一等奖1项、二等奖2项、三等奖1项，第六届中国大学生服务外包创新创业大赛一等奖、二等奖、三等奖各1项，2015年认证杯数学中国数学建模网络挑战赛特等奖1项、二等奖2项、三等奖4项。获2015年美国大学生数学建模竞赛二等奖2项、三等奖5项。

（陈海波）

【常州工学院概述】 2015年末，常州工学院有普通全日制在校学生14243人，招收全日制新生3687人、成人教育新生3208人；普通全日制学生毕业3680人，毕业生就业率98.18%。有教职员工1100人，其中专任教师757人，专任教师中有高级专业技术职务者382人、硕士及以上学位者568人。年内引进各类人才37人，其中教授3人、博士27人；1人被评为江苏省突出贡献专家。

学科建设。设有机械与车辆工程学院、电气与光电工程学院、土木建筑工程学院等二级学院（直属教学部）11个，开设机械制造及其自动化、电子信息工程等本科专业49个。新增建筑电气与智能化和酒店管理2个专业，工程管理专业获学士学位授予权。获批江苏省品牌专业3个，其中A类、B类、C类各一个。机械工程、软件工程两个省级重点建设学科通过省教育厅“十二五”重点学科考核验收。9项江苏省2015年现代职业教育体系建设试点项目（专业）、4项中高等职业教育衔接课程体系建设项目、4项教改项目获得批准，2项“十二五”重点教材和江苏省软件服务外包类专业嵌入式人才培养项目获立项，国家级、省级大学生实践创新训练计划项目分别立项15项、56项。学生获国家级学科竞赛奖27项、省级奖120项、市级奖8项。

国际合作办学。全校有中外合作办学或国际课程实验班19个，在读学生676名。年内招收日本、韩国、印度尼西亚等17个国家的留学生69名，聘请长期外籍教师7人次。与丹麦VIA大学学院合作举办的学前教育本科教育项目通过教育部中外合作办学项目评估，土木工程专业招收首批新生80名。

科研工作。江苏省数字化电化学加工重点建设实验室通过省教育厅验收，常州市微特电机研究与应用重点实验室通过市科技局验收。获批省级以上各类科研项目22项、市厅级科研项目50余项，其中获批国家自然基金项目2项、国家星火计划引导项目3项、教育部人文社科基金项目5项、江苏省科技计划项目5项、江苏省社科基金项目4项、江苏省“333”高层次人才培养工程3项。新增横向项目（协议）60项，全年纵、横向科研经费1638万元，社会服务合同到账经费3600万元。获各类市级以上科技成果奖43项，其中获中国机械工业科学技术二等奖1项，全国商业科技进步二等奖1项，中国商业联合会科学技术奖一等奖2项、二等奖1项、三等奖1项，中国产学研合作创新成果奖优秀奖1项，江苏省轻工业科学技术进步二等奖1项，江苏省社科应用精品二等奖2项。申请发明专利56件，获授权发明专利49件，有8件发明专利实现成果转化。

（张昌波　周　偶）

【江苏理工学院概述】 2015年，江苏理工学院有全日制在校学生近1.8万人，毕业学生4653人，就业率97.44%。有教职工1200余人，其中专任教师近900人，专任教师中具有高级职称者450余人，具有博士、硕士学位者近900人。全年引进各类人才80人，其中博士52人；聘请兼职教授、特聘教授各4人。首批30名专业硕士研究生顺利毕业，离校就业率和初次就业率均为100%。

学科与专业建设。设有机械工程学院、电气信息工程学院、化学与环境工程学院、汽车与交通工程学院等16个二级教学单位，设有职业教育研究院、资源循环研究院等5个科研单位和中国有色金属工业再生金属学院、港中旅酒店管理学院等多个行业学院。开设本科专业56个，新增省级品牌专业2个、本科专业2个。获批省教育教学改革项目8项、省实验/实践教学示范项目2项、省重点教材4部、省级以上大学生实践创新创业训练计划项目69项。2门国家级教师教育精品资源

常州武警支队官兵指导常州工学院新生军训（陆峰　朱雅萍　摄）

共享课、4项省教育教学改革项目顺利通过验收。获批省研究生培养创新工程项目19项、江苏高等学校优秀科技创新团队1个。

产学研合作。全年新增纵向科研项目到账经费1311.1万元，获批国家级项目16项、省部级项目34项、市厅级项目175项，其中国家自科基金项目10项、社科基金项目3项，首次获批国家自科基金联合重大研究计划项目。获教育部高校科学研究优秀成果奖三等奖1项、中国机械工业科学技术奖三等奖3项、中国电子学会科技进步类三等奖1项、省轻工业科学技术发明奖1项，市科学技术奖二等奖1项、三等奖2项。新增常州市名人研究院、生物信息与医药工程研究所、传统壁画研究所等10多个科研平台。与常州市、溧阳市、如东县等地方政府及中天钢铁集团有限公司、农夫山泉股份集团有限公司、常州新能源汽车研究院、中国人民银行常州市中心支行等企事业单位、科研院所签订全面合作协议，成立江苏理工学院国家级技术转移溧阳、如东分中心及新能源汽车学院、电梯产业研究院等一批行业学院。签订技术开发、技术转让、技术咨询、技术服务合同65份，合同总经费3700多万元，到账经费2435.3万元，取得授权国家专利211件，其中发明专利59件。首次取得省"双创计划"企业科技副总项目申报资格，获批该类项目2项、省产学研联合性创新资金项目4项、江苏省第三批产业教授3名。全国重点建设职教师资培训基地、江苏省高职教师培训中心等机构完成国家级培训项目62个、省级培训项目66个，累计培训教师5000多人次。

对外交流。继续推进与德国梅泽堡应用技术大学、茨维考应用科学大学和美国蒙茅斯大学等国外高校联合举办的中外合作办学项目，签署中外合作协议6份。新聘外教6人，选派21名学生赴境外交流学习。

参赛获奖情况。年内，学校教师获省教师微课比赛一等奖2项、二等奖3项、三等奖4项，学生获2015学创杯全国大学生创业大赛特等奖、第八届全国大学生舞龙舞狮锦标赛男子组团体第一名、省挑战杯大学生课外学术科技作品竞赛一等奖和省大学生电子设计大赛一等奖。 （史华梅）

【常州开放大学概述】 2015年末，常州开放大学有在校学生7052人，其中全日制学生1416人、开放学员5636人。年内，招收开放教育学员908人，其中本科454人、专科454人；招收全日制高职（专科）学生351人，其中五年制高职学生144人、三年制高职学生207人；全日制毕业生协议就业率99.1%。学校有教职工178人，其中专任教师126人，专任教师中有高级职称教师56人、硕士研究生68人。全年提供各类非学历职业技能培训1275人次。新增三年制中专数控技术应用、美术设计与制作2个专业，招生68人。"乐学龙城"微信公众平台、开放大学慕课平台正式启用，常州终身教育在线、党建在线网站改版升级完成。引进超星电子阅读机，向师生推广自助电子阅读机。

社区教育。年内，开放大学成立社区教育兼职教师师资库近400人；整合社区教育分校与开放大学二级学院的资源，成立常州开放大学社区教育特色项目工作室13个；完成社区教育专职管理干部在线培训143人。在常州各街道、社区、企事业单位实施面授课程778次，开展公益性社区教育大讲堂4次，5万多市民受益。1月9日，常州开放大学与常州市南师校友培训中心共同合作的老年教育白云教学点揭牌成立；1月15日，常州开放大学新北学院成立。

教科研情况。建成3个特色专业，6个精品课程、4个校企合作开发课程和5个教改项目通过结项验收，1项省校级精品课程和16项教改项目立项。在省级以上期刊发表论文134篇，其中在核心刊物发表2篇。编写出版教材5部。科研获奖32项。各类课题立项33项，其中常州市教育局重点改革创新项目2项、江苏省社会教育规划课题7项（2项为重点课题）、江苏省教育科学"十二五"规划课题2项、常州市社科课题2项、江苏开放大学"十二五"规划课题3项（2项为重点课题）、中国成人教育协会课题3项。

参赛获奖情况。学校获2015外研社杯江苏省高职高专院校英语演讲大赛特等奖1个、三等奖2个，第六届外研社杯全国高职高专英语写作大赛江苏赛区复赛二等奖1个、三等奖2个；获江苏开放大学CAD制图技能竞赛二等奖、三等奖各2个及团体三等奖，江苏城市职业学院第二届微课教学比赛二等奖1个、三等奖1个，江苏开放大学第四届优秀网上教学评选活动一等奖1个、二等奖2个、三等奖5个。

（王 云）

终身教育

【概 述】 2015年，新北区、天宁区成功创成江苏省首批社区教育示范区，天宁区被省教育厅推荐为全国社区教育实验区创建单位；溧阳市竹箦镇社区教育中心等10所学校成功创成省标准化社区教育中心，常州市省标准化社区教育中心达41所；金坛区儒林镇创成江苏省高水平农科教结合富民示范基地，高水平富民示范基地累计4个；创建市社区教育示范街镇6个、市数字化学习先行社区9个，认定市标准化居民学校275个，分别增至17个、17个、522个。开展社区教育特色项目创建和评比，评出一等奖15个、二等奖29个、三等奖19个。市教育局与市老龄办联合出台《关于进一步加强老年教育工作的通知》，指导协调各辖市区用好社区教育阵地，服务老年教育事业。"教育惠民·乐学龙城"常州市教育惠民培训活动形成"走进职业学校""走进培训机构""走进社区教育"3个系列，认定首批惠民培训点72个、惠民培训项目130个，为家庭经济困难学生提供免费培训名额93个、项目320个。沈凤君、董农美、崔涛3个社区教育名师工作室累计开发微课程40个，发表社区教育论文论著40多篇（部），送教进社区201次。举办以"发展全民终身学习，推进法治社会建设"为主题的2015年全民终身学习活动周活动，评出全民终身学习特殊贡献奖2个、最佳组织奖11个、优秀组织奖17个。常州市被全国全民终身学习活动周组委会评为2014年全国优秀组织奖。

（王　中　水虎远　张宝林）

【社区教育信息化】 2015年，常州终身教育在线网站改版升级工作全面完成，建成覆盖7个社区学院、59个镇街道的站群系统，有数字化学习资源12570个；建立完善由常州开放大学、社区学院信息专业骨干力量组成的终身学习平台运营维护团队和数字化学习资源建设团队；开展千文杯有奖知识问答，5万人点击参与。开展社区教育微课程评比，评出一等奖5个、二等奖8个、三等奖12个、组织奖5个。"乐学龙城"微信公众号开通。各辖市区继续开展"农村妇女网上行"基础技能培训项目，全年网上注册学员856人，625人获现代女性网络技能初级证书。

（水虎远　张宝林）

【非学历教育培训】 2015年，全市新增民办非学历教育机构15家，非学历教育机构举办计算机、外语、财经、机电、艺术、体育、化工、家政服务、学前教育等培训项目30余个大类，培训总数63万余人次。其中，语言外语类培训4.21万人次，文化补习类培训3.32万人次，艺术、体育类培训3.1万人次，自学助考类培训0.53万人次，经济管理、法律类培训1.22万人次，计算机类培训2.56万人次，职业技能类培训22.06万人次，科技、素质类培训0.12万人次，新市民类培训0.33万人次，早期教育类培训0.66万人次，其他类培训25.2万人次。

市教育局管理的124个民办非学历教育机构全部下放到各辖市区管理，并顺利完成年检和换证工作。市、区两级教育行政部门共同完成培训机构办学水平评估，全市新增A级培训机构4个。市教育局与市创业指导中心合作，开展2期培训机构负责人创业能力培训班；在常州终身教育在线上发布教育、人事部门审批的培训机构信息和培训广告，实现在线预约培训和投诉；提高培训市场的透明度，教育培训类投诉较上年下降27.78%。（水虎远）

全市中学生经典诵读比赛（教育局　供稿）

【语言文字工作】 2015年，常州市语言文字工作委员会（简称"市语委"）举办各类人员普通话培训6488人次，测试6215人次。7月，分别在金坛区、溧阳市、武进区和常州市区为832名未满50周岁、普通话未达标的幼儿教师举行免费强化培训和小班辅导以及专场测试，全面完成2013—2015年份3年3期对全市2549名幼儿教师普通话达标（二级甲等）的强化培训和专场测试计划目标。12月，启动全市县域（溧阳市）国家通用语言文字普及情况监测工作，对溧阳市机关、学校、新闻媒体、公共服务领域以及乡镇农村等语言文字普及情况进行为期1年的监测。

组织开展2015年度全市优秀童谣、童诗、童歌征集评选活动。收到省内外童谣作品670首、童诗404首（未成年人组）、童歌48首（成人组）；评出优秀童谣一等奖6名、二等奖10名、三等奖15名和优秀奖30名，优秀童诗特别荣誉奖4名、一等奖4名、二等奖10名、三等奖15名和优秀奖30名，优秀童歌一等奖2名、二等奖2名、三等奖2名和优秀奖4名。5月，组织常州外国语学校6名学生代表参加第三届中国汉字听写大会江苏选拔赛，获全省第二名。7—9月，组织开展常州市第六届中小学生规范汉字书写比赛，收到小学一组、小学二组、初中组和高中组4个组别优秀作品657件，评出一等奖65名、二等奖123名、三等奖182名。11—12月，组织开展"童谣伴我成长"小学生童谣传唱比赛和"铭记历史，开创未来"中学生经典诵读比赛，36所中小学在全市决赛中分别获特等奖10个、一等奖12个、二等奖14个。

（花向阳）

文化 广播电视 新闻出版

Culture, Broadcast & Television, Press & Publication

◆责任编辑　王　晶

综　述

【概　述】2015年，常州市委、市政府出台《关于推动文化建设迈上新台阶的实施意见》，明确"三强两高"的总体目标和实施路径。全市文化、广播电视、新闻出版系统围绕总体目标，突出抓好文化遗产保护、公共文化服务、艺术精品生产、文化产业发展等方面的重点工作，推动常州文化建设迈上新台阶。

文化改革。全面推进文化体制改革各项工作任务。研究出台《常州市市级国有文化企业重大事项管理实施暂行办法》，进一步加强市级文化企业国有资产监管。出台《关于推动传统媒体和新兴媒体融合发展的实施意见》，设立支持媒体融合专项贷款。《常州日报》和中国常州网之间实现采编资源整合，建立全媒体新闻中心，实现新闻信息一次采集、多种生成、多元传播。常州广播电视台搭建统一的基于大数据、云计算的技术平台，打通自身媒体形态和各渠道的数据接口。金坛区创新推进新闻媒体宣传与经营分离改革，成立江东现代传媒有限公司。

历史文化名城建设。6月1日，常州获批成为全国第126个国家历史文化名城，名城建设和保护得到进一步发展。不断完善文保法规体系建设，出台《常州市鼓励非国有博物馆发展管理办法》《常州市非国有不可移动文物修缮补助管理办法》等一批法规文件。全力推进中山纪念堂等一批重点文保单位的修缮与保护，建成恽代英纪念馆，民元里壹号文保区业态提升工程全面完工并对外开放。非国有博物馆总数全省第一。进一步完善大运河遗产保护、监测、预警和处置的长效管理机制，实现大运河遗产保护工作的法治化、常态化；开展运河沿线人文资源调查，举办运河毅行活动，提升市民文化遗产保护意识。有序开展可移动文物普查，完成35649件（套）可移动文物的普查工作，高标准完成全市323处文物保护单位共计1600余个信息采集单元的图文资料整理。15个项目入选省第四批"非遗"项目。举办清代常州文化学术大会等活动，推出《常州运河研究》《齐梁文化研究》丛书和《常州历史名人大辞典》等系列研究成果。在龙城讲坛人文常州系列讲座中开设常州"非遗"讲座，邀请常州国家级"非遗"传承人登台授课。

文艺精品。启动电视连续剧《老中医》、动画片《我们的节日》、广播剧《红衣奶奶》、儿童剧《寻找红头发》、电视纪录片《李公朴》《刘国钧》和长篇小说《小巷情深》《时间的囚徒》等重点作品生产。电视纪录片《青果巷记忆》在中央电视台10套《探索·发现》栏目播出，电视剧《青果巷》入围全国第30届电视剧飞天奖；14件作品在全省第31届电视金凤凰奖评比中获奖，其中一等奖4件，位列全省第一。现代锡剧《夕照青果巷》获省文华优秀剧目奖，大型儿童剧《田梦儿》成为省委宣传部指定在全省巡演的唯一儿童剧，滑稽戏《幸福的红萝卜》入选2015年省十大舞台艺术精品工程，中篇弹词《龙城谍恋》获第6届江苏曲艺芦花奖优秀节目奖，《千古词帝》《帝国的最后一夜》获江苏省第13届戏剧文学奖剧本奖，1件作品获中国戏剧奖小戏小品奖，推出滑稽戏《开往春天的地铁》《迷路的孩子》。歌曲《水的寓言》入选国家艺术基金2015年度舞台艺术创作资助项目；群舞《格桑花·茉莉花》获江苏省首届少数民族舞蹈展演优秀节目奖。全市各文艺家协会及会员作品在省级以上获奖、入展300余件，其中，5人作品入展全国第11届书法篆刻展，2件摄影作品获第25届全国摄影艺术展优秀奖，23件作品入选省文华美术奖，9件作品入选省青年美术作品展，6件作品入选傅抱石双年展，3件作品入选纪念抗日战争胜利暨世界反法西斯战争胜利70周年美术作品展，王晓云拍摄的《演出归来》获全国农民摄影展银奖。在第16届中国工艺美术大师作品暨国际艺术精品博览会上，常州获百花杯金奖3个、银奖3个、铜奖2个、优秀奖3个，艺博杯金奖19个、银奖13个、铜奖10个。童诗作品《树》获全国首届诗会一等奖，童谣作品《小圆规》获全国童谣创作大赛一等奖。

文化惠民。"文明社区天天乐""文化100""文化点亮生活"三大惠民行动品牌效应进一步扩大，实现文化惠民全年覆盖。"文明社区天天乐"活动全年演出8793场，参演群众15万多人

"名师带高徒"拜师仪式 （文广新局　供稿）

次;"文化100"大型惠民行动推出10大系列256项免费文化活动,参与市民超百万人次;"文化点亮生活"大型惠民活动重点打造"文化迎新年""浓情中国年""花市灯如昼"三大主题,共推出文化惠民活动180项;武进"文化周末"周周演推出特色群众文化展演年活动,举办第三届市民艺术节暨第三届锡剧艺术节;天宁区以村、社区为主体,开展"家文化""道德林""益家人"等一批文化品牌活动。市文化馆、图书馆、博物馆等扎实推进公益性文化惠民服务,推出"文化惠民四个演""梨园秋韵""群英会""你选书,我买单""文博大讲堂""海粟讲堂"等文化品牌服务。开展"书香常州·悦读200"全民阅读季活动,溧阳全民读书节、金坛读书月、"文化武进·悦读人生"全民阅读月、新北区"书香天天乐"等全民阅读活动持续开展。文化"三送"完成送戏1000余场、送电影超1.2万场、送书下乡5.3万册。开展"深入基层、扎根人民"主题实践活动,组织文化文艺志愿者队伍进社区、进企业、进农村,全年辅导群众近5万人次。全面创建省级公共文化服务体系示范区,市、区两级文化馆全部达到国家一级馆标准,镇(街道)综合文化站、村(社区)文化室达标建设全面推进;20个镇(街道)图书馆分馆与市图书馆实现一卡通,国家级公共文化服务体系示范项目常州电视图书馆通过文化部验收。集图书馆新馆、美术馆、名人馆、"非遗"展示馆为一体的市文化广场项目开工。

人才队伍。扎实推进拔尖人才引凤计划、名家大师引领计划、骨干人才圆梦计划、年轻人才发现计划、老艺术家暖心计划人才培养"五大计划"的实施。成功举办李庆英国画展,吴鸣、李啸东日本画展,刘旭、程健作品音乐会,徐静二胡演奏专场,许君峰个人专场等十大文化英才汇报个展和专场。组织十大青年文化管理人才、十大青年文化专业人才赴俄罗斯、芬兰进行文化交流。全年"名师带高徒"活动实现师徒结对签约12对,其中国家级4对、省级4对、市级4对。全年引进高层次专业人才14名。

文化市场管理。文化部在常州召开现场会,全面总结推广常州文化综合执法的成功经验。市文化行政综合执法支队被评为全国文化市场综合执法先进单位。

文化产业。全年全市文化产业增加值276.17亿元,占地方生产总值5.63%,位列全省第二,连续两年被评为全省文化发展水平先进地区。全市文化企业规模不断壮大,规模以上文化企业867家,新增增加值超亿元文化企业11家,总数57家,营业收入过亿企业200家。常州恐龙园股份有限公司、常州富深协通软件技术有限公司、江苏常州银科金典技术有限公司3家文化企业在新三板挂牌,15家企业进入股改阶段拟上市。常州创意产业基地获批为国家电子商务示范区,常州文科融合发展产业园获批为江苏省文化科技产业园,运河五号创意街区获批为两岸文创产业合作实验示范基地。举办2015第三届文化创意项目(常州)对接会暨首届长三角"互联网+"产业对接会,首次将视野延伸到长三角地区,将主题拓展到"互联网+"。举办第二届常州文化创意和设计大赛,在省紫金奖文化创意设计大赛中,常州市入围作品数量位居全省第三。12家单位和企业获省文化产业引导资金扶持,8个项目获中央文化产业发展专项资金支持,全年全市共获中央、省文化产业引导资金4210万元,资金总额创历史新高,居全省第一。制作文化金融服务手册,引进江苏再担保有限公司为文化企业提供贷款担保服务,由政府、银行、担保公司签订三方合作协议,共担风险,进一步丰富"文创贷2.0版"体系,提高企业融资效率。

社会文化环境。全年开展"清源""净网""秋风""护苗""阳光"系列等各类集中整治行动32次,出动执法人员3156人次,检查经营场所1712家次,受理并查处举报90余件,收缴各类非法出版物4.2万余张(册)。全年审批境外演艺团体52场次。全面推进"无小耳朵社区"(没有私自安装卫星电视接收设施的社区)创建工作,大力整治虚假违法违规广告,联合公安部门办理"新蕾IPTV"违规播出案。在全国率先启用文化市场技术监管与服务平台和GIS移动执法端,通过建成"数据一个库",推广"管理一张网",推进数字化监管转变政府职能,常州数字化执法经验在全国推广。正式启动文物安全综合管理实验区项目,全面提升文物安全综合管理能力。举办全国性文化执法对口交流培训班2期。

（白赛雪　陆　曲）

【文化广场开工】 7月8日,由常州市晋陵投资建设有限公司投资建设的常州市文化广场项目开工。项目位于市民广场南侧,东至晋陵北路,南至锦绣路,西至惠山南路,北至龙城大道,总用地面积17.69公顷,总建筑面积约49万平方米。地上总建筑面积约23.6万平方米,由南、北两大部分组成。北侧为6幢单体,主要设置为图书馆、美术馆、文化产业城等,其中,图书馆约4

万平方米，美术馆约2万平方米。地下总建筑面积约25.4万平方米，主要为车库及商业设置，其中商业建筑面积约4万平方米。整个项目分两期实施，一期工程主要为南侧4幢板式建筑。

【"江南心"文化品牌】 2015年，常州市积极打造"江南心"文化品牌。由江南心产业公司负责的民元里壹号项目，以"千载读书地，悦读民元里"为功能定位，建成市区首家24小时自助图书馆"常图驿站"、首家众筹书店壹号书斋及瀚霆书坊。10月18日，民元里壹号顺利开园并成功承办徐悲鸿大师作品展等6大系列活动。《江南心》杂志面向全国发行，全年出刊12期，本刊、特刊合计出刊20万册。（陆　曲）

文化遗产保护

【概　述】 2015年，常州新增省级"非遗"项目15个，至年末，全市有世界级"非遗"项目（金坛刻纸）1项、国家级"非遗"项目13项、省级"非遗"项目53项、市级"非遗"项目128项、区级"非遗"项目286项，形成完备的国家、省、市、县（区）级名录体系。钟楼区中山纪念堂、天宁区崇法寺等一批重点文保单位得到修缮，新北区孟河镇江南水乡古镇联合申遗工作有序推进，溧阳秦堂山遗址考古发掘取得重大成果。"走大运"群众毅行活动形成品牌，大运河遗产监测系统投入运行。

"非遗"保护工作再上新台阶。金坛圩村文化生态保护实验区和溧阳社渚镇傩文化生态保护实验区规划通过省级评审。金坛刻纸研究所等5家单位入选首批市级"非遗"传承示范基地。市"非遗"保护中心与市信息职业技术工程学院共建常州市"非遗"数字化保护与传承基地，全年争取中央和省"非遗"专项资金223万元，其中省级67万、国家级156万。

组织全市"非遗"项目参加国际、国内各类大型展览和展示活动。3月，常州梳篦赴土耳其参加2015年"世界木材日"活动；5月，乱针绣走进北京恭王府，参加"锦绣江苏——传统织绣染技艺展览"，10个"非遗"项目赴上海参加第四届上海民俗文化节；6月，中国（常州）首届烙彩艺术展在上海南京东路步行街旅游商厦珍宝馆开幕，展出81幅常州烙彩艺术作品以及梳篦和相关烙彩用品；7月，常州周家剪纸艺术展在巴黎举办，留青竹刻参加在意大利米兰举行的第42届世界博览会，阳湖拳代表队在第十四届浙江国际传统武术比赛中获奖牌45枚；11月，留青竹刻、梳篦、乱针绣3个项目入选2015中国长江"非遗"联展。

【常州市2处文化生态保护区规划通过省级评审】 5月11日，由常州编制的《江苏省金坛圩村文化生态保护实验区规划纲要》通过省级专家组的审核和评定。该纲要将金坛天荒湖流域、长荡湖流域和丹金溧漕河流域3个"非遗"密集区列为保护实验基地，以"非遗"传承人和传承群众为主体，着重理顺实验区内的生态保护与资源开发，探究圩村文化根源，传承和发扬圩村文化的内涵与特色，规划时间为2015年至2030年。

7月31日，溧阳市编制的《社渚傩文化生态保护实验区规划纲要》通过江苏省文化厅专家组评审，溧阳市设立江苏省社渚傩文化生态保护实验区获一致同意。社渚镇"非遗"资源丰富且相对集中，傩文化在江苏具有独特性。2008年社渚镇成为江苏省傩文化研究基地，2013年该镇嵩里跳幡神参加中国社火节并获中国民间文艺最高奖山花奖，2014年该镇获"江苏省傩文化之乡"称号并成立中国傩文化研究基地。

【恽代英纪念馆开馆】 8月12日，坐落在常州市天宁区晋陵中路500号的恽代英纪念馆开馆。纪念馆以"青年的楷模恽代英"为主题，通过70多块展板，详细介绍了恽代英的生平和革命生涯。恽代英纪念馆原址为纪宅和杨宅的民居，占地面积738平方米，建筑面积544平方米，建筑修缮投入341万元，展厅布展投入243万元。

【"非遗"进校园】 6月1日，"让'非遗'文化扎根孩子心田——常州市非物质文化遗产进校园"系列活动在常州市勤业小学启动。该活动由常州市文广新局、钟楼区文教局联合主办，以"保护成果，全民共享"为主题，由"'非遗'展板进校园巡展""'非遗'传人进校园授课""'非遗'校园传承成果展示展演"3个活动组成，充分利用社区、民俗资源开展文化教育并用课程化方式架构实施。常州市实验小学等10多所学校开展了活动。（陆　曲）

"走大运"群众毅行活动 （文广新局　供稿）

文学艺术

【概　述】 2015年，常州市实现区级文联全覆盖，各文艺家协会及会员作品在省级以上获奖、入展300余件。编辑出版《翠苑35周年优秀作品集》，推出《翠苑·江南心》《翠苑·常州杂志》等系列刊物。承办全国花鸟画展、中国音乐小金钟奖——吟飞杯全国电子键盘展演比赛、第16届CBDF青少年国际标准舞锦标赛等展览、赛事；举办"品味传统文化·涵养核心价值"主题活动，推出20项活动，强化核心价值观的地方文化认同。

【"品味传统文化、涵养核心价值"系列活动】 4月17日，市委宣传部等14家牵头单位组织的"品味传统文化、涵养核心价值"系列活动在常州市天宁区郑陆镇季子文化公园启动。活动由"诗国经典、风情雅韵、礼传万家、乐唱幸福"4大系列20项活动组成，内容涉及图书编撰、学术大会、人文讲座、文化展演、游戏大赛、趣味活动、教育实践以及专题拍摄、媒体推介等等。活动中，常州历史文化故事集《常州城事》公开发行，《常州记忆》电子书上线开通。

《常州城事》全彩印刷，图文并茂，分为名人、名言、名胜、名典、名点5章，计148篇约45万字，书内不仅印制常州"城事"手绘地图，还制作了有声故事，读者只要用手机扫描故事二维码，就可以收听该故事，实现"看地图，听故事"的立体功能。《常州记忆》包括《常州与吴文化》《常州民俗及物产》《常州名人文化》《常州名胜古迹》《常州音诗画》《常州非物质文化遗产》《常州方志馆》7个部分，从历史画卷里撷取各个层面的常州风俗民情、名胜、艺术和代表人物，展现独具魅力的丰硕文化成果。

【《青果巷记忆》在中央电视台首播】 6月14日，10集大型文献纪录片《青果巷记忆》在中央电视台第10套《探索·发现》栏目播出，每晚9：59播出1集，先播前5集，每集40分钟。《青果巷记忆》由常州广播电视台和江苏亚细亚影视制作有限公司联合江苏卫视和南京电影制片厂共同制作，重点讲述唐荆川、赵元任、盛宣怀、李伯元、董康、张志让、杨守玉、瞿秋白、刘国钧等常州名人大家的故事，分别为《文武英才》《艺苑留芳》《国学大师》《非常之人》《意在匡世》《法学名家（上）》《法学名家（下）》《神针神品》《八桂天香》《纺织巨子》。

【《夕照青果巷》获省文华优秀剧目奖】 6月18日，大型原创现代锡剧《夕照青果巷》获省文华优秀剧目奖。该剧是省文化厅与常州市政府"厅市合作"重点剧目。该剧讲述退休的孟河医派名医陈蓝在分离40年的初恋情人韩彬的帮助下，在青果巷筹建阳光中心的故事，反映了老年人的情感生活和人生追求。导演李利宏、王胜标，编剧徐新华、袁连成，主演孙薇、万建焕。

【3部滑稽剧大戏推出】 2015年，常州市滑稽剧团分别与天宁、新北区联合推出滑稽剧《开往春天的地铁》和《迷路的孩子》，并于11月独立投排滑稽剧《幸福的红萝卜》。《开往春天的地铁》讲述了龙城地铁建设沿线的青果社区如何解决地铁建设中遇到的诸多问题、最终迎来美好生活的故事，在天宁区各大社区巡回演出近20场，观众1万余人次。《迷路的孩子》为法制题材，引导少年儿童逐步形成正确的价值观，在新北区各大社区巡回演出近40场，观众1.5万余人次。《幸福的红萝卜》展示当代青年的爱情观、财富观、事业观，诠释当代青年的中国梦、青春梦，先后获江苏省新剧本征选入围作品和常州市戏剧文学奖，并入选2015年省十大舞台艺术精品工程。

（李　萍）

《幸福的红萝卜》剧照　（文广新局　供稿）

群众文化

【概　述】 2015年，市文广新局不断推进和完善基层公共文化设施建设，有效整合利用基层公共文化资源，认真做好"为民办实事"工程，全面提升公共文化服务的整体水平和能力。开展"文明社区天天乐——市文艺志愿者辅导队进社区"活动，7个协会文艺志愿者300余人走进社区开展文艺辅导，近1万人次接受辅导。开展"精彩龙城——第二届'文化100'大型文化惠民行动"，推出音乐、舞蹈、曲艺、锡剧等精品展演活动36项，书法、美术、摄影、工艺美术等展览37场，国际大师班等培训讲座15场，40万人次观摩、参与。12月，开展"文化点亮生活"大型惠民行动，推出镜中的常州历史文化古迹作品展、千人广场舞表演、千名小书法家写春联、"心中的灯"少儿绘画比赛、旗袍秀、经典传统诗歌朗诵及吟诵、猜灯谜、放风筝、民间艺术表演等125项各具特色的活动。

【精彩龙城——第二届"文化100"大型惠民行动】 8月30日，精彩龙城——第二届"文化100"大型惠民行动在常州博物馆开幕。活动期间，向全体市民免费提供10大系列256项高品质文化惠民活动和服务，参与市民超百万人次。其中，常州博物馆举办敦煌艺术大展，敦煌艺术作为世界文化遗产首次走进全国地级城市，吸引观众30万人次。举办张大千、徐悲鸿、傅抱石、齐白石、林散之、赵朴初、关山月、萧娴8位中国近现代书画大师作品展，让市民在家门口一睹大师真迹。同时，6个辖市区首次加盟"文化100"，实现城乡全覆盖，全市20多个文艺协会、10多家民办博物馆、100多个社会文化团体、近2000名艺术家和文艺工作者参与奉献。（陆　曲）

【首届市民摄影节】 9月6日，市首届市民摄影节在运河五号创意街区开幕。摄影节让普通市民成为主角，坚持精品引领，彰显地方特色，推出中国摄影金像奖获奖作品展、第四届全国农民摄影大赛获奖作品展、首届市民手机微摄影大赛优秀作品展、中国摄影家协会摄影曙光学校授牌仪式等10大主题活动，展出不同层次不同内容的摄影作品1000余幅，10万人次观摩、参与各类摄影活动，全省各市摄影家协会组团参观。

【常州·台湾"两岸情"摄影交流25周年】 10月24日，"台湾摄影家看常州"摄影作品展在台北市立图书馆开幕，这是首次由台湾摄影家在台北举办的常州专题摄影作品展，展出作品120多幅，均为台湾摄影家多次到常州创作的精品力作，全景展示常州人文地理、社会发展和世俗生活。常州和台湾"两岸情"摄影交流25年中，常州摄影家13次到台湾，举办展览6次、幻灯放映展会1次；台湾摄影家14次到常州，举办摄影作品展8次、学术研讨会5次。双方开展两岸联展、作品交流展、互访和学术研讨等多项活动，地点从台湾的台中扩散到台南、台北、基隆、花莲和苗栗等城市，常州成为改革开放以来大陆与台湾进行摄影交流时间最早、作品最多、层次最高、影响最大的城市。中国国民党荣誉主席连战、吴伯雄分别为常州·台湾"两岸情"摄影艺术交流活动题词"绝妙架构""瞬影永恒"。（王　晶）

【影院管理】 2015年，全市新审批6家城市影院，电影票房突破3.6亿元，落实发放影院专资返补资金900万元。（陆　曲）

图书馆

【概　述】 2015年，常州图书馆接待读者120万人次，其中少儿部33万人次、外借部70万人次、现刊阅览室14万人次、过刊室6658人次、电子阅览室8832人次、信息部200余人次、古籍部接待读者988人次。外借图书163万册，其中少儿部、外借部各外借487861万册、1137206册，外借社会科学图书976223册、自然科学图书160983册；外借光盘31156片。领取新书10万册，领取音像视听光盘4500片，办理新证16816张。

【图书馆总分馆体系建设】 2015年，常州图书馆按照省级公共文化服务体系示范区创建工作的要求，推进常州市总分馆体系建设，以市级图书馆为总馆，辖区、镇街道图书室为分馆，构建统一采编、统一配送、统一服务标准、资源共享、通借通还的一卡通服务体系。投入200万元完成图书管理服务系统的升级改造，市、区、镇街道图书馆联网的平台搭建，百万册馆藏书籍的条码更换、数据采集、图书管理电子标签和数据替换的工作，以及与武进区图书馆的数据对接。12月30日，常州市公共图书馆总分馆开通暨武进区分馆揭牌仪式在武进图书馆举行，常州图书馆市级总馆与武进分馆及所属13个镇街道分馆、天宁区7个街道分馆年内实现通借通还一卡通服务。天宁、钟楼、新北三个区级图书馆建设有序推进，天宁区图书馆完成土建。

【"你选书，我买单"活动】 7月22日至年末，常州图书馆与常州市新华书店联合在常武购书中心和南大街2个门店同时推出"你选书，我买单"便民服务。读者可凭常州图书馆成人读者证从两家书店设立的固定书架中借阅新书1册，办理登记手续后带走阅读，并在30天内归还至常州图书馆；没有成人读者证的市民也可持本人身份证在现场办理读者证。图书主要是新华书店刚上市的新书，以社科类、生活类为主，1—2周更新一次，有3000种图书供读者选择。常州是省内第二家举办此活动的城市。（陆　曲）

文博事业

【概　述】 2015年，常州博物馆举办馆内展览和巡回展26个，接待观众75.72万人次。其中，馆内接待观众58.31万人次，巡回展接待观众14.5万人次，流动展览接待观众2.91万人次。讲解3432场次。举办为期两个月的"丝路瑰宝——敦煌艺术大展"，首次将世界文化遗产敦煌艺术引进地级城市，接待观众30万人次，参观人数刷新记录。谢稚柳艺术馆提升工程完工。

全年征集入藏文物109件、自然标本122件，装裱及修复书画作品96件。完成可移动文物普查工作，报送藏品数据1.7万多件（套），数量占全市申报总数的一半。常州博物馆志愿者全年志愿服务时长6931小时，志愿者张石磊获第七届"中国博物馆十佳志愿者之星"荣誉称号。（陆　曲）

【丝路瑰宝——敦煌艺术大展】 8月30日至10月31日，常州博物馆举办"丝路瑰宝——敦煌艺术大展"，展出面积2000平方米，为常州博物馆开馆以来规模最大的一次特展，展品共65件，有莫高窟第45窟的原等大复制洞窟、敦煌壁画临摹品43件、敦煌彩塑临摹品5件、藏经洞文献6件、模制花砖10件。展览期间，博物馆开展社会教育活动14项167场，参与者2万人次。

8月30日，由常州博物馆和常州艺术高职校联合打造的敦煌文化创意视觉秀"梦徊"在常州博物馆演出，展示了33套以敦煌的沙丘、戈壁、岩石、壁画、胡杨、石窟为灵感的原创设计服装。

9月5日至10月24日，举办"指尖上的敦煌""非遗"系列活动，展出融入敦煌元素的金坛刻纸、常州梳篦、留青竹刻、乱针绣、湖塘剪纸、泥塑作品。其中"常州梳·敦煌情""非遗"体验项目入选江苏省博物馆学会社会教育活动项目库，吸引全省文博、教育系统80余名领导、专家现场观摩体验。

9—10月，每个双休日及法定节假日下午14:30和15:00，以敦煌为背景的儿童剧《九色鹿的故事》在常博小剧场演出。该剧从策划、编剧、导演到宣传、美工、音乐设计均由常州博物馆工作人员担任，小演员们则甄选自全市各小学。共演出42场，参演小演员67名，观众1万余名。（陆 曲 吴 芳）

【《神奇的海贝展》走进外来工子弟学校】 9月1—30日，常州博物馆与市教育局、市科协、常州市公益助学联合会共同开展“可触摸的博物馆:《神奇的海贝》走进10所外来工子弟学校”活动。活动将展板和标本有机结合，采用“可触摸”这一形式，让孩子们零距离接触自然标本，从触觉、视觉等多个维度带领青少年进入海洋世界。展览惠及金坛区白塔中心小学、武进区湟里中心小学等10所外来工子弟学校的师生1.1余万名，使外来工子弟和城市孩子一样，共同享有教育资源和文化惠民的均等性。该项目被中国科协评为2015年全国科普日优秀特色活动。

（陆 曲）

广播电视

【常州广播电视台概述】 2015年，常州广播电视台拥有新闻频道、都市频道、生活频道、文化频道4个自办电视频道和2个移动电视频道，拥有新闻综合、经济、交通、音乐4个广播系列台8套频率。旗下拥有中吴网、《常州新周刊》、江苏卡龙动画影视有限公司、江苏凤凰传媒集团常州出版有限公司、亚细亚影视制作有限公司，其中《常州新周刊》是常州地区单期发行量最大的报纸，年内出版52期，发行442万份，每期平均发行8.5万份。

常州广播电视台设有《常州新闻》《社会写真》《深度撞击》《都市新闻坊》《生活369》《政风热线》《都市聊斋》《新闻面对面》《直播苏锡常》等新闻类、专题类和服务类自办电视栏目18个，《846早新闻》《财经早8点》《交广直通车》等广播栏目80个。平均每天播出自办电视节目7小时、自办广播节目152小时。电视自办栏目晚间黄金时段占有市场份额30.7%，比上年提升33%；广播自办节目占有市场份额77.1%，提升7%。全年电视安全优质播出4.24万小时；广播调频8个频率播出59784小时，中波7个频率播出49522.5小时。信号传输209402.22小时，电视发射60952.76小时，调频广播发射52925小时。被中央电视台电视新闻用稿播出77条，其中中央电视台《新闻联播》16条、《焦点访谈》1条。

年内，常州广播电视台借助广播、电视、新媒体融合之机遇，先后推出大型人文类电视节目《双城记》、《新常态下创新业》明星企业家访谈、大型全媒体新闻行动《项目深化看园区》和《产城融合进行时》、系列报道《“三优三安两提升”回头看》等多组重大报道，全年播出系列主题报道超30场。进一步加大精品生产力度。作品获江苏省优秀广播电视节目奖一等奖9件、二等奖14件、三等奖28件；电视剧《青果巷》获第30届中国电视剧飞天奖优秀电视剧提名奖及2013—2014年度中国广播影视大奖广播电视节目奖提名奖；纪录片《鸟爸的春天》获第3届西津渡国际纪录片大赛定制单元一等奖；公益广告《斑马线的爱情宣言》获第2届紫金奖文化创意设计大赛广播公益广告全国唯一金奖；电视少儿栏目《风雅少年诵》获国家新闻出版广电总局原创少儿电视栏目三等奖；《我能做的不多》获国家新闻出版广电总局公益广告扶持项目广播类三等奖；在江苏省第31届金凤凰奖评选中，人文纪录片《百岁学人周有光》、电视文艺晚会《文化的力量》、文艺栏目《风雅少年诵》和动画片《云彩面包》4部作品获一等奖，电视文艺晚会《守望民生，美耀龙城——首届“常州最美警察”报告会》、电视广告《家风育人 德被子孙》和电视节目主持人黄苏获二等奖，纪录片《失约的生日蛋糕》等6件作品获三等奖。

【常州广播电视台影视制作】 2015年，10集系列人物传记片《青果巷记忆》前5集于6月14—18日在中央电视台第10套《探索·发现》栏目播出。系列人物传记片《孟河医派》完成后期制作，进入中央电视台审片阶段。启动或开拍《王诤将军》《李公朴》《刘国钧》等系列人物传记片。动画片《云彩面包》第二季于3月10日在中央电视台首播，随后在爱奇艺、搜狐、优酷、乐视、土豆等网络媒体跟播，同时与江苏省广电总台优漫卡通卫视频道和无锡、宁波、南方电视台等达成播出协议。《云彩面包动画屋》栏目在32家电视台播出。

【无线常州】 2015年，无线常州综合用户增长13.7万人，累计80.2万人。其中，新增APP用户10.8万人，累计安装量49.7万次；新增微信用户2.9万人。完成首届婚博会、道德模范评议、暑期旅游季、“美德之夜”公益众筹等15个专题建设；推出秋季西太湖“微车展”专题，全面提升新媒体对车展的支持。新麦APP4月上线，作为常州广播唯一官方新媒体，运行8个月互动留言评论8万多条，苹果、安卓用户累计下载5万多次，折合累加效益价值200万元以上。“壹传播”微信矩阵年末上线，微信号CZ-CBS，形成1+N+N的新媒体发布平台。（黄爱民）

新闻出版

【概　述】 2015年末，常州市有公开出版的报纸8种，其中高校校报4种；公开出版的期刊18种，其中高校学报8种；连续性内部资料性出版物202种。有出版物发行网点919家。其中，批发单位24家，零售、出租单位318家；图书发行单位（网点）576家，音像制品发行单位（网点）319家；市区623家（含电子出版物5家），溧阳市102家，金坛区75家，武进区119家。完成出版物总销售10.36亿元，其中国有企业销售总额5.87亿元、民营企业销售总额4.49亿元；新闻出版经营总面积9.3万平方米，从业人员2396人。有印刷企业1120家，完成工业总产值75亿元；工业产值超5000万元的企业24家，其中亿元以上11家。全市新闻出版行业实现总产值85.36亿元。

【公共阅读服务】 2015年，常州市有农家书屋685家，实现行政村100%全覆盖，其中溧阳市175家、金坛区113家、武进区312家、新北区85家。23家出版物企业为农家书屋捐赠图书1.6万册、电子读物50多种。市委宣传部、市文广新局组织实施2014—2015年

"书香常州·悦读生活"群众性读书活动两年行动计划，深入开展100项读书活动，做好1万个群众读书点的建设工作，向市民推介微咖书吧、龙博悦读小屋等10个最美读书点。新北区委宣传统战部、天宁区雕庄街道朝阳村等4家单位被评为江苏省全民阅读工作先进集体，青果书房获"江苏最美书店"称号。2015年全市居民综合阅读率89.9%以上，分别高于全省、全国1.5、10.3个百分点，列全省第三位。

【新闻出版行业监管】 2015年，常州市新增连续性内部资料性出版物12家，累计202家。市文广新局转变新闻出版管理工作职能，加强行业监管力度，加强对公开发行报刊、内部资料性出版物和15家驻常州记者站的年检和报刊审读工作，组织专题审读3次，出版报刊审读与管理专刊12期，发表审读文章51篇。加强对全市印刷企业的日常指导、巡查，严查注册商标、印刷委托书等相关承印手续，强化对图书发行企业的常规管理，严控违禁违法出版物进入市场。

市文广新局全年开展各类新闻出版行业集中整治行动32次，出动执法人员3156人次，检查经营场所1712家次，受理并查处举报90余件，立案查处102件，移交公安部门14件。收缴各类非法出版物4.2万余张(册)。其中，开展"两会"期间平安文化市场专项行动，出动执法人员126人次，检查经营场所63家次，查缴涉嫌非法书刊112册、音像制品625张；开展境外卫星电视节目接收专项整治，对辖区内持有卫星传送的境外卫星电视许可证的单位进行检查，检查单位45家，依法查处一批问题单位；开展"净网2015""清源2015""秋风2015""护苗2015"等专项整治行动，出动执法人员1368人次，检查经营场所598家次，查缴非法出版物2万余件；开展寒暑期净化未成年人社会文化环境专项行动，重点围绕校园周边的出版物市场、网吧、游戏机经营场所，严厉打击销售贩卖各类低俗非法出版物及网吧、游戏机经营场所违规接纳未成年人等危害青少年健康成长的突出问题，出动执法人员854人次，检查经营场所363家次，查缴非法出版物3600余件。

【版权保护】 2015年，市文广新局全面宣传普及《中华人民共和国著作权法》，结合4月26日第十三个世界知识产权日的纪念活动，深入机关和企事业单位开展著作权法讲座，为重点企业提供版权服务，不断推进企业软件正版化工作，完成购置正版软件263万元。全面开展作品著作权免费登记宣传与推广工作，年内完成著作权登记作品442件，累计完成作品登记1823件。

（陈玉新）

【常州日报社概述】 2015年，常州日报社（简称"报社"）有《常州日报》《常州晚报》《武进日报》《常州杂志》、中国常州网、常州手机报6个媒体，以及"常州新闻"手机客户端、各媒体官方微博和微信等新媒体形态。出版发行《常州日报》（简称"日报"）2828.82万份、《常州晚报》（简称"晚报"）3150.24万份、《武进日报》1136万份。日报连续第八年入选全国城市日报十强，连续第五年入选江苏新闻奖。35件作品获江苏省报纸好新闻奖，其中一等奖3个，新闻作品《探路非洲》获江苏新闻奖。

报社下属常州报业传媒集团（简称"报业集团"）经营业态从广告、发行、印刷三大传统主业向文化、互联网等多元产业转型发展，投资创办1家独资公司、7家合资企业，形成媒体、视听、展会、商贸、物流、文化、互联网等多条产品线。其中，合资企业江苏润龙文化投资有限公司在上海股票交易所上市。《常州杂志》试刊，由报业集团全额投资的常州报业金典文化传播公司负责运营；合资企业常州报业婚嫁宝网络技术公司运行的"婚嫁宝"手机客户端上线。报业发行公司牵头成立江苏报业电子商务物流联盟，成为淘宝天猫、苏宁易购等大型电子商务平台常州地区最大落地配送合作单位。

围绕党委政府中心工作，报社各媒体改进报道方式，提升宣传效应，从信息传播向价值传播转变。先后开展"重大项目深化年"大型新闻行动、"魅力常州·精彩故事"报道行动和十八届五中全会、申报历史文化名城、创建森林城市、产城融合、行政区划调整、纪念抗战胜利70周年、"三严三实"教育活动、"文化100"等重大主题报道，形成新闻宣传聚合效应，为重点工作的开展营造舆论氛围。

报社各媒体关注社会热点，搭建服务平台，提升民生新闻服务功能。围绕地铁动工、同济桥拆除、抗洪救灾、股市波动等社会热点，各媒体发布权威信息，提供新闻解读，搭建政府与市民的沟通桥梁。日报《政风热线·问政一把手》栏目，为市民建立问政渠道；晚报《周末关爱》栏目持续8年帮助社区贫困家庭完成心愿；组织"爱心车队"连续多年为贫困家庭高考学子免费服务；中国常州网组织"邻里节""乐游天下文明相伴""寻找常州最美乡村"等活动与市民互动，成立首家网络妇联，开展青少年公益活动，策划实施"小脚丫安全走天下"项目，在红梅公园设立龙博悦读小屋并向读者开放。报社组织"最美歌声"青春公益歌唱比赛，募集善款5万余元捐建常州日报社希望小学5千瓦屋顶光伏电站，该项目获评团省委青年公益项目大赛二等奖。

【《常州杂志》试刊】 8月5日，首期《常州杂志》试刊。《常州杂志》是常州日报社推出的第六个子媒体，月刊，每期100页，定位综合性新闻期刊，列入市文联《翠苑》杂志子刊，由市委宣传部主管。

新创刊的《常州杂志》定位于深度报道，与《常州日报》《常州晚报》等互为补充，共同组成常州日报社具有舆论影响力和市场竞争力的重要平台。《常州杂志》采编队伍以报社自身力量为主，吸收社会力量参与。主要栏目有聚焦重大主题的《大特写》、深度解读政治经济政策的《要闻解读》、分析经济数据的《常州经济深一度》、记述民营企业领军人物商战故事及人生启示录的《民企大咖》、关注创新创业时代大潮的《创业英才榜》、关注乡村发展的《陌上花开》、记述乡村历史的《记住乡愁》、保存城市遗韵的《遗存档案》、展示精彩摄影作品的《金牌摄友》、言说常州人自己故事的《常州茶馆》和个人专栏《私人订制》等。试刊号专题大特写关注"一带一路"国家战略，组织政商学专家，从全国、常州、企业多个层面，政府、经济、文化、民生等多角度，为读者进行全方位、系统化、图文并茂的解读。

【"常州新闻"客户端上线】 12月30日，常州日报全媒体新闻中心成立，移动新闻平台"常州新闻"客户端同步上线。"常州新闻"客户端设置推荐、新闻、时评、福利、乐活5大栏目，为用户提供最新的本地资讯、原创新闻评论和各类生活服务信息。 （陆 文）

【《中国剪报》】 2015年，《中国剪报》编辑出版150期，新闻、文史、信息三大版块刊发文章一万余篇，总字数近700万字。《特别文摘》上、下半月刊编辑出版24期。《中国剪报》《特别文摘》连续三年入选全国报纸50强、期刊50强。年内，《中国剪报》举办第24届读者节活动，线上线下有16982人参与，2205名读者分获特别奖、金奖、银奖和铜奖，100名读者分获优秀建议奖和阅读体验奖。 （沈 琴）

创意产业基地

【概 述】 2015年，常州创意产业基地总产值突破300亿元，实现税收15亿元。至年末，常州国家广告产业园区集聚广告企业449家，广告经营额62.36亿元，占全市广告经营额的69.67%，分别比上年增32.84%和23.98%。新引进市级以上高层次人才3名，引进风险投资2000万元、外资项目2500万美元。

招商引智。常州创意产业基地聚焦软件信息服务、移动互联网、电子商务、广告新媒体等新领域，以招商引智为抓手，聚产业，促转型，优结构。全年引进企业（项目）156个，总注册资本金7.2亿元，以软件、电子商务、广告三大产业为主导的创新资源集聚初具规模。华冠电子商务园区4月开园，企业入驻率60%；天和电子商务园区入驻率100%；常州罗盘智能网络科技有限公司、常州嗨微购电子商务有限公司、常州万马奔腾汽车科技有限公司、常州快点旅游网络科技有限公司、常州酷玩乐网络科技有限公司、上海享推网等重点项目落户，"龙城英才计划"项目新落户6个。

特色培育。常州创意产业基地依托国家级科技平台，重点推进电子商务等领域"智本+资本"融合创新，铸造知名品牌，获评第二批国家电子商务示范基地、江苏省电子商务特色产业园。全年新增省级高新企业5家，常州买东西网络科技公司入选国家级电子商务示范企业，江苏启航开创软件有限公司、江苏鑫亿软件有限公司2家基地企业获工业和信息化部信息技术服务标准（ITSS）三级资质，灵通展览系统股份有限公司、赞奇科技发展有限公司入选首届江苏民营文化企业30强，常州金刚文化科技集团有限公司董事长王鹏勃入选科技部科技创新创业人才。常州国家广告产业园区企业申报各级各类创新项目超110项，园区企业江苏兴煌光电科技有限公司湖北宜昌清江画廊大型两面翻LED显示屏项目获2014年度LED行业最佳示范应用奖。《恐龙来了》《小龙甜品工房》分获2014年度少儿节目精品及国产动画发展专项资金项目优秀国产动画片二、三等奖，《小龙甜品工房》获中国动画美猴奖动画产业价值奖银奖，常州市久久广告有限公司的百龙智交互式新媒体平台项目成功入围"创客中国——寻找最具有投资价值创业项目"100强。江苏印象乾图数字科技有限公司《乾图3D拜年》获2015年依丽雅斯杯第二届常州文化创意和设计大赛龙城设计奖银奖，常州印象互动信息技术有限公司获江苏省创意设计大赛二等奖，复材（江苏）电子商务有限公司的红眼兔项目（复合材料垂直交易电子商务平台的开发）获首届i创杯江苏省互联网创新创业大赛三等奖。

市场开发。常州创意产业基地国家动漫公共技术服务平台"渲云"与亚马逊网站、阿里巴巴等平台签署战略合作协议，布局北美、亚洲等渲染服务市场，推动构建全球战略格局。成功举办第十二届中国常州国际动漫艺术周，吸引40多个国家182家企业和机构参会参展，现场签约金额超10亿元。主动对接常州市政府与本地优质资源，合作共建高精度信息服务平台。联合开展常州公益广告创意设计专项赛作品征集活动，组织企业参加国际性节展论坛活动，展示创意成果，扩大市场影响。

园区服务。完善常州国家广告产业园区功能和基础设施建设，打造以"创业投资+开放办公+创业孵化器"为特色的众创空间，龙城创意天乾创客空间被省科技厅纳入省级科技企业孵化器管理服务体系。智慧化信息平台新增注册企业222家。常州创意产业基地联合中国百兴集团成立百兴创意股权投资基金，首期规模1.2亿元，优化"扶改贷"运营模式，创新"增额贷""创业贷"等金融产品，全年直接或间接帮助企业融资超1.5亿元，新增新三板挂牌企业8家，新增区域性场外市场挂牌企业19家，新增完成股改企业10家。充实校企人才对接渠道，新增就业见习基地企业5家。

【第十二届中国常州国际动漫艺术周】 9月29日至10月5日举办，主题为"动漫创意·融合发展"。艺术周开展品牌赛事、展览展示、交易对接、论坛峰会4大板块12项主体活动，近40个国家和地区的182家企业、机构、展团集中参会参展，吸引近百万人次参与体验。以色列、爱沙尼亚、土耳其、波兰等10个"一带一路"沿线国家的动漫企业组团参展，美国迪士尼公司、暴雪娱乐公司以及韩国江源文化产业振兴院等知名国际机构加盟，开展品牌展示、交流推广、IP（网协）授权等对接活动。开幕式上签署项目合作协议11个，涉及金额10亿元。举办2015中国文化产品国际营销年会——中国动漫与国际市场研讨会、动漫内容创意与产业化发展高峰论坛等，集聚国内外知名专家学者、企业家共商合作发展。同时，通过组织"金恐龙"国际原创动漫作品大奖赛、亚洲创意荟等赛事活动，培育原创精品，探索市场运作。 （曹 坚）

医疗　卫生

Medical Treatment & Public Health

◆责任编辑　陈东哲

综　述

【概　述】2015年末，全市有各级各类医疗卫生机构1196个，其中医院（含妇幼保健院）、卫生院109家，医院中有三级医院10家；有总床位24263张；有卫生技术人员29616人，其中执业（助理）医师12009人、注册护师（士）12531人；每千个常住人口拥有卫生技术人员6.3人、执业（助理）医师2.55人、床位5.16张。年内，全市各级各类医疗卫生机构完成总诊疗2960.02万人次，其中门急诊2803.51万人次，出院65.19万人次。

2015年常州市医疗卫生事业情况一览表

项　目	机　构（个）	床　位（张）	卫生总人员（人）	
			合　计	卫技人员
一、医院合计	49	18450	21277	18281
综合医院	26	10736	12794	11256
中医医院	5	2400	3992	3409
专科医院	16	4864	4268	3551
护理院	2	450	223	65
二、乡镇卫生院	58	3653	5637	4965
三、疗养院	1	140	82	74
四、急救中心	2	0	124	38
五、妇幼保健院（所、站）	7	638	1317	1078
六、采供血机构	3	0	172	124
七、专科疾病防治院（所、站）	2	40	59	43
八、疾病预防控制中心	7	0	469	353
九、卫生监督所	7	0	215	172
十、计划生育技术服务机构	38		310	64
十一、医学科研机构	2	0	19	10
十二、医学在职培训机构	4	0	207	7
十三、社区卫生服务机构、门诊部、村卫生室以及其他卫生机构	674	1342	5089	3589
十四、诊所、卫生所、医务室机构	342	0	842	818
合　计	1196	24263	35819	29616

（黄志娟）

【医疗卫生基础建设】2015年，市第一人民医院（简称“市一院”）钟楼院区项目全面开工，市第三人民医院公共卫生临床中心项目奠基，市中医医院急诊病房综合楼项目立项。市儿童医院院区完成改造1.2万平方米，市第二人民医院（简称“市二院”）、妇幼保健院、市第七人民医院（简称“市七院”）完成旧房改造工程。　（任旭东）

【综合医改】2015年，全市完善医改组织架构和工作制度，出台医改配套政策文件29个。11家城市公立医院和7家县级公立医院同步实施医药价格综合改单，取消以药补医机制。构建分级诊疗制度，加快医疗联合体建设，组建妇幼健康服务联合体，8所二级以上医院与基层医疗机构共建床位380张、特色专科21个，31名医疗业务骨干到基层挂职帮扶，推进工作重心和医疗资源双下沉。规范实施基本药物制度，完善合理用药管理机制，全面加强二级以上医疗机构药品高值耗材网上采购监管。发展社会资本办医，全年新增非公立医疗机构72家、床位1200张。　（黄义均）

【城市公立医院医药价格综合改革】10月31日，常州市11家城市公立医院、7家县级公立医院按照“总量控制、结构调整”的基本原则，同步实施医药价格综合改革。取消药品加成，城市公立医院药品按零差率销售；合理调整医疗服务价格，统一上调2993项体现医护人员技术劳务价值的医疗服务项目（如手术、护理、诊察等）价格，降低275项大型检查、检验项目

（如磁共振、彩超等）价格，1625项（如血透等）不作调整，34项（如试管婴儿、整容手术等）实行市场调节价；省下放到常州的325项实行地方定价。在医保政策上，明确医药服务价格调整后，调价项目原则上按照原规定的医保属性纳入医保基金支付范围。其中，住院床位费医保基金支付最高限额由原先的30元 / 日提高到40元 / 日；门诊诊察费原来全额由个人承担，改革后医保基金支付最高限额为三类医院7.5元 / 次、二类医院7元 / 次，在普通诊察费上，个人支付金额与改革前持平或略有减少。在财政保障方面，追加预算用于医院取消药品加成后的补偿。实施医药价格改革后，患者门急诊均次费用和出院均次费用增幅得到有效控制，看病就医负担总体没有增加；药占比缓步下降，医院业务收入构成日趋合理。（黄志娟）

公共卫生

【基层卫生】 2015年，全市新农合参合率继续保持100%，人均筹资标准603元，住院实际补偿比56.13%。实施基层医疗机构提档升级工程，新建和改扩建基层医疗机构11家，9家镇卫生院和社区卫生服务中心纳入二级医院建设单位，5家镇卫生院入选国家2014—2015年度群众满意的乡镇卫生院。新创成省级示范乡镇卫生院3家、省级示范村卫生室14家、省级乡镇卫生院特色科室3个。全面开展家庭医生、乡村医生签约服务。新增省中医药特色社区卫生服务中心2家、省级乡镇卫生院示范中医科8个、省基层医疗机构中医特色专科建设项目4个。全市所有辖市区均创成全国基层中医药工作先进单位。（姚　昉）

【儿童疾病预防控制】 2015年，常州市接种常规免疫疫苗119.47万针次，接种率99.96%，继续保持全市无脊髓灰质炎病例状态。按现住址统计的麻疹发病率为5.69/10万，无麻疹暴发疫情，提前半年完成全年2/10万的排除报告率指标。急性弛缓性麻痹、新生儿破伤风等免疫规划相关疾病监测以及各类副反应监测工作规范开展，相关报告率、流行病学调查及时率、采集及时率等均超过省定要求。年内，全市预防接种点全部实施信息化建设，已建成数字现代化门诊69家，占全市所有接种门诊的73.4%。儿童口腔疾病干预项目被纳入2015年政府工作报告和市卫计委为民办实事项目，获市财政专项经费70万元；各区均按6∶4比例落实了配套专项经费。

【传染病防治】 2015年，常州市稳步推进耐多药结核病防控工作，各结核病定点医院已开始基因芯片检测系统测试运行。围绕第三轮全国艾滋病综合防治示范区创建工作，在天宁区开展性病门诊就诊者HIV（(Human Immuno—deficiency Virus，人类免疫缺陷病毒)和梅毒检测试点推广工作，在钟楼区开展感染者和病人随访管理下沉试点工作、反歧视宣传教育专项调查工作等；继续大力推行PITC（医务人员主动提供HIV检测），探索建立社区管理、定点医院治疗、疾控机构技术指导三位一体的工作模式。性病疫情持续保持较低态势，2015年，性病发病率较2014年同期上升1.44%。血吸虫病查病21915人，未发现阳性病例；累计查螺面积1816.62万平方米，提前超额完成全年任务，未发现阳性钉螺，查出有螺面积5.43万平方米，较上年同期下降69.85%，药物灭螺44.07万平方米。传染病疫情报告质量综合率99.9%。肠道传染病和呼吸道传染病防治工作规范开展。2015年，全市肠道门诊腹泻病人检索率21.42%，未发生霍乱疫情和"非典"预警病例。人感染H7N9禽流感防控工作扎实推进，积极开展风险评估和风险沟通，通过12320卫生热线为公众解答疑惑。报告疟疾病例19例，均为输入性病例，无二代病例。手足口病、碘缺乏病防控、麻风病防治等工作均规范实施。

【慢性病和精神疾病防治】 2015年，常州市居民、老年人及慢性病患者的健康档案动态管理不断加强，社区规范化管理水平进一步提高。居民健康档案建档率82.93%，65岁以上老人健康档案建档率98.57%，全市高血压和2型糖尿病患者规范化管理率分别为96.65%、95%。18588名重性精神病人的信息进入江苏省重性精神疾病管理信息系统，并得到相应的随访管理。全市心脑血管事件登记报告覆盖率100%。居民死因报告无论从数量还是质量都有明显提高，全市累计上网报告26897例，死因报告及时率99.8%，审核率100%。

【突发公共卫生事件应急处置】 2015年，常州市加强中东呼吸综合征防控，组织专家就中东呼吸综合征病例诊疗方案、医院感染预防与控制、疫情防控方案（第二版）等作专题培训，确保常州无外来病例输入和本地病例发生。顺利完成"东方之星"翻沉事件卫生应急救治保障任务，第一时间组建医疗工作组，携带相关药品和医疗器械，奔赴湖北监利开展"东方之星"翻沉事件医疗救治工作，积极做好事故遇难家属医疗卫生保障和心理疏导。防汛期间，常州先后遭遇3次暴雨袭击，全市卫计系统立即启动应急预案，快速反应，有序应对，积极开展汛期医疗救治、卫生防疫和卫生监督工作，在居民临时救助点开设医疗点，下发防疫消杀物资开展消杀，加强饮用水的监测，确保灾后无疫情和饮用水安全。积极应对第9号台风"灿鸿"，及时下发《关于做好第9号台风"灿鸿"防御工作的紧急通知》。

年内，全市共报告处置16起突发公共卫生事件及相关信息，其中传染病事件15起、食物中毒事件1起、一般等级事件15起、未分级事件1起。无死亡病例，报告及时率、规范处置率均为100%。做好各项监测与预警工作，保障常州洪涝灾害时期不出现重大传染病疫情及其他洪灾相关突发公共卫生事件。

【卫生监督执法】 2015年，全市开展春秋两季学校卫生专项检查，对市直管的10所学校、11所医务室、15个理发店、3家宾馆、6家二次供水单位开展全面检查。进一步完善省卫生监督信息系统学校卫生管理档案，建档率100%。全面启动学校卫生综合评价工作。

结合省、市公共场所卫生重点监督检查计划，开展公共场所及集中空调通风系统卫生管理制度落实情况专项检查，检查各类公共场所单位252户，责令整改64户。25家公立医疗机构集中空调通风系统清洗工作全面完成。开展游泳场所专项整治，推进游泳池水质在线动态监测试点工作。继续深化公共场所卫生监督量化分级管理。开展公共场所控烟专项执法检查。严格执行传染病防治卫生监督工作规范，加强医疗和疾控机构传染病疫情控制和疫情疫报监督。开展医疗卫生与传染病防治专项检查，加大汛期传染病防控力度。监督检查医疗机构298户次，责令整改48户次。继续推进医疗废物管理工作。全面启动消毒产品生产企业专项整治，检查消毒生产企业46户，监督覆盖率100%。

【生活饮用水监管】 2015年，市卫计委和市爱国卫生办公室将农村生活饮用水卫生监测工作纳入年度卫生和爱国卫生重点工作内容，明确目标任务，制定考核细则，健全完善监测信息报告制度，全面部署落实年度任务。市疾控中心加强对水质监测工作的质量控制，及时完成审核和网络信息申报工作。市卫生监督所组织现场督查供水单位卫生管理制度落实情况，确保农村居民的饮用水卫生安全。全市农村生活饮用水卫生监测工作继续保持水厂、乡镇、常规项目检测全覆盖，农村水厂水样合格率95.8%，其中金坛区95.8%、溧阳市95.8%。深入推进社区生活饮用水快检公示项目，编印《社区饮用水检测实用手册》，严格执行检测数据上报和公示程序，加大汛期快检频次，检测并公示水质数据7720条。省、市、区三级联合开展2015净水专项执法行动，查办两起较大案件，查处557件无证涉水产品，罚款4万余元。开展全市学校生活饮用水专项检查，对部分学校的直饮水、桶装纯净水水质进行监督抽检。

【放射卫生监管】 2015年，常州市认真贯彻落实新版《职业健康检查管理办法》，组织开展职业健康体检机构、职业病诊断机构监督检查，完成全市139家放射诊疗机构调查摸底和4万多条信息录入汇总上报工作。组织开展全市放射卫生技术服务机构专项整治，开展《职业病防治法》宣传周活动，加大放射诊疗机构工作人员培训力度。（潘国才）

【爱国卫生】 2015年，常州市持续有序推进卫生镇村创建及巩固工作。全市新创江苏省卫生村28个，3个国家卫生镇、12个江苏省卫生镇、67个江苏省卫生村通过复审。持续开展环境卫生治理和新一轮城乡环境卫生整洁行动。试点开展江苏省健康促进区项目建设，建成健康步道10条、健康小屋6个、健康广场6个、健康社区42个、健康单位25个、健康促进学校84家（其中省金牌学校12家）、健康医院48家。市卫计委、新北区、钟楼区分别开通“健康常州”“健康新北”“健康钟楼”微信公众号。加强禁烟控烟宣传，在江苏省公共场所控烟第三方暗访检查中，常州再次名列全省第一。组织开展夏季爱国卫生运动，加强汛期卫生防病工作。6月，常州出现强降雨过程，多个地区发生洪涝灾害，部分区域受灾严重，各地积极做好受灾环境的病媒生物消杀，开展环境卫生清理、卫生知识宣传、农村水质监测等工作。洪涝期间，市爱卫办下发蚊蝇消杀药2000公斤、灭蟑颗粒剂15万包，清理环境7786处1159万平方米，除害消杀8696处1509万平方米。

（祖熙阳）

【妇幼保健】 2015年，常州市组织开展“十二五”妇女儿童发展规划终期评估，21个儿童健康和19个妇女健康主要量化指标达到省“十二五”规划目标任务。实施重大妇幼公共卫生服务项目。完成适龄妇女筛查15万人、农村孕产妇住院分娩补助8061人、农村妇女预防出生缺陷叶酸补服16143人。全市孕产妇艾滋病、梅毒和乙肝检测33167人，检测率100%。实施孕前优生健康检查项目，服务覆盖率90%。开展妇幼健康示范创建工程，天宁区建成国家级妇幼健康优质服务示范区年内接受省级评估。开展新一轮爱婴医院创建工作，19家医院、22家卫生院和5家社区卫生服务中心被评为不同等级爱婴医院。实施妇幼健康项目分级服务，将适宜基层开展的妇幼健康服务项目调整到基层，加快建设市、县两级危重孕产妇和新生儿急救中心，逐步完善基层首诊、双向转诊的妇幼健康分级服务模式。建立妇幼健康服务联合体，由市妇幼保健院和6个辖市区妇幼保健机构各选择1个重点科室开展妇幼健康服务联合体建设。

（姚 昉）

【常州成立妇幼健康服务联合体】 10月22日，市妇幼保健院联合辖市区7所妇幼保健机构签约组成妇幼健康服务联合体，旨在通过为期3年的协作，探索市、区两级妇幼保健机构分工协作、分级诊疗、协同发展的管理新模式。联合体协作内容与模式根据各基层妇幼保健机构实际情况个性化制订，共包括机构管理、技术帮扶、人才培养、学术交流、科教合作、双向转诊、信息共享和项目合作8个方面。作为牵头单位，市妇幼保健院专家门诊、重症产科和新生儿科病房优先向联合体成员单位开放，确保基层上转患者优先获得门诊和住院服务，成员单位则配合做好基层转诊流程、技术标准等制订和服务管理。联合体成员单位内检查检验结果互认，开展预约诊疗、网上诊疗和远程医疗服务等，方便患者及时就医和诊治。此外，双方共同开展辖区内孕产妇和儿童健康管理、助产和计划生育技术、“两癌”筛查、产前筛查和产前诊断等服务项目的双向转诊，建立市、辖市区两级危重孕产妇和新生儿救治绿色通道。根据需要，双方还可以选择重点业务或科室，按项目合作的方式，探索更加紧密的业务合作。

（蒋春新）

医政医疗

【医疗救治】 2015年，常州市规范推进疾病应急救助工作，市卫计委与市财政局设立疾病应急救助基金，年度资金200万元。全市医疗机构成功处理武进鸣凰出租屋火灾、新北区化工厂爆炸、“东方之星”翻沉事件和强对流天气、夏季抗洪中受伤人员的医疗救治工作，成功完成西太湖半程马拉松赛等10多次活动的医疗保障工作，规范中东呼吸综合征病例诊断与救治工作。推进市妇幼保健院、市一院钟楼院区、市第三人民医院公共卫生临床中心等重点项目建设。进一步改善医疗服务，持续提高医疗服务质量。推行多学科协作诊疗模式，重组和再造就医流程，合理调配医疗资源。市二院成立内分泌代谢诊疗中心，整合内分泌科、颈部外科、病理科、超声科、放射科5个科室的医疗资源，实现集检诊疗护理一体化的一站式医疗服务点；市七院整合多学科资源，创新性建成符合国际化标准的创伤急救中心。各二、三级公立综合医院全面开展日间手术试点，完成日间手术近2000例。开展医院感染管理、病历处方质量、抗菌药物临床应用等专项检查。市二院、市肿瘤医院接受省等级医院评审，市德安医院接受省三级精神病医院评审，市中医医院接受全国大型中医医院巡查。配合行政区划调整，增设3个急救分站。无偿献血率继续保持100%。完成人体器官捐献14例，数量位居全省辖市首位。

【医政管理】 2015年，市一院、市二院、市七院和市肿瘤医院、妇幼保健院、儿童医院、武进人民医院、武进中医医院8家医院与17所基层医疗机构建立医疗联合体，建立呼吸内科、内分泌科、骨科等17个共建专科；市肿瘤医院与新北区正式签订新北区区域医疗联合体。医疗联合体内共享影像诊断、心电诊断、临床检验、病理诊断和消毒供应等资源。

全市15家二级以上医院均开展预约诊疗服务，开放预约号源626.08万个，预约就诊患者188.51万人次，预约就诊率86.94%，省集约式诊疗服务平台预约量217379人次，预约方式有现APP预约、省平台预约、社区预约、自助机预约等。

在全市二级以上医院开展2015年常州市医疗广告和互联网医疗保健信息发布专项整治行动医疗广告整治。建立卫生、公安、药监、计生四部门打击非法行医联席会议制度。组织28名个体医生开业考试。推进武进西太湖健康医疗产业园和天宁丽华地区健康养老服务产业集聚区发展。推进社会资本办医，通过放宽社会资本办医、实施医师多点执业、推进健康服务业发展及对非公立医疗机构与公立医疗机构在科研课题申报、职称晋升、重点专科评审、医院评价等方面实行同等待遇等措施，鼓励和引导社会优质资本举办医疗机构，重点支持康复医院、老年病医院、护理院机构等薄弱专科医院建设。

年内，全市梳理卫生行政权力248项，承接省级下放的医疗卫生产品许可审核等行政权限。加大违法行为查处，开辟网络曝光台，公示各类违法行为。立案查处非法行医案件109起，向公安移送涉嫌刑事犯罪24人。获省卫生行政许可案卷评比一等奖，行政处罚案卷入选全国优秀卫生监督执法案例。深化平安医院创建，联合公安组建安保联勤队伍。（李建南　奚淑英）

【医疗科研和人才建设】 2015年，常州市医疗系统分别获国家和省自然基金项目立项10项、13项，为历年最优；分别获省和市科技计划项目立项5项、37项，获省卫计委医学科研项目立项4项。获常州市科技进步奖项目16个，其中一等奖1项、二等奖5项、三等奖10项，获省卫计委医学新技术引进奖一等奖3项、二等奖7项。评审确认29个市医学重点学科，遴选出108名市医疗科研领军人才和拔尖人才。招录优秀人才、紧缺人才和学科带头人才222人，申报成功省"双创"人才和"双创"博士各1名。推进高端人才的柔性引进，加大对外交流合作的力度。市一院与苏州大学共建转化医学研究院常州基地医院；创建省博士后创新基地。黎介寿院士工作站落户市二院。

（毛浩丹　汪红艳）

【医学教育】 2015年，全市落实2015年江苏省医改重大专项卫生人员培训项目任务，继续加强基层卫生人员在岗培训，完成2015年城乡基层医疗机构管理人员培训、省级全科医生培养师资培训和考官培训、乡村医生用药知识培训、全科医生转岗培训目标任务。组织4期23人参加基层卫生机构管理人员培训班。继续在金坛、溧阳和常州卫生高职校3个培训点开展村卫生室人员合理用药专项培训，278名学员参加培训并接受省统考。省、市级医学转化中心着力引进填补区域空白的新技术，并向基层免费推广适宜技术。19项2015年适宜卫生技术库项目获准作为省级继续医学教育项目在基层推广。新申报适宜卫生技术库项目37项。开展优秀继续教育项目送教下乡工作，将国家级、省级继续教育项目免费送教下乡纳入相关局属医疗卫生单位年度目标管理考核，免费培训基层卫生技术人员4048名。规范各类继续医学教育项目的管理，不断提高继续教育工作效能，高层次继续教育项目增加明显，分别获国家、省、市级继续教育项目38项、65项、148项。

（汪红艳）

【中医工作】 2015年，常州市通过全国基层中医药工作先进单位复审。溧阳市、金坛区、新北区、钟楼区通过全国基层中医药工作先进单位评审，实现辖市区全国基层中医药工作先进单位全覆盖。全市深入实施基层中医药服务能力提升工程，新增7个省级乡镇卫生院示范中医科和4个省基层医疗机构中医特色专科建设项目，确立16个市级中医特色专科、专病建设项目。加大基层中医药人才培养和适宜技术推广力度，制定常州市基层名中医培养工作方案，建立基层中医药适宜技术推广考核机制，开展中医预防保健知识和技能培训。武进中医医院虞文妹入选2015年全国中药特色技术传承人才培训项目培养对象。常州市中医医院被确立为国家中医药管理局中药炮制技术传承基地三级试点（地市级）建设单位，通过大型医院巡查。溧阳市、金坛区中医医院通过持续改进考核评估。（高志芬）

【市一院2项技术获省卫生计生委医学新技术引进一等奖】 8月，市一院肿瘤科蒋敬庭等开展的基于I型抗肿瘤免疫应答细胞治疗的临床应用、神经外科彭亚等开展的急性缺血性卒中SolitaireAB支架机械取栓术分别获省医学新技术引进一等奖。蒋敬庭等通过结合肿瘤免疫治疗临床实践及基础研究，证实CIK细胞群体中的I型免疫细胞、CD8+T细胞及CD3+CD56+细胞是抗肿瘤免疫应答的主要效应细胞，特别是I型免疫细胞在CIK细胞中的数量、比例及功能状态，与患者预后密切相关，并提出转录因子T—bet及Eomes在CD8+T细胞活化及分化中的新机制。彭亚等于2010年11月开始开展Solitaire支架取栓，已经积累170余例经验，为国内病例经验最多，挽救了大量重症急性脑梗患者，明显改善了该类患者的预后。

【常州市医院5项技术获国家发明专利】 2015年，市一院、市二院共有5项技术获国家发明专利。分别为市一院泌尿外科薛冬等联合申请的一种用于前列腺癌骨转移诊断的试剂盒及其使用方法、肿瘤科徐斌等联合申请的一种用于肝癌诊断的AFP—IgM检测试剂盒及检测方法和蒋敬庭等申请的一种判断晚期胃癌治疗疗效的试剂盒及其使用方法，市二院戚春建等联合申请的人树突状细胞肿瘤疫苗及其制备方法和应用以及鄢新民、刘娟申请的西塔素在制备抗病毒药物中的应用。薛冬等发明的专利能对前列腺癌骨转移的诊断提供参考，为探索诊疗人体前列腺癌骨转移提供技术平台，同时能进一步为前列腺癌骨转移进行早期诊断及预后治疗效果评估提供有效的监测依据。徐斌等发明的专利对肝癌的诊断较AFP试剂盒具有更高的敏感度，更适合人群中肝癌的筛选实验，同时AFP-IgM试剂盒、AFP试剂盒对肝癌联合进行诊断将会提高对肝癌的诊断准确度，两者具有很好的互补性。蒋敬庭等发明的专利可检测胃癌组织中microRNA-129的表达，其表达水平与晚期胃癌患者预后相关。戚春建等的专利采用β—葡聚糖诱导肿瘤抗原负载的人树突状细胞，得到一种人树突状细胞肿瘤疫苗，该疫苗能够提高人树突状细胞的免疫效能，促进T细胞的增殖能力及肿瘤特异性杀伤能力，可更有效地治疗肿瘤。鄢新民、刘娟的专利是对带有来源于细胞膜的病毒包膜的病毒有抑制作用，可用于制备抗艾滋病和抗流感病毒药物。

【常州市医院10个项目获国家自然科学基金资助】 9月，市一院、市二院10个项目获国家自然科学基金资助，其中面上项目3项、青年自然科学基金项目7项，总经费239.9万元。3项面上项目分别是市一院肿瘤科吴昌平负责的TIM—3调节MDSC功能及影响抗肿瘤免疫应答的机制、肿瘤实验室蒋敬庭负责的共刺激信号TIM—1促进CD8+T细胞抗肿瘤免疫应答及其作用机制、检验科史伟峰负责的去泛素化酶USP4通过RLR信号通路调控肠道病毒71型感染的机制和功能研究。7项青年自然科学基金项目分别是市一院肿瘤科杨欣负责的Glypican—5抑制肺腺癌淋巴管生成和淋巴结转移的机制研究、肝胆外科安勇负责的吉西他滨诱导胰腺星状细胞分泌CXCL14促进胰腺癌增殖转移的机制研究、药剂科胡楠负责的糖尿病状态下基于肠道菌介导的肠道CYP3A和P—gp的改变及机制探索和市二院肿瘤科宁永玲主持的全葡聚糖颗粒逆转小鼠调节性树突状细胞免疫抑制功能的机制研究、肿瘤科邵芳主持的miR—33对肝脏脂类代谢和脂肪沉积机制研究、血液内科晁红颖主持的RBPMS—FGFR1新融合基因的克隆及致病机制研究、乳腺外科成琳主持的铁线莲提取物D—鼠李糖β常春藤甙抗乳腺癌转移作用及机制研究。

【市一院开展日间病房、日间手术和预住院服务】 2015年，市一院开发完成预住院程序，并在此基础上开展日间病房、日间手术服务。

日间手术是根据常见病、多发病经简短观察治疗即可出院的特点，专为该类患者设计的短、平、快式医疗服务，缩短患者无效住院时间，充分提高床位使用率，缩短平均住院日。

患者通过预住院流程，充分利用门诊等待时间，缩短等检查、等报告、等评估的时间，完成开展治疗前必须要完成的各项检查，然后由具有相应资质的医生进行术前评估，判断术前检查合格后再正式入院，走日间手术的临床路径或者按普通手术进行手术安排，在入院当天即进行手术或治疗。这一服务主要针对择期手术和普通住院病人，病人在门诊完成的检查费用可顺利转入住院预交金，不会增加患者负担，并由于实际住院时间缩短至24—48小时，患者的总诊疗费用得到明显降低。

市一院全年开展日间手术病种11个，日间手术1299例。医院平均住院日从2月的10天降至11月的9.1天，术前住院天数也从2.6天降至2.3天。

（朱 江）

【省内第一所黎介寿院士工作站落户市二院】 4月30日，全国第三所、江苏省首所黎介寿院士工作站落户市二院。市二院与黎介寿院士团队就外科临床营养的应用与研究、重症急性胰腺炎的诊治、快速康复外科在围手术期的应用与研究、腹部(战)创伤的治疗、肠道微生态和粪便移植的临床应用与研究、顽固性功能性便秘的微创外科治疗、胃癌的规范化治疗及晚期胃癌

黎介寿院士工作站揭牌 （卫计委 供稿）

市二院在省内率先通过药品电子监管码扫描完成药品可追溯 （卫计委 供稿）

全市首家消化病诊疗中心落户市二院 （卫计委 供稿）

的综合治疗7个方面展开合作研究。双方还将在医疗、教学、科研及人才培养等多领域开展合作，进一步提高常州市普外科疑难杂症的诊治水平。黎介寿是南京大学医学院教授、中国工程院院士、中国人民解放军南京军区南京总医院副院长，曾于1994年完成亚洲第一例人同种异体移植术。他的团队所研究的肠功能障碍的治疗课题获2010年国家科技进步一等奖。

【市二院率先在省内实现药品可追溯】 2015年，市二院作为全市首家“逐步实现医疗机构药品的可追溯”试点单位，加入中国药品电子监管网，通过药品电子监管码管理系统，该院近90%的药品实现可追溯，其中麻醉、精神类特殊药品可100%追溯，在省内率先实现电子监管码全程扫描和追溯。

【全市首家消化病诊疗中心落户市二院】 7月25日，由上海复旦大学附属中山医院与市二院联手创办的市首家消化病诊疗协作中心正式挂牌成立。该中心建立在市二院胃肠病中心的基础上，通过两所医院在科研申报、人才培养、技术支持、双向转诊、远程教育等多方面的合作，实现一站式疾病诊疗服务，让市民在家门口就可以享受到国内顶尖医院的消化病诊治技术。

（黄　武）

【市七院成为省内首家全国远程会诊云医疗集团上线单位】 2015年，市七院通过心医国际第三方运营平台，在省内率先建成全国远程会诊云医疗集团上线单位，可通过互联网与北京、上海等近30家大医院数百位专家进行远程会诊医疗。（戴智慧）

2016

体 育

Sports

◆责任编辑　汪旭东

综　述

【概　述】 2015年，常州市实施全民健身战略，提升公共体育服务，体育产业和竞技体育备战得到快速发展。《中小型体育设施场地建设奖补办法（试行）》出台，《常州市公共体育服务体系建设规划（2015—2020）》完成编制并通过规划评审。常州籍运动员中有13人获国际性比赛前三名、63人获全国性比赛前三名。市体育局、教育局组织中小学乒乓球、羽毛球、篮球、排球、足球、网球、棋类、射击、举重等比赛20项47次。常州市承办国际比赛5个、全国性比赛26个。落实《常州市基本实现体育现代化工作实施意见》，全市基本实现体育现代化。年内，常州市和辖市区成功创建为江苏省首批公共体育服务体系示范区。

【《中小型体育设施场地建设奖补办法（试行）》出台】 2015年，为调动社会力量建设中小型体育场地设施，常州市制定出台《中小型体育设施场地建设奖补办法（试行）》，明确从2016年起，利用体育彩票公益金对各区新建的灯光篮球场、足球场、网球场、门球场、乒乓球场、羽毛球场、拼装式游泳池、健身步道8类中小型体育设施场地，按照不同标准给予资金补助。其中，灯光篮球场、灯光网球场、门球场每个补助10万元；7人制及以上灯光足球场每个补助30万元，5人制灯光足球场每个补助20万元；50×25米标准拆装式泳池每个补助30万元，25×15米标准短池每个补助20万元；4片以上室内羽毛球场、8片以上室内乒乓球场每个补助5万元；健身步道根据沿线体育场地设施等体育元素设置情况，按照每公里1万元标准补助；同一地点的各类项目补助资金总额不超过50万元；金坛区、武进区的建设项目市级补助标准减半，相应区按照1∶1比例进行配套补助。

【常州市多元办队模式】 2015年，常州市转变青少年体育竞技发展方式，推进多元办队模式。网球、击剑、散打项目作为试点，实行社会力量办队，常州体育产业集团有限公司、常州市众衡击剑运动中心、常州市普庆搏击培训基地分别负责网球、击剑、散打项目的训练及参赛任务。游泳项目率先试行“体校主导、一校多点、教体融合、产业支撑”的训练培训模式。市少体校和常州体育产业集团有限公司在常州体育产业集团下属各健身中心组建市少体校分校；组建由主教练、二线、三线教练构成的专业教练团队，主教练由市少体校专业教练担任，二、三线教练由各中心通过自身培养、引进及市场化聘用等渠道组建，实行主教练负责制；通过与中心周边学校合作、推广普及运动项目，做大参与运动的人群，招收优秀体育苗子。足球、篮球、乒乓球、棒垒球项目实行“市队校办”，利用优质学校资源，将这些项目的训练和参赛任务交至各个学校承担，这些学校的校队直接或通过选拔后代表全市参加比赛。其中，足球项目布点在常州市雕庄小学、武进区刘海粟小学、武进区湖塘初级中学；篮球项目布点在武进区湖塘实验小学、武进区湖塘第二实验小学、常州市实验初级中学、常州市第二十四中学天宁分校、常州市第一中学；乒乓球项目布点在常州市武进星辰实验学校；棒、垒球项目布点在常州市北郊高级中学。曲棍球、赛艇、自行车、男子手球项目实行“市队区办”，武进区承办曲棍球、赛艇项目的训练与参赛任务，金坛区、溧阳市分别承办自行车、手球项目的训练与参赛任务。　（丁树俊　刘　俊）

群众体育

【概　述】 2015年，常州市群众体育工作以创建公共体育服务体系示范区为抓手，全面建设提升城乡一体、普惠均等的公共体育服务体系。年内，戚墅堰全民健身中心和新北区（春江）全民健身中心投入运营，钟楼区全民健身中心开工建设；溧阳市上黄镇、溧阳市埭头镇、武进区湟里镇、天宁区雕庄街道全民健身活动中心建成，武进区横林镇、武进区前黄镇、钟楼区永红街道全民健身活动中心在建；32个以室外灯光篮球场为主体的全民健身示范工程项目建成。完成423个自然村、居民小区健身器材的政府采购及安装工作。在全市设立100个科学健身指导示范点，涵盖广场舞、排舞、健身气功、太极拳等项目。采取政府购买服务方式，组织开展"黄金联赛""谁是球王""业余比赛""展示活动""健身服务"5大类31个活动和服务项目。通过各辖市区及体育系统所属的1个国家级、4个省级体质测定与运动健身指导站开展体质测试服务，完成体质测试3万人次。进一步扩大医保定点健身场馆范围，新增新北区（春江）全民健身中心和戚墅堰全民健身中心为医保卡购买健身服务定点场馆，全市定点场馆达6家，全年累计用医保卡进行健身消费3172人次，总金额近150万元。

城乡一体公共体育服务体系建设稳步推进。实施农民体育提升工程，为农村配备安装篮球架263付；实施茅山老区体育工程扶持项目，为茅山老区农村配备安装健身路径186套。年内，全市新增健身步道60公里，建成拼装式游泳池3个和笼式足球场11个；逐步扩大乡镇农村10分钟体育健身圈建设，武进区、新北区分别完成100%、60%的建设任务。

体育社会组织不断发展。新增常州市户外休闲、路跑、定向、健身健美、柔道、瑜伽、飞镖7家市级运动协会和舞悦体育、青溪户外运动等8家俱乐部。市体育舞蹈协会、老年人体育协会、武进老年人体育协会3家体育社团通过5A级社团评定，新增4A级、3A级体育社团18家、4家。全国啦啦操锦标赛、西太湖国际半程马拉松赛、茅山登山健身大会等全民健身品牌活动影响力不断扩大，组队参加省排舞、健身秧歌、健身气功等项目比赛交流活动6次，均取得优异成绩。

加强社会体育指导员队伍建设。组织参加省级健步走、太极拳等项目一线指导员技能再培训688人，组织举办市一线指导员技能再培训800人；晋升一级社会体育指导员113名，晋升二级社会体育指导员250人，授予大学生村干部二级社会体育指导员等级42人。为全市4771名一线社会体育指导员购买意外伤害保险，并统一配发服装。开展"常州市最美社会体育指导员"评选活动，评选出常州市最美社会体育指导员10名和优秀社会体育指导员20名。

【2015年全国啦啦操锦标赛】 5月30—31日，2015年全国啦啦操锦标赛在溧阳市举行。比赛设幼儿组、小学组、中学组、大学组、俱乐部组5个组别，包括啦啦操规定动作、啦啦操自选动作、广场啦啦操（舞）、全国校园课间啦啦操等竞赛项目。国内30个城市的53支代表队1566名运动员参赛，是参赛人数最多、规模最大的一届全国啦啦操锦标赛。溧阳市零负担健身俱乐部小宇宙啦啦队获俱乐部甲组集体花球自选动作第一名。

【2015常宝股份金坛茅山登山健身大会】 10月11日，2015常宝股份金坛茅山登山健身大会暨常州市金坛区第六届全民运动会登茅山比赛在茅山金牛岭开赛。比赛登山线路设本地组和公开组，本地组登山路线全长13公里，公开组登山路线全长16公里，全省45支代表队600多名运动员参赛。指前镇和公安二队分获本地组农村部和职工部团体冠军。茅山登山健身大会为省十大城市健身景观之一，1996年创办，已成功举办19届。 （丁树俊）

竞技体育

【概　述】 2015年，常州市有60余名运动员参加在福建举行的第一届全国青年运动会，获金牌4枚。在第31届夏季奥林匹克运动会女子曲棍球预选赛中，常州市运动员王梦雨、孙晓与队友一起团结协作，获奥运预选赛亚军，取得奥运会参赛资格。

年内，常州青少年体育获得快速发展。常州市青少年业余体育学校（简称"少体校"）创建成为全国青少年校外体育活动中心，成为全国首批、江苏唯一的试点单位；江苏省常州高级中学创建成为国家级体育传统项目学校；常州市实验初级中学创建成为国家级青少年体育俱乐部；江苏省常州手球训练基地和溧阳市少体校创建成为全国手球高水平体育后备人才基地；常州市新北区实验中学和常州市新北区三井实验小学创建成为全国手球传统项目学校；常州市奥体青少年活动中心成功创建成为第一批省级青少年校外足球活动中心；常州市奥体中心乒乓球俱乐部等5家单位成功创建成为省级青少年体育俱乐部。

【史婧琳、沈铎获世界游泳锦标赛冠军】 8月9日，在俄罗斯喀山第十六届游泳世界锦标赛女子4×100米混合泳接力比赛中，常州籍运动员史婧琳、沈铎发挥出色，与队友团结协作，以3分54秒41获得冠军，这是中国游泳队时隔6年再次获得该项目冠军，也是江苏游泳运动员时隔20多年再次夺得世界冠军。史婧琳、沈铎的夺冠使常州籍世界冠军人数达到20位。

【芮留铭、李铮获第九届亚洲技巧锦标赛冠军】 9月14—20日，第九届亚洲技巧锦标赛在浙江省临安市举行，常州籍运动员芮留铭、李铮与队友以30.340的总分夺得男子四人组冠军。芮留铭出生于1995年，原为溧阳少体校举重队队员，后通过选拔转练技巧，2010年获江苏省第十七届运动会技巧混合双人组第二名，2012年进入省技巧队。李铮出生于2000年，8岁入选市少体校技巧队，2010年获江苏省第十七届运动会技巧男子双人组第二名，2011年进入省技巧队。

【常州市运动员参加第一届全国青年运动会】 10月18—27日，常州市60余名运动员参加第一届全国青年运动会，获金牌4枚、银牌6枚、铜牌2枚。其中，陈大祥获拳击男子84公斤级冠军，潘婷琳获摔跤女子自由式55公斤级冠军，吴照华获男子长拳刀术全能冠军，刘鹏翔获男子25米手枪速射团体冠军；由常州市承办的江苏省女子手球队、垒球队均获亚军，由常州市承办的江苏省女子曲棍球队获第四名。

【中小学生体育比赛】 2015年，市体育局、教育局共组织中小学生乒乓球、羽毛球、篮球、排球、足球、网球、棋类、射击、举重等比赛20项47次，10682人次参赛。

4月9—12日，常州市中小学生乒乓球锦标赛在溧阳市体育馆举行，江苏省前黄高级中学、溧阳市代表队、常州市田家炳高级中学分获高中组前三名，武进区星辰实验学校、武进区湖塘桥初级中学、常州市二十四中学分获初中组前三名，武进区星辰实验学校、常州市兰陵小学、武进区马杭中心小学分获小学组前三名。

4月22—26日，常州市中小学生羽毛球锦标赛在飞龙体育公园举行，常州市北郊高级中学、田家炳高级中学、第一中学分获高中组前三名，常州市实验初级中学、武进区湖塘实验中学、新北区实验中学分获初中组前三名，天宁区、新北区国英小学、常州市西新桥实验小学分获小学组前三名。

4月23—26日，常州市小学生篮球春季联赛在常州市北郊小学、市青龙实验小学举行，武进区礼嘉中心小学、湖塘桥实验小学、星韵学校分获男子组前三名，武进区牛塘中心小学、湖塘桥实验小学、庙桥小学分获女子组前三名。

4月23—26日，常州市小学生排球春季联赛在常州市虹景小学、清凉小学举行，武进区鸣凰中心小学、新北区罗溪中心小学、武进区泰村实验学校分获男子组前三名，武进区鸣凰中心小学、邹区中心小学、刘海粟小学分获女子组前三名。

4月23—26日，常州市小学生足球春季联赛在常州市雕庄中心小学、常州市正衡中学天宁分校举行，武进区横山桥中心小学、常州市雕庄中心小学、武进区刘海粟小学分获小学男子甲组前三名，武进区卢家巷实验学校、礼嘉中心小学、夏溪小学分获小学女子甲组前三名，武进区横山桥中心小学、武进清英外国语学校、常州市雕庄中心小学分获小学男子乙组前三名，武进区礼嘉中心小学、夏溪小学、礼河实验学校分获小学女子乙组前三名，常州市雕庄中心小学、武进区横山桥中心小学、常州市第二实验小学分获小学男子丙组前三名，武进区卢家巷实验学校、礼嘉中心小学、夏溪小学分获小学女子丙组前三名。

4月25日，常州市中小学生网球比赛在常州市奥体中心网球馆举行，近30名运动员参加比赛。

5月9—10日，常州市中小学生武术锦标赛在常州市虹景小学举行，新北区吕墅小学、常州市盛毓度小学、常州市怀德教育集团分获小学组前三名，常州市实验初级中学、武进区湖塘实验中学、常州市清潭中学分获初中组前三名。

5月16—17日，常州市中小学生棋类比赛在常州市飞龙实验学校举行，常州市安家中学、常州外国语学校、江苏省常州高级中学分获象棋中学组前三名，常州市实验小学、常州市解放路小学、武进区潘家小学分获象棋小学组前三名，常州外国语学校、武进区星辰实验学校、常州刘国钧高职校分获中学组前三名，常州市第二实验小学、局前街小学、解放路小学分获围棋小学组前三名，常州市西夏墅中学、常州外国语学校、常州市实验中学分获国际象棋中学组前三名，常州市解放路小学、实验小学、第二实验小学分获国际象棋小学组前三名。

5月23—24日，常州市中小学生射击锦标赛在常州市业余军体学校举行，武进区横山桥高级中学、新北区实验中学、溧阳少体校分获高中组前三名，武进区横山桥初级中学、新北区实验中学、溧阳市少体校分获初中组前三名，新北区龙虎塘实验小学、常州市北环小学、武进区崔桥小学分获小学组前三名。

5月30日，常州市中小学生举重比赛在常州市体育运动学校举行，溧阳市少体校、武进区马杭初级中学、武进区湖塘桥初级中学分获初中组前三名，武进区李公朴小学、溧阳市少体校、武进区周家巷小学分获小学组前三名。

5—10月，常州市小学生乒乓球积分赛在武进区星辰实验学校举行，钱志君、姚晔、何佳洋分获2004年组男子单打前三名，潘春涞、刘子睿、谢昊飞分获2005年组男子单打前三名，郑宸卓、姚原野、陈涛分获2006年组男子单打前三名，孙轶鹏、顾宇皓、孙思宸分获2007年后组男子单打前三名，肖锦、傅千羽、俞佳玉分获2004年组女子单打前三名，贺铃珑、赵佳怡、钱如忆分获2005年组女子单打前三名，朱永琪、贺奕凡、朱泓颖分获2006年组女子单打前三名，王迎、殷意茹、赵子晴分获2007年后组女子单打前三名。

5—10月，常州市小学羽毛球积分赛在飞龙体育公园举行，高骜天、邹亦宸、丁梓轩分获2004年组男子单打前三名，任峥、吴致远、沈柯寒分获2005年组男子单打前三名，刘书畅、王启阳、陈正宵分获2006年组男子单打前三名，陈垲蕴、张帆、张亦晗分获2004年组女子单打前三名，赵悦、朱骊安、李恩如分获2005年组女子单打前三名，徐垚、叶宸妤、郑静雯分获2006年组女子单打前三名。

6月7—8日，常州市第十八届奥梦杯幼少儿体操比赛暨第五届市技巧比赛在常州市委党校体育馆举行。

7月14日，常州市小学生棒垒球锦标赛在常州市花园第二小学举行，市花园第二小学、武进区嘉泽中心小学、新北区百草园小学分获前三名。

7月14日，常州市小学生女子曲棍球锦标赛在江苏省武进曲棍球基地举行，武进区牛塘中心小学、湟里中心小学、焦溪小学分获前三名。

7月16日，常州市中小学生健美操锦标赛在常州市北郊初级中学举行，常州市局前街小学、武进区刘海粟小学、武进区横山桥中心小学分获小学组前三名，常州市北郊初级中学、正衡中学、第二十四中学分获初中组前三名，常州市第一中学、第五中学、北郊高级中学分获高中组前三名。

7月30日至8月5日，常州市校园足球锦标赛在武进区湖塘实验中学、江苏省武进高级中学举行，武进区横山桥中心小学、武进区礼河实验小学、常州市雕庄实验小学分获小学男子甲组前三名，武进区横山桥中心小学、新北区薛家中心小学、武进区横林实验小学分获小学男子乙组前三名，武进区戴溪小学、武进区卢家巷实验学校、武进区横林实验小学分获小学女子甲组前三名，武进区东青实验学校、武进区礼河实验学校、武进区卢家巷实验学校分获小学女子乙组前三名，常州市实验初级中学天宁分校、武进区礼河实验学校、武进区遥观初级中学分获初中男子组前三名，武进区洛阳高级中学、武进区卢家巷实验学校、武进区东青实验学校分获初中女子组前三名，常州市田家炳高级中学、江苏省横林高级中学、常州市新桥中学分获高中男子组前三名。

8月10—14日，常州市中小学生篮球锦标赛在常州奥体中心新城体育馆举行，武进区湖塘桥实验小学、常州市虹景小学、武进区礼嘉中心小学分获小学男子组前三名，武进区湖塘桥实验小学、新北区新桥实验小学、武进区星韵学校分获小学女子组前三名，武进区星韵学校、金坛区第二中学、溧阳市燕山中学分获初中男子组前三名，武进区星韵学校、武进区坂上初级中学、常州市中天实验学校分获初中女子组前三名，江苏省奔牛高级中学、金坛区第一中学、常州市第一中学分获高中男子组前三名，溧阳市光华高中、江苏省奔牛高级中学分获高中女子组前两名。

8月23—26日，常州市中小学生排球锦标赛在金坛区体育馆举行，新北区罗溪中心小学、新北区薛家中心小学、武进区鸣凰中心小学分获小学男子组前三名，武进区鸣凰中心小学、武进区星辰实验学校、新北区薛家中心小学分获小学女子组前三名，武进区星辰实验学校、武进区前黄实验学校、常州市实验初级中学分获初中男子组前三名，武进区星辰实验学校、武进区鸣凰中学、武进区前黄实验学校分获初中女子组前三名，江苏省前黄高级中学、常州市第五中学、常州市新桥中学分获高中男子组前三名，江苏省前黄高级中学、常州市第一中学、常州市第二中学分获高中女子组前三名。

10月11日，常州市中小学生游泳锦标赛在常州市奥体中心新城游泳跳水馆举行，常州市西横街小学、常州市解放路小学、新北区百草园小学分获小学组前三名，武进区湖塘实验中学、常州市朝阳中学、溧阳市分获初中组前三名，江苏省前黄高级中学、江苏省常州高级中学、溧阳市分获高中组前三名。

10月16—18日，常州市中小学生田径锦标赛在常州市奥体中心新城体育场举行，新北区、武进区崔桥小学、天宁区分获小学组前三名，武进区、新北区、局属学校分获初中组前三名，武进区礼嘉中学、江苏省华罗庚中学、常州市北郊高级中学分获星级高中组前三名，江苏省武进高级中学、江苏省常州高级中学、常州市第一中学分获试点校组前三名。

11月10—15日，常州市小学生篮球秋季联赛在武进区湖塘桥实验小学、湖塘桥第二实验小学举行，武进区湖塘实验小学、星韵实验学校、奔牛实验小学分获男子组前三名，武进区牛塘中心小学、奔牛实验小学、庙桥小学分获女子组前三名。

11月10—15日，常州市小学生排球秋季联赛在武进区星辰实验学校、武进区鸣凰中心小学举行，武进区星辰实验学校、鸣凰中心小学、南宅实验学校分获男子组前三名，武进区南塘桥小学、鸣凰中心小学、刘海粟小学分获女子组前三名。

11月10—15日，常州市小学生校园足球秋季联赛在常州市武进区礼河实验学校、武进曲棍球训练基地举行，武进区横山桥小学、武进区横林实验小学、武进清英外国语学校分获小学男子甲组前三名，武进区夏溪小学、武进区礼嘉中心小学、武进区横林实验小学分获小学女子甲组前三名，常州市雕庄小学、武进区礼河实验小学、武进区横山桥中心小学分获小学男子乙组前三名，武进区夏溪小学、武进区礼河实验小学、武进区卢家巷实验学校分获小学女子乙组前三名，常州市龙城小学、丽华新村第三小学、雕庄小学分获小学男子丙组前三名，武进区礼嘉中心小学、武进区礼河实验学校、武进区卢家巷实验学校分获小学女子丙组前三名。

11月28—29日，常州市中小学生射箭锦标赛在常州市新北实验中学举行，新北区泰山小学、常州市博爱路小学、新北区三井实验小学分获小学组前三名，常州市新北实验中学、新北区魏村中学、常州天合国际学校分获初中组前三名。

11月28—29日，常州市中小学生射击达标赛在常州市业余军体校举行，武进区横山桥高级中学、溧阳少体校、常州市新北实验中学分获高中组前三名，常州市新北实验中学、溧阳少体校、武进区横林初级中学分获初中组前三名，新北区龙虎塘实验小学、武进区崔桥小学、武进区横山桥中心小学分获小学组前三名。

2015年常州籍运动员参加全国及以上比赛成绩前三名表

姓　名	性　别	比赛名称	月　份	地　点	参赛项目	名　次
赵　帅	男	世界跆拳道锦标赛	5	俄罗斯	男子58公斤级	3
王梦雨	女	女子曲棍球世界联赛	6	西班牙	曲棍球	2
赵　帅	男	世界大学生夏季运动会	7	韩　国	男子63公斤级	2
沈　铎	女	世界游泳锦标赛	8	俄罗斯	4×100米混合泳接力	1
沈　铎	女	世界游泳锦标赛	8	俄罗斯	4×200米自由泳接力	3
史婧琳	女	世界游泳锦标赛	8	俄罗斯	4×100米混合泳接力	1
史婧琳	女	世界游泳锦标赛	8	俄罗斯	200米蛙泳	3
高　阳	女	世界田径锦标赛	8	中国北京	铅　球	5
赵佳芹	女	亚洲女子手球锦标赛	3	印度尼西亚	手　球	3
乔　如	女	亚洲女子手球锦标赛	3	印度尼西亚	手　球	3
张海侠	女	亚洲女子手球锦标赛	3	印度尼西亚	手　球	3
蓝小玲	女	亚洲女子手球锦标赛	3	印度尼西亚	手　球	3

姓 名	性 别	比赛名称	月 份	地 点	参赛项目	名 次
于源源	女	亚洲女子手球锦标赛	3	印度尼西亚	手 球	3
高 阳	女	亚洲田径锦标赛	6	中国湖北武汉	铅 球	2
芮留铭	男	第九届亚洲技巧锦标赛	9	中国浙江临安	男子四人	1
李 铮	男	第九届亚洲技巧锦标赛	9	中国浙江临安	男子四人	1
吴士恒	女	第九届亚洲技巧锦标赛	9	中国浙江临安	女子双人	3
刘 壮	女	全国越野跑锦标赛	2	贵 州	四公里	3
赵 帅	男	全国跆拳道锦标赛	3	安徽黄山	男子63公斤级	1
任培瑜	女	全国跆拳道锦标赛	3	安徽黄山	女子46公斤级	2
赵 洁	女	全国女子垒球冠军杯赛	3	云南西双版纳	垒 球	1
张洁婵	女	全国女子垒球冠军杯赛	3	云南西双版纳	垒 球	1
刘彦敏	女	全国女子垒球冠军杯赛	3	云南西双版纳	垒 球	1
闵 珠	女	全国女子垒球冠军杯赛	3	云南西双版纳	垒 球	1
沈 铎	女	全国游泳冠军赛	4	陕西宝鸡	100米自由泳	1
沈 铎	女	全国游泳冠军赛	4	陕西宝鸡	200米自由泳	1
史婧琳	女	全国游泳冠军赛	4	陕西宝鸡	50米蛙泳	1
史婧琳	女	全国游泳冠军赛	4	陕西宝鸡	100米蛙泳	1
史婧琳	女	全国游泳冠军赛	4	陕西宝鸡	200米蛙泳	1
史婧琳	女	全国游泳冠军赛	4	陕西宝鸡	100米蛙泳	1
徐千雪	女	全国花样游泳冠军赛	4	浙 江	集体技术自选	2
徐千雪	女	全国花样游泳冠军赛	4	浙 江	集体自由自选	2
金小琳	女	全国花样游泳冠军赛	4	浙 江	集体技术自选	2
金小琳	女	全国花样游泳冠军赛	4	浙 江	集体自由自选	2
金小琪	女	全国花样游泳冠军赛	4	浙 江	集体技术自选	2
金小琪	女	全国花样游泳冠军赛	4	浙 江	集体自由自选	2
毛逸静	女	全国花样游泳冠军赛	4	浙 江	集体技术自选	2
毛逸静	女	全国花样游泳冠军赛	4	浙 江	集体自由自选	2
修丽杰	女	全国女子手球冠军杯赛	4	山东邹城	手 球	1
周小玲	女	全国女子手球冠军杯赛	4	山东邹城	手 球	1
蓝小玲	女	全国女子手球冠军杯赛	4	山东邹城	手 球	1
王小华	女	全国女子手球冠军杯赛	4	山东邹城	手 球	1
张海侠	女	全国女子手球冠军杯赛	4	山东邹城	手 球	1
乔 如	女	全国女子手球冠军杯赛	4	山东邹城	手 球	1
于源源	女	全国女子手球冠军杯赛	4	山东邹城	手 球	1
黄 霞	女	全国女子手球冠军杯赛	4	山东邹城	手 球	1
莫蒙萌	女	全国女子手球冠军杯赛	4	山东邹城	手 球	1
韩秀超	女	全国女子手球冠军杯赛	4	山东邹城	手 球	1
黄慧影	女	全国女子手球冠军杯赛	4	山东邹城	手 球	1
蒋 全	男	全国武术散打锦标赛	4	重 庆	散 打	2
芮留铭	男	全国技巧锦标赛	5	重庆垫江	男子四人	1
李 铮	男	全国技巧锦标赛	5	重庆垫江	男子四人	1
郭 培	男	全国技巧锦标赛	5	重庆垫江	男子四人	1
吴旭升	男	全国技巧锦标赛	5	重庆垫江	混合双人	3
吴士恒	女	全国技巧锦标赛	5	重庆垫江	女子双人	2
朱方圆	女	全国女子曲棍球冠军杯赛	5	广东广州	曲棍球	2
罗甜甜	女	全国女子曲棍球冠军杯赛	5	广东广州	曲棍球	2
付 裕	女	全国女子曲棍球冠军杯赛	5	广东广州	曲棍球	2
陈 晨	女	全国女子曲棍球冠军杯赛	5	广东广州	曲棍球	2

姓 名	性 别	比赛名称	月 份	地 点	参赛项目	名 次
虞雅然	女	全国女子曲棍球冠军杯赛	5	广东广州	曲棍球	2
屠一丹	女	全国女子曲棍球冠军杯赛	5	广东广州	曲棍球	2
潘 悦	女	全国女子曲棍球冠军杯赛	5	广东广州	曲棍球	2
沈 洋	女	全国女子曲棍球冠军杯赛	5	广东广州	曲棍球	2
刘 壮	女	全国田径大奖赛	5	山西太原	5000米	2
刘 壮	女	全国田径大奖赛	5	山西太原	10000米	3
蒋金永	男	全国拳击锦标赛	5	陕西咸阳	拳 击	1
杨 君	男	全国拳击锦标赛	5	陕西咸阳	拳 击	1
陈大祥	男	全国拳击锦标赛	5	陕西咸阳	拳 击	2
张思雨	女	全国现代五项冠军赛	6	江苏南京	女子接力	2
张思雨	女	全国现代五项冠军赛	6	江苏南京	混合接力	3
吴照华	男	全国武术套路锦标赛	6	山东淄博	刀 术	2
吴照华	男	全国武术套路锦标赛	6	山东淄博	棍 术	2
庄功平	男	全国青年举重男女锦标赛	6	江西新余	举 重	3
高霆捷	男	全国射击锦标赛	7	河南郑州	气步枪	2
朱经昊	男	2015中国棒球联赛	7	北 京	棒 球	1
罗中煜	男	全国男子手球锦标赛	8	吉林沈阳	手 球	1
吴照华	男	全国武术套路冠军赛	9	江苏淮安	长 拳	1
吴照华	男	全国武术套路冠军赛	9	江苏淮安	刀 术	2
徐千雪	女	全国花样游泳锦标赛	9	广东广州	集体技术自选	2
徐千雪	女	全国花样游泳锦标赛	9	广东广州	集体自由自选	2
金小琳	女	全国花样游泳锦标赛	9	广东广州	集体技术自选	2
金小琳	女	全国花样游泳锦标赛	9	广东广州	集体自由自选	2
金小琪	女	全国花样游泳锦标赛	9	广东广州	集体技术自选	2
金小琪	女	全国花样游泳锦标赛	9	广东广州	集体自由自选	2
毛逸静	女	全国花样游泳锦标赛	9	广东广州	集体技术自选	2
毛逸静	女	全国花样游泳锦标赛	9	广东广州	集体自由自选	2
赵 洁	女	全国女子垒球锦标赛	9	辽宁大连	垒 球	1
张洁婵	女	全国女子垒球锦标赛	9	辽宁大连	垒 球	1
刘彦敏	女	全国女子垒球锦标赛	9	辽宁大连	垒 球	1
闵 珠	女	全国女子垒球锦标赛	9	辽宁大连	垒 球	1
蒋 全	男	全国武术散打冠军赛	9	山西太原	散 打	2
杨 爽	女	全国女子柔道冠军赛	9	河北迁安	柔 道	3
任培瑜	女	全国跆拳道冠军赛	10	内蒙古	女子46公斤级	2
吴照华	男	第一届全国青年运动会	10	福建福州	长拳刀术全能	1
韩秀超	女	第一届全国青年运动会	10	福建漳州	手 球	2
黄慧影	女	第一届全国青年运动会	10	福建漳州	手 球	2
黄 霞	女	第一届全国青年运动会	10	福建漳州	手 球	2
孙苗苗	女	第一届全国青年运动会	10	福建漳州	手 球	2
王可可	女	第一届全国青年运动会	10	福建漳州	手 球	2
徐涵舒	女	第一届全国青年运动会	10	福建漳州	手 球	2
杨 鑫	女	第一届全国青年运动会	10	福建漳州	手 球	2
王纯纯	女	第一届全国青年运动会	10	福建莆田	女子多向	3
刘鹏翔	男	第一届全国青年运动会	10	福建莆田	手枪速射	1
陈大祥	男	第一届全国青年运动会	10	福建福州	拳 击	1
赵 静	女	第一届全国青年运动会	10	福建福州	柔道女子63公斤级	2
陈鲜娜	女	第一届全国青年运动会	10	福建福州	柔道女子52公斤级	2

姓　名	性　别	比赛名称	月　份	地　点	参赛项目	名　次
陈秀云	女	第一届全国青年运动会	10	福建福州	摔跤女子自由式59公斤级	2
陆诗诗	女	第一届全国青年运动会	10	福建福州	摔跤女子自由式51公斤级	2
潘婷琳	女	第一届全国青年运动会	10	福建福州	摔跤女子自由式55公斤级	1
杨　乐	男	第一届全国青年运动会	10	福建福州	10000米	2
秦国远	男	第一届全国青年运动会	10	福建福州	十项全能	2
李继明	男	第一届全国青年运动会	10	福建福州	110米栏	2
杨　乐	男	第一届全国青年运动会	10	福建福州	10000米	2
闵　珠	女	第一届全国青年运动会	10	福建福州	垒　球	2
刘彦敏	女	第一届全国青年运动会	10	福建福州	垒　球	2
赵　洁	女	第一届全国青年运动会	10	福建福州	垒　球	2
张云录	女	全国室外射箭锦标赛	11	浙江德清	淘汰赛	1
张海侠	女	全国女子手球锦标赛	11	江苏溧阳	手　球	1
乔　如	女	全国女子手球锦标赛	11	江苏溧阳	手　球	1
莫蒙萌	女	全国女子手球锦标赛	11	江苏溧阳	手　球	1
王可可	女	全国女子手球锦标赛	11	江苏溧阳	手　球	1
于源源	女	全国女子手球锦标赛	11	江苏溧阳	手　球	1
黄　霞	女	全国女子手球锦标赛	11	江苏溧阳	手　球	1
王小华	女	全国女子手球锦标赛	11	江苏溧阳	手　球	1
修丽杰	女	全国女子手球锦标赛	11	江苏溧阳	手　球	1
韦秋香	女	全国女子手球锦标赛	11	江苏溧阳	手　球	1
韩秀超	女	全国女子手球锦标赛	11	江苏溧阳	手　球	1
蓝小玲	女	全国女子手球锦标赛	11	江苏溧阳	手　球	1
黄慧影	女	全国女子手球锦标赛	11	江苏溧阳	手　球	1

（刘　俊）

体育赛事

【概　述】 2015年，常州市承办中国羽毛球大师赛、环太湖国际公路自行车赛、常州武进西太湖国际半程马拉松赛、第七届U21青年女曲亚洲杯赛、“中国·扬子”杯中塞国际男篮对抗赛等国际赛事5项次；承办中国男子篮球职业联赛（简称“CBA”）2014—2015赛季、2015—2016赛季江苏同曦队主场，中国女排联赛2014—2015、2015—2016赛季江苏中天钢铁队主场，全国女子手球锦标赛，第一届全国青年运动会曲棍球比赛等全国赛事26项次。以合作、委托办培训方式，在常州高校和体育协会培养等级裁判员，先后与省体育局综合处联合举办江苏省花样游泳、武术散打、篮球一级裁判员培训班3期，与市各单项协会联合举办二级裁判员培训班6期。全年新增一级裁判员64名、二级裁判员255名。

【波力杯中国羽毛球大师赛】 4月14—19日，2015波力杯中国羽毛球大师赛在常州奥体中心新城体育馆举行，17个国家和地区的150名运动员参赛。经过6天5轮120余场比赛，中国选手王睁茗获男子单打冠军，中国选手何冰娇获女子单打冠军，中国选手李俊慧/刘雨辰获男子双打冠军，中国选手汤金华/钟倩欣获女子双打冠军，中国选手刘成/包宜鑫获混合双打冠军。

【2015常州武进西太湖国际半程马拉松赛】 10月18日，2015常州武进西太湖国际半程马拉松赛在武进区西太湖景区举行，15个国家和地区的13336名运动员参赛，肯尼亚选手塔卢斯获男子半程组的冠军，中国选手林晓静获女子半程组的冠军，中国选手殷磊获10公里组的冠军。

【2015环太湖国际公路自行车赛（武进赛段）】 11月3日，2015环太湖国际公路自行车赛第四赛段的比赛在武进区春秋淹城—西太湖举行，16个国家22个车队的200余名运动员参赛，阿联酋迪拜高跳伞洲际队的突尼斯车手奇托维获赛段冠军。

【CBA联赛常州赛区江苏同曦男篮常规赛】 1月2日至2月11日，CBA联赛2014—2015赛季江苏同曦男子篮球队主场的7场比赛在常州奥体中心新城体育馆举行。江苏同曦男子篮球队分别迎战辽宁、天津、江苏中天钢铁、八一、浙江、广厦、山东队，取得4胜3负的成绩，最终位列常规赛第十七名。

11月8日至12月18日，CBA联赛2015—2016赛季江苏同曦男子篮球队主场的10场比赛在常州奥体中心新城体育馆举行。江苏同曦男子篮球队分别迎战辽宁、天津、北京北控、山西、佛山、青岛、广东、浙江、新疆、江苏肯帝亚队，获7胜3负的成绩。

【中国女子排球联赛常州赛区比赛】 1月13—29日，中国女子排球联赛2014—2015赛季在常州大学体育馆举行半决赛和3—4名决赛。江苏中

2015 年常州市承办国家级以上大型体育赛事一览表

赛事级别	赛事名称	比赛时间	比赛地点
国际比赛	波力杯中国羽毛球大师赛	4月14—19日	常州奥体中心新城体育馆
	“中国·扬子”杯中塞国际男篮对抗赛	5月17日	溧阳市体育馆
	第七届U21青年女曲亚洲杯赛	9月5—13日	武进曲棍球基地
	常州武进西太湖国际半程马拉松赛	10月18日	武进西太湖景区
	环太湖国际公路自行车赛武进赛段	11月3日	武进西太湖景区
全国比赛	全国男子篮球职业联赛江苏同曦队主场	1月2日至2月1日	常州奥体中心新城体育馆
	中国女子排球联赛江苏中天钢铁队主场	1月13—29日	常州大学体育馆
	第八届华东地区业余羽毛球比赛	3月26—29日	常州奥体中心新城体育馆
	第二十三届环太湖城市桥牌赛	4月18—19日	西太湖会议中心
	中华龙舟大赛（常州·武进站）	4月25—26日	武进太湖湾景区
	江苏常州武进首届雪堰桃花节全国钓鱼比赛	5月2—3日	武进雪堰钓鱼基地
	光威钓王杯全国钓鱼资格赛	5月3日	滆湖低碳公园
	第二届长三角运动休闲体验季暨长三角户外运动赛会	5月17—18日	溧阳天目湖景区
	“李宁·红双喜”杯2015中国乒乓球协会会员联赛	5月29—31日	常州市仙鹤体育中心
	2015全国啦啦操锦标赛	5月30—31日	溧阳市体育馆
	龙于工坊杯全国钓鱼巡回赛总决赛	7月16—18日	金坛愚人码头
	首届江浙沪OP级帆船夏令营比赛	8月1—2日	武进水上运动中心
	全国中学生手球锦标赛	8月2—11日	常州市新北实验中学
	中国常州国际体育舞蹈公开赛	8月24—25日	常州大学体育馆
	第一届全国机器人运动大赛	9月15—18日	常州科教城
	御珍酒杯全国钓鱼大奖赛	9月20日	滆湖低碳公园
	中国千人渔具店长钓鱼大赛	9月24—25日	滆湖低碳公园
	首届常州喜悦全国U9足球邀请赛	10月1—5日	常州市武进区横林实验小学
	全国青年运动会曲棍球比赛	10月11—16日	武进曲棍球基地
	中国女子排球联赛江苏中天钢铁队主场	10月31日至12月29日	常州大学体育馆
	环太湖国际公路自行车业余俱乐部巡回赛（武进赛段）	11月3日	武进西太湖景区
	首届鲤王杯全国钓鱼巡回赛总决赛	11月8日	滆湖低碳公园
	全国男子篮球职业联赛江苏同曦队主场	11月8日至12月18日	常州奥体中心新城体育馆
	全国女子手球锦标赛	11月9—19日	溧阳市体育馆
	全国围棋甲级联赛（江苏保朴园站）	11月12—13日	金坛茅山保朴园
	首届鲤王杯全国钓鱼大赛	11月18日	滆湖低碳公园

天钢铁女排在半决赛中不敌上海女排，在3—4名比赛中战胜浙江女排，最终位列2014—2015中国女子排球联赛第三名。

10月31日至12月29日，中国女子排球联赛2015—2016赛季常州绿建赛区比赛在常州大学体育馆举行小组赛第一阶段和第二阶段的9场比赛，江苏中天钢铁女排主场分别迎战上海、四川、福建、山东、天津、北京、浙江、辽宁和八一队，取得8胜1负的战绩，最终位列常规赛阶段第一名。

（花　盛）

体育产业

【概　述】 2015年，常州市积极争取省级体育产业引导资金，全市有15个项目单位获省级总计960万元资助。年内，常州市首次设立市级体育产业发展引导资金，有32个体育产业企事业单位申报，经审定，14个项目单位获市级体育产业发展引导资金。常州体育产业集团有限公司不断整合市级体育场馆资源，健全产业体系，深化健身、会展、演艺、房地产等多类产业，营业收入4.18亿元。常州青奥体育经营管理有限公司稳步推进清潭体育中心场馆企业化运营管理，全年实现营业收入1261万元。巩固体育彩票基础站点改造成果，发展体育彩票销售工作。体育彩票全年销售额12.32亿元，位列全省第四。7月，市体育局会同市公安、卫生等部门对全市约40家游泳场所进行联合执法检查。继续按照法律法规做好市区游泳场馆证照的核发工作，至年底，市区累计核发证照48家，游泳领域保持安全运行零事故。　（衡兴龙）

2016

社会生活

Society & Life

◆责任编辑　王　晶

人口和计划生育

【计划生育服务】 2015年，全市人口出生率9.61‰，人口死亡率6.95‰，人口自然增长率2.66‰。出生人口性别比（男婴出生数/女婴出生数×100）110，流动人口管理服务率95.7%。实施“单独两孩”政策（夫妻双方一人为独生子女，第一胎非多胞胎，即可生二胎），受理城镇“单独”夫妇再生育申请2114对，出生性别比趋于正常范围。深入开展幸福家庭建设，大力关怀计划生育特殊家庭，建立公益养老、签约式服务、亲情化服务等优先保障机制，为全市30139名企业持证退休职工落实一次性奖励金。推进中国计划生育协会计生特殊家庭帮扶模式探索项目、国际合作康健计划和青春健康家长培训试点工作，建成春晖家园7家、生育关怀帮扶示范基地10家、康健驿站5家、流动人口服务管理示范市场4家，全市流动人口服务管理率95.7%。全市完成免费孕前优生健康检查16136人次。

市卫计委与江苏理工大学联合开展《“单独两孩”生育意愿与生育行为的监测分析》课题研究。至12月31日，常州有2077对“单独”夫妇通过再生育审批，仅占“单独”夫妇总数的5%。申请再生育的“单独”妇女年龄以30周岁以上为主，申请并通过再生育审批的单独妇女年龄在30周岁以上的占到审批总量的69.6%，其中，31至35周岁的占50.43%，36周岁以上的占19.17%。审批量呈平稳态势，平均每月169对左右。

全年办理生育服务联系单19480例，流动人口办理2196例；发放再生育证6128张；严格查处违法生育，实际征收社会抚养费381例，征收871.98万元。签订2015年相关部门综合治理人口和计划生育目标责任书，推动人口和计划生育综合治理工作的健康发展。审核2013—2015年度常州市文明单位、文明行业候选名单，2014年度省市五一劳动奖章、奖状推荐名单和县处级领导干部、江苏省道德模范候选人等的计划生育情况，否决文明单位、文明行业候选单位2个。（黄志娟）

人力资源

【高层次人才引育】 2015年，常州市引进高校毕业生等各类人才4.15万人，其中高层次人才2537名；新增专业技术人才2.75万人。“龙城英才计划”深入实施，183人入选领军人才优先支持项目。2人入选第十二批国家“千人计划”创业类人才，1人入选第五批国家“外专千人计划”，3人入选第二批省“外国专家百人计划”。

6个国外智力项目获国家经济类高端外国专家项目立项，42个项目获省级引智项目立项，分别占全省54.5%、17.9%，均居全省第一；77个项目入选市级引智项目，3家单位被评为市级引智工作站。办理外国专家来华工作许可168件，新办外国专家证249件，办理外国专家证件延期301件，办理外国专家证件变更95件。梅特勒-托利多（常州）精密仪器有限公司瑞士籍总经理Jean-Christophe Emery和江苏龙城精锻有限公司法籍常务副总Nicolas Joseph Vautherin获2015年江苏友谊奖。

省高层次创新创业人才引进计划（简称“双创计划”）申报工作扎实开展，常州市自主创业类40名申报人员全部通过资格审查，成功入选25人，首次进入全省前三位。举办常州市博士后人才项目对接会，29家设站单位与南京大学、东南大学等多所高校博士后管理办公室负责人、60余名博士后后备研究人员进行洽谈对接。全年引进博士后26名，比上年增36%。中海油常州涂料化工研究院、常州光洋轴承有限公司、常州星宇车灯股份有限公司、卓郎（金坛）纺织机械有限公司、汉得利（常州）电子股份有限公司、江苏华威世纪电子集团、溧阳天目湖农业发展有限公司、常州制药厂、江苏众红生物工程创药研究院有限公司、江苏润源控股集团有限公司10家企业被人力资源和社会保障部、全国博士后管理委员会批准设立博士后科研工作站，10人被省政府授予“江苏省有突出贡献中青年专家”称号，424人获常州市本级重点产业紧缺人才资助。

市人才办公室和市人社局联合出台《加快推进十大产业链企业人才集

聚行动方案》，深入开展企业人才工作年活动，全面推进十大产业链重点企业挂钩联系服务工作。组织“万名硕博常州行”活动2场，举办研究生社会实践对接会、高层次人才洽谈会、名校学子看龙城、高校学生处长常州行、研究生社会实践常州基地揭牌仪式等系列活动，省内外46所高校3300多名硕博研究生到常州开展对接洽谈，常州市人社局与武汉大学、华中科技大学、南京大学等22所高校签订研究生社会实践基地协议书。

【高技能人才培养】 2015年，市人社局与财政局联合出台《高技能人才培训补贴实施办法》，高级工、技师、高级技师补贴标准分别提高到1200元、2000元、3000元。实施校企合作培养高技能人才和企业自主评价高技能人才工作，全市有258家企业开展企业内评价2.69万人次，比上年增56.03%，其中企业高技能人才评价申报1.84万人次，占评价总数68.51%，比上年增32.03%。在全省率先开展以“招工即招生、入企即入校、企校双师联合培养”为主要内容的企业新型学徒制试点，常州交通技师学院与常州市公交集团公司签订试点协议，并具体实施。新增省级高技能人才培养示范基地3家、省级技能大师工作室1家、企业首席技师11名，市级高技能人才培养基地10家、高技能人才培养示范基地5家、技能大师工作室8家、企业首席技师20名。全市高技能人才鉴定取证3.75万人次，比上年增42.82%，每万名劳动者中有高技能人才826人，继续位居全省第一。

【事业单位人事工作】 2015年，市委组织部、市人社局联合开展2015年事业单位统一公开招聘工作，发布招聘岗位150个，6525人参加网上报名，最终聘用工作人员140名。完成机关事业单位工作人员基本工资标准和离退休人员离退休费调整，全面落实机关事业单位工作人员带薪年休假制度，推进县以下机关建立公务员职务与职级并行制度及对乡镇机关事业单位工作人员实行补贴工作。人事管理信息系统初步联网，实现全市同一系统、同一网络、同一数据库的管理模式。完成118名军转干部安置任务（含自主择业4名）。组织实施各类人事考试49项，累计11.83万科次6.38万人。

【公务员管理】 2015年，常州市实际录用公务员和参照公务员法管理单位工作人员363人。在公务员考录面试环节取消特邀考官。组织开展机关事业单位“吃空饷”问题集中治理。平稳推进参照公务员法管理单位申报及人员登记工作。市人社局先行先试，探索建立以工作人员自我管理为基础，以工作纪实和阶段性评价为主要内容，以自主研发的信息系统为载体，以“日记实、月对账、季评鉴、年运用”为主体的记实式平时考核模式。拓展公务员平时考核试点，新增9家考核联系点，考核联系点建设实现向辖市区拓展。开展第45期公务员（正科）任职培训和第46期公务员（副科）任职培训，举办公务员初任培训1期，承办苏南苏北公务员新型城镇化建设与管理对口培训1期。

【人才市场】 2015年，全市各级人力资源市场累计提供就业岗位58.93万个次，有55.95万人次进场求职，分别比上年减7.32%和8.46%；求人倍率（劳动力市场在一个统计周期内有效需求人数与有效求职人数之比）为1.05，用工总体平稳。常州市人力资源市场举办现场招聘会111场，11468家单位进场招聘，提供职位20.7万个，进场应聘人员28.3万人次，达成就业意向8.99万人次，其中举办公益性招聘会11场，包括市人社局及市民政（双拥办）、妇联、工商、工商联、创意基地管委会等部门主办的“就业援助月”“春风行动”“迎三八架金桥”、退役士兵、民营企业、拥军优属、高校毕业生、创意人才和高层次人才等公益性招聘会；为3544家企业免费搭建招聘平台，提供就业岗位6万多个。实施“名校优才引进计划”，2186家次企业赴62所高校引才，提供岗位21175个；启动“职场精英引进计划”，214家次单位赴上海、武汉等地引才，提供中高级岗位1817个。开发完成人事代理网上办理系统，全年新增代理人员2104人，累计32051人；保管各类人才档案11.62万份。

【人事人才公共服务】 2015年，全市开展职业资格清理规范工作，全面清查国务院公布取消的职业资格落实情况。探索建立政府购买服务的市级高研班模式，通过政府财政承担经费、社会组织申请承办、专业技术人才自主选择的形式，举办“海绵城市”“物联网技术”等市级高研班4期。职称网上申报评审系统全面运行，专业技术人员数据库建设完成。

【劳动就业】 2015年，常州市就业形势总体保持稳定，新增城镇就业13.31万人，失业人员再就业5.36万人，就业困难人员再就业1.14万人，新增农村劳动力转移就业1.82万人，年末城镇登记失业率继续控制在4%以内。开展城乡劳动者就业技能培训4.08万人、创业培训2.51万人，扶持创业1.3万人（其中大学生2459人），创业带动就业5.3万人。

市政府出台《关于进一步做好新形势下就业创业工作的实施意见》《关于加快发展人力资源服务业的实施意见》。大力推进省级人力资源服务产业园建设，年内入驻人力资源服务机构10余家。江苏优仕达人才服务有限公司、科瑞尔服务外包有限公司被评为全省人力资源服务骨干企业，市人才服务中心、市人力资源市场有限公司、金坛区劳务开发有限公司、溧阳盛源劳务派遣有限公司和江苏优仕达人才服务有限公司被评为全省诚信人力资源服务机构。

【高校毕业生就业创业】 2015年，常州市举办市内公益性高校毕业生招聘会6场，2062家用人单位参会，提供职位需求3.1万个，3.5万名毕业生和其他各类人才进场应聘。举办公益性网络招聘会16场，2187家单位参会，提供职位需求8329个，43598人参加。其中，毕业生专场招聘会10场，参会单位1334家，提供面向毕业生的岗位7331个，职位5195个。全年组织提供各类高校毕业生就业岗位6.1万个，累计建立各级高校毕业生就业见习基地226家，组织1881名高校毕业生和青年参加就业见习。完成全市5787名离校未就业高校毕业生的实名登记调查工作，为1.24万人次提供公共就业服务，指导帮助4048人享受就业扶持政策。年末在常州高校毕业生就业率达98.2%，其中留在常州就业的毕业生10351人，占在常州高校毕业生就业总人数的30.58%。

市政府办公室出台《常州市“龙城青年大学生创业”三年行动计划（2016—2018年）》，进一步拓展创业项目资助、一次性开业补贴、创业带动就业奖励、创业社保补贴、创业担保贷款贴息、创业载体专项扶持、创业租金和场地补贴、创业孵化补贴、创业培训和实训、网络创业等扶持政策，为大学生构建更加充满活力的创业环境。市人社局新认定市级大学生创业园5家，全市累计有市级大学生创业园12家，入驻企业近600家，其中初始创业的大学生企业460余家，带动就业4300余人。10所驻常州高校实现大学生就业创业指导服务站全覆盖，举办第二、三期龙城大学生创业论坛和“创在龙城，燃梦六月”——龙城大学生创业园高校对接等活动。

成功举办第二届常州市大学生创业大赛，征集到创业项目330个，其中社会组127个、高校组203个，社会组已创业项目吸纳和带动1000多人就业，高校组参赛团队有1200多名大学生参与。常州市推荐4家创业基地、45个项目申报2015年江苏省创业示范基地和大学生优秀创业项目，全部入选。刘鸿飞获首届江苏省大学生创业大赛“江苏省大学生创业标兵”称号，并以网络投票第一名的成绩获最佳人气奖；张翀昊先进激光制造设备的产业化项目获江苏省大学生优秀创业项目第二名。

【劳动关系】 2015年，全市规模以上企业劳动合同签订率99.9%，劳动用工备案125.04万人；审查集体合同7820份，其中工资专项集体合同7057份，已建工会企业集体合同签订率98.9%。全市有独立开展工资协商企业16067家，区域、行业签订集体合同458份，覆盖企业36931家。市人社局发布2015年企业工资指导线，全市企业工资增长基准线为10%，企业工资增长下线为4%，不设企业工资增长上线。从2016年1月1日起，市区（不含金坛区）企业最低工资标准由原来的1630元／月调整到1770元／月，增8.6%；金坛区、溧阳市由原来的1460元／月调整到1600元／月，增9.6%。市区（不含金坛区）非全日制用工小时最低工资增加1元，标准为15.5元；金坛区、溧阳市非全日制用工小时最低工资增加1.5元，标准为14元。常州市劳务派遣行业协会成立。全面推行劳务派遣劳动合同参考文本，进一步规范小微企业和劳务派遣的用工行为。市、区联动开展中小企业人力资源管理人员法律法规大培训，新北、天宁等地区1200余人参加。

争议调处。推进劳动人事争议巡回仲裁庭省级试点，4家挂牌运行的巡回仲裁庭立案处理劳动争议案件170余件，促进争议案件在基层化解。综合运用仲裁裁决书评比、新任仲裁员庭审观摩等举措，提升仲裁案件处理质效。2015年，全市各级劳动人事争议调解组织和劳动人事争议仲裁机构处理各类劳动人事争议案件14536件，比上年增1%。其中案前案外调解处理劳动人事争议9120件，占接处案件总数的62.7%；劳动人事争议仲裁机构立案处理案件5416件，比上年降8.2%，未发生立案后的群体性事件。全市各级劳动人事争议仲裁机构处理结案的劳动人事争议案件5462件（含上年结转案件280件），结案率96%，其中经仲裁机构调解及撤诉处理的案件占结案总数的72.6%。

监察执法。劳动监察微信平台开通，进一步畅通维权举报投诉通道。首次开展劳动保障监察示范县（区）创建，继续延伸劳动监察维权“T+1”（“T”，即调处，根据投诉人意愿可先行调处，快速化解劳资矛盾；“1”指投诉人只要投诉，便享受一站式服务，不需要因对被诉企业〈单位〉属地信息不明多点奔波，有效避免维权机构在来访接待中相互推诿扯皮现象的发生）网格覆盖范围。开展劳动保障监察“驻点式”执法试点。常州市劳动监察支队和常州市律师协会联合建立劳动法律服务工作站，为劳动者提供方便快捷的维权指导和法律帮助。全市劳动保障监察机构受理投诉举报2930件，主动监察用人单位5616户，责令用人单位补签劳动合同1.44万份，追发劳动者工资待遇16041.9万元，涉及劳动者人数1.63万人。其中，补发农民工工资1.15亿元，涉及农民工人数1.3万人；督促补缴社会保险费2295万元，涉及劳动者人数0.89万人，成功调处劳动关系矛盾纠纷2312起，调处成功率85%。立案查处各类案件1548件，法定时间内结案率100%。（毛明华）

社会保障

【社会保险】 2015年，常州市出台《关于进一步修订完善常州市市区城乡居民基本养老保险制度的通知》，并于7月1日起实施，同时停止施行城镇老年居民养老补贴办法。机关事业单位养老保险制度改革扎实推进。城乡居民大病保险实现大市范围制度全覆盖。启动全民参保登记试点，通过信息比对、入户调查、数据集中管理和动态更新等措施，对各类群体参加社会保险情况进行记录、核查和规范管理，从而推进职工和城乡居民全面、持续参保。1月1日起，全面贯彻实施《江苏省职工生育保险规定》，推进机关事业单位人员生育保险参保工作，实现包括机关事业单位人员在内的所有用人单位和职工的生育保险待遇全覆盖，灵活就业人员生育待遇也得到保障。落实省政府新修订的工伤保险实施办法，推进建筑业工人参加工伤保险。至2015年末，全市参加城乡基本养老保险261.11万人、城镇基本医疗保险222.08万人、失业保险108.7万人、工伤保险113.63万人、生育保险110.98万人。

市人社局发布2015年7月1日至2016年6月30日期间市本级参加企业社会保险的用人单位以及职工社会保险缴费基数：用人单位以全部职工工资总额为缴费基数，但人均月缴费基数不得低于2900元；职工以本人工资总额为缴费基数，但月缴费基数上限不得高于15446元，下限不得低于2900元。

常州市连续第十一年调整企业退

休人员基本养老金，人均增幅10%以上。调整城乡居民社会养老保险基础养老金，其中，市本级及武进区基础养老金标准由每月170元提高至190元，金坛区和溧阳市基础养老金由每月90元提高至105元。参加居民医保的政府缴费补助标准由2014年的每人每年350元提高到每人每年400元，居民医保基金最高支付限额由23万元/年提高到25万元/年。职工医保和城镇居民医保政策范围内住院医疗费用基金支付比例分别稳定在80%和70%以上。7月1日起调整工伤保险待遇，幅度为在原金额基础上按照1.1的系数进行调整，调整后增加的金额不得低于如下标准：伤残津贴一级伤残增加280元，二级伤残增加270元，三级伤残增加260元，四级伤残增加250元，供养亲属抚恤金每月增加90元。

【城乡居民医疗保险一体化】 2015年，常州市按照"先整合管理体制，再完善基本制度，逐步提升统筹层次"和逐步实现"同城、同标、同待遇"的总体思路，处理整合城乡居民基本医疗保险工作中的各项问题。先行整合市区城乡居民基本医疗保险管理体制，实现经办业务职能、基金、机构人员、专项资金、财务资产、债权债务、信息系统等平稳整合。整合过程中，原有统筹层次暂保持不变。各辖区卫计部门经办的城乡居民基本医疗保险工作整合后由同级人社部门管理，原承担经办工作的机构和人员随经办职能一并完成整合，做到"编随事定、人随事走"。整合过渡期间，各辖区保持政策稳定，按照原待遇标准和报销程序为参保人员支付待遇。年内，各辖区完成整合交接主体任务。

出台《市政府办公室关于完善市本级和武进区城乡居民基本医疗保险政策的通知》，明确自2016年1月1日起武进区施行与市本级统一的城乡居民基本医疗保险政策，新北区居民统一参加市本级居民医保，主城区（武进区、新北区、天宁区、钟楼区）将率先实现"同城、同标、同待遇"。

【电子社保】 2015年，常州市推进社保征缴业务网办平台开发建设，在全面实现网办电子签名认证用户足不出户就可办理本单位员工社保增减等常规业务的基础上，进一步实现市本级参保单位年度社保基数网上申报，市本级网办电子签名认证用户3249家，占10人以上参保单位数量的53.84%。2015年，通过网办电子签名认证平台申报的单位2097户19.54万人，分别占全部申报单位和职工的31%、47%。在原有社保关系网上办理转出的基础上，市社保中心进一步推出社保关系转入网上申请办理服务，实现社保转移全面网上经办。推进工伤医疗费联网实时结算试点。

"常州社保"微信平台全面上线，主要为参保职工提供3大类15项社保常用查询，包括个人基本信息和社保缴费明细、医疗消费等信息。实时披露各项社保信息，特别是医保个人账户、慢性病、门诊统筹等待遇享受情况；实时提供社会保障卡（医保卡）挂失业务；公开社保相关政策、办事指南、热点问题解答等内容，为参保群众提供便民地图。年内平台关注人数已逾3.1万人，绑定人数8000人。

（毛明华）

民　政

【双拥优抚】 2015年，常州市创建全国双拥模范城"六连冠"完成省双拥办考核验收。全市各级投入资金2.5亿元支持部队和国防建设，常州机场边检站、常州市消防灭火救援中心、溧阳国防园建成使用。连续第七年开展军地互办实事活动，协调资金937.52万元，落实军地互办实事项目100个。市双拥工作领导小组成员单位和辖市区积极支持部队建设，为部队配置体育和文化器材、改善政治和办公环境、培训军地两用技术人才、升级改造基层单位生活设施等，组织开展法律拥军、文化拥军、智力拥军进军营等活动；驻常州部队组织开展爱民办实事活动16项，举办国防形势报告会、"军营开放日"，对学生和企事业单位员工进行军训，深入开展扶贫帮困和文明创建等活动，完成常州地区抗洪抢险、浙江丽水泥石流灾害救援、深圳滑坡救援等急难险重任务。出台《常州市双拥工作实施细则》《关于加快推进军民融合深度发展意见》《常州市军民融合发展三年实施规划》《关于进一步加强社区（村）双拥工作的实施意见》《关于加强和维护国防利益和军人军属合法权益的意见》《常州市烈士纪念设施保护管理暂行办法》《常州市级烈士纪念设施保护单位考评标准》。新四军江南指挥部纪念馆列入国家级抗战纪念设施遗址，常州市革命烈士陵园获评为全国文明优抚事业单位，新北区双拥公园、钟楼区南大街双拥一条街成为江苏省双拥示范基地。军地互办实事、军民共建、城舰共建等各类双拥活动常态化开展。

完成四类对象（抗日战争时期的在乡复员军人和残疾军人；移交政府安置的抗日战争时期军队离休干部、无军籍职工；抗日战争时期在国民党军队服役，后在解放战争中起义、投诚编入解放军序列的在乡复员军人；参加过抗日战争，后回乡务农的原国民党抗战老兵。包括2015年1月1日以后去世的上述4类对象）抗日战争暨世界反法西斯战争胜利70周年纪念章和每人7500元慰问金发放工作，发放纪念章114枚、慰问金85.5万元。举办大型烈士公祭活动。

8月，常州通过招标程序确定拥军卡合作银行，其中金坛区、溧阳市、武进区为中国银行，市区为招商银行。为入伍青年办理拥军卡，发放家庭义务兵优待金和立功奖励金2397.2万元。（陆　峰　张亚男）

【驻常部队抗洪抢险】 6月，常州地区两次遭遇强降雨，引发历史罕见特大洪涝灾害，抗洪防汛形势严峻。常州军分区、武警水电五支队、武警常州消防支队等驻常州部队紧急出动官兵1.5万人次、装备1600余台套，加固堤坝8000余米，转移受灾群众1.2万人。（陆　峰）

【军属就业就学安置】 2015年，常州市区指令性安置随军家属8人，发放随军家属自谋职业货币安置补助金447.9万元；为17名军人子女中考加分，协调解决26名军人子女择校入学和转学。

【退役士兵安置】 2015年，常州市接收退役士兵1602名，其中转业士官36名。岗位安置14名，占接收人数的0.87%；申请自主就业有偿安置1588名，占接收人数的99.13%，发放货币安置金7991.53万元。退役士兵安置率100%。举办退役士兵专场招聘会2场，111家用人单位进场招聘，提供工作岗位2170个。溧阳市委组织部和溧阳市民政局出台《关于开展退役士兵村官选聘工作的通知》，开展退役士兵村干部培养试点工作。全市投入培训经费921.21万元，1430名退役士兵参加各类教育培训，其中短期培训1029名、中长期培训189名、复读212名，全员实际参训率89.3%。

【军队移交离退休干部安置】 2015年，全市认真落实军队移交政府安置的离退休干部有关待遇（定期增资、离退休费、生活补贴、护理费），补发资金2243.51万元。全年接收13名退休干部和无军籍离休退休退职职工。常州市军队离休退休干部第一休养所被评为全省军休工作先进单位。（陈顺年）

【常州舰概况】 2015年，常州舰累计出海近200天，圆满完成支队出海训练7次、战备巡逻6次、出岛链演练一次和海军实兵实弹演习1次，取得对空导弹4发4中、对海导弹直接命中靶标的好成绩。训练、政工、装备、管理和后勤保障等各项工作在支队一直名列前茅。被海军东海舰队评为基层建设标兵单位，舰长胡伟被表彰为全军“十二五”期间装备管理先进个人及“东海强军先锋”。（陆　峰）

【最低生活保障】 2015年，常州市保障城乡低保对象23451户39734人，保障人数占全市户籍总人口的1.09%，发放保障金1.7746亿元。落实低保标准自然增长机制，统一公布全市低保标准，自7月1日起，新北区、天宁区、钟楼区提高城乡低保标准至670元，武进区提高城乡低保标准至620元，金坛区、溧阳市提高城市低保标准至590元。加强低保规范化建设力度，加大收入核查和低保复审力度，全市清退低保对象8158人，增3977人。

【医疗救助】 2015年，常州市区实施困难群众医疗救助新政，医疗救助152977人次，比上年增9.9%。其中，门诊救助129305人次，增0.6%；住院23672人次，增27.3%。医疗救助金额5907.5万元，增22.9%。其中，门诊救助金额778.3万元，增15.9%；住院救助金额5129.2万元，增50.3%。

【元旦、春节补助】 2015年元旦、春节期间，常州市继续开展普惠性节日慰问工作，对低保对象增发一个月全额低保金620元，四城区共补助10957人，发放资金475.5万元。对低保边缘困难家庭发放一次性生活补贴，标准为1500元/户，四城区向5265户低保边缘困难家庭发放补贴592.3万元。

【灾害救助】 2015年，常州市发生“4·28”风雹灾害和“6·16”“6·26”特大洪涝灾害。受灾人口363250人，农作物受损面积45008.15公顷，倒塌房屋279间，直接经济损失27.33亿元。全市紧急转移安置39376人，设置集中安置点13个，累计发放救灾物资151552套（件），下拨救灾资金555万元。在市区行政区划范围内开展自然灾害商业保险（包括自然灾害公众责任保险及自然灾害家庭房屋保险），具有常州市区户籍的居民可不受年龄限制自愿免费投保，7月中旬，完成第三次投保工作。针对“4·28”风雹灾害和6月洪涝灾害，保险共计赔付1300余万元。

开展国家级减灾综合示范社区创建工作，充分利用各种媒体开展经常性宣传教育活动，普及防灾减灾知识；定期组织演练，提升社区居民减灾意识与避灾自救技能。新增国家级减灾示范社区6个，累计有国家级减灾示范社区21个。（刘旭刚）

【和谐社区创建】 2015年，全市统筹推进和谐（平安、文明）社区（村）创建。全市城乡社区和谐达标率保持高位攀升态势，继续列全省第一方阵。天宁区、钟楼区被表彰为全国和谐社区建设示范城区，天宁区天宁街道、钟楼区永红街道被表彰为全国和谐社区建设示范街道，新北区河海街道燕兴社区等7个社区被表彰为全国和谐社区建设示范社区。新北区龙虎塘等7个街道及43个社区被江苏省民政厅表彰为江苏省和谐社区建设示范单位。天宁区顺利通过全国社区治理和服务创新实验区中期评估，溧阳市获评全省现代社区治理创新实验区。市委、市政府命名表彰3个常州市社区建设先进地区和100个常州市和谐（平安、文明）社区（村）创建优胜单位。（张　宽）

【婚姻登记】 2015年，全市婚姻登记机关办理结婚登记33910对，补发结婚证8060对；办理离婚登记10296对，补发离婚证637对；出具婚姻登记记录证明24753份。市民政局、综治办、中级法院、妇联等部门出台《关于建立和谐婚姻幸福家庭引导机制的工作意见》，进一步倡导建立和谐文明的婚姻家庭关系。举办第四届幸福婚姻公益论坛、第五届玫瑰婚典集体婚礼。

【收养登记】 2015年，常州市严格按照《常州市收养子女家庭评估实施细则（试行）》精神，把收养评估工作纳入到收养登记工作流程。通过不断规范、完善收养评估手续，初步建立一套符合实际的科学判断收养人抚养、教育被收养人能力的评估标准和制度，

2015年常州市婚姻登记总体情况统计表

地　区	结婚登记（对）	离婚登记（对）
合　计	33910	10296
天宁区	3277	1185
钟楼区	3386	1270
戚墅堰区	350	87
新北区	5099	1351
武进区	7849	2513
溧阳市	8785	2256
金坛区	5164	1634

（周少兵）

为提升收养登记质量和为被收养儿童寻找更为合适的收养家庭提供较为客观、详实的参考依据。全年全市办理收养登记40例。

【区划地名】 2015年，常州市完成区划调整及界线勘定工作，界桩更换工作有序进行，第二次全国地名普查工作全面启动，常泰线、武天线、武钟线界线联检工作顺利完成。

2015年常州市地名新命名一览表

标准地名	地名所处方位	建设或申报单位
悠活城	顺园路东侧，龙江路高架西侧，龙城大道北侧	常州新龙创置房地产有限公司
御河湾花园	青洋中路西侧，曙明路南侧，东方西路北侧	常州昊成房地产有限公司
建材路	南起飞龙路，北至锦绣路	常州市天宁区红梅街道办事处
和平美景花苑	茶山街道群力村委戴家村东侧，浦前东路南侧，清凉新村159幢北侧	常州广信置业发展有限公司
青果南苑	晋陵中路东侧，荆溪人家西侧，吊桥路北侧	常州市青果巷建设发展有限公司
和电路	东起丁塘港西路（规划），西至青电路（规划）	常州天宁区青龙街道办事处
星雨华府	牡丹路东侧（规划），月季路西侧，棕榈路北侧	常州雨润地华房地产开发有限公司
汉江西路	东起春江中路，西至民营一路	常州黑牡丹建设投资有限公司
省庄河东路	南起沿江东路，北至龙泉路	常州市新北区春江镇人民政府
春江百汇公寓	百馨苑东侧，祁连山路西侧，东海路南侧	常州滨江安居置业有限公司
丁香苑	茶花路东侧，钟楼北港街道塘门村委塘湾村西侧，松涛路（延伸）南侧	常州市钟楼经济开发区投资建设有限公司
青枫颐景花园	钟楼区北港街道云河苑社区卫生服务站西侧，运河花园52幢南侧，星港路北侧	常州恒基置业有限公司
吕墅东路	南起河海西路，北至汉江西路	常州市新北区薛家镇人民政府
吕墅三路	东起吕墅东路100米处，西至吕汤路	常州市新北区薛家镇人民政府
吕墅西路	南起江宜高速龙城大道收费站，北至黄河西路	常州市黑牡丹建设投资有限公司
吕汤路	南起龙城大道，北至小横河	常州市黑牡丹建设投资有限公司
孟河商贸广场	世豪商业广场西侧，富民花园一区东侧，孟河首府北侧	常州中盛房地产开发有限公司
雅居乐星河湾苑	新藻港河东侧，泰山路西侧，三井河南侧，龙城大道北侧	常州雅居乐房地产开发有限公司
薛冶路（延伸）	南起沪宁高速公路，北至嫩江路	常州市新北区薛家镇人民政府
富康路（延伸）	东起龙江北路，西至顺园路	常州市新北区薛家镇人民政府
白马公寓	常州自来水增压泵站东侧，昆仑路西侧，太湖西路南侧，龙城大道北侧	常州绿洲置业有限公司
曙方路	东起东方西路，西至署兴路	常州市铁路建设处
湾城北路	南起东方西路，北至龙城大道	常州市铁路建设处
塑纺路	南起清凉西路，北至劳动西路	常州市铁路建设处
林平路	东起和平中路，西至晋陵南路延伸段	常州市铁路建设处
新竹路	南起竹林北路，北至新堂北路	常州市铁路建设处
曙方桥	位于曙方路，跨丁横河	常州市铁路建设处
湾城桥	位于湾城北路，跨丁横河	常州市铁路建设处
蔚蓝天地花园	曙兴路东侧，湾城北路西侧，龙城大道南侧，丁横河北侧	常州嘉宏东都置业发展有限公司
道成商务广场	常澄路东侧，武警水电五支队西侧，协和加油站南侧，龙业路北侧	常州成誉置业有限公司
菱溪名居	凤凰路东侧，光华路（延伸）北侧，劳动东路南侧	常州运河南岸置业有限公司
安信颐和公寓	德安医院东侧，东城名居西侧，光华路（延伸）北侧	安信颐和（常州）置业有限公司
锦珑湾花园	宜山路东侧，香树湾花园西侧，黄河东路（延伸）南侧，东支河北侧	中海宏洋地产（常州）有限公司
东景雅园	常州通达包装彩印有限公司东侧，东青村委后巷村91号西侧，古运河酿酒厂南侧	常州天创房地产开发有限公司
章青路	南起青龙路十九（暂定），北至东方西路	常州市铁路建设处
章青桥	位于章青路，跨章家河	常州市铁路建设处

标准地名	地名所处方位	建设或申报单位
章东路	东起章青路，西至章家河东侧	常州市铁路建设处
湾龙路	东起龙城大道，西至庙湾村西路	常州市铁路建设处
湾塘路	南起横塘滨路（规划），北至湾龙路	常州市铁路建设处
青塘路	南起北塘河东路，北至北塘河桥	常州市铁路建设处
青塘桥	位于青塘路，跨北塘河	常州市铁路建设处
龙青路	东起龙劳路，西至龙游路	常州市铁路建设处
龙劳路	南起劳动中路，北至龙青路	常州市铁路建设处
兴东路（延伸）	南起东方东路，北至龙锦路延伸段	常州市铁路建设处
兴东桥	位于兴东路，跨潞横河	常州市铁路建设处
优胜路	南起中吴大道，北至光华路延伸段	常州市铁路建设处
汉江西路（延伸）	东起民营一路，西至宝塔山路	常州市新北区罗溪镇人民政府
青龙苑（扩大）	洪丰路（规划）东侧，横塘河东路西侧，新堂北路（延伸）北侧	常州市天宁区青龙街道办事处
凤凰熙岸花园	采菱河东侧，凤凰路西侧，光华路南侧，中吴大道北侧	中海宏洋置业（常州）有限公司
绿郡花园	江苏常州国税局东侧，横山路西侧，珠江路南侧，河海中路北侧	常州朗润置业有限公司
民元里	东起杨柳巷，西至早科坊	常州莱蒙都会置业有限公司
滨江豪园	新民花苑东侧，通江北路西侧，新业花苑南侧，赣江路（延伸）北侧	常州长宏房地产开发有限公司
檀香湾花园	三八河东侧，龙江中路西侧，松涛路南侧，怀德南路北侧	常州豪泰置业有限公司
南新路	南起星港大道（延伸），北至运南东路（规划）	常州市新北区奔牛镇人民政府
树人路	南起南观路，北至运南东路（规划）	常州市新北区奔牛镇人民政府
太湖东路（延伸）	东起东支河，西至东经120路	常州市新北区市政绿化管理所
龙汇路（延伸）	南起河海东路，北至太湖东路	常州市新北区市政绿化管理所
青丰路（延伸）	东起北塘河，西至巫山路	常州市新北区市政绿化管理所
三井河路	东起竹山路，西至泰山路	常州市新北区市政绿化管理所
嵩山路（延伸）	南起龙城大道，北至龙锦路	常州市新北区市政绿化管理所
秦岭路（延伸）	南起华山南路，北至太湖西路	常州市新北区市政绿化管理所
金沙江路（延伸）	东起常州光洋公司厂区围墙，西至华山路	常州市新北区市政绿化管理所
宜山路	南起东支河，北至黄河东路	常州市新北区市政绿化管理所
龙业路（延伸）	南起沪蓉高速公路，北至常澄路	常州市新北区市政绿化管理所
西小村路	南起兴业路，北至三井河路	常州市新北区市政绿化管理所
新景花苑（扩大）	武夷山路东侧，华山北路西侧，红河路南侧，云河路北侧	常州新北区新桥镇人民政府
天宝路	东起新艺路，西至兰陵北路	江苏九州投资集团房地产开发有限公司
新艺路	南起乾盛兰庭小区东侧，北至劳动西路	江苏九州投资集团房地产开发有限公司
尚枫苑	华山中路东侧，秦岭路延伸段西侧	常州泰隆房地产开发有限公司
雁荡河路	东起梅山路，西至春江路	常州黑牡丹建设投资有限公司
梅山路	南起沪宁高铁，北至云河路（延伸）	常州黑牡丹建设投资有限公司
百合路	南起沪宁高铁，北至辽河路	常州黑牡丹建设投资有限公司
紫苏路	南起沪宁高铁，北至云河路（延伸）	常州黑牡丹建设投资有限公司
龙沧路（延伸）	南起太湖东路，北至河海东路	常州黑牡丹建设投资有限公司
红河路（延伸）	东起通江路，西至云台山路	常州黑牡丹建设投资有限公司
龙六路	南起龙须路，北至北海路	常州黑牡丹建设投资有限公司
中海龙城花园	泰山路东侧，三井河路南侧，龙城大道北侧	中海宏洋置地（常州）有限公司
競业园	中国邮政朝阳邮政局东侧，京杭大运河南侧，劳动中路北侧	常州桑麻置业有限公司
世茂香槟湖苑（扩大）	老澡港河东侧，东经120路西侧，河海东路南侧，北塘路北侧	常州世茂房地产有限公司

（张金华）

【殡葬管理】 2015年，市委、市政府出台《关于党员干部带头推动殡葬改革的实施意见》，倡导文明绿色生态殡葬理念。市民政局与市财政局联合出台《常州市区推行文明绿色生态殡葬资金扶持办法（试行）》，对文明节俭办丧以及参与壁葬、花坛葬、草坪葬、树葬等新型安葬方式的家庭给予一定的经济补贴。全市惠民殡葬政策受益人数为常州市区3769例、武进3122例、溧阳市3050人、金坛区1752人；免补总金额为常州市区及武进区872.5万元、溧阳市430万元、金坛区222.3万元，全市总金额1500多万元。市级专门设立500万元殡葬专项资金，推行惠民殡葬、生态殡葬。出台《常州市公益性骨灰安放设施等级评定办法》，对市区范围内公益性骨灰安放设施实行30万元至50万元的改造提升补贴，市区有近10家骨灰安放设施参与等级评定，补贴金额350多万元。

举办第二届免费生态葬集体落葬仪式和第十次骨灰撒海活动，全省首家全生态公墓龙城古园举办以“海之恋”为主题的海葬纪念碑落成仪式和首届海葬者家属公祭活动。

【救助管理】2015年，常州市将“建立未成年人社会救助保护工作机制，保障困境儿童权益”列入市委、市政府重点工程，出台《关于进一步加强和改进未成年人社会救助保护工作的意见》。常州市未成年人救助保护中心在常州市救助管理站挂牌，并以原常州市流浪乞讨人员救助管理工作联席会议制度为架构，新增未成年人社会救助保护工作联席会议制度，实现未成年人社会救助保护工作全覆盖。全市流浪未成年人救助保护中心全部转型为未成年人保护中心 。10月，市救助管理站被民政部评定为国家一级救助管理机构。（黄 璬）

【特困人员保障标准调整】7月1日起，常州市提高特困人员保障标准。城市“三无”人员（由民政部门收养的无生活来源、无劳动能力、无法定抚养义务人的困难对象）保障标准由现在的每人每月1230元提高到每人每月1320元，其中对分散供养并符合条件领取城乡居民社会养老保险金的“三无”老人实行差额发放；对在政府举办福利机构养育的孤儿，养育标准由每人每月1540元提高到每人每月1650元。对由民政部门监管的社会寄养散居孤儿及事实上无人抚养的未成年人，养育标准由每人每月930元提高到每人每月1320元；“五保”人员供养标准由各辖市、区根据当地上一年度农村居民人均可支配收入的50%确定（其中散居“五保”人员按照40%比例确定）。（傅文婕）

【慈善事业】2015年，常州市各级慈善会募集到账资金1.16亿元，发放（支出）各类救助金8646万元，扶助困难对象16万人次。其中市慈善总会（含4分会）募集3452万元，发放1216万元，扶助困难对象5万余人次。在第三届江苏慈善奖评选活动中，江苏九洲投资集团有限公司等3家企业、沈介良等3名个人、武进区慈善总会的慈善大病救助项目、武进区慈善总会秘书长陈鹰分获最具爱心慈善捐赠企业或单位、最具爱心慈善捐赠个人、最具影响力慈善项目、优秀慈善工作者荣誉。（高 颖）

红十字会工作

【概 述】2015年，常州市首次将“关爱帮扶工程”确定的“困难群体救助”和“关爱生命行动”列入全市年度重点工程。市红十字会采取“嵌入式”救助办法，与民政局联合制定出台《共建低保及低保边缘对象住院期间医疗救助的暂行办法》。

全市红十字系统内首次进行重点项目申报和考核，对各地申报和实施的18个项目，市红十字会支持经费115万元。其中5个项目列入全省重点项目，获省级支持75万元，金坛区红十字生命体验馆项目获省红十字会40万元单列专项经费，是全市获得上级支持单体最大的项目。4月25日，尼泊尔境内和西藏地区发生强烈地震，市红十字会累计接收各界爱心捐款10.2万元。6月，常州遭遇特大洪涝灾害，红十字蓝天救援队22名骨干队员奔赴临时灾民安置点开展保障服务。

【低保及低保边缘对象住院期间医疗救助】11月5日，市红十字会与民政局联合出台《共建低保及低保边缘对象住院期间医疗救助的暂行办法》。该办法针对的医疗救助对象是指新北区、天宁区、钟楼区和常州经济开发区已参加社会基本医疗保险，得白血病、尿毒症、恶性肿瘤、急性或亚急性重症肝炎、慢性肝功能衰竭5种病种之一且需要住院治疗的低保及低保边缘家庭困难对象。上述患者经基本医疗保险支付后个人承担比例累计1000元以上

2015年度常州市慈善救助情况一览表

项目 单位	市本级		武进区		金坛区		溧阳市		总 计	
	人 次	金 额（万元）	人 次	金 额（万元）	人 次	金 额（万元）	人 次	金 额（万元）	人 次	金 额（万元）
助 学	817	134.43	332	67.65	364	51	343	201.75	1856	454.83
助 医	28885	457.65	4208	2160.11	2320	464	53460	158.72	88873	3240.48
助 老	2825	28.878	772	247.47	450	44	1442	83.36	5489	403.708
助 孤	335	40.2	37	18.5	44	9	31	3.1	447	70.8
助 残			100	25	47	13	6890	216.4	7037	254.4
助 困	15607	286.24	6004	994.1	2700	405	3785	248.99	28096	1934.33
其 他	2054	268.57877		751.22	3975	1102	22276	165.78	28305	2287.57877
合 计	50523	1215.97677	11453	4264.05	9900	2088	88227	1078.1	160103	8646.12677

（高 颖）

的，低保对象按80%救助，封顶3000元；低保边缘按60%救助，封顶2000元。原则上同一对象只适用一次救助方式；情况特殊的按照逐级救助的审批程序进行，在合理范围内施救。医疗救助由设在镇街道的民政社会救助窗口统一受理，由区民政局审核。

【两支民间救援队注册成为民办非企公益组织】 8月、9月，常州蓝天救援队和龙城救援队分别在民政部门登记注册成为民办非企公益组织，并分别与市红十字会签订战略合作协议，同时纳入市政府应急办救援网络体系。

蓝天救援队于2014年4月正式建队，是独立的专业性民间志愿公益救援机构，由热爱公益事业的户外运动爱好者、专业搜救及医护人员等志愿人士组成，有正式队员22人、志愿者50人。2015年，蓝天救援队出队救援5次，为西太湖半程马拉松赛等提供应急保障12次，为天目湖旅游景区等单位开展防灾减灾和应急救护培训39次。蓝天救援队专业化民间救援项目获"文明江苏"志愿服务行动创新案例一等奖。

龙城救援队于2015年11月正式建队，是民间专业救援队，设备自购，资金自筹，辅助政府开展城市应急救援、山野救援、水上救援和大型赛事活动保障。救援队有正式队员26人、志愿者77人。救援队在常州开设100多场民众自救普及教育课程，1万多人次接受培训。龙城救援队"远离灾害从我做起"项目获市民政公益创投项目一等奖。

【救助工作】 2015年，市红十字会开展"博爱送万家"行动，筹集款物近150万元，救助困难群众2000多人。与金坛区朱林镇唐王村结对帮扶，资助村博爱卫生站建设40万元，帮扶现金累计近30万元。为0—14周岁白血病、先天性心脏病患儿争取红十字总会小天使基金和天使阳光基金救助近50万元。全年实施社会临时救助36次，发放救助金14.87万元。首次在刘海粟美术馆举办常州籍书法家恽建新书法作品义展义卖活动，筹集善款逾100万元，全部用于成立寒郇公益基金。

加强与媒体在社会募捐方面的合作，先后为白血病大学生彭烨募集医药费5.56万元；为自闭症儿童杨俊募集到1.6万元及爱心物资；为遭遇车祸的沈成金木发起呼吁，社会各界累计募捐逾50万元；为哈尼族女孩小蔓妮进行募捐，社会各界捐款20余万元。联合常州监狱在四川昭觉县为包括服刑人员子女在内的40名贫困学生赠送学习用品及生活费。为各公益组织定向捐赠提供服务平台。在市红十字会的支持下，常州民建思源基金募集善款53.6万元，用于各类助学、助困活动；支持糖糖网PKU罕见病关怀基金，为患病儿童募集善款2万余元；支持仁爱医院、华山医院、北极星口腔医院分别成立爱基金、天使基金、星基金等，筹集资金20万元用于开展社区贫困人员的义诊义疗和志愿服务；支持常州公益助学联合会专项基金募集捐款13.6万元，开展"快乐大篷车"志愿服务进校园活动；支持常州广播电视台成立常州广电爱心公益基金，开展"一个鸡蛋的爱心毅行"公益活动，募集善款近10万元；支持专项经费3万元，与团市委联合开展"圣诞节的等待——特殊儿童安全书包"筹集活动。支持三井派出所"卫星E站"和常州自驾联盟合作，将募集的物资和爱心款专车送到甘肃岷县灾区和西藏日喀则红十字会。

【救护工作】 2015年，市红十字会完成普及性应急救护培训6.78万人，完成初级救护员培训7681人。省红十字会在常州开办应急救护培训师资班，培训师资49名；市红十字会承办学校健康安全辅导员培训班1期，培训学员34人，全市师资和学校健康安全辅导员数量达到358人。首次组织全市应急救护培训师资授课评比活动，参加全省师资大赛，获苏南片区二等奖。常州卫生高职校救护培训基地正式挂牌，市级以上救护培训基地总数达到6个。在全省率先实施百万大学生应急救护提升行动，确保实现各高校一年级新生培训比例90%。面向市民免费开设周六应急救护知识公益讲座，累计开讲20课，参加人数800余人。先后在龙城讲坛、市委宣传部举办专场讲座，联合市体育局在游泳馆开展溺水救生现场培训和演练，为党校县处级干部班社会实践课堂进行救护技能操作示范和知识普及，与公益联合助学会合作为中小学生开设救护知识兴趣课堂等等。在驾驶员培训中开设急救培训课程，全年培训学员80332人。为民生银行及汉得利（常州）电子股份有限公司等多家中外企业2531名员工进行专业急救培训。

【捐献工作】 2015年，市红十字会完成1321人次造血干细胞捐献合格采样入库，再动员139人次，高分辨配型30例，体检14例，成功捐献6例，其中一例为涉外捐献。器官（遗体）捐献工作取得历史性突破。全年实现人体器官登记41人，成功捐献14例，捐献大器官42个，位居全省第一；遗体（角膜）捐献登记52人，成功捐献13例。清明前夕，在栖凤山人文陵园为器官捐献者举行纪念缅怀活动。与市文明办、市卫计委、市级机关党工委联合开展机关献血日活动，在常州创意产业基地开展献血、献造血干细胞、献遗体器官宣传活动，联合市中心血站在莱蒙都会和南大街商业广场开展义务献血宣传周活动。联合市中心血站对吴竹兰等8名采血采样先进工作者进行表彰，全市市民人均献血量连续多年位居全省第一。

【志愿服务】 2015年，全市新增企业志愿者会员单位9家，总数36家。重点建立献血捐献造血干细胞宣传、人体器官捐献协调员、急救培训师资、信息通讯员、应急救护员和高校红十字社团等6支志愿者队伍。广泛吸纳社会组织加盟人道事业，蓝天救援队、龙城救援队、春风关爱中心3个社会公益组织规范注册。年内，市红十字会按照合作协议，向公益助学联合会、格桑花西部助学、平平车友会、心理卫生协会、清泉公益服务中心、蓝天救援队、龙城救援队、春风防艾服务中心、龙城友爱团等公益组织提供资金支持40万元。

开展第四批省级示范校创建活动，全市9所大中小学校被评为省红十字示范学校。常州工程职业技术学院在常水族人生活与生存状态调查和河海大学常州校区"托起明天的太阳——关爱服刑人员子女"及社会调查入选2015年江苏省高校大学生博爱青春暑期志愿服务项目十佳项目。市红十字会与团市委、市妇联、市残联、市慈善总会、市美德基金会、常州广播电视台等单位联合表彰20位首届常州“公益之星”。（张　涛）

民族团结和宗教事务

【民族工作】2015年，常州市有常住少数民族48个，人口1.68万人，占全市总人口的0.25%，其中回族、满族、土家族、壮族、苗族、布依族、彝族7个少数民族人口超1000人；有外来流动少数民族人口3.98万人。全市有清真寺2处、回民聚居村1个、回民墓地4处，有清真食品基本供应点4处、悬挂江苏省民族事务委员会颁发的清真标志牌的饮食网点54处、清真拉面店近500家。有西藏民族中学1所。全市少数民族具有人数少、成分多、居住地域分散等特点。

年内，全市争取中央和省少数民族扶贫资金168万元，新增致富项目4个。承办全省首届少数民族舞蹈展演和全省民族文化工作座谈会。常州西藏民族中学首次参加第十届全国少数民族传统体育运动会，获表演类项目三等奖。

【宗教工作】2015年，全市有批准设立和登记的宗教活动场所171处，其中佛教80处、道教18处、伊斯兰教2处、天主教5处、基督教66处；有寺观教堂43处。认定备案的教职人员447人，信教群众40余万人。有常州市佛教协会、道教协会、伊斯兰教协会、天主教爱国会、基督教三自爱国会和基督教协会6个市级宗教团体。常州清凉禅寺等27家场所被认定为常州市三星级宗教活动场所，武进区南城寺等13家场所被认定为常州市四星级宗教活动场所，天宁禅寺、常州清真寺、金坛茅山乾元观、常州市基督教堂和武进区宝林寺5处场所被认定为省五星级宗教活动场所。

年内，举办全市民族宗教系统第三届“和之声”演唱会，五大宗教和近20个少数民族的同胞共计400多人同台演出；举办常州第四届佛教文化节，宗教慈善周活动募集款物合计人民币92万元。10月，在市道德讲堂总堂大成殿举办“明德至善，同心同行”同心道德讲堂。12月，市民宗局撰写的《延陵传奇》由江苏凤凰文艺出版社出版，全书16万字，收集整理了全市宗教场所民间流传的小故事。

【天宁宝塔文化建设】2015年，天宁宝塔开放第十一层“书画宝藏”，主要展示佛教界高僧大德及部分书法家有关佛教题材的书画作品。反映常州佛教及天宁寺重大历史事件的4幅瓯塑沥粉壁画《萧衍兴佛》《法融建寺》《龙城象教》《盛世宝塔》在吉祥大厅安装到位。第一层《华藏世界》8幅泥皮仿古壁画，第五层《法界源流》（沉香殿）11幅木雕壁画和4个核心筒木雕作品，第六层彩玉镶嵌壁画《文殊说法图》和《地藏行愿图》，均完成创作。（季　爽）

残疾人事业

【概　述】2015年，常州市78750人领取中华人民共和国残疾人证，其中视力残疾9297人、听力残疾6417人、言语残疾343人、肢体残疾44044人、智力残疾10556人、精神残疾7707人、多重残疾386人。21名残疾考生达到高考录取分数线，其中，14人被本科录取，7人被专科（高职）录取。

年内，市残联对全市持证残疾人及0—15岁疑似残疾儿童就基本信息及教育、就业、社会保障、康复服务、无障碍、文化体育等方面的需求进行调查。出台《常州市残疾人自主创业经营场地租金补贴办法》，对符合条件的自主创业残疾人给予经营场地租金补贴，有6名创业残疾人享受到租金补贴；出台《常州市政府购买残疾人服务试点工作实施办法》，通过政府购买服务的形式，促进人力资源服务机构为残疾人就业提供服务和帮助；出台《培育扶持常州市助残公益性社会组织发展的实施意见（试行）》，在场地、设备等方面予以重点扶持，积极孵化助残公益性组织。制作残疾预防公益广告2则，在主流媒体播出；印发《预防残疾，共享健康》系列宣传手册1.8万册，内容涵盖出生缺陷预防、安全用药常识、心理健康指导等方面。常州电视台播出《手语新闻》56期；4月16日，《教你学手语》开播，全年播出40期。盲人吴蕾磊和肢残人虞小富被授予“全省自强模范”称号。

11月26日，2015年常州市残疾人文艺汇演在市工人文化宫剧场举行，评选出一等奖4个、二等奖5个、三等奖4个，常州华音爱乐民族乐团《扬鞭催马运粮忙》、市聋人学校《虞姬别》和武进特校《蔷薇花儿开》获特别奖。12月3日，在市文化宫举办纪念第24个国际残疾人日活动暨残疾人文艺汇演。

【康复服务】2015年，市残联联合财政局出台《关于调整市统筹区部分残疾人康复救助的通知》，扩大救助人群和救助范围，全年救助0—6岁残疾儿童262名、7—14岁残疾儿童172名。实施贫困白内障复明手术2901例，为贫困残疾人配发辅助器具3614件。推进精神病人免费服药，提高二代药的占有率和使用率，累计救助贫困精神残疾病患者3950名。出台《常州市苯丙酮尿症儿童救助实施办法》，14名苯丙酮尿症儿童享受到特殊食品补贴。

全市有11家定点康复机构通过一级认证，8家机构通过省级审验。新增金坛区小天使康复培训中心、常州市小脚丫教育信息咨询有限公司、天宁区沣航儿童学习能力训练与康复中心3家定点儿童康复机构，全市10家定点儿童康复机构在训聋儿67人、脑瘫儿童193人、智残儿童111人、孤独症儿童75人。市辅助器具展示厅投入使用，创新开拓辅具产品租借特色服务，免费为需求者提供轮椅租赁，全方位满足残疾人与老年人需求。

全市残疾人接受康复指导1200余人次、社区康复服务5418人、白内障复明手术3235例，34名低视力患者配用助视器，765人获盲人定向行走训练；肢残康复2636人，智残康复756人；23264名精神病患者接受监护，17332名精神病患者接受治疗，19396名精神病患者接受康复训练；与世界轮椅基金会以资金匹配形式共同购置并捐赠轮椅1040辆，提供辅助供应服务1341件，其中为77人装配假肢。

市残联对1444名下肢残疾人发放机动轮椅车燃油补贴37.518万元；为

950名心智障碍人士发放救援定位仪，提供心智障碍人士救援定位服务。组织149名申领机动车驾照的残疾人体检，其中聋人25人、肢残人124人，经培训，12名聋人申领到C2驾照，46名肢残人申领到C5驾照。为1992名城区残疾人办理免费乘车卡，共有25706名残疾人享有免费乘车卡，为残疾人减免公共交通费用269.55万元。

【扶贫帮困】 2015年，市残联开展彩票公益金学前教育专项补贴，65名学龄前残疾儿童获资助；向451名符合条件的残疾学生和残疾人低保家庭子女发放助学补助44.47万元。向18273名无固定收入重残人员发放重残救助金9239.512万元，向1428名"一户多残"、依老养残人员发放救助金595.81万元，为残疾人配发基本家电1030件、经颅磁脑瘫治疗仪24台、太阳能热水器17台。全市10967名城乡残疾人享受最低生活保障，并享受提标20%或领取助残金待遇。各级领导深入基层走访慰问贫困残疾人13412人，发放慰问金（含慰问品）合计696.85万元。

年内有22859名残疾职工参加养老保险、21055名残疾居民参加城乡社会养老保险，实际领取9590人；21927名残疾职工参加医疗保险。市残联为城区3774名重度残疾人办理医疗保险；为5.43万名残疾人办理意外伤害保险，补贴保费278.75万元。向全市2203名居家安养人员发放护理补贴金321.792万元。全市有72家托养机构，托养残疾人2376名。

【残疾就业培训】 2015年，市残联以残疾高校毕业生、零就业家庭等成员为重点对象，走访调查失业残疾人家庭554户，登记失业残疾人322人。举行专场招聘会10场，多渠道安置就业困难人员，新安置残疾人就业680人，其中集中就业215人、按比例就业291人、个体及其他形式就业161人、公益性岗位就业13人；创建圆梦工作室、辅助就业站等创业基地29个，安置残疾人辅助性就业201人。全市有残疾人扶贫基地7家，其中省级扶贫基地2家、市级扶贫基地5家，安置残疾人就业158人，辐射带动残疾人家庭200户。

全市有职业培训基地12家，举办服装加工、林果种植、食用菌种植等职业技能培训班43期，培训残疾人807名。举办中级盲人保健按摩培训3期，36名盲人按摩师通过考核，扶持14名特困盲人按摩师就业。

【助残日活动】 5月15日全国助残日期间，常州市首届残疾人展能节活动在中天钢铁体育馆南广场举行，残疾人现场展示了绘画、编织、手工制作等8项特殊技能，展出残疾人扶贫基地、就业基地及残疾人家庭制作的产品41类，市领导现场为结对捐助孤独症儿童康复机构的爱心企业和个人颁发捐助证书。全省首家盲人多功能影院开放；让"视界"充满爱——非视觉摄影获奖作品展在地税、残联系统巡回展出。金坛区残联联合多家单位开展以义捐义卖活动为主要形式的"唱响爱的分贝"大型公益助残活动，筹得善款119万余元；溧阳市在市文化艺术中心影剧院举办"让爱的阳光点亮星星的孩子"公益晚会。

【盲人电影院开放】 5月15日，由钟楼区政府出资20多万元建成的江苏省首家盲人专用多功能电影院在常州钟楼区建设指导中心9楼正式对外开放，10多位盲人通过志愿者解说感受了电影《秋之白华》的魅力。电影院共有18张座椅，各类无障碍设施一应俱全，首批4名志愿者担任电影讲解。年内，电影院免费放映电影14场，盲人"观影"252人次。

【助残公益性社会组织】 2015年，常州市助残公益性社会组织孵化基地在常州市残疾人综合服务中心成立，常州市中进阳光助残服务中心等助残公益性社会组织入驻孵化基地，开拓残疾人就业"互联网+"新领域，吸纳近20名残疾人就业。全市各级残联培育扶持并登记注册的助残公益性社会组织已有11个。钟楼区天爱儿童康复中心的自闭症儿童家长成长互助示范项目、武进区蓝精灵儿童康复中心的5位心智障碍者享受非正规教育机会提升项目、新北区平平残疾人车友公益协会的扬帆助残扶残就业基地、天宁区瑞文心理工作室"画中音·画中意"——通过艺术疗法促进残疾人的心理健康项目和新北区河海街道天安淘宝乐爱心公益协会的"绿色生活，阳光助残"项目被列入2015年常州市公益创投项目。钟楼区天爱儿童康复中心"彩虹桥"残疾儿童社区康复示范工程获江苏省2015年公益创投金，并被评为全国5A级社会组织以及江苏省优秀社会组织。

全市助残志愿者服务队总数31个，注册助残志愿者总人数1.1万人，常州一加爱心公益服务中心成为江苏省第二批青年志愿者助残"阳光行动"服务基地，并被中国残联、团中央和中国志愿服务联合会授予"全国志愿助残阳光基地"称号。开展助残疾人登上常州第一高楼、"成长心连心""我为盲人读本书"、让"视界"充满爱——非视觉摄影体验、送温暖走访慰问等多项助残活动。

【残疾人文化体育】 2015年，常州市聋校聋哑学生表演的京剧《虞姬别》在江苏省特教学校学生艺术汇演中获表演奖、创作奖、辅导奖3个特等奖，常州市获团体二等奖；武进特殊学校智障学生表演的《虞姬别》和常州市光华学校智障学生表演的《蔷薇花儿开》在江苏省特教学校学生艺术汇演中分获启智奖和鼓励奖，并被选送参加全国特教学校学生艺术汇演。

由常州市残联承担组队、集训、参赛任务的省轮椅篮球队在第九届全国残疾人运动会中获第四名。14名常州籍运动员参加第九届全国残疾人运动会田径、游泳和象棋等项目的比赛，获金牌3枚、银牌5枚、铜牌1枚。在各类全国大赛中，常州市残疾人运动员获金牌5枚。（吴亚南）

老龄事业

【概　述】 2015年末，全市有60周岁以上户籍人口82.2万人，占全市户籍总人口的22.17%。全年市级财政投入养老服务4108万元；福彩公益金资助社会养老服务体系建设总额5141万元，占可支配福利彩票公益金比例53.36%。全市发放尊老金7800余万元，惠及11余万名老年人。市民政局、文明办、老龄办联合下发《关于开展

"邻里守护"老年人志愿互助活动的通知》，以就近组织、结对服务为主要方式，为全市7万余名70岁以上独居、80岁以上空巢老人提供志愿服务。市教育局、老龄办联合下发《关于进一步加强老年教育工作的通知》，提升社区教育机构在老年教育方面的服务能力。全市建成镇街道老年学校58所，覆盖率97%。开展养老护理培训工作，培训管理人员、护理人员476人。

打造养老服务业集聚区。2014年，常州市正式启动建设健康养老服务业集聚区项目。在上海经贸活动周期间举办常州市健康养老服务业集聚区推介会和首届常州市健康养老服务业集聚区合作洽谈会。中国老龄产业协会专家委员会常州天宁区实验基地揭牌并成功获批省级现代服务业集聚区。

连续3年实施养老（福利）机构综合责任保险。2015年，在总结第一轮养老机构综合责任险实施情况的基础上，完善参保办法，规范理赔程序，落实参保资金，做好养老机构综合责任险接续工作。

年内，常州市评选表彰"十佳孝星""十佳老年志愿者之星"，开展第二届"敬老文明号"创建活动，举办"俏夕阳大舞台"老年文艺汇演、第五届中老年公益相亲大会和"迎重阳中老年健步走"活动。常州首个老年金融服务示范点在江苏银行常州朝阳支行开业。

（胡　利　傅文婕）

【养老服务体系建设】 2015年，常州市出台医养结合补助办法，进一步完善居家养老体系。居民养老金每人每月从170元提高到190元，城区超过1万名无单位的老年居民和知青半家户受益。继续落实企业养老金待遇调整，平均调整待遇水平10%。出台《关于深入推进养老机构医养融合发展的实施意见》《关于对医疗床位转型为养老床位实施补贴的通知》《关于实施养老服务人员激励制度的通知》，对自2014年起兴办养老机构或将床位转型为养老床位的乡镇卫生院、社区卫生服务中心和社会力量举办的医疗机构进行补贴，对满足条件的养老服务人员进行财政激励。

（范一鸣）

【居家养老】 2015年，全市建成标准化居家养老服务中心（站）393个，城乡覆盖率分别为48.77%和29.68%。建成老年助餐中心（点）186个，其中城市社区老年助餐中心（点）88个，覆盖率44%，形成连锁企业配送、镇街道中心统一配餐、村委自办、老年协会承办以及整合周边餐饮资源5种比较成熟的运营模式，月服务老年人超过11万人次。培育30家社会组织和企业提供居家养老服务。在全省率先与本土最大电商淘常州实行品牌战略合作，对12349平台全面托管经营，引入淘常州"APP+新型便利店+高速干线物流"的O2O经营模式，探索"互联网+"养老服务新模式；成立12349平台运营监督委员会，通过目标管理、第三方评估等方式加强监管和满意度测评。通过居家养老服务中心和社区卫生服务中心联合运行、签约合作，以及"健康管家"送医上门等多种形式，在全市50%的村社区开展医养融合的居家养老模式，重点拓展陪同就诊、代取送药等形式多样的助医服务。

（胡　利）

【实施老年人养老服务评估制度】 2015年，常州市出台《关于建立养老服务评估制度的实施意见》，要求以县（市、区）为单位，逐步建立养老服务评估制度，通过对失能、半失能老人的经济状况、能力状况等评估，从而确定服务类型、照料护理等级和养老服务补贴领取资格，实施个性化养老服务。天宁区康平老年公寓和钟楼区朗悦老年颐养中心启动试点，天宁区、钟楼区养老机构老人及援助服务补贴对象评估工作全面展开，评估人数5337人，占全部需评估人数24%。

（傅文婕）

【常州老年大学概述】 2015年，市老年大学有7个系56个专业284个班，有学员10368人次，聘用教师99名。实行网上招生，解决老年人报名难的问题。首届金秋艺术节成功举办，包括器乐、舞蹈健身、声乐戏曲等7个专场，校艺术团在市文化宫献演2场，1100余人次参与。锡剧《军民鱼水情》入选江苏省第四届人寿杯2016老年春节联欢晚会。纪念抗战胜利70周年书画作品展、艺术节书画作品展、剪纸作品展、花鸟画作品展和绒线编织、营养食疗作品展相继举办。

（胡　利）

关心下一代工作

【概　述】 2015年，全市有各级关工委组织4040个，有老干部、老战士、老专家、老教师、老模范"五老"志愿者4.75万名。全市1010个社区、村基本建立阳光驿站（即校外教育辅导站），其中779家建立校站联系制度。参加阳光驿站工作的有"五老"5300余人、在职教师2100余人、大学生村干部542人、其他社会志愿者2800余人，受到辅导的青少年有31.1万人次。1003名"五老"参加网吧义务监督员队伍，对全市500余家网吧进行义务监督。

年内，全市各级关工委广泛开展"铭记历史，圆梦中华"主题教育活动，编写《勿忘国耻，圆梦中华》等宣讲材料841篇，组织、聘用1108名"五老"宣讲员向青少年宣讲中国梦和进行革命传统教育、爱国主义教育、理想信念教育，听讲青少年46.21万人次。策划、制作《阳光365》电视期刊3集1000多套光盘，赠送到各学校、社区、村，依托阳光驿站播放1195场次，观看人数25.89万名。联合市教育局开展"铭记历史，珍爱和平"主题演讲比赛583场次，6288名青少年参加演讲，评出特等、一等、二等奖14名。开展"缅怀英烈，自强不息"征文比赛，参赛中小学生16.2万人次，评出特等、一等、二等奖100余名，获奖演讲稿和征文稿结集出版。

【未成年人法治教育与帮教关爱】 2015年，全市180个法制教育宣讲团（组）957名法制宣讲员作宣讲报告1100场次，45万人次青少年接受法制教育。组织2847名"五老"对562名失足、有不良行为的青少年进行帮教。发动7450余名"五老"关爱服刑人员未成年人子女、流浪儿童、辍学生、闲散未成年人4种对象。全市977个村社区实现未成年人零犯罪，占总数的96.73%。依托阳光驿站，筹集资金825余万元，对3694名困难青少年进行扶贫助学，帮助830名孤残青少年、儿童解决实际困难。

（刘鸿军）

辖市区概况

A Survey of District & City under the Jurisdiction of Changzhou

◆责任编辑　汪旭东

溧阳市

【概　述】溧阳市位于长江三角洲西南部的苏、浙、皖三省交界处，总面积1535.87平方公里，辖10个镇、1个街道、1个省级经济开发区、1个国家级旅游度假区和江苏中关村科技产业园。2015年末，全市户籍人口79.6万人，比上年增加0.22万人。其中，男性人口40.15万人，女性人口39.45万人。常住人口76.09万人，其中城镇人口44.89万人，城镇化率59%。全年实现地区生产总值738.15亿元，增3.1%，人均地区生产总值97055元（按常住人口），增2831元。其中，第一产业增加值46.32亿元，第二产业增加值367.07亿元，第三产业增加值324.76亿元，三次产业结构比重为6.3：49.7：44。全年实现财政总收入208.61亿元，其中公共财政预算收入56.19亿元，增11%。

【农　业】2015年，溧阳市完成农林牧渔业总产值85.85亿元（现价），比上年增5.1%。其中，农业产值47.63亿元，增7.5%；林业产值1.11亿元，增4.7%；牧业产值6.47亿元，降3%；渔业产值27.16亿元，增2.5%；农林牧渔服务业产值3.49亿元，增11.9%。

全市粮食种植面积68520公顷；粮食总产53.9万吨，比上年增加0.01万吨；单产再创新高，达524.43公斤，居全省第三位；稻麦亩产单产总量1008.1公斤，成为苏南地区稻麦亩产连续4年达“吨粮”的唯一县市。高效农业扩规增效，新增高效农业2000公顷，其中设施农业820公顷，新增高效设施渔业面积453公顷。溧阳市共完成造林800公顷，其中成片造林600公顷，被评为2015年度全国森林旅游示范县（市）。“天目湖白茶”获评国家级农产品地理标志示范样板。

【工　业】2015年，以江苏中关村科技产业园区为主导，以上兴金属加工园、别桥北山工业园、南渡新材料产业园、埭头江苏骏益科技创业园、戴埠镇工业园、竹箦镇汽车零部件产业园为代表的镇级特色工业园区成为溧阳市经济发展引擎。全年溧阳市工业总产值、产品销售收入分别为1601.11亿元、1591.07亿元，分别比上年降4.8%、3.9%，实现工业利税总额156.88亿元、利润总额91.78亿元，分别降1.3%、1%，其中规模以上工业总产值、产品销售收入分别为1340.14亿元、1335.71亿元，分别降6.1%、5.4%，实现规模以上工业利税127.79亿元、规模以上工业利润74.77亿元，分别降6.7%、8.2%。全年工业用电量574053万千瓦时，降2.1%。全年规模以上工业企业综合能源消费量478.42万吨标准煤，降2.3%；万元产值能耗为0.3345吨标准煤/万元，降2.3%。

【建筑业】2015年，溧阳市建筑业完成施工总产值600.5亿元，比上年增1.6%；实现劳务收入186.2亿元，增1.6%；实现建筑业地税收入11.04亿元，增3.4%。江苏龙海建工集团有限公司、江苏华能建设工程集团有限公司被评为中国建筑业成长性百强企业；江苏龙海建工集团有限公司、江苏华能建设工程集团有限公司、江苏天目建设集团有限公司、江苏溧阳建设集团有限公司、江苏瑞峰建设集团有限公司、江苏正方园建设集团有限公司入选江苏省建筑业竞争力、成长性双百强企业；江苏龙海建工集团有限公司、江苏华能建设工程集团有限公司、江苏天目建设集团有限公司、江苏天力建设集团有限公司被评为江苏省建筑业百强企业。全年各建筑公司承建项目获国家优质工程奖1项、省级以上优质工程18项。

【固定资产投资】2015年，溧阳市完成全社会固定资产投资442.4亿元，增1%。其中，第一产业投资1.3亿元，降18.8%；第二产业投资322亿元，增0.6%；第三产业投资119亿元，增2.3%。第三产业投资占比26.9%，比上年提高0.3个百分点。投资5000万元以上项目261个，完成投资额203.3亿元，降10.7%，其中亿元以上项目59个，累计完成投资额84.5亿元。工业项目技术改造完成投入212.6亿元，占全社会固定资产投资（不含房地产）和工业投资的比重为52.8%和66%，分别增3.8%和7%；高新技术产业完成投资124.4亿元，增36%，占工业投资38.6%；三次产业投资比重由上年的0.37：73.07：26.56调整为0.3：72.8：26.9。中国国药控股股份有限公司药物制剂、江苏宝鹏建筑工业化材料有限公司绿色建材、苏州苏高新科技产业发展有限公司南大创新园等一批新兴产业项目开工，江苏苏浙皖边界市场改扩建项目、江苏联盟化学有限公司塑料稳定剂生产项目建成投入运营。房地产开发完成投资40.3亿元，降21.8%。全年商品房施工面积274.14万平方米，降24.6%；商品房销售面积62.74万平方米，降21.6%。

【商贸服务】2015年，溧阳市实现社会消费品零售总额275.3亿元，比上年增6.2%。其中批发和零售业单位社会消费品零售总额248.18亿元，增5.5%；住宿和餐饮业单位社会消费品零售总额27.12亿元，增13.6%；限额以上贸易单位实现零售额82.47亿元，增1.1%；限额以下单位实现零售额192.83亿元，增8.6%。全市亿元以上市场实现成交额127.93亿元，降7.7%，其中成交额超10亿元的有江苏苏浙皖边界市场和溧阳市江南春市场两家，成交额分别为108亿元和13.95亿元。

【开放型经济】2015年，溧阳市完成协议注册外资3.05亿美元，比上年降53.1%，实际到账注册外资1.06亿美元，降73.5%。新增外资项目8个，增资项目6个，其中投资总额超亿美元的项目1个。实现进出口总额8.35亿美元，其中出口7.46亿美元，增1.9%。完成对外经济贸易新签合同额2.5亿美元，增42.4%；实现对外经济贸易营业额2.05亿美元，增29.9%。

【旅　游】2015年，溧阳市接待游客1500万人次，实现旅游总收入152亿元，分别比上年增9.5%和10.5%，其中天目湖旅游度假区全年接待游客735万人次，实现旅游总收入10.9亿元，分别增4.5%和10.3%。全市旅游业以“全国一流、全域一体”旅游发展线路为目标，旅游核心竞争力不断提升。天目湖成为首批国家级旅游度假区，南山花园被评为江苏省乡村旅游创新项目，李家园村被评为中国乡村旅游模范村，十思园被评为全国休闲农业与乡村旅游示范点，翠谷庄园农业生态休闲有限公司被评为全国休闲农业与乡村旅游五星级企业，溧阳市被评为全国森林旅游示范县。

【交通运输】2015年，溧阳市完成交通投资24亿元。常溧高速公路、宁新路建成通车。丹金溧漕河溧阳段除别桥集镇段外全面建成通航，芜申运河南段集镇至上游段通过省交工验收。完成200公里农村公路新建提档和39座危旧农桥改造。完成东环线、102县道、宁新路及上沛集镇外环路共计126万平方米的道路景观绿化建设。

全市新增城市公交线6条、镇村公交线11条，优化调整城乡公交线8条，开通高铁溧阳站至天目湖景区、南山竹海景区2条旅游专线。建成平桥、天目星城2个公交换乘站，启动建设城东公交综合站，建成公交候车亭100座。新建投用溧阳城市候机楼。建设并投用“溧阳行”“溧阳交通”手机APP服务平台。

【金融保险】2015年末，溧阳市金融机构人民币各项存款余额866.37亿元，比年初增加20.4亿元，增2.4%；贷款余额698.72亿元，增加94.66亿元，增15.7%。南京银行正式入驻溧阳。证券市场交易异常活跃，证券交易总额1590.89亿元，增294.3%。全市各保险机构保险费收入12.05亿元，增14.1%。其中，财产险收入5.69亿元，增13.8%；寿险收入6.36亿元，增14.4%。全年赔付额5亿元，增4%，其中，财产险赔付3.1亿元，增14.8%；寿险赔付1.9亿元，降9.5%。

【科技创新】2015年，溧阳市完成高新技术产业产值348.86亿元，比上年增8%，高新技术产业产值占规模以上工业产值26%。全市申请专利712件，其中申请发明专利299件；获专利授权702件，其中获发明专利授权247件。新获认定省级以上研发机构8家、常州市工程技术研究中心7家。全市累计有省级以上“三站三中心”（依托企业设立的博士后科研工作站、院士工作站、研究生工作站、工程技术研究中心、企业技术中心、工程研究中心）89个，其中工程技术研究中心31家、企业院士工作站4家、研究生工作站24家；有常州市级以上众创空间、孵化器、加速器12家，孵化面积80多万平方米，其中有省级孵化器3家。创建成常州市级科普基地2家、优秀科普基地单位2家。年内，溧阳市在全省县（市）人才综合竞争排序中列第12位，首次进入第一方阵A类。

【教　育】2015年末，溧阳市有中小学74所，其中小学38所、中学36所。在校学生6.56万人，其中，小学生3.89万人，小学生毕业率100%；中学生2.67万人，初中生毕业率98.7%。有中专学校2所，在校学生0.63万人；幼儿园62所，在园幼儿1.99万人。教育质量整体提升。高考二本以上达线率77.5%，比上年提高6.3%；两所中专在全省和全国职业技能大赛中获国家级金牌2枚，省级金牌2枚、银牌7枚、铜牌7枚。全年校安工程改造项目共计10项，新建校舍面积4.28万平方米，加固校舍面积5100平方米，总投资1.41亿元。溧阳市永和小学、溧阳市西平小学、溧阳市第二中学教学楼完成加固并交付使用；溧阳市光华初级中学食堂、溧阳市汤桥初级中学、溧阳市后周中学、溧阳市余桥实验学校、溧阳市旧县小学、溧阳市实验小学一期教学楼完成重建，主体竣工验收。

【卫　生】2015年末，全市拥有医疗机构239个，其中医院11个、卫生院15个。有床位数2817张、卫生工作人员5300人、卫生技术人员4052人，其中执业（助理）医师1780人、注册护士1574人、药师（士）186人。溧阳市人民医院新院建设基本完工，中医院及戴埠镇、南渡镇中心卫生院达到等级医院评审标准，上兴镇卫生院新院建设基本完工。分别建成江苏省级、常州市级乡镇卫生院特色科室1个、2个。

【文化体育】2015年，溧阳市先后被评为全国体育产业联系点单位、中国十佳运动休闲城市、江苏省首批公共体育服务体系示范区、常州市基本实现体育现代化达标区。“孟郊与游子吟”、锣鼓乐（洋渚圣旨锣鼓）、“冻煞窠”、史式八卦掌入选第四批省级“非遗”名录；举办傩文化国际学术研讨会，创建成江苏省社渚傩文化生态保护实验区；溧阳市“非遗”展示馆建成。

举办中国与塞尔维亚国际男篮对抗赛、全国啦啦操锦标赛、全国女子手球锦标赛3项国际级、国家级赛事和长

溧阳全民健身日活动 （庄姝 施敏 摄）

三角户外运动赛会、苏浙皖三省边界友好城市全民健身大联动2项区域性赛事，开展全民健身日、第27届群众文化活动周、第7届民间艺术节等系列活动。市图书馆接待读者20万人次，开展阅读推广活动20余项近百场次，送书下乡3万余册；市锡剧团送戏下乡100场；市影剧公司送电影下乡4004场。新四军江南指挥部纪念馆创建成4A级景区，全年接待游客56万余人次。

【城市建设】 2015年，溧阳市南环东路、丁园路、观山路等道路和城市慢行系统完成建设，老体育场完成改造，1.5万多平方米零星破损道路维修完毕。朝阳街、五圣巷等10多条背街小巷实施改造。增设文化小学南出口等9个停车场，增加停车位约200个。钱家村等12个城中村贯通天然气，惠及居民4300多户。代建项目国防园按期交付使用。博爱新村、城中花园、东方花园、金厦花园、燕山新村、西园新村6个老小区综合整治任务完成。

全年累计完成征收面积5万多平方米，搬迁城区企业13家，其中，江苏上上电缆集团有限公司、云龙南地块一二期、溧阳市恒通建筑安装工程有限公司地块全面清零。东盛苑、西城嘉苑、景盛苑、盛扬苑等5个安置房小区全部交付；新时代房产代建安置房地块完成收购；安置分配公租房225套。

【环境保护】 2015年，溧阳天目湖3100亩退耕还林、高尔夫球场退出复绿、湾溪河清淤等一批重点水环境整治工程顺利完工。太湖流域水环境综合治理7大类15个重点项目建设推进，塘东桥、山前桥、潘家坝断面水质达到太湖考核要求。饮用水水质达标率100%。开展5个省级美丽乡村、2个常州市美丽乡村试点及3个溧阳市市级重点村建设。八字桥村获“全国美丽宜居村庄示范”称号，为常州地区唯一获此称号的村庄。完成17个村的农村生活污水整治任务。

全市14家钢铁、水泥和热电企业完成提标整治，21家预拌混凝土和3家预拌砂浆生产企业完成堆场扬尘整治，6家企业完成挥发性有机化合物治理，15家石灰生产企业停产关闭，3家石灰生产企业通过整治验收予以保留，排查轧石企业30家。“禁燃区”建设面积增至506.5平方公里，整治区域内高污染燃料锅炉136台。

【社会保障】 2015年末，溧阳市城镇职工基本养老、医疗和失业三大保险综合覆盖率98%，新型农村合作医疗和城镇居民基本医疗保险参保率均为100%，被征地农民基本生活保障覆盖率100%。连续11年调整企业退休人员基本养老金，人均增幅10%以上。城乡居民养老保险基础养老金标准由每人每月90元提高到105元，被征地农民第四年龄段人员养老金标准从每人每月420元提高到480元，被征地农民政府保养金标准从每人每月350元提高到370元，城镇老年知青半家户和六十年代精简下放职工养老补贴标准由原来每人每月300元提高至320元。

【人民生活】 2015年，全市城镇居民人均可支配收入38445元，比上年增8.2%；农村居民人均可支配收入19880元，增9.1%。居民储蓄持续增加，年末全市城乡居民储蓄存款余额462.65亿元，人均储蓄存款60803元，比上年增加6340元。城镇居民人均消费性支出20294元，增7.4%；农村居民人均消费性支出15003元，增9.5%。

组织机构与负责人名单

中共溧阳市委员会

书　　记　盛建良（至6月）
　　　　　蒋　锋（6月任）
副 书 记　蒋　锋（至6月）
　　　　　徐华勤（6月任）
　　　　　潘云芳※
常　　委　夏国浩
　　　　　周卫中
　　　　　刘　佩※
　　　　　张发文
　　　　　龚友强（12月任）
　　　　　邵钦华
　　　　　丁国明
　　　　　毛建国

溧阳市人大常委会

党组书记　盛建良（至6月）
　　　　　蒋　锋（6月任，至12月）
　　　　　周建明（12月任）
副 书 记　周建明（至12月）
主　　任　盛建良（至6月）
代理主任　周建明（6月任）
副 主 任　周建明（至6月）
　　　　　张　艳※（至12月）
　　　　　武宝林
　　　　　马小其（至12月）

溧阳市人民政府

党组书记　蒋　锋（至6月）
　　　　　徐华勤（6月任）
副 书 记　周卫中
市　　长　蒋　锋（至6月）
代 市 长　徐华勤（6月任）
副 市 长　周卫中

夏国浩
唐华新
蔡金龙
王朝晖（对口支援青海）
刘新农
曹　俊
刘　敏※（至6月）
郁　平（9月任）
赵苏洪（至12月）
陈　安（至8月）
努尔兰·波拉提（11月任，至12月）

政协溧阳市委员会

党组书记　狄立新
副 书 记　赵国兴
主　　席　狄立新
副 主 席　赵国兴（至12月）
罗志强
王勤月※
韩金红※
陆晓明
崔文敏

中共溧阳市纪律检查委员会

书　　记　毛建国
副 书 记　郑丽萍※
刘学俊

溧阳市人民武装部

党委第一书记　盛建良（至5月）
蒋　锋（6月任）
政　　委　金　健
部　　长　丁国明

溧阳市人民法院

党组书记　任志清
院　　长　任志清（至12月）
代 院 长　周　白（12月任）

溧阳市人民检察院

党组书记　周常春（至11月）
刘晓松（11月任）
检 察 长　周常春（至10月）
代检察长　刘晓松（11月任）

江苏中关村科技产业园

党工委书记　盛建良（至6月）
蒋　锋（6月任）
管委会主任　蒋　锋（至6月）
徐华勤（6月任）

开发区、镇、街道

江苏省溧阳经济开发区
党工委书记　邵钦华
管委会主任　庄松年
溧城镇党委书记　史晓春
镇　　长　潘建中
天目湖旅游度假区
党工委书记　龚友强（至12月）
朱志军（12月任）
管委会主任　朱志军
天目湖镇
党委书记　龚友强
镇　　长　朱志军
埭头镇党委书记　夏国中
镇　　长　孙龙斌
上黄镇党委书记　唐云娟※（至6月）
张　涛（6月任）
镇　　长　张　涛（至7月）
强建方（7月任）
戴埠镇党委书记　李国平
镇　　长　扈军华
别桥镇党委书记　唐洪祥
镇　　长　赵　明
竹箦镇党委书记　王耀庆
镇　　长　邹启东（至8月）
施雪芹※（8月任）
上兴镇党委书记　蒋　彤
镇　　长　高　昱
南渡镇党委书记　吴旺志（至6月）
张　顺（6月任）
镇　　长　张　顺（至6月）
夏玲娣※（6月任）
社渚镇党委书记　花建国
镇　　长　吴志东
昆仑街道
党工委书记　操文杰（12月任）
办事处主任　江　涛（12月任）

注：姓名右上角有※者为女性。

（莫　俊）

金坛区

【概　述】 金坛区位于江苏省南部，沪宁杭三角中心地区，与市（县、区）相邻的主要有武进、溧阳、句容、丹徒、丹阳、宜兴。2015年5月11日，经国务院批准，省政府下发《关于调整常州市部分行政区划的通知》，金坛撤市设区。年内，撤销尧塘镇，设尧塘街道，同时设立东城街道和西城街道，全区下辖6个镇、3个街道，下设93个村委会、32个社区居委会，总面积976.7平方公里。2015年末，全区户籍人口54.93万人，其中男性27.25万人、女性27.68万人，男女性别比为98.46∶100；常住人口55.9万人，其中城镇人口33.56万人，城镇化率60.04%，比上年提高2%。年内，户籍人口出生率7.65‰，人口死亡率7.31‰，人口自然增长率0.34‰。

全年实现地区生产总值525.49亿元，比上年增13.8%。其中，第一产业完成增加值32.32亿元，增3.5%；第二产业完成增加值266.11亿元，增14.1%；第三产业完成增加值227.06亿元，增14.9%。三次产业增加值比例调整为6.2∶50.6∶43.2。

全年完成一般公共预算收入36.15亿元，增20%，其中税收收入31.19亿元，增17.7%，占一般公共预算收入的86.3%。税收收入中，分别完成增值税、营业税、企业所得税、个人所得税5.47亿元、8.17亿元、2.77亿元和1.37亿元，完成其他税收收入13.41亿元。各项主要经济指标增幅均继续位列常州各辖市区首位。2015年获第七批“国家节水型城市”称号。

【农　业】 2015年，金坛区实现农林牧渔业总产值66.36亿元，比上年增6.8%。全区小麦平均亩产362.1公斤，增1.9公斤，实现“十二连增”。水稻单产在全区受水灾的形势下仍增产1公斤，达645公斤。全区稻麦周年单产达1007.1公斤，较上年提高2.9公斤，进一步巩固了“亩产吨粮县”的创建成果。全年粮食总产量26.88万吨，减2.4%。其中，夏粮产量7.97万吨，减2.4%；秋粮产量18.91万吨，减2.4%；油料产量0.7万吨，减15.7%；肉类产量5.02万吨，减11.2%；禽肉产量2.58万吨，减19.9%；水产品产量4.39万吨，增5.3%；禽蛋产量1.05万吨，与上年持平；茶叶产量0.21万吨，与上年持平；水果产量0.84万吨，减3.4%。

全区新增高效设施农、渔业面积约480公顷，高效设施农、渔业占比分别为21.4%和33.7%；农业机械化水平85.5%，提前达到省农业基本现代化指标。7家农业龙头企业通过省级监测，新增省级农业龙头企业2家、区级农业龙头企业16家，江苏京东农业股份有

金坛区朱林镇黄金村黄金软米收割上市 （金坛区地方志办 供稿）

限公司成为首个上市农业企业。建成2个省级、16个常州市级、21个区级现代农业产业园区。建成农产品出口备案基地6个、省级农产品出口示范基地3个，拥有国家级农业标准化示范区3个和省级农业标准化示范区4个。鑫品牌金坛雀舌茶问鼎百年世博中国名茶评比金骆驼奖，4只茶样在全国名优茶评比活动中获一等奖。

【工　业】 2015年，金坛区规模以上工业完成总产值1002.41亿元，比上年增25.1%，其中高新技术产业产值96.27亿元，增52.7%，占规模以上工业的比重45.5%；完成规模以上工业增加值241.26亿元，按可比价计算增17%。全年工业用电量40.86亿千瓦时，增6%。

全区装备制造、化工及新材料、光伏新能源和纺织服装业四大支柱产业中，规模以上工业企业完成产值980.87亿元，增24.5%，占工业产值97.8%。装备制造、化工及新材料、光伏新能源和纺织服装业分别实现产值292.3亿元、344.75亿元、213.37亿元和130.45亿元，增18.4%、21.4%、57.8%和6.9%。

全区规模以上工业实现主营业务收入985.75亿元，增18.3%；实现利税117.79亿元、利润79.25亿元，分别增25%和23.8%；成本费用利润率8.8%，提高0.5%。

【建筑业】 2015年，金坛区建筑企业完成施工产值287.95亿元，比上年增7.5%；施工面积2462.45万平方米，增2.8%；竣工面积800.39万平方米，降16.1%。建筑业按施工产值计算的全员劳动生产率为32.8万元/人，高出全区平均水平4.3%。

【固定资产投资】 2015年，金坛区完成固定资产投资336.23亿元，比上年增25%，其中第一、二、三产业分别完成投资1.02亿元、238.1亿元和97.1亿元，第一产业降44.2%，第二、三产业增26.4%和23.2%，三次产业投资结构为0.3：70.8：28.9。房地产开发完成投资25.94亿元，增21.2%；高新技术产业完成投资96.27亿元，占工业投资的40.4%，占比增6.9%。

全年在建亿元项目94个，完成投资136.01亿元；新签约项目174个，协议总投资518.7亿元。湖南江南汽车制造有限公司金坛分公司仅用406天竣工投产，实现整车下线；奥托立夫(江苏)汽车安全零部件有限公司、凡登(常州)新型金属材料技术有限公司、江苏南方光纤科技有限公司、江苏盈科通信科技有限公司等85个重点项目竣工投产；清华同方威视技术股份有限公司、江苏杰能动力总成有限公司、常州卡斯特铝精密铸造科技有限公司等一大批重大项目加速推进。

【国内贸易】 2015年，金坛区实现社会消费品零售总额222.61亿元，比上年增12.7%。其中，城镇、乡村分别实现195.31亿元、27.3亿元，增10.4%、31.4%；按行业分，批发业、零售业、住宿业、餐饮业分别实现社会消费品零售总额30.49亿元、171.15亿元、0.98亿元、19.98亿元，增8.3%、13.3%、2.8%、4.8%。

在限额以上批发和零售企业的销售额中，传统消费有所下降，粮油、食品类和饮料类的销售额以个位数增长。服装、鞋帽、针纺织品类销售额降14.3%，日用品类降34.1%，金银珠宝类销售额降22.4%，汽车类销售额增1.5%，体育、娱乐用品类和电子出版物及音像制品类等产品销售额增长超过23%。

年内，全区新增个体工商户2839户，新增注册资本6.2亿元。71家个体户完成“个转企”工商登记，其中大个体户48家，转型升级后的企业注册资本增加1亿元。

【招商引资】 2015年，金坛区成功组织常州—上海经贸活动周金坛专题活动，金坛区高端装备制造产业推介会及常州经贸洽谈会，欧洲、德国和香港专题推介会等招商活动。新增签约项目174个，新签约项目累计协议投资总额518.7亿元，其中协议总投资5亿元以上的重大项目27个。新增协议注册外资和港澳台资8286万美元，注册外资和港澳台资实际到账6756万美元。

【对外贸易】 2015年，金坛区完成进出口总额15.56亿美元，比上年增1.4%。其中，出口11.46亿美元，降5.5%；进口4.1亿美元，增32.7%。对美国出口增长较快，完成2.93亿美元，增长10%；对欧洲、亚洲、非洲出口低迷，分别为1.82亿美元、5.21亿美元和0.33亿美元，降28.6%、9.2%和2.2%。在商品贸易中，农产品增长较快，完成进出口总额0.8亿美元，增32.8%；机械电子、光伏行业、医药化工增势稳定，分别完成4.09亿美元、3.48亿美元和1.12亿美元，增0.8%、4%和5.9%；纺织服装外需不旺，完成3.23亿美元，降9.7%。

全年新增境外投资企业15家，新签对外经贸合同额2.13亿美元，完成对外经贸营业额1.86亿美元。境外投资已从传统的制造业向第三产业延伸，涉及公共服务、租赁、贸易、科技研发等领域。

【城乡建设和环境保护】2015年,金坛区城市环境整治行动高标准推进,城区路灯亮化工程顺利实施,城区静态停车位改造全部完成。实施城区道路亮化提升工程,采用合同能源管理(EMC)模式,将主城区及部分区域共计63条道路、7千余盏灯具更换为节能高光效的LED灯具,路灯设施完好率96%以上,亮灯率98%以上。完成社桥南路、华城路北侧等8处停车位(场)改造,新增停车位631个。老城区改造有序开展,"九整治、三规范、一提升"(对城郊接合部、城中村、棚户区、老旧小区、背街小巷、城市河道环境、低洼易淹易涝片区、建设工地、农贸市场进行整治,规范占道经营、车辆停放、户外广告设置,提升城市基础设施承载能力、城市环境和管理水平)。完成景潭花园三角地、峨嵋菜场西侧绿地、下塘河金谷华城段及下塘河圣东福地等重点街头游园提升改造工程。管道天然气实现镇镇通,"城中村"居民安装管道天然气5721户,安装率57.9%。加快滨湖新城建设,环湖路、钱资湖岸线景观改造一期等基础设施项目启动实施,碧桂园、新城吾悦广场等商业项目开工建设。深入推进第四轮结对帮扶工作,开展美丽乡村创建,上阮村获"江苏最美乡村"称号。

新增污水管网38公里,完成733.3公顷长荡湖围网拆除,完成儒林河、运粮河等22条河流清淤整治工程。全省拉网式农村环境综合整治试点工作扎实开展,在薛埠镇、直溪镇、朱林镇44个行政村共建生活污水处理设施46套,受益人口1.62万人。全面完成4家重点行业企业的限期治理,148台燃煤锅炉实施淘汰或清洁能源替代,11家挥发性有机污染物企业完成整治。茅山旅游度假区10公里生态绿道基本建成,丹金溧漕河金坛段生态廊道基本建成。

环境质量明显提升,大气环境质量持续好转,PM2.5浓度比上年降7.5%;空气质量优良天数增加32天,优良率71%。丹金溧漕河指前桥断面水质达到太湖考核要求,6个现代化考核断面中5个符合Ⅲ类水要求。生态红线区考核名次位居全省县(市、区)第四名。城市环境噪声达标区覆盖率均100%,一般工业固体废物综合利用率100%。

【开发区建设】2015年,金坛经济开发区完成一般公共预算收入10.06亿元,比上年增21.1%;完成规模以上工业产值530亿元,增0.8%;完成固定资产投资143.38亿元,增21.5%,其中工业投入115.58亿元,增20.8%。基础设施建设力度加大,完成房屋动迁15.8万平方米,清障土地1533公顷。南环二路、复兴路、兴明南路等5条道路竣工通车,中兴路、汇福路、科教路等5条道路和小工业集中区完成绿化和亮化。5幢安置房及文体中心主体相继竣工;江苏大唐国际金坛燃机热电联产项目获省发改委核准批复,项目建成后将有力推动绿色园区建设。开通青年公寓至众泰汽车园区公交专线,国际工业城和青年公寓的物业管理、生活和商务配套全部到位。

【交　通】2015年,金坛区完成交通政府性投资16.78亿元。年末全区公路通车总里程2038.1公里,内河航道总里程294公里。全年交通部门货运量583万吨,客运量843万人。其中,全区公路货运量1182万吨,客运量2076万人次;港口吞吐量201万吨,内河港口货物吞吐量1375.6万吨,船舶总吨位29万吨;公共汽(电)车客运总量1335.3万人次。

【邮电通讯】2015年,金坛区邮政业务总量8588万元,比上年增11.7%;邮政业务收入1.24亿元,增30.4%;订销报刊杂志累计1414万份。全年通信业务收入5.39亿元。年末,本地电话用户17.9万户;移动电话用户58.1万户,其中3G用户1.43万户、4G用户5.76万户;互联网用户12.82万户,增6.8%,其中宽带网用户12.69万户,增8%。

【旅游业】2015年,金坛区共接待游客783.11万人次,比上年增9.1%;实现旅游总收入84.54亿元,增11.6%。长荡湖旅游度假区成功创建为省级旅游度假区,茅山保朴园、长荡湖水街被确定为首首批乡村旅游创新项目,东方盐湖城入选2015全国优选旅游项目名录,华夏宝盛园房车露营地获江苏省首批房车露营地单位。成功举办2015常州乡村过大年暨金坛乡村旅游嘉年华、"春到上阮赏花季""金坛水果蛮好·水果采摘节"、长荡湖籽虾节、长荡湖湖鲜美食节、"金秋感恩回报月——金坛环卫工人游常州"等旅游节庆活动和2015长荡湖杯金坛乡村美食大赛。开通长荡湖、东方盐湖城旅游专线车。至年末,全区拥有国家3A级及以上景区2家、星级酒店3家、旅行社15家、省星级乡村旅游点11家。

【金融保险】2015年末,金坛区金融机构人民币各项存款余额674.88亿元,比上年增加132.01亿元,增24.3%。其中,个人存款余额321.65亿元,增加17.84亿元,增5.9%;单位存款余额349.53亿元,增加114.3亿元,增48.6%。人民币各项贷款余额521.79亿元,增加102.81亿元,增24.5%。其中,短期贷款余额273.59亿元,增加43.66亿元,增19%;中长期贷款余额237.94亿元,增加64.7亿元,增37.3%。年末,全区有银行业机构网点126个,新增自动柜员机33台,银行业金融机构安装ATM存取(转)款机414台、商用POS机9562台,全区农村安装EPOS小额取款机具370台,累计办理取款业务10.3万笔,金额7848.22万元。

全年实现保险费收入10.34亿元,增11.2%,其中财险保险费收入4亿元、寿险保险费收入6.33亿元,分别增14.8%和9%。各类保险理赔和给付支出3.94亿元,降0.3%。其中,财险赔付支出2.42亿元,增27.4%;寿险赔付支出1.52亿元,降25.9%。

【科　技】2015年,金坛区申请专利3350件,授权798件,其中发明申请882件,比上年增155%;获发明专利授权115件,增132%。5项科技成果获常州市科技进步奖,2家企业成为2015年度省企业知识产权管理标准化示范创建单位。常州亿晶光电科技有限公司、凡登(常州)新型金属材料技术有限公司获江苏省专利战略推进计划。新增高新技术企业16家、省民营科技企业136家,新增省高新技术产品36只,新增国家博士后创新实践基地1家、省工程技术研究中心4家、省企业技术中心1家、省企业研究生工作站7家。组织申报市级以上科技计划项目78项，24个项目获省科技厅立项，其中常州华德机械有限公司的高速列车用超低温高韧性球墨铸铁转向架轴箱研发及产业化获省科技厅立项，获1000万元的经费支持。薛埠、直溪、朱林3家科技创业园被认定为常州市科技企业孵化器。

根据产业、企业发展的需求，组织企业与黑龙江省科学院、哈尔滨工业大学、浙江大学、西华大学等院校开展4场大规模的产学研活动，签订产学研合作协议55项，建立黑龙江省科学院江苏技术转移中心、机器人焊接材料联合工程中心、水性防腐材料工程技术研究中心。金坛区政府与清华大学研究生院签订第三轮合作协议。

全区引进高层次人才312人。盛利维尔（中国）新材料技术有限公司盛荣生团队、金坛六九钛业科技有限公司郭蔚团队获评江苏省科技创新团队。2人入选省“双创人才”，4人入选省“博士计划”。开展高层次人才柔性进企业活动，聘请上海理工大学刘新宽、江苏大学贾和坤、西华大学王剑3位博士到3家企业任科技副总。

【教　育】 2015年末，金坛区拥有各级各类学校101所、在校学生59998人、教职工4963人。有在职特级教师13人、中小学正高级教师3人；有学术类优秀教师1292人，其中常州市级611人、常州市名师工作室领衔人4名，优秀教师群体占专任教师的26%。幼儿教育更加注重规范，成功创建省优质幼儿园2所、常州市优质园2所、常州市特色幼儿园1所。义务教育更加注重成效。100%的学生（含听力语言残疾儿童、脑瘫儿童、孤独症儿童、无户籍等学生）有学上；100%的学生免试免费就近入学，无择校；100%的流动就业随迁子女在公办学校就读，享受同城同等待遇；100%的学校公平分班，无重点班、快慢班；100%小学毕业生对应直升到相应初中；按照“名校+新校”思路，实施西城实验小学和东城实验小学集团化办学。高中教学更加注重质量。本二以上达线人数1451人，达线率76.85%，比上年增9.5%，连续四年保持高位增长态势。职业教育更加注重特色。江苏省金坛中等专业学校顺利通过江苏省高水平现代化职业学校评估验收，在省中专技能大赛中获金牌2块、银牌4块、铜牌7块。社会教育更加完善。创建江苏省农科教结合富民示范基地1个，新增江苏省标准化社区教育中心1个、常州市社区教育示范镇2个；常州市标准化居民学校58个，达78.3%。

【文　化】 2015年，金坛区成功举办金坛区第七届文化艺术节，组织基层文艺巡演50多场，其中大型文艺演出包括“欢乐金沙—广场文艺月月演”8场、第二届金坛广场舞电视大赛10场；举办书画、摄影等各类文化艺术展览22次。文化馆、图书馆、博物馆等公共文化场馆全部实行免费开放，文化馆全年免费开办文艺培训班3期共10多个项目。圆满完成农村数字电影流动放映工作，送电影下乡1226场次，送戏下乡80多场，送书下乡5000多册。音乐儿童剧《从长荡湖来的女孩》获第十届上海优秀儿童剧展演最佳剧目奖和受观众欢迎剧目奖，获常州市第七届精神文明建设“五个一工程”优秀作品奖。大型红色经典励志儿童剧《黎明的河边》获2015年度国家艺术基金资助。华罗庚艺术团获文化部服务基层优秀院团资助。

有序开展第一次可移动文物普查工作，完成文物测量、拍摄、信息数据资料采集和登记，涵盖博物馆馆藏文物8169件（组），采集各类相关信息13类总计8169条，拍摄照片2万余张。开展博物馆预防性保护工程、馆藏青铜器保护修复工程、戴王府彩绘保护工程、华罗庚纪念馆展览出新工程等文物保护工程建设。组织开展指前镇丰产窑头村工地明代墓葬、金城镇九家里村宋代墓葬、薛埠土墩墓群等抢救性发掘工作及文物单位保护工作。成功创建省级金坛圩村文化生态保护实验区，完成金坛抬阁、直溪巨龙、金坛封缸酒酿造技艺和金坛刻纸项目国家级代表性传承人的申报工作，东浦丝弦锣鼓项目被列为江苏省级第四批“非遗”代表性项目。

【卫　生】 2015年末，金坛区有各级各类医疗卫生机构201家，其中区级医院3家、卫生院14家、城市社区服务中心2家、民营医院5家，实际开放病床2466张，千人拥有床位数4.4张。全区有卫生技术人员3022人，其中执业（助理）医师1430人、注册护士1353人，千人拥有医生数2.5人，千人拥有护士数2.4人。年内各级医疗机构门急诊242万人次，住院6.3万人次。农村医疗卫生服务网络得到进一步巩固，推行家庭医生责任制，乡镇签约服务覆盖率100%；新型农村合作医疗参保率100%。进一步整合优化医疗资源，推进区域影像、检验、病理、远程会诊、消毒供应五大中心建设。

【体　育】 2015年，金坛区全面完成8个镇街道中心场地和97个行政村全民健身工程的提档升级工作。社区实现10分钟体育健身圈全覆盖，利用金沙公园、愚池公园、春风公园环园道路建成3条标准化健身步道。组织开展2015年国民体质监测工作，测试人数3500人以上。各体育社团组织健身活动300次以上。培训二级以上体育指导员100名、三级体育指导员130名。成功举办金坛区第六届全民运动会和2015年江苏金坛茅山登山健身大会。金坛代表队在上海国内（国际）空竹表演赛中获一等奖，在省和常州市健身秧歌大赛中分别获省三等奖和体育道德风尚奖，获江苏省县组篮球比赛第4名、江苏省青少年篮球甲组比赛第5名。

【居民收入】 2015年，金坛区居民人均可支配收入29852元，比上年增8.6%，其中城镇居民、农村居民人均可支配收入分别为40002元、20427元，分别增8.4%和9%，农村居民收入增幅高出城镇居民0.6%，城乡居民收入的差距不断缩小。

【惠民工程】 2015年，金坛区开工建设公共租赁住房2931套，竣工702套。争取到省级以上各类住房保障补助建设资金1.81亿元。

全年一般公共预算支出47.84亿元，比上年增27.7%，其中教育、文化体育与传媒、社会保障和就业、医疗卫生等民生支出分别为8.53亿元、0.6亿元、5.18亿元、4.54亿元，增16.7%、

1.5%、20.2%、27.1%。养老机构床位数建设加大，全区拥有养老床位数5641张，其中养老机构床位数3916张、居家养老床位数1725张，每千名老人拥有机构养老床位数为46.4张，社会力量创办和公建民营养老机构床位数占养老机构床位数的71.5%，护理型床位占养老机构床位的50.5%。9月，投入1100万元的金坛革命烈士纪念馆建成开馆，展示134名烈士的生平事迹。总投资5.01亿元的殡仪馆移址新建及配套建设工程启动；区公墓环境建设力度加大，墓区道路、停车场等基建工程加快实施改造。

【社会保障】 2015年末，金坛区企业职工养老、医疗、失业、工伤和生育五大保险参保人数分别为13.16万人、16.72万人、9.8万人、13.29万人、9.3万人，比上年增长2.9%、4.6%、3.2%、6.9%和6.4%，其中养老、医疗、失业和工伤保险参保覆盖率分别为98.7%、98.1%、98.9%、98.1%。新型农村社会养老保险参保人数17.34万人，参保覆盖率99.7%，覆盖率提高0.7%。

福利事业加快推进，保障全区重点优抚对象5810人，发放补助经费3853.9万元。城乡低保标准由每人每月460元提高到每人每月590元；农村五保集中和分散供养标准分别由每人每年7200元、6200元提高到每人每年8100元、7100元；农村五保、城乡低保、孤儿、城市“三无”（无劳动能力、无生活来源、无赡养人和扶养人，或者其赡养人和扶养人确无赡养或扶养能力）老人医疗救助年度累计限额从3.5万元提高到4.5万元；其他救助对象（重残）年度累计救助限额从2.5万元提高到3.5万元，医疗救助比例70%。全年福利彩票销售1.45亿元，首次进入全省县级市前10强。

组织机构与负责人名单

中共金坛区委员会

书　　记　范寿柏
副 书 记　狄志强
　　　　　王国胜（正处级）（至5月）
　　　　　陈春洪（5月任）
常　　委　王跃中
　　　　　吴小华※（至10月）
　　　　　刘东升
　　　　　纪海平※（10月任）
　　　　　朱柏松（5月任）
　　　　　刘国新
　　　　　沈新峰
　　　　　沈　东（5月任）
　　　　　张德智（至5月）
　　　　　王建斌（5月任）
　　　　　田杰亮

金坛区人大常委会

主　　任　范寿柏
副 主 任　于炳才
　　　　　杜跃华（享受正处级生活待遇）
　　　　　赵钢超
　　　　　王新辉

金坛区人民政府

党组书记　狄志强
区　　长　狄志强
副 区 长　陈春洪（至7月）
　　　　　朱柏松
　　　　　沈　东（7月任）
　　　　　王艳红※
　　　　　陈锁龙
　　　　　刘明江
　　　　　杨金忠
　　　　　李　皓
　　　　　田杰亮
　　　　　杨　琦
　　　　　沈群峰（至12月）
　　　　　肖　鹏（9月任，至12月）
党组成员　葛惠明（享受副处级）

政协金坛区委员会

主　　席　张建华（至1月）
　　　　　王国胜（1月任）
副 主 席　段振国
　　　　　潘双林
　　　　　姜　玲※
　　　　　吴欲晓
　　　　　周新生

中共金坛区纪律检查委员会

书　　记　吴小华※（兼）（至10月）
　　　　　纪海平※（兼）（10月任）
副 书 记　俞云法

金坛区人民武装部

党委第一书记　范寿柏
政　　委　张德智（至3月）
　　　　　朱建清（3月任）
部　　长　王建斌

金坛区人民法院

党组书记　宋文良
院　　长　宋文良（1月任）
代理院长　宋文良（至1月）

金坛区人民检察院

党组书记　蔡和方
检 察 长　蔡和方

开发区、镇、街道

江苏省金坛茅山旅游度假区
　党工委书记　刘小平
　管委会主任　刘小平
金坛区长荡湖旅游度假区
　党工委书记　杨荣平（享受副处级，至5月）
　　　　　　　陈锁龙（兼，5月任）
　管委会主任　杨荣平（享受副处级，至5月）
　　　　　　　孙国林（享受副处级，5月任）

注：2015年4月30日坛编字〔2015〕19号文，决定将中共金坛市长荡湖旅游度假区工作委员会、金坛市长荡湖旅游度假区管理委员会更名为中共江苏省金坛长荡湖旅游度假区工作委员会、江苏省金坛长荡湖旅游度假区管理委员会。

江苏省金坛经济开发区
　党工委书记　沈新峰（兼）
　管委会主任　李　皓（兼）
金城镇党委书记　孟敖祥
　　镇　　长　吴志高
薛埠镇党委书记　于忠俊
　　镇　　长　刘　斌
直溪镇党委书记　董龙庆（副处级）
　　镇　　长　韩巧生
朱林镇党委书记　周文俊
　　镇　　长　王新强
指前镇党委书记　诸葛林
　　镇　　长　姜金华
儒林镇党委书记　杨荣平（副处级，至5月）
　　　　　　　　孙国林（副处级，5月任）
　　镇　　长　徐　飞
东城街道
　党工委书记　张小平
　办事处主任　王　勇
尧塘镇党委书记　陈国荣（至4月）
　　镇　　长　刘国荣（至4月）
尧塘街道

党工委书记　陈国荣（4月任）

办事处主任　刘国荣（4月任）

注：2015年4月12日，坛编字〔2015〕8号决定设立金坛市尧塘街道办事处。2015年4月28日，坛委发〔2015〕20号文决定设立中共金坛市尧塘街道工作委员会。

西城街道

党工委书记　史顺年

办事处主任　史顺年

注：2015年4月12日，坛编字〔2015〕8号决定设立金坛市西城街道办事处；2015年4月28日，坛委发〔2015〕20号文决定设立中共金坛市西城街道工作委员会。

注：姓名右上角有※者为女性。

（夏　冰）

武进区

【概　述】武进区位于长三角太湖平原西北部，濒太湖，衔滆湖，东邻无锡市惠山区，西毗常州市金坛区，南接无锡市宜兴市，北靠常州市天宁区、钟楼区。2015年5月11日，省政府下发《关于调整常州市部分行政区划的通知》，撤销常州市武进区和戚墅堰区，设立新的武进区，以原武进区和戚墅堰区行政区域为新设立的武进区的行政区域，同时将原武进区的奔牛镇、郑陆镇、邹区镇分别划归常州市新北区、天宁区、钟楼区管辖。区政府驻湖塘镇延政中大道28号。新设立的武进区区划面积1065.27平方公里，辖11个镇、5个街道、1个国家级高新区、1个综合保税区、1个省级高新区（筹）、2个省级经济开发区、1个省级旅游度假区和1个省级现代农业产业园区，有196个行政村、120个社区，户籍人口93.03万人，常住人口143.62万人，人口密度每平方公里873人。

2015年，武进区围绕“迈上新台阶，建设新武进”的目标，突出“坚持两加战略，深化四大战役”（加力城乡一体、加速生态文明，产业培育、城乡一体、生态文明和改革创新四大战役）主题，统筹推进稳增长、促转型、强载体、优生态、惠民生等工作，保持经济社会稳中有进发展态势。全年完成地区生产总值1830亿元（含常州经济开发区，下同），比上年增8%；完成一般公共预算收入140.4亿元，增8%；完成规模以上工业总产值4360.93亿元、增加值1018.24亿元，分别增3.6%和6%；完成服务业增加值772.26亿元，占地区生产总值的42.2%。完成固定资产投资971.53亿元、进出口总额94.26亿美元。城镇、农村居民人均可支配收入44738元和23531元，分别增8%和8.6%。武进区被评为中国最具投资潜力中小城市百强区第一名、中国中小城市综合实力百强区第三名。

【农　业】2015年，武进区坚持以转变农业发展方式和调整农业生产结构为主线，新建高标准农田1.3万亩、高效设施农业面积1400亩，累计分别为3.46万亩、11.96万亩；粮食生产机械化水平95%以上，高效设施农业生产主要环节机械化水平72%以上，其中水产、畜禽养殖基本实现机械化。全区小麦种植面积9.4万亩，水稻种植面积10.3万亩，稻麦单产分别为649公斤和324公斤，粮食总产10.1万吨。全区种植林果5.6万亩、蔬菜8.3万亩（含复种）、花木16万亩，饲养生猪37.45万头、家禽2091.53万羽，养殖水产9.5万亩。全年实现农业总产值66.15亿元、农业增加值41.61亿元，分别比上年增5.9%、3.6%。新增省级农业龙头企业2家，累计区级以上农业龙头企业35家，其中国家级2家、省级16家、市级4家。全区建有休闲观光农业园区25家、市级现代农业园区8家、省级现代农业园区1家、全国农业旅游示范点4个。申报成功无公害农产品、绿色食品、有机农产品（简称“三品”）22个，累计170个；“三品”种植面积36.34万亩，占耕地面积的77%。有家庭农场232家，获批省级示范家庭农场7家、项目26个。新增农民专业合作社22家，累计611家，入社农户27.53万户；建立农民专业合作社项目库，入库项目37个，获批省级示范项目9个。实施农业科技入户工程，推行“包村联户”责任农技服务制度，建立林果特色专业村11个、畜禽特色专业村4个、渔业核心区6个，示范推广水稻、林果、水产、畜禽主导品种150余个及技术70项。武运粳31号、长农粳1号、武育粳33号3个水稻新品种通过省级审定。实施畜禽养殖污染整治，畜禽粪便综合利用率95.71%。夏溪花木市场成为中央电视台中国经济观测点和国家花卉信息平台建设示范单位。雪堰镇“中国银鱼之乡”创建通过评审。雪堰镇太滆村被省商务厅、省农委评为第二批江苏省农村电子商务示范村和江苏省“一村一品一店”示范村。

【工　业】2015年，武进区实施工业经济“四十四百”（发展十大行业，建设十大产业链，打造十大企业工业园，提升十大载体平台；培育100家工业大企业，推进100个工业重点项目，建成100万平方米标准厂房，培育100家创新型科技企业）提升计划，加快培育和发展新兴产业，改造提升传统产业，推进信息化建设，促进工业企业健康发展。全年完成规模以上工业总产值4361亿元，实现利税397亿元，利润245亿元，分别比上年增长3.6%、10.8%和12.4%。产业投资鼓励清单出台，新兴产业发展基金成功设立，轨道交通、汽车零部件等产业规模加速壮大，碳材料、电子商务、绿色建筑建材等新增长点发展态势良好，战略性新兴产业完成产值1350亿元。深入开展重大项目深化年和百日攻坚活动，总投资10亿美元的瑞声（中国）投资有限公司射频金属结构模组项目成功签约，总投资36亿元的中建国际华东中心等重大项目顺利落户，投资超百亿元的北京汽车集团有限公司新能源汽车及关键零部件项目和总投资50亿元的今创轨道交通产业园项目相继开工，西门子、庞巴迪2家世界500强企业投资项目成功引进。全区新增规模以上工业企业88家、营业收入超百亿元工业企业2家，分别累计1620家、6家。3家企业成为工业和信息化部两化融合管理体系贯标试点企业，6家企业入选省示范智能车间。全区有国家级技术中心3家、省级技术中心50家、市级技术中心62家。2家企业获2015年常州市市长质量奖。全区企业参与制（修）订并发布国家、行业标准16项，新增中国驰名商标2件、省著名商标17件，

武进国家高新区新三板挂牌企业集中签约 （武进区地方志办 供稿）

分别累计46件、116件。260家个体户升级为企业，103家小微企业升级为规模以上企业。常州腾龙汽车零部件股份有限公司、常州强力电子新材料股份有限公司分别在主板和创业板上市，新城控股集团有限公司成为国内首家B转A的民营房地产企业，全区主板上市公司累计17家，新增新三板挂牌企业12家。新增创投资金10.89亿元，累计57.05亿元。

【服务业】 2015年，武进区深入实施服务业“三四五”（提升三大现代购物商圈，完善三大景区，做强四大现代服务业集聚区，推进40个服务业重点项目，做大五大物流园，培育50家服务业重点企业）壮大计划，完善服务业组织管理体系、统计指标体系、目标管理体系、重点项目推进体系、运行管理体系，夯实基础工作。全年完成服务业增加值772.26亿元，占地区生产总值的42.2%；全社会消费品零售总额480亿元，比上年增10.5%；电子商务交易额705亿元，增38.2%。

全年旅游接待人数1568万人次，旅游总收入187亿元，均比上年增15%。宝林文化园、太湖湾云中部落度假村建成开放。第三届中国东盟青少年文化交流节、2015中国“旅游+互联网”大会在武进区举行。太湖湾嬉戏谷景区功能建设日益完善，中华孝道园获评4A级景区，西太湖花博园活动纷呈，国家智慧旅游公共服务平台建成运行。

全年物流业增加值140亿元，增15%。武南物流园青洋园区、恒耐物流园和亚邦物流公路港等重点园区和项目建设顺利，亚邦物流中心提升改造工程全面推进。

西太湖互联网产业集聚区加快发展，常州市平台经济现场会在武进经济开发区召开。常州科教城、津通国际工业园、夏溪花木市场、亚邦物流市场等省、市集聚区稳步发展。

武进万达广场、富克斯、吾悦广场等商业体运营稳定，星河COCOcity商业体加快建设。有餐饮企业7169家，全年营业收入59.3亿元。

加速培育重点企业，江苏新城地产股份有限公司、百兴集团有限公司、江苏明都汽车集团3家企业被列为省服务业百强企业；夏溪花木控股有限公司等11家企业被江苏省发改委列为省服务业重点培育企业；夏溪花木控股有限公司、江苏嬉戏族有限公司被评为江苏省服务业创新示范企业。

【开放型经济】 2015年，武进区落实市“重大项目深化年”活动要求，引进世界500强投资项目企业北京西门子汽车电驱动系统项目和新誉庞巴迪信号系统项目2个；新增协议注册投资超3000万美元项目8个，其中总投资超亿美元项目4个。联合光伏（常州）投资有限公司、顺风光电投资（中国）有限公司、瑞声（中国）投资有限公司3家投资性公司分别到账外资和港澳台资17050万美元、8058万美元、2029万美元。香港艺康公司全资并购江苏江海环保有限公司化工项目，交易额1.88亿美元，为区最大外资和港澳台资并购项目。全年完成协议注册外资和港澳台资12.67亿美元，实际到账7.38亿美元，位列常州市各辖市区第一，其中制造业、生产性服务业占到账资金的97%。完成贸易进出口总额94.26亿美元，其中出口总额68.07亿美元，实现出口正增长。完成境外及港澳台投资项目29个，新签合同额4000亿美元，完成营业额4000亿美元，中方（含港澳台）协议投资额3.9亿美元，比上年增77%。

【开发区建设】 2015年5月28日，中共常州市委、市政府根据《省政府办公厅关于同意江苏常州戚墅堰经济开发区更名为江苏常州经济开发区的函》和省编委《关于设立江苏常州经济开发区管理机构有关事项的批复》，下发《关于常州市部分行政区划调整的实施意见》，设立江苏常州经济开发区（简称“常州经开区”），组建中共江苏常州经济开发区工作委员会、江苏常州经济开发区管理委员会，分别为常州市委、市政府的派出机构，规格为正处级，委托武进区管理。常州经开区范围包括原戚墅堰区的戚墅堰、丁堰、潞城3个街道和原武进区的横山桥、横林、遥观3个镇，辖区面积181.3平方公里，常住人口40.5万人。6月，常州经开区党政机构挂牌办公，体制机制逐步理顺，基础设施建设全面启动，首批重大民生、水利项目开工建设。全年完成地区生产总值614.46亿元，增4%。

武进国家高新区新增高新技术企业21家，累计123家；累计上市及新三板挂牌企业12家。新增世界500强投资项目2个，累计19个；新增总投资超亿美元项目5个，累计21个。建成青武·创客空间、蓝光空间、N立方创意工坊、信息产业园4家众创空间，在孵企业、项目共75个，武进国家高新区成功申报江苏省众创集聚区建设试点。累计入驻企业6000多家，全年完成工业产值112.3亿元，实际到账外资和港

常州石墨烯科技产业园开园（武进区地方志办 供稿）

澳台资5.7亿美元，名列全省开发区前5位，出口加工区升格为综合保税区，全球清洁汽车峰会2015成功举办，综合实力位列全国147家国家级高新区第59位，武进国家高新区获“国家新型工业化产业示范基地”和“国家知识产权试点园区”等称号。西太湖科技产业园推进科技驱动示范区、产城融合示范区、对外开放示范区建设，获批筹建省级高新区。石墨烯科技产业园开园，石墨烯科技产业展示馆开馆，全球首个石墨烯指数发布，引进石墨烯项目25个，累计52个，成功转化石墨烯产品6个。“中国以色列常州创新园”揭牌，成为中以两国政府第一个创新合作示范园区，知识产权合作与保护试验区落户，医疗器械产业研究院落成并运营。电子商务创新创业孵化园成立，江苏省互联网产业园、江苏省电子商务示范基地先后完成授牌，国家智慧旅游公共服务平台启动运营。武进绿色建筑产业集聚示范区落实部省合作机制，推进园区项目建设，新增注册企业37家，累计超过100家；引进总投资超千万美元项目4个，项目总投资超过270亿元。江苏省绿色建筑博览园、会议展览中心建成投运。武进区获评江苏省建筑产业现代化示范城市，绿色建筑产业集聚示范区获评住房和城乡建设部低能耗示范区。10个镇级重点工业集中区完成规模以上工业总产值784亿元。全区开发区高新技术产业产值、实际到账注册外资及港澳台资分别占全区的64.1%和85.4%。

【金　融】 2015年，武进区新增金融机构3家，累计有银行机构22家、小贷公司12家、证券营业部11家、风创投公司48家、融资性担保公司7家、典当行9家。至年末，金融机构本外币各类存款余额2162亿元、贷款余额1539亿元，风创投资本99.75亿元。全区新增发债总额57.36亿元，直接债务融资累计318.14亿元。加强与政策性银行的合作，中国进出口银行在武进区贷款余额61.82亿元，累计放贷超400亿元。结合土地承包经营权、农村住房财产权、农村集体建设用地权“三权”试点，建信村镇银行等4家银行参与发放土地承包经营权抵押贷款。

全年保险费收入17.68亿元，比上年增16.08%。其中，财产类保险费收入5.25亿元，增19.3%；人寿类保险费收入12.15亿元，增14.63%。保险业务支出11.45亿元，增长20.14%。其中，财产类保险费支出4.77亿元，增82.06%；人寿类保险支出4.46亿元，降4.72%。

证券业迅速增长，累计新增开户数49668户，总账户数63470户；证券交易量5544亿元，增209%。

全区小贷公司注册资本总额33.38亿元，贷款余额42.13亿元，累计放贷86.44亿元，累计放贷客户520户，服务“三农”比例100%，缴纳税金1亿元。

再担保公司责任余额11.37亿元，累计担保规模32.06亿元，累计为114家中小微企业提供融资担保。

发展互联网金融，常州市兴武中小企业金融服务中心有限公司注册成立，兴武金融网（www.xwjr.gov.cn）投运。

加强应急专项资金管理，全年服务企业62家，办理业务154笔，转贷资金21.88亿元。

【城镇建设与管理】 2015年，结合行政区划调整，武进区“一中心、三片区”（中心城区和以常州经开区为主体的东部片区、以武进国家高新区为主体的中南片区、以西太湖科技产业园为引擎的西部片区）的发展格局初步确立。新武进区发展战略规划初步编制完成，镇村体系布局规划制定并实施，西太湖产业、空间、土地利用和生态“四规合一”推进，美丽乡村规划研究成效显著。完善基础设施建设，轨道交通武进段站点全面开工，广电东路、延政西路西延、长虹路快速化改造项目建成通车，京杭大运河四级航道升级成三级航道整治工程横林段、新沟河延伸拓浚工程有序实施，国省干线、县道公路优良率分别为100%和94%。完成环淹城生态绿道以及长虹高架武进段、龙江路高架南延段和青洋路高架部分段绿道工程建设。加强城镇管理，出台《武进区城乡市容环境提升三年行动计划（2015—2017年）》，开展“9313”（对城郊结合部、城中村、棚户区、老旧小区、背街小巷、城市河道、低洼易淹易涝片区、建设工地、农贸市场9类重点区域进行集中整治，对占道经营、车辆停放、户外广告3类突出问题进行规范管理，提升城市长效管理水平，创建国家生态文明示范区、国家生态园林城区和国家历史文化名城）城市环境综合整治行动，完成老旧小区改造面积35万平方米，整治户外广告7.8万平方米，完成2个商业综合体户外广告的改造提升。拆除违章建筑面积4.6万平方米，资源化利用建筑垃圾50万吨。加强生活垃圾、建筑装潢垃圾、渣土运输管理，提升城镇卫生环境。加强应急处置保障，社会综合应急救援队成立，出动千余人次，及时应对强冰雹、强降水、强台风等灾害性天气影响，保障人民群众生命财产安全。开展示范创建，创成省级城市管理示范社区1个、市级城市管理示范社区4个、市级城市管理示范路1条。美丽乡村建设步伐加快，3个村通过市级第一批验收，3家单位成为全国农业旅游示范点，累计创成国家级卫生镇5个、省级卫生镇50个，创成率分别为83%和97.6%。

【生态环境保护】 2015年，根据《2015年武进区提升生态文明建设实施方案》，全区推行农村生态补偿机制，推进实施生态文明建设重点工程、项目，开展生态创建，加强环境监管，改善环境质量。全年单位GDP能耗下降5%，空气质量PM2.5指数比基准年2013年下降15.6%。实施大气污染防治，专项整治大气污染企业35家，整治燃煤锅炉443台、堆场28家，改造提升重点企业15家。推进清水工程建设，铺设污水主管网61公里，横山桥污水厂二期、太湖湾污水厂改造工程完成，武南污水厂二期扩建工程完工投运；清淤农村河道48条，长61.2公里，开挖土方105.4万立方米；打捞蓝藻14.3万吨、水草434吨，产藻泥量3309吨；整治完成畜禽养殖场15家；入太湖河道水质保持稳定。推进污染物减排，完成全区5个热电厂和2个钢厂的提标改造工作；拆除常州东方特钢有限公司180烧结机脱硫设施旁路。加强固废管理，完善危险废物处置平台建设，完成转移危险废物446.81吨。推进国家森林城市创建工作，完成造林绿化面积1.4万亩，淹城西绿地公园及环淹城、环湖西路等生态绿道全面建成。启动实施新一轮农村环境综合整治工程。

【科技创新】 2015年，武进区启动苏南国家自主创新示范区建设，以创新驱动发展引领区及区域创新一体化先行区为引领，推进创新创业。完成高新技术产业产值1951亿元，占规模以上工业总产值的44.7%。完成高新技术产业投资284.6亿元，占工业投资的51.5%。研究与开发经费支出占地区生产总值的2.72%。新认定高新技术企业59家、市科技型上市培育企业38家，分别累计387家和131家；创成省级工程中心17家，累计111家；新认定市级以上孵化器4家、加速器2家、创客中心（众创空间）13家，分别累计31家、9家、13家。其中，国家级、省级孵化器均为6家，省级加速器2家，省级创客中心（众创空间）1家。新认定省级高新技术产品313个，9个新技术新产品列入省重点推广应用目录。省级以上科技计划项目立项148项，其中成果转化项目立项10项。省创新（人才）团队立项2项，获批市级以上创新人才项目24项（名）。新增产学研合作项目82项，万人发明专利拥有量22.5件。实施"产业英才"引育计划，新增博士后6名，累计17名。加快引智项目立项，国家级、省级引智项目分别立项9个、23个。组织第七批领军型人才面试对接，自主培育国家"千人计划"专家1名，引进领军型创新创业人才团队66个、高层次紧缺专业人才2000人。科技镇长团工作成效显著，获批省研究生工作站29家、科技副总8人、产业教授10人。

【社会事业】 2015年，武进区推进教育优质提升工程，完善流动人口子女积分制入学机制，推动教育公平发展。武进学生摘得常州市高考理科状元，职业教育综合技能水平保持全省领先。武进区被评为江苏省义务教育优质均衡发展区、江苏省学前教育改革发展示范区。卫生、计划生育深度融合，医药卫生体制改革有序推进，区域卫生信息化项目基本建成，免费提供基本公共卫生服务项目45项。出生人口素质持续提升，性别比维持合理水平。城乡一体"10分钟体育健身圈"建设全面完成，中华龙舟大赛、环太湖国际公路自行车赛顺利举行，西太湖半程马拉松赛成为武进品牌。武进区率先建成全省公共体育服务体系示范区。丰富群众文化生活，区文化馆、图书馆改造后投用，文化设施档次提升。周周演、天天乐、市民文化节品牌日益彰显。社会保障更加健全，居民养老、医疗保障标准提高，加快常武社保一体化进程，健全社会救助制度，儿童综合福利院建成投用，新老干部活动中心、新老年大学、新老年活动中心基本建成，社区居家养老服务中心（站）实现全覆盖。启动社会组织培育工程，新增社会组织42家，有持证社会工作者416名，社会组织工作实现村、社区全覆盖。

【人民生活】 2015年，武进区城镇居民、农村居民人均可支配收入分别为44738元和23531元，分别增加3314元和1863元。健全就业服务体系，新增城镇就业2.4万人，城镇登记失业率保持在1.8%以内。养老、医疗等社会保障标准进一步提高，城乡居民合作医疗保险筹资标准提高到每人每年635元，城乡居民社会养老保险基础养老金提高到每人每月190元。企业职工养老、医疗、失业、工伤和生育保险参保人数分别为48.49万人、52.14万人、32.42万人、31.83万人、32.92万人，分别净增0.42万人、2.32万人、1.09万人、1.09万人和3.47万人，养老、医疗、失业三大保险综合覆盖率保持在98.75%以上。建成公共租赁住房591套、危旧房改造安置住房395套，分配安置房4300套。投放住房公积金贷款19亿元。完善助医、助学、助困、助残等社会救助体系，发放慈善救助资金3600万元，救助1万人次。新增光彩资金7200万元，新建千万光彩基金3个，设立全市首个关爱抗战老兵公益基金。（张新辉）

组织机构与负责人名单

中共武进区委员会

书　　记　周　斌
副 书 记　戴士福（10月任）
　　　　　董彩凤※（5月任）
　　　　　臧建中（至10月）
　　　　　凌光耀
常　　委　顾伟国
　　　　　叶明华
　　　　　江建文
　　　　　华　飞（5月任）
　　　　　孙金才
　　　　　单骏初
　　　　　杨国成
　　　　　徐　萍※
　　　　　刘亦鸣
　　　　　崔　娟※

武进区人大常委会

主　　任　周　斌
副 主 任　陈　虎（1月任）

陆惠根（5月任）
张　美※
张钰山（5月任）
郭志贤
朱建康（1月任）
黄汉林
邰建平（至1月）

武进区人民政府

区　长　臧建中（至10月）
代区长　戴士福（10月任）
副区长　戴士福（10月任）
顾伟国
陈　虎（至1月）
王明昌（至12月）
郑政平
陆雅芬※
谢国正
石旭涌（1月任）
薛建忠
是　峰（12月任）
崔　娟※
路宏伟

政协武进区委员会

主　席　张建新
副主席　江君杰（5月任）
杜　强（5月任）
王友诚
倪晓谦※
万卫新（5月任）
张志朝
周耀南
刘云英※（5月任）
陆小玉（至1月）
王友东（至7月）

中共武进区纪律检查委员会

书　记　徐　萍※
副书记　朱志伟
朱鹏程

武进区人民武装部

党委第一书记　周　斌
政　委　刘亦鸣
部　长　荆浩良

武进区人民法院

院　长　潘桂林（至12月）
代院长　任志清（12月任）
党委书记　潘桂林（至12月）
任志清（12月任）

武进区人民检察院

检察长　蒋国强
党组书记　蒋国强

开发区、镇、街道

武进高新技术产业开发区
党工委书记　周　斌
管委会主任　臧建中（至10月）
戴士福（10月任）

武进高新技术产业开发区北区
党委书记　李文平（至8月）
杨华夏※（8月任）
管理处主任　周文彬

常州西太湖科技产业园（江苏武进经济开发区）
党工委书记　刘志峰
管委会主任　刘志峰（至10月）
赵和伟（10月任）

武进现代农业产业园区
党工委书记　施小平
管委会主任　戴志华（至3月）
薛健峰（3月任）

武进绿色建筑产业集聚示范区
党工委书记　陈　虎（兼任）（至3月）
徐　宁（3月任）
管委会主任　徐　宁（至3月）
陈　江（3月任）

雪堰镇党委书记　张　龙
镇　长　张燕玲※（至9月）
王宏强（9月任）

前黄镇党委书记　裴晓冬
镇　长　居敏俊

礼嘉镇党委书记　徐治国
镇　长　王　勇

湖塘镇党委书记　蒋金明
镇　长　蒋志龙

牛塘镇党委书记　恽益明（至3月）
戴志华（3月任）
镇　长　严晓国

洛阳镇党委书记　朱红兴
镇　长　朱剑波（至9月）
龚新宇（12月任）

遥观镇党委书记　薛建忠（兼任）
镇　长　冯　晖

横林镇党委书记　薛红霞※
镇　长　徐　海

横山桥镇党委书记　储小平
镇　长　费　晔※

嘉泽镇党委书记　施小平
镇　长　戴志华（至3月）
薛健峰（12月任）

湟里镇党委书记　黄一鸣（至8月）
武为锋（8月任）
镇　长　武为锋（至9月）
朱军华（12月任）

南夏墅街道
党工委书记　路　琦（兼任）（至8月）
朱剑波（8月任）
办事处主任　蒋　丽※（至9月）
张永波（9月任）

西湖街道
党工委书记　虞钟清
办事处主任　张学技（至9月）
丁亚英※（9月任）

戚墅堰街道
党工委书记　梁文菊※（6月任）
办事处主任　李　江（11月任）

潞城街道
党工委书记　赵文明（10月任）
办事处主任　周　茹※（11月任）

丁堰街道
党工委书记　秦汉明（6月任）
办事处主任　袁　康（6月任）

注：姓名右上角有※者为女性。

（宋志盛）

常州国家高新技术产业开发区、新北区

【概　述】常州国家高新区、常州市新北区位于常州市北部，北依长江，南枕京杭大运河，东与江阴市和天宁区交界，西与丹阳市和扬中市接壤。2015年5月11日，根据省政府《关于调整常州市部分行政区划的通知》精神，原武进区奔牛镇划归新北区管辖。至年末，全区土地总面积508.94平方公里，下辖7镇、3街道，常住人口68.88万人。2015年，实现地区生产总值1050.12亿元，比上年增10.7%；完成公共财政预算收入97.59亿元，增7.5%；完成固定资产投资783.3亿元，增4.3%，其中工业投入482亿元，增9.5%。

【农　业】2015年，常州国家高新区、常州市新北区推进高效农业建设。建成高标准农田3.45万亩，新增高效设施农业面积0.6万亩，农业设施化、科

技化、农机化水平不断提升。培育发展农产品电子商务，9家农业企业通过电商平台实现交易金额1559万元。

【工　业】2015年，常州国家高新区、常州市新北区工业经济快速壮大。工业总产值、工业产品销售总收入分别为3306亿元和3240亿元，分别比上年增9.5%和9.7%。光伏新能源、生命健康、创意产业、航空产业等战略性新兴产业占规模以上工业产值比重45%。全区115个重点项目完成投资302亿元，投资完成率102%。常州太平洋电力设备（集团）有限公司、江苏安瑞达新材料有限公司电池、阿克苏诺贝尔粉末涂料有限公司等42个新建项目全面开工建设，富德（常州）能源化工发展有限公司、查特深冷工程系统（常州）有限公司一期、常州普利司通自行车有限公司等40个项目竣工投产。新增新三板挂牌企业17家，居全市第一，28家企业完成股份制改造。

【服务业】2015年，常州国家高新区、常州市新北区实现服务业增加值467.8亿元，比上年增12.5%，占地区生产总值比重44.5%，提高2.9个百分点。全区273家规模以上服务业企业实现营业收入155亿元，增16%。电子商务快速增长，线上交易额450亿元，增20%，新阳科技集团化工电子合约交易中心交易额突破300亿元。

【开放型经济】2015年，常州国家高新区、常州市新北区实际到账外资3.41亿美元。引进常州联华医疗科技有限公司、艾雷奥特（江苏）飞机工业有限公司通用飞机整机制造项目和蒂森克虏伯发动机系统(常州)有限公司转向系统等16个注册资本超千万美元的外资项目。完成进出口总额106亿美元，持续多年位居全市第一。

【城市建设与管理】2015年，常州国家高新区、常州市新北区基础设施不断完善。省、市重点工程进展顺利，新孟河延伸拓浚工程启动建设，轨道交通一号线工程顺利推进，238省道建成通车，122省道桥梁、路基完成施工。园区路网加速完善，北海路、薛冶路、幸福路等12条道路建成通车。动迁安置工作有序推进，全年完成动迁17万平方米，交付安置小区8个，面积134.79万平方米，累计安置3227户，面积77.36万平方米。城市功能拓展提升。新龙生态林一期（东区）、新龙湖湿地公园一期建成开放，迪诺水镇二期全面建成，江南环球港对外营业，常州工学院新校区、新龙湖湿地公园二期、科技金融中心建设加速推进。城乡环境持续优化。深入实施清水、蓝天、净土三大行动。民营河、长沟河等19条河道截污、清淤、活水工程顺利实施。政府购买环境监测服务全省试点率先启动。空气质量优良天数大幅增加。澡港河生态廊道绿道、高架环线及通江路生态绿道等项目全面完成。城市环境综合整治不断深入，城市长效综合管理总评全市第一。

【科技创新】2015年，常州国家高新区、常州市新北区新增市级以上工程技术研究中心35家，新认定高新技术企业30家，争取省级以上各类科技资金1.6亿元；万人发明专利密度31.7件，申请国际PCT（专利合作协定）45件，均位居全市第一；新增驰名商标3件、著名商标14件，驰名、著名商标持有量全省开发区第一。创新资源要素加速汇聚，签约引进清华大学两岸发展研究院常州分院、南京师范大学创新发展研究院，中国科学院遗传资源研发中心（南方）项目、印刷电子产业园奠基建设。新认定省级新型孵化器（众创空间）10家，全年新增孵化面积25万平方米。引进创新创业人才57名，其中欧洲科学院院士1名、“千人计划”专家4名，培育销售收入超5000万元人才企业3家。

【社会事业】2015年，常州国家高新区、常州市新北区高质量通过教育部县域义务教育均衡化督导检查，江苏省常州高级中学新北校区、江苏省奔牛高级中学新校区等6所学校正式启用，累计投入800万元对46所中小学实施教育技术装备提升工程，6所学校全面达到省定Ⅰ类标准。与市第四人民医院联合组建区域医疗联合体，区公共卫生中心、精神病防治康复中心加快建设。300个自然村全民健身点全面建成，新增全民健身示范工程7个，春江全民健身中心全面开放。新北区成功创建全省首批公共体育服务体系示范区。

【人民生活】2015年，常州国家高新区、常州市新北区基础养老金实现六连增，标准提高至190元/月；城乡低保标准提高至670元/月。区级残疾人就业服务中心建成运营，每千名老人拥有床位数和老年人意外伤害保险参保率位列全市第一。农村土地承包经营权确权登记颁证工作全面推进，农民土地承包权益从根本上得到维护。安居环境不断提升，全区新增高清视频监控近4000个，公众安全感提高至97.5%。城乡居民收入分别为4.5万元和2.3万元。

2015江苏北欧冰雪文化嘉年华活动在江南环球港举办（旅游局　供稿）

组织机构与负责人名单

中共常州国家高新技术产业开发区工作委员会

书　　记　张东海（至6月）

吴晓东（6月任）
副书记 吴晓东（至6月）
陈正春（10月任）
陆敏※
党工委委员 薛建南
王宇伟
杨光
安春燕※（至10月）
嘉秀娟※（10月任）
薛明方
赵福良

常州国家高新技术产业开发区管理委员会

主任 吴晓东（至9月）
陈正春（9月任）
副主任 薛建南
王宇伟
嘉秀娟※（至12月）
陆平（至10月）
金立卫
陆建华
韩军
严俊（12月任）

中共新北区委员会

书记 张东海（至6月）
吴晓东（6月任）
副书记 吴晓东（至6月）
陈正春（10月任）
陆敏※
常委 薛建南
王宇伟
杨光
安春燕※（至10月）
嘉秀娟※（10月任）
薛明方
赵福良
孙泽阳（5月任）

新北区人大常委会

主任 李西宁
副主任 胡秀芳※
蒋献国（至1月）
黄皎
施肇酉（至1月）
赵昊（1月任）
党组书记 李西宁
党组成员 吴建国

新北区人民政府

区长 吴晓东（至10月）
代理区长 陈正春（10月任）
副区长 陈正春（10月任）
薛建南
王宇伟
嘉秀娟※（至12月）
陆平（至10月）
韩军
严俊（至12月）
陈华鹏（12月任）
季晓东（10月任）
盛晓东（12月任）
罗逾兰※（科技镇长团团长）
杨子江（挂职）
党组书记 吴晓东（至10月）
陈正春（10月任）

政协新北区委员会

主席 汤建龙
副主席 蒋雪勤
周晓萍※
刘金曙
韦士章
高纪凡
党组书记 汤建龙

中共常州国家高新技术产业开发区纪律检查工作委员会

中共新北区纪律检查委员会

书记 薛明方

新北区人民武装部

党委第一书记 张东海（至6月）
吴晓东（6月任）
政委 徐文河（至3月）
张德智（3月任）
部长 赵福良

常州国家高新技术产业开发区（新北区）人民法院

院长 张少平
党组书记 张少平

常州国家高新技术产业开发区（新北区）人民检察院

检察长 许岳华（至3月）
代理检察长 徐逸峰（3月任）
党组书记 许岳华（至3月）
徐逸峰（3月任）

开发区（园区）、镇、街道

创意产业基地
管委会主任 沈波
大丰工业园
党工委书记 陈万华
管委会主任 陈万华（至12月）
潘仁山（12月任）
滨江经济开发区
党工委书记 沈东（至5月）
盛晓东（5月任）
管委会主任 单大友
春江镇党委书记 沈东（至5月）
盛晓东（10月任）
镇长 单大友
新北现代农业产业园区
党工委书记 高炎
管委会主任 高炎
孟河镇党委书记 高炎
镇长 潘仁山
新桥镇党委书记 严俊
镇长 徐雪春
生命健康产业园区
党工委书记 黄群喜（至10月）
顾东青（10月任）
管委会主任 黄群喜（至2014年3月）
周华军（2014年3月任）
薛家镇党委书记 黄群喜（至10月）
顾东青（10月任）
镇长 周华军
空港产业园
党工委书记 胥亚伟
管委会主任 胥亚伟（至10月）
朱天明（10月任）
罗溪镇党委书记 胥亚伟
镇长 朱天明（6月任）
西夏墅镇党委书记 张银龙
镇长 姜浩
河海街道
党工委书记 沈春英※（至10月）
黄华承（10月任）
办事处主任 黄华承（至10月）
徐俊（10月任）
三井街道
党工委书记 李小平
办事处主任 陈建生※（至10月）
朱海颖※（10月任）
光伏产业园区
党工委书记 赵昊（至10月）
陶文忠（10月任）
管委会主任 赵昊（至10月）
陈瑛※（10月任）
龙虎塘街道
党工委书记 赵昊（至10月）

陶文忠（10月任）

办事处主任 陈 瑛※

注：姓名右上角有※者为女性。

（潘毅伟）

天宁区

【概 述】天宁区位于常州市区中部，东连江苏常州经济开发区，西接钟楼区，南邻武进区，北靠新北区。2015年5月11日，根据省政府《关于调整常州市部分行政区划的通知》精神，原武进区郑陆镇划归天宁区管辖。至年末，天宁区辖1个镇、6个街道办事处，有38个行政村、51个社区居委会，行政区域面积154.8平方公里，户籍人口45.9万。全年完成地区生产总值632亿元，比上年增8.2%；全社会固定资产投资360.6亿元，增5.7%；实现公共财政预算收入44.8亿元，增6.1%。

【农 业】2015年，天宁区小麦种植面积12640亩，平均亩产351.6公斤，总产444.4万公斤。水稻种植面积17940亩，单产621.9公斤，总产1115.7万公斤。成功申报部级水稻高产增效创建万亩示范片项目，双丰水产养殖专业合作社创建成市级现代农业产业园。郑陆镇牟家村被评为全国文明村、江苏省最美乡村。

【工 业】2015年，天宁区完成工业企业技术改造投入74.5亿元，实现规模以上工业总产值1097亿元，比上年增7%。全区97个重点项目累计完成投资115亿元，大娘水饺餐饮集团有限公司冷链物流、常州强力先端电子材料有限公司固化材料等6个市重点新建项目全面开工，常州亚玛顿股份有限公司光电玻璃、常州四药制药有限公司研发中心二期项目等4个市重点续建项目进展顺利。年内实现“个转企”172家，完成主辅分离企业（指企业将生产经营过程中的原材料采购、产品运输、安装、包装、营销等非核心辅助性的业务从其主营业务中分离出来，集中力量发展主业的做法及模式）10家，新增个体工商户6576户。

【商贸服务】2015年，天宁区服务业实现营业收入2125亿元，比上年增15.3%；实现服务业增加值435.6亿元，增10.4%；社会消费品零售总额429.65亿元，增10.8%。常州市健康养老服务业集聚区获批省级现代服务业集聚区。江苏常州人力资源服务产业园正式运行，入驻品牌机构10家。九洲新世界广场、青龙邻里中心建成开业。自主品牌建设实现突破，常州艾贝服饰有限公司在全国开设专卖店超100家。

【开放型经济】2015年，天宁区成功引进总投资超千万美元外资项目3个。天宁经济开发区完成固定资产投资170.2亿元、规模以上工业总产值770亿元，分别占全区总量的47.3%、70.2%。江苏江海环保股份有限公司与艺康（中国）投资有限公司达成战略合作，股权交易额1.69亿美元；常州华利达服装集团有限公司、常州东奥服装有限公司进出口总额分别为3.6亿美元、2.5亿美元；常州亚玛顿股份有限公司在迪拜投资办厂；7家企业在新三板挂牌，7家企业完成股改。

【科技创新】2015年，天宁区新增高新技术企业14家，完成高新技术产业产值275亿元。新能源材料科技园、智能电力科技园、黑牡丹科技园等13个园区整合纳入苏南国家自主创新示范区建设规划。“未来星工场创客巴士”、恒创空间、“青年梦工场”被认定为省级众创空间。常州四药制药有限公司抗高血压项目获国家科技进步二等奖；常州天晟新材料股份有限公司承担国家“863”计划高强低密聚合物材料及应用技术项目；江苏九洲投资集团创业投资有限公司获国家中小企业创投扶持，引进领军型创新创业人才项目18个。全年新增省著名商标6件、省名牌产品2只。

【城市建设与管理】2015年，天宁区空间发展战略规划编制工作基本完成。菱溪名居一期、金新御园一期等小区交付入住。轨道交通一号线8个站点启动建设，郑陆工业大道西延、凤凰岛西路等10条道路建成通车。全市首个棚户改造项目常州市建材二五三厂片区改造征收工作基本完成，陆家村项目创新推行“房票”安置（房票指在国有土地上房屋征收过程中，向被征收人发放的一种可在规定期限及范围内自由选购商品房并抵用房款的有价票证）。全年累计征收房屋57万平方米。“9313”环境综合整治全面完成，18个城郊结合部、城中村环境面貌显著提升，北环新村、工人新村等重点区域集中整治初见成效。生态环境持续改善。凤凰公园、横塘河湿地公园示范区建成开放，9个生态绿城自建项目全部完成，全年新增绿地80公顷。天宁区青龙实验小学创成省级绿色学校，茶山街道勤丰村和郑陆镇焦溪村、梧岗村通过江苏省生态村验收。

【社会事业】2015年，天宁区公共服务优质均衡发展。常州市第二十四中学天宁分校、常州市博爱小学等9个学校完成建设，常州市局前街小学、常州市丽华新村第二幼儿园等5个新建改建工程全面启动；实施全省首批国家健康促进区试点项目，天宁区通过江苏省妇幼健康优质服务示范工程省级评估；药房托管推广工作稳步推进。区图书馆完成建设，区文化馆完成提升优化；创办道德课堂189所，举办

常州四药制药有限公司雕庄新厂区 （天宁区政府办 供稿）

池家塘环境综合整治 （天宁区政府办 供稿）

“社区天天乐”惠民演出1476场；“乐动天宁”形成品牌，全区新增全民健身站点29个，成功创建江苏省公共体育服务体系示范区。

社区建设创新创优。“三社联动”“多元共治”（“三社联动”指社区、社会组织、社会工作者三者结合协调联动机制，“多元共治”指以社区党组织为核心，以居委会为基础，其他各类社会组织和社会力量广泛参与）格局基本形成。社区减负增效工作纵深推进，成为全市样板。区社会治理联动指挥平台全年收集社会工作者服务记录13万余条，牵头协调解决基层难题152件，被评为江苏基层社会治理十大创新成果。区社会组织发展中心建成运行，入驻社会组织18家。

【人民生活】 2015年，天宁区累计投入10.97亿元用于改善民生。就业收入稳步增加，全年新增就业1.7万人，下岗失业人员再就业11420人，困难群体援助就业3179人。城镇居民人均可支配收入44736元，农村居民人均可支配收入22042元，分别增长8.2%、8.5%。社会保障扩面提标。职工养老、医疗、失业保险参保均净增2800人，发放省社会保障卡22.5万张，城乡低保实现一体化，郑陆镇5.1万人新型农村合作医疗保险并轨全面完成。新丰苑三期与青龙苑七期安置房开工建设；新增公租房232户，为99户居民提供经济适用房货币补贴。红日家园老年公寓被民政部确认为养老服务信息惠民工程试点单位。“救急难”临时生活救助（救急难是对遭遇突发事件、意外伤害、重大疾病或其他特殊原因导致基本生活陷入困境，其他社会救助制度暂时无法覆盖或救助之后基本生活暂时仍有严重困难的家庭或个人，通过全面建立临时救助制度，健全社会参与机制，畅通救急渠道，实行应急性、过渡性救助）启动实施，募集慈善资金187.96万元。发放职工普惠服务卡7.5万张，扶助困难职工家庭623户。

组织机构与负责人名单

中共常州市天宁区委员会

书　　记　陈正春（至10月）
　　　　　宋建伟（10月任）
副 书 记　宋建伟（至10月）
　　　　　许小波（10月任）
　　　　　韦东生
常　　委　蔡　旭
　　　　　舒　文
　　　　　沈月芬※
　　　　　王竹林
　　　　　潘立波（至5月）
　　　　　苏鸿富（5月任）

天宁区人大委员会

主　　任　陈正春（至10月）
代理主任　蒋　耀（10月任）
副 主 任　蒋　耀
　　　　　陈晓萍※
　　　　　陆东明
　　　　　黄新江

天宁区人民政府

区　　长　宋建伟（至10月）
代理区长　许小波（10月任）
副 区 长　王竹林
　　　　　魏　敏
　　　　　戴留春（2月任）
　　　　　陈旭光
　　　　　韩　波（6月任）
　　　　　管黎芳※
　　　　　方　力
　　　　　郑　亚
　　　　　朱明方（至6月）
　　　　　张泽毅（至2月）
　　　　　伏　清（4月任）

政协天宁区委员会

主　　席　顾卫东
副 主 席　周余松
　　　　　秦　佳※
　　　　　周登蓉※
　　　　　蔡正茂
　　　　　戴留春（至3月）

中共常州市天宁区纪律检查委员会

书　　记　韦东生

天宁区人民武装部

党委第一书记　陈正春（至10月）
　　　　　　　宋建伟（11月任）
政　　委　苏鸿富（至3月）
　　　　　谢立军（3月任）
部　　长　潘立波（至3月）
　　　　　苏鸿富（3月任）

天宁区人民法院

院　　长　黄亚庆
党组书记　黄亚庆

天宁区人民检察院

检 察 长　范荣生（至10月）
代理检察长　周常春（10月任）
党组书记　范荣生（至10月）
　　　　　周常春（10月任）

开发区、镇、街道

天宁经济开发区
　党工委书记　舒　文
　管委会主任　吴新峰
郑陆镇党委书记　曹志伟（7月任）
　镇　　长　杨康成（7月任）
雕庄街道
　党工委书记　戴留春（至1月）
　　　　　　　李　军（1月任）
　办事处主任　李　军（至2月）
　　　　　　　杨　琪（2月任）
青龙街道

党工委书记　舒　文
办事处主任　吴新峰

茶山街道
党工委书记　岳　军
办事处主任　许建伟（至2月）
潘轶敏（2月任）

红梅街道
党工委书记　郑　亚（至1月）
胡　勇（1月任）
办事处主任　徐志健

天宁街道
党工委书记　周爱娟
办事处主任　周海鹏

兰陵街道
党工委书记　黄新江（至1月）
赵浴宇（1月任）
办事处主任　赵浴宇（至2月）
张鹏鸣（2月任）

注：姓名右上角有※为女性

（蒋　炎）

钟楼区

【概　述】钟楼区为常州市中心城区，东及东南与天宁区相连，南及西南与武进区连接，西与丹阳市毗邻，北与新北区接壤。2015年5月11日，根据省政府《关于调整常州市部分行政区划的通知》精神，原武进区邹区镇划归钟楼区管辖。至年末，全区总面积132.91平方公里，户籍人口42.22万人；下辖1个镇、7个街道办事处，共有58个行政村、52个社区、3个家属委员会。2015年，全区实现地区生产总值595.96亿元，比上年增7.2%；一般公共财政预算收入35.97亿元，增6.1%；全社会固定资产投资369.77亿元。

【工　业】2015年，钟楼区完成规模以上工业总产值1001.08亿元，利税91.41亿元，分别增0.1%、10.4%。先进装备制造、电子信息、新材料三大主导产业完成产值855.56亿元，占规模工业比重85.7%，工业技改投入56.48亿元，常州东风农机集团有限公司创成国家级企业技术中心，常柴股份有限公司多缸柴油机装配车间成为首批江苏省示范智能车间。全区产值超1亿元企业138家，其中超10亿元企业31家、超20亿元企业13家。常松金属复合材料有限公司和国光信息产业股份有限公司被列入江苏省工业强省六大行动重点项目单位。总投资均达50亿元的中兴能源有限公司云计算华东基地和百度大数据产业园项目先后落户。

【商贸服务】2015年，钟楼区完成服务业增加值381.61亿元，比上年增8.4%，占地区生产总值比重64%。实现社会消费品零售总额319.08亿元，增9.1%。现代服务业发展迅速，楼宇经济实现税收5.6亿元，税收超千万元的楼宇14幢。举办首届钟楼购物节和2015钟楼旅游节活动。中国灯具城交易额101亿元；凌家塘市场名列全国农产品专业市场第二名，交易额305亿元。邹区现代农业产业园区一期基本完成基础设施配套，被评为全国绿色食品产业示范基地，13家高效农业企业入驻。新增工商注册企业2903家，实现“个转企”（个体工商户转登记为企业）175户，完成主辅分离23家。钟楼长江村镇银行、浙商银行常州分行、农业银行钟楼支行、光大银行钟楼支行在钟楼区成立。

【开放型经济】2015年，钟楼区实际到账外资1.01亿美元；新增工商注册项目18个，完成协议外资1.44亿美元，引进超3000万美元项目1个。

【城市建设与管理】2015年，钟楼区基础设施建设全面提速，功能不断优化，完成飞龙西路大修，基本建成三堡街（五星路—长江路段）和劳动西路（龙江路—五星路段），陈渡路、泰安路等20余条道路实施整治提升，完成民丰窑等综合整治和东岱村等5个低洼地改造工程。累计完成拆迁19.14万平方米，安置房主体完工72.49万平方米，竣工交付45.84万平方米。医疗及教育配套逐步完善。市第一人民医院钟楼院区、常州市妇幼保健新院启动建设，西林社区卫生服务中心工程顺利实施；北京师范大学常州附属学校、常州市第五中学新校、常州市觅渡教育集团钟楼新城分校、钟楼区荆川小学等项目开工建设。开展水环境、大气环境专项整治，稳步推进生态绿城建设，新增绿地累计39.59公顷，PM2.5浓度降幅达到省优秀线。

【科技创新】2015年，钟楼区完成高新技术产业投入45.91亿元，占工业投入的63.7%。完成高新技术产业产值587.63亿元，占规模工业总产值的58.7%。申请专利5505件，获授权3492件，万人发明专利拥有量15.71件。新增高新技术企业13家，达成产学研合作项目25个，企业研发支出占工业销售收入的3.8%。引进“龙城英才计划”项目16个。新增科技企业孵化器、加速器面积7.2万平方米，文化科技融合产业园被评为省级文化科技产业园。创客邦、南大街创客联盟、西

阅钟楼·悦时尚——2015“钟楼购物节”在莱蒙钟楼广场开幕

（钟楼区政府办　供稿）

横街创意园等创客空间启动运营。钟楼成长企业发展基金设立，新增新三板挂牌企业12家。

【社会事业】 2015年，钟楼区推进教育优质均衡发展，通过全国义务教育基本均衡区回访督导等工作，省、市优质幼儿园比例提高至92.1%；将鸣珂巷幼儿园、刘海粟美术幼儿园、盛菊影幼儿园3个学前教育集团，常州市实验小学、觅渡桥小学、怀德苑小学3个小学教育集团，常州市教育科学研究院附属中学、常州外国语学校、常州市北郊中学3所初中，常州市第一中学、市第五中学2所高中的优质教育资源向钟楼新城辐射，促进全区教育品质提升和城市功能完善。提升医疗卫生服务水平，五星街道社区卫生服务中心成为全省首家“惠康社区”信息化建设试点单位，完成宫颈癌和乳腺癌筛查和妇女病普查2.53万人次。省公共文化服务体系示范区创建工作稳步推进，举办“文明社区天天乐”惠民演出600余场，组织“常州人、常州梦”原创音乐作品大赛。新建全民健身站点23个，更新器材33处，创建成省公共体育服务体系示范区。

【人民生活】 2015年，钟楼区实现城镇新增就业1.4万人，扶持创业1568人，社保扩面净增2100人。城镇居民人均可支配收入4.1万元。养老、医疗、失业保险基本实现全覆盖，率先建成“五有”（有康复中心、庇护中心、培训中心、综合活动中心和盲人定向行走训练中心）助残服务平台，困难家庭住房保障做到应保尽保。社区建设持续加强，城乡社区信息平台实现“三级联动”（区、街道、村社区），每万人拥有登记社会组织数突破12家。城市、农村和谐社区建设达标率均为100%，蝉联第二届全国和谐社区建设示范城区，许巧珍成为全国社区书记典型。建成全省首家盲人影院。景日安康、幸福天年等老年公寓建成投用，新增养老床位440张。建成全省首家未成年人社区矫正中心。“六五”普法通过省级验收。

组织机构与负责人名单

中共钟楼区委员会

书　　记　赵正斌（10月任）
　　　　　徐伟南（至10月）
副 书 记　汤如军
　　　　　冯路兴
常　　委　洪炳忠（至2014年12月）
　　　　　徐伟东
　　　　　吴晓晶
　　　　　刘　敏※（5月任）
　　　　　汤建军
　　　　　何　琴※
　　　　　陈结平（至5月）
　　　　　马　军（5月任）

钟楼区人大常委会

主　　任　徐伟南（至10月）
代理主任　周朝顺（10月任）
副 主 任　周朝顺
　　　　　吴嘉润
　　　　　姜苏杭
　　　　　张华明

钟楼区人民政府

区　　长　汤如军
副 区 长　徐伟东
　　　　　冯素俊
　　　　　何海平
　　　　　李文光
　　　　　曹卜成
　　　　　张　菁※
　　　　　伍晓玲※（挂职）
　　　　　苏云·马克来克（挂职，4月任）

政协钟楼区委员会

主　　席　张晓平
副 主 席　蒋建乔（至1月）
　　　　　洪炳忠（1月任）
　　　　　钱小峰
　　　　　谢忠秋
　　　　　周旭东

中共钟楼区纪律检查委员会

书　　记　汤建军（至2014年12月）
　　　　　刘　敏※（5月任）

钟楼区人民武装部

党委第一书记　徐伟南
政　　委　马　军
部　　长　陈结平（至5月）
　　　　　陈志敏（5月任）

钟楼区人民法院

院　　长　周增伟（1月任）
代 院 长　周增伟（至1月）
党组书记　周增伟

钟楼区人民检察院

检 察 长　徐逸峰（至4月）
代检察长　朱文俊（4月任）
党组书记　朱文俊（3月任）

开发区、镇、街道

钟楼经济开发区
　党工委书记　钱小峰（兼）
　管委会主任　徐旭东
邹区镇党委书记　周仲华（至8月）
　　　　　吴晓晶（8月任，兼）
　镇　　长　丁献忠
新闸街道
　党工委书记　李方平
　办事处主任　俞德胜
五星街道
　党工委书记　蔡震宇
　办事处主任　吴伟南
永红街道
　党工委书记　杨建文
　办事处主任　李文军
西林街道
　党工委书记　张华明（至4月）
　　　　　常　青（4月任）
　办事处主任　张　磊※
北港街道
　党工委书记　钱小峰（兼）
　办事处主任　徐旭东（兼）
南大街街道
　党工委书记　汤　杰※
　办事处主任　黄兴威
荷花池街道
　党工委书记　刘立标
　办事处主任　李恒栋

注：姓名右上角标有※为女性

（徐　志　杨　欢）

戚墅堰区

【概　述】 戚墅堰区位于常州市东部，西、北接天宁、武进区，东、南与武进区相连，京沪铁路、沪宁城际高铁、沪蓉高速公路、京杭大运河横贯全区。2015年5月11日，省政府下发《关于调整常州市部分行政区划的通知》，撤销常州市武进区和戚墅堰区，设立新的武进区，以原武进区和戚墅堰区行政区域为新设立的武进区的行政区域。撤区前，戚墅堰全区总面积31.68平方公里，辖3个街道，常住人口10.7万人；实现地区生产总值54.49亿元，比上年增7%；完成固定资产投资42.72亿元，增12.4%；实现规模工业总产值175.92亿元，增7.3%。完成公共财政预算收入5亿元，增1.6%；实现进出口总额2.94亿美元；完成服务业投资20.05亿元，增8%；完成社会消费品零售总额11.84亿元，增23.3%。

【经济发展】 2015年1—5月，戚墅堰区工业经济运行总体平稳。规模以上企业开票销售107.24亿元，较上年增4.5%。107家企业中，实现开票销售增长的企业数量54家，其中中车戚机公司、中车戚研所公司、常州博瑞电力自动化设备有限公司均实现25%以上增长。工业投入稳步推进，完成工业投入19.2亿元，增13%。重点项目进展顺利，江苏华电戚墅堰发电有限公司9F燃机二期项目、中车戚机公司低地板项目、常州博瑞电力自动化设备有限公司项目均稳步推进。融资创新步伐加快，常州格林照明股份有限公司完成股改，江苏汉邦科技有限公司、常州长江焊材股份有限公司、常州市鹏睿机械有限公司、常州无线电厂有限公司、常州迅安科技有限公司等进入股改程序筹备新三板上市。

【城市建设与管理】 2015年1—5月，戚墅堰区基础设施加快建设，区域交通路网不断优化。龙锦路（华丰路—大明路段）、兴东路（潞横路—东方路段）、丁剑路（东城路—革新路）、东方二路（五一路—革新路段）开工建设。继续推进生态建设，配合市城乡建设局实施东方路生态绿道工程，配合市园林局实施中车戚机公司幼儿园南侧绿地、中车戚机公司北侧革新河东侧绿地建设。

【科技创新】 2015年1—5月，戚墅堰区申请专利超400件，每万人拥有发明专利21.96件，位居全市前列。新增著名商标2件，申报各类科技计划项目29项，新增市级以上工程技术研究中心12家。实施高层次人才创新创业助跑工程，为全区创业企业举办"互联网+时代企业市场营销创新与市场拓展"知识讲座。成功申报省"双创"计划、省"双创博士"计划各1人。赴湖南长沙举办"龙城英才计划"环境政策推介会，并与中南大学铁道学院进行深入对接，拓宽引才渠道，扩大品牌影响。

【社会事业】 2015年1—5月，戚墅堰区深入实施文化惠民工程，成功举办圩墩文化桃花节和"我们的节日"系列活动，承办全市"文明社区天天乐"启动仪式，开展"文明社区天天乐"等群众性文体活动120余场。成功创建成江苏省公共体育服务体系示范区。教育现代化水平进一步提高，创成江苏省学前教育改革发展示范区和江苏省义务教育优质均衡发展区。卫生事业和计划生育工作全面融合，基层医疗基础设施建设不断完善，建成区域图像存储与传输（PACS）系统，全面推进健康全民行动；稳妥推进"单独两孩"政策，深化人口家庭幸福工程建设，新建一批人口公共服务品牌阵地，建成花溪人口文化园和河苑"康健驿站"项目。深入推进政社互动，以实现全国双拥模范城六连冠活动为抓手，开展"双拥在基层"活动。宣传防灾减灾，健全抗灾救灾保障机制。

【人民生活】 2015年1—5月，戚墅堰区全面落实就业创业扶持政策。开展职业技能培训和创业培训，分别培训1098人、124人；新增城镇就业1388人。社会保障水平稳步提高，失地老年农村居民政府保养金发放标准提高至每人每月682元。新增享受公共租赁住房和经济适用住房保障政策家庭44户。累计发放助残金、低保金等各类救济救助资金450万元。

组织机构与负责人名单

中共戚墅堰区委员会

书　　记　李　林
副 书 记　董彩凤※
　　　　　华　飞
常　　委　孙泽阳
　　　　　张　勇
　　　　　王云虹※
　　　　　钟彬彬
　　　　　唐家中
　　　　　李文涛
　　　　　董　梁

戚墅堰区人大常委会

主　　任　李　林
副 主 任　陆惠根
　　　　　秦秀娟※（至1月）
　　　　　张钰山
　　　　　叶坤孝

戚墅堰区人民政府

区　　长　董彩凤※
副 区 长　钟彬彬
　　　　　蒋红英※
　　　　　张云逸
　　　　　张　强
　　　　　韩　波
　　　　　陈　峰

政协戚墅堰区委员会

主　　席　史建国
副 主 席　江君杰
　　　　　杜　强
　　　　　万卫新
　　　　　刘云英※

中共戚墅堰区纪律检查委员会

书　　记　唐家中

戚墅堰区人民武装部

党委第一书记　李　林
部　　　　长　董　梁
政　　　　委　吴国忠

戚墅堰区人民法院

党组书记　陈　琪※

戚墅堰区人民检察院

检 察 长　王　俊
党组书记　王　俊

开发区、街　道

戚墅堰经济开发区
　党工委书记　李文涛
　管委会主任　何豪俊
潞城街道
　党工委书记　李文涛
　办事处主任　何豪俊
丁堰街道
　党工委书记　秦汉明
　办事处主任　周　茹※
戚墅堰街道
　党工委书记　梁文菊※
　办事处主任　李德森

注：姓名右上角有※者为女性。

（张　莉）

2016

人物

Figure

◆责任编辑　汪旭东

新闻人物

·市领导·

【刘　伟】1961年9月出生，汉族，浙江杭州人，大学文化。1983年12月加入中国共产党，1979年12月参加工作。2015年3月担任常州市委常委。

1979年12月入伍，为中国人民解放军第十二军三十五师直属炮兵指挥连战士（1980年9月至1982年8月在装甲技术学校坦克使用专业学习）。1982年12月任南京军区司令部坦克乘员训练团三营八连一排排长（1984年9月至1986年12月在装甲兵学院政治指挥专业学习），1986年12月起历任南京军区坦克乘员训练基地三大队七中队副政治指导员、政治指导员。1991年12月任南京军区后勤第十六分部政治保卫科副营职干事。1994年起历任南京军区政治部保卫部保卫处正营职干事、副团职干事、安全处处长、保卫处处长。2001年2月任装甲三十七团代理政委。2003年12月任南京军区政治部保卫部刑事侦查处处长，2006年12月任南京军区政治部保卫部副部长。2011年6月任江苏省淮安军分区政治委员。2014年12月任江苏省常州军分区政治委员。是第十二届、十三届省军区党委委员。　（周　军）

【张东海】1961年8月出生，汉族，江苏泰兴人，大学文化，研究员级高级城市规划师，高级工程师。1987年2月加入中国共产党。1984年8月参加工作。2015年1月在常州市十五届人大四次会议上当选为常州市人大常委会副主任。

1980年9月入同济大学工程地质专业学习。1984年8月为国家城乡建设部综合勘察研究院工作人员。1985年9月任常州市综合开发公司工作人员、工程管理科副科长（1991年6月至1992年5月在建设部干部学院城镇建设管理干部岗位培训函授班学习）。1993年5月任市建设委员会建工科副科长。1995年7月任市外环路管委会副主任，10月兼任常州建设发展有限公司董事长、总经理。1998年5月任市建设委员会主任助理兼建工处处长（兼至1999年3月）、市外环路管委会副主任（至1999年5月）。1999年5月任市建设委员会副主任（2000年9月至2002年7月在东南大学管理科学与工程专业研究生课程进修班学习），9月同时任市外环路管委会主任（至2001年8月）。2001年5月任市建设局副局长，8月任市规划局局长，12月同时任市规划局党组书记（2004年9—12月在江苏省第八期高级管理人才经济研究班学习）。2008年3月任钟楼区委书记，4月同时任区人大党组书记、区人武部党委第一书记。2009年1月同时任区人大常委会主任。2010年12月任常州国家高新区党工委副书记、高新区管委会副主任、新北区委副书记、区长。2011年7月同时任常州国家高新区管委会主任。2012年9月至2015年6月任常州国家高新区党工委书记、新北区委书记、区人武部党委第一书记。

【盛建良】1963年2月出生，汉族，江苏常州人，大学文化，硕士学位，经济师，工程师。1991年11月加入中国共产党。1981年7月参加工作。2015年1月在常州市十五届人大四次会议上当选为常州市人大常委会副主任。

1978年10月入南京地质学校地质普查与找矿专业学习。1981年7月为江苏地矿局第二地质大队技术员

（1983年9月至1988年7月在中国地质大学地质专业在职学习）。1987年3月任金坛县计划委员会矿产办公室副主任、主任（1991年2月至1993年6月在同济大学工业管理工程专业参加第二学士学位函授学习）。1993年2月任金坛县薛埠镇科技副镇长。1994年8月任金坛市计划委员会主任助理、副主任。1996年12月任市经济委员会副主任（1997年12月至1999年12月在上海外贸学院国际工商管理研究生课程班学习）。1998年3月任市经济委员会主任。2001年1月任金坛市副市长。2004年2月任常州市对外经济贸易委员会副主任。2005年3月任市政府副秘书长（2005年9月获南京大学硕士学位）。2006年12月任市农林局局长、党组书记。2009年1月起历任溧阳市委副书记、副市长、代市长、市长。2011年6月任溧阳市委书记、市人大党组书记、市人武部党委第一书记。2012年3月同时任溧阳市人大常委会主任，12月任溧阳市委书记，市人大主任、党组书记，江苏中关村科技产业园党工委书记，市人武部党委第一书记。为省第十二次党代会代表。

【常和平】 1964年10月出生，汉族，江苏靖江人，党校研究生文化。1993年6月加入中国共产党。1987年7月参加工作。2015年10月在常州市十五届人大常委会第27次会议上被任命为常州市人民政府副市长、市公安局局长。

1984年9月入江苏公安专科学校学习。1987年7月起历任扬州市公安局治安科办事员、科员、基层基础股股长；1993年9月任扬州市公安局治安大队户政股股长。1996年2月任扬州市公安局新城分局文化路派出所所

长（副科级）。1997年5月任扬州市公安局治安大队副大队长。1998年9月任扬州市公安局广陵公安分局副局长。1999年11月起任扬州市公安局新城公安分局局长，2000年11月任扬州市公安局新城分局局长、党组书记。2002年10月任扬州市公安局党委委员、副局长（2000年3月至2002年12月在江苏省委党校科学社会主义与国际共产主义运动专业研究生班学习；2006年6—9月在扬州市赴美公共管理与工商管理培训班学习）。2008年8月，明确为副处级。2008年9月任扬州市突发公共事件应急委员会办公室副主任，扬州市公安局党委委员、副局长（正处级）。2013年8月任扬州市维稳办主任，扬州市公安局副书记、副局长。2015年1月任江苏省公安厅经济犯罪侦查总队总队长。2015年10月任常州市公安局党委书记、督察长，兼任中共常州市委政法委副书记。

【何玉清】 1960年6月出生，汉族，江苏常州人，党校研究生文化，1987年6月加入中国共产党。1983年8月参加工作。2015年1月在常州市政协十三届四次会议上当选为常州市政协副主席。

1979年9月入江苏师范学院（后改为苏州大学）政教系学习。1983年8月起任苏州大学教师。1985年12月为常州市委研究室工作人员。1988年7月为市政府办公室工作人员。1989年3月任市政府综合信息科副科长；1991年9月任市政府社会事业科副科长。1992年9月为正科级。1994年2月任市政府社会事业科（处）科（处）长。1996年12月任市人防办副主任（1997年9月至1999年6月在南京大学工商管理专业研究生课程进修班学习）。1999年7月任市人防办党委副书记、主任（2002年3—5月在美国马里兰大学江苏省高级管理人才研究班学习；2002年9月至2005年7月在江苏省委党校科学社会主义专业研究生班学习）。2002年12月任市人防办党委书记、主任。2005年9月任市委副秘书长（正处级）。2006年12月同时任市体育局局长、党组书记。2008年2月任市政府副秘书长、市体育局局长、党组书记。2011年6月任市政协党组成员，市城乡建设局党委副书记、局长。2012年10月同时任市轨道交通建设指挥部常务副总指挥、党组书记兼市轨道交通发展有限公司董事长（法人代表）、总经理（兼至2014年5月）。2014年11月任市政协党组成员、市轨道交通建设指挥部常务副总指挥、党组书记。为十一届市委委员，省十二次党代会代表。

（常州日报）

·全国劳动模范·

【乔　森】 江苏常州人，1974年6月6日出生，大学文化，中共党员，技师，常州公路运输集团有限公司职工。2015

年被评为全国劳动模范。

乔森自1994年9月进入常州公路运输集团有限公司工作后，苦练驾驶技术，凭借过硬的驾驶技术及丰富的行车经验和良好的驾车习惯，屡排险情，不仅创造了连续安全行车4000天的好成绩，还在公司领导的支持下，总结出独特的乔森节油操作法。2011年4月，乔森工作室挂牌成立，乔森作为工作室的负责人全力推广节油操作法。他花5年业余时间读完本科，并获国家企业培训师的资格；利用集团公司驾驶员集体轮训、安全例会和其他空余时间，对广大驾驶员进行节油操作法、节能驾驶技能和相关系统知识的培训，95%以上驾驶员掌握了节油操作法。乔森工作室成立4年来，为公司节约燃料支出超过4150万元，折合标准煤1万余吨，减少二氧化碳排放约2.25万吨。乔森节油操作法也因此获评第四届江苏省职工十大先进操作法、海峡两岸职工创新成果展金奖。乔森还参与了交通运输部《道路运输驾驶员技能素质要求》、江苏省地方标准《汽车驾驶节能操作规范》的制订和实施。他先后获全国技术能手、全国五一劳动奖章、2013年感动交通年度人物、江苏省有突出贡献的中青年专家和第十五届江苏省十大杰出青年等荣誉。

【张　忠】 江苏常州人，1969年8月24日出生，大专文化，中共党员，高级技师，中车戚机公司电焊工。2015年被评为全国劳动模范。

张忠自1984年参加工作后，通过自学先后取得焊接初级、中级、高级证书，技师和高级技师、高中和大专证书及江苏省手工焊各类压力容器焊接证书、铁道部无损检测MT二级探伤操作证书、国家技能竞赛（电焊工）裁判员证书、国际焊接技师等12项国际焊工证书。在公司与美国GE公司技术合作生产和谐5型机车的过程中，他完成15项关于和谐5型机车转向架焊接的工艺评定参数，解决了和谐5型机车边梁坡口焊接、总风缸焊接等多项技术难题，使得机车构架的产能由原来的4天1台份稳步提升至年底的1天1台份，并使合格率稳定在98%左右。他先后总结GE构架焊接、制动缸体焊接等先进操作法，提高了生产效率和产品质量，使总风缸焊接合格率从85%提高并保持在96%以上。在30年职业生涯中，他立足岗位苦练技术踏实工作，多次在全国、省、市技能大赛中取得较好成绩。连续12年被评为江苏省有突出贡献高级技师，先后获各级荣誉20多项，其中全国级8项，并享受国务院特殊津贴。他作为中国南车焊接高技能人才培训师，培训了5批160多名焊工高技能人才。先后获江苏省五一劳动奖章、中华技能大奖、中央企业劳动模范等荣誉。

【苏　华】 江苏常州人，1978年2月28日出生，大学本科文化，中共党员，工程师，国网常州供电公司配电运检室副主任。2015年被评为全国劳动模范。

苏华参加工作19年来，直接参与和指挥各类保电任务2000余次，无一例发生差错；直接参加或组织各类抢修10多万次，无一例投诉。通过自己的潜心学习，他先后成为国网常州供电系统第一个环网设备操作者、第一个站所设备操作者、第一个电缆线路故障探寻者。2012年，定位于常州供配电专业创新平台上的苏华劳模创新工作室挂牌成立，率先承担了国家电网首批班组精益化管理课题试点工作，并依据抢修特点，创造性地总结了“育人、强基、固制”工作法，并得到推广。他先后获江苏省劳动模范、国家电网优秀班组长、江苏省最美青工、江苏省青年岗位能手、江苏省第九届“五四”青年奖章等荣誉。

【缪雪元】 江苏常州人，1954年12月17日出生，大专文化，中共党员，高级经济师，常州市南港港口机械有限公司销售部经理。2015年被评为全国劳动模范。

缪雪元自1971年参加工作后，从一名普通的抛光工人、销售员，成长为企业研发的领头人、企业职工的贴心人、销售部的带头人、回馈社会的热心人。他带领公司研发人员跑市场和研究院所，聘请相关专家，通过吸收、创新、再研发，成功研发SJD40型集装箱吊具。首台产品填补国内空白，通过交通部科教司科技成果鉴定，产品替代进口，价格是进口产品的二分之一，各项技术指标达到国际先进水平，获国家级重点新产品证书。集装箱吊具已先后研发10余种系列产品，适合不同类型的集装箱起重机装卸作业。他注重职工技能、思想、技术创新能力的提升，在他的倡导下，公司出资100万元成立罗溪镇职工科技创新基金，激励企业员工和罗溪镇广大职工群众岗位成才、科技创新。同时在他的推动下，公司累计为困难群众捐赠1300余万元。缪雪元先后获江苏省五一劳动奖章、全国五一劳动奖章等荣誉。

【郑广成】 河南周口人，1972年8月18日出生，高中文化，江苏天目湖旅游股份有限公司工人。2015年被评为全国劳动模范。

郑广成1997年到天目湖旅游股份有限公司工作。他始终抱着一颗感恩的心，认真工作，积极进取，任劳任怨，热心周到服务好每一位游客，多次受到游客的口头和书面表扬。曾经有一位游客在他驾驶的游船上遗失皮包一只，里面有多种证件、信用卡以及2万多元现金，郑广成发现后立即向部门报告，通过大家共同的努力找到失主。在游船部工作的十多年里，他认真学习驾驶技能，先后拿到由海事局颁发的五等驾机、四等大副、二类驾驶员等专业证书，并多次获得“优秀员工”称号。郑广成工资不高，家庭负担重，但是他却用自己微薄的收入去帮助一些有困难的群众。2007年11月，郑广成看到一名女子不慎落水，不顾自身安危与寒冷，跳入冰冷的池塘，在黑暗里摸找了30多分钟将落水者救上岸，并进行急救，他将公司授予他的见义勇为总裁特别奖金主动捐给2008年冰雪灾害中受灾最严重的地区和人民。他说：“看到这些老人，就想到自己的父母，看到有困难的群众，就想到自己小时候所受的苦。”他先后获常州市劳动模范、江苏省劳动模范等荣誉。

【黄　峰】 安徽阜阳人，1972年8月28日出生，初中文化，中共党员，常州市天宁区环境卫生管理处工人。2015年被评为全国劳动模范。

黄峰从1997年起就从事垃圾清运工作。主要负责关河路上青山桥到五角场沿街和单位的生活垃圾收集和清运工作。在十几年的环卫工作中，他兢兢业业，一丝不苟，在做好本职工作的同时，经常不计较时间和报酬，参加环卫突击、义务劳动。2008年，常州普降暴雪，他积极投入到抗雪救灾的工作中去，每天凌晨3时30分前就起床，徒步走到清扫点，准时参加路面扫雪突击活动，连续几天工作到晚上11点30分。为了工作，他放弃节假日与家人团聚的机会，有17个年头没有回家过年。黄峰先后获得“十大最感动你的新常州人”、常州市劳动模范、江苏省劳动模范、全国优秀环卫工人、全国五一劳动奖章、江苏十佳职工、常州市道德模范等荣誉。

【戈亚琴】 江苏常州人，1968年7月7日出生，大专文化，中共党员，高级经济师，新誉集团有限公司党委书记。2015年被评为全国劳动模范。

在戈亚琴的倡议下，新誉集团有限公司进军轨道交通领域，通过引进设备，开展一系列技术改造，成功开拓了具有高科技含量的牵引传动系统的业务，打破了国内该类产品完全依靠进口的格局。在她的建议下，公司涉猎风电技术装备制造行业，并拿出专项资金10亿元投入新品研发。在她和她的团队的努力下，公司成功研发出1.5兆瓦、2兆瓦、3兆瓦双馈式风力发电机组，成为国内为数不多的拥有兆瓦级风电机组的企业，在畅销国内的同时，成功出口美国和泰国，开创了中国兆瓦级机组出口的先河。她力排众议，在国内民营企业中建成第一个国家级电磁兼容实验室；在生产一线推行师徒结对帮扶的办法，先后培育技术骨干超过300人、行业知名专家近20名；设立人才教育培训经费，先后与20家高职院校和10多家专业技工培训机构开展委托培养、脱产培训，公司也因此通过国际焊接质量体系认证。她倡议设立总经理特别奖、每月之星奖、合理化建议奖等一系列奖励活动，调动员工在技术研究、技能革新、行政管理、销售创高、合理化建议等方面的积极性，公司各类创新平台先后承担国家、省、市级项目18项和企业自立课题40多项。她先后获江苏省巾帼创业先进个人、2008年杰出创业女性、全国三八红旗手、中国优秀女企业家、江苏省五一劳动奖章、全国关爱员工优秀企业家等荣誉。

【荀建华】 江苏金坛人，1962年6月26日出生，初中文化，中共党员，高级经济师，常州亿晶光电科技有限公司董事长。2015年被评为全国劳动模范。

荀建华作为最早进入光伏行业的民营企业家，带领亿晶光电科技有限公司迅速崛起，2008年成为江苏省民营企业纳税百强、全国民营企业500强。2011年，公司在上海证券交易所A股正式上市，2015年公司产能达2000兆瓦，销售46.9亿元，利润2.35亿元，进入中国光伏行业前10位。他重视人才，着力创新，引进以中国光能源协会秘书长、上海交通大学太阳能研究所所长孙铁囤为首的技术团队。公司先后建立省级工程技术研究中心、企业技术研究中心和江苏省（亿晶）光伏工程研究院，与江苏大学、上海交通大

学联合建产学研中心、国家级博士后科研工作站和国际科研合作基地。公司完成江苏省重大科技成果转化项目1个、国家火炬计划项目2个，2个产品被评为国家重点新产品；获各种专利228项，其中发明专利78项。他关心职工的工作生活，不断提高职工的福利待遇；建设文体设施，丰富职工的业余生活。他创业成功后，不忘回馈社会。先后为金坛区尧塘镇红旗村新农村建设、四川汶川地震捐款，并成立荀姚光彩基金，公司和个人捐款总数超5000万元。他先后获常州市劳动模范、江苏省劳动模范、全国创业之星、中华慈善奖等荣誉。

【戴锁方】 江苏武进人，1962年5月29日出生，大学本科文化，中共党员，工程师，常州市武进区嘉泽镇农技农机站站长。2015年被评为全国劳动模范。

1976年，戴锁方开始苗木种植，用个人财产作抵押，筹措资金200多万元，建造总面积达108亩的4个花木基地。在花木种植过程中，不断总结摸索。他发明了大树移植专用的定植吊装专用盆，独创了“大树移植、快速生根”法，并获国家专利，观赏苗木容器栽培法获国家星火计划项目，他也因此成为国内大树移栽的先行者。在自己富起来的同时，戴锁方积极带动大家一起致富，免费提供引进苗木、技术支撑、产品包销等服务。他发起成立常州市艺林花木专业合作社，与450多家农户签订苗木产销协议，每年为农户无偿引进新品种几十万株，为本地农户销售花木2000多万株，销售收入5000多万元，社员户均增收1.6万元。免费为农户、花木经纪人举办各类培训班30多期，参训人员1万余人。在艰苦创业的同时，戴锁方积极为社会福利事业做贡献，赞助各项社会公共事业、公益事业上千万元。他先后获江苏省农业科技先进工作者、江苏省劳动模范、江苏省模范共产党员、全国农村惠农兴村带头人、全国先进工作者等荣誉。（毛人杰）

·全国先进工作者·

【李　松】 江苏常州人，1974年4月24日出生，本科文化，中共党员，常州市公安局交警支队天宁大队副大队长。2015年被评为全国先进工作者。

李松1998年3月参加公安工作后，自找压力，知难而进，常常携一把卷尺、一本记事本下管段进行实地走访和察看，解决乱停车等问题。他深入辖区的政府机关、人民团体、中小学校、社区、商业网点以及各专业车队的门口设点宣传交通安全法，自费制作交通安全宣传图片资料，讲授道路交通安全课56场次，直接受教育面达2万多人次。他破获各类刑事治安案件200余起，抓获各类违法犯罪嫌疑人员300余名，挽回经济损失60万余元。他心系群众，服务群众，纠正处理各类交通违法行为4.21万起，从没有过投诉，还先后为过往群众做好人好事1300多件，17年如一日照顾着双目失明的孤寡老人，先后收到10面锦旗、20余封表扬信。他廉洁奉公，甘于奉献，常常加班加点，放弃大量公休假、星期天。他先后8次被评为优秀公务员，荣立二等功2次、三等功3次，获得常州市人民满意政法干警、江苏省先进工作者等荣誉。

【王永清】 扬州宝应人，1964年3月

18日出生，博士学位，中共党员，主任医师，常州市第一人民医院儿科主任，儿科教研室主任，硕士生导师。2015年被评为全国先进工作者。

1989年，王永清大学毕业后，到常州市第一人民医院工作，他经常清晨6点多就在病房开诊，每天在医院工作12个小时，创下一天门诊175号的全院记录。他注重科研，是儿科的学术带头人，在国家级期刊《中华儿科杂志》发表论文8篇，在省级期刊发表论文30余篇；主持及参与常州、北京、温州等地的科研项目多项，并成为常州市卫生局科教管理专家库专家、江苏省中西医结合学会儿科专家会常委、江苏省医院学会儿童医院分会委员。他先后获常州市为民奉献道德模范、江苏省劳动模范、江苏省医德之星以及2015年中日医师协会授予的全国100名“住院医师心中的好老师”等荣誉。（毛人杰）

逝世人物

【汤永安】 1925年12月出生，2015年11月逝世。山东莱西人。常州市人大常委会原主任、党组书记。1940年1月参加工作，1941年6月加入中国共产党，1993年4月离休。

1940年1月起任抗日军政大学胶东分校战士、班长。1943年2月任山东省莱西县民政科科员，莱西县珠河区、水集区区委书记。1949年4月任中共溧阳县戴埠区区委书记。1950年10月任中共溧阳县委委员兼戴埠区区委书记、县委宣传部长。1952年8月任中共武进县委副书记。1953年1月

任常州市总工会副主席、主席,市委工业部部长,劳动工资部部长。1961年5月任常州市人民委员会副市长、中共常州市委书记处书记。1967年任常州市煤炭指挥部指挥。1969年4月任江苏省革命委员会工交办公室副主任。1972年2月任中共南京市委副书记、南京市革委会副主任。1981年1月任南京市政府副市长。1983年2月任中共常州市委副书记。1983年8月兼任常州市经济研究中心干事会总干事。1983年12月任中共常州市委常委、市人大常委会主任、党组书记。1984年被国家体改委聘为特邀顾问。1985年12月任常州市人大常委会主任、党组书记。1987年任中国城市经济学会中等城市经济研究会理事长。省第八次党代会代表。

【刘瑞祥】1916年10月出生,2015年10月逝世。河南新县人。常州市政协原副主席。1931年6月参加红军,1938年6月加入中国共产党,1983年12月离休。

1931年起历任鄂豫皖红军独立团、红28军看护员、医务员,新四军四支队、二师营部司药、看护长、军医,淮南、华中军区三院三所所长,华野第八医院医疗队长,华东军区后备兵团一师、第三野战军教导师卫生处处长,南京市公安医院副院长、院长,南京市直属医院院长,常州市卫生局党委书记、局长,市政协副主席、党组成员。

(汪旭东)

资料　常州现存最早的年鉴——《武进年鉴》

1928年《武进年鉴》

年鉴最早出现在欧洲。鸦片战争后,中国国门开放,与外界往来日益增多,年鉴也成为舶来品传入中国。1927年10月和1928年7月,在留学归来的庄启的主持推动下,民国十五年版《武进年鉴》和民国十七年版《武进年鉴》连续出版,成为常州现存最早的两本年鉴。

中华民国建立后,常州府撤销,建武进县。1926年8月,武进县设立实业局,北伐成功后,武进县又于1927年10月撤实业局改建设局,局长均为庄启。庄启,江苏武进人,1904年入上海震旦大学深造,获公费赴比利时留学,并毕业于比利时列日大学蒙德菲尔电学院,毕业后任比利时万国电机厂工程师。民国建立后回国,创办了武进电话局,历任省立工业专科学校教务长、日内瓦国际联盟中国部秘书等。他重视城区街巷、水陆交通、农田灌溉设施建设,担任建设局局长后,制订了建设武进"新市区"的长远规划,并积极演说推动、筹措资金,武进县市政建设得到快速发展。为了给建设武进提供最新最全的资料,庄启主持推动了《武进年鉴》的编纂出版。

民国十五年版《武进年鉴》分为本刊和附刊,本刊包括言论、地理、人事、农事、工商业、邑政、教育、交通八个类目,附刊记有天文常识、气象概言、时历述原、地理常识、国家观念、实用数学、实业法令、本局(武进县实业局)函牍摘要和习俗一班内容。该年鉴记述内容详实,其中以工商业类目为最,在此类目中载有全县实业名录,涵盖日用品业、交通业、衣着业等三十四个行业。民国十七年版《武进年鉴》沿承上一本年鉴的类目框架,内容更加丰富。为了武进水利建设,此本年鉴在地理类目中详细介绍了孟河、德胜河、澡港河、北塘河四条主要河流的情况和疏浚历史;在工商类目中增有沪宁铁路武进站进出口货表等珍贵资料。同时,该年鉴对表现形式进行了创新,除文表外,还增有大量地图和照片,增强了年鉴的可读性。

两本《武进年鉴》均由县政府行政部门主持编纂,在编修过程中得到了武进县实业企业的支持,也调动了武进县各界为建设庄启所言"计划中之新武进"的积极性。在编修中,武进实业局和建设局工作人员重视调查研究,撰写多篇各行业的调研论文,绘制大量能概览武进实情的地图和表格,尤其全县工商实业目录是由工作人员按门牌号挨家挨户调查记录而成,其尽职尽责的精神值得敬佩。两本年鉴实用性强,兼具知识普及功用。在交通类目中载有火车表、轮船表等实用信息;在农业类目中除记述各种植物的种植情况,还对当时危害较大的螟虫害进行了介绍;在附刊中设有国家观念内容,介绍了世界各国的经济情况等。

民国十五年版《武进年鉴》和民国十七年版《武进年鉴》现藏于常州市档案局,是中国年鉴发展史上少有的精品,具有重要的研究价值。

(汪旭东)

2016

统计资料

Statistical Data

◆责任编辑　汪旭东

常州市主要年份社会经济主要指标

指　标	1990	1995	2000	2005	2010	2015
人口与就业						
人　口						
年末户籍人口（万人）	324.85	333.65	341.48	351.63	360.80	370.85
年末常住人口（万人）				412.80	459.33	470.14
就　业						
从业人员（万人）	186.06	188.78	179.36	222.31	272.00	281.00
在岗职工人数（万人）	56.17	54.42	40.39	35.11	36.70	67.47
国民经济核算						
地区生产总值（亿元）	94.87	369.70	600.66	1308.18	3044.89	5273.15
其中：工　业	54.06	202.86	301.99	719.95	1530.86	2269.99
按产业分						
第一产业	17.68	39.82	45.14	59.62	99.78	146.55
第二产业	57.96	220.64	336.68	799.05	1683.68	2516.04
第三产业	19.23	109.24	218.83	449.51	1261.43	2610.56
固定资产投资						

天目湖国家森林公园　（溧阳市地方志办　供稿）

指　标	1990	1995	2000	2005	2010	2015
固定资产投资完成额(亿元)	22.71	115.06	163.43	769.80	2103.55	3398.97
其中:房地产开发	0.95	18.47	29.98	114.27	446.96	508.04
财　政						
财政总收入(亿元)	13.10	28.50	60.23	220.45	841.67	1367.54
其中:一般公共预算收入			32.25	94.99	286.18	466.28
一般公共预算支出(亿元)			31.83	97.85	281.44	485.33
其中:用于教育			6.12	13.47	40.61	79.21
吸收外资及港澳台资						
协议外资及港澳台资项目(个)	40	292	167	509	327	255
协议(合同)外资及港澳台资金额(亿美元)	0.18	8.87	10.03	28.51	47.42	27.69
实际到账注册外资及港澳台资(亿美元)	0.07	3.29	7.00	7.31	26.70	24.87
农　业						
耕地面积(千公顷)	204.54	200.88	204.25	176.32	150.39	149.94
从业人员(万人)	135.80	136.31	128.67	126.86	133.95	129.40
农林牧渔业总产值(亿元)	29.06	74.74	85.88	104.10	174.09	271.76
主要农副产品产量						
粮　食(万吨)	164.50	159.57	136.22	98.06	115.16	108.31
油　料(吨)	63899	72786	91629	85960	40035	36006
水产品(吨)	53149	90571	111188	130198	147938	177892
蚕　茧(吨)	8726	10055	4815	2843	671	187
水　果(吨)	9670	22716	29639	67275	99565	128971
茶　叶(吨)	3730	2550	2680	2762	3464	2819
工　业						
规模以上工业企业主要经济指标						
工业总产值(亿元)	196.20	579.62	874.63	2504.19	7396.09	11101.64
主营业务收入(亿元)	160.85	542.82	836.10	2459.56	7274.88	11500.68
利税总额(亿元)	13.21	34.65	59.64	161.84	620.18	1031.88
利润总额(亿元)	5.26	11.83	25.44	96.23	413.47	642.27
建筑业						
建筑业总产值(亿元)	8.64	30.93	123.18	283.48	735.61	1288.52
房屋竣工建筑面积(万平方米)	193.97	194.70	630.28	1588.83	2659.14	3448.59
交通运输、邮电通信						
货物运输量(万吨)	4375	5804	4696	6032	13109	12954
旅客发送量(万人次)	5048	7270	10196	15235	29361	7673
邮电业务收入(亿元)	0.65	5.46	16.84	34.36	55.69	78.66
年末固定电话用户(万户)	15.57	19.79	75.88	202.08	159.58	132.99
年末移动电话用户(万户)		1.80	56.68	207.46	501.39	514.35
电话交换机容(万门)	5.16	29.79	118.30	160.33	284.41	319.01
国内商业						
社会消费品零售总额(亿元)	38.19	131.78	202.31	444.94	1051.46	1990.45
对外经济贸易						
进出口总额(亿美元)	0.62	9.93	28.22	83.34	222.78	280.46
进　口	0.12	2.24	9.62	22.09	67.19	67.88
出　口	0.50	7.69	18.60	61.24	155.58	212.58
国际旅游						
到常旅游人数(万人次)	0.70	1.95	3.31	18.20	35.91	12.70
旅游外汇收入(亿美元)		0.10	0.24	1.44	3.47	1.21

指　标	1990	1995	2000	2005	2010	2015
金融、保险						
金融机构存款余额（亿元）	59.37	257.61	629.36	1649.61	4550.47	7438.68
金融机构贷款余额（亿元）	74.24	211.88	389.26	1113.25	3011.67	5354.58
保险费收入（亿元）	1.00	4.44	12.10	37.88	86.53	156.56
保险赔（结）款支出（亿元）	0.25	1.28	3.59	10.42	18.76	55.10
教　育						
专任教师数（万人）	2.52	2.74	2.82	3.16	3.46	3.79
其中：普通高等学校	0.07	0.10	0.12	0.45	0.54	0.57
普通中学	0.91	0.96	1.04	1.29	1.39	1.40
小　学	1.31	1.36	1.30	1.14	1.19	1.37
在校学生数（万人）	46.10	50.19	57.10	64.88	60.39	62.46
其中：普通高等学校	0.51	1.16	2.00	9.54	12.28	12.44
普通中学	14.90	15.86	18.23	22.07	18.84	16.25
小　学	27.70	27.16	30.01	24.46	22.15	27.37
科　技						
专利申请量（项）		547	837	2696	15872	38559
专利授权量（项）		255	731	1240	9093	21585
家　庭						
家庭总户数（万户）	106.91	114.00	117.89	121.97	127.11	130.24
平均每户家庭人口（人）	3.04	2.93	2.90	2.88	2.84	2.85
婚　姻						
准予登记结婚数（对）	24093	31889	23916	26536	33182	34105
准予登记离婚数（对）	604	1399	2203	5001	7795	10324
住　宅						
农村居民人均住房面积（平方米）	31.66	35.90	49.27	56.20	58.40	63.98
生　活						
农村居民人均纯收入（元）	1401	3397	4430	7002	12637	21912
农村居民人均生活消费支出（元）	1231	2952	3243	5712	9924	14764
工　资						
在岗职工工资总额（亿元）	12.90	38.68	48.97	78.57	161.50	475.70
卫　生						
医　院（包括卫生院，个）	163	161	117	113	91	109
医　生（人）	6144	7073	7779	8356	9962	12637
医院床位数（包括卫生院，张）	9495	10339	10730	11734	15263	22741

注：1. 固定资产投资完成额2014年以前主要年份为全社会口径。

2. 2015年旅游外汇收入只统计入境过夜旅游者，与往年统计口径不同。

3. 根据国家城乡一体化住户调查制度，从2015年起按新口径公布居民收支数据。2015年农民人均纯收入调整为农村常住居民人均可支配收入。

常州市区主要年份社会经济主要指标

指　标	1990	1995	2000	2005	2010	2015
人口与就业						
人　口						
年末户籍人口（万人）	195.24	202.20	208.18	220.76	227.75	291.25
年末常住人口（万人）				286.73	329.13	394.05
就　业						
从业人员（万人）	117.84	118.01	111.55	148.55	186.92	231.58

指 标	1990	1995	2000	2005	2010	2015
在岗职工人数（万人）	45.19	42.44	29.90	25.36	26.22	61.70
国民经济核算						
地区生产总值（亿元）	72.06	279.19	430.89	981.45	2316.26	4548.57
其中：工 业	45.91	170.20	239.46	571.46	1229.12	1971.60
按产业分						
第一产业	9.07	20.95	22.75	27.03	47.64	100.22
第二产业	48.54	179.22	256.10	620.51	1316.20	2162.16
第三产业	14.44	79.02	152.04	333.91	952.42	2286.19
固定资产投资						
固定资产投资完成额（亿元）	17.09	85.23	126.90	609.75	1649.98	2956.57
其中：房地产开发	0.78	14.62	25.46	97.76	401.22	467.74
财 政						
财政收入（亿元）	11.66	23.99	50.77	182.12	710.11	1158.93
其中：一般公共预算收入			27.60	79.14	239.15	410.09
一般公共预算支出			25.41	79.80	225.81	423.95
其中：用于教育			4.05	9.55	28.40	67.97
价 格						
居民消费价格指数（上年＝100）	104.2	114.9	99.5	102.8	103.4	101.6
商品零售价格指数（上年＝100）	103.4	112.8	98.0	101.3	102.7	100.1
吸收外资及港澳台资						
协议外资及港澳台资项目（个）	39	243	132	355	208	241
协议（合同）外资及港澳台资金额（亿美元）	0.15	7.05	4.78	20.33	31.61	24.63
实际到账注册外资及港澳台资（亿美元）	0.07	3.29	7.00	7.31	26.70	23.81
农 业						
耕地面积（千公顷）	97.01	94.80	88.75	64.27	59.25	92.01
从业人员（万人）	76.65	75.96	71.22	75.19	81.99	97.64
农林牧渔业总产值（亿元）	15.48	39.34	43.81	47.90	78.39	185.91
主要农副产品产量						
粮 食（万吨）	89.07	81.30	66.11	39.28	34.22	54.41
油 料（吨）	11710	12068	17412	8489	3922	9737
水产品（吨）	16049	45321	35588	57173	52783	114027
水 果（吨）	6038	18527	21811	49747	56204	105771
工 业						
规模以上工业企业主要经济指标						
工业总产值（亿元）	163.78	474.76	730.74	2032.39	5873.16	9888.90
主营业务收入（亿元）	136.76	446.40	704.23	2016.20	5789.68	10277.66
实现利税（亿元）	11.67	28.13	50.94	119.96	442.32	909.36
利润总额（亿元）		4.45	12.85	73.99	297.35	569.03
建筑业						
建筑业总产值（亿元）			46.65	154.51	375.25	722.98
房屋竣工建筑面积（万平方米）		80.50	320.17	830.89	1191.62	1926.80
交通运输、邮电通信						
货物运输量（万吨）	2349	4483	3100	3857	8933	10477
旅客发送量（万人次）	2849	4383	6924	10308	20625	6595
邮电业务收入（亿元）	0.55	4.42	14.11	27.74	44.48	70.62
年末固定电话用户（万户）	2.46	11.68	53.43	145.97	112.63	112.14
年末移动电话用户（万户）		1.35	46.96	162.58	383.62	444.06

指　标	1990	1995	2000	2005	2010	2015
电话交换机容量(万门)	4.23	21.53	82.45	114.35	202.74	307.90
国内商业						
社会消费品零售总额(亿元)	26.21	84.99	133.88	329.21	788.45	1715.15
对外经济贸易						
进出口总额(亿美元)	0.61	9.43	25.15	76.03	199.49	272.11
进　口	0.11	2.22	8.81	21.11	63.43	66.91
出　口	0.50	7.21	16.34	54.92	136.06	205.12
国际旅游						
到常旅游人数(万人次)	0.65	1.90	3.11	17.28	34.25	12.25
旅游外汇收入(亿美元)		0.09	0.23	1.38	3.31	1.16
金融保险						
金融机构存款余额(亿元)	46.24	205.93	511.00	1375.25	3800.47	6572.31
金融机构贷款余额(亿元)	58.52	170.12	324.19	966.84	2518.92	4655.86
保险费收入(亿元)	0.84	4.38	10.27	30.54	73.12	144.51
保险赔(结)款支出(亿元)	0.19	1.16	3.04	8.97	15.39	50.09
教　育						
专任教师数(万人)	1.59	1.76	1.82	2.15	2.42	3.22
其中:普通高等学校	0.07	0.10	0.12	0.45	0.54	0.57
普通中学	0.56	0.60	0.64	0.79	0.86	1.12
小　学	0.75	0.78	0.75	0.71	0.76	1.13
在校学生数(万人)	28.82	15.94	37.33	46.45	46.28	55.21
其中:普通高等学校	0.51	1.16	2.00	9.54	12.22	12.39
普通中学	9.17	9.84	11.11	13.52	12.37	13.58
小　学	16.46	15.95	17.69	15.95	15.89	23.48
科　技						
专利申请量(项)				1976	12278	37460
专利授权量(项)				1021	7559	20643
家　庭						
家庭总户数(万户)	63.65	67.67	70.77	74.36	79.54	103.99
平均每户家庭人口(人)	3.07	2.98	2.94	2.97	2.86	2.8
婚　姻						
准予登记结婚数(对)	11058	19048	14848	17002	19730	25271
准予登记离婚数(对)	496	1165	1280	3494	5084	8059
住　宅						
城市居民人均使用面积(平方米)	13.22	15.04	15.19	21.04	24.91	33.08
生　活						
城镇居民人均可支配收入(元)	1769	5632	8540	14589	26269	43642
城镇居民人均生活消费支出(元)	1498	4426	6759	10718	17124	25922
工　资						
在岗职工工资总额(亿元)	10.82	31.91	38.59	60.26	124.85	447.79
卫　生						
医　院(包括卫生院,个)	90	91	64	61	47	82
医　生(人)	4636	5146	5616	4751	5771	
医院床位数(包括卫生院,张)	6506	7236	7774	8467	11151	19975
城市建设						
自来水供水量(万吨)	25994	11257	16631	32384	21981	25048
城市排水管道长度(公里)	231	698	929	2918	3627	5503

指　标	1990	1995	2000	2005	2010	2015
用电量（亿千瓦时）	14.72	22.44	32.74	143.21	215.17	339.93
城市煤气供应量（万立方米）	1601	1783	4256	8030	48099	77578
年末出租车运营数（辆）	137	592	1443	1842	2542	3321
年末运营公交车辆数（辆）	232	307	1572	2105	2518	2858
铺装道路长度（公里）	336	483	697	3584	1753	2444
公园绿地面积（公顷）	121	283	458	1568	1632	2479

注：1. 本表资料除了1990、1995、2000年城市建设指标外均含武进区数据。2015年起市区包含金坛区数据。
2. 根据国家城乡一体化住户调查制度，从2014年起按新口径公布居民收支数据。城镇居民人均可支配收入调整为城镇常住居民人均可支配收入。

常州在全省的位置

指　标	数　量	占全省（%）
土地面积	4372.15平方公里	4.1
年末常住人口	470.14万人	5.9
地区生产总值	5273.15亿元	7.5
第一产业	146.55亿元	3.7
第二产业	2516.04亿元	7.9
第三产业	2610.56亿元	7.7
固定资产投资完成额	3398.97亿元	7.4
一般公共预算收入	466.28亿元	5.8
城镇常住居民人均可支配收入	42710元	高于全省5537元
农村常住居民人均可支配收入	21912元	高于全省5655元
粮食产量	108.31万吨	3.0
进出口总额	280.46亿美元	5.1
其中：出口总额	212.58亿美元	6.3
实际到账注册外资及港澳台资	17.21亿美元	7.1
社会消费品零售总额	1990.45亿元	7.7

注：实际到账注册外资及港澳台资为商务部认定数。

江苏省2015年省辖市主要经济指标

省辖市	年末常住人口（万人）		地区生产总值（亿元）		第一产业增加值（亿元）	
	2015年	比上年增（%）	2015年	比上年增（%）	2015年	比上年增（%）
江苏省	7976.30	0.2	70116.38	8.5	3987.90	3.2
南京市	823.59	0.2	9720.77	9.3	232.39	3.4
无锡市	651.10	0.2	8518.26	7.1	137.72	-0.1
徐州市	866.90	0.5	5319.88	9.5	504.76	3.5
常州市	**470.14**	**0.1**	**5273.15**	**9.2**	**146.56**	**3.2**
苏州市	1061.60	0.1	14504.07	7.5	215.71	3.3
南通市	730.00	0.0	6148.40	9.6	354.90	2.9
连云港市	447.37	0.5	2160.64	10.8	282.69	3.6
淮安市	487.20	0.4	2745.09	10.3	307.67	3.6
盐城市	722.85	0.1	4212.50	10.5	516.50	3.6
扬州市	448.36	0.1	4016.84	10.3	241.93	3.5
镇江市	317.65	0.2	3502.48	9.6	132.89	3.6
泰州市	464.16	0.1	3687.90	10.2	218.93	3.4
宿迁市	485.38	0.2	2126.19	10.0	258.11	3.4

九洲新世界开业 （陈暐 田韵 摄）

省辖市	第二产业增加值（亿元）		第三产业增加值（亿元）		粮食总产量（万吨）	
	2015年	比上年增（%）	2015年	比上年增（%）	2015年	比上年增（%）
江苏省	32043.60	8.4	34084.80	9.3	3561.34	2.0
南京市	3916.80	7.2	5571.60	11.3	114.06	-0.6
无锡市	4197.43	5.0	4183.11	9.6	72.28	-6.4
徐州市	2355.06	9.8	2460.06	10.2	470.92	0.4
常州市	**2516.00**	**8.5**	**2610.60**	**10.5**	**108.31**	**-3.4**
苏州市	7045.12	7.4	7243.24	7.8	108.22	-2.0
南通市	2977.53	9.7	2815.97	10.5	337.15	0.9
连云港市	959.00	11.1	918.95	12.4	362.15	0.8
淮安市	1176.66	10.9	1260.76	11.3	467.22	0.0
盐城市	1923.47	10.5	1772.50	12.5	708.06	0.7
扬州市	2011.97	10.6	1762.94	10.8	314.41	0.1
镇江市	1726.96	9.5	1642.63	10.2	125.15	-0.7
泰州市	1811.00	10.2	1657.90	11.2	329.35	0.2
宿迁市	1031.33	10.9	836.75	11.1	386.63	-0.6

注：地区生产总值及三次产业增加值增幅按可比价格计算。

省辖市	全社会用电量（亿千瓦时）		工业用电量（亿千瓦时）		规模以上工业增加值（亿元）	
	2015年	比上年增（%）	2015年	比上年增（%）	2015年	比上年增（%）
江苏省	5114.70	2.0	3903.61	0.8	33422.50	8.3
南京市	495.18	5.2	300.54	4.0	3043.50	8.1
无锡市	600.50	0.4	472.24	-1.1	2953.34	4.4
徐州市	344.19	3.5	254.36	2.8	2708.74	9.3
常州市	**408.04**	**3.3**	**325.49**	**3.0**	**2614.73**	**8.5**

省辖市	全社会用电量（亿千瓦时）		工业用电量（亿千瓦时）		规模以上工业增加值（亿元）	
	2015年	比上年增（%）	2015年	比上年增（%）	2015年	比上年增（%）
苏州市	1311.72	3.4	1074.20	2.9	6261.94	4.3
南通市	349.19	4.8	253.05	4.2	2902.34	10.7
连云港市	166.68	5.8	116.57	5.5	1156.50	12.9
淮安市	156.54	3.3	108.89	1.9	1483.25	11.5
盐城市	280.58	0.7	206.28	-1.3	2061.27	11.5
扬州市	211.50	3.5	152.49	3.1	2250.23	10.0
镇江市	216.27	3.3	165.33	1.8	2030.90	10.0
泰州市	227.46	-2.1	172.53	-4.5	2465.38	11.0
宿迁市	151.24	3.3	106.04	2.1	994.22	11.5

省辖市	规模以上工业企业					
	利税总额（亿元）		利润总额（亿元）		主营业务收入（亿元）	
	2015年	比上年增（%）	2015年	比上年增（%）	2015年	比上年增（%）
江苏省	15907.07	9.3	9617.10	9.1	148283.78	4.8
南京市	1743.45	10.0	828.91	8.9	12175.58	-5.7
无锡市	1247.75	0.1	886.22	2.0	14113.97	-0.1
徐州市	1788.79	9.3	984.01	9.3	12234.92	7.7
常州市	**1058.20**	**10.1**	**647.36**	**9.8**	**11554.95**	**5.0**
苏州市	2133.83	3.7	1517.59	4.3	29869.50	-1.5
南通市	1635.53	11.3	1027.66	10.2	13350.00	8.1
连云港市	678.33	10.9	420.87	13.0	5416.66	12.2
淮安市	653.66	21.2	384.60	27.0	6608.73	16.6
盐城市	864.06	6.3	473.87	1.6	8010.89	11.0
扬州市	1085.85	7.1	624.38	6.4	9383.07	7.6
镇江市	887.93	11.3	574.79	12.4	8516.39	7.8
泰州市	1450.73	20.9	848.83	19.2	10826.48	15.9
宿迁市	509.80	10.3	359.12	11.0	3666.35	12.6

注：规模以上工业主要经济指标数据为快报数，增速为同比增速。

省辖市	社会消费品零售总额（亿元）		进出口总额（亿美元）		出口总额（亿美元）	
	2015年	比上年增（%）	2015年	比上年增（%）	2015年	比上年增（%）
江苏省	25876.77	10.3	5456.14	-3.2	3386.68	-0.9
南京市	4590.17	10.2	532.40	-7.0	315.03	-3.5
无锡市	2847.61	9.2	684.67	-7.7	422.32	-4.5
徐州市	2358.45	12.4	54.13	-9.6	43.89	-6.1
常州市	**1990.45**	**10.3**	**280.46**	**-2.7**	**212.58**	**-0.5**
苏州市	4461.62	9.0	3053.50	-1.9	1814.59	0.2
南通市	2379.46	9.9	315.79	-0.2	228.26	1.5
连云港市	830.71	12.4	80.45	0.2	40.60	-6.8
淮安市	970.74	12.3	41.30	0.6	30.09	-4.8
盐城市	1468.60	11.9	81.19	8.0	51.24	16.6
扬州市	1236.96	9.7	103.38	3.3	77.11	0.4
镇江市	1113.71	11.0	100.64	-2.4	68.73	4.1
泰州市	1001.64	10.9	102.29	-6.1	63.77	3.2
宿迁市	626.64	11.0	25.99	-30.8	18.50	-37.1

注：社会消费品零售总额为快报数。

省辖市	实际到账注册外资及港澳台资（亿美元）		固定资产投资完成额（亿元）		工业投资（亿元）	
	2015年	比上年增（%）	2015年	比上年增（%）	2015年	比上年增（%）
江苏省	242.75	-13.8	45905.17	10.5	22757.45	12.4
南京市	33.35	1.3	5425.98	-0.1	2056.96	-4.4
无锡市	32.02	10.3	4901.19	7.0	1973.32	13.0
徐州市	14.28	-13.9	4266.12	16.5	2309.56	16.8
常州市	**17.21**	**-28.6**	**3398.97**	**6.7**	**1756.13**	**6.5**
苏州市	60.00	-26.1	5965.44	-1.5	2141.46	-4.8
南通市	23.16	0.5	4376.03	12.3	2223.79	8.7
连云港市	8.01	-16.1	2077.35	21.0	1265.61	21.7
淮安市	12.14	1.3	2203.24	22.7	1295.11	28.3
盐城市	7.95	-24.1	3372.89	22.6	2003.13	20.4
扬州市	8.48	-38.9	2856.82	18.2	1511.17	13.6
镇江市	13.05	0.8	2541.07	18.6	1372.36	19.5
泰州市	10.66	13.4	2695.66	22.6	1634.63	36.6
宿迁市	2.98	-55.1	1838.97	17.9	1223.99	19.6

注：实际到账注册外资及港澳台资为商务部认定数。

省辖市	一般公共预算收入（亿元）		年末金融机构各项存款余额（本外币，亿元）		年末金融机构各项贷款余额（本外币，亿元）	
	2015年	比上年增（%）	2015年	比上年增（%）	2015年	比上年增（%）
江苏省	8028.56	11.0	111329.86	12.1	81169.72	12.0
南京市	1020.03	12.9	26471.69	17.7	18951.70	15.2

武进城区 （虞岭 摄）

省辖市	一般公共预算收入（亿元）		年末金融机构各项存款余额（本外币，亿元）		年末金融机构各项贷款余额（本外币，亿元）	
	2015年	比上年增（%）	2015年	比上年增（%）	2015年	比上年增（%）
无锡市	830.00	8.1	13181.25	6.7	9525.99	5.5
徐州市	530.68	12.4	4779.34	10.6	3087.74	12.7
常州市	**466.28**	**7.5**	**7664.98**	**7.2**	**5418.85**	**10.6**
苏州市	1560.76	8.1	25231.08	9.6	20161.26	9.4
南通市	625.64	13.8	9843.42	14.4	6081.34	15.6
连云港市	291.77	11.5	2163.92	14.6	1827.40	13.7
淮安市	350.31	13.5	2356.91	15.7	1879.29	14.9
盐城市	477.50	14.2	4414.84	18.7	3077.48	18.2
扬州市	336.75	14.1	4793.82	10.6	3118.17	12.7
镇江市	302.85	9.0	4041.64	8.7	3023.85	10.8
泰州市	316.56	13.9	4549.00	12.3	3314.15	16.1
宿迁市	235.67	12.2	1837.98	12.9	1702.49	14.2

省辖市	农村常住居民人均可支配收入（元）		城镇常住居民人均可支配收入（元）		城市居民消费价格指数（以上年＝100）	
	2015年	2014年	2015年	2014年	2015年	2014年
江苏省	16257	14958	37173	34346	101.7	102.2
南京市	19483	17661	46104	42568	102.0	102.6
无锡市	24156	22266	45132	41731	101.8	102.2
徐州市	13982	12811	26219	24080	101.5	102.1
常州市	**21912**	**20133**	**42710**	**39483**	**101.6**	**102.2**
苏州市	25580	23560	50390	46677	101.6	102.1
南通市	17267	15821	36291	33374	101.8	102.1
连云港市	12778	11697	25728	23595	101.8	102.4
淮安市	13128	12010	28105	25798	101.5	102.1
盐城市	15748	14414	28200	25854	101.6	102.3
扬州市	16619	15284	32946	30322	101.7	102.1
镇江市	19214	17617	38666	35752	101.5	102.0
泰州市	16410	15076	34092	31346	101.7	102.1
宿迁市	12772	11677	22233	20396	101.6	102.4

（统计局）

重要文件选编

Selected Important Documents

◆ 责任编辑 王 晶

常州市人民政府规章制定程序规定

第一章 总则

第一条 为了规范市人民政府规章（以下简称规章）的制定程序，提高规章制定质量和效率，根据《中华人民共和国立法法》、国务院《规章制定程序条例》等有关规定，结合本市实际，制定本规定。

第二条 规章的立项、起草、审查、决定、公布、解释、备案等，适用本规定。

第三条 规章可以就下列事项作出规定：

（一）为执行法律、行政法规、地方性法规的规定需要制定规章的事项；

（二）属于本行政区域的具体行政管理事项。

制定规章，限于城乡建设与管理、环境保护、历史文化保护等方面的事项。

应当制定地方性法规但条件尚不成熟的，因行政管理迫切需要，可以先制定规章。规章实施满两年需要继续实施规章所规定的行政措施的，应当提请市人民代表大会或者其常务委员会制定地方性法规。

第四条 制定规章，应当遵循下列原则：

（一）符合法定权限，遵循法定程序，维护社会主义法制统一；

（二）坚持立法公开，依法保障公民有序参与；

（三）适应经济社会发展和深化改革的要求，体现精简、统一、效能的精神，促进政府职能转变；

（四）依法、合理地界定公民、法人和其他组织的权利与义务，以及行政机关的职权与责任；

（五）符合本市实际，体现地方特色，具有针对性和可操作性，解决地方实际问题。

第五条 市人民政府负责对规章制定工作的组织领导。

市人民政府法制部门负责组织开展规章制定的具体工作，并做好相关督促、指导和协调工作。

市人民政府各部门、各辖市（区）人民政府以及有关单位，按照职责分工共同做好规章制定的相关工作。

第六条 规章的名称一般称“规定”、“办法”、“实施办法”等，但不得称“条例”。

第七条 规章用语应当准确、简洁，内容应当明确、具体。法律、法规已经明确规定的内容，规章原则上不作重复规定。

规章内容用条文表达，以条为基本单位。除内容复杂的外，规章一般不分章、节。

第八条 规章制定工作所需经费，应当列入专项预算予以保障。

第二章 立项与计划

第九条 制定规章应当立项。

市人民政府通过制定年度规章立法计划，确定全年规章制定项目。

第十条 市人民政府各部门、各辖市（区）人民政府认为需要制定规章的，应当向市人民政府报请立项。

其他机关、团体、企事业单位和公民认为需要制定规章的，可以向市人民政府提出制定规章的建议。

第十一条 市人民政府各部门、各辖市（区）人民政府报送的规章立项申请材料，应当包括下列内容：

（一）制定的必要性和可行性；

（二）所依据的法律、法规等有关规定；

（三）所要解决的主要问题和拟确立的主要制度；

（四）调研和规章草案初稿起草等情况。

第十二条 市人民政府各部门、各辖市（区）人民政府应当于每年九月底前向市人民政府报送下一年度规章立项申请。

第十三条 市人民政府法制部门负责组织对报请市人民政府立项的规章制定项目进行立法必要性和可行性论证。

第十四条 报请市人民政府立项的规章制定项目，具有立法必要性和可行性的，作为规章制定正式项目；具有立法必要性，但条件尚不成熟的，作为规章制定调研项目；超越规章制定权限、立法必要性不充分或者通过制定规范性文件即可调整的，不予列入规章制定项目。

第十五条　市人民政府法制部门编制年度规章立法计划草案，应当与市人民代表大会常务委员会的立法规划和年度立法计划相衔接。

第十六条　年度规章立法计划草案编制完成后，由市人民政府法制部门报市人民政府批准。

第十七条　经过批准的年度规章立法计划，未经原批准机关同意不得调整。

第十八条　年度规章立法计划由市人民政府法制部门组织实施和监督执行。

对列入年度规章立法计划的规章制定正式项目，起草单位应当按时报送规章草案送审稿等相关材料；对列入年度规章立法计划的规章制定调研项目，组织实施单位应当按时报送调研报告等相关材料，并就该调研项目是否纳入下一年度规章立法计划作出说明。未按时报送的，应当及时向市人民政府书面说明情况。

第三章　起草

第十九条　申请立项的部门（单位）负责规章起草或者牵头组织起草工作，其他相关部门（单位）配合或者参与起草。

涉及重要行政管理事项或者全局性、综合性较强的，也可以由市人民政府法制部门起草或者组织起草。

涉及内容专业性较强的，可以邀请有关组织、专家参加，也可以委托有关组织、专家起草。

第二十条　起草单位应当成立规章起草小组、制定起草计划，落实起草人员、明确责任分工。

第二十一条　市人民政府法制部门可以根据需要提前介入起草工作，了解起草情况，参与调研、论证，提出意见和建议。

第二十二条　起草规章，应当根据立法面临的现状，总结实践经验，深入开展调查研究。

第二十三条　规章内容涉及社会稳定、环境等方面风险的，起草单位应当进行风险评估。

第二十四条　规章草案初稿完成后，应当向社会公开征求意见。听取意见可以采取书面征求意见、座谈会、论证会、听证会等形式。

起草单位应当将收到的意见和建议进行归纳整理，对合理意见予以采纳；未予采纳的，应当以适当方式说明理由。

第二十五条　有关问题存在重大意见分歧或者涉及利益关系重大调整，需要进行听证的，由起草单位会同市人民政府法制部门召开听证会。

第二十六条　听证会按照下列要求组织：

（一）听证会公开举行，起草单位应当在举行听证会的三十日前公布听证会的时间、地点和内容；

（二）参加听证会的有关机关、组织和公民有权提问和发表意见；

（三）听证会应当制作笔录，如实记录发言人的主要观点和理由；

（四）起草单位应当认真研究听证会反映的各种意见，在报送规章草案送审稿等材料时说明对听证会意见的处理情况及其理由。

第二十七条　规章内容涉及有关管理体制、职能调整等应当由市人民政府决策的重大问题的，起草单位应当向市人民政府作专题请示。

第二十八条　规章内容涉及市人民政府其他部门职责或者与其他单位关系紧密的，起草单位应当充分征求其他部门（单位）的意见。其他部门（单位）应当认真研究，并及时反馈书面意见。

第二十九条　起草单位与其他部门（单位）有不同意见的，应当充分协商；经过充分协商未取得一致意见的，起草单位应当在报送规章草案送审稿等材料时说明情况和理由。

第三十条　起草的规章，应当经起草单位的法制机构全面审查、起草单位集体决定、主要负责人签署并加盖公章后，报请市人民政府有关会议审议。

几个起草单位共同起草的，应当由该几个起草单位主要负责人共同签署并加盖公章。

第三十一条　起草的规章报请市人民政府有关会议审议时，起草单位应当将下列材料径送市人民政府法制部门：

（一）报请市人民政府有关会议审议的请示；

（二）规章草案送审稿（主要内容包括制定目的、制定依据、适用范围、主管部门，权利、义务等具体规范，法律责任、施行日期等）；

（三）规章草案送审稿的起草说明（主要内容包括制定的必要性、起草过程、主要问题的不同意见及协调处理情况、规定的主要行政措施等）；

（四）其他有关材料（主要包括立法依据对照表、调研报告、征求意见及反馈情况、听证会笔录、其他地区同类立法情况等）。

属于规章修改项目的，应当提交修改前后对照文本。

规章草案送审稿及其起草说明，应当书面报送一式五份，并同时报送电子文稿。

第四章　审查

第三十二条　规章草案送审稿由市人民政府法制部门负责统一审查。

市人民政府法制部门主要从以下方面对规章草案送审稿进行审查：

（一）是否符合本规定第四条的规定；

（二）是否与有关法律、法规等规定协调、衔接；

（三）设定的行政处罚以及其他行政措施是否合法且确有必要；

（四）是否正确处理有关重大意见分歧；

（五）是否符合立法技术要求；

（六）需要审查的其他内容。

第三十三条　规章草案送审稿有下列情形之一的，市人民政府法制部门可以缓办或者退回起草单位：

（一）规章制定条件发生重大变化的；

（二）有关部门（单位）对规章草案送审稿规定的主要制度存在较大争议，起草单位未与有关部门（单位）协商的；

（三）不符合本规定第三十条、第三十一条规定的。

第三十四条　市人民政府法制部门对规章草案送审稿进行初步修改后，向社会公开征求意见。

第三十五条　市人民政府法制部门应当就立法的主要问题深入开展调查研究，听取有关机关、组织和公民的意见。

调查研究可以采取座谈会、实地考察和走访等形式。起草单位应当配合做好相关工作。

第三十六条　对专业性较强的规章草案送审稿，市人民政府法制部门应当组织专家进行论证。专家论证意见作为市人民政府法制部门出具审查报告的重要参考。

第三十七条　规章草案送审稿涉及重大问题的，市人民政府法制部门应当召开由有关部门（单位）、专家等参加的座谈会、论证会，听取意见，研究论证。

第三十八条　市人民政府法制部门应当书面征求市人民政府有关部门、有关辖市（区）人民政府对规章草案送审稿的意见，并组织协调会签。

第三十九条　有关部门（单位）对规章草案送审稿涉及的管理体制、权限分工等问题有不同意见的，市人民政府法制部门可以组织协调；经协调未达成一致意见的，市人民政府法制部门应当将主要问题、有关部门（单位）的意见和本部门的意见报请市人民政府决定。

第四十条　规章草案送审稿经审查后，市人民政府法制部门应当按照下列规定办理：

（一）对条件成熟的规章草案送审稿，报请市人民政府有关会议审议；

（二）对短期内难以协调一致的规章草案送审稿，经市人民政府同意后，缓办或者退回起草单位；

（三）因情况变化不需要制定或者暂缓制定，以及可以其他形式发文的，经市人民政府同意后，通知起草单位。

第四十一条　对符合本规定第四十条第（一）项情形的，市人民政府法制部门应当认真研究各方面的意见，与起草单位协商后，对规章草案送审稿进行修改，形成审查报告、规章草案以及对草案的说明，并提出报请市人民政府有关会议审议的建议。

第四十二条　规章草案由市人民政府法制部门起草或者组织起草的，市人民政府法制部门主要负责人签署规章草案和对草案的说明后，提出报请市人民政府有关会议审议的建议。

第五章　决定与公布

第四十三条　规章应当经市人民政府常务会议或者全体会议决定。

审议规章草案时，由起草单位作起草说明，由市人民政府法制部门作审查报告。

第四十四条　规章由市长签署命令予以公布。

公布规章的命令应当载明该规章的制定机关、序号、规章名称、通过日期、施行日期、市长署名以及公布日期。

第四十五条　规章签署公布后，应当及时在《常州市人民政府公报》、市人民政府门户网站以及《常州日报》等刊登。

在《常州市人民政府公报》上刊登的规章文本为标准文本。

第四十六条　规章应当自公布之日起三十日后施行；但公布后不立即施行将有碍规章施行的，可以自公布之日起施行。

第六章　解释、备案和修改、废止

第四十七条　规章解释权属于市人民政府。

规章有下列情况之一的，由市人民政府解释：

（一）规章的规定需要进一步明确具体含义的；

（二）规章制定后出现新的情况，需要明确适用规章依据的。

第四十八条　规章解释由市人民政府法制部门提出意见，报请市人民政府批准后公布。

规章的解释同规章具有同等效力。

第四十九条　规章应当自公布之日起三十日内，分别报国务院、省人民代表大会常务委员会、省人民政府、市人民代表大会常务委员会备案。

第五十条　每年一月底前应当将上一年度制定的规章目录报国务院法制机构。

第五十一条　有下列情形之一的，有关部门（单位）应当及时提出修改或者废止规章的建议：

（一）所依据的上位法已经修改或者废止的；

（二）与新公布的上位法的规定不一致的；

（三）应当修改或者废止的其他情形。

第五十二条　市人民政府法制部门应当定期组织对规章进行清理。

修改、废止规章的程序，参照规章制定程序的有关规定执行。

第五十三条　市人民政府法制部门可以组织对规章或者规章中有关规定进行立法后评估。

第七章　附则

第五十四条　编辑出版正式版本、外文版本的规章汇编，由市人民政府法制部门依照国务院《法规汇编编辑出版管理规定》的有关规定执行。

第五十五条　本规定自2016年2月1日起施行。

关于常州市部分行政区划调整的实施意见

常委〔2015〕95号

为认真贯彻落实国务院《关于同意江苏省调整常州市部分行政区划的批复》（国函〔2015〕75号）和省政府《关于调整常州市部分行政区划的通知》（苏政发〔2015〕54号）精神，有序推进部分行政区划调整工作，确保经济社会稳定，现提出如下实施意见。

一、区划调整的内容

1. 撤销常州市武进区和戚墅堰区，设立新的武进区，以原武进区（不含奔牛镇、郑陆镇、邹区镇）和戚墅堰区的行政区域为新设立的武进区的行政区域，武进区人民政府驻湖塘镇延政中大道28号。

2. 撤销县级金坛市，设立常州市金坛区，以原金坛市的行政区域为金坛区的行政区域，金坛区人民政府驻西城街道华阳南路88号。

3. 将原武进区的奔牛镇划归常州市新北区管辖，将原武进区的郑陆镇划归常州市天宁区管辖，将原武进区的邹区镇划归常州市钟楼区管辖。

二、设立常州经济开发区

根据《省政府办公厅关于同意江苏常州戚墅堰经济开发区更名为江苏常州经济开发区的函》（苏政办函〔2015〕1号）和省编委《关于设立江苏常州经济开发区管理机构有关事项的批复》（苏编〔2015〕1号）精神，设立江苏常州经济开发区，组建中国共产党江苏常州经济开发区工作委员会、江苏常州经济开发区管理委员会，分别为市委、市政府的派出机构，规格为正处级。市委、市政府决定，将江苏常州经济开发区委托新的武进区管理；新的武进区所属戚墅堰、丁堰、潞城街道和横山桥、横林、遥观镇，由武进区委托江苏常州经济开发区（以下简称“常州经开区”）管理。

三、区划调整中人、财、物处理的原则

1. 单位属地的原则。原金坛市所属单位全部划归常州市金坛区管辖。原武进区所属且驻地在奔牛镇、郑陆镇、邹区镇范围内的机关企事业单位，全部划转移交给新的行政管辖区。原戚墅堰区属机关（除撤销机构外）企事业单位全部划归武进区，与武进区所属且驻地在横山桥镇、横林镇、遥观镇范围内的机关企事业单位，一并纳入常州经开区管理。涉及划转区域范围内的市属以上企事业单位的隶属关系不变。

2. 人随单位走的原则。原戚墅堰区本级（除撤销机构外）、所属街道和武进区横山桥镇、横林镇、遥观镇机关事业单位人员（含离退休人员）原则上由武进区委托常州经开区管理；原武进区奔牛镇、郑陆镇、邹区镇机关事业单位人员（含离退休人员）全部转入划入区。个别确因工作需要进行调整的，由组织人事部门按照干部管理权限进行调整。

3. 资产跟着单位走，债务跟着资产走的原则。对区划调整涉及单位的资产划分，原则上资产跟着单位走，谁占用资产，资产就划给谁。以2014年末为基准日，结合今年以来的变动情况，按照权责发生制和属地原则，对资产、债务以及在建工程等事项进行划转。奔牛、郑陆、邹区三镇的债权债务由划入区负责处理。

4. 社会保障有序衔接、逐步统筹的原则。按照“尊重历史、平稳转接、提升效能、逐步统筹”的原则，处理区划调整中的各项社会保障问题。结合实施“省社会保障一卡通”工程，2016年1月1日起，新北区城乡居民医疗保险、居民养老保险并入市本级统筹区，武进区城乡居民医疗保险与市本级统筹区接轨；2016年度，武进区城乡居民最低生活保障与市本级统筹区实行统一政策。2018年实现武进区与市本级社会保险一体化。金坛区社会保障按现行模式运行，与市本级逐步实现一体化。

四、区划调整中有关问题的处理

（一）关于金坛区的机构设置

按有关法律法规和文件规定，金坛市撤市设区后，原中国共产党金坛市委员会更名为中国共产党常州市金坛区委员会，原金坛市人民代表大会及其常务委员会更名为常州市金坛区人民代表大会及其常务委员会，原金坛市人民政府更名为常州市金坛区人民政府，原政协金坛市委员会更名为政协常州市金坛区委员会，原中国共产党金坛市纪律检查委员会更名为中国共产党常州市金坛区纪律检查委员会，原金坛市人民法院更名为常州市金坛区人民法院，原金坛市人民检察院更名为常州市金坛区人民检察院。更名后，党代会、人代会和政协的届次顺延。原金坛市上述领导班子成员整体转任常州市金坛区相应领导班子的领导职务。所属各级工作部门相应更名，部门职能、机构性质和人员编制保持不变。

（二）关于金坛区的有关政策

1. 金坛撤市设区后，原县级市事权、经济管理权限、财政管理体制不变，凡因区划调整须由市级行使的行政审批、行政执法等权限，下放至金坛区行使。

2. 金坛区的社会保障、机关事业单位在职和离退休人员的收入水平逐步与主城区接轨，三年内市级财政按不低于50%的幅度给予支持；省级财政对金坛的财力支持保持不变，市级财政按2014年的基数三年内按年50%的增幅给予支持。

3. 加大对金坛基础设施建设的支持力度；支持产业重大项目布局金坛。

（三）关于原戚墅堰区的有关问题

1. 关于原戚墅堰区干部安置。原戚墅堰区党政工作部门成建制转入常州经开区，原在职在编人员由常州经开区相应部门接收；鉴于届期不足两年且所代表区域不变，原戚墅堰区人大、政协与武进区人大、政协合并，其机关在职在编工作人员按照干部管理权限分别由市和武进区负责安排到位。原戚墅堰区机关工作人员的职级待遇不降低。

2. 关于原戚墅堰区法院、检察院、人武部。设立戚墅堰区法院、检察院调整的过渡期，在过渡期内继续履行其原有法定职能，2015年内按照上级要求调整到位。原戚墅堰区人武部的调整由常州军分区按照有关规定办理。

3. 关于社会保障。从2016年1月1日起，原戚墅堰行政区所属的各项职工社会保险的参保单位、参保职工的社会保险关系，成建制转入武进区，企业退休人员原则上不转移社会保险关系；城乡居民养老保险关系及个人账户基金成建制转入武进区；城乡居民在武进区参加接轨后的居民医疗保险。原戚墅堰行政区范围内居民的社会保障水平不变，并继续按市本级统筹区的标准同步调整。

（四）关于常州经济开发区体制机制

1. 授予常州经开区与武进区同等的经济管理权限，对管辖范围内投资项目实行审批、核准、备案及审查上报，负责与投资项目相关的环保、建设、人防、消防等审批。须由区级行使的行政审批、行政执法等权限，由武进区授权常州经开区行使。

2. 常州经开区党工委、管委会的工作机构，为正科级建制，原则上参照原戚墅堰区党政机构设置，逐步推进综合设置工作机构。常州经开区按法律法规和章程的有关规定设置群团机关。

3. 常州经开区管辖范围内的人大、政协、审判、检察、人民武装工作，由武进区统一管理。常州经开区人大、政协等工作机构的设立，由武进区按照相关法律和章程研究决定。

4. 常州经开区设立独立金库，经开区管委会负责组织财政收支，管理预算资金的安排和使用。经开区新增财力地方留成部分全部用于经开区建设发展。经开区内土地出让金扣除应计提的专项资金后全部用于经开区发展。

5. 常州经开区处级干部由常州市任免、管理；常州经开区管理范围内的正科级干部由武进区、经开区共同管理，经开区提名，武进区任免；副科级（含）以下干部由常州经开区负责任免、管理。

6. 为加快常州经开区建设发展，市委、市政府成立常州经济开发区建设发展领导小组，研究制定《关于加快常州经济开发区建设发展的意见》。

（五）其他问题

1. 关于党代表、人大代表、政协委员资格。原金坛市的党代表、人大代表、政协委员，分别变更为金坛区的党代表、人大代表、政协委员；原戚墅堰区的党代表、人大代表、政协委员，分别变更为武进区的党代表、人大代表、政协委员；奔牛镇、郑陆镇、邹区镇的原武进区党代表、人大代表、政协委员分别变更为新北、天宁、钟楼区党代表、人大代表、政协委员。代表、委员的任期至换届时止。

2. 关于机构编制。武进、新北、天宁、钟楼区区级机关和奔牛、郑陆、邹区镇的机构设置、人员编制暂时保持不变，江苏常州经济开发区的机构设置、人员编制暂时与原戚墅堰区一致。区划调整结束后，根据实际需要作适当调整。武进区的村镇规划管理机构与城市规划管理机构要进行合并，以适应城乡规划建设统一管理的需要。

3. 关于统计和收入基数。发改、财政、统计部门要根据区划调整情况，相应调整有关辖区财政收入预期指标、经济发展指标等，于2015年6月底前调整到位。税收征管按照市区税收属地征收管理办法执行。行政区划调整后，进一步完善市、区财政体制。

4. 关于奔牛、郑陆、邹区镇的社会保障。从2016年1月1日起，三个镇所属的各项职工社会保险的参保单位、参保职工的社会保险关系成建制转入新的承接地，企业退休人员原则上不转移社会保险关系；城乡居民养老保险关系及个人账户成建制转入新的承接地；城乡居民在新的承接地参加居民医疗保险。2015年7月1日起，三镇居民最低生活保障关系成建制转入新的承接地，保障标准与承接地一致。

5. 关于中小学幼儿园入学入园问题。常州原市区（不含金坛）2015年仍按区划调整前的相关政策执行，2016年秋季学期起由市教育局会同有关地区和部门研究制定相关政策，向社会公布实施。

五、工作要求

1. 统一思想、提高认识。调整常州部分行政区划，是国务院和省委、省政府促进常州科学发展的一项重大决策，对于加快常州产城融合综合改革步伐，建设“经济强、百姓富、环境美、社会文明程度高”的新常州意义重大。各地各部门要切实统一思想、提高认识，把干部群众的思想和行动统一到国务院和省委、省政府的决策部署上来。党员领导干部要带头讲政治、讲诚信、懂规矩、守纪律，自觉服从和支持行政区划调整工作。

2. 加强领导、精心组织。市委、市政府决定成立市行政区划调整领导小组，并设立办公室和人事、财经、宣传、纪检、维稳、区划等六个工作组（常委〔2015〕92号）。各区要成立党政主要负责同志为组长的区划调整工作领导小组，对区划调整工作实施统一领导。要坚持统筹兼顾、规范操作、严守纪律、确保稳定的原则，严密制定工作方案，准确把握序时进度，细化落实各项措施，妥善解决好调整工作中的有关问题。

3. 规范操作、有序交接。各地要实事求是，规范操作，坚决维护区划调整工作的严肃性，要遵循公正、公平、公开的原则，妥善处理好行政区划调整中涉及的干部人事、资产和债权债务等重大问题，相关交接工作于6月底前调整到位。要妥善处理区划调整与日常工作的关系，通过无缝衔接、同步推进，确保日常工作运转不受影响、社会管理和公共服务不受影响、群众生产生活不受影响。

4. 加强协调、密切配合。市各有关部门要本着履行职责、大力支持、主动服务、密切配合的精神，积极帮助各区做好区划调整工作。六个工作组各成员单位要统筹兼顾日常工作和区划调整工作，抽调精干力量，落实工作责任，确保按时间节点完成工作任务。在区划调整实施过程中遇到的问题，要及时报市区划调整领导小组办公室协调解决。

5. 加强监督、严肃纪律。在行政区划调整过程中，要严肃政治、组织人事、财经、保密等纪律，确保政令畅通、令行禁止，做到人心不散、秩序不乱、工作不断、资产不失。在区划调整到位之前，相关辖区、镇（街道）的人财物一律冻结。各地要严格执行党风廉政建设的各项规定，严禁突击进人、突击提拔干部；严禁转移、挪用、私分款公物；严禁擅自留存、销毁、篡改档案文书。各级纪检监察和审计部门要加强监督检查，对违反纪律的，一律依法依纪严肃处理。

6. 落实责任、确保稳定。各地、各部门要按照“属地负责”和“谁主管、谁负责”的原则，强化维护社会稳定工作责任机制，认真研究制定应急维稳预案，密切关注区划调整期间的社会动态，妥善处理涉及区划调整的信访、上访和可能出现的群体性事件，全力维护社会稳定。如遇突发事件，要及时采取应急措施严格控制、限期解决。新闻宣传部门要加强正面引导，弘扬主旋律，凝聚新共识，放大正能量，努力营造良好的舆论环境，确保区划调整工作平稳有序顺利推进。

中共常州市委

常州市人民政府

2015年5月28日

深化“三位一体”发展战略
落实“中国制造2025”常州行动纲要

常发〔2015〕20号

以互联网、智能制造、生物技术、新材料、新能源为代表的技术创新浪潮引发的新一轮工业革命，与我国制造业努力实现由制造大国向制造强国目标形成历史性交汇。在此大背景下，按照“中国制造2025”的总体部署，进一步加快实施工业经济“三位一体”战略，对于以制造业为支柱的常州经济具有重要的战略意义。为抓住历史发展机遇，打造智能制造名城，实现制造强市目标，特制定本纲要。

一、发展背景和总体要求

新一轮工业革命对我国制造业的传统发展模式产生了巨大冲击。国际金融危机后，发达国家提出“工业4.0”、“再工业化”等战略，力图以高端技术保持制造业领先优势，新兴市场国家也纷纷加速赶超，而我国制造业还处于价值链中低端，正面临资源、能源、环境约束加大和产能过剩、成本上升的双重挤压。

“中国制造2025”是我国实施制造强国战略的第一个十年的行动纲领，其基本思路是以信息化与工业化深度融合为主线，通过重点发展十大制造业领域，改变中国制造业现状，使我国到2025年跻身制造强国行列。

发展智能装备制造、走新型工业化道路是我市既定的发展战略。通过不懈努力，我市已初步形成了较为完整的制造业体系。电力装备、轨道交通装备、太阳能光伏、农机装备和机器人、石墨烯等产业，已成为具有常州区域标志性的优势特色产业。

“三位一体”战略取得显著成效。2014年，全市规模以上工业产值超过1.1万亿元，其中装备制造业占比40%以上。重点发展的“十大产业链”规模以上企业产值占全市规上工业的31.4%。成功引进了东风、北汽、众泰等一批重大产业项目。“双百”重点项目和龙头骨干企业培育进展顺利。“十百千”计划列入培育的创新型领军企业已达23家，科技上市后备企业192家，高新技术企业986家。

虽然常州制造业的转型升级取得了较大成效，但还存在产业结构不优、龙头企业不大、自主创新能力不强、两化融合水平不高等诸多问题，持续发展和转型升级面临严峻挑战。

积极贯彻《中国制造2025》，加大力度、深入实施“三位一体”战略行动纲要，是增创竞争新优势，明确发展新定位，履行历史新使命，凝聚升级新动能，促进稳增长、调结构的有效途径。

（一）指导思想

全面贯彻党的十八大和十八届二中、三中、四中全会精神，坚持走新型工业化道路，持续推进工业经济“三位一体”战略。顺应“互联网+”发展趋势，以加快新一代信息技术与制造业深度融合为主线，以促进制造业创新发展为主题，以推进智能制造为主攻方向，立足市场需求，强化工业基础，推广集成应用，培育适用人才，提升制造水平，促进提质增效升级，推动常州制造业由粗放发展向集约发展转变、注重速度向注重质量转变、产品竞争向品牌竞争转变、生产制造型向产品服务型转变、生产制造向创新创造转变，保持和巩固常州在“中国制造2025”中的应有地位，培育“常州智造”名片，把常州打造成一流的智能制造名城。

（二）基本原则

市场主导，政府引导。发挥市场机制作用汇聚新的动能，优化资源配置，加强规划引导，营造宽松环境。确立企业主体地位，激发企业创新活力，加快培育行业领军企业和高成长性科技企业。

立足当前、着眼长远。准确把握新一轮科技革命和产业变革的主要方向，加强谋划和前瞻部署，在未来竞争中占领制高点。同时，要针对长期制约我市制造业发展的瓶颈和薄弱环节，扎扎实实打基础，加快转型升级和提质增效，切实提高制造业的核心竞争力和可持续发展能力。

整体推进，重点突破。持续聚焦重大项目，凝聚各方共识，整合优质资源，形成整体合力，坚持“有所为、有所不为”，完善产业链条，形成自主发展能力，在重点领域力争实现跨越和赶超，并积极利用全球资源和市场，开展国际产业交流合作。

高端引领，智能支撑。深化信息技术集成应用，提升智能制造水平，加快发展新兴产业，改造提升传统产业，提速发展生产性服务业，推动制造业向中高端迈进。

质效优先，绿色发展。以提高制造业质量效益为中心，专注精益制造，打造工业精品，推行绿色低碳生产方式，全面推进节约集约用地，提高资源能源综合利用效率和产出效益，实现制造业绿色化转型。

创新驱动，人才为本。坚持产学研用相结合，联合攻关，协同创新。优化高端人才创业创新环境，加强高技能人才终身职业培训，夯实人才资源基础。

（三）预期目标

到2020年，制造强市建设取得重要进展。

创新创造能力增强。技术创新处于国内领先地位，拥有一批核心关键技术和知名自主品牌，产品附加值明显提高。规模以上工业企业研发机构覆盖率达到50%。高新技术企业超过1500家，规模以上制造业企业研发经费内部支出占主营业务收入比重达到1.5%，工业企业每百亿元产值发明专利授权量90件。品牌附加值和品牌经济比重不断提高。

两化融合水平提升。新一代信息技术在制造业重点领域应用取得明显进展，两化融合发展水平总指数达到98。企业普遍依托工业互联网开展协同创新、智能制造、融合服务，建成200个智能工厂（车间）。

产业结构持续优化。新兴产业占制造业比重达到40%，传统产业改造提升成效显著，制造业服务化新业态新模式不断涌现，生产性服务业占现代服务业比重达到58%。培育一批国内领先的行业龙头骨干企业（集团），主营业务收入超百亿元工业企业达到20家，超千亿元1家。

质量效益显著提高。制造业增加值率达到24%，全员劳动生产率年均增长7%以上，主要工业品质量标准达到国内领先水平，制造业质量竞争力指数达到90。

绿色循环低碳发展。重点行业单位工业增加值能耗物耗及污染物排放达到国内领先水平，单位工业增加值能耗比2015年降低19%，单位工业增加值用水量降低20%，主要污染物排放降低10%。

到2025年，常州跻身中国智能制造一流名城。基本建成基于创新创造、智能智慧、可持续、包容性的制造新模式。企业自主创新能力显著增强，整体素质大幅提升，劳动生产率明显提高；重点行业单位增加值能耗物耗及污染物排放达到国内领先水平；形成一批具有较强竞争力的企业集团和产业集群。

二、重点领域和主攻方向

围绕十大产业链建设，构建先进制造业体系。立足现有基础，着眼未来发展，聚焦智能装备、新材料等五大重点领域（20个细分行业），集聚创新要素资源，突破关键核心技术，加速科技成果转化，引领制造业向中高端迈进。

（一）智能装备

1. 先进轨道交通装备。抢抓发展机遇，突破发展轨道交通产业链，尽快形成千亿级规模，使之成为常州的支柱产业、优势产业和特色产业。重点突破轨道交通整车制造，实现车体和转向架、节能环保、安全保障、智能化网络技术等关键零部件制造能力的战略突破。大力发展高速动车组、高速重载货运列车，研发中低速磁悬浮新型轨道交通装备，大型施工和养护装备，提升传动系统、门系统、控制系统、售检票系统、检测系统、通信系统等研制水平，实现轨道交通车辆从局部制造向整体开发、集成开发的跨越，促进龙头企业在国内外高速铁路、城际铁路以及城市轨道交通工程的总集成、总承包。

2. 节能与新能源汽车。抢抓汽车产业发展和市场需求变化的新机遇，以整车企业为龙头，做大做强汽车产业链，尽快跃升到千亿级规模，使之成为又一个经济增长极。要掌握具有国际先进水平的汽车低碳化、信息化、智能化核心技术，重点在新能源汽车方面实现突破。提升动力电池、驱动电机、先进变速器、轻量化材料、智能控制、充电设施系统集成等核心技术的工程化能力。重点发展乘用车、客车、轻卡及商务车等整车以及做强公路客车、城市公交客车、自卸车、微型客车等各类专用车。提升发动机、底盘、总成件、动力电池等关键零部件技术水平，形成从关键零部件到整车的完整工业体系和创新体系。

3. 电力装备。紧盯国家特高压建设机遇和“一带一路”战略，提升电力设备核心竞争力，进一步做强智能电网产业链。重点开发智能电网储能设备、新能源并网及控制设备、智能输变电设备、智能配用电设备和智能调度通信系统。加快发展世界一流的特高压交直流节能变压器、断路器、全封闭组合开关等智能输变电成套设备。研制具有世界先进水平的大功率电力电子器件、高强度高等级电气绝缘子及智能电网关键核心设备。发展电压等级高、容量等级大的巨型变压器和非晶合金配电节能型变压器及整流变、牵引变等特种变压器，高压及超高压电线电缆和重量轻、强度高、柔性强、抗疲劳、耐高温、耐腐蚀等性能优、附加值高的特种电线电缆，高压及超高压封闭式组合电器（GIS）和新一代电器开关元件，超高压等级的高密度高弹性绝缘纸板、绝缘漆等新型绝缘材料。

4. 农机装备。紧密结合农业现代化的新要求，壮大提升农机装备产业链。开发大型化、高效化、多样化、多功能、联合复式、控制智能化、操作自动化、驾驶舒适化农业机械。加快开发节能、低排放、大功率、低成本和高可靠性的新一代产品，开发大马力多缸柴油机；重点开发智能化大型拖拉机及联合整地、精密播种、农用挖掘机和大型喷雾（喷粉）机、精密施肥、精准植保等配套机具成套机组，谷物、棉花、油菜、甘蔗等联合收获机械，水稻高速插秧机等种植机械装备；研制发展粮食饲料、烟草加工成套设备、秸秆制板、农作物秸秆沼气综合利用等装备。

5. 高档数控机床和机器人。做大做强龙头企业，健全产业链和创新链，加快形成新的增长点。突破高精密减速器、

制造强市建设指标体系

类 别	指 标	2020年	2025年
创新能力	规模以上制造业企业研发经费内部支出占主营业务收入比重	1.5	1.7
	企业每万名职工中科技人员数（人）	155	160
	工业企业每百亿元产值发明专利授权量（件）	90	120
质量效益	制造业质量竞争力指数	90	92
	制造业增加值率（%）	24	25
	制造业全员劳动生产率年均增速（%）	7	6.5
两化融合	两化融合发展水平总指数	98	105
	数字化研发设计工具普及率（%）	80	90
	关键工序制造设备数控化率（%）	60	80
	产供销财管理集成覆盖率（%）	45	65
结构优化	战略性新兴产业占制造业比重（%）	40	50
	生产性服务业增加值占服务业比重（%）	58	60
	进入世界500强、中国500强的企业数量（家）	5	8
绿色发展	单位工业增加值能耗比2015年降低（%）	19	36
	单位工业增加值二氧化碳排放量比2015年降低（%）	19	35
	单位工业增加值用水量比2015年降低（%）	20	35
	工业主要污染物排放量比2015年降低（%）	10	20

高档伺服系统、高精度液压传动系统、智能数控系统、在线远程诊断等具有国内一流、世界先进水平的关键共性技术，重点发展工业机器人、增材制造装备（3D打印）、高性能数控金属切削与成型机床、多轴联动加工中心、激光机床、柔性制造单元等高档数控机床与基础制造装备，以及精密智能仪器仪表、自动化成套生产线、智能专用装备等智能化装备产品及行星滚珠丝杠、伺服动力刀架等关键部件。积极发展微纳机电系统（MEMS）、微纳制造、巨系统制造和强场制造等国际前瞻性极端制造技术和装备。

6. 工程机械。工程机械产业链要主动因应市场竞争，走差异化、高端化的发展道路。突破液压部件、传动部件、智能控制系统、配套动力系统等薄弱环节，提升自主研制配套能力。重点开发大功率发动机、计算机辅助传感和控制、电气和液压系统故障自动诊断技术、工程机械信息和状态远程管理系统，突破工程机械大型结构件制造技术及工程机械结构参数优化和系统集成技术。发展具有国际领先水平的智能化大型挖掘机、机电液一体化大吨位装载机、挖掘机和旋挖机，盾构机、起重机、装载机、叉车、混凝土机械等施工装备；研制研发高端液压元器件、大马力发动机、精密铸锻件、变速箱等关键部件，和能实现远程定位、监测、诊断、管理等智能功能的设备部件；开发小型多功能工程机械（滑移装载机、侧移式挖掘装载机等），筑养路机械；培育塔式起重机、高空作业平台车、港口机械产业及现代物流装备、重型架桥机架梁机等。

7. 航空航天装备。加快培育通用航空产业链。抓住国家发展大飞机、开放低空空域和通用航空发展的重要契机，依托常州机场及常州航空产业资源优势，以通用航空器研发制造、大飞机部件生产等航空制造业为重点，支持有条件的企业兼并收购国外航空制造业企业，加快建设通用航空工程技术研究中心和先进工业技术工程化平台，吸引民用支线飞机、直升机、无人驾驶飞机、飞艇、航空发动机、机载系统、复合材料、卫星导航、卫星遥感、深空探测、空间科学等领域项目、企业和研发机构入驻，力争实现中小型飞机整机制造技术的新突破。加快建设常州航空产业园建设，着力构建以航空制造业为核心，以航空配套产业为支撑，设计研发、制造、物流等行业为一体的航空产业园，打造集大飞机改装、维修，大飞机配套，通用飞机制造，航空租赁业、通航运营和培训一体化的航空产业发展新模式，建设国内一流的FBO（设在机场为通用航空服务的企业）。

8. 节能环保装备。积极开发推广高效节能技术装备及产品，加快能源监测、节能改造、合同能源管理等节能服务产业发展。发展具有国内领先的节能环保型锅炉、稀土永磁无铁芯电机、低品位余热利用装备、富营养化污染防治、高负荷生物脱氮除磷、高效厌氧—好氧生物处理、高盐度及难降解有毒有机废水处理等技术装备，高可靠性、低消耗、副产品可资源化的烟气脱硫、脱硝、除尘和工业有机气体净化设备，工业固体废物回收利用、重金属及有毒有害废物处置、电子垃圾、生活垃圾处理等成套设备。

9. 纺织机械。研制新一代清梳联合机、精梳机组、细络联合机、高速紧密纺器材和新型纺纱设备；保持经编机种类及技术、高端棉纱设备、专件和器材、染整装备数控在国内领先和世界先进水平。开发研制新一代电子提花圆纬机、多轴向经编机和电脑整经机；开发新一代印染前处理、染色、印花和织物的后处理设备。广泛应用数字化设计及微电子技术，提高机电一体化水平和智能化水平。

10. 基础装备及关键零部件。重点研制柔性加工自动生产线、连铸连轧成套设备集成、风力发电齿轮和齿轮箱以及轴承制造、大口径厚壁无缝钢管制造工艺、大口径有缝不锈钢管焊接、大型铸锻件制造等技术。重点开发智能仪器仪表与控制系统、大型金属成型设备、铸造设备及干燥设备。重点开发高档数控机床用功能部件、基础制造装备用大型铝镁合金压铸模具、重大装备用高速高精传动装置、高精密液压泵、阀及马达、密封件、紧固件及配套动力系统、大型核电设备、核电级关键零部件及高端设备、超超临界火电机组铸锻件。发展海洋工程装备、高技术船舶及其关键系统和专用设备、风力发电齿轮和齿轮箱及轴承、大口径厚壁无缝钢管及冶金冷热轧工作辊、大型支承辊、大规格限动芯棒等关键零部件。

重点突破基础装备、关键零部件与整机的集成应用，提高铸造、锻造、热处理、表面处理等关键工艺水平。

（二）新材料

1. 先进碳材料。以做大龙头企业，掌握核心技术、推进下游应用为重点，加快培育先进碳材料产业链，使之成为常州的高成长性产业和特色产业。重点突破石墨烯、高性能碳纤维等先进碳材料。重点发展透明导电薄膜、导热石墨膜、锂离子电池材料、复合材料、高性能特种石墨、石墨烯载体材料及环保产品等，形成以石墨烯为核心，辐射多个应用领域的材料产业集群，打造全国最强的国家级石墨烯产业创新基地以及全国最大的石墨烯产业特色基地。建成国内高等级碳纤维、碳纤维复合材料重要的产业基地。

2. 新型特种材料。培育发展新型功能材料、新型高分子合成材料、高性能纤维材料、高效分离膜材料、PM2.5过滤材料、超高温复合材料、新型防腐涂料等功能性涂料、面向资源再生的绿色新材料、高温超导材料、新型电子材料以及具有国内先进水平的大尺寸单晶硅和纳米、超导、智能等共性基础材料。发展新型磁性材料及器件、高强轻型合金、高性能金属材料、光伏及电子信息材料、稀土及纳米材料、新型工程材料。推进新型绿色建材、非晶材料等节能环保材料以及医学材料产业化。

（三）新一代信息技术产业

1. 集成电路及专用设备。提高芯片产品的设计开发能力，突破28nm及以下先进制造工艺、高密度先进封装、关键装备和材料，整体达到国内领先水平；加快高效能、低成本智能终端及芯片，下一代互联网设备，网络安全产品，智能家居、车载终端、金融POS机等开发和应用，由加工组装向自主研发转变。

2. 信息通讯设备。重点突破新一代移动通信、光机电一体化、传感网、移动互联网装备等智能终端产业；按照“微型化、片式化、高频化、高功率、高精度、集成化、智能化、多功能”的发展方向，发展新型电力电子元器件、应用芯片、智能传感器、新型显示技术、视听设备、电声器件、电子整机装联设备和关键仪器仪表等电子核心基础产业研发和产业化，力争进入世界先进行列。支持企业开展物联网应用示范工程创建，推动国产云计算产业园建设。突破物联网感知领域核心技术，发展物联网信息安全技术和产品，缩小物联网组网与协同处理和国际先进水平的差距。

3. 操作系统及工业软件。发展服务外包，突破智能设计与仿真、制造物联与服务、工业大数据处理等高端工业软件核心技术，开发自主可控的高端工业平台和重点领域应用软件，建立集成标准与安全测评体系。提升创意设计、动漫游戏等基于新一代信息技术的文化创意产业。加快云计算、大数据技术与物联网、移动互联网的集成创新，推出先进、实用解决方案。突破物联网的集成创新，推出先进、实用解决方案。

4. 半导体新光源。以培育龙头企业、突破核心技术、加快推广应用为重点，加快培育新光源产业链。重点研发半导体外延材料生长和器件技术；功率型、高亮度LED芯片制造技术；功率型LED器件关键技术与工艺；液晶LED背光应用技术；LED照明灯具及集成系统技术。发展衬底材料、散热材料、硅胶材料及芯片、封装等制备和相关检测设备。

（四）新能源

1. 太阳能光伏。主动适应市场竞争，通过技术创新降低发电成本、提高企业效益，延伸壮大太阳能光伏产业链。突破新一代光伏等产业核心技术，巩固提升太阳能光伏高端制造优势。加快新能源产业关键技术突破、核心装备研制、产业体系建设和重大示范应用。大力发展光伏垂直一体化产品、单晶硅电池、多晶硅电池、薄膜太阳能电池、高透光率光伏玻璃、光伏逆变器、超级电容，加快推进分布式和建筑一体化光伏发电应用。

2. 可再生新能源。突破大规模储能、分布式能源系统集成、以及生物质气化、燃烧技术设备等。强化风电、光热设备制造和系统集成开发。积极提高地热、生物质能等技术研发与工程服务产业规模。

（五）生物医药及高性能医疗器械

1. 生物医药。把握医药产业发展的特有规律，以龙头企业为主体，加快培育新医药产业链。发展国内领先的抗肿瘤抗体、抗肿瘤蛋白、基因工程胰岛素、心血管系列药物、消化系统药物、精神系统药物、单抗药物、靶向药物、治疗性疫苗、多肽药物、生物试剂等；加快蛋白药物分离纯化介质技术成果、酶法合成医学产品及中间体技术成果、生物提取药物及中间体产品升级关键技术成果产业化；重点开发自主创制一批具有自主知识产权、疗效好、副作用小、市场前景大的化学药物创新品种；加快现代中药产业化，加强名优中成药的二次开发，培育中药大品种。

2. 高性能医疗器械。发展高性能医学影像设备、临床检验设备、先进医疗设备、医用机器人、脑神经和脑认知设备、可穿戴设备及智能康复辅助设备、骨科内植物、腔道吻合器、血液透析器、人工关节、血液透析器、外诊断试剂和仪器数字化微创或无创的诊疗设备和医用材料等。

三、主要任务和重大工程

建设制造强市，必须凝聚新动能，激发创造力，加快转型升级，走智能化、绿色化、服务化、国际化、品牌化、集群化的发展之路。

（一）主要任务

1. 增强自主创新能力，提升核心竞争能力

着力推进产业向高端化演进、企业向“微笑曲线”两端延伸、产品向高附加值方向发展，重点在关键核心技术攻克、产业链重点环节提升、高端产品开发、知名品牌培育、载体平台建设、过剩产能化解等方面加大推进力度，全面提高产业高端化发展水平。

加强高端装备研究。瞄准常州制造业转型升级重大战略需求和未来产业发展制高点，定期研究和发布引领制造业产业发展的前沿技术、成套技术、适用技术和节材、节能、降耗的专业化工艺技术。

促进创新成果转化应用。引导产学研用加强合作，鼓励企业和社会资本参与，在科研院所和高等院校建立一批从事技术集成、成果熟化和工程化等中试孵化基地。选择一批能引领产业高端发展、市场前景好的核心关键技术成果，依托龙头骨干企业实施一批创新成果产业化项目，加快创新成果向现实生产力转化。推进实施军民融合工程，支持军民技术相互有效利用，引导先进军工技术向民用领域渗透，鼓励先进成熟民用技术和产品在国防科技工业领域的应用。

完善技术创新体系。完善以企业为主体、市场为导向、产学研用相结合的技术创新体系。引导企业增强自主创新能力，支持和鼓励企业建设高水平的企业技术中心、工程（技术）研究中心、重点实验室、博士后工作站、院士工作站等研发机构。推进共性关键技术研究为主要使命、网络化运行的制造业创新中心和区域性公共技术服务平台建设。

2. 推进两化深度融合，引领产业转型升级

着力提升全社会信息化和工业化融合发展水平，促进信息技术广泛深入应用，构建现代信息技术产业体系，引领产业转型升级，增强竞争力。

深化企业智能应用，建设一批智能工厂（车间）。深化自主可控信息技术在制造类企业中的集成应用，促进先进制造工艺的仿真优化、数字控制、状态信息实时监测和自适应控制。提高企业在工艺流程改造、在线检测、质量性能提升、营销服务等领域的系统化整合能力，实现智能管控和全流程监控，构建智能化、网络化的生产系统。培育智慧型企业总部，打造一批智能制造龙头骨干企业和国际化信息技术企业，支持企业参与支撑智慧城市建设的智能基础设施、智能产品、智能技术和智能设备等。研究制定智能工厂（车间）建设标准和认定办法，建设一批智能工厂（车间）。

完善智造支撑体系，实施信息创新服务。完善“网+云+端”（工业宽带、工业云、工业智能终端）的工业信息基础设施，建设低时延、高可靠、广覆盖的工业互联网。组织开展大中型企业宽带“企企通”工程、工业企业和生产性服务企业高带宽专线服务，优化“工业云”、“企业云”、中小企业“e企云”等公共服务平台，实现工业信息基础设施网络与服务“进企业、入车间、联设备、拓市场”。实施工业云创新服务试点，推进软件服务、制造资源、标准知识的开放共享，培育社会化、共享式制造模式。加强两化融合、智能制造、物联网等综合化标准体系建设，培育发展一批智能制造系统解决方案提供商。

推动两化融合创新，创建制造创新模式。实施工业互联网融合创新工程，推动下一代互联网（IPv6）与移动互联网、物联网、云计算融合联动发展。鼓励企业发展基于互联网的个性化定制、众包设计、云计算等新型制造模式，推动形成基于消费需求动态感知的研发、制造和产业组织方式。建立工业大数据开放平台，鼓励企业运用大数据开展个性化制造和精准营销。推动互联网制造模式创新，建立优势互补、开放共赢的融合创新生态体系。

3. 持续推进技术改造，强化工业基础能力

着力引导企业开展大规模技术改造，提升技术装备水平，优化产业结构，全面提升工业经济发展的质量和效益。

加大技改有效投入，提高工艺装备水平。突出重点行业、瞄准关键环节进行技术改造，引导企业运应用两化融合、新技术、新工艺、新装备，新材料对现有设施、工艺条件及生产服务等进行改造提升，增强内涵式发展动力。加快产品升级换代进程，推动制造业向产业链和价值链高端攀升。充分发挥政府投资对社会投资的引导作用，重点支持企业加大有效投入，推进工艺改进，加快技术装备的升级改造。

强化工业基础能力，推动产业合作战略。实施工业强基行动，突出重点领域，推进一批工业强基示范工程建设，通过突破核心关键技术，提升关键基础材料、核心基础零部件（元器件）、先进基础工艺、产业技术基础发展水平，促进重点行业、关键领域产业链整体发展，强化产业制造基础。推动基础材料企业、零部件企业与整机企业的战略合作。推进工业基础领域信息技术集成应用，加快技术创新成果转化，提升技术工艺装备水平和产品性能质量，提高工业基础产业发展的效率与效益。

实施技术改造提升，提高投资质量效益。瞄准市场需求，跟踪前沿技术，大力开拓技术改造项目源，储备一批技术水平高、市场前景好、产业带动强、投资力度大的优质技改项目。实施技术改造提升行动，引导企业着力提升投资质量和效益，充分发挥技术改造在创新引领转型升级的重要作用。加强项目建设管理和后评价，切实发挥重大项目支撑带动作用，积极培育一批重大技术改造新增长点。

4. 加强质量品牌建设，培育“常州智造”名片

完善质量技术标准体系。加快建设和实施与国际先进水平接轨、适合智能制造发展要求的标准体系，大力推进质量认证、产品鉴定、检验检测等认证认可体系建设。鼓励企业突破核心技术、采用国际标准或国外先进标准组织生产、主导和参与国际标准、国家标准、行业标准的制订修订，提升系统集成能力。

加快提升工业产品质量。深入推进工业质量品牌创新行动，实施重点领域重大装备技术和产品质量攻关工程，集中优势资源破解制约制造业发展的关键技术质量问题。推动企业建立和完善一批质量控制与技术评价公共服务平台，加快先进质量保证技术和智能装备应用，着力促进重大装备、关键原材料和基础元器件等产品的质量由符合性向适用性、稳定性和高可靠性转型。

加强产品质量监督管理。推广先进质量管理技术和方

法，推动企业建立全员、全方位、全过程的质量管理体系。加强质量诚信体系建设，健全质量信用信息收集和发布制度，建立质量黑名单制度。

推动名品名牌创建。鼓励打造拳头产品，重塑传统特色品牌，做强现有知名品牌，培育自主创新品牌，全面提升我市智能制造的知名度和影响力。加大自主知识产权产品保护力度，建设有利于品牌发展的长效机制和良好环境。

5. 推行绿色生产制造，实现低碳循环发展

着力提高资源能源利用效率，加快构建资源节约、环境友好的工业体系，实现工业经济绿色循环低碳发展。

提升工业能效水平，开展全面能效对标。加大节能技术改造，组织实施节能改造。推进能源智慧化管理体系，建设重点耗能企业能耗在线监测平台，升级改造企业能源管理中心，实施能源动态监测、能效对标、控制和优化管理。强化能效标识和节能产品认证制度实施力度，引导消费者购买高效节能产品。制定基于市场的节能政策，建立节能量交易制度，运用市场机制提高资源配置和利用效率。

加强工业污染防治，实施清洁改造方案。加快绿色产品设计、绿色工艺与装备、废旧产品回收资源化与再制造等关键共性清洁生产技术研发，组织开展产业化应用示范和成熟先进技术的推广示范。大力发展环保技术装备，鼓励企业加快源头减量、减毒、减排以及过程控制等绿色智能装备的改造升级和大气污染物治理装备技术发展，满足环境保护对技术装备的需求。在钢铁、建材、化工等重点行业，应用清洁生产技术，推进提标改造方案。加快建立生态补偿、排污权交易、碳排放交易等机制。

推进循环经济发展，打造绿色工业园区。大力推进工业废物和生活垃圾资源化利用，打造“城市矿产”示范基地。以汽车零部件、内燃机、办公信息设备再制造为主体，培育具有较大规模的再制造企业。在消费品、装备制造产业推广易拆解、易分类的产品设计方案。打造绿色工业园区，在工业园区推广产业布局耦合循环链接，达到近“零”排放。

强化节能环保监管，加大违规处罚力度。严格高耗能、高排放行业准入门槛，制定严于国家的主要产品能耗限额标准。严格实施项目能评和环评制度，认真落实高耗能行业新增产能实行能耗等量或减量置换约束性条件。加强节能环保监察执法，对超标准、违规使用落后用能设备企业执行惩罚性电价和差别电价，依法加大违规排放企业处罚力度。

6. 推进产业结构调整，优化制造业布局

加快产业结构调整。鼓励企业引进高层次创新团队、高端制造和研究开发项目，依托自身核心技术、自主研发能力和营销网络，大力发展研发设计、品牌营销等高附加值环节。积极推动加工贸易型、劳动密集型、竞争优势不明显的产业进行梯度转移，为发展高端产业腾出空间。

促进大中小企业协调发展。鼓励优势企业兼并重组、做强做大。激发中小企业创新创业活力，发展一批主营业务突出、竞争力强、成长性高、专注于细分市场的“专精特新”企业和“小巨人”企业。引导大企业与中小企业通过专业分工、服务外包、订单生产等多种方式，建立协同创新、合作共赢的协作关系。

优化制造业发展布局。引导企业突破核心关键技术，加快创新成果产业化，重点发展拥有自主知识产权、智能化高端成套装备和关键零部件的高新技术产业，大力发展研发、设计、品牌、营销、结算等高附加值环节；做强做大传统优势产业和特色产业，打造区域创新品牌。

打造现代产业集群。发挥我市现有专业园区、科技园区、集聚区作用，突出“特色化、集聚化、高端化、创新化”，打造高端智能装备、软件和新一代信息技术、新能源新材料及应用、绿色低碳节能环保、品牌纺织服装、医药健康、现代物流、科技服务、商务服务等国际化优势产业集群。

7. 推动业态模式创新，发展生产性服务业

着力推动先进制造业与生产性服务业融合互动发展，构建多领域、全方位、深层次、网络化的生产性服务业产业体系，为提升制造业效益水平和促进制造业高端发展强化服务支撑。

培育发展生产服务新业态。加快发展网络平台经济，积极打造大宗商品网络交易平台、大数据应用服务、智慧物流、互联网金融、移动互联网线上线下服务、网络化协同研发与分享、网络化工业设计、网络化知识产权交易和中介等各类专业化网络平台。

推动制造业服务化转型。引导企业加大产品整合力度，从产品供应商向整体解决方案提供商转变，为客户提供总集成总承包服务和专业化集成方案。支持企业立足品牌和核心技术优势，外包产品加工环节，专注于产品设计、运营维护、零售分销、品牌管理等高附加值业务，基于互联网开展服务业态和商业模式创新，提供线上线下智能化垂直化服务。

强化服务功能区和公共服务平台建设。推进全市工业设计融合发展载体建设，着力打造工业设计合作服务平台。建设一批具有智能化管理调度中心、智能化物流配送中心、智能化物流口岸、智能化监控与感知引导平台等物流载体的智慧物流示范基地。围绕重点产业、产业集聚区，打造一批中小企业公共服务示范平台。

8. 提高国际化发展水平，促进国际资源整合

抢抓“一带一路”和长江经济带建设战略机遇，面向两种资源两个市场，引进来与走出去并举，不断拓展新的开放领域和空间，提升国际合作的水平和层次，重点通过提升企业战略思维能力，培育国际化人才队伍；推进实施兼并重组，促进企业做优做强，引导企业提高国际化竞争力。

方向明确，精准招商。围绕产业发展方向，开展对掌握核心技术、带动力强的世界跨国公司、大型央企和实力强的民营企业进行精准招商，大力引进来我市发展。

提高利用外资水平。加大力度吸引跨国公司在我市设立地区总部和研发中心、营销中心、采购中心、物流中心等功能性机构，促进引资与引智相结合。鼓励外资通过合资、参股、并购等方式参与企业改造和兼并重组，支持符合条件的企业境外上市。推进外商投资便利化，学习借鉴国家自贸区改革理念，积极探索对外商投资实行准入前国民待遇加负面清单管理模式，打造与国际接轨的营商环境。

培育跨国企业集团。支持有条件的大企业（集团）加快进入国际市场步伐，通过海外并购重组提升企业技术、研发、品牌的国际化水平，积极向国际产业链和价值链的高端攀升。鼓励企业在海外并购具有世界先进水平的科研机构或在人才和信息资源密集地区设立企业自我主导的研发机构，在更大范围、更广领域和更高层次整合资源参与合作竞争。

深化产业国际合作。鼓励企业积极参与周边国家互联互通基础设施建设，推动工程机械、输变电、轨道交通、光伏等重大装备率先"走出去"，建设境外生产加工基地和产业集聚区。支持有实力的企业参与境外资源能源项目合作开发，提高重要原材料和能源供给保障水平。

推动加工贸易转型升级。开展加工贸易转型升级试点示范，引导加工贸易向设计、研发、服务等产业链高附加值环节延伸，支持加工贸易产品内销电子商务平台建设，拓展企业发展空间。

（二）重大工程

1. 智能制造工程

加快智能制造装备的研发应用，推进互联网技术和制造业技术的结合，提升智能制造创新能力。突破控制系统、伺服控制技术、自动识别等智能制造关键部件。在数控机床、工业机器人、智能制造装备、航空航天装备等高端装备领域，研制并示范应用一批高端智能化装备，促进示范应用单位与研制单位的技术合作，提升自主创新重大装备的质量可靠性。大力发展关键设计工具软件、数字化设计和仿真分析软件，行业应用软件等，培育发展智能制造整体解决方案中介服务机构。推进重点行业重点企业智能化改造，组织创建示范智能工厂（车间）。到2020年，60%以上大中型企业实施数字化制造，80%以上大中型企业通过互联网开展研发、生产、经营管理等活动；到2025年，企业机械加工数控化率、高档数控装备应用率明显提高，工业机器人、增材制造装备等智能装置自主化配套率达到80%以上；研制并应用150个省首台（套）重大装备，填补国内空白装备比例达到50%；培育5个高端装备制造特色和示范产业基地；基本建成完整的智能制造体系，智能制造广泛推广应用。

2. 工业强基工程

围绕重大装备、重点领域整机的配套需求，发展一批高性能基础零部件。根据我市产业发展特点，每年排出一批重大装备、整机所需高性能基础零部件及关键基础材料名单，明确发展方向，并对高性能基础零部件及关键基础材料有突破的企业予以重点支持。以提高产品质量和生产效率、促进绿色发展为主攻方向，重点发展有利于提高产品可靠性、性能一致性和稳定性的先进制造工艺。围绕研发设计、检验检测、标准制修订、成果转化、知识产权服务等共性需求，建设和完善一批专业水平高、支撑作用强、布局合理的骨干技术基础服务平台。到2020年，50%的关键基础材料、核心基础零部件实现自主保障；到2025年，70%的关键基础材料、核心基础零部件实现自主保障。

3. 绿色制造工程

组织实施企业能效提升、清洁生产、源头减量、废弃物资源化等技术改造，支持企业建立能源管理中心，建设一批绿色示范工厂、绿色数据中心；推动制造业可再生能源利用，提高清洁能源利用比例；以内燃机、工程机械及办公设备等为重点，实施再制造产业化项目，形成1—2家技术先进、规模较大的产品再制造企业；完善工业资源循环利用体系，建设一批工业固体废弃物综合利用基地。到2020年，实现钢铁、石化、化工、水泥等高载能行业能源消费强度下降约5%，烟粉尘、SO2等主要污染物排放比2015年下降10%；到2025年，力争实现主要工业主要污染物排放比2015年下降20%。

4. 创新载体建设工程

以企业为主导，依托常州科教城，整合科研院所、重点客户等资源，采取政府支持、股权合作、成果分享的市场运作机制、新模式，建设跨地区、跨领域、面向行业的制造业创新中心，形成以应用基础研究、成果转化为主要使命，为全行业提供关键技术服务的战略支撑平台。到2020年建成1—2家省级制造业创新中心。到2025年省级制造业创新中心达到2—3家，积极创建国家级创新中心。

5. 质量品牌建设工程

实施工业产品质量可靠性和服务提升计划，开展重点领域产品质量攻关，打造一批卓越绩效孵化基地等质量创新转化基地。实施名牌发展战略，推进品牌经营和市场多元化，加强产业集群区域品牌建设，定期发布自主品牌50强。到2020年，国家监督抽查合格率比2015年提高1个百分点以上，省级监督抽查合格率稳定在96%以上，主要工业产品采标率达到96%以上，形成一批在国内外具有较强竞争优势的名牌产品。到2025年，国家监督抽查合格率比2015年提高2个百分点以上，省级监督抽查合格率稳定在97%以上，主要工业产品采标率达到97%以上；骨干企业和领先企业的质量全面达到国际先进水平，培育一批具有国际影响力的大企业集团和知名品牌。同时，对外投资效率和质量进一步提升，力争对外投资中方协议投资额年均增长10%，培育4—5家以上有一定竞争力的本土跨国公司。

6. 生产性服务业提升工程

扎实推进生产性服务业发展，突出平台建设，建创业平台、技术平台、融资平台；培育产业重点，大力发展现代物流业、信息服务业、科技服务业、商务服务业、金融服务业；促进产业集聚，加快生产性服务业集聚区建设，强化规划设计，形成竞争机制，切实加快推进生产性服务业发展。到2020年，生产性服务业占服务业比重达58%，培育50家综合实力强、行业影响大的制造业服务化示范企业。

四、保障措施和推进机制

（一）深化体制机制改革

转变政府职能，减少审批事项，减少对企业生产经营和投资活动的干预；放宽市场准入，实施负面清单管理，消除民间资本依法进入相关战略重点领域的各种隐性壁垒。强化知识产权运用和保护，严厉惩处垄断行为、不正当竞争行为和侵权行为。推进社会信用体系建设，引导企业积极履行社会责任，严格规范市场秩序，形成公平有序的竞争环境。要在简政放权、行政审批、机构改革、市场规则、科技体制、对外开放、要素市场建设、金融改革创新等各领域、各环节，推出有针对性的改革举措和差别化的促进政策，在企业技改、做强做大、市场开拓、服务平台等方面给予支持，加强对企业的跟踪服务，及时协调解决困难和矛盾。

（二）优化产业发展环境

进一步振奋精神、专注发展，继续坚定不移实施好制造强市的总体战略，明确发展定位，科学合理规划，突出产业发展，突出环境营造，以优质的公共服务和产品为企业发展创造良好环境。加大对创新创业创优的引导力度，每年组织评选表彰“工业百强企业”和“行业龙头企业”，对优秀企业和典型案例进行宣传报道，形成全社会激励创新、做强做大、争作贡献的良好氛围。坚持政府引导、市场运作的原则，积极探索推行股权投资基金、融资租赁等多元化投入模式，促进项目建设和企业发展。每年选排一批技术先进、带动性强的企业和项目向金融机构进行集中推介。开拓多元化融资渠道，支持符合条件的企业和项目在国内外资本市场直接融资。强化用地保障，对列入省重点技改工程的项目，符合“点供”条件的，优先安排用地指标。鼓励各先进制造业园区合理配置土地，优先保障智能制造重大项目。充分发挥全市相关行业协会和产业联盟作用，完善产业上下游的联络机制，加强主机和零部件企业的需求配套对接；加强整机厂商、集成企业、用户企业的信息交流和产品改进。依托科教城等资源优势，建立智能制造基础研究、仿真设计、试验检测、人才培训中心，夯实产业技术创新与可持续发展的基础。

（三）加大政策扶持力度

贯彻落实国家支持转型升级的各项税收优惠政策。以财政专项资金为引导，吸纳国有和社会资本，建立30亿元市级工业和信息产业投资基金，重点支持智能制造、“四基”发展、高端装备、“首台套”、“机器换人”等制造业转型升级的关键领域。引导信贷资金投向，优化信贷资金配置。支持符合条件的企业通过股权市场和债券市场进行融资。鼓励金融机构创新开展知识产权质押、仓单质押、信用保险保单质押、股权质押等多种方式融资措施，建立制造业领域技术创新、智能制造和智能服务企业信贷风险补偿机制。推进融资超市、统贷平台建设，拓宽融资渠道，缓解中小微企业融资难、融资贵问题，鼓励开展大众创业、万众创新。

（四）加强人才队伍建设

着眼于智能制造强名城建设需要，以国际化的视野建立完善引人、用人和育人机制，落实人才配套的各项政策，集聚、培养、吸引一批掌握世界尖端技术的高端人才和创新团队。实施企业家素质提升计划、职业经理人培养计划，推进企业经营管理人才职业化、市场化、专业化和国际化，打造一支优秀高级管理人才队伍。推进专业技术职称和职业资格制度改革，完善以企业为主体、职业院校为基础，学校教育与企业培养相联系、政府推动与社会支持相结合的高技能人才终身培养培训体系，培养一批技术应用娴熟、技能工艺精湛、实践经验丰富的高技能人才。

（五）健全组织实施机制。

成立市制造强市建设领导小组，由市长担任组长，领导小组主要职责是：统筹协调制造强市建设全局性工作，审议重大规划、重大政策、重大工程专项、重大问题和重要工作安排，加强战略谋划，指导部门、辖市区工作。领导小组办公室设在市经济和信息化委，承担领导小组日常工作，建立完善相关统计制度、绩效评估、动态调整和监督考核机制，定期开展阶段性检查与效果评估，根据实施进展，适时对目标任务进行必要调整。重点做好以下工作。

中航锂电（洛阳）有限公司锂离子动力电池项目签约　（金坛区地方志办　供稿）

一是建立统计制度。建立制造强市统计指标体系、监测体系和评价制度，合理界定统计范围，科学统计相关数据，确保真实反映相关产业发展状况。积极做好制造强市重点发展领域的分析研究工作，加强前瞻性研究，引导产业健康发展。把制造强市发展纳入全市科学发展考核评价体系，完善考评机制，加强对各地、各部门的考核评价。

二是制定行动计划。根据纲要预期目标、制造强市建设指标、重点领域和主攻方向、主要任务和重大工程制定三年行动计划和每年考核指标，并纳入市年度目标任务书评估考核体系。各地要将制造强市建设工作纳入政府工作重点，结合实际制定具体实施方案，进一步细化分解目标任务，确保落实到位。

三是加强督查考核。市政府定期组织对各地、各部门落实行动计划的情况开展专项督查，并依据完成实绩对相关区域和部门进行奖惩。

全市各相关部门要顾全大局、通力合作，按照各自分工，加强协调配合，抓紧出台配套政策措施，积极做好制造业重点发展领域的分析研究工作，加强前瞻性研究，定期发布重点领域技术创新路线图，针对重点领域和重大工作任务制定专项规划、行动计划和指导意见，组织实施重大工程。

附件：重点任务部门分工（略）

中共常州市委

常州市人民政府

2015年7月7日

关于推进产城融合综合改革的实施意见

常发〔2015〕23号

为落实好省委、省政府关于在常州开展产城融合综合改革试点的决策部署，扎实推进我市产城融合发展，提出以下实施意见。

一、把握产城融合综合改革总体要求

（一）统一思想认识。当前我市正处于建设更高水平全面小康社会并向率先基本实现现代化积极迈进的关键时期，开展产城融合综合改革试点，有利于创新经济社会转型升级新路径，在更高层次上提升经济社会发展质量；有利于全面推进新型城镇化和城乡发展一体化，促进城乡协调发展和共同繁荣；有利于优化生产生活生态空间，形成可持续发展的良好空间格局；有利于推进人的全面发展，充分满足各类人群的发展需求。全市上下必须以此为契机，主动适应新常态，积极展现新作为，进一步解放思想、努力探索、创新实践，努力走出一条“以产兴城、以城促产、宜居宜业、融合发展”的转型升级新路，加快建设经济强、百姓富、环境美、社会文明程度高的新常州。

（二）把握指导思想。以党的十八大和十八届三中、四中全会精神为指导，以习近平总书记系列重要讲话精神和对江苏工作的最新要求为重要遵循，主动适应经济发展新常态，以人的全面发展为核心、改革创新为动力、产城深度融合为导向，加快推进产业升级，全面完善城镇功能，努力提升环境质量，以产业转型升级促进人口集聚和城镇发展，以城镇功能提升满足生产需求和生活需求，建设空间结构协调、产业活力强劲、城市品质高端、服务功能完备、市民安居乐业、具有时代特征和国内领先水平的产城融合发展示范区，为全省乃至全国探索路径模式，发挥示范作用。

（三）遵循基本原则。坚持以人为本，把实现人的全面发展作为首要目标，充分满足各类人群的就业创业需求、公共服务需求、富裕文明需求，提升人的满意度和幸福感，加速人的现代化。坚持统筹发展，注重经济发展和社会发展协调，产业转型升级与城镇功能建设互动，城市现代化与城乡一体化并进，优化空间布局和提升发展质量有机结合，增创发展新优势，推动发展方式实现根本性转变。坚持改革创新，把全面深化改革作为根本动力，积极先行先试，创新体制机制，努力在重点领域和关键环节改革上取得突破，为加快产城融合提供有力保障。坚持市场导向，强化市场在资源配置中的决定性作用，促进商品和要素自由流动，更好发挥政府引导作用，进一步优化制度环境、强化公共服务职能，着力构建公平公正的发展环境。坚持典型引路，根据区域和城乡发展不同特征，合理配置生产生活生态空间，在城市中心区、开发区、重点城镇和农村等层面培育一批典型，以点带面加快产城融合发展、特色发展步伐。

（四）明确主要目标。立足为全国、全省产城融合发展提供示范，在产城空间配置、产城协调发展、产城融合形态等方面加强探索实践，充分发挥我市特色优势，到2020年基本建成具有时代特征、全国领先的产城融合示范区。

——空间结构协调。科学划定功能分区，进一步优化城镇总体布局，明确开发导向，规范开发秩序，提高开发效率，建设空间、农业空间、生态空间格局更为良好，建设空间占国土面积比例控制在合理范围内，形成以限制开发区域和禁止开发区域为主体的农业空间和生态空间，生态保护红线区域占全市国土面积不低于20%，构建高效、集约、均衡、永续的开发模式。

——产业活力强劲。加快推进产业集聚化、智能化、高端化、特色化、服务化发展，基本形成就业吸纳能力强、附加值水平高、具有较高资源配置能力和较强国际竞争力的现代产业体系，打造“常州智造”、“常州服务”。人均地区生产总值达到18万元；服务业增加值占地区生产总值比重确保达到55%以上，力争达到60%左右；高新技术产业产值占规模以上工业比重达到50%。

——城市品质高端。城镇化发展水平和质量显著提升，基础设施体系更加健全，生态环境更加优美，历史文化与现代文化互融，社会文明程度较高。空气质量达到二级标准的天数比例、地表水好于Ⅲ类水质的比例力争达到80%，林木覆盖率达到25%以上，居民公共交通分担率达到30%，人均拥有公共文化体育设施面积达到3平方米，城镇化率达到75%，信息化发展水平达到90以上，单位GDP占用建设用地规模显著下降。

——服务功能完备。加速完善城镇公共服务功能，城乡社区综合服务设施覆盖率达到100%，高水平社会保障体系初步建立，城乡基本养老保险、基本医疗保险覆盖率达到98%以上，城镇住房保障体系健全率达到99%以上，城乡基本公共服务均等化总体实现，服务型政府效能进一步提升。

——市民安居乐业。人口向城市及重点城镇集聚，城镇人口达到430万左右，创新创业氛围浓厚，创业环境满意综合指数80%以上，城乡居民收入分别达到7.5万元、4万元左右，和谐社区建设达标率100%，城乡居民生活更有尊严、更加幸福。

二、建设布局合理的空间体系

（五）构建“一纵三横”总体布局。一纵，即南北发展带，贯穿市域主要发展区域，向北跨江联动苏中、苏北，向南辐射浙北、皖南。三横，即沿江、沿湖、沿宁杭高铁发展轴，其中沿江发展主要联系苏南沿江和跨江联动苏中苏北地区；沿湖发展主要连通太湖、西太湖和长荡湖沿线区域，促进常金一体化发展；沿宁杭高铁发展主要依托宁杭重要通道推进南部城镇产业集聚发展。（责任单位：市发改委、市规划局、市国土资源局、各辖市区）

（六）优化建设、生态、农业空间结构。推进建设空间重点向城市中心区及周边的产业和城镇集聚区、金坛和溧阳城区及沿“一纵三横”布局的重点城镇倾斜。生态空间以“一江（长江）两山（茅山山地、宜溧山地）三湖（长荡湖、西太湖、太湖）”和重要河道、大中型水库为核心。农业空间以基本农田保护区为基础，重点发展沿江农业片、太湖湾丘陵农业片、內湖农业片、茅东平原农业片、西南丘陵农业片。（责任单位：市发改委、市国土资源局、市规划局、市环保局、市农委、各辖市区）

（七）重点推进“一中心四片区”产城融合。围绕“一纵三横”总体布局，重点推进城市中心区、常金统筹核心片区、西南门户片区、东部片区、沿江片区“一中心四片区”产城融合发展。城市中心区，提升城市高端品质，加强历史文化保护，增强综合服务功能，整体打造市级商务商贸中心。常金统筹核心片区，主要包括金坛城区、西太湖组团、武南组团，作为全市高新技术产业、先进制造业、科教研发、休闲旅游、创意文化等发展重点区和城市拓展、功能提升重点区。西南门户片区，将溧阳打造成江苏西南门户城市和宁杭发展带副中心城市，成为先进制造业、现代服务业和人口的重要集聚区。东部片区，以常州经开区为主体打造新增长极，是全市先进制造业提升和城市功能拓展的重要区域。沿江片区，主要包括新龙生态区、滨江经济开发区、空港经济区，加快发展高端装备业，积极提升现代物流业，完善城镇服务功能体系。（责任单位：市发改委、市规划局、各辖市区）

三、建设富有活力的现代产业体系

（八）深入推进创新驱动。加强苏南国家自主创新示范区建设，按照建设“创新驱动发展引领区、深化科技体制改革试验区、区域创新一体化先行区”的定位，加快创新园区建设步伐，推进常州科教城协同创新基地、西太湖科技产业园、华罗庚科技产业园、江苏中关村科技产业园等重点科技研发创新基地和智能装备产业技术创新中心等重大创新平台建设，更高层次开放集聚创新资源，提升产学研合作示范基地建设水平，完善创新创业服务体系，全面增强企业自主创新能力，形成以常州、武进国家高新区和常州科教城为核心的一体化创新格局。（责任单位：市科技局、市科教城管委会、各辖市区）

（九）全力提升先进制造业。坚持“两化融合”，以智能制造为重点，战略性新兴产业、传统优势产业和创新型企业“三位一体”加快推进工业经济转型升级，以轨道交通、汽车及零部件、农机和工程机械、太阳能光伏、碳材料、新医药、新光源、通用航空、智能电网、智能数控和机器人等十大产业链为突破，建设战略性新兴产业引领发展区和具有显著影响力的产业高地，在智能装备、碳材料等领域争取国家战略性新兴产业区域集聚发展试点，积极打造“常州智造”。加快传统产业转型升级，提升智能制造、绿色制造水平，加速向产业链中高端迈进。（责任单位：市发改委、市经信委、市科技局、市商务局、各辖市区）

（十）大力发展现代服务业。推动现代服务业高端化、专业化、国际化发展，围绕“突破发展生产性服务业，提升发展消费性服务业，培育发展民生性服务业”，重点推进金融服务、现代物流、科技服务、软件和信息服务、商务服务、旅游休闲、文化创意、电子商务、健康服务、养老服务等发展，实施服务业优势企业培育、服务业集聚区转型升级等工程，积极推动钟楼区、武进区、天宁区创建国家服务业发展示范区、国家医疗旅游先行区、国家养老服务业示范区，争取常州综保区国家跨境电子商务试点，建设区域科技创新中心、文化创意基地、生态休闲旅游目的地，努力打造“常州服务”。（责任单位：市发改委、市金融办、市科技局、市经信委、市商务局、市旅游局、市委宣传部、市卫计委、市民政局、各辖市区）

（十一）加快发展现代农业。扎实推进农业现代化建设，加快转变农业发展方式，充分发挥农业生产、生态、生活功能，持续推进高标准农田建设，着力打造一批符合现代农业发展方向、示范效应显著的产业园区，培育发展一批集农产品生产、加工、贸易、物流于一体的现代农业企业，加快建设国家现代农业示范区。（责任单位：市农委、市委农工办、溧阳市、金坛区、武进区、新北区）

（十二）积极推动大众创业。努力营造良好的创新创业生态环境，培育形成开放、高效、富有活力的创新创业生态系统，加快创新创业人才队伍、服务载体、服务资源建设，加快建设众创空间，培育一批掌握前沿技术和全新商业模式的创新创业企业，成为要素集聚、主体多元、服务专业、市场活跃、资源开放的大众创业高地。（责任单位：市科技局、市发改委、市经信委、市财政局、市工商局、国税局、地税局、市教育局、团市委、市人社局、各辖市区）

（十三）优化产业发展布局。立足促进特色化、集聚化发展，研究制定全市产业布局规划，着力推进产业在市域内合理布局。推动制造业特色化发展，围绕战略性新兴产业十大产业链，打造若干重大产业基地、特色示范园区。推动服务业集聚发展，重点建设30家市级现代服务业集聚区。推动农业适度规模经营，重点实施“1185”农业布局。（责任单位：市发改委、市经信委、市科技局、市农委）

（十四）提升产业发展载体。全面提升各类开发区综合功能，创新运行体制机制，提高承载国内外产业资本能力。推进江苏常州经济开发区、金坛经济开发区、溧阳经济开发区等有一定基础的省级开发区升格为国家级开发区，西太湖科技产业园、华罗庚科技产业园升级为省级高新区，空港产业园、金坛西城工业园创建省级开发区。推进中以、中德等国际创新合作园区建设。加强常州、武进综合保税区建设，充分发挥服务功能。积极推进城区老工业区改造升级。（责任单位：市商务局、市发改委、市科技局、市科教城管委会、海关、各辖市区）

四、建设强支撑力的基础设施体系

（十五）完善综合交通运输体系。以轨道交通、公路网、航道、机场等为重点提升交通基础设施，加快推进沿江城际铁路、连淮扬镇铁路南延、盐泰常宜铁路（常泰段）规划和建设，积极推进城市快速轨道交通1号、2号线等工程建设，开展常金快速轨道交通前期工作；完善公路网络，推进常宜、溧广、溧芜、苏锡常南部通道、常溧高速及北延段等高速公路建设，加快常泰过江通道规划和建设；进一步优化中心城市道路网络，提升中心城市至辖市、辖市至乡镇道路畅通水平；加快推进航道建设，实施推动德胜河、苏南运河“四改三”等重要航道航段工程，加快内河与长江间航道建设；推进新北、溧阳、武进、金坛等通用机场建设。以常州机场、常州港为重点提升综合运输服务能力，扩大常州机场开放，积极增加国内外客货运航线航班，完善常州港规划布局，加快推进德胜港区规划和建设，提升常州港水铁公联运水平，大力发展空港物流、航运物流。完善公共交通服务，建设衔接顺畅、运营高效的公交运营网络，优化中心城市大型综合客运枢纽和城乡三级换乘体系，推进常金公交一体化，提升城乡客运便捷化、舒适化水平。加快完善城市配送体系，提升城市配送服务保障能力和运营效率。优化充电桩规划布局及建设，有效推进新能源汽车应用。（责任单位：市交通运输局、市城乡建设局、市轨道办、市发改委、市规划局）

（十六）提升信息基础设施水平。加强下一代信息基础设施，全面推进“宽带常州”、“无线城市”工程，推动多网融合，建设农村综合信息服务平台、城乡社区综合信息平台等公共服务平台，支持互动电视、手机电视、网络电视、广电宽带等融合型业务发展，提高农村信息终端普及率，实现城乡家庭百兆宽带接入网、无线宽带服务全覆盖，无线局域网服务覆盖主要公共场所。加快建设“智慧常州”，推动物联网、云计算、大数据等新一代信息技术与城乡发展深度融合，增强城乡重点信息系统和关键信息资源的安全保障能力。（责任单位：市经信委、市发改委）

（十七）加强能源基础设施建设。推进重大能源项目，加快建设华电戚墅堰二期、溧阳抽水蓄能电站，积极落实等煤量替代、小机组关停和气源供应等工作，做好国电常州二期、华

苏高新南大新兴产业园在江苏中关村奠基（武进区地方志办　供稿）

电常州东部、大唐金坛等项目前期及工程建设。加快建设智能电网，完善电网网架结构，优化主干输电网络空间布局，全面推进"一流配电网"建设，保障各类分布类能源安全接入。提效升级传统能源，实施煤炭节能减排升级与改造，开展钢铁、化工、水泥等行业余热余压余气资源综合利用。积极发展清洁能源，实施华润钟楼等天然气分布式能源项目，建设港华天然气三期工程等一批城镇燃气项目，加快金坛盐穴储气、储油利用。推广交通运输领域天然气应用。促进新能源开发应用，加快分布式光伏发电规模化应用，因地制宜发展低风速风力发电和生物质能利用。（责任单位：市发改委、市经信委、市城乡建设局、市环保局、供电公司、各辖市区）

（十八）加强环境基础设施建设。完善城乡生活垃圾收转运系统，加快城乡生活垃圾无害化处理设施建设和改造，实现生活垃圾无害化处理设施全覆盖。加强医疗废弃物处置设施建设和规范化改造，进一步完善医疗废弃物收贮网络，医疗废弃物安全处置体系覆盖所有乡镇。改造建设城乡污水处理厂及配套管网，推进尾水再生利用设施建设，2020年前常州市区新增14.5万吨/日污水处理能力。建设污泥处理处置和综合利用设施，实现污泥无害化处置设施全覆盖。严格固废、危废管理，加快相关处置基础设施建设，2020年新增10万吨/年危废焚烧处置能力。进一步完善病死畜禽处置体系，建设常州市动物卫生处理中心，同步建设辖市区收集运输体系，全面提升病死动物无害化处理、资源化利用水平。（责任单位：市城乡建设局、市环保局、市城管局、市农委、市发改委、市卫计委、各辖市区）

（十九）加强防洪基础设施建设。推进新孟河、新沟河、江堤防洪能力提升工程等流域工程建设，推进湖西及武澄锡虞区治理，扩大北排长江、下排京杭人运河及南排人湖的能力，达到流域50年一遇防洪标准。加强城市防洪除涝工程建设，修编城市防洪大包围方案并组织实施，推进城市排水管网改造和建设，提高城区防洪除涝能力。（责任单位：市水利局、市城乡建设局）

五、建设市民宜居幸福的服务体系

（二十）优化生态环境。实施生态文明建设工程，加快建设生态绿城，营造处处皆绿、人人可享的绿色生态生活空间，创建国家生态文明先行示范区、国家森林城市。发展循环经济，在生产、流通、消费各环节推行循环型生产方式和绿色生活方式，创建国家循环经济示范市。深入实施碧水工程，开展河道整治，提升Ⅲ类及以上水质河流比例，推进金坛水生态文明城市试点；加大城市、城镇饮用水源地保护力度，建设集中式饮用水源地和备用水源地，加快区域联网供水，实施农村安全饮水工程；大力开展太湖水环境综合治理，推进新孟河和新沟河延伸拓浚工程，深化工业水污染防治，强化总量控制；实施西太湖、长荡湖退圩退渔还湖和水生态修复，加强大中型水库管理与保护，提升湖泊水库功能。深入实施蓝天工程，严格执行国家环境空气质量新标准，严格落实城市扬尘控制措施，逐步改善空气质量。深入开展绿色创建行动，新建民用建筑全面推行绿色建筑标准，提升绿色生态城区创建水平。加强土壤污染防治及风险防控，推进土壤修复。全面完成覆盖拉网式农村环境整治工作。（责任单位：市环保局、市城乡建设局、市发改委、市委农工办、市水利局、各辖市区）

（二十一）完善公共服务。合理配置公共服务资源，实现基本公共服务城乡均等化、区域均衡化以及常住人口全覆盖。扎实推进教育现代化建设，深化教育领域综合改革，完善均衡化教育结构和学校布点，扩大教育对外开放，推动优质教育资源共享，高质量普及学前教育，推进义务教育优质均衡发展、普通高中多样化发展，提高职业教育服务地方经济社会发展能力，推动常州科教城在高职教育综合改革、重大研发平台建设、科技企业孵化育成等方面先行先试、率先突破，逐步建立开放灵活、选择多样的人才培养和终身学习"立交桥"，提升"15分钟市民学习圈"服务水平。完善就业服务体系，健全城乡统一规范灵活的人力资源市场和基层人力资源社会保障公共服务平台；完善社会保障制度，稳步提高社会保障水平，实行城乡基本养老保险接轨，完善"15分钟就业社保服务圈"。进一步优化城乡医疗资源配置，完善城乡卫生服务网络，鼓励城市优质医疗资源向基层流动或开展共建合作，建成城乡"15分钟健康服务圈"，确保城乡居民均等享有基本医疗卫生服务；积极推进医药卫生体制改革，支持国内外资本进入医疗卫生领域。鼓励各级政府通过向商业和保险机构购买服务等方式，在公共养老健康服务、社会治理等领域充分运用市场化机制，降低公共服务运行成本，提升社会治理效率。加强城乡公共文化体育设施建设，建成"10分钟体育健身圈"、"城市15分钟文化圈"、"农村十里文化圈"，创建省级公共文化服务体系示范区。建立健全社会养老服务体系，推动城乡基本养老服务均衡发展，实现城乡社区居家养老服务中心全覆盖。加强住房保障体系建设，进一步完善住房保障运营机制，扩大住房保障覆盖面，着力解决"常州新市民"家庭、新就业人员和外来务工人员的住房困难。（责任单位：市发改委、市教育局、市人社局、市卫计委、市民政局、市文广新局、市体育局、市住房保障和房产管理局）

（二十二）提升城市文化。深度挖掘历史文化资源，科学保护文化遗产，在城乡发展中注重延续城乡文脉，积极融入文化元素。加强常州国家历史文化名城、中国历史文化名镇名村、历史文化街区、特色乡村文化资源和文化生态的整体保护，重点推进青果巷、南市河、前后北岸三片历史文化街区、孟河历史文化名镇、焦溪历史文化名村、杨桥传统村落等特色文化保护利用等。注重民俗风情、民间文化、民间艺术保护传承，建设一批国家级、省级"非遗"生产性保护示范基地和文化生态保护实验区。创新文化发展和产业运营机制，集聚文化专业和管理经营人才，建设一批特色鲜明的文化产业园区，打造一批具有地方特色、市场竞争力的文化品牌，推动文化产业加快发展。培育和践行社会主义核心价值观，提升人文素质，深入实施文化惠民工程，营造良好城市文化氛围。（责任单位：市委宣传部、市文广新局、市规划局、市城乡建设局）

六、建设具有示范带动效应的重点区域

（二十三）提升城市中心区综合服务功能。健全现代化功能设施，改善提升人居环境，重点发展现代服务业，适度保留都市工业，优化调整核心区经济功能和社会服务功能，推

动人才、科技、文化、信息、资本等发展要素集聚，积极发展创客空间。核心区重点推进常州金融商务区、通江路商务集聚区、文化宫—南大街商贸集聚区建设，加快现有商住混合区更新力度，提升三井—河海—薛家商住都市工业混合区、雕庄商住都市工业混合区、青龙商住都市工业混合区，推进天宁健康养老服务集聚区发展。湖塘组团加快发展市级商务商贸副中心，提升科教研发区、商住混合区、都市工业混合区、绿色建筑产业集聚区、淹城休闲旅游区，建设南部功能中心。新龙组团加快发展市级商务商贸副中心，加快发展新龙国际商务城、天合太阳城都市工业与生产服务混合区，建设北部功能中心。钟楼经济开发区进一步推进制造业转型、拓展现代服务业态，加强商务商贸和生活服务功能配套，建设产城融合创新发展示范区，打造西部功能中心。（责任单位：市发改委、市规划局、市国土资源局、市城乡建设局、市住房保障和房产管理局、武进区、新北区、天宁区、钟楼区）

（二十四）加快建设常金统筹核心片区。全面提升金坛城区组团、西太湖组团、武南组团建设和发展水平，加强各组团之间的产业、城市功能联动与融合，建设常金一体发展的先导区、核心区。金坛城区加快建设滨湖新城，提升老城生活服务功能，整体打造服务金坛区域的功能中心；加快提升经济开发区、华罗庚科技产业园、金城工业园等发展水平。西太湖科技产业园全面推进集高端产业、科技创新、生态居住、健康服务等于一体的新城区建设，打造国家级产城融合创新示范区、医疗旅游先行区。武南组团以武进国家高新区、常州科教城为主体，加快高端智能装备制造、汽车、新光源、节能环保等先进制造业和科技服务业发展，适度发展商务商贸等生产生活服务功能，提升南夏墅、礼嘉居住、商业配套服务功能。（责任单位：市发改委、市规划局、市国土资源局、金坛区、武进区）

（二十五）加快建设西南门户片区。以溧阳城区为主体全面提升产城融合发展水平，打造江苏西南门户城市、宁杭发展带重要的副中心城市，争创国家中小城市综合改革发展试点。着力提升区域交通枢纽地位，充分发挥山水生态优势，增强辐射周边地区的服务功能，重点建设溧阳商务商贸集聚区、南部新城商住都市工业混合区、江苏中关村科技产业园都市工业商住混合区，推进溧阳城区与天目湖镇整体发展，建设苏南重要的综合旅游服务基地。（责任单位：溧阳市）

（二十六）加快建设东部片区。全面提升东部地区发展水平，重点把常州经开区建成体制机制创新先行区、高新技术产业集聚区、生态文明示范区和产城融合样板区。坚持高起点规划、高标准建设、高效能管理、高层次招商、高水平服务，创新发展体制机制，加快基础设施建设，强化产业发展特色，增强城市服务能力，加强与城市中心区功能分工和联动发展，加速形成新增长极。（责任单位：武进区、常州经开区、市发改委、市规划局、市国土资源局）

（二十七）加快建设沿江片区。提升新龙生态区、滨江经济开发区、空港经济区，积极发展航空、汽车等高端装备产业，进一步提升化工新材料、现代物流等特色产业发展水平，加强重点城镇综合服务设施建设，完善商贸、教育、医疗、生态等功能配置，商务、金融和中高端商业服务主要依托城市中心区，推进罗溪建设产城融合示范区，促进春江、奔牛产业升级、城镇更新。（责任单位：新北区）

（二十八）加快提升重点特色镇。按照现代新型小城市的标准推进重点镇建设，加快特色化、规模化产业发展，强化基础设施和公共服务设施建设，完善服务“三农”功能，提高生产生活服务便利化程度，增强对当地农业转移人口和外来人口的吸引力。根据湟里、雪堰、孟河、薛埠、儒林、南渡、社渚、郑陆、横山桥等的各自特点，加快特色产业发展，完善生产生活服务功能，加强与周边城镇的统筹联动和功能分工，加速人口集聚和产城融合进程。支持孟河争取成为省新型城镇化试点镇。（责任单位：市发改委、市委农工办、市城乡建设局、市规划局、溧阳市、金坛区、武进区、新北区）

（二十九）积极建设美丽乡村。加强乡村地区自然和文化资源保护，维护农村居住、生产、生态、文化等功能。优化镇村布局，引导乡村居住人口合理布局。提升乡村公共服务水平，提升乡村生活环境，加强乡村发展自治，有序推进农村社区建设。按照“村庄秀美、环境优美、生活甜美、社会和美，有农游特色”的要求，推进美丽乡村示范村创建，建成一批具有江南农村特色的示范村，串联形成农村游、生态游精品线路。（责任单位：市委农工办、市规划局、市城乡建设局、市旅游局、市民政局）

七、创新产城融合发展体制机制

（三十）构建人口自由流动与有效集聚机制。进一步推进户籍制度改革，落实放宽户口迁移政策，有序推进农业转移人口市民化。金坛、溧阳全面放开城镇落户限制，鼓励农业转移人口到县城区和镇区落户。全面实施流动人口居住证制度，推行居住证与基本公共服务待遇挂钩，在中心城区建立以就业年限、居住年限和城镇社会保险参加年限为基准的积分制落户政策。建立健全转移人口市民化成本分担机制，政府主要承担义务教育、就业服务、基本养老、基本医疗卫生、保障性住房等方面的公共成本；企业主要落实务工人员与城镇职工同工同酬，依法足额缴纳社会保险费用；务工人员积极参加城镇社会保障、职业教育和技能培训等，并按照规定承担相关费用。优化各类人才引进机制，深入实施“龙城英才计划”等各类人才引进计划，重点引进国家“千人计划”等领军型人才、海外留学创业人才等高级人才；政府重点引进带项目、带资金、带团队的创业型人才，以企业为主体重点引进带技术、带专利、带团队的创新型人才以及各类技术型人才。（责任单位：市发改委、市公安局、市人社局、市财政局、市人才办、市科技局）

（三十一）强化产业发展推进机制。建立健全产业引导机制，探索实施市级层面、园区层面负面清单管理和环境容量管理机制，对不符合导向的现有产业或企业，通过迁移补贴、城市更新和城镇低效用地再开发等方式推进调整转移。建立健全产业布局机制，严格按照功能区导向和园区、集聚区功能定位落实布局，组织引导企业和项目按照产业链发展、集聚区功能要求向相关园区集聚，推进园区向“特色化、集聚化、高端化、创新化”发展。建立健全产业招商协调机制，鼓励各行政区和园区招引项目根据各功能区和园区导向进行布局，建立健全相关利益分配和激励机制，加强市级统筹，促进错位发展和差别竞争。深入推进市场化改革创新，积极发展混合所有制经济，鼓励民营企业进入特许经营领域、参与国企改革发展；加快完善现代市场体系，提高资源配置效率，建立健全现代产权制度，进一步完善政府引导、社会资本主导的产业投入机制；推进开放型经济体制机制创新，加快各类开发区管理创新和转型升级，提升全方位开放发展水平。（责任单位：市发改委、市商务局、市经信委、市政府国资委、各辖市区）

（三十二）创新财税金融服务机制。深化财税体制改革。探索建立事权和支出责任相适应的制度，在教育、卫生等基本公共服务领域开展先行先试。优化转移支付制度，整合规范现有专项转移支付项目，健全完善一般性转移支付方式，创新财政资金使用方式，整合优化政府各类产业发展专项资金，加大战略性新兴产业、现代服务业、现代农业的扶持引导力度。清理规范行政审批前置服务及收费行为，"就高"落实国家各项结构性减税政策，减轻企业负担。（责任单位：市财政局、国税局、地税局）

加强地方金融体系建设。支持民间资本参股金融机构或发起设立中小民营金融机构；加大资产整合重组力度，鼓励金融机构在风险可控的前提下以相互控股、参股的方式探索综合经营，组建具有综合投融资功能的地方金融控股集团；做大做强江南农商行、东海证券等地方法人金融机构，推进小额贷款公司、融资担保公司、融资租赁公司、商业保理公司等新型金融业态规范发展；积极吸引国内外各类金融和准金融机构集聚发展，提高金融服务能力。探索金融资产交易市场建设；支持发展私募投资基金及创业投资基金；积极推进资产证券化试点和市政基础设施资产证券化。（责任单位：市金融办、市发改委、人民银行、银监分局）

完善便民金融服务体系。鼓励银行、证券、保险、信托等金融机构合作开展财富管理业务创新；积极发展社区银行，为居民提供便捷的融资服务；推动金融信息化发展，为居民提供全新体验模式的现代金融服务；鼓励金融机构加大自动终端设备布点，提高金融服务的可达性。（责任单位：市金融办、人民银行、银监分局）

提高金融支持产业发展水平。优化产业引导基金管理方式，鼓励金融机构开发适应中小企业、科技企业、文化及创意企业特点的金融产品，积极发展保单融资、知识产权质押融资、票据质押融资、股权质押融资、供应链融资等创新业务；促进金融机构与担保再担保机构合作，建立利益共享和风险共担机制。（责任单位：市金融办、人民银行、银监分局、市经信委）

完善城镇建设投融资机制。探索建立以财政性资金为引导的城市建设发展基金，吸引民间资本和机构投资者加入城镇化建设，争取市政债券先行先试；进一步放开基础设施和公用事业设施投资门槛，建立有吸引力的投资回报机制，运用PPP等模式吸引民营企业参与投资建设和营运；探索推动收益稳定的经营性基础设施、现金流充裕的城镇化建设项目发行资产支持票据。鼓励和支持民营资本投资教育、卫生、养老等社会公共服务领域。积极推进运用融资租赁方式为能源、交通等设备资金需求较大的建设项目筹集资金。（责任单位：市财政局、市金融办、市发改委）

（三十三）深化土地制度改革。完善以规划管控为核心的土地用途管制制度。严守耕地保护数量和质量红线、永久基本农田红线、生态保护红线"三条红线"。根据资源环境承载能力，严格控制新增建设用地规模，强化总量约束，全面提升节地水平和产出效益。加快农村土地综合整治、城镇低效用地再开发、工矿废弃地复垦利用，释放存量建设用地空间。稳妥推进征地制度改革，严格落实征地补偿和被征地农民社会保障办法，提高农村集体和农民在土地增值收益中的分配比例。加快建设城乡统一的建设用地市场，制定农村集体经营性建设用地流转办法，有序开展农村集体经营性建设用地流转试点，在符合规划和用途管制前提下，稳妥推进农村集体经营性建设用地入市，实行与国有土地同权同价。完善宅基地管理制度，严格执行农村宅基地标准，建立农村宅基地的自愿、有偿退出机制，引导农民退出多余、空闲的宅基地，提高农村建设用地集约利用度。

完善以土地市场配置为基础的有偿使用制度。深化土地有偿使用制度改革，扩大国有土地有偿使用范围，减少非公益性用地划拨，推动经营性基础设施和社会公共事业用地有偿使用。扩大养老服务设施、健康服务业用地供给，鼓励符合条件的保险机构等投资兴办养老产业和健康服务业机构。积极实行工矿用地出让合同履约保证金制度、开竣工申报制度，对未按《国有建设用地出让合同》约定开发建设的，采取有偿收购等方式收回土地使用权。建立生态用地补偿机制，提高生态用地比例。（责任单位：市国土资源局、市人社局）

（三十四）严格生态保护制度。完善生态环境保护目标体系，把降低资源消耗、环境损害，提升生态效益作为产城融合发展重要内容，健全体现生态文明要求的考核办法和惩戒机制。严格实施污染物排放总量控制和排污许可证制度，逐步消减区域排污总量。实行资源有偿使用制度和生态补偿制度，加快自然资源及其产品价格改革，完善排放指标有偿使用初始价格和排污权交易价格形成机制，开展排污权交易；完善生态红线区生态补偿机制，扩大生态补偿范围，推动区域间建立横向生态补偿制度。建立社会资本投入生态环境保护市场化机制，探索在高环境风险企业开展环境污染责任保险，推行环境污染第三方治理，开展工业园区生态化改造。开展绿色发展水平评估，实行最严格的环境监管制度，强化生态系统保护修复和污染防治区域联动机制。实行最严格水资源管理制度，强化水资源开发利用控制、用水效率控制、水功能区限制纳污"三条红线"管理；强化河道、湖泊水库空间管理，划定管理范围，实施河道蓝线管理，实施建设项目占用水域补偿制度。加强环境风险预警和管控，强化环境执法，健全环境执法联动工作机制。（责任单位：市环保局、市水利局、市物价局）

（三十五）优化管理体制。突出主体功能区导向，制定全市主体功能区规划实施计划，严格按照主体功能定位，引导不同类型区域发展。完善空间规划体系，加强规划编制体系、规划标准体系、规划协调机制等方面的制度建设，支持新北区“多规融合”改革试点并在全市进行推广。建立跨区域统筹发展机制，加强跨行政区域地区产城融合发展的统筹协调，有效推进资源整合与配置、基础设施和公用设施共建共享、特色产业集聚联动发展。积极推进城区管理体制创新，赋予天宁、钟楼更多的县级经济社会管理权限。（责任单位：市发改委、市规划局、市国土资源局、市编办、新北区）

八、强化产城融合综合改革推进保障

（三十六）加强组织领导。建立市产城融合综合改革工作领导小组，由书记、市长任组长，常务副市长任领导小组办公室主任，领导小组办公室工作机构设在市发改委，统筹研究和制定相关政策，协调解决产城融合综合改革建设中的重大问题。各辖市、区建立健全相应领导机构，研究制定符合本地实际的具体工作推进措施。

（三十七）强化推进合力。健全地区部门联动机制，建立产城融合推进联席会议制度，明确各地区、各部门承担的主要工作，加强地区、部门间政策制定和举措实施的协调配合，加强省级支持政策的对接、争取和落实，确保各项政策落到实处，发挥实效。

（三十八）推进典型示范。综合考虑不同区域、不同阶段、不同规模、不同特征，强化分类指导，实施差别化政策，积极开展试点示范，鼓励大胆探索、勇于实践，务求取得实质突破，形成因地制宜、多样化的产城融合具体路径。

（三十九）加强监测评估。联席会议制度召集方会同有关方面负责综合改革实施情况的推进监测，适时组织开展评估，及时分析查找工作中存在的问题，研究提出相应对策措施。研究制定产城融合综合改革试点考核办法，推动产城融合综合改革试点建设工作有效推进。

附件1：重点任务分配表（略）

附件2：辖市、区重点任务表（略）

附件3：省级政策对接责任表（略）

中共常州市委

常州市人民政府

2015年8月14日

武进绿色建筑产业集聚示范区 （武进区地方志办　供稿）

关于加快互联网经济发展的意见

常发〔2015〕24号

以互联网产业发展、互联网应用推广、信息消费增长为主要特征的互联网经济，深刻改变着企业生产、市场供给、商业服务、创业创新和生活消费方式，并以前所未有的力度重塑传统产业和催生新兴产业。互联网丰富了企业创新模式，用户思维、开放式、跨空间、协同化创新将成为主流。互联网打破了传统行业界限，跨界发展、融合发展不断创造新型业态。互联网技术的加速迭代与渗透融合正成为新一轮科技革命和产业变革的重要驱动力，深刻重构着经济发展模式和产业竞争格局。"互联网+" 行动计划进一步掀起了加快互联网经济发展的浪潮。常州正处于经济结构调整的战略机遇期，贯彻落实国务院《关于积极推进 "互联网+" 行动的指导意见》(国发〔2015〕40号)和省委省政府《关于加快发展互联网经济的意见》(苏发〔2015〕13号)文件精神，加快发展互联网经济，有利于促进产业转型升级、新增长点培育、消费结构优化、政府效能提升、社会治理创新，对实施创新驱动发展战略、转变经济发展方式、建立现代产业体系、促进经济社会转型具有重要意义。

一、总体思路和主要目标

(一)总体思路

深入贯彻党的十八大、十八届三中四中全会和习近平总书记系列重要讲话精神，围绕产业转型升级和社会治理创新，立足雄厚产业基础，发挥科教资源综合优势，抢抓互联网经济发展机遇，推进 "互联网+" 向各领域延伸拓展，推动技术进步和应用升级，以互联网模式创新和跨界融合为着力点，形成互联网产业、市场、人才集聚，为加快打造 "大众创业、万众创新" 经济发展新引擎，为深化 "三位一体" 发展战略、落实 "中国制造2025" 行动纲要、打造一流智能制造名城，为建设苏南国家自主创新示范区、实现产城融合目标提供有力支撑。

(二)主要目标

到2017年，全面提升常州互联网经济发展整体水平，电子商务交易额达到3000亿元，互联网服务收入超过300亿元；初步建成1—2个绿色云计算中心，大数据在众多领域深入应用；工业互联网稳步推进，两化融合指数达到95；信息消费快速增长，智慧城市建设初见成效；培育和发展1—2家全国互联网百强企业、2个省级互联网产业园、3个省级电子商务示范基地、1家千亿元大宗商品电子交易市场。

二、重点领域和发展方向

利用信息通信技术以及互联网平台，让互联网与传统行业进行深度融合，创造新的发展生态。近期，我市互联网经济发展将聚焦十大重点领域。

(一)"互联网+" 工业

全面推动协同制造发展，推进智能制造产业升级，提高重大成套设备及生产线系统集成水平，推进工业机器人、增材制造等先进制造技术在重点行业和企业中的应用。推动人工智能发展，推进细分行业专家系统建设，优化智能制造工艺流程，提升定制化生产水平。推进智能制造模式在生产过程中的应用，构建智能组织管理体系，打造一批智慧工厂和智慧企业。推动互联网与制造业融合创新，提升工业全产业链、全价值链信息交互和集成协作能力。引导制造业骨干企业自建电商平台，鼓励宝钢轧辊、润源控股等企业发展基于互联网的设备租赁、个性化定制、众包设计、云计算等新型制造模式，引导戚墅堰机车等企业在设计、生产、供应链管理、服务体系与个性化定制等方面延伸产业链、培育新业态，推进西电、东风农机等企业向数字化、网络化、智能化、柔性化和服务化转变。推动智慧能源发展，加快分布式能源和智能电网建设，鼓励新能源在工业制造领域深度应用，开展 "互联网+绿色制造" 试点。推广两化融合管理体系贯标，推动企业建立、实施和改进两化融合管理体系，完善两化融合水平评估机制，促进企业提高创新能力、劳动生产率、产品质量等核心竞争力。到2017年，智能制造水平明显提高，创建智慧工厂25座，制造业服务化骨干企业8家，新增工业机器人1000台，重点行业机器人密度达到国际先进水平，培育发展3个特色电子商务平台，重点B2B平台在线交易额超过2500亿元，培育省级两化融合示范企业45家。(责任单位：市经信委)

(二)"互联网+" 农业

全面推动现代农业发展，倡导农业智能化建设，在动植物生长环境远程监测控、生产管理智能化决策、农产品质量追溯监管、远程指挥调度、农产品流通等方面推广应用。推动农村电商普及应用，鼓励楼口、化龙巷等本土电商平台与镇村结对，支持农业合作社、种养大户等开展网络销售，积极打造农副产品电商品牌，鼓励和支持 "淘宝特色中国常州馆" 建设。鼓励电商服务企业拓展农村业务，为农村电子商务发展提供网店建设、仓储物流、市场推广、代运营等专业化服务。开展农民用网推广活动，支持农村 "科技服务超市" 网络体系建设，培育一批农村电子商务经理人，支持院校、企业在农村宣传普及电商知识、开展实用技能培训。鼓励万家鲜、一号农场等本土生鲜电商品牌深入发展，完善冷链配送体系，发展生鲜电商平台。到2017年，利用网络销售农产品超25亿元，规模设施物联网技术推广应用面积占比超16%，农业信息化覆盖率超60%。(责任单位：市农委、市经信委、市商务局、市科技局)

(三)"互联网+" 商贸

全面推动电子商务发展，加快传统企业电商转型，大力推广细分行业供应链电商，引导地板、纺织、刀具、灯具、汽配等特色产业形成专业化电商集群，提升制造业配套协作水平及供应链配置效率。发挥创意产业基地国家示范基地、西太湖电商产业园省级示范基地的集聚和带动作用，进一步汇聚优势电商企业，提升电商发展规模。广泛推广贝尔商城等垂直型电商模式，鼓励顶呱呱等消费品制造企业利用第三方电商平台开设直营店，提升网络市场销售份额。引导长江贸易城、夏溪花木等专业市场和传统企业因地制宜打造网上市场，加快市场交易和管理模式电商化升级。鼓励四海商舟等跨境电商交易平台建设，推动外贸企业开展跨境品牌营销模式，积极抢占价值链高端，提升国际市场竞争实力。推动高效物流发展，重点支持“易呼通”等模式新、功能强、门槛低的互联网物流平台发展，推动智能化物流仓储系统建设应用。到2017年，全市网络零售额达到400亿元，进出口贸易额中跨境电子商务占比超12%。（责任单位：市商务局、市发改委、市经信委、市农委）

（四）“互联网+”金融

引导产业链核心生产企业和服务企业整合优势做大做强，打造一批行业特色明显的供应链金融平台，鼓励“通购网”等供应链平台与传统制造企业、金融服务企业开展业务对接。支持企业与金融机构共同搭建安全、高效的在线支付平台，鼓励地方法人金融机构开展互联网金融创新，推动在线支付、跨境支付、移动支付、基金销售等业务开展。全面推进普惠金融，支持合法合规的股权众筹、实物众筹等业务，引导大型企业设立一批具有互联网特色小额贷款公司，鼓励符合条件的各类机构设立网络银行、网络保险公司、网络证券公司、网络基金公司。支持有条件的辖市（区）开展互联网金融园区建设试点，支持常州金融商务区开展互联网金融业务，引导互联网金融企业集聚发展。到2017年，积极培育打造业内领先知名度高的互联网金融企业、交易规模大创新能力强的互联网金融集聚区，网络借贷平台年度成交量达40亿元左右。（责任单位：市金融办、人行常州市中心支行、常州银监分局、市发改委、市经信委、各辖市区人民政府）

（五）“互联网+”文化

进一步发挥文化科技园区的集聚效应和特色服务功能，着力培育数字出版、移动新媒体、人工智能、社交网络等新兴文化业态。实施网络文化信息内容建设工程，推动炮炮兵、云彩面包等一批优秀文化产品网络传播，组织开展网络文化季、网络作品创作大赛等活动，引导互联网文化企业开发制作健康向上、传播正能量的精品佳作。推动虚拟增强现实、人工智能、全息影像、3D打印等新型数字业务产品开发，支持赞奇科技、金刚集团等“互联网+文化”公司快速发展。加快推进有线电视数字化、双向化进程，充分利用数字、网络双向互动功能，提高文化产品和服务信息化水平。推动传统媒体与新兴媒体融合，支持国有文化企业与互联网企业合作，依托信息技术推进在线阅读、教育培训、旅游休闲等领域快速发展。支持吟飞科技等传统文化企业开展数字化工业设计、互联网文化产品研发，大力发展数字化建筑设计、产品外观及包装设计、工业模型与模具设计、广告和平面设计等文化创意和设计服务产业。到2017年，文化产业支柱地位更加巩固，新型业态占文化产业增加值比重进一步提高，互联网文化服务基本普及。（责任单位：市委宣传部、市文广新局、市发改委、市经信委、市科技局）

（六）“互联网+”旅游

支持西太湖国家智慧旅游公共服务平台建设，充分发挥数据落地优势，推进旅游基础信息数据、公众信息服务、产业运行监测和景点营销推广平台建设。推动我市旅游产品的网络营销和服务能力提升，实现景点资讯网站、移动门户、服务热线等互联网标准化服务设施全覆盖。推广“乐游常州”等旅游移动终端APP应用，通过智能终端实现景点信息和旅游路线查询、在线购票、餐饮住宿预订等功能。鼓励本地旅行社、旅游景点、住宿、餐饮、租车等企业利用互联网开展业务宣传推广和资源整合，支持携程、艺龙、去哪儿等国内知名第三方平台建设内容更加丰富的城市站。支持在中国常州网等本地网站、蚂蜂窝网等驴友论坛开设常州旅游专版，鼓励市民通过微博、微信等社交媒体发表游览经历和特色游线路攻略。到2017年，互联网与旅游深度融合，建成4个以上智慧景区，打造长三角地区休闲度假中心城市和国内知名、华东一流的旅游目的地城市。（责任单位：市旅游局、市商务局、市交通运输局、市文广新局）

（七）“互联网+”交通

加快新能源汽车的推广应用，鼓励社会资本参与城市交通基础设施建设，支持江苏万帮等企业通过互联网众筹开展“星星充电”等项目，打造绿色、便捷、智能交通体系。构建城乡一体的全市域交通综合信息平台，加强道路交通监控和市民交通出行诱导服务，进一步推动“绿波”等体系建设，支持开展车辆动态客流、拥堵疏导、快速封控等分析研究。推进车载信息服务、电子站牌、车辆识别、网上购票、智能停车、城市一卡通等应用。围绕市民出行、物流运行、交通管理等需求，加快智能化交通相关技术攻关和产业化，鼓励“常州·行”、“掌上公交”等交通应用APP开发。推动交通视频监控资源集约建设，构建全市统一的视频监控共享平台，为公共安全、路面监控、校园安全、城市管理、环境监测等领域提供支持。到2017年，互联网与交通运输进一步融合，实现交通基础设施、运输工具等运行信息互联网化，交通治理、运输服务、民生应用更加科学、合理、高效。（责任单位：市交通运输局、市公安局、市发改委、市经信委）

（八）“互联网+”教育

全面推进“三通两平台”，建立政府引导、多方参与、共建共享的开放合作机制，深化信息技术在教学、科研和管理等方面的应用。建设常州市教育信息化公共服务平台（常州教育云），进一步完善青果在线学校、教育质量综合评价等互联网系统平台功能，推进数据标准统一和信息资源共享。提升校园信息基础设施建设水平，采用云计算、大数据、物联网、智能卡等信息技术，加强校园数字化、互联网化建设与发展，实现统一认证和应用系统贯通。推进终身教育信息化平台建设，引导学习型社区建设和发展。实施教师信息技术应用能力提升工程，开发优质教师培训资源。到2017年，全市学校“校校通”覆盖率达100%；“班班通”覆盖率达100%，每个教室均有教学多媒体设备；"人人通"覆盖率大幅度提升，80%中小学教师和50%中学生拥有实名网络学习空间，90%以上职业学校师生和100%开放大学师生拥有实名网络学习空间；教育公共数据中心初步建成，公共服务平台发挥成效；省、市数字化试点学校总数达到100所，50%学校实现无线网络全覆盖；建成5—6个数字化学习先行社区，为每一名学习者提供个性化学习、终身学习的信息化环境和服务。（责任单位：市教育局、市发改委、市经信委）

（九）"互联网+"人口健康

推行实名制就诊，深化区域人口健康信息平台的应用，以全员人口数据库、电子病历和电子居民健康档案为核心，提供健康档案共享调阅、综合卫生管理、绩效考核、药品管理、妇幼保健、血液追溯管理等功能，满足医务工作者和行政管理者的需要。进一步建设区域医疗和远程医疗，实现医学影像资源共享和集中诊断，提升基层医疗卫生机构服务能力，逐步形成"小病在基层、大病上医院、康复回社区"的双向转诊机制。完善"健康常州"网站，加快推进移动医疗应用，鼓励"健康小屋"进入社区建设试点，融合智能电视终端，为市民提供预约挂号、自助查询、医患互动、智能导诊、移动支付等互联网服务。实施智慧养老工程，推广远程健康监测、专家会诊、应急呼叫等应用平台建设，实现生产性企业、互联网服务机构和老年人需求的精准对接。鼓励养老机构配备生活环境监控、老人健康护理、日常生活服务等养老服务设备，完善养老服务物联网应用体系。到2017年，实现医学影像集中诊断；实现在线预约、个人健康档案及健康信息查询、保健信息定制等信息服务功能；依托社会保障信息平台，实现移动支付，方便市民就医；养老信息服务网络平台基本建成，提供护理看护、健康管理、康复照料等居家养老服务。（责任单位：市卫计委、市民政局、市发改委）

（十）"互联网+"公共服务

全面推动公共服务互联网化，推进信息公开和网上审批，深化完善"权力网上运行"系统建设，调整优化网上办事功能，形成公共服务事项"一站式受理、网上办理"的工作格局。建设完善以投资项目、建设工程、市场准入三大领域并联审批为核心的网上审批平台，建立具有申报、预审、年检等功能，提供统一受理、查询和反馈的网上服务体系。推进政府决策、公共信用、市场监管、食品药品管理、生态监测、国土资源监控、城乡规划建设、公共安全、应急协同、安全生产、家庭经济状况核对等信息系统平台建设和应用。统筹建设机关公文交换、绿色办公、业务管理应用和电子文件中心，建立统一规范的电子政务建设、应用与运维机制，推行跨部门系统的"一体化"建设，提高政府机关业务系统集约化建设水平。增强公共服务效能，提高便民利民服务能力，围绕各类办事业务和公用事业服务，建设互联网政务信息服务体系。到2017年，全面形成市、辖市（区）、乡镇（街道）、村（社区）的政务服务网络和体系，市民融合服务平台得到广泛应用，基本建成智慧政务运行高效区。（责任单位：市政府办、市政管办、市应急办、市发改委、市经信委、市公安局、市民政局、市国土局、市工商局、市质监局、市食品药品监管局、市环保局、市规划局、市安监局、各辖市区人民政府）

三、工作举措和支撑保障

（一）突出重点，做强关键产业

1. 推动高端软件研发。围绕数字化研发设计、分析仿真、检测检验、生产管控、监管维保等，形成智能化、集成化工业软件解决方案。支持建设基于分布式架构、分布式存储、集成一站式的大型应用软件和服务平台。突破数据隔离与虚拟化安全、网络监测、审计跟踪与取证、应急与灾难恢复等关键技术，重点发展安全可靠的基础产品、电子认证管理平台、信息安全支撑工具，增强数据库、中间件等产品的成熟度、可靠性和安全性，推进面向移动互联网的新一代基础软件应用。鼓励国光信息等软件龙头企业开展创新产品研发，重点发展智能终端产品所依托的嵌入式软件和工业软件的研发和应用，加快工业软件产业化，大力扶持嵌入式软件联盟发展，搭建嵌入式软件（工业软件）公共研发平台，支持本地企业与嵌入式软件企业合作转型升级项目。（责任单位：市经信委、市科技局）

2. 推动关键技术攻关。鼓励企业加大与科研院所资源整合，着力突破石墨烯等电子信息基础材料关键技术，支持瑞声科技等电子信息制造企业加快新型传感器、新型电力电子元器件等高端部件研发，支持企业开展物联网应用示范工程创建。开展以新一代互联网为主体的关键应用攻关，鼓励相关产业集聚、链式发展，力争创建成国家下一代移动网络试点。支持在医疗、交通、金融和公共安全等领域开展大数据应用研究，鼓励开展大数据平台建设。实施智能家庭建设计划，支持数字家庭智能终端研发及产业化，加快发展集成多屏融合、高清互动和智能控制功能的新型数字家庭系统，推进数字家庭示范应用和数字家庭产业基地建设。（责任单位：常州科教城、市发改委、市经信委、市科技局、各辖市区人民政府）

3. 发展智能硬件产业。鼓励研究以核心芯片、高端服务器、高端通信设备、新软件技术、互联网、云计算和大数据技术为基础，由极客和创客为主要参与群体，以硬件为表现形式的"新硬件时代"产业形态。探索发展适合常州制造业基础和供应链优势的"互联网硬件"或"智能硬件"产业。鼓励企业改变纯硬件思维，应用新兴融资模式，开发有配套软件支持、拥有生态系统或平台、有云服务为基础的硬件产品，如智能穿戴设备、智能传感器、智能家居、智能汽车及车联网设备、3D打印机、无人飞行器等。（责任单位：市经信委、市科技局）

4. 壮大互联网服务业。汇集我市软件和互联网领域的优势资源，在移动电商、移动支付、即时通讯、互动社交、新闻搜索、定位服务、网络与手机游戏等领域，加快特色互联网产品及服务开发。支持香传电商等企业开展O2O体验、C2B个人定制、手机APP、微营销服务，鼓励电商服务规模化发展。鼓励和支持品诚、蓝火翼等互联网服务商为传统行业量身定制个性化的互联网解决方案，提供技术支持、信息咨询、定制设计、数据分析和挖掘、流程优化和再造等服务。（责任单位:市发改委、市经信委、市科技局、市商务局）

（二）聚焦园区，培育重点企业

1. 推进特色园区建设。加快推进集聚区建设，在基础设施和公共服务等方面给予配套支持。完善智能物流基础设施建设，集聚吸引国内主要物流公司建立物流分中心，支持电商物流基地建设，鼓励社会零散型物流企业加盟物流电商平台，积极创建国家级物流示范基地。积极培育省级云计算和大数据产业园、互联网产业园和电子商务示范基地，大力推动国产云计算产业园和科教城移动通信互联产业园建设，重点推进研发具有国际竞争力的产品和解决方案，对云计算、大数据和移动互联网技术创新上获得关键突破的园区企业给予奖励。市工业和信息产业转型升级专项引导资金对园区公共服务能力建设、项目培育等给予重点支持;各辖市（区）在建设用地、用电等方面给予保障。（责任单位:市发改委、市经信委、市科技局、市商务局、各辖市区人民政府）

2. 培育行业领军企业。培育一批全国知名、全省领先的互联网跨界企业，推广融合发展经验。对首次入围全国互联网百强企业或全国软件百强的服务型企业（不重复计算），在市工业和信息产业转型升级专项引导资金中给予企业一次性的奖励。灵活应用投资基金支持企业并购外地互联网企业，按规定落实企业兼并重组涉及的资产评估增值、债务重组收益、土地房屋权属转移等税收优惠政策，涉及存量土地、房产转让的，落实省有关部门要求依法变更权属，经省有关部门批准后免收相关行政规费。（责任单位：市财政局、市经信委、市发改委、市国土局、市城乡建设局、市房管局）

（三）招才引智，支持创业创新

1. 加大人才支撑力度。依托“千人计划”、“龙城英才计划”等人才计划，积极引进互联网经济发展高端人才和团队。对团队研发和产业化项目给予优先立项支持，对团队核心成员家属就业、子女入学、落户等方面提供绿色通道。引导大中型企业全面普及首席信息官（CIO）制度，建立企业首席信息官联盟组织，培育提高企业管理者的互联网思维。鼓励院校等社会力量参与互联网培训机构建设，加大对互联网经济相关产业基础性人才培养，支持校企联合开设互联网专业订单班。市财政对省市组织的领军人才培训载体和活动给予资金支持。（责任单位：市人才办、市财政局、市发改委、市经信委、市教育局、市公安局、市人社局、各辖市区人民政府）

2. 积极引导创业创新。鼓励有条件的辖市（区）政府设立创业基金，建立互联网创业投资集聚区，积极引入天使投资，增加创业投资资本供给。建立健全创业辅导制度和开放平台，鼓励社会力量开展沙龙、大讲堂、训练营等创业辅导活动，为投资机构与创新创业者搭建对接平台。支持省级互联网众创园创建，采用创客空间、创业咖啡、创新工场等新型孵化模式，打造一批“嘉壹度”模式的互联网众创空间，为互联网创客提供适合的工作空间、网络空间、社交空间和资源共享空间。支持有条件的乡镇（街道）、园区对创业空间的房租、宽带网络、公共软件等费用给予适当减免，鼓励通过盘活闲置厂房等资源提供成本较低的场所。各级部门要通过政策宣传、学术交流、专业论坛、技术沙龙、创业讲堂、创新竞赛等多样式活动，正确引导大众创业创新。（责任单位：市科技局、市发改委、市经信委、市人社局、市财政局、市金融办、市农委、团市委、各辖市区人民政府）

（四）夯实基础，优化发展环境

1. 完善信息基础设施。加强新一代信息基础设施建设，提升互联网城市出口带宽，提高用户宽带接入能力，构建以3G为基础、4G全面普及、WIFI整体覆盖为目标的无线城市网络。按照“三统一”模式，推进信息基础管道和光纤入户共建共享，加快对老小区进行光纤改造。深化推进广电和电信业务双向进入，支持IPTV、互联网电视、云媒体电视、手机电视、网络广播电视、移动多媒体等融合业务应用。统筹推进容量大、应急能力强、服务等级高的互联网数据中心（IDC）建设。大力实施工业信息基础设施“企企通”工程，满足企业网络服务需求。（责任单位：市经信委、市文广新局、电信常州分公司、移动常州分公司、联通常州分公司、铁塔常州分公司、江苏有线网络常州分公司）

2. 推动信息惠民消费。通过贷款贴息、项目补助、股权投资、绩效奖励等多种方式，深入推动信息惠民、信息消费、资源开发等项目建设。支持基于互联网的生活服务、公共服务、产品推广和零售业务开展，整合社区商业和便民服务资源，发展社区信息惠民消费服务点。鼓励政府机关事业单位采购本地企业提供的云计算、物联网、大数据等信息服务，加快制定并落实采购政策。普遍推行基于云计算和公共服务平台的信息服务外包，大幅减少政府和企业自建数据中心，减少自建应用系统项目。（责任单位：市发改委、市经信委、市财政局、市政管办、市商务局、市工商局）

3. 优化公共服务环境。完善人口、法人、空间地理信息、宏观经济等各类公共基础数据库建设，规范部门间基础数据、管控数据和业务数据的共享，逐步推进公共数据向社会开放。引导中小企业通过本地跨境贸易、进出口报关、专利注册、项目孵化等公共服务平台开展相关业务，加大华贸通、佰腾专利巴巴等服务平台应用推广。合理简化办事流程，采用网上申报、后台流转、三证合一、一窗服务等措施，提升企业服务体验。支持以知识产权等非货币资产出资形式设立互联网企业，允许使用自有或租用的住宅或集中办公区域作为住所（经营场所）办理工商登记。鼓励各级政府通过购买服务、无偿资助、奖励等方式，支持互联网公共服务平台和机构建设，对互联网创业企业所需工作场所、人才公寓、云计算中心、数据中心、交通设施等公共资源给予政策支持。（责任单位:市政府办、市政管办、市工商局、市发改委、市经信委、市财政局、市城乡建设局、市交通运输局、市规划局、市房管局、各辖市区人民政府）

（五）强化监管，筑牢信息安全

1. 加强网络金融监管。加强P2P网贷机构登记注册规范，鼓励信息披露和接受市场监督，健全第三方托管担保、风险保障金等风险控制体系。引导互联网金融机构找准市场定位，支持供应链金融平台建设。支持开展互联网金融产品销售、资讯门户、大数据采集、数据存储备份、销售结算等业务，促进专业化服务提升。支持大型交易平台建立网络信用体系和支付平台，鼓励企业申请央行支付业务许可证。依托

"小微企业金融服务平台"等公共信息平台,实现小微企业多元化融资需求与金融机构多样化服务产品的无缝对接。探索建设金融大数据系统,为互联网金融发展提供强大的后台支撑。构建移动金融安全环境,促进电子银行服务移动化,推进互联网金融与电子商务、公共服务领域融合发展。(责任单位:市金融办、人行常州市中心支行、常州银监分局、市发改委、市经信委)

2. 加强信用体系建设。进一步健全电子认证服务体系,鼓励符合条件的信用服务机构开展信用服务和开发信用产品,培育信用评估服务市场和企业。加快社会征信体系建设,打通各类信用平台,加强信用登记、风险警示、失信行为等信息资源共享。建立和完善信用体系"黑名单"制度,推进信用信息和信用产品应用。依法加强对信息服务、网络交易行为、产品及服务质量等监管,加强知识产权保护,坚决打击互联网领域的知识产权侵权假冒行为,将侵权、假冒行为纳入社会信用体系。(责任单位:市经信委、市工商局、市质监局、市科技局、市知识产权局)

3. 强化信息安全保障。培育信息安全品牌和骨干企业,加强自主可控安全产品的推广应用。健全完善网络安全保障体系,实现网络安全保障基础设施智能化和全覆盖。建立网络安全监控预警通报、应急响应联动机制,推动信息安全风险评估、等级保护和安全保密检查制度化、规范化、常态化。落实网络安全和信息技术安全政策要求,遵循各行业密码管理技术标准,优先采用安全可信公共服务平台和管理系统。(责任单位:市经信委、市公安局、市委保密办、市委机要局)

(六)加强统筹,确保工作成效

1. 加强统筹规划协调。市信息化工作领导小组负责全市互联网经济发展和统筹规划,开展前瞻性研究,指导各相关部门制定实施"互联网+"十大重点领域专项行动计划和年度工作计划,及时协调解决发展过程中遇到的重大问题。健全工作推进机制,完善考核评价体系。加强与国内知名企业和咨询机构深度合作,积极推进规划编制、产业培育、行业标准等体系建设工作。加强互联网经济领域的统计调查工作,建立全面、科学、统一、协调的统计调查制度,加强互联网经济运行监测分析。进一步清理阻碍"互联网+"发展的不合理制度政策,降低市场准入门槛,鼓励跨界融合发展。(责任单位:市经信委、市各有关单位)

2. 强化财政金融扶持。市有关产业发展的财政专项资金,均要向互联网领域倾斜,重点支持互联网产业园区发展、公共平台推广、关键技术攻关、示范工程创建、优秀人才引进等工作。完善政府引导、社会投入的信息化投融资机制,开展股权投资、金融贷款、融资担保、投资保险联动等投保贷一体化组合金融服务,鼓励吸引各类社会资本投资互联网企业。运用银行专项贷款风险补偿资金,支持轻资产互联网企业信用贷款。市属担保(再担保)公司每年对互联网企业

附件

常州市互联网经济发展主要目标

类 目	指标名称	2017年目标
主要目标	两化融合指数	95
	全国互联网百强企业	1—2家
	千亿元大宗商品电子交易市场	1家
	电子商务交易额	3000亿元
	互联网服务收入	300亿元
互联网+工业	省级智慧工厂	25座
	省级两化融合示范企业	45家
	制造业服务化骨干企业	8家
	新增工业机器人	1000台
	省级特色电子商务平台	3个
	重点B2B平台在线交易额	超2500亿元
互联网+农业	农产品网络销售额	超25亿元
	规模设施物联网技术推广应用面积占比	超16%
	农业信息化覆盖率	超60%
互联网+商贸	网络零售额	400亿元
	进出口贸易额中跨境电子商务占比	超12%
互联网+金融	网络借贷平台年度成交量	40亿元
互联网+旅游	智慧景区	4个
互联网+教育	无线网络全覆盖学校	50%
	数字化试点学校	100所
	数字化学习先行社区	5—6个

切块不少于2000万元的担保信用额度，且担保费用不高于1.5%。（责任单位：市财政局、市金融办、市发改委、市经信委、市农委、市商务局、市文广新局、人行常州市中心支行）

3. 加强宣传应用推广。组织开展互联网经济专题交流活动，及时总结和推广互联网经济的成果和经验，根据省相关要求，评选年度互联网风云企业和风云人物。发挥相关行业协会在宣传推广、教育培训和行业自律等方面的积极作用，加强优秀企业和典型案例报道，形成全社会激励创新、共同关注和全面推进的良好氛围。推广微信、微博、APP客户端等互联网新媒体的应用与开发，积极优化互联网内容生产，培育本地互联网用户生态圈，形成一批专业性强、关注度高、群众欢迎的互联网媒体。开展政务信息和政府服务的推广宣传，掌握信息发布的主动权，促进政府服务方式转变。积极发挥媒体监管和公众监督的作用，鼓励社会各界提出具有建设性的意见建议。（责任单位：市委宣传部、市发改委、市经信委、市文广新局）

全市各地区、各部门要高度重视互联网的应用发展，按照各自分工，抓紧制定“互联网+”十大重点领域专项行动计划，出台一系列切实可行的政策措施，确保目标任务有效落实。

中共常州市委

常州市人民政府

2015年8月18日

深化法治常州建设大会 （法制办 供稿）

关于开展综合行政执法体制改革试点工作的实施意见

常政发〔2015〕93号

为进一步深化行政执法体制改革，完善市场监管体系建设，根据《国务院关于促进市场公平竞争维护市场正常秩序的若干意见》（国发〔2014〕20号）、《中央编办关于印发开展综合行政执法体制改革试点工作意见的通知》（中央编办发〔2015〕15号）、《省政府关于深入推进依法行政加快建设法治政府的意见》（苏政发〔2015〕1号）和《市委贯彻落实党的十八届四中全会决定和省委意见全面推进依法治市的实施意见》（常发〔2015〕3号）等精神，结合我市实际，现就开展综合行政执法体制改革试点工作提出如下实施意见。

一、指导思想和基本原则

（一）指导思想

深入贯彻落实党的十八大和十八届三中、四中全会精神，以中央编办赋予我市综合行政执法体制改革试点为契机，按照深化行政执法体制改革的要求，坚持放管并重、宽进严管，进一步转变政府职能，理顺管理体制，优化资源配置，强化监管职责，完善监督机制，着力解决多头执法、多层执法、重复执法和推诿扯皮等问题，努力构建简约高效、权责明晰、运转协调、执法有力的行政执法体制，为我市全面深化改革和全面推进依法治市提供体制机制保障。

（二）基本原则

1. 坚持依法行政、规范管理。以依法授权或委托为依据，进一步规范执法机构设立，明晰职责边界；严格规范执法行为，提高依法行政水平，健全执法管理体制。

2. 坚持精简统一、效能提升。大力推进简政放权，整合行政执法职能，减少执法层次，清理多头执法，调整执法机构，落实执法责任，提高执法效率，降低执法成本。

3. 坚持点面结合、协调推进。稳步推进市和辖市（区）两级重点领域综合执法，协同推进开发园区综合执法试点，深化省经济发达镇综合执法改革，充分发挥改革整体效应。

4. 坚持因地制宜、分类实施。既大胆探索、勇于创新，又着眼实际、因地制宜，妥善处理行政执法与技术支撑的关系，分重点、分领域，先易后难、稳妥推进。

二、主要目标

2015年底前，基本完成市和辖市（区）两级政府同一部门设有多支执法队伍的整合工作。2016年6月底前，基本完成市和辖区两级政府同一执法职责的层级调整工作，跨部门综合执法以及试点开发园区和经济发达镇推进和深化综合执法改革任务。2016年底前，全市建立权责统一、权威高效的行政执法体制和运行监督机制。

三、改革任务

（一）创新机制，理顺关系

1. 整合执法职能。整合行政部门及下属事业单位的行政处罚和与之相关的行政检查、行政强制等职能，实行部门内集中、统一的行政执法；有条件的领域，整合相关行政部门执法职能，推行跨部门综合执法。

2. 创新运行机制。根据决策权、执行权、监督权既相互制约又相互协调的要求，逐步推进市、辖市（区）行政部门行政审批、执法、监督职能相对分开，在部门内部整合建立统一的执法机构，集中行使本部门各类行政执法权。已实行综合执法的行政部门，进一步健全工作机制。

3. 理顺执法权责。进一步厘清市和辖市（区）政府及其部门执法监管职责，合理划分事权，原则上市级行政部门主要承担执法监督和案件协调职责，不宜直接对民商事主体实施具体检查和现场执法，有关执法任务应由辖市（区）直接承担。除依法赋予部分执法权的开发园区、经济发达镇和市级中心镇外，其它镇（街道）一般不承担执法职责，主要做好隐患排查、信息报告、协助执法和宣传教育等工作。

（二）整合机构，规范设置

1. 部门内部综合设置。市、辖市（区）一个行政部门设有多支执法队伍的，原则上整合为一支队伍。重点在城乡建设、市场监管、农林渔业、交通运输等重点领域开展部门内部综合执法。执法任务较轻的部门，直接由相关内设机构承担执法职责。

2. 执法层级优化设置。市、辖区两级政府同一执法职责的，原则上只在一个层级设置执法队伍。重点在公共卫生、城市管理、安全生产、资源环境、劳动保障等重点领域推进执法重心和力量同步下移，加强基层执法队伍建设。

3. 跨部门科学设置。进一步深化城市管理领域综合行政执法，继续推进园林、规划、公安交通领域部分或全部行政处罚权实行相对集中，加快推动城市管理领域相对集中行政处罚权向镇（街道）延伸。按照大部门制改革的要求，进一步完善市、辖市（区）、镇（街道）三级市场监管综合执法体制。

4. 区域内部综合设置。武进高新技术产业开发区、溧阳市天目湖镇分别按照省行政审批制度改革试点和经济发达镇行政体制改革试点要求，通过法定程序行使部分县级行政执法权，单独设置综合执法局，实行综合执法。金坛、溧阳和滨江经济开发区列为市级综合执法试点，按照规定程序履行报批手续后推进综合执法；其它开发园区和市级中心镇可以探索推进综合执法。

（三）从严控制，强化管理

1. 从严机构编制管理。改革期间，执法机构原则上不再新增编制和新进人员。涉及改革的执法机构，根据精简、效能的原则重新核定编制，其中涉及执法层级调整的领域中执法任务较重的市级行政部门，可暂时保留一支精干、高效的执法队伍，并按照编制随人走、人随事走的原则，做到职责调整与编制划转同步实施、队伍设立与人员移交同步操作，确保行政执法人员编制重点用于执法一线。今后，各级行政部门原则上不再单独新设具有独立法人资格的执法机构。

2. 严格执法经费管理。综合行政执法所需经费纳入同级财政预算。严格执行罚缴分离和收支两条线管理制度，罚没收入按规定全额上缴财政国库，纳入财政预算管理，严禁将罚没收入同部门利益直接或者变相挂钩，严禁下达或者变相下达罚没指标。

3. 加强执法机构建设。合理设置执法岗位，优化执法队伍结构，加强对执法人员的法制与业务培训，切实提高执法队伍整体素质和执法水平。严格实行执法人员持证上岗和资格管理制度，未经考试合格，不得授予执法资格，不得从事执法活动；加强资格动态管理和行政执法绩效管理，探索创新执法人员能上能下、能进能出的有效机制，激发执法队伍活力。

（四）健全制度，严格执法

1. 加强监督指导。政府法制部门加强对综合行政执法工作的法制监督，行政主管部门加强对执法机构的监督、指导和协调，执法机构应及时反馈实际工作中存在的问题，提出相关建议。大力发挥行业组织自律作用、市场专业化服务组织监督作用、舆论和社会公众监督作用，推进行政执法机构与社会管理其他主体的有效衔接和良性互动。

2. 规范执法程序。落实《江苏省行政程序规定》和《常州市行政执法程序暂行规定》，进一步完善执法程序和具体操作流程。建立听证制度，规范听证程序，实行行政检查、行政处罚、行政强制的告知制度，增强执法透明度，保障相对人的参与权、知情权、申诉权和救济权，保护公民、法人和其他组织的合法权益，促进执法公开、公正。

3. 严格责任追究。按照有权必有责要求，科学合理界定执法机构、执法岗位以及执法人员的权力与责任，严格执行执法评议考核、案卷评查、执法过错追究和重大执法决定法制审核等制度，全面落实行政执法责任制。推行行政执法绩效考核制度，将其纳入政府目标考核、绩效考核评价体系。

4. 加强协作联动。建立健全区域、重点领域不同部门间执法协作联动机制，落实《江苏省行政执法与刑事司法衔接工作实施办法》，完善案件移送标准和程序，健全行政执法机关、公安机关、检察机关、审判机关的信息共享、案件通报、案件移送制度，推动行政执法与刑事司法无缝对接。推进行政执法信息与社会公共信用信息互联互通、综合监管，除涉及国家秘密、商业机密和个人隐私外，将行政执法中涉及公民、法人、其他组织的违法信息向社会公开，纳入诚信档案。

四、工作步骤

全市综合执法体制改革工作从2015年3月开始，2016年底前完成。具体工作步骤如下：

（一）梳理调研阶段（2015年3月至2015年6月）。结合行政审批制度改革工作，各行政部门依据法律法规规章、规范性文件等规定，全面梳理现有行政执法权力事项，重点突出执法行为的具体承办机构以及市、辖市（区）两级的具体权限分工，市法制办加强执法权力事项的合法性审查。市编办加强调研，研究拟订全市综合行政执法体制改革试点实施意见，组织召开综合行政执法体制改革试点工作会议。

（二）制定方案阶段（2015年7月至2015年9月）。相关主管部门根据全市综合行政执法体制改革试点意见要求，结合本部门执法工作实际，研究拟订本领域综合行政执法体制改革实施方案，经市综合行政执法体制改革试点工作联席会议审议后由政府办公室印发。其中涉及市与辖区执法层级调整的，由市级相关行政部门负责牵头起草，10月底完成实施方案拟订。跨部门综合执法改革实施方案由市编办商有关行政部门共同制定。区域综合执法改革的实施方案由所在辖市（区）负责制定。市编办和市法制办加强对各领域综合执法改革实施方案制定的指导。

（三）组织实施阶段（2015年10月至2016年6月）。按照先易后难、分类推进的原则，条件成熟的可先行实施，对涉及职能调整、机构整合、人员编制划转的，按规定程序报批。市和辖市（区）两级涉及城乡建设、市场监管、农林渔业、交通运输、城市管理等重点领域的综合执法改革于2015年底完成；市和辖区两级涉及公共卫生、安全生产、资源保障、城市管理、劳动保障等重点领域综合执法改革，以及试点开发园区和经济发达镇综合执法改革于2016年6月底完成。

（四）检查评估阶段（2016年7月至2016年底）。市编办会同市法制办在各行政部门自评的基础上，通过现场观摩、民意调查和检查评估等方式，总结综合行政执法体制改革试点经验，分析存在问题，健全运行机制，力争常州综合行政执法体制改革试点经验可复制可推广。

五、组织实施

（一）加强组织领导。综合行政执法体制改革难度大、涉及面广、政策性强。各级各部门要高度重视，加强组织领导，精心组织实施，确保试点顺利推进。市级建立由市政府领导担任召集人的综合行政执法体制改革试点工作联席会议制度，加强统筹协调和工作指导。各级各部门在市政府领导下进行，建立强有力的工作推进机制，科学筹划，周密部署，鼓励和支持部门大胆探索，创新体制，确保取得实效。

（二）密切协调配合。机构编制部门要切实做好牵头协调和组织实施工作，把综合执法工作与政府职能转变、事业单位改革、规范行政权力运行紧密结合起来，妥善处理改革中出现的问题。政府法制部门要加强执法人员的资格管理、培训教育等工作。财政部门要加强财政经费的监督管理，切实保障综合行政执法工作经费。人社部门要加强执法队伍管理的监督指导，完善健全有关人事管理制度，确保人员平稳过渡。

（三）严肃工作纪律。严格执行机构编制、组织人事、财经纪律，做到令行禁止。特别是在职责划转、机构和人员编制整合调整过程中，应按照规定处理好人财物问题，防止国有资产流失。各级各部门要从大局出发，统一思想、提高认识，积极支持综合执法改革，注意处理好综合执法改革与日常监管的关系，确保思想不散、秩序不乱、工作不断。

附件：常州市综合行政执法体制改革试点任务分工（略）

常州市人民政府

2015年6月10日

常州市深入推进简政放权放管结合转变政府职能工作方案

常政发〔2015〕171号

为贯彻落实国务院、省政府关于深化行政体制改革、加快转变政府职能的决策部署，根据《国务院关于印发2015年推进简政放权放管结合转变政府职能工作方案的通知》（国发〔2015〕29号）、《省政府关于印发2015年推进简政放权放管结合转变政府职能工作方案的通知》（苏政发〔2015〕97号）精神和国务院、省政府简政放权放管结合职能转变工作电视电话会议要求，结合我市实际，制定本方案。

一、指导思想和工作目标

（一）指导思想。

全面贯彻党的十八大和十八届二中、三中、四中全会以及习近平总书记视察江苏重要讲话精神，按照“四个全面”战略布局，主动适应和引领经济发展新常态，协同推进简政放权、放管结合、优化服务，坚持民意为先、问题导向，重点围绕阻碍创新发展的“堵点”、影响干事创业的“痛点”和市场监管的“盲点”，拿出硬措施，打出组合拳，在放权上求实效，在监管上求创新，在服务上求提升，在深化行政体制改革，建设法治政府、创新政府、廉洁政府和服务型政府方面迈出坚实步伐，促进政府治理能力现代化。

（二）工作目标。

推进简政放权、放管结合、优化服务和转变政府职能工作，要适应改革发展新形势、新任务，从重数量向提高含金量转变，从“给群众端菜”向“让群众点菜”转变，从分头分层级推进向纵横联动、协同并进转变，从减少审批向放权、监管、服务并重转变，从物理整合向化学整合转变，统筹推进行政审批、投资审批、职业资格、收费管理、商事制度、教科文卫体、公共资源交易等领域改革，着力解决跨领域、跨部门、跨层级的重大问题。进一步加大取消、下放力度，大力简化投资审批，重点解决"一长四多"突出问题。全面清理并取消一批收费项目和资质资格认定，出台一批规范行政权力运行、提高行政审批效率的制度和措施，推出一批创新监管、改进服务的举措。加强政务服务体系建设，优化线上线下政务服务平台。整治"红顶中介"，强化对涉及审批的中介监管，推动相对集中行政许可权和综合执法改革试点，为企业松绑减负，为创业创新清障搭台，为稳增长、促改革、调结构、惠民生提供有力支撑，培育经济社会发展新动力。

二、主要任务

（一）深入推进行政审批改革。

进一步做好国务院、省政府取消下放行政审批事项的对应取消和承接工作。按照国务院对精简前置审批、规范中介服务提出的"5个一律"总体要求，全面清理涉及行政审批的中介服务项目，建立并公布行政审批前置中介服务项目清单，完善涉建中介信息平台功能，推进中介机构从业行为阳光化、规范化，促进服务质量提高和收费行为规范。开展优化"互联网+"审批试点工作。落实清单管理制度，实行动态调整，做好行政权力数据库维护管理工作，加强行政权力清单、责任清单规范化、标准化建设。对已取消、下放的行政审批事项，严肃纪律、严格执行，及时纠正明放暗留、变相增设、体外循环、弄虚作假等行为。进一步优化行政审批流程，规范行政审批行为，约束自由裁量权。严格执行"三集中、三到位"要求，确保清单之外无权力、大厅之外无审批、网上监察无盲区。以常州高新区（新北区）和武进高新区、常州经济开发区等开发区为试点，探索实施相对集中行政许可权。深化省级以上开发区行政审批制度改革，全面推进市级中心镇扩权强镇工作，启动并逐步扩大政府向社会组织转移职能工作，进一步推动简政放权。深化天目湖镇省经济发达镇行政管理体制改革，做好第二批省经济发达镇改革试点工作。全面推进综合行政执法体制改革，整合规范执法主体，综合设置执法队伍，推进重点领域跨部门、跨行业综合执法。积极开展行政审批制度改革第三方评估工作，促进各项政策措施贯彻落实。

（二）深入推进投资审批改革。

按照《江苏省政府核准的投资项目目录（2015年本）》，进一步取消下放投资审批权限。制订出台《常州市政府投资管理办法》和《常州市投资项目备案管理办法》，创新投资管理方式，推动市政府有关部门主动协同放权、落实限时办结制度，督促辖市（区）抓紧制定细化、可操作的配套措施。制定并公开企业投资项目核准及依法必须实施的中介服务事项目录清单，简化投资项目报建手续，大幅减少申报材料，压缩前置审批环节并公开审批时限，适时出台核准制流程的改革方案。创新重点领域投融资机制，鼓励社会投资，制定政府和社会资金合作的实施意见。充分发挥"常州市建设项目信息共享网上审批系统"的作用，落实企业投资项目网上并联核准制度，完善信息共享、覆盖全市、纵横联动的投资项目在线审批监管平台，形成协同监管机制，实现"制度+技术"的有效监管。进一步优化投资建设项目审批流程，积极推动多规合一、多评合一、联合审图、联合踏勘、联合测绘、联合验收、区域性评价等机制创新。落实《关于进一步规范行政审批中介服务的实施意见》，规范中介服务，治理"红顶中介"，培育中介市场，完善监管体系。

（三）深入推进职业资格改革。

认真做好国务院、省政府公布取消的职业资格许可认定的落实工作，坚决停止已取消的职业资格相关认定工作，公布已取消的职业资格目录清单和纳入国家统一规划管理的职业资格目录。对各辖市（区）、各部门职业资格清理规范情况开展专项督查，合力整治各类职业资格考试、鉴定秩序。完善职业资格分级管理制度，下放职业技能鉴定初、中级管理权限，推进工作重心由开展技能鉴定向加强业务指导和质量监管转变。加快出台我市职业资格证书核发管理规定，完善职业资格证书发放、统计和管理等工作环节的程序和办法。开发职业技能统考在线报名平台，做精做细统考报名工作。开展高技能人才培养项目考核评估管理工作，进一步提升服务水平，推进我市高技能人才队伍建设。开通职业资格改革网站专栏，设置职业资格改革投诉网络信箱，进一步畅通社会监督渠道，营造良好舆论氛围。

（四）深入推进收费清理改革。

进一步清理规范收费，完善收费目录清单制度，坚决取缔违规设立的收费和基金项目。全面清理行政审批前置中介服务收费，建立并公布清单，凡没有法定依据的中介服务项目和收费一律取消，凡政府职责范围内的事项不得转由中介组织向企业收费。坚决制止行政事业单位利用行政权力或资源，强制企业缴费参加培训、学术研讨、考核评比等行为。规范行业协会商会等社会团体收费，坚决制止强制企业入会并收取会费以及强制赞助捐赠等行为。严禁行业协会商会依靠代行政府职能或利用行政资源擅自设立收费项目、提高收费标准。清理规范地方自立收费项目，完善收费票据和收费报备管理制度，加强收费单位资金管理，建立多层次监督体系。行政事业性收费严格执行省定项目，不搞任何"地方夹带"；严格按照国家和省要求确定实施政府定价或指导价的涉企经营服务性收费项目；收费标准有上下限的，一律按下限标准执行。

（五）深入推进商事制度改革。

全面实施"三证合一、一照一码"登记制度。根据《江苏省保留工商登记前置审批事项目录》和《江苏省工商登记前置改后置审批事项目录》，深入推进"先照后证"改革。修改完善我市进一步放宽住所（经营场所）登记条件的实施意见，在工业园区、省级以上开发区、各类孵化机构、众创空间等实行住所信息登记备案制度。进一步推进工商登记注册便利化，积极探索企业名称网上登记和企业简易注销登记程序。全面实行全程电子化登记模式，通过电子营业执照实现网上受理、网上核准、网上发照。继续推进企业信用信息公示系统建设和应用。完善小微企业扶持政策，降低创业门槛，拓宽融资渠道，强化帮扶措施，帮助小微企业创业创新，促进具有一定规模的个体工商户转为企业。

（六）深入推进教科文卫体领域相关改革。

适应互联网、大数据等技术日新月异的趋势，围绕打造大众创业、万众创新和增加公共产品、公共服务“双引擎”，研究推进教科文卫体领域创新管理和服务的意见，尤其是对新技术、新业态、新模式，既解决“门槛过高”问题，又解决“无路可走”问题，主动开拓为企业和群众服务的新形式、新途径，营造良好的创业创新环境。落实好教科文卫体领域取消下放的行政审批事项，逐项检查中途截留、变相审批、随意新设、明减暗增等落实不到位的行为并加以整改。研究加强对教科文卫体领域取消下放行政审批事项的事中事后监管措施。逐项检查事中事后监管措施是否及时跟上、有力有效，是否存在监管漏洞和衔接缝隙，对发现的问题逐项整改。对教科文卫体领域现有行政审批、行政权力事项进行全面梳理，立足发展实际提出取消建议，进一步加大行政审批和行政权力事项的下放力度，协调研究解决工作中的重点、难点问题。

（七）深入推进监管方式创新，着力优化政府服务。

按照简政放权、依法监管、公正透明、权责一致、社会共治原则，转变监管理念，创新监管方式，提升监管效能，为各类市场主体营造公平竞争发展环境。按照市政府办公室《关于深化行政审批制度改革加强事中事后监管的意见》（常政办发〔2014〕167号）要求，建立“1主7辅”事中事后监管体系，尽快出台投资管理、信用管理、维护市场公平交易秩序、加强产品质量、食品安全、安全生产、环境保护等7个关键领域的事中事后监管办法。研究“先照后证”改革后加强事中事后监管的办法。推进社会信用体系建设，建立信息披露和诚信档案制度、失信联合惩戒机制和黑名单制度，探索建立事业单位信用等级评价和行业协会、商会信用等级评价制度。制定社会组织监督管理办法。实施企业经营异常名录、严重违法企业名单等相关制度，构建跨部门执法联动响应及失信约束机制。加快统一的综合监管平台建设，积极运用大数据、云计算、物联网等信息化手段，探索实行“互联网+监管”新模式。推行随机抽查、告知承诺、举报奖励等办法，畅通群众投诉举报渠道，充分调动社会监督力量，落实企业首负责任，形成政府监管、企业自治、行业自律、社会监督的新格局。

以创业创新需求为导向，切实提高公共服务的针对性和实效性，为大众创业、万众创新提供全方位服务，为人民群众提供公平、可及的服务。搭建为市场主体服务的公共平台，形成集聚效应，实现服务便利化、集约化、高效化。按照管办分离、管采分离的要求，加快公共资源交易平台深度整合，建立统一规范、共享共用、监管有效的公共资源交易机构，推动资源交易的阳光化运行、市场化配置、合理化定价、在线化操作。提供有效管用的信息和数据，为市场主体创业创新和开拓市场提供信息服务。加强就业指导和职业教育，做好大学生创业就业服务。制订完善人才政策，营造引智聚才的良好环境，为市场主体提供人力资源服务。创新公共服务提供方式，引入市场机制，凡是企业和社会组织有积极性、适合承担的，通过委托、承包、采购等方式尽可能发挥社会力量作用；确需政府参与的，也要更多采取政府和社会力量合作方式。政府要履行好保基本的兜底责任，切实保障困难群众基本生活，消除影响群众干事创业的后顾之忧。

（八）进一步强化改革保障机制。

各辖市（区）政府要建立简政放权放管结合优化服务职能转变工作推进机制。按照市政府部署和要求，强化责任、积极跟进，搞好衔接、上下联动。要树立问题导向，积极探索，主动作为，明确改革重点，推出有力措施，切实解决本地区企业和群众反映强烈的问题，增强改革的针对性和有效性。

市政府推进职能转变协调小组（以下简称协调小组）要切实发挥统筹指导和督促落实作用。加强改革进展、典型做法、意见建议的沟通交流。针对改革中的重点难点问题和前瞻性、长远性问题，进行深入调研，提出对策建议。对出台的重大改革措施，组织开展第三方评估。加大对市级部门和辖市（区）简政放权工作的督查力度，对各地、各有关部门落实简政放权、取消下放事项、优化审批流程、深入推进改革、加强事中事后监管等工作进行督查。抓住典型案例，推动解决社会反映强烈的问题。对简政放权、放管结合和转变政府职能事项进行专家评估，客观公正地提出意见建议。从建设法治政府、创新政府、廉洁政府和服务型政府的高度，加强理论研究，发挥决策咨询作用。

三、工作要求

（一）加强组织领导。各地、各有关部门主要负责同志和协调小组各专题组、功能组组长要高度重视，勇于担当，切实担负起推进本地区、本领域简政放权、放管结合、优化服务、转变政府职能改革的重任。要切实提高工作效率，根据本方案要求，及时组织制定实施计划并限期出台改革文件，明确时间表、路线图和成果形式，将任务逐项分解到位、落实到人。对主动作为的要激励，对落实不力的要问责，以抓铁有痕、踏石留印的作风，务求有进展、有突破、有实效。

（二）加强统筹协调。各地、各有关部门和协调小组各专题组、功能组要牢固树立大局意识和全局观念，密切协作、协调联动、相互借鉴，勇于探索创新，敢于率先突破。各地、各有关部门负责推动解决属于本地区、本领域的问题；协调小组各专题组要发挥牵头作用，协调解决好跨部门、跨领域的问题；协调小组各功能组要加强沟通协调和支持保障，形成工作合力，确保各项改革整体推进。

（三）加强工作指导。市政府各部门和协调小组各专题组、功能组要注重对辖市（区）改革的跟踪指导，搭建经验交流推广平台。及时研究解决“放、管、服”重点难点问题，为改革推进扫除障碍。加强对辖市（区）政府简政放权、放管结合、职能转变工作的考核，完善考评机制，切实推动基层政府职能转变，着力解决“最后一公里”问题。

（四）加强舆论引导。及时发布权威改革信息，回应社会关切，引导社会预期。加大“放、管、服”改革宣传力度，进一步凝聚改革共识，形成推动改革的良好舆论氛围。

常州市人民政府

2015年11月9日

2016

附　录

Appendix

◆责任编辑　王　晶

2015年重要文件目录

一、中共常州市委文件

中共常州市委、常州市人民政府、常州军分区关于印发《常州市双拥工作实施细则》的通知（1月5日）

中共常州市委贯彻落实党的十八届四中全会决定和省委意见全面推进依法治市的实施意见（2月3日）

中共常州市委关于印发《中共常州市委常委会2015年工作要点》的通知（2月6日）

中共常州市委、常州市人民政府关于深入推进节约集约用地的意见（2月6日）

中共常州市委、常州市人民政府关于进一步深化农村改革加快农业现代化和城乡发展一体化建设的意见（2月10日）

中共常州市委、常州市人民政府关于印发《常州市2015年重点工程》的通知（2月12日）

中共常州市委、常州市人民政府关于在全市开展“重大项目深化年”活动的实施方案（2月16日）

中共常州市委、常州市人民政府关于表彰2014年度全市“创新争星、做强做优”活动优胜企业和企业家的决定（2月16日）

中共常州市委、常州市人民政府关于表彰2014年度辖市、区现代化建设评价考核优胜地区的决定（2月16日）

中共常州市委、常州市人民政府关于表彰2014年度常州市“重大项目突破年”活动突出贡献地区和个人的决定（2月16日）

中共常州市委、常州市人民政府关于表彰2014年度市优秀工程和优秀项目的决定（2月16日）

中共常州市委、常州市人民政府关于表彰常州市2014年度综合考核“优胜单位”、“争先进位单位”的决定（2月16日）

中共常州市委、常州市人民政府印发《关于深入推进民生幸福工程的实施意见》的通知（3月3日）

中共常州市委、常州市人民政府关于印发《2015年全市生态文明在行动工作方案》的通知（3月10日）

中共常州市委、常州市人民政府印发《常州市党政机关事业单位机构编制管理规定》的通知（3月16日）

中共常州市委关于进一步加强和改进人大工作的实施意见（3月23日）

中共常州市委关于开展向许巧珍同志学习活动的决定（4月28日）

中共常州市委关于进一步推进干部交流工作的意见（4月30日）

中共常州市委、常州市人民政府关于成立常州市深化医改领导小组的通知（5月7日）

中共常州市委、常州市人民政府关于建设常州苏南国家自主创新示范区的实施意见（5月8日）

中共常州市委、常州市人民政府关于成立市行政区划调整领导小组的通知（5月21日）

中共常州市委、常州市人民政府关于常州市部分行政区划调整的实施意见（5月28日）

中共常州市委、常州市人民政府关于成立江苏常州经济开发区建设发展领导小组的通知（5月28日）

中共常州市委关于中国共产党金坛市委员会更名为中国共产党常州市金坛区委员会的通知（5月29日）

中共常州市委关于撤销中国共产党常州市戚墅堰区委员会的通知（5月29日）

中共常州市委关于成立中国共产党江苏常州经济开发区工作委员会的通知（5月29日）

中共常州市委关于调整部分辖市、区党组织隶属关系的通知（5月29日）

中共常州市委关于变更金坛市领导干部职务称谓的通知（6月8日）

中共常州市委、常州市人民政府关于进一步加强国家历史文化名城保护的意见（6月24日）

中共常州市委关于表彰2013—2015年度全市先进基层党组织、优秀共产党员、优秀党务工作者的决定（6月29日）

中共常州市委、常州市人民政府关于印发《深化“三位一体”发展战略，落实“中国制造2025”常州行动纲要》的通知（7月7日）

中共常州市委关于印发《从严管理干部的规定》的通知（8月10日）

中共常州市委、常州市人民政府关于印发《常州市深化医疗卫生体制

改革试点工作实施方案》的通知(8月14日)

中共常州市委、常州市人民政府关于推进产城融合综合改革的实施意见(8月14日)

中共常州市委、常州市人民政府关于加快互联网经济发展的意见(8月18日)

中共常州市委、常州市人民政府关于成立常州产城融合综合改革领导小组的通知(9月7日)

中共常州市委关于推动全面从严治党迈上新台阶的实施意见(9月30日)

中共常州市委关于推动文化建设迈上新台阶的实施意见(10月21日)

中共常州市委、常州市人民政府关于印发《常州市实现现代化指标体系2015年度分解方案》的通知(10月22日)

中共常州市委、常州市人民政府关于加快常州经济开发区建设发展的意见(12月17日)

中共常州市委关于进一步加强全市少先队工作的意见(12月22日)

二、中共常州市委办公室文件

市委办公室、市政府办公室关于规范机关事业单位津贴补贴和奖金发放的自查报告(1月5日)

市委办公室、市政府办公室关于办公用房清理整改落实工作的报告(1月12日)

市委办公室关于印发《2015年度市委规范性文件制定计划》的通知(1月15日)

市委办公室、市政府办公室关于进一步规范党政机关举办大型群众性活动安全管理工作的意见(1月28日)

市委办公室、市政府办公室关于印发《常州市党委政府督查工作办法》的通知(2月10日)

市委办公室、市政府办公室关于印发《2015年全市督查工作重点》的通知(2月10日)

市委办公室、市政府办公室印发《关于推动传统媒体和新兴媒体融合发展的实施意见》的通知(2月11日)

市委办公室关于转发《常州市关心下一代工作委员会2015年工作意见》的通知(2月15日)

市委办公室关于落实市委常委、党员副市长抓党建工作责任制的意见(3月9日)

市委办公室、市政府办公室关于表彰2014年度常州市社区建设先进地区和优胜单位的决定(3月13日)

市委办公室、市政府办公室关于加强全市涉密文件内部资料回收销毁保密管理的通知(3月16日)

市委办公室关于印发《中国常州市委全面深化改革领导小组2015年工作要点》的通知(3月17日)

市委办公室、市政府办公室关于进一步加强城乡社区信息网络规范化建设的意见(3月18日)

市委办公室关于印发《常州市经济体制和生态文明体制领域重要改革举措实施规划(2015—2020年)》的通知(4月7日)

市委办公室、市政府办公室印发《关于印发常州市政务服务管理办公室(中共常州市政务服务管理办公室工作委员会)主要职责内设机构和人员编制规定》的通知(4月10日)

市委办公室关于印发《中共常州市委关于省委第七巡视组巡视反馈意见整改情况的通报》的通知(4月16日)

市委办公室关于印发《2015年度中共常州市委与市各民主党派政治协商计划》的通知(4月20日)

市委办公室、市政府办公室关于印发《第十届中国常州先进制造技术成果展示洽谈会总体方案》的通知(4月28日)

市委办公室、市政府办公室关于成立常州市农村土地使用制度改革试点工作领导小组的通知(5月4日)

市委办公室印发《关于在县处级以上领导干部中开展“三严三实”专题教育的实施方案》的通知(5月20日)

市委办公室、市政府办公室关于在我市行政区划调整过程中严肃有关纪律的通知(5月20日)

市委办公室、市政府办公室关于做好我市部分行政区划调整中档案工作的通知(6月5日)

市委办公室关于启用“中国共产党江苏常州经济开发区工作委员会”、“江苏常州经济开发区管理委员会”印章的通知(6月10日)

市委办公室、市政府办公室关于在茅山老区组织实施新一轮“百千万”帮扶工程的意见(6月15日)

市委办公室、市政府办公室关于市领导信访接待日安排的通知(6月26日)

市委办公室关于成立市委巡察组的通知(6月30日)

市委办公室、市政府办公室关于印发常州市2015年度综合考核(绩效评估)指标体系的通知(7月2日)

市委办公室、市政府办公室关于印发《常州市关于发展众创空间推进大众创新创业的实施方案(2015—2020年)》的通知(7月6日)

市委办公室、市政府办公室关于印发《常州市市属国有企业负责人履职待遇、业务支出管理暂行办法》的通知(7月14日)

市委办公室、市政府办公室关于调整《在全市开展“重大项目深化年”活动的实施方案》有关内容的通知(7月15日)

市委办公室、市政府办公室关于明确行政区划调整有关事项的通知(7月17日)

市委办公室关于进一步整治“会所中的歪风”工作方案的报告(7月31日)

市委办公室、市政府办公室关于党员干部带头推动殡葬改革的意见(8月5日)

市委办公室、市政府办公室关于下达2015年市区军队转业干部和随军家属安置计划的通知(8月5日)

市委办公室、市政府办公室关于印发《常州市民军融合式发展三年实施计划(2015—2017)》的通知(8月12日)

市委办公室、市政府办公室关于印发《2015中国常州科技经贸洽谈会方案》的通知(8月14日)

市委办公室关于印发《常州市县处级党政领导干部选拔任用动议工作暂行办法》的通知(8月25日)

市委办公室、市政府办公室2015年常州产城融合综合改革推进计划(8月30日)

市委办公室、市政府办公室关于

2014年常州市"八项工程"监测情况的通报（9月1日）

市委办公室、市政府办公室关于2014年度常州市实现现代化监测统计情况的通报（9月1日）

市委办公室印发《关于实施党风廉政建设责任追究的办法（试行）》的通知（9月21日）

市委办公室、市政府办公室关于做好2016年度全市重点党报党刊征订发行工作的通知（10月10日）

市委办公室、市政府办公室关于做好部分行政区划调整后人员选调流动和编制划转工作的通知（10月29日）

市委办公室、市政府办公室关于深化人才工作体制机制改革，全力推进"龙城英才"创新创业的实施意见（12月9日）

市委办公室、市政府办公室关于印发《常州市市级党政机关办公用房管理暂行办法》的通知（12月10日）

市委办公室、市政府办公室关于加强和改进新形势下全市档案工作的实施意见（12月21日）

市委办公室关于申报2016年度市委规范性文件制定计划建议项目的通知（12月23日）

市委办公室、市政府办公室关于市领导信访接待日安排的通知（12月23日）

市委办公室关于印发《辖市、区纪委书记、副书记提名考察办法（试行）》、《市纪委派驻纪检组组长、副组长提名考察办法（试行）》、《市属企业纪委书记、副书记提名考察办法（试行）》、《市属事业单位纪委书记、副书记提名考察办法（试行）》的通知（12月25日）

三、人大文件

关于常州市人民政府工作报告的决议（1月16日）

关于常州市2014年国民经济和社会发展计划执行情况与2015年计划安排意见的报告的决议（1月16日）

关于常州市2014年预算执行情况和2015年预算草案的报告的决议（1月16日）

关于常州市人民代表大会常务委员会的工作报告的决议（1月16日）

关于常州市中级人民法院工作报告的决议（1月16日）

关于常州市人民检察院工作报告的决议（1月16日）

关于批准2014年本级决算的决议（6月16日）

关于设立常州市第十五届人民代表大会财政经济委员会、法制委员会的决定（7月16日）

关于授予易熙孟等10位外籍人士"常州市荣誉市民"称号的决定（8月28日）

关于批准调整本级财政支出预算的决定（10月26日）

关于加强生态红线区域保护的决定（10月26日）

四、市政府文件

市政府关于颁发常州市市级土地储备管理办法的通知（1月9日）

市政府关于促进我市小微企业转型升级为规模以上企业的实施意见（1月9日）

市政府关于印发《常州市关于批准再生育一个孩子特殊情形的规定》的通知（1月9日）

市政府关于颁发2014年度常州市科学技术奖的决定（1月16日）

常州市人民政府关于在市区实行建筑垃圾密闭运输的通告（1月16日）

市政府关于印发2015年《政府工作报告》目标任务分解落实方案的通知（1月22日）

常州市人民政府关于印发2015年全市创建国家森林城市重点工程及任务分解表的通知（1月23日）

关于发布常州市政府核准的投资项目目录（2015年本）的通知（2月17日）

市政府关于清理规范税收等优惠政策的通知（3月6日）

市政府关于分解下达2015年保障性安居工程建设目标任务的通知（3月13日）

市政府关于促进旅游业改革发展的实施意见（3月13日）

市政府转发省政府关于贯彻落实国务院加强审计工作意见的通知（3月13日）

市政府关于进一步完善常州市城市长效综合管理考核工作的实施意见（3月20日）

市政府关于加快发展现代保险服务业的实施意见（3月20日）

市政府关于成立常州市土地收购储备管理委员会的通知（3月31日）

市政府关于调整全市推进节约集约用地工作领导小组的通知（3月31日）

市政府关于成立常州市苏南国家自主创新示范区建设工作领导小组的通知（3月31日）

市政府关于调整常州市全面推进依法行政工作领导小组成员的通知（4月17日）

市政府关于深入推进依法行政加快建设法治政府的实施意见（4月17日）

市政府关于深化预算管理制度改革的通知（4月17日）

市政府关于颁发2014年度常州市五一劳动奖状（奖章）的决定（4月30日）

市政府关于印发《常州市国家知识产权示范城市建设工作方案》的通知（4月30日）

常州市推广中国（上海）自由贸易试验区可复制改革试点经验实施方案（4月30日）

市政府关于加快常州市现代服务业集聚区发展的意见（5月8日）

市政府关于颁发《常州市社会救助实施办法》的通知（5月15日）

市政府关于成立中国以色列常州创新园和石墨烯产业发展工作领导小组的通知（5月21日）

市政府关于开展综合行政执法体制改革试点工作的实施意见（6月11日）

常州市人民政府关于贯彻《江苏省大气污染防治条例》的实施意见（6月11日）

市政府关于印发《常州市公共机构节能管理办法》的通知（6月26日）

市政府关于公布全市城乡低保标准的通知（7月10日）

市政府关于部分街道办事处、乡镇更名的通知（7月10日）

市政府关于成立常州市永久基本农田划定和土地利用总体规划调整完善工作领导小组的通知（7月10日）

市政府关于进一步深化全市价格改革切实加强价格监管的实施意见（7月30日）

市政府关于授予冒瑞林等同志常州市见义勇为先进分子和市治安义务巡防车队常州市见义勇为先进集体荣誉称号的决定（8月6日）

市政府关于印发常州市加强犬只规范化管理工作意见的通知（8月13日）

市政府关于给江苏省第25期援桑给巴尔医疗队集体和个人记功的决定（8月13日）

市政府关于公布常州市市区土地级别和基准地价更新成果的通知（8月13日）

市政府关于进一步加强技术改造引领制造业中高端发展的实施意见（8月13日）

市政府关于进一步规范行政审批中介服务的实施意见（8月13日）

市政府关于成立常州市制造强市建设推进领导小组的通知（8月20日）

市政府关于调整常州仲裁委员会部分组成人员的通知（8月27日）

市政府关于加快推进工程建设领域政府投资项目绿色采购的指导意见（9月24日）

市政府关于调整钟楼区和武进区部分行政区划的通知（10月10日）

市政府关于印发《常州市市区公共租赁住房共有产权试点方案》的通知（10月10日）

市政府关于加强犬只规范化管理工作的通告（10月10日）

市政府关于加快互联网平台经济发展的实施意见（10月16日）

市政府关于颁发《常州市市区餐厨废弃物管理办法》的通知（10月27日）

市政府关于进一步推进信息基础设施建设的意见（10月30日）

市政府关于表彰常州市第十三次自然科学优秀科技论文的决定（11月6日）

市政府关于取消行政审批项目和承接国务院、省政府下放行政审批项目的通知（11月13日）

市政府关于印发《常州市深入推进简政放权放管结合转变政府职能工作方案》的通知（11月13日）

市政府关于调整溧阳市溧城镇行政区划的通知（11月26日）

市政府关于表彰2015年常州市市长质量奖和常州市质量管理先进单位的决定（11月26日）

市政府关于进一步做好为农民工服务工作的实施意见（12月7日）

市政府关于进一步做好新形势下就业创业工作的实施意见（12月11日）

市政府关于公布失效或废止市政府规范性文件和政策措施类文件的通知（12月11日）

市政府关于切实做好第三次全国农业普查工作的通知（12月11日）

市政府关于统一全市市场监督管理局执法人员制式服装及标志标识的通知（12月11日）

市政府关于印发《常州市主体功能区实施意见》的通知（12月18日）

市政府关于调整常州市市区“三改”工作领导小组成员的通知（12月18日）

市政府关于颁发《常州市机关事务管理办法》的通知（12月25日）

市政府关于加快推进建筑产业现代化发展的实施意见（12月31日）

五、市政府办文件

市政府办公室关于印发常州市煤炭消费总量控制和目标责任管理实施方案的通知（1月9日）

市政府办公室关于印发常州市控制能源消费总量工作方案的通知（1月9日）

市政府办公室关于印发常州市实施节能减排低碳发展行动工作方案的通知（1月9日）

市政府办公室关于印发《常州市绿色建筑行动实施方案》的通知（1月23日）

市政府办公室转发市人力资源和社会保障局等部门关于开展机关事业单位“吃空饷”问题集中治理工作实施意见的通知（1月23日）

市政府办公室关于印发《常州市批而未供和闲置土地专项清理实施方案》的通知（1月30日）

关于印发市政府2015年制定规范性文件计划的通知（2月6日）

市政府办公室关于成立2015年常州市春节运输工作领导小组的通知（2月6日）

市政府办公室关于加快推进“常州市建设项目信息共享、网上审批系统”应用工作的通知（2月17日）

市政府办公室关于做好2015年春节元宵节期间旅游安全工作的通知（2月17日）

市政府办公室关于表扬2014年度政务服务“群众最满意窗口”的通报（2月17日）

市政府办公室关于印发《2015年常州市行政审批制度改革工作要点》的通知（2月17日）

市政府办公室关于转发常州市2015年食品安全抽检任务安排的通知（2月17日）

市政府办公室关于表扬2014年度银行业金融机构支持地方经济发展先进单位的通知（2月17日）

市政府办公室关于开展政府部门责任清单编制工作的通知（3月6日）

市政府办公室关于表彰2014年度全市政务信息工作先进单位和先进个人的决定（3月6日）

市政府办公室关于做好2014年度土地矿产卫片执法监督检查工作的通知（3月13日）

市政府办公室关于建立疾病应急救助制度的实施意见（3月13日）

市政府办公室关于推进“畅游江苏·乐在常州”品牌建设的意见（3月20日）

市政府办公室关于印发《全市“十三五”重点专项规划编制工作意见》的通知（3月20日）

市政府办公室关于常州市土地矿产卫片执法监督检查工作领导小组成员调整的通知（3月31日）

市政府办公室关于成立常州市减轻企业负担工作领导小组的通知（3月31日）

市政府办公室关于调整常州市禁毒委员会组成人员的通知（3月31日）

市政府办公室关于转发市国土资源局《常州市国土资源节约集约利用综合评价考核实施细则（试行）》的通知（4月13日）

市政府办公室关于进一步修订完善常州市市区城乡居民基本养老保险制度的通知（4月13日）

市政府办公室关于明确市公共信用信息系统第一批归集数据项的通知

（4月13日）

市政府办公室关于印发《常州市实行"三证合一"登记制度实施方案》的通知（4月17日）

市政府办公室关于印发2015年度稳增长促改革调结构惠民生防风险政策措施落实情况跟踪审计工作方案的通知（4月17日）

市政府办公室关于印发《常州市"三合一"阳光政务平台行政权力数据库维护管理办法》的通知（4月17日）

市政府办公室关于印发常州市市级预算稳定调节基金管理暂行办法的通知（4月17日）

市政府办公室关于成立常州市石油天然气输送管道保护工作领导小组的通知（4月17日）

市政府办公室关于成立常州市第二次全国地名普查领导小组的通知（4月30日）

市政府办公室关于成立常州市国家知识产权示范城市建设工作领导小组的通知（4月30日）

市政府办公室关于推进外贸稳增长调结构促转型的实施意见（4月30日）

市政府办公室关于成立常州市就业创业工作领导小组的通知（5月8日）

市政府办公室关于印发《2015年常州市现代服务业发展工作要点》的通知（5月8日）

市政府办公室关于成立常州市铁路建设指挥部的通知（5月8日）

市政府办公室关于"十百千"创新型企业培育工程入库企业名单调整的通知（5月21日）

市政府办公室关于进一步做好2015年度新能源汽车推广应用工作的意见（6月1日）

市政府办公室关于印发2015年全市食品安全重点工作安排的通知（6月5日）

市政府办公室关于进一步加强涉企收费管理减轻企业负担的通知（6月11日）

市政府办公室关于印发常州名特优农产品推介会工作方案的通知（6月11日）

市政府办公室关于成立市机关事业单位养老保险制度改革工作领导小组的通知（6月26日）

市政府办公室关于印发深入推进依法行政加快建设法治政府任务分解方案的通知（7月6日）

市政府办公室关于印发《常州市进一步完善养老服务体系、加快发展养老服务业实施意见的责任分解方案》的通知（7月10日）

市政府办公室关于做好2015年全市农业保险工作的通知（7月10日）

市政府办公室关于组建常州市无偿献血应急队伍的通知（7月10日）

市政府办公室关于调整全市人力资源社会保障重点目标任务的通知（7月20日）

市政府办公室关于印发《2015"激情之夏"常州旅游节活动方案》的通知（7月30日）

市政府办公室关于转发市国土资源局调整2015年度耕地保护责任目标任务的通知（7月30日）

市政府办公室关于进一步完善规范住房保障工作机制的通知（8月6日）

市政府办公室关于印发常州市参加第十七届江苏国际服装节工作方案的通知（8月6日）

市政府办公室关于全面建立临时救助制度的意见（8月13日）

市政府办公室关于组织申报市政府应急管理专家库专家和推荐第三届市政府应急管理专家组成员的通知（8月13日）

市政府办公室关于成立常州市环境保护大检查工作协调小组的通知（8月20日）

市政府办公室关于2014年度实行最严格水资源管理制度考核结果的通报（8月21日）

市政府办公室关于完善市本级和武进区城乡居民基本医疗保险政策的通知（8月27日）

市政府办公室关于印发《常州市建设项目主要污染物排放总量指标审核及管理实施细则》的通知（8月27日）

市政府办公室关于印发常州市市级国有资本经营预算管理办法的通知（9月6日）

市政府办公室关于进一步明确各辖市、区城镇燃气管理职责的通知（10月10日）

市政府办公室关于印发常州市不动产统一登记工作实施方案的通知（10月16日）

市政府办公室关于实施"全民参保登记计划"的通知（11月6日）

市政府办公室关于完善市本级和武进区城乡居民大病保险政策的通知（11月13日）

市政府办公室关于调整常州市社会救助联席会议成员的通知（11月19日）

市政府办公室关于推行电梯责任保险的实施意见（11月19日）

市政府办公室关于开展河湖和水利工程管理范围划定工作的通知（11月19日）

市政府办公室关于公布2015年常州市现代农业产业园区名单的通知（11月26日）

市政府办公室关于印发常州市生产安全事故应急预案的通知（12月4日）

市政府办公室关于印发常州市首批政府向社会组织转移职能事项目录的通知（12月7日）

市政府办公室关于印发第三届江苏技能状元大赛常州选拔赛方案的通知（12月7日）

市政府办公室关于印发《常州市深入推进简政放权放管结合转变政府职能工作任务分工和进度安排表》的通知（12月7日）

市政府办公室关于印发常州市市级政府购买政务云服务暂行办法的通知（12月7日）

市政府办公室关于转发《省政府办公厅关于进一步加强和完善部门统计工作的意见》的通知（12月11日）

市政府办公室关于转发2016年常州市食品安全抽检任务安排的通知（12月11日）

市政府办公室关于进一步加强高层次教育人才培养和引进工作的意见（12月18日）

市政府办公室关于印发常州市创建全国质量强市示范城市工作任务分解表的通知（12月25日）

市政府办公室关于印发《省授权常州市定价目录》的通知（12月25日）

市政府办公室关于进一步完善困境儿童分类保障制度的实施意见（12

月25日）

市政府办公室印发《关于加快发展人力资源服务业的实施意见》的通知（12月31日）

市政府办公室关于印发《常州市"龙城青年大学生创业"三年行动计划（2016—2018年）》的通知（12月31日）

市政府办公室关于贯彻《江苏省实施〈工伤保险条例〉办法》的通知（12月31日）

市政府办公室关于进一步做好公立医院管理体制改革试点工作的意见（12月31日）

市政府办公室关于成立常州市第三次全国农业普查领导小组的通知（12月31日）

市政府办公室关于成立中国春秋淹城旅游区创建国家5A级旅游景区工作领导小组的通知（12月31日）

市政府办公室关于印发常州市建设项目环境影响评价文件分级审批管理办法的通知（12月31日）

常州市重要电话、部分网站和微信公众号

紧急电话

报警服务中心	110	火警	119	急救中心	120

信息服务电话

号码信息查询	114	移动客服	10086	邮政客服	11185
电信客服	10000	联通客服	10010	气象问询	96121

交通旅游电话

火车站问询	85015688	公交咨询	88129262	交通事故处理	86644010
汽车站问询	88175312	交通热线	96196	运输管理	88106643

生活服务电话

自来水报修服务	88130008	保险服务	95518（人保）	供电热线	95598
供水服务	88812684		95500（太保）	天然气报修中心	86671999
排水管理	85204450		95511（平安）		

公共服务电话

安全生产	12350	国土资源违法举报	12336	市政管理	86611950
殡葬服务平台	96444	航道管理	88814049	水上搜救	12395
殡仪馆	85502504	环保热线	12369	为老便民服务平台	12349
	88550233（夜）	火灾隐患举报	96119	物价投诉	12358
城建服务热线	88226666	投诉中心		盐务管理	86650433
城建投诉	12319	纪检监察	85680586		86682504（夜）
城市管理	86638919	精神病收治	88110488—8138	药品举报	86603745
地震值班室	86969333	劳动监察	86604674	政府公共服务平台	12345
儿童福利院	88128300	路灯管理处	88107228	质监投诉	12365
法律援助	12348	纳税人维权	12366	中小企业法律服务	96885
法院公益热线	12368	服务中心		住房公积金热线	12329
工商投诉	12315	"三农"服务热线	12316	走私举报	85139140
公共卫生	12320	社会福利院	88815134	检察民生服务热线	12309
公路管理	86643420	生猪屠宰管理	86606323	交巡警服务热线	96122

公平交易	86632723	市场合同	86682682	汽车维修服务热线	4006—113—113
国税局	86667269				

部分网站

艾肯家电网	www.abi.com.cn	巴士管家	www.chebada.com
爱飘购	www.ipiaogou.com	CO土木在线	www.co188.com
常州百事通	www.519114.cn	常州地铁	www.czsubway.com.cn
常州地铁网	www.czmetro.net.cn	常州电信网	www.telecomcz.com
常州电子地图	www.czmap.com.cn	常州房地产信息网	www.czfdc.com.cn
常州干部在线学习	www.czxx.gov.cn	常州驾培网	www.czjpw.net
常州科普资源网	www.czkpzy.com	常州高新区网	www.cznd.org.cn
常州公祭网	www.czbxgj.com	常州工商行政网	www.czgsj.gov.cn
常州规划网	www.czghj.gov.cn	常州火车站网	www.czstation.com
常州价格通	www.jgtong.com.cn	常州交通网	www.czjt.gov.cn
常州考试网	www.czks.cn	常州劳动保障网	www.czldbz.gov.cn
常州旅游网	www.cztour.com	江苏常州经济开发区	www.qsy.gov.cn
常州气象信息网	www.cz121.com	常州汽车站	www.czqcz.cn
常州人才网	www.czrc.com.cn	常州人事网	www.czrs.gov.cn
常州市网络发言人网站	www.czbbs.gov.cn	常州市政府门户网	www.changzhou.gov.cn
常州体育信息网	www.czsports.gov.cn	常州天宁网	www.cztn.gov.cn
常州图书馆	www.czlib.net	常州团购网	www.0519mall.com
常州信息港	www.czinfo.net	常州医药价格网	www.yyjg.org
常州在线	www.czonline.com	常州终身教育在线网	www.czcu.net
常州钟楼网	www.czzl.gov.cn	村居廉线	www.cjlx.gov.cn
第八届中国花博会官网	www.flowerexpo.com.cn	第九大道	www.9dadao.com
国家智慧旅游公共服务平台	12301.cn	化龙巷	www.hualongxiang.com
华贸通	www.huamaotouch.com	凌家塘万家鲜城市生鲜直配	www.wanjiaxian.com
瞭望常州	www.lwcz.com	龙城春秋网	www.lccq.gov.cn
乐游常州	www.cztour.com	平安常州网	www.czsga.gov.cn
肉菜流通追溯管理平台	www.czrczs.gov.cn	淘常州	www.taocz.com
生态·常州	www.shengtai—cz.com	天天红火网	changzhou.tthonghuo.com
网上车管所	www.czcgs.gov.cn	武进新闻网	www.wj001.com
中国常州网	www.cz001.com.cn	中国金坛网	www.jsjintan.gov.cn
中国溧阳网	www.liyang.gov.cn	中国武进网	www.wj.gov.cn
中国园艺网	www.rose—china.com	中吴网	www.zhong5.cn
中新常州新闻网	www.jscz.chinanews.com.cn	住房公积金管理中心	gjj.changzhou.gov.cn

部分微信公众号

常州110	czga—110	常州保利大剧院	poly_czdjy
常州车管所	changzhoucgs	常州地税	changzhoudishui
常州发布	changzhoufabu2015	常州公交集团	czgjjt
常州规划	changzhouguihua	常州海事	czmsa1
常州红十字会	czshszh	常州价格通	czjgtwx
常州检察在线	czjczxdyh	常州交警	czjiaojing
常州劳动监察	czldjc	常州女性	cz_nvxing
常州气象	czqxwx	常州汽车站	changzhouqcz
常州青年	czyouth	常州人才	czrcwx

常州社保	czsbwx	常州水文局	jsczsww
常州网	cz001wx	常州微城管	czcg12319
常州献血	changzhoublood	常州消防哥	czxf119ge
常州移动	cz_cmcc	常州义工	czyg2014
常州应急	czyj0519	常州邮政	changzhoupost
常州智库	czzhiku	平安常州	ChangZhouGongAn
文明常州	wenmingcz	无线常州	WIFI—CZ
游常州	cztour002	运河五号创意街区	czyhewh

《常州年鉴》所获荣誉

全国地方志系统首届年鉴评比特等奖（2004年）

江苏省第四次地方志系统优秀成果评奖年鉴类一等奖（2006年）

第三届全国年鉴编校质量检查评比一等奖（2007年）

第四届全国年鉴编校质量检查评比一等奖（2008年）

第四届全国年鉴编纂出版质量评比综合、框架设计、条目编写、装帧设计四个一等奖（2009年）

全国地方志系统第二届年鉴评比一等奖（2010年）

第一届江苏省年鉴评比优秀奖（2010年）

第五届全国年鉴编校质量检查评比特等奖（2011年）

第六届全国年鉴编校质量检查评比一等奖（2012年）

第七届全国年鉴编校质量检查评比一等奖（2013年）

第二届江苏省年鉴评比一等奖（2013年）

第五届全国年鉴编纂出版质量评比综合、框架设计、条目编写、装帧设计四个一等奖（2015年）

第三届江苏省年鉴评比一等奖（2015年）

2016

索 引

Index

◆责任编辑 吴 芳

主题词索引

说 明

一、本索引采用主题分析法编制，按主题词首字的汉语拼音顺序排列，同音字按声调排列；首字相同按第二个字的音序排列，以此类推。

二、主题词后的阿拉伯数字表示内容所在页码，数字后的a、b、c分别表示该页的左、中、右栏，表格后注明为"(表)"。

三、本索引编有参见系统和附见系统。款目后第二个页码起为参见，表示参见内容所在位置；相关款目下一行缩后两字所排款目为附见款目。

四、特载、大事记、统计资料、重要文件选编、附录、彩页等均未编制索引。

五、为便于读者检索，在常州的组织、单位、部门和在常州发生的事件名称前的"常州"字样，除易产生歧义者外，均予省略。

A

AFP—IgM检测 271a
艾雷奥特通用飞机整机制造项目 117c
爱国卫生 269b
安邦物流甩挂运输试点 194c
安全生产长效管理 226c
安全生产基层基础建设 227c
安全生产监督管理 226c
安全生产六打六治 227b
安全生产宣传培训 227c
安全生产隐患排查治理 227a
安心社会治安 19b
安心食品药品 18c 223a
安心饮用水 18c
安置帮教 104c

B

"8·25"非法经营境外电视网络接收设备案 101b
白蚁防治 178c
"百姓地铁·百年地铁"市民开放日 171a
佰腾·专利巴巴电商平台 243a
版权保护 265b
帮扶服务工作 80c
保健食品化妆品信息平台 225a
保密服务指导 60b
保密工作 60a
保密监督检查 60b
保密宣传教育 60a
保险给付 156c
保险公司 156b
保险
  金坛区 298c
  溧阳市 294b
保险赔付 156c
保险行业建设 157a
保险业 31c 156b
  财产保险(表) 157a
  人身保险(表) 156b
暴雨 26b 27a
北港镇司法所 104b
北京化工大学先进材料研究院 231a
北京通用航空常州飞机工业项目 118a
北汽集团项目 119a
奔牛镇 25b
泵闸站信息管理系统 185c
便民服务点 173c
标准化监督管理 225c
殡葬管理 287a
冰雹 27a
波力杯中国羽毛球大师赛 279b
博爱送万家 289a
不动产权证书 55b
不动产统一登记 168c
不动产统一登记制度改革 55a
部队管理
  92138部队 89a
  常州军分区 86a
  武警常州市支队 88b
部属单位 42a

C

CBA联赛常州赛区 279c
CPI(表) 216a
财税体制改革 201b
财政 201a
财政供养人员 55c
财政审计 209c
财政收入 30b
财政收支 202a
  收入(表) 202b
  支出(表) 202b
财政应急转贷资金管理 203b
财政预算绩效管理 204b
财政综合检查 204b
"菜篮子"蔬菜基地 130a
菜市场建设 134c
餐厨废弃物管理 174b
餐饮业 133c
残疾人事业 290b

　　就业培训　291a
　　康复救助　290c
　　文化体育　291c
蚕桑生产　129c
产城融合　10a　13c　46a　211c
　　辖市区　12a
产品质量监督抽查　226b
产权交易　204b
产学研合作　230a　241b
产业发展　116a
产业孵化　231c
产业集聚集群　115c
产业链　240a
产业投资集团有限公司　158c
产业用电　122a
长三角仲裁机构规范奖　104c
常宝股份金坛茅山登山健身大会　274b
常柴股份有限公司　117b
常和平　314a
常溧高速公路　188c
常州　64b　68b　172a　173a　184c
常州·台湾"两岸情"摄影交流　263a
《常州城事》　262a
常州大学　254c
常州大学科技园　255b
常州电信　196b
常州发布　49b　197b
《常州方志馆读本》　57c
常州改革发展论坛　58b
常州概况　25a
常州港　110c
常州工学院　256a
常州国家创业中心新基地暨印刷电子产业园　119a
常州国家高新区　108b　305c
常州国家高新区空间信息共享服务平台　168a
常州籍运动员比赛成绩(表)　276a
《常州记忆》　262a
常州舰　285a
常州经济开发区　25c　109a　302c
《常州老娘舅》　104b
《常州历史名人大辞典》　244c
常州联通　196c
《常州年鉴(2015)》　57b
常州日报社　265b
常州社保　284b
常州市不动产登记交易中心　168c
《常州市城市排水(雨水)防涝综合规划》　167a
《常州市南市河历史文化街区保护规划》　162b
《常州市农村水利工程管理实施细则(试行)》　185a
《常州市区充电设施布局规划(2015—2020)》　168a
《常州市区第三批历史建筑本体及保护范围划定规划》　162c
《常州市区图》　168a
《常州市人民政府规章制定程序规定》　69a
常州市荣誉市民　67c
《常州市市区水系规划(2013—2030年)》　185a
《常州市域图》　168a
常州市运动员　274c
"常州新闻"客户端　266a
常州移动　50a　196c
常州邮政分公司　138c
《常州杂志》　265c
常州综合保税区　110a
"唱响常州菜"系列活动　134b
朝阳桥东匝道　169c
成本调查监审　217b
成本监审　217b
成品油管理　133c
成人高考　248a
诚信建设　50c
城区犬只规范管理　99b
城市长效综合管理　174b
城市公立医院医药价格综合改革　267c
城市功能提升　15a
城市管理　173a
　　天宁区　308c
　　武进区　303c
　　新北区　306b
　　钟楼区　310b
城市管理行政执法　174c
城市规划　161a
城市轨道交通　170c
城市环境综合整治　173a
城市建设　161a
　　戚墅堰区　312a
　　天宁区　308c
　　新北区　306b
　　钟楼区　310b
城市排水　172b
城市燃气　172c
城市荣誉　29a
城市外宣　49c
城市污水管网　172b
城市雨水能力提升　172b
城市照明　172c
城乡发展一体化　10c
城乡公交客运　189b
城乡建设　15a　33b
　　金坛区　298a
　　溧阳市　295a
　　武进区　303c
城乡建设职业学院　252b
城乡交通建设　15a
城乡居民医疗保险一体化　284a
城乡社会保障　203c
城乡一体公共体育服务体系　274a
城乡一体化　123b
城乡一体化资金保障　204a
惩防体系建设　73c
赤背寡妇蛛　111b
仇书洪　104b
出口前10位企业　106c
出入境服务　100b
出入境检验检疫　110c
出租汽车管理　190a
出租汽车运价　217a
初中毕业升学考试　248a
储卫清　94c
传染病防治　268b
传统出口市场　106a
船舶检验　192b
船员管理　192b
创投发展　213a
创新创业教育　251b
创新创业平台　240b
创新创业人才　241c
创新平台　32a
创新人才引育　230a
创业投资集团有限公司　204b
创业银行　236c
创意产业基地　266a
春节补助　285b
春秋淹城旅游区　28a
祠堂文化纪念封　79a
慈善救助(表)　288a
慈善事业　288b
村庄建设用地　169a

D

打击走私　111c
大气环境质量　19c
大气污染防治　183a

大田作物植保　129b
大学生创新创业园　233b
大运河　28c
大宗商品进口　106b
代建管理　177a
埭头镇　50a
戴锁方　317a
丹金溧漕河
　　金坛老城区段　192a
　　溧阳段　192a
单独两孩　281a
担保圈风险化解　148c
担保业　160c
蛋糕银行　155c
党的建设制度改革　11b
党风廉政建设　58c　73a
党建工作　16c　58c
党建工作创新　16c
党史工作　56a
党外代表人士队伍建设　51c
党校工作　57c
党政企业代表团　47a
党政社团　45a
档案博览中心　62a
档案工作　61b
档案馆公众开放日　62a
档案现代化建设　61c
档案征集接收　61c
道德典型　50b
道德讲堂·百姓视角　50b
道德模范表彰暨“美德之夜”大型公益活动　51b
道路交通安全管理　100c
低保及低保边缘对象医疗救助　288c
迪特马尔·堆登　67c
地方立法权　64b
地方水利现代化建设　186b
地方志工作　56a
地理　25a
地名（表）　286a
地区生产总值　30a
地区用电　122a
地税　206b
地税收入
　　分地区（表）　206b
　　分税种、级次（表）　208a
　　省级（表）　207a
　　中央级（表）　208a
地税一案双查　209a
地税征收管理　206c
典当业　160a
电子化招投标　176a
电子科技大学　231b
电子商务　198c
电子商务“落地配”　138c
电子社保　284a
电子信息产品制造业　118b
定制快车　190a
“东方之星”号客轮翻沉事件　66b　104a　156c　268c　269c
东海期货有限责任公司　159b
东海证券股份有限公司　159a
动物疫病监测　131a
对台交流交往　53a
对台经济　52c
对外承包工程　107c
对外合作　31a
对外及港澳台经济　105a
对外及港澳台贸易　105c
对外交流　31b
对外劳务合作　107c
对外贸易　31a（表）　106a
　　金坛区　297c
敦煌文化创意视觉秀　263c
多党合作　71b
多元办队模式　273b

E

238省道常州段　188b
儿童疾病预防控制　268a
二手住房　178a

F

F级燃机　121a
发展　211a
法律服务　103c
法律援助　103c
法人机构监管　149a
法人治理结构试点　55b
“法润常州”系列活动　103c
法制宣传教育　92c　103b
法治　91a
法治常州建设　92a
法治国土建设　168b
方边村　92c
方志馆　57b
防洪大包围　186a
防汛防旱　184a
房产登记中心　178b
房车露营地　144c
房地产风险　148c
房地产管理　177c
房地产市场　178a
房屋安全鉴定　178c
房屋建筑施工面积　175a
房屋维修资金　178b
房屋征收管理　177b
房源管理　180c
纺织服装　120a
纺织服装职业技术学院　236a
放射卫生监管　269a
放心粮油工程　136c
“放心肉”安全保障工程　131a
放心消费　16a
放心消费创建　222c
飞龙西路大修　169c
非公有制经济代表人士　52b
非节水型器具改造　184c
非学历教育培训　258a
非遗　28c（表）　28b
“非遗”保护　261b
“非遗”进校园　261c
“非遗”文化展示　9c
费高云　46a　46c　47a　184a
分布式光伏规模化并网安全技术的研究与应用　121c
风景名胜　28a
扶贫帮困　291a
服务侨胞　70b
服务外包　107c
服务业发展　211c
　　武进区　302a
　　新北区　306a
服务业综合改革　212a
福阳路　169c
妇联　82c
妇女创业就业　83a
妇女儿童发展　83b
妇女合法权益维护　83c
妇幼保健　269b
妇幼健康服务联合体　269c
复旦大学附属中山医院　272c
富都盛贸饭店　141a
富民强村工程　123a
富民强基　15b

G

Glypican—5抑制肺腺癌淋巴管生成和淋巴结转移的机制研究　271b
改革　211a

改革创新　214a
干部队伍建设　47c
干部管理　47c
甘春英　104b
港口　193a
高层次创新创业人才引进计划　281c
高层次教育人才　245c
高层次人才引育　281b
高等教育　254b
高等院校　44b
高技能人才培养　282a
高考　248a
高速公路　188b
高温　27b
高效农业机械推广　132b
高校毕业生就业创业　282c
高新技术产品出口　105c
高职教育园区　232c
高中教育　250a
个体工商户
　实有（表）　219b
　新设（表）　219b
　主要行业分布（表）　220a
戈亚琴　316b
革命烈士陵园　284c
耕地保护　168b
耕地质量建设　129a
工程职业技术学院　234a
工程质量监督管理　176b
工会法律工作　80c
工会服务卡　81a
工会劳动保护　80b
工伤保险　284a
工商联　74c　79a
工商涉农管理　221b
工商行政管理　219a
工商银行常州分行　150b
工业　30c　113a
　金坛区　297a
　溧阳市　293b
　天宁区　308a
　武进区　301c
　新北区　306a
　钟楼区　310a
“工业4.0”与“中国制造2025”（常州）国际论坛　198c
工业经济效益　113a
工业经济转型升级工程　14a
工业企业
　利税前50位（表）　114b
　主营业务收入前50位（表）　114a
　总产值前50位（表）　113c
工业投资　115a
工业新增长点　113a
工业行业　113b
工业遗产长廊　9c
工业用电　122a
工业指标　113a
工业重点项目　115b
公安　97c　98c
公安队伍正规化　99a
公安服务发展　99a
公安基础信息化　98c
公安警务实战化　98c
公安行政许可　99c
公安执法规范化　98c
公共安全　91b
公共服务　33c
公共交通　33b
公共事业　172a
公共卫生　268a
公共阅读服务　264c
公共租赁住房共有产权制度　178a
公交都市　189c
公交满意度　189c
公交一体化　189b
公交优先示范城市创建　189c
公路　187c
公路超限率治理　189a
公路建设　188a
公路养护　188a
公民道德建设　50b
公平交易执法　222c
公务机票购买　202b
公务员管理　282b
公益诉讼人身份提起民事公益诉讼　96c
公用事业　33b
公正司法　92b
公证工作　104a
供电公司　121a
供销合作商业　135b
古树名木保护　171b
古镇古村落　9c
股权出质登记　220b
固定资产投资　29c　30c
　金坛区　297b
　溧阳市　293c
固定资产增值税　115b
固废　183b
关爱帮扶　16a
关心下一代工作　292c
《关于加强犬只规范化管理的工作意见》　99b
灌区　185b
光彩基金　52c
光伏行业　118b
光华路改扩建　169c
广播电视　264a
广告监督管理　222a
规范性文件　69a
规划编研　161c
规划管理　162a
规划审议鉴定　161b
轨道交通1号线　170c
轨道交通2号线　170c
轨道交通工程质量监督　176b
轨道交通建设　15a
国防动员　87a
国防后备力量建设　85c
国防教育　86c
国际创新基地建设　158c
国际科技合作　241b
国际理解教育　247c
国际贸易单一窗口　112b
国际文化交流　247c
国际友好城市　68a
国际友好学校　247b
国家3A级旅游景区　144c
国家4A级旅游景区　144c
国家电子商务示范区　260b
国家发明专利　271a
国家级减灾综合示范社区　285b
国家级节水型城市　184c
国家级抗战纪念设施　284c
国家级旅游度假区　143a
国家级以上大型体育赛事（表）　280a
国家级综合行政执法体制改革试点城市　68b
国家科技进步奖　237a
国家历史文化名城　7a　7c　28c
国家森林城市创建　16b　126c
国家水产养殖综合标准化示范区　131b
国家税务局　50a
国家司法考试　104c
国家一级救助管理机构　288b
国家知识产权示范城市　242c
国家中医药管理局中药炮制技术传承基地　270c
国家自然科学基金资助　271a
国库集中收付改革　202a

国民经济和社会发展统计公报 30a
国内贸易 30c
　　金坛区 297b
国税 204c （表） 205a
国土管理 168b
国土资源服务创优 15b
国药集团基因项目 119c
国有企业党建工作 215b
国有企业改革 215b
国有及其控股企业
　　实有（表） 219b
　　新设（表） 219b
国有企业经济运行 214b
国有企业投融资 215a
国有企业信访维稳 215c
国有资本布局 214c
国有资产产权管理 214c
国有资产管理 214b
国债市场 146c
哈盖伊·瑞韦德 67c

H

海关 110c 111b
海关监管 111c
海事 112c
海事监管 112c
海外联络联谊 52c
海峡两岸（常州）健康产业交流对接会 53c
海峡两岸农展会 136a
海智工作 243c
寒潮 27b
汉语国际推广 247c
航道 191c
何厚铧 45a
何玉清 314b
和谐家庭建设 83a
和谐劳动关系 80b
和谐社区创建 285c
河海大学常州校区 255b
河海社区 92c
河湖工程管理范围 185b
河湖水位 26c
核与辐射管理 183b
横塘河湿地公园 170a
横塘河西路 170a
红十字会工作 288c
洪涝灾害 184a
洪水 184a
后勤保障
　　武警常州市支队 88c
　　常州军分区 86b
胡忠明 97a
互联网+智慧城市 197a
互联网寻找尸源 101b
户外广告管理 174a
华泰证券常州分公司 159c
华夏宝盛园 144c
滑稽剧 262b
化解过剩产能 122c
化龙巷 200a
化学工业 120a
环保依法行政 182c
环境保护 33c 181a
　　金坛区 298a
　　溧阳市 295b
　　武进区 304a
环境价费体系 216b
环境卫生管理 174a
环境质量 33c
环太湖城市旅游推广联盟 140b
环太湖国际公路自行车赛（武进赛段） 279b
荒木伸弥 67c
黄峰 316a
黄金村 50a
黄金市场 146c
黄强 97b
会计管理 204b
惠民工程 299c
婚姻登记 285c （表） 285b
火车站一体化改造 190c
火灾防控 101c
货币市场 146c
货币信贷 147a

J

Jean-Christophe Emery 281c
“9·18”全省防空警报试鸣日 90b
92138部队 88c
机场 110c 193b
机电产品出口 105c
机电职业技术学院 235a
机动车驾驶培训教练员技能大赛 190c
机构编制 54b
机关党工团组织 58b
机关党建工作 58b
机关国有资产管理 70c
机关事务管理 70b
机关文化文明创建 59a
机关综合服务保障 70c
基本情况 25a
基本现代化建设 13b
基层供销社 135c
基层社会治理 15a
基层卫生 268a
基站集约化 195b
“激情之夏”常州旅游节 140a
吉西他滨诱导胰腺星状细胞分泌CXCL14促进胰腺癌增殖转移的机制研究 271b
集体及其控股企业
　　实有（表） 219b
　　新设（表） 219b
集邮展览 138c
集中汇总征税 110c
计划生育服务 281a
计量监督管理 226a
纪律检查体制改革 11c 74b
纪律建设 73b
纪律审查 74a
技工教育 253c
家庭建档示范户 62b
家庭农场 124a
价格惠民药店 218c
价格监测 217c
价格监督检查 217b
价格认定 217c
价格收费改革 216b
价格争议调解 218a
驾驶员培训 190b
监察局 73a
检察 95b
检察改革 96a
见义勇为工作 101a
建材工业 120a
建设银行常州分行 151c
建设银行常州培训中心 253b
建筑产业现代化 177b
建筑管理 175a
建筑节能改造 177b
建筑垃圾管理 174b
建筑行业行政审批 177a
建筑行业行政执法 176c
建筑扬尘专项整治 176c
建筑业 30c
　　金坛区 297a
　　溧阳市 293b
建筑业安全监督管理 176c
建筑业总产值 175a

建筑与房地产　175a
健亚产业园　119b
江南金融租赁有限公司　155c
江南农村商业银行　154c
“江南心”文化品牌　261a
江苏格瑞力德空调生产基地　118a
江苏京东农业股份有限公司　141b
江苏老字号　134c
江苏理工学院　256c
江苏上游文化旅游股份有限公司　141b
江苏省货运质量信誉企业　194c
江苏省优秀管理城市(一星级)　173a
江苏双桂坊餐饮管理有限公司　50a
江苏同曦男篮常规赛　279c
江苏银行常州分行　154a
江苏友谊奖　281c
江苏最美乡村　50b
蒋夕芳　97c
降水量　26a
交通　187a
　金坛区　298b
　溧阳市　294a
交通便民　20a
交通地理　25a
交通科技信息化　187b
交通设施建设　187a
交通行业治理　187b
交通银行常州分行　152a
交通运输　31b
交通运输部主题性甩挂运输　194c
交通运政管理　189a
轿车下线　119b
教师队伍　245b
教学工作　58a
教育　32a　245a
　金坛区　299a
　溧阳市　294c
教育督导　246a
教育督导评估应用系统　246b
教育服务　248c
教育国际合作交流　247b
教育基本建设　245a
教育经费　203b
教育科研　246c
教育审计　246a
教育信息化　247a
教育装备　246a
接待工作　66c
节能　122c
　交通　187c
节水灌溉装备关键技术　237a
今创轨道交通产业园　117c
金融　145a
　金坛区　298c
　溧阳市　294b
　武进区　303b
金融案件防控　149a
金融风险防范　145c
金融服务　147b　149b
金融服务实体经济建设　14b
金融服务小微企业　149b
金融服务重大项目工程　149b
金融改革　146b
金融管理　145a
金融机构网点建设　150a
金融商务区　170b
金融稳定　147a
金融业　31c
金融支持实体经济　148a
金融秩序维护　149c
金融主体　145a
金坛长荡湖　144a
金坛港　193b
金坛海事船检服务中心　192c
金坛刻纸　28c
金坛区　25b　184c　296b
金坛圩村文化生态保护实验区　261c
金武路快速化改造　188a
金鹰国际海洋世界　144c
进出口商品(表)　106a
进出口商品检验与监管　111b
禁毒支队缉毒大队　97c
禁航　192a
京沪高铁安全保护区　190c
经济发展　312a
经济体制改革　10b　14c
经济责任审计　210a
荆川文化节暨海棠花会　171c
精彩龙城　262c
精神疾病防治　268b
精神文明建设　50a
竞技体育　274b
竞争性领域扶持　203b
境外企业并购　107b
境外投资　106a
境外投资国　107a
境外投资项目　107b
境外修学　247c
九三学社常州市委　78b
《九色鹿的故事》　263c
救护工作　289b
救助工作　289a
救助管理　288a
就业　19c　33a
居家养老　292a
居民身份证异地办理　100b
居民收入　29a　33a
　金坛区　299c
菊花节　171c
捐献工作　289c
军队移交离退休干部安置　285a
军分区　43b　85a
军事　85a
军事斗争准备　85b
　92138部队　89a
军属就业就学安置　284c

K

开发　108a
开发区建设　31a
　金坛区　298b
　武进区　302c
开发区行政审批制度改革　54c
开放　108a
开放大学　257b
开放型经济　31a　105a
　溧阳市　294a
　天宁区　308b
　武进区　302b
　新北区　306a
　钟楼区　310b
开放型经济提升工程　14a
《开往春天的地铁》　262b
勘察设计行业管理　175b
康复服务　290c
康复机构　290c
抗洪抢险　87c　284c
抗日战争胜利70周年纪念　47b　56c
　纪念章　284c
考试招生　248a
柯友　67c
科技　237a
科技创新　32a　108c
　金坛区　298c
　溧阳市　294b
　戚墅堰区　312a
　天宁区　308b
　武进区　304a
　新北区　306b
　钟楼区　310c

科技服务　242a
科技服务示范区　242a
科技惠民　243a
科技活动　248b
科技金融中心　232c
科技进步奖
　常州市(表)　238a
　江苏省(表)　238a
科技进步先进企业　237b
科技竞赛　248b
科技研发　229c
科技研发公共平台　230a
科技中介　242b
科教城　229a
科普工作　244a
科学　237a
科学技术协会　243b
科研工作　58a
科研项目　230a
可移动文物　9c
克里斯托弗·劳夫特　67c
空调室外机遮挡维修　173c
空气环境　182a
恐龙城　28b
恐龙园股份有限公司　141b
口岸管理　109c
口岸协作执法　112a
《口述常州》 57c
跨境资金池业务　153b
矿产资源　25c

L

兰翔机械有限责任公司　117a
蓝天救援队　289a
劳动关系　283a
劳动合同　283a
劳动监察　283b
劳动就业　282c
劳动人事争议　283b
劳动西路西延　169b
老干部工作　59a
老街　9c
老旧汽车报废更新补贴　135a
老龄事业　291c
老年大学　292b
老年金融服务示范点　154b
老年金融服务中心　151b
老挝航线　193c
"雷霆风暴"食盐安全专项行动　138a
黎介寿院士工作站　271c
《李公朴》 76a
李家园村　50b
李松　317b
李学勇　45b　184a
李铮　274c
理论宣讲　48c
理论研究　49a
历史建筑保护　10a
历史建筑名单及保护范围(表)　162a
历史文化　27c
历史文化街区保护整治　9a
历史文化名城建设　259a
　保护规划　8c
　保护内容　8b
历史文化研究工程　9b
历史文化遗产保护维修工程　9b
历史文化展示工程　9c
立达纺纱应用暨研究中心　120a
立体停车场　189c
利用外资及港澳台资　105a
溧阳市　293a
溧阳市不动产登记交易中心　168c
连阴雨雪　27b
粮食流通监督检查　137c
粮食流通信息系统　136c
粮食收购　136b
粮油价格　136c
粮油商业　136b
两岸文创产业合作实验示范基地　260c
"两个责任"推进工程　16c
两化融合　197c
两化深度融合试验区　229b
两证合一　225b
邻里守望　51a
领导班子建设　47c
领导干部警示教育大会　46c
领导干部学法　69b
领导人名单　33c
　金坛区　300a
　溧阳市　295c
　戚墅堰区　312b
　天宁区　309b
　武进区　304c
　新北区　306c
　钟楼区　311a
刘瑞祥　318b
刘伟　313a
留青竹刻　28c
六大工程包　240b
龙城救援队　289a
龙城旅游控股集团有限公司　50a
　142a
龙城英才计划　48b
录安洲港区4号泊位　110c　193a
录安洲码头　193a
路网建设　33b
路政管理　189a
路政养护　170b
吕健　67c
旅行社
　国内游客组团人数前10名(表)
　　141b
　营业收入前10名(表)　141b
旅游　139a
　金坛区　298b
　溧阳市　294a
旅游厕所革命　142a
旅游感恩回报月　140b
旅游规划编制　139a
旅游活动　139b
旅游区(点)接待(表)　143b
旅游市场管理　140a
旅游推介　139c
旅游微电影　140c
旅游业　31b　141a
旅游营销手段　139b
旅游资源　143a
律师工作　103c
绿色建筑　177b
绿色生态防控标准园　130c
乱针绣　28c
罗志军　45a

M

miR—33对肝脏脂类代谢和脂肪沉积
　机制研究　271b
马凯　45a
慢性病　268b
盲人电影院　291b
猫途鹰全球旅行者口碑卓越奖　141a
矛盾纠纷化解　91a
茅山　28a
贸易新型方式　106c
《没大没小》 140c
梅花节　171b
梅雨　26a
孟建国　97b
《迷路的孩子》 262c
米轨机车　116b
灭火救援　102a

民防动画短剧　90c
民防网上科普教育馆　90c
民丰窑整治　173b
民革"同心·博爱"法律服务志愿团　75b
民革常州市委　74c
民间救援队　289a
民建常州市委　76b
民进常州市委　77a　77b
民盟常州市委　75b
民生幸福　15b
民生支出　201b
民事审判　93b
民俗　9c
民营经济　30b
民营经济跃升工程　14a
民营企业　122c
民营企业审计　210c
民政　284b
民主党派　43b　74c
民主法制领域改革　11a
民主协商　71a
民族工作　290a
民族教育　250c
民族团结　290a
《旻昦宝典》　90c
名人文化展示　9c
名镇名村　9c
缪雪元　315c
牟家村　50a　50b
牡丹花展　171c

N

Nicolas Joseph Vautherin　281c
内部审计　210b
内河船舶生活污水防污改造　192c
内河船型标准化船舶拆解　192c
纳恩博（常州）科技有限公司　231c
纳税服务　205c　206b
纳税人学堂　208c
南京大学常州高新技术研究院　231a
南京晟邦物流有限公司　138c
南市河历史文化街区　9b
能源发展　212c
能源价格改革　216b
"你选书，我买单"　263b
年报公示改革　220c
宁杭客专路线安全保护区　190c
农本调查　217b
农产品流通　135b
农产品质量建设　126b
农村改革　14c
农村改革创新　123a
农村工作　123a
农村合作组织　124b
农村环境整治工程　124c
农村经济　30b　123a　125a
农村经营管理　123c
农村民生　123b
农村商业银行改革　150b
农村社会保障工程　124c
农村实事工程　124b
农村土地承包经营权确权登记颁证　123c
农村文化建设工程　124c
农村沼气服务体系　132a
农房抵押贷款　155b
农房宅基地抵押贷款　149c
农工党常州市委　77b
农机安全生产　132c
农机公共服务能力建设　132c
农机购置补贴　132b
农机专业合作社建设　132c
农机装备发展　132a
农机作业水平　132c
农林牧渔业总产值　30b
农民负担监管　124a
农民工工作　81a
农民交通出行工程　124c
农民教育培训工程　124b
农民卫生健康工程　124c
农民用水合作组织　185b
农业　30b
　金坛区　296c
　溧阳市　293a
　天宁区　308a
　武进区　301b
　新北区　305c
农业安全防控　126a
农业补贴　129a
农业贷款保证保险　126b
农业发展银行常州市分行　153c
农业法治　127b
农业废弃物综合利用服务体系　132a
农业会展　127a
农业经营主体　123a
农业抗灾复产　125a
农业科技　126a　243b
农业龙头企业　125c
农业物质装备建设　125b
农业现代化工程　14b
农业项目管理改革　126b
农业银行常州分行　152c
农资保供　136a
农资服务　135b
农资监管　126a
女大学生创业基地　84a
诺伯特·汉斯　67c

P

PM2.5源解析结果　183a
PPP模式　202a　214a
拍卖业　160b
烹饪大赛　133c
棚户区改造　177c
批而未供土地　168c
毗邻公交　189c
频率台站管理　200b
"品味传统文化、涵养核心价值"　262a
平安产险常州中心支公司　158a
平安常州建设　91a
平安建设　97c
平安寿险常州中心支公司　158a
平价商店　218c
平台债务风险监测　148c
普惠金融　150a

Q

戚墅堰发电有限公司　121a
戚墅堰机车车辆工艺研究所有限公司　50a　116c
戚墅堰机车有限公司　50a　116a　116b
戚墅堰区　25b　311c
戚墅堰污水处理厂　172c
"旗舰店+格子铺"　81c
企业创新调查　228c
企业登记管理　219a
企业发展　122b
企业工资　283a
企业兼并重组　122b
企业人才工作年　282a
企业上市　159c
企业新型学徒制试点　254a
企业星级评比　211b
企业研发机构　241a
企业债券发展　213a
气候　25c
气价改革　218a
气瓶信息化安全监管　226c
气温　26a
汽车工业　119a

汽车客运北站 189c
汽车维修 190b
前后北岸历史文化街区 9a
前列腺癌骨转移诊断 271a
墙体材料抽检 176b
乔森 314c
侨联 70a
侨务工作 69c
侨务宣传 69c
侵权假冒 135a
“青春启航,税伴同行” 208c
青果巷部落 49c
《青果巷记忆》 262b
青果巷历史文化街区 9b 170b
青果在线学校 247b
青年创新创业 82b
青年社会组织培育 81c
青少年模拟政协活动 248a
青少年思想引导 81b
青少年体育 274b
青少年维权工作 81c
轻工职业技术学院 235c
清单管理 54b
“清风润德”宣传工程 74b
清华大学两岸发展研究院 241a
秋熟生产 128a
区划地名 286b (表) 286a
区域合作 213b
区域集散网升级调整 138c
去泛素化酶USP4通过RLR信号通路调控肠道病毒71型感染的机制和功能研究 271b
全国巾帼文明岗 151b
全国道德模范提名奖 50a
全国和谐社区建设
　示范城区 285c
　示范街道 285c
　示范社区 285c
全国基层中医药工作先进单位 268a
全国禁毒工作先进集体 97c
全国啦啦操锦标赛 274b
全国劳动模范 314c
全国民主法治示范村(社区) 92c
全国模范司法所 104b
全国模范司法所所长 104b
全国模范职工之家 151b
全国青年运动会 274c
全国清代常州文化学术大会 244c
全国三维数字化创新设计大赛现场总决赛 233c
全国社会服务先进集体 77b
全国十大环境侵权典型案例 94c
全国十大孝老爱亲最美家庭 84c
全国双拥模范城 284b
全国文明村镇 50a
全国文明单位 50a
全国文明优抚事业单位 284c
全国先进工作者 317b
全国优秀司法所 104b
全国优秀司法所所长 104b
全国优秀志愿服务项目 51a
全国优秀志愿服务组织 50c
全国远程会诊云医疗集团上线单位 272c
全国志愿助残阳光基地 291c
全国质量强市示范城市 225b
全国质量之光·年度质量魅力城市 225b
全面深化改革 10a
　辖市区 11c
全民义务植树活动 171b
全葡聚糖颗粒逆转小鼠调节性树突状细胞免疫抑制功能的机制研究 271b
群众体育 273c
群众文化 262c

R

RBPMS—FGFR1新融合基因的克隆及致病机制研究 271b
燃气安全管理 172c
人保财险常州市分公司 157b
人才市场 282b
人大代表议案建议意见办理 64b
人防工程建设 89c
人防指挥体系平台 90c
人防指挥通信建设 89b
人口 25a 33a
人口抽样调查 228b
人口和计划生育 281a
人口老龄化 25b
人力资源 281b
人民防空 89b
人民生活
　溧阳市 295c
　戚墅堰区 312b
　天宁区 309a
　武进区 304c
　新北区 306c
　钟楼区 311a
人民团体 80a
人事人才公共服务 282c
人树突状细胞肿瘤疫苗 271a
人文 27c
人物 313a
认证认可监督管理 226b
日间病房 271b
日间手术 271b
肉菜流通追溯体系 134c
软件产业 198a
芮留铭 274c
瑞声金属射频模组项目 118a

S

3D打印中心 236c
4G+网络 196c
三堡街大修 169b
“三合一”阳光政务平台 66a
“三位一体”战略 203a
三严三实 48a 58b
三证合一 225b
杀人沉尸案 101b
商标监督管理 222a
商贸服务业 133a
　溧阳市 294a
　天宁区 308b
　钟楼区 310b
商品房 178a
商品交易市场 135a
商事审判 93c
上海铁路局常州站 191a
　运输任务、技术指标(表) 191a
上海铁路局南京货运中心常州经营部 191b
上海银行常州分行 155c
上市公司业绩(表) 160a
上市公司再融资 159c
上市公司重大事项 159c
社会保险 283c
社会保险缴费基数 283c
社会保障 19c 33b 283c
　金坛区 300a
　溧阳市 295b
社会福利 33b
社会科学 244a
社会矛盾化解工作 104a
社会面“三查”行动 99c
社会生活 281a
　戚墅堰区 312b
　天宁区 308c

武进区　304b
新北区　306c
钟楼区　311a
社会体育指导员　274a
社会体制改革　11a
社会团体　43c
社会文化环境　260c
社会宣传　49c
社会治理　92a
社会治理法治化建设　17b
社会资本办医　270a
社科普及宣传　244b
社科应用研究　244b
社情民意调查　228c
社区矫正　104b
社区教育信息化　258a
社渚傩文化生态保护实验区　261c
涉案财产价格认定　217c
涉纪财产价格认定　217c
涉审服务收费清理　218a
涉台宣传　53a
深化改革　14b
《神奇的海贝展》 264a
沈波　141a
沈铎　274c
审计　209b
审计调查　210b
审计信息化　210c
审判　92c
生活饮用水监管　269a
生活用电　122a
生态红线保护　182c
生态建设　33c
生态绿城建设　16b　19b　33c　182c
生态农业　131c
生态文明　16b
生态文明体制改革　10b
生物医药工业　119b
声环境　182b
省产业技术研究院驻科教城研究所　230c
省常中创意坊　250b
省机器人及智能装备制造产业知识产权联盟　230b
省级开发区　109a
省级旅游度假区　144a
省级以上电子商务平台认定单位（表）　199a
省级以上改革试点　10b
辖市区　12a
省级以上开发区直接利用外资情况（表）　108b
省科技服务示范区　231b
省委巡视　47a
省卫生计生委医学新技术引进一等奖　270c
省中国科学院智能科学技术应用研究院　230b
省属单位　42a
盛建良　313c
施工承发包　175c
施工图审查　175c
“十百千”创新型企业　237b
十大产业链　30c　212b
十万吨级泊位　110c
石墨烯科技产业园　120c
石泰峰　46a
食品药品监督管理　222c
安全专项整治　224c
诚信体系　223b
稽查执法　225a
监测体系　223a
监管信息平台　223b
追溯体系　223a
安全监管　224a
食盐专营　137c
史婧琳　274c
史志编纂　56a
史志平台　56b
史志宣传　56b
史志研究　56b
世界级遗产　28c
世界游泳锦标赛冠军　274c
市标　29a
市测绘院　168b
市长质量奖　225b
市场价格调控　217a
市场监督管理　221b
市场监督管理局　55a　68b
市第二人民医院　271c　272c
市第七人民医院　272c
市第一人民医院　270c　271b
市花　29a
市级机关　34b
市级中心镇扩权强镇改革　55c
市纪委　73a
市纪委十一届五次全体（扩大）会议　74b
市救助管理站　288b
市领导　33c　313a
市民代表看水利　186c
市民卡工程　197b
市民卡停车缴费　173c
市民摄影节　263a
市人大常委会　62b
市人民政府　64c
市十佳法官名单　93a
市十五届人大常委会会议　62c
市十五届人大常委会主任会议　63b
市十五届人大四次会议　62b
市十五届人大五次会议　62c
市食品药品监督管理局　54c
市树　29a
市委　45a
市委十一届九次全体（扩大）会议　46a　46b
市县机关绩效管理　55c
市县政府机构改革　54c
市巡察　47a
市医院　271a
《市政府办公室关于完善市本级和武进区城乡居民基本医疗保险政策的通知》 284a
市政府常务会议　65a
市政府全体（扩大）会议　64c
市政建设　169b
市政协常委会议　71c
市政协十三届委员会第四次会议　71b
市政协主席会议　72a
市属公司　41c
事业单位分类改革　55b
事业单位人事　282a
逝世人物　317c
收费管理　216a　216c
收养登记　285c
授信风险防范　148c
梳篦　28c
疏散隐蔽演练　90b
输变电设备　118a
数字城市建设　168c
双城记　68a
双拥优抚　284b
水稻细菌性条斑病　129c
水环境　182b
水价改革　218a
水利　183b
水利工程调度　27a
水利工程管理范围划定工作　185b
水利管理　184b
水利建设　183c
水利现代化建设　15b
水情　26c

汛期水库 27a
水上交通安全监管 192b
水位
水库 26c
汛期河湖站点统计（表） 26b
沿江 26c
水污染整治 183b
水资源管理 184b
税收宣传 206a
税收征管 204c
税收征管改革 208a
税银合作 208c
司法规范化建设 96b
司法鉴定 104a
司法所建设 104b
司法为民 94b
司法行政 103b
私营个体经济协会 221a
私营企业
实有（表） 219b
新设（表） 219b
行业分布（表） 220a
思想理论 48c
思想政治建设
92138部队 88c
常州军分区 85a
武警常州市支队 88a
斯蒂芬·威斯汀 67c
四级联动公共服务平台 197b
四星级以上旅行饭店（表） 142a
“四有一责”建设 124c
送教上门服务项目 250c
苏华 315b
苏南产业互联网创新中心 232c
苏南国家自主创新示范区 13b 237c
诉讼监督 95c

T

TIM—1促进CD8+T细胞抗肿瘤免疫应答及其作用机制 271b
TIM—3调节MDSC功能 271a
台风 27b
台联成立纪念活动 54a
台商台企“360服务” 53a
台湾工作 52c
台湾光复纪念 54a
台湾航线 194a
台湾居民口岸签注点 110c
台湾同胞联谊会 53c
太湖流域农业面源污染防治 131c
太平洋产险常州分公司 157c
太平洋寿险常州分公司 158a
碳材料产业 120a
汤永安 317c
糖尿病状态下基于肠道菌介导的肠道CYP3A和P—gp的改变及机制探索 271b
陶鑫波 141b
淘常州 199b
淘汰落后产能 122c
特困人员保障 288b
特色学校 248b
特殊教育 250b
特种设备安全监管 226a
体育 273a
金坛区 299c
溧阳市 294c
体育彩票 280c
体育产业 280b
体育赛事 279a
体育社会组织 274a
体育事业 32c
体育运动学校 253b
天目湖 143a
天目湖旅游景区 28b
天宁宝塔文化 290b
天宁禅寺 28a
天宁街道 285c
天宁区 308a
天然气利用 172c
铁道高等职业技术学校 252a
铁路 190c
铁路建设 190c
铁线莲提取物D—鼠李糖β常春藤甙抗乳腺癌转移作用及机制研究 271b
停车缴费协商机制 173c
通关改革 111c
通关一体化 111c
通信 31b
通信行业管理办公室 196a
同心·博爱 75a
“同心·博爱”法律服务志愿团 75b
同心实践创优 17a
同心实践活动 52a
统计管理 228a
统战工作 51c
投资产业 105a
投资国别地区 105b
投资集团有限公司 158b
投资结构 30c
投资审批 214a
投资业 158b
投资一套表改革试点 228c
突发公共卫生事件应急处置 268c
图书馆 263b
图书馆总分馆体系 263b
土地 25c
土壤污染防治 183b
团市委 81b

W

外宾重要来访 68a
外国人来华管理 67c
外国专家 281b
外汇服务 147c
外汇管理 147c
外来工子弟学校 264a
外贸企业 105c
外商投资法人企业（表） 219a
外事工作 67b
外向型农业 126c
外资登记管理 220c
外资法人企业（表） 220a
外资项目 31a
“晚霞”品牌 60a
万达喜来登酒店 141a
汪殊 97a
王德林 50a
王永清 317b
网络交易监管 221c
网络交易平台 221b
网络媒介 199c
网络信息安全 195c
网络舆情 49b
网上服务厅 180c
网上司法拍卖 94b
网上司法拍卖新三板股票 95a
网银掉期业务 151a
危险废物处理 174b
危险货物道路运输电子运单 189b
威廉·纽曼 67c
微常州 49b
微型消防站建设 103a
为民办实事 15c 18a
为侨服务 69c
圩墩文化节暨桃花花会 171c
维护稳定 91a
卫生高等职业技术学校 253a
卫生监督执法 268c
卫生事业 32b

卫生行政权力　270b
未成年人帮教关爱　292c
未成年人法治教育　292c
未成年人思想道德建设　51a
胃癌治疗　271a
温寺村　50a
文博事业　263c
文华优秀剧目奖　262b
文化　259a
　金坛区　299b
　溧阳市　294c
“文化100”大型惠民行动　262c
文化产业　260b
文化改革　259a
文化广场　260c
文化惠民　16c　259c
文化人才队伍　260b
文化生态保护区规划　261b
文化市场　260b
文化事业　32b
文化体制改革　11b
文化遗产　28b
文化遗产保护　261a
文明创建　50a
文明建设　16c
文史工作　71b
文体惠民　20a
文学艺术　261c
文艺精品　259b
无人机航摄测绘　168b
无线常州　264c
无线城市　195a
无线电干扰查处　200c
无线电管理　200b
无线电日常监测检测　200c
无线电知识宣传　200c
“五纵五横”基层服务型党组织　48b
武进国家高新区　108c　302c
武进区　25b　168c　301a
武进综合保税区　110a
武警常州市支队　87c
　执勤战备　88a
　组织建设　87c
物价管理　215c
物流　194b
物业管理　178a
雾霾　27b

X

《夕照青果巷》262b
西塔素　271a
西太湖电子产业园　152c
西太湖国际半程马拉松赛　279b
嬉戏谷　28b
辖市区概况　293a
夏熟生产　127b
鲜活农产品直供社区　134c
闲置土地　168c
县域经济跨越工程　13c
现代服务业突破工程　14a
现代化建设　211b
现代农业　30b
现代农业产业园区　125b
现代学徒制　233c
现代职业教育体系　233a　251a
乡村年货大街　136a
乡镇单位审计　210c
“向阳花行动”禁毒防艾项目　84b
消防工作　101b
消防基层基础建设　102c
消防监督执法　102b
消防宣传教育　102c
消费　33a
消费价格　33a
消费品零售额　31a
消费品市场运行　133a
消费税（表）　205a
消费投诉
　服务类（表）　222b
　商家（表）　222b
　商品（表）　222b
消费维权救助　222c
消费支出　29b
消费咨询（表）　222b
消化病诊疗中心　272c
小额贷款公司　148a
小微企业工商物业贷款　153b
小微企业税收优惠减免　205c
校园电信市场秩序规范　196a
新北区　169a　305c
新孟河延伸拓浚　185b
新能源电动汽车充电站　121c
新能源汽车　119a
新农人众创空间　243b
新四军江南指挥部纪念馆　144c　284c
新堂北路（新一路—龙汇路）　170a
新闻出版　264c
新闻出版行业　265a
新闻人物　313a
新闻宣传　49a
新型城镇化　15b
新医药产业　120c
信贷　31c　145a
信访法治建设　61a
信访工作　60c
信访积案化解　61a
信息管道　195a
信息化基础建设　195a
信息化建设　195a
信息职业技术学院　234c
信用信息综合监管　222a
刑事犯罪　95b
刑事审判　93a
行政调解　69b
行政复议　69b
行政机关负责人出庭应诉制度　94a
行政区划　25b
行政区划调整　46c
行政区划调整档案处置　61c
行政权力网上运行　66a
行政权力运行　92b
行政审判　94a
行政审批制度改革　54b
行政事业单位国有资产管理　204a
行政事业性收费　203a
行政执法　68b
行政执法与刑事司法衔接　68c
《幸福的红萝卜》262c
休闲观光农业　127a
畜牧生产　130c
畜牧生态健康养殖示范创建　130c
畜禽种质资源保护　130c
宣传工作　48c
薛家镇司法所　104b
学科竞赛　250a
学前教育　249b
学生资助　249a
学校安全　247a
荀建华　316c
汛期　26b　184a
　雨量（表）　26b

Y

12301国家智慧旅游公共服务平台　141a
12315受理举报（表）　222b
12345政府公共服务平台　61a
12349平台　199b
12395水上智能监管服务平台　192b
亚洲技巧锦标赛冠军　274c

烟草专营　137c
延政路西延工程　188a
盐政管理　138a
阎立　46a　46b　47a　184a
阳光体育　248c
杨亚芬　97b
养老金　284a　292a
养老服务补贴　292a
药品可追溯　272c
药品流通　224b
药械质量安全监管　224a
冶金工业　119c
一般公共预算收入　201a （表） 207a
一般公共预算支出　201a
一般贸易　105c
一带一路　107a
一加爱心公益服务中心　291c
一加爱心社　50c
“一套表”调查单位统计　30a
一枝黄花防控　129c
医保　284a
医疗　269c
医疗广告和互联网医疗保健信息发布专项整治行动　270a
医疗救治　269c
医疗救助　285a
医疗科研　270b
医疗联合体　270a
医疗器械产业研究院　119c
医疗器械监管　224b
医疗人才建设　270b
医疗卫生　267a （表） 267a
　金坛区　299b
　溧阳市　294c
医疗卫生基础建设　267b
医疗卫生支出保障　203c
医学教育　270b
医药价格改革　218b
医政　269c
医政管理　270a
依法办事　92b
依法治税　205a　207c
移动互联网大会　199a
移动通信互联产业园　232b
义务教育　249c
艺术高等职业学校　251c
易熙孟　67c
因公出国（境）管理　67c
银担合作　149a
银税合作　206a
银行授信　186b
银行业　148a
银行业风险监管　148c
银行业金融机构统计指标（表）　150a
银行业声誉风险防范　149a
银行业消费者保护　149c
引凤工程　78b
引智引资　69c
引资路径　105b
应急管理　66a
应急教育培训　66b
应急取水头部及泵站建设　172a
应急预案　66b
应急指挥决策支持系统　66b
营改增　205c
影视制作　264b
影院管理　263a
拥军卡合作银行　284c
拥政爱民　87c
　92138部队　89a
　武警常州市支队　88c
永红街道　285c
用电分析　122a
优质教育　18a
优质粮源基地　136c
优质养老　18c
优质医疗　18a
邮政　31b　138a
　金坛区　298b
余美芳家庭　84c
渔业生产　131a
渔业资源保护　131c
渔政管理　131c
雨情　26a
语言文字工作　258c
预警信息发布　66b
预决算　201b
预约挂号　270a
预住院服务　271b
元旦补助　285b
园林科研　171a
园林绿化　171a
园艺生产　129c
月季花展　171c
月季研究　171b
运河文化　9c
运输服务　187a
恽代英纪念馆　261c
恽代英同志诞辰120周年纪念　56c

Z

灾害救助　285b
灾害性天气　27a
灾情　27a　27b
再生水利用　172c
在常台资和赴台投资企业会计服务团　53b
造价管理　176a
噪声　182b
增值税（表）　205a
宅基地改革试点工作　168c
张兵　97a
张传兴　97a
张东海　313b
张忠　315a
招标投标管理　175c
招考制度改革　248a
招商银行常州分行　154b
招商引资（金坛区）　297c
浙商银行常州分行　156a
镇村公交　189b
征兵工作　87b
证券市场　31c
证券业　158b　159a
郑广成　315c
郑陆供水联网工程　172b
郑陆镇　25b
政策性农业保险　124a
政府法制工作　68b
政府购买公共服务　202c
政府规章　68c
政府投资项目审计　209c
政府网站建设　66a
政府信息公开　65c
政府性基金预算编制　203a
政府性债务管理　203a
政府职能转变　14b
政府职能转移　55a
政务服务　66c
政务公开　65c
政协　71a
政协提案　72c
政协一号提案　72c
支农惠农　204a
知识产权　242c
执行工作　94a
直飞日本低成本国际航线　193c
职工文化建设　80c
职务犯罪查办　95b

职务犯罪预防 95b
职业技能竞赛 251b
职业技术教育 250c
职业卫生监管 227c
职业学校提前自主招生 251b
指尖上的敦煌 263c
志愿服务 82a 289c
志愿者服务 50c
制造业企业电商拓市 198b
治理进京非访 92c
质量管理 225b
质量管理先进单位 225c
质量技术监督 225a
致公党常州市委 78a
智慧常州空间地理信息工程 161b
智慧常州时空信息云平台 168a
智慧城市建设 197a
智慧旅游 139c
智慧物价 219a
智库建设 244b
智能工厂（车间） 197c
智能数字产业园 232a
智能制造产业协会 230b
智雅在线教育云平台 233a
中澳合作反家暴试点项目 84a
中德创新园区 231a
中德职业教育合作 233a
中国（夏溪）花木节 130b
中国标准动车组关键装备 117a
中国常州国际动漫艺术周 266c
中国常州科技经贸洽谈会 108a
中国常州网 199c
中国常州先进制造技术成果展示洽谈会 229b
《中国共产党常州历史大事记（1919—2012）》 57a
《中国共产党武进历史（1921—2002）》 57a
中国国际传感谷 118c
中国花卉产业论坛 130b
中国家庭花卉园艺展 130a
《中国剪报》 266a
中国科学院常州先进制造技术研究所 230c
中国科学院遗传资源研发中心（南方） 119c 240c
中国旅游+互联网大会 140c
中国旅游投资艾蒂亚奖 141a
中国旅游投资十大先锋人物 141a
中国女性公益慈善论坛 84c
中国女子排球联赛常州赛区 279c
中国人居环境奖 172a
中国人寿常州市分公司 157c
中国石墨烯展示馆 120b
中国银行常州分行 151a
中国最佳创业园区 229a
中华恐龙园 141a
中简科技千吨级碳纤维项目 120b
中科招商新兴产业投资基金 146b
中吴网 200a
中小企业 122b
中小企业低息统借统贷平台 146a
中小微企业金融服务有限公司 146a
《中小型体育设施场地建设奖补办法（试行）》 273a
中小学生创客赛 248b
中小学生体育比赛 274c
中心镇建设 214a
中信银行常州分行 153c
中央企业 122b
中医工作 270c
中以常州创新园 241c
终身教育 257c
钟楼区 310a
种植业 127b
仲裁 104c
仲裁委员会 104c
众创空间 241a
重车摩旅文化交流活动 53b
重大规划编制工程 13c
重大项目 105a 108b
重大项目深化工程 13c
重大项目深化年 46b
重大职务犯罪案件 97a
重大植物疫情监测 129c
重大植物疫情阻截 129c
重点工程 13a
　优秀工程（表） 17a
　竣工项目（表） 115a
重点项目 13a
　建设工程 13c
　优秀项目（表） 17a
重点项目建设 213c
周彩芳 104b
周有光语言文化学院 255b
周转融 155b
朱林镇司法所 104b
主城区河道 186a
住房 177c
住房保障 33a
住房保障覆盖面 177c
住房贷款 179b
住房公积金 179a
　案件听证会 180b
　服务标准化 179c
　年度报告 180a
　数据共享 180c
　托收联络员 180c
　业务办理流程 180b
住房公积金政策 179c
　存贷款利率下调 180b
　个贷资产证券化 179c
　个人缴存管理办法 180a
　缴存基数 180a
住房消费资金 179b
助残公益性社会组织 291b
助残日活动 291b
专利 242c
专项经营 137c
专项审计 210b
转型升级 13c
装备制造业 116a
"追寻公朴足迹"活动 76b
资源争取 213c
自来水用户缴费 172b
自平衡车 231c
自然灾害商业保险 285b
自学考试 248a
宗教工作 290a
宗教事务 290a
综合保税区 110a
综合管理 211a
综合经济 30a
综合行政执法体制改革 55b
综合医改 267c
总工会 80a
邹区镇 25b
组织工作 47b
组织机构 33c
　金坛区 300a
　溧阳市 295c
　戚墅堰区 312b
　天宁区 309b
　武进区 304c
　新北区 306c
　钟楼区 311a
最低生活保障 285a
最佳主题公园奖 141a
作风建设 73c
作风效能建设 58c

部分组织机构简称全称对照表

简 称	全 称	简 称	全 称
市 委	中共常州市委员会	民 进	中国民主促进会
人 大	人民代表大会	农工党	中国农工民主党
市政府	常州市人民政府	致公党	中国致公党
政 协	中国人民政治协商会议	工商联	工商业联合会
纪 委	纪律检查委员会	共青团	中国共产主义青年团
市委办	中共常州市委员会办公室	妇 联	妇女联合会
市人大办	市人大常委会办公室	国税局	国家税务局
市政府办	常州市人民政府办公室	地税局	地方税务局
市政协办	市政协办公室	工商局	工商行政管理局
中级法院	中级人民法院	质监局	质量技术监督局
文明委	精神文明建设指导委员会	国土局	国土资源局
文明办	精神文明建设指导委员会办公室	烟草局	烟草专卖局
统战部	统一战线工作部	盐务局	盐务管理局
政法委	政法委员会	老龄委	老龄工作委员会
农工办	农村工作办公室	老龄办	老龄工作委员会办公室
台 办	市委台湾工作办公室、市政府台湾事务办公室	关工委	关心下一代工作委员会
市编办	市机构编制委员会办公室	仲裁委	仲裁委员会
机关工委	市级机关工作委员会	科 协	科学技术协会
党史工委	党史工作委员会	文 联	文学艺术界联合会
发改委	发展和改革委员会	侨 联	归国华侨联合会
经信委	经贸和信息化委员会	台 联	台湾同胞联谊会
科技局	科学技术局	社科联	哲学社会科学界联合会
人社局	人力资源和社会保障局	残 联	残疾人联合会
交通局	交通运输局	侨商协会	侨商投资企业协会
农 委	农业委员会	台谊会	台属联谊会
文广新局	文化广电新闻出版局	台 协	台资企业协会
食药监局	食品药品监督管理局	友 协	对外友好协会
卫计委	卫生和计划生育委员会	市武警支队	武警常州市支队
人口计生委	人口和计划生育委员会	疾控中心	疾病预防控制中心
环保局	环境保护局	常柴公司	常柴股份有限公司
房管局	住房保障和房产管理局	南车戚机公司	南车戚墅堰机车有限公司
园林局	园林绿化管理局	南车戚研所公司	南车戚墅堰机车车辆工艺研究所有限公司
城管局	城市管理局	兰翔公司	中航工业常州兰翔机械有限公司
安监局	安全生产监督管理局	戚电公司	江苏华电戚墅堰发电有限公司
机关事务局	市级机关事务管理局	常州供电公司	江苏省电力公司常州供电公司
民宗局	民族宗教事务局	常州电信	中国电信股份有限公司常州分公司
人防办	人民防空办公室	常州移动	中国移动通信集团江苏有限公司常州分公司
外事办	人民政府外事办公室	常州联通	中国联合网络通信有限公司常州市分公司
法制办	人民政府法制办公室	国资委	人民政府国有资产监督管理委员会
地方志办	地方志办公室	常州银监分局	中国银行业监督管理委员会常州监管分局
港澳办	人民政府港澳事务办公室	人 行	中国人民银行
侨 办	人民政府侨务办公室	工 行	中国工商银行
高新区	高新技术产业开发区		
民 革	中国国民党革命委员会		
民 盟	中国民主同盟		
民 建	中国民主建国会		

简 称	全 称	简 称	全 称
建 行	中国建设银行	平安产险	中国平安财产保险股份有限公司
中 行	中国银行	平安寿险	中国平安人寿保险股份有限公司
农 行	中国农业银行	常州艺术高职校	常州艺术高等职业学校
交 行	交通银行	常州铁道高职校	常州铁道高等职业技术学校
农发行	中国农业发展银行	常州建设高职校	江苏省常州建设高等职业技术学校
江南农商行	江南农村商业银行	常州卫生高职校	常州卫生高等职业技术学校
人保财险公司	中国人民财产保险股份有限公司	常州旅游商贸高职校	常州旅游商贸高等职业技术学校
人保寿险公司	中国人寿保险股份有限公司	常州刘国钧高职校	常州刘国钧高等职业技术学校
太保产险公司	中国太平洋财产保险股份有限公司	常州体校	常州市体育运动学校
太保寿险公司	中国太平洋人寿保险股份有限公司		

部分常用中英文缩略语对照表

缩略语词	内容释文
八项规定	2012年12月4日中共中央政治局会议审议通过的关于改进工作作风、密切联系群众的八项规定
常州三杰	瞿秋白、张太雷、恽代英
长三角	长江三角洲
非 遗	非物质文化遗产
工业经济	"三位一体"战略 通过十大产业链建设发展战略性新兴产业、通过"双百"行动计划推动传统优势产业转型升级、通过培育"十百千"创新型企业提升科技创新能力
海 归	海外留学归来创业人员
花博会	中国花卉博览会
两化融合	信息化与工业化融合
两 会	人民代表大会、政治协商会议
青奥会	青年奥林匹克运动会
三大检索	《科学引文索引》(SCI–Science Citation Index)、《工程索引》(EI—Engineering Index)、《科技会议录索引》(ISTP—Index to Scientific & Technical Proceedings)
三公经费	政府部门公务出国经费、公务用车购置及运行费、公务接待费用
三解三促	了解民情民意、破解发展难题、化解社会矛盾,促进干群关系融洽、促进基层发展稳定、促进机关作风转变
三 农	农民、农村、农业
三责联审	用人、用编、用财责任联合审计
三重一大制度	重大决策、重要干部任免、重要项目安排和大额度资金的使用,必须经集体讨论作出决定
三 资	外资、民间资本、工商资本
"十百千"创新型企业	到2015年,全市拥有10家左右创新型领军企业、100家左右科技型上市培育企业、1000家左右高新技术企业
十大产业链	轨道交通、汽车及零部件、农机和工程机械、太阳能光伏、碳材料、新医药、新光源、通用航空、智能电网、智能数控和机器人十大产业链
双百万亩工程	5年内建成100万亩标准粮田,3年内建成100万亩高效农业
双创计划	江苏省高层次创新创业人才引进计划
双创人才	创新创业人才
四 风	形式主义、官僚主义、享乐主义和奢靡之风
四项排查	排查突出信访问题,排查有风险预警的项目,排查安全事故隐患,排查基层基础工作的薄弱环节
四有一责	有持续稳定的集体收入、有功能齐全的活动阵地、有先进适用的信息网络、有群众拥护的三强带头人,加强基层组织建设责任
新农合	新型农村合作医疗保险
新三板	全国股份转让系统
一报告两评议	地方党委常委会每年向全委会报告工作时,要专题报告年度干部选拔任用工作情况,并在一定范围内接受对本级党委干部选拔任用工作和新选拔任用领导干部的民主评议
综 治	社会管理综合治理
E 板	上海股权交易中心非上市股份有限公司股份转让系统
CPI	Consumer Price Index消费价格指数
GDP	Gross Domestic Product国民生产总值
GIS	Geographic Information System地理信息系统
GPS	Global Positioning System全球定位系统
Q 板	上海股权交易中心中小企业股权报价系统

常州市人民检察院

2015年，全市检察机关紧紧围绕全市改革发展稳定大局，坚持以民为本、公正司法，不断强化法律监督、强化自身监督、强化队伍建设，各项工作取得新进展。

一是服务发展保障民生。制定服务全市“重大项目深化年”15条工作意见，开展百家民营企业走访月活动，强化对转型升级、自主创新、产城融合、生态文明、民生民本的司法保障。依法起诉金融诈骗、合同诈骗、集资诈骗等犯罪68人，侵犯知识产权犯罪30人，办理了全省首例利用P2P网贷平台非法吸收公众存款案。

二是切实强化法律监督。依法批准逮捕各类犯罪嫌疑人2663人，提起公诉7163人；对涉嫌犯罪但社会危害性较小的，决定不批捕183人；对犯罪情节轻微、依法不需要判处刑罚的，决定不起诉38人；对不需要继续羁押的52名犯罪嫌疑人，建议释放或变更强制措施。立案侦查贪污贿赂、渎职侵权犯罪案件131件145人，并选派50名办案骨干参与山西系列腐败案件的办理。建立驻派出所检察官联络员制度，对侦查机关监督立案6件，纠正漏捕6人，纠正漏诉17人，提出纠正意见67件；对审查认为确有错误的刑事、民事裁判，提出抗诉11件；查办虚假诉讼案件85件。监督纠正不当减刑、假释、暂予监外执行4人，纠正刑罚执行和监管活动中的违法情况290件次；做好特赦检察工作，排摸出拟符合特赦服刑人员46人。

最高检检察长曹建明调研视察工作

常州市检察机关规范司法行为专项整治工作新闻发布会

检察长葛志军走访民营企业，为企业排忧解难

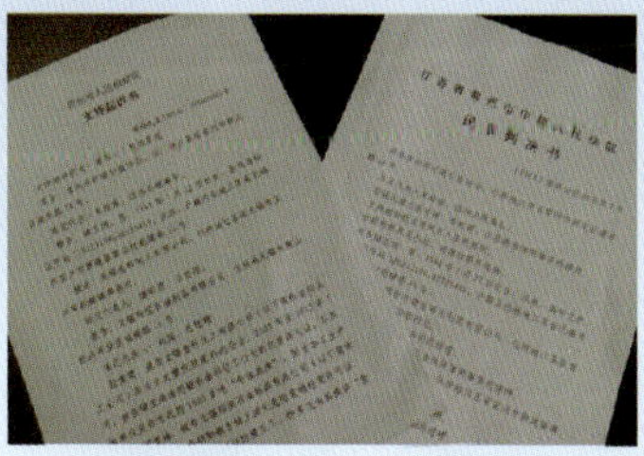

以公益诉讼人身份提起全国首例民事公益诉讼

省刑事诉讼法学会2015年年会在常召开

三是深入推进改革创新。积极稳妥推进司法责任制改革、涉法涉诉信访制度改革，深化检务公开改革、人民监督员制度改革，着力破解制约检察权公正行使的深层次问题。持续推进工作机制创新，围绕以审判为中心的刑事诉讼制度改革，建立完善非法证据排除、重大疑难案件引导协作等机制。成立全省首家环境公益律师队伍，市环保联动执法机制被评为全国生态环境法治保障制度创新提名事例。

四是全面落实从严治检。认真开展“三严三实”专题教育，领导干部带头学习研讨，积极开展批评与自我批评，深入查摆不严不实等突出问题并积极整改。出台加强纪律作风建设规定24条，集中开展为期两个月的纪律作风整顿活动，严肃追究检察机关自身违规违纪问题。开展规范司法行为专项整治活动，针对律师执业权利保障不到位、适用强制措施和侦查措施不慎重、扣押冻结涉案款物不规范等问题进行整改。

常州市司法局

2015年，常州市司法局紧紧围绕全市经济社会发展的工作大局，凝心聚力，扎实推进“四个全覆盖”工作体系建设，先后获全市十佳学习型党组、社会治安综合治理先进单位等荣誉，司法行政群众满意度列全省第三，下属单位常州公证处被评为全国优秀公证处。普法宣传及法治文化有举措。“六五”普法考核验收受到省厅考评组的充分肯定，“法润常州·德法同行”等法治惠民等系列活动成效显著；《常州老娘舅》电视栏目和《梦》《桥》等优秀法治动漫作品深得群众喜爱；全国民主法治示范村、省级法治文化示范点建成率高于省平均水平。公共法律服务为民有成效。建成全市全省规模最大的“一门式进来、一揽子解决”公共法律服务中心，12348咨询线上线下全时空服务，司法鉴定采信率全省名列前茅。维护社会稳定基础性作用显著。央视3次报道常州市市调处工作，派出所派驻式公调对接100%，特殊人群监管连续11年无重新犯罪案件。

省司法厅副厅长万力视察常州市市法律援助工作

局长张加林、副局长王琦考察调研德安医院司法鉴定所

央视连续三次报道常州市人民调解工作

法润常州·春风行动大型法治宣传活动现场

“六五”普法常州优秀法治动漫集

常州市青年普法志愿者“三助三行”服务活动启动仪式暨普法助民村（居）行活动现场

常州市物价局

围绕尺度力度高度
深化改革监管服务

2015年，常州市价格系统全面贯彻中央、省、市决策部署，围绕“改革和监管”主题，切实提升新常态下的价格履职水平，以三个“度”打造常州价格工作特色：一是改革有尺度，坚持统筹配套、结构引导和民生保障，积极稳妥推进水价、气价、医药价格、价格职能等改革；二是监管重力度，跟踪问效清费减负政策，积极对接企业群众价费诉求，快速有效处置“百元白粥”舆情事件，切实规范市场价格环境；三是服务求高度，围绕涉企收费、涉审收费等重点，编制和落实收费目录清单，打造“互联网+”的常州智慧物价监管服务新模式，办实办好平价商店、价格惠民药店等民生实事，不断提升价格工作的实效性和影响力，为经济社会发展和民生改善提供了积极的履职支持。

2月12日，常州市物价局局长李罗保检查春节期间全市农产品平价商店惠民让利活动开展情况

4月29日，市物价局参与《政风热线》现场直播活动

7月18日，市物价、药监、人社等部门在武进区新城南都社区广场开展“价格惠民药店进社区”志愿服务活动

8月26日下午，常州市物价局组织召开市区居民生活用水价格调整听证会

10月20日，市政协专题视察调研价格工作“稳增长、促调整”成效

11月26日，常州市举行民用管道天然气价格改革听证会

溧阳市

布勒（常州）机械有限公司新厂区开工典礼

常溧高速通车

溧阳地处江苏省南部，位居长三角中心地带。在第十五届全国县域经济与县域基本竞争力百强县市排名中列第37位。

经济发展保持平稳。实现地区生产总值738亿元，公共财政预算收入56.2亿元。实现规模以上工业总产值1340亿元。完成工业投入322亿元。总投资50亿元的永冠新能源产业园项目正式签约，布勒高端饲料机械、苏高新南大创新园等总投资10亿元以上项目进展顺利。上上电缆获中国质量奖提名奖。粮食单产实现“十连增”，“天目湖白茶”获许国家农产品地理标志示范样板。天目湖成功创建首批国家级旅游度假区，新四军江南指挥部纪念馆创成国家4A级旅游景区，溧阳被评为全国首批森林旅游示范县（市）。戴埠镇李家园村获评中国乡村旅游模范村和江苏最美乡村。全年接待游客突破1500万人次，实现旅游总收入152亿元。完成社会消费品零售总额275.3亿元。建筑业施工总产值突破600亿元，龙海建工、华能集团入选中国建筑业成长性百强企业。

天目湖工业园区

第十四届中国溧阳茶叶节暨第十二届天目湖旅游节开幕式

上上电缆获中国质量奖提名奖

投资环境明显优化。实施“向先进制造出发”三年行动计划，出台18条扶持政策。倡导“服务好现有企业就是最大营商环境”的理念。落实各类税费减免政策，累计减轻企业负担11亿元。帮助企业应急转贷28.2亿元，市工业担保中心在保余额超10亿元。骏益科创园通过国家级孵化器评审。进一步简政放权，公布政府权力“五张清单”和政府部门责任清单，精简行政审批事项146项。全面实施“三证合一”登记，新增私营企业1300多家、个体工商户4800多户。对外开放不断深化，与德国富尔达区、意大利卡莫利市建立友好关系。获评全国十佳最具投资竞争力县（市）。

溧阳市

城乡面貌持续改观。常溧高速、东环路建成通车，102县道完成改扩建，芜申运河、丹金溧漕河三级航道整治顺利推进。水库除险加固、城市“防洪大包围”、农村圩堤达标等水利工程经受住了汛期考验。投入电网建设资金17.6亿元，完成城乡供电一体化改造。江苏中关村科技产业园产城融合步伐加快。燕山新区功能不断完善，弘基广场、建筑企业总部区建设有序推进。老城区环境整治力度加大，实施燕山新村、东方花园等6个老小区综合整治。村庄环境长效管理不断加强，完成50个村生活污水整治，新增省、市美丽乡村试点村7个。强化水源地保护，实施天目湖全域全年封湖禁渔，饮用水水质保持稳定。大气污染防治、施工扬尘整治力度加大，全市空气优良率比上年提升7个百分点。

“天目湖白茶”获得国家农产品地理标志示范样板

戴埠镇获江苏省“水美乡村”称号

天目湖夜公园

新四军江南指挥部纪念馆创成国家4A级旅游景区

民生事业日益改善。全市城镇、农村居民人均可支配收入达38445元和19880元。社会保障水平稳步提高。获评江苏省最佳养老示范市。实施城中村天然气入户工程，惠及居民4100余户。高考成绩二本以上达线率77.5%。实验小学和外国语学校新校区开工建设，完成后周初中等10所学校校舍改造工程。获评全国基层中医药工作先进单位。创成全省首批公共体育服务体系示范区和江苏省社渚傩文化生态保护实验区，入选中国十佳运动休闲城市。启动全国文明城市创建，连续五届获得“省级文明城市”称号。

天目湖国家森林公园创建成功

燕山公园

金坛区

区委书记范寿柏

区长狄志强

2015年，金坛区紧紧围绕“加快项目引进、加快项目建设”主基调，全力推进“一城一区一山一水”发展战略，经济社会发展呈现良好态势。实现地区生产总值525.5亿元，同比增长13.8%；一般公共预算收入36.15亿元，增长20%，税收占比86.3%；城镇居民和农村居民人均可支配收入分别为40002元、20427元，分别增长8.4%和9.0%，各项主要经济指标增幅均继续位列常州各辖市区首位。

如诗如画的城市

金武快速路通车

日新月异新金坛

东方盐湖城

同方威视科技产业园奠基仪式

金坛撤市设区大会

金坛区

省委书记罗志军到金坛视察

市委书记阎立到金坛督查项目建设

市长费高云督查防汛抗洪工作

百名企业家看金坛

区域经济逆势奋进。工业经济提质增量，众泰汽车首辆整车顺利下线，实现工业开票销售收入24亿元。晨风集团等4家企业税收收入均超亿元，亿晶光电、金昇实业工业开票销售收入双双突破50亿元，其中金昇实业入选全国民营企业500强、省民营企业100强。现代农业提档增收，建设高标准农田3.6万亩，新增高效设施农(渔)业面积6000亩。创成常州市级农业园区2个、常州市级以上示范合作社24家。国家重点水利工程——新孟河延伸拓浚工程率先在金坛区开工建设。现代服务业提速增效，茅山旅游度假区北部片区控制性详细规划基本完成，访仙路、观云路等道路建成通车，华夏宝盛园开园营业。长荡湖省级旅游度假区成功获批，成为继常熟后省内第二家同时拥有2个省级旅游度假区的县（市、区）。顺利举办长荡湖湖鲜美食节、长荡湖籽虾节、上阮赏花季和乡村旅游嘉年华等宣传推介活动。

发展基础不断夯实。重大项目取得突破，先后引进总投资125亿元的中航锂电、总投资50亿元的蓝色星球环氧丙烷及聚醚多元醇、总投资23亿元的同方威视等总投资超10亿元的项目9个。建立重大项目“联审联办”制度，畅通服务流程、形成绿色通道，全力以赴推动项目建设，中科国能、盈科通信等68个重点项目竣工投产。项目保障更加有力，博瑞电控高压共轨系统、斯威克EVA项目分获国家重大专项资金支持，全区累计争取上级各类资金超16亿元。积极推进企业股改上市，完成股改企业7家，其中京东农业、帕卓管路、常峰股份3家企业在新三板成功挂牌。

众泰汽车竣工投产暨整车下线仪式

众泰汽车整车下线

繁忙的项目建设工地

金坛区

现代化的生产车间

现代育苗车间

茶农采茶忙

渔光互补

智能工厂

城乡面貌日趋优化。规划布局日益深化，高标准编制城市总体规划，完成薛埠、儒林等5镇产镇融合规划，优化完善城市综合交通、慢行系统、美丽乡村建设等专项规划，着力构建“产城一体化发展”的城镇格局。基础设施逐步完善，常溧高速（金坛段）、钱资湖大道等道路竣工通车，233国道先导段、265省道（一期）、241省道黄庄至溧阳界段改扩建等工程快速推进。第二污水厂扩建工程建成投运，长荡湖水厂启动建设。移动4G+网络实现全覆盖。城乡建设快速推进，滨湖新城加快建设，环湖路、钱资湖岸线景观改造一期等基础设施项目启动实施，碧桂园、新城吾悦广场等商业项目开工建设。老城区改造有序开展，“9313”城市环境整治行动高标准推进，城区路灯亮化工程顺利实施，城区静态停车位改造全部完成。深入推进第四轮结对帮扶工作，积极开展美丽乡村创建，上阮村荣获“江苏最美乡村”称号。生态环境有效改善，积极推进国家森林城市和国家生态文明建设示范市创建工作，完成绿化造林面积8000余亩。新建下塘河四期滨河风光带、峨嵋绿地、景潭绿地等滨水公园和街头游园。建立农业生态补偿机制，秸秆综合利用率超90%。全面完成长荡湖饮用水源地1万余亩网围整治工作。

常州·金坛乡村采摘节

金坛区

民生福祉持续增进。民生实事顺利实施，全年共投入财政资金近10亿元，较好地完成了住房保障、河道整治、交通便民等10件民生实事。稳步提高保障水平，城乡低保月均待遇提高至590元，城乡居民基本医疗保险人均筹资标准提高到550元，企业退休人员养老金人均月增发192元。就业形势保持稳定，新增城镇就业9500人，转移农村劳动力5000人，创业带动就业4975人，城镇登记失业率控制在2.2%以内。大力推进安置房建设，在建安置房达328万平方米、交付92.4万平方米。社会事业协调发展，东城实验小学、指前实验学校、华城小学改扩建二期建成投用。区第二人民医院和城东卫生院合并移址新建、儒林镇卫生院中医妇科医院竣工投用。成功举办第六届全民运动会和第七届文化艺术节，第五次蝉联江苏省文明城市。

精彩纷呈的社区活动

丰富多彩的老年生活

老旧小区换新颜

老兵新兵观看“正义与荣耀”艺术展

千人看春花

东城实验小学竣工投入使用

义诊活动

武进区

国家智慧旅游公共服务平台

龙城精锻智能生产线

南环线

云中部落度假村

推进转型升级，实体经济不断壮大。按照调高、调轻、调优、调强的思路，推动经济结构持续优化升级，轨道交通、汽车零部件等产业规模逐步壮大，先进碳材料、医疗健康等新兴产业加速成长，省标战略性新兴产业占规模以上工业产值比重达31%；电商、旅游、文化创意、物流、研发等业态加快集聚，服务业增加值占地区生产总值的比重达42.2%。切实将加强企业梯队建设作为应对市场风险、提升整体实力的重要抓手，促进各类企业转型壮大，新增上市企业2家、新三板挂牌企业12家，分别累计达到17家和14家，新增规模以上工业企业88家、累计达到1620家，其中营业收入超百亿元工业企业10家，全区各类市场主体累计达到10万户。“一中心、三片区”发展格局初步到位，常州经开区挂牌运行，武进国家高新区承载能力进一步增强，西太湖科技产业园获批筹建省级高新区，国家住建部绿色产业集聚示范区影响力日益扩大。

瞄准新定位勇迈新台阶

2015年，武进区围绕“迈上新台阶，建设新武进”的目标定位，统筹推进稳增长、促转型、强载体、优生态、惠民生等各项工作，全年完成地区生产总值1830亿元，一般公共预算收入140.4亿元，规模以上工业总产值4361亿元，实现中国最具投资潜力中小城市百强区“三连冠”，荣膺中国市辖区综合实力百强第三名。

竺山湖风景区

前黄镇商贸中心

中心城区夜景

武进综合保税区

新天地公园

常州石墨烯产业园

湖塘新貌

科教城

莲花馆

加大创新投入，发展活力持续迸发。积极开展“重大项目深化年”活动，有效调动各方积极性，持续掀起项目招引和建设的热潮，成功引进瑞声射频模组、中建国际华东中心基地等重大项目，戚电9F燃机、石墨烯科技产业园、爱科农机等项目顺利竣工，重点项目对经济发展的支撑能力持续增强。编制出台武进苏南国家自主创新示范区建设方案，推动各类创新要素加速向企业集聚，全球首个石墨烯指数在武进区发布，R&D经费支出占地区生产总值的比重达2.72%，高新技术产业产值占规模以上工业总产值的44.3%。着力打好稳定外向型经济攻坚战，延续增资扩股、并购重组的强劲势头，完成协议注册外资12.7亿美元，实际到账外资7.4亿美元，落户武进区的世界500强企业累计达到18家。

深化改革创新，新型红利有效释放。有序推进8大类41个重点改革项目，加力破除一批长期制约经济社会发展的体制机制障碍。深入实施简政放权，对外发布区级行政审批事项、政府行政权力、政府部门专项资金管理、行政事业性收费4张清单，审批事项由279项精简为157项；加快推进商事登记制度改革，全面实行三证合一、一照一码制度，全区新设企业近6400家，新增注册资本332亿元。扎实开展国土资源节约集约双提升行动，盘活整理存量土地8600余亩，建成标准厂房65万平方米，武进区成为省国土资源节约集约模范区。着力优化金融服务，组建运行新兴产业发展基金，全区风创投资本累计达到99亿元，上海银行常州分行开业运营，市级分行达到3家。启动实施农村宅基地制度改革试点，全面推开农村土地承包经营权确权登记颁证工作，高质量完成社区股份合作制改革，武进区顺利通过省农村综合改革终期验收评估。

统筹协调发展，城乡面貌展现新颜。基础设施日益完善，全面推进城乡软硬件基础设施建设，广电东路、金武路等建成通车，新沟河延伸拓浚工、永安河拓浚整治等重点项目有序推进，新辟、调整优化公交线路45条。实施城乡市容环境提升行动，整治户外广告7.8万平方米，改造老旧小区35万平方米，资源化利用建筑垃圾50万吨。生态环境不断改善，以生态文明建设十大重点工程为主抓手，制定出台一批既利当前、更利长远的政策措施，全面加强大气污染防治、水污染治理、森林城市创建等工作，空气质量优良天数比例达67%，3条入太河道水质明显好转，集中饮用水源地水质达标率保持100%。

聚焦民生福祉，群众生活明显改善。加大公共财政向民生领域的倾斜力度，高质量完成为民办实事工程，广大群众享受到更多实惠。多措并举推进富民增收，养老、医疗等保障标准进一步提高，人力开展慈善救助，城乡居民人均可支配收入达3.59万元，增长8.2%；加快繁荣社会事业，扎实推进教育优质提升工程，免费提供45项基本公共卫生服务项目，深入开展周末文艺汇演、综艺下乡等文化惠民活动，全面建成城乡一体10分钟体育健身圈，成功举行中华龙舟大赛、环太湖国际公路自行车赛、西太湖半程马拉松赛等重点赛事。扎实推进村、社区减负增效工作，全面启动社会组织培育工程，社会组织工作站实现村、社区全覆盖，新增社会组织42家，持证社工达到416名。深入开展平安建设，有效应对百年一遇的连续多天强降雨，积极稳妥化解各类潜在风险，全区上下始终保持安定祥和、欣欣向荣的良好局面。

横山桥五一村

中华龙舟赛

夕阳下的西太湖

第六届环太湖国际公路自行车赛武进赛段

城南现代服务业集聚区

天 宁 区

2015年，天宁区紧紧围绕“推进城市更新、打造品质之区”总战略，扎实开展“重大项目深化年”活动，全区经济社会保持平稳健康发展的良好态势，被评为常州市辖市、区现代化建设评价考核优胜地区和争先进位先进单位。

大洋线缆新三板挂牌

综合实力稳健提升。2015年，全区实现地区生产总值632亿元，增8.2%；全社会固定资产投资360.6亿元，增5.7%；公共财政预算收入44.8亿元，增6.1%。规模以上工业总产值突破1000亿元，达1097亿元；服务业营业收入突破2000亿元，达2125亿元。常州四药制药有限公司抗高血压项目荣获国家科技进步二等奖。常州天晟新材料股份有限公司承担国家“863”计划项目总课题。江海环保有限公司与美国艺康化工有限公司达成战略合作，大洋线缆股份有限公司、常州中航蜂窝有限公司等7家企业“新三板”成功挂牌。恒生科技园“恒创空间”被认定为省级众创空间。

亚玛顿公司车间

青龙邻里中心

恒创空间

常州金融港平台上线

牟家观光园

城乡品质不断彰显。2015年，全区空间发展战略规划编制工作基本完成。九洲新世界广场、青龙邻里中心建成开业。轨道交通1号线8个站点启动建设，郑陆工业大道西延、凤凰岛西路等10条道路建成通车。二五三厂片区等棚改项目启动实施，陆家村项目创新推行“房票”安置，18天完成签约，在全市乃至全国得到推广。深入开展环境综合整治，18个城郊结合部、城中村环境面貌显著提升。凤凰公园、横塘河湿地公园示范区建成开放，全年新增绿地80公顷。郑陆镇牟家村被评为全国文明村、江苏省最美乡村。

凤凰公园

民生民本持续改善。2015年，全区城镇居民人均可支配收入4.15万元，农民人均纯收入2.22万元，分别增8.5%、9%。城乡低保实现一体化，郑陆镇5.1万人新型农村合作医疗保险全面并轨。全省首批国家健康促进区试点项目启动实施，顺利通过江苏省妇幼健康优质服务示范工程省级评估。创成江苏省现代民政示范区和江苏省公共体育服务体系示范区，红日家园老年公寓被民政部确认为养老服务信息惠民工程试点单位。区社会治理联动指挥平台入选江苏基层社会治理十大创新成果。

红日家园老年公寓

四药雕庄新厂区

翠冠梨

钟 楼 区

—— 城镇一体建设 产城融合发展 ——

2015年，钟楼区紧紧围绕“以产城融合促转型升级”的工作主题，主动适应经济发展新常态，扎实做好改革发展稳定各项工作，经济社会实现持续健康发展。

转型升级加速推进。2015年全区实现地区生产总值595.96亿元，增长7.2%；公共财政预算收入35.97亿元，增长6.1%；全社会固定资产投资369.77亿元。社会消费品零售总额319.1亿元，增长9.1%。三次产业结构由2010年的0.1∶49.5∶50.4演进为2015年的0.3∶36.7∶63。重大项目实现突破，总投资均达50亿元的中兴能源云计算华东基地和百度大数据产业园项目先后落户，中兴云计算项目创造了当年签约、当年开工、当年完成基建的“钟楼速度”。科技实力有序提升，全年新增高新技术企业13家，累计建成省级以上“一室两站三中心”25家。开放型经济和金融加快发展，设立钟楼成长企业发展基金，新增新三板挂牌企业12家，股改、挂牌和募集资金数量均居全市前列。

城市功能不断优化。基础设施建设稳步推进，飞龙西路大修工程完成，完成民丰窑等片区整治提升和东岱村等5个低洼地改造工程。开通玉龙路和工业园区内循环公交线路，改造提升公交站台144个。优质公共服务功能不断完善，完成区残疾人托养中心和西林街道社区卫生服务中心主体建设；北师大常州附属学校、新五中、北郊初中分校、觅小钟楼新城分校等项目加快推进。生态环境持续改善，全面完成“9313工程”及高架沿线环境综合整治，全力推进大气污染防治和水环境整治，PM2.5浓度降幅达到省优秀线，实施邹区戴庄村等4个行政村的环境综合整治工程，铺设污水收集管网11公里。

民生福祉切实改善。实施居民收入倍增计划，城镇居民人均可支配收入达4.12万元，养老、医疗、失业保险覆盖率保持在98%以上，千名老人拥有养老床位数达40.8张。城市、农村和谐社区建设达标率均达到100%，蝉联第二届全国和谐社区建设示范城区。实施“兴街强村富民”工程，村级集体经济总量达3亿元，年收入超千万元的村达5个。教卫文体事业优质均衡发展，通过全国义务教育基本均衡区回访督导，创成省公共体育服务示范区。文明城市建设深入推进，道德讲堂、双桂坊“诚信做食品”、最美社区书记许巧珍等成为全国典型。扎实开展法治、平安钟楼建设，建成全省首家未成年人社区矫正中心，“六五”普法通过省级验收，连续12年被评为江苏省平安区。

国务院副总理马凯调研千人计划（常州）新能源汽车研究院

全区首家领军人才创业企业科雷斯普在新三板挂牌

12349平台引入O2O模式，实现社会化运作

全区开展向“最美基层干部”许巧珍学习活动

邹区中国灯具城

百度大数据项目落户钟楼区常州科技街

北京师范大学常州附属学校开工建设

老小区整治成效显著，民丰窑片区再现粉墙黛瓦

总投资50亿元的中兴能源云计算华东基地项目落户钟楼区

凌家塘市场

钟楼全民健身中心开工建设

江南农村

2015年，江南农商行紧紧围绕“扩总量、调结构、优管理、增效益”工作主线，传统业务求特色，创新业务找突破，未来业务求领先。先后荣获全国十佳农村商业银行、江苏省五一劳动奖状等荣誉，连续五年获常州特别重大贡献奖、连续三年获许常州小微企业先进服务单位。在最新一期的英国《银行家》杂志排名中，江南农商行位列全球银行业1000强中第411位。

业务规模持续增长

至2015年末，江南农商行资产总额2292.94亿元，是2009年成立之初的3倍；各项存款余额1535.96亿元，是成立之初的2.6倍；各项贷款余额1034.01亿元，是成立之初的2.4倍。在省联社和常州金融机构中均稳居首位。

市场定位保持定力

至2015年末，江南农商行涉农贷款余额268.6亿元，中小微企业贷款余额723.18亿元，分别占全部贷款余额的26.25%、70.69%，分别比成立之初增长3.6倍、2倍。通过引进IPC技术，于2015年3月成立微贷金融事业部，年内完成授信714户，金额1.62亿元，用信583户，金额1.18亿元。

商务转型成效初显

零售、公司、金融市场和互联网金融“四轮驱动”发展思路逐步清晰。初步形成消费金融、小微金融、财富管理“三驾马车”的发展架构。

12月12日，全国首家中小银行金融培训中心揭牌

江南金融租赁有限公司开业暨签约仪式

商 业 银 行

资产质量平稳运行

业务结构良中趋优，各项信贷资产占总资产的比重由原先的90%下降到45%，中间业务收入比上年增加3.54亿元。至年末，江南农商行五级不良贷款率1.23 %，低于监管指标3.77个百分点；拨备覆盖率257.91%，高于监管要求107.91个百分点；资本充足率12.95%，高于巴塞尔新资本协议2.45个百分点。

风险防控张弛有度

积极参与苏南八家农村商业银行联合推进巴塞尔新资本协议项目，全面铺开巴塞尔第一支柱三大风险项目群建设；实行授信审批独立审批人模式，独立行使审批权，同时承担相应的审批责任；全面推进操作风险工具的应用，推行全员风险管理文化，提高全员风险防范意识。

创新发展先试先行

2015年，江南农村商业银行成功发行了常州市工会服务卡、社保卡，发放了常州市首笔文化产业引导资金支持媒体融合专项贷款、最大一笔土地承包经营权抵押贷款、全国首笔农房抵押贷款，优化升级了1家旗舰店支行和40家智能网点，推出了常州首家混业经营银行“蛋糕银行”，揭牌成立了全省首家青年银行和全国首家中小银行金融培训中心，推出了微信银行、直销银行，成立了上海研发中心和北京业务联络处，向公众开放了省内首家钱币展示馆，组建了江南金融租赁有限公司。

江南农村商业银行展示馆被命名为科普示范基地

1月25日，中国社科院金融研究所与江南农村商业银行战略合作签约暨中国社科院中小银行研究基地揭牌仪式在江南农村商业银行成功举行

常州高新区

常州高新区大丰工业园按照江苏省委、省政府关于南北挂钩、合作共建苏北开发区的统一部署，于2006年11月挂牌成立，由常州市与盐城市合作，常州国家高新区与大丰市共建。园区总体规划面积10平方公里，紧邻沈海高速大丰出入口，是大丰市“双核一带”产业空间布局的起点。园区以建设南北共建示范区和苏北一流、宜业宜居的现代精品园区为目标，产业定位为机械、电子、新材料，重点发展高端装备制造、新能源新材料和电子信息产业。

2015年，园区围绕全年目标任务，积极谋划思路、攻坚克难，努力克服宏观经济发展不利因素影响，不断扩大产业链招商、推进项目建设、做优对企服务，实现了园区经济平稳发展。

工业经济平稳增长，综合实力明显提升。园区全年实现工业产品销售收入56亿元，完成公共财政预算收入1.61亿元，完成增值税1852万元，完成全口径工业开票销售12亿元，其中规模以上企业开票销售10.1亿元。新开工亿元以上项目4个，新培植服务业定报企业1个，新增规模以上工业企业2个，亿元以上开票销售企业3个。在全省43个南北共建园区考评中始终名列前3，连续6年被评为江苏省共建园区先进单位，被大丰区委、区政府授予综合先进奖、招商引资和项目推进工作奖等6个奖项。

招商引资实现突破，项目质量明显提高。2015年，园区不断创新招商方式、扩大招商范围，强化产业链条招商，吸引好项目、大项目落户园区，共落户、开工项目19个，其中工业项目4个，三产服务业项目15个。河姆渡电子商务平台项目的签约，实现了园区电子商务跨越式突破。

2015年5月14日，江苏志宏电缆材料有限公司项目开工

2015年7月3日，河海街道党工委书记、人大工委主任沈春英带领河海街道党政代表团来园考察

大丰工业园

基础设施提质扩容，发展环境明显改善。2015年，园区累计投入资金2800多万元，对原有道路和绿化进行维护提升，新增常州路、南环路、盐城路道路绿化面积43600平方米。商务配套设施进一步完善，江南山水城、瑞丰花园两个商业住宅项目二期四栋楼建成，商业步行街建成投入使用。园区基础设施体系和承载能力得到全面提升，发展空间明显扩大。

项目建设加速推进，发展后劲明显增强。2015年，园区以“在谈项目早落户，在建项目早投产”为目标，为企业项目提供全方位优质服务，加快推进新招引的光和光学镜片制造、河姆渡电子商务、志宏电缆材料和粤强电子材料等4个亿元以上项目。总投资5亿元的光和光学项目竣工投产，实现开票100多万元；河姆渡电子商务平台项目签约10多家入驻企业；苏州光电缆（大丰）产业园加速推进，志宏电缆项目已正式投产，粤强电子材料项目主体封顶；民申机械机器人项目与风投公司达成初步合作事宜。

服务力度持续加大，创新步伐明显加快。2015年，园区持续加大服务企业力度，促进企业积极转型升级，加快创新步伐，提升科技水平，不断做大做强。全年累计帮助企业争取盐城市培育科技型中小企业奖励资金135.19万元；协助企业申请各类专利130件，其中发明专利40件。

2015年7月17日，河姆渡电子商务项目进区协议签约仪式在园区举行

2015年8月13日，民建湖南省委副巡视员杨继烈等一行人来园区调研

上海光和光学大丰有限公司车间

2015年11月3日，常州高新区党工委薛建南、嘉秀娟一行到园区考察

2015年度政策兑现暨总结表彰大会

江苏常州

2015年6月，江苏常州经济开发区（简称“常州经开区”）正式成立。江苏常州经济开发区党工委、管委会为市委、市政府派出机构，规格为正处级。

常州经开区位于常州东大门，处于沪宁创新走廊与长江经济带的重要战略节点。其总面积181.28平方公里，户籍人口约23.49万，常住人口约40.5万，共有横林镇、遥观镇、横山桥镇3个镇和潞城街道、丁堰街道、戚墅堰街道3个街道，下辖60个行政村、 21个社区。

6月4日，江苏常州经济开发区成立大会召开

常州经开区城管队员参与抢险救灾

7月31日，常州经开区召开工作会议，全面开启创建“国家级”新征程

12月2日，常州经开区举行今冬明春水利工程开工仪式

经济开发区

2015年，常州经开区完成地区生产总值615亿元，比上年增长5.4%；服务业增加值占GDP比重33.7%；完成工业总产值1772亿元，下降2.9%；完成规上工业增加值386.45万元，增长1.3 %；完成固定资产投资222.6亿元，增长9.1%，其中，工业投入134.7亿元，服务业投入87.9 亿元。规模工业经济和现代服务业对提升发展质量的支撑作用日益彰显。

12月28日，常州经开区举行民生项目集中开工仪式

常州经开区党工委中心组邀请市委党校博士李红利作“三严三实”专题辅导

丁堰街道常丰村设立“孝行红榜”，传播孝行故事，弘扬榜样的力量

常州经开区轨道交通产业园

常州经开区党政代表团参观西太湖科技产业园

江苏华电戚墅堰发电有限公司

武进国家高新

武进国家高新技术产业开发区（简称“武进国家高新区”）位于常州市南翼，规划控制面积182平方公里。2015年，武进国家高新区围绕“强化创新驱动，深化二次创业”主题，主动适应发展新常态，全面激发改革新动力，统筹推进“稳增长、促转型、强载体、优生态、惠民生”等各项工作，保持经济社会稳中有进、健康协调的发展势头。拥有世界500强投资项目19个、上市及新三板挂牌企业12家、年产销超百亿元企业2家，成为长三角地区最具吸引力和创新活力的开发区之一。

园区产业特色鲜明

武进国家高新区集聚智能装备、节能环保及电子信息三大优势产业。年内，纳博特斯克精密机器、德国康保安防系统、瑞声金属射频模组等项目签约入驻，贝内克长顺生态汽车内饰材料、北京西门子汽车电驱动系统、今创轨道交通产业园等项目开工奠基，爱科（常州）新生产基地、恒立液压泵阀新厂等项目建成投产。武进国家高新区被认定为电子信息（新型电子元器件）国家新型工业化产业示范基地。

园区创新能力突出

武进国家高新区是苏南国家自主创新示范区“八区一园”之一，年内新增高新技术企业21家，累计123家；申请专利6505件，获授权3051件；新增产学研合作意向签约30项。建设创新创业空间，建成青武创客空间、蓝光空间、N立方创意工坊、信息产业园等众创空间，在孵企业、项目共75个，成功申报江苏省众创集聚区建设试点，武进工业设计园成为常州首家工业设计众创空间。武进国家高新区创新型特色园区建设方案获科技部批复同意，并获得“国家知识产权试点园区”等称号。

园区功能配套完善

武进出口加工区于1月获批整合优化为综合保税区，12月通过省联合验收组验收。南隆家园四期、南淳家园三期安置房建成交付，滆湖公园建成开放。武进国家高新区发展规划环评获环保部批复。武进国家高新区人民医院挂牌成为武进人民医院高新区院区，区档案工作顺利通过江苏省档案工作五星级规范测评。

技术产业开发区

3月27日，省委书记罗志军调研武进国家高新区

3月1日，海关总署署长于广洲调研武进国家高新区

12月10日，武进综合保税区顺利通过由南京海关等10部门组成的省联合验收组验收

爱科(常州)农业机械有限公司

江苏龙城精锻有限公司

武进综合保税区

9月23日，全球清洁汽车峰会2015在武进国家高新区召开

7月13日，武进九洲创投园及九洲创客源项目正式签约入驻武进国家高新区

11月12日，江苏恒立液压有限公司投产庆典暨恒立—哈威全球战略合作签约仪式举行

武进国家高新区园区风貌（一）

武进国家高新区园区风貌（二）

武进国家高新区园区风貌（三）

江苏常州滨江经济

江苏常州滨江经济开发区（春江镇）位于常州市北端，南临运河，北枕长江。现有行政区域面积171平方公里，其中陆地面积146平方公里，水域面积25平方公里；下辖4个服务中心、12个行政村、14个社区以及滨江社区下辖的12个筹备小组，户籍人口13.2万人，常驻人口15.1万人。凭借良好的资源优势和产业特色，江苏常州滨江经济开发区（春江镇），先后获得最具价值投资园区、国家级生态乡镇、江苏省卫生镇等荣誉。

总投资超3亿元的中简科技T700/T800级碳纤维千吨项目开工建设

常州寅盛药业有限公司与四川大学、上海药明康德新药开发有限公司签署三方协议

综合实力稳步提升

2015年，实现地区生产总值313亿元，完成固定资产投资251亿元，完成工业总产值1184亿元。农业现代化水平不断提升，全年实现农业增加值近3.1亿元。村级集体组织总收入超过8000万元，实现农民人均纯收入22195元，同比增长10%。实现服务业增加值58亿元，完成进出口总额25.5亿美元、货物吞吐量3489万吨、集装箱21.6万标准箱。

经济发展提质增效

2015年，完成工商注册外资7167万美元，实际到账外资8356万美元，工商注册内资12亿元。全力推进78个投资额1000万元以上的重点项目，总投资达157亿元。常州东风汽车产业基地首款SUV顺利量产下线，实现了“整车梦”。全面实施创新驱动战略，加快集聚创新资源，全年完成高新技术产业产值582亿元、高新技术企业产值330亿元。

百馨西苑安置小区

魏村花苑安置小区

开发区（春江镇）

城乡统筹有序推进

强化规划引领作用，加快构建滨开区“一核二翼三园四区五带”总体空间格局。全面启动中心镇区开发，友谊河开发有序推进，全民健身中心开馆运营，安家苑二期、百馨西苑三期建成交付。园区路网及供电、供水、供气等设施配套日渐完善，园区承载能力加速提升。扎实开展“清水蓝天净土”工程和新一轮化工企业综合整治，环保大检查工作得到国家环保部督察组认可，生态环境持续优化。

市长费高云携市人大代表一行视察滨江中学

常州东风汽车产业基地首款SUV——东风风度MX6量产下线

社会事业蓬勃发展

积极引入优质教育资源，全力打造滨江教育品牌，滨江中学正式开班办学，南师大附属春江小学二期、滨江豪园幼儿园相继建成投用。卫生服务功能不断加强，安家卫生院顺利通过省示范乡镇卫生院专家组验收。大力开展大型文艺晚会、优秀戏曲巡演、“文明社区天天乐”、送电影下乡等活动600多场次，群众文体生活日益丰富。全面落实创业扶持政策，加快推进城乡居民基本医疗保险并轨，扎实开展扶贫帮困工作。深入实施“六五”普法教育，全年共开展各类宣传教育活动38余次，放映法治微电影100场。

滨江中学

华东地区化工行业环境监管执法交流会在春江镇召开

春江全民健身中心

新龙生态林鸟瞰图

江苏中关村

江苏中关村科技产业园，成立于2012年3月，是常州市政府与北京中关村开展体制创新与区域合作的成果。至年底，园区超亿元企业达到37家，其中超10亿元5家、超100亿元3家；开发区综合排名较上年前进1位，在全省参与考评的129家开发区中列第33位，位列省级开发区第一方阵。

产业园地处苏、浙、皖三省交界，长三角几何中心，位于溧阳市天目湖畔，近期规划40.6平方公里，远景规划80.9平方公里。自成立起就按照“近期建区、中期成园、远期为城”的战略目标，统筹园区功能定位、产业发展和空间布局，高起点规划，高标准建设，总体目标就是要把园区打造成以高新技术产业和先进制造业为主，并集合科技研发、人才培训、商务和旅游服务功能，环境优美、生态宜居、功能复合、具有一定规模和现代化水平的生态型科技产业新城。园区输变电科技产业园被省科技厅认定为产学研协同创新基地，电力产业园获省特色制造业产业园考核常州第二名。

1月27—2月2日，以溧阳市副市长刘敏为团长的江苏中关村代表团一行在日韩开展首次海外招商活动

3月24日，溧阳三元钢铁有限公司党支部成立会议暨第一次党员大会在公司党员活动室召开

4月25日，江苏中关村科技产业园举办区镇“迎五一”职工乒乓球赛

科技产业园

2015年，园区完成国内生产总值344.5亿元，比上年增长6.8%；公共财政预算收入12.23亿元，增长7.6%；全社会固定资产投资204亿元，工业投入完成174亿元，服务业投入完成30亿元，分别增5.8%、6%、5.3%。2016年是“十三五”和新一轮三年建设行动计划的开局之年，园区将紧紧围绕全市产城融合“一体两翼”战略布局，秉承“创新、融合、特色、生态”理念，始终坚持“四个发展”，以创新驱动激活创业活力、以产城融合打造科技新城、以先进智造壮大特色产业、以生态发展促进绿色跨越，争取创成国家级高新区。

8月20日，江苏中关村科技产业园举办园区机关干部依法行政专题培训班，发放《依法行政必读》等学习书籍200余册

10月11—12日，江苏中关村科技产业园招商局组织参加在上海举办的长江流域园区与产业对接会

11月9日，江苏中关村科技产业园与世界500强企业普华永道在园区签订合作协议

11月20—21日，由江苏中关村科技产业园管委会主办的“苏州高新区台协企业家溧阳行”活动成功举行

11月24日，园区召开党员组织关系排查工作部署会议

中國百興集團
CHINA BAIXING GROUP CO.,LTD

INTRODUCTION OF THE GROUP

集团简介

百兴集团有限公司（简称“百兴集团”）是集工业制造、房地产、商贸、金融、物业、物流、酒店等于一体的大型企业集团。公司近年发展迅速，2014年营业总额超266亿元。公司工业企业制造产品主要包括PVC软质、半硬质及硬质胶布，银行信用卡及IC卡卡基材料，PU及PVC箱包面料，涤纶牛津布，环氧增塑剂等，是全国最大的塑料压延制品生产基地。塑料制品的年生产能力达12万吨以上，箱包面料年产超1亿平方米。集团下属专业市场总占地2500多亩。长江自由贸易中心、江南五金机电城、江苏长江塑料化工交易市场、中国湖塘纺织城、武进横林国际地板家具城、百兴小湖商贸城等都是省内一流的大型专业市场。已建和在建的房地产项目有金百国际、中央花园、嘉苑别墅、百兴商贸区、江都龙川步行街、龙川城市花园、东方广场、宝应商业广场、湖塘中心村、青枫公馆、青枫壹号、百兴礼嘉商贸城、百兴华府、百兴澜庭、云南凯邦亚湖国际旅游度假区等。

百兴集团下属公司和控股公司有：常州市江南塑料有限公司、常州市百兴塑胶制品有限公司、中外合资常州江南塑胶制品有限公司、常州市常武橡塑制品有限公司、常州市武进百兴塑胶制品有限公司、常州市百兴纺织有限公司、常州市百兴制衣有限公司、常州百奇生物科技有限公司、常州百佳磁卡有限公司、常州市百兴外贸有限公司、江苏百兴房地产开发集团有限公司、常州百伟房地产开发有限公司、江苏百盛房地产开发有限公司、常州三井一村房地产开发有限公司、扬州苏南投资置业有限公司、常州长江自由贸易中心、常州江南五金机电市场、江苏长江塑料化工交易市场、江苏湖塘纺织城有限公司、常州武进横林国际地板家具城投资发展有限公司、百兴集团江阴小湖商贸城有限公司、常州市嘉丰物业服务有限公司、常州听松楼花园酒店等。

集团自1983年组建以来，以人为本，依靠科技进步，加强企业管理，取得了辉煌业绩，位列2014年中国企业500强第268位，全国民营企业500强排序第34位。历年来被评为世界华人企业100强、中国优秀企业、中国房地产百强企业、中国最具成长性企业、中国房地产先进单位、中国信用企业认证体系五星级示范单位、全国最佳经济效益乡镇企业、中国房地产企业最具综合开发实力企业、全国第一批国际质量信用AAAAA等级企业、江苏省银行系统信贷诚信企业、江苏省明星企业、常州市明星企业、常州市五星级企业等荣誉。现为中国民营企业家协会、中国塑料加工工业协会、中国房地产开发商协会、全国纺织品商业协会、江苏省企业家协会、江苏省工商联房地产商会副会长单位。

历史赋予重任，事业点燃激情。百兴集团在科学发展中将与时俱进，与您真诚携手，再创美好明天。

常州总部
江苏省常州市新北区黄河东路88号
电　　话：0519-85160588
传　　真：0519-85160788
邮　　编：213022
武进总部
江苏省常州市武进区礼嘉镇工业园区
电　　话：0519-86233888
传　　真：0519-86231269
邮　　编：213176
网　　址：http://www.baixinggroup.com

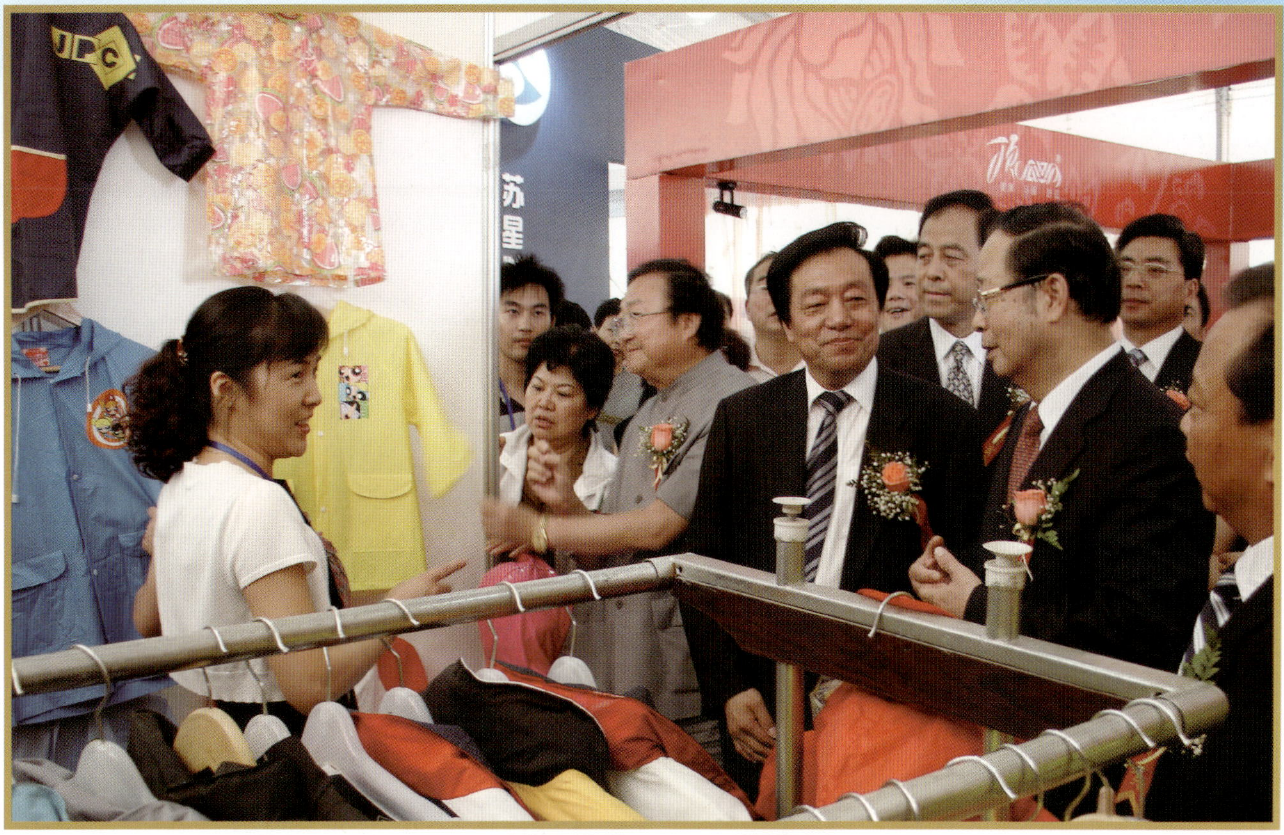

全国政协副土席张怀西参观湖塘纺织城

百兴集团向汶川地震灾区捐款

百兴集团向武进慈善总会捐款

纳百川之势 兴恒久伟业

专业市场

江苏百兴房地产开发集团有限公司注册资金2.2亿元，具有房地产开发商一级资质，先后获得中国地产100强企业、中国房地产先进单位、中国最具综合开发实力企业、中国房地产行业常州地区影响力十强综合开发实力企业、江苏省银行系统信贷诚信企业、质量服务信誉AAA优秀房地产公司等荣誉。房产集团开发的大型专业市场包括长江自由贸易中心、中国湖塘纺织城、江南五金机电城、江苏长江塑料化工交易市场、武进横林国际地板家具城、百兴小湖商贸城等，都是省内一流的大型专业市场。

▲三城合一（中国湖塘纺织城/武进建材装饰城/武进五金机电城）

中国·常州湖塘纺织城是常州市“十一五”规划重点项目，中国纺织品商业协会常务理事单位，2008年与武进五金机电城和武进建材装饰城三城合一，打造超大规模市场集群。依托湖塘纺织产业基础，以超百亿的业绩成为名副其实的中国纺织名城。

▲江苏长江塑料化工市场

江苏长江塑料化工市场是常州唯一一家连续3年应税销售超百亿的大型塑料化工专业市场。市场分设交易区、物流仓储区、商务办公区和信息网络中心五大区域，主营塑料原辅材料、塑料产成品、塑料机械、化工原辅材料和产成品、橡胶及橡胶制品、医药中间体等，是目前长三角地区最具规模的专业交易市场。

▲横林国际地板城

横林国际地板城是47个江苏省现代化服务业集聚区之一，是江苏省重点工程和常州市重点项目。规划用地面积900多亩，总建筑面积约70万平方米，是以地板、家具为基础，同时含配套原料供应、商务办公、商贸服务等功能，集信息中心、商品展示中心、仓储物流中心、技术研发中心、产品测试中心、采购中心和国际贸易中心为一体的现代化市场。

长江自由贸易中心

长江自由贸易中心是享誉华东地区的大型建材批发市场。

江南五金机电城

江南五金机电城是一个集规模化、规范化、信息化、现代化为一体，具有大市场、大营销、大交易、大流通等特点的国内大型专业化商客互动市场。

百兴小湖水产市场

江阴百兴小湖商贸城位于江阴璜土镇常澄公路南侧，距常州机场12公里、江阴长江大桥20公里，水、陆、空交通发达。市场占地210亩，建筑面积10万平方米，涵盖建材、小商品、水产、粮油副食、菜场、蔬菜、超市等近千商家和摊位，已经形成了一个多产业的综合性集散市场。

住宅

百兴房地产在开发商业地产的同时，商住房的开发也取得了斐然业绩。开发了金百国际、中央花园、嘉苑别墅、百兴商贸区、江都龙川步行街、龙川城市花园、东方广场、宝应商业广场、湖塘中心村、青枫公馆、青枫壹号、百兴礼嘉商贸城等精品楼盘。

▲百兴华府

百兴华府，位于常州城市动脉常武南路东侧，地块隶属乐购商圈版块，周边交通便捷，商业及生活配套齐全，地段稀贵优势不言而喻。

项目总建筑面积约26万平方米，规划1栋行政公寓、7栋传世阔府公寓、10栋典藏别墅，整体建筑以最经典的古典元素，展现历史感和文化纵深感，干挂花岗岩、面砖与涂料结合运用，营造美观大方、新颖、简洁、活泼立面效果。户型面积从89-141平方米，采用全明设计，直接通风采光。

百兴华府，汇聚百兴集团28载资金实力和百兴房产集团10年积淀开发经验，特邀金晨物业、捷奥国际景观公司等知名公司合作，不遗余力打造尊贵之府。

▲青枫壹号

青枫壹号位于青枫公园以西300米，玉龙路东侧，是常州首个在土地招投标中以生态技术为要求的项目，建成后是常州首个全国绿色生态住宅示范小区，也是常州市政府着力打造的建筑节能和生态技术示范性社区。项目开发运用地源热泵中央空调系统、全热回收新风系统、XPS外保温系统、太阳能光伏发电系统、同层排水系统、雨水循环系统、外环境环保系统等十大生态技术，为业主提供舒适环保的居家环境。

金百·国际

金百·国际是集城市开放性广场、大型卖场结合院落式商业街区、高尚住宅、酒店式公寓于一体的国际级一体化社区。

嘉苑别墅

礼嘉首席别墅生态特区。

江都龙川商业步行街/江都龙川城市花园

江都龙川商业步行街/江都龙川城市花园坐落于江都市老城区，是充分体现江都民间文化和宗教文化的步行街。

江都东方广场

江都城市中心3万平米一站式全生活中心。

▲中央花园

中央花园，地处常州新行政中心板块中心，龙城大道以南，晋陵中路以东。项目占地约20万平方米，建筑总面积约50万平方米，是目前常州市区最大社区之一。

▲云南凯邦亚湖国际旅游度假区

云南凯邦亚湖国际旅游度假区位于云南省德宏州，项目占地约4万亩，其中水域面积约1.2万亩。拥有原生态自然资源，景颇族文化风情等多种旅游优势，力致开发成为国家AAAAA级旅游区、国家旅游休闲度假示范区。

▲青枫公馆

青枫公馆，位于常州市钟楼开发区，西侧紧邻38万平方米青枫公园，北靠钟楼区政府，地理位置得天独厚，小区外部环境清新怡人。项目占地8万平方米，总建筑面积18万平方米，其建筑立面采用意大利式风格结合现代简约元素，以简洁明快的线条，体现古典艺术和现代建筑的完美搭配。而整体布局采用围而不合，南低北高的布局。在户型设计上，通过透明质感的飘窗、落地窗、270度的观景窗，无限延展室内空间，让居家环境和自然美景如此接近。建筑园林规划以巴洛克组团为主，南北设置欧式景观中轴线，附以栈道、河流、雕塑之上，形成独特的皇家园林景观。

工业

百兴集团是全国最大的塑料压延制品生产基地，集团制造业主要工业产品包括PVC软质、半硬质及硬质胶布、银行信用卡及IC卡卡基材料、PU及PVC箱包面料、涤纶牛津布、环氧增塑剂等。

百兴工业园简介

百兴工业园占地面积420亩，将打造成具有现代化、规模化的与国际接轨的可持续发展的一流工业园区。

常州市武进百兴塑胶制品有限公司

常州市武进百兴塑胶制品有限公司始建于1988年，是国内聚氯乙烯压延薄膜生产龙头企业，现拥有进口、国产PVC压延生产线8条、PU涂层线3条、2.8米宽三合一贴合线3条、分切机8台，年产PVC薄膜3万多吨，PVC、PU涂层牛津布5000万米。

常州市江南塑料有限公司

常州市江南塑料有限公司拥有意大利鲁道夫·科美里奥公司L型22“×71”四辊压延机1台、日本NIPPON ROLL株式会社F型26“×83”四辊压延机1台，专业制造0.028mm~0.60mm厚PVC压延硬片。

常州百奇生物科技发展有限公司

常州百奇生物科技发展有限公司是由中国百兴集团与深圳凯奇化工有限公司强强联手、合资成立的高新技术企业。公司位于常州市礼嘉镇百兴工业园内，主要生产环氧大豆油（代号BD—82）与环氧植物油（代号BD—81）两个系列产品，每月生产量2500多吨。

常州百佳薄膜科技有限公司

常州百佳薄膜科技有限公司成立于2006年，注册资金1.4亿元人民币，由中国百兴集团全资成立。

常州百佳薄膜科技有限公司拥有2台德国产压延机（注：与日本普利司通EVA生产设备相同），主要生产银行信用卡芯层及面层。2011年新投资2.5亿元购买了一台欧洲产BOPET光学级原膜生产设备及多台EVA封装膜生产设备，正式进军光伏组件封装膜、光学级薄膜、TPT背板行业。

公司拥有超过二十年对EVA、PC、PVC、PET、ABS等热塑性高分子材料的生产与改性研发经验。公司内部拥有江苏省省级高分子材料研发试验室，是江苏省高新技术企业。公司所生产的ABS、银行卡等系列卡基片材，已经获得多项发明专利和实用新型专利。

江苏省是全国光伏组件生产大省，常州百佳薄膜科技有限公司位于江苏省常州市武进区，地理位置优越，与省内多家光伏组件厂商关系良好。

项目简介\PROJECT PROFILE

常州市百兴纺织品有限公司

常州百兴纺织有限公司位于长江三角洲的常州市，新长铁路、沪宁高速铁路、京沪高速公路穿境而过，水陆交通十分便利。公司占地面积6万平方米，其中建筑面积2万平方米，拥有固定资产5000万元、员工150多名。公司拥有自动数控JW-911喷水织机300台，拥有大批先进的进口设备和雄厚的技术力量，年生产能力达8000万米。生产的产品有PVC牛津布、箱包布、提花布、格子布等， 广泛用于各种系列的箱包、旅游用品、沙滩椅、野营床等。

常州市百兴塑胶制品有限公司

常州市百兴塑胶制品有限公司系大型中外合资企业，公司拥有先进的专业进口设备，雄厚的技术力量和高素质的企业管理人才以及技术娴熟的员工队伍，专业生产各种材质的防水雨衣、服装及各类防护用品。公司配备了目前世界先进的EVA膜、 PE膜、PVC 膜等生产线。公司产品主要选用 100%PVC 、 PVC 单面革、 PVC 双面革、尼龙 /PVC 、 PVC 针织、 PVC/ 涤纶、尼龙 /PU 、 EVA 、 PEVA等布料制成各类劳工雨衣、运动服装、休闲服装、儿童服装及各类包袋、西装套等日用品及各类塑胶制品。

常州市常武橡塑制品有限公司

常州市常武橡塑制品有限公司位于常州市武进高新技术开发区，占地5万平方米，建筑面积3万余平方米，距沿江高速常州南出口仅5分钟车程。拥有进口及国产1.9米宽至2.5米四辊压延生产线7条、1.8米宽PU涂层机5台，员工600多人。

PU涂层车间

纺织车间

压延贴合车间

中国百兴集团新厂区实景图

中国中车
CRRC

中车戚墅堰机车车辆工艺研究所有限公司

中车戚墅堰机车车辆工艺研究所有限公司位于中国经济最活跃的长江三角洲地区——江苏省常州市，区位优势突出，水陆运输十分便利。

公司主要从事轨道交通装备新材料、新工艺、新装备、新技术的研究开发及其科技成果的产业化，是轨道交通装备关键零部件高科技产业化基地。公司不仅服务于全国干线铁路运输和城市轨道交通的需要，还利用轨道交通装备专有技术向延伸产业发展，已经进入了汽车零部件、工程机械、风力发电等市场领域。

公司主要产品远销美国、日本、加拿大、德国、澳大利亚、意大利、南非、印度等20多个国家和地区。与美国GE、德国KNORR、日本住友金属、日本东洋电机、英国Romax等国际知名企业建立了良好的合作关系。2015年实现销售突破52.6亿元。

在变革与创新中，公司始终秉承诚信、敬业、创新、超越的企业精神，以打造最具社会责任的行业先锋为目标，向着现代化的国际一流企业迈进!

1：1制动动力试验台

22000吨螺旋压力机

齿轮传动事业部车间

夹钳踏面组装线

常州市轨道交通发展有限公司

2015年，轨道公司认真遵循“团结、诚信、务实、创新”的精神，以创优重点工程建设为抓手，以更新的理念、更足的干劲，主动担当、积极作为、科学运筹、创新管理。通过加强对施工安全质量的管控，保证了1号线建设的有序推进；通过绩效考核制度的实施，保证了各项经营管理工作的顺利开展；通过制定和实施多项规章制度，增强了全员的组织纪律性与团结进取争优创先的主动性和积极性。年内，轨道公司在工程建设把控、规章制度健全、工作作风转变等多方面取得了优异的成绩，圆满完成了年度目标任务：1号线一期工程于4月2日进入全面施工阶段，至年底，全线29个站点围挡全部围闭，其中有4个站点以及敞开段主体结构实现封顶，第一台盾构机于9月22日在新桥站——旅游学校站区间左线始发，新桥站——旅游学校站区间隧道实现贯通。

轨道交通1号线盾构始发仪式

第一条隧道贯通

1号线第一台盾构机吊装

市委书记阎立视察轨道交通建设

时间往事

市长费高云慰问地铁建设者

紫金财产保险股份有限公司

紫金财产保险股份有限公司是由江苏省政府直管的省属国有金融企业，公司注册资本金人民币25亿元。2009年5月18日正式对外营业。至2015年末，公司下辖各分支机构270家，其中在全国23个省（市）设立了分公司，在江苏省内实现了13个地市全覆盖，实现了“立足江苏，服务全国”的战略布局。

紫金保险常州中心支公司自2010年开业以来，坚持“品质优先、规模提升、销售提速”经营理念，完善各项管理制度，规范经营行为，加快人才引进和队伍建设，加大业务渠道开拓，着力构建稳固销售平台，取得了长足发展和优良业绩。开业五年来，吸引了一批保险业内优秀人才，公司员工队伍发展到近百人。紫金常州中心支公司下辖设溧阳、金坛、武进三家支公司。公司密切关注经济社会发展需求，积极开办农业保险、贷款保证保险、家庭财产综合保险、企业财产保险、燃气责任保险、诉讼财产保全责任保险、安全生产责任保险、轨道交通等建设工程保险。

公司始终将“关注民生、紧贴民生、服务民生”作为不懈追求，努力提高对社会的保障能力、对经济的支撑能力、对社会管理的参与能力。不断探索保险服务的新领域，扎实做好道路交通事故社会救助基金管理工作，为经济社会建设作出积极贡献。公司获三星级路救服务办公室、平安金融（单位）、江苏省放心消费创建活动先进单位、2015年度常州市保险行业目标考核先进单位等荣誉。

展望未来，紫金保险将坚持以科学发展观为统领，创新经营模式，合规稳健经营，培育竞争能力，服务经济建设，把紫金保险建设成“诚信、规范、专业、特色”的优秀保险企业。

常州市住房保障和房产管理局

2015年，市住房保障和房产管理局紧紧围绕住房民生主线，深入推进住房保障体系建设，将人均月可支配收入低于全市平均水平（即3290元／月）的住房困难家庭全部纳入保障范围，并在全省率先做到中低收入住房困难家庭应保尽保。全年市区新增公共租赁住房家庭755户，新增经济适用住房家庭258户，经“三级审核、两级公示”无异议后全部予以保障。截至2015年底，市区累计已有2.6万家庭享受了住房保障政策支持。大力推进棚户区（危旧房）改造工作，完成强家弄片区、二五三厂片区等11个棚改项目，改造户数7100户，改造面积52.6万平方米，落实国开行贷款32.8亿元，着力改善了老城区居民的居住环境和住房条件。注重住房保障人性化管理，以保障房爱心服务社为平台，调动社会各方资源，通过定向帮扶、医疗服务及法律服务进小区，帮助保障家庭解决实际困难，着力构建和谐保障房小区。

住房保障政策进小区

公共租赁住房摇号选房现场

保障性住房小区

保障房小区爱心义诊

江苏省常州地方税务局

2015年，江苏省常州地方税务局积极适应经济发展新常态，主动服务“强富美高”新常州建设，全年组织各项收入561.79亿元，增长6.8%，其中地方税收收入358.91亿元，增长5. 48%；非税收入202. 88亿元，增长9. 21%。社保费入库175. 05亿元，增长12. 57%，征缴率达99. 98%。公共财政预算收入297. 53亿元，增长7. 68%。积极开展税收管理现代化探索，进一步完善税收征管改革，深化国地税合作，同时强化内部治理，大力推行依法行政，优化纳税服务，扶持“大众创业、万众创新”的相关举措被中央电视台《焦点访谈》报道。

2015年，该局被市委、市政府评为综合考核优胜单位，并在省地税系统绩效考评中获先进单位荣誉，全系统共获省级以上集体表彰19个、个人表彰66个。

税银合作项目签约仪式

地税局领导赴企业开展“三解三促”活动

常州地税局召开征管改革动员会

大学生创业税收服务中心成立

常州市不动产登记交易中心

挂牌并颁发全市第一本不动产权证书

2015年12月1日，常州市不动产登记交易中心正式挂牌，并为市民颁发了常州市首批不动产权证书，标志着“权界清晰、分工合理、权责一致、运转高效、法治保障”的不动产统一登记体系建成。常州市不动产统一改革工作于2015年11月5日正式启动，创立了“登记+交易”常州模式。截至2015年12月31日，中心共发放不动产权证书17296本，不动产登记证明7579份。

常州市不动产登记交易中心揭牌

市委常委、常务副市长韩九云为市民时成、张洁夫妇颁发常州市第一本不动产权证书。

市不动产登记交易中心办事大厅

市不动产登记交易中心服务窗口

常州市体育局

2015年，常州市体育局坚持“体育即民生、体育即精神、体育即科学、体育即公平、体育即经济”的工作理念，传承发扬“事事争当第一流，耻为天下第二手”的新时期常州体育精神，紧紧围绕市政府及体育局各项重点工作目标任务，扎实开展工作，全面推进体育各项工作再上台阶。4月，常州市和辖市区成功创建为江苏省首批公共体育服务体系示范区，取得“满堂红”。完成辖市区体育基本现代化考核评估工作；以游泳项目为突破口，全市青少年公共体育服务体系初步创立；中国常州篮球学校创建工作通过总局篮管中心专家组评估；体育医院综合门诊楼改造基本完成；十九届省运会备战工作全面展开；争取各级各类政策扶持资金总计2730万元；成功举办中国羽毛球大师赛等5项次国际性比赛；群众体育、竞技体育和体育产业协调发展的局面基本形成。

2015年政府购买公共服务项目——常州市业余乒乓球俱乐部联赛成功举办

2015波力杯中国羽毛球大师赛

常州籍运动员沈铎、史婧琳获得2015年喀山世界游泳锦标赛女子4×100混合泳接力冠军

副市长方国强为常州市最美社会体育指导员颁奖

常州市国土资源局

2015年，常州市国土资源局按照“保护资源、节约集约、维护权益、改革创新”的要求，深入推进国土资源节约集约利用战略，各项工作取得明显成效，在服务经济社会发展大局中发挥了重要作用。创新实施农村宅基地制度改革试点、同一乡镇范围内村庄建设用地布局调整试点等“1+6”改革试点工作，促进“双提升”行动落地见效。开展批而未供和闲置土地专项清理工作，供应各类建设用地1446宗5.67万亩，盘活存量土地2.9万亩，确保省市重点项目落地。完成不动产统一登记职责整合工作，挂牌成立市不动产登记交易中心。市国土局荣获“全国国土信访工作先进集体”称号，全市国土系统整体进入“文明单位”行列，8个中心国土所服务窗口先后荣获所在地“红旗窗口”称号，“四全”服务模式在全省领先，被常州市文明委评为全市第三批窗口行业优质服务品牌。

国土资源部司长刘随臣调研武进区农村宅基地制度改革试点工作

市国土资源局局长贾金庚在钟楼分局调研土地制度改革

召开武进区农村宅基地制度改革试点工作会议

召开武进区农村宅基地制度改革试点工作会议

市委组织部、市国土资源局联合举办节约集约用地专题研讨班

全市国土资源系统党风廉政建设工作会议

市国土资源局到天宁区青龙街道调研工作

国土窗口荣获2014年度政务服务中心“群众最满意窗口”称号

市局机关党委与戚墅堰分局联合走访戚墅堰区领军人才企业

市国土资源局、市土地学会赴金坛区薛埠镇参观全省首个国家级绿色矿山——金坛盐矿

市国土资源局、市土地学会、横山桥镇政府联合开展“地质灾害防治”专题科普活动

常州市城市管理局

2015年，市城管局以打造整洁、优美、有序的城市环境目标，提升数字化手段，落实长效化措施，推进精细化管理，狠抓环境整治，狠抓工程推进，狠抓队伍建设，城市管理水平进一步提升。

一、抓工程推进，夯实城市管理基础建设。

城市环境综合整治全面完成，共整治项目155个，并将整治完成的“9313”项目纳入城市长效综合管理，明确管理标准并加强日常考评。生活垃圾转运站二期进展顺利，改造项目正式施工，新建项目前期手续稳步推进。完成生活废弃物处理中心续建二期工程，新增填埋库容117.2万立方米。餐厨废弃物综合处置一期工程全面完成，并于12月21日正式启动收运处一体化工作。

二、抓突出矛盾，解决城市管理难点问题。

7月1日起，中心城区602条近1300万平方米的道路实现社会化、机械化、标准化、精细化洒水、机扫、清洗环卫作业，机械化作业综合覆盖率由原来的60%提升至93%。加强建筑垃圾管理，建立季度点评会制度，推进“一工地一档案”的管理模式，完成全市659辆运输车的密闭改装验收，并会同公安局、交通局、建设局等部门开展联合整治。制定便民服务点、报刊亭的规范管理标准，对户外广告进行全面调查摸底，建立户外广告资料库，稳步推进拍卖工作，共组织15场拍卖会，成交总额2148.6万元。

10月13日，生活垃圾焚烧飞灰无害化处理工程技术获中国城市环境卫生协会争优创新技术奖

市城管局在常州市生活废弃物处理中心召开餐厨废弃物收运处一体化工作现场推进会

三、抓考评调整，落实城市管理长效措施。

完成数字城管信息系统应用软件升级项目，迁入云计算应用服务中心；完善考评办法，调整区域考核系数，对管理难点项目进行分类考核，并将镇区纳入长效管理考评；加强对超时案卷、不满意案卷、协调案卷等特殊流程案卷的审核，切实提高问题处置效率；全年市级12319平台接听市民来电7.1万个，立案派遣各类城市管理问题9.2万件。12319平台成功创建全国“青年文明号”，数字化城市管理项目荣获中国人居环境范例奖。

四、抓规范建设，打造城市管理执法形象。

出台《关于进一步深化全市城管行政执法队伍规范化建设工作实施意见》《常州市城市管理行政执法队伍规范化建设标准及考评办法》，开展新一轮执法队伍规范化建设。建立了市、区、街道（镇）三级并覆盖全市每一位执法人员的科学考评体系，媒体、网络曝光事件明显减少，执法形象显著提升。

城中村整治

机械化作业车辆

常州市举行全市城管系统技能竞赛

常州市数字化城市管理项目获国家住建部中国人居环境范例奖

常高新集团

2015年，常高新集团以打造产业结构合理、资源配置高效、品牌知名、实力雄厚的国内一流综合性企业集团为目标，以适应新常态、推进战略转型、实现企业持续快速发展为指针，着力推进重点项目建设，拓展业务领域，强化内部管理，开展战略研究，加强党组织的建设，落实党风廉政责任制，提高干部素质，培育企业文化，推进依法治企，集团的核心竞争能力持续增强。实现营业收入约75亿元，利润总额5.17亿元，上缴税收3.96亿元。

2015年，集团工程建设板块共承担了69项A类建设项目，完成投资27.6亿元。年度新增完工道路8.29公里、河道0.5公里、道路照明7.11公里、绿化面积29.1公顷；安置房竣工34.92万平方米；新桥初中、常州机场边检站、春江中心小学二期、中央花园小学4个代建项目合计6.74万平方米竣工交付。包括政泰路建设工程在内的多个常高新建设项目被评为2015年度常州市市政优质示范工程；科技金融中心建安工程在常州市2015年第二次建筑市场综合大检查活动中被评为综合先进工程；122省道项目东段工程凭借《提高双柱式花瓶墩钢筋保护层厚度合格率》这一科研成果，获得江苏省交通行业优秀QC成果二等奖。

6月9日，集团党委书记上“三严三实”党课

6月17日，常高新集团5年战略规划项目启动

6月29日，首家金融主题咖啡馆——“微咖空间”

7月10日，常州江南小微金融服务有限公司开业

7月18日，集团党委在南京大屠杀纪念馆举行党日活动

集团类金融板块的顺泰融资租赁公司以做“江苏一流、中国领先”的融资租赁服务商为目标，积极开展业务创新，经营业绩保持良好发展势头，成功在新三板挂牌上市，为企业快速发展打开了新空间；恒泰担保公司积极实施“互联网+”战略，形成了以“鹏金保”“转贷保”“工程保”“拆迁保”“支付保”为核心的五大业务模式。

集团投资板块各公司及部门发挥自身的先发优势与本土优势，积极寻找合适投资项目，寻找优秀战略合作伙伴，努力介入更多领域。为助力地方优势产业集群发展，与上海阜兴控股公司共同出资20亿元设立苏南国家自主创新示范区（常州）产业发展基金，预计可带动上百亿资金进行上市公司并购，可吸引和带动大批相关骨干企业和优势项目落户常州高新区。

为使集团在未来的发展中，能够发挥自身优势，化解不利影响，抢抓发展机遇，实现企业战略转型，从2015年8月开始，常高新集团全面启动2016—2020年战略规划的编制工作，全面探索集团未来发展的产业方向、机制优化路径、团队建设方法，为使常高新集团未来产业结构将更趋合理、发展动力将更加强劲、发展的步子将更加坚实打下良好基础。

10月10日，集团第一届辩论赛成功举行

122省道

常高新集团

在建的常州科技金融中心（常高新广场）

常州小微金融服务中心

青年公寓2.1期项目建成

常州腾龙汽车零

常州腾龙汽车零部件股份有限公司是一家从事汽车零部件产品研发、制造及销售的业内知名企业，公司专注于汽车热交换系统管路产品尤其是汽车空调管路及其附件的开发和制造，同时亦已积极进入和拓展轻合金材料、EGR产品、汽车用传感器等节能环保类汽车零部件产品领域，凭借多年的技术积累和领先业界的产品、工艺和服务，腾龙股份已成为中国乘用车热交换系统管路行业的领先者，是国内外多家汽车主机厂和系统制造商的重要供应商之一。

腾龙股份拥有达到国际先进水平的全套生产设备和试验检测设备，产品进入国际主要汽车公司的零部件全球采购体系，公司产品直接或间接配套于宝马、奔驰、大众、福特、通用、雪铁龙、标致、本田等国际主流品牌汽车及长城、奇瑞、通用五菱、吉利、上汽、长安、比亚迪等国内主要车企，公司在武汉、天津、柳州、芜湖、重庆等地均设有制造工厂，产品出口北美、南美、欧洲、日本、东南亚等地。

部件股份有限公司

腾龙股份多年保持持续的研发投入，成就众多创新成果，产品同步设计开发、整体配套方案设计、质量控制、产品试验检测、模具开发能力等在同行业中领先，公司建有省级企业技术中心和工程技术研究中心，拥有各类专有工艺技术60余项，其中取得专利证书50余项。

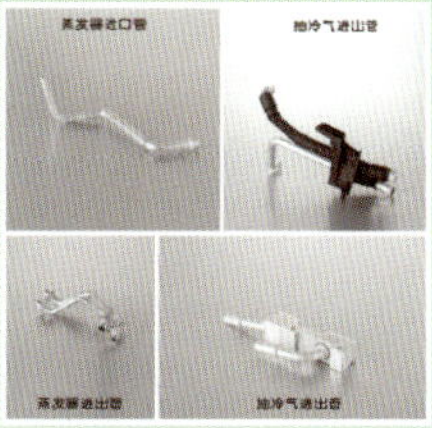

汽车热交换系统连接硬管

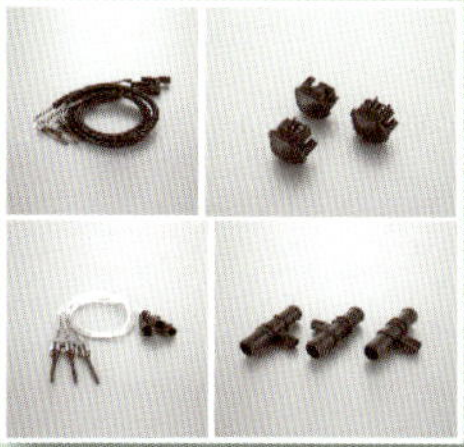

汽车用传感器

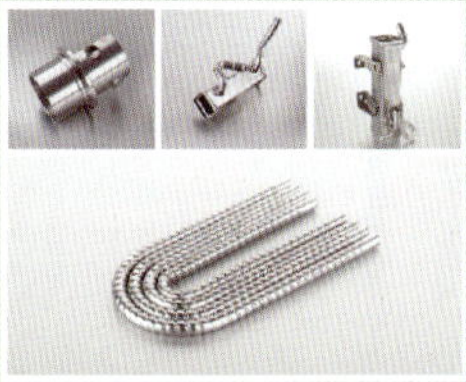

EGR

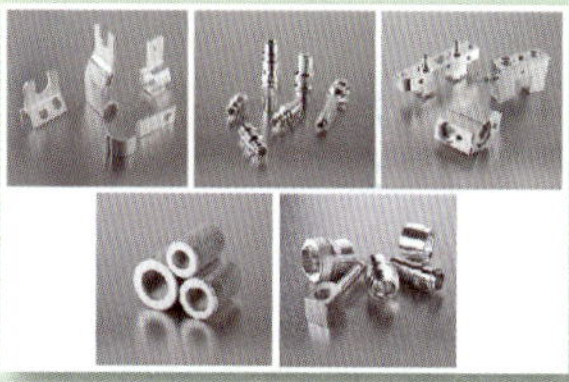

汽车热交换系统附件

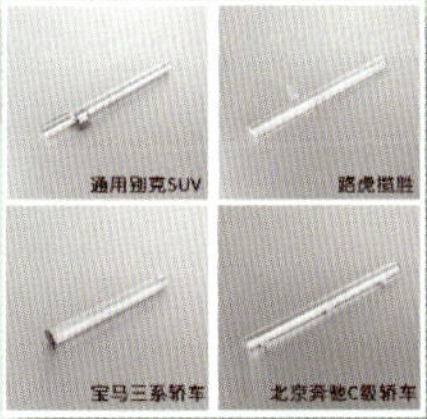

储液罐

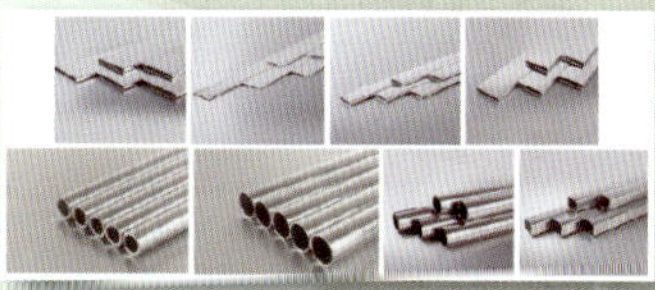

精密铝型材

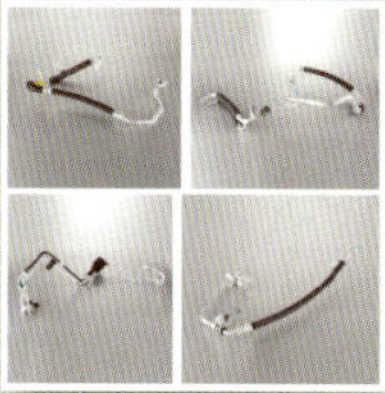

空调管

公司已通过ISO/TS16949质量管理体系认证和ISO14001环境管理体系认证，是江苏省高新技术企业，公司多次荣膺神龙汽车、法雷奥、贝洱等优秀供应商荣誉，公司品牌获得“江苏省著名商标”称号。

2015年3月20日，腾龙股份成功登陆资本市场，在上海证券交易所主板上市，股票简称“腾龙股份”，股票代码603158。

未来，腾龙股份将以中国式的成本、世界级的技术和质量，为全球汽车客户提供更可信赖的优质产品和优良服务，实现公司发展的更大跨越。

中国人民解放军

第一〇二医院于1947年3月组建于山东临沂，1951年6月进驻江苏常州。多年来，在常州市和社会各界关心支持下，医院始终坚持思想建院、制度管院、人才兴院、科研强院，积极主动融入地方改革发展大潮，医院党建工作、政治建设、医疗教研等全面发展，先后创建了全军精神医学中心、全军心理疾病防治中心和第二军医大学精神卫生临床学院，有3人享受政府特殊津贴、4人获军区优秀人才津贴，拥有2个博士培养点、3个硕士培养点，特别是成立了一支由44名精神、心理专家组成的战时心理服务大队，多次出色完成军地多样化军事行动和重大任务，在全军享有较高的声誉，受到中央军委等各级首长机关的高度好评。

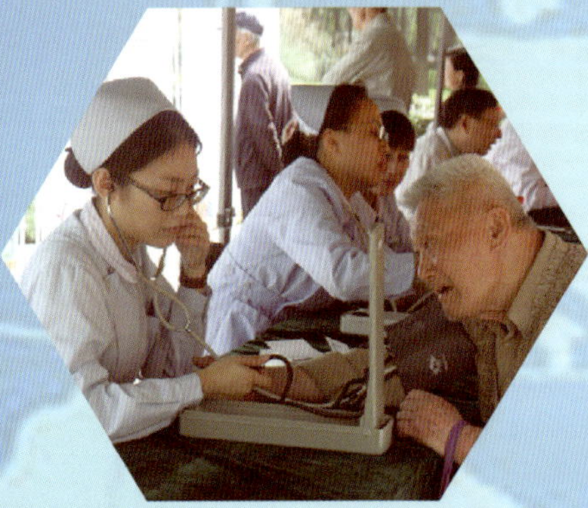

举行各类义诊进社区活动

用心服务患者

医院开设方便门诊

第一〇二医院

2015年，医院出台配套措施主动适应常州医改，把优势医疗资源汇集于民。始终坚持发扬拥政爱民光荣传统，把服务驻地群众作为重点工作紧抓不放。年内，医院门诊收治地方病员近30万人次，住院收容2万余人次，120、110送诊的“三无”病人35名，为特困病人减免医疗费用达100余万元。积极拓宽服务领域，常年选派专家深入社区、街道送医送药，定期开展“医疗进社区”活动，与市残联协作开展助残圆梦行动，安排医护人员前往共建学校提供医疗服务保障和心理健康咨询，帮助建立完善心理咨询室。中、高考前夕，深入学校开设讲座为考生及家长进行心理减压，解除考前心理负担。

官兵赴丽水山体滑坡灾区紧急救援

江苏省特检院常州分院简介

1 特检之源

江苏省特种设备安全监督检验研究院常州分院（以下简称“常州分院”）由原常州市锅炉压力容器检验所、常州市特种设备安全监督检验所、江苏省化工压力容器检验检测中心站、金坛锅炉压力容器检验所、溧阳锅炉压力容器检验所五家单位组成，创建于1983年，整合重组于2005年12月。常州分院是江苏省特种设备安全监督检验研究院的派出机构，是承担常州地区特种设备安全检验的法定技术机构和特种设备检测技术科研单位。院本部坐落于常州钟楼区龙江中路51号，分院现有职工225人，其中研究员级高工3人、高工50人、工程师45人，工程技术人员占总人数85%以上。分院拥有江苏省“333”学科带头人2人，江苏省“121”学科培养对象2人。常州分院占地面积55亩，建筑面积31460平方米，拥有各类检验检测仪器设备2000余台(套)，实验室通过CNAS认证。

各类特种设备检测

2 公共服务

常州分院主要承担了常州地区14万余台在用特种设备的定期检验和100余家特种设备制造企业的产品质量监督检验工作。每年在检验中发现和消除各类安全隐患3000余起。2011年起分院在市质监局、安监局支持下，运用先进的声发射技术开展大型危化品储罐的安全检验工作。常州分院从2011年开始成为常州市安全生产协会副理事长单位，作为常州市人民政府安全管理专家单位，积极参与全市特种设备安全管理、事故应急救援、事故调查等工作。

购物中心开展电梯安全使用讲座培训

3 科研项目

常州分院贯彻“服务政府、服务社会、服务企业、服务安全”的服务理念，注重于服务能力的提升，依托常州特种设备产业优势，积极开展科研项目。成立以来被省科技厅、省质监局、省院、市科技局批准立项科研项目累计30余个，极大提升了科研能力。分院负责起草的《低温绝热气瓶定期检验技术要求》《特种设备检验机构检验服务规范》两项江苏省地方标准已正式颁布实施；申报的《低温气瓶组合式调压阀的调校装置》等十余项国家发明专利和实用新型专利获国家知识产权局正式批准颁布；起草的《有机热载体安全技术条件》标准获国家质检总局“十一五”科技成果三等奖；《危险化学品气液管道泄漏检测技术及其应用研究》项目被江苏省科技厅列为省级前瞻性项目，被常州市科技局列为2014年常州市第二十批科技计划（科技支撑——社会发展）项目。

4 文化建设

常州分院大力弘扬 “奉崇德业、忠诚事业、精通专业、守成创业” 的核心价值观，分阶段开展了员工感恩活动、建言献策活动和星级员工评选活动，在全省特检系统率先创办了《特检风采》内部刊物和《特检人》内部报纸，有效地树立了特检机构良好的社会形象，极大地丰富了员工队伍的精神生活。连续被评为省质监系统先进单位、省院先进集体，2012年分院荣获常州市人民政府五一劳动奖状、市文明标兵单位等荣誉，2013年获省级文明单位荣誉。近年来，国家总局、省、市各级领导十分关怀分院事业发展，多次视察分院工作，对分院服务地方经济的工作给予充分肯定，对分院各项工作给予极大的关怀和支持。

2010-2012江苏省文明单位证书

5 江苏省低温绝热设备产品质检中心

江苏省低温绝热设备产品质检中心（以下简称“省低温中心”）是分院依托地方优势建设的富有特色的省级专业技术平台， 省低温中心位于新北区龙城大道2180号，占地38亩，建筑面积2万平方米，项目投入资金7000万元。2014年正式建成投入运行。

省低温中心下设理化试验中心、低温气瓶检测中心、罐车检测中心、安全阀校验中心等部门。省低温中心致力于成为全省乃至全国的低温设备标准制定、人才培育、技术研发、型式试验、定期检验五位一体的基地，奠定常州在全国低温绝热设备的领头羊的地位。

省低温绝热产品质检中心

市委副书记戴源视察省中心低温气瓶检测流水线

低温气瓶检验流水线

天宁区青龙街道常青村

常州市天宁区青龙街道常青村位于青龙西路与东方西路交汇处，面积0.5平方公里，有9个村民小组，325户1098人。村党总支下设3个党支部，有党员78名。

近年来，常青村积极围绕“组织管理民主化，服务便民化，文化多样化，环境优美化，治安综治化，基础设施完善化，信息管理化”的指导思想，坚持“以人为本，服务村民，关注民生”为宗旨，提高为民服务水平、村民生活水平、文化水平、村民的满意度和幸福感。2015年常青村在青龙街道11个村、社区满意率调查中名列前茅。

九龙菜场

金三角市场

村委大门

在为民服务的同时，常青村经济发展稳中有升，2015年虽然经济形势不容乐观，但是常青村金三角小商品批发市场、金三角食品市场、九龙大排档、九龙菜市场四大市场依然发展稳定，经济收益稳中有升。

村先后被评为省创建文明村工作先进村、省文明村、市“五好”示范村党组织、市先进基层党组织、常州市社区建设先进单位、市老龄工作先进集体、市社会治安安全村、市“平安家庭”创建活动先进集体。

中心村

中心村

中心村

荣誉墙

暑期未成年活动

元旦茶话会

常州工程职业技术学院

2015年，常州工程职业技术学院全日制在校生10329人，招收全日制新生3800人，普通批次录取分数继续位居江苏省高职院校前列。现有教职工597人，其中专任教师400人，正高30人、副高165人。2015届毕业生3367人，年终就业率为98.51%。先后获江苏省教育宣传工作先进单位、江苏省学生资助工作绩效评价优秀单位、江苏省高校节能工作先进院校、江苏省教育系统新媒体宣传应用奖、江苏省第四届大学生就（创）业知识竞赛优秀组织奖、江苏省高校毕业生就业工作先进集体、江苏省教育厅官方微博微信主题活动优秀组织单位等荣誉。

常州工程职业技术学院发展能力诊断反馈会

缅甸留学生开学典礼

“走进水族”暑期社会实践项目团队

2015年，常州工程职业技术学院技术转移中心成功入选江苏省科技厅高校技术转移中心立项建设项目，成为全省高职院校中首批获立项建设项目。与常州市红十字会联合组成的“走进水族实践团”荣获全省大学生暑期社会实践优秀团队。10月，学院成功招收首批13名缅甸留学生入学，对外交流开辟新篇章。12月，学院率先试点，成为全国首家进行发展能力诊断的高职院校。

鸟瞰常州工程职业技术学院

江苏城乡建

2015年，经江苏省人民政府同意，江苏城乡建设职业学院建立。学院位于常州殷村职教园，占地813亩，建筑面积28万平米。至年末，全校共有在册学生6032人。全年14人通过中级职称评审，新增正高级职称教师2名、副高级职称教师5名，有高校访问学者1名，高级访问工程师2名，在读博士2名，2名教师获省第四期“333工程”科研资助。

全年招收五年制高职学生910人，首批三年制高中后大学生189人。毕业学生1493人，就业率94.7%。下属江苏城建校建筑规划设计院、常州诚建规划设计院有限公司、常州市城建校工程咨询有限公司3个科技服务实体完成产值2700余万元。

专业建设稳步推进

学院成功申报环境艺术设计、物业管理、物联网应用技术、建筑设备工程技术、给排水工程技术、道路桥梁工程技术6个三年制高职专业。成功搭建“智慧城建”在线学习测试平台。成功申报江苏省高等学校英语应用能力B级考试考点。

教学科研成果渐多

学院获准省级课题立项2项，省级课题顺利结题2项。申报专利1项，发表论文135篇，其中中文核心期刊发表14篇，国际会议交流3篇，被EI收录论文2篇。

学院获2015年省绿色建筑创新一等奖

校园风光

设职业学院

实训基地加快建设

学院完成设备采购135.7万元。建筑产业现代化人才培训实训基地建设工作取得阶段性成果。完成省人社厅技能鉴定中心手工木工、省住建厅组织的全国建设领域专业人员两个题库建设工作。

校企合作不断深化

学院与9家单位签订全面战略合作、实训基地等校企合作协议。学院有校外实习实训基地129家。常州绿能环保木屋有限公司捐建价值120万元的木结构别墅完工。与深建科共建的常州市城建艾科绿色技术有限公司正式运营。

竞赛成绩获得突破

学院启动“首届技能文化节”。全年取得国家级A类技能大赛1金2银1铜、国家级B类技能大赛获得2金6银4铜、省级A类技能大赛6金10银8铜的好成绩，彰显了学院的教学质量和办学成效。

国际交流不断延伸

学院积极开拓与英国索伦特大学、美国艾德荷州立大学、加拿大菲沙河谷大学的交流与合作，拓展相关培训项目和课程。学院首批赴英留学生汤嘉芸圆满完成学业，获得英国南安普顿索伦特大学荣誉学士学位，并被英国萨塞克斯大学研究生院管理学专业录取。

学校风貌

学校风貌

中國·孟河
MENGHE CHINA

江苏省新北现代

历史文化名镇

费伯雄故居

白家民宅

江苏省新北现代农业产业园区（孟河镇）位于常州市西北部，距离常州港8公里、常州机场15公里，122、238、239、338省道和常泰高速公路穿境而过。新北现代农业产业园区（孟河镇）是有着近2500年历史文化的江南水乡古镇，是常州市唯一的国家级历史文化名镇，是齐梁故里、孟河医派发祥地、革命先驱恽代英的故乡。近年来，孟河镇先后获全国重点镇、中国历史文化名镇、中国汽摩配名镇、中国民间文化艺术之乡、国家级生态乡镇、国家新型城镇化综合试点镇等荣誉。

农业产业园区（孟河镇）

孙家弄堂

九龙禅寺

朱一凡故居东

东亚客栈

顺来园茶店

秀丽小黄山

2003年，新北区行政区划调整，原小河镇、孟河镇合并设立孟河镇。2011年，经省人民政府批准，成立江苏省新北现代农业产业园区。江苏省新北现代农业产业园区和孟河镇实行“园镇合一”管理体制机制并合署办公。行政区域总面积88.26平方公里，辖13个行政村、4个社区居委会，现有人口13万多人，其中常住人口8万多人、外来人口4万多人。

小黄山全景

奔牛镇

奔牛镇位于常州市西北部，全镇总面积55.808平方公里，下辖12个行政村、4个居民委员会，人口52000余人。拥有得天独厚的交通条件和区位优势，北枕长江，京沪铁路、镇澄公路、312国道、239省道、京杭大运河穿境而过，常州奔牛民航机场、沪宁高速公路近在咫尺，江苏省内最大的内河港口——奔牛港座落境内，商储物流兴旺，是不可多得的交通枢纽。被评为全国千强镇、国家卫生镇、国家生态镇、江苏省百家名镇、江苏省基础教育先进镇、江苏省文明乡镇、常州市十强乡镇。

奔牛具有深厚的文化底蕴。南朝齐高帝萧道成、北宋诗人苏东坡、元末明初教育家谢子兰、清朝乾隆皇帝、近代爱国商人刘国钧等历史名人均曾在奔牛留有遗存，镇内有“八景”“万缘桥”“常将营”等多处历史古迹，有“知音”典故、“奔牛”地名由来等许多奇闻传说。

奔牛具有完备的教育体系。作为常州教育重镇，1997年就率先通过了江苏省实施教育现代化工程合格乡镇的评估验收。拥有国家级示范高中1所、省级示范性幼儿园1所，省重点实验小学1所、省示范初中1所、省重点实验中学1所。学前教育、初等教育、中等教育、职业教育相互衔接，普通教育、成人教育相互补充。

奔牛具有均衡的产业布局。现代工业在以电子电机、液压机械、精细化工、纺织服装等为主体的基础上，围绕循环经济、液压机械、智能装备等产业，着力培育产业竞争新优势。农业产业化经营、农村专业合作经济组织快速发展，成立全区首家镇级农业协会，建成润源、刘伟等4家现代农场。全力推进农村改革，率先开展农村土地承包经营权确权登记颁证试点。服务业提速发展。积极推进奔牛港多式联运业务的开展和运河作业码头的建设。服务业占比不断提升的奔牛物流中心总体规划占地16.68万平方米经东南大学交通学院运输与物流工程系设计编制，已被《常州现代物流发展规划》确定为常州重要物流结点之一。

奔牛镇将全力推动奔牛港、空港、常州港“三港联动”，新镇区、老镇区、产业园区“三区融合”，运河、新孟河、扁担河“三河焕颜”，全面打造航空产业新镇、现代物流中心、千年运河明珠、品牌教育高地。

奔牛欢迎您

奔牛公园内陈圆圆像

奔牛高中和五兴苑安置房四期鸟瞰图

江苏省奔牛高级中学

五兴苑安置房小区

奔南社区新农村示范点

800多年历史的东桥村史陈家村

常州市阳光药业有限公司制剂厂区全景

江苏奔牛港物流中心

总占地面积1350余亩的常州市润源农业生态园

雅浦村

雅浦村一景

博荷园

常州市非物质文化遗产—雅浦酒坊

武进区雪堰镇雅浦村位于风景秀丽的太湖之滨，东依无锡马山，南临太湖，西接宜兴，地理优势得天独厚。全村辖区面积5.2平方公里，现有村民小组21个，农户780多户，总人口2810人。2015年农村经济总收入4.1亿元，村级年收入168万元，农民人均纯收入达2.5万元。

雅浦村自开展社会主义新农村建设以来，坚持以原生态的模式进行老村整治，使整个村庄呈现村在林中、房在树中、人在绿中，充分利用得天独厚的森林资源优势，加快农业产业结构调整，促进农民增收，同时挖掘本村文化特色，积极营造人与自然和谐相处的雅浦生态文明景象。

柑桔种植基地

雅浦生态景观一景

雅浦休闲农庄

休闲区柳树成荫

优质水蜜桃种植基地

先后被评为国家级生态村、全国生态文化村、全国绿色小康村、江苏省社会主义新农村建设先进村、江苏省文明村、江苏省科普示范村、江苏省康居示范村、江苏省级卫生村、江苏省生态村、绿色江苏建设模范村、常州市文明村标兵、常州市“五好”党建示范村、常州市小康家园示范村，武进区十大最美乡村、2010-2012年武进区创先争优先进基层党组织、武进区科普教育示范基地、常州市美丽乡村示范村、江苏省三星级康居乡村、武进区十佳花园村庄、江苏最具魅力休闲乡村。

雅浦村主进村道口

天宁区

郑陆镇牟家村

全国文明村—天宁区郑陆镇牟家村

牟家村，是全国文明村、国家级农村现代化示范区、国家级生态村、江苏省社会主义新农村建设示范村。

发展之美

改革开放以来，牟家人秉持“勇创新、共奋斗、争一流”的牟家精神，敢于探索、勇于实践。集体资产的资产重组和二次分配，村民住宅的统一代建和集中安置，总体规划的科学布局和一以贯之，现代农业与观光旅游的时代融合和品牌树立，是牟家村跨越发展、领先发展的坚强保障。全村39家工业企业中拥有亿元企业7家，2015年实现工业总产值28亿元，村净资产近1亿元，村级年收入1000余万元，农民人均纯收入2.5万元。

生态之美

这里，烟柳画桥，风帘翠幕，天人合一，相映成趣，“走出家门 踏进公园”是牟家人最贴切的生活感受。如今牟家村处处亭台楼阁、碧草如茵、井然有序，被评为国家级生态村、三星级康居示范村。

人文之美

传统文化、现代文化的完美融合是牟家村新农村建设的一大亮点。雕梁画栋的牌楼、沉重古朴的村石、古色古香的群艺楼，传统的建筑艺术与现代的新农村建设在这里交相辉映；承载牟家发展历程的村史馆、见证悠久人文底蕴的江苏省首家村级博物馆、反映江南水乡农耕文化的农博馆，每一段历史、每一件物品在这里得以触摸和品味；现代化的健身广场、篮球场、门球场、儿童游乐场等，已成为当地村民每天健身娱乐休闲的最佳选择，积极向上的健康生活方式已成为牟家人的生活常态。

观光园

牟家村

风尚之美

牟家村的新农村建设，牟家村是全国民主法治示范村，也是常州市首家《武进日报》“全民读者村”。在牟家村，各类社会公益组织相继成立，2011年，牟家“一家亲”志愿服务站组建，下设志愿服务队、社会组织、志愿工作室三大板块；2014年，全市首家村级养老中心颐养园建成，现有28位老人入住，这是农村养老体系的探索和先行。同时村委会全额承担了村民的农村合作医疗保险金、老年人意外伤害险等。

荣誉榜

1998年	国家级农村现代化试验区
2005年	全国农业旅游示范点
2007年	中国休闲旅游自然村
2008年	国家级农村现代化示范村
2009年	国家级农村改革试验区
2013年	国家级生态村
2013年	全国民主法治示范村
2014年	全国青少年农业科普示范基地
2015年	全国文明村
2010年	江苏省新农村建设示范村
2011年	江苏省四星级乡村旅游点
2013年	2013年度江苏最具魅力休闲乡村金牌村
2014年	江苏省水美乡村
2015年	江苏省最美乡村
2015年	江苏省科普教育基地
2010年	常州市现代化示范村
2010年	常州市“五好”示范村党组织
2011年	常州市最具魅力十佳乡村旅游点
2011年	常州市第二批幸福家园示范村
2012年	常州市科普示范村
2013年	2013常州最美乡村典范奖
2015年	常州美丽乡村

牟家休闲园园内鸟瞰

农家乐一瓜果采摘

颐养园外

牟家文体公园

牟家马场

中吴要辅 八邑名都

ZHONGWUYAOFU BAYIMINGDU

常州年鉴

常州，延陵君子季札的封邑之地，吴王阖闾的都城所在，吴文化的发祥地和杰出代表。

常州自古即为中吴之地、要辅之城。毛泽东对其《登庐山》诗中“浪下三吴起白烟”的“三吴”诠释曰：“三吴，古称苏州为东吴，常州为中吴，湖州为西吴。”宋《太平寰宇记》形容常州的地理位置为“三吴襟带之邦，百越舟车之会”。清褚邦庆在《常州赋》中评价常州：“扼金阊之咽喉，以铁瓮为门户。联江浙二省之脉络，跨通湖二州之边宇。”明嘉定年间（1436—1449），常州大观楼前亦竖有“中吴要辅”牌坊。“中吴要辅”由此成为常州的雅称。

常州自西晋建毗陵郡起，历来为郡、州、路、府所在地。雍正四年（1726 年），常州府辖武进、阳湖、无锡、金匮、宜兴、荆溪、江阴、靖江 8 县，乃得“八邑名都”美誉。

作为“中吴要辅，八邑名都”的常州，自古经济繁荣、教育发达、人才辈出；进入近现代，更是工商比翼、科教共融。2015 年，常州步入国家历史文化名城行列，正以精致风雅、宜业宜居的姿态，展露出江南名城的绝世芳华。